· 娱乐研究译丛 ·

主编 | 晏 青　支庭荣

娱乐理论

牛津手册

[德] 彼特 · 沃德勒（Peter Vorderer）
[德] 克里斯多夫 · 克里姆特（Christoph Klimmt）/ 主编

晏　青　赵　伟　姚志文 / 译

The Oxford Handbook of Entertainment Theory

中国传媒大学出版社
· 北京 ·

本书受到国家社会科学基金重大招标项目
“互联网群体传播的特点、机制与理论研究”（15ZDB142）资助

总 序

PREFACE

古登堡发明印刷机距今近600年，但在最近一个世纪里，娱乐功能才正式进入大众传播的功能序列。20世纪，哈罗德·门德尔松（Harold Mendelsohn）的《大众娱乐》（1966）、威廉·斯蒂芬森（William Stephenson）的《大众传播的游戏理论》（1964）等著作面世。媒介娱乐与大众媒介相伴而生，但人们对媒介娱乐进行较深入的研究还是近60年的事。我们很难给娱乐下定义，因为它是一个常识性的概念。目前娱乐研究学者一般认为，娱乐是一种沟通性、需要外部刺激、能让一部分受众感到快乐的活动。

娱乐在不同媒介的认知逻辑中存在差异，并在文化变迁、技术迭代中积累成了当下的样态。娱乐现象最先出现于报纸媒介，是大众传播历史上出现的一个新现象、新问题，受到较多关注。从20世纪初的“小报”到硬新闻软化、故事化，娱乐新闻出现，直到当下，新闻娱乐化现象时时露头。相对其他媒介形式，因为娱乐潜能有限，报纸的娱乐化程度并不高，早期报纸作为资产阶级思想启蒙阵地，身负重担，同时因为它沿用的是文字逻辑，所以娱乐化现象一旦在报纸上出现便引发了很多关注。

电影则不同。电影娱乐随着技术的发展越来越摄人心魄。当然，电影的娱乐性施予，本质在于电影是一种虚构的、讲故事的媒介，它利用奇幻的视听技术满足人们的需求。1877年，托马斯·爱迪生（Thomas Edison）发明了留声机，它迅速成为19世纪最受欢迎的家庭娱乐设备。爱迪生试图给留声机提供视觉效果而让助理迪克森发明了“电影摄影机”，间接促成了19世纪末电影的诞生。1902年有了庞大的电影生产设施，电影的流水线生产得以实现。大概从1897年开始，电影放映者因考虑到观众新鲜感消退而频频更换放映场地，辗转于各地的杂耍剧院、露天游乐场、马戏团帐篷、中学等，彼时电影成为一种日常生活中偶发性、嵌入式的娱乐方式。直至10年后世界上第一座豪华电影院在巴黎被建造出来，电影的光学效应才成功实现。20世纪，电影开始引入叙事、声音、特效等技法和技术，成为娱乐的典型形式。

20世纪60年代，在电视成为主流媒介之后，娱乐开始成为一个媒介现象被广泛关注。中国的娱乐化问题于90年代从电视媒介开始受到广泛关注。电视媒介承载了很多功能，一方面电视因具有日常性、公共性而承担了更多公共价值。电视台作为国家经营的稀缺之物，是信息和认知的权威来源，电视被视为严肃的媒介。另一方面电视是一个混杂的话语系统，其中有大量现实指向的内容（新闻、纪录片），也有大量虚构性、娱乐性的内容（电视剧、综艺节目）。所以，娱乐化作为一种问题域和方法域同时存在。

20世纪末以来，互联网成为大众追求娱乐的主要形式，媒介技术2.0时代的赋权带来的内容创生、传播过程的操控感、娱乐体验的丰富性以指数级的速度提升。如今，娱乐阵地转向移动媒介、智能媒介。据CNNIC（中国互联网络信息中心）的数据，截至2021年年底，我国使用手机上网的用户超过10亿。其中，短视频用户规模达9.34亿，短视频成为目前最“费时”的媒介消费。如今，娱乐方式更多元。“泛娱乐”一词辐射面过于宽泛，仅以电影、网络视频、网络直播、网络游戏、网络音乐、网络文学等几种业态来看，娱乐方式就五花八门了。2021年，全球游戏市场规模超过1984亿美元，全球有32亿游戏玩家，其中亚洲游戏玩家有14.8亿。

娱乐很少纯粹享乐至上，更多的时候是“复调叙事”，甚至被视为“注意力引擎”（attention engines）。信息娱乐（infortainment）、寓教于乐（edutainment）等做法深入人心。健康教育、信息教育、意识形态被整合到流行娱乐形式中，旨在积极影响意识、知识、态度或行为。这种方式因为能有效减少人们对劝服性信息的抵触情绪，所以更有效。

综上可见娱乐产业规模之巨、拥趸之多！阿萨·布里格斯（Asa Briggs）甚至认为，大众娱乐是现代产业的源头。整个社会似乎也泛娱乐化，它已渗透进日常生活、社会结构。由此引发的问题是，为什么我们所处的时代是娱乐社会，或者说，为何娱乐在这个时代挥之不去？

古代社会的个体处于“人、神、自然”的统一秩序和整体的关系结构中。这种关系结构成为个体安身立命、产生意义感的源泉，而现代社会发生了“个人主义转向”和“个人中心主义转向”。“人”被重新发现，个体的“自我”价值从各种整体性的关系和等级秩序中独立出来，并被赋予神圣性，作为权利承担者的个体被设计出来，个体的权利在现代社会的原则中得到维护。当各种宏大的、超验的价值秩序解体时，个体会很容易追求“渺小和粗鄙的快乐”，变成尼采（Nietzsche）所说的“末人”（last man）。查尔斯·泰勒（Charles Taylor）在《世俗时代》一书中将类似现象概括为世俗社会的表征。我们生活在世俗时代，世俗性是理解当代整体问题的语境，而我们道德的、灵性的或宗教的经验与追寻正是发生在这一语境之中。在他看来，西方社会的世俗性首先体现为“公共空间的世俗性”“宗教信仰与实践的衰落”，对宗教的不信任“已经成为许多人主要的默认选项”。

西方社会个人主义的兴起，容易引发人们对渺小、粗鄙的快乐的追求，人们放逐神性文化，从而追求当下的媒介享受，娱乐兴焉。在一定程度上，这种逻辑也可以用来解释中国情境下的娱乐问题。中国属于集体主义国家，个人主义无法描述中国问题的核心要素，但现代社会价值的共通性、市场经济的基本运作原则使得世俗性、个体、自我在中国也是一个需要正视的问题。

娱乐产业不但丰富，而且是世俗社会的典型形态，它还符合人的生理、心理结构。功利主义倡导者边沁认为，人类由痛苦和快乐主宰，道德的最高原则就是使幸福最大化。娱乐带来快乐。神经科学揭示，快乐是复杂的奖赏系统的核心部分，其核心体验是脑部深处的腹侧纹状体（伏隔核是其主要组成部分）活动的结果。眶额叶皮层中部与腹内侧额叶还会对快乐进行编码。我们也应该认识到文化多元的重要性。正如威廉·冯·洪堡（Wilhelm Von Humboldt）所说的，人类最为丰富的多样性发展具有绝对而根本的重要性。娱乐在社会生活中具有重要性、广泛性，呼唤研究者入场。

如果将娱乐比喻成一个天平，天平一端住着“真善美”，另一端藏着“煽色腥”。国内主要选择“煽色腥”这一端进行伦理批判。在具体实践中，“娱乐问题”是将娱乐问题化，也是很多讨论的逻辑起点。人们将娱乐单维度、武断地问题化，对其采用一种“被治理、规制”或“我们要严阵以待”的隐含语义系统的表达方式和理解框架，可能是无意识的，也可能是惯性使然。比如，“娱乐至死”这一术语将娱乐框定为一种“不祥之物”，而将娱乐者框定为一个“赴死者”，同时它还将提供娱乐的媒介框定为“作恶者”。

我们可以这样描述国内娱乐研究存在的问题：一是娱乐本体理论研究空缺。此现象甚是怪异，学界皆谈娱乐，可它究竟是何物、它是如何发生的、具体机制是什么等问题基本被漠视。二是主体意识缺乏。娱乐理论被结构性搁置，娱乐现象广受关注。由于缺乏从娱乐内部向外辐射的能力，娱乐研究往往成为流行文化、媒介伦理研究的“婢女”。三是研究受限于固有的思维。研究陷于价值判断或不规范的规范。大多数研究将娱乐视为冲毁主流价值堤岸的泥石流，而从价值层面建立一套大众媒介的规范准则，试图用“应然”去推断“实然”。

娱乐研究无法有效展开的原因有两个：一是早期的传播学者选择研究大众媒介的劝服功能而非娱乐功能，这个侧重点被长期保持了下来；二是娱乐占据人们的日常时间，俘获了他们的注意力，研究者们误认为这对人类行为变迁没有决定性作用。这两点是娱乐研究者在20多年前就提出来的。具体到国内，可能还要加上两点：一是中国忧国忧民传统让学者更关注严肃、沉重的事件，而将娱乐视为“轻佻”之物；二是实证主义研究滞后，影响了娱乐研究的质量。这一系列因素造成了国内外关注的理论问题、选取的理论文本、研究方法都存在差异。

宽泛定义上的娱乐研究可以上溯至古希腊，理论成果包括柏拉图（Plato）的游戏理论、托马斯·霍布斯（Thomas Hobbes）之幽默的优越论、赫伯特·斯宾塞（Herbert Spencer）之笑的理论、弗洛伊德之幽默的精神分析理论等。现代娱乐理论是从20世纪70年代开始的。世人大范围谈论娱乐，尤其以大众媒介为中介的娱乐现象被人们广泛关注，娱乐的媒介体验也开始成为理论的关切点。发展至今，娱乐研究已有扎实的基础，众多学者已建立了理论概念，形成了娱乐研究的基本观点。

实际上，娱乐研究有两个学术传统：一个是受到法兰克福学派影响形成的批判传统。这些学者包括以利胡·卡茨、大卫·福克斯（David Foulkes）、哈罗德·门德尔松等。这个视角的研究，对信息的内容和形式进行了精确观察，并对符号系统和观众对娱乐的解释情境进行了详细描述。只不过这个视角的娱乐研究在国外学术传统中中断了，相反，我国部分研究走的是这条道路，但其往往将娱乐视为一个材料或对象。另一个是以道尔夫·齐尔曼（Dolf Zillmann）为代表的研究，这是目前国外的主流范式。它在动机和情感心理学基础上发展而来，依赖于积极心理学、自我控制理论、道德心理学等理论资源，形成娱乐双因素模型、情感倾向理论、情绪管理理论、兴奋转移理论等娱乐理论，但这一传统在我国基本空白。

基于此，本译丛试图缓解我国这一困局——人们日益增长的娱乐理论需求和娱乐研究不平衡不充分的发展之间的矛盾。

本丛书以娱乐本体理论为旨归，围绕“娱乐”这一内核事件的知识体系展开。《娱乐理论：牛津手册》一书去年在牛津大学出版社出版，该书有近千页的篇幅，对娱乐理论的阐释很详细。它为传媒娱乐研究提供了大量基于传播学和心理学的理论与模型，可视为人文社会科学研究的知识资源。全书论及基础理论、心理体验、特定娱乐形式、特定娱乐现象等，对娱乐理论、心理过程有深入讨论，对经典小说、VR（虚拟现实）视频游戏、虚构故事、媒介体育等各种“旧”和“新”的媒介娱乐进行了梳理。

心理学是国外娱乐研究最重要的传统和路径。本丛书选择《娱乐心理学》《娱乐媒介：劝服心理学》两本论著，聚焦娱乐的心理学机制。前者聚焦心理学的视角与范式，论述娱乐选择、接收和处理的基本机制与过程，选择和接收媒介信息获得娱乐体验的机制与过程，以及娱乐理论中的心理学理论与模型，等等。后者从“劝服”这一新的视角，探讨娱乐媒介如何影响其受众及其背后的心理加工机制。具体内容涉及植入式广告、品牌电影、电视节目和赞助活动等。

对社会的影响是我们反思娱乐的重要方面。《娱乐与社会：影响、效果与创新》讨论社会与娱乐是如何互塑的，侧重于技术和文化融合对当代娱乐业的影响；讨论娱乐与经济、商业、文化、法律、政治、伦理、宣传、技术等之间的关系。

娱乐理论要落脚到具体平台和经验材料的话，迪士尼、社交媒介是娱乐在传统媒介和新媒介领域的两个典型现象。《迪士尼政治经济学：好莱坞的文化资本主义》关注娱乐世界中的资本主义、娱乐经济的崛起、休闲文明的陷阱、好莱坞叙事等，对电影娱乐生产的论述较精彩。《社交媒介娱乐》聚焦的是社交媒介平台催生的创意产业：社交媒介娱乐。社交媒介娱乐迅速扩张，传统娱乐业被迫将重要的权力和影响力让给内容创作者、“粉丝”和订阅者。数字平台为嵌入式广告创造了一个新市场，随之改变营销和传播领域。

我们译介这些论著，希冀国内的娱乐研究具有更多可资运用的理论资源，用于有效回答、解释当代娱乐文化现象。固然，这些理论、模型产于国外语境，部分内容还需要辨析，尤其需要结合中国文化语境进行理论消化和运用，我们不提倡西方理论崇拜，但也绝不漠视它。这些著作对娱乐的内在心理机制以及各种理论的阐述为国内娱乐研究提供了一个好的“手电筒”。

在译丛即将付梓之际，作为丛书的组织者，我们有许多发自肺腑的感谢之言。首先，向这些著作的原作者致谢，他们原创性的成果为我们提供了宝贵的资源借鉴。其次，各位译者克服种种困难完成翻译任务，因为有他们，这些思想才得以以中文呈现。最后，感谢中国传媒大学出版社张毓强社长，他对丛书的优化提出了宝贵的建议。

娱乐研究需要我们重新理解日常经验和数字化生活，建立能够解释当下娱乐现象的理论体系。我们希望以绵薄之力推动国内传媒研究的蓬勃发展，希望我们的工作最终能够得到广大读者的认可。

谨序。

晏　青　支庭荣

2022年6月12日

作　者

CONTRIBUTORS

梅琳达·艾莉（Melinda Aley）密歇根州立大学，兰辛（美国）

约书亚·鲍德温（Joshua Baldwin）密歇根州立大学，兰辛（美国）

杰米·班克斯（Jaime Banks）得克萨斯理工大学，卢博克（美国）

安妮·巴奇（Anne Bartsch）莱比锡大学（德国）

乔安娜·K.布朗斯特（Johanna K. Blomster）奥斯陆大学（挪威）

詹姆斯·亚历克斯·博纳斯（James Alex Bonus）俄亥俄州立大学，哥伦布（美国）

尼古拉斯·大卫·鲍曼（Nicholas David Bowman）得克萨斯理工大学，卢博克（美国）

威廉·J.布朗（William J. Brown）瑞金大学，弗吉尼亚海滩（美国）

简宁斯·布莱恩特（Jennings Bryant）阿拉巴马大学，塔斯卡卢萨（美国）

里克·布塞尔（Rick Busselle）博林格林州立大学（美国）

安东尼·西亚拉梅拉（Anthony Ciaramella）路易斯安那州立大学，巴吞鲁日（美国）

乔纳森·科恩（Jonathan Cohen）海法大学（以色列）

杰拉德·C.库奇克（Gerald C. Cupchik）多伦多大学（加拿大）

弗朗西斯卡·迪尔曼·卡朋特（Francesca R. Dillman Carpentier）北卡罗来纳大学教堂山分校（美国）

段思颖（Siying Duan）西蒙菲莎大学，本拿比（加拿大）

艾莉森·伊登（Allison Eden）密歇根州立大学，兰辛（美国）

大卫·R.埃沃尔森（David R. Ewoldsen）密歇根州立大学，兰辛（美国）

安德里亚斯·法尔（Andreas Fahr）弗里堡大学（瑞士）

雅各布·T.费舍尔（Jacob T. Fisher）加州大学圣巴巴拉分校（美国）

杰西·福克斯（Jesse Fox）俄亥俄州立大学，哥伦布（美国）

汉娜·弗鲁（Hannah Früh）弗里堡大学（瑞士）

乌利·格利奇（Uli Gleich）科布伦茨-兰道大学（德国）

亨利·戈布尔（Henry Goble）密歇根州立大学，兰辛（美国）

杰弗里·戈尔茨坦（Jeffrey Goldstein）乌特勒支大学（荷兰）

萨拉·M.格雷迪（Sara M. Grady）密歇根州立大学，兰辛（美国）

马修·格里扎德（Matthew Grizzard）俄亥俄州立大学，哥伦布（美国）

林赛·哈恩（Lindsay Hahn）纽约州立大学布法罗分校（美国）

安娜贝尔·哈夫曼（Annabell Halfmann）曼海姆大学（德国）

蒂洛·哈特曼（Tilo Hartmann）阿姆斯特丹自由大学（荷兰）

霍普·M.希克森（Hope M. Hickerson）路易斯安那州立大学，巴吞鲁日（美国）

伊丽莎白·霍尔（Elisabeth Holl）卢森堡大学（卢森堡）

弗雷德里克·R.霍普（Frederic R. Hopp）加州大学圣巴巴拉分校（美国）

拉切尔·艾特里诺（Rachel Italiano）路易斯安那州立大学，巴吞鲁日（美国）

索菲·H.简尼克-鲍尔斯（Sophie H. Janicke-Bowles）查普曼大学，奥兰治（美国）

罗宾·詹兹克（Robin Janzik）明斯特大学（德国）

本杰明·K.约翰逊（Benjamin K. Johnson）佛罗里达大学，盖恩斯维尔（美国）

克里斯托夫·克里姆特（Christoph Klimmt）汉诺威音乐戏剧媒体学院（德国）

西尔维娅·诺布洛赫-韦斯特维克（Silvia Knobloch-Westerwick）俄亥俄州立大学，哥伦布（美国）

凯文·克里斯顿（Kevin Kryston）密歇根州立大学，兰辛（美国）

莱利萨·利昂哈德（Larissa Leonhard）莱比锡大学（德国）

尼基·刘易斯（Nicky Lewis）肯塔基大学，列克星敦（美国）

罗伯特 · 刘易斯（Robert Lewis）密歇根州立大学，兰辛（美国）

切尔西 · 隆纳根（Chelsea Lonergan）加州大学圣巴巴拉分校（美国）

哈维尔 · 洛萨诺 · 德尔玛（Javier Lozano Delmar）安达卢西亚洛约拉大学，塞维利亚（西班牙）

凯特 · T. 鲁（Kate T. Luong）俄亥俄州立大学，哥伦布（美国）

玛丽-路易斯 · 马雷斯（Marie-Louise Mares）威斯康星大学麦迪逊分校（美国）

法诺什 · 马赞达拉尼（Farnosh Mazandarani）北卡罗来纳大学教堂山分校（美国）

尼基 · 麦克拉伦（Nikki McClaran）密歇根州立大学，兰辛（美国）

阿德里安 · 迈耶（Adrian Meier）阿姆斯特丹大学（荷兰）

安德烈 · 梅尔泽（André Melzer）卢森堡大学（卢森堡）

约翰 · 安东尼奥 · 穆尼兹-维拉奎斯（José Antonio Muñiz-Velázquez）安达卢西亚洛约拉大学，塞维利亚（西班牙）

基思 · 奥特利（Keith Oatley）多伦多大学（加拿大）

奥森 · 奥达格（Özen Odağ）柏林托若学院（德国）

玛丽 · 贝丝 · 奥利弗（Mary Beth Oliver）宾夕法尼亚州立大学帕克分校（美国）

卡罗琳 · 波尔斯（Karolien Poels）安特卫普大学（比利时）

丹尼尔 · 波斯勒（Daniel Possler）汉诺威音乐和戏剧学院（德国）

托尔斯滕 · 匡特（Thorsten Quandt）明斯特大学（德国）

亚瑟 · A. 雷尼（Arthur A. Raney）佛罗里达州立大学，塔拉哈西（美国）

费利克斯 · 里尔（Felix Reer）明斯特大学（德国）

萨宾 · 赖希（Sabine Reich）汉诺威音乐和戏剧学院（德国）

莱昂纳德 · 雷内克（Leonard Reinecke）美因茨大学（德国）

戴安娜 · 里格（Diana Rieger）路德维希马克西米利安慕尼黑大学（德国）

梅丽莎 · J. 罗宾逊（Melissa J. Robinson）宾夕法尼亚州滑石大学（美国）

梅根 · S. 桑德斯（Meghan S. Sanders）路易斯安那州立大学，巴吞鲁日（美国）

弗兰克·M.施耐德（Frank M. Schneider）曼海姆大学（德国）

托马斯·舒伯特（Thomas Schubert）奥斯陆大学（挪威）

尼哈·塞提（Neha Sethi）密歇根州立大学，兰辛（美国）

纳撒尼尔·A.西尔弗（Nathaniel A. Silver）宾夕法尼亚大学，费城（美国）

阿尔文德·辛格尔（Arvind Singhal）得克萨斯大学埃尔帕索分校（美国）

迈克尔·D.斯莱特（Michael D. Slater）俄亥俄州立大学，哥伦布（美国）

梅特·索托-桑菲尔（Maite Soto-Sanfiel）巴塞罗那自治大学（西班牙）和新加坡国立大学（新加坡）

德斯皮纳·斯塔马托普卢（Despina Stamatopoulou）克里特大学，罗希姆诺（希腊）

罗恩·坦博里尼（Ron Tamborini）密歇根州立大学，兰辛（美国）

埃兹吉·乌鲁索伊（Ezgi Ulusoy）密歇根州立大学，兰辛（美国）

海蒂·范德博斯（Heidi Vandebosch）安特卫普大学（比利时）

伊内斯·C.沃格尔（Ines C. Vogel）科布伦茨-兰道大学（德国）

彼得·沃德勒（Peter Vorderer）曼海姆大学（德国）

王华（音译Hua Wang）纽约州立大学布法罗分校（美国）

勒内·韦伯（René Weber）加州大学圣巴巴拉分校（美国）

拉尔斯-奥莱·韦登（Lars-Ole Wehden）明斯特大学（德国）

斯蒂芬妮·L.怀特纳克（Stephanie L. Whitenack）路易斯安那州立大学，巴吞鲁日（美国）

杨春（音译Chun Yang）路易斯安那州立大学，巴吞鲁日（美国）

前言

PREFACE

本书旨在汇编传播学和媒介心理学关于当代娱乐现象的最新研究成果。实现这一目标，我们需要考察它的历史根源，回顾娱乐研究的演变。2019年2月，本书主编拜访了耶路撒冷的伊莱休·卡茨（Elihu Katz），并与他、他的妻子卢丝·卡茨（Ruth Katz）和已毕业的学生乔纳森·科恩（Jonathan Cohen）进行了交流，这次交流可视为对本书的首次介绍。

对很多传播学者而言，保罗·拉扎斯菲尔德（Paul Lazarsfeld）是该领域非常重要的开创人之一。虽然他的开创性成果对竞选、美国大众传播的政治效果研究影响巨大，但是他与合作者也开始从社会学视角研究大众媒介的娱乐功能。例如，赫塔·赫佐格（Herta Herzog, 1941）研究了女性听众通过接触日间广播剧获得的满足感，而伯纳德·贝雷尔森（Bernard Berelson）创新性地使用了一种戒断方法（diet methodology）研究媒介满足感，将参与者从他们想要的媒介内容（media fare）中剥离出来，再观察其反应。这些研究并没有真正影响现代意义上的娱乐研究，或者说在公众和学界没有激起多少浪花。因此，这些研究无法与那些关于影响力的、竞选的、投票的甚至控制选民的研究相提并论，拉扎斯菲尔德和他的团队正是因为后者而广为人知的。形象地说，娱乐研究打了个盹儿，这期间，大众传播学的发展集中在政治问题和说服上，而非娱乐上（Katz & Lazarsfeld, 1955）。

尽管如此，娱乐研究还是在法兰克福社会研究所复兴了。法兰克福批判理论学院是一个重要的社会学和哲学创新中心，它是由卡尔·格律恩堡（Carl Grünberg）资助在1924年成立的，隶属于德国法兰克福大学。1930年，马克斯·霍克海默（Max Horkheimer）接替格律恩堡，但在1933年，整个研究不得不躲避纳粹的指控。它一开始从法兰克福搬到日内瓦，1934年又搬到纽约市，在纽约市哥伦比亚大学校长为其提供了一个“新家”。第二次世界大战后，该研究所再次搬迁到法兰克福大学。西奥多·W. 阿多诺（Theodor W. Adorno）于1953年接棒霍克海默，核心团队的其他重要成员有赫伯特·马尔库塞（Herbert Marcuse）、沃尔特·本雅明（Walter Benjamin）以及与娱乐研究密切相关的利奥·洛文塔尔（Leo Löwenthal）。这个团队专注于对当代社会权力关系的批判性分析，包括对资本主义意识形态以及（假定的）政治和经济精英如何操纵大众的研究。

从这个角度来看，媒介娱乐具有学术价值，因为它尤其关注俗称“面包和马戏团”的东西：娱乐被视为通过分散和“麻痹”大众服务于精英的权力维系。广为人知的竞赛、征服、加冕等3个经典主题（Dayan & Katz, 1992），仍然是当代娱乐节目的特征。法兰克福学派涉及娱乐研究，以利奥·洛文塔尔（1944）的一项研究为例，该研究检视了流行杂志中评论的名人传记。洛文塔尔发现此类传记所描绘的主要人物类别发生了转变：早期版本倾向于展示具有杰出职业生涯的个人，如企业家（“生产偶像”），而后来的杂志主要倾向于介绍娱乐界——体育、音乐和电影——名人（“消费偶像”）。

洛文塔尔将这种内容变化的模式视为精英试图推广其消费主义、权力维系的资本主义意识形态。有趣的是，后来电视娱乐研究的先驱乔治·格伯纳（George Gerbner）提出培养理论，也是出于类似的想法。格伯纳和格罗斯（1976）认为（虚构的）电视是对现实的描绘，这使得大众因害怕在外面遭遇暴力而待在家里，因此要劝诫他们不要质疑美国的资本主义—消费主义的生活方式。

除了这种娱乐的意识形态中心论，法兰克福式思维还重新发现了娱乐的满足视角，探询人们想从大众娱乐媒介那里寻得什么好处（Katz & Foulkes, 1962; Rosenberg & White, 1957）。这方面的一项成果是伊莱休·卡茨的硕士论文《幸福游戏》（*The Happiness Game*, 2012/1950）。卡茨研究了粉丝寄给电台红人泰德·马龙的邮件，后者是20世纪40年代美国特别成功的广播访谈节目主持人。卡茨从中提取了“幸福”的4个核心要素，清晰地证实了观众对娱乐满足的理解：“缓解紧张、满足、认可、认同。”（p.80）

虽然法兰克福批判（主导）意识形态的原则，继续在整体上影响着娱乐的社会学研究，特别是流行文化研究，但在20世纪70年代，关于娱乐满足的实证研究出现了耐人寻味的历史断档现象。当时，道尔夫·齐尔曼及其合作者“发明”了属于真正的心理学和实验研究的媒介娱乐研究，他们最初在宾夕法尼亚大学的安能伯格传播学院工作，后来在印第安纳大学和阿拉巴马大学工作（Zillmann & Bryant, 1975; Zillmann & Cantor, 1972）。虽然他们早期的工作并未随即在传播学术领域建立娱乐分支，但他们的研究在90年代和2000年年初得到回应，被视为这个领域的基石（Bryant & Vorderer, 2006; Zillmann & Vorderer, 2000）。不幸的是，齐尔曼和他的团队从未真正地与娱乐研究的社会学先驱有过互动与交流。对于今天的年轻研究者来说，他们只知道界定了娱乐研究的齐尔曼传统。从历史上看，这一支流实际上代表了相当“晚近”的系列贡献，没有在30多年前早期的研究史上得到承认或确立。

因此，本书更像是对过去几十年在齐尔曼传统中发展起来的概念性方法的汇编。它介绍传播学研究里主要由心理驱动的成果，重点将观众体验视为待解释事项。它通常采用实验设计方法与先进的数据采集和分析技术。有时，它并不将娱乐体验视为因变量，而是将其视为说服或学习等后续媒介效应的催化剂。总的来说，目前娱乐理论和研究的主导范式可以被描述为“齐尔曼 +”，似乎没有多少人接受赫尔佐格、贝雷尔森或法兰克福的研究观点。

当然，基于调查的研究通常被称为“使用和满足范式”（Katz, Blumler, & Gurevitch, 1974），其中一些研究关注作为娱乐的媒介使用。回顾无线电研究（Lazarsfeld & Stanton, 1944）——在20世纪60年代及之后尤盛——的早期工作，大部分工作与大众文化研究的关系不大，这是因为法兰克福传统质疑权力关系、意识形态和宣传。这样一来，各个领域之间出现历史性脱节，法兰克福学派倡导的社会学范式和齐尔曼及其合作者的心理学范式之间的分歧似乎一直延续至今（Vorderer, Klimmt, & Bryant, this volume）。

因此，至少从实地历史的（field-historic）角度来看，本书只完成了故事的一半；然而，这个故事是多维度的，共有4个部分，由许多当代优秀的娱乐研究学者来谱写。第一部分阐明了媒介娱乐的一般理论。第二部分汇聚了关于具体体验过程的研究。第三部分介绍了与特定类型的娱乐媒介或信息相契合的模型。第四部分介绍了娱乐现象的各种结果或相互关系。总的来说，本书是对当前媒介娱乐理论主要观点的荟萃。

我们对娱乐研究传统简要回顾后可以发现，就像在传播的其他分支领域一样，从来没有一个“线性发展”的范例，更多的是方法、传统和视角的共存（Craig, 1999; Vorderer, Parks, & Lutz, 2020）。娱乐研究的多个传统当然需要更多的历史和跨学科意识，我们可以在被替代、被忽视甚至被遗忘的子领域学到更多东西。尽管如此，读者会发现本书集合了关于媒介娱乐的基于心理学的“强大的”理论和模型，我们希望他们能够将这些理论资源用于其他研究和应用。娱乐研究的历史告诉我们，不要忘记，即使一个领域正在形成主导的观点、范式和方法论，该领域也会有更多其他的观点、替代方法以及同样具有启发性的思考方式。年轻学者会有更多创新性方法，用这种不同的观点整合经验—理论方法和娱乐体验。当代社会有大量与娱乐相关的现象仍然符合最初法兰克福学派的“面包和马戏”观点。

因此，本书的任务是梳理和推进当前的媒介娱乐理论，我们邀请了活跃的或对该话题感兴趣的学者，同时考虑了该领域的历史根源，以及它在过去近百年的特点。我们可以从这段历史中吸取很多教训，未来娱乐理论的创新可能会通过完善本书中的方法产生，也可能会在被忽视、遗忘或边缘化的学术领域诞生。

由于他们毕生的洞见、对传播学和传媒心理学相关问题的专注和严谨的思考以及在娱乐领域的知识引领，这本书才得以完成。我们将这本书献给我们的榜样、老师和导师、同事和朋友：简宁斯・布莱恩特、伊莱休・卡茨和道尔夫・齐尔曼。

彼得・沃德勒（Peter Vorderer）

克里斯托夫・克里姆特（Christoph Klimmt）

参考文献

Adorno, T. W. (1997/1970). *Aesthetic theory* [Ästhetische Theorie]. London, UK: The Athlone Press.

Bryant, J., & Vorderer, P. (Eds.). (2006). *Psychology of entertainment*. Mahwah, NJ: Lawrence Erlbaum Associates.

Craig, R. T. (1999). Communication theory as a field. *Communication Theory, 9*(2), 119–161.

Dayan, D., & Katz, E. (1992). *Media events: The live broadcasting of history*. Cambridge, MA: Harvard University Press.

Gerbner, G., & Gross, L. (1976). Living with television: The violence profile. *Journal of Communication*, 26(2), 171–199. doi:10.1111/j.1460–2466.1976.tb01397.x.

Herzog, H. (1941). On borrowed experience: An analysis of listening to daytime sketches. *Zeitschrift für Sozialforschung*, 9(1), 65–95.

Katz, E. (2012). "The Happiness Game": A content analysis of radio fan mail. *International Journal of Communication*, 6, 1297–1445.

Katz, E., & Foulkes, D. (1962). On the use of mass media for escape: Clarification of a concept. *Public Opinion Quarterly*, 26, 377–388.

Katz, E., & Lazarsfeld, P. (1955). *Personal influence: The part played by people in the flow of mass communications*. New York, NY: The Free Press.

Katz, E., Blumler, J. G., & Gurevitch, M. (1974). Uses and gratifications research. *Public Opinion Quarterly*, 37, 509–523.

Lazarsfeld, P. F., & Stanton, F. N. (1944). *Radio Research, 1942–1943*. New York, NY: Duell, Sloan and Pearce.

Löwenthal, L. (1944). Biographies in popular magazines. In P. F. Lazarsfeld & F. Stanton (Eds.), *Radio research, 1942–1943* (pp. 507–548). New York, NY: Duell, Sloan & Pierce.

Rosenberg, B., & White, D. M. (Eds.). (1957). *Mass culture: The popular arts in America*. New York, NY: The Free Press.

Vorderer, P., Park, D. W., & Lutz, S. (2020). A history of media-effects research traditions. In M. B. Oliver, R. Art, & J. Bryant (Eds.), *Media effects: Advances in theory and research* (4th ed., pp. 1–15. New York, NY: Routledge.

Zillmann, D., & Bryant, J. (1975). Viewer's moral sanction of retribution in the appreciation of dramatic presentations. *Journal of Experimental Social Psychology*, 11(6), 572–582.

Zillmann, D., & Cantor, J. R. (1972). Directionality of transitory dominance as a communication variable affecting humor appreciation. *Journal of Personality and Social Psychology, 24*(2), 191–198. doi:10.1037/h0033384.

Zillmann, D., & Vorderer, P. (Eds.). (2000). *Media entertainment: The psychology of its appeal*. Mahwah, NJ:Lawrence Erlbaum Associates.

目　录

CONTENTS

第一部分　媒介娱乐的一般理论

第二部分　特定经验过程的模型与理论

第三部分　特定类型媒介或信息的娱乐模型

第四部分 娱乐的结果或关联模型

1

第一部分

媒介娱乐的一般理论

第一章　娱乐理论：历史成就、当代挑战与未来可能性

彼得·沃德勒
克里斯托夫·克里姆特
简宁斯·布莱恩特

过去几十年来，随着全球娱乐内容在大众媒介和数字媒介的普及，对娱乐消费和娱乐影响的社会科学研究已然成为一个充满活力的传播研究领域。今天，这个领域出现了一个充满活力的、不断成长的、生机勃勃的学术共同体。尽管如此，使娱乐研究成为一个“严肃的”、有价值的研究领域是一件充满挑战的事情（Bryant, 2004），主要原因是大众传播从一开始就被更为“严肃”的研究，尤其是政治传播和劝服研究主导了（本书前言；Byant & Miron, 2003; Katz & Foulkes, 1962）。从20世纪70年代开始，世人对娱乐现象重感兴趣，媒介体验的理论化研究开始蓬勃发展。娱乐研究已经有了很好的基础，事实上，它已经搭建了让人印象深刻的理论概念和观念，其中的许多概念和观念是在动机和情感心理学基础上发展而来的（Zillmann, 2006），或者是在积极心理学的基础上发展起来的（Reinecke & Oliver, 2016; Ryan & Deci, 2000）。

本章按时间先后简要分析娱乐理论的现状，进行简要回顾后，讨论当前的挑战，为对娱乐理论和研究感兴趣的学者提供研究建议。这种基于历史的反思并非认为“过去的一切都更好”，也不是影射当前的娱乐理论，只是呈现了早期学者早已想到或写过的东西。我们更希望看清一些问题，以更好地引导未来的媒介娱乐研究，使其具有理论性、综合性以及在传播领域的适用性。

娱乐理论和研究的简史

一个研究领域之所以重要，是因为一些有声望的人在该领域系统地研究过。如果一个议题是柏拉图（Plato）、亚里士多德（Aristotle）、西塞罗（Cicero）、霍布斯

（Hobbes）、康德（Kant）、哈兹利特（Hazlitt）、叔本华（Schopenhauer）、弗洛伊德（Freud）或其他知名学者感兴趣的，那么它就容易成为一个值得研究的议题。娱乐即如此。自古以来，特别是在西方文化里，伟大的思想家们一直在思考人如何、为何消费戏剧、喜剧、悬疑、体育、游戏和其他形式的余兴表演（divertissement）消遣活动（recreation）。

古代哲学家对娱乐的思考

简要回顾古希腊和罗马的一些哲学家对幽默与戏剧（drama）的思考，有助于我们理解当代娱乐理论。古希腊哲学家柏拉图建立了西方世界第一所高等院校。他在《理想国》中指出，"人间事务不需严肃以待"（Ardley, 1967, p.226）。在对话中，他花了大量时间讨论游戏（play）的概念。在《论逸乐》篇中，他指出，人们以他人的苦难和不幸为乐，以他人的愚蠢行为为乐（Beerbohm, 1921）。

柏拉图的学生亚里士多德被称为西方哲学之父，他在娱乐研究上倾注了大量精力。亚里士多德在《诗学》中模仿柏拉图的方式，指出荒谬的享受（enjoyment）可以在一些既不使人感到痛苦也不具破坏性的缺陷、畸形或丑陋中觅得（Keith-Spiegel, 1972）。他还提出了一般性的戏剧享受理论（theory of the enjoyment of drama），他认为，戏剧具有享乐的既定的条件。在其他一些戏剧理论文献中，亚里士多德提出，"不能看着一个好人从幸福坠入痛苦"，也不能看着"一个坏人从痛苦走向幸福"（Zillmann, 2000a, p.38）。在论及戏剧享受的道德基础时，他认为，"违背公平和公正规则的转变不仅无法让人有享受之感，而且让人恼火和痛苦，因为它们是不公的"（Zillmann, 2000a, p.38）。亚里士多德较全面的戏剧论述在中世纪非常有影响力（Comisky & Bryant, 1982），其在那样一个娱乐普遍不景气的时期，仍能帮助人们保持一点点对戏剧的兴趣。这些理论今天仍然被许多大学剧场和戏剧学院研究。

罗马演说家和政治家西塞罗对娱乐的关注不如柏拉图和亚里士多德，但他在《论演说家》中附和了他们的思考，即欢笑（mirth）源于观察他人的丑陋、畸形或精神痛苦（Diserens & Bonifield, 1930）。值得注意的是，柏拉图、亚里士多德和西塞罗都谴责嘲笑卑微与畸形之举，认为这是不适当和不道德的（Zillmann & Cantor, 1976），尽管它们时有发生。

在中世纪，尽管涉及娱乐的著作很少，但古代哲学家的沉思在17世纪重新引发关注，尤其在英、德两国，人们解释娱乐问题的兴趣迅速复苏，它的吸引力也快速上升。现代政治哲学奠基人之一、英国社会评论家霍布斯的幽默优越论（superiority theory of humor）实质上是古代哲学家的幽默程式。霍布斯（1968/1651）提出，"那些被称为嘲笑的鬼脸"是自我优越的表达，一个人"发现另一个人的缺陷，通过与自己比较，就情不自禁地笑了"（p.125）。霍布斯补充说，这种优越感"来得很突然，它产生于突然感受到我们自身的某种优越感，这种优越感是通过与别人的弱点作对照，或是与先前的自己作对照获得的”（p.125）。

17世纪的法国数学家和哲学家布莱斯·帕斯卡用非优越理论解释娱乐需求的根本原因，他认为人们“内在的本能促使他们寻求娱乐……这源自他们的接二连三的不幸”（Pascal, 1670, p.103）。他下了这样一个结论：“人心是多么空洞，多么粗俗！”（p.103）

德国哲学家康德（1788, p.409; Zillmann & Bryant, 1991）也放弃了优越论的信念和道德说教，认为能引起笑的幽默是“高企的期望瞬间化为乌有时产生的效果”。换句话说，当一个问题解决了，并且被发现是微不足道的时候，人们被期望做出愉快的反应。从康德的观点来看，幽默不是人类的弱点，而是一种将自己置于特定心境的能力，这种心境揭示了一个人的幽默感，这一观点为后来的幽默和笑的理论的形成奠定了基础。

威廉·哈兹利特（William Hazlitt）是欧洲哲学家中非常专注于娱乐研究的学者之一，尤其在幽默领域。他的洞见体现在《关于英国喜剧作家的讲座》（1818）中的演讲“论机智与幽默”中，他写道：“人是唯一会笑会哭的动物，因为他是唯一纠缠事物的实然与应然差异的动物。”（p.6）他对幽默优越理论的贡献可以比肩我们所讨论过的古代哲学家。例如，在《关于英国喜剧作家的讲座》中，他写道：“我们嘲笑漫画中的酒糟鼻，被哑剧中的市议员人物‘击中’，然后……站在巨人旁侧的侏儒就足以成为一个可鄙的人。……我们嘲笑是为了表达对自己的满意，或对周围人的蔑视，或隐藏我们的嫉妒或无知。”（p.6）黑兹利特对优越论的贡献体现为《论仇恨的快感》中的这句经常被引用的话：“我们厌倦了每一件事，只是把别人变成笑柄，并以自己的缺陷为乐。”（2005/1826, p.17）

维多利亚时代的英国哲学家赫伯特·斯宾塞采纳了康德1788年的观点，并称其为“降格不协调”（descending incongruity）（Spencer, 1888, p.198），创立了颇具影响力的幽默和笑的不和谐理论。他说，当艰难、努力偶遇空虚时，笑便产生了。德国哲学家叔本华认为概念和知觉之间的任何不和谐都会引起愉快的反应，这种观点扩展了幽默概念（Schopenhauer, 1891）。

斯宾塞（1888）还提出了一种早期的幽默生理学理论。他指出笑具有半惊厥特征，认为笑会消耗神经能量并缓解忧虑，从而缓解不愉快的情绪。

以上启蒙运动、维多利亚时代以及前科学时代的其他哲学家和社会批评家，为我们理解戏剧和幽默做出了贡献。为了简洁，这里对他们的贡献不做深入讨论。在戏剧方面，弗雷塔格的《戏剧技巧》（1894/1863）和布鲁内蒂埃的《戏剧法则》（1914/1893）都对亚里士多德的戏剧理论进行了重新演绎与扩展，为当代戏剧理论奠定了基础。有关悬念在戏剧中的作用的更新和更详细的研究，参见沃德勒、沃尔夫和弗里德里希森（1996）的研究。斯坦利（1898）、麦克杜格尔（1903/1922）、伯格森（1912）、沃利斯

（1922）、格雷格（1923）和其他学者为我们理解优越论、生物学论、不和谐论、解脱论、惊喜论做了新的贡献，关于这些早期幽默概念的历史发展的更全面的论述，参见卡斯·斯皮格尔（Keith-Spiegel, 1972）的论述。

娱乐理论的弗洛伊德取向

弗洛伊德是精神分析学的创始人，他最早跨越娱乐的哲学检验与早期科学调查之间的鸿沟。精神分析既是一种人类行为理论，也是一种方法论，分析者通过它“剖析”无意识冲突，而无意识冲突通常起源于童年，以病人的自由联想、梦想、幽默和幻想为基础。弗洛伊德（1958/1905）的幽默使用和欣赏（appreciation）理论像他的大多数人类行为理论一样，是基于本我、自我、超我的相互作用——在他的概念中，它们是人的身份或人格的3个基本部分。本我是一种原始的无意识，它产生快乐或痛苦，并驱使本能转向性与攻击。自我是评估外部物理和社会环境并控制行为，并据此制订计划的自我认知。自我代表理性和常识，而本我代表激情。超我是解释和引导自我的良知与道德的声音，人们违反它会产生内疚和焦虑的感觉。在弗洛伊德的幽默理论中，当超我或意识允许性、敌意或挑衅的基本元素显现，表达那些通常被压制或禁止的思想时，机智（幽默的口头和人际形式）或笑话的享受就会产生。此外，弗洛伊德采用了斯宾塞（1888）的生物学理论，被抑制的能量——这里是指情绪或精神能量——必须释放出来，以避免某些反社会行为或精神疾病的出现。在弗洛伊德（1958/1905）看来，带有偏见的幽默，或包含较大敌意或欲望的幽默，在大多数社交场合是针对对手的，并且“这种幽默的形式，似乎使所有那些有兴趣欣赏对抗的人都产生愉快的反应”（Zillmann & Bryant, 1980, p.148），从而使被压抑的精神能量释放。显然，这种娱乐理论比较消极。

过渡到现代娱乐理论

现代娱乐和享受的实证与理论研究始于20世纪70年代，其在20世纪有几位重要的先驱。卡茨和福克斯（1962）受到法兰克福学派（尤其是洛文塔尔，1980）批判性思维的影响，较早呼吁娱乐研究的重要性。当大部分大众传播消费都指向娱乐时，他们思考为什么传播研究者如此重视说服而轻视娱乐。

继卡茨和福克斯之后，门德尔松出版了重要著作《大众娱乐》（1966）。此书的一个优点是，它结合了早期研究大众传播功能的社会学著作与研究大众传播媒介衍生的娱乐心理功能的文献（主要是弗洛伊德学派的）。从社会学的角度，门德尔松回顾了洛文塔尔（1980）对蒙田和帕斯卡在娱乐观点上的异同；研究了马克思主义和乔治·齐美尔、欧内斯特·范登哈格、埃里希·弗洛姆、T. W. 阿多诺和汉娜·阿伦特等知识分子对娱乐价值的批判；思考了大众社会/异化理论的价值和研究基础；回顾了赫尔佐格、克拉珀、赖特、沃尔夫、菲斯克、华纳和亨利等早期的功能分析研究，为后续的使用和满足研究提供了动力；讨论了麻痹、预期社会化（anticipatory socialization）、模仿和成瘾等新的概念；回顾了早期关于社会阶层与休闲追求的研究；在积极/消极观众的语境中，仔细比较了娱乐寻求中的放松和逃避的概念；强调了社会环境在检验娱乐体验中的作用。

在考察媒介娱乐的心理功能时，门德尔松（1966）试图整合哈佛大学的斯金纳（Skinner）、耶鲁大学的贝尔加多、罗伯茨和米勒以及麦吉尔大学的赫布和奥尔兹等的行为研究；利用弗洛伊德在《超越快乐原则》（1922）、《梦的解析》（1899）、《机智与无意识的关系》（1905）中提出的精神分析概念，并以此解释早期功能分析研究的发现。这本书是娱乐理论家的“瑰宝”，以不易保存的平装本出版，早已绝版，目前人们很难读到。

1967年，斯蒂芬森在《大众传播的游戏理论》中介绍了游戏理论（play theory）。游戏理论研究消费者如何使用媒介获得满意度、媒介内容如何影响他们的生活。这一理论奠基于弗洛伊德学说，指出痛苦和快乐是预测媒介使用的连续统一体的对立两端，其试图说明观众如何利用幻想和与角色的关系来调节自己的情绪，最大化地享受娱乐。斯蒂芬森（1967）也提出一种方法，该方法可以检验个体在媒介使用中获得的享乐的差异。可以说，在某些假设和程序方面，游戏理论与使用和满足理论相似。

我们曾多次提及使用与满足研究。该研究始于20世纪四五十年代，其对广播肥皂剧和连续剧的受众亚群体进行了功能分析。60年代，该研究演变为“社会和心理变量的操作化，这些变量被认为会产生不同的媒介消费模式”（Blumler & Katz, 1974, p.13）。70年代以降，该研究演变为“使用满足数据为与受众动机和期望相关的传播过程的各方面提供解释”（Blumler & Katz, 1974, p.13），使用和满足研究试图解释受众有何心理诉求，寻求什么类型的媒介内容。直至1974年，布鲁姆勒和卡茨颇有影响力的《大众传播使用》一书出版，心理学和传播学的实证研究已经成熟。麦奎尔（1974）提出了人类动机范式的复杂的16-cell类型学，其会实现传播使用和满足。无论好坏，使用和满足习惯性地依赖于其他假设、方法与理论构建方式，这与娱乐理论取向明显不同，因此它一直处于娱乐理论和实证娱乐研究的外围。

坦奈鲍姆（1980b）主编的《电视的娱乐功能》被视为过渡之作，因为它综合呈现早期经验主义的大部分研究，聚焦娱乐和享受，甚至尝试提出一些早期的娱乐理论。这本书是美国社会科学研究委员会（SSRC）赞助的电视和社会行为会议的成果之一，正如坦奈鲍姆（1980a）使用卡茨（1977）创造的一个短语所声称的那样，这是早期“认真对待娱乐”的一种尝试（p.2）。除此之外，该书还涉及娱乐定义、寻求娱乐的动机、娱乐体验的性质以及娱乐的短期和长期结果。

道尔夫·齐尔曼及其合作者的贡献

在坦奈鲍姆（1980b）主编的《电视的娱乐功能》这本书里，就有道尔夫·齐尔曼撰写的《悬念剖析》，这是较早对悬念进行研究的一篇综述。这篇文章呈现了齐尔曼及其合作者的研究“格调”(formula)。该文章严谨解释关键概念，使用分类规则和定义，用形式逻辑原则精心设计命题，综述不同学科的文献，囊括不同国家的学者的研究，呈现严格控制的实验结果，做到了真正的理论建构，这可能是最重要的。需要说明的是，这可不是此时期理论建构的常态，但齐尔曼做到了，这种做法成功地推出娱乐理论这一子学科。正如沃德勒和哈夫曼（2019）指出的那样，“对理论推导假设及其实证检验的系统研究，那时候是新颖和创新的。以齐尔曼为核心的研究团队，聚焦媒介使用的潜在情感过程，并于20世纪70年代就开始系统地探讨”(p.2)娱乐使用和过程。

齐尔曼及其合作者对娱乐的研究和理论构建很难简述，因为研究范围广，考察的娱乐类型种类繁多，而且高深的原创理论数量多。这种综述是按娱乐类型组织的，这些娱乐包括体育（Bryant & Raney, 2000）、视频游戏（Vorderer & Bryant, 2006）、恐怖电影（Weaver & Tamborini, 1996）或色情（Brown, 2003）。其他学者选择关注那些能够增进享乐的媒介内容类型，包括审美（Cupchik & Kemp, 2000）、交互性（Klimmt, Roth, Vermeulen, Vorderer, & Roth, 2012）、道德复杂性（Raney & Janicke, 2013; Tamborini, 2013）、骇人的描述（Cantor, 2006）和暴力（Goldstein, 1998; Miron, 2003; Sparks, Sparks, & Sparks, 2009）以及其他一些因素。

我们以另一种方法研究这些文献，即通过理论来组织它们。首先，我们将简要概述齐尔曼研究团队提出的一些著名理论，这些理论是对不同媒介平台、娱乐类型进行实证研究的基础。

选择性接触

齐尔曼及其合作者提出的首批理论命题中，有一个命题与选择性接触过程有关。选择性接触研究立足于传播研究，并常在宣传领域被引用（Bryant & Davies, 2006）；然而，齐尔曼和布莱恩特（1985）在刺激安排的情感依赖理论中提出了关于选择性接触的不同观点，这在他们主编的《传播中的选择性接触》中有所介绍。该理论有两个基本前提：“首先，该理论假设人们有意识地减少接触负面、有害或令人厌恶的刺激；其次，人们会最大限度地接触积极、令人愉快的刺激。”（Bryant & Davies, 2006, p.26）人们希望所选择的媒介内容能够最大限度地实现这些目标。刺激的平衡、干预潜力、信息—行为亲和力、享乐效价是媒介信息的4个关键点，它们与旨在实现这些目标的内容选择相关。这些命题从诸多的经验证据中得出，有助于我们理解媒介时代主权型消费者(sovereign consumer)的某些复杂选择行为。

兴奋转移理论

“兴奋转移理论和更具包容性的情感3因素理论，在道尔夫·齐尔曼对理论构建的诸多贡献中，算得上是皇冠上的那颗明珠。”（Bryant & Miron, 2003, p.31）此理论最初是为了检验消费暴力和性媒介内容的影响（Zillmann, 1971），它融合了心理生理学、生物化学、媒介心理学的要素，目前用于解释和预测娱乐媒介使用的诸多现象。兴奋转移机制远超出本章所讨论的范围，因为具体的问题涉及兴奋、时间、认知、归因与错误归因、注意力转移、享乐同化（hedonic assimilation）和道德判断等，它们是模型的重要组成部分。该模型的一个版本是：源自叙事中情感诱导情节的共鸣的兴奋，转移到电影、小说、视频游戏或其他娱乐导向的信息系统的“后半场”，强化对后续材料评价的认知。这可以使恐怖的场景更加骇人，或者使故事中令人满意的幸福结局更加吸引人。最初的兴奋反应越明显，接下来的兴奋或烦躁情绪就越强烈。因此，兴奋转移理论是解释和预测不同娱乐类型的娱乐体验的重要工具。

情感倾向理论

显然，角色是大多数媒介叙事的重要组成部分。情感倾向理论揭示，角色的特征和媒介消费者对他们的反应（尤其是我们有多喜欢或讨厌他们）以及发生在这些角色身上的事情极大地影响媒介娱乐体验的享受程度。1976年，齐尔曼与康托兆尔首次针对幽默和欢笑（mirth）提出具有解释力的倾向理论，并于20世纪70年代初对漫画和其他形式的幽默进行了实证研究（Zillmann & Cantor, 1972）。简而言之，幽默的倾向理论认为：“对幽默的欣赏程度与对被贬低者或个体的好感度成反比，与对贬低者或个体的好感度成正比。”（Zillmann & Cantor, 1976, p.100）此外，作者认为，“当我们的朋友羞辱我们的敌人时，我们非常高兴；当我们的敌人想方设法贬损我们的朋友时，我们非常不满”（Zillmann & Cantor, 1976, p.101）。

情感倾向理论“受到普遍的欢迎”，并已成功运用于解读悬疑剧、体育、视频游戏、现实节目和许多其他娱乐类型（Knobloch-Westerwick, 2015; Raney, 2003/2006; Raney & Bryant, 2019）。很明显，“观众对媒介叙事中的角色产生的情感依恋在享受过程中发挥主要作用”（Raney & Bryant, 2019, p.329）。

情绪管理理论

齐尔曼阵营中最常被引用的娱乐理论是情绪管理理论（Oliver, 2003; Zillmann, 1988; Zillmann & Bryant, 1985）。这一理论是在选择性接触理论的基础上形成的，相较于后者，它更普遍，适用性更强。齐尔曼（2000b）总结了情绪管理理论的核心要义和基本假设：“选择性接触以下材料可以最大限度实现享乐主义目标：①与负向体验的过低或过度唤醒相关的一般状态相比，在兴奋的表现上截然相反的材料；②具有大于一般状态价值的积极享乐价值的材料；③在享乐性的消极状态下，与一般状态几乎没有语义相似性的材料。”（p.104）

在实践层面，“娱乐为观众提供象征性的安排环境的机会，情绪管理理论认为观众的娱乐选择同样反映避苦趋乐的动机”（Oliver, 2003, p.86）。在回顾情绪管理经验证据时，诺布洛赫-韦斯特维克（2006）用例子表明，消费者从来都是通过媒介叙述来帮助他们克服无聊和压力、改善消极情绪、控制唤醒水平、消除愤怒和恐惧、减轻孤独感、减轻荷尔蒙导致的愤怒，以及通过媒介信息选择控制不良情绪状态。情绪管理理论也曾被质疑，但研究已经证明它是一种有效的娱乐理论。

除了齐尔曼的理论之外，多个理论已用于理解娱乐的享受。这些理论包括象征性净化理论、拟社会互动理论、社会认同理论、传输理论、认同理论、游戏理论、归因理论、第三人效应理论、预期社会化理论、修饰性心智理论（ornamental-mind theory）、模仿理论、感觉寻求理论、公平理论等。我们已经概述了大部分主要娱乐理论研究，直到20世纪90年代，下一代传播学者开始质疑并随后扩展了该学派的一些核心假设（Vorderer, this volume; Vorderer, & Halfmann, 2019）。

当代娱乐理论的认识论及其他“问题”

以上梳理表明，在过去的几年和几十年里，学界的各种各样的理论方法仍能够描述、解释和预测今天许多所谓媒介娱乐的现象。这一努力无疑提高了传播学界为当代社会的关键问题提供可信答案的能力；然而，随着各种各样的娱乐理论的出现和修正，一些问题也出现了。其中一些问题就涉及术语，如，当不同的理论（理论家）使用同一术语时，它们在多大程度上描绘的是相同的现象、经验价值或效果动力（dynamics of effects）？举个例子，“传输”（transportation）（Green & Brock, 2000）和“在场”（presence）（Steuer, 1992）的理论概念都被应用于娱乐研究（Klimmt & Vorderer, 2003）；两者都隐喻地描述了媒介用户被（在认知和情感意义上）引入幻觉（被生成的或虚构的）世界的经历。然而，目前仍然缺少对这些概念之间关系的综合性或系统性解释，要对其进行解释，以保持概念或至少是术语上的区别，而非只是将其丢给学者使用。娱乐研究者可能只是无意识地使用了其中的一个术语，或者学术社会化（academic socialization）导致了路径依赖。因此，为进一步推进娱乐研究，弄明白其与许多其他理论结构之间的异同也很重要。布朗（2015, this volume）的研究是一个成功例子，他比较了涉及媒介角色的4个概念。其他学者也需要注意这一问题，避免针对同一现象使用不同的概念。

除了相似概念之间的适用性问题，娱乐理论的快速发展和演化也促使人们对该领域的认识论进行更多的反思。例如，特定媒介娱乐体验背后的基本假设是什么？再如，在分析用户动机、接触过程中的体验或娱乐的特定效果时，娱乐理论家固有的生物学因素、积极的自我反省、“自由意志”的比重是多少才是理所当然的？娱乐内容对用户会产生哪些影响？在不同的（但相似和/或竞争的）模型和理论之间，那些很少被阐明的命题又如何不同呢？

系统回顾理论文献、媒介娱乐实证研究论文的理论部分可知，许多作者并未真正地对其认识论依据进行明确推理。相反，他们采用了其基本工作中固有的认识论。因此，一些娱乐理论是立足于行为主义的基本假设，因为它们有各自的认识论（Zillmann, 1980; Fischer, Lonergan, Hopp & Weber, this volume），而其他理论（似乎）应用以高度活跃、反思、自控的主体为中心的认识论原理（Oliver, et al., 2018）。虽然认识论的多样性本身对社会科学领域来说不是坏事，但研究者最好让这种元概念（metaconceptual）的基础更明确（《作为一个成功的例子》：Zillmann, 1988）。

此外，人们解释这些潜在的认识论假设时会发现，基于这些假设的经验验证的新假设可能是不一致的，甚至是矛盾的，这就需要元理论（metatheoretical）的"解决方案"。齐尔曼提出的基本前提是，个人首先是寻求娱乐，提振情绪，改变期待。因此受众通过欣赏（appreciating）发人深省、具有挑战性和刺激性的电影或书籍，改变当下状况。

娱乐双因素理论或模型表明，这两个前提都是合理的，媒介用户可根据情境、个人或媒介因素选择其一。事实上，任何未来的综合性的娱乐理论，都需要通过认识论模型明确地整合这两种动机，明确地说明这两种明显不同的动机何时以及如何相互竞争，从而整合不同的理论目标（Vorderer, this volume）。与其他关于有限理性的关键性研究一样（Gigerenzer & Goldstein, 1996），卡尼曼（2011）的"思考，快和慢"的双重模型，可能是这种更全面认识论的绝佳候选方案（Vorderer & Reinecke, 2012）。我们相信，任何递增的理论发展都会受益于统一的认识论，并为下一代理论家提供他们可以、需要和想要建立的基础研究传统的知识方向。

在娱乐理论和认识论被明确阐述的同时，因为该领域的快速扩张，越来越多的新实证研究成果正在逐年发表，这引发了一个问题，即娱乐的历史情境被忽视。娱乐理论的新近创新主要依赖于积极心理学（Reinecke & Oliver, 2016; Janicke-Bowles, Schubert, & Blomster, this volume）、自控理论（Reinecke & Oliver Meier, this volume）、工作和组织心理学（Rieger, Reinecke, Frischlich, & Bente, 2014）或道德心理学（Haidt, 2007；MIME model by Tamborini, this volume）等理论的运用。虽然这种理论创新策略让娱乐研究充满活力，但对邻近领域最新发展的关注，似乎阻碍了传播学学者阅读、反思和研究自己领域的过去成果。遗忘历史是一种缺憾，因为今天正在讨论的许多想法，在之前就被提出来了，今天的理论创新可以受益于早期的方法（本书序言）。例如，相对较新的"狂热观看"现象与之前"逃避现实"的理论联系提供了强大的背景知识，使获得比视频流服务更早的想法和概念成为可能（《作为一个成功的例子》：Halfmann & Reinecke, this volume）。因此，我们应提醒所有耕耘在像娱乐研究这样的有前景的领域里的年轻学者正视过去的工作、理论和模型，因为他们可能会在这里找到很多有用的推理，并且可以避免重新发明已有的概念和假设。

未来媒介娱乐理论的纲领性宣言

现代心理学上的娱乐理论已蓬勃发展40余年。本书的各章很好地概述了这些令人印象深刻的研究进展。毫无疑问，它已被纳入传播学的相关领域，但对历史成就和现状的分析发现，不久的将来，娱乐理论家既面临一些重要的问题和挑战，也面临很多的机遇。以下是娱乐理论未来工作的一些议程。

这是娱乐吗?

迄今为止，我们一直专注于能够提供最大乐趣的娱乐——选择和消费媒介，以提供最佳娱乐水平。实际上，这并不能揭示许多娱乐体验的本质。在日常生活中，大多数普通的“娱乐”可能只是在几部电影中选择最好的，或者选择最不烦人的音乐卫星频道，等等。从媒介节目学者的角度考虑（Eastman & Ferguson, 2013; MacFarland, 1997），这与节目编排的防御性策略——为潜在的媒介消费者提供“最不令人反感的节目”——相关。这至少在很大程度上解释了为什么美国和其他英语国家的汽车经销商的服务部门在整个工作日都将他们的平板屏幕调到 HGTV 网络，因为家庭装修节目不会冒犯任何观众，大多数人对节目几乎没有兴趣，以至于他们的注意力不能从小说、电子邮件、短信或其他事情上转移。

从媒介心理学的角度来看，在典型的多元化娱乐选择的媒介环境中，这意味着一些媒介用户选择和消费媒介信息系统，可能并非因为它的吸引力，而是因为他们不喜欢某些节目，尽管他们喜欢其他可用的娱乐形式。法尔和博金（Fahr & Böcking, 2009）将其定义为“作为回避行为的媒介选择”。尽管有学者研究了这些属于娱乐范畴的媒介选择和消费行为（Hartmann, 2009），但从理解人类规范行为的角度来看，它还未得到应有的系统性的理论和实证研究。

近来，这种“令人满意”的娱乐使用方式可能被忽视了，因为视频流服务等在线媒介似乎提供了无穷无尽的选择，最大限度地为具有任何偏好的个人提供娱乐体验（Jenner, 2018）。但即便在高选择环境中，用户也并不总是愿意或无法投入精力做出最佳决策，因为娱乐观众一般不会过于活跃（Schönbach, 2001）。因此，从电视中获得的“一点点”乐趣、是“好的但不是那么好”的上周三晚上的电影体验，或者每天通过社交媒介获得的一点点鼓舞（Rieger & Klimmt, 2019），都与实验室里被作为典型研究的娱乐现象不同吗?未来娱乐理论和研究的挑战正在于此，即如何认识这些“小”的、不完美的娱乐现象的体验价值和概念独特性问题。伦理学方法似乎侧重于娱乐用户的纯粹、最佳、“高潮”体验，这有助于阐明心理维度和过程。但在现实生活中，娱乐体验与许多其他心理现象一样，受到外部因素和边界的约束、影响与污染，人们需要通过更精确的理论、创新的研究方法来理解它。

反对过度使用“娱乐”一词

在特定媒介形式与媒介内容的使用方式方面，尽管我们对娱乐的理解，在过去几十年里已经拓展，但现在是时候认识到并非一切皆娱乐了。有些媒介节目肯定不适合被观众享受或欣赏，但观众在这些节目中几乎都获得了积极的感受。有些书、电影或节目很无聊、乏味，绝不会与读者或观看者“交谈”，至少在某些情况下是如此，因此将这种接触体验描述为娱乐是毫无意义的。其他“差强人意”的娱乐可能包含丰富的信息，其让用户学习和理解而不是消遣。我们需要了解娱乐对媒介用户意味着什么，它对他们有何作用，但我们也应该明白娱乐不是一切（Vorderer, this volume）。

将娱乐理论中的“心理”与“批判”联结起来

关于各种理论和元理论传统，传播领域的分歧（Craig, 1999），以及传播学科中两种思想流派之间的分歧，我们已经讨论得很多了（Vorderer & Groeben, 1992; Vorderer, Parks, & amp; Lutz, 2020）。在娱乐理论中，观点之间相互排斥，使人们无法对一种现象进行全面理解。简要的历史回顾表明，娱乐理论的发展确实归功于心理学视角和批判视角。我们相信，尽管娱乐理论在过去几十年里蓬勃发展，但各种理论观点的坚实和连贯的整合以及最终对娱乐的全面描述与解释还未实现。

具体来说，对娱乐媒介的批判性方法为信息的内容和形式提供了非常精确的观察，并对符号系统和观众对娱乐的解释情境进行了详细描述。这种分析工具会赋予娱乐理论心理学方法，因为它们可以指出信息选择的特定（有意或无意）体验效应。通常，这些分析指的是当代或历史上媒介娱乐中特别重要的例子，如在连续两期的《大众文化杂志》中，详尽的批判性写作就用于对《哈利・波特》（Seymour, 2019）、《饥饿游戏》（Halsall, 2019）、《使命召唤》（Höglund, 2018）等娱乐媒介（megamedia）的分析。反过来，作为心理娱乐理论核心的系统和经验模式的发现原则，能够让媒介娱乐的批判性方法的普及面更广，并使其独立于作者的主观评价，因此，在心理学和批判性娱乐理论的概念融合上存在很大的机会。整合困难重重，但值得付出努力，因为它们是（或将是）传播学研究中的重要议题（Vorderer & Weinmann, 2016）。

进入全球对话的娱乐理论

除了传播中范式联结的元概念路径，未来娱乐理论的一个议程是系统化地应对全球文化多样性。直到近年，媒介娱乐的跨文化视角的实证研究才出现（Schneider, Bartsch, & Oliver, 2017）。奥达格（Odag）正在引领西方媒介娱乐理论的拓展，以承认一个简单的事实：娱乐媒介是文化产品——它们的内容、形式、历史—社会背景和接受方式在世界各地差异巨大（Teo, 2013），显然，已有成果远远不足以应对这些差异和复杂性。

因此，媒介娱乐的未来理论必然要面对去西方化的挑战（Wang, 2011; Waisbord & Mellado, 2014）。显然，之前将心理的和批判的娱乐理论联系起来的议程对全球化概念工作来说至关重要，因为对流行文化的深入了解是任何尝试去西方化的娱乐理论的必要基础。

技术创新呼唤理论创新

最后，毫无疑问，技术创新不仅速度快，还极大地改变了媒介使用的总体格局，尤其是娱乐体验。数字化带来了全新的媒介类别、类型和娱乐接收模式，如视频流（Jenner, 2018）、基于位置的视频游戏（Yang & Liu, 2017）或社交媒介诗歌（Paquet, 2019）。新型媒介娱乐的迅速传播呼唤传播学的理论回应。例如，具有娱乐内容的虚拟现实应用，目前对大多数用户来说在更多的情况下可以普及使用，因此，我们要重新审视和拓展娱乐理论，以重新调整科学知识的状态，回应媒介技术和观众体验的变化，解释社会上出现的新问题（Hartmann & Fox, this volume）。

随着技术创新进入"快车道"，新的娱乐内容和形式在广度与深度上很可能很快就会达到新的强度和质量。但我们对媒介使用者如何在自主性和控制性中享受与欣赏知之甚少。这是我们能看到的未来研究的最大需求：描述和解释这些最先进的应用程序及其提供的"致命"的吸引力，理解用户迫切的享受需要（Vorderer, Hefner, Reinecke, & Klimmt, 2018），并为他们提供学界的建议和指导，为娱乐节目制作人和整个社会提供伦理观点与建议。

参考文献

Ardley, G. (1967). The role of play in the philosophy of Plato. *Philosophy, 42,* 226–244. doi:10.1017/S0031819100001303.

Beerbohm, B. (1921). Laughter. *North American Review, 214*, 39–49.

Bergson, H. (1912). *Laughter: An essay on the meaning of the comic*. New York, NY: Macmillan. doi:10.1037/13772–000.

Blumler, J. G., & Katz, E. (Eds.). (1974). *The uses of mass communications: Current perspectives on gratifications research*: Beverly Hills, CA: Sage.

Brown, D. (2003). Pornography and erotica. In J. Bryant, D. Roskos-Ewoldsen, & J. Cantor (Eds.), *Communication and emotion: Essays in honor of Dolf Zillmann* (pp. 221–253). Mahwah, NJ: Erlbaum.

Brown, W. J. (2015). Examining four processes of audience involvement with media personae: Transportation, parasocial interaction, identification, and worship.*Communication Theory*, 25(3), 259–283.

Bryant, J. (2004). Critical communication challenges for the new century. *Journal of Communication*, 54(3), 389–401. doi:10.1111/j.1460–2466.2004.tb02635.

Bryant, J., & Davies, J. (2006). Selective exposure processes. In J. Bryant & P. Vorderer (Eds.), *Psychology of entertainment* (pp. 19–33). Mahwah, NJ: Erlbaum.

Bryant, J., & Miron, D. (2003). Excitation-transfer theory and three-factor theory of emotion. In J. Bryant, D. Roskos-Ewoldsen, & J. Cantor (Eds.), *Communication and emotion: Essays in honor of Dolf Zillmann* (pp.

31–59). Mahwah, NJ: Erlbaum.

Bryant, J., & Raney, A. A. (2000). Sports on the screen. In D. Zillmann & P. Vorderer (Eds.), *Media entertainment: The psychology of its appeal* (pp. 153–174). Mahwah, NJ: Erlbaum.

Cantor, J. (2006). Why horror doesn't die: The enduring and paradoxical effects of frightening entertainment. In J. Bryant & P. Vorderer (Eds.), *Psychology of entertainment* (pp. 315–327). Mahwah, NJ: Erlbaum.

Comisky, P., & Bryant, J. (1982). Factors involved in generating suspense. *Human Communication Research*, 9, 49–58. doi:10.1111/j.1468–2958.1982.tb00682.x.

Craig, R. T. (1999). Communication theory as a field. *Communication Theory*, 9(2), 119–161. doi:10.1111/j.1468–2885.1999.tb00166.x.

Cupchik, G. C., & Kemp, W. (2000). The aesthetics of media fare. In D. Zillmann & P. Vorderer (Eds.), *Media entertainment: The psychology of its appeal* (pp. 249–264). Mahwah, NJ: Erlbaum.

Diserens, C. M., & Bonifield, M. (1930). Humor and the ludicrous. *Psychological Bulletin, 27*, 108–118. doi:10.1037/h0072960.

Eastman, S. T., & Ferguson, D. A. (2013). *Media programming: Strategies and practices* (9th ed). Boston, MA: Wadsworth.

Fahr, A., & Böcking, T. (2009). Media choice as avoidance behavior: Avoidance motivations during television use. In T. Hartmann (Ed.), *Media choice* (pp. 185–202). New York, NY: Routledge.

Freud, S. (1899). *The interpretation of dreams*. London, UK: Macmillan.

Freud, S. (1922). *Beyond the pleasure principle*. London, UK: Hogarth. doi:10.1037/11189-000.

Freud, S. (1958, originally 1905). *Der Witz und seine Beziehung zum Unbewussten [Wit and its relationship to the unconscious]*. Frankfurt, Germany: Fischer Bücherei.

Gigerenzer, G., & Goldstein, D. G. (1996). Reasoning the fast and frugal way: models of bounded rationality. *Psychological Review*, 103(4), 650–669.

Goldstein, J. H. (Ed.). (1998). *Why we watch: The attractions of violent entertainment*. New York, NY: Oxford University Press. doi:10.1037/e552692012-018.

Green, M. & Brock, X. (2000).

Greig, J. Y. T. (1923). *The psychology of laughter and comedy*. New York, NY: Dodd, Mead.

Haidt, J. (2007). The new synthesis in moral psychology. *Science, 18*, 998–1002.

Halsall, A. (2019). Playing with space in Suzanne Collins's The Hunger Games trilogy and Koushun Takami's *Battle Royale: Remastered. Journal of Popular Culture*, 52(1), 117–136.

Hartmann, T. (Ed.). (2009). *Media choice*. New York, NY: Routledge.

Hazlitt, W. (1841/1818). *Lectures on the English comic writers* (3rd ed). London, UK: Oxford University Press.

Hazlitt, W. (2005/1826). *On the pleasure of hating*. New York, NY: Penguin Books.

Hobbes, T. (1968/1651). *Leviathan*. Harmondsworth, UK: Penguin.

Höglund, J. (2018). The call of adventure in *Call of Duty: WWII. Journal of Popular Culture*, 51(6), 1453–1475.

Jenner, M. (2018). *Netflix and the re-invention of television*. Berlin, Germany: Springer.

Kahnemann, D. (2011). *Thinking, fast and slow*. New York, NY: Penguin.

Kant, I. (1922/1788). Kritik der praktischen Vernunft: Zweites Buch. Analytik des Erhabenen. [Critique of practical reason: Second book: Analysis of the revered.] In E. Cassirer (Ed.), *Immanuel Kants Werke* (Vol 5, pp. 315–412). Berlin, Germany: B. Cassirer.

Katz, E. (1977). Can authentic cultures survive new media? *Journal of Communication*, 27, 113–121 doi:10.1111/j.1460–2466.1977.tb01836.x.

Katz, E., & Foulkes, D. (1962). On the use of mass media as "escape": Clarification of a concept. *Public Opinion Quarterly*, 26, 377–388. doi:10.1086/267111.

Keith-Spiegel, P. (1972). Early conceptions of humor:Varieties and issues. In J. H. Goldstein & P. E. McGhee (Eds.), *The psychology of humor* (pp. 3–39). New York, NY: Academic Press. doi:10.1016/B978-0-12-288950-9.50007–9.

Klimmt, C., Roth, C., Vermeulen, L., Vorderer, P., & Roth, F. S. (2012). Forecasting the experience of future entertainment technology: "Interactive storytelling" and media enjoyment. *Games and Culture*, 7, 187–208. doi:10.1177/1555412012451123.

Klimmt, C., & Vorderer, P. (2003). Media psychology "is not yet there": Introducing theories on media entertainment to the presence debate. *Presence: Teleoperators and Virtual Environments*, 12(4), 346–359.

Knobloch-Westerwick, S. (2006). Mood management: Theory, evidence, and advancements. In J. Bryant & P. Vorderer (Eds.), *Psychology of entertainment* (pp. 239–254). Mahwah, NJ: Erlbaum.

Knobloch-Westerwick, S. (2015). *Choice and preference in media use: Advances in selective- exposure theory and research*. New York, NY: Routledge. doi:10.4324/9781315771359.

Löwenthal, L. (1980). *Literatur und Massenkultur* [Literature and mass culture]. *Schriften: Vol. 1*. Frankfurt am Main, Germany: Suhrkamp.

MacFarland, D. T. (1997). *Future radio programming strategies: Cultivating listenership in the digital age* (2nd ed.). Mahwah, NJ: Erlbaum.

McDougall, W. (1903). The theory of laughter. *Nature*, 67, 318–319. doi:10.1038/067318a0.

McDougall, W. (1922). Why do we laugh? *Scribners*, 71, 359–363.

McGuire, W.J. (1974). Psychological motives and communication gratification. In J. G. Blumler and E. Katz (Eds.), *The uses of mass communication: Current perspectives on gratifications research* (pp. 167–196). Beverly Hills, CA: Sage.

Mendelsohn, H. (1966). *Mass entertainment*. New Haven, CT: College and University Press.

Miron, D. (2003). Enjoyment of violence. In J. Bryant, D. Roskos-Ewoldsen, & J. Cantor (Eds.), *Communication and emotion: Essays in honor of Dolf Zillmann* (pp. 445–472). Mahwah, NJ: Erlbaum.

Oliver, M. B. (2003). Mood management and selective exposure. In J. Bryant, D. Roskos-Ewoldsen, & J. Cantor (Eds.), *Communication and emotion: Essays in honor of Dolf Zillmann* (pp. 85–106). Mahwah, NJ: Erlbaum.

Oliver, M. B., Raney, A. A., Slater, M. D., Appel, M., Hartmann, T., Bartsch, A., ... Das, E.(2018). Self-transcendent media experiences: Taking meaningful media to a higher level. *Journal of Communication*, 68(2), 380–389. doi:10.1093/joc/jqx020.

Pâquet, L. (2019). Selfie-help: The multimodal appeal of instagram poetry. *Journal of Popular Culture*, 52(2), 296–314.

Pascal, B. (1670). *Pensées*. Paris, France: Renouard.

Raney, A. A. (2003). Disposition-based theories of enjoyment. In J. Bryant, D. Roskos-Ewoldsen, & J. Cantor (Eds.), *Communication and emotion: Essays in honor of Dolf Zillmann* (pp. 61–84). Mahwah, NJ: Erlbaum.

Raney, A. A. (2006). The psychology of disposition-based theories of media enjoyment. In J. Bryant & P. Vorderer (Eds.), *Psychology of entertainment* (pp. 137–150). Mahwah, NJ: Erlbaum.

Raney, A.A., & Bryant, J. (2019). Entertainment and enjoyment as media effect. In M. B. Oliver, A. A. Raney, & J. Bryant (Eds.), *Media effects: Advances in theory and research*, 4th ed. (pp. 324–341). New York, NY: Routledge.

Raney, A. A., & Janicke, S. H. (2013). How we enjoy and why we seek out morally complex characters in media entertainment. In R. Tamborini (Ed.), *Media and the moral mind* (pp. 152–169). London, UK: Routledge.

Reinecke, L., & Oliver, M. B. (Eds.). (2016). *The Routledge handbook of media use and well-being: International perspectives on theory and research on positive media effects*. New York, NY: Routledge.

Rieger, D., & Klimmt, C. (2019). The daily dose of digital inspiration: A multi-method exploration of meaningful communication in social media. *New Media and Society*, 21(1), 97–118.

Rieger, D., Reinecke, L., Frischlich, L., & Bente, G. (2014). Media entertainment and well-being—Linking hedonic and eudaimonic entertainment experience to media-induced.

recovery and vitality. *Journal of Communication*, 64(3), 456–478.

Ryan, R. M., & Deci, E. L. (2000). Self-determination theory and the facilitation of intrinsic motivation, social development, and well-being. *American Psychologist*, 55(1), 68–78.

Schneider, F. M., Bartsch, A., & Oliver, M. B. (2017). Factorial validity and measurement invariance of the Appreciation, Fun, and Suspense scales across US-American and German samples. *Journal of Media Psychology: Theories, Methods, and Applications*, 31(3), 149–156. doi:10.1027/1864-1105/a000236.

Schoenbach, K. (2001). Myths of media and audiences: Inaugural lecture as professor of general communication science, University of Amsterdam. *European Journal of Communication*, 16(3), 361–376.

Schopenhauer, A. (1891). *Erstes Buch: Der Welt als Vorstellung* [First book: To the world for consideration]. In J. Frauenstadt (Ed.), *Arthur Schopenhauer's sämtliche Werke* (Vol. 2, pp. 3–109). Leipzig, Germany: F. A. Brockhaus.

Seymour, J. (2019). "Friends? Always": The power of male friendship in *Harry Potter and the Cursed Child. Journal of Popular Culture*, 52(2), 259–276.

Sparks, G. G., Sparks, C. W., & Sparks, E. A. (2009). Media violence. In J. Bryant & M. B. Oliver (Eds.), *Media effects: Advances in theory and research* (3rd ed., pp. 269–286). New York, NY: Routledge.

Spencer, H. (1888). The physiology of laughter. In *Illustrations of universal progress: A series of discussions* (pp. 194–209). New York, NY: D. Appleton. doi:10.1037/12203–004.

Stanley, H. M. (1898). Remarks on tickling and laughing. *American Journal of Psychology*, 9,235–240. doi:10.2307.1411760.

Stephenson, W. (1967). *The play theory of mass communication*. Chicago, IL: University of Chicago Press.

Steuer, J. (1992). Defining virtual reality: Dimensions determining telepresence. *Journal of Communication*, 42(4), 73–93.

Tamborini, R. (Ed.). (2013). *Media and the moral mind*. London, UK: Routledge. doi:10.4324/9780203127070

Tannenbaum, P. (1980a). An unstructured introduction to an amorphous area. In P. Tannenbaum (Ed.), *The entertainment functions of television*. Hillsdale, NJ: Erlbaum.

Tannenbaum, P. (Ed.). (1980b). *The entertainment functions of television*. Hillsdale, NJ: Erlbaum.

Teo, S. (2013). *The Asian cinema experience: Styles, spaces, theory*. New York, NY: Routledge.

Vorderer, P., & Bryant, J. (Eds.). (2006). *Playing video games: Motives, responses, and consequences*. Mahwah, NJ: Erlbaum.

Vorderer, P., & Groeben, N. (1992). Audience research: What the humanistic and the social science approaches could learn from each other. *Poetics*, 21(4), 361–376. doi:10.1016/0304-422X(92)90014-T.

Vorderer, P., & Halfmann, A. (2019). Why do we entertain ourselves with media narratives? A theory of resonance perspective on entertainment experiences. *Annals of the International Communication Association*, 43(2), 79–96. doi:10.1080/23808985.2019.1599298.

Vorderer, P., Hefner, D., Reinecke, L. & Klimmt, C. (Eds.). (2018). *Permanently online, permanently connected: Living and communicating in a POPC world*. New York, NY: Routledge.

Vorderer, P., Park, D. W. & Lutz, S. (2020). A history of media effects research traditions. In M. B. Oliver (Hrsg.), Media effects: Advances in theory and research (pp. 1–15). New York, NY: Routledge.

Vorderer, P., & Reinecke, L. (2012). Zwei-Prozess-Modelle des Unterhaltungserlebens im Schnittbereich hedonischer und non-hedonischer Bedürfnisbefriedigungen [Two-process models of entertainment experience at the intersection of hedonic and non-hedonic need satisfaction]. In L. Reinecke & S. Trepte (Eds.), *Unterhaltung in neuen Medien* (pp. 12–29). Köln, Germany: Herbert von Halem Verlag.

Vorderer, P., & Weinmann, C. (2016). Getting the discipline in communication with itself. *Journal of Communication*, 66(2), 211–214. doi:10.1111/jcom.12220.

Vorderer, P., Wulff, H. J., & Friedrichsen, M. (Eds.). (1996). *Suspense: Conceptualizations, theoretical analyses, and empirical explorations*. Mahwah, NJ: Erlbaum.

Waisbord, S., & Mellado, C. (2014). De-westernizing communication studies: A reassessment. *Communication Theory*, 24(4), 361–372.

Wallis, W. D. (1922). Why do we laugh? *Scientific Monthly*, 15, 343–347.

Wang, G. (Ed.). (2011). *De-westernizing communication research: Altering questions and changing frameworks*. New York, NY: Routledge.

Weaver, J. B., III, & Tamborini, R. (Eds.). (1996). *Horror films: Current research on audience preferences and reactions*. Mahwah, NJ: Erlbaum.

Yang, C. C., & Liu, D. (2017). Motives matter: Motives for playing Pokémon Go and implications for well-being. *Cyberpsychology, Behavior, and Social Networking*, 20(1), 52–57.

Zillmann, D. (1971). Excitation transfer in communication-mediated aggressive behavior. *Journal of Experimental Social Psychology*, 7, 419–434. doi:10.1016/0022–1031(71)9073–8.

Zillmann, D. (1980). Anatomy of suspense. In P. Tannenbaum (Ed.), *The entertainment functions of television* (pp. 133–163). Hillsdale, NJ: Erlbaum.

Zillmann, D. (1988). Mood management through communication choices. *American Behavioral Scientist*, 31, 327–340. doi:10.1016/0022–1031(80)90005–0.

Zillmann, D. (2000a). Humor and comedy. In D. Zillmann & P. Vorderer (Eds.), *Media entertainment: The psychology of its appeal* (pp. 37–57). Mahwah, NJ: Erlbaum. doi:10.4324/ 9781410604811.

Zillmann, D. (2000b). Mood management in the context of selective exposure theory. *Communication Yearbook*, 23, 103–123. doi:10.1080/23808985.2000.11678971.

Zillmann, D. (2006). Dramaturgy for emotions from fictional narration. In J. Bryant & P. Vorderer (Eds.), *Psychology of entertainment* (pp. 215–238). Mahwah, NJ: Lawrence Erlbaum Associates.

Zillmann, D., & Bryant, J. (1980). Misattribution theory of tendentious humor. *Journal of Experimental Social*

Psychology, 16, 146–160.

Zillmann, D., & Bryant, J. (1985). Affect, mood, and emotion as determinants of selective exposure. In D. Zillmann & J. Bryant (Eds.), *Selective exposure to communication* (pp. 157–190). Hillsdale, NJ: Erlbaum.

Zillmann, D., & Bryant, J. (1991). Responding to comedy: The sense and nonsense in humor. In J. Bryant @ D. Zillmann (Eds.).*Responding to the screen: Reception and reaction processes* (pp. 261–279). Hillsdale, NJ: Lawrence Erlbaum Associates.

Zillmann, D., & Cantor, J. (1972). Directionality of transitory dominance as a communication variable affecting humor appreciation. *Journal of Personality and Social Psychology*, 24, 191–198. doi:10.1037/h0033384.

Zillmann, D., & Cantor, J. R. (1976). A disposition theory of humour and mirth. In A. J. Chapman & H. C. Foot (Eds.), *Humour and laughter: Theory, research, and applications* (pp. 93–115). London, UK: Wiley. doi:10.4324/9780203789469–6.

第二章　娱乐是场旅行，而非终点：娱乐理论的过程视域

安德里亚斯·法尔
汉娜·弗鲁

本章将娱乐视为由媒介内容引发的体验。这些体验可能是一系列独特瞬间，也可能是媒介接触后的评价，或者是两者的结合。如果是后者，那么问题就来了：在媒介体验之后，受众是如何在与媒介的接触中达到娱乐高潮的？如果经验可以累积，那么它们究竟是如何累积起来的？在媒介接触过程中，不同的接触体验在程度、频率、差异和连续性上有何关联？这些体验意味着最大程度的享受吗？

为了解决这些问题，本章讨论如何定义过程（process）以及媒介体验过程如何促进娱乐。我们感兴趣的是娱乐是如何演变的、导致这种体验的决定因素是什么。虽然许多学者声称娱乐具有过程性，但很少有人从过程的角度进行理论研究和测量。事实上，常见的做法是依据某些可识别的事件结果来指定娱乐过程，尽管事件本身、事件之间的联系和结果都鲜为人知或难以理解。如果一个过程是根据可指定的规则在可指定的时间范围内发生的一系列可理解的关联事件的循环序列（Vayda, McCay, & Eghenter, 1991），那么我们就有必要识别媒介接触过程中可能发生的事件的重复演变，并将其与娱乐联系起来（Kelly & McGrath, 1988, pp.9–28）。要更关注过程，就必须对过程的模型做出更精确的理论假设（Kelly & McGrath, 1988, pp.77–96）；此外，技术测量必须更充分地考虑过程的要求。

这一探究聚焦于一般过程动力学的理论（第一部分）和具体的娱乐理论（第二部分）。在此基础上，本研究印证了沃德勒、克里姆特和里特菲尔德的观点，即“纯粹描述这种娱乐过程，对传播学和相关学科的研究者来说是一个巨大的挑战，更不用说解释了”（Vorderer, Klimmt and Ritterfeld, 2004, p.391）。

为了奠定“娱乐是一场旅行”的立论基础，图2.1、图2.2、图2.3试图对媒介接触

之前、接触期间和接触之后的体验之间的一些假设关系进行建模。这些以时间为基础的观点有3个前提。第一，我们对“娱乐”的理解遵循了古法语/中古法语“entretenir”的定义，它指的是拉丁语*inter-*（“among”）+ *tenere*（“to hold”），意思是跟上、维持、团结或支持（在线词源词典）。因此，娱乐的特点是以过程为导向的，即内容的制作是为了吸引和保持观众的参与。第二，娱乐被视为受众的一种主观的、动态的体验，而不仅仅是媒介内容的特征。正如沃德勒等人（2004）所写的这样，“在大部分娱乐中，我们如此频繁、如此刻意地参与，似乎提供了复杂的、动态的甚至是多方面的体验”（p.391）。第三，考虑到过程的动态特性（Abbott, 2001, pp.181–182, pp.250–251; Kelly & McGrath, 1988, pp.77–96），个人体验并非总是被精准地表述为中介交流中所有体验的平均值或总和（将事件$e_1 \cdots e_n$到$t_1 \cdots t_6$相加或取平均值；见图2.1）。

	接触前	接触中						接触后
e_1	3	0	0	5	0	0	0	5
e_2	0	5	5	5	5	5	5	5
e_3	1	0	1	2	3	4	5	5
e_4	3	0	5	0	5	0	5	5
e_5	5	0	1	0	1	0	1	5
e_6	2	1	0	1	0	1	0	5
e_7	3	0	1	2	3	4	5	5
e_n	0	5	4	5	2	1	0	5
t	0	1	2	3	4	5	6	7

图2.1 娱乐的流程

注：e_1到e_n：接触期间的事件或体验；数字代表事件的发生及强度（0＝没有体验，5＝强烈体验；t代表时间点）。

享受旅行

有人可能会说，观察接触过程的动态及其时间模式并不重要，因为最终观众对这场旅行的评价会导致判断、学习、连续的选择性接触和其他结果。持这种观点的研究让参与者接触不同版本的故事或其他信息特征，它们从整体上改变了理论特色，然后衡量受访者对这些信息的总体兴趣，但这些类型的研究设计并没有深入了解体验是如何随着时间的推移而演变的。

一些娱乐研究者发现测量媒介使用过程中的认知、情感或行为反应很重要。从这个角度来看，媒介接触期间的体验，要么是娱乐本身，要么与事后的娱乐感受有关。这些基于时间的数据，往往是研究者简单地对整个接触过程中的数据进行平均或加总得出的，然后研究者将其与娱乐或享受等事后衡量指标相对照（E = Mean ($e_1 - e_n t_1 \cdots e_1 - e_n t_6$)）。例如，兴奋转移理论（Bryant & Miron, 2003）特别指出，媒介接触结束时的重要性（$e_n t_7$）是通过接触期间的体验来解释的。其他的例子是峰值和终止规则，或者对时间的忽视（Fredrickson & Kabneman, 1993）。这些例子表明，体验的记忆在很大程度上不仅取决于一个体验是如何结束的，还取决于极端情况下的感受（$E = e_2 t_3 + e_2 t_6$）。因此，个体对事件的记忆和感知在很大程度上受特殊节点的解释影响。

娱乐体验也可以被看作其自身的实体，不能用技术上或统计上的经验积累来充分解释。这种观点遵循这样一种观念，即最终的评价或解释形成了一种感知或“格式塔”，在这种感知或“格式塔”中，“整体”有它自己的情况，独立于各个部分（凯伊卡，1935）。这种观点认为，通过一种独特的模式来重建娱乐体验是没有结果的，甚至是不可能的。整体不是部分之和，而是一个独立的存在，详细阐述这样一个概念不是本章的目标。相反，本章不仅对娱乐的终点感兴趣，还对娱乐过程感兴趣，这种过程是具有因果关系的，理论上有充分的事件依据。这些事件及其模式应该被识别、测量和加权，这有利于更好地解释娱乐存在与否。综上所述，图2.2显示了一个基本模型（以功能的形式），娱乐是一段时间内旅行的结果。

$$\text{Entertainment} = f_E(e_1 \cdots e_n)$$
$$\text{Where, } e_i \in R^m, \forall i\{1, \cdots, n\}$$
$$\text{Where, } e_{i,j} \text{ is the value of variable } i \text{ at time } j, \forall i \in \{1, \cdots, n\}, \forall j \in \{1, \cdots, m\}$$
$$0 \leqslant e_{i,j} \leqslant M, \forall i \in \{1, \cdots, n\}, \forall j \in \{1, \cdots, m\}$$

图2.2　娱乐的基本模式

注：娱乐是媒介接触过程中体验$e_1 \cdots e_n$的函数，取决于它们在t_0时的初始值，其中每个e_i具有m个数值，$e_{i1} \cdots e_{im}$是在特定时间点不同的体验状态，这些值可能在0（没有e_1体验）和M（e_1可能达到的最高强度）之间。这并不意味着娱乐体验在原则上被概念化为一个过程的最终结果。它可以被看作一系列可理解的相互关联的动作或事件的重复出现（$e_i t_1 \cdots e_i t_6$，享受旅程）；t代表时间点。

本章致力于阐述娱乐的动态视角，对接触阶段进行了更深入的审查，重点是媒介接触期间以及接触之后的娱乐体验和顺序。第一部分概述了社会科学中过程如何被概念化。在传播研究最常见的娱乐理论中，这一理论考量有利于探究过程的概念。

社会科学中的“过程”

在社会科学领域，人们讨论出了许多不同的过程理论形式。这类观点集中于因果过程（Abbott, 2001, pp.178–179），将娱乐及其组成部分概念化为“整体故事”，其中每个时间点（结构/事件的状态）不仅是暂时有序的，而且是因果相关的（Kelly & McGrath, 1988, pp.29–56）。

决定娱乐体验的潜在偶然因素见图2.1和图2.3。首先，潜在的偶然因素既包括体验的初始状态，也包括对未来状态的预期。初始状态和对未来状态的预期可以用沃德勒等人（2004）总结的前提条件与动机来描述。它们会带来快乐（以悬念、情绪或知觉控制为特征；近端效应），也可能导致远端效应（放松、学习、宣泄）。其次，参考单元的先前状态可以永久性改变初始状态以产生后续效果：（Ⅰ）先决条件和动机影响（Ⅱ）享受，并导致（Ⅲ）进一步的效果。因此，娱乐的过程被视为因果排序的媒介用户（Ⅰ、Ⅱ、Ⅲ）在质量上不同的离散状态的函数。

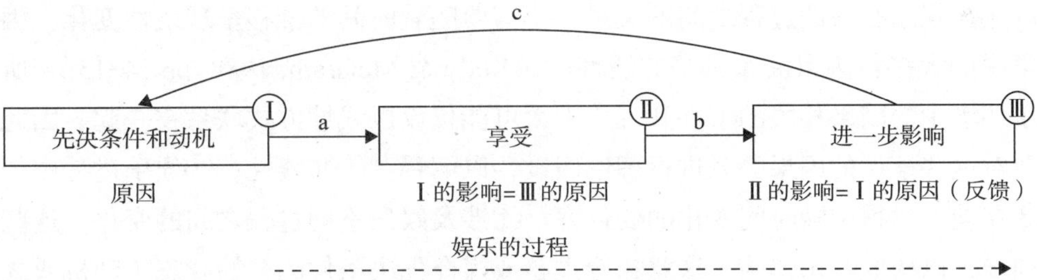

图2.3　娱乐理论的时间假设

注：该模型基于Vorderer等人2004年（p.393）的图2.1。关于娱乐的总体模型，人们可以发现循环的方面（c）以及看似线性的方面（a和b）。第一阶段、第二阶段和第三阶段可以被视为离散的时间点。在这种情况下，不同形状的效果间隔可以用a、b和c来描述；Ⅰ、Ⅱ、Ⅲ也可以被视为过程本身。

每一种不同的体验状态都可以看作一个过程本身，包括暂时性的因果变化：先决条件和动机（Ⅰ）可能随着时间的推移在媒介使用者中发生变化，正如享受（Ⅱ）或进一步的影响，如知识（Ⅲ）。Ⅰ、Ⅱ和Ⅲ的每个前置状态都可以作为初始状态，也可以作为跟随状态的原因，并导致受众成员内部发生变化。这与瓦尔肯伯格、彼得和瓦尔特（Valkenburg, Peter, & Walther, 2016）的假设相一致，他们认为大多数媒介效果都是不稳定、相互作用的。这意味着，不仅特定过程中的前置状态会导致主体的变化，而且因果关联过程中的前置状态也会发生变化。例如，之前的兴奋过程可以影响某一特定体验的享受。

过程理论和经验方法往往隐晦或明确地假定它们是线性的和单调的（Kelly & McGrath, 1988, pp.23–24）。就娱乐而言，这意味着娱乐是悬念或情感等各种先于经验事件的总和，娱乐体验可以通过初始值和均匀坡度（uniform slope）来预测。如果娱乐是一个线性过程，那么知道这两者，我们就可以在任何时间预测娱乐体验。此外，娱乐和相关概念的关系通常被认为是线性的。例如，人们越是卷入体验，娱乐的感觉就越强（图2.1：e_2 and e_7 at t_7）。随着时间的推移，这两种结构也可以呈现出一种线性关系：在接触过程中，人们越是被转移到体验中（$e_3t_1 \ldots e_3t_6$），娱乐的感觉就越强（$e_7t_1 \ldots e_7t_6$）。这意味着在媒介接触过程中被传递或沉浸在体验和享受中的感觉会发生变化，而这些结构在媒介接触过程中的演变模式是线性的、有意义的。最后，其中一个概念可以动态地与时间相关，而另一个概念与特定的时间点相关：在接触过程中，传输越高（$e_3t_1 \ldots e_3t_6$），结束时娱乐体验越高（e_7t_7）。

如果娱乐是这样一个线性过程，只包含一种理论架构（乐趣），那么娱乐理论中关于时间和过程成分的复杂理论假设将是多余的：在开始时了解基本的乐趣水平，最后记录下最终的乐趣水平将足以推断出这个过程。人们只需要开始时进行一些理论解释，再对两点之间的差异进行一些似是而非的解释，就可以解释乐趣，但体验的演变和两个或两个以上与娱乐有关的过程之间的关系，不需要随着时间的推移呈现线性变化。因为社会科学中的大多数因果关系都是非线性的（Kelly & McGrath, 1988, pp.14–15），所以，在娱乐环境中的因果相关的事件和反应不太可能仅仅以线性方式联系在一起。因此，我们需要对这些事件的因果关系进行理论假设，以解释：①非线性；②娱乐过程中的多元化；③在同一过程中随时间变化的变化率；④涉及娱乐不同过程之间的变化，这些过程暂时同步，以构成娱乐体验。这意味着主题或媒介先决条件的初始状态（动机或之前的经验和期望）可能揭示娱乐情节的起始点，但不能揭示其实际演变的形态：一些动机或期望在接触过程中得到满足，而有些没有。因为通过媒介接触，经验会改变，动机和期望也会改变，比较最初的动机和媒介接触带来的满足感可能会说明这一点。例如，娱乐动机没有得到满足，但两种结构之间的差异并没有揭示动机是如何以及何时开始改变的。在接触过程中，动机不太可能总在改变（这可以用线性函数的斜率来表示）。因此，计算接触前后测量值之间的差异意味着线性过程，这可能是一种误导性的假设：对差异的说明并不能告诉我们变化是如何发生的以及何时发生的。没有差别只是告诉我们预期看起来还是一样，但是无法告诉我们媒介接触中有没有变化；在整个娱乐过程中，它们不一样。因此，我们有必要在过程演化中采取更高的时间分辨率（从理论和经验意义上）研究这些过程，并揭示影响娱乐过程的关键因素，以确定“格式塔”的实际形式。娱乐体验的变化可能发生在媒介接触期间及之后任何时间点。这除了需要更精确的理论假设外，还有几个含义。首先，为了测量变化，人们需要知道一个过程变化的速度有多快（Newell, 1994, pp.121–123）。其次，我们需要假设影响娱乐过程的外部和内部触发因素。外部触发因素可能是媒介内容的叙事结构，内部触发因素是相互作用，如自相关，自然回归到基线水平（生理唤醒）以及法肯堡等人（Valkenburg, et al., 2016）描述的互惠效应。

一个过程的理论概念化和测量不仅需要假设它的时间尺度或变化率，而且需要假设它的可逆性。有些媒介内容可能有长期的影响，如恐怖电影中令人震惊的一幕。这些影响可能持续很长时间，所以在研究中，它们可以通过自我报告的数据进行回溯性测量。在媒介使用者身上的变化很难发生“逆转”，然而，一些媒介内容会激起稍纵即逝的情绪，这些情绪事后无法被想起，在接触媒介的那一刻才能被测量出来。从某种意义上来说，它们是可逆的。例如，在媒介接触过程中，当心跳恢复到初始状态后就无法测量了。

基于这些例子和假设，过程的6个方面可适用于媒介研究中的过程（Coleman, 1981, pp.6–7; Kelly & McGrath, 1988, pp.9–28）：

（1）变化表现为观察者离散状态的差异。

（2）改变并不需要由特定的人预先决定。

（3）除了内部因素，可能还有外部因素影响变化。

（4）在媒介接触之前，变化不一定是由单一的初始状态预先判定的。

（5）变化是可逆的或不可逆的。可逆的变化在一段时间后回到它们最初的具体状态，然而不可逆的变化构成了一个不同层次的转变。

（6）变化不一定能被观察到。

总之，过程与时间相关，并且会受到其他结构的影响，这些结构是过程本身或者时间上的离散事件（McGrath & Ischan, 2004; Collins, 2006）。对于一个过程的理论概念化和测量，有必要首先揭示假定的过程的时间，至少是时间间隔，即因果之间的时间跨度，也就是“原因产生影响”所需的时间（Blossféld & Rohwer, 1997, p.366）。此外，还必须将假定的时间形态具体化，这被定义为过程的特征。从更广泛的角度来看，人们还可以寻找特定因果关系的周期性，如循环模式（Collins, 2006）。关于进程初始状态的影响，还可以加上进程的（非线性）线性。突然的变化可以用断裂来描述，更平滑的变化可以用转折点来描述，或者更平滑的坡度的增减可以用轨迹来描述（Abbott, 2001, pp.243–250）。

娱乐理论中的“过程”

上节详细介绍了与娱乐有关的过程，假定娱乐体验是由几个（线性和非线性）子过程（联结的事件）组成的，这些子过程是暂时同步的。以下章节借鉴沃德勒等人（2004）、奥利弗和巴奇（2010）的理论要点来确定与娱乐概念相关的重要结构和过程，上文中的过程假设为描述过程的性质或形状提供了背景。第一部分主要研究娱乐的情感成分，这是大多数娱乐理论推理和实证研究的核心概念。第二部分涉及的概念是娱乐体验的重要推动因素。

娱乐的情感成分

娱乐的一个主要研究方向是情感满足或情感反应，如媒介使用者把寻求奖励的感觉作为自己的目的，如寻求乐趣、刺激或快乐的情绪和感受（Vorderer, et al., 2004; Zillmann, 1988; Zuckerman, 2006）。

情绪

情绪管理和逃避主义（Henning & Vorderer, 2001; Vorderer, et al., 2004）植根于动机理论和选择性接触的视角。这两个概念都是从娱乐的过程角度来讨论的，而不仅仅是媒介接触的结果。情绪管理和逃避主义在积极情感效价（方法视角）、吸收和分散消极思想（回避视角；Knobloch-Westerwick, 2006; Zillmann, 1988）等方面确定了主要的受试经历的满足感。情绪与媒介接触的初始点、受众对事件的反应以及接触过程的结果有关。特别是情绪调节（Holbrook & Gardner, 2000）、情绪修复和情绪维系揭示了情绪管理理论的重要性（Bowman & Tamborini, 2012; Zillmann & Bryant, 1985）。“有关过程的时间框架和发展是……必要的，尤其在实证调查中。”（Knobloch, 2003, p.237）从正常过程的角度来看，情绪管理有两种可能性：①媒介使用者追求从一个享乐层次到另一个享乐层次的转变；②媒介使用者不断地重新调整自己，以达到个体的平衡或自我平衡。这个过程视角的理论基础来自期望价值理论（Eccles, 2009; Fishbein & Aizen, 1975）。随后，在反复的接触中，期望值和价值计算不断更新并影响后续行为（影响接触、停留于或离开特定媒介内容的概率）。使用与满足（既寻求又获得：Palmgreen & Rayburn, 1985）以及情绪发展模型（mood-updating model）都清楚地将过程视角纳入与传播相关的研究（Holbrook & Gardaer, 2000）。在交流阶段之外，期望值理论解释了未来受众对有趣的内容的选择性接触。

对情绪调节和情绪管理过程的实证检验有时聚焦于这些随时间变化的选择与暴露微观动力学（通过实验诱导情绪后立即进行的选择性暴露；Chen, Zhou, & Bryant, 2007; Knobloch, 2003）。其他研究试图解释在更长的时间间隔内反复选择性接触的原因。对新出现的非线性模式的解释很难，并且大多是通过事后推导得出的。对于情绪何时、如何随时间变化以及与哪些内容有关，人们仍然知之甚少，正如诺布洛赫所说：“预期活动的节奏和效价的相互作用产生了截然不同的调节模式，只是部分与先验假设相同。这可以通过相互矛盾的需求来解释。”((Knobloch, 2003, p.247)

情感

情感理论（评价理论中更为复杂的变体）通常将情绪及与其相关的情感概念化为暂时同步的非线性过程（Scherer, 2005/2009）。由于大多数娱乐理论认为娱乐体验和情绪、情感有关，因此娱乐理论必须考虑情绪理论的理论假设、非线性假设和时间假设。

简单的方法是把享受等同于单一的反应，如短暂的唤醒感是与喜悦之类的特定情感相关联的。但是，即使是最基本的情感体验也是基于对上述事件的历史评价（Mar, Oatley, Djikic, & Mullin, 2011）。因此，它们不仅是过程本身，还是先前经验的结果，这就解释了为什么媒介学者认为这些情感经历的起源模式重要，正如"过山车"之类的隐喻所暗示的那样（Tan, 2008）。从这种观点来看，娱乐不是与单一情感相关联，而是与时间长河中或多或少的过山车般的激烈情感体验相关联（Mar, et al., 2011）。

元情感

元情感理论或元评价理论（Mayer & Gaschke, 1988; Oliver, 1993; Schramm & Wirth, 2008）把娱乐解释为一种结果或从整个体验中获得的全方位满足。这些理论认为娱乐主要表现为对体验的一般事后评价（重新评价）的结果（cf. Zillmann, 1983，他支持生理唤醒的观点）。因此，体验（主要是情绪，娱乐接触过程中的复杂情绪）不仅被认为是目的本身，而且被视为一种刺激或催化剂，其可以培养后续的满足感（Bartsch, 2012; Bartsch, Mangold, Viehoff, & Vorderer, 2006）。因此，元情感将媒介接触过程中的特定体验与广泛的评估联系起来，如接触后的总结（见图2.2中的模型），或者至少是接触时的某些重要时间点（Vorderer & Reinecke, 2015）。从技术上讲，大多数实证研究通过某种方法将享受或娱乐体验回归到接触期间以事后自我报告的方式测量的认知和情绪上（Schramm & Wirth, 2010）。尽管如此，这些权重还是可以说明某些因素对整个体验的影响程度；然而，在这种传统的设计中，我们很难确定媒介接触过程中那些反复出现的序列或经验的权重是如何影响元情感的。

悬念

悬念与经历的事件的特定顺序相关，掩盖了激动、恐惧和缓解的特征（Vorderer, et al., 2004）。在此，安慰充当悬念和娱乐之间的调节变量。例如，一个故事中人们最喜欢的主人公有了一个幸福的结局（"情感倾向理论"，this volume; Madrigal, Bee, Chen, & LaBarge, 2011）。一个纵向数据的多级模型分析明确表明，正面和负面的变化都恰好与足球队崇拜者的悬念感有关（Knobloch-Westerwick, David, Eastin, Tamborini, & Greenwood, 2009）。霍夫曼和法尔（Hoffmann & Fahr, 2007）通过体验再现了惊悚电影中观众随着悬念产生的"起起伏伏"的感觉，观众的情绪在影片的结尾达到高潮。他们还发现，同样的悬念模式在同样的内容被二次观看时也很明显，只是峰值减小了。因此，有经验证据表明，人们享受着建立在冲突、恐惧、快乐和自信之上的不确定性。

习惯化与敏感化

纯粹基于情感和唤醒的理论试图解释娱乐如何出现和持续，而习惯化（habituation）意味着受众在反复接触之后对刺激的反应会降低（Bradley, Lang, & Cuthbert, 1993）；因此习惯可能被看作悬念和其他愉悦经历的对立面。因果之间的时间间隔会随着时间而改变，因为对刺激的重复和习惯减少了影响（以前是造成影响的原因）。因此，它可能会导致过程的变化率降低和/或幅度降低。在同一领域，敏感化（sensitization）与习惯化相反，反复接触媒介内容会导致习惯化中的反应幅度增大。就娱乐过程来说，习惯性、概括性、敏感性和歧视性尚未被很好地总结与研究。

对立过程理论（Solomon, 1980）是以过程为导向，解释习惯性及与情绪反应、动机和行为有关的敏感性的理论。这是一种针对情感、情绪或享乐反应的理论，其将以下几种现象结合在一起：①比较初始情感；②情感从习惯（宽容）到厌恶或令人愉快的刺激；③情感戒断综合征的出现；④以一种有意义的、非随意的方式刺激一种介于存在与不存在的状态之间的情感对立或强化对立关系（Solomon, 1980, p.698）。一方面，随着时间的流逝，重复的愉悦感可能会逐渐消失，从而导致新的依赖关系产生；另一方面，重复的厌恶使他们对不愉快的感觉逐渐减少，并有可能成为一种新的享乐来源（Solomon, 1980, p.709）。"对立过程理论"为娱乐理论提供了有趣的视角，因为在"享乐主义逆转"的过程中，不仅最初引起愉悦或不悦反应的刺激会消失，而且最初的感觉还会导致相反的次级情感或感觉。这种次级反应通常比初始反应更强烈，持续时间更久（"元情感"）。因此，它从理论上解释了媒介接触期间不断演变的娱乐体验的非线性以及概念间因果关系的变化。

关于对立过程的一个例子便是悬念和/或生理刺激的演变，其通过观看特定的媒介内容而启动，如观看一部新的恐怖电视剧。当一个人开始看一部电视剧时，最初的享乐过程会被激活。用户通过享受悬念获得积极的情感和激励。这个"A过程"会被一个包含负性享乐属性的反作用所抵消，或者存在"B过程"，即悬念或激励的减少会减少用户观看电视剧所获得的积极感受。因为情节变得无聊，用户开始对这些曾令人兴奋的内容感到疲劳。这种对抗过程作为一种恢复心理或生理"稳态"的手段，是在最初的享乐反应之后发展起来的。消极的感觉（无聊）又开始出现，是对更多刺激性内容的渴望。重复使用恐怖元素会强化对抗过程，但玩家从最初过程中获得的感觉会保持不变。这种动态解释了耐受性，即增加悬念、唤醒或其他激活内容时，需要超越对抗过程给用户带来的影响。在对立过程理论的原始术语中，这也解释了戒断综合征，这种综合征在最初的愉悦过程消失后，被消极的效应所抵消。

综上所述，与情感相关的过程表明，有必要将娱乐概念化为多维的、线性的和非线性的、可理解的联结在一起的行为与事件，这些行为和事件可以通过不同的机制同时进行。它们都可以由凯利和麦格拉思（Kelly & McGrath, 1988, pp.9–28）讨论的时间形态原型（archetypes of temporal shapes）构成。例如，情绪调节是一个随时间而变化的过程，而悬念是一个循环的过程。

媒介用户对内容的依赖

上节描述了作为娱乐核心内容的情感成分。乍一看，它们似乎只是以反应为导向的

（情绪反应），但是正如人们所争论的那样，每个反应都应被视为后续影响的先决条件或原因。下面的章节将重点讨论与娱乐相关的概念，这些概念指出媒介使用者与媒介之间的关系（拟社会关系、情感倾向），或者描述对媒介内容的一般性参与（在场、心流状态）。

在场

作为一个过程，这个概念明确聚焦当前的媒介体验、它的即时奖励以及它与娱乐的联系（Hartmann & Fox，上卷；Lombard & Ditton, 1997）。它指的是一种持续增加或减少的经验，在这种经验中，感知的自我定位和行动可能性与一种媒介环境相联系，而心智能力是受这种环境的约束，而不是受现实的约束。媒介因素（持久性、现实主义）和用户先决条件（参与、怀疑的悬置）都会影响空间存在的过渡与永久化（Wirth, et al., 2007）。过程式享受可以被定义为一种存在的形式、从媒介接触中寻求和体验的主要结果，或者体验娱乐的前提。克里姆特和沃德勒（2003）举例说明了如何从用户倾向、事件的心理模拟和心态角度理解在场的享受。他们的假设与过程的思想紧密相连：作者认为，玩电子游戏的行为模拟了一系列的情况，这些情况各自具有某些可能性，并需要采取行动。一个玩家试图通过应用一些可能性来采取行动，这影响了玩家的娱乐，并且影响了后续的配置。因此，视频游戏中的特定竞争元素被视为享受的重要决定因素。玩视频游戏之类的过程的顺序（Klimmt & Vorderer, 2003）不是随机的。成功完成竞争会导致积极影响，这与高度唤醒有关。这种情绪状态导致享受的体验，并强化了继续比赛的动机（面对下一个竞争局面）。不满意的结果会引起愤怒或沮丧，起初可能会驱动玩家继续玩，以解决下一个任务，但最终会减少娱乐体验。仅在成功完成竞争的情况下，玩电子游戏才是令人愉悦的。随着游戏对玩家的行为和能力做出反应，后续的游戏场景会受到挑战结果的影响（Klimmt, Hartmann, & Frey, 2007）。

因此，在场不仅是与娱乐相关的机制，更是一个过程式结构（processual construct），它也具有自己逻辑，因此娱乐不仅仅是享乐的代名词。（Lee, 2004; Wirth, et al., 2007）。在场和享受之间的关系似乎既不是线性的也不总是正向的，而是取决于两个过程是否同步。关于它的时间形式，在场已经被实证检验过，检验聚集于其连续过程中的中断（Liebold, Brill, Pictschmanm, Sehwab, & Ohler, 2017）。这项研究已经表明，在场中断易于习惯化，所以随后的在场干扰并不排除被娱乐的感觉。

心流

在场是指在媒介世界中“在场”的感觉，而心流是指参与的感觉，一种完全沉浸于自己正在做的事情的精神状态。这种内在的奖励体验的特征包括：目标和反馈的清晰、专注、聚焦，缺乏自我意识，时间感失真，完成任务所需的挑战和能力之间的平衡以及能够完全控制某项任务的感觉（Csikszentmihalyi & Csikszentmihalyi, 1988; Fisher,

Lonergan & Hopp, & Weber, this volume)。因此，“心流”和“在场”在概念上相似，如“身临其境”和“强烈的沉浸感”；“心流”被视为“沉浸”或“参与”某项活动，而“在场”指一种中介环境中的空间沉浸感，韦贝尔和维斯马斯（Weibel & Wissmath, 2011）指出，“流”在存在和享受之间起着中介作用。雪利、韦伯、坦博里尼、韦斯特科特-贝克和坎特（Sherry, 2004; Weber, Tamborini, Westcott-Baker, & Kantor, 2009）认为，享受是流动体验的结果。还有人认为，“心流”的典型特征——如成就、竞争、对挑战的追求和掌握、控制感与自我陶醉——与“过程导向”的娱乐体验有关（Vorderer, Hartmann, & klimt, 2003）。因此，从“在场”与“心流”关系出发的实证研究假设（Bystrom, et al., 1999; Sherry, 2004; Vorderer, Hartmann, & Klimmt, 2003; Weber, Tamborini, Westcott-Baker, & Kantor, 2009; Weibel & Wissmath, 2011），过程视角强调平衡和反馈回路对“心流”的产生至关重要。这些动力最终导致娱乐体验。尽管关于如何在游戏环境中评估流和娱乐有很多建议（Nacke, 2009; Nacke, Drachen, & Goebel, 2010），但只有一项真正的、面向过程的研究试图将两者融合在一起。范登伯格（van den Berg, 2016）将面部表情作为严肃游戏中的愉悦度指标，他的研究表明，幸福并不是在流动中获得，而是由流动引起的。

传输

在娱乐环境中明确涉及接触过程的其他概念是传输（Green & Brock, 2000）、叙事参与/说服、沉浸和吸收（Moyer-Gusé, 2008; Slater & Rouner, 2002; Sukalla, et al., 2016）。这些概念基本上是指叙事中的认知、情感和意象参与。格伦和克拉克（2013）认为，情节发展、倾向发展、连贯的结构、戏剧性的张力和生产价值都是“质量”的预期组成部分，“质量”使人们在媒介接触期间被传输的感觉增强。除其他事项，传输还建立了媒介用户与角色的联系，并加深了其对现实主义和情感参与的感知（Green, Brock, & Kaufman, 2004; Green & Clark, 2013）。被代入叙事世界的体验是娱乐的关键方面，也是享受快乐的条件。许多研究表明，媒介内容的特殊质量或技巧可以促进交流，从而带来欢乐，对于加深对现实主义的认识尤为如此（Green, Brock, & Kaufman, 2004）。

测量和标示导致心流、在场或传输的典型事件的模式或顺序（sequence）面临来自经验与概念的挑战。例如，在媒介接触后，用户通过自我报告的方式对他们被传输到叙事中的经历进行的评估（Green & Brock, 2000），通常与享乐相关（Green, et al., 2004）。一种典型的设计是操纵内容特征（生动度）并测量接触后的传输量（Riddle, 2013）。了解特定的媒介内容（较高的显示度与较低的显示度）会引起更多的关注，兴奋和情感参与是很有价值的，但是到目前为止，似乎还没有研究测量过媒介接触期间的传输经历，或者基于时间的操纵性来评估其如何触发、维持在场或传输。研究通常假设叙事、传输和娱乐的特征之间在某种程度上存在积极的线性关系，而沉浸式状态破坏了娱乐的感觉（Green & Clark, 2013）。人们还可以假设预期的或意外的变化、频率、大小或事件的连续性变化有助于娱乐体验，但是冲动是连续不断的，并且在一定程度上是恒定的。

拟社会处理

由于娱乐内容通常涉及人物的故事，因此拟社会关系（PSRs）和身份识别在娱乐中起着重要作用（Brown, this volume；Cohen & Klimmt, this volume）。像非中介关系一样，拟社会关系和身份识别在很大程度上取决于过程假设（Eyal & Cohen, 2006; Tal-Or & Cohen, 2010; Wilson, 1993）：关系需要建立和维护；它们可以发展、改变和分裂。传输聚焦于吸收程度，通常在叙述中阐明不同的形式特征，而身份识别和拟社会关系聚焦于媒介用户对人物的依恋。很明显，身份识别和拟社会交往是真正面向过程的概念，因为它们在接触过程中发生并发展。威尔逊（Wilson, 1993）将这种电视观看体验理解为观众和参与者之间不断的运动。塔洛和科恩（Cohen, 2010）承认，身份转换的体验不但是间歇性的，而且是非常短暂的（在接触期间很难测量）。根据实际经验，拟社会关系不受实际风险的束缚，但会在更长的时间内发展并采取真实关系的形式。这些反复发生的结束（拟社会关系的破裂）可能导致痛苦（Eyal & Cohen, 2006）；然而，没有人会否认，这段关系有过愉快的时刻，这些时刻不会在一段关系结束时被忘记或被重新定义。毫无疑问，身份识别和拟社会关系会随着娱乐体验而变化（Klimmt, Hartmann, & Schramm, 2006）。因此，一方面，我们假设这些概念与娱乐之间存在积极的线性关系是合理的；另一方面，我们可以推测人际关系的“上下”移动、过渡或周期可以解释最大限度的享乐变化。有人可能会说故事结束时的娱乐体验是多方面的：玩家会与自己喜欢的角色分享许多美好和糟糕的时光，尽管他们最终可能会变成恶棍。这些关系的变化可能会导致玩家在联络期间对记忆事件的解释或感知的变化。

从经验上看，我们对身份认同和拟社会关系如何随着时间发展、拟社会互动如何促进这些关系以及特定的体验模式如何促进娱乐知之甚少（Giles, 2002）。这是因为大多数研究只能通过自我报告的方式来测量接触后的识别、拟社会互动或拟社会关系，然后得出结论，为了解决因果关系和时间问题，未来的研究应该在依赖纵向数据的同时复制这些发现。对拟社会关系的研究可以受益于社会和临床心理学研究，这些研究长期以来一直在研究关系的演变、预测因素和结果。这些领域的研究者也注意到通过使用纵向数据来研究关系演变过程的重要性（Bradbury, 1998; Rusbult, 1983）。他们的分析模型和理论视角能有效地解释媒介中人物关系的发展。例如，曾、麦卡洛和费查姆（2006）研究了宽恕与关系中亲密度和承诺的恢复之间的纵向关系。他们发现，复仇和仁慈维度的宽恕有助于日后的亲密与承诺，而回避维度的宽恕与亲密和承诺互为因果。

情感倾向理论

情感倾向理论将受众与媒介角色的关系及情感和认知反应结合在一起。因此，它整合了前两节的过程假设。这个概念最早由齐尔曼和康托尔（1972）提出，其通常将曝光过程的特征与最终状态联系起来，假定媒介用户对主角做出（道德）判断，这导致他们对角色形成特殊的看法。在叙述中，观众喜欢的角色越来越陷入困境，而观众不喜欢的角色越来越占上风。在这种情况下，观众倾向于希望“英雄”有好的结局，担心“英雄”结局不好；同时，担心“恶棍”有好的结局，希望“恶棍”没有好下场。对于失去力量和支持的英雄们来说，情况变得越来越令人绝望了，而坏人占了上风。在媒介用户对主角很同情的情况下，这会导致紧张或悬念。然后，娱乐就伴随着热情或满足感产生。在叙事结束时，好人获胜，坏人得到惩罚，观众的紧张感消除。这种经验通常通过兴奋转移理论来解释，该理论主要依靠情绪唤醒（Bryant & Miron, 2003; Zillmann, 1996）。

情感倾向理论很有解释力，它明确地解释了媒介接触期间角色的发展以及这种发展对娱乐的贡献（Raney, 2006）。尽管关于情感倾向如何随着时间发展的相当详尽的假设被提出，但只有一项关于情感倾向理论的纵向研究可以反复测量情感倾向和娱乐体验，并试图在时间推移中有效地解释发展（Weber, Tamborini, Lee, & Stipp, 2008）。在反复观看肥皂剧的背景下，作者假设角色道德和行为结果相互作用，以塑造叙事享受。他们考察了一个为期10周的肥皂剧的内容，并对观察到的12个主要角色行为中的道德礼节以及与这些行为相关的结果的应得性进行了评分。然后他们将这些分数组合成一个倾向理论向量（Disposition Theory Vector, DTV）——表示对正当行为进行奖励和对不当行为进行惩罚的程度——根据每个星期整体叙事结构中所包含行为的重要性进行加权。然后他们通过使用该DTV来预测观众对媒介角色和节目的喜欢程度（Weber, et al., 2008）。为了更准确地说明这一过程，他们使用了趋势分析来显示DTV随时间预测尼尔森收视率的能力。结果表明，数字电视的发展是非线性的。随着时间的流逝，对应得的结果（奖励美德和惩罚不当行为）的描述增加了，而对不应得的结果（惩罚善行和奖励犯罪）的描述减少了。

这种观点指出这样一个事实：娱乐不仅与时间上的一种或多种特定经历相吻合，而且与和情感、道德判断相关的一系列特征性事件的结果相吻合。这些类型的研究表明了“真实的”纵向数据的潜力和性质，以及多个时间点的经验、判断、倾向和娱乐之间的潜在因果关系，从而揭示了这种复杂的可能性构念之间的相互作用。

结　论

时间和时序性（temporality）对于娱乐及其各个部分都是至关重要的，“娱乐的过程”（Vorderer, et al., 2004, p.405）意味着这种现象及其前因后果、预测因子、成分、相关因素和影响是具有时间意义的结构。主要的研究方向是调查这些成分是什么，它们如何与娱乐、享受相关。在这里，人们不关心娱乐过程或娱乐过程是如何演变的。在实证研究中，娱乐通常被概念化（和测量）为一个在“终点”聚合的最终感知或评价。另外，一种研究则侧重于“旅行”：在媒介接触过程中，特定事件的体验是如何演变的，它们如何与被娱乐的感觉相关，或者怎么表达娱乐的感觉。在这里，享受被视为一种在线或实时的现象：所有的一切都是关于旅程的，而路本身就是目标。第三种观点将两者结合在一起，通过探索事件的特定顺序是否能够以及如何累积起来形成一个最终的评估总结。

对于作为一场旅行的娱乐的时间的概念化和测量来说，有必要使用纵向或高频数据来说明过程的时间间隔及其特点。在使用这些数据时，我们可以尝试性地检验模型所依据的关键概念之间的因果关系和相互作用。从时间的角度来看，关于娱乐的概念特征和由此产生的测量要求的双重假设可被具体说明。

- 娱乐可以分为不同时间阶段：事前的预期（动机）、中期的体验（情绪、悬念、在场）、事后的评估（元情感、评价）。
- 娱乐可以只作为接触期间（旅途中）的体验出现，也可以只作为接触之后（目的地）被娱乐的聚合感觉出现，或者作为两者的特定功能而出现（目的地，回顾特定的部分，以及旅途的年表）。
- 最好通过顺序、频率、幅度和正负号（向下或向上倾斜）将作为一个过程的娱乐概念化为一个非随机的时间顺序的潜在的非线性子过程或事件的因果关系。
- 娱乐有些组成部分是不稳定的、可逆的或循环的，有些是持久的或不可逆的，从而导致体验的变化或中断。
- 测量娱乐过程中的接触，或者将娱乐作为一个对过去经历的（再）评估，需要设置时间间隔并从理论上证明其合理性。我们必须弄清楚娱乐的预期“时间形态（temporal shape）”。

媒介接触过程中的特定经历是如何随着时间演变并最终累积起来的，人们仍然知之甚少——这些经历的序列、幅度、频率和增减是如何在娱乐中达到峰值的？对此的一个主要解释是，我们很难在不破坏愉悦的感觉的情况下衡量事件接触过程中的体验。因此，大多数的研究是在媒介接触后通过自我报告的形式指出在过程中发挥作用的重要因素，但它们很难预示娱乐的出现。即使研究在接触过程中确实不止一次地收集数据，这些时间点是否聚集以及如何被聚集的仍然很难被发现。除了从情感倾向理论等方法衍生出来的模型之外，很少有传播学理论能够明确地预测这一过程的发展。因此，娱乐活动及其预测体验之间关系的概念大多转化为简单的线性形式，即某一特定体验“越高”“越强”或者“越多样化”，娱乐的感觉就越明显。其他一些理论认为，变化、起伏、“过山车”、悬念缓和模式（suspense-relief patterns）、反馈回路等非线性因素最能表现或激发人们的娱乐感。还有一些人提出调适或运动是通往娱乐之旅的核心。

综上所述，人们要想更聚焦于娱乐理论中的过程问题，就要更精确地评估娱乐的形式和速度（或其潜在的或相关的结构）。凯利和麦格拉斯（1988, pp.9–28）在社会科学过程的时间形态原型中发现了一个更正式的起点。一个以过程为导向的、可以分解为这些原型的传播理论是情感倾向理论（Zillmann & Cantor, 1972）。为了证实娱乐过程的因果假设，我们需要弄明白这些过程随着时间同步的机制，要在澄清这些理论的基础上，选择适当的方法来评估每一个娱乐过程。因此，娱乐理论应该恰当地阐释那些通常只与娱乐有着隐性联系的时间特征（一组可以理解的相互联系的事件按照具体的规则和时间参数发生的一般序列）(Vayda, McCay, & Bghenter, 1991)。这个理论中的每一种因果关系都需要根据其内在的时间形态进行澄清（Kelly & McGrath, 1988, pp.9–28）。

总之，娱乐是一场旅行，而非终点。仅仅关注娱乐中的具体事件或最终结果，人们可能会忽视娱乐体验意义，不去思考娱乐体验是如何实现的，在多大程度上最终会消失。从理论和方法上对娱乐过程进行解释是有意义的，或者用阿尔伯特（Abbott, 2001）的话说，这是娱乐和媒介效果研究中的“时间问题”。

参考文献

Abbott, A. (2001). *Time matters: On theory and method*. Chicago: University of Chicago Press.

Bartsch, A. (2012). Emotional gratification in entertainment experience: Why viewers of movies and television series find it rewarding to experience emotions. *Media Psychology*, 15(3), 267–302. https://doi.org/10.1080/15213269.2012.693811.

Bartsch, A., Mangold, R., Viehoff, R., & Vorderer, P. (2006). Emotional gratifications during media use—an integrative approach. *Communications: The European Journal of Communication Research*, 31(3), 261–278.

Blossfeld, H.-P., & Rohwer, G. (1997). Causal inference, time and observation plans in the social sciences. *Quality and Quantity*, 36(31), 361–384.

Bowman, N. D., & Tamborini, R. (2012). Task demand and mood repair: The intervention potential of computer games. *New Media and Society*, 14(8), 1339–1357. https://doi. org/10.1177/1461444812450426

Bradbury, T. N. (Ed.). (1998). *The developmental course of marital dysfunction*. New York: Guilford.

Bradley, M. M., Lang, P. J., & Cuthbert, B. N. (1993). Emotion, novelty, and the startle reflex: Habituation in humans. *Behavioral Neuroscience*, 107(6), 970–980. https://doi.org/10.1037/ 0735–7044.107.6.970.

Bryant, J., & Miron, D. (2003). Excitation-transfer theory. In J. Bryant, D. Roskos-Ewoldson, & J. Cantor (Eds.), Communication and emotion: *Essays in honor of Dolf Zillmann* (pp. 31–59). Mahwah, NJ: Erlbaum.

Bystrom, K.-E., Barfield, W., & Hendrix, C. (1999). A conceptual model of the sense of presence in virtual environments. *Presence: Teleoperators and Virtual Environments*, 8(2), 241–244. https://doi.org/10.1162/105474699566107.

Chen, L., Zhou, S., & Bryant, J. (2007). Temporal changes in mood repair through music consumption:

Effects of mood, mood salience, and individual differences. *Media Psychology*, 9(3), 695–713. https://doi. org/10.1080/15213260701283293.

Coleman, J. S. (1981). *Longitudinal data analysis*. New York: Basic Books.

Collins, L. M. (2006). Analysis of longitudinal data: The integration of theoretical model, temporal design, and statistical model. *Annual Review of Psychology*, 57(1), 505–528. https://doi. org/10.1146/annurev. psych.57.102904.190146.

Csikszentmihalyi, M., & Csikszentmihalyi, I. S. (Eds.). (1988). *Optimal experience: Psychological studies of flow in consciousness*. New York: Cambridge University Press.

Eccles, J. (2009). Who Am I and What Am I Going to Do with My Life? Personal and Collective Identities as Motivators of Action. *Educational Psychologist*, 44(2), 78–89. https://doi. org/10.1080/00461520902832368.

Eyal, K., & Cohen, J. (2006). When good friends say goodbye: A parasocial breakup study. *Journal of Broadcasting and Electronic Media*, 50(3), 502–523. https://doi.org/10.1207/ s15506878jobem5003_9.

Fishbein, M., & Ajzen, I. (1975). *Belief, attitude, intention, and behavior: An introduction into theory and research*. Reading, MA: Addison-Wesley.

Fredrickson, B. L., & Kahneman, D. (1993). Duration neglect in retrospective evaluations of affective episodes. *Journal of Personality and Social Psychology*, 65(1), 45–55.

Giles, D. C. (2002). Parasocial interaction: A review of the literature and a model for future research. *Media Psychology*, 4(3), 279–305.https://doi.org/10.1207/S1532785XMEP0403_04.

Green, M. C., & Brock, T. C. (2000). The role of transportation in the persuasiveness of public narratives. *Journal of Personality and Social Psychology*, 79(5), 701–721.

Green, M. C., Brock, T. C., & Kaufman, G. F. (2004). Understanding media enjoyment: The role of transportation into narrative worlds. *Communication Theory*, 14(4), 311–327. https://doi.org/10.1111/ j.1468–2885.2004.tb00317.x.

Green, M. C., & Clark, J. L. (2013). Transportation into narrative worlds: Implications for entertainment media influences on tobacco use. *Addiction*, 108(3), 477–484. https://doi. org/10.1111/j.1360–0443.2012.04088.x.

Henning, B., & Vorderer, P. (2001). Psychological escapism: Predicting the amount of televi- sion viewing by need for cognition. *Journal of Communication*, 51(1), 100–120. https://doi. org/10.1111/j.1460–2466.2001. tb02874.x.

Hoffmann, J., & Fahr, A. (2007, May). *Reexperiencing suspense and surprise: Processes of repeated exposure to narrative fiction*. Paper presented at the International Communication Association, New York.

Holbrook, M. B., & Gardner, M. P. (2000). Illustrating a dynamic model of the mood-updating process in consumer behavior. *Psychology and Marketing*, 17(3), 165–194. https://doi. org/10.1002/(SICI)1520–6793(200003)17:3<165::AID-MAR1>3.0.CO;2–5.

Kelly, J., & McGrath, J. (1988). *On time and method*. Beverly Hills, CA: Sage.

Klimmt, C., Hartmann, T., & Frey, A. (2007). Effectance and control as determinants of video game enjoyment. *CyberPsychology and Behavior : The Impact of the Internet, Multimedia and Virtual Reality on Behavior and Society*, 10(6), 845–847. https://doi.org/10.1089/cpb.2007.9942.

Klimmt, C., Hartmann, T., & Schramm, H. (2006). Parasocial interactions and relationships. In J. Bryant & P. Vorderer (Eds.), *Psychology of entertainment* (pp. 291–313). Mahwah, NJ: Erlbaum.

Klimmt, C., & Vorderer, P. (2003). Media psychology “is not yet there”: Introducing theories on media entertainment to the presence debate. *Presence*, 12(4), 346–359. https://doi. org/10.1162/105474603322391596.

Knobloch, S. (2003). Mood adjustment via mass communication. *Journal of Communication*, 53(2), 233–250.

Knobloch-Westerwick, S. (2006). Mood management: Theory, evidence, and advancements. In J. Bryant & P. Vorderer (Eds.), *Psychology of entertainment* (pp. 239–254). Mahwah, NJ: Erlbaum.

Knobloch-Westerwick, S., David, P., Eastin, M. S., Tamborini, R., & Greenwood, D. (2009). Sports spectators' suspense: Affect and uncertainty in sports entertainment. *Journal of Communication*, 59(4), 750–767. https://doi.org/10.1111/j.1460–2466.2009.01456.x.

Koffka, K. (1935). *Principles of Gestalt psychology*. Oxford: Harcourt, Brace.

Lee, K. M. (2004). Why presence occurs: Evolutionary psychology, media equation, and presence. *Presence: Teleoperators and Virtual Environments*, 13(4), 494–505. https://doi. org/10.1162/1054746041944830.

Liebold, B., Brill, M., Pietschmann, D., Schwab, F., & Ohler, P. (2017). Continuous measure-ment of breaks in presence: Psychophysiology and orienting responses. *Media Psychology*, 20(3), 477–501. https://doi.org/ 10.1080/15213269.2016.1206829.

Lombard, M., & Ditton, T. (1997). At the heart of it all: The concept of presence. *Journal of Computer-Mediated Communication*, 3(2). https://doi.org/10.1111/j.1083–6101.1997.tb00072.x.

Madrigal, R., Bee, C., Chen, J., & LaBarge, M. (2011). The effect of suspense on enjoyment fol- lowing a desirable outcome: The mediating role of relief. *Media Psychology*, 14(3), 259–288. https://doi.org/10.1080 /15213269.2011.596469.

Mar, R. A., Oatley, K., Djikic, M., & Mullin, J. (2011). Emotion and narrative fiction: Interactive influences before, during, and after reading. *Cognition and Emotion*, 25(5), 818–833. https://doi.org/10.1080/0269993 1.2010.515151.

Mayer, J. D., & Gaschke, Y. N. (1988). The experience and meta-experience of mood. *Journal of Personality and Social Psychology*, 55(1), 102–111.

McGrath, J. E., & Tschan, F. (2004). *Temporal matters in social psychology: Examining the role of time in the lives of groups and individuals*. Washington, DC: American Psychological Association. http://dx.doi. org/10.1037/10659–000.

Moyer-Gusé, E. (2008). Toward a theory of entertainment persuasion: Explaining the persua- sive effects of entertainment-education messages. *Communication Theory*, 18(3), 407–425. https://doi.org/10.1111/ j.1468–2885.2008.00328.x.

Nacke, L. E. (2009). *Affective ludology: Scientific measurement of user experience in interactive entertainment*. Unpublished dissertation, Blekinge Institute of Technology, Blekinge, Sweden.

Nacke, L. E., Drachen, A., & Goebel, S. (2010). Methods for evaluating gameplay experience in a serious gaming context. *International Journal of Computer Science in Sport*, 9(2). http://iacss.org/index.php?id=96

Newell, A. (1994). *Unified theories of cognition*. Cambridge, MA: Harvard University Press.

Oliver, M. B. (1993). Exploring the paradox of the enjoyment of sad films. *Human Communication Research*, 19, 315–342.

Oliver, M. B., & Bartsch, A. (2010). Appreciation as audience response: Exploring entertainment gratifications beyond hedonism. *Human Communication Research*, 36(1), 53–81. https://doi.org/10.1111/j.1468–2958.2009.01368.x.

Online Etymology Dictionary. (n.d.). *Entertain*. Retrieved May 2, 2019, from https://www.etymonline.com/ word/entertain.

Palmgreen, P., & Rayburn, J. (1985). An expectancy-value approach to media gratifications. In K. E.

Rosengren, L. A. Wenner, & P. Palmgreen (Eds.), *Media gratifications research: Current perspectives* (pp. 61–72). Beverly Hills, CA: Sage.

Raney, A. A. (2006). *The psychology of disposition-based theories of media enjoyment*. In J. Bryant & P. Vorderer (Eds.), *Psychology of entertainment* (pp. 137–150). Mahwah, NJ: Erlbaum.

Riddle, K. (2013). Transportation into vivid media violence: A focus on attention, emotions, and mental rumination. *Communication Quarterly*, 61(4), 446–462.https://doi.org/10.1080 /01463373.2013.799512.

Rusbult, C. E. (1983). A longitudinal test of the investment model: The development (and deterioration) of satisfaction and commitment in heterosexual involvements. *Journal of Personality and Social Psychology*, 45(1), 101–117.https://doi.org/10.1037/0022–3514.45.1.101.

Scherer, K. R. (2005). What are emotions? And how can they be measured? *Social Science Information*, 44(4), 695–729. https://doi.org/10.1177/0539018405058216.

Scherer, K. R. (2009). Emotions are emergent processes: They require a dynamic computa- tional architecture. *Philosophical Transactions of the Royal Society B: Biological Sciences*, 364(1535), 3459–3474. https://doi.org/10.1098/rstb.2009.0141.

Schramm, H., & Wirth, W. (2008). A case for an integrative view on affect regulation through media usage. *Communications*, 33(1), 27–46.

Schramm, H., & Wirth, W. (2010). Exploring the paradox of sad-film enjoyment: The role of multiple appraisals and meta-appraisals. *Poetics*, 38(3), 319–335.

Sherry, J. L. (2004). Flow and media enjoyment. *Communication Theory*, 14, 328–347.doi:10.1111/j.1468–2885.2004.tb00318.x.

Slater, M. D., & Rouner, D. (2002). Entertainment—education and elaboration likelihood: Understanding the processing of narrative persuasion. *Communication Theory*, 12(2), 173 191. https://doi.org/10.1111/j.1468–2885.2002.tb00265.x.

Solomon, R. L. (1980). The opponent-process theory of acquired motivation. *American Psychologist*, 35(8), 691–712.

Sukalla, F., Bilandzic, H., Bolls, P. D., & Busselle, R. W. (2016). Embodiment of narrative engage- ment: Connecting self-reported narrative engagement to psychophysiological measures. *Journal of Media Psychology*, 28(4), 175–186. https://doi.org/10.1027/1864–1105/a000153.

Tal-Or, N., & Cohen, J. (2010). Understanding audience involvement: Conceptualizing and manipulating identification and transportation. *Poetics*, 38(4), 402–418. https://doi. org/10.1016/j.poetic.2010.05.004.

Tan, E. S.-H. (2008). Entertainment is emotion: The functional architecture of the entertainment experience. *Media Psychology*, 11(1), 28–51. https://doi.org/10.1080/15213260701853161.

Tsang, J., McCullough, M. E., & Fincham, F. D. (2006). The longitudinal association between forgiveness and relationship closeness and commitment. *Journal of Social and Clinical Psychology*, 25(4), 448–472. https://doi.org/10.1521/jscp.2006.25.4.448.

Valkenburg, P. M., Peter, J., & Walther, J. B. (2016). Media effects: Theory and research. *Annual Review of Psychology*, 67(1), 315–338. https://doi.org/10.1146/annurev-psych-122414–033608.

van den Berg, M. (2016). *Automated observation of competency-related behavior in serious gaming*. Unpublished master's thesis, University of Twente. Retrieved from https://essay.utwente.nl/69358/.

Vayda, A. P., McCay, B. J., & Eghenter, C. (1991). Concepts of process in social science explanations. *Philosophy of the Social Sciences*, 21(3), 318–331. https://doi.org/10.1177/004839319102100302.

Vorderer, P., Hartmann, T., & Klimmt, C. (2003). Explaining the enjoyment of playing video games: The role of competition. *Proceedings of the Second International Conference on Entertainment Computing*, 1–9.

Vorderer, P., Klimmt, C., & Ritterfeld, U. (2004). Enjoyment: At the heart of media entertainment. *Communication Theory*, 14(4), 388–408. https://doi.org/10.1111/j.1468–2885.2004.tb00321.x.

Vorderer, P., & Reinecke, L. (2015). From mood to meaning: The changing model of the user in entertainment research: From mood to meaning. *Communication Theory*, 25(4), 447–453. https://doi.org/10.1111/comt.12082.

Weber, R., Tamborini, R., Lee, H. E., & Stipp, H. (2008). Soap opera exposure and enjoyment: A longitudinal test of disposition theory. *Media Psychology*, 11(4), 462–487. https://doi.org/10.1080/15213260802509993.

Weber, R., Tamborini, R., Westcott-Baker, A., Kantor B. (2009). Theorizing flow and media enjoyment as cognitive synchronization of attention and reward networks. *Communication Theory*, 19(4), 397–422.

Weibel, D., & Wissmath, B. (2011). Immersion in computer games: The role of spatial presence and flow. *International Journal of Computer Games Technology*, 2011, 1–14. https://doi.org/10.1155/2011/282345

Wilson, T. (1993). *Watching television. Cambridge*, UK: Polity.

Wirth, W., Hartmann, T., Böcking, S., Vorderer, P., Klimmt, C., & Schramm, H. (2007). A process model of the formation of spatial presence experiences. *Media Psychology*, 9(3), 493–525.

Zillmann, D. (1983). Transfer of excitation in emotional behavior. In J. T. Cacioppo & R. E. Petty (Eds.), *Social psychophysiology: A sourcebook* (pp. 215–240). New York: Guilford.

Zillmann, D. (1988). Mood management through communication choices. *American Behavioral Scientist*, 31(3), 327–340. https://doi.org/10.1177/000276488031003005.

Zillmann, D. (1996). *The psychology of suspense in dramatic exposition*. In P. Vorderer, H. J. Wulff, & M. Friedrichsen (Eds.), Suspense: Conceptualizations, theoretical analyses, and empirical explorations (pp. 199–232). Mahwah, NJ: Erlbaum.

Zillmann, D., & Bryant, J. (1985). Affect, mood, and emotion as determinants of selective exposure. In D. Zillmann & J. Bryant (Eds), *Selective exposure to communication* (pp. 157–190). Hillsdale, NJ: Erlbaum.

Zillmann, D., & Cantor, J. R. (1972). Directionality of transitory dominance as a communica- tion variable affecting humor appreciation. *Journal of Personality and Social Psychology*, 24(2), 191–198. https://doi.org/10.1037/h0033384.

Zuckerman, M. (2006). Sensation seeking in entertainment. In J. Bryant & P. Vorderer (Eds.), *Psychology of entertainment* (pp. 367–387). Mahwah, NJ: Erlbaum.

第三章 叙事享受和欣赏的基本原理

罗恩・坦博里尼
萨拉・M. 格雷迪
约书亚・鲍德温
尼基・麦克拉伦
罗伯特・刘易斯

齐尔曼和布莱恩特（1986）将娱乐描述为“任何旨在让人愉悦的活动，以及在较小程度上通过展示他人的幸运或不幸来启发他人的活动”。这为早期的媒介学者提供了一个宽泛而“粗略”的概念定义（p.303）。此后，媒介心理学家们努力就娱乐理论中几个关键概念的含义达成一致。其中，“享受（enjoyment）”和“欣赏（appreciation）”概念受到的关注最多。

娱乐研究者对这两种受众体验的差异一直饶有兴趣，关注它们如何引发关乎令人不安的媒介吸引力的问题。早期大多数关于媒介“享受”的研究关注愉悦体验（Eden, 2017）。即使在娱乐研究的先驱们那里，这种有限解释的缺点，以及对概念更加清晰的需求也是显而易见的。他们指出，“看似消极的材料具有看似矛盾的吸引力，例如从悬念、谜题中，从恐怖节目中，以及从悲剧和催人泪下的表演中体验娱乐”（Tannenbaum, 1980, p.7）。尽管该领域的学者上下求索，但娱乐理论对“享受”和“欣赏”特征的界定仍然模棱两可。特别在其评价背后的机制、能够区分其预测作用的内容特征等方面，这些概念都缺乏清晰的描述。因此，本章试图通过介绍叙事享受和欣赏的基本原理（NEAR）、描述相互冲突的直觉动机如何显著地驱动这些评价，从而解决以上问题。

NEAR提出了一种认知加工模型。在该模型中，叙事特征决定着媒介评价是否会由以下两个系统之一所驱动：一种是基于快速联想反应的直觉系统（intuitive system）；另一种是缓慢的、基于规则推理的深思系统（deliberative system）。其基本原理根植于一系列研究（Tamborini, 2011; Tamborin Bowman, Eden, Grizzard, & Organ, 2010; Tamborini, et al., 2011）。这些研究证明，娱乐可以满足内在需求，叙事可以影响评价过程的快慢，从而形成可评估的反应。

在本章，我们首先回顾与NEAR发展相关的研究；接着描述NEAR背后的机制以及它在娱乐理论中的应用与未来研究的方向；最后讨论如何从加工机制和直觉动机的满足方面去定义叙事享受和欣赏。

“享受”和“欣赏”的概念

早期的娱乐研究几乎没有区分媒介接触所产生的积极影响的不同类型。人们用享受、满足、喜欢和欣赏等标签来识别这些体验，而这些标签通常可以互换（Eden, 2017）。例如，媒介享受被宽泛地理解为与唤醒相关的积极情感体验；它是一个简单的概念，至今仍是描述“享受”诸多特征的指导原则；然而，这些简单的定义已经让位于更详细的描述。近来的一些描述还引入了功能逻辑来说明娱乐所产生的积极影响（Vorderer, 2009）。在这一观点中，娱乐为用户提供强化功能，其本质上是有益的，就像游戏一样（Vorderer, 2001）。这种功能视角的研究构成了NEAR的基础。

将“媒介享受”定义为对直觉需求的满足

10多年前，学者们将“享受”视为娱乐的核心，并认识到“享受”包括广泛的认知和情感成分在内的特征（Vorderer, Klimmt, & Ritterfeld, 2004）。仅将“享受”简单定义为积极/消极情感是不够的，虽然能承认这一点很好，但享受的定义仍然缺乏明晰的概念界限，并且有重复定义之嫌（Tamborini, et al., 2010）。

借鉴沃德勒对享受功能的概念化思路（2009），坦博里尼等人（2010）尝试从内在需求满足的角度定义“享受”，以此解决一些问题。在积极心理学的拓展研究中，他们提出了一种基于自我决定论的享受模型（SDT; Ryan & Deci, 2000）。自我决定论提出，享受可以被视为能力、自主和关系需求得到满足，这3种内在需求被认为是心理健康的核心（Ryan & Deci, 2000）。此外，之前的研究提供了令人信服的逻辑，将SDT的主张与娱乐媒介的享受联系起来，表明“享受”源自一种内在的有益体验（Rvan, Rigby, & Przybylski, 2006）。

为检验这一点，坦博里尼等人（2010）修改了一款电子游戏来调整对内在需求（能力）的满足。结果表明，控制游戏的某些方面会影响对游戏中自我能力的看法，而这反过来又对自我报告中的享受具有预测作用。值得注意的是，他们提出的模型不仅解释了传统变量（寻求快乐），还解释了报告中“享受”的显著差异（51%）。这些发现以及一些相关实验（Tamborini, et al., 2011）证明了内在需求满足在娱乐享受的概念化中发挥着重要作用。

区分“享受”和“欣赏”的早期尝试

在另一项研究中，娱乐学者试图区分娱乐的一系列积极反应，这通常是为了解释令人不悦的媒介的令人费解的吸引力（Oliver, 1993）。奥利弗和巴奇（2010）发现，受众在积极的娱乐体验中会产生两种截然不同的反应。他们称这两种反应为“享受”和“欣赏”，并将前者与享乐主义的满足（快乐）联系起来，将后者与实现主义的满足（与意义和洞察力相关）联系起来。通过比较，沃德勒（2009）提出“享受”和“欣赏”可以分别被看作对不同需求被满足的积极回应。他区分了两种类型的需求：那些与“即时的、低阶功能”相关的需求，如自我平衡（情绪反应），以及那些与“不那么直接的、更高阶的目标”相关的需求，如能力、自主和关系（2009, p.6）。同时，沃德勒和里特菲尔德（Ritterfeld, 2009）认为，低阶与高阶需求的满足将“享受”和“欣赏”区分开来。总的来说，沃德勒的低/高阶需求（2009）与奥利弗和巴奇的享乐主义/实现主义需求（2010）一致，然而，沃德勒从感性与理性经验的角度来区分享受和欣赏的尝试就与之截然不同了。

坦博里尼等人（2011）分享了沃德勒（2009）使用感性和理性反应来定义“享受”和“欣赏”的研究。他们的研究不是根据广泛定义的需求分类来预测受众反应，而是从预测所有形式的需求满足都会产生“享受”体验开始。为了证明这一点，他们发现享乐（唤醒和情感）和非享乐（能力和自主）需求的满足都能带来自我报告的“享受”。对两项不同娱乐体验的互动水平的研究表明，这两种形式的需求满足（在其他研究项目中被称为享乐与非享乐）对自我报告的享受水平都产生了独特的影响。

享乐需求和非享乐需求满足都会影响对“享受”的观察结果，这导致坦博里尼（2011）质疑基于不同类型需求的满足来区分“享受“和“欣赏”的价值。他认为，“享受”和“欣赏”都可以被理解为源于满足各种直觉需求的积极评价，而更有价值的区别可能在于产生这些评价的过程。虽然坦博里尼（2011）提出的双过程（dual-process）模型不是专门用来区分“享受”和“欣赏”的，但其可以展示出区分这两种效果的潜力。该框架表明，大多数对娱乐的评价反应都是快速而直观的，但在某些情况下，娱乐呈现出需要认知力的矛盾需求，从而促使加工处理的过程更缓慢、更慎重（Tamborini, 2011）。

以此框架为基础，NEAR提出可以使用双过程机制来描述叙事吸引力。简单地说，在快速、直观的过程中产生的积极评价被称为“享受”，而在较缓慢、深思的过程中产生的积极评价被称为“欣赏”。该模型还解释了以下内容：①可能激活或维持直觉和深思的加工系统；②引发积极评价的内容。

NEAR的基本机制

NEAR认为，受众反应可以被直觉或深思的加工系统形塑。NEAR将直觉系统产生的积极反应标记为“享受”，而将深思处理所产生的积极反应标记为“欣赏”。以下3个信息特征对于确定由哪个系统控制响应至关重要：①直觉冲突的存在与否；②直觉在叙事中的突出程度（情节中强调的那些）；③那些显著直觉的满足，直觉的满足是指对符合直觉行为的奖励，与直觉相悖的行为是阻碍。一般来说，直觉的满足会带来积极影响，而阻碍会产生消极反应。我们将在后面的部分重新审视此逻辑的各个组成部分。

NEAR采用的框架描述了直觉动机如何影响观察者的判断，并将其应用于叙事评价（Lewis, Tamborini, & Weber, 2014; Tamborini, 2013）。这些动机是自动并行的，对于直觉系统和深思加工的评价反应都很重要。当引发判断的情况在显著动机之间不造成冲突或不给快速评价带来挑战时，直觉系统会控制反应。相比之下，当情况阻碍直观评价时，如当两个或多个动机变得显著且其中一个受到阻碍或难以满足时，那么深思处理的系统会控制反应。根据此处应用的双过程逻辑，深思处理的系统被用来在工作记忆中保存一个以上的显著动机，并在评价反应中衡量它们的一致性。

这两个系统之间的区别类似于其他双过程模型，其中一些情况需要快速关联的反应，而另一些需要缓慢的、基于规则的反应（Kahneman, 2003）[1]。一些媒介学者也用这种方法来解释媒介效应（Vorderer & Reinecke, 2015）。与这两个系统模型一致的是，NEAR将直觉反应的系统定位为默认模式，而深思加工的系统仅在评价需要思考时运行。

这两种情况下的评估都受直觉影响，这些直觉既可以是社会导向的，也可以是自我导向的。每一种直觉都被视为一种进化的心理系统，在引发冲突的内容缺乏的情况下，人们无须有意识地权衡证据，直觉系统就能自动产生价值判断（Haidt & Joseph, 2007）。在NEAR中，不同的价值取向被称为利他主义（偏向于造福他人）和利己主义（偏向于自我利益）的直觉。

社会导向的动机包括从道德基础理论中推导出的5种直觉（MFT; Haidt & Joseph, 2007）。它们包括关怀（重视同情心和对他人的谩骂伤害）、公平（与对正义、互惠和惩罚欺骗者的渴望有关）、群体忠诚（偏向于群体成员的共同利益而反对外部敌对者）、尊重权威（遵守社会统治等级和传统）和纯正（保持不受社会污染的健康生活方式的动机）。虽然这些直觉被认为是普遍存在的，但NEAR肯定了环境和文化经历可以增

[1] 我们应该注意到，这里被概念化的直觉反应和深思加工可能被描述为连续认知过程的极端结果，而不是离散的认知过程（Melnikoff & Bargh, 2018）。我们从双过程模型中得出的关键要素（一些评价基于启发式，而其他评价是经过仔细考虑和评估的）与这种方法并不矛盾。因此，这些批判并不会威胁到NEAR的核心观点。

强、改变每个直觉在个体内心和群体之间的显著性，从而形成对评价的影响（Haidt & Joseph, 2007），并创建直觉显著性的共享模式（Tamborini, 2013）。

NEAR中自我导向的动机来源于两方面：自我决定理论，即SDT（Ryan & Deci, 2000）和施瓦茨（Schwartz, 2012）的基础价值观理论（Theory of basic values）。正如前面提到的，自我决定理论提出了3项内在动机（胜任感——个人技能和成就需要得到认可；归属感——渴望与他人亲近和联系；自主性——渴望控制自己的生活和选择）。施瓦茨提供了与道德基础理论和自我决定理论中直觉动机重合性很高的几项普遍价值观，也为NEAR的利己主义直觉动机清单贡献了3个独特的补充项：享乐主义——寻求生理愉悦的需求；安全——对稳定和人身安全的需要；权力——控制、影响资源和其他人的渴望（Schwartz, 2012）。综上所述，这 11 种直觉动机构成了一组从理论和经验上得出的内在需求（Tamborini, et al., 2016）[1]。

NEAR结合了道德直觉和范例模型（MIME; Tamborini, 2013）的逻辑，推断出显著利他主义或利己主义直觉的满足会产生积极的情感，而阻碍它们会产生消极的情感。具体来说，NEAR预测，满足所有显著直觉的信息会得到条件反射性的加工处理，并得到积极评价。同样地，违背所有显著直觉而随后受到惩罚的信息也会得到条件反射性的处理和积极评价。在这两种情况下，没有遭到任何挑战的积极评价体验被称为“享受”。

然而，故事并不总是（甚至通常不是）那么简单。并非所有的显著直觉都总能无一例外地得到遵从和奖励。我们可能期望好莱坞电影中公认的“幸福结局”会满足所有显著直觉，从而产生条件反射性的积极评价；然而，当一个情节使得多种直觉都凸显出来时，深思加工就会发生，但并非所有直觉都可以在故事解决中得到满足。事实上，故事的解决方案经常将直觉置于冲突中，通常情况下，人们为了支持一种直觉，必须违背或不去满足另一种直觉。

例如，一部讲述士兵在营救受伤平民的过程中遭受重伤的电影，就不太可能满足所有的显著直觉。当符合一种直觉（士兵通过帮助有需要的人来表示关怀）时，其他直觉就会被违背（士兵身处危险与痛苦之中，分别违反了安全和享乐主义）。观众可能会珍视这种关怀行为，也会受到因角色痛苦导致的负面影响。评价这种类型的叙事需要协调处理工作记忆中多个相互冲突的直觉，而解决这种冲突的动机激活了深思加工的处理模式。

这种矛盾的直觉需求与由此产生的认知评价影响之间的张力是NEAR两个核心命题的根源。首先，当所有的显著直觉需求都得到满足时，娱乐就会被进行直观化处理并被积极体验，而不受任何可能挑战这一评价的想法影响。NEAR将这称为“享受”。其次，

[1] NEAR并不假定这构成了一份利他主义和利己主义直觉动机的综合清单。它只是将这些直觉整合到一个框架中，从而解释显著直觉的满足与阻碍如何控制并形成受众反应的机制。

当最显著的直觉需求（而不是所有的显著直觉需求）得到满足时，娱乐会被进行深思处理并被积极体验，但此时的积极评价伴随着不确定性。NEAR将此称为“欣赏”。

对NEAR基本机制的支持

NEAR在“享受”和“欣赏”方面的双系统方法已在两个实验中得到直接检验与支持（Lewis, et al., 2014），并获得其他研究的间接支持。首次由刘易斯等人（Lewis, et al., 2014）开展的直接测试推断出，参与者在叙事评价上所花费的时间能够反映出直觉加工和深思加工：比起包含直觉冲突的故事结局，受众应该会对没有直觉冲突的故事结局做出更快的反应。参与者会阅读一系列短篇小说，其中的故事结局因条件而异。所介绍的直觉要么全部被满足（幸福结局），要么全部受挫（悲伤结局），要么表现为两者的结合（混合式结局）。在看完每个故事后，参与者会表明他们是否喜欢这个故事，其反应时间也会被记录下来。结果与NEAR一致：当呈现的所有直觉都得到满足时，参与者的反应比所有直觉都被违背或两者混合时快。

在他们的第二个实验中，另一组参与者被要求对同样的故事进行喜爱程度评价。刘易斯等人（2014）使用奥利弗和施瓦茨（2010）提出的享受与欣赏量表，证明了所有直觉都得到满足时的叙事享受程度要高于直觉得到混合式满足时的叙事享受程度。与之相比，当直觉得到混合式满足时，欣赏程度更高。综上所述，这两项研究都支持NEAR。对所有显著直觉的满足会产生被报告为“享受”的评价，而对某些（而非所有）直觉的满足会产生被报告为“欣赏”的评价。

除直接测试之外，最近越来越多的娱乐研究也支持NEAR模型。多项调查研究表明，“欣赏”这一标签更容易与具有挑战性的内容（Bartsch & Hartmann, 2017）、混合情感（Rieger, et al., 2015）和道德沉思（Eden, Daalmans, Van Ommen, & Weljers, 2017）联系在一起。其他研究则表明，引发认知冲突的叙事与 NEAR 提出的增加思考或反思的类型有关（Krcmar, Bennie, & Tanner, 2019）。此类调查已开始检验 NEAR 中的一些更为详细的机制与观点。

NEAR的扩展机制：主导与主要显著直觉

当故事强调直觉冲突时，控制娱乐反应的机制就会变得更加复杂。冲突在娱乐叙事中扮演着重要角色。除了为年轻受众设计的简单情节之外，很难想象有能满足所有直觉的故事。这或许意味着产生“享受”的必要条件在实践中很难找到，然而NEAR并没有要求必须满足所有的直觉，只是要求满足所有的显著直觉。因此，显著直觉在塑造“享受”和“欣赏”的前意识和后意识过程中都起着至关重要的作用。NEAR提出，当叙事线索使直觉变得显著时，它们会增加对内容中该直觉表达的关注。

主导显著直觉（dominantly salient intuition）是一种“与其他直觉相比更容易被注意到”的直觉（Tamborini, 2013, p.55）。NEAR认为，当一种直觉在叙事中占主导地位时，人们会在前意识层面仅基于与显著直觉相关的内容自动做出反应。在这种情况下，受众无法察觉到与其他直觉相关的任何信息，这表明他们没有注意到这些信息。这种无人关注的信息可能包括阻碍其他直觉的叙事内容。

在电影例子中，一名士兵救了一个受伤的平民，并在此过程中受伤。士兵所承担的风险和伤害可能不会在叙事中被强调，因此受众也不会注意到。如果故事解决方案只着眼于富有同情心的善意帮助上，那么与此相关的直觉对受众来说就应该是显著的。通过将注意力从士兵的困难中转移，叙事掩盖了这些困难，以至于受众甚至不会注意到与之相关的直觉（享乐主义和安全）已经遭到了侵犯。NEAR主张，如果这种违背直觉的行为对受众来说并不明显，就不会影响受众的评价，而主角的善良就会在受众的前意识层面被评价为完全满足。这种情况下，我们可以将“享受”简单理解为当叙事内容满足所有占主导地位的显著直觉时的积极情感的自动化体验，而无须对阻碍其他直觉的内容做出评价（Lewis, et al., 2014）。

在主要显著直觉（overridingly salient intuitions）如何影响主体对叙事内容的关注和评价上，NEAR的描述更为复杂。主要显著直觉不会妨碍主体对其他直觉的有意识处理。基于此，该模型预测了基于后意识处理的深思反应[1]。在这种情况下，与多种直觉相关的叙事内容预测会推动有意识的认知，这表明人们不只关注与某一种直觉相关的内容。尽管这种分散的注意力是存在的，但在后意识处理过程中，主要直觉的相对显著性会将其他直觉边缘化。当这种情况发生时，最终的评价会取决于叙事内容满足或阻碍主要直觉的程度。即使其他显著的直觉受到阻碍，满足主要直觉的叙事结果也会被欣赏。与之相比，即使其他显著的直觉已经得到满足，阻碍主要直觉的结果也会受到抨击。

尽管主导性和主要的显著性实例在叙事评价过程中能够边缘化其他直觉，但它们对处理方式的影响是不同的。由于主要显著直觉的影响源于主体对多种直觉的后意识层面思考，这意味着受众意识到主要显著直觉的满足或阻碍是以其他显著直觉为代价的。这种认知应该会抑制与主要显著直觉相关的积极或消极影响，并阻碍在主要直觉得到满足或受阻时所发生的放纵式的快乐或悲伤体验。

在这方面，当深思的思维允许以满足主要显著直觉为目的阻碍另一种显著直觉时，“欣赏”就会产生。让我们重新回顾一下在营救受伤平民时受重伤的士兵。在主要显著直觉被考虑的情况下，叙事不会忽略士兵遭受的苦难和伤害，而可能会强调它（士兵痛苦尖叫的特写镜头，对他们个人风险的描述）。在这个版本中，故事既强调了主人公的关怀行为，也着重刻画了其巨大的生理痛苦和危险。这两种直觉都可能被受众有意识地

[1] 意识和前意识在这里可以用迪昂和同事（Dehaene, et al., 2006）提出的术语来区分，他们认为，“主观报告是判断一个感知是否有意识的主要标准”（p. 210）。

处理并被纳入他们的深思熟虑——他们可能对援救行为感到高兴，但也对士兵的痛苦感到不快。如果叙事成功地使同情心成为主要显著直觉，即使是以士兵的痛苦为代价，这种直觉也会在受众脑海中占据首位。因此，对它的满足会带来后意识层面的积极评价，从而产生“欣赏”。

显著性对注意力和评价的影响

注意力可以被视作NEAR基本逻辑中的核心特征，注意力的处理控制着叙事内容评价。大量证据表明，强调无异议的直觉叙事可以增加其显著性（Tamborini, et al., 2016），改变它们在直觉层次中的位置（Hahn, Tamborini, Weber, Bente, & Shery, 2019），并根据显著直觉的满足和受阻情况形成受众评价（Tamborini, et al., 2013）。[1]然而，很少有研究考察以直觉冲突为特征，并且在某种程度上一种直觉比另一种更受重视的叙事。NEAR 推断，改变重点不仅能够形成对不同直觉的关注，还能够形成对满足或阻碍这些直觉的叙事评价。尽管作用有限，但有两项研究提供了初步证据，表明叙事冲突中不同的直觉显著性会影响注意力和受众评价。他们都调整了超级英雄漫画中两种利他直觉的显著性。

第一项研究（Tamborini, et al., 2019）考察了主要显著性对评价的影响。两个版本的漫画都控制着“关怀”与“尊重权威”的主要显著性。这两个版本都建立了两种直觉之间的冲突（一种直觉必须被违反才能得到另一种直觉的支持），然后强调其中主要显著直觉最终会得到满足。在一个漫画版本中，关怀是主要显著的（它的卓越性被强调）并随后得到满足（它被遵从和奖励）。在另一个漫画版本中，尊重权威是主要显著的并同样得到满足。它与NEAR的预测一致，结果发现，对直觉的强调影响了人物评价（参与者报告称，该人物更有可能坚持他们所阅读版本中的主要显著直觉）。更重要的是，认为直觉得到支持的认知可以预测出认可和角色喜好。

第二项研究（Tamborini, et al., 2020）检验了主要显著性及其对评价和注意力的影响。这项研究没有改变对某种直觉的强调，而是调整了对同一显著直觉的强调程度（主要与首要）。它对第一个研究中的超级英雄漫画进行修改，使其在所有条件下都强调和满足关怀（表现为凌驾于尊重权威、顺从和奖励之上）。在一种情况下，关怀是主要显著的（文本没有提到违背权威），而在另外两种情况下，关怀被明确地置于与尊重权威相冲突的位置，并要么通过简单说明其重要性（文本确定了关怀优先于权威，很像早期的研究），要么通过确定关怀的优越性，证明其优先顺序，使其变得显著。

初步结果表明，对这种直觉的强调会影响注意力。研究通过在阅读过程中跟踪眼球运动、在阅读后使用插入所有版本漫画中的评论面板进行回忆和识别来测量注意力。该

[1] 虽然本章重点关注短时性增加直觉显著性的注意力机制和叙事线索，但长期性直觉的显著性特质差异也会影响注意力（Tamborini, 2013）。

面板包括背景中的涂鸦墙（与叙事情节无关），涂鸦墙上有一系列单词和短语，其中有两个与相关直觉有关："善良"和"尊重你的领导"。这些词语没有出现在漫画的其他任何地方。该测试表明，与主要显著性的情况相比，处于首要显著条件下的受试者会更频繁地注视、回忆并准确识别出"善良"。与第一项研究一样，叙事中的直觉强调也被证明会影响人物评价。

虽然这些研究结果表明，叙事线索可以影响直觉显著性和随后的受众评价，但我们仍需要做更多的实证工作来确定叙事线索如何影响直觉显著性水平、直觉处理与深思加工的过程以及它们如何最终预测哪些内容特征会影响受众的"享受"和"欣赏"。

综上所述，NEAR中呈现的逻辑提出了一种理解受众对娱乐反应的功能性方法。它描述了可以调节享受和欣赏的认知过程以及可能强化它们的内容特征。它推理出，受众的反应是由叙事方式决定的。叙事方式不同，利他主义和利己主义直觉的相对突出程度最终得以满足或受挫。它将这些凭经验得出的直觉动机和与它们的满足/受挫相关的内在影响整合到一个模型中，用于解释和预测娱乐研究中的两个核心结构——享受和欣赏。我们相信，NEAR对人们理解娱乐理论的核心概念、增加预测效用会有帮助。

娱乐理论中的概念化挑战

或许我们很难将娱乐与其他形式的媒介内容区分开来，但齐尔曼和布莱恩特（1986）给出的定义为本章提供了帮助。如果我们仔细思考他们的表述，那么这个"粗略"的概念会比它最初看起来更微妙和复杂。我们很容易将注意力集中在开头的句子上，并将娱乐的概念扩展到"任何（着重强调）旨在取悦或启发他人的活动"（p.303）。然而，这使得人们很难将娱乐活动与其他各种活动区分开。例如，吃冰淇淋可以让人愉悦，求助网站可以启发人，但这些似乎与娱乐研究无关。

齐尔曼和布莱恩特提出的其他定义大大地限制了这种理解，他们将娱乐限定为人们从"他人的幸运或不幸"（1986, p.30）中获得的愉悦或启发。这不仅会排除直接的体验（吃冰淇淋），还会排除许多间接体验（教科书或教学视频）。这一限定还会排除许多形式的媒介，如新闻或纪录片，它们旨在通过现实或社会环境的事实来启发观众，而不是讲述别人的幸运和不幸[1]。

NEAR试图通过将享受和欣赏描述为对满足与阻碍利己主义或利他主义直觉的反应，以解释齐尔曼和布莱恩特对娱乐体验的描述。根据这种解释，满足/阻碍利己主义直觉的行为等同于他人的幸运/不幸。当受众看到完全一致地满足所有显著直觉的行为

[1] 区分历史事实与旨在启发人心的虚构叙事之间当然有灰色地带。目前，我们会尝试通过研究启发性叙事是否影响受众对生活的总体看法，而不是被描述的具体事件来区分这一点。我们会通过一个行为来举例说明两种显著直觉之间的冲突，并举例说明一种直觉比另一种直觉更重要，来达到启发或教诲的目的。

时，他们会无一例外地感到愉悦。启发则源于受众看到行为满足了主要显著直觉，即使其他显著直觉受到阻挠。坦博里尼（2011）决定通过使用“享受”和“欣赏”这样的术语来标记这些直觉与深思加工的反应，这与当时这些术语的普遍使用相吻合；然而，他也会很容易地给它们贴上“愉悦”和“启发”的标签，标签不如反应之间的区别重要。

我们相信，基于这些反应的潜在机制，NEAR的区分能够更精确地解释一般类别受众体验（愉悦/启发）和特定类型受众反应（特别是在广泛的启发性范畴中）的特征。我们讨论的第一部分简要介绍了NEAR描述的享受和欣赏之间的基本区别。随后，我们讨论了模型的扩展机制，从满足和阻碍显著直觉冲突的角度研究了受众反应的细微差异，特别是与启发/欣赏相关的反应。我们相信，对试图理解叙事娱乐引起的各种受众反应效果的学者来说，NEAR的预测潜力会有特别的用处。

NEAR基本和扩展机制的可供性

NEAR将愉悦（delight）简单地解释为“看到所有显著直觉都得到满足时纯粹的快乐”，这有助于解释学者所说的“好莱坞结局”。这样的故事旨在让每个人的愿望成真。这个基本机制很好检验。我们可以通过控制故事结局来决定显著直觉能否被完全满足、受众能否得到享受。

虽然冲突在幸福结局中可能被掩盖，但其他叙事特别强调了直觉冲突，并强调了解决冲突需要违背一种显著直觉，以满足另一种直觉。NEAR提出了几种途径来检验显著直觉冲突的解决如何启发受众并促进欣赏。这些检验可能会帮助有兴趣区分对娱乐的享乐主义和实现主义反应的人。例如，被娱乐学者认为与“幸福”（eudaimonia）相关联的意义（Oliver, et al., 2018; Oliver & Bartsch, 2010; Oliver & Raney, 2011; Vorderer & Reineke, 2015）可以被理解为，意识到并接受“满足一种需求很重要，它可以证明阻碍另一种被高度重视的需求是合理的”。NEAR将其概括为“欣赏”。

NEAR的扩展机制对不同形式的“欣赏”进行了更为复杂的描述，认为“欣赏”产生于矛盾冲突中显著直觉的满足与阻碍。齐尔曼和布莱恩特（1986）将这些不同形式的受众反应称为“启发”，认为它们是“较小程度”的娱乐设计。相比之下，我们认为启发是娱乐的重要组成部分，甚至可能是最重要的部分。我们在对近期成功叙事的内容进行分析时会发现更多的故事结局以直觉冲突为特征，而不是以大团圆为特征。例如，《复仇者联盟4：终局之战》《指环王：王者归来》和《饥饿游戏：嘲笑鸟》等大片都详细描述了英雄们为实现目标所遭受的损失。希望吸引大量观众的商业制片人已经认识到，启发诉求会带来经济上的成功（Lewis, Grizzard, Choi, & Wang, 2019）。其他内容创作者也希望利用启发创造社会效益。在这两种情况中，NEAR的应用是相同的，但我们在这里通过使用亲社会目标的例子来描述它。

启发是一个宽泛的范畴，它可以将许多不同的直觉置于冲突中，并以不同的方式解决冲突。呈现并解决此类冲突可能有助于区分各种受众反应。对于各种旨在激发亲社会行为的与他人导向型情绪相关的反应，娱乐学者表现出极大的兴趣。这些反应包括这些情绪：振奋（Oliver, Hartmann, & Woolley, 2012）、敬畏（Possler, Klimmt, & Raney, 2018）、希望（Prestin, 2013）和灵性（Janicke & Ramasubramanian, 2017）。这一领域的初步研究集中在以自我提升（Tesser, Millar, & Wu, 1988）、真相和意义等实现主义动机为特征的叙事如何引发“欣赏”（Oliver & Raney, 2011）上。随后的研究偏向于具有自我超越特征的故事，而不是具有自我导向意义的叙事（Oliver, et al., 2018）。尽管学者们已经尝试整理这些反应（Peterson & Seligman, 2004），但他们很难分析这些情绪反应和预测它们的内容特征（Dale, Raney, Janicke, Sanders, & Oliver, 2017）。

在任何研究领域，概念的清晰化都是有待探索的核心问题。因此，研究者应尽量减少与启发或欣赏相关的模棱两可的概念。例如，奥利弗等人（2018）断言意义是高度主观的。有意义的内容存在很大的个体与群体差异，因此难以定义。在其他几种与他人导向情绪相关的定义中，类似的差异可能会阻碍为亲社会目的而设计的叙事研究。

NEAR基于对既有概念和操作定义的研究努力解决这一问题。它或许可以查明，相互冲突的直觉组合如何塑造行为。NEAR的功能性方法断定，受众的反应来自满足和阻碍相互冲突的不同直觉的叙事，以及每种直觉的相对显著性；然而，发生冲突的不同直觉可能会形成许多不同的组合。如果不掌握控制这些冲突的基本组成部分和机制，解释和预测不同的结果似乎是不可能的。因此，就这些根本直觉的特性和控制其交互作用的机制达成一致，似乎是必要的第一步。如果没有这种共识，受众反应研究取得总体上的推进就会比较困难。NEAR利用既定概念和机制，并继续尝试在叙事内容（Weber, et al., 2018）和受众反应（Eden, 2011; Lewis, et al., 2014）上验证他们的测量并加快对模型效用的测试，这有益于学术界[1]。

NEAR扩展机制的应用

NEAR认为，在冲突中观察直觉的满足和阻碍会影响受众对这些直觉的替代性满足与阻碍。调整对显著直觉的满足应该能够更好地吸引受众。吸引力被理解为直觉的满足带来的激励或对这种满足来源的错误归因导致的其他激励（Zillmann, 2006）。

人们对该模型在预测社会行为方面的应用情况似乎不太清楚。如果直觉需求是通过观察叙事而被替代性地满足和阻碍，那么预测接触对行为的影响就取决于知道这种满足或阻碍是如何影响该行为的。迄今为止，还没有研究能解决这个问题。

[1] 我们意识到这种方法是不完美的。尽管我们主张概念的精确性，但我们对利他主义和利己主义直觉的依赖是有限的。我们认为建立在直觉上的模型是朝着具体性迈出的富有成效的一步。越来越多的神经学（Eden, 2011）和心理生理学（Lewis, et al., 2014; Tamborini, 2019）的研究证明了这些直觉的基本性质和控制它们的机制。

如果一个故事通过展示因符合直觉的行为而获得奖励的角色来满足显著直觉，这将如何激励受众采取行动？他们是会寻求同样的奖励，并被驱使做出类似的符合直觉的行为，还是会在满足需求的情况下不再冲动地做出其他满足需求的行为？如果一个故事阻碍了显著需求，这种情况又将如何改变？这些问题对理解叙事如何带来亲社会改变至关重要。更重要的是，它们是可以被直接检验的。

例如，受伤士兵电影的复杂版本可能产生不同结果。故事在突出关怀奖励的同时，也强调了士兵的痛苦，从而在阻碍享乐主义和安全的同时满足关怀。诚然，我们不知道这会如何影响行为，但我们可以凭借经验来测试其他方案。社会认知理论（Bandura, 1986）可能认为，对遵从关怀的奖励应该会鼓励类似的行为。相比之下，道德许可（Sachdeva, Iliev, & Medin, 2009）可能认为对关怀的显著满足应该会减少关怀行为。

对于被阻碍的直觉，观察者应该意识到并接受牺牲享乐和安全需求的必要性，但这对行为有何影响？社会认知理论可能认为，违背这些直觉的奖励会抑制相关行为，而道德许可可能会指出它们所具有的挑拨性。虽然NEAR不能预测满足和阻碍显著直觉如何塑造之后的行为一致性，但它对我们的研究具有指导性。我们推测，意识到并接受应该牺牲一种直觉来满足另一种直觉的显著性可能会引发相关行为，但这仍有待观察。控制关怀、享乐主义、安全或兴趣的显著性、满足和牺牲的实验可以决定这些结果。

目前还没有任何行为研究检验NEAR对强调直觉冲突的叙事的论断，但对儿童的实验表明，旨在强调个人利他直觉的叙事可以促进与所强调直觉高度相关的利他行为（Hahn, et al., 2019）。同样的逻辑也适用于促进/抑制利己直觉，如能力、自主、关系、安全、享乐或权力。不同直觉的吸引力可能会因不同群体的规范信念的不同而有所不同，但这些规范不应影响NEAR机制。

此类研究也可能与那些对受众的现象学体验感兴趣的学者有关。让我们想想士兵故事中人们所期望的道德情感类型。在奥利弗等人（2018）的构想中，士兵为遵从关怀而做出的个人牺牲是不是自我超越的？牺牲享乐和安全来照顾他人似乎与以他人为中心的自我超越的特征一致；然而，这本身就等同于自我超越吗？

我们可能会将高度显著性和唤醒性也考虑在内。例如，如果士兵的痛苦变得足够显著，足以控制观察者的注意力机制，并且这种痛苦（错误归因于该痛苦）引起的刺激足以引起观众的注意，使得对关怀的满足高度情绪化，也许这种他人导向的体验可以称为自我超越。如果是这样，与阻碍任何利己直觉、满足任何利他直觉相关的高度唤醒和显著性能否构成一种有意义与自我超越的行为？鉴于自我超越是一个“短期概念”（ephemeral concept）（Oliver, et al., 2018, p.386），这也许无法涵盖其全部内容；然而，这种方法可以通过满足和阻碍不同直觉的信息来检验，也可以通过对唤醒度、注意力和直觉显著性以及自我超越体验的自我报告的测量来检验。

结　论

NEAR与其他研究受众反应的方法很相似，尤其在用感人叙事进行亲社会改变上。NEAR最大的特点在于专注于利他主义和利己主义的直觉，并努力通过考察认知机制如何解决显著直觉冲突来更有效地理解叙事反应。我们试图确认特定的直觉集，旨在为这一研究领域增加概念上的清晰度。我们尝试将概念定义为受众体验的核心。例如，我们很难确定灵性（spirituality）概念的可操作含义，这个概念是从享乐主义和实现主义的幸福中区分心灵幸福不可或缺的概念，也是海特（Haidt）和约瑟夫（Joseph）对纯净（purity）定义的核心（2007）。这种冲突使我们无法在反应中捕捉它并在实验刺激中展示它。这种模糊性阻碍了我们的努力，也让我们无法与同事们使用共同语言。

我们并不质疑检验灵性或与自我超越等相关的情绪价值，但概念上的歧义会使检验难以操作。大多数人会同意，受众研究尽可能地用最具体的术语对反应进行细致的区分。所以，我们要朝着这个目标努力。对高阶概念和动机感兴趣的同行可能认为，NEAR关注点的狭窄是一种倒退。我们认为，退向更具体的概念反而是对研究的推进，希望越来越多的人关注这种方法。

参考文献

Bandura, A. (1986). *Social foundations of thought and action: A social cognitive theory*. Englewood Cliffs,NJ:Prentice-Hall.

Bartsch, A., & Hartmann, T.(2017). The role of cognitive and affective challenge in entertain-ment experience. *Communication Research*, 44, 29–53.doi.org/10. 1177/0093650214565921.

Dale, K. R., Raney, A. A., Janicke, S. H., Sanders, M. S., &Oliver, M. B.(2017).YouTube for good: A content analysis and examination of elicitors of self-transcendent media. *Journal of Communication*, 67, 897–919. doi.org/10. 1111/jcom. 12333.

Dehaene, S., Changeuz, J.P., Naccache, L., Sackur, J., & Sergent, C. (2006). Conscious, precon-scious, and subliminal processing: a testable taxonomy. *Trends in Cognitive Sciences*, 10, 204–211. doi.org/10.1016/j.tics.2006.03.007.

Eden, A. (2011). The influence of moral behaviors on person perception processes: An fMRI investigation. (Doctoral dissertation). Michigan State University.

Eden, A. (2017). Entertainment effects: Enjoyment. In P. Rössler, C. A. Hoffner, & L. Zoonen (Eds.), *The international encyclopedia of media effects* (pp. 1–13). Malden, MA; Oxford; Chichester: John Wiley & Sons. doi.org/10.1002/9781118783764.wbieme0163.

Eden, A., Daalmans, S., Van Ommen, M., & Weljers, A. (2017). Melfi's choice: Morally con-flicted content leads to moral rumination in viewers. *Journal of Media Ethics*, 32, 142–153. doi.org/10.1080/23736992.2017.1329019.

Haidt, J., & Joseph, C. (2007). The moral mind: How five sets of innate intuitions guide the development of many culture-specific virtues, and perhaps even modules. In P. Carruthers, S. Laurence, & S. Stich (Eds.), *Evolution and cognition: The innate mind Vol. 3. Foundations and the future* (pp. 367–391). New York, NY: Oxford University Press.

Hahn, L., Tamborini, R., Weber, R., Bente, G., & Sherry, J. (2019, May). *Can moral narratives increase moral intuition accessibility and behavior in pre-teen children? Testing the model of intuitive morality and exemplars in young audiences*. Paper presented at the 69th Annual Meeting of the International Communication Association, Washington, DC.

Janicke, S. H., & Ramasubramanian, S. (2017). Spiritual media experiences, trait transcendence, and enjoyment of popular films. *Journal of Media and Religion*, 16, 51–66. doi.org/10.1080/15348423.2017.1311122.

Kahneman, D. (2003). A perspective on judgement and choice: Mapping bounded rationality. *American Psychologist*, 58, 697–720. doi.org/10.1037/0003-066X.58.9.697.

Krcmar, M., Bennie, N., Tanner, R. (2019, May). *Dual processing of moral conflicts in media entertainment and their effect on moral judgement and moral reasoning*. Paper presented at the 69th Annual International Communication Association Conference, Washington, DC.

Lewis, R. J., Grizzard, M. N., Choi, J.-A., & Wang, P. L. (2019). Are enjoyment and appreciation both yardsticks of popularity? *Journal of Media Psychology: Theories, Methods, and Applications*, 31, 55–64. doi.org/10.1027/1864-1105/a000219.

Lewis, R. J., Tamborini, R., & Weber, R. (2014). Testing a dual-process model of media enjoy-ment and appreciation. *Journal of Communication*, 64, 397–416. doi.org/10.1111/jcom.12101.

Melnikoff, D. E., & Bargh, J. A. (2018). The mythical number two. *Trends in Cognitive Sciences*, 22, 280–293. doi.org/10.1016/j.tics.2018.02.001.

Oliver, M. B. (1993). Exploring the paradox of the enjoyment of sad films. *Human Communication Research*, 19, 315–342. doi.org/10.1111/j.1468–2958.1993.tb00304.x.

Oliver, M. B., & Bartsch, A. (2010). Appreciation as audience response: Exploring entertain-ment gratifications beyond hedonism. *Human Communication Research*, 36, 53–81. doi.org/10.1111/j.1468–2958.2009.01368.x.

Oliver, M. B., Hartmann, T., & Woolley, J. K. (2012). Elevation in response to entertainment portrayals of moral virtue. *Human Communication Research*, 38, 360–378. doi.org/10.1111/j.1468–2958.2012.01427.x.

Oliver, M. B., & Raney, A. A. (2011). Entertainment as pleasurable and meaningful: Identifying hedonic and eudaimonic motivations for entertainment consumption. *Journal of Communication*, 61, 984–1004. doi.org/10.1111/j.1460-2466.2011.01585.x.

Oliver, M. B., Raney, A. A., Slater, M. D., Appel, M., Hartmann, T., Bartsch, A., … Vorderer, P. (2018). Self-transcendent media experiences: Taking meaningful media to a higher level. *Journal of Communication*, 68, 380–389. doi.org/10.1093/joc/jqx020.

Peterson, C., & Seligman, M. E. (2004). *Character strengths and virtues: A handbook and classification*. New York; Washington, DC: Oxford University Press; American Psychological Association.

Possler, D., Klimmt, C., & Raney, A. (2018). Gaming is awesome! A theoretical model on cog-nitive demands and the elicitation of awe during video game play. In N. Bowman (Ed.), *Video games: A medium that demands our attention* (pp. 74–91). New York, NY: Routledge. doi.org/10.4324/9781351235266–5.

Prestin, A. (2013). The pursuit of hopefulness: Operationalizing hope in entertainment media narratives.

Media Psychology, 16, 318–346. doi.org/10.1080/15213269.2013.773494.

Rieger, D., Frischlich, L., Högden, F., Kauf, R., Schramm, K., & Tappe, E. (2015). Appreciation in the face of death: Meaningful films buffer against death-related anxiety. *Journal of Communication*, 65, 351–372. doi.org/10.1111/jcom.12152.

Ryan, R. M., & Deci, E. L. (2000). Self-determination theory and the facilitation of intrinsic motivation, social development, and well-being. *American Psychologist*, 55, 68–78. doi.org/10.1037//0003-066x.55.1.68.

Ryan, R. M., Rigby, C. S., & Przybylski, A. (2006). The motivational pull of video games: A self-determination theory approach. *Motivation and Emotion*, 30, 344–360. doi.org/10.1007/ s11031-006-9051-8.

Sachdeva, S., Iliev, R., & Medin, D. L. (2009). Sinning saints and saintly sinners: The paradox of moral self-regulation. *Psychological Science*, 20, 523–528. doi.org/10.1111/j.1467–9280.2009.02326.x.

Schwartz, S. H. (2012). An overview of the Schwartz theory of basic values. *Online Readings in Psychology and Culture*, 2. doi.org/10.9707/2307–0919.1116.

Tamborini, R. (2011). Moral intuition and media entertainment. *Journal of Media Psychology: Theories, Methods, and Applications*, 23, 39–45. doi.org/10.1027/1864–1105/a000031.

Tamborini, R. (2013). A model of intuitive morality and exemplars. In R. Tamborini (Ed.), *Media and the moral mind* (pp. 43–74). London, UK: Routledge.

Tamborini, R., Baldwin, J., Grady, S. M., Aley, M., Goble, H., Lee, S. Zhang, L., Hahn, L. (2020, May). *How levels of comparative intuition salience in-uence disposition process*. Paper pre-sented at the 70th Annual Meeting of the International Communication Association, Gold Coast, Australia.

Tamborini, R., Baldwin, J., Hahn, L., Aley, M., Sethi, N. Goble, H.,… Kryston, K. (2019, May). *Moral intuition salience as a mediator of approbation in affective disposition theory*. Paper presented at the 69th Annual International Communication Association Conference, Washington, DC.

Tamborini, R., Bowman, N. D., Eden, A., Grizzard, M., & Organ, A. (2010). Defining media enjoyment as the satisfaction of intrinsic needs. *Journal of Communication*, 60, 758–777. doi.org/10.1111/j.1460-2466.2010.01513.x.

Tamborini, R., Eden, A., Bowman, N. D., Grizzard, M., Weber, R., & Lewis, R. J. (2013). Predicting media appeal from instinctive moral values. *Mass Communication and Society*, 16, 325–346. doi.org/10.1080/152 05436.2012.703285.

Tamborini, R., Grizzard, M., Bowman, N. D., Reinecke, L., Lewis, R. J., & Eden, A. (2011). Media enjoyment as need satisfaction: The contribution of hedonic and nonhedonic needs. *Journal of Communication*, 61, 1025–1042. doi.org/10.1111/j.1460-2466.2011.01593.x.

Tamborini, R., Lewis, R. J., Prabhu, S., Grizzard, M., Hahn, L., & Wang, L. (2016). Media's influence on the accessibility of altruistic and egoistic motivations. *Communication Research Reports*, 33, 177–187. doi.org/ 10.1080/08824096.2016.1186627.

Tannenbaum, P. H. (1980). An unstructured introduction to an amorphous area. In P. H. Tannenbaum (Ed.), *The entertainment functions of television* (pp. 1–12). Hillsdale, NJ: Erlbaum.

Tesser, A., Millar, K., & Wu, C. H. (1988). On the perceived functions of movies. *Journal of Psychology*, 122, 441–449. doi.org/10.1080/00223980.1988.10542949.

Vorderer, P. (2001). It's all entertainment—sure. But what exactly is entertainment? Communication research, media psychology, and the explanation of entertainment experiences. *Poetics*, 29, 247–261. doi.org/10.1016/s0304-422x(01)00037–7.

Vorderer, P. (2009). *What do we want when we want narratives?* Retrieved from http://sites.google.com/a/newliteracies.co.cc/xin-su-yang-yan-jiu-qun/2009shu-wei-xushi-guo-jigong-zuo-fang/1-2-vorderer/What_do_we_want_when_we_want_narratives_ v1.3.doc.

Vorderer, P., Klimmt, C., & Ritterfeld, U. (2004). Enjoyment: At the heart of media entertain-ment. *Communication Theory*, 14, 388–408. doi.org/10.1111/j.1468–2885.2004.tb00321.x.

Vorderer, P., & Reinecke, L. (2015). From mood to meaning: The changing model of the user in entertainment research. *Communication Theory*, 25, 447–453. doi.org/10.1111/comt.12082.

Vorderer, P., & Ritterfeld, U. (2009). Digital games. In R. Nabi, & M. B. Oliver (Eds.), *The SAGE handbook of media processes and effects* (pp. 455–468). Thousand Oaks, CA: Sage.

Weber, R., Mangus, M., Huskey, R., Hopp, F., Amir, O., Swanson, R.,… Tamborini, R. (2018). Extracting latent moral information from text narratives: Relevance, challenges, and solutions. *Communication Methods and Measures*, 12, 119–139. doi.org/10.1080/19312458.2018.1447656.

Zillmann, D. (2006). Dramaturgy for emotions from fictional narration. In J. Bryant & P. Vorderer (Eds.), *Psychology of entertainment* (pp. 215–238). Mahwah, NJ: Erlbaum.

Zillmann, D., & Bryant, J. (1986). Exploring the entertainment experience. In J. Bryant & D. Zillmann (Eds.), *Perspectives on media effects* (pp. 303–324). Mahwah, NJ: Erlbaum.

第四章　人生不同阶段的媒介娱乐体验

玛丽–路易斯·马雷斯
詹姆斯·亚历克斯·博纳斯

在最近的一篇综述中，沃德勒和哈尔夫曼（Halfmann, 2019）坚持认为，大部分娱乐媒介心理学的理论解释完全缺乏社会和历史情境（Vorderer, this volume）。在本章中，我们也认为相关研究大多没有考虑到生命周期内人们的认知与社会情感发展的情况，这也是研究的缺失。一方面，将娱乐媒介理论应用于生命的不同发展阶段，有助于我们找出研究中的空白；另一方面，考察不同生命阶段的娱乐体验，有助于理论解释更加具体地阐明其所涉及的条件和过程。

我们通常认为娱乐生成内在奖励，大量研究也已经详尽阐述了媒介使用所具有的享乐/快乐消遣功能以及具有更强反思性和意义生成性（meaning-making）的奖励功能。那么，人的成长是怎样塑造这些欲求和体验的呢？刘易斯、坦博里尼和韦伯（Lewis, Tamborini, & Weber, 2014）为我们提供了一个例子。他们比较了《小美人鱼》（*The Little Mermaid*）和《辛德勒名单》（*Schindler's List*）这两部电影，并认为前一部电影的享乐消遣来自观众的道德直觉（moral intuitions）所产生的需求满足。例如，故事结局（相爱之人重聚和邪恶的海皇后被彻底击败）可以满足观众对正义和关怀的期待。有的儿童年龄太小，他们无法理解结局与前面的情节之间的联系，但是他们看到欢闹情节的时候能够笑起来，还会觉得爱丽儿（Ariel）漂亮。面对这些儿童，我们该如何定义娱乐呢？如果是《辛德勒名单》的话，又会怎样？很多人马上就会说，不应该让儿童观看这样的电影，此类电影会让儿童产生误解，也会给他们带来困扰，意义生成也不会发生，但是我们还是可以追问，在什么年龄阶段（和以什么方式）此类内容的意义开始浮现？若考虑观众在不同生命阶段的认知、情感和社会特征，这类反应从成年早期到中期，再到晚期，又是如何发展的？

在接下来的综述中，我们将呈现研究不同年龄群体的学者常常会提出的有关娱乐媒介的问题。本章并不是为了提出一个单一的、有关反应的生命历程理论，而是为了梳理研究者还未触及的人们特定生命阶段的理论问题，以期拓宽今后的研究领域。

儿 童 期

大量考察幼童对娱乐反应的研究都关注到他们通过教育类媒介来学习的问题。菲什（Fisch, 2000）的能力模型（capacity model）是用来理解这些过程的主要理论范式，该模型假设儿童的工作记忆（working memory）是有限的，无法用于理解媒介的叙事。由于针对儿童的教育类媒介通常会将讲授事实性知识的课程（factual lessons）融入有趣的故事情节，因此当这些课程成为这些故事的中心时，同时儿童所具备的某些特点（先验知识）或课程所具备的某些特点（形式特征）有助于他们理解时，儿童会获得最佳的学习效果（Fisch, Kirkorian, & Anderson, 2005）。

能力模型常用于分析儿童是如何将注意力转向媒介内容的。例如，幼童更喜欢观看的是适合其认知发展水平，剧情推进较慢，且具有婴儿、儿童或动画人物之类的友好或熟悉角色的电视节目（Alwitt, Anderson, Lorch, & Levin, 1980; Pempek, et al., 2010; Valkenburg & Vroone, 2004）。该模型还用于理解儿童在解读教育类信息时遇到的困难。例如，当儿童接触到的虚构内容呈现的是与真实世界相关的事实性知识课程时，儿童正在形成的符号理解力和区分虚拟与现实的基本能力常会让他们陷入困惑（Bonus & Mares, 2015; Mares & Sivakumar, 2014）。因此，儿童不太可能接受从含有卡通图片（Ganea, Pickard, & DeLoache, 2008）、奇幻故事（Walker, Gopnik, & Ganea, 2015）和拟人化角色（Ganea, et al., 2014; Larsen, Lee, & Ganea, 2017）的媒介中获得的事实性信息，他们还常会曲解其中的社会情感知识（Mares, 2006; Mares & Acosta, 2010）。面对这些研究难点，有学者关注到媒介的特征，并认为可能是媒介激发了儿童的道德直觉，在不需要儿童理解的情况下，媒介产生了亲社会结果（Cingel & Krcmar, 2019; Tamborini, 2011）。

对儿童学习的密切关注是可以理解的。研究证实，儿童在幼年时期接触高质量的教育媒介能够带来持续的学习和社会效益（Fisch & Truglio, 2001），而接触不利于其成长的或暴力的媒介内容会产生负面影响（Barr, Lauricella, Zack, & Calvert, 2010; Zimmerman & Christakis, 2007）。就研究方法而言，考虑到对面部表情进行编码的复杂性以及儿童自我汇报情绪状况所具有的挑战性，评估儿童的理解力会比评估他们的情绪更容易（Oliver & Green, 2001）；然而，研究者对儿童学习问题的重视，使得较少研究关注媒介带来的更为轻松的效果，如愉悦、享受和乐趣。当考察情绪反应时，研究者（情理之中）倾向于关注负面效果，如恐惧反应和恐惧情绪（Cantor & Sparks 1984; Cantor & Wilson, 1984），也有一些研究者关注儿童对动画电影的混合情感反应（mixed affective responses）（Larsen, To, & Fireman, 2007; Smith, Glass, & Fireman, 2015; Zajdel, Bloom, Fireman, & Larsen, 2015）。考察积极情绪效果（享受）的研究，主要是将这些情绪反应概念化为导致这一结果的手段（对儿童生活态度或学习的预测），而不是将其作为自身的重要效果（Aladé & Nathanson, 2016; Gabrielan, Blumberg, & Hogan, 2009; Ritterfeld, Klimmt, Vorderer, & Steinhilper, 2005; Valkenburg & Cantor, 2001; Waiguney, Nelson, & Terlutter, 2012）。

我们有理由相信"享受"体验占据了儿童娱乐体验的中心位置，尽管我们还缺乏此方面的研究。例如，在为孩子选择媒介内容方面，父母给出的最常见的理由便是，他们坚信自己的孩子会喜欢他们为其选择的媒介内容，而这种信念是一个有力的预测变量，预示着孩子事实上接触到的是非教育性内容（Cingel & Krcmar, 2013）。同样，在父母所汇报的孩子娱乐体验中，最常见的一个亲社会结果是：接触这些非教育性内容会让孩子更快乐（Mares, Bonus, & Peebles, 2018）。孩子会积极地寻找他们喜欢的内容，还会要求父母播放他们最喜欢的电视节目（Rideout, Vandewater, & Wartella, 2003），他们会跳过他们觉得无聊的地方，反复观看他们觉得有趣或好看的部分（Mares, 1998）。

考虑到作为娱乐反应的快乐的重要性，令人惊讶的是，极少研究考察那些让儿童乐在其中的媒介内容特点以及调节他们反应的个体差异变量。在奥利弗和格林（2001）的一项研究中，他们给3岁至9岁的儿童分别观看了具有典型男性气质的电影（《忍者神龟》）和具有典型女性气质的电影（《美女与野兽》）。他们发现那些认同影片所呈现的性别刻板印象（相信《忍者神龟》是给男孩看的，而《美女与野兽》是给女孩看的）的孩子，会更享受对应其性别的影片。相反，在刻板态度不明显的孩子中，这种享受体验不存在差异。此外，有少部分研究考察了面对暴力媒介内容时的性别差异（Bjorkqvest & Lagerspetz, 1985; Hoffner & Cantor, 1991; Weaver, 2010）。尽管研究者们呼吁了几十年，仍然鲜有研究考察儿童享受体验的复杂性（Valkenburg & Cantor, 2000），而儿童与成年人的比较研究较为普遍（Vorderer & Hartmann, 2009）。

更令人惊讶的是，有研究者用源自儿童心理学的理论来理解成年人——而不是儿童——对娱乐的享受体验（Vorderer, Steen, & Chan, 2006）。具体来说，沃德勒（2001）认为，成年人的媒介消费行为可以理解为是对儿童期游戏行为的延伸（Ohler & Nieding, 2006; Stephenson, 1967）。事实上，由发展心理学家提出的游戏（play）的传统定义将其描述为一种内在动机（且经常重复的）活动，包括对现实的感知，其中，儿童会践行社会规则和社会角色，获得快乐，并获得重要的认知和社会能力，如符号理解力和自我管理能力（Bodrova & Leong, 2015）。尽管这种形式的实践性游戏会随着儿童年龄的增长而减少，但成年人会通过做白日梦（Valkenburg & van der Voort, 1994）和消费艺术及娱乐（Steen & Owens, 2001; Vorderer, 2001）来创造不同的现实，从而获得类似的益处和快乐。

尽管有这些相似之处，但研究者很少将媒介消费行为视为儿童游戏的一种形式。一些研究通常将媒介消费与被认为更具发展意义的活动（社会戏剧性游戏）区分开。研究者将娱乐当作儿童的其他游戏活动的一个组成部分。例如，娱乐媒介中的幻想世界往往为儿童在游戏中生成情境提供了富有想象力的素材（Gotz, Lemish, Moon, & Aidman, 2014; Valkenburg & van der Voort, 1994）。另外，儿童会在游戏中重新将像电视这样的物体看作某种符号表征（将电视视为车载荧屏）（Reid & Frazer, 1980）。有的时候，媒介也是一种分散注意力的因素，会扰乱儿童的游戏活动（Schmidt, Pempek, Kirkorian, Lund, & Anderson, 2008）。儿童不把基于媒介的活动（看电视）当作玩耍，尽管玩电子游戏似乎是一个例外（Glenn, Knight, Holt, & Spence, 2012）。确实，视频游戏与更传统的游戏方式有许多明显的共同点（视频游戏有玩家必须遵循的明确的规则引导，还包含一系列的角色及可供栖居的虚拟世界等）。事实上，夏皮罗（Shapiro, 2018）认为，玩数字游戏（gameplay）应视为21世纪的“新游戏时光”（the new playtime），因为在数字游戏中，儿童可以练习生活在数字时代所需的许多技能。好比19世纪的儿童所玩的沙盒，这种调动想象力的游戏方式能够为他们在工业化社会中生活做好准备（Hall, 1888）。

将“娱乐”概念化为一种游戏形式的明显好处在于：它将娱乐心理放置在人类行为的进化论观点中（Vorderer, 2001; Vorderer, Klimmt, & Ritterfeld, 2004; Vorderer, et al., 2006），并且它提供了一个可以应用于全生命阶段研究的统一理论框架。此外，鉴于游戏在儿童社会生活中的重要性，这一观点也可能有助于强调儿童媒介消费的社会意义，而这一方面仍有待研究。

在一项早期的质性研究中，白金汉（Buckingham, 1993）认为，儿童通过与朋友交流、相互复述及解释情节内容的方式，形塑了他们对电影和电视故事内容的理解与愉悦感受。最近，戈尔登和雅各比（Golden & Jacoby, 2018）考察了学龄前儿童如何装扮成迪斯尼的公主，并模仿角色最具性别特征的行为。辛格尔、萨姆特和凡德勒尔（Cingel, Sumter, & van de Leur, 2019）发现，当6岁儿童与同龄人观看（相较于独自观看）非适龄内容的时候，他们会做出不那么积极的道德判断。除了这几项研究之外，几乎没有研究考察同伴共同观看行为及他们之间的互动行为会如何影响媒介内容。同样，也少有研究探讨年幼儿童与父母以及兄弟姐妹在观看或玩耍中所获得的乐趣（Padilla-Walker, Coyne, & Fraser, 2012，一个年长儿童的例子）。在考虑家庭和社会背景的情况下，大部分研究聚焦于父母在儿童早期学习中的作用或在减少问题内容影响方面的作用，以及（在两项罕见的研究中）兄弟姐妹在观看恐怖节目时互相安慰的方式（Hoffner & Haefner, 1997; Wilson & Weiss, 1993）。将娱乐媒介当作儿童游戏的一个组成部分可能有助于重新激发人们对年幼儿童生活中媒介使用的社会方面的兴趣。

青少年时期

研究者如何看待青少年时期和青春期的认知与社会变化呢？简而言之，相关研究通常忽略青少年的认知发展，而主要聚焦于媒介内容的高度不稳定性和严肃内容的吸引力，考虑青少年的情感和社会变化。

几乎所有研究都主要探讨学龄前儿童的理解能力和学习能力，然而，鲜有研究考察年龄较大的儿童对娱乐内容的理解能力。也有少量研究试图考察小学低年级阶段，发现小学低年级儿童的理解力和现实判断力的分值远未达到上限（Calvert, Huston, Watkins, & Wright, 1982; Wright, Huston, Reitz, & Piemyat, 1994）。在儿童8岁后，这方面的能力似乎还有足够的发展空间，然而研究的重点转向了其他方面。

确实，研究者在考察年龄较大儿童和青少年使用娱乐媒介的情况时，倾向于关注其逐渐增加的各种需求的潜在影响，这些需求包括自主权、同伴的联结和接纳、感觉/兴奋的寻求、性以及身份清晰度。基于此，研究者考察了娱乐媒介带来的一系列负面影响，这些负面影响包括物质滥用、关系侵害和身体侵害、身体意象失调和饮食紊乱、对浪漫关系的过度期待、过早开始性行为以及无保护措施的性行为。刚瑟（Gunther）的“预设影响之影响”（influence of presumed influence）理论（Gunther, Bold, Borzekowski, Liebhart, & Dillard, 2006）以及吉本斯和杰勒德的“原型—意愿模型”（prototype willingness model）（Gerrard, Gibbons, Stock, Lune, & Cleveland, 2005）都假设了使用娱乐媒介会影响青少年对同龄人的有害健康的行为（吸烟、饮酒）的认知，也会影响其随后参与这些行为的意愿。

一些研究考察了青少年使用娱乐媒介的社会情境。其中有一项研究表明，年龄较大的青少年与父母一起使用媒介的时间更少（Larsen, et al., 1989）；另一项研究则称，不同年龄的青少年与父母共同使用媒介的时间长短差异很小（Padilla-Walker, Coyne, & Fraser, 2012）；还有的研究认为，在孩子发育后期，家庭成员共同分享媒介的时间会增加（Dubas & Gerris, 2002）。耶斯莱乌（Jerslev, 2001）描述了丹麦青少年“为了能够彼此交流，一起欢笑，经历共同的兴奋时刻，成为相互的情感依托”（p.6），他们（在快餐和汽水的陪伴下）是如何“马拉松”般长时间地观看多个视频节目直到深夜的。这项研究也符合对青少年同伴的重要作用做出的发展性论述（Albert, Chein, & Steinberg, 2013）。最近，有关玩视频游戏方面的研究（Ito, et al., 2010）指出，在青少年游戏玩家群体中，同伴之间的社交互动是他们玩游戏的主要动机之一。对13岁至17岁的美国青少年的全国性样本的分析发现（Lenhart, et al., 2015），大部分青少年游戏玩家与他人当面（83%）和在线（75%）玩游戏，而这些与其玩游戏的人主要是他们在现实生活中就认识的朋友（89%）。

另一些研究专注于探讨青少年在使用娱乐媒介时的情感满足和情感体验。艾哈迈德、比当古-休伊特和塞巴斯蒂安（Ahmed, Bittencourt-Hewitt, & Sebastian, 2015）在最近的一篇文献综述中指出，青春期的特点就是青少年被同龄人接纳/排斥时（相对于儿童期或成年期），其情绪的反应性、波动性、风险性及敏感性得到了强化，这些情绪上的变化可能反映了大脑中引发情绪反应的区域和调节情绪反应的区域（与大脑边缘结构有关的前额叶区域）之间的“发育不匹配”，也可能反映了青春期的荷尔蒙变化。基于此，一些学者指出，青少年可能会寻求“消极的和非常规的情感体验”（p.2），将之作为从父母处获得情感自主权和检验其身份认同的方式（Riediger, Schmiedek,Wagner, & Lindenberger, 2009; Arnett, 1995），或是因为青少年刚刚发展出的处理此类情感的能力为他们带来了掌握自主权的愉悦感（Hoffner & Levine, 2005）。确实，里迪格等人（2009）也发现青少年（相对于年龄较大的人而言）更希望维持，甚至强化他们的消极情感体验，如同强化积极情感体验那样。

大量研究指出，青少年是自愿使用媒介来强化这些情感体验的。耶斯莱乌（2001）指出，青少年在为他们长时间的观看活动选择视频内容时，往往会选择一些有趣、悲伤和极度恐怖的内容，以便能够与同伴共同体验这些情绪。帕蒂诺、卡契娃和史密斯（Patino, Kaltcheva, & Smith, 2012）发现，美国青少年观看真人秀就是为了获得兴奋、刺激和有趣的情感体验。丁格尔、沙伍德和拉伍德（Dingle, Sharwood, & Larwood, 2018）观察发现，青少年和年轻人（相对于年龄较大的人而言）更倾向于通过听音乐来让自己沉浸在悲伤和愤怒的情绪中（尽管通过利用音乐来感受快乐或幸福并没有年龄差异）。霍夫纳和莱文（Hoffner & Levine, 2005）通过元分析发现，人们享受于由媒介触发的恐惧，这种享受感在整个儿童期都有所增加，在青春期则达到顶峰，到了成年期，这种享受感则随着人们年龄的增长而有所下降，并且处于青春期的男孩子对能够引起恐惧的内容最为享受。迪尔曼·卡彭铁尔等人（Carpentier, et al., 2008, p.12）还发现，当青少年的情感体验处于相对低的水平之时，青少年便会诉诸媒介，研究者认为这个年龄段的青少年使用媒介主要是为了“与无聊作斗争”。

总而言之，相关研究已经考察了青少年如何通过使用媒介的娱乐内容来分享体验、加强与同龄人的社会联系以及感受强烈的情绪。所有这些研究进路——包括对青少年有意卷入负面情感体验的研究——都反映了学术界对青少年享乐层面的动机及其体验的研究兴趣。与此同时，很少有研究关注青少年实现论意义上的动机及体验。这方面研究的缺失着实令人费解，因为青春期被认为是形成个人信念的关键时期（Erikson, 1968），也是寻找目的的时期，这种目的是“一种稳定而普遍的意向，即实现自我的意义，同时对身外世界有所影响”（Damon, Menon, & Bronk, 2003, p.12; Bronk, et al., 2009）。纵向研究发现，青少年所处的社会环境形塑了他们对目的的理解，这些社会环境包括同龄人的规范和目标、家庭的支持以及所参照的社会角色（Malin, Reilly, Quinn, & Moran, 2014）。尽管马林等人（Malin, et al., 2017）指出，青少年有时会将新闻报道（关于环境灾难的报道）作为影响社会发展的因素，但研究者很少将媒介内容纳入这些社会环境因素进行研究。

我们还不清楚青少年是否会寻求有助于他们反思社会道德观念及生活意义的媒介内

容，也还没有研究考察青少年对成年人认为有意义的内容做出的反应。例如，探讨表现出强烈情感和被同辈接纳（peer acceptance）的媒介内容对青少年可能带来的影响。对成年人的研究考察了对道德之美的感受所引发的温柔情感、联结感和亲社会意向。目前尚不清楚青少年是否同样（更多）会受到这些内容的触动、感动和激励，或者他们是否会认为这些内容是老生常谈且令人尴尬的（有点类似于在“阴暗”个性上分值高的成年人的反应；Appel, Slater, & Oliver, 2018）。相反，有研究已经开始考察某些形式的媒介暴力内容所引发的反思类型，有的成年受访者宣称，极度血腥暴力的内容往往会妨碍其形成相应反思（Bartsch, 2016）。我们还不清楚青少年是否能够在这些内容中找到意义，以及他们的注意力是否能够主要集中在这些体验所带来的刺激和掌控性感受中。

从成年期到老年期

在青春期之后的年龄阶段，人们使用娱乐媒介及对媒介娱乐内容的反应又有什么变化呢？同样，我们也可以考察认知方面的、情感方面的和社会方面的变化，相关研究也倾向于关注一系列的可能情况——主要是年轻人和老年人在情感吸引方面的差异。

有一些发展性论述涉及成年期情感变化。阿内特（Arnett, 2000/2005）将成年初显期（18岁至25岁）描述为人们持续地甚而高强度地尝试和探索的时期。相较于比他们年轻的青少年，初显期的成年人往往不与父母一起生活；而相较于比他们年龄大的成年人，他们又不受制于成年人需要承担的责任。因此，他们更可能拥有机会和动机去探索黑暗（dark）、刺激的情绪体验（Sussman & Arnett, 2014）。

社会情绪选择性理论（Socioemotional Selectivity Theory，SST）也适用于分析成年期情感变化的问题。该理论指出，随着年龄的增长，人们会逐渐意识到自己未来的时光更加有限、时间弥足珍贵，这会导致他们的情感目标发生变化（Carstensen, 1995; Carstensen & Isaacowitz, & Charles, 1999）。卡斯滕森（Carstensen）并不认为青少年或年轻人会觉得负面情感体验特别有吸引力，她坚称，考虑到青少年或年轻人情感目标的长远性以及他们能够意识到自己还有大把机会感受将来的快乐时光，他们可能只是比老年人更愿意忍受不愉快的情绪。相反，随着年龄的增长，青少年或年轻人可能不太愿意把有限的时间浪费在不必要的负面情绪或无意义的体验上。因此，他们更有可能专注于维持当前的幸福感。

近年来，基于社会情绪选择性理论的优劣整合模型（Strength And Vulnerability Integration model，SAVI）（Charles, 2010）指出，老年人往往在情境选择上更为成功（避免高唤醒的或痛苦的情绪体验），但无法有效地调节对事件的情绪反应。因此，由该模型可推测，对于老年人而言，在避免不必要的负面情绪影响，并维持积极情绪影响方面，媒介选择应该是一个显著因素。确实，相关实证研究发现，在形塑不同年龄段的媒介偏好方面，效价、唤醒度、个体相关度和有意义程度之间高度相关。

在负面情绪影响方面，有证据表明，老年人（相对于年轻人）对观看极度悲伤、暴力或刺激的内容不太感兴趣（Bartsch, 2012; Fischoff, Antonio, & Lewis, 1998; Mares, et al., 2008; Tamborini & Stiff, 1987），尤其是在面对负面的、高唤醒的且与个体相关的内容时（Sands, et al., 2018）；然而，年龄之间的差异会因相关形式的威胁性较小和意义缺失而变小。在一项有关尼尔森收视率的研究中，马雷斯（Mares）和孙晔（2010）发现，老年人通常较少看暴力节目（犯罪剧），而以老年人为主要角色（通常是有能力的、讨人喜欢的角色）的犯罪题材节目是例外。实验研究发现，若人们发觉媒介内容是有意义的而非不必要的，那么喜欢观看暴力内容的人的年龄差异就会大大变小甚至消失（Mares, Bartsch, & Bonus, 2016）。

对积极效价内容的研究同样表明了唤醒度、关联性和有意义程度之间的相关性。老年人（相对于年轻人）更倾向于选择中性的、无唤醒性的内容，而非积极的/有唤醒性的内容（Sands, Livingstone, & Isaacowitz, 2018），他们也并不喜欢在看电影的时候发笑或感受刺激（Mares, et al., 2008），他们还不喜欢缺乏意义的低俗喜剧（slapstick comedies）或情景喜剧（Mares, et al., 2008, 2016）。在喜欢“搞笑的”电影或“欢乐的”观影体验方面，并不存在年龄上的差异（Bartsch, 2012; Mares, et al., 2008），而年轻人和老年人在玩电子游戏的动机方面（逃避现实、为了友谊），也只存在相当小的差异（Possler, Klimmt, Schlütz, & Walkenbach, 2017; De Schutter & Brown, 2016）。此外，尼姆罗德（Nimrod, 2010）对6个老年人在线社区的互动研究发现，老年人更注重乐趣，这表现在他们推广社交游戏、分享幽默故事和笑话（通常有关性或性别差异）以及公开调侃方面。进一步考察老年人网络社区中有关性的幽默后，研究者发现网络社区中的老年人将笑话和故事作为抵抗老龄歧视的工具，这些笑话把年轻人当作笑柄，而老年人被塑造为更具优势及权威的形象（Nimrod & Berdychevsky, 2018）。

其他研究也指出了媒介内容有意义程度的重要性。老年人（相对于年轻人）对“暖心的”积极内容表现出更大的兴趣（且期盼更多的意义）（Mares, et al., 2016），并且他们在观看反映幸福感的电影时，喜悦感与混合情感之间有更强的关联（Hofer, Allemand, & Martin, 2014）。在一个有趣的实验中，研究者发现老年人阅读幽默连环漫画能够提升他们的生活意义感（Hicks, Trent, Davis, & King, 2012）。因此，游戏性和趣味性具有调适功能，有助于老年人对有意义的媒介体验产生兴趣。

社会/情境的变化会对老年人的媒介使用造成什么影响呢？许多学者认为，随着年龄的增长，老年人会将更多时间花在看电视上，以弥补曾经被带孩子、上班和做家务占据的时间，或者应付丧偶及孩子远在他乡等新困扰（Davis & Kubey, 1982; Huston, et al., 1992）。事实上，几乎没有人支持这种草率而悲观的论调。个体生活经验的积累、身体和认知的差异性决定了衰老与生命历程的多样性有关（Nelson & Dannefer, 1992）。鲁宾·A.和鲁宾·R.（Rubin A. M., Rubin R. B., 1986）研究发现，看电视的时长与老年人的人际交往和社会活动水平之间几乎没有关系（Mares & Woodard, 2006）。有些研究确实发现，老年人所处社会环境的差异会导致其观看电视时的反应的差异。马雷斯和坎托（Cantor, 1992）发现，老年人在面对描述老年人融入社会或独自生活的媒介内容时，对这类积极或消极的内容做出的情感反应，会因其对孤独感受的不同而不同。最近，凡德戈特、贝恩特耶斯和凡塞尔姆（Van der Goot, Beentjes, & Van Selm, 2012）分析了荷兰老年人的媒介使用状况，他们在媒介使用方面呈现出复杂而多样的模式，这与“收益—损失动态性”理论（the dynamic gains and losses）相一致，该理论源于巴尔特斯（Baltes, 1997）所提出的选择、优化和补偿模型（the selection, optimization and compensation model，SOC）。退休、身体变化和守寡的经历使一些老年人在媒介使用上投入了更多时间，而另一些老年人减少了使用时长；有些人认为老年人花时间看电视意味着自由和闲暇，而有些人认为这意味着某种损失。

较多文献探讨年轻人与老年人在内容偏好方面的差异，少量研究涉及老年人媒介使用的社会情境。一些方面的研究明显缺失。值得注意的是，除了一些探讨中年女性的身体形象和饮食紊乱的文献外，几乎没有研究关注中年人的娱乐媒介使用状况（Hefner, et al., 2014; Slevec & Tiggemann, 2011）。在最近的一篇综述中，拉赫曼、特莎勒和阿格里戈罗阿埃伊（Lachman, Teshale, & Agrigoroaei, 2015）认为，发展性研究在很大程度上忽视了中年时期，或者将其视为生活满意度最低的时期。他们进一步指出，事实上，中年时期处在一个交叉点：积极情感水平的上升期与认知和身体功能（包括记忆和思维速度）的下降期。中年人虽然面对着多方面的责任和压力，上有老下有小，但是收入水平和领导能力也处于巅峰状态。尽管马雷斯等人（2008）发现年龄和不同媒介偏好之间存在线性关系，但少有研究结合中年时期的得失状态来考察中年人的媒介使用及对媒介的反应。

只有少数研究考察了人们对娱乐媒介内容的理解（以及人们随后对其的阐述）是如何随着年龄、认知状态及经验的变化而变化的。卡瓦诺（Cavanaugh, 1983）在一项早期的研究中，分别给20岁和60岁的人观看了半小时的电视剧。研究发现，在那些拥有较小词汇量的实验对象中，老年人较难回忆起电视剧的内容，特别是主要情节。马雷斯（Mares, 2007）发现，由于观看者对特定类型电视剧的熟悉程度不同，不同年龄的观众在理解快节奏犯罪剧方面会存在差异。研究者通过用实验对象都不熟悉的电视内容来测试他们对其的理解力，老年人的得分要低于年轻人，这主要是因为测试任务较为复杂，如需要推断情节之间的联系；然而，当研究者通过用一些实验对象所熟悉的电视内容来测试时，那些该节目的“粉丝”在理解力方面则显示出较小的年龄差异。这类研究凸显了老龄化（aging）的复杂性，同时，也具有这样一层实际意义：其能让人了解到人们在成长过程中对媒介内容的理解和阐述是如何变化的。由年龄带来的思维速度变化、对媒介内容的熟悉程度、各种生活经验的积淀形塑了人们对媒介内容的理解力。值得注意的是，还没有研究表明，这样的理解力如何影响使用娱乐媒介带来的享乐体验及生成的意义。

结　论

越来越多的研究表明，在人类成长的不同生命阶段，人们获取娱乐媒介的动机及获得的体验是不同的。本章试图呈现关键的研究罅隙，为理论发展和研究的推进提供更多的可能性。在对年幼儿童的研究方面，我们坚持认为，大量研究极度偏好接触娱乐媒介导致的“严肃性”结果（对学习的影响，产生的恐惧反应），而非其更轻松的方面。在对年龄较大的儿童和青少年研究方面，研究者更关注享乐动机及体验中情感变化的作用，却忽视了对更有意义的内容的吸引力和反应状况的研究。在对成年人的研究方面，研究娱乐的学者未重视中年时期，而在有关老龄化的研究中，他们却只关注情绪发展变化对媒介内容偏好的影响。娱乐媒介学者普遍认为，除最年轻的观众以外，其他人都具备理解力；除青少年以外，人们都忽视了或僵化地看待媒介使用的社会情境。

沃德勒等人（2004）认为，对娱乐的反应不仅取决于受众对内容的兴趣，还取决于他们是否有能力悬置怀疑、共情角色、参与拟社会互动和狂欢于其中。理解这些兴趣和能力是如何发展变化的，有助于我们了解娱乐所包含的和需要的东西。法肯堡和彼得（Valkenburg & Peter, 2013）提出的媒介效果的差别易感性模型（the differential susceptibility to media effects model）强调了媒介使用的倾向性、发展性、社会预测因素和反应，该模型适用于所有年龄段，而不仅仅是儿童。与之类似，菲什（Fisch, 2000）的能力模型不仅与学龄前儿童从教育类电视节目中学习知识有关——所有有关媒介娱乐的解释都应考虑到理论化过程在多大程度上可能受到工作记忆能力的限制，还与理解力有关。卡斯滕森等人（1999）的社会情绪选择性理论和优劣整合模型（Charles, 2010）不仅能有效地解释年轻人与老年人的观看偏好，还能指出唤醒度、效价和有意义程度在受众的解读与体验中的共同作用，这也就意味着这些体验会随着成长而发生变化。作为社交活动的观看或玩电子游戏，不仅是青少年的专属，还是娱乐媒介使用的动机和媒介反应的调节者，因此针对所有年龄阶段的研究应将观看或玩电子游戏纳入考虑范围。简而言之，发展性框架的使用范围应该扩大，要超越已经系统应用的“舒适区”，以发挥其价值。只有这样，研究者才能为理解娱乐体验在人类生命周期中的影响和意义提供新的洞见。

参考文献

Ahmed, S. P., Bittencourt-Hewitt, A., & Sebastian, C. L. (2015). Neurocognitive bases of emotion regulation development in adolescence. *Developmental Cognitive Neuroscience*, 15, 11–25.

Aladé, F., & Nathanson, A. I. (2016). What preschoolers bring to the show: The relation between viewer characteristics and children's learning from educational television. *Media Psychology*, 19, 406–430. http://dx.doi.org/10.1080/15213269.2015.1054945.

Albert, D., Chein, J., & Steinberg, L. (2013). The teenage brain: Peer influences on adolescent decision making. *Current Directions in Psychological Science*, 22, 114–120.

Alwitt, L. F., Anderson, D. R., Lorch, E. P., & Levin, S. R. (1980). Preschool children's visual attention to attributes of television. *Human Communication Research*, 7(1), 52–67.

Appel, M., Slater, M. D., & Oliver, M. B. (2018). Repelled by virtue? The dark triad and eudaimonic narratives. *Media Psychology*, 1–26.

Arnett, J. J. (1995). Adolescents' uses of media for self-socialization. *Journal of Youth and Adolescence*, 24, 519–533.

Arnett, J. J. (2000). Emerging adulthood: A theory of development from the late teens through the twenties. *American Psychologist*, 55, 469.

Arnett, J. J. (2005). The developmental context of substance use in emerging adulthood. *Journal of Drug Issues*, 35, 235–254.

Baltes, P. B. (1997). On the incomplete architecture of human ontogeny: Selection, optimization, and compensation as foundation of developmental theory. American Psychologist, 52, 366–380. doi: 10.1037/0003-066X.52.4.366.

Bartsch, A. (2012). As time goes by: What changes and what remains the same in entertainment experience over the life span? *Journal of Communication*, 62, 588–608.

Bartsch, A., Mares, M. L., Scherr, S., Kloß, A., Keppeler, J., & Posthumus, L. (2016). More than shoot-em-up and torture porn: Reflective appropriation and meaning-making of violent media content. *Journal of Communication*, 66, 741–765.

Barr, R., Lauricella, A., Zack, E., & Calvert, S. L. (2010). Infant and early childhood exposure to adult-directed and child-directed television programming: Relations with cognitive skills at age four. *Merrill-Palmer Quarterly*, 56(1), 21–48.

Björkqvist, K., & Lagerspetz, K. (1985). Children's experience of three types of cartoon at two age levels. *International Journal of Psychology*, 20(1), 77–93.

Bodrova, E., & Leong, D. J. (2015). Vygotskian and post-Vygotskian views on children's play. *American Journal of Play*, 7(3), 371–388.

Bonus, J. A., & Mares, M. L. (2019). Learned and remembered but rejected: Preschoolers' reality judgments and transfer from Sesame Street. *Communication Research*, 46, 374–400. doi:10.1177/0093650215609980.

Bronk, K. C., Hill, P. L., Lapsley, D. K., Talib, T. L., & Finch, H. (2009). Purpose, hope, and life satisfaction in three age groups. *Journal of Positive Psychology*, 4, 500–510.

Buckingham, D. (1993). *Children talking television: The making of television literacy*. London, UK: The Falmer Press.

Calvert, S. L., Huston, A. C., Watkins, B. A., & Wright, J. C. (1982). The relation between selective attention to television forms and children's comprehension of content. *Child Development*, 53, 601–610.

Cantor, J. (1981). Modifying children's eating habits through television ads: Effects of humorous appeals in a field setting. *Journal of Broadcasting & Electronic Media*, 25(1), 37–47. https://doi.org/10.1080/08838158109386427.

Cantor, J., & Sparks, G.G (1984). Children's fear responses to mass media: Testing some Piagetian predictions. *Journal of Communication*, 34(2), 90–103.

Cantor, J., & Wilson, B. J. (1984). Modifying fear responses to mass media in preschool and elementary school children. *Journal of Broadcasting*, 28, 431–443.

Carstensen, L. L. (1995). Evidence for a life-span theory of socioemotional selectivity. *Current Directions in Psychological Science*, 4, 151–156.

Carstensen, L. L., Isaacowitz, D. M., & Charles, S. T. (1999). Taking time seriously. A theory of socioemotional selectivity. *American Psychologist*, 54, 165–181.

Cavanaugh, J. C. (1983). Comprehension and retention of television programs by 20- and 60-year olds. *Journal of Gerontology*, 38, 190–196.

Charles, S. T. (2010). Strength and vulnerability integration: A model of emotional well-being across adulthood. *Psychological Bulletin*, 136, 1068.

Cingel, D. P., & Krcmar, M. (2013). Predicting media use in very young children: The role of demographics and parent attitudes. *Communication Studies*, 64(4), 374–394. https://doi.org /10.1080/10510974.2013.770408.

Cingel, D. P., & Krcrmar, M. (2019). Prosocial television, preschool children's, moral judgments, and moral reasoning: The role of social-moral intuitions and perspective taking. *Communication Research*, 46, 355–374. doi: 10.1177/0093650217733846.

Cingel, D. P., Sumter, S. R., & van de Leur, J. (2019). The role of social context during television viewing on children's moral judgments about social exclusion and stigmatization of others. *Media Psychology*, 22, 133–151.

Damon, W., Menon, J., & Cotton Bronk, K. (2003). The development of purpose during adolescence. *Applied Developmental Science*, 7, 119–128.

Davis, R. H., & Kubey, R.W. (1982). Growing old on television and with television. In D. Pearl, L. Bouthilet, & J. Lazar (Eds.), *Television and behavior: Ten years of scientific progress and implications for the eighties*, Vol. 2: *Technical reports* (pp. 201–208). Washington, DC: US Department of Health and Human Services.

De Schutter, B., & Brown, J. A. (2016). Digital games as a source of enjoyment in later life. *Games and Culture*, 11, 28–52.

Dillman Carpentier, F. R., Brown, J. D., Bertocci, M., Silk, J. S., Forbes, E. E., & Dahl, R. E. (2008). Sad kids, sad media? Applying mood management theory to depressed adolescents' use of media. *Media Psychology*, 11, 143–166.

Dingle, G., Sharman, L., & Larwood, J. (2018). Young people's uses of music for emotional immersion. *Handbook of Music and Adolescence*.

Dubas, J. S., & Gerris, J. R. (2002). Longitudinal changes in the time parents spend in activities with their adolescent children as a function of child age, pubertal status and gender. *Journal of Family Psychology*, 16, 415.

Erikson, E. (1968). *Identity: Youth and crisis*. New York: Norton.

Fisch, S. M. (2000). A capacity model of children's comprehension of educational content on television. *Media Psychology*, 2, 63–91.

Fisch, S. M., Kirkorian, H., & Anderson, D. (2005). Transfer of learning in informal education. *Transfer of Learning from a Modern Multidisciplinary Perspective*, 371–393.

Fisch, S. M., & Truglio, R. T. (Eds.). (2001). *"G" is for growing: Thirty years of research on children and "Sesame Street."* Mahwah, NJ: Erlbaum.

Fischoff, S., Antonio, J., & Lewis, D. (1998). Favorite flms and flm genres as a function of race, age, and gender. *Journal of Media Psychology*, 3, 1–9.

Gabrelian, N., Blumberg, F. C., & Hogan, T. M. (2009). The effects of appeal on children's comprehension and recall of content in educational television programs. *Journal of Applied Developmental Psychology*, 30(2), 161–168. https://doi.org/10.1016/j.appdev.2008. 12.009.

Ganea, P. A., Canfeld, C. F., Simons-Ghafari, K., and Chou, T. (2014). Do cavies talk? The effect of anthropomorphic picture books on children's knowledge about animals. *Frontiers in Psychology*, 5, 1–9. doi:10.3389/fpsyg.2014.00283.

Ganea, P. A., Pickard, M. B., and DeLoache, J. S. (2008). Transfer between picture books and the real world by very young children. *Journal of Cognitive Development*, 9, 46–66. doi:10.1080/15248370701836592.

Gerrard, M., Gibbons, F. X., Stock, M. L., Lune, L. S. V., & Cleveland, M. J. (2005). Images of smokers and willingness to smoke among African American pre-adolescents: An application of the prototype/willingness model of adolescent health risk behavior to smoking initiation. *Journal of Pediatric Psychology*, 30, 305–318.

Glenn, N. M., Knight, C. J., Holt, N. L., & Spence, J. C. (2012). Meanings of play among children. *Childhood*, 20, 185–199. doi:10.1177/0907568212454751.

Golden, J. C., & Jacoby, J. W. (2018). Playing princess: Preschool girls' interpretations of gender stereotypes in Disney princess media. *Sex Roles*, 79, 299–313.

Gotz, M., Lemish, D., Moon, H., & Aidman, A. (2005). *Media and the make believe worlds of children: When Harry Potter meets Pokémon in Disneyland*. Mahwah, NJ: Erlbaum.

Gunther, A. C., Bolt, D., Borzekowski, D. L., Liebhart, J. L., & Dillard, J. P. (2006). Presumed influence on peer norms: How mass media indirectly affect adolescent smoking. *Journal of Communication*, 56, 52–68.

Hall, G. S. (1888). The story of a sand pile. *Scribner's Magazine*, 3(6), 690–696.

Hefner, V., Woodward, K., Figge, L., Bevan, J. L., Santora, N., & Baloch, S. (2014). The influence of television and film viewing on midlife women's body image, disordered eating, and food choice. *Media Psychology*, 17, 185–207.

Hicks, J. A., Trent, J., Davis, W. E., & King, L. A. (2012). Positive affect, meaning in life, and future time perspective: An application of socioemotional selectivity theory. *Psychology and Aging*, 27, 181–189.

Hofer, M., Allemand, M., & Martin, M. (2014). Age differences in nonhedonic entertainment experiences. *Journal of Communication*, 64, 61–81.

Hoffner, C., & Cantor, J. (1991). Factors affecting children's enjoyment of a frightening film sequence. *Communications Monographs*, 58(1), 41–62. https://doi.org/10.1080/03637759109376213.

Hoffner, C., & Haefner, M. J. (1997). Children's comforting of frightened coviewers: Real and hypothetical television viewing situations. *Communication Research*, 24, 136–152.doi: 10.1177/009365097024002002.

Hoffner, C. A., & Levine, K. J. (2005). Enjoyment of mediated fright and violence: A meta-analysis. *Media*

Psychology, 7, 207–237.
Huston, A. C., Donnerstein, E., Fairchild, H., Feshbach, N. D., Katz, P. A., Murray, J. P., et al. (1992). *Big world, small screen: The role of television in American society*. Lincoln: University of Nebraska Press.
Ito, M., Baumer, S., Bittani, M., Boyd, D., Cody, R., Herr-Stephenson, B., & Tripp, L. (2010). *Hanging out, messing around, and geeking out: Kids living and learning with new media*. Cambridge, MA: MIT Press.
Jerslev, A. (2001). "Video nights." Young people watching videos together—a youth cultural phenomenon. *Young*, 9(2), 2–17.
Lachman, M. E., Teshale, S., & Agrigoroaei, S. (2015). Midlife as a pivotal period in the life course: Balancing growth and decline at the crossroads of youth and old age. *International Journal of Behavioral Development*, 39, 20–31.
Larsen, E. N., Lee, K., & Ganea, P. A. (2017). Storybooks with anthropomorphized animal characters fail to promote prosocial behaviors in young children. *Developmental Science*. doi:10.1111/desc.12590.
Larsen, J. T., To, Y. M., & Fireman, G. (2007). Children's understanding and experience of mixed emotions. *Psychological Science*, 18, 186–191.
Larson, R., Kubey, R., & Colletti, J. (1989). Changing channels: Early adolescent media choices and shifting investments in family and friends. *Journal of Youth and Adolescence*, 18,583–599.
Lenhart, A., Smith, A., Anderson, M., Duggan, M., & Perrin, A. (2015). *Teens, technology and friendships*. Pew Internet and American Life Project http://www.pewinternet.org/2015/08/06/ teens-technology-and-friendships.
Lewis, R. J., Tamborini, R., & Weber, R. (2014). Testing a dual-process model of media enjoyment and appreciation. *Journal of Communication*, 64, 397–416.
Malin, H., Reilly, T. S., Quinn, B., & Moran, S. (2014). Adolescent purpose development: Exploring empathy, discovering roles, shifting priorities, and creating pathways. *Journal of Research on Adolescence*, 24, 186–199.
Malin, H., Liauw, I., & Damon, W. (2017). Purpose and character development in early adolescence. *Journal of Youth and Adolescence*, 46, 1200–1215.
Mares, M. L. (1998). Children's use of VCRs. *Annals of the American Academy of Political and Social Science*, 557, 120–131.
Mares, M. L. (2006). Repetition increases children's comprehension of television content—Up to a point. *Communication Monographs*, 73, 216–241. doi:10.1080/03637750600693464.
Mares, M. L. (2007). Developmental changes in adult comprehension of a television program are modified by being a fan. *Communication Monographs*, 74, 55–77.
Mares, M. L., & Acosta, E. E. (2010). Teaching inclusiveness via TV narratives in the US: Young viewers need help with the message. *Journal of Children and Media*, 4(3), 231–247. doi:10.1080/03637750600693464.
Mares, M. L., Bartsch, A., & Bonus, J. A. (2016). When meaning matters more: Media preferences across the adult life span. *Psychology and Aging*, 31, 513.
Mares, M. L., Bonus, J. A., & Peebles, A. (2018). Love or comprehension? Exploring strategies for children's prosocial media. *Communication Research*. doi:10.1177/0093650218797411.
Mares, M. L., & Cantor, J. (1992). Elderly viewers' responses to televised portrayals of old age: Empathy and mood management versus social comparison. *Communication Research*, 19, 459–478.
Mares, M. L., Oliver, M. B., & Cantor, J. (2008). Age differences in adults' emotional motivations for

exposure to films. *Media Psychology*, 11, 488–511.

Mares, M. L., & Sivakumar, G. (2014). "Vamonos means go, but that's made up for the show": Reality confusions and learning from educational TV. *Developmental Psychology*, 50, 2498–2511. doi:10.1037/a0038041.

Mares, M. L., & Sun, Y. (2010). The multiple meanings of age for television content preferences. *Human Communication Research*, 36, 372–396.

Mares, M. L., & Woodard IV, E. H. (2006). In search of the older audience: Adult age differences in television viewing. *Journal of Broadcasting and Electronic Media*, 50, 595–614.

Nelson, E. A., & Dannefer, D. (1992). Aged heterogeneity: Fact or fiction? The fate of diversity in gerontological research. *The Gerontologist*, 32, 17–23.

Nimrod, G. (2010). The fun culture in seniors' online communities. *The Gerontologist*, 51, 226–237.

Nimrod, G., & Berdychevsky, L. (2018). Laughing off the stereotypes: Age and aging in seniors' online sex-related humor. *The Gerontologist*, 58, 960–969.

Ohler, P., & Nieding, G. (2006). Why play? An evolutionary perspective. In P. Vorderer & J. Bryant (Eds.), Playing Video Games: Motives, Responses, and Consequences (pp. 101–113). Hillsdale, NJ: Erlbaum.

Oliver, M. B., & Green, S. (2001). Development of gender differences in children's responses to animated entertainment. *Sex Roles*, 45, 67–88.

Padilla-Walker, L. M., Coyne, S. M., & Fraser, A. M. (2012). Getting a high-speed family connection: associations between family media use and family connection. *Family Relations*, 61, 426–440.

Patino, A., Kaltcheva, V. D., & Smith, M. F. (2012). Adolescent motivations for reality television viewing: An exploratory study. *Psychology and Marketing*, 29, 136–143.

Pempek, T. A., Kirkorian, H. L., Richards, J. E., Anderson, D. R., Lund, A. F., & Stevens, M. (2010). Video comprehensibility and attention in very young children. *Developmental Psychology*, 46, 1283.

Possler, D., Klimmt, C., Schlütz, D., & Walkenbach, J. (2017). A mature kind of fun? Exploring silver gamers' motivation to play casual games–Results from a large-scale online survey. In J. Zhou & G. Salvendy (Eds.), *Human aspects of IT for the aged population. Applications, services and contexts: Third International Conference, ITAP 2017, held as part of HCI International 2017, Vancouver, Canada, July 9–14, 2017, Proceedings*, Part II (S. 280–296). Springer: Wiesbaden.

Reid, L. N., & Frazer, C. F. (1980). Television at play. *Journal of Communication*, 30, 66–73.

Rideout, V. J., Vandewater, E. A., & Wartella, E. A. (2003). *Zero to six: Electronic media in the lives of infants, toddlers, and preschoolers*. Menlo Park, CA: Kaiser Family Foundation.

Riediger, M., Schmiedek, F., Wagner, G. G., & Lindenberger, U. (2009). Seeking pleasure and seeking pain: Differences in prohedonic and contra-hedonic motivation from adolescence to old age. *Psychological Science*, 20, 1529–1535.

Ritterfeld, U., Klimmt, C., Vorderer, P. & Steinhilper, L. K. (2005). The effects of a narrative audio tape on preschoolers' entertainment experience and attention. *Media Psychology*, 7, 47–72.

Rubin, A. M., & Rubin, R. B. (1986). Contextual age as a life-position index. *International Journal of Aging and Human Development*, 23, 27–45.

Sands, M., Livingstone, K. M., & Isaacowitz, D. M. (2018). Characterizing age-related positivity effects in situation selection. *International Journal of Behavioral Development*, 42, 396–404.

Schmidt, M., Pempek, T., Kirkorian, H. L., Lund, A. F., & Anderson, D. R. (2008). The effects of background television on the toy play behavior of very young children. *Child Development*, 79, 1137–1151.

Slevec, J., & Tiggemann, M. (2011). Media exposure, body dissatisfaction, and disordered eating in middle-aged women: A test of the sociocultural model of disordered eating. *Psychology of Women Quarterly*, 35, 617–627.

Shapiro, J. (2018). *The new childhood: Raising kids to thrive in a connected world*. New York, NY: Hachette Book Group.

Smith, J. P., Glass, D. J., & Fireman, G. (2015). The understanding and experience of mixed emotions in 3–5-year-old children. *Journal of Genetic Psychology*, 176, 65–81.

Steen, F. F., & Owens, S. A. (2001). Evolution's pedagogy: An adaptionist model of pretense play and entertainment. *Journal of Cognition and Culture*, 1, 289–321. Doi: 10.1163/156853701753678305.

Stephenson, W. (1967). *The play theory of mass communication*. University of Chicago Press.

Sussman, S., & Arnett, J. J. (2014). Emerging adulthood: developmental period facilitative of the addictions. *Evaluation and the Health Professions*, 37, 147–155.

Tamborini, R. (2011). Moral intuition and media entertainment. *Journal of Media Psychology: Theories, Methods, and Applications*, 23, 39–45.

Tamborini, R., & Stiff, J. (1987). Predictors of horror flm attendance and appeal: An analysis of the audience for frightening films. *Communication Research*, 14, 415–436.

Valkenburg, P. M., & Cantor, J. (2000). Children's likes and dislikes of entertainment programs. *Media Entertainment: The Psychology of Its Appeal*, 11, 135–152.

Valkenburg, P. M., & Cantor, J. (2001). The development of a child into a consumer. *Journal of Applied Developmental Psychology*, 22, 61–72.

Valkenburg, P. M., & Peter, J. (2013). The differential susceptibility to media effects model. *Journal of Communication*, 63, 221–243.

Valkenburg, P. M., & Van der Voort, T. H. (1994). Influence of TV on daydreaming and creative imagination: A review of research. *Psychological Bulletin*, 116, 316.

Valkenburg, P. M., & Vroone, M. (2004). Developmental changes in infants' and toddlers' attention to television entertainment. *Communication Research*, 31, 288–311. https://doi. org/10.1177/0093650204263435.

Van Der Goot, M., Beentjes, J. W., & Van Selm, M. (2012). Meanings of television in older adults' lives: an analysis of change and continuity in television viewing. *Ageing and Society*, 32, 147–168.

Vorderer, P. (2001). It's all entertainment–sure. But what exactly is entertainment? Poetics, 29, 247–261.

Vorderer, P., & Halfmann, A. (2019). Why do we entertain ourselves with media narratives? A theory of resonance perspective on entertainment experiences. *Annals of the International Communication Association*, 43, 79–96.

Vorderer, P., & Hartmann, T. (2009). Entertainment and enjoyment as media effects. In J. Bryant & M. B. Oliver (Eds.), *Media effects: Advances in theory and research* (Vol., 3rd ed., pp. 532–550). New York, NY: Routledge.

Vorderer, P., Klimmt, C., & Ritterfeld, U. (2004). Enjoyment: At the heart of media entertainment. *Communication Theory*, 14, 388–408.

Vorderer, P., Steen, F. F., & Chan, E. (2006). Motivation. In J. Bryant & P. Vorderer (Eds.), *Psychology of entertainment* (pp. 3–17). Mahwah, NJ: Erlbaum.

Waiguney, K. J., Nelson, M. R., & Terlutter, R. (2012). Entertainment matters! The relationship between challenge and persuasiveness of an advergame for children. *Journal of Marketing Communications*, 18, 69–89. doi:10.1080/13527266.2011.620766.

Walker, C. M., Gopnik, A., & Ganea, P. A. (2015). Learning to learn from stories: children's developing sensitivity to the causal structure of fictional worlds. *Child Development*, 86, 310–318. doi:10.1111/cdev.12287.

Weaver, A. (2010). A meta-analytic review of selective exposure to and the enjoyment of media violence. *Journal of Broadcasting and Electronic Media*, 55, 232–250. doi: 10.1080/08838151.2011.570826.

Wilson, B. J. & Weiss, A. J. (1993). The effects of sibling coviewing on preschoolers' reactions to a suspenseful movie scene. *Communication Research*, 20, 214-248. doi: 10.1177/009365093020002003.

Wright, J. C., Huston, A. C., Reitz, A. L., & Piemyat, S. (1994). Young children's perceptions of television reality: Determinants and developmental differences. *Developmental Psychology*, 30, 229.

Zajdel, R. T., Bloom, J. M., Fireman, G., & Larsen, J. T. (2015). Children's understanding and experience of mixed emotions: The roles of age, gender, and empathy. *Journal of Genetic Psychology*, 174, 582–603.

Zimmerman, F. J., & Christakis, D. A. (2007). Associations between content types of early media exposure and subsequent attention problems. *Pediatrics*, 120, 986–99. doi:10.1542/ peds.2006–3322.

第五章　系统性性别视域中的娱乐理论

萨宾·赖希

20世纪80年代的经典喜剧《捉鬼敢死队》翻拍的消息一经发布，网络影评界就一片哗然，声称4位女性喜剧演员扮演的“捉鬼师”将其昔日美好记忆破坏。4位女演员同老版的男性捉鬼师丹·克罗伊德（Dan Aykroyd）、比尔·莫瑞（Bill Murray）一样，都是广受赞誉的喜剧演员，并且在美国人气娱乐节目《周六夜现场》（SNL，NBC）中担任表演嘉宾。女主角凯特·麦克金农（Kate McKinnon）、莱斯利·琼斯（Leslie Jones）、梅丽莎·麦卡西（Melissa McCarthy）以及克里斯汀·韦格（Kirsten Wiig）的生理性别似乎关乎忠实影迷们所期待的观看体验。她们的娱乐性表演并不逊色于老版“捉鬼师”，但对于一部经典好莱坞科幻喜剧来说，如果主角为女性，它就不能让观众发笑，不能激发悬念和兴奋感，这有待考究。这仅是展现性别化娱乐体验的案例之一。

饱和的西方媒介市场，性别窄播化加剧（Kuipers, 2012），因此，性别化电视节目通常将男性节目导向动作冒险类主题，将女强人、浪漫和轻暴力等主题视为女性节目的制作标准（Meehan & Byars, 2000）。在娱乐理论里，性别偏好学说属于经典学说，但对这一范畴的系统性研究还有待完善，性别并非这一领域的研究重点。娱乐领域缺乏对性别的实证和理论研究，这令人困惑，因为性别形塑我们的娱乐偏好和体验，娱乐媒介及其性别描述反过来也建构性别。因此，本章旨在讨论性别在娱乐媒介选择、接触和反馈中扮演何种角色，主要分为两部分。首先，我利用娱乐研究中的案例诠释何谓性别化娱乐体验。其次，我回顾并说明哪些诠释可以（不可以）用于描述其中的性别差异。因篇幅有限，本章不能说明所有研究。因此，为了提供必要的背景，我从性别概念的理论启蒙入手。

不同类别的性别——理论概述

生理性别（sex）和社会性别（gender）是娱乐研究中用于描述样本并随着结果协同变化的普遍范畴——通常无理论解释。概念模糊成为娱乐理论探讨性别时存在的主要问题。从概念上看，生理性别和社会性别是两个截然不同的范畴，理论和实证结果各异。

从生物学看，染色体和生殖器官决定生理性别，而社会性别作为一种社会性术语，属于个体身份（Eagly, 1987）。两者都涉及性别如何分类、性别差异如何发展的基本假设。生物决定论（biological determinism）认为，性别差异从出生就已固定，并不会因社会因素而改变。因此，生理性别被视为男女间的明确界限。性别差异在心理学和批判学的概念化打破了这一界限，性别差异被视为一种持续性状态。从当代理解视角来看，女性气质和男性气质被概念化为个体身份中两个独立且连续的维度（Bem, 1974）。自我概念（self-concept）可以由彼此独立的维度来定义，从而产生规定型的男性或女性身份——性别人格（gender-typed personalities）（较早的出版物也用“sex-typed”）。兼具男性气质和女性气质的自我概念被称为心理双性化（psychological androgyny）（Bem, 1974），但在实践中，社会性别通常被二分为女性或男性。虽然在对性别的交叉研究中，性别特征、种族和阶级被纳入考量范围，但研究在很大程度上还局限于批判性理论研究。

社会性别的形成在心理学的和批判的概念上有所不同。批判的方法对性别差异采取激进的社会建构主义，而心理学理论将性别规范的社会习得视为性别差异的主因。性别差异的研究方法并非相互排斥或严格区分。例如，在心理学中，性别发展的社会认知模型得到广泛应用（Bussey & Bandura, 1999），该模型假设存在一个由各种不同且相互关联的社会系统，如自我、父母和同侪示范、媒介和社会制度等构成的复杂影响网络，其对整个生命周期中的性别行为产生影响——一种社会文化视角。因此，社会认知理论融合性别身份及行为的社会建构和心理学理论。

性别选择和娱乐媒介偏好

基于前面对性别的理解，本节接下来将讨论3种媒介内容，即媒介暴力、消极情绪、性暴露与性客体化媒介，它们似乎有赖于通过性别激发享乐主义或实现主义娱乐体验（Vorderer & Reinecke, 2015）。值得注意的是，大多数研究将性别差异视为男性女性、男孩女孩之间的二元差异，将之等同于生理性别。因此，我将在本节中直接使用被引作者的研究术语。

暴力娱乐中的享受

暴力是娱乐的一部分。对“媒介人物遭受的真实且具有威胁性的暴力行为”（Hoffner & Levine, 2005, p.208）的相关描述似乎是暴力恐怖性媒介娱乐的普遍特征（Vande bosch & Poels, this volume）。很多研究将电视、游戏、电影中的暴力享受与性别联系起来，如一项跨国（美、中、德）研究发现，男孩（4岁到6岁）比女孩更容易被暴力视频吸引，而女孩更青睐养育型的非暴力内容（Knobloch, Callison, Chen, Fritzsche, & Zillmann, 2005）。一项关于荷兰与美国小学生（6岁至11岁）的研究验证了上述结论（Valkenburg & Janssen, 1999）；女孩对无伤害性的电视节目更感兴趣，而男孩喜欢动作暴力类节目。研究者对恐怖暴力类节目中的享受进行了元分析，分析了35项研究之后发现，性别差异在这些节目（恐怖、暴力或惊险类）的子类中更加明显，并随暴力情景的出现而增强。总体而言，在实验研究中，男性往往更容易沉浸于暴力类研究素材中，并对其评价也更高。同时，性别差异随年龄增长持续存在，只是没那么明显了（Hoffner & Levine, 2005）。

随着电子游戏的普及，娱乐媒介中的暴力问题再次引发争论，性别差异也出现在这一领域（Slater, 2003）。男孩比女孩更爱玩电子游戏（Greenberg, Sherry, Lachlan, Lucas, & Holmstrom, 2010）且沉浸于游戏的方方面面。比利时儿童（9岁至11岁）的三波面板数据显示，男孩对“格斗”游戏的评价高于女孩（Roe, 1998）。哈特曼和克里姆特（Hartmann & klimmt, 2006）研究女性玩电子游戏的动机时发现，她们非常讨厌电子游戏中呈现的暴力内容。

虽然我们在体育节目中看到的暴力与虚构媒介暴力有本质区别（Bryant, Comisky, & Zillmann, 1982），但是节目收视所呈现的性别差异部分源于体育类节目的粗暴性特征，如美式足球。布莱恩特、康姆斯基和齐尔曼（1981）首个相关研究以暴力程度的低、中或高编码美式橄榄球球赛，并评估观众的享受程度。男性在暴力类体育中获得的享受明显高于女性。对比可预见的（scripted）暴力（摔跤）、不可预见的（nonscripted）暴力（拳击）和非暴力（棒球）体育节目的实验中，不可预见的暴力引发了更强的享受，但这只发生在男性身上（Raney & Depalma, 2006）；然而，在另一个调查研究中，男性和女性都认为暴力类体育（拳击或曲棍球）比非暴力体育（体操）更具吸引力，研究显示女性也喜欢暴力类体育，只是喜爱程度低于男性（Sargent, Zillmann, & Weaver, 1998）。总之，作为内容因子的暴力似乎对男性媒介用户更具吸引力，以至于男性用户会选择具有更高暴力期望值的媒介内容，并且比女性用户更乐在其中。一项有关媒介暴力的元分析表明，媒介引起的消极情感越多，男性的享受就越强（Hoffner & Levine, 2005）。

娱乐中消极情感的享受

负效价媒介娱乐的享受感与情绪管理理论（MMT）的发展进程密切相关（Zillmann,

1988; Luong & Knobloch-Wester wick, this volume），MMT表明，用户的媒介选择是为了回避消极状态而维系或增强积极状态，以达到平衡式唤醒状态。性别是该理论早期论证阶段和进一步发展过程中的相关范畴。女性经期的情绪变化可用于检验MMT所涉及的自然情绪状态。相较于其他阶段，处于烦躁状态的经期前和经期中的女性更喜欢喜剧（Meadowcroft & Zllimann, 1987）。怀孕中典型的烦躁期也是类似情况（Helregel & Weaver, 1989）。

个体在处理负面离散情绪上也存在性别差异。基于不同媒介类型的愤怒应对策略，已在最初的研究中有所探究，但主要集中于新闻而非娱乐。在一项负反应（negative feedback）诱导性实验中，参与者可选择负面新闻或正面新闻。在第二个情境中，研究者引导半数参与者对负面信息做出反馈。结果显示，男性选择负面新闻保持愤怒，而女性选择正面新闻化解愤怒（Knobloch-Wester wick & Alter, 2006）。音乐调节情绪的相关研究也证实了男性调节愤怒情绪的特点。其中，男性样本要么想执行对抗性任务，如基于第一人称视角的射击游戏，要么想执行一个非对抗性任务，而他们倾向于用音乐风格来保持或强化愤怒（Tamir, Mitchell, & Gross, 2008）。

MMT的整体性预测分别在不同媒介情境中得到印证（Reinecke, 2016），但因戏剧性、悲伤性和情绪性娱乐大受追捧，尤其得到女性的青睐，其享乐主义动机受到挑战（Oliver, 1993; Janicke-Bowles, Bartsch, Oliver, & Raney, this volume）。正效价媒介维持积极情绪/积极型媒介驱散消极情绪，MMT将这两个观点并列起来。实际上，女性不仅比男性更青睐悲伤电影，悲伤和戏剧性内容还会激发其消极且矛盾的情感，但她们表示乐在其中（Oliver, 1993），并表示期待获得更多的享受感（Oliver, 2008）。这一普遍性观点在电影类型的偏好评估中也得到印证。相较于女性，男性更青睐科幻、战争、动作、冒险、西部、恐怖、魔幻以及悬疑电影。女性对浪漫戏剧化的电影评价高于男性（Wühr, Lange, & Schwarz, 2017）。女性青睐悲伤和戏剧性内容，也证实具备浪漫孤独气质的高中生喜爱悲情音乐这一现象。其中，男（女）学生被分为高/低孤独感两种类型，并被要求观看悲情或浪漫的音乐视频。结果显示，低孤独感的男生比有爱慕对象的男生更爱看浪漫音乐视频，而对女生来说，情况正好相反，即有爱慕对象的女生比低孤独感的女生更爱看浪漫音乐视频（Gibson, Aust, & Zllimann, 2000）。具体而言，暴力娱乐中呈现的性别偏好并不意味着男性对悲伤或戏剧性内容不感兴趣，只是喜爱程度不及女性而已（Oliver Weaver & Sargen, 2000）。

色情娱乐或性物化娱乐的享受

色情片、色情书籍、色情媒介（SEM）等娱乐媒介（Dilman Carpentier & Mazandarani, this volume）与暴力媒介一同进入公众视野。色情媒介的用户数据显示，从杂志到电影、在线视频和照片，均呈现相对稳定的性别差异，即相当大比例的男性使用色情媒介。针对美国青少年的调查显示，约三分之二的男生（66%）和超过三分之一的女生（39%）在过去一年中观看过色情媒介，包括在线色情媒介、成人杂志和X级电影（Brown & L'Engle, 2009）。年龄与文化也存在性别差异。印度尼西亚对色情设禁，对该国大学生的抽样调查显示，男生在青春期就比女生更频繁地使用色情媒介（Wijay aMulya & Hald, 2014）。有研究证实丹麦男性比女性（13岁至20岁）更频繁地使用色情媒介（Hald, 2006），德国（Weber, Quiring, & Dasch mann, 2012）和荷兰的男性青少年也是如此（Peter & Valkenburg, 2007）。在一项代表性调查中，挪威成年男性比女性更青睐色情媒介内容，而成年女性时常将其视为乏味、令人厌恶且不具娱乐性的内容（Traeen, Spitz nogle, & Bever ford, 2004）。在德国网络用户的代表性样本中，生活满意度低、缺乏忠诚关系和孤独感较高的男性会更频繁观看网络色情内容（SEIM）。其实，女性也会用色情媒介逃避日常的压力和紧张，只是频率较低，她们的色情消费会随忠诚关系的建立与生活满意度的提高而增加（Weber, et al., 2018）。

上述研究展现了人们对色情媒介的不同偏好，如前文的丹麦样本显示，除了软色情和与许多男性的集体性行为，男性远比女性更喜爱色情内容（Hald, 2006）。在克罗地亚成年人样本中，异性恋男性比其他任何群体都更喜欢非主流的色情媒介内容，包括施虐、受虐、恋物癖、暴力、怪异或极端性行为的媒介内容（Hald, Stulhofer, & Lange, 2018）。与女性相比，男性更易被展现女性沉沦的色情内容所吸引（Glascock, 2005），这与之前讨论的暴力媒介偏好密切相关。

总结

在很大程度上，媒介娱乐中的性别差异已属老调重弹。女性更喜欢浪漫安全型娱乐节目，而令人激动兴奋的娱乐，如动作、恐怖以及身体接触类体育节目，是男性最爱。一提及娱乐媒介，上述娱乐媒介或节目所包含的社会热点也随之而出，并引发持续性的社会争议，部分争议甚至达10年之久。

娱乐理论中的性别差异机制

通常对娱乐现象的研究会对性别差异进行周期性探索，但大多数研究都将性别作为评估娱乐效果的控制变量，很少将性别差异作为假设依据，更别说对其进行阐释性研究了。不过，有关性别差异的一般性解释可从现有文献中直接或间接地进行整合。因此，接下来的论述将对性别化娱乐偏好进行合理化解释。我将系统地阐释这一核心观点，即性别差异是人格与身份中的个体差异导致的。然后，我将阐述对作为内容因素的性别的误导性陈述如何导致性别化娱乐反应。

个体层面的因素

媒介用户在描述与处理媒介刺激上大相径庭。他们看待问题的视角与经验形塑了其对媒介刺激的理解。接下来，我将讨论媒介用户的人格特征、性别身份、性别角色期望和社会身份如何影响娱乐体验中的性别差异。

人格特征

如前文所述，动作、恐怖、运动和暴力等娱乐偏好指向男性，而女性偏好浪漫且无伤大雅的娱乐。文献中的某些人格因素证明了上述刻板的分类。例如，电子游戏的研究已证实在游戏时间上存在性别差异。竞争取向也在一定程度上反映了竞技游戏中的性别差异（Hartmann & klimt, 2006）以及玩家的刺激寻求水平，即从事新颖、多样且复杂活动的意愿（Zuckerman, 1994）。有学者发现，男性比女性有更明显的寻求刺激倾向（Cross, Cyrenne, & Brown, 2013）。刺激寻求倾向已广泛用于说明男女在动作型（Banerjee, Greene, Krcmar, Bagda sarov, & Ruginyte, 2008）和暴力型（Slater, 2003）娱乐偏好中的巨大差异，同时它还被作为性研究的控制变量。彼得和瓦尔肯伯格（2011）发现，荷兰成年人与青少年的刺激寻求和网络不良内容存在相关性，麦克纳马拉和巴拉德（1999）认为，刺激寻求行为与极具感染力的音乐风格也存在相关性。有学者认为，个体对性别角色的期望遮蔽了自身对刺激的反应情况（Cross, et al., 2013），类似质疑可说明，性别差异、性别角色期望和性别身份（gender identity）能够在多大程度上影响我们盲目地将社会行为作为一门社会科学学科来衡量的惯习。因此，我们有必要将性别的自我概念与性别角色作为个体层面的因素纳入娱乐理论进行讨论。

性别身份

性别身份指个体将自我认定（self-ascribed）的性别角色内化。虽然娱乐反应中呈现的二元性别差异具备一定的参考性，而评估娱乐研究中的性别身份更具启发性，但少有对性别身份进行心理评估的研究。性别身份的操作化一般从两个子维度进行：女性化和男性化。格林和卡克马尔（Greene & Krcmar, 2005）使用贝姆性别角色量表（BSRI, Bem, 1974）预测女性化与男性化对暴力电视节目偏好的影响。他们发现，男性化与观看暴力和恐怖电影呈正相关。同样地，奥利弗（1993/2008）认为，喜欢悲情电影与女性和女性化均有联系。关于选择性阅读性别杂志的研究中，研究者将身份划分为生理性别身份和社会性别身份两种。男性参与者阅读更多的男性杂志，女性则以女性杂志为主，这一结果受性别身份的间接驱动。较明显的女性化（男性化）参与者阅读女性（男性）杂志的时间较长（Knobloch-Wester wick & Hop lamazian, 2012）。

伯杰和克拉赫（2013）提出了新的性别身份模型，并认为男性化和女性化均有消极面和积极面。测量结果表明，焦虑、过度敏感、自我怀疑为女性的消极特征，敏感与激情则为女性的积极特征。对男性而言，傲慢和苛刻是消极特征，理性和逻辑则为积极特征。一项针对大型多人在线游戏（MMOs）玩家动机的研究发现，性别的消极特征可能与游戏失误相关（Reer, Janzik, Wehden, & Quandt, this volume）。例如，消极男性化特征与成就（游戏动机之一）相关，而消极女性化特征与游戏上瘾相关，这在一定程度上打破了人们对性别的刻板印象（Kneer, Franken, & Reich, 2019）。上述案例表明，将性别身份视作一个连续性概念，而非生理性别（或性别二分模型），有助于理解娱乐性别差异。

性别角色期望

性别角色期望呈现了个体认为与其性别角色相符的内在规范和准则，即什么是男性化或女性化。"因此，角色期望根植于个体的头脑，共享于社会成员，继而从社会结构与文化中构建社会共识。"（Eagly & Wood, 2012, p.460）在情绪的表达和应对中，性别角色期望对媒介偏好具有持续性影响。例如，表达恐惧的性别规范与悲伤或戏剧性内容（Oliver, 1993）及暴力媒介娱乐的性别偏好相关。社会不会鼓励男孩表现出恐惧，但女孩可以表现出恐惧，这导致对暴力媒介内容的不同反应（zilmann & Weaver, 1996）。性别角色期望在社交观看（social viewing）和游戏情境中更为显著。在一项观看恐怖电影的实验中，女性更乐于同一位能驾驭恐怖电影的男性观影。相比之下，男性更愿意与一位害怕恐怖电影的女性观影（Zillmann, Weaver, Mundor, & Aust 1986）。共同观影下的性别化反应表明了参与者自身的性别角色期望。同样地，针对电子游戏玩家的研究发现，情侣在大型多人在线游戏中表现出更明显的性别角色一致性行为。女性展现出社交性和关系性，而男性更具侵略性（Williams, Consalvo, caplan, & Yee, 2009）。

调节消极情感、情绪的性别化策略是个体性别角色的一部分，可用于解释男性对持续愤怒型媒介的选择策略（Knobloch-Wester wick & Alter, 2006）和女性反思性消极情感状态的倾向。总的来说，女性运用的调节策略比男性多（反思、再评估、容忍、寻求社会支持、解决问题），男性更倾向于压抑或回避（Nolen-Hoeksema, 2012）。婴幼儿在控制情绪反应的努力程度上也呈现出性别差异。研究者对260个儿童（6个月到13岁）性格的性别差异进行元分析，发现"性格上的性别差异映射出性别刻板印象中情绪的'核心真理'，以致差异甚小却被无限放大"（Else-Quest, Hyde, Goldsmith, & Van Hulle, 2006, p.63），但本文作者认为，针对这一结果的整体性理论并未得到数据支持。

人们如何处理需求得不到满足时的消极反应，如孤独，取决于对性别角色的期望。与媒介人物的拟社会互动（Horton & Wohl, 1956; Brown, this volume）作为一种治疗孤独的潜在方法引起学者探讨。与电视人物的拟社会互动与男性和女性中不同的孤独表现相关。王、芬克和蔡（Wang, Fink, & Cai, 2008）指出，男性的拟社会互动随慢性孤独感的增强而明显增强，而女性对准社交互动的需求随家庭孤独感的增强而增强。除此以外，科恩（Cohen, 1997）认为，女性将与电视人物的拟社会关系（PSRs）作为浪漫关系的补充，以此平衡（paralleling）社会关系中的性别差异。另外，只有当社会关系产生波动时，男性才会表现出拟社会关系。学者们将这些关系概念与依恋类型和自我发展中的差异相联系。女孩在与他人的关系中形成自我概念，而男孩独立于他人建构自我意识（Aciteli & Young, 1996）。通过社交环境的放大作用，女孩可从其建构的社会支持网络中获得支持与回报，男孩则因独自解决问题而变得社会化。其中的性别差异与男性偏好压抑和回避的应对方式密切相关。

社会身份

作为导致性别化娱乐偏好原因之一的社会身份，在文献回顾中很少被提及。从媒介心理学角度看，在社会群体中发展起来的媒介选择与媒介偏好已成既定事实（Trepte & Loy, 2017）。可能与社会群体相关的社会分类，如性别，取决于社会情境和自我分类（Tajfel & Turner, 1979）。社会身份以多重路径影响媒介偏好，而社会群体规范是其中一条潜在理论路径。竞技体育可视为性别化领域。德纳姆（Denham, 2004）认为，人们能享受于电视转播体育，除了其内容本身的刺激性，还源于一种由共享群体身份增强的氛围。布洛杰特和莎特（Blodgett & Salter, 2018）将线上书呆子文化的社会身份与线上影评中的恶评和厌女症联系起来，且高度男性化通常是该文化领域的群体特征。个体寻求并维持一种积极的社会身份——积极的独异性，成为第二条影响路径。特莱皮特和克雷默（Trepte & krämer, 2007）在准实验研究中发现，女性更喜欢“大女主”电视剧。通过相似性判断，研究者发现选择过程是由人们对积极性社会进行比较并进行一系列潜在判断所驱动的。如果媒介对某一内群体（in-group）的负面描述有损积极自尊（positive self-esteem），那么该群体就可能成为公众讨伐的对象。当娱乐业对某社会群体作出消极评价时，该群体成员的娱乐效价则会降低。正如下节讨论的一样，媒介中女性的物化与堕落性描述可成为性别差异的影响因素。

娱乐媒介中的性别表征

女性用户和少数男性用户很少能从扭曲的媒介现实中获得满足，这是媒介娱乐研究的问题。众所周知，性别角色和行为类型在大众媒介中呈现出扭曲的刻板印象，单从描述对象的数量上看，年轻人多过成年人（尤其在女性），白色人种多过有色人种，男性多过女性（在荷兰、美国和德国；Daal mans & ter Horst, 2017; Lauzen, 2018; Prommer & Link, 2017）。传播学研究揭示出上述异化已司空见惯，但这却是以性别视域进行娱乐研究的重要前提。

通过内容分析可以发现，娱乐产业如何描述虚构人物的社会角色与性别化特征。纵观20世纪70年代至90年代，西诺里利和巴库（1999）发现，相较于前30年，电视中女性人物的数量稳定增长，而男性人物的数量仍超过女性（男女比为6∶4）。有数据表明，这一趋势在包括美国在内的许多国家都处于停滞状态。其他西方媒介市场的统计数据显示，每两个男性对应一个女性角色（Daal mans & ter Horst, 2017; Prom mer & Linke, 2017）。为了对男性和女性的媒介呈现进行更具区分性的阐释，许多研究着眼于特定领域的准确性评估。例如，对2010年至2013年的虚构犯罪片的内容分析呈现出一幅令人心灰意冷的男性和女性社会角色画面（Parrott & Parrott, 2015）。女性通常为受害者，而男性为暴力或罪案的施暴者或罪犯。正如性别的整体性数据无法代表人口比例，虚构的犯罪片歪曲了大多数罪犯都是男性这一事实。接下来，我将论述数字化代表性不足和性别描述有误对娱乐反应的影响。性别表征的两个关键点是：①人物的社会性别（或生理性别）；②人物的性别角色。

角色性别

媒介角色性别是电视情节或游戏的认知与情绪卷入的核心。社会学习理论（Bandura, 2001）认为，个体倾向于将注意力集中在同性榜样上，以获得观察类学习和替代性体验。这些理念在角色卷入度的娱乐研究中可以得到印证。偏好同性角色这一特征在儿童和成人实验中被证实。其与角色的人口统计学分类（性别、信仰和价值观）具有某种相似性或同质性，会对选择产生积极影响（Trepte & Kramer, 2007）。虚拟体育中多为传统意义上男性间的角力，但随着女性进入该领域，并在主要运动中占据一席之地，女性观众逐渐增多（Oestriecher, 2017）。尽管共性常被视为角色卷入的先决条件，但应对不同角色的卷入形式进行区分（Brown, this volume）。对角色和故事卷入的元分析表明，性别是观众寻找其与媒介角色之间的共性的关键，但共性与身份认同并无关联（Tukachinsky, 2014; Cohen & Klimmt, this volume）。这也是媒介角色认同研究为何整合性别角色综合研究结果的原因（Cohen, Weimann-Saks, & Mazor-Tre german, 2017）。相比之下，一厢情愿的认同，即渴望成为某人并表现得像他一样，是高度性别化的。男孩更认同成功、聪明和暴力型男性人物。女孩认同成功、聪明、迷人且受人尊敬的女性角色（Hoffner & Buchanan, 2005）。青少年对电视里的科学家的认同实验表明，女孩比男孩更赞许女科学家，反之亦然（Steinke, Applegate, Lapinski, Ryan, & Long, 2012）。同样，人们拟社会互动的对象也通常为同性媒介角色（Hoffner, 1996）。从内容层面看，很少有电视节目为儿童和青年塑造一系列多样化电视角色供其角色扮演。例如，贝克和莱尼（Baker & Raney, 2007）指出，儿童动画中男超级英雄的数量是女性的两倍。女超级英雄更情绪化且较真，她们倾向于团队协作，而男超级英雄通常独自行动。在青少年性别节目中性别表征依旧带有刻板化色彩。与男性角色相比，女性角色更关心自身外表的吸引力以及能否获得更多的称赞。（Gerding & Signorielli, 2014）

与电影、电视相比，电子游戏中的性别一致性会影响身份认同，这表明媒介可供性（幻想）对这类关系的影响不同。在非竞争性电子游戏中，游戏角色间的相似性促进玩家的身份认同，身份认同继而提升享乐感，但竞技游戏中的角色千差万别（Trepte & Reinecke, 2010）。玩家基于游戏需求选择游戏角色，但又偏爱与自身性别一致的角色（Trepte, Reinecke, & Behr, 2009）。研究者认为，角色扮演对游戏玩家的享乐感影响较大。在角色模式既定的游戏中，女性玩家很少选择具备多重特征的同性角色。事实上，女性游戏角色是展现性别身份如何让女性玩家望而却步的最佳案例。

角色性别作用

性别化身体，尤其女性身体，是娱乐媒介中性别表征研究的核心议题。在杂志、音频、电视和电子游戏中，性别化成为吸引注意力的制胜法宝，尤其是女性角色与个体的性别化。在2003年60款主机游戏角色中，女性数量明显过低（419名男性对应70名女性），并且其外形都过于性感。与男性角色相比，女性游戏角色更可能部分裸露、拥有不切实际的头身比和妨碍任务执行的服饰（Downs & Smith, 2010）。这样的造型设计传递出某种特定的性别角色逻辑，电子游戏以男性主导的生产氛围被认为是游戏中性别角色片面化和游戏时间差异化的潜在因素。哈特曼和克里姆特（2006）发现，女性对女性游戏角色的过度性别化表示厌恶，从而证明性别角色这一观点。

更为极端的性别角色展现在色情片和色情媒介中。两者均因高度男性化的性描绘而臭名昭著。[1]网上大量露骨性内容出现，性暴力也随之增加（Bridges, Wo snitzer, Scharrer, Sun, & Liberman, 2010）。克拉森和彼得（Klaassen & Peter, 2014）分析2013年400个最热门的网络视频发现，男性和女性角色物化、社会权力和专业能力等指标均等分布，但控制与暴力的施行方主要为男性。女性更偏向非暴力和低侮辱性的性媒介（Hald, 2006; Hald, et al., 2018），这表明色情媒介中性别的主导性再现并未公正地反映女性偏好。基于克拉森和彼得的研究范式，女权主义者和文化研究者致力于探索以性别平等为基准的媒介研究（Liberman, 2015）。总之，对性别角色的刻画可作为基于同一信念与规则之上联结观众并建构共性的资源，只要这一过程是积极的。此外，对某一社会群体的负面描述或缺乏积极性经验的同性都会被排斥。

总　　结

性别化娱乐体验是用户身份、媒介角色以及娱乐媒介中性别表征间复杂的相互作用。尤其娱乐行业中对女性缺乏代表性的、歪曲性描述应被视作出现性别化娱乐偏好的潜在因素。

大多数诱发性别化娱乐反应的媒介主题实为政治、意识形态和个人信念塑造甚至科学辩论的议题。性别研究本身也是当前政治环境的一个政治话题，娱乐研究者的责任是整体性梳理性别理论模型，并“对症下药”进行检验，但大多文献回顾对性别概念化与性别操作化这两个核心问题的探讨过于简单且含混不清。

众多学术著作都没有提到性别概念化这一概念。本章的文献综述以40年实证研究

[1] 由于篇幅问题，此处有删改。——译者注

为据，文献中鲜有对社会性别或生理性别的明确界定，尽管多数研究对性别化娱乐偏好做出相应假设。研究通常止步于此。某些学者对性别差异的合理化解释表明，性别差异并非植根于生物学。在其他文章中，读者也只能猜测，使用“性别”这一术语充其量反映学者们对性别差异中社会文化本质的接纳。这折射出学术实践中的社会变化，因为在20世纪70年代前，几乎没有学者对性别进行探讨（Haig, 2004）。对社会文化性别概念的真正接纳意味着，人们不仅要接受性别是众多因素的产物，而且要承认性别是具有多重表现形式的个体人格中的一部分。因此，社会性别——以及生物性别——绝非二元。要正确回答一些问题，必须跨越二元性别概念，这些问题并不是差异性问题，而是关系性问题。

与性别概念化一样，性别操作化也并不简单。尽管多数娱乐理论中有关性别的争论或隐或显地折射出性别的社会文化视角，但大多数研究都将性别视为二元变量，而不使用连续多维及交叉性方法（Else-Quest & Hyde, 2016a/2016b）。这也折射出对研究经验不加批判地继承，以致形成了理论与测量方法不匹配的研究惯习。以一维二元指标测量连续多维概念，此理论化过程是无法通过同行评议的。事实上，性别的二元划分限制了研究人员对潜在机制的识别，这是生物学决定论假设。试图包容地增加第三、第四性性别选项或为自我定义延展空间的研究人员仅仅是为了将这类群体从评估中剔除，毕竟他们无法代表足够大的群体。性别的心理学评估弥补了这类经验性和伦理性缺陷，因为其信息充足并允许多维性别身份存在。另一个常见的实践是将性别从娱乐理论中抹除，而不是评估“真实”效应。性别是由现代社会界定的概念，而不是娱乐研究者需将之排除的多余变量。若性别影响娱乐体验，这将是我们重视它的最佳理由。因此，娱乐研究者须以身作则。

性别身份可潜在推动娱乐理论。心理计量学的性别测量，如贝姆性别角色量表（BSRI; Bem, 1974）或个人特质调查问卷（PAQ; Helmreich, Spence, & Wilhelm, 1981），将男性化或女性化特征进行系统分类，从而允许多种性别身份出现。既定标准在跨文化中无效且无法准确地反映当下女性化和男性化的性别概念是其中的关键问题（Twenge, 1997）。多数近期的测量方法能揭示性别概念的社会变迁，并将性别身份模型视作内群体的优劣整合，如正负性别角色量表（PN-SRI; Berger & Krahe, 2013）。例如，正向男性性别特征包括理性与问题导向，而消极女性特征包括焦虑与自我怀疑（Berger & Krahe, 2013）。相较于高分男性化媒介用户，高分女性化媒介用户在娱乐体验中表现出明显的积极性与满足感；然而，要将这些性别模型成功地应用于娱乐理论，研究人员必须了解这些测量维度所反映的深层次的人格。男性化的工具理性和能动性与女性化的表达及沟通等特征都是这些量表的测量基础（Spence, 1984）。可以说，此类量表只能用于预测动因性（agentic）和一般特质的相关行为。

在娱乐理论中，对于许多兼容社会性与主体性的经验和行为，我们可以采用非二元性别概念。例如，公共性（女性）人格可以预测成功的人际关系（Abele, 2003）。娱乐理论中的关系经验可发生在与视频博主或电影电视角色的拟社会互动中，用户因此而获得特殊的满足感。男性化特质中的工具性可以预测职业生涯的成功和竞争力（Evers & Siever ding, 2014），具有该特质的人也能成为竞技电子游戏的优秀玩家。负面女性特征可能与问题性媒介使用相关。高分值女性化媒介用户更倾向于逃避现实与沉浸式媒介体验，这一现象由共情和激情等积极面以及焦虑与自我怀疑等消极面共同导致。捆绑式同情（obsessive compassion）的流行与女性化负面特征相关，可用于预测电子游戏的问题型操作（kneer, et al., 2019）。

性别化选择允许媒介用户重申其自我概念。戈夫曼、韦斯特和齐默曼（Goffman, West & Zimmermann, 1987）将社会心理学与批判性别理论联系起来，认为娱乐媒介选择是为了执行预期的性别规范（"做"性别）。例如，可感知的负面男性化特征（攻击性）已隶属于男性自我概念（Athenstaedt, 2003）。从这个角度看，媒介使用可视为症候式领域。先前的讨论也反映出，人们坚信男性更愿将暴力娱乐媒介视作男性化标准。同样地，在博客中关注有关健康美丽的娱乐内容、与社交达人建立人际关系或了解家庭健康类咨询娱乐节目等都反映出女性对女性化认知规范的多维度自我肯定。考虑到以上娱乐理论的性别视角，本文结尾似乎可留白，以供娱乐研究者进行进一步的探索。

参考文献

Abele, A. E. (2003). The dynamics of masculine-agentic and feminine-communal traits: Findings from a prospective study. *Journal of Personality and Social Psychology*, 85(4), 768–776. https://doi.org/10.1037/0022–3514.85.4.768.

Acitelli, L. K., & Young, A. M. (1996). Gender and thought in relationships. In G. J. Fletcher & J. Fitness (Eds.), *Knowledge structures in close relationships: A social psychological approach* (pp. 147–168). Mahwah, NJ: Erlbaum.

Athenstaedt, U. (2003). On the content and structure of the gender role self-concept: Including gender-stereotypical behaviors in addition to traits. *Psychology of Women Quarterly*, 27(4), 309–318. https://doi.org/10.1111/1471–6402.00111.

Baker, K., & Raney, A. A. (2007). Equally super? Gender-role stereotyping of superheroes in children's animated programs. *Mass Communication and Society*, 10(1), 25–41. https://doi.org/10.1080/15205430709337003.

Bandura, A. (2001). Social cognitive theory of mass communication. *Media Psychology*, 3, 265–299.

Banerjee, S. C., Greene, K., Krcmar, M., Bagdasarov, Z., & Ruginyte, D. (2008). The roleof gender and sensation seeking in film choice: Exploring mood and arousal. *Journal of Media Psychology: Theories, Methods, and Applications*, 20(3), 97–105. https://doi.org/10.1027/1864–1105.20.3.97.

Bem, S. L. (1974). The measurement of psychological androgyny. *Journal of Consulting and Clinical Psychology*, 42(2), 155–162. https://doi.org/10.1037/h0036215.

Berger, A., & Krahé, B. (2013). Negative attributes are gendered too: Conceptualizing and measuring positive and negative facets of sex-role identity. *European Journal of Social Psychology*, 43(6), 516–531. https://doi.org/10.1002/ejsp.1970.

Blodgett, B., & Salter, A. (2018). Ghostbusters is for boys: Understanding geek masculinity's role in the alt-right. *Communication, Culture and Critique*, 11(1), 133–146. https://doi.org/10.1093/ccc/tcx003.

Bridges, A. J., Wosnitzer, R., Scharrer, E., Sun, C., & Liberman, R. (2010). Aggression and sexual behavior in best-selling pornography videos: A content analysis update. *Violence Against Women*, 16(10), 1065–1085. https://doi.org/10.1177/1077801210382866.

Brosius, H., Weaver, J. B., & Staab, J. F. (1993). Exploring the social and sexual "reality" of contemporary pornography. *Journal of Sex Research*, 30(2), 161–170. https://doi.org/10.1080/00224499309551697.

Brown, J. D., & L'Engle, K. L. (2009). X-rated: Sexual attitudes and behaviors associated with U.S. early adolescents' exposure to sexually explicit media. *Communication Research*, 36(1), 129–151. https://doi.org/10.1177/0093650208326465.

Bryant, J., Comisky, P., & Zillmann, D. (1981). The appeal of rough-and-tumble play in televised professional football. *Communication Quarterly*, 29(4), 256–262. https://doi.org/10.1080/01463378109369413.

Bussey, K., & Bandura, A. (1999). Social cognitive theory of gender development and differentiation. *Psychological Review*, 106(4), 676–713. https://doi.org/10.1037/0033-295X.106.4.676.

Cohen, J. (1997). Parasocial relations and romantic attraction: Gender and dating status differences. *Journal of Broadcasting and Electronic Media*, 41(4), 516–529. https://doi.org/10.1080/08838159709364424.

Cohen, J., Weimann-Saks, D., & Mazor-Tregerman, M. (2017). Does character similarity increase identification and persuasion? *Media Psychology*, 21(3), 506–528. https://doi.org/10.1080/15213269.2017.1302344.

Cross, C. P., Cyrenne, D.-L. M., & Brown, G. R. (2013). Sex differences in sensationseeking: A meta-analysis. *Scientific Reports*, 3(1), 2486. https://doi.org/10.1038/srep02486.

Daalmans, S., & ter Horst, C. (2017). Diversity reflected? Analyzing the representation of gender, age, ethnicity and sexual orientation on Dutch prime time television. *Communications*, 42(2), 253–268. https://doi.org/10.1515/commun-2017–0019.

Denham, B. E. (2004). Toward an explication of media enjoyment: The synergy of social norms, viewing situations, and program content. *Communication Theory*, 14(4), 370–387. https://doi.org/10.1111/j.1468–2885.2004.tb00320.x.

Downs, E., & Smith, S. L. (2010). Keeping abreast of hypersexuality: A video game character content analysis. *Sex Roles*, 62(11–12), 721–733. https://doi.org/10.1007/s11199-009-9637-1.

Eagly, A. H. (1978). Sex differences in influenceability. *Psychological Bulletin*, 85(1), 86–116. https://doi.org/10.1037/0033-2909.85.1.86.

Eagly, A. H., & Wood, W. (2012). Social role theory. In P. Van Lange, A. Kruglanski, & E. Higgins (Eds.), *Handbook of Theories of Social Psychology* (pp. 458–476). New York: SAGE Publications Ltd. https://doi.org/10.4135/9781446249222.n49.

Else-Quest, N. M., & Hyde, J. S. (2016a). Intersectionality in quantitative psychological research I: Theoretical and epistemological issues. *Psychology of Women Quarterly*, 40(2), 155–170. https://doi.org/10.1177/0361684316629797.

Else-Quest, N. M., & Hyde, J. S. (2016b). Intersectionality in quantitative psychological research II. Methods and techniques. *Psychology of Women Quarterly*, 40(3), 319–336. https://doi.

org/10.1177/0361684316647953.

Else-Quest, N. M., Hyde, J. S., Goldsmith, H. H., & Van Hulle, C. A. (2006). Gender differences in temperament: A meta-analysis. *Psychological Bulletin*, 132(1), 33–72. https://doi.org/10.1037/0033-2909.132.1.33.

Evers, A., & Sieverding, M. (2014). Why do highly qualified women (still) earn less? Genderdifferences in long-term predictors of career success. *Psychology of Women Quarterly*, 38(1), 93–106. https://doi.org/10.1177/0361684313498071.

FBI. (n.d.). *Murder in the U.S.: Victims by race/ethnicity and gender 2017|Statistic*. Retrieved April 12, 2019, from Statista website: https://www.statista.com/statistics/251877/murdervictims-in-the-us-by-race-ethnicity-and-gender.

Feig, P. (2016). *Ghostbusters: Answer the Call*. Columbia Pictures.

Gerding, A., & Signorielli, N. (2014). Gender roles in tween television programming: A content analysis of two genres. *Sex Roles*, 70(1–2), 43–56. https://doi.org/10.1007/s11199-013-0330-z.

Gibson, R., Aust, C. F., & Zillmann, D. (2000). Loneliness of adolescents and their choice and enjoyment of love-celebrating versus love-lamenting popular music. *Empirical Studies of the Arts*, 18(1), 43–48. https://doi.org/10.2190/B51G-8U0W-N0EQ-MJUU.

Glascock, J. (2005). Degrading content and character sex: Accounting for men and women's differential reactions to pornography. *Communication Reports*, 18(1–2), 43–53. https://doi.org/10.1080/08934210500084230.

Goffman, E. (1987). *Gender advertisements*. New York, NY: Harper & Row.

Greenberg, B. S., Sherry, J., Lachlan, K., Lucas, K., & Holmstrom, A. (2010). Orientations to video games among gender and age groups. *Simulation and Gaming*, 41(2), 238–259. https://doi.org/10.1177/1046878108319930.

Greene, K., & Krcmar, M. (2005). Predicting exposure to and liking of media violence: A uses and gratifications approach. *Communication Studies*, 56(1), 71–93. https://doi.org/10.1080/0008957042000332250.

Haig, D. (2004). The inexorable rise of gender and the decline of sex: Social change in academic titles, 1945–2001. *Archives of Sexual Behavior*, 33(2), 87–96. https://doi.org/10.1023/B:ASEB.0000014323.56281.0d.

Hald, G. M. (2006). Gender differences in pornography consumption among young heterosexual Danish adults. *Archives of Sexual Behavior*, 35(5), 577–585.https://doi.org/10.1007/s10508-006-9064-0.

Hald, G. M., Stulhofer, A., & Lange, T. (2018). Sexual arousal and sexually explicit media (SEM): Comparing patterns of sexual arousal to SEM and sexual self-evaluations and satisfaction across gender and sexual orientation. *Sexual Medicine*, 6(1), 30–38. https://doi.org/10.1016/j.esxm.2017.11.001.

Hartmann, T., & Klimmt, C. (2006). Gender and computer games: Exploring females' dislikes. *Journal of Computer-Mediated Communication*, 11(4), 910–931. https://doi.org/10.1111/j.1083–6101.2006.00301.x.

Helmreich, R. L., Spence, J. T., & Wilhelm, J. A. (1981). A psychometric analysis of the Personal Attributes Questionnaire. *Sex Roles*, 7(11), 1097–1108. https://doi.org/10.1007/BF00287587.

Helregel, B. K., & Weaver, J. B. (1989). Mood-management during pregnancy through selective exposure to television. *Journal of Broadcasting and Electronic Media*, 33(1), 15–33. https://doi.org/10.1080/08838158909364059.

Hoffner, C. A. (1996). Children's wishful identification and parasocial interaction with favorite television characters. *Journal of Broadcasting and Electronic Media*, 40(3), 389–402. https://doi.org/10.1080/08838159609364360.

Hoffner, C. A., & Buchanan, M. (2005). Young adults' wishful identification with television characters:

The role of perceived similarity and character attributes. *Media Psychology*, 7(4), 325–351. https://doi.org/10.1207/s1532785xmep0704_2.

Hoffner, C. A., & Levine, K. J. (2005). Enjoyment of mediated fright and violence: A metaanalysis. *Media Psychology*, 7(2), 207–237.https://doi.org/10.1207/S1532785XMEP0702_5.

Horton, D., & Wohl, R. R. (1956). Mass communication and para-social interaction. *Psychiatry*, 19(3), 215–229. https://doi.org/10.1080/00332747.1956.11023049.

Klaassen, M. J. E., & Peter, J. (2014). Gender (in)equality in internet pornography: A content analysis of popular pornographic internet videos. *Journal of Sex Research*, 52(7), 721–735. https://doi.org/10.1080/00224499.2014.976781.

Kneer, J., Franken, S., & Reich, S. (2019). Not only for the (tom) boys: Gender variables as predictors for playing motivations, passion, and addiction for MMORPGs. *Simulation and Gaming*, 50(1), 44–61. https://doi.org/10.1177/1046878118823033.

Knobloch, S., Callison, C., Chen, L., Fritzsche, A., & Zillmann, D. (2005). Children's sexstereotyped self-socialization through selective exposure to entertainment: Cross-cultural experiments in Germany, China, and the United States. *Journal of Communication*, 55(1), 122–138. https://doi.org/10.1111/j.1460–2466.2005.tb02662.x.

Knobloch-Westerwick, S. (2007). Gender differences in selective media use for mood management and mood adjustment. *Journal of Broadcasting and Electronic Media*, 51(1), 73–92. https://doi.org/10.1080/08838150701308069.

Knobloch-Westerwick, S., & Alter, S. (2006). Mood adjustment to social situations through mass media use: How men ruminate and women dissipate angry moods. *Human Communication Research*, 32(1), 58–73. https://doi.org/10.1111/j.1468–2958.2006.00003.x.

Knobloch-Westerwick, S., & Hastall, M. R. (2006). Social comparisons with news personae: Selective exposure to news portrayals of same-sex and same-age characters. *Communication Research*, 33(4), 262–284. https://doi.org/10.1177/0093650206289152.

Knobloch-Westerwick, S., & Hoplamazian, G. J. (2012). Gendering the self: Selective magazine reading and reinforcement of gender conformity. *Communication Research*, 39(3), 358–384. https://doi.org/10.1177/0093650211425040.

Kuipers, G. (2012). South Park boys and Sex and the City women: Television trade, narrow casting and the export of gender categories. *Interactions: Studies in Communication and Culture*, 2(3), 179–196. https://doi.org/10.1386/iscc.2.3.179_1.

Lauzen, M. M. (2018). *Boxed in 2017–18: Women on screen and behind the scenes in television* (p. 16). San Diego, CA: San Diego State University: Center for the Study of Women in Television and Film.

Liberman, R. (2015). "It's a really great tool": Feminist pornography and the promotion of sexual subjectivity. *Porn Studies*, 2(2–3), 174–191. https://doi.org/10.1080/23268743.2015.1051913.

McNamara, L., & Ballard, M. E. (1999). Resting arousal, sensation seeking, and music preference. *Genetic, Social, and General Psychology Monographs*, 125(3), 229–250.

Meadowcroft, J. M., & Zillmann, D. (1987). Women's comedy preferences during the menstrual cycle. *Communication Research*, 14(2), 204–218. https://doi.org/10.1177/009365087014002004.

Meehan, E. R., & Byars, J. (2000). Telefeminism: How Lifetime got its groove, 1984–1997. *Television and New Media*, 1(1), 33–51. https://doi.org/10.1177/152747640000100103.

Nolen-Hoeksema, S. (2012). Emotion regulation and psychopathology: The role of gender. *Annual Review of Clinical Psychology*, 8(1), 161–187.https://doi.org/10.1146/annurevclinpsy-032511–143109.

Oestriecher, B. (2017, June 21). WWE SmackDown is embracing female viewers, and it's working. *Forbes*. Retrieved from https://www.forbes.com/sites/blakeoestriecher/2017/06/21/wwe-smackdown-is-embracingfemale-viewers-and-its-working/.

Oliver, M. B. (1993). Exploring the paradox of the enjoyment of sad films. *Human Communication Research*, 19(3), 315–342. https://doi.org/10.1111/j.1468–2958.1993.tb00304.x.

Oliver, M. B. (2008). Tender affective states as predictors of entertainment preference. *Journal of Communication*, 58(1), 40–61. https://doi.org/10.1111/j.1460–2466.2007.00373.x.

Oliver, M. B., Weaver, J. B., & Sargent, S. L. (2000). An examination of factors related to sex differences in enjoyment of sad films. *Journal of Broadcasting and Electronic Media*, 44(2), 282–300. https://doi.org/10.1207/s15506878jobem4402_8.

Parrott, S., & Parrott, C. T. (2015). U.S. television's "mean world" for white women: The portrayal of gender and race on fictional crime dramas. *Sex Roles*, 73(1–2), 70–82. https://doi.org/10.1007/s11199-015-0505-x.

Peter, J., & Valkenburg, P. M. (2007). Adolescents' exposure to a sexualized media environment and their notions of women as sex objects. *Sex Roles*, 56(5–6), 381–395. https://doi.org/10.1007/s11199-006-9176-y.

Peter, J., & Valkenburg, P. M. (2011). The use of sexually explicit internet material and its antecedents: A longitudinal comparison of adolescents and adults. *Archives of Sexual Behavior*, 40(5), 1015–1025. https://doi.org/10.1007/s10508-010-9644-x.

Prommer, E., & Linke, C. (2019). *Ausgeblendet: Frauen im deutschen Film und Fernsehen. [Hidden women: Women in German movies and television]*. Herbert von Halem Verlag.

Raney, A. A., & Depalma, A. J. (2006). The effect of viewing varying levels and contexts of violent sports programming on enjoyment, mood, and perceived violence. *Mass Communication and Society*, 9(3), 321–338. https://doi.org/10.1207/s15327825mcs0903_4.

Reinecke, L. (2016). Mood management theory. In P. Rössler, C. A. Hoffner, & L. van Zoonen (Eds.), *The international encyclopedia of media effects* (pp. 1–13), Hoboken, NJ: John Wiley & Sons, Inc. https://doi.org/10.1002/9781118783764.wbieme0085.

Reitman, I. (1984). *Ghostbusters*. Columbia Pictures.

Roe, K. (1998). "Boys will be boys and girls will be girls": Changes in children's media use. *Communications*, 23(1). https://doi.org/10.1515/comm.1998.23.1.5.

Sargent, S. L., Zillmann, D., & Weaver, J. B. (1998). The gender gap in the enjoyment of televised sports. *Journal of Sport and Social Issues*, 22(1), 46–64. https://doi.org/10.1177/019372398022001005.

Signorielli, N., & Bacue, A. (1999). Recognition and respect: A content analysis of primetime television characters across three decades. *Sex Roles*, 40(7–8), 527–544. https://doi.org/10.1023/A:1018883912900.

Slater, M. D. (2003). Alienation, aggression, and sensation seeking as predictors of adolescent use of violent film, computer, and website content. *Journal of Communication*, 53(1), 105–121. https://doi.org/10.1111/j.1460–2466.2003.tb03008.x.

Spence, J. T. (1984). Masculinity, femininity, and gender-related traits: A conceptual analysis and critique of current research. *Progress in Experimental Personality Research*, 13, 1–97. https://doi.org/10.1016/B978-0-12-541413-5.50006-1.

Spence, J. T. (2011). Off with the old, on with the new. *Psychology of Women Quarterly*, 35(3), 504–509.

https://doi.org/10.1177/0361684311414826.

Steinke, J., Applegate, B., Lapinski, M., Ryan, L., & Long, M. (2012). Gender differences in adolescents' wishful identification with scientist characters on television. *Science Communication*, 34(2), 163–199. https://doi.org/10.1177/1075547011410250.

Sun, C., Bridges, A., Johnson, J. A., & Ezzell, M. B. (2016). Pornography and the male sexual script: An analysis of consumption and sexual relations. *Archives of Sexual Behavior*, 45(4), 983–994. https://doi.org/10.1007/s10508-014-0391-2.

Tajfel, H., & Turner, J. (1979). An integrative theory of intergroup conflict. In J. A. Williams& S. Worchel (Eds.), *The social psychology of intergroup relations* (pp. 33–47). Belmont, CA:Wadsworth.

Tamir, M., Mitchell, C., & Gross, J. J. (2008). Hedonic and instrumental motives in anger regulation. *Psychological Science*, 19(4), 324–328.https://doi.org/10.1111/j.1467–9280.2008.02088.x.

Træen, B., Spitznogle, K., & Beverfjord, A. (2004). Attitudes and use of pornography in the Norwegian population 2002. *Journal of Sex Research*, 41(2), 193–200. https://doi.org/10.1080/00224490409552227.

Trepte, S., & Krämer, N. (2007). *Expanding social identity theory for research in media effects: Two international studies and a theoretical model*. Hamburg, Germany: Hamburger Forschungsberichte zur Sozialpsychologie HAFOS.

Trepte, S., & Loy, L. S. (2017). Social identity theory and self-categorization theory. In P. Rössler, C. A. Hoffner, & L. van Zoonen (Eds.), *The international encyclopedia of media effects* (pp. 1–13),Hoboken, NJ: John Wiley & Sons, Inc. https://doi.org/10.1002/9781118783764.wbieme0088.

Trepte, S., & Reinecke, L. (2010). Avatar creation and video game enjoyment: Effects of lifesatisfaction, game competitiveness, and identification with the avatar. *Journal of Media Psychology*, 22(4), 171–184. https://doi.org/10.1027/1864–1105/a000022.

Trepte, S., Reinecke, L., & Behr, K.-M. (2009). Creating virtual alter egos or superheroines? Gamers' strategies of avatar creation in terms of gender and sex. *International Journal of Gaming and Computer-Mediated Simulations*, 1(2), 52–76. https://doi.org/10.4018/jgcms.2009040104.

Tukachinsky, R. (2014). Experimental manipulation of psychological involvement with. *Communication Methods and Measures*, 8(1), 1–33. https://doi.org/10.1080/19312458.2013.873777.

Twenge, J. M. (1997). Changes in masculine and feminine traits over time: A meta-analysis. *Sex Roles*, 36(5–6), 305–325. https://doi.org/10.1007/BF02766650.

Valkenburg, P. M., & Janssen, S. C. (1999). What do children value in entertainment programs? A cross-cultural investigation. *Journal of Communication*, 49(2), 3–21. https://doi.org/10.1111/j.1460–2466.1999.tb02790.x.

Vorderer, P., & Reinecke, L. (2015). From mood to meaning: The changing model of the user in entertainment research. *Communication Theory*, 25(4), 447–453. https://doi.org/10.1111/comt.12082.

Wang, Q., Fink, E. L., & Cai, D. A. (2008). Loneliness, gender, and parasocial interaction: A uses and gratifications approach. *Communication Quarterly*, 56(1), 87–109. https://doi.org/10.1080/01463370701839057.

Ward, L. M. (2016). Media and sexualization: State of empirical research. *Journal of Sex Research*, 53(4–5), 560–577. https://doi.org/10.1080/00224499.2016.1142496.

Weber, M., Aufenanger, S., Dreier, M., Quiring, O., Reinecke, L., Wölfling, K., … Beutel, M. E. (2018). Gender differences in escapist uses of sexually explicit internet material: Results from a german probability sample. *Sexuality and Culture*, 22(4), 1171–1188. https://doi.org/10.1007/s12119-018-9518-2.

Weber, M., Quiring, O., & Daschmann, G. (2012). Peers, parents and pornography: Exploring adolescents' exposure to sexually explicit material and its developmental correlates. *Sexuality and Culture*, 16(4), 408–427. https://doi.org/10.1007/s12119-012-9132-7.

West, C., & Zimmerman, D. H. (1987). Doing gender. *Gender and Society*, 1(2), 125–151. https://doi.org/10.1177/0891243287001002002.

Wijaya Mulya, T., & Hald, G. M. (2014). Self-perceived effects of pornography consumption in a sample of Indonesian university students. *Media Psychology*, 17(1), 78–101. https://doi.org/10.1080/15213269.2013.850038.

Williams, D., Consalvo, M., Caplan, S., & Yee, N. (2009). Looking for gender: Gender roles and behaviors among online gamers. *Journal of Communication*, 59(4), 700–725. https://doi.org/10.1111/j.1460–2466.2009.01453.x.

Wühr, P., Lange, B. P., & Schwarz, S. (2017). Tears or fears? Comparing gender stereotypes about movie preferences to actual preferences. *Frontiers in Psychology*, 8. https://doi.org/10.3389/fpsyg.2017.00428.

Zillmann, D. (1988). Mood management through communication choices. *American Behavioral Scientist*, 31(3), 327–340. https://doi.org/10.1177/000276488031003005.

Zillmann, D., & Weaver, J. B. (1996). Gender-socialization theory of reactions to horror. In J. B. Weaver & R. Tamborini (Eds.), *Horror films: Current research on audience preferences and reactions* (pp. 81–101), New York: Routledge.

Zillmann, D., Weaver, J. B., Mundorf, N., & Aust, C. F. (1986). Effects of an opposite-gender companion's affect to horror on distress, delight, and attraction. *Journal of Personality and Social Psychology*, 51(3), 586–594. https://doi.org/10.1037/0022–3514.51.3.586.

Zuckerman, M. (1994). *Behavioral expressions and biosocial bases of sensation seeking*. Cambridge, MA: Cambridge University Press.

第六章　媒介娱乐真的这么普遍？
——跨文化方法在娱乐研究的潜能

奥森·奥达格

引　言

娱乐研究领域呈活跃态势，出现了大量解释媒介接触的经验模型。尽管娱乐研究依赖高度全球化的学术共同体，但迄今为止，大多研究仅限于西方、教育程度高、工业化、富裕的社会，存在“精英”倾向（Heinrich, Heine, & Norenzayan, 2010, p.61）。娱乐研究未涉及第三世界（Kagitcibasi, 2007）使得娱乐研究模型的普遍性被质疑（Odağ & Hanke, 2019）。本章拟从跨文化视角述评娱乐理论，如情绪管理、（元）情绪、享乐/实现主义娱乐、叙事参与以及娱乐恢复和娱乐主义幸福感，旨在突出跨文化理论，提升娱乐研究的发展潜能。行之有效的跨文化概念包括情绪价值（Tsai, Knutson, & Fung, 2006）、逻辑辩证思维（Peng & Nisbett, 1999）、互依型与独立型自我建构（Markus & Kitayama, 1991）以及施瓦茨（1990）与霍夫斯特德（1991）的价值观概念。讨论这些概念有助于理解娱乐理论的普遍性和相对性。二者联结应基于理论的充分性而非实证性。因此，本章意在探索娱乐研究的新途径。

文化的概念化：希腊哲学与中国哲学

文化的概念让人困惑，它渗透于自然科学、人文社会科学。为突出这一概念及其构成的多样化，福克纳、鲍尔温、琳德塞和赫奇特（2006）总结了300多种文化定义。在社科文献中，克罗伯和克拉克洪（1952）的文化定义常被引用：

> 文化是由各种外显和内隐的行为模式构成的，这些行为模式通过符号习得和传播，构成了人类群体的独特成就，其中包括在人工制品方面的成就；文化本质核心是由传统的（历史地衍生和选择的）观点，尤其是它们所附带的价值观组成的。

文化除了包括具体的、可观察的活动与人工制品，还包括潜在的符号、价值与意义。因此，文化处于媒介娱乐的核心位置，娱乐产品成为重要的文化制品与文化载体，媒介娱乐体验则成为基于共享价值意义的文化反应。从跨文化视角来看，上述意义和价值是在社会化与代际传承的过程中习得的（Rohner, 1984）。在高度多样化的文化背景中，个体学会理解“过去”（Triandis, 1994, p.1）“行之有效的经历”，并对当今世界的运转做出隐性假设，从而知道应该如何行动。从文化视角来看，所有人类行为，包括娱乐行为，都是适应外部生态环境的结果（Smith, Fischer, Vignoles, & Bond的文化生态模型，2014）。

文化差异的开创性理论——生态文化理论由尼斯贝特（Nisbett, 2003）提出，他认为，东西方差异是哲学根源不同导致的。简单地说，西方文化与思想遗产来源于古希腊哲学，东亚大部分地区（包括中国、日本和韩国）的文化则根植于中国哲学（Nisbett, 2003, p.6）。众所周知，古希腊人不断探索世界的本质，通过从基本原则发展而来的模式认识世界。他们用形式逻辑论证主张，将物理世界、动物世界和人类世界划分为不同对象，形成抽象规则，系统地描述、解释世界。相较于其他古文明，古希腊文明更具能动性与同一性，并视自身为独一无二的存在。尼斯贝特（2003）认为，古希腊人认识世界的方式影响了当今美国和欧洲占主导地位的思维模式：形式逻辑思维、基础原理解释、排斥矛盾。

相比之下，东亚文化受到儒家、道教以及后来的佛教的影响（Nisbett, 2003）。整体、平衡和依存等观念将它们联结在一起。儒家思想的本质是对不同义务的阐释，如“君臣、父子、夫妻、兄弟、朋友之间的义务”（Nisbett, 2003, p.6），其注重构建集体成员之间和谐且相互依赖的关系。因此，美好的生活理念是基于最大限度地促进家庭与乡村的和谐与发展。道教因阴阳而闻名于西方，阴阳代表了活于世的“方式”：注重整体（不仅仅是部分），并意识到部分之间的相互依存与影响。尼斯贝特（2003）认为，中国古人的生活方式影响了当下亚洲占主导地位的思维模式：整体性与辩证性思维、接纳矛盾、场依存性（field-dependence）。

接下来的文化差异理论，如个人主义/集体主义、互依/独立型自我建构和分析性/整体性思维，好比二元逻辑下希腊哲学与中国哲学间的差异。虽然“非此即彼”的分类方式不太严谨（Medin, Unsworth, & Hirschfeld, 2007年的一篇评论），但这些概念已被用来阐释跨文化认知、情绪和行为方面的巨大差异。笔者将举例说明上述概念是如何适用于相关媒介娱乐理论的。

情绪管理与元情感——情绪评估与认知评价

20世纪七八十年代，以道尔夫·齐尔曼为核心的研究团队最早研究媒介娱乐的情绪维度，这为情绪管理理论提供了论证（zillmann, 1988; Bryant & Zillmann, 1984; Zillmann & Bryant, 1985; Zillmann, 2000）。该理论表明，选择性接触由人类的基本欲望驱动，旨在最大化积极状态、最小化消极状态以及实现享乐目标的情绪调节和最优化。20世纪80年代早期，研究者在进行多次实证研究后，证实了情绪管理理论的核心假设。

该理论的核心是对媒介选择的理解，因为媒介选择与人们选择享乐、拒绝痛苦的内在需求相关（Ryan & Deci, 2001）。后续的情绪调节理论（Mood Adjustment）（Knobloch, 2003）和情绪恢复理论（Mood Repair）（Reinecke, Tamborini, Grizzard, Lewis, Eden, & Bowman, 2012）的发展与其主张一致。满足需求，追求积极情绪与幸福感是个体的固有本质，因此，我们可以假定情绪管理理论具有跨文化普遍性（文后对内在需求进行了更详细的探讨），但目前，该理论的核心观点并没有与之相关的跨文化论证。情绪管理理论的研究大多在美国，它始于美国和欧洲（Raney, 2003; Tamborini, 2003; Zillmann, 1988），并得到相当多的论证（Bosshart & Macconi, 1998; Schramm & Wirth, 2008），但在"大多数人的世界"中缺乏验证。

情绪管理理论因享乐主义特征无法解释媒介娱乐中的一些明显的悖论而受批判，如"享受悲伤电影"（Oliver, 1993, p.315）。其实，许多研究已证明电影或音乐爱好者对消极媒介内容——催人泪下的电影和戏剧、悲伤的音乐——的偏好，这与情绪管理理论的假设——积极情绪是人的基本需求——相矛盾（Oliver, 1993; Vorderer & Schramm, 2004）。巴奇、沃德勒、曼戈尔德和维埃霍夫（2008）正面应对质疑，提出了元情感理论。基于情绪认知评价理论，元情感理论建构了媒介使用中的情绪调节模型，即"评价环境事件或媒介事件能激发初级情绪，而评价自身情绪能激发元情感"（p.14）。独立于享乐效价后，积极、消极情绪在媒介使用的元水平中被再次评估。结果显示，媒介用户可接近、回避、改变、维持媒介内容或媒介情境，最终达到积极情绪状态（Bartsch, et al., 2008）。因此，元情感理论也论证了这一假设，即媒介用户是"寻欢人"（pleasure-seekers）（Vorderer & Halfmann, 2019）。

蔡等人近期的跨文化研究对情绪管理理论和元情感理论有重要影响，他们强调价值情感（valued affect）即寻求积极情绪的欲望的跨文化差异（Tsai, 2007; Tsai, Knutson, & Fung, 2006; Tsai, Miao, & Seppala, 2007）。情感评估理论（Affective valuation theory）（Tsai, 2007）是一种区分现实和理想情绪状态的情绪调节理论。据蔡（2007）所述，现实情绪状态的普遍性较高，而理想情绪状态出现跨文化差异，并导致“由情绪引发的行为差异（做什么能使人感觉良好，而不做会产生负面情绪）”（p.242）。蔡区分了这两种情绪维度的效价与唤醒状态，他发现，欧裔美国人通常呈现高唤醒积极状态（high-arousal positive state），而中国香港人处于低唤醒积极状态（low-arousal positive state）（Tsai, Knutson, & Fung, 2006）。低唤醒积极状态通常出现在佛教（较基督教而言）传统与文化作品中（Tsai, Miao, & Sepalla, 2007），且大量研究证明价值导向的情感影响人们对特定娱乐或休闲活动的选择。Ho（2004）发现，在众多流行歌曲中，香港青年喜欢慢节奏的歌曲，泰国青年喜欢轻快的歌曲。相比之下，美国青年听到喜爱的流行音乐时会特别激动和兴奋（Wells, 1990）。蔡等人给出两种古典音乐（平静与激荡），让亚裔和欧裔美国人选择，结果亚裔更倾向于前者（Tsai, 2007）。也就是说，媒介娱乐内容唤醒的认知评估表明，人在媒介内容接收过程中的选择性接触与情绪体验会呈现跨文化差异。

多数跨文化研究已证明，认知评价（包括对个体情绪状态的评价）会产生跨文化差异：哪些事件使跨文化成员情绪化，他们如何理解这些事件，都存在较大的文化差异。正如亚洲人将幸福感视为一种混合情绪，人们在积极情绪与消极情绪的需求上也存在差异（Uchida Kitayama, 2009）。在不同的文化中，同一事件可能归因于不同的内部/外部原因（Matsumoto, Kudoh, Scherer, & Walbott, 1988）。有充分证据表明，文化表达规则使情绪表达方式存在文化差异，它决定了情绪表达在社交场合的适当性（Friesen, 1972）。更加深入地理解上述差异对情绪管理理论和元情感理论都大有裨益，而这些差异本质上与认知评价输入和结果的不同相关。

同时，跨文化研究也出现了大量的相似情境，如巴西、智利、阿根廷、新几内亚、日本和美国等不同文化背景下的系列研究（Matsumoto Juang, 2016）充分论证了基本情绪的普遍性：愤怒、厌恶、恐惧、快乐、悲伤和惊讶。超过200项研究证实谢勒尔的成分模型（1984）中结构性情绪成分的普遍性，这些情绪成分包括生理反应、情绪表达、主观经验、情绪前因和情绪评价过程（Matsumoto & Juang, 2016）。这些研究表明，情绪管理与元情感的情绪成分在任何地方都具有相似性。

虽然情绪管理与元情感的情绪成分呈现跨文化普遍性，但上述研究的过程评估与结果也可能存在较大的文化特殊性。例如，研究者在媒介接触中就能预测，在元情感层级，有利于集体幸福感的情绪被亚洲受众评估为积极的，而触发分离的情绪被评估为消极的。对于西方受众来说，情况也许相反。受众的唤醒状态可能与归属需求和个人主义需求相关，他们则基于特定文化认知评价娱乐节目，而节目的选择与排斥受控于情绪管理。虽然以上假设缺乏相关论证，但其有助于推进当前的理论化进程。

享乐/实现主义娱乐——个人/集体主义与价值观

在元情感理论进一步发展之时，娱乐研究经历了在核心问题概念化上的范式转换，即娱乐体验不再被视作愉悦获取，而是被概念化为一种更复杂的形式（Vorderer, & Halfmann, 2019）。沃德勒和莱内克（2015）将此转换称作“从情绪到意义”（p.449），这意味着，早期娱乐研究中（Bosshart & Macconi, 1998; Vorderer, Klimmt, & Ritterfeld, 2004）占主导地位的享乐—需求—满足模型增添了双因素：在追求真理和深层意义的过程中获得感人而又发人深省的娱乐体验（Oliver & Bartsch, 2010）。此种娱乐形式被奥利弗等人称为“欣赏”（appreciation）（Oliver & Bartsch, 2010, p.57; Vorderer, 2011, p.60）、“有意义的情感”（Oliver, Hartmann, & Woolley, 2012, p.362）和“实现主义娱乐”（Oliver & Raney, 2011, p.985），即媒介体验源于对自我、世界以及人类环境的深刻洞察。这促进了双因素模型的发展，双因素模型包括作为享乐消遣的娱乐和作为意义实现的娱乐（Oliver & Raney, 2011; Wirth, Hofer, & Schramm, 2012）。享乐主义和实现主义娱乐也在众多研究中被区分开（Oliver & Bartsch, 2010; Oliver & Raney, 2011; Wirth, et al., 2012）。

有趣的是，关于实现主义娱乐的文献表明，在媒介心理学的理论化过程中，享乐情绪状态占主导地位，这也许是媒介娱乐学源自西方的结果，“也折射出学术研究在美国人口构成与媒介产品（强调动作电影和滑稽喜剧）中的偏见”（Oliver & Bartsch, 2010, p.56）。研究者发现，意义非凡的实现主义媒介体验在其他文化群体中更受欢迎。

与前文情绪管理理论和元情感理论类似，娱乐双因素模型也很少得到跨文化验证。现有研究主要参照个人主义和集体主义探究娱乐的体验与动机（Hofstede & Hofstede, 2005; Hofstede, 1991; Triandis, 2001）。这些文化价值要么是宏观层面的整个民族/国家的价值趋势，要么是个体品质特征，如个体中心主义与集体中心主义（Triandis, 2001），或者是独立型或依存型自我建构（Markus & Kitayama, 1991）。据霍夫斯泰德所述，美国、澳大利亚、英国、加拿大和荷兰等国家以及支持个人主义的人往往追求独立、成就和自保，自我意识更强调独异性。相比之下，危地马拉、厄瓜多尔、巴拿马、委内瑞拉、哥伦比亚和巴基斯坦等国家以及支持集体主义的人则以共意和依存为准则，并尽力维持更大社群的幸福感与和谐。那么，这两种价值观的差异是如何与前文中东西方哲学本源产生共鸣的呢?

霍夫斯泰德的宏观维度对理解媒介娱乐互动中的跨文化体验（Hu & Bartneck, 2008）、美剧的跨文化评价（Trepte, 2008）、沉迷电影时的情绪体验（Kim, Seo, Yu, & Neuendorf, 2014）以及对某些音乐片段的偏爱（Boer & Fischer, 2012）很有帮助。上述研究中，相较于追求个人主义的受众，崇尚集体主义的受众能获得更多的存在感与混合情绪，并对所接受的音乐内容印象更为深刻。在此基础上，近期的研究揭示了享乐主义与实现主义媒介娱乐的心理特征（Oliver & Raney, 2011），表明享乐主义娱乐在很大程度上不受个人主义和集体主义语境的影响（美国、西班牙和土耳其；Igartua & Barrios, 2013; Odağ, Hofer, Schneider, & Knop, 2016）。相比之下，实现主义娱乐则因文化语境不同而大不相同（Odağ, et al., 2016）。对享乐主义与实现主义娱乐动机的研究以46个国家的学生为研究对象，从国家与个体层面来看，集体主义是享乐主义娱乐的最佳动机，而个人主义成为实现主义的最佳预测项（Odağ, Ulug, Arslan, & Schiefer, 2018），即个人主义更明显地预测了实现主义娱乐。人们越追求独立自主和个人主义，就越有动力以追求人生意义为取向利用媒介思考生命和人类存在，而集体主义价值观更好地预测了享乐主义娱乐，个体越崇尚相互依存和集体主义，就越倾向于为了娱乐而使用媒介。奥利弗和巴茨（2010）认为，实现主义娱乐流行于非西方世界，但奥达格等人的研究持相反意见：实现主义娱乐源于西方，以幸福感的概念化为基础，而在非西方世界个人主义的价值观念模糊。因此，需要更多的研究来理解享乐/实现主义娱乐的跨文化相关性。现有研究表明，在非西方语境中，实现主义娱乐的意义有所不同，而主位研究（Emic studies）有助于我们深入理解这些意义（“主位”的定义见下文）。

除了霍夫斯泰德的文化维度理论，施瓦茨的价值观理论也成为研究跨文化差异的重要工具。该理论创建了广泛的激励目标，促进了对社会情形及其相关行为的评估。施瓦茨探索了价值观在人头脑中的形成机制，他通过文化比较法划分出10种价值观集群，并将其归类为互为二分关系的4大价值维度：对变化开放/保守；自我提升/超越。对变化保持开放反映了个体在追求智力和情感上的开放程度。相比之下，保守则代表维持现状，维护传统、安全和一致性，旨在提升生活的确定性。自我提升反映出牺牲他人利益、维护个人利益（成功、成就和权力）的观念，而自我超越代表了提升集体福祉、促进人与自然和谐的生活愿景，其重视平等、社会公正和仁爱。用霍夫斯泰德的话来说，对变化和自我提升的开放被视为个人主义，而保守和自我超越代表集体主义。

以上维度有助于我们了解享乐主义娱乐与实现主义娱乐的差异。里格、弗里希里奇和奥利弗（2018）探究了享乐主义与实现主义的电影体验对以下特定价值观的预测：自我提升、自我超越以及保守。里格等人（2018）对德国和阿拉伯样本进行研究，结果表明，具有实现主义特征的媒介内容预测了自我超越与保守。此外，依存型自我建构使参与者回忆起实现主义娱乐体验。依存型自我建构（Markus & Kitayama, 1991）作为集体主义在个体层面的反映，认为人的自我建构取决于其所属集体的福祉。如何看待自我与他者的关系似乎成为唤醒实现主义娱乐记忆的重要因素。

里格等人的研究认为，媒介信息通常带有特定的价值导向，并通过文化自我建构得到强化，这两者似乎是实现主义娱乐的组成部分。先前的研究发现，个人主义与实现主义娱乐相关（Odağ, et al., 2018），而实现主义媒介娱乐又触发了参与者的集体主义（Rieger, et al., 2018），两者结论的不一致需进一步探索。值得注意的是，奥德琦（2018）和莱格（2018）都从文化理论视角研究媒介娱乐的概念化，但未从宏观层面比较国家/民族。两项研究都表明，充分验证文化变量有助于理解享乐主义/实现主义娱乐，促进其理论发展（奥利弗等人提出媒介娱乐中的自我超越理论）。

叙事参与和辩证思维

有学者将娱乐定义为一种伴随情节发展而获得叙事体验的参与状态（Busselle & Bilandzic, 2008）。叙事参与理论假设个体被传输到一个故事世界，故事对他们来说是真实的、内在一致的——为此，他们还建构出一个与故事情节相对应的心理模型。人们对现实的感知来源于两方面：①故事构成要素与现实话语（“外界现实主义”，p.256）间的相似性；②叙事内部的合理性与连贯性（“叙事现实主义”，p.256）。因此，个体阅读小说、看电影或者玩叙事性电子游戏都会因为它们与现实生活相似以及新旧元素（穿插于故事中）间的某种内在契合而进行叙事参与。如果故事背景、事件、角色及其关系不存在本质上的冲突，又或是正在构建的心智模型没被破坏，那么个体就会被传输到故事世界。

西方思维形式表现出的叙事一致性能够被非西方文化接纳（DeOliveira & Nisbett, 2017）。彭和尼斯贝特（1999）的实证研究表明，东亚人倾向使用辩证思维看待矛盾的故事情节。在一项开创性研究中，他们发现中国人比美国人更喜欢内部矛盾性谚语，比起逻辑论证，他们更善用辩证法解决冲突。彭和尼斯贝特的后续研究表明，中国人比美国人更能预测情节的根本性变化（Ji, Nisbett, & Su, 2001），并且在描述故事中的事件时比加拿大人更注重细节考量（Ji, Guo, Zhang, & Messervey, 2009）。以上研究表明，中国人处理矛盾叙事是在对立命题间找折中点，并且比欧美人更能接受两者皆为真理的论述（辩证思维）。相较之下，欧洲人或美国人则热衷于通过获得具有最大真值（truth value）的命题来解决矛盾（De Oliveira & Nisbett, 2017）。金姆等人（2014）为辩证思维在媒介娱乐化语境中的相关性提供了论证。在对热门电影的情感反应的研究中，辩证思维减少韩国观众和美国观众间的娱乐差异，但韩国观众表现出更多的混合情感。

尼斯贝特与其合作者在有关世界本质的隐性本体论差异的基础上诠释认知差异：西方人认为世界是稳定的，他们基于其文化背景重视形式逻辑，而东亚人认为世界在不断变化，充满了矛盾，世界在本质上是整体的（De Oliviera & Nisbett, 2017；先前提到的希腊和中国哲学）。

截至目前，这些跨文化心理学的真知灼见在叙事参与概念化的过程中被完全忽略，使得这一概念的跨文化普遍性成为一个悬而未决的议题。我们有理由认为，叙事参与所需的一致性模型在西方不同文化间存在差异，非西方观众更可能建立具有一致性的叙事心理模型。叙事参与理论和其他娱乐理论都是基于相对模糊性的一致性观点（情感倾向理论与道德脱离理论；本书第17、30和34章），关于整体性认知和辩证思维的跨文化结论为理论的进一步完善带来了希望。

媒介娱乐、幸福感与“隐形”的阴阳观

基于娱乐双因素模型，学者们最近开始研究享乐主义和实现主义娱乐对健康状况与个人幸福感的影响（Rieger, Reinecke, chlich, & Bente, 2014）。这些研究的核心要义是找出实现主义媒介娱乐是否与实现主义幸福感相关联。相较于与积极体现和消极情感消散相关的纯享乐主义幸福感，实现主义幸福感（类似于实现主义娱乐）与有意义的个人成长和美德相关。幸福这一概念由亚里士多德所创，他在《尼科马契亚伦理学》中对其进行了充分阐释（Broadie & Rowe, 2002）。亚里士多德指出，并非所有形式的快乐都涉及幸福感——只有追求值得为之而活的道德生活，一种具有批判性、反思性并能发挥个人最大潜能的生活，才会带来幸福。

积极心理学和人本主义心理学领域的重要的思想家们（Ryff, Ryan, & Deci）借用该词来形容纯粹的享乐主义生活与主观幸福感，并将其作为一种幸福感的心理形式。这种幸福感源自人们对有意义事物的自主追求，人们在追求中最终实现个人潜力的充分发挥。“实现主义幸福感”与人的自主性、胜任感和归属感3种内在需求相关（自我决定理论，SDT; Ryan & Deci, 2000）。媒介心理学研究表明，意义非凡的电影与以上需求的满足以及核心价值和生活目标感的激活相关（amborini, Bowman, Eden, Grizzard, & Organ, 2010; Tamborinietal, 2011; Wirth, Hofer, & Schramm, 2012）。也有学者对媒介娱乐是否影响媒介接触后的恢复效果进行了研究。里格等人（2014）证明了享乐主义和实现主义媒介娱乐导致多元的恢复效果，享乐主义的媒介体验会使媒介用户达到超脱（用户通过逃避和转移来恢复）和放松状态，实现主义的媒介体验则会使用户实现掌控型恢复（用户通过自我发展来恢复并被赋予战胜媒介产品中挑战的能力）。

该项研究包括几个以跨文化为出发点的论证。关于自我决定理论的跨文化效度以及它所包含的内在需求（自主性、胜任感和归属感）一直存在争论。支持自我决定理论的学者们认为这些需求是内在的，因此具备跨文化上的普遍性（Ryan & Deci, 2017），但在一些问题上一直存在争议，尤其自主问题在心理学界引发了激烈争论。相对主义的跨文化心理学家认为，自主可能仅是个人主义文化和大多数西方文化中的一种需要，在个人主义文化和大多数西方文化中，自主得到明显重视，而在集体主义价值观得到充分认可的文化中，自主并非一种内在需要（lyengar & Devoe, 2003; Iyengar & Lepper, 2000）。同时，马库斯和北山（2003）认为，文化价值观（自主、关系）并不是内在和自然的，而是通过社会化获得的。因此，不同文化对将“自主”作为核心价值的认可度也存在差异（并且这些文化倾向于“价值”而非“需求”这一术语）。

争议也有好的一面，一些积极性学术研究连续15年都在尝试验证自我决定论需求

的（尤其是自主）普遍性，并检验它们对幸福感的预测效度（Chirkov & Ryan, 2001; Chirkov, Ryan, Kim, & Kaplan, 2003; Chirkov, Ryan, & Willness, 2005）。我们对此进行了文献回顾，瑞安和德西（2017）给出了令人印象深刻的观点，他们认为自我决定理论中的需求是普遍的。他们指出，在跨文化心理学家的曲解下，自主性被等同于个人主义价值观。在瑞安和德西（2017）看来，自主性不是独立的，自主性是“从行为上保持自我认同和自我一致性的个体经验，也是规范与价值更加深入且一致内化的结果”（p.568）。虽然文化可能因父母、教师和其他引导者对自主追求的重视程度不同而有差异，但在所有文化中，对价值观的自主追求都有利于自我整合和幸福感的获取——不管潜在的价值观是什么。

尽管支持这些主张的经验证据使得自我决定理论的跨文化效度毋庸置疑，但研究还表明，自主性支持在不同文化背景中有着不同的诠释，如亚洲青少年和非裔美国人比欧洲或欧裔美国人更在意并支持妨碍自主的社会化行为，如心理控制（Ryan & Deci, 2017）。奇尔科夫的研究表明，以等级结构和权力差异为特征的垂直文化不利于自主需求的满足（Chirkov, et al., 2005）。也有研究指出，文化的某些重要维度上存在跨文化差异：等级和权力差距（Hofstede, 2005）。

回到媒介娱乐这一核心问题，我们可得出结论（Vorderer, 2011）：媒介使用可能有利于充分满足个体的内在需求，其独立于为世界不同地区所接受的文化价值观，然而，根据前文有关自我建构和价值观的内容，文化差异可根据涉及满足自主性需求的价值类型和与价值一致的整合性自我开展的活动类型以及这些活动带来的福祉来预测。可以想象，韩国、俄罗斯、约旦、土耳其和世界上其他代表集体主义与等级制的国家，媒介使用中的自主需求比个人主义和横向文化背景的国家（美国、德国、荷兰、瑞士等）更加根深蒂固。不幸的是，跨文化对比通常聚焦自主性，并假设它是导致较大跨文化差异的因素，而忽略自主决定理论中的其他需求（胜任与归属）。享乐主义幸福感和实现主义幸福感间的差异也被忽略，它们通常被并入一个范围更广的幸福感综合评分体系中（Chirkovetal, 2005）。因此，需求、享乐主义幸福感和实现主义幸福感之间的跨文化关系几乎无从谈起。从奥德琦等人（2018）的研究来看，选择享乐主义娱乐更可能催生出一种促进群体内部和谐统一的自主性努力，这种努力指向所有成员的福祉，而选择实现主义媒介娱乐反映了一种强烈的个人主义关怀，因为它折射出追求个体幸福感的存在主义问题——即使存在主义问题本质上可能归属于集体主义（Rieger, et al., 2018）。因此，享乐主义与实现主义媒介娱乐对需求满足的差异性影响，以及享乐主义和实现主义幸福感，应得到更大程度的跨文化关注。

媒介娱乐与幸福感研究最突出的问题是运用西方概念而忽视非西方的相关定义——这一批判与娱乐理论形成更加广泛的联系。例如，实现主义幸福感的概念本质上是西方的，但其借鉴了希腊哲学和亚里士多德的哲学理念。如前所述，中国和其他非西方文化的疗愈艺术在较大程度上受道教影响（Nisbett, 2003）。人与自然和谐是道教的准则，而以阴阳为哲学原理的生理学与人体内外五行（金、木、水、火、土）的观念相一致。如上所述，健康和幸福感源自这些力量间的相互依存与内部和谐，甚至相互对立的各方也是相互依存和互补的（这体现了阴阳互补和平衡理念；Nisbett, 2003）。在中国哲学中，休闲（消遣）、恢复和幸福感与平衡概念相关。将“恢复”概念化为超脱、放松以及掌握（前文）也许没有切中要义，因此，主位研究需要探究媒介娱乐与平衡的相关性。

跨文化娱乐研究进路

具体来说，本章将情绪管理理论、元情感理论、享乐/实现主义娱乐理论以及娱乐幸福感与跨文化理论相结合，以此把握娱乐理论中的普遍性与相对性。笔者拟提出5种可增强人们对文化何以影响媒介娱乐过程的理解的路径：元分析、国家间比较、分解研究（unpackaging studies）、本土路径，以及对全球范围内大众媒介的价值分析。

元分析是指研究者对某个主题的众多研究结果进行量化总结，导出这类研究在不同测量范围、不同样本、不同文化和不同时间中产生的平均效应值。元分析可用于跨文化心理学，以验证某些社会心理学理论的跨文化效度。大多数结论表明，西方研究假设并不适用于非西方情境（Bond & Smith, 1996）。元分析需要对两个或两个以上的样本进行比较，可在国家之间，也可在国家内部进行。我们可整合单一民族国家的研究成果，将它们用于后续的跨文化元分析。若要证明娱乐理论的跨文化效度，媒介娱乐研究者应该验证娱乐理论在民族研究中以及熟悉语言之外的和未发表的研究中的有效性，并尽可能地探究样本与文化间的效应值。德森等人（2010）在跨文化元分析上进行了创新尝试，利用纵向、横向以及实验研究对比西方和东方等不同国家（特别是日本）的暴力电子游戏对攻击性行为的影响。通过比较上述国家的影响效值，研究者认为，玩暴力电子游戏与攻击性行为、认知和情感间的因果关系在娱乐领域缺乏跨文化的普遍性研究。

国家间比较是跨文化研究的核心。跨文化研究已经不再需要记录任何心理变量中两种或多种文化间的差异。更重要的是，它基于现有跨文化理论中的文化逻辑经验性地将上述差异的来源孤立起来。我在前文中提到过一些理论，我认为，个人主义/集体主义是娱乐研究中常用的维度，但其他维度（价值观、共享信仰、行为模式；Smith, et al., 2014）也被使用。娱乐研究者与其简单地比较两个国家的样本，不如对文化差异的研究方法进行经验性整合，并将其运用于研究。

运用中介研究（mediation studies）“分解跨文化差异”是第三条路径（Smith, et al., 2014, p.165）。此类研究需解决两类问题：①同一娱乐现象在不同国家和民族中是否存在差异；②娱乐现象的跨文化差异能否用个体层面的文化过程来解释。中介研究不仅从宏观上呈现文化差异，并且通过准确测验差异的心理中介物了解产生这种差异的个体机制。由于分解研究涉及两个层面的分析，因此学者们可使用多层次模型设计。

理解文化与娱乐关系的第四条路径是本土研究。大多数研究表明，本土研究最早应用于世界某些地区（主要是美国或西欧），后来在其他地区也开始出现。概念和衡量标准在不同文化背景下具有普遍性的研究叫作“客位”（Berry, 1969, p.123）。研究者们忽视了文化特性，而无法通过本地环境来理解社会现象。主位方法基于特定文化的思想传统，聚焦于独特的文化现象，通过研究语境中的心理和行为现象来弥补上述缺失。例如，在巴西、墨西哥和哥伦比亚，人们最喜爱的消遣方式是和家人一起看黄金时段的肥皂剧（Stavans, 2010），许多南美本地的媒介内容已被传输至其他地方（中国和日本）。肥皂剧的广泛吸引力在国际传播领域备受关注（Fung & Zhang, 2011），但娱乐研究者尚未将特定的本地化理论运用于其中。人们对日本漫画和动漫的兴趣日益增长，这代表了一种根植于日本特性的视觉文化（Mac & Williams, 2014），其与西方视觉文化（美国漫画和欧洲漫画）有着本质上的差异。与此同时，此类文化的生产和消费趋向国际化，为具有差异性的文化娱乐理论发展提供了可行性。主位视角有助于形塑娱乐结构，其可能与西方生产的结构一致，也可能不一致。该研究领域发展得越充分，它就会越积极地推进主位研究，两者会共同形成一种普适于广泛文化背景的“派生客位”范式（Berry, 1969, p.124）。此思维也可应用于媒介娱乐的概念化中。

娱乐研究者可对世界范围内的媒介娱乐产品进行更为细致的研究，看它们是否符合国家或个体层面的文化价值观。这类研究在跨文化心理学领域有着悠久的传统（Kim & Markus, 1999; Lamoreaux & Morling, 2012; Morling & Lamoreaux, 2008），但娱乐研究者并未充分利用这一传统。这一传统成为研究文化创造、价值观如何通过娱乐媒介进行跨文化传播的重要途径。

总的来说，如果我们要增强对娱乐理论的跨文化效度的信心，理解世界范围内的娱乐的文化特征，那么将有多条路径供我们选择。万事开头难，因此我们对一些存在于比较群组，并可能对效度产生影响的偏差需审慎对待（概念、工具、管理和抽样偏差；史密斯2014年的一篇评述）。跨文化心理学能帮我们战胜上述挑战。既有娱乐理论会在应对这些挑战的过程中发展，并踏上跨文化旅程。

参考文献

Anderson, C. A., Shibuya, A., Ihori, N., Swing, E. L., Bushman, B. J., Sakamoto, A., Saleem, M. (2010). Violent video game effects on aggression, empathy, and prosocial behavior in Eastern and Western countries: A meta-analytic review. *Psychological Bulletin*, 136(2), 151–173. doi: 10.1037/a0018251.

Bartsch, A., Vorderer, P., Mangold, R., & Viehoff, R. (2008). Appraisal of emotions in media use: Toward a process model of meta-emotion and emotion regulation. *Media Psychology*, 11(1), 7–27. doi: 10.1080/15213260701813447.

Berry, J. W. (1969). On cross-cultural comparability. *International Journal of Psychology*, 4(2), 119–128.

Boer, D., & Fischer, R. (2012). Towards a holistic model of functions of music listening across cultures: A culturally decentred qualitative approach. *Psychology of Music*, 40(2), 179–200. doi:10.1177/0305735610381885.

Bond, R., & Smith, P. B. (1996). Culture and conformity: A meta-analysis of studies using Asch's (1952b, 1956) line judgment task. Psychological Bulletin, 119(1), 111–137. doi:10.1037/0033-2909.119.1.111.

Bosshart, L., & Macconi, I. (1998). Defining "entertainment." *Communication Research Trends*, 18(3), 3–6.

Broadie, S., & Rowe, C. (2002) (Eds.). Aristotle: Nicomachean Ethics: *Translation, introduction, commentary*. Oxford, UK: Oxford University Press.

Bryant, J., & Zillmann, D. (1984). Using television to alleviate boredom and stress: Selective exposure as a function of induced excitational states. *Journal of Broadcasting*, 28(1), 1–20. doi: 10.1080/08838158409386511.

Busselle, R. & Bilandzic, H. (2008). Fictionality and Perceived Realism in Experiencing Stories: A Model of Narrative Comprehension and Engagement. *Communication Theory*, 18, 255–280. doi:10.1111/j.1468-2885.2008.00322.x.

Chirkov, V. I., & Ryan, R. M. (2001). Parent and teacher autonomy-support in Russian and US adolescents: Common effects on well-being and academic motivation. *Journal of Cross Cultural Psychology*, 32(5), 618–635. doi:10.1177/0022022101032005006.

Chirkov, V., Ryan, R. M., Kim, Y., & Kaplan, U. (2003). Differentiating autonomy from individualism and independence: A self-determination theory perspective on internalization of cultural orientations and well-being. *Journal of Personality and Social Psychology*, 84(1), 97. doi: 10.1037/0022–3514.84.1.97.

Chirkov, V., Ryan, R. M., & Willness, C. (2005). Cultural context and psychological needs in Canada and Brazil: Testing a self-determination approach to the internalization of cultural practices, identity, and well-being. *Journal of Cross-Cultural Psychology*, 36(4), 423 443. doi: 10.1177/0022022105275960.

De Oliveira, S., & Nisbett, R. E. (2017). Culture changes how we think about thinking: From "human inference" to "geography of thought." *Perspectives on Psychological Science*, 12(5), 782–790. doi: 10.1177/1745691617702718.

Faulkner, S. L., Baldwin, J R., Lindsley, S. L., & Hecht, M. L. (2006). Layers of meaning. An analysis of definitions of culture. In J. R. Baldwin, S. L. Faulkner, M L. Hecht, & S. L. Lindsley (Eds.), *Redefining culture: Perspectives across disciplines* (pp. 27–51). Mahwah, NJ: Erlbaum.

Friesen, W. V. (1972).*Cultural differences in facial expressions in a social situation: An experimental test of the concept of display rules*, Unpublished doctoral dissertation. San Francisco:University of California.

Fung, A., & Zhang, X. (2011). The Chinese Ugly Betty: TV cloning and local modernity. *International Journal of Cultural Studies*, 14(3), 265–276. https://doi.org/10.1177/1367877910391866.

Heinrich, J., Heine, S. J., & Norenzayan, A. (2010). The weirdest peoplein the world? *Behavioral and Brain Sciences*, 33(2), 61–83. https://doi.org/10.1017/S0140525X0999152X.

Ho, W.C. (2004). A cross-cultural study of preferences for popular music among Hong Kong and Thai youth. *Journal of Intercultural Communication, 7*, Article 1. Retrieved from http://www.immi.se/intercultural/.

Hofstede, G. (1991). *Cultures and organizations: Software of the mind*. New York, NY: McGraw-Hill.

Hofstede, G., & Hofstede, G. J. (2005). *Cultures and organizations: Software of the mind* (2nd ed.). New York, NY: McGraw-Hill.

Hu, J., & Bartneck, C. (2008). Culture matters: A study on presence in an interactive movie. *CyberPsychology and Behavior*, 11(5), 529–535. doi:10.1089/cpb.2007.0093.

Igartua, J.-J., & Barrios, I. (2013). Hedonic and eudaimonic motives for watching feature films. Validation of the Spanish version of Oliver & Raney's scale. *Communications: European Journal of Communication Research*, 38(4), 411–431. doi:10.1515/commun-2013-0024.

Iyengar, S. S., & DeVoe, S. E. (2003). Rethinking the value of choice: Considering cultural mediators of intrinsic motivation. In V. Murphy-Berman & J. J. Berman (Eds.), *Nebraska symposium on motivation: Cross-cultural difference in perspectives on self* (Vol. 49, pp. 129–174). Lincoln: University of Nebraska Press.

Iyengar, S. S., & Lepper, M. R. (2000). When choice is demotivating: Can one desire too much of a good thing? *Journal of Personality and Social Psychology*, 79(6), 995–1006. doi: 10.1037/0022-3514.79.

Ji, L. J., Guo, T., Zhang, Z., & Messervey, D. (2009). Looking into the past: cultural differences in perception and representation of past information. *Journal of Personality and Social Psychology*, 96(4), 761–769. doi: 10.1037/a0014498.

Ji, L. J., Nisbett, R. E., & Su, Y. (2001). Culture, change, and prediction. *Psychological Science*, 12(6), 450–456. doi: 10.1111/1467-9280.00384.

Kağıtçıbaşı, C. (2007). *Family, self, and human development across cultures: Theory and applications*. Mahwah, NJ: Erlbaum.

Kim, H., & Markus, H. R. (1999). Deviance or uniqueness, harmony or conformity? A cultural analysis. *Journal of Personality and Social Psychology*, 77(4), 785–800. https://doi.org/10.1037/0022-3514.77.4.785.

Kim, J., Seo, M., Yu, H., & Neuendorf, K. (2014). Cultural differences in preference for entertainment messages that induce mixed responses of joy and sorrow. *Human Communication Research*, 40(4), 530–552. doi:10.1111/hcre.12037.

Knobloch, S. (2003). Mood adjustment via mass communication. *Journal of Communication*, 53(2), 233–250. doi:10.1093/joc/53.2.233.

Kroeber, A. L., & C. Kluckhohn. (1952). *Culture: a critical review of concepts and definitions*. Cambridge, MA: Peabody Museum.

Lamoreaux, M., & Morling, B. (2012). Outside the head and outside individualism-collectivism: Further meta-analyses of cultural products. *Journal of Cross-Cultural Psychology*, 43(2), 299–327. https://doi.org/10.1177/0022022110385234.

MacWilliams, M. W. (2014). *Japanese visual culture: Explorations in the world of manga and anime*. London, UK: Routledge.

Markus, H. R., & Kitayama, S. (1991). Culture and the self: Implications for cognition, emotion, and motivation. *Psychological Review*, 98(2), 224–253. doi:10.1037//0033-295X.98.2.224.

Markus, H. R., & Kitayama, S. (2003). Models of agency: Sociocultural diversity in the construction of action. In V. Murphy-Berman & J. J. Berman (Eds.), *Nebraska symposium on motivation: Cross-cultural difference in perspectives on self* (Vol. 49, pp. 1–58). Lincoln: University of Nebraska Press.

Matsumoto, D. & Juang, L. (2016). *Culture and Psychology*. Boston, MA: Cengage Learning.

Matsumoto, D., Kudoh, T, Scherer, K. R., & Wallbott, H. (1988). Antecedents of and reactions to emotions in the United States and Japan. *Journal of Cross-Cultural Psychology*, 19(3), 267–286. doi: 10.1177/0022022188193001.

Medin, D. L., Unsworth, S. J., & Hirschfeld, L. (2007). Culture, categorization, and reasoning. In S. Kitayama & D. Cohen (Eds.), *Handbook of cultural psychology* (pp. 615–644). New York, NY: Guilford Press.

Morling, B., & Lamoreaux, M. (2008). Measuring culture outside the head: A meta-analysis of individualism-collectivism in cultural products. Personality and Social Psychology Review, 12, 199–221.

Nisbett, R. (2003). *The geography of thought: How Asians and Westerners think differently ... and why.* London, UK: Nicholas Braley Publishing.

Odağ, Ö., & Hanke, K. (2019). Revisiting culture: A review of a neglected dimension in media psychology. *Journal of Media Psychology: Theories, Methods, and Applications*, 31(4), 171–184. https://doi.org/10.1027/1864-1105/a000244.

Odağ, Ö., Hofer, M., Schneider, F. M., & Knop, K. (2016). Testing measurement equivalence of eudaimonic and hedonic entertainment motivations in a cross-cultural comparison. *Journal of Intercultural Communication Research*, 45(2), 108–125. doi: 10.1080/17475759.2015.1108216.

Odağ, Ö., Uluğ, Ö. M., Arslan, H., & Schiefer, D. (2018). Culture and media entertainment: A cross-cultural exploration of hedonic and eudaimonic entertainment motivations. *International Communication Gazette*, 80(7), 637–657. doi:10.1177/1748048518802215.

Oliver, M. B. (1993). Exploring the paradox of the enjoyment of sad films. *Human Communication Research*, 19(3), 315–342. 10.1111/j.1468-2958.1993.tb00304.x.

Oliver, M. B., & Bartsch, A. (2010). Appreciation as audience response: Exploring entertainment gratifications beyond hedonism. *Human Communication Research*, 36(1), 53–81. doi:10.1111/j.1468-2958.2009.01368.x.

Oliver, M. B., Hartmann, T., & Woolley, J. K. (2012). Elevation in response to entertainment portrayals of moral virtue. *Human Communication Research*, 38(3), 360–378. doi:10.1111/j.1468-2958.2012.01427.x.

Oliver, M. B., & Raney, A. A. (2011). Entertainment as pleasurable and meaningful: Identifying hedonic and eudaimonic motivations for entertainment consumption. *Journal of Communication*, 61, 984–1004. doi:10.1111/j.1460 2466.2011.01585.x.

Oliver, M. B., Raney, A. A., Slater, M. D., Appel, M., Hartmann, T., Bartsch, A., ... Das, E. (2018). Self-transcendent media experiences: Taking meaningful media to a higher level. *Journal of Communication*, 68(2), 380–389. doi:10.1093/joc/jqx020.

Peng, K., & Nisbett, R. E. (1999). Culture, dialectics, and reasoning about contradiction. *American Psychologist*, 54(9), 741–754. doi: 10.1037/0003-066X.54.9.741.

Raney, A. A. (2003). Disposition-based theories of enjoyment. In J. Bryant, D. RoskosEwoldsen, & J. Cantor (Eds.), *Communication and emotion. Essays in honor of Dolf Zillmann* (pp. 61–84). Mahwah, NJ: Erlbaum.

Reinecke, L., Tamborini, R., Grizzard, M., Lewis, R., Eden, A., David Bowman, N. (2012). Characterizing mood management as need satisfaction: The effects of intrinsic needs on selective exposure and mood repair. *Journal of Communication*, 62, 437–453. doi:10.1111/j.1460-2466.2012.01649.x.

Rieger, D., Frischlich, L., & Oliver, M. B. (2018). Meaningful entertainment experiences and self-transcendence: Cultural variations shape elevation, values, and moral intentions. *International Communication Gazette*, 80(7), 658–676. doi:10.1177/1748048518802218.

Rieger, D., Reinecke, L., Frischlich, L., & Bente, G. (2014). Media entertainment and wellbeing—Linking hedonic and eudaimonic entertainment experience to media-induced recovery and vitality. *Journal of Communication*, 64(3), 456–478. doi: 10.1111/jcom.12097.

Rohner, R. P. (1984). Toward a conception of culture for cross-cultural psychology. *Journal of Cross-Cultural Psychology*, 15(2), 111–138. doi:10.1177/0022002184015002002.

Ryan, R. M., & Deci, E. L. (2001). On happiness and human potentials: A review of research on hedonic and eudaimonic well-being. *Annual Review of Psychology*, 52, 141–166. doi: 10.1146/annurev.psych.52.1.141.

Ryan, R. M. & Deci, E. L. (2000). Self-determination theory and the facilitation of intrinsic motivation, social development, and well-being. *American Psychologist*, 55, 68–78.

Ryan, R. M., & Deci, E. L. (2017). *Self-determination theory: Basic psychological needs in motivation, development, and wellness*. New York, NY: Guilford.

Scherer, K. R. (1984). On the nature and function of emotion. A component process approach. In K. Scherer & P. Ekman (Eds.), *Approaches to emotion* (pp. 293–318). Hillsdale, NJ: Erlbaum.

Scherer, K. R. (1997). The role of culture in emotion-antecedent appraisals. *Journal of Personality and Social Psychology*, 73(5), 902–922. doi: 10.1037/0022-3514.73.5.902.

Schramm, H., & Wirth, W. (2008). A case for an integrative view on affect regulation through media usage. *Communications: The European Journal of Communication Research*, 33(1), 103. doi:10.1515/COMMUN.2008.002.

Schwartz, S. H. (1990). Individualism-collectivism: Critique and proposed refinements. *Journal of Cross-Cultural Psychology*, 21(2), 139–157. doi: 10.1177/0022022190212001.

Schwartz, S. H. (2012). An overview of the Schwartz theory of basic values. *Online Readings in Psychology and Culture*, 2(1), 1–20. doi: 10.9707/2307-0919.1116.

Smith, P. B., Fischer, R., Vignoles, V., & Bond, M. H. (Eds.). (2014). *Understanding social psychology across cultures* (2nd ed.). London, UK: Sage.

Stavans, I., (Ed.). (2010). *Telenovelas*. Santa Barbara, CA: Greenwood.

Tamborini, R. (2003). Enjoyment and social functions of horror. In J. Bryant, D. RoskosEwoldsen, & J. Cantor (Eds.), *Communication and emotion: Essays in honor of Dolf Zillmann* (pp. 417–443). Mahwah, NJ: Erlbaum.

Tamborini, R., Bowman, N. D., Eden, A., Grizzard, M., & Organ, A. (2010). Defining media enjoyment as the satisfaction of intrinsic needs. *Journal of Communication*, 60(4), 758–777. doi:10.1111/j.1460-2466.2010.01513.x.

Tamborini, R., Grizzard, M., Bowman, N. D., Reinecke, L., Lewis, R. J., & Eden, A. (2011). Media enjoyment as need satisfaction: The contribution of hedonic and nonhedonic needs. *Journal of Communication*, 61(6), 1025–1042. doi:10.1111/j.1460-2466.2011.01593.x.

Trepte, S. (2008). Cultural proximity in TV entertainment: An eight-country study on the relationship of nationality and the evaluation of U.S. prime-time fiction. *Communications: The European Journal of Communication Research*, 33(1), 1–25. doi:10.1515/commun.2008.001.

Triandis, H.C. (1994). *Culture and social behavior*. New York, NY: McGraw-Hill.

Triandis, H. C. (2001). Individualism and collectivism. In D. Matsumoto (Ed.), *Handbook of culture and psychology* (pp. 35–50). New York, NY: Oxford University Press.

Tsai, J. L. (2007). Ideal affect: Cultural causes and behavioral consequences. *Perspectives on Psychological Science*, 2(3), 242–259. doi: 10.1111/j.1745-6916.2007.00043.x.

Tsai, J. L., Knutson, B., & Fung, H. H. (2006). Cultural variation in affect valuation. *Journal of Personality and Social Psychology*, 90, 288-307. doi: 10.1037/0022-3514.90.2.288.

Tsai, J. L., Miao, F. F., & Seppala, E. (2007). Good feelings in Christianity and Buddhism: Religious differences in ideal affect. *Personality and Social Psychology Bulletin*, 33(3), 409–421. doi: 10.1177/0146167206296107.

Uchida, Y. & Kitayama, S. (2009). Happiness and unhappiness in East and West: Themes and variations. *Emotion*, 9(4), 441–456. doi: 10.1037/a0015634.

Vorderer, P. (2011). What's next? Remarks on the current vitalization of entertainment theory. *Journal of Media Psychology*, 23(1), 60–63. doi:10.1027/1864-1105/a000034.

Vorderer, P. & Halfmann, A. (2019). Why do we entertain ourselves with media narratives? A theory of resonance perspective on entertainment experiences. *Annals of the International Communication Association*, 43(2), 79–96, DOI: 10.1080/23808985.2019.1599298.

Vorderer, P., Klimmt, C., & Ritterfeld, U. (2004). Enjoyment: At the heart of media entertainment. *Communication Theory*, 14(4), 388–408. doi: 10.1111/j.1468-2885.2004.tb00321.x.

Vorderer, P. & Reinecke, L. (2015). From mood to meaning: The changing model of the user in entertainment research. *Communication Theory*, 25(4), 447–453. doi: 10.1111/comt.12082.

Vorderer, P., & Schramm, H. (2004). Musik nach Maß: Situative und personenspezifische Unterschiede bei der Selektion von Musik [Custom-made music: Situational and personal differences of music selection]. In K.-E. Behne, G. Kleinen, & H. de La Motte-Haber (Eds.), *Musikpsychologie: Vol. 17. Musikalische Begabung und Expertise* (pp. 89–108). Göttingen, Germany: Hogrefe.

Wells, A. (1990). Popular music: Emotional use and management. *Journal of Popular Culture*, 24(1), 105–117. doi:10.1111/j.0022-3840.1990.00105.x.

Wirth, W., Hofer, M., & Schramm, H. (2012). Beyond pleasure: Exploring the eudaimonic entertainment experience. *Human Communication Research*, 38(4), 406–428. doi:10.1111/j.1468-2958.2012.01434.x.

Zillmann, D. (2000). Mood management in the context of selective exposure theory. *Communication Yearbook*, 23(1), 103–123. doi: 10.1080/23808985.2000.11678971.

Zillmann, D. (1988). Mood management. Using entertainment to full advantage. In L. Donohew, H. E. Sypher, & E. T. Higgins (Eds.), *Communication, social cognition, and affect* (pp. 147–171). Mahwah, NJ: Erlbaum.

Zillmann, D., & Bryant, J. (1985). Selective-exposure phenomena. D. Zillmann & J. Bryant (Eds.), *Selective exposure to communication* (pp. 1–10). New York, NY: Routledge.

第七章 娱乐和共鸣

彼得・沃德勒

今天，传播研究领域和媒介心理学领域的许多学者对“娱乐本质上对媒介用户意味着什么”有一些共同的基本假设。这种对娱乐的理解，或者更确切地说，对娱乐体验的理解，在过去20多年里日益宽泛化，现在还涵盖一些用户对媒介内容体验的不同反应。尽管这些反应具有多样性和差异性，但如今都被贴上“娱乐体验”这一标签。本章建议不仅要结束对娱乐体验这种宽泛的理解，而且要通过区分两种显著不同的体验来扭转这一现象。因此，“娱乐体验”的概念只适用于满足用户享乐动机、需求或兴趣的反应。我们应将它们与那些可能被称为“实现主义”或“共鸣”的体验区分开，两者有本质的区别，不属于同一范畴。

本书所关注的娱乐理论和研究是20世纪70年代以后在传播学中出现并逐渐确立的。尤其是齐尔曼及其早期弟子（Cantor, Bryant, & Zillmann, 1974; Zillmann & Bryant, 1974; Zillmann & Cantor, 1972）的工作，为一些心理学理论和大量实证研究（主要是实验研究）奠定了基础，这些研究至今仍在影响着这个领域（Bryant, 2004; Bryant & Vorderer, 2006; Vorderer, Klimmt, & Bryant, this volume; Zillmann & Bryant, 1994; Zillmann & Vorderer, 2000）。这一基础激励了许多年轻学者追随齐尔曼、布莱恩特和坎特的步伐，他们在随后几年和几十年里扩大了娱乐研究的范围。这是通过更精确地呈现给定的研究问题，在新的、互动或社交媒介背景下确定这些问题（Vorderer & Bryant, 2006）以及扩展、推进和说明各种娱乐理论来实现的，他们主要分布在美国（Hoffner, 1995; Hoffner & Buchanan, 2005; Knobloch, 2003; Oliver, 1993; Raney, 2003; Tamborini, 2003）和欧洲（Bartsch & Schneider, 2014; Bosshart & Macconi, 1998; Klimmt, 2006; Schramm & Wirth, 2008; Trepte, 2008; Vorderer, Ritterfeld, & Klimmt, 2004; Vorderer, Wulff, & Friedrichsen, 1996; Wirth, Hofer, & Schramm, 2012）。

娱乐学者的这一代际转变伴随着媒介用户接近和处理媒介娱乐产品（电影、电视节目或体育赛事）的部分新视角。在20世纪七八十年代，娱乐内容的选择仍然被概念化为一个近乎机械的过程，其中特定的节目由于能够引发特定的享乐反应（快乐、享受等）而被选择。继概念化之后，大约从20世纪90年代起，那些媒介用户对娱乐产品的反应被认为更加复杂：电影、节目或书籍可能同时产生积极和消极的后果。一般来说，这些反应在享乐主义视野中是积极的（Oliver, 2008）。这种“从情绪到意义”的范式转变（Vorderer & Reinecke, 2015, p.449）及其相关理论化产生了更复杂的理论模型。其中最具综合性的一个模型被称为“娱乐的双因素模型”（Vorderer & Ritterfeld, 2009）。事实上，它试图用通常被称为“欣赏”的第二个维度来完善“娱乐即快乐”的传统概念（Oliver, 2008; Oliver & Bartsch, 2010; Oliver & Raney, 2011）。

今天我们审视这一理论发展时会发现，至少有4个基本假设经常伴随着娱乐理论在传播研究和媒介心理学中的早期建立与后续发展。其中一些假设在“从情绪到意义”的范式转变过程中稳定不变；另一些假设则在这些年里得到了根本性修正。在此，这4个假设被用来说明娱乐理论的延续和转变，并说明我们对娱乐（体验）的理解在不断深化。

作为一种接收现象的娱乐

在这个颇具心理学意义的娱乐研究项目中，最基本、最根本的假设如下：

> （1）娱乐并不是媒介产品的一个特征，而是其使用的一个特征，因此是描述和定义个人需求或体验的一个心理结构。

这个假设首先由博斯哈特和马可尼（Bosshart & Macconi, 1998）进行了非常清晰的阐述，他们认为，“娱乐可以被描述和体验为一种接收现象”（Bosshart & Macconi, 1998, p.3）。至少在娱乐理论发展的初期，也就是在20世纪70年代最初几年里，对娱乐的假定需求和可能的后续体验大体上处于文字描述阶段，而从未在心理学上得到解释。缺乏解释的原因很简单，其建立在学术界对人类历史上最早的娱乐实例的信念上，也就是说，人们认识到，从获得生存保障的那一刻起人类就一直试图寻找某种休闲方式（Zillmann, 2000）。我们从对人类最早的娱乐行为的描述中得出了这样一个结论（大多为隐含）：对娱乐的基本需求是人类的基本特征。如果人类对娱乐的寻求（假设）是基于他们的本能，那么外部条件（社会、文化、历史等）就不能解释这种冲动的起源。因此，关注这种需求的心理起源和现实表现似乎已经足够，而将这种娱乐需求与特定社会或文化条件联系起来的解释不免多余。由于这个原因，随着时间的推移，甚至在不同的文化中，这种需求的强度或变化还没有得到系统的研究。今天，我们对个人娱乐需求的基本社会动态事实上知之甚少。第一批实证研究刚刚发表，它们仅限于经济因素。其中一项便是赫什菲尔德和奥尔特（Hershfield & Alter, 2019）的多学科研究，他们能够将消费者的娱乐选择（跨越多种平台，如卡通、音乐、书籍和电影等）与宏观经济趋势联系起来，但是，历史或文化方面可能对个人的娱乐偏好和娱乐体验产生的影响仍然未知，仍有待系统地研究（Odag, this volume）。

然而，此观点也有例外。这一例外与法兰克福学派的理论研究有关，在该学派中，像洛文塔尔（Löwenthal, 1980）这样的马克思主义学者认为资本主义社会是一个满足贫困大众娱乐和消遣欲望的社会。特别是在1968年之后的几年里，这些学者已经演变成对流行文化进行各种社会性或批判性研究的流派（Barker, 2003），其中一个核心假设是（过去是，现在仍然是）现代资本主义社会中的人们正过着一种异化的生活。这种异化的生活（除其他因素外）本质上是难以改变的，它敦促个人通过“逃”到一个梦幻般的世界来转移他们对日常烦恼和痛苦的注意力；然而，这个替代世界只是作为一种幻觉存在，尽管当它提供容易获得的娱乐产品（电影、书籍或任何其他类型的叙事）作为简单的转移注意力的手段时，它在“大众”眼中看起来是真实的。这就是娱乐作为一种“逃避主义”媒介使用形式的概念起源，进入20世纪70年代及以后的传播研究（Halfmann & Reinecke, this volume; Katz & Foulkes, 1962; Müller, 2018）。

然而，在当代娱乐研究中，社会研究中的批评理论传统和齐尔曼研究传统中的心理学理论之间几乎没有任何联系（本书前言；Vorderer, Klimmt, & Bryant, this volume）。由于存在这种脱节，今天的娱乐理论仍然很少或根本没有提到娱乐媒介用户所处的社会世界。这一研究传统的普遍假设是，各种社会环境中的所有个体都有统一的享乐需求，他们试图通过使用媒介和特定的媒介内容来满足这些需求。例如，情绪管理理论“是基于享乐主义的前提，即①个人努力摆脱坏情绪，或至少试图降低这种情绪的强度；②个人努力维持好情绪，并试图保持这些情绪的强度”（Zillmann, 1988, p. 328）。这一命题考虑到了情境和个体间的差异，即用户之间的心理差异，但它并没有根据用户所处的社会、文化或历史背景来分析他们之间的差异（Odag, this volume），例如，在特定时间、特定文化或特定的群体或阶层中，娱乐需求可能特别强烈。因此，如果理论视角局限在心理学范畴，那么这个问题无法解决。

娱乐用户想要什么，他们应该要什么

大多数当代娱乐理论和研究的另一个共同特征是，它们对个人以娱乐为目的而使用媒介这一事实进行学术评估和评价。也许是受卡茨和福尔克斯早期声明的引导，“在社会研究思想史上，一个耐人寻味的事实是，学者选择将大众媒介作为说服的媒介而不是娱乐的媒介来研究”（Katz & Foulkes, 1962, p. 378），后来许多娱乐研究者特别乐观。他们似乎相信，用户频繁地接触娱乐产品不仅是正当的，而且事实上对他们是有意义的，因此用户心理是健康的。“情绪管理：充分利用娱乐”是齐尔曼在多诺休、赛弗和希金斯于1988年编辑的一本书中的一章的标题。这个标题所揭示的对娱乐使用和体验的隐性评估似乎与广为流传的说法相悖，即大多数娱乐产品的使用是不可取的，它们通常是在浪费人们的时间（Postman, 2006）。追随齐尔曼的娱乐研究者的大部分工作可被解读为为娱乐使用做辩护，因为其个人利益明显优于其问题后果（Reinecke & Meier, this volume; Reinecke & Rieger, this volume）。

然而，大多数娱乐研究者（如果不是全部）辩解称，过多地接触媒介娱乐可能会产生负面影响。他们的文章隐晦地指出，一定数量的娱乐消费是适当的或有害的，但是，多少才算“适当”？“过多”从哪里算起？转折点是否可以通过媒介用户花在一些电影、书籍或节目上的时间，内容类型或这些内容触发的心理反应来界定呢？

值得注意的是，经验主义娱乐学者很少争论媒介用户花在不同节目上的时间，因此通常不会在适度消费和过度消费娱乐之间划清界限。他们当然不会否认，大量或毫无节制地接触个别产品会带来个人和社会问题（Reer, Janzik, Wehden, & Quandt, this volume）。特别是社交媒介的出现，以及几乎任何可想象的社会情境中在线交流的存在，使得他们试图调和媒介用户在特定情境下的需求及更普遍的喜好。从这个角度来看，用户即使渴望“永久在线”和“永久连接”（Vorderer, Hefner, Reinecke, & Klimmt, 2018），也往往能得到共情理解，尽管这种在线行为经常在这些人中引起不和谐和遗憾。当研究者解释为什么用户如此频繁和长时间在线时，尽管个体可能对这种行为感到后悔，这种解释往往被假设为个体失去了对欲望的控制（Hofmann, Reinecke, & Meier, 2017; Reinecke, 2018）。换句话说，如果娱乐产品的使用超过了“适当”（假定是健康的）的限度（时间、注意力、个人相关性等），那么对娱乐的接触通常被视为个人的失败，而这种失败归因于用户无法控制他们的欲望（Du, van Koningsbruggen, & Kerkhof, 2018）。

（2）大多数娱乐心理学理论阐释媒介用户（实际）想要的东西与他们认为合适的和应该（不应该）要的东西之间的差异。

这一假设缺乏对这种矛盾为什么会存在的论证，并无法解释这种矛盾。这种解释的一种可能性是参考泰勒（Taylor, 1994）对个人所持有的所谓强评价和弱评价的区分。这种区分与它们的强度无关，而是与它们所指的内容有关。根据泰勒的观点，个人不仅被置于一些物理环境中，而且他们也总是位于一个道德空间中。在这个空间中，他试图为读者提供一张我们未来的道德地图（moral map），它定义了什么是重要的、有价值的和美丽的，但也定义了什么是无关紧要的、无价值的、丑陋的。强评价通过定义什么是真正重要的东西来决定个人与周围世界的关系。它们赋予个人行动选择以意义，更广泛地说，赋予他或她的存在以意义。在这个意义上，强评价涉及对某种存在方式或行为方式的原则性拒绝或认可，从而提供了生活的意义和方向。它们相当普遍地界定了一个人在不同情境下认可和拒绝自己的行为。这些强评价独立于实际感受到的偏好、欲望或需求。后者被泰勒称为弱评价，它们包含了个人在特定情境下的愿望和渴望。因此，它们只是一个权宜之计，其根源在个体内部（Rosa, 2016, p. 229）。弱评价表现为接近积极的影响和避免消极的影响，其反映齐尔曼及其合作者在娱乐核心中所确定的内容（Vorderer, Klimmt, & Ritterfeld, 2004）。

在试图定义晚期现代社会中主体与他人和（部分）世界的具体关系时，罗萨（2016）认为，人们总是同时以两种不同的方式联系在一起：他们与他人和世界同时维持着所谓的欲望—情感关系和评价—认知关系，而一个人的生活状况可视为在这两者之间摇摆不定（Rosa, 2016, p. 231）。换句话说，个人不断地受到诱惑，并在他们想要的东西（乐趣）和他们想成为的人（一个诚实的人）之间进行情感活动。当然，也有两种评价同时满足的情况，但相当罕见。当然，还有很多情况下个人被情境需求所驱动，其中一些需求通过使用娱乐媒介得到满足。满足这些需求可能同时削弱了这个人的强评价，从而导致懊悔。然而，作为这种区分的结果，将娱乐体验和对媒介内容的反应分类区分开是合理和有用的，因为它们超出了对特定需求的满足。前者显然与欲望—情感关系有关，而后者分别与评价—认知关系或分别与两者的结合有关（后面讨论）。

介于接近情感状态和回避情感状态之间的娱乐活动

最近，许多娱乐理论和研究中的第三个假设是指媒介用户在使用娱乐产品时旨在追求特定的心理状态（心情、情绪、心态等）。产品本身只是被看作实现这种状态的必要条件，而使用产品的经验被认为是接受者的主要目标（前面的假设1）。换句话说，媒介用户被认为是通过选择合适的媒介产品积极地接近和创造他们享受（欣赏，下文同）这些情感或体验的特定情况。

这一点很有意思，因为这种假定的面向某些体验的（用户的）认知—情感活动与其他假定的用户的个人尝试相反，他们尝试远离、转移或逃离消极体验。例如，文艺复兴时期的蒙田和帕斯卡等哲学家、启蒙运动时期的歌德和席勒等诗人以及我们传播研究学科中的卡茨等学者都描述了这种尝试，他们谈到了逃避令人不愉快、不满意或让人感到压抑的世界的形式：“人们被剥夺和疏远了，所以他们转向大众媒介梦幻般的世界以寻求替代性满足，其结果是他们进一步从社会和政治行动的舞台上退缩。”（Katz & Foulkes, 1962, p.379）综合来看，前面阐明的假设需要扩展，并且应该在当代娱乐理论中予以说明。

（3）娱乐媒介用户积极地接近和创造或避免特定的体验，因为他们喜欢或厌恶伴随这些情况而来的特定情感，并且可以通过选择合适的媒介产品来实现。这种朝向或远离这种情感状态的运动可能或多或少分别是有意识的、受控制的或自动的。

卡茨和福克斯在提到“替代性满足”时首次考虑了两种心理运动（远离不愉快的体验，同时接近替代的、愉悦的体验），以便更能准确地描述用户接触娱乐媒介时的体验。麦奎尔（McQuail, 1984）甚至更加明确地提出：

这种普遍感觉的本质是，将观众/读者/听众在精神上从日常生活的直接限制和/或沉闷中解脱出来，并使他或她能够获得新体验（代入），这种体验是通过其他方式无法获得的（除非动用想象力）。因此，媒介文化经验有可能成为想象力的强大辅助或替代品，使人能够享受各种情绪体验和精神状态——快乐、愤怒、性兴奋、悲伤、好奇心等（McQuail, 1984, p. 187）。

最终，情绪管理理论（Zillmann, 1988; Knobroch, 2003/2008）在娱乐研究中阐释了对这种组合（两种体验）的理解，该理论指出，“在可能的范围内，个人调节内部和外部的刺激条件，以尽量减少坏情绪，增加好情绪”（Zillmann, 1988, p.328）。但这一领域的大多数其他理论概念化要么几乎只强调接近方面（根据自我决定理论满足基本需求，Ryan & Deci, 2000），要么只强调回避方面（利用娱乐来暂时逃避异化，Müller, 2018）。这意味着，过去20多年，娱乐理论的进步不仅导致了其范围的扩大，也导致了其对象的缩小。关于媒介用户使用媒介产品进行娱乐的原因，有些已知的东西部分地被忽略了，或者至少在最近的解释中没有被明确地考虑到。

用户能否接触媒介内容而不自娱自乐?

娱乐研究中的许多学者似乎认同第四个假设的创新性，该假设最近才让我们触及娱乐的核心。这一假设旨在将娱乐体验概念化，认为它并不总是且不完全是积极的（愉快的、令人高兴的等），而是复杂的、细微的和多面的，让媒介用户陷入忧郁、痛苦和沉思。特别是奥利弗和拉尼的研究表明，用户对似乎能够引发这种体验的内容的渴望是多么强烈（Oliver & Raney, 2011）。最终，作者并没有说媒介用户是在享受电影、节目或书籍，而是说用户是在欣赏它们或它们所带来的体验；作者称之为“自我超越”（Oliver, et al., 2018）。本着这种精神，许多娱乐学者将这种更广泛、更全面的理论考虑称为“双因素”理论或娱乐模型（前文），强调“欣赏”不是消遣和享受的替代品，而是消遣和享受的补充。因此，其假设是：

（4）某些媒介娱乐产品并不简单，它们是相当复杂的，因此可能会给其用户带来更深刻的触动、感动，甚至使用户实现自我超越，而其他产品主要满足用户更简单的享受、愉悦和情绪提升的需求。

总之，根据这一领域大多数以心理学为导向的当代理论，娱乐通常被概念化为一种个人体验，个人的动机是试图创造或回避特定的心理状态。人们通常通过假定的心理需求来解释它，这些心理需求反映了人类的欲望，这些欲望经常与个人的规范和规则产生冲突，导致个人要么通过改善情绪来获得愉悦，要么通过对有意义的内容的某种更深入的欣赏来实现自我超越。

这种概念化的问题在于：一旦把各种假设放在一起，几乎不存在任何不会被归类和标记为娱乐性的媒介体验。用户在接触过程中无论是被逗乐还是被烦扰，是感到愉悦还是启迪，是变得快乐还是悲伤，是被触动还是被传输，是感到再肯定还是被超越，所有这些现在都已经成为学者们所说的娱乐体验。换句话说，"娱乐意味着什么"这一概念的延伸使我们相信，几乎任何形式的对媒介内容的接触都是娱乐的。这样一来，非娱乐性的媒介就几乎不存在了，但倘若如此，娱乐媒介使用（或娱乐体验）这一概念本身就会变得毫无意义。

娱乐与实现主义/共鸣体验之对比

相较于这种对娱乐包罗万象的理解，我建议在接触媒介内容时区分两种不同的体验。传播研究的历史，特别在接受研究的历史中有很多这样的区分，而其中一个似乎在这里特别合适。根据沃德勒和哈夫曼（2019）所阐述的，我建议区分娱乐体验与共鸣（实现主义）体验。根据这一提议，娱乐体验只是那些服务于媒介用户的享乐兴趣和动机，并导致（至少有意导致）这些媒介用户喜欢积极而非消极的情感状态。这些体验确实也可能包括一个更复杂的心理发展过程，如只有用户在经历短暂的紧张或苦恼后才感觉好一些（悬念作为一种暂时的消极情感，Zillmann, 1996）。当用户第一次受到一些（媒介上显示的）负面事件的影响时，可能会进入一个短暂消极状态，然而，这可能会导致他们将自己与一个生活条件较差的人进行比较（Mares & Cantor, 1992）。在这种情况下，媒介用户通常也会从这种情况中走出来，并且情绪得到增强，但是这种结果不会立即显现，而是会延迟。不过，总体效果仍然是一样的，这对用户而言就是（更）积极的情感状态。当媒介用户在接触过程中体验到深深的悲伤时，这个过程甚至可能已经到位了（Oliver, 1993），因为他们经常报告说这种消极情感会在接触之后带来重要的、快乐的缓解时刻。在所有这些情况下，娱乐用户最终会感觉更好，但他们有时在接触后的一段时间内才会这样。

比这些最终化为积极情感的短暂消极情感更重要的是，在所有这些娱乐消费情境中，媒介用户主要关注的是他们自己，关注他们自己的福祉，或者关注他们自己的真实情感状态。虽然他们可能会被其他人所触动（电影中的主角或书中的人物），但实际上这些人对他们来说其实并不重要，而只是作为用户渴望体验的情感的触发器。

与有享乐体验的用户相比，其他用户（其他情况下的相同用户）可能会感受到一种更基本的联系，这种基本联系在娱乐研究中通常被称为“实现主义”（Wirth, Hofer, & Schramm, 2012; Oliver, et al., 2018）。继沃德勒和哈夫曼（2019）之后，我在这里运用罗萨（Rosa, 2016）的共鸣理论，并将其称为共鸣体验。罗萨将共鸣描述为一种个体与世界相联结的模式，在这种模式中，个体感到被他人、特定地点或他们遇到的物体所触动：这是一种“‘af<-fect’（某物从外部触及个人）和‘e->Motion’（他们通过给予回应，从而建立一种联系）的双重运动”，并且“因此总是不可避免地有一个身体基础”（Rosa, 2018, p.47）。这种共鸣体验与娱乐体验的根本区别在于，前者改变了用户，而后者的影响基本上没有超出特定情况（Vorderer & Halfmann, 2019）。在这个意义上，娱乐体验起源于用户，并且只存在于接触过程中它们发生的那一刻。与此相反，共鸣体验由某人或某物从外部向用户发出，并且当用户用他或她自己的“声音”对这种召唤做出回应时，这种体验就建立起来了。那么罗萨所指的身体基础可能是，用户为主角的命运流下的眼泪。如果哭泣的用户只是将主角当作触发点来自怜，而不是真正地与这个主角联系在一起，那么整个反应应当被归类为娱乐性反应。

在媒介接触过程中，对娱乐体验和共鸣体验（实现主义体验）的这种区分，是对为什么娱乐节目通常对用户没有或很少有持久影响的一个合理解释。就更具体的描述和定义而言，很明显，为什么娱乐体验受用户的社会或文化背景的影响要远远小于共鸣体验。“其前提是：①个人努力摆脱坏情绪，或者至少寻求减少这种情绪的强度；②个人努力保持好情绪，并寻求维持这种情绪的强度”（Zillmann, 1988, p. 328）。这一前提具有一定的人类学基础，因此适用于每种文化和时代中的所有人。它也专指泰勒（Taylor, 1994）所说的弱评价和罗萨（2018）所说的欲望—情感关系。它最后还包括用户的两种情感活动，即回避某些体验状态（厌倦）和接近其他体验状态（积极情绪）的活动。

与这种娱乐体验相对应的是那些更基本的共鸣体验，后者至少能够将用户与叙事（与主角/角色、观念等）瞬间联结起来；然而，谁将与谁联结在很大程度上取决于用户的个人、社会和文化背景，因为这种联结是十分明确的（highly specific）（Klimmt & Rieger, this volume）。因这种感觉上的联系而让一个人流泪的东西与另一个人（在另一种情况下与同一个人）可能没有任何关系。对于娱乐体验而言，弱评价（观看喜剧时获得乐趣）和/或与他人的欲望—情感关系（节目中的主角或共同观看喜剧的朋友）很重要，相反，实现主义或共鸣体验则需要强评价（一个人在观看观众关心的人物角色的悲剧时，希望成为一个理智的人），或者用罗萨的话说，是一种评价—认知关系（与那些角色）。虽然用户消费娱乐节目是因为它们帮助用户满足他们在某一时刻的正当需求和（情绪）偏好，但它们并不会改变这些用户在那一时刻之后的状况。事实上，他们根本不在乎这些。这也与共鸣体验不同，共鸣体验可能会促进一个人的发展，并激励他们尽最大努力使类似情况在将来出现。

这些共鸣体验的问题在于，它们不是按需获得的。相反，一个人越是试图利用工具瞬间创造和建立一种共鸣联结，它就越不可能被获得（Rosa, 2016/2018; Vorderer & Halfmann, 2019）。个人能够产生共鸣的唯一基础就是他们自己的开放心态，他们需要尽可能地保持这种心态，以便能够接受外界的召唤，并能够用自己的“声音”做出回应；然而，这种开放心态在大脑忙于它的任务的情况下很难维持。在晚期现代性中，个人比以往任何时候都更受到义务和期望的约束，从而更有效地采取工具性行动（Rosa, 2018）。在这种情况下，这种开放心态可能存在风险，而不是富有成效的。智能手机时代的出现以及随时随地的大众传播和人际传播（Vorderer, et al., 2018）也为个人创造了一个越来越苛刻的环境，在这种情况下，开放心态不太可能成为他们的默认心态。

尽管娱乐和共鸣体验之间存在这些根本差异，但是两种反应同时出现的情况也存在。这些都取决于娱乐产品和用户：叙事需要提供必要的刺激，让用户能够体验到共鸣联结和纯粹的快乐。无论是不同个体、自身（过去或未来），抑或是一个想法，用户必须愿意且有能力享受叙事，并与叙事为他或她提供的东西联系起来。事实上，传播学者在过去几年中用来证明娱乐广泛性和包容性的许多例子都说明了这种结合（Oliver, et al., 2018）。

跨越时间的娱乐和共鸣体验

个人在接触媒介内容时产生的多样化体验（这使我在这里提出娱乐体验和共鸣体验之间的分类区别）也是随时间变化的，即使这个时间相当短。今天许多叙事需要在更长的时间段展开。一部电影可能持续90分钟；“刷剧”（连续观看多集电视剧）可能需要若干小时（Halfmann & Reinecke, this volume）；阅读一部小说可能需要许多天，并且经常在不同情况下反复进行（在一天结束时、在搭乘公共交通时、在等人时等）；然而，娱乐理论将用户的体验概念化，认为用户体验在整个接触过程中或多或少是统一的（Fahr & Früh, this volume）。在接触过程中，无论用户的心理发生了什么——所以一般的假设是——其都只会发生一次，至少在大多数情况下是如此。如果它重复出现（正如齐尔曼的情感倾向理论所指出的，在整个接受过程中，观众的希望和恐惧会多次出现），它会以相似的方式出现。事实上，这对于娱乐体验来说是不合理的（Fahr & Früh, this volume)，对于共鸣体验来说更是如此；在后者中，读者/观众/旁观者在叙事体验结束时与开始时相比会有（至少有一点）不同。那些感受到共鸣联结的读者（与某个角色）事实上在阅读过程中发生了变化，他们在开始阅读一本书时的体验应该与他们深入故事后的体验截然不同。共鸣体验会让个人受影响并改变个人，因此会导致持续的、动态的转变和变化。观看一部涉及共鸣联结的电视剧对人产生的影响已经不能在一个单一时间点上确定。甚至在接触结束时也不行，因为观众和主角之间的共鸣联结可能会随着时间的推移而持续，并最终引发对故事所涉及的问题的进一步反思。同样，如果在接触过程中获得的体验仅仅是为用户提供乐趣和快乐（娱乐体验），这也是可能的，但可能性不大。如果它们超越了这种即时性满足，为用户提供了一些新的和意想不到的东西，触动他或她的强评价，并使他们感到与某人或其他东西产生联结（共鸣体验），用户和角色之间的关系或用户和故事所涉及的任何重要议题之间的关系可能会不断变化。

因此，在用户接触媒介内容的过程中，这种体验的双重概念化的一个重要结果涉及对媒介效果的一般测量。如果娱乐体验是相当浅显和短期的，而共鸣体验是更基本和长期的，那么后者至少不能只在接触结束时才被研究。这是因为，阅读一本书或者观看一个节目与用户产生共鸣的效果不仅在这一接触行为结束时实现，而且在接触期间和之后多次实现。举一个例子，观看《美丽人生》(*La vita è bella*)的效果不能只通过观众在电影结束时的想法和感受来有效地衡量。在不同的时间点，这种效果是不同的。不仅在故事展开时效果不同，而且在闭幕场景之后，也许是在最初接触的几天、几周、几个月，甚至是几年之后，效果也是不同的。这可能是由观众从其他关于大屠杀的故事中获得的额外信息和经验引发的，也可能是观众在看完电影后的某个时刻的反思所引发的。

不过，大多数媒介用户在娱乐节目中享受的东西不会对他们的思想产生如此持久和不断变化的影响。为了研究娱乐媒介效果，坚持已知和传统的程序和设计应该足够了，这也是传播学和媒介心理学过去通常做的事情；然而，研究共鸣体验并把引起用户不同反应的文本、电影或游戏考虑进去，对于这一学科来说还相当新颖。鉴于如今随处可见、随手可得的大量媒介内容，开始更系统地研究它们也许并不是坏主意。

参考文献

Barker, C. (2003). *Cultural studies: Theory and practice* (2nd ed). London, UK: SAGE Publications.

Bartsch, A., & Schneider, F. M. (2014). Entertainment and politics revisited: How non-escapist forms of entertainment can stimulate political interest and information seeking: Entertainment and politics revisited. *Journal of Communication*, 64(3), 369–396. doi:10.1111/jcom.12095.

Bosshart, L., & Macconi, I. (1998). Defining "entertainment." *Communication Research Trends*, 18(3), 3–8.

Bryant, J. (2004). Critical communication challenges for the new century. *Journal of Communication*, 54(3), 389–401. doi:10.1111/j.1460–2466.2004.tb02635.x.

Bryant, J., & Vorderer, P. (Eds.). (2006). *Psychology of entertainment*. Mahwah, NJ: Erlbaum.

Cantor, J. R., Bryant, J., & Zillmann, D. (1974). Enhancement of humor appreciation by transferred excitation. *Journal of Personality and Social Psychology*, 30(6), 812–821. doi:10.1037/h0037543.

Du, J., van Koningsbruggen, G. M., & Kerkhof, P. (2018). A brief measure of social media selfcontrol failure. *Computers in Human Behavior*, 84, 68–75.

Hershfield, H. E., & Alter, A. L. (2019, May 23). On the naturalistic relationship between mood and entertainment choice. *Journal of Experimental Psychology: Applied*. Advance online publication. http://dx.doi.org/10.1037/xap0000220.

Hoffner, C. (1995). Adolescents' coping with frightening mass media. *Communication Research*, 22(3), 325–346. doi:10.1177/009365095022003003.

Hoffner, C., & Buchanan, M. (2005). Young adults' wishful identification with television characters: The role of perceived similarity and character attributes. *Media Psychology*, 7(4), 325–351. doi:10.1207/S1532785XMEP0704_2.

Hofmann, W., Reinecke, L., Meier, A. (2017). Of sweet temptations and bitter aftertaste: Selfcontrol as a moderator of the effects of media use on well-being. In R. Reinecke & M. B. Oliver (Eds.), *The Routledge handbook of media use and well-being: International perspectives on theory and research on positive media effects* (pp. 211–222). New York, NY: Routledge.

Katz, E., & Foulkes, D. (1962). On the use of the mass media as "escape": Clarification of a concept. *Public Opinion Quarterly*, 26(3), 377–388.

Klimmt, C. (2006). *Computerspielen als Handlung: Dimensionen und Determinanten des Erlebens interaktiver Unterhaltungsangebote* [Computer gaming as action: Dimensions and determinants of the experience of interactive entertainment]. Köln, Germany: von Halem.

Knobloch, S. (2003). Mood adjustment via mass communication. *Journal of Communication*, 53(2), 233–250. doi:10.1093/joc/53.2.233.

Knobloch-Westerwick, S. (2008). Mood management. In W. Donsbach (Ed.), *The international encyclopedia of communication*. doi:10.1002/9781405186407.wbiecm092.

Löwenthal, L. (1980). *Literatur und Massenkultur* [Literature and mass culture]. Schriften: Vol. 1. Frankfurt am Main, Germany: Suhrkamp.

Mares, M.-L., & Cantor, J. (1992). Elderly viewers' responses to televised portrayals of old age: Empathy and mood management versus social comparison. *Communication Research*, 19(4), 459–478. doi:10.1177/009365092019004004.

McQuail, D. (1984). With the benefit of hindsight: Reflections on uses and gratifications research. *Critical Studies in Mass Communication*, 1(2), 177–193. doi:10.1080/15295038409360028.

Müller, S. (2018). *Flüchten mit Facebook: Potenziale der eskapistischen Nutzung sozialer Medien*. doi:10.5771/9783845290454. Baden-Baden, Germany: Nomos.

Oliver, M. B. (1993). Exploring the paradox of the enjoyment of sad films. *Human Communication Research*, 19(3), 315–342. doi:10.1111/j.1468–2958.1993.tb00304.x.

Oliver, M. B. (2008). Tender affective states as predictors of entertainment preference. *Journal of Communication*, 58(1), 40–61. doi:10.1111/j.1460–2466.2007.00373.x.

Oliver, M. B., & Bartsch, A. (2010). Appreciation as audience response: Exploring entertainment gratifications beyond hedonism. *Human Communication Research*, 36(1), 53–81. doi:10.1111/j.1468–2958.2009.01368.x.

Oliver, M. B., & Raney, A. A. (2011). Entertainment as pleasurable and meaningful: Identifying hedonic and eudaimonic motivations for entertainment consumption. *Journal of Communication*, 61(5), 984–1004. doi:10.1111/j.1460–2466. 2011.01585.x.

Oliver, M. B., Raney, A. A., Slater, M. D., Appel, M., Hartmann, T., Bartsch, A., … Das, E. (2018). Self-transcendent media experiences: Taking meaningful media to a higher level. *Journal of Communication*, 68(2), 380–389. doi:10.1093/joc/jqx020.

Postman, N. (2006). *Amusing ourselves to death: Public discourse in the age of show business*. New York, NY: Penguin.

Raney, A. A. (2003). Disposition-based theories of enjoyment. In J. Bryant, D. Roskos-Ewoldsen, & J. Cantor (Eds.), *Communication and emotion: Essays in honor of Dolf Zillmann* (pp. 61–84). Mahwah, NJ: Erlbaum.

Reinecke, L. (2018). POPC and well-being: A risk-benefit analysis. In P. Vorderer, D. Hefner, L. Reinecke, & C. Klimmt (Eds.), *Permanently online, permanently connected: Living and communicating in a POPC world* (pp. 233–243). New York, NY: Routledge.

Rosa, H. (2016). *Resonanz: Eine Soziologie der Weltbeziehung* [Resonance: A sociology of the relationship to the world]. Berlin, Germany: Suhrkamp.

Rosa, H. (2018). Available, accessible, attainable: The mindset of growth and the resonance conception of the good life. In H. Rosa & C. Henning (Eds.), *The good life beyond growth: New perspectives* (pp. 39–53). London, UK: Routledge.

Ryan, R. M., & Deci, E. L. (2000). Self-determination theory and the facilitation of intrinsic motivation, social development, and well-being. *American Psychologist*, 55(1), 68–78. doi:10.1037/0003-066X.55.1.68.

Schramm, H., & Wirth, W. (2008). A case for an integrative view on affect regulation through media usage. *Communications: The European Journal of Communication Research*, 33(1), 103. doi:10.1515/COMMUN.2008.002.

Tamborini, R. (2003). Enjoyment and social functions of horror. In J. Bryant, D. Roskos-Ewoldsen, & J. Cantor (Eds.), *Communication and emotion. Essays in honor of Dolf Zillmann* (pp. 417–443). Mahwah, NJ: Erlbaum.

Taylor, C. (1994). *Quellen des Selbst: die Entstehung der neuzeitlichen Identität* [Sources of the self: The making of modern identity]. Frankfurt am Main, Germany: Suhrkamp.

Trepte, S. (2008). Cultural proximity in TV entertainment: An eight-country study on the relationship of nationality and the evaluation of U.S. prime-time fiction. *Communications: The European Journal of Communication Research*, 33(1), 1–25. doi:10.1515/COMMUN. 2008.001.

Vorderer, P., & Bryant, J. (Eds.). (2006). *Playing video games: Motives, responses, and consequences*. Mahwah, NJ: Erlbaum.

Vorderer, P., & Halfmann, A. (2019). Why do we entertain ourselves with media narratives? A theory of resonance perspective on entertainment experiences. *Annals of the International Communication Association*, 43(2), 79–96. doi:10.1080/23808985.2019.1599298.

Vorderer, P., Hefner, D., Reinecke, L., & Klimmt, C. (Eds.). (2018). *Permanently online, permanently connected: Living and communicating in a POPC world*. New York, NY: Routledge.

Vorderer, P., Klimmt, C., & Ritterfeld, U. (2004). Enjoyment: At the heart of media entertainment. *Communication Theory*, 14(4), 388–408.

Vorderer, P., & Reinecke, L. (2015). From mood to meaning: The changing model of the user in entertainment research. *Communication Theory*, 25(4), 447–453. doi:10.1111/comt.12082.

Vorderer, P., & Ritterfeld, U. (2009). Digital games. In R. L. Nabi & M. B. Oliver (Eds.), *The Sage handbook of media processes and effects* (pp. 455–467). Los Angeles, CA: Sage.

Vorderer, P., Wulff, H. J., & Friedrichsen, M. (Eds.). (1996). *Suspense: Conceptualizations, theoretical analyses, and empirical explorations*. Mahwah, NJ: Erlbaum.

Wirth, W., Hofer, M., & Schramm, H. (2012). Beyond pleasure: Exploring the eudaimonic entertainment experience. *Human Communication Research*, 38(4), 406–428. doi:10.1111/j.1468–2958.2012.01434.x.

Zillmann, D. (1988). Mood management through communication choices. *American Behavioral Scientist*, 31(3), 327–340.

Zillmann, D. (1996). The psychology of suspense in dramatic exposition. In P. Vorderer, H. J. Wulff, & M. Friedrichsen (Eds.), *Suspense: Conceptualizations, theoretical analyses, and empirical explorations* (pp. 199–231). Mahwah, NJ: Erlbaum.

Zillmann, D. (2000). The coming of media entertainment. In D. Zillmann & P. Vorderer (Eds.), *Media entertainment: The psychology of its appeal*. Mahwah, NJ: Erlbaum.

Zillmann, D., & Bryant, J. (1974). Retaliatory equity as a factor in humor appreciation. *Journal of Experimental Social Psychology*, 10(5), 480–488.

Zillmann, D., & Bryant, J. (1994). Entertainment as media effect. In J. Bryant & D. Zillmann (Eds.), *Media effects: Advances in theory and research* (pp. 437–461). Hillsdale, NJ: Erlbaum.

Zillmann, D., & Cantor, J. R. (1972). Directionality of transitory dominance as a communication variable affecting humor appreciation. *Journal of Personality and Social Psychology*, 24(2), 191–198. doi:10.1037/h0033384.

Zillmann, D., & Vorderer, P. (Eds.). (2000). *Media entertainment: The psychology of its appeal*. Mahwah, NJ: Erlbaum.

第八章　跨越文化与时代，寻找难以捉摸的“共鸣”

杰拉德・C.库奇克
德斯皮纳・斯塔马托普卢
段思颖

引　言

共鸣的概念虽然在物理学领域已有坚实的基础，但它与心理学和传播理论也有关。在经典力学中，“共鸣（共振）”是指两个系统之间的动态相互作用，由此一个系统中的振动对另一个系统的频率高度敏感，从而导致一种动态稳定性状态（Tiper, 1999）。在心理学中，克斯特勒（Koestler, 1964）引入了“双关”（bisociation）的概念来指代两个系统或矩阵间的相互作用，举例来说，这种相互作用塑造了幽默和创造力的体验。由于娱乐产品（无论是电视节目还是互联网平台事件）和受众这两种系统都很复杂且不断变化，因此研究者很难找到一种适用于娱乐的共鸣理论。将“共鸣”是作为稳定的最终参与状态，还是作为一种实现（未实现）的过程来研究？本章结合在社会与科技加速发展的今天我们对这个概念的理解介绍古希腊和中国关于“共鸣”的观点。

我们必须谨慎地谈论像“共鸣”这样的术语，其描述了两个物理系统之间的和谐状态，我们将其扩展至社会层面时也应谨慎。丹齐格（Danziger, 1997）强调了将“情绪”或“记忆”的概念视为“话语（模式的）”而非类似于自然世界中某种现象的事物本身的重要性。使用“共鸣”的基础假设是什么？在不同文化及时代背景中人们又是如何看待这一术语？古希腊与中国文化提到这些基本过程时并没有使用“共鸣”这一术语。它们关于这个概念的解释“包含着隐喻性的典故”（Danziger, 1990, p.331）为我们在更宏大的语境下理解该概念提供了启示。或许“共鸣是一种和谐的关系状态，而不是一种事物”这一事实会使我们更容易将对其基本过程的物理阐述转变为社会阐述。作为起点，我们考察了罗萨（2003/2018）对“共鸣”的解释，他将“共鸣”看作一种解决20世纪“后现代”社会中加速发展的异化问题所需要的社会联系状态。沃德勒与哈夫曼（2019）已将罗萨对于“共鸣”的见解应用到区分享乐主义与意识提升过程的娱乐体验研究中。

哈特穆特·罗萨

罗萨（2003）分析了在“现代晚期”的欧洲，科技与社会的加速发展对人们试图实现“美好生活”的影响。根据安西永（Ancillon）在1828年提出的观点，罗萨指出，“体验生活的所有高度、深度及其所有复杂性成为现代人的主要愿望”（Rosa, 2003, p.13）。矛盾的是，随着生活节奏的加快，人们做事情的时间越来越少，并且他们“严格遵守着能动性、普适性、理性和个性的价值观”（Rosa, 2003, p.27）。快速变化的社会世界阻碍了“长期投入性、持续性和稳定性”（Rosa, 2003, p.19）。它需要一种“情境式的”身份，以使人们预见“日常生活中不可预料的状况”（p.19）。现代社会的发展变化如此之快，给人们通过着眼于“效能”和“已实现的选择”来寻求“美好生活”带来了挑战。“科学”比“知识”更受重视，并倾向“将边界系统性地……推向未知之地”，而非“维持和教育”（Rosa & Henning, 2018, p.4）。

罗萨追求一种解决“时间匮乏”问题的方法，这个问题源于“增速的提升”，对我们如何“过上美好生活”——也等同于“我们（想要）如何度过时光”，产生了严重影响（Rosa, 2018, p.39）。据他的陈述，“现代性中占据主导的合理要求”是“获得你实现梦想所需的资源……无论未来可能会带来什么，如果你拥有财富、权力、朋友、健康和知识，就有所裨益”（p.41）。因此，“拥有更多以及行动更快”导致个人采用“最优的”（Tripe-A）方法，并寻求其在“质量和数量上是可用的、易得的、一次性的”（p.42）。罗萨认为，不懈地追求“最优的”解决方法会导致“倦怠”成为一种“主要的文化恐惧”（p.44）。寻求“魔法”世界使我们无路可走（p.45），并最终以异化的状态结束。

治疗异化需要“一种真实的、充满活力的交流与联结”。换句话说，治疗异化需要共鸣。这会使人们有可能实现一种与空间、人类、时间、事物以及自我相关的“美好”或“充实”的生活（p.46）。重要的是，从过程上来看，“共鸣”包含了“情感（某些事物从外部触动我们）与情绪（我们通过回应和建立联系来作出回答）的双重运作，因此总是不可避免地具有身体的基础”（p.47）。一种易于接受的、积极的联结能够逐渐改变自我与世界。在读到一本有意义的书或建立某种社交联结后，个人的自我效能感（self-efficacy）会提升，个人会通过“自我超越”而改变。对“难以捉摸”的“共鸣”体验使个人发生变化的描述沿着3条“坐标轴”进行：社会的、物质的和在场的。共鸣是一种在世的（being-in-the-world）模式，它通过个人做出的使自己在“相互信任与无所畏惧的环境中”变得脆弱敏感的冒险决定来实现（p.51）。

苏森（Susen, 2019）将罗萨对共鸣的态度描述为一种在世的形式，其包含了人类与环境之间的一种基于价值观而非工具性的、有意义的、动态变化的关系。“共鸣”这个术语描绘了一种经验层面的状态，它是现代生活许多不同领域出现的异化问题的解决方法。罗萨对共鸣的理想化处理方法是根据社会主体的相对自治来预测的，其能够促进有意义的生活。共鸣的实现涉及我们身体、精神、沉浸式实践与结构上的融合。实现共鸣的时刻将“是什么”和“我们应该成为什么”的集合作为标识，其成为美好生活的标志。共鸣的3条坐标轴或范围既包含水平的（家庭、友情和政治）、垂直的（物体、商品、作品、学校）因素，还包括对角线的（宗教、自然、艺术）因素。因此，实现共鸣是我们的重要目标。

对泰勒（2018）来说，“世界视为我们生存意义的所在地”和“重塑事物的意义”的想法是罗萨研究项目的核心。他把罗萨的论述置于18世纪浪漫主义学者的思想中，这些学者追求统一自我、调和身心，并将人与自然视为有生命的有机体。彼得斯（Peters, 2017）指出，弗洛姆（Fromm, 1956）认为，“联结”（共鸣）是解决异化问题的根本方法，它早在后现代社会的技术加速发展之前就已开始。从本质上来说，罗萨在其关于共鸣的论述中所使用的语言是隐喻式的，因此我们人类与自然之间的关系应该从工具性转向一种致力于联结与和谐的想象。现代西方人不能指望回到亚里士多德所推举的那种强调由充满活力的社区成员安排审美消遣活动的“幸福”状态，这是因为其“依赖于对工人、妇女以及外邦人的剥削与排斥”（Rosa & Henning, 2018, p.7）。

罗萨关于寻求“美好生活”面临的危机描述的生命力100年来为大西洋两岸的社会学家所关注。凡勃伦（Veblen, 1908/1899）引入“炫耀性消费”的概念，指代19世纪末期美国新贵炫耀他们在经济加速发展的过程中获得的财富。在数字时代，这种借助不同的社交媒介平台（Facebook或Instagram）描绘面对社会竞争时的理想化生活以及塑造社交形象的行为被称为“炫耀性表演”（Cupchik, 2011a）。有选择地在社交媒介上展示理想化生活与经历挫折之间的潜在不协调便是自我异化的基础。

在理斯曼、丹尼以及格拉泽尔的经典著作《孤独的人群》中（Riesman, Denney, & Glazer, 1950），他们描述了20世纪中叶在日益官僚主义环境中工作的美国人，他们乐意与他人相处，这促进了一种“他人导向”的态度和希望被社区成员接受的愿望。罗萨的分析则描绘了人们在加速发展的社会与技术环境中寻求“美好生活”的行为。这进一步加剧了被接受的需要，因此与他人的社会“联结”（被定义为“共鸣”）会理想化地减轻社会孤立感。

沃德勒与哈夫曼

20世纪80年代，沃德勒与哈夫曼（2019）按照罗萨的观点对“晚期现代”社会融合进行了理论推导，并于20世纪70年代开始对“媒介娱乐的使用与效果”进行研究。他们努力通过罗萨对共鸣的解释以及奥利弗等人描述的“自我超越的媒介体验”来理解娱乐体验（2018）。对“愉悦”和享受的追求与对知识“欣赏”的渴望有着基本的动机差异。前者在愉悦方面以享乐主义为基础，而后者在欣赏层面的基础是对意义的追求——人们在寻求“生命的意义、真相以及目的”（Oliver & Raney, 2011）。“实现主义的幸福感”这一概念（Waterman, 1993）与努力追求自我实现有关。

与罗萨（2018）有关的是社会联结治愈作为“晚期现代”社会表征的异化问题的方式。对沃德勒与哈夫曼而言，他们思考的一个关键问题是，“计算机中介传播”（CMC）是会促进社会联结，还是会营造一种“数码恐惧症”的状态来削弱共鸣。通过互联网联结会减少个人与他人进行面对面（FTF）联结的机会。他们得出结论：“获取和体验媒介内容的新技术与新方法并不会绝对地阻碍共鸣，但却会使共鸣发生的可能性更小。”（p.10）共鸣能通过线上实现吗？其本质是面对面的接触吗？

这就引出了“媒介用户在寻找什么”“当接触其叙事时用户的思维会发生什么变化”的问题（p.10）。替代方案包括“认同”虚构角色或感觉“被传输”至新奇的情境中。罗萨（2016）对这个问题的回答是，人们接触文化产品是为了有意识地“练习孤独、遗弃、忧郁和联结感”“缓和、调整他们个人与世界的联系”（Vorderer & Halfman, 2019, p.10）。通过这种方式，他们可以实现与自己的融洽相处，而不仅仅是改变和调节情绪。这种心理活动以存在为基础，指向个人的现在和未来，因为他们“在认知和情感层面上尝试、预演或练习未来可能发生的行为和体验”（Vorderer & Halfmann, 2019, p.11）。沃德勒与哈夫曼指出，“娱乐”一词适用于享乐主义的体验，而实现主义的体验从根本上来说是美学层面的。因此，媒介用户可能会“让自己接触叙事”，以寻求短暂提升情绪的愉悦感及克服异化，或者与那些能帮助他们拥有自我超越体验的特定情境角色进行审美邂逅来寻求“共鸣的联结”。一项关于参与深度的类似研究，通过刺激愉悦或唤醒状态的程序选择和那些能够唤醒个人有意义的情感记忆的节目，对比了两者的表观影响调制（Cupchik, 2011b/2016）。

本章其余部分的目的是确定不同时代、不同文化背景下美学与文化共鸣的一般过程。自19世纪中期以来，技术加速发展已成为西欧社会的特征，类似的情况也存在于希腊的黄金时代、意大利文艺复兴时期以及中国古代。技术变革和社会动荡的历程跨越文化与时代而存在。现在，我们探索关于共鸣、享乐主义以及增强的自我实现的概念与理论如何在希腊和中国文化中具有悠久的历史。

古希腊文化中的共鸣

本节考察了古希腊从神话到口头文化再到读写、从柏拉图到亚里士多德（公元前8

世纪到公元前4世纪）的历史进程中共鸣产生的过程（Kraut, 1992）。在希腊语中，“共鸣”一词应用于声学概念，被称为共振，是在希腊剧院中被用来增强声学效果的发声方法。共鸣发生在厄科和那耳喀索斯的神话故事中，那耳喀索斯拒绝了厄科并爱上他自己在湖面上的倒影。显然，对共鸣的概念的理解存在许多细微差别，但它与神话的结合似乎让人难以置信，除非它暗含着两者间所缺失的共鸣联系。在古希腊文化中，这种联系是可操作的模仿，适用于一系列超越了模仿或同步的共鸣现象以及从与镜像相反的立场出发的观察。

A. 共鸣的危险：在荷马《奥德赛》中可见一斑（不惜一切代价避免共鸣）

塞壬海妖是危险的生物，她们用强劲的音乐与歌声诱使附近的水手，导致他们在岛上的岩石海岸遭遇海难。奥德修斯渴望听到她们的歌声，但他还是要求水手塞住他的耳朵并将他绑在桅杆上，以示抵抗。他下令将他绑紧，告诉手下无论他之后怎样乞求都不能松绑。当他听到海妖们极具诱惑力的歌声时，他命令水手们为他松绑，但他们将他绑得更紧了。直到挺过了塞壬海妖歌声的诱惑，奥德修斯和他的水手们才放松下来，并摆脱了无意识共鸣的力量。

B. 集体层面的感染性同步——狄俄尼索斯仪式（深刻的背景）

另外，共鸣显而易见地存在于狄俄尼索斯仪式中，其中声音与身体之间的感染性同步状态形成了一种沉浸式的集体流。在这种恍惚的状态下，时间感消失了，个体感受不到痛苦，体验摇摆于两种极端：一种是“将身体撕成碎片”（撕裂）的原始状态，另一种是将身体与声音融合的原始状态，其能够带来人与神之间神秘“合一”的超越性体验。这样的体验伴随着一种精神宣泄的“广阔”感，一种在集体意识层面对思想与身体表达的统一进行启示和净化的过程。

C. 音乐和模仿（从口语到读写和剧院的教育工具）

当人类和乐器能够共振或乐器能够模仿人类的声音[1]时，模仿论出现在对音乐表演的讨论中。这是通过用歌曲、姿态、口音、情绪、意图的节奏模式调整声音和身体的力量来完成的。例如，当一些人模仿他人声音的表达语调时，他们将他或她的腔调体现在他们的声音上。同样的共鸣行为还发生在模仿动物、用富有表现力的手势体现他人的意图（打猎）、情感或情绪[2]时（出征舞中的好战态度），或者在戏剧中体现对方的性别特征等时。

[1] 阿夫洛斯管是酒神仪式中以及悲剧表演中抒情段落的伴奏乐器，被希腊人认为能够抓住人类声音的音色和深刻的情感。品达（Pindar）认为，管乐器发出的许多“声音”是为了实现模仿功能而设计的。

[2] 在《法律篇》中，柏拉图写道，出征舞“一方面是模仿逃避各种打击和武器的行为，然后再努力模仿与用枪——飞箭和标枪——攻击的姿势以及其他攻击姿势等侵略性姿势相反的动作”（Laws, 815a）。

这些变化被统一在一系列实践中，被称为音乐（复数）——一种诗歌语言在韵律学、歌曲、舞蹈和伴奏方面的共鸣复合体。它成为希腊文化的核心，并充当着从"口语"到读写、从荷马诗到剧院的主要媒介。音乐被视为一种具体化的表达技术，它在节奏内部来回移动，并在节奏模式上使人类表现共鸣模式的能力同步发展（Larlham, 2012, pp.24–26）。其强化、形塑了一种在身体与情感上与世界和他人互动的文化态度（Larlham, 2012）。希腊的社会诗学表演通过参与"合唱歌曲和舞蹈姿势（图式）"加入了同步的集体单元并投射传递了"广义上的集体理想"这种单一情感，从而将模仿发挥到了一种非凡的程度（Sifakis, 2001）。

D. 作为共鸣演变类型的模仿艺术：舞蹈艺术和富有表现力的结构，调节灵魂与精神气质塑造的音乐类型（伦理制约）

亚里士多德将和声与节奏归因于童年时期直接愉悦的影响（《诗学》，1448b）。他直接将角色的节奏、音乐、动作、情绪、美德和外表与模仿联系在一起（《政治学》，VIII5, 134a14–b5）。他将模仿作为一种动态的、具体化的并"兼具感觉、认知与想象"的共鸣接口，人们通过这个接口可以将时间安排和节奏强度的轮廓整合到体内并创造出舞蹈动作（图式）与表达手势（Stamatopoulou, 2007; Stamatopoulou & Cupchik, 2017）。举个例子，他说，"长笛和竖琴演奏正是节奏与和声的结合"（《政治学》，1340b18–19）。节奏本身作为时间和强度动态变化的舞蹈图式（Metaph., 985b4），正是舞者的模仿手段。因为他通过具体方法的节奏能表现出男人的性格气质（《政治学》，1340a–b）以及男人的行为（意图运动模式；《政治学》，1341b17）和遭遇（表达手势、动作和情绪，《政治学》，1340b8–10, 1342a8；《论灵魂》，403a，408b）。对他来说，模仿作为一种支撑物而存在，它是积极情绪的基础——在情感上对以探索—品味（oreksis）开放并在感知、身体和情感上参与；一种"兼具感觉、认知与想象"的共鸣机制，它能够在人体内发生作用。它成为一般情况下，尤其是在悲剧中，象征和表达交流的主要工具（《政治学》，1448b；《尼各马可伦理学》，1230b；《修辞学》，1356–1378；Aristotle, 1994）。

柏拉图认为，"最重要的是，节奏与和声使自己潜入灵魂的最深处，并最有力地抓住它，带着恩典与灵魂同在"（《理想国》，401d）。通过介绍达蒙（Damon）的音乐理论，柏拉图假定不同音乐模式与灵魂的即时情感倾向中某些模式（类型）存在关联，从而形塑了道德品格（精神品质）。例如，伊奥尼亚和吕底亚调式被认为会产生懈怠的影响，因此适合于庆祝和放荡活动（《理想国》，398e–400d）。随后，音乐成为教化和道德说教的工具。这向柏拉图提出了备受争议的社会政治问题。他声称音乐应该继续保持他理想城邦中"至高无上的"的教育形式地位，因为和声模式和节奏能够提升身体与灵魂的具体状态，并有着持久的影响（《理想国》，401d）；然而，他禁止了除适用于持久战争中"有序而勇敢的生活"以及和平时代的节制之外的所有和声（《理想国》，399e）。

在模仿和叙事（讲故事）两者区别所反映出的从讲故事到第一人称演讲（剧院）的转向中，柏拉图提出了他的伦理担忧。柏拉图的关注点落在“直接以第一人称说话”如何能在演员［ethos-poios，在希腊的（社会思潮生产者）］、神话和观众之间产生操纵关系（《理想国》，376c–395–d）。因此，模仿艺术或模仿被理解为一种与世界产生共鸣并具有社会政治变革力量的机制。

E. 柏拉图的共鸣路径：介入（methexis）和磁石隐喻——作为复制品的伦理仿真与模仿（再现）

在柏拉图非常早的作品之一《伊安篇》中，“模仿”与“介入”交替使用，后者是一种通过与缪斯/神/他人产生共鸣来实现合一的共融状态（《伊安篇》，224–234c）。在此，苏格拉底提出了一个介于迷狂的感染性与磁铁对金属环施加拉力的方式之间的隐喻（《伊安篇》，535e–536a; Plato, 1998）。他将缪斯等同于一块磁石，而将史诗/悲剧诗人看作第一枚磁环；吟诵史诗的歌唱者和悲剧演员是中间环节，同时有一连串的合唱舞者悬挂在从缪斯处垂下的磁环一侧；磁环的最后是通过前面的磁环接收原始磁石力量的观众。在这串悬挂着的磁环中，缪斯用力拉住第一个磁环，该磁环引发了缪斯与诗人的交流，然而，其他被有磁力的缪斯感染、吸引的链环随着缪斯的磁力在环与环之间消退而变得松散起来，尤其是到达最后一个悬挂的磁环（观众）时。在两极（缪斯和观众）之间交流的内容是逐渐褪色的复制品或倒影（模仿作为第三手的复制品——关注与真相不符的东西；《理想国》，602c）。对柏拉图来说，这不能从诗人通过文本传达给观众的戏剧“真相”和艺术模仿中解脱出来。因此在《理想国》（第十卷）中，借助苏格拉底，柏拉图通过类比着眼于视觉艺术，并认为它们将一些远离真相的事物传递到剧院。与它们有关的任何一切都在“智力、判断力和实践智慧”之外，“因为这种依靠模仿而生产出的感染性映像既不能产生健康的态度，也不能制造真实的东西”（603b–c）。

柏拉图意识到剧院中模仿—共鸣机制的社会政治力量是一种控制性机制，因此他禁止了某些节奏，同时贬低了悲剧和诗人的价值。反过来，他强调被动地接受，并将身体切割成模仿的生锈之锚。柏拉图对解决悲剧与共情之间的悖论不感兴趣，部分原因是他将他的“公民”看作准自治的，他们容易被制约，因此不能自我反思。通过强调静态感知和忽略运动，他最终得到了一个独立的观察模式，该模式几乎没有留下互动的空间。这是个关于镜子的例子，将艺术中的模仿和世界—自然之间的关系描述为强调主客体对立观察立场的映射（《理想国》，596c–e–598d）。画家就像持镜者一样，没有直接接触到真相或形式本身的途径，只能接触到其特定的物质表现。因此他们（画家）无法“生产真实”而充其量只能制作出“类似于真实的东西，尽管其本身并不真实”（《理想国》，597a）。

之后，柏拉图只强调想象力，其结果要么是介入，要么是理念（idea）（理想化），然而，介入是最动人的体验（《斐德罗篇》），是一种绝对存在的共鸣，其通向与他人/神的超越性交流并将灵魂提升至最高境界（永恒共鸣的绝对—神圣）。极端模仿来自俄耳甫斯的未解之谜和毕达哥拉斯主义，并不断出现在柏拉图的思想中。

F. 亚里士多德的共鸣路径：另一个作为共嵌套环的“环”隐喻，一个环在另一个环中，从而形成了不断演变的共鸣同心空间——虚拟

亚里士多德发展了一套关于悲剧的复杂论述。基于他对必然性、变化和实质（个体化）的概念界定，他并不同意柏拉图对介入和作为理念的腐化复制品，即模仿的模糊区分。《诗学》提出了另一种“模仿”的观点，它能够为共鸣提供多样展现的互动层。亚里士多德通过狄俄尼索斯仪式和荷马的起源来探讨悲剧。模仿是整体纵向但活跃的支架，是一个能够与悲剧协调并保持联系的情感初级读本。正是在这个外壳内，悲剧的功能才得以表现为共嵌结构，内部与之间产生共鸣的同心共鸣层（环）都被系在关键环，即中心情节的周围，同时被使联结具有弹性和吸引力的模仿所覆盖（Stamatopoulou, 2007）。

亚里士多德对悲剧的定义如下：“悲剧是对一个严肃、自身完整、有一定长度的行动（实践）的模仿；它在剧的各个部分分别使用各种具有深刻意味的语言，在生动的戏剧表演中而不是叙述形式中通过怜悯、恐惧这些情绪的宣泄得以实现。”（《诗学》，1449b）悲剧被设定为情节—实践的模仿——一种通过最有效方法来实现其现实性（现实性—实践）的流（活动），属于实践智慧。亚里士多德非常重视情节/神话，认为它应该类似于一个有生命的有机体，其中每个部分的存在或缺失都会造成很明显的差异（1451a）。他强调，悲剧不是人的再现，而是对人们从幸福到痛苦的行为和生活的模仿（1450a）。这是对抵抗同时逆转或冲突力量的可能性行为的一种模仿（1449b, 1450a, 1459a, 1461b）。

当亚里士多德声称在悲剧中可以存在没有人物的情节而不是没有情节的人物时，他似乎像一个表现主义者（1450a28–29）。悲剧人物包含在情节中，他们本身并不由诗人所塑造（1541a24）。悲剧英雄灾难的事件和困境应归因于习惯性格（1453a19）中的不光彩缺陷。亚里士多德认为，人物应该比普通人更好（1454b3–8）。失败是一种不可预见的或然性，当它成为现实（毁灭）时，它是令人怜悯的和可怕的。它必须被描述在这样一个情节中：为了产生一定的效果，事件意外地发生，但同时要按顺序发生，而这些既不是偶然也不是纯粹自然发生的（1452a3–12）。

亚里士多德需要一个暗含对立发展动态的情节（同一个人的矛盾交叠），因为这些选择具有无法预见的偶然性，除非悲剧英雄和观众意识到因果关系中主动与被动的选择，否则导致这些对立力量的原因是模糊不清的。因此，情节/神话成为产生突发事件的共鸣场域；它揭示了这样一个人物，他的精神气质不受条件限制，而是由他的选择

和他意识到主动与被动结果的可能性共同调节，这些都是他从失败—无知转变为意识（awareness）/知觉（consciousness）的原因（1451a2–4）。正是人物和情节之间的这种相互作用导致了普遍性的叙述（全称项）。这种叙述连同悲剧人物应该依靠他们在所参与的行动中的言行进行自由选择（逐渐形成的精神气质；1454a20）的观点，揭示了悲剧人物会是道德上的特定典型——共鸣符号（Sifakis, 2001）。这种途径反映出亚里士多德对艺术模仿的“反自然主义的”态度。

亚里士多德指出，悲剧的主要功能是净化怜悯和恐惧情绪。这里的意思是某种意识是通过行动、影响、感觉实现的一种结构性的实践综合，而不仅仅是一种通过想象引发的、反映自我与世界/他人的具体客观性或生存事实的精神活动（Theodorou, 2006）。

在此，亚里士多德将嵌套的环—情节置于对他人/事物世界的构造上，表达了无形的情感和意图，在共同关注和行动融合中创造出过渡的中间空间，使观众和悲剧人物都能适应于神话的开展。这是由不断变化的角色力量所影响的，这些角色引起悲剧英雄和观众内心的怜悯与恐惧。作为冲突的可能性或作为无法预见的、重叠的可能性，其变成了像“悲剧性的缺点—错误”的事实，同时存在的对立力量或角色，在神话的流动中产生了双重同步，并揭示了鸿沟—毁灭—不可挽回的错误。这带来了触发思考的超然意识（保持距离），成为一种不可思议的认识而爆发（设定极限的可能性是完全有害的）。这通过现实和虚拟实现（感觉和想象）超越其可能性的本质来恢复，并带给我们真正重要和有意义的东西（作为实体；Stamatopoulou, 2007）。随后作为螺旋式共鸣嵌套的这个情节，成为一个事实上自我实现的、具有宣泄性和超越性的（净化）狭长空间。这个共享的超越空间之流动（活动）达成了其作为实现主义的现实（现实性—实践），它属于实践智慧而不是享乐主义。它激发了一种新的意识，并在更高的层次上具有一种关于“合一”的非常独特且“适当”的愉悦感。

中国文化中的共鸣

共鸣思想在中国的整体思维方式和美学方法中占据着中心位置。在本节中，我们考察了六朝（公元227年到公元589年）期间与共鸣概念有关的学术研究，以及它与儒教和道教的关系。儒家学派和道家学派都相信人类与宇宙或自然物体之间存在某种形式的共鸣。汉代的儒家学者董仲舒通过“天人感应”（天与人之间的影响与回应）来描述人与宇宙之间的共鸣关系。“天”指的是天空或神，“人”指的是人类，“感”指心灵的活动或影响，“应”则指回应。这种观念几乎深刻地影响了中国文化的各个方面，从关于美好生活的理念到视觉与文艺美学。

在美学和艺术评论领域，共鸣被分为3个层次，分别指向以下主体：①通过艺术或诗歌表现的人与自然；②参与艺术活动和艺术作品创作的人；③以艺术作品为媒介的艺术家和观众（读者）。因此，在这种情况下，我们能够研究3个问题。从儒家视角来看，共鸣在艺术创作和欣赏中承担了什么功能？其社会功能又是什么？与共鸣相关的是一种玄览（在黑暗中观察）的方法，它从道家观点出发，帮助人们体验人和宇宙之间的共鸣。我们还要介绍“气”（精神或生命力）的观点，观众能够通过“气”的共鸣感受到其与艺术作品的统一。

A. 儒学视角下“乐记”中的共鸣及其社会功能。

在艺术与美学领域，关于人和物体或事件之间的共鸣的观点可以追溯到《礼记》中的《乐记》（“对音乐的记录”）一章。此书是儒家经典，由西汉末年（公元前206年到公元9年）的一位学者所编，尽管其内容在更早的战国时期（公元前475年到公元前221年）就基本由孔子的学生及追随者完成，但由刘德在汉武帝时期（公元前157到公元前87年）完成的《乐记》反映了战国末期和西汉之前的思想。

汉武帝时期，儒家学者董仲舒提出了“天人感应”（天与人之间的影响与回应）的术语并创立了以此为中心的一系列学说，儒学也在此过程中获得了独有地位。在中国古典作品《易经》（也被称为《周易》）中，人们也能发现人和宇宙间共鸣关系的理念。这是道家和儒家共有的中国哲学核心思想之一。到汉朝的时候，董仲舒系统地发展了这一思想，为自然和宇宙秩序中人类社会的朝廷辩护。文章《乐记》从政治功能和自然起源角度阐释了人与物之间的共鸣。在《乐记》中，“乐”（音乐）与“礼”（礼仪或礼节）相关。“礼”代表了区分万物的宇宙秩序，“乐”则沟通或唤醒了由宇宙和谐所赋予的万物中的共鸣。[1]因此，“乐”和“礼”一起维持着世间众生共存的和平与秩序。“乐”在人类社会中能够促进社会稳定。

《乐记》基于人类与万物之间“感”或共鸣的观念，构想了一个从音乐创作到欣赏的系统理论。这篇文章从解释音乐与“感”的起源开始。它明确指出：“乐者，音之所由生也，其本在人心之感于物也。”（“YO KI”，1885, p.92）思维如何受外在事物影响？人类具有血气的本性，这种本性“应感起物而动”（“YO KI,” 1885, p.107），并表现为高兴、悲伤等情绪。因此按照《乐记》的描述，音乐产生过程如下：①事物的刺激；②对人类的影响；③声音的产生；④根据它们之间和谐关系而变调的声音。音乐一旦产生，就能像自然物体一样影响人。

《乐记》还解释了在艺术鉴赏中“感”的现象，即当邪恶的音符“感”（影响）人时，人体内相应的邪恶精神就会回应它们；当正确的音符“感”（影响）人时，相应的人也会做出正确的回应。这是因为世间万物“各以类相动也”（“YO KI”，1885, p.110）。

---

[1] 按照理雅各（James Legge）的翻译，“音乐是天地和谐的（回声）；礼仪反映了天地（运作）的秩序差别。从这种和谐中，万物接受了他们的存在；他们将彼此之间存在的差异归因于这些秩序差别”。“YO KI” (1885), (J.Legge, Trans.), in F.M.Muller(Ed.), *The scared books of China: The texts of Confucianism*; part IV (Oxford, UK: Clarendon Press), p.100. 原文参见杨天宇《礼记译注》(上海：上海古籍出版社2004)。

基于从上天到人类社会这一相互关联的宇宙背景假设，《乐记》阐述了事物、人类和音乐中的共鸣。从汉代儒学的视角来看，这种共鸣可以被调节，以维护社会稳定和专制统治。

B. 玄览：进入道家视角下的共鸣状态。

到了东汉时期（公元25年到公元220年），自汉武帝以来就被广泛接受的对宇宙秩序的信念在朝代更迭、政治腐败、社会动荡的时代背景下遭到王充（公元27年到公元100年）等学者的挑战。王充批判董仲舒对“天人感应”（天与人之间的影响与回应）的解释，尤其是他站在专制统治立场上为其做的辩护。然后，王充根据原生的“气”（元气自然论）[1]提出了一种自然主义宇宙观。元气自然论可以追溯到道家思想家庄子（公元前370年到公元前287年）的“天人合一”[2]（自然和人类的合一）思想。

汉代灭亡后，一种新道家学派的思想，即玄学（有时也被翻译为“形而上学”），在长期分裂、动荡的六朝间（公元220年到公元589年）盛行。六朝时期是中国美学历史上一个特别的时代。在此期间，美学思想在中国首次被赋予独立性，其推动了美学写作和艺术批评的繁荣发展（Cai, 2004）。共鸣在六朝美学话语的系统发展中起着关键作用。

陆机创作的《文赋》最早开始系统地分析文学创作并且提出将玄览作为进入共鸣状态的一种方法。其在开篇就提出了一个棘手的问题，即我们对意义的理解不能完全代表世界上的事物，因此我们很难通过词语选择来传递意义。[3]为了解决这一问题，文章提出了4种文学创作的方法：玄览，在经典中滋养感觉与含义，遵循四季变化，窥视世间万物。[4]

玄览来自道家大师老子（约公元前6世纪或公元前4世纪）。在《道德经》（也称《老子》）中，老子用“玄”来描述“道”的存在。对老子来说，事物中的“道”太微妙而又不断变化，以至于我们不能通过特定视角去理解它。因此，他主张一种“涤除玄览”的认识论，先清除所有的现存思想和个人偏见，而后用玄览去接近“道”（pp.20–21）。庄子继承了这种思想，并将其发展为“心斋”（心灵的斋戒）以及“坐忘”（静坐，忘却世间万物）的方法，其本质上意味着从所有成见中解脱出来，包括知觉和思想。

这种思路为艺术评论家陆机所采用，它既是释放自我、敞开心扉感受与万物共鸣的关键一步，也是诗人摒弃个人偏见的先决条件。因此，这可能成为“意义不能完全代表事物”这一问题的一种解决方法。在接下来的段落中，陆机进一步论证，这种观察方式

[1] 请参阅王充《论衡》（北京：中华书局1990）和C.Wang (1907), *Lun-heng* (A.Forke, Trans.)(Leipzig/London/Shanghai: Otto Harrassowitz/Luzac&Co/Kelly and Walsh)。

[2] 请参阅《庄子》(*Zhuangzi*) (R.Wang, Trans.)（长沙：湖南人民出版社1999）（作品首次出版于公元前5年到公元前3年）。

[3] 参考陈士祥的译本，请参阅J.Lu (1952), *Essay on Literatures* (S.Chen, Trans.)(Portand: Anthoensen Press, 1952).

[4] 参考斯蒂芬·欧文的译本：S.Owen (1996), *Reading in Chinese literary thought* (Cambridge, MA: Harvard University Press), pp.87–90.

还需要我们暂时“精骛八极”（Lu, 1952, p.20）并全神贯注于思维，然后与万物一同在宇宙间遨游。

按照当代文学学者欧文（Owen）的说法，这种沉思过程与西方“想象”的概念十分相似，但中国语境中的这一过程的独特之处在于，在“黑暗”中，“意识真实‘邂逅’了事物”（Owen, 1996, p.88）。对于欧文来说，人类与自然物体间的有机联系促进了这种“真实的邂逅”（p.91）。正如陆机对第三、第四种方法的精彩阐述那样，当我们“遵循四季变化”，看着落叶和新长出的“柔软枝芽”时，我们人类便与“秋天与春天”共享“悲伤与喜悦”，因为我们是大自然的一部分，我们生活在四季变换中（p.91）。

C. 用“气”的概念理解共鸣现象。

继陆机之后，另一位文学评论家刘勰（公元465年到公元521年）进一步探讨了艺术活动中的共鸣问题。刘勰写了当时最全面的文学评论：《文心雕龙》，在这部作品中，刘勰表达了和陆机一样的观点，即人与自然之间的相互关联或具体关系是艺术创作的关键。

在《物色》（第四十六章，自然世界）这一章中，刘勰开篇便描绘了一个生动的自然世界，其中万物相互感召（Liu, 1959, p.245; Owen, 1996, p.289），人类也不例外。据刘勰所言，这种“感召”类似于“感”，可以影响人们的感受。和陆机一样，刘勰也指出，四季和事物的变化能够影响或改变人们的感受。对于刘勰来说，人的感受的变化刺激了语言上的相应表达（Owen, 1996, p.278）。

刘勰进一步描述了诗人如何与事物产生共鸣以及带着感觉与无尽的联想流连于世间。事物、诗人和他们的诗歌之间存在着如此和谐相联的关系，以至于当诗人刻画“气”和事物表现时，他们自己也跟随事物而动态变化。因此当他们选择描述事物的词语时，他们会将词语与自己的感觉联系在一起（Liu, 1959, p.246）。

欧文将这一过程与西方传统的模仿过程进行对比，并指出了两个区别。第一，中国诗人“流连”于事物旁侧而不是从主客体的对立立场观察它们（Owen, 1996, p.280）。对诗人来说，为了达到一种“流连于侧”的状态并感受到“气”，而不是从对立立场观察其表现，首先清空诗人的个人想法是很重要的。类似于陆机所总结的“在黑暗中观察”（玄览），刘勰明确指出，塑造文学思想最重要的是“内心的虚静”（Owen, 1996, p.204）。随后刘勰生动地描述了达到这种状态的两种方法：疏通、净化内在的脏腑，将灵魂洗涤得纯洁如雪。第二，中国对事物的刻画侧重于“气”而不是它的外观。虽然刘勰将“气”作为描绘事物的关键，但他并未对这个概念本身进行太多扩展，尤其是它具体如何在事物与艺术家之间产生共鸣以及它在中国艺术活动中的基本作用等方面。

“气”是一个古老的概念，早在西周时期（公元前1045年到公元前771年）就以书面形式存在，甚至早于儒教和道教。庄子首次提出，“气”的聚散导致生死，并且世间万物都由同样的“气”组成，万物与人类原初是一个整体。对于庄子及其追随者，如前面提到的王充而言，“气”是产生宇宙万物的基本要素。

从这个角度来看，艺术家与自然之间的共鸣是由于他们共同的“气”的运动和影响。同时，这种“气”是万物及其运动、影响的力量精神。它同时存在于我们身体内外，因此它能够在身体内部运动并对不同身体产生影响。从事物中产生的“气”会激起人的“气”，改变人们的感觉，并当这种生命力从人们的身体中散发出来时，它就会成为一种艺术，无论是歌唱、舞蹈还是诗歌。因此，艺术体现了人与物之间相互影响产生的“气”的活跃运动。

“气”的基本作用不仅表现在诗歌创作和欣赏中，还体现在绘画中。谢赫（5世纪）的《古画名录》（历代画家分类记录）描述了中国绘画的“六法”，谢赫将“气韵生动”（气韵的活性）作为第一也是最重要的方法。[1]不同于之前讨论的具有悠久历史的“气”，“韵”在谢赫的时代是一个较新的概念。它首次被用于描述音乐或诗歌等艺术作品中声音之间的对应关系。在《文心雕龙》第三十三章《声律》中，刘勰定义了“韵”与“和”；“和”意味着“不同声音和音调的和谐”，而“韵”意味着“同一韵母的声母响应”（Liu, 1959, pp.182–185）。因此，“韵”和“气”放在一起可以理解为“生命精神的共鸣回应”，或者简称为“精神和谐”（Soper, 1949）。该术语早先也被翻译为“精神共鸣（或活力共振）和生命运动”（Siren, 1936）。因此绘画的第一原则与刘勰在《文心雕龙》中表达的观点十分相似，即描绘事物的生命精神及其在世间的和谐（共鸣）至关重要。如果画家成功地捕捉到了所描画对象的生命精神共鸣，那么它就有力量使观众与画家的经历产生共鸣。

结　论

本章对古希腊以及中国文化和话语的探索为更全面地解释共鸣概念背后的过程提供了框架。其中，一种分层式的模型会比较适合于解释共鸣，即从单纯的身体共鸣和模仿到更高水平的自我反思，以及与社会、精神世界的联结。从集体舞蹈到音乐，再到与共鸣的戏剧表演的反思性互动，希腊式的方式充满了各种可能性。中国式的方式似乎更倾向于采用单独思考的方法与宇宙进行深入交流，纵使面对社会约束和混乱以及对我们与自然之间关系的欣赏。除了罗萨，这两种方法都提供了对共鸣的另一种理解。

古希腊人将共鸣作为一种可能带来与宇宙万物“狂喜”式邂逅的具身活动。柏拉图意识到人与音乐的共鸣可以调节情绪状态。他还对自由表达表示怀疑，并希望通过严格控制文化产品促进对政治国家纪律的服从。亚里士多德更深刻地指出，接触悲情戏剧既

[1] 此处标点符号参考张彦远的《历代名画记》。关于此文本标点的不同方法，请参阅J.F.Cahill (1961), The six laws and how to read them, Ars Orientalis, 4, 372–381.

可以表达（释放）被压抑的情绪（恐惧和怜悯），又可以为意识提升提供机会。当前的传播学著作将其描述为“媒介经历中的自我超越体验”（Oliver, et al., 2018）。

在世界的另一端，中国古代学者和艺术家/诗人将文化视为能增强公民意识的东西（儒教）或人与自然和宇宙的直接个人接触（道教）。在西方和东方，社会政治环境都与共鸣的观点相互作用。尽管技术的加速发展是罗萨关于共鸣的论述的首要关注点，但我们已经看到其他不稳定的社会力量是如何作用于和文化相关的共鸣的。在社会动荡时期，如六朝期间，人与自然的共鸣能够为内心平静提供机会。

表面上看，中西文化似乎有很大的不同，但中国关于“能量”（energy）的概念让人想起前苏格拉底时代希腊的生存的“自然”。中国关于人与自然共鸣的思想也和18世纪末至19世纪初德国浪漫主义哲学家所表达的思想十分相似。无论我们是在谈论来自希腊还是中国的古代哲学家，今天，与社会凝聚力和冲突有关的许多社会环境都是相同的。可以说当下存在一种潜意识的愿景，即我们希望自己像六朝时期的中国艺术家，即使面对社会动荡也依然能与自然和宇宙和谐相处。加速发展的技术已经表明，在历史的这个阶段，我们与我们的同胞和环境之间保持和谐（共鸣）是至关重要的。

关于共鸣的观点在很多方面都适用于娱乐理论；然而，还有一种方法是不适用的。没有人会通过参加音乐会或读书寻求共鸣。相反，共鸣是由关心评估相对和谐甚至传输的某人在事后描述的一种状态。这种共鸣的实现取决于具体情况。集体性的身体共鸣可能出现于摇滚音乐会上听众随音乐节奏的摆动中。个体层面的共鸣可能发生在古典音乐表演中的感官结构影响听众的时候。当戏剧表演的主题激发人们对生活意义的反思时，人们就会产生更深刻的共鸣。因此，共鸣的深度取决于对个人有意义的、从身体到心灵的活动。

参考文献

Aristotle. (1994). *Aristotle's complete works* (Vols. 7, 8, 9, 28, 29, 30, 34). Athens, Greece: Kactos Publishers [in Greek].

Cahill, J. F. (1961). The six laws and how to read them. *Ars Orientalis*, 4, 372–381.

Cai, Z. (2004). A historical overview of Six Dynasties aesthetics. In *Chinese aesthetics: The ordering of literature, the arts, and the universe in the Six Dynasties* (pp. 1–28). Honolulu: University of Hawaii Press.

Cupchik, G.C. (2011a). The digitized self in the internet age. *Psychology of Aesthetics, Creativity, and the Arts*, 5(4), 318–328.

Cupchik, G. C. (2011b). The role of emotion in the Entertainment = Emotion formula. *Journal of Media Psychology*, 23(1), 6–11.

Cupchik, G.C. (2016). The aesthetics of emotion: Up the down staircase of the mind-body, Cambridge, England: Cambridge University Press.

Danziger, K., (1990). *Constructing the subject: Historical origins of psychological research*. Cambridge, UK:

Cambridge University Press.

Danziger, K. (1997). *Naming the mind: How psychology found its language*. London, UK: Sage. Fromm, E. (1956). The art of loving. New York, NY: Harper and Row.

King Wen of Zhou (arguably). (2008). *The Zhou book of change* (《周易》). (S. Zhang & H. Fu, Trans.). Changsha: Hunan People's Publishing House. (Original work published 750 BCE).

Koestler, Arthur. (1964). *The act of creation*. New York, NY: Penguin Books.

Kraut, R. (Ed.). (1992). *The Cambridge companion to Plato*. Cambridge, UK: Cambridge University Press.

Lao, D. (1999). *Laozi* (《老子》) (G. Chen, Trans.). Changsha, China: Huhan People's Publishing House. (Original work published 4 BCE).

Larlham, D. (2012). *The meaning in mimesis: Philosophy, aesthetics, acting theory*. (Unpublished doctoral dissertation). New York, NY: Columbia University.

Liu, H. (1959). *Literary mind and the carving of dragons* (Y. Shih, Trans.). New York, NY: Columbia University Press.

Liu, X. (1998). *Wen xin diao long zhu* (《文心雕龙注》). In *Zhongguo gu dian wen xue li lun pi ping zhuan zhu xuan ji*. Beijing: People's Literature Publishing House.

Lu, J. (1952). *Essay on literature* (S. Chen, Trans.). Portland: Anthoensen Press.

Oliver, M. B., & Raney, A. A. (2011). Entertainment as pleasurable and meaningful: identifying hedonic and eudaimonic motivations for entertainment consumption. *Journal of Communication*, 61(5), 984–1004.

Oliver, M. B., Raney, A. A., Slater, M. D., Appel, M., Hartmann, T., Bartsch, A., &. Das, E. (2018). Self-transcendent media experiences: Taking meaningful media to a higher level. *Journal of Communication*, 68(2), 380–389.

Owen, S. (1996). *Readings in Chinese literary thought*. Cambridge, MA: Harvard University Press.

Peters, M. (2017). *Eric Fromm on resonance and alienation. In Fromm Forum* (English ed., pp. 24–34). Tübingen, Germany: Selbstverlag.

Plato (1998). *Ion*. Athens, Greece: 21st Century Publishers [in Greek].

Riesman, D., Denney, R., & Glazer, N. (1950). *The lonely crowd: The changing American char-acter*. New Haven, CT: Yale University Press.

Rosa, H. (2018). Available, accessible, attainable: The mindset of growth and the resonance conception of the good life. In C. Henning & H. Rosa (Eds.), *The good life beyond growth: New perspectives* (pp. 39–53). London, UK: Routledge.

Rosa, H. (2003). Social acceleration: Ethical and political consequences of a desynchronized high-speed society. *Constellations*, 10(1), 3–33.

Rosa, H. (2016). *Resonanz: Eine Soziologie der Weltbeziehung* [Resonance: A sociology of the relationship to the world]. Berlin, Germany: Suhrkamp.

Rosa, H., & Henning, C. (2018). Good life beyond growth. In C. Henning & H. Rosa (Eds.), *The good life beyond growth: new perspectives* (pp. 1–14). London, UK: Routledge.

Sifakis, G. M. (2001). *Aristotle on the function of tragic poetry*. Herakleion, Greece: Crete University Press.

Sirén, O. (1936). *The Chinese on the art of painting*., Peiping, China: Henri Vetch.

Soper, A. C. (1949). The first two laws of Hsieh Ho. *Far Eastern Quarterly*, 8(4), 412–423.

Stamatopoulou, D. (2007). Mimesis as an embodied imaginative act and the paradox of Tragedy: Implications for the role of negative emotions in art and empathic morality. In L. Singel (Ed.), *Philosophy and ethics:*

New research, (pp. 171–218). New York, NY: Nova Science.

Stamatopoulou, D., & Cupchik G. (2017). The feeling of the form: Style as dynamic textured expression. *Art and Perception*, 5(3), 262–298.

Susen, S. (2019). The resonance of resonance: Critical theory as a sociology of world-relations? *International Journal of Politics, Culture, and Society*. https://doi.org.10.1007.s1767-019-9313-6.

Taylor, C. (2018). Resonance and the romantic era. In C. Henning & H. Rosa (Eds.), *The good life beyond growth: New perspectives* (pp. 55–69). London, UK: Routledge.

Theodorou, P. (2006). Perception and action: On the praxial structure of perceptual intention-ality. *Phenomenology and the Cognitive Sciences*, 5, 303–320.

Tipler, P. A. (1999). *Physics for scientists and engineers* (4th ed., Vol. 1). New York, NY: W. H. Freeman and Company/Worth Publishers.

Unknown. (1885). “YO KÎ,” In F. M. Müller (Ed.), *The sacred books of China: The texts of Confucianism; part IV* (J. Legge, Trans.). Oxford: Clarendon Press.

Unknown. (1899). *The I Ching* (J. Legge, Trans.). New York, NY: Dover.

Veblen, T. (1908/1899). *The theory of the leisure class: An economic study of institutions*. New York, NY: Macmillan.

Vorderer, P., & Halfmann, A. (2019). Why do we entertain ourselves with media narratives? A theory of resonance perspective on entertainment experiences. *Annals of the International Communication Association*, 1–18.

Wang, C. (1907). *Lun-heng* (A. Forke, trans.). Leipzig/London/Shanghai: Otto Harrassowitz/ Luzac & Co/ Kelly and Walsh.

Waterman, A. S. (1993). Two conceptions of happiness: Contrasts of personal expressiveness (eudaimonia) and hedonic enjoyment. *Journal of Personality and Social Psychology*, 64(4), 678–691.

Yang, T. (2004). *Li ji yi zhu* (《礼记译注》). Shanghai: Shanghai Classics Publishing House.

Zhang, Y. (2005). *Li dai ming hua ji* (《历代名画记》). Beijing: People’s Fine Arts Publishing House. (Original work published 847–859).

Zhuang, Z. (1999). *Zhuangzi* (《庄子》) (R. Wang, Trans.). Changsha, China: Huhan People’s Publishing House. (Original work published 5–3 BCE).

2

第二部分

特定经验过程的模型与理论

第九章　娱乐媒介的选择
——从情绪管理理论到选择性接触与情绪管理模型

凯特 T. 鲁
西尔维娅・诺布洛赫－韦斯特维克

介　　绍

娱乐媒介无处不在，其多样化的存在形式、选择方式吸引了广大受众（Bryant & Vorderer, 2006）。因此，媒介用户何时、为何及如何选择娱乐内容值得学者关注。此外，由于观众倾向于从各种类型的媒介消费中寻求娱乐，相关理论一般适用于传统上非娱乐的内容，如新闻广播、纪录片、在线博客和社交媒介。因此，选择性接触研究对整个传播学领域具有重要的意义。在此，我们回顾了两个选择性接触理论：情绪管理理论（MMT; Zillmann & Bryant, 1985）和选择性接触与情绪管理模型（SESAM; Knobloch-Westerwick, 2015）。二者的理论根源相同，但后者提供了一个更宽泛的涵盖媒介选择、过程及效果的框架。二者都将情境诱发作为选择性接触的动机，以此引导受众选择并消费媒介信息进而满足上述动机。特定的情境、动机与机制通过媒介接触得到满足。下文将依次对两个理论进行梳理。

情绪管理理论

情绪的概念化

在情绪管理理论框架中，情绪的概念与情感的维度模型相同（Russell, 1980）：情感被认为是生理与情绪两个正交（orthogonal）维度的组合，即唤醒生理兴奋程度、效价或情绪的积极程度。在该模型中，情感状态可以被映射到二维空间中。例如，放松是典型的低唤醒与积极效价组合的结果；兴奋是高唤醒和积极效价共同激发的结果；无聊是低唤醒与消极效价共同作用的结果；而沮丧是高唤醒与消极效价组合的结果。

动机：享乐主义假设

在情绪管理理论中，享乐主义动机指快乐最大化和痛苦最小化，被认为是媒介选择的主要动机。该假设认为，个体通过调节外部环境的方式来终止或减弱消极情绪，从而增强并保持积极情绪（Zillmann, 1988a）。媒介环境作为外部环境的一部分，个体可以通过选择性接触行为对其进行调节（Zillmann & Bryant, 1985）。因此，个体被激励选择可以帮助其增加积极情绪的媒介信息，同时降低消极情绪的强度以增强积极情绪的强度。齐尔曼（2000）进一步指出，享乐主义动机是选择性接触娱乐媒介的主要驱动力，用户选择娱乐媒介而非教育和信息媒介，后者更受信息效用动机的支配（Atkin, 1985）。

机制：影响情绪的信息特性

选择性接触媒介有助于情绪管理，因为媒介信息会影响唤醒、效价和当前情绪的持续时间。在此，我们回顾了齐尔曼（1988b）提出的4种情绪影响特征，并通过实证研究证明其对受众情绪的影响。

兴奋潜能

兴奋潜能是指信息增加当前情绪刺激成分的能力。齐尔曼（1988b）认为，不同类型的娱乐媒介可能会引发不同程度的唤醒：以平静、非暴力内容为特征的自然电影被认为是唤醒程度最低的。动作片、喜剧和名人秀唤醒度适中，而暴力悬疑剧、竞争激烈的体育赛事、令人恐惧的新闻广播以及性唤醒和色情内容的唤醒度最高（Bryant & Zillmann, 1977; Hoyt & Day, 1974）。

后续研究从更精确的信息特征入手对兴奋潜能进行探索。例如，节奏较快和节拍较强的歌曲会产生较高的兴奋水平，而节奏较慢和节拍较弱的歌曲会产生较低的兴奋水平（Knobloch & Zillmann, 2002）。与此相似，镜头切换出神入化、背景音乐跌宕起伏的视听媒介也会使受众产生强烈的唤醒反应（Knobloch-Westerwick, 2006）。

语义亲和力

当媒介信息与诱发当前情绪的情境相关时，其有较高的语义亲和力（Knobloch-Westerwick, 2006; Zillmann, 1988b）。例如，关于拒绝和心碎的悲伤情歌则对刚因失恋而伤心的人具有强语义亲和力，因为相关内容促进了情绪诱导环境的认知预演（cognitive rehearsals），具有强语义亲和力的信息会延长当前的情绪（Zillmann, 1988b）。研究表明，暴力性和攻击性的体育赛事会维持而非减弱愤怒的情绪（Bryant & Zillmann, 1977），暴力性和攻击性的电影（Zillmann & johnson, 1973）、黑色幽默喜剧（Berkowitz, 1970）亦如此。

享乐效价

信息的享乐效价是指其积极性。例如，喜剧和轻快的歌曲具有积极的享乐效价，悲剧和悲伤的歌曲有消极的享乐效价。研究表明，令人愉快、有趣的刺激可以通过降低强度或减少持续时间来改善负面情绪（Baron & Ball, 1974）。不愉快的、悲伤的或令人厌恶的刺激也会影响积极情绪。与语义亲和力相似，享乐效价也依赖个体和情绪诱导环境（Knobloch-Westerwick, 2006）。一则信息可能是积极的，使人们产生好心情（如球迷看到自己喜欢的球队赢得比赛），但也可能是消极的，让人产生坏心情（如同样的比赛，球迷会因喜欢的球队输掉比赛而产生坏心情）。

专注潜能

信息的专注潜能是指其影响受众当前情绪的能力。认知预演（cognitive rehearsals）能有效维持现有情绪，然而信息越有吸引力，就越能让受众脱离这些认知预演，也就越能干扰和改变受众当前的情绪。相反，缺乏吸引力的信息难以干扰和改变当前的情绪（Zillmann, 1988a）。

与其他影响情绪的特征相比，专注潜能与实际信息并非完全一致，如快节奏音乐和慢节奏音乐同样有吸引力，喜剧和悲剧亦如此。专注潜能也容易受到其他特征的影响，如积极的享乐效价、兴奋潜能、低语义亲和力都可能带来高专注潜能。

前面讨论的影响情绪的特征并不是相互排斥或绝对的——它们在媒介信息中经常被混淆（Zillmann, 1988b）。这些特征也能对情绪产生叠加影响，如快节奏、令人兴奋的电影可能具有高唤醒度和高吸收性；而一部具有高潜能值、低语义亲和力和高享乐效价的电影在干扰和改善消极情绪方面效果最佳。在情绪管理模型框架下的研究应考虑此类情况的复杂性。

情绪管理理论的基本观点是，媒介信息的特性可以通过改变情绪的唤醒水平或潜能，或通过干扰或延长对情绪诱导环境的认知预演来影响当前情绪。基于此，可以通过有选择性地接触媒介信息来管理个人情绪。下文将阐释基于现有情绪的特定选择模式。

命题

情绪管理理论的选择性接触基于如下情绪影响信息特征作出预测（Zillmann, 1988b）：

（1）兴奋潜能：在消极情绪的状态下，个体更喜欢变幻莫测、可能引起兴奋的刺激，而在过度消极的状态下，个体则喜欢相对稳定、平静的刺激。

简言之，该命题表明，处于低唤醒情绪状态（无聊）的人会寻求更有刺激性的内容，如动作片；而处于高唤醒情绪状态（承受压力或遭遇挫折）的人更渴望寻求舒缓的内容，如古典音乐或柔和的民谣。

> （2）专注潜能：处于消极状态的个体选择最具吸引力和最常见的刺激来缓解情绪，获得满意体验的个体选择最平淡和最简单的刺激来维持当前情绪。

该命题表明，吸收潜力高的内容会打断当前情绪事件出现的认知预演——因此，消极情绪的人会寻求较大吸收潜力的信息来终止坏情绪，而积极情绪的人喜欢较小吸收潜力的信息，以此延长好情绪。

> （3）语义亲和力：处于消极状态的人会选择语义亲和力最小的刺激，相反，获得满意体验的人更喜欢具有强语义亲和力的刺激——他们应注意到分散注意力的刺激。

总体而言，当个体处于消极情绪状态时，会回避与当前情绪相一致的内容（弱语义亲和力），而当个体处于积极情绪状态时，则会倾向于选择与当前情况产生共鸣的内容（强语义亲和力）。例如，一个刚经历晋升失败的人，可能会避免观看轻松愉快的职场类情景喜剧，因为二者相关性太强。

> （4）享乐效价：处于消极状态的人更喜欢积极享乐刺激而非消极享乐刺激，相比之下，获得满意体验的人的表现不明显。

最后，人们通常更喜欢快乐的信息，如喜剧或节奏较快的歌曲，不喜欢悲伤的信息，如悲剧或忧郁的歌曲，这在他们处于消极情绪状态时更明显。处于积极情绪状态的个体因其享乐动机已得到满足，故而不太可能需求更多的信息。

情绪管理偏好的形成

问题的关键是：个体是否意识到其情绪管理动机与行为，若没有，那又将如何形成这些选择性接触偏好呢？对此，齐尔曼（1988a）特别指出，个体无须意识到自己的动机，也无须通过媒介选择进行情绪管理以满足其动机。但该理论不能排除这样一种可能性：受众可能会意识到，他们基于当下的情绪选择特定的信息并期望借此来改善既有的情绪。

操作性条件反射（Skinner, 1938）被认为是个体在无意识状态下形成选择性接触模式的过程（Zillmann & Bryant, 1985）。个体随机选择媒介信息，当特定的信息缓解其当前的坏情绪或增强其现有的好情绪时，此类信息就会留下记忆痕迹，并促使个体在未来重复这类选择模式。换言之，如果一个人在情绪低落时选择了能让其感觉更好的喜剧，那么该选择行为将有效改善其当前的消极情绪。未来当他再次情绪低落时，则更有可能选择类似的信息。

因此，情绪管理理论认为，意识不是形成选择性接触模式或实际选择行为的必要因素。这意味着，从方法论角度来看，自我报告的选择性接触动机和行为并不总能准确衡量情绪管理理论所假定的变量和关系，参与者不能准确地反映其在特定情况下所关注的媒介信息，或此类接触服务的目的。因此，调查和横断面研究并不能很好地检验情绪管理理论，而实验法和观察法是更优的方法选择。选择性自我接触与情绪管理模型在这一假设和要求上相同。

实证研究

由于理论预测是基于影响情绪的信息特征而提出的，因此我们将整合基于情绪管理理论的实证研究结果。我们先回顾享乐效价、兴奋潜能、语义亲和力和专注潜能层面的信息变化研究，然后回顾两种或两种以上特征的组合研究。情绪状态主要是预测（情景观察）选择性接触或报告惯性信息偏好的因素，但有的研究也将人格特征考虑在内。

检验情绪管理理论预测的研究包括实验和准实验设计、纵向面板设计和截面研究设计。上文回顾了缺乏意识假设，通过预先测试的刺激诱导一种或多种情绪状态和观察选择性接触行为的实验设计，为情绪管理理论提供了最佳经验证据。下文将描述每项研究所采用的方法，以及该研究对情绪管理理论预测的检验程度。

享乐效价

享乐效价是4种影响情绪的信息特征中最常被检验的。但许多研究将类型与信息内容的享乐效价水平挂钩（喜剧和娱乐节目被假定为具有积极的享乐效价，悬疑暴力剧则被假定为具有消极的享乐效价）。一些研究支持这一假设，而另一些研究并未明确指出信息与类型二者的对应关系。

早期的研究在选择不同的享乐效价信息时，将女性月经周期作为情绪状况指标。研究（Helregel & Weaver, 1989; Meadowcroft & Zillmann, 1987; Weaver & Laird, 1995）发现，与处于月经周期中点的女性相比，经期前和经期后的女性更喜欢喜剧，这表明接受积极效价的内容可以缓解消极情绪。即使女性对幽默的欣赏没有变化，这种偏好仍然存在（Meadowcroft & Zillmann, 1987）。虽然研究结论丰富了自然情境中的情绪管理模式的研究内容，但这两项研究都没有诱发情绪，它们使用自我报告测量内容选择而非实际的选择性接触行为。

比斯瓦斯（Biswas）、里夫（Riffe）和齐尔曼（1994）的实验表明，与情绪平稳的女性相比，情绪低落的女性更倾向于阅读有好消息的杂志文章，这与情绪管理理论一致，然而，男性却没有表现出相同的模式。诺布洛赫和奥特（Alter, 2006）进行了同样的测试。无论是否有机会报复侵犯者，男性和女性都会感到愤怒。当报复可能发生时，愤怒的女性会花更多时间阅读正面新闻（可能是为了干扰当前的情绪），而愤怒的男性会花更多时间阅读负面新闻（可能是为了维持目前的情绪）。

另一项研究调查了其他群体的这类享乐偏好。马雷斯和康托尔（Mares & Cantor, 1992）做了一项准实验，测试感到孤独的老人与无孤独感的老人在选择电视节目中正面和负面人物角色方面的差异。与情绪管理理论假设相反，孤独的老人喜欢消极的人物形象，而不孤独的老人更喜欢积极的人物形象。研究者就此提出了一种社会比较的解释，即孤独的观众会避免“往伤口上撒盐”，不愿将孤独的自己与快乐的他者进行比较。还有对其他人群（抑郁青少年）的研究（Carpentieretal, 2008），对人生变迁等其他主题进行了选择性接触偏好研究。

激发潜能

布莱恩特和齐尔曼（1984）第一次进行了检验兴奋水平的实验，即人们在兴奋水平过低时希望提高兴奋水平，在兴奋水平过高时希望降低兴奋水平。研究者通过实验使参与者感到无聊或有压力，然后提供令人兴奋或轻松的电视节目供其选择。结果表明，被诱发了无聊感的参与者会选择观看令人兴奋的节目而非轻松的节目，感到有压力的参与者也表现出相同的偏好。由于样本中包含大学生，研究者认为缺少压力的参与者整体上比年轻观众更喜欢激动人心的内容，并表现出对两类内容相同的偏好。马斯特罗、伊斯汀和坦博里尼（Mastro, Eastin, & Tamborini, 2002）在网络环境下重复了这项研究，他们同样诱发参与者的无聊感或压力感，选择性接触环节由真实的网页组成。研究者根据他们的激励潜力水平进行编码。尽管感到无聊的参与者和有压力的参与者在网页的激励潜力水平上没有显著差异，但无聊的参与者比有压力的参与者更快速地浏览网页（在相同时间内访问更多的网页），这为情绪管理理论提供了部分支持。

除了情绪状态，在不同激励潜能水平下，青少年的性格特征，如追求与众不同和行为叛逆等特质，使他们倾向于选择摇滚乐和挑衅歌曲（Carpentier, Knobloch, & Zillmann, 2003; Litle & Zuckerman, 1986）。

语义亲和力

语义亲和力常与享乐效价一起被研究，特别是在音乐刺激方面。有人对电视节目内容的语义亲和力进行了专门研究。沃克施莱格、维亚尔和唐德义（Wakshlag, Vial, & Tamborini, 1983）通过实验让半数参与者对犯罪产生恐惧。研究者在测试前对犯罪受害和恢复正义进行等级编码，然后要求被试者在犯罪剧中进行选择。与情绪管理理论预测一致，处于恐惧状态的被试者选择观看更多的犯罪剧，从而恢复正义得分高，犯罪受害得分低。显然，人们倾向于选择对当前消极情绪具有弱语义亲和力的内容。

纳比、芬尼特、多马斯克和赫尔（Nabi, Finnerty, Domschke, & Hull, 2006）的另一项研究基于参与者在恋爱关系中是否有过出轨行为，考察了人们如何选择和接受（enjoyment）有出轨情节的电视节目。结果表明，有过出轨行为的人更喜欢把出轨合理化的节目，而不是角色为自己出轨感到后悔的节目。影片中对出轨感到懊悔的角色形象对曾有过不忠行为的观众具有较高的语义亲和力。因此，他们更喜欢将不忠合理化，而不是让自己对过去的行为感到后悔。

专注潜能

诺布洛赫（2007）研究了音乐刺激的专注潜能如何影响被试者的选择性接触行为，这些被试者被诱发积极、消极和平和的情绪。与情绪平和的人相比，积极情绪的人更喜欢听不太吸引人的歌曲，而消极情绪的人更喜欢听轻柔的歌曲。该模式与情绪管理理论预测一致，人们处于积极情绪状态时，倾向于避免接收其他内容，以免干扰其对积极事件的认知预演；而处于消极情绪状态的人更喜欢其他内容，以便结束当前的消极情绪。

信息特征的组合

如前所述，如何将情歌中的享乐效价和语义亲和力的水平相结合是一个常见的研究课题。吉布森（Gibson）、奥斯特（Aust）和齐尔曼（2000）要求参与者想象自己求爱成功或失败，然后让其在歌颂爱情的歌曲、伤感的情歌和其他无关的歌曲中进行选择。研究发现，人们往往更喜欢与自己情绪一致的歌曲，换言之，想象自己求爱成功的人更喜欢歌颂爱情的歌曲，而想象自己求爱失败的人更喜欢伤感的情歌，后者与情绪管理理论的预测之一相反。这项研究也得到了诺布洛赫和齐尔曼（2003）的支持。但在这些研究中，语义亲和力和享乐效价并未完全重叠，也就是说，对于爱情不如意的人来说，歌颂爱情的歌曲具有高享乐效价和强语义亲和力；悲伤情歌具有低享乐效价与强语义亲和力；其他歌曲则具有弱语义亲和力且无特定的享乐效价。

为进一步区分语义亲和力和享乐效价的影响，金和奥利弗（Kim & Oliver, 2011）将参与者随机分配，要求其想象自己正处于恋爱或分手状态，并让他们感受上述关系状况，进而要求他们汇报让其感到快乐或悲伤的、与浪漫相关或不相关的电影的选择偏好。结果显示，处于分手状态和悲观情绪状态的参与者对高积极享乐效价和弱语义亲和力的电影，即让人快乐、与浪漫无关的电影表现出明显的偏好。情绪管理理论的预测在该研究中得到普遍支持。

由于享乐效价也常与激发潜能的两个变量和情绪的二维概念化唤醒效价密切相关，因此它们常被组合在一起进行研究。与情绪管理理论期望最一致的是，诺布洛赫和齐尔曼（2002）的研究表明，相较于积极或平静情绪状态，当实验对象处于消极情绪状态时，他愿意花更多时间听高兴奋潜能和高享乐效价的歌曲。

由于与情绪一致的选择相当普遍，其他研究检验了这种关系的潜在调节因素来解释这些发现。陈、周和布莱恩特（Chen, Zhou, & Bryant, 2007）发现，时间与性格反省具有调节作用。被诱发消极情绪的人首先会选择与情绪一致的音乐，但这种偏好会随着时间的推移而减弱。进一步而言，个体的性格反省程度越高，越会花时间在低激发潜力和消极享乐效价的歌曲上，可能是因为这类歌曲能使其参与认知预演并发泄消极情绪。史蒂文和卡庞蒂埃（Stevens & Carpentier, 2017）致力于将应对倾向作为调节因素，发现具有高回避倾向的群体最符合情绪管理理论预测：在两个截面调查中，当高回避参与者表现出更多的消极情绪时，他们会对高享乐效价和激发兴奋潜能的内容表现出更强烈的偏好；此外，低回避参与者也表现出与情绪一致的选择。这些研究结果表明，选择性接触是一个由不同动机驱动的复杂过程，其可以通过与理论框架的结合得到更充分的解释。

总结和挑战

尽管对诱发情绪的特征和情绪状态还有更广泛的研究，但实验结果总体上支持了情绪管理理论的观点。例如，专注潜能缺乏恰当的定义和实验验证，因此有必要进行更多的理论阐释和实验验证。不同信息特征的组合会产生不同的选择性接触模式，因为有的特征具有累积效应（当高享乐效价和激发潜能的歌曲被情绪低落的个体选择时；Knobloch & Zillmann, 2002），有的特征之间会相互影响（负面情绪促使人们喜欢弱语义亲和力的歌曲而非高享乐效价的歌曲；Gibson, et al., 2000）。这一领域在未来值得进一步研究。此外，在新媒介平台上，个体既是媒介用户又是信息生产者，情绪管理理论的假设与预测不仅可以解释其浏览和选择行为，也可以解释发布和点赞行为（Frison & Eggermont, 2017）。跨媒介频道的互动性及其与选择性接触之间的相互作用亦值得深入研究。对于像电子游戏这种具有较高交互性的媒介来说，不同级别的任务需求和用户需求已被证明受个人情绪与其内在需求的选择影响。鲍曼和坦博里尼（Bowman & Tamborini, 2015）发现，在任务的选择方面，压力感大的参与者更喜欢任务要求适中的游戏，其压力会在游戏过程中得到释放。感到无聊的参与者则从任务要求高的游戏中获益最多。除情绪管理外，媒介用户和不同需求级别的用户，通过参与电子游戏来满足其内在需求（Reinecke, et al., 2012）。能力较弱且自主权高的参与者会选择更高级别的游戏来满足需求，在玩过选定的游戏后，其需求得到了满足，然而，很少有研究将互动性作为一种信息特征来预测选择。沃德勒、诺布洛赫和施拉姆的研究已经表明，增加娱乐叙事的互动性直接影响了引起观众共鸣和悬念的程度，未来的研究应注重检验媒介用户是否基于感知交互性做出选择，进而管理其情绪，以及接触是否对情绪修复有预期效果。

但是，当数据与理论预测不符时，可观察到几种模式。首先，性别是情绪状态影响选择性接触行为和媒介内容偏好的重要调节因子。一般而言，女性比男性更符合情绪管理理论的预期，这可能是因为享乐动机更适用于女性而非男性（Biswas, et al., 1994）。在某些情况下，如预期将来会有报复的机会时，男性想要维持而非想要减少其消极情绪（Knobloch-Westerwick & Alter, 2006）。

其次，一些人格特征和个体差异被证明是情绪与选择性接触之间的调节因子。例如，研究表明，反省性格和应对倾向可影响情绪低落的人对媒介内容的选择（Chen, et al., 2007; Stevens & Carpentier, 2017）。

最后，情绪一致性在音乐特别是情歌的选择中占主导地位。对自己的感情生活不满意的人或被要求想象经历过拒绝或分手的人，往往更喜欢悲伤的情歌；如果可以选择，他们更喜欢表达欢乐但与爱情无关的歌曲（Gibson, et al., 2000; Kim & Oliver, 2011）。当人们心碎时，会对展现快乐、爱情的音乐表现出强烈的厌恶。这一发现与马雷斯和康托尔（Mares & Cantor, 1992）的研究结果相呼应，即孤独的观众更喜欢展现消极颓废情绪的电视剧。这里是用社会比较理论（Festinger, 1954）来解释的，换言之，处于不幸环境中的人更喜欢向下比较（把自己与比自己情况更糟糕的人作比较），因为向下比较可以产生更多的积极情感和自我认知（Wills, 1981）。SESAM模型解释了人们如何通过选择媒介信息来管理自身情绪，其自我概念及接触影响如何影响自我概念。下文将回顾SESAM模型，并描述其命题如何与情绪管理理论相关。

选择性自我呈现和情绪管理模型

工作自我和情感的概念化

SESAM模型中的工作自我概念（working self; Knobloch-Westerwick, 2015）借鉴了动态自我概念（dynamic self-concept）（Markus & Wurf, 1987）。这一观点将自我概念作为一个由联结自我图式构成的多面网络，其定义是个体在不同领域（性别、种族、个性特征、社会角色、技能、职业或行为）对自我的认知表征。例如，一个人可能会根据背景线索形成自己是女性、内向者、自由主义者和记者的自我图式，这些图式中的一个或几个认知表征可能会在个人的工作记忆中被激活。这种情境集合突出的自我图式被称为“工作自我”，“工作自我”既有稳定性（自我的核心方面在不同的情境中是持久的），又具有可塑性（自我的不同方面在不同的时期会变得突出）。由于对情境线索的反应，动态自我是一个主动结构且能够驱动其他心理的过程（Markus & Wurf, 1987）。因此，自我是一个非常突出的、具体的且有组织的认知结构，它不断地处理信息，调节与自我相关的情感、动机和行为。

SESAM模型将情感概念作为工作自我的一个组成部分，当一个或几个自我图式变得突出时，特定的情感状态就会相应地被感知。这一过程之所以可能发生，是因为人们不仅可以形成当前的自我，还可以形成过去和未来的自我（Markus & Nurius, 1986），不仅可以形成现实的自我，还可以形成理想和期望的自我（Higgins, 1987）。以这些自我表现为标准与当前的实际自我相比，当它们成为工作自我的一部分时可以激发情感与动机。一般来说，如果人们意识到自己已经达到或接近理想自我，或朝着未来理想的自我取得了进展，他们就会产生积极的情绪。相反，如果人们感到自己既没有接近理想的自己，也没有朝着理想的未来进步，则会产生负面情绪。这些影响反过来又激励和指导行为，在实现自我标准方面发挥重要作用。

动机：与自我相关的动机

虽然情绪管理理论假设享乐主义是媒介选择的关键动机，但SESAM模型显示，人们选择和使用媒介信息来管理工作自我，并在社会比较研究的基础上（Sedikides & Strube, 1997; Taylor, Neter, & Wayment, 1995）提出了4个与自我相关的动机：自我评价、自我提升、自我一致性和自我完善（Knobloch-Westerwick, Westerwick & Sude, in press）。这些与自我相关的动机是状态变量，一旦凸显，就会驱使个人寻找特定类型的自我图式信息。当个体想要准确地评估自己在某一特定领域的地位或表现时，就会产生自我评价动机。自我激励动机是在个体想要获得更积极的自我评价和自尊时产生的。自我一致性动机则是在个体想要确认现有的自我形象或自我概念时触发的。当个人渴望改变并渴望在某一领域变得更好时，则会产生自我提高动机。

自我相关动机是将自我概念激活（显著的特定工作自我和情感）与选择性接触行为联系起来的中介变量。首先，社会心理学研究表明，这些自身动机可以促使工作自我——当一个或几个自我图式凸显时，连同过去的、未来的、现实的、理想的和其他表达自己的领域，共同触发一个特定的自我评价动机（Higgins, 1987; Markus & Nuirus, 1986）。其次，这些动机被认为在指导行为方面意义重大，特别是在指导个体如何寻求以及寻求何种类型的自我信息方面（Toylar, et al., 1995）。媒介信息可以作为自我信息的重要来源。因此，在媒介选择的背景下，与自我相关的动机是工作自我、情感和选择性接触行为之间的中介变量。

机制：社会比较

SESAM模型认为，媒介信息满足媒介用户自我概念管理动机的主要机制是社会比较过程（也有启动等其他机制）。费斯廷格（1954）提出的社会比较理论认为，人类的天性有一种倾向，即在一个给定的领域，通过与相似的人进行社会比较来进行自我评价。在过去的几年里，该理论已得到大量的理论支撑和充足的实证支持（Gerber, Wheeler, & Suls, 2018; Suls, Martin, & Wheeler, 2002）。不同的社会比较方向是由不同的自我相关动机所驱动并实现的。

向下比较，即将自己与某个在某一特定维度上感觉较差的人进行比较，往往受到自我提升动机的驱动（Wills, 1981）。真人秀（Nabi, Biely, Morgan, & Stitt, 2003）、社交媒介帖子（Johnson & Knobloch-Westerwick, 2014）和音乐（Gibson, et al., 2000）都是以向下比较为目标的媒介选择案例。向上比较，即将自己与某个在某一特定维度上感觉更好的人进行比较，往往会受到自我提高动机的激励（Sedikides & Hepper, 2009）。杂志（Knobloch-Westerwick & Romero, 2011）、名人新闻（Chae, 2015）、广告（Bessenoff, 2006）和社交媒介（Cramer, Song, & Drent, 2016）中有许多向上比较的目标。横向比较，即将自己与某个在特定维度上相似的人进行比较，用来满足自我一致性或自我评价社会比较动机的需要。

社会比较不仅帮助个体获得关于自身的信息和满足与自我相关的动机，还会影响个体的情感状态和自我评价。这些社会比较的结果取决于多种因素，包括目标特征、自我特征以及目标和自我之间的关系（Collings, 1986; Lockwood & Kunda, 1997; Tesser & Campbell, 1982）。例如，受自我提升动机驱使的媒介用户，如果成功地进行了向下比较，在接触后则会体验到更多的积极情感和自我评价。如果媒介用户在自我提升动机的驱使下，寻找相关的向上比较目标，学习有用的信息来提升自己，也会体验到更多的积极情感和自我评价。如果他们选择了同样的信息，但觉得目标是遥不可及的，则会产生更多的消极情绪和自我评价。因此，社会比较对个体自我看法和情感的影响是复杂的，是取决于各种因素的。

议题

图9.1简要总结了SESAM模型的理论命题，命题表述如下（Knobloch-Westerwick, 2015, p.7）。

> 媒介接触动机是由工作自我、情感和信息接触效应预期共同作用而形成的。媒介接触动机、工作自我和情感影响对选择的信息的解释。对这些信息的接触和反应反过来又会影响工作自我，从而在短期内改变个人，并可能在不同阶段进一步累积。自我随后会影响媒介使用语境之外的行为（政治参与或健康行为）。

“媒介接触动机”包括上述与4种自我相关的动机。“信息接触效应预期”是指信息内容在预期方向上进行社会比较的潜力。该模型不仅对选择性接触作出预测，还对处理信息媒介（“如何解释所选择的消息”）以及短期、长期累积效应作出预测。短期效应包括工作自我和情感状态受到的影响，长期累积效应还包括媒介选择和处理受到的影响。该模型呈现了一个媒介使用的互动过程。

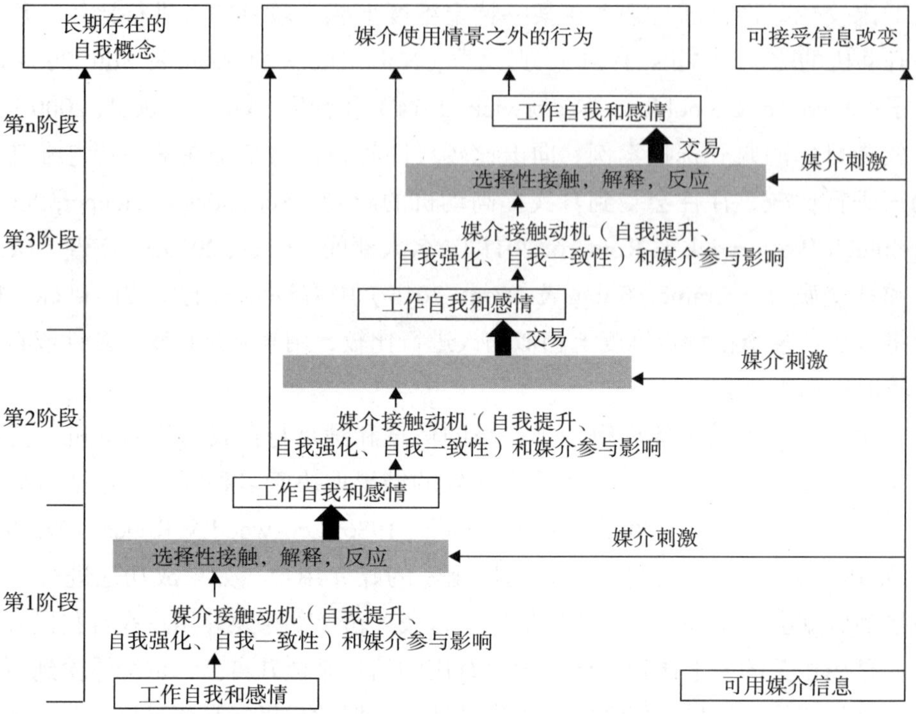

图9.1　选择性自我呈现和情绪管理模型

例如，一个求职失败的大学生、求职者的职业工作自我被激活，但其相对于理想或未来的自我来说是失败的。这种威胁触发了一个与自我相关的动机，如果一份工作很重要，而刚毕业的大学生对于未来没有表现出充足的信心，这可能激活其自我增强动机（动机）。媒介用户在未来更有可能关注包含向下比较目标（预期的信息选择效应）的媒介信息，如真人秀（选择）。在观看真人秀时，个体会进行向下的社会比较（过程），如果有所成效，则会使观看者有更积极的情感和自我评价（影响）。

另外，如果工作对自我很重要，而且大学毕业生有信心在未来做得更好，这将会激活其自我提高动机（动机）。求职者更有可能关注包含向上比较目标的媒介信息（预期的信息选择效应），如一个鼓舞人心的YouTube视频（选择）。媒介用户在观看或阅读时，如果目标被认为是可达到的（过程），其会进行向上的社会比较，该接触也会带来积极的情感和自我评价（影响），即预期效果准确。如果目标被认为是无法实现的（过程），该接触将会产生更多的负面情感和自我评价（影响），即预期效果失误。

自我相关动机也会影响媒介用户在处理信息时的社会比较。如果刚毕业的大学生选择向上的社会比较目标，且持有自我评价而非自我增强动机（动机）时，处理的重点不是向目标学习和启发，而是找出自己与目标的差距（过程）。后者比前者更容易导致消极的情感和自我评价。选择是由动机驱动的，但选择本身并不能决定效果。效果是特征的产物而非被选择和加工的信息，也受到动机的影响。

与情绪管理理论的比较

SESAM模型源自情绪管理理论，二者具有相同的假设，即媒介用户不知道其接触动机与接触模式。因此，选择性接触行为应该选择不被察觉的实验设计方法。在可预测的变量方面，工作自我和情感是个体基于情境并对情境作出反应的，这与情绪反应相似。两个理论都认为使用媒介只是众多潜在行为中的一种，个体可能会选择参与以满足其现有需要。

除了这些相似之处，SESAM模型还在情绪管理理论的基础上，通过两种有意义的方式对这一文献体系作出了理论贡献。首先，它不仅预测选择，还预测短期的和长期的累积效应，同时假设媒介使用与自我之间存在交互关系，而情绪管理理论只预测选择。其次，虽然享乐主义动机是情绪管理理论选择性接触的主导动机，但SESAM模型提出了几个驱动复杂模式中媒介使用的自我相关动机。因此，SESAM模型允许非享乐主义的选择，并提供了一个更大的框架来解释和预测媒介选择与媒介效应。此外，自我相关动机的差异使该模型能够解释变化的媒介效应，而不仅仅是强化它（Slater, 2007）。

经验证据

我们回顾了SESAM框架下的研究，并总结了其与媒介选择、解释和影响中的自我相关动机与社会比较过程的命题一致的实证研究结果。

首先，研究考察了自我相关动机对媒介使用和选择的影响，并论证了媒介用户如何寻找比较目标来实现这些动机。纳比等人（2003）表明，有自我提升动机的个体可能会转向真人秀节目，与情况更糟的群体进行向下比较。反之，有自我提升动机的个体会寻找各类媒介信息，与成功人士进行向上比较，这些信息包括在线健康信息（Westerwick, Johnson & Westerwick, 2013）和健身（减肥）信息（Knobloch-Westerwiek & Romero, 2011）。此外，还有与操纵自我动机相关的实验。约翰逊和诺布洛赫（2014）诱发参与者的积极或消极情绪，并从中发现，具有消极情绪的被试者在在线档案上会花更多的时间进行向下比较，证明其自我增强动机。隆和诺布洛赫（Luong, 2017）发现，受到数学性别刻板印象威胁的女性会表现出自我提升动机，并花更多的时间在展示反刻板印象领域的成功女性的杂志上。隆和诺布洛赫称，弗兰普顿（新闻）显示，参与者中思考未来自我的被试者，相较于思考当前自我的被试者，会花更多的时间阅读博客来进行向上比较。

其次，关于自我相关动机对信息加工和短期媒介效应的影响，在选择性接触和被迫接触的设计下，实证结果均支持该命题。哈利韦尔、迪特玛，威豪斯、科尼金和诺布洛赫（Halliwell, Dittmar, 2005; Veldhuis; Konijn, &, 2017）发现，具有自我提升动机的女性与以自我评价为动机的女性相比，在阅读以苗条为理想身材形象的杂志后，其对自己身材的满意度会提升。同样，在自我提升动机下，选择阅读具有向上比较特征的博客文章的参与者会表现出更积极的自我评价、情感和可能的未来自我呈现（Luong, et al., in press）。

再次，关于媒介接触对受众自我概念和情感的累积效应，长期接触不同领域杂志中的向上比较目标的人，当性别一致时会产生积极反应，反之产生消极反应（Knobloch-Westerwick, Willis, & Kennard, 2016）。此外，如果一个女人连续几天与别的女人进行向上比较，其在相同领域的可能自我会被培养（Kennard, Wills, Robinson, & Knobloch-Westerwick, 2016）。

最后，一项长期的选择性接触研究对SESAM模型进行了全面检测：女性参与者连续4天有选择性地浏览在性别一致性和不一致性领域以成功女性为向上比较对象的杂志页面，并将其在这些领域测试前和测试后的可能自我进行报告。结果表明，女性在测试之前的每个领域的可能自我预测了其对该领域杂志页面的选择性接触时间，而这种媒介接触反过来促进了后面的测试阶段的潜在自我（Knobloch-Westerwick, Robinson, Willis, & Luong, 2020）。这一发现为媒介使用中事务过程的相关命题提供了初步支持。

未来研究方向

未来需要更多的模型对这一复杂命题进行实证研究。虽然当前研究者对自我和媒介使用交互过程进行了检验，但只使用了纵向的相关设计，而一个纵向的、实验性的设计，虽具有挑战性，但也更有效。例如，在几段对话中，个体可以重复触发不同的工作自我，发现包含各种比较目标的信息，追踪他们的选择，并在多个时间点测量这些工作自我的变化。此外，关于重复使用媒介对长期接触自我概念的影响、媒介使用情境之外的行为等的研究不足。从媒介效应角度来看，研究长期选择性接触同一类型的内容或回音室的影响很重要，因为它不仅可以培养信念和态度，而且可以培养自我图式和相关行为。从传播干预的角度来看，媒介信息发展新的自我图式或改变既有自我图式的潜力可以被积累起来，以促进行为改变。一个新的自我图式的形成（一个不吸烟的人或跑步的人）已经被证明可增加行为改变的可能性和可持续性（Gibbons, Gerrard, Lando, & MeGovern, 1991）。

此外，对与自我相关的动机已有单独或竞争性的研究。这些动机可能同时发生，并在介质选择过程中产生叠加或交互效应。例如，在某些情况下，自我评价和自我提高动机可能被同时激活，共同产生更强的接触向上比较目标的动机（additive effect）。在自我提高动机下，如果加上低水平的自我一致性动机，媒介用户可能更喜欢向下的比较目标，如果加上高水平的自我一致性动机，他们反而会选择自己社交媒介的文章，特别是有高点赞量或转发量的文章（interactive effect）。

未来的研究还应扩展与自我相关的动机的研究框架，以考察与自我相关的动机如何促进除社会比较潜力之外的其他信息特征的选择性展示及处理。例如，自我提升动机通常由自我威胁触发，其期望的结果是增强自尊或积极的自我评价（Sedikides & Strube, 1997）。泰瑟（Tesser, 2000）认为个体通过社会比较、减少认知失调、自我肯定、自我呈现等多种机制寻求积极自尊。因此，当媒介用户出于自我提升的动机时，他们不仅会转向向下的比较目标，还会转向有倾向态度的信息、正面描述其所在群体的新闻或其喜欢的娱乐媒介等，以便获得理想的结果。同样，具有自我提升动机的个体更愿意选择和充分处理逆态度、行为改变或风险消息——通常包含自我威胁和唤起防御性处理的信息——这些消息包含对未来提升有用的信息。自我一致性动机可能使媒介用户习惯性地查看过去的播放列表（看重播）或听最喜欢的歌曲。

社交媒介提供了一个重要且有趣的背景来检验SESAM命题的构建。首先，与社交媒介平台的互动可以提高自我意识（Li & Knobloch-Westerwick, 2019），增加自我凸显的频率和强度。不同的社交媒介帖子或平台可以激活不同的自我图式，激发各种与自我相关的动机。例如，Instagram本身就可以激发与外表、健身、旅行、时尚、金融、职业、恋爱关系等相关的自我图式。每个媒介用户对当前自我、理想自我和未来自我的展现将决定与自我相关的动机。其次，其中的动机一旦被触发，社交媒介环境就可以为用户提供大量的向上、向下和横向比较目标，成功和失败的程度会比他们在现实生活中遇到的更加极端（Luong, et al., in press）。最后，用户不仅可以浏览和比较目标，还可以发布和接收来自社交网络的评论、点赞或分享形式的反馈。这些生产行为代表了一种更直接的寻求自我信息的方式（相对于社会比较过程），因而更容易实现自我相关动机。例如，自我增强动机可能会促使用户积极地描绘自己、展现自我，并在社交网络中寻求认可。自我一致性动机可能会促使用户发布关于过去的自己、过去的事件和怀旧情绪的帖子（#ThrowbackThursda标签）。因此，与自我相关的动机很容易得到满足，同时不断被激活，形成一个正反馈循环。这种关系对心理健康和幸福、人际沟通及关系发展的积极或消极影响取决于各种情境与性格调节因素。随着社交媒介在大众生活中变得越来越普遍（Vorderer, Vorderer, Herner, Reinecke, & Klimmt, 2018），证明上述关系并探索它们的影响具有极大的理论价值和社会意义，未来值得继续研究。

SESAM模型的理论框架为解释广泛的媒介信息的选择、处理和效果奠定了更有说服力的基础。

参考文献

Atkin, C. K. (1985). Informational utility and selective exposure to entertainment media. In D. Zillmann & J. Bryant (Eds.), *Selective exposure to communication* (pp. 63–91). Hillsdale, NJ: Erlbaum.

Baron, R. A., & Ball, R. L. (1974). The aggression-inhibiting influence of nonhostile humor. *Journal of Experimental Social Psychology*, 10, 23–33. doi:10.1016/0022–1031(74)90054–7.

Berkowitz, L. (1970). Aggressive humor as a stimulus to aggressive responses. *Journal of Personality and Social Psychology*, 16, 710–717. doi:10.1037/h0030077.

Bessenoff, G. R. (2006). Can the media affect us? Social comparison, self-discrepancy, and the thin ideal. *Psychology of Women Quarterly*, 30, 239–251. doi:10.1111/j.1471–6402.2006.00292.x.

Biswas, R., Riffe, D., & Zillmann, D. (1994). Mood influence on the appeal of bad news. *Journalism Quarterly*, 71, 689–696. doi:10.1177/107769909407100319.

Bowman, N. D., & Tamborini, R. (2015). "In the Mood to Game": Selective exposure and mood management processes in computer game play. *New Media & Society*, 17, 375–393. doi:10.1177/1461444813504274.

Bryant, J., & Vorderer, P. (Eds.). (2006). *Psychology of entertainment*. Mahwah, NJ: Erlbaum.

Bryant, J., & Zillmann, D. (1977). The mediating effect of the intervention potential of communications on displaced aggressiveness and retaliatory behavior. *Annals of the International Communication Association*, 1, 291–306. doi:10.1080/23808985.1977.11923687.

Bryant, J., & Zillmann, D. (1984). Using television to alleviate boredom and stress: Selective exposure as a function of induced excitational states. *Journal of Broadcasting & Electronic Media*, 28, 1–20. doi:10.1080/23808985.1977.11923687.

Carpentier, F. R. D., Brown, J. D., Bertocci, M., Silk, J. S., Forbes, E. E., & Dahl, R. E. (2008). Sad kids, sad media? Applying mood management theory to depressed adolescents' use of media. *Media Psychology*, 11, 143–166. doi:10.1080/15213260701834484.

Carpentier, F. R. D., Knobloch, S., & Zillmann, D. (2003). Rock, rap, and rebellion: Comparisons of traits predicting selective exposure to defiant music. *Personality and Individual Differences*, 35, 1643–1655. doi:10.1016/s0191-8869(02)00387–2.

Chae, J. (2015). "Am I a better mother than you?" Media and 21st-century motherhood in the context of the social comparison theory. *Communication Research*, 42, 503–525. doi:10.1177/0093650214534969.

Chen, L., Zhou, S., & Bryant, J. (2007). Temporal changes in mood repair through music consumption: Effects of mood, mood salience, and individual differences. *Media Psychology*, 9, 695–713. doi:10.1080/15213260701283293.

Collins, R. L. (1996). For better or worse: The impact of upward social comparison on selfevaluations. *Psychological Bulletin*, 119, 51–69. doi:10.1037/0033–2909.119.1.51.

Cramer, E. M., Song, H., & Drent, A. M. (2016). Social comparison on Facebook: Motivation, affective consequences, self-esteem, and Facebook fatigue. *Computers in Human Behavior*, 64, 739–746. doi:10.1016/j.chb.2016.07.049.

Festinger, L. (1954). A theory of social comparison processes. *Human Relations*, 7, 117–140. doi:10.1177/001872675400700202.

Frison, E., & Eggermont, S. (2017). Browsing, posting, and liking on Instagram: The reciprocal relationships between different types of Instagram use and adolescents' depressed mood. *Cyberpsychology, Behavior, and Social Networking*, 20, 603–609. doi:10.1089/cyber.2017.0156.

Gerber, J. P., Wheeler, L., & Suls, J. (2018). A social comparison theory meta-analysis 60+ years on. *Psychological Bulletin*, 144, 177–197. doi:10.1037/bul0000127.

Gibbons, F. X., Gerrard, M., Lando, H. A., & McGovern, P. G. (1991). Social comparison and smoking cessation: The role of the "typical smoker." *Journal of Experimental Social Psychology*, 27, 239–258. doi:10.1016/0022–1031(91)90014-w.

Gibson, R., Aust, C. F., & Zillmann, D. (2000). Loneliness of adolescents and their choice and enjoyment of love-celebrating versus love-lamenting popular music. *Empirical Studies of the Arts*, 18, 43–48. doi:10.2190/b51g-8u0w-n0eq-mjuu.

Halliwell, E., & Dittmar, H. (2005). The role of self-improvement and self-evaluation motives in social comparisons with idealised female bodies in the media. *Body Image*, 2, 249–261. doi:10.1016/j.bodyim.2005.05.001.

Helregel, B. K., & Weaver, J. B. (1989). Mood-management during pregnancy through selective exposure to television. *Journal of Broadcasting & Electronic Media*, 33, 15–33. doi:10.1080/08838158909364059.

Higgins, E. T. (1987). Self-discrepancy: A theory relating self and affect. *Psychological Review*, 94, 319–340. doi:10.1037/0033-295x.94.3.319.

Johnson, B. K., & Knobloch-Westerwick, S. (2014). Glancing up or down: Mood management and selective social comparisons on social networking sites. *Computers in Human Behavior*, 41, 33–39. doi:10.1016/j.chb.2014.09.009.

Kennard, A. R., Willis, L. E., Robinson, M. J., & Knobloch-Westerwick, S. (2016). The allure of Aphrodite: How gender-congruent media portrayals impact adult women's possible future selves. *Human Communication Research*, 42, 221–245. doi: 10.1111/hcre.12072.

Kim, J., & Oliver, M. B. (2011). What combination of message characteristics determines hedonic and counter-hedonic preferences? An examination of the interplay between valence and semantic affinity. *Media Psychology*, 14, 121–143. doi:10.1080/15213269.2011.573462.

Knobloch, S., & Zillmann, D. (2002). Mood management via the digital jukebox. *Journal of Communication*, 52, 351–366. doi:10.1093/joc/52.2.351.

Knobloch, S., & Zillmann, D. (2003). Appeal of love themes in popular music. *Psychological Reports*, 93, 653–658. doi:10.2466/pr0.93.7.653–658.

Knobloch-Westerwick, S. (2006). Mood management: Theory, evidence, and advancements. In J. Bryant & P. Vorderer (Eds.), *Psychology of entertainment* (pp. 257–272). New York, NY: Routledge.

Knobloch-Westerwick, S. (2007). Gender differences in selective media use for mood management and mood adjustment. *Journal of Broadcasting & Electronic Media*, 51, 73–92. doi:10.1080/08838150701308069.

Knobloch-Westerwick, S. (2015). The selective exposure self-and affect-management (SESAM) model: Applications in the realms of race, politics, and health. *Communication Research*, 42, 959–985. doi: 10.1177/0093650214539173.

Knobloch-Westerwick, S., & Alter, S. (2006). Mood adjustment to social situations through mass media use: How men ruminate and women dissipate angry moods. *Human Communication Research*, 32, 58–73. doi:10.1111/j.1468–2958.2006.00003.x.

Knobloch-Westerwick, S., Johnson, B. K., & Westerwick, A. (2013). To your health: Selfregulation of health behavior through selective exposure to online health messages. *Journal of Communication*, 63, 807–829. doi:10.1111/jcom.12055.

Knobloch-Westerwick, S., Robinson, M. J., Willis, L. E., & Luong, K. T. (2020). Beauty or business queen: How young women select media to reinforce possible future selves. *Communication Research*, 47, 323–345. doi: 10.1177/0093650215626978.

Knobloch-Westerwick, S., & Romero, J. P. (2011). Body ideals in the media: Perceived attainability and social comparison choices. *Media Psychology*, 14, 27–48. doi:10.1080/15213269.2010.547833.

Knobloch-Westerwick, S., Westerwick, A., & Sude, D. (in press). Media choice and selective exposure. In M. B. Oliver, A. Raney, & J. Bryant (Eds.), *Media effects: Advances in theory and research* (4th ed.). New York, NY: Routledge.

Knobloch-Westerwick, S., Willis, L. E., & Kennard, A. R. (2016). Media impacts on women's fertility desires: A prolonged exposure experiment. *Journal of Health Communication*, 21(6), 647–657. doi:10.1080/10810730.2016.1153757.

Li, W., & Knobloch-Westerwick, S. (2019, August 7–10). *The interplay of self-awareness and self-esteem influencing selective exposure to downward and upward social comparisons on social media*. Paper presented at the Association for Education in Journalism and Mass Communication annual conference, Toronto, Canada.

Litle, P., & Zuckerman, M. (1986). Sensation seeking and music preferences. *Personality and Individual Differences*, 7, 575–578. doi:10.1016/0191–8869(86)90136–4.

Lockwood, P., & Kunda, Z. (1997). Superstars and me: Predicting the impact of role models on the self. *Journal of Personality and Social Psychology*, 73, 91–103. doi:10.1037/0022–3514.73.1.91.

Luong, K. T., & Knobloch-Westerwick, S. (2017). Can the media help women be better at math? Stereotype threat, selective exposure, media effects, and women's math performance. *Human Communication Research*, 43, 193–213. doi:10.1111/hcre.12101.

Luong, K. T., Knobloch-Westerwick, S., & Frampton, J. (in press). Temporal self impacts on media exposure & effects: A test of the Selective Exposure Self- and Affect-Management (SESAM) model. *Media Psychology*. doi: 10.1080/15213269.2019.1657898.

Markus, H., & Nurius, P. (1986). Possible selves. *American Psychologist*, 41, 954–969. doi:10.1037/0003-066x.41.9.954.

Markus, H., & Wurf, E. (1987). The dynamic self-concept: A social psychological perspective. *Annual Review of Psychology*, 38, 299–337. doi:10.1146/annurev.psych.38.1.299.

Mares, M. L., & Cantor, J. (1992). Elderly viewers' responses to televised portrayals of old age: Empathy and mood management versus social comparison. *Communication Research*, 19, 459–478. doi:10.1177/009365092019004004.

Mares, M. L., Oliver, M. B., & Cantor, J. (2008). Age differences in adults' emotional motivations for exposure to films. *Media Psychology*, 11, 488–511. doi:10.1080/15213260802492026.

Mastro, D. E., Eastin, M. S., & Tamborini, R. (2002). Internet search behaviors and mood alterations: A selective exposure approach. *Media Psychology*, 4, 157–172. doi:10.1207/s1532785xmep0402_03.

Meadowcroft, J. M., & Zillmann, D. (1987). Women's comedy preferences during the menstrual cycle. *Communication Research*, 14, 204–218. doi:10.1177/009365087014002004.

Nabi, R. L., Biely, E. N., Morgan, S. J., & Stitt, C. R. (2003). Reality-based television programming and the psychology of its appeal. *Media Psychology*, 5, 303–330. doi:10.1207/s1532785xmep0504_01.

Nabi, R. L., Finnerty, K., Domschke, T., & Hull, S. (2006). Does misery love company? Exploring the therapeutic effects of TV viewing on regretted experiences. *Journal of Communication*, 56, 689–706. doi:10.1111/j.1460–2466.2006.00315.x.

Reinecke, L., Tamborini, R., Grizzard, M., Lewis, R., Eden, A., & David Bowman, N. (2012). Characterizing mood management as need satisfaction: The effects of intrinsic needs on selective exposure and mood repair. *Journal of Communication*, 62, 437–453. doi:10.1111/j.1460–2466.2012.01649.x.

Russell, J. A. (1980). A circumplex model of affect. *Journal of Personality and Social Psychology*, 39, 1161–1178. doi:10.1037/h0077714.

Sedikides, C., & Hepper, E. G. (2009). Self-improvement. *Social and Personality Psychology Compass*, 3, 899–917. doi:10.1111/j.1751–9004.2009.00231.x.

Sedikides, C., & Strube, M. J. (1997). Self-evaluation: To thine own self be good, to thine own self be sure, to thine own self be true, and to thine own self be better. *Advances in Experimental Social Psychology*, 29, 209–269. doi:10.1016/s0065-2601(08)60018–0.

Skinner, B. F. (1938). *The behavior of organism: An experimental analysis*. Cambridge, MA: B.F. Skinner Foundation.

Slater, M. D. (2007). Reinforcing spirals: The mutual influence of media selectivity and media effects and their impact on individual behavior and social identity. *Communication Theory*, 17, 281–303. doi:10.1111/j.1468–2885.2007.00296.x.

Stevens, E. M., & Carpentier, F. R. D. (2017). Facing our feelings: How natural coping tendencies explain when hedonic motivation predicts media use. *Communication Research*, 44, 3–28. doi:10.1177/0093650215587358.

Suls, J., Martin, R., & Wheeler, L. (2002). Social comparison: Why, with whom, and with what effect? *Current Directions in Psychological Science*, 11, 159–163. doi:10.1111/1467–8721.00191.

Taylor, S. E., Neter, E., & Wayment, H. A. (1995). Self-evaluation processes. *Personality and Social Psychology Bulletin*, 21, 1278–1287. doi:10.1177/01461672952112005.

Tesser, A. (2000). On the confluence of self-esteem maintenance mechanisms. *Personality and Social Psychology Review*, 4, 290–299. doi:10.1207/s15327957pspr0404_1.

Tesser, A., & Campbell, J. (1982). Self-evaluation maintenance and the perception of friends and strangers. *Journal of Personality*, 50, 261–279. doi:10.1111/j.1467–6494.1982.tb00750.x.

Veldhuis, J., Konijn, E. A., & Knobloch-Westerwick, S. (2017). Boost your body: Selfimprovement magazine messages increase body satisfaction in young adults. *Health Communication*, 32, 200–210. doi:10.1080/10410236.2015.1113482.

Vorderer, P., Hefner, D., Reinecke, L., & Klimmt, C. (Eds.). (2018). *Permanently online, permanently connected: Living and communicating in a POPC world*. New York, NY: Routledge.

Vorderer, P., Knobloch, S., & Schramm, H. (2001). Does entertainment suffer from interactivity? The impact of watching an interactive TV movie on viewers' experience of entertainment. *Media Psychology*, 3, 343–363. doi:10.1207/s1532785xmep0304_03.

Wakshlag, J., Vial, V., & Tamborini, R. (1983). Selecting crime drama and apprehension about crime. *Human Communication Research*, 10, 227–242. doi:10.1111/j.1468–2958.1983.tb00012.x.

Weaver, J. B., & Laird, E. A. (1995). Mood management during the menstrual cycle through selective exposure to television. *Journalism & Mass Communication Quarterly*, 72, 139–146. doi:10.1177/107769909507200111.

Wills, T. A. (1981). Downward comparison principles in social psychology. *Psychological Bulletin*, 90, 245–271. doi:10.1037/0033–2909.90.2.245.

Zillmann, D. (1988a). Mood management through communication choices. *American Behavioral Scientist*, 31, 327–340. doi:10.1177/000276488031003005.

Zillmann, D. (1988b). Mood management: Using entertainment to full advantage. In L. Donohew, H. E. Sypher, & E. T. Higgins (Eds.), *Communication, social cognition, and affect* (pp. 147–171). Hillsdale, NJ:

Erlbaum.

Zillmann, D. (2000). Mood management in the context of selective exposure theory. *Annals of the International Communication Association*, 23, 103–123. doi:10.1080/23808985.2000.11678971.

Zillmann, D., & Bryant, J. (1985). Affect, mood, and emotion as determinants of selective exposure. In D. Zillmann & J. Bryant (Eds.), *Selective exposure to communication* (pp. 157–190). Hillsdale, NJ: Erlbaum.

Zillmann, D., Hoyt, J. L., & Day, K. D. (1974). Strength and duration of the effect of aggressive, violent, and erotic communications on subsequent aggressive behavior. *Communication Research*, 1, 286–306. doi:10.1177/009365027400100303.

Zillmann, D., & Johnson, R. C. (1973). Motivated aggressiveness perpetuated by exposure to aggressive films and reduced by exposure to nonaggressive films. *Journal of Research in Personality*, 7, 261–276. doi:10.1016/0092–6566(73)90041-x.

第十章　刷剧：逃避现实的娱乐使用实例

安娜贝尔·哈夫曼
莱昂纳德·雷内克

引　言

个人使用媒介来摆脱日常生活的约束与挫折是媒介使用和效果研究中古老的观点之一（Pearlin, 1959）。1962年，卡兹（Katz）和福克斯（Foulkes）指出，当人们有疏离之感时，即感到没有意义且被社会孤立时，“他们就有了逃避的欲望，并且认为能够通过大众传播媒介获得满足”（p.380）。一直以来，人们强烈怀疑“轻”娱乐，如肥皂剧、浪漫喜剧以及其他表现和谐、美好的电视剧会引发逃避现实的媒介使用（Klapper, 1949）。自从有了对大众传媒和逃避主义的反思，娱乐节目的范围和可得性就显著增加。像Netflix和Amazon Prime这样的视频点播（VOD）服务已成为娱乐媒介使用的重要来源。几年前，用户还需要等待他们最喜欢的电视剧在电视上更新，时至今日，有了互联网和视频点播服务后，他们可以随时随地观看任何想看的东西。这些技术的发展提供了几乎无限的娱乐机会。同样，在今天，社会学家将社会形容为疏离的（alienated），并将媒介描述为普遍的逃避工具。例如，罗萨（2016）指出，个体努力避免处于疏离状态时会产生一些行为倾向，当个体独自一人且短时间内没什么事儿时，会径直打开电视或者伸手去拿通信设备（Vorderer, this volume）。

在本章中，我们将讨论一个通过媒介逃避现实的典型案例，即刷剧。所谓刷剧是指一口气看多集电视剧的做法（Pittma & Sheehan, 2015）。视频点播（VOD）源源不断地提供的娱乐内容支持并促进了这种行为。根据Netflix（2018）的数据，超过90%的用户都在加入Netflix的一年内狂看某个节目。刷剧是福也是祸：它也许能够增强用户的自主性和恢复体验，但也可能引起目标冲突，从而导致内疚反应和恢复的减少（Granow, Reinecke, & Ziegele, 2018）。

尽管逃避主义的概念已被广泛用于娱乐研究，但理论和经验上的区分仍缺乏。首先，目前还没有建立具体的理论框架。只有少量研究专门针对逃避现实的娱乐使用（Henning & Vorderer, 2001; Knobloch-Westerwick, Hastall, & Rossmann, 2009; Kubey & Csikszentmihalyi, 1990）。其中大多数针对逃避现实性媒介使用的研究都是从“使用与满足”理论的角度描述的（Rubin, 2008），没有进一步解释逃避主义的动机和影响（Shade, Kornfield, & Oliver, 2015; Smock, Ellison, Lampe, & Wohn, 2011）。其次，研究者在逃避现实的娱乐使用的定义和测量上没有达成共识（Katz & Foulkes, 1962; Knobloch-Westerwick et al., 2009）。最后，逃避现实的娱乐使用带来的结果尚未得到充分研究。值得注意的是，大多数研究都集中在负面影响上，如逃避现实的媒介使用会促进问题性媒介的使用行为，甚至使人上瘾（Masur, Reinecke, Ziegele, & Quiring, 2014; Yee, 2006）。但是，关于刷剧对恢复的影响的研究结果表明，逃避现实的娱乐使用也可能对媒介用户的幸福感有正向影响。同样，克林姆（Klimmt, 2008）指出，逃避主义可能会促进个人的幸福感，因为它可以被当作一种远离现实生活压力的“假期”。

由于这些局限性，本章将对逃避主义概念进行理论阐释。首先，我们概述从20世纪40年代后期起，逃避主义在娱乐研究中的作用，随后讨论当前逃避现实的娱乐使用的概念化。其次，我们从应对理论的视角解释逃避现实的娱乐使用的心理过程，及其产生有益影响的条件（Lazarus & Folkman, 1984）。同时，用刷剧来举例说明。最后，我们将论证逃避现实的刷剧可能会增强恢复体验，并在本章的最后提出有关推进逃避主义研究的思路。

娱乐研究中的逃避主义简史

从20世纪40年代末到60年代，纯娱乐性的广播和电视节目日益流行，如肥皂剧（Klapper, 1949），这激起了早期关于逃避主义的讨论。传播学者认为，人们之所以对这些节目感兴趣，是因为他们渴望逃离被剥削的、疏离的生活状况。下文中，我们将描述研究者对“逃避现实的娱乐使用之逃避动机及效果”的关注在后来是如何改变的。我们也将阐明逃避现实媒介使用研究的理论方法。

通过娱乐逃避现实的动机

20世纪50年代和60年代的早期研究倾向于从社会政治（sociopolitical）的角度来看待逃避主义，分析引发逃避需求的社会功能失调。皮尔林（Pearlin, 1959）认为，个人会由于角色冲突或真实自我与理想自我之间的差异而感受到社会压力，而看电视代表了一种应对此压力的公认做法。卡兹和福克斯（1962）认为，疏离是逃避现实娱乐使用的主要驱动因素。但在这些逃避现实的娱乐使用中社会原因的实证研究结果说服力不足且自相矛盾。一些研究支持社会剥夺感（孤独感）与电视观看增加有关（Maccoby, 1954; Olsen, 1960）。其他研究结果却不尽相同。在鲁宾（Rubin, 1985）的研究中，生活满意度和电视观看量之间并不相关，摩根（Morgan, 1984）则发现观看量与生活质量感知之间具有较强的相关性。舒尔茨（Schulz, 1997）的研究结果显示，悲观的生活态度和电视观看时长之间的关系非常弱。但最重要的是，对社会不满与娱乐使用量之间的关系并不一定意味着个人在媒介接触期间遵循的是逃避现实的动机或实际上有逃避现实的体验（Katz & Foulkes, 1962）。

此外，早期的娱乐和文学研究倾向于将逃避现实的娱乐活动视为出现在底层阶级的现象（Maccoby, 1954）。达伦多夫（Dahrendorf，1973）认为，疏离感和被剥夺感会导致社会"底层"成员产生逃避的欲望，而个人通过阅读消遣小说这一纯粹被动的、愉快的方式来满足这种欲望。格罗本（Groeben）和沃德勒（1988）通过对生活满意度的研究，对特定阶层逃避主义的假设提出了质疑。他们指出，客观生活条件与主观幸福感之间的关系并不像人们通常假设的那么清晰，并得出结论，底层阶级并不一定会导致逃避现实的阅读行为。

随后，娱乐研究者将他们的关注点从个人的社会背景转向了心理状态。虽然研究者最初认为，被剥夺感和疏离感是逃避现实的娱乐使用的主要驱动因素，但他们通过从个人社会背景到心理状态的转向将更多的动机来源纳入考虑范围。库贝（Kubey, 1986）认为，逃避的欲望源自一个事实，即如果个人感到"自我疏离"（alienated from self），他们会在空闲时期有不愉快的想法或感觉（p.116）。亨宁（Henning）和沃德勒（2001）扩展了这一解释，他们假设人们普遍不喜欢思考，这会触发逃避现实的媒介使用。作者将这种心理上的原因与潜在的社会性因素（生活满意度降低）进行了比较，然而，他们的结果只支持前者作为看电视的自变量。作者认为，这证明了在社会学的"逃避主义"概念中加入心理学成分是有意义的。确实，许多进一步的研究表明，焦虑、自卑和缺乏自主性等心理状态都会触发逃避现实的媒介使用。（Conway & Rubin, 1991; Finn & Gorr, 1988; Masur et al., 2014）。

逃避现实的娱乐使用的效果

自从将"逃避主义"引入个人对娱乐兴趣的解释以来，传播学者一直对逃避现实的娱乐使用带来的效果感兴趣，然而，这么多年来，他们所关注的焦点已经发生了变化。这与效果的对象和效价相关。关于对象，逃避主义的早期工作分析了逃避现实的娱乐使用对社会产生负面影响的方式。例如，政治参与减少，社会角色表现受损，以及人际关系问题（Katz & Foulkes, 1962）。随后，研究者们对逃避现实使用的个体影响更为感兴趣。相关研究对短期效应（心理压力和负面情绪，Hagström & Kaldo, 2014; Stenseng, Rise, & Kraft, 2012）和长期效应（降低生活满意度和一般幸福感；Hagström & Kaldo, 2014; Kaczmarek & Drążkowski, 2014; Meier, Meltzer, & Reinecke, 2018）都进行了调查。但是，由于这些研究使用的是横截面数据，因而可能还有其他效果产生。因此，研究也将消极的情感状态和生活满意度降低作为逃避现实媒介使用的自变量进行了调查。

效价评估是传播学者对“相较于积极的功能效应，逃避现实的娱乐使用在什么程度上具有消极、功能失调的影响”问题的回答，这在过去的几年里略有变化。逃避主义最初是为了回答人们为什么接触肥皂剧等看似琐碎的媒介内容。研究者担心，娱乐用户自我娱乐的代价是没有解决真正重要的问题（Pearlin, 1959; Postman, 1985）。这些担忧反映在逃避主义的概念使用中。卡兹和福克斯（1962）怀疑，所有研究逃避现实的娱乐使用的人都在某种程度上关心媒介使用的后果和“害怕‘麻痹负功能’”（p.385）。例如，拉扎斯菲尔德和默顿（1957）深信功能失调的存在，并担心大众传媒“可能会导致人们无条件地放弃批判能力和形成一种不加思考的从众主义”（p.458）。社会冷漠的发展以及将逃避现实的内容作为有效信息来源的滥用（Klapper, 1949）也被作为潜在负面影响得到进一步的讨论。许多研究者用“逃避主义”来证明并扩散对娱乐节目的悲观情绪。布鲁姆勒就是一个例子，他认为逃避现实的娱乐使用促使“只是想放松、娱乐和兴奋”的媒介用户去接受关于现实生活中的人物、角色、冲突的刻板印象（Blumler, 1979, p. 19）。

上述研究表明，早期工作倾向于将逃避现实的媒介使用评定为完全功能失调，并且在一开始就将逃避主义的概念规范地引入讨论。克拉珀（Klapper, 1949）的研究是一个例外，他考虑到逃避现实的娱乐使用可能会产生有益的影响。例如，他认为，逃避现实的娱乐方式可能会让人放松，如果个人能够与成功角色产生共鸣，那么这将给他们带来成就感。卡兹和福克斯（1962）还以一种更加与众不同的方式研究了逃避现实的娱乐使用的影响。他们指出，媒介用户的逃避是否成功是一个经验性的问题，因为这种逃避阻碍了媒介用户履行社会角色。总的来说，尽管关于逃避现实的娱乐方式会带来负面影响的实证证据很少，但消极的观点还是占据了上风。

最近的研究也调查了其中的一些积极影响。实证研究表明，逃避现实的娱乐使用能够减少情绪化和认知紧张，带来享受，并有助于满足内在需求（Müller, 2018; Perks, 2018）。尽管这些发现提供了一个更加平衡的图景，但近期的研究成果仍然常常带有贬义，并且倾向于将逃避现实的娱乐使用归为功能性失调（Meier et al., 2018; Young, Kuss, Griffiths, & Howard, 2017）。这种负面观点也体现为许多研究已将逃避主义确定为媒介成瘾的关键预测因素（Kim & Haridakis, 2009; Kırcaburun & Griffiths, 2018; Li, Liau, & Khoo, 2011; Masur, et al., 2014），逃避主义举措被纳入病态媒介使用的量表中（社交媒介障碍量表；van den Eijnden, lemon, & Valkenburg, 2016）。

逃避现实的娱乐使用的理论基础

前面的讨论已经表明，研究者从不同的理论视角考察了逃避现实的娱乐使用。下面，我们将详细阐释已提出的定义，以及研究者如何将逃避主义的概念与传播理论联系起来。显而易见，逃避主义的概念缺乏理论和经验上的区分。

如何定义“逃避主义”一直是学术界争论的焦点。1962年，卡兹和福克斯发表了一篇综述逃避主义的文章，他们批评道，高媒介接触率不应该等同于逃避主义，因为看似逃避现实的娱乐使用也有许多不同的动机。此外，作者强调，即便有逃避的动机也并不一定意味着个人在接触娱乐媒介时有逃避体验。甚至在一些情况下，媒介使用还可能产生反作用，如当个人感觉到娱乐内容和他们希望忘记的特定压力源之间具有语义亲和力时（Zillmann, 1988）。卡兹和福克斯还批判说，一些研究人员将某些特定类型的娱乐内容（虚构的冒险故事；Riley & Riley, 1951）和心理过程（拟社会交往；Horton & Richard Wohl, 1956）标记为“逃避主义”，然而这些因素都不一定会导致个人脱离现实世界。作者建议仅在其会产生意料之外的负面影响时，将娱乐用途看作逃避现实的，如社会角色表现受损、预期的补偿性满足，其中最显著的是忘记不如意的生活条件。

尽管卡兹和福克斯（1962）的论文在发表以来的几十年间得到相当多的关注，并且在今天都可被看作逃避现实的媒介使用的研究范本，但作者的所有核心命题在随后的相关研究中都能被贯彻。虽然接下来的研究与逃避现实内容有关的想法很少，但是很多研究将媒介使用的多种动机看作逃避现实。特别是使用与满足理论下的研究（Blumler, 1979）使得逃避主义成为媒介使用的常见动机之一。此外，在一些研究中，大量使用媒介被等同于逃避主义（Morgan, 1984; Moskalenko & Heine, 2003）。与1962年卡兹和福克斯所开展的描述性研究相比，逃避主义与娱乐体验背后的心理过程联系的研究更具有差异性。研究者认为，如果个人认同媒介人物被传输到媒介节目中，并体验与媒介人物的拟社会互动，那么他们可能会更有效地实现逃离的愿望，而不是简单地将认同、传输和拟社会互动等过程视为逃避本身（Green, 2005; Greenwood, 2008; Hefner, Klimmt, & Vorderer, 2007; van Looy, Courtois, de Vocht, & de Marez, 2012）。如上所述，这些过程并不仅仅出于逃避主义的动机，用户也不一定会忘记他们现实生活中的问题。此外，在TEBOTS（暂时性拓展自我边界）模型中，斯莱特、约翰逊、科恩、科梅洛和尤沃尔森（Slater, Comello, & Ewoldsen, 2014）主张，与满足逃避的欲望相比，人们更有可能沉浸在叙事中。研究者谈到了自我扩展，这是考虑个人将自我意识带入叙事，并体验洞察力与个人成长（Johnson, Slater, Silver, & Ewoldsen, this volume）。如此一来，娱乐学者就清楚地区分了娱乐过程与逃避主义。

当研究者将逃避主义的概念与情绪管理理论联系起来（Zillmann, 1988; Luong & Knobloch-Westerwick, this volume），并将其整合到使用与满足理论（Blumler, 1979）和娱乐双因素模型的实证应用时（Oliver & Bartsch, 2010），理论分化的问题就变得尤为明显。情绪管理理论没有明确提到逃避主义，但在其假设中，相关媒介特征，如塑造媒介用户的情绪专注潜力和语义亲和力在一定程度上反映了逃避主义的理念（Zillmann, 1988）。虽然很少有研究者探讨这种联系，但很明显，如果个体全神贯注于娱乐媒介并且没有意识到自身的问题，那么他们只是从消极的心理状态中逃离（Knobloch-Westerwick, 2015）。尽管逃避主义和情绪管理从未产生过理论联系，但它们有时在娱乐研究中被认为是一个意思（Bartsch & Schneider, 2014; Hagström & Kaldo, 2014），或者被一起提及却没有被区分（Li et al., 2011; Maccoby, 1954; Rieger, Reinecke, & Bente, 2017）。

同样，在“使用和满足”理论中，研究广泛地涉及逃避主义但是没有从概念上加以说明。很多研究都把逃避主义作为一种从媒介使用中得到的满足，但既未定义逃避主义，也未解释是何因素驱动个人寻求逃避，以及媒介如何向个人提供逃避体验（Pittman & Sheehan, 2015; Quinn, 2016; Shade, et al., 2015; Smock, et al., 2011）。目前，逃避动机与研究通常所调查的其他动机之间的关系尚不明朗，如娱乐的动机（Katz, Haas, & Gurevitch, 1973; Rubin, 1983; Shade, et al., 2015）。一些研究者将逃避主义与娱乐双因素模型联系起来，在传统享乐主义的娱乐观念基础上，增加了第二个维度，即对意义的渴望和内在需要的满足（欣赏；Oliver & Bartsch, 2010; Tamborini, Bowman, Eden, Grizzard, & Organ, 2010）。似乎更为普遍的观点是，逃避的动机主要是基于享乐主义的考虑，因此与享乐主义的娱乐体验的选择有关（Bartsch & Schneider, 2014; Raney, 2011; Vorderer, 2011），然而，其他研究却没有发现逃避动机和享乐主义娱乐体验之间存在显著相关的证据（Roth, Weinmann, Schneider, Hopp, & Vorderer, 2014）。因此，逃避主义与娱乐之间的联系仍然缺乏理论支撑，并且在使用与满足的理论以及享乐主义和实现主义娱乐体验的概念化中，也未得到充分的讨论。

总而言之，尽管逃避主义的概念对娱乐研究有着重要影响，但有关逃避现实的娱乐使用和效果的许多基本问题仍未得到解答。娱乐研究对于何时以及如何选择娱乐媒介逃离的问题缺乏明确的答案。此外，研究者对逃避现实的娱乐使用的潜在积极影响关注得太少。因此，逃避现实的娱乐使用是否可完全被看作功能失调的问题仍未得到回答。在此历史概述之后，出现了一个问题，即在当前的研究中如何将逃避现实的娱乐使用概念化。因而，接下来我们将描述目前有关逃避现实的娱乐使用的概念化，并讨论一些与常用定义和测量相关的问题。

当前逃避现实的娱乐使用的概念化

尽管逃避主义的概念一直很流行，但是直至今日，人们在如何定义逃避现实的娱乐使用上仍未达成共识。与卡兹和福克斯（1962）的提议相反，逃避主义的最新定义更倾向于关注媒介使用背后的具体应对策略，而非对可能产生效果的假设（Knobloch-Westerwick, et al., 2009; Li et al., 2011; Meier, et al., 2018）。在压力研究的背景下，其应被定义为"不断改变认知与行为方式，以管理特定的外部和/或内部需求，这些需求被评估为会对人造成负担，或者是超出其负担能力"（Lazarus & Folkman, 1984, p.178）。相关研究已经引入两个明显的区别，以实现主导性需求或者压力源的应对策略的系统化。首先，应对策略因关注点不同而有所不同。问题焦点应对（problem-focused coping）旨在管理或改变压力源。相反，情绪焦点应对（emotion-foucused coping）涉及寻求调节与压力源相关的情绪反应（Lazarus & Folkman, 1984）。其次，应对策略因应对取向不同而有所不同。趋向应对（approach coping）是指面向压力源的策略，而趋避应对（avoidance coping）描述了远离压力源的策略（Roth & Cohen, 1986）。媒介用户可能会将接触娱乐媒介作为一种应对策略。例如，在工作中遇到问题的人可能会决定看一部以工作为背景的电影，以获得他人也有类似问题（情绪焦点趋向应对）的安慰感或寻求建议（问题焦点趋向应对）。个体也能够通过娱乐媒介运用趋避应对策略。基于诺布洛赫（2009）等人的研究，逃避现实的媒介使用可以被定义为情绪焦点趋避应对行为。这意味着，当人们选择把娱乐消遣作为逃避的方式时，他们的目的是与压力源保持距离，从而减少与压力源相关的消极情绪，然而，这一概念在娱乐研究中并未得到一致使用——一些学者明确区分了逃避主义和应对（coping; Kahn, et al., 2015）。德梅特罗维奇（Demetrovics, 2011）等人争辩道，逃避主义脱离现实，而应对包括处理现实问题以及管理情绪和不良冲动，然而，这种区分似乎并不精准，因为目前还不清楚为什么逃避现实不能成为一种处理问题的方式。

此外，人们在逃避现实的媒介使用的维度和测量上并没有达成共识。在一项文献分析中，缪勒（Müller, 2018）确定了在逃避现实的媒介使用中存在7个不同的维度，包括逃避现实、分散注意力、孤独、忘记问题、消磨时间、情绪管理和拖延症。维度的多样性表明逃避主义经常被模棱两可地使用，这模糊了相关现象的边界。例如，许多研究者将逃避现实的媒介使用与媒介拖延等同起来，后者被定义为为了媒介使用而将预期的行动方案（工作任务）往后推（Lavoie & Pychyl, 2001; Smock, et al., 2011; Wohl, Pychyl, & Bennett, 2010）。相反，迈耶（Meier, 2018）等人提出了这些概念之间的区别，概述了相似之处和不同之处。根据他们的说法，这些概念的主要区别在于两种类型的媒介使用原因不同。他们主张，逃避现实的媒介使用源自一种目的性的媒介选择，用户打算忘记日常生活中的压力源，以获得像享受一样的替代性满足。相比之下，拖延性的媒介使用则代表了自控的失败，是短期满足需求引导下的不受控制的媒介选择结果（Meier et al., 2018）。

因此，消极的生活环境和可感知的压力更有可能导致逃避现实的娱乐使用成为一种应对反应，而无须完成一项繁重任务的想法可能导致拖延的媒介使用行为。迈耶等人

（2018）还指出了它们的共同特征，人们逃避现实和媒介拖延都是为了分散自己对不愉快的情感状态与情况的注意力。作者还认为，这两种情况都有功能失调的性质，因为它们会阻碍个人在现实中的问题处理与任务完成，而这可能会导致幸福感下降（Meier et al., 2018）。然而，逃避现实的媒介使用的本质不一定是功能失调，甚至可以用逃避主义的措施中包含了拖延性使用行为来解释先前的研究已发现的负面影响。换句话说，拖延任务通常会增加时间压力和精神压力（Meier, et al., 2018），而它又被列入逃避现实的媒介使用措施，因而效果评估显示的逃避现实的媒介使用效果可能比它实际上所具有的效果更消极。

总的来说，上述对逃避主义研究的回顾表明，研究者在定义和测量逃避现实媒介使用的方式上存在很大差异。我们认为，如果把逃避主义当作一种应对策略，那么在逃避主义概念化中出现的许多问题都可以避免，如将其与拖延混淆。因此，在接下来的研究中，我们将基于压力应对互动模型（Lazarus & Folkman, 1984）来对先前的逃避主义概念进行扩展。在此理论基础上，我们将逃避现实的媒介使用定义为一种情绪焦点趋避应对方式（Knobloch-Westerwick, et al., 2009; Kuo, Lutz, & Hiler, 2016; Stenseng, et al., 2012）。我们将提出，逃避现实的媒介使用在某些情况下可能是一种功能性的应对策略，可能对媒介用户的幸福感产生有益影响。为了进一步阐述我们的观点，我们将在接下来的章节中以刷剧为逃避现实的娱乐使用的一个典型例子。

重新审视逃避现实的娱乐使用：以刷剧为例

基于种种原因，我们认为刷剧是尝试去深入了解逃避现实的娱乐使用的理想研究对象。刷剧的几个明显特征表明，它在很大程度上被视为一种逃避主义。首先，虽然广泛的媒介使用不能直接等同于逃避主义，但是跟随角色和情节一集接一集地刷剧能帮助个体从日常生活的压力源中解脱出来（Shim & Kim, 2018）。其次，更长的使用时间能增强娱乐体验，使个人获得更愉快的补偿性满足。更具体地说，刷剧允许个体持续地沉浸和专注，这将会促进在场、传输和拟社会互动的体验（Jones, Cronin, & Piacentini, 2018; Perks, 2018; Shim & Kim, 2018）。最后，沉溺放纵性行为通常被定义为一种过度消耗的逃避方式。例如，希瑟顿和鲍梅斯特（Heatherton & Baumeister, 1991）认为，暴饮暴食是人们逃避自我意识的欲望所致，这源自人们认为自己未达到标准或实现理想。同样，如果用户想通过刷剧来分散自己对日常生活中压力源的注意力，那么刷剧也可以被看作一种逃避主义的方式。像其他的沉溺放纵性行为一样，刷剧代表了趋避应对策略（Heatherton & Baumeister, 1991），这与先前的定义——逃避现实的媒介使用是一种功能失调的应对方式——一致（Li, et al., 2011; Meier, et al., 2018）。因此，这一概念与先前对逃避现实的媒介使用的定义具有一样的消极内涵。所以，在接下来的章节中，刷剧被当作逃避现实的媒介娱乐的典型例子。我们的目标是通过将媒介使用看作一种应对形式来提供一个更全面的视角，从而拓展先前将重点放在功能失调上的逃避性媒介使用概念。

个人何时以及如何选择将逃避现实的刷剧作为应对策略?

关于应对的最流行的一个模型是由拉撒路和福尔克曼（Lazarus & Folkman, 1984）提出的压力应对的互动模型（transactional model of stress and coping）。作者区分了压力的前因后果，如需求、资源和目标，以及中介过程，即评估和应对。根据该模型，个体是否将周围环境的要求视为压力源正是取决于这些中介变量。评估有两种形式：初级评估与次级评估。初级评估是指评估当前状况与个人幸福感的相关性。个人可能认为环境的要求是无关痛痒的、积极的或有潜在危害的，因而感到了压力。如果个人认为情境要求带来了压力，他们会评估自己的应对方案和资源，也会评估特定应对策略的预期有效性和潜在后果。这一过程便是次级评估。对资源的评估包括个人对当前的精力与劳累度、解决问题的技能、社会支持的评估（Lazarus & Folkman, 1984）。研究表明，资源水平与趋向应对或问题焦点应对策略成正相关，与趋避应对或情绪焦点应对的策略成负相关（Ito & Brotheridge, 2003）。

基于这些假设我们可以得出结论，逃避现实的娱乐使用的一个基本前提是个人将环境要求评估为压力（初级评估）。在次级评估中，逃避现实的媒介使用是个体的各种应对选择之一。如果个人积极面对问题的资源很少，那么这个选项可能会显得特别有吸引力。例如，如果一个人精疲力竭了，就更有可能选择将逃避现实的刷剧作为应对策略。一项定性访谈研究的结果支持了这一观点，该研究表明，当人们寻求一项对认知要求不高的娱乐活动时，他们认为逃避现实的刷剧是有效的（Perks, 2018）。这可以用刷剧过程中对剧集的熟悉来解释，如与观看一部新电影相比，持续追随相同的叙事和角色对认知的要求更低。与此相关，皮特曼和希恩（Pittman & Sheehan, 2015）指出："在Netflix上看剧不需要花多少力气；事实上，与持续观看相比，停下来需要付出的努力更多。"（p.8）其他研究表明，个体也认为逃避现实的刷剧能有效分散自己的注意力，因为这种使用行为会促进传输体验（Perks, 2018; Wagner, 2016），这进一步强调了刷剧是一个有吸引力的应对选择。

在大多数应对压力的情况下，不同的应对策略被整合在一起（Lazarus, 1993）。福尔克曼、拉撒路、邓克尔・谢特、德隆吉斯和格伦（1986）发现，当参与者的自尊受到挑战时，他们倾向于同时使用问题焦点和趋避的应对方式。他们提出，在压力阶段，个体将两种策略结合起来，在由问题焦点应对驱使的努力与由情绪焦点应对带来的与压力源分离的暂缓阶段之间交替。这一结果也符合以下假设：强威胁和高压力会导致更多的情绪焦点应对策略，因为直接应对这些威胁需要使用许多资源（Lazarus & Folkman, 1984）。因此，当问题焦点应对的情境要求或挑战消耗的资源特别多时，个人更有可能选择将逃避现实的媒介使用方式作为应对策略，如刷剧。但是，这并不意味着刷剧在暂时解决挑战或压力带来的问题时，必然会削弱或替代之后的问题焦点应对。根据拉撒路和福尔克曼（1984）的研究，情绪焦点应对甚至可以通过促进应对资源的恢复来增强之后的问题焦点应对。因此，如果个人在其自尊遭受挑战后感到焦虑和压力，刷剧能够帮助他们调节这些负面状态，积极面对问题。

总而言之，我们认为评估过程对于理解逃避现实的媒介使用（刷剧）至关重要。也就是说，刷剧是一种逃避现实的应对方式，它基于各种情况进行评估，如个体的资源以及在特定情况下作为应对策略的娱乐使用的预期效果。在此理论基础上，我们将详细阐述逃避现实的刷剧的功能。

刷剧作为应对方式的功能性

对逃避主义一词的使用历史回顾表明，到目前为止，娱乐学者主要把它描述为功能失调，但上述考量已经说明，逃避主义作为一种应对策略可能会产生有益效果。压力应对互动模型（Lazarus & Folkman, 1984）显示，应对过程本质上没有好坏之分。科恩、海莱和莱热（Kohn, Hay, & Legere, 1994）支持了这一观点，他们发现应对方式对个人幸福感的影响并不一致且很小，并得出结论，应对方式并不能决定应对过程的有效性。相反，任何应对模式的效用都会随着研究的预期效果、评估功能的时间点以及应对方式与压力情境要求之间的契合度而变化（Lazarus & Folkman, 1987; Roth & Cohen, 1986）。

首先，为了将逃避现实的媒介使用的功能（刷剧）作为一种应对策略来评估，必须确定其效果。如上所述，早期关于逃避现实的娱乐使用的研究集中在这种使用行为对社会产生负面影响的方式上（政治参与），而新近研究更关注心理过程，检验了其对个人的影响（心理困扰）。应对方面的研究进一步揭示了刷剧之类的逃避现实的媒介使用可能产生积极影响。遵循罗斯和科恩（Roth & Cohen, 1986）的观点，趋避应对可以帮助个人减轻压力和焦虑，增加希望和勇气，并使其面对挑战，从而可以培养他们的掌控感。正如上面明确指出的那样，体验积极的影响并减少痛苦"有助于补充资源并支持下一步的应对"（Folkman & Moskowitz, 2004, p.766）。据我们所知，这些趋避应对的有益效果在逃避现实的媒介使用的背景下还未被系统研究。对刷剧的研究发现了其对放松的有益影响（Panda & Pandey, 2017），但没有详述各自的媒介使用是否代表逃避现实的应对方式。只有珀克斯（Perks, 2018）专门对逃避现实的刷剧进行了一项定性研究，她的研究结果支持了这样一种观点，即逃避现实的刷剧能让人放松，这为逃避现实的媒介使用带来的益处提供了初步支持。

其次，应对方式的功能取决于人们是对短期效果还是长期效果感兴趣。其即时效果包括情感反应和对应对是否成功的感知。长期来看，应对过程可能会影响个体的幸福感和社会功能（Lazarus & Folkman, 1987）。一项元分析的结果显示，在压力体验的早期阶段，趋避应对有更多的益处，而在长期阶段，趋向应对更有效（Suls & Fletcher, 1985）。趋避应对最有益的长期效应是能够促进趋向应对（Roth & Cohen, 1986）。既有的与逃避现实的娱乐使用的长期影响（对媒介用户生活满意度的影响）有关的研究依赖于横断面数据（Hagström & Kaldo, 2014; Stenseng, et al., 2012），导致许多东西仍未被探索，如逃避现实的娱乐方式与其他应对策略在长时间内是如何相互作用的。

最后，应对方式与压力情境要求之间的契合度决定了应对是否具有好的效果（Lazarus & Folkman, 1987）。研究表明，当个体能够控制压力源时，趋向或问题焦点应对更有效，而当其无法控制情境时，趋避或情绪焦点应对更有效（Eatough & Chang, 2018; Lazarus & Folkman, 1987）。所以，为了有效地应对，个人需要评估实际情况，并选择适当的应对策略。因此，逃避现实的娱乐在某些情况下是有益的，而在另一些情况下适得其反。一个例子是处理与朋友的争吵。在暂时无法与朋友联系且两人之间的冲突无法解决的情况下，通过刷剧来分散消极想法是有益的。但从长远来看，只要联系到朋友，冲突就可以得到解决，刷剧这种应对策略便会失效。这说明研究必须考虑逃避现实的娱乐使用的背景，以便检查其结果。到目前为止，这些背景因素在逃避现实娱乐使用的影响研究和刷剧的研究中都没有得到系统探讨。

总之，我们可以得出这样的结论：像刷剧这样的逃避现实的娱乐使用，并非本身就是或一直是功能性失调的。如果逃避现实的应对方式满足了压力情境的要求，就有可能产生有益结果，尤其像压力减轻和掌控力提高这类的短期效果。逃避现实的娱乐使用也有可能与其他应对压力的策略产生相互作用。趋避和情绪焦点应对方式已被证明在其他生活领域有理想的效果，如这些应对方式帮助个人缓解与工作相关的情绪耗竭，并使个人能够掌控情绪状态（Carson & Polman, 2010; Krischer, Penney, & Hunter, 2010）。但这些效果仍然需要在娱乐使用的背景下进行研究，这是逃避现实的媒介使用未来的研究任务。与之相关的观点，如通过媒介从压力和紧张中恢复，已经得到了娱乐研究的更多关注（Reinecke & Eden, 2017），它们也许能够为讨论逃避现实的娱乐使用的潜在积极影响提供信息。接下来，我们将探讨逃避现实的刷剧可能带来的一种特殊的有益影响——恢复体验。

逃避现实的媒介使用的积极影响以及刷剧和媒介诱导的恢复

根据之前以情绪为中心对趋避应对效果的讨论，我们认为逃避现实的刷剧有很大的促进恢复潜力。恢复（recovery）指的是一种过程，即“受损情绪与行动先决条件的恢复，往往也反映为紧张生理指标的减少”（Sonnentag & Fritz, 2007, p.205）。与关注内部资源的恢复相反，应对是指个体选择对情境要求和压力做出反应的过程与策略。因此我们可以清楚地区分这两个概念。同时，恢复与应对过程有着紧密联系。这一点在上述关于概念的讨论中尤为明显，即情绪焦点应对有可能是一种暂时的压力缓解策略，从而有助于恢复已经耗尽的应对资源（Lazarus & Folkman, 1984; Roth & Cohen, 1986）。

索南塔格和弗里兹（Sonnentag & Fritz, 2007）提出了成功恢复的4个关键维度：心理脱离、放松、掌握和控制。虽然趋避应对可能会带来一些掌握和控制体验（Roth & Cohen, 1986），但其与心理脱离和放松的联系更紧密。因此，下文将专注于逃避现实的娱乐使用的结果，即恢复体验的心理脱离和放松两个方面。心理脱离是指从关于压力源的思绪中抽身出来（Sonnentag & Fritz, 2007）。因此，这种构想与逃避现实的娱乐使用的定义密切相关，逃避现实的娱乐使用是个人试图从压力源中分散注意力的一种趋避应对策略（Reinecke, 2009）。放松这一维度的特征是低激活状态和积极影响增加（Sonnentag & Fritz, 2007, p.206）。因此，放松符合逃避主义，逃避主义是一种情绪焦点应对策略，个体希望通过这种策略来调节情绪反应，并且当个体资源有限时，这种策略显得尤为有吸引力。

先前的研究表明，娱乐活动总体上可以促进恢复，特别是可以促进心理脱离和放松（Reinecke & Rieger, this volume）。在赖内克和霍夫曼（2016）的研究中，参与者在精疲力竭时倾向于使用媒介进行恢复。纳比、佩雷斯托雷斯和普雷斯汀（Nabi, PérezTorres, & Prestin, 2017）的研究结果表明，媒介使用是应对压力的常用策略之一。但是，研究者没有具体说明参与者使用的是哪种媒介应对策略。更为重要的是，赖内克（2009）发现，情绪焦点应对的参与者比问题焦点应对的参与者更倾向于使用游戏来摆脱与工作相关的疲劳和日常烦恼。这支持了媒介用户参与逃避现实的媒介使用是为了从压力中恢复的观点。赖内克、克拉特和钱德勒（Klatt & Krämer, 2011）的研究结果表明，互动和非互动媒介产品都会引发恢复体验。媒介使用带来的最强的恢复是放松和心理脱离。此外，研究还发现，媒介诱导的恢复体验、活力与认知表现成正相关（Reinecke, et al., 2011）。里格尔（Rieger, 2017）等人研究了具有积极情感效价和消极情感效价的视频片段在恢复潜力方面的差异。他们的研究结果表明，无论是正面还是负面的媒介信息，都会加深心理脱离的程度。不同的是，具有积极情感效价的视频片段会导致更大程度的放松。因此，如果个人接触的媒介中具有积极情感效价的内容，那么逃避现实的娱乐使用更有可能促进恢复。

逃避现实的刷剧在促进心理脱离和放松上卓有成效。如上所述，刷剧可以使人有效地逃避现实，因为一集接一集地跟随角色和情节有助于分散日常压力，这将产生一种心理脱离的体验。此外，我们认为，刷剧会强化传输或认同娱乐体验，从而使个人获得比只观看一集更愉悦的满足感，这样可以增强放松感。在低激活状态下，刷剧也能促进放松体验。与这一假设相一致的是，在珀克斯（Perks, 2018）的一项研究中，参与者表示他们逃避现实的大量刷剧是为了放松身心，因为他们认为这种活动对认知要求不高。

但是，刷剧这一案例也暴露出作为应对策略的逃避现实的媒介使用所存在的隐患：

在格兰诺（Granow, 2018）等人的一项研究中，刷剧对恢复体验没有明显的直接影响。相反，他们的研究结果揭示了刷剧对恢复产生的间接的负面影响，这种影响以目标冲突和由此产生的内疚感为中介。这些结果强调了应对策略与应激诱导情境要求之间相匹配的重要性（Lazarus & Folkman, 1987）：刷剧作为一种逃避现实的应对，在与情境要求一致的情况下，可能产生有益的作用，如心理脱离和放松，然而，如果它与其他情境目标和义务相冲突，则可能产生额外的压力，如消极的自我意识情绪。这表明，自控可能是逃避现实的媒介使用效果的主要调节变量（Hofmann, Reinecke, & Meier, 2017）。如果将逃避现实的刷剧作为应对压力的一种策略性和意志性应对方式，则很可能会带来诸如恢复之类的积极影响。但是，如果媒介使用者在存在目标冲突的情况下"屈服"于刷剧，使逃避现实的媒介使用成为一种失败的自控形式，刷剧很可能带来负面后果和更多压力。

结论与未来方向

本章旨在对逃避现实的媒介使用的先前概念进行整合和扩展。我们建议将逃避现实的媒介使用概念化为应对策略（Lazarus & Folkman, 1984）：媒介用户通过逃避现实的娱乐使用使自己与压力源保持距离（趋避应对）并减少与压力源相关的负面情绪（情绪焦点应对）。将逃避现实的娱乐使用定义为一种应对功能，并非一定会带来某种后果（Katz & Foulkes, 1962）。例如，通过沉迷于逃避现实的刷剧来应对压力并不一定会让人分心，也不一定会带来更好的心情，反而可能产生其他意想不到的后果，如使人产生消极的自我意识情绪（Granow, et al., 2018）。将逃避现实的娱乐使用概念化为应对方式，可以使人们对这种类型的媒介使用的选择和效果有更深入的理论理解。基于压力应对互动模型（Lazarus & Folkman, 1984），我们可以将逃避现实的娱乐使用理解为初级评估和次级评估之间相互作用的复杂结果：个人在遇到压力时进行逃避现实的娱乐使用（初次评估）并假设娱乐使用提供了有效的应对策略和/或（暂时）没有用问题焦点应对的资源（次级评估）。与先前大多数逃避现实研究的基本假设相反，这种行为不一定是功能失调的。如果逃避现实的娱乐使用满足紧张情况的要求，则可能会产生有益的效果，如个体从压力中得以恢复。

如何从应对视角来推进对逃避现实的娱乐使用的研究？许多逃避现实的媒介使用的边界条件尚未厘清。为了解释和发现逃避现实的娱乐使用的利弊，有必要考虑这种行为的具体情境。例如，尚不清楚哪种情境会影响上述的初级评估和次级评估过程，使逃避现实的媒介在给定的诱发压力事件中成为具有强吸引力或弱吸引力的应对方法。此外，由于大多数关于逃避现实的媒介使用的负面影响的研究都是基于横截面数据，因此需要进行实验或纵向研究，来更好地区分逃避现实的娱乐使用的短期和长期后果。长期研究也可以探索逃避现实的娱乐活动是否可与其他应对压力的策略相互促进。

观看模式可能影响媒介用户的应对行为和效果。我们认为，刷剧可能会增强娱乐体验，让个人获得比单看一集更多的愉悦和满足。此外，不间断地观看剧集可以帮助用户忘记日常的压力。基于这些原因，我们假设刷剧是一种有效逃避现实的应对方式，可以显著促进恢复，然而，这些假设仍然需要检验。总的来说，大多数关于逃避主义和作为应对策略的刷剧之间联系的研究都是定性研究（Flayelle, Maurage, & Billieux, 2017），这种联系需要在具有代表性样本的定量研究中得到验证。例如，珀克斯（2018）的调查结果表明，人格差异在逃避现实的刷剧下的内容选择中发挥了作用。一些受访者表示，沉迷于《权力的游戏》这样的复杂叙事可以帮助他们摆脱压力，另一些人则更喜欢不那么烧脑的内容。

遵循迈耶等人（2018）的观点，我们认为，必须对逃避现实的娱乐使用与媒介拖延进行区分。尽管如此，研究还能够从探究这两种概念的联系中受益。格兰诺等人（2018）发现，刷剧与目标冲突的增加相关，这将导致刷剧的内疚感。研究者认为："受众观看连续剧的时间越长，他们失去使用控制的风险就越大，这将导致目标冲突，因为他们推迟了实现长期目标必须完成的任务，以此来继续关注吸引人的内容，获得短期满足。"（Granow, et al., 2018, p.394）许多研究都支持这一观点，即媒介用户有时会因为刷剧而感知到目标冲突，并会对此感到内疚（Steiner & Xu, 2018; Walton-Pattison, Dombrowski, & Presseau, 2018）。同样一种效果，它能够使刷剧成为一种有效逃避现实的工具，也能增加失控的风险。这表明，自控是逃避现实的媒介使用效果的主要调节变量，需要在未来的娱乐研究中进行更系统的探索（Reinecke & Meier, this volume）。

另一种观点强调聚焦于媒介内容特征来探究特定媒介刺激对逃避现实应对的潜力。在这种背景下，值得注意的是，尽管逃避主义最初与用户接触对认知要求不高的媒介内容有关，但最近许多新出现的电视剧和故事倾向于在因果结构上表现得更为复杂，而它们同样可能被用于逃避现实的刷剧。因此，未来的研究可以从叙事结构的角度来考察逃避现实的刷剧。同样，虽然传统观点认为，轻娱乐（浪漫喜剧）能够满足逃避现实者的需求，但人们对于它的典型特征（和谐与美）如何影响逃避现实者的媒介使用和效果知之甚少。由媒介使用引发的社会互动，如多人在线游戏中的社会互动可能会提供情绪上的支持，并提供逃避现实的媒介使用与额外的情绪焦点应对形式之间的理论联系（Lazarus & Folkman, 1984）。

我们的分析表明，这些与应对有关的资料为广泛理解逃避现实的媒介使用概念提供了依据。将逃避现实的娱乐使用概念化为应对行为，或许有助于识别逃避现实的媒介使用和相关理论——情绪管理理论（Zillmann, 1988）、娱乐的双因素模型（Oliver & Bartsch, 2010），或媒介诱导恢复理论（Reinecke & Eden, 2017; Reinecke & Rieger, this volume）——之间的异同。此外，完善上述研究将有助于我们了解媒介用户何时以及如何通过娱乐使用逃避现实，有助于我们更全面地了解这种娱乐使用的风险和裨益。

参考文献

Bartsch, A., & Schneider, F. M. (2014). Entertainment and politics revisited: How non-escapist forms of entertainment can stimulate political interest and information seeking. *Journal of Communication*, 64(3), 369–396. doi:10.1111/jcom.12095.

Blumler, J. G. (1979). The role of theory in uses and gratifications studies. *Communication Research*, 6(1), 9–36.

Carson, F., & Polman, R. C. J. (2010). The facilitative nature of avoidance coping within sports injury rehabilitation. *Scandinavian Journal of Medicine & Science in Sports*, 20(2), 235–240. doi:10.1111/j.1600–0838.2009.00890.x.

Conway, J. C., & Rubin, A. M. (1991). Psychological predictors of television viewing motivation. *Communication Research*, 18(4), 443–463.

Dahrendorf, M. (1973). Literarische Wirkung und Literaturdidaktik [Literary impact and literary didactics]. In A. C. Baumgärtner (Ed.), *Lesen. Ein Handbuch: Lesestoff, Leser und Leseverhalten, Lesewirkungen, Leseerziehung, Lesekultur* (pp. 313–352). Hamburg, Germany: Verlag für Buchmarkt-Forschung.

Demetrovics, Z., Urbán, R., Nagygyörgy, K., Farkas, J., Zilahy, D., Mervó, B., … Harmath, E. (2011). Why do you play? The development of the motives for online gaming questionnaire (MOGQ). *Behavior Research Methods*, 43(3), 814–825. doi:10.3758/s13428-011-0091-y.

Eatough, E. M., & Chang, C.-H. (2018). Effective coping with supervisor conflict depends on control: Implications for work strains. *Journal of Occupational Health Psychology*, 23(4), 537–552. doi:10.1037/ocp0000109.

Finn, S., & Gorr, M. B. (1988). Social isolation and social support as correlates of television viewing motivations. *Communication Research*, 15(2), 135–158.

Flayelle, M., Maurage, P., & Billieux, J. (2017). Toward a qualitative understanding of bingewatching behaviors: A focus group approach. *Journal of Behavioral Addictions*, 6(4), 457–471. doi:10.1556/2006.6.2017.060.

Folkman, S., Lazarus, R. S., Dunkel-Schetter, C., DeLongis, A., & Gruen, R. J. (1986). Dynamics of a stressful encounter: Cognitive appraisal, coping, and encounter outcomes. *Journal of Personality and Social Psychology*, 50(5), 992–1003.

Folkman, S., & Moskowitz, J. T. (2004). Coping: Pitfalls and promise. *Annual Review of Psychology*, 55, 745–774. doi:10.1146/annurev.psych.55.090902.141456.

Granow, V. C., Reinecke, L., & Ziegele, M. (2018). Binge-watching and psychological wellbeing: Media use between lack of control and perceived autonomy. *Communication Research Reports*, 35(5), 392–401. doi:10.1080/08824096.2018.1525347.

Green, M. C. (2005). Transportation into narrative worlds: Implications for the self. In A. Tesser, J. V. Wood, & D. A. Stapel (Eds.), *On building, defending, and regulating the self. A psychological perspective* (pp. 53–76). New York, NY: Psychology Press.

Greenwood, D. N. (2008). Television as escape from self: Psychological predictors of media involvement. *Personality and Individual Differences*, 44(2), 414–424. doi:10.1016/j.paid.2007.09.001.

Groeben, N., & Vorderer, P. (1988). *Leserpsychologie: Lesemotivation—Lektürewirkung* [Reader's psychology: Reading motivation and impact]. Münster, Germany: Aschendorff.

Hagström, D., & Kaldo, V. (2014). Escapism among players of MMORPGs—conceptual clarification, its relation to mental health factors, and development of a new measure. *Cyberpsychology, Behavior, and Social Networking*, 17(1), 19–25. doi:10.1089/cyber.2012.0222.

Heatherton, T. F., & Baumeister, R. F. (1991). Binge eating as escape from self-awareness. *Psychological Bulletin*, 110(1), 86–108.

Hefner, D., Klimmt, C., & Vorderer, P. (2007). Identification with the player character as determinant of video game enjoyment. In L. Ma, M. Rauterberg, & R. Nakatsu (Eds.), *Lecture notes in computer science: Vol. 4740. Entertainment computing—ICEC 2007* (pp. 39–48). Berlin, Germany: Springer.

Henning, B., & Vorderer, P. (2001). Psychological escapism: Predicting the amount of television viewing by need for cognition. *Journal of Communication*, 51(1), 100–120. doi:10.1111/j.1460–2466.2001.tb02874.x.

Hofmann, W., Reinecke, L., & Meier, A. (2017). Of sweet temptations and bitter aftertaste: Self-control as a moderator of the effects of media use on well-being. In L. Reinecke & M. B. Oliver (Eds.), *The Routledge handbook of media use and well-being. International perspectives on theory and research on positive media effects* (pp. 211–222). New York, NY: Routledge.

Horton, D., & Richard Wohl, R. (1956). Mass communication and para-social interaction. *Psychiatry*, 19(3), 215–229. doi:10.1080/00332747.1956.11023049.

Ito, J. K., & Brotheridge, C. M. (2003). Resources, coping strategies, and emotional exhaustion: A conservation of resources perspective. *Journal of Vocational Behavior*, 63(3), 490–509. doi:10.1016/S0001-8791(02)00033–7.

Jones, S., Cronin, J., & Piacentini, M. G. (2018). Mapping the extended frontiers of escapism: Binge-watching and hyperdiegetic exploration. *Journal of Marketing Management*, 34(5–6), 497–508. doi:10.1080/0267257X.2018.1477818.

Kaczmarek, L. D., & Drążkowski, D. (2014). MMORPG escapism predicts decreased well-being: Examination of gaming time, game realism beliefs, and online social support for offline problems. *Cyberpsychology, Behavior, and Social Networking*, 17(5), 298–302. doi:10.1089/cyber.2013.0595.

Kahn, A. S., Shen, C., Lu, L., Ratan, R. A., Coary, S., Hou, J., … Williams, D. (2015). The Trojan Player Typology: A cross-genre, cross-cultural, behaviorally validated scale of video game play motivations. *Computers in Human Behavior*, 49, 354–361. doi:10.1016/j.chb.2015.03.018.

Katz, E., & Foulkes, D. (1962). On the use of the mass media as "escape": Clarification of a concept. *Public Opinion Quarterly*, 26(3), 377–388.

Katz, E., Haas, H., & Gurevitch, M. (1973). On the use of the mass media for important things. *American Sociological Review*, 38(2), 164–181.

Kim, J., & Haridakis, P. M. (2009). The role of Internet user characteristics and motives in explaining three dimensions of Internet addiction. *Journal of Computer-Mediated Communication*, 14(4), 988–1015. doi:10.1111/j.1083–6101.2009.01478.x.

Kırcaburun, K., & Griffiths, M. D. (2019). Problematic Instagram use: The role of perceived feeling of presence and escapism. *International Journal of Mental Health and Addiction*, 17, 909–921. doi:10.1007/s11469-018-9895-7.

Klapper, J. T. (1949). *The effects of mass media: A report to the director of the public library inquiry*. New

York, NY: Columbia University Bureau of Applied Social Research.

Klimmt, C. (2008). Escapism. In W. Donsbach (Ed.), *The international encyclopedia of communication* (Vol. 4, pp. 1564–1566). London, UK: Blackwell.

Knobloch-Westerwick, S. (2015). *Choice and preference in media use: Advances in selective exposure theory and research*. New York, NY: Routledge.

Knobloch-Westerwick, S., Hastall, M. R., & Rossmann, M. (2009). Coping or escaping? Effects of life dissatisfaction on selective exposure. *Communication Research*, 36(2), 207–228. doi:10.1177/0093650208330252.

Kohn, P. M., Hay, B. D., & Legere, J. J. (1994). Hassles, coping styles, and negative well-being. *Personality and Individual Differences*, 17(2), 169–179.

Krischer, M. M., Penney, L. M., & Hunter, E. M. (2010). Can counterproductive work behaviors be productive? CWB as emotion-focused coping. *Journal of Occupational Health Psychology*, 15(2), 154–166. doi:10.1037/a0018349.

Kubey, R. W. (1986). Television use in everyday life: Coping with unstructured time. *Journal of Communication*, 36(3), 108–123. doi:10.1111/j.1460–2466.1986.tb01441.x.

Kubey, R. W., & Csikszentmihalyi, M. (1990). Television as escape: Subjective experience before an evening of heavy viewing. *Communication Reports*, 3(2), 92–100.

Kuo, A., Lutz, R. J., & Hiler, J. L. (2016). Brave new World of Warcraft: A conceptual framework for active escapism. *Journal of Consumer Marketing*, 33(7), 498–506. doi:10.1108/JCM-04-2016-1775.

Lavoie, J. A. A., & Pychyl, T. A. (2001). Cyberslacking and the procrastination superhighway: A web-based survey of online procrastination, attitudes, and emotion. *Social Science Computer Review*, 19(4), 431–444. doi:10.1177/089443930101900403.

Lazarsfeld, P. F., & Merton, R. K. (1957). Mass communication, popular taste and organized social action. In B. Rosenberg & D. M. White (Eds.), *Mass culture. The popular arts in America* (pp. 457–473). New York, NY: The Free Press.

Lazarus, R. S. (1993). From psychological stress to the emotions: A history of changing outlooks. *Annual Review of Psychology*, 44, 1–22.

Lazarus, R. S., & Folkman, S. (1984). *Stress, appraisal, and coping*. New York, NY: Springer.

Lazarus, R. S., & Folkman, S. (1987). Transactional theory and research on emotions and coping. *European Journal of Personality*, 1(3), 141–169.

Li, D., Liau, A., & Khoo, A. (2011). Examining the influence of actual-ideal self-discrepancies, depression, and escapism, on pathological gaming among massively multiplayer online adolescent gamers. *Cyberpsychology, Behavior, and Social Networking*, 14(9), 535–539. doi:10.1089/cyber.2010.0463.

Maccoby, E. E. (1954). Why do children watch television? *Public Opinion Quarterly*, 18(3), 239–244.

Masur, P. K., Reinecke, L., Ziegele, M., & Quiring, O. (2014). The interplay of intrinsic need satisfaction and Facebook specific motives in explaining addictive behavior on Facebook. *Computers in Human Behavior*, 39, 376–386. doi:10.1016/j.chb.2014.05.047.

Meier, A., Meltzer, C. E., & Reinecke, L. (2018). Coping with stress or losing control? Facebook-induced strains among emerging adults as a consequence of escapism versus procrastination. In R. Kühne, S. E. Baumgartner, T. Koch, & M. Hofer (Eds.), *Youth and media: Current perspectives on media use and effects* (pp. 167–186). Baden-Baden, Germany: Nomos.

Morgan, M. (1984). Heavy television viewing and perceived quality of life. *Journalism Quarterly*, 61(3),

499–740.

Moskalenko, S., & Heine, S. J. (2003). Watching your troubles away: Television viewing as a stimulus for subjective self-awareness. *Personality and Social Psychology Bulletin*, 29(1), 76–85. doi:10.1177/0146167202238373.

Müller, S. (2018). *Flüchten mit Facebook: Potenziale der eskapistischen Nutzung sozialer Medien* [Escaping with Facebook: Potential of escapist social media use]. Baden-Baden, Germany: Nomos.

Nabi, R. L., Pérez Torres, D., & Prestin, A. (2017). Guilty pleasure no more: The relative importance of media use for coping with stress. *Journal of Media Psychology*, 29(3), 126–136. doi:10.1027/1864–1105/a000223.

Netflix. (2018). *Do you remember your first time ... bingeing on Netflix?* Retrieved from https://media.netflix.com/en/press-releases/warning-this-netflix-press-release-is-for-matureaudiences-only Oliver, M. B., & Bartsch, A. (2010). Appreciation as audience response: Exploring entertainment gratifications beyond hedonism. Human Communication Research, 36(1), 53–81. doi:10.1111/j.1468–2958.2009.01368.x.

Olsen, M. E. (1960). Motion picture attendance and social isolation. *The Sociological Quarterly*, 1(2), 107–116.

Panda, S., & Pandey, S. C. (2017). Binge watching and college students: Motivations and outcomes. *Young Consumers*, 18(4), 425–438. doi:10.1108/YC-07-2017-00707.

Pearlin, L. I. (1959). Social and personal stress and escape television viewing. *Public Opinion Quarterly*, 23(2), 255–259. doi:10.1086/266870.

Perks, L. G. (2018). Media marathoning and health coping. *Communication Studies*, 70(1), 19–35. doi:10.1080/10510974.2018.1519837.

Pittman, M., & Sheehan, K. (2015). Sprinting a media marathon: Uses and gratifications of binge-watching television through Netflix. *First Monday*, 20(10), 1–12.

Postman, N. (1985). *Amusing ourselves to death: Public discourse in the age of show business*. London, UK: Methuen.

Quinn, K. (2016). Why we share: A uses and gratifications approach to privacy regulation in social media use. *Journal of Broadcasting and Electronic Media*, 60(1), 61–86. doi:10.1080/0 8838151.2015.1127245.

Raney, A. A. (2011). The role of morality in emotional reactions to and enjoyment of media entertainment. *Journal of Media Psychology*, 23(1), 18–23. doi:10.1027/1864–1105/a000027.

Reinecke, L. (2009). Games and recovery: The use of video and computer games to recuperate from stress and strain. *Journal of Media Psychology*, 21(3), 126–142. doi:10.1027/1864–1105.21.3.126.

Reinecke, L., & Eden, A. (2017). Media use and recreation: Media-induced recovery as a link between media exposure and well-being. In L. Reinecke & M. B. Oliver (Eds.), *The Routledge handbook of media use and well-being: International perspectives on theory and research on positive media effects* (pp. 106–117). New York, NY: Routledge.

Reinecke, L., & Hofmann, W. (2016). Slacking off or winding down? An experience sampling study on the consequences of media use for recovery versus procrastination. *Human Communication Research*, 42(3), 441–461. doi:10.1111/hcre.12082.

Reinecke, L., Klatt, J., & Krämer, N. C. (2011). Entertaining media use and the satisfaction of recovery needs: Recovery outcomes associated with the use of interactive and noninteractive entertaining media. *Media Psychology*, 14(2), 192–215. doi:10.1080/15213269.2011.573466.

Rieger, D., Reinecke, L., & Bente, G. (2017). Media-induced recovery: The effects of positive versus negative media stimuli on recovery experience, cognitive performance, and energetic arousal. *Psychology of Popular Media Culture*, 6(2), 174–191. doi:10.1037/ppm0000075.

Riley, M. W., & Riley, J., Jr. (1951). A sociological approach to communications research. *Public Opinion Quarterly*, 15(3), 445–460.

Rosa, H. (2016). *Resonanz: Eine Soziologie der Weltbeziehung* [Resonance: A sociology of the relationship to the world]. Berlin, Germany: Suhrkamp.

Roth, F. S., Weinmann, C., Schneider, F. M., Hopp, F. R., & Vorderer, P. (2014). Seriously entertained: Antecedents and consequences of hedonic and eudaimonic entertainment experiences with political talk shows on TV. *Mass Communication and Society*, 17(3), 379–399. doi:10.1080/15205436.2014.891135.

Roth, S., & Cohen, L. J. (1986). Approach, avoidance, and coping with stress. *American Psychologist*, 41(7), 813–819.

Rubin, A. M. (1983). Television uses and gratifications: The interactions of viewing patterns and motivations. *Journal of Broadcasting & Electronic Media*, 27(1), 37–51.

Rubin, A. M. (1985). Uses of daytime television soap operas by college students. *Journal of Broadcasting & Electronic Media*, 29(3), 241–258.

Rubin, A. M. (2008). Uses-and-gratifications perspective on media effects. In J. Bryant & M. B. Oliver (Eds.), *Media effects: Advances in theory and research* (3rd ed., pp. 165–184). New York, NY: Routledge.

Schlütz, D. M. (2016). Contemporary quality TV: The entertainment experience of complex serial narratives. *Annals of the International Communication Association*, 40(1), 95–124. doi:10.1080/23808985.2015.1173 5257.

Schulz, W. (1997). Vielseher im dualen Rundfunksystem: Sekundäranalyse zur Langzeitstudie Massenkommunikation [Frequent viewers in the dual broadcasting system: Secondary analysis for a long-term study on mass communication]. *Media Perspektiven*, 2, 92–102.

Shade, D. D., Kornfield, S., & Oliver, M. B. (2015). The uses and gratifications of media migration: Investigating the activities, motivations, and predictors of migration behaviors originating in entertainment television. *Journal of Broadcasting & Electronic Media*, 59(2), 318–341. doi:10.1080/08838151.2015.102 9121.

Shim, H., & Kim, K. J. (2018). An exploration of the motivations for binge-watching and the role of individual differences. *Computers in Human Behavior*, 82, 94–100. doi:10.1016/j.chb.2017.12.032.

Slater, M. D., Johnson, B. K., Cohen, J., Comello, M. L. G., & Ewoldsen, D. R. (2014). Temporarily expanding the boundaries of the self: Motivations for entering the story world and implications for narrative effects. *Journal of Communication*, 64(3), 439–455. doi:10.1111/jcom.12100.

Smock, A. D., Ellison, N. B., Lampe, C., & Wohn, D. Y. (2011). Facebook as a toolkit: A uses and gratification approach to unbundling feature use. *Computers in Human Behavior*, 27(6), 2322–2329. doi:10.1016/ j.chb.2011.07.011.

Sonnentag, S., & Fritz, C. (2007). The Recovery Experience Questionnaire: Development and validation of a measure for assessing recuperation and unwinding from work. *Journal of Occupational Health Psychology*, 12(3), 204–221. doi:10.1037/1076–8998.12.3.204.

Steiner, E., & Xu, K. (2018). Binge-watching motivates change: Uses and gratifications of streaming video viewers challenge traditional TV research. *Convergence: The International Journal of Research into New Media Technologies*. Advance online publication. doi:10.1177/1354856517750365.

Stenseng, F., Rise, J., & Kraft, P. (2012). Activity engagement as escape from self: The role of self-suppression and self-expansion. *Leisure Sciences*, 34(1), 19–38. doi:10.1080/01490400.2012.633849.

Suls, J., & Fletcher, B. (1985). The relative efficacy of avoidant and nonavoidant coping strategies: A meta-analysis. *Health Psychology*, 4(3), 249–288.

Tamborini, R., Bowman, N. D., Eden, A., Grizzard, M., & Organ, A. (2010). Defining media enjoyment as the satisfaction of intrinsic needs. *Journal of Communication*, 60(4), 758–777. doi:10.1111/j.1460–2466.2010.01513.x.

van den Eijnden, R. J. J.M., Lemmens, J. S., & Valkenburg, P. M. (2016). The Social Media Disorder Scale. *Computers in Human Behavior*, 61, 478–487. doi:10.1016/j.chb.2016.03.038.

van Looy, J., Courtois, C., de Vocht, M., & de Marez, L. (2012). Player identification in online games: Validation of a scale for measuring identification in MMOGs. *Media Psychology*, 15(2), 197–221. doi:10.1080/15213269.2012.674917.

Vorderer, P. (2011). What's next? Remarks on the current vitalization of entertainment theory. *Journal of Media Psychology*, 23(1), 60–63. doi:10.1027/1864–1105/a000034.

Wagner, C. N. (2016). *"Glued to the sofa": Exploring guilt and television binge-watching behaviors*. Honors Thesis. Trinity University, San Antonio, TX.

Walton-Pattison, E., Dombrowski, S. U., & Presseau, J. (2018). "Just one more episode": Frequency and theoretical correlates of television binge watching. *Journal of Health Psychology*, 23(1), 17–24. doi:10.1177/1359105316643379.

Wohl, M. J.A., Pychyl, T. A., & Bennett, S. H. (2010). I forgive myself, now I can study: How self-forgiveness for procrastinating can reduce future procrastination. *Personality and Individual Differences*, 48(7), 803–808. doi:10.1016/j.paid.2010.01.029.

Yee, N. (2006). Motivations for play in online games. *Cyberpsychology & Behavior*, 9(6), 772–775. doi:10.1089/cpb.2006.9.772.

Young, N. L., Kuss, D. J., Griffiths, M. D., & Howard, C. J. (2017). Passive Facebook use, Facebook addiction, and associations with escapism: An experimental vignette study. *Computers in Human Behavior*, 71, 24–31. doi:10.1016/j.chb.2017.01.039.

Zillmann, D. (1988). Mood management through communication choices. *American Behavioral Scientist*, 31(3), 327–340.

第十一章　媒介娱乐是罪恶的愉悦吗？
——关于媒介使用、自控和娱乐的评价模型

莱昂纳德·雷内克
亚德里安·迈耶

媒介与传播技术的使用是日常生活中最具挑战性的诱惑（Hofmann, Vohs, & Baumeister, 2012; Reinecke & Hofmann, 2016），长期以来被视作自律失败之源（LaRose, Lin, & Eastin, 2003）。尽管一些失败可能是偶发且有益的，但越来越多的证据表明，缺乏自控的媒介娱乐对健康与幸福有负面影响。从久坐（Kubey & Csikszentmihalyi, 1990; Marker, Gnambs, & Appel, 2019）到沉迷于社交媒介的拖延症（Meier, Reinecke, & Meltzer, 2016）、"刷剧"行为（Granow, Reinecke, & Ziegele, 2018; Halfmann & Reinecke, this volume），缺乏自控的媒介使用的核心问题已经显现（Hofmann, Reinecke, & Meier, 2017; LaRose et al., 2003; Tokunage & Rains, 2016）。虽然娱乐常常与积极的情感或疗愈相关，且与工作、压力形成了鲜明的对比（Luong & knobloch-Westerwick, this volume; Reinecke & Rieger, this volume），但本研究明确指出，娱乐内容的吸引力会诱使用户优先考虑媒介（使用）带来的快感，从而在日常生活中的其他领域甘冒承担负面后果的风险，如与家人或朋友发生冲突、在职场或校园表现不佳、睡眠不足等。

（缺乏）自控能够通过一些特定途径，改变媒介的选择、加工与效果，已有实证研究及综述对此进行了研究（Hofmann et al., 2017; Tokunaga, 2015; van Koningsbruggen, Hartmann, & Du, 2018）。但当下还缺乏一个理论综述，其能系统容纳研究者对娱乐媒介使用中自控模型的重要研究成果（DeAndrea & Holbert, 2017）。因此，本章旨在丰富娱乐研究、媒介心理、传播理论等3个领域。首先，我们通过引入心理学中的自控理论（Hofmann, Friese, & Strack, 2009; Kotabe & Hofmann, 2015）厘清了媒介使用中自控研究的相关概念。其次，我们阐释了一种综合模型，该模型将娱乐取向的媒介接触划分为3个阶段，并描述了在这3个阶段中与自控相关的构成要素（components）。最后，在提

出这个模型的同时，我们核实了自控与媒介接触构成要素产生关联的论据，以便推导出可验证的命题。此外，我们探讨了该模型的优点与局限，以及未来研究的可能路径。

什么是自控

在日常生活中，自控将行为导向更高阶的、更长期的目标（学业上的成功），而不是冲突的、更短期的欲望（"葛优躺"）（Hofmann, et al., 2017; Kotable & Hofmann, 2015）。小田部与霍夫曼（Kotabe & Hofmann, 2015）提出的整合性自控理论（integrative self-control theory, SCT）将心理学与神经学中有关自控研究的丰富概念提炼为7个主要构成要素（欲望、高阶目标、欲望—目标冲突、控制动机、控制能力、控制努力和实施限制），以及两个关键要素集群（component clusters，启动集群与运用集群）。

启动集群（activation cluster）由欲望、高阶目标与欲望—目标冲突3要素构成。欲望（desire）是一种源于"想要"状态的心理驱动力，其目标是将人的行为导向与即时奖励相关的刺激。与媒介有关的欲望会表现为"想要"通过消费娱乐内容（观看幽默视频）改善个体当前的情绪（Luong & Knobloch-Westerwick, this volume），或通过互动娱乐（游戏）获得唤醒结果来缓解烦闷（Bowman, this volume）。高阶目标（higher-order goal）是一个更为抽象的"认知结构……与受认可的最终状态相关联"（Kotabe & Hofmann, 2015, p.623），它是典型的有意识追求，并期望获得更长远的利益。高阶目标通常与个人价值观、品德产生共鸣，而非欲望。例如，受到认可的目标通常是取得学位、专业成就或建立与维系有效的关系等（Veilleux, et al., 2018）。当一个欲望与一个（部分）矛盾的高阶目标在某个特定行为事件中同时被激活时，欲望—目标（desire-goal）冲突就出现了。在这种冲突下，欲望演变为诱惑或者征候式欲望。为了解决冲突，个体的行为引导系统必须抉择由哪个驱动力（欲望还是高阶目标）来支配行为。被个体探测到的欲望—目标冲突将激活集群中的自控进程。

施行集群（exertion cluster）由控制动机、控制能力、控制努力3个要素构成。当个体检测到欲望—目标冲突时，控制动机（control motivation）会先被激活。它主要蕴含"控制欲望的企图"（Kotabe & Hofmann, 2015, p.624）。控制动机的强度取决于其他几个独立因素，如欲望的强度或高阶目标的强度。控制能力（control capacity）是指非动机性的认知过程，即所谓的执行功能（executive functions）（Hofmann, Schmeichel, & Baddeley, 2012; Miyake & Friedman, 2012; Karr, et al., 2018），它依赖基础性的认知资源，如工作记忆或定向注意力。控制努力（control effort）是实际投注到控制"征候式欲望"上的精神能量。

行为的实施取决于欲望强度与控制努力的最后竞争（behavioral enactment）。结果可能是打开电视而不是准备考试（诱惑实施/自控失败），或者抵抗电视的诱惑完成工作（目标实施/自控成功）。不过，行为取决于最终的要素——实施限制（enactment constraints）。它指的是“环境因素通常不在人的直接控制下，这限制了在特定情形下可采取行动的可选范围”（Kotabe & Hofmann, 2015, p.628）。例如，就算自控事件以打开电视的方式收尾，该行为也可能因伴侣走进来提醒备考而中断。

虽然整合性自控理论没有涉及特质自控（trait self-control，TSC）与状态自控（state self-control，SSC）——通过概念和运作方式来区分的两种自控。作为一种人格特性，特质自控体现了个体的情境超越能力——“推翻或改变人的内部应答，阻断意外行为倾向（冲动），以免受其牵制”（Tangney, et al., 2004, P.4）。特质自控一直与幸福感增加以及学业/事业上更大的满足感有明确关联（de Ridder, Lensvelt-Mulders, Finkenauer, Stok, & Baumeister, 2012; Tangney, Baumeister, & Boone, 2004; Wiese, et al., 2018）。此外，研究者关注了自控的成败是如何随着情境的变化而变化的（状态自控）。一些重要研究聚焦于如下问题：自控能力的情境性消耗研究（自我消耗；Friese, Loschelder, Gieseler, Frankenbach, & Inzlicht, 2019）、控制动机研究（Inzlicht, Schmeichel, & Macrae, 2014; Milyavskaya & Inzlicht, 2017）以及应对实施限制的情境策略研究（Duckworth, Gendler, & Gross, 2016）等。

媒介使用3阶段中的自控

本章的主要目标是阐释关于媒介使用、自控和娱乐的评价（AMUSE）模型的构成及范畴。该模型联结自控理论与媒介娱乐心理学，应用于所有类型的非交互式和交互式媒介。媒介是将信息从信源传输到信宿的技术传播渠道，传输方式包括一对一、一对多或多对多（Bolchini & Lu, 2013; Morris & Ogan, 1996）。因此AMUSE模型适用于当前（也许还包括未来）广泛的大众、人际以及群我（masspersonal）传播技术（O'Sullivan & Carr, 2018），如有线电视、在线视频流媒介、游戏、社交媒介、即时通信工具等。

AMUSE模型的关键原则是媒介接触3阶段的经典划分（Nabi & Oliver, 2009; potter, 2011; Valkenburg, Peter & Walther, 2016；见图11.1）。它设定的媒介使用事件的发展阶段首先是媒介技术的选择（阶段1），接着是接触过程中所有媒介内事件的心理加工（阶段2），然后是接触停止后（加工）带来的媒介效果（阶段3）。当然，这种划分人为地将媒介接触事件简化为一种理想化的时间序列，将用户不太可能清晰感知的阶段区隔排列了出来。不过这3个阶段仍具分析价值，因为其便于我们系统详述在哪些媒介接触点上，自控可能与娱乐体验及娱乐相关效果存在关联。接下来，我们将沿此3阶段来分析该模型，先描述每个阶段的核心要素，然后探讨它们与自控要素的潜在关联。

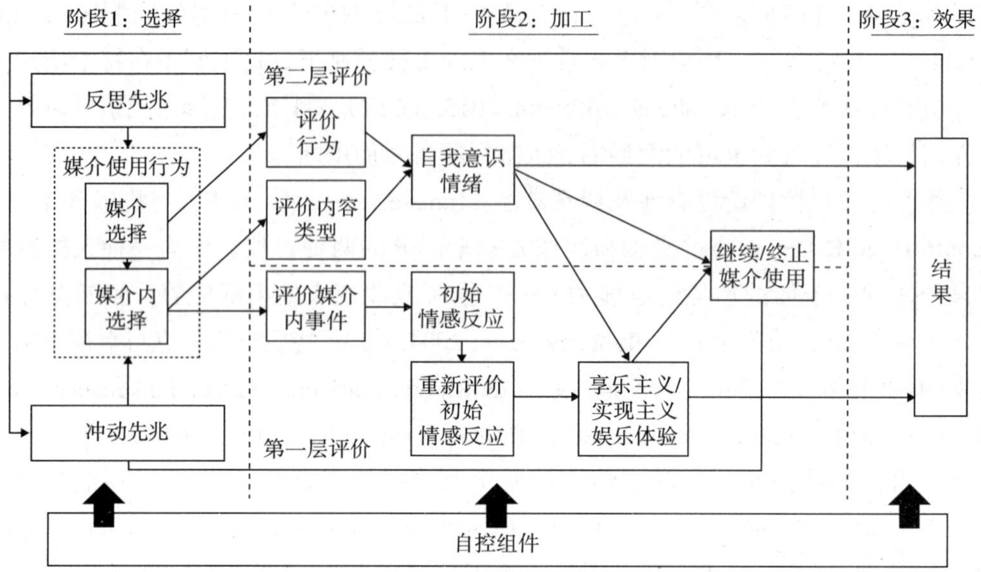

图11.1　媒介使用、自控与娱乐的评价（AMUSE）模型

注：以上包括小田部与霍夫曼提出的所有要素（2015）——欲望、高阶目标、欲望—目标冲突、控制动机、控制能力、控制努力和实施限制。它们在概念和运作上可以被区分为特质/状态的不同自控模式。需要注意的是，我们的命题主要集中在欲望—目标冲突、控制能力和控制动机上，而这并不代表其他要素与AMUSE模型不相关，它们在模型中的作用由未来研究进一步明确。

阶段1：选择

区分媒介选择与媒介内选择

我们将媒介选择定义为有意/无意、有意识/无意识地暴露于某个媒介设备/应用中，或与之交互的行为、避免开始上述行为。选择阶段“蕴含了对此媒介选择/未选择所有必要的描述和解释过程”（Hartmann, 2009b, p.2）。在自控研究的语境中，它们涵盖了所有的反思先兆和冲动先兆（precursor）——它们决定行为到底由审慎（反思）还是自动（冲动）系统来主导（Hofmann, et al., 2009）。它们能直接影响媒介选择中自控成败的反思先兆（reflective precursors）是否有约束标准［开始社交媒介戒断（social media diets）］、审慎评估（对观看电视持负面态度），相关的理论有合理行动与规划行为理论（Hartmann, 2009a）等。与之相对应，冲动先兆（impulsive precursors）指的是自动的趋避反应（习惯性查看智能手机）和自动的情感反应（收到社交媒介提示后的即时快感）。

选择媒介渠道后，接下来通常是更复杂的关于媒介内容、属性或其他互动元素的第二层选择，这里称为媒介内（within-media）选择。在饱和的数字媒介（社交媒介）环境中，由于用户体验高度依赖内容选择，媒介内选择由此对媒介效果具有决定性影响（Knobloch-Westerwick, Westerwick, & Johnson, 2015）。图11.1描绘了选择阶段的所有基础要素，以及它们之间的互相联结。

媒介选择中的自控

作为评估媒介选择中自控相关性的第一步，我们必须证实个体的确经历了媒介欲望和高阶目标之间的内部冲突。事实上，田野调查的发现也指向该结论。霍夫曼、沃斯（Vohs）等人运用经验抽样法（ESM）测量了日常生活中的多种欲望（食欲、睡眠、性、媒介使用等）（2012）的发生频度。在所有的欲望中，成年参与者在目标冲突期间，抵御失败的欲望是媒介使用（42%的媒介欲望在尝试抵御后被付诸行动）。根据另一项ESM研究，雷内克和霍夫曼的报告称（2016），在媒介（社交媒介）使用中，62%的成年参与者经历了媒介使用与个人重要目标（工作相关）之间的冲突（关于社交媒介；Du, van Koningsbruggen, & Kerkhof, 2018）。

我们继而从一些横向和短期纵向研究（Meier, Reinecke, & Meltzer, 2016; Reinecke & Hofmann, 2016; Schnauber-Stockmann, Meier, & Reinecke, 2018）中发现，特质自控能力负向预测了各种媒介设备/应用（电视、智能手机、游戏、Facebook）导致的拖延频率，拖延指对计划中的任务非理性推迟，是自控失败的典型形式，是一种目标冲突下的媒介选择（Steel, 2007）。此外，调查研究发现，较弱的自控能力会更多地与电视及游戏使用造成的拖延相关联（Exelmans & van den Bulck, 2018; Reinecke, Hartmann, & Eden, 2014）。施纳贝尔-斯托克曼等人（Schnauber-Stockmann, et al., 2018）发现，自我报告的状态自控动机预测了电视、电脑和手机导致的轻度拖延。上述研究进一步证实：尽管存在目标冲突（预期任务），人们还是选择了媒介；个体之间和个体内部自控能力与动机的差异将直接影响做出这些“非理性”媒介选择的可能性，因为它们相当于可得到的自控资源。由此，结合整合性自控理论，我们提出如下命题。

命题1.1：在目标冲突中，控制能力与控制动机负向预测媒介选择。

我们继续探讨媒介选择中的冲动先兆，特别是媒介习惯。媒介使用通常是非常惯习化的，刚开始具有自动特性，其后则不一定具有自动特性（Bayer, Dal Cin, Campbell, & Panek, 2016; Bayer & LaRose, 2018; LaRose, 2010）。根据霍夫曼等人的看法（2009），习惯强度（自动趋近倾向）与自控之间的交互作用会决定一个与媒介相关的目标冲突的最后导向。几项测量研究提出了在媒介选择（社交媒介、短信及智能手机）中，特质自控/状态自控与习惯强度个人水平/自动性情境水平呈负相关的前期证据（Bayer, et al., 2016; Berger, Wyss, & Knoch, 2018; Meier, et al., 2016），其他更传统的娱乐媒介（电视）的情况也是如此（Exelmans & van den Bulck, 2017; Schnauber-Stockmann, et al., 2018）。因此，更高阶的自控资源应当能够使媒介用户付出更多努力来进行更审慎的媒介选择，这通常会抑制媒介选择的自动性。由此，我们提出如下命题。

命题1.2：控制能力与控制动机负向预测媒介选择的自动性。

调查研究进一步表明，冲动先兆（习惯）与几种媒介技术中的媒介选择自控失败率较高直接相关（Exelmans, Meier, Reinecke, & van den Bulck, 2019; Meier, et al., 2016; Schnauber-Stockmann, et al., 2018）。与自动趋近反应（automatic approach reactions，习惯强度的表征之一）一样，自动情感反应（automatic affective reactions）也充当了媒介选择自控失败的冲动先兆（Hofmann, et al., 2019）。在一项情感错误归因程序（AMP）的测试中，相较于轻度使用者，社交媒介的重度使用者对社交媒介线索（相较对照线索）表现出更强烈的积极情感反应（van Koningsbruggen, Hartmann, Eden, & Veling, 2017）。类似的自动情感反应也出现在典型的娱乐内容中，如个人喜欢的电视节目的主题曲或钟爱的游戏的logo都会引发积极情感反应。总的来说，频繁的媒介使用可能伴随偏好动机系统的习得性自动激活，这将增大媒介选择阶段自控的难度。结合整合性自控理论和反思—冲动模型（Hofmann, et al., 2009），关于媒介选择的自动性研究，我们提出如下命题。

命题1.3：冲动先兆（对某个媒介的自动趋近倾向，或积极的自动情感反应）在目标冲突中正向预测媒介选择。

媒介选择的反思先兆（态度、预期满足）已在传播领域被广泛研究（Hartmann, 2009c）。但在目标冲突的语境中［关注“媒介戒断”（media diets）］或约束标准的作用下（Rainie, Smith, & Duggan, 2013），关于先兆的研究仍有所欠缺。不过霍夫曼等人的反思—冲动模型明确指出（2009），反思先兆可能会中和冲动的趋近反应，因为它们强化了缓慢、审慎的加工，这会让高阶目标取得比短期欲望更高的优先级。在目标冲突的媒介选择语境中，依然缺少二者相关联的明确证据，我们提出如下命题。

命题1.4：反思先兆（对某个媒介的负面态度、对于媒介使用的约束标准等）在目标冲突中负向预测媒介选择。

如霍夫曼等人（2009）所指出的那样，由于冲动/反思先兆对自控成功与否具有直接影响，自控可以充当一个关键性边界条件。施纳贝尔-斯托克曼等人的成果（2018）为这一媒介选择语境中的假设提供了最早的间接支持。自控动机（而非能力）促使习惯强度个人水平向自动性情境水平转化。因此在单个媒介选择事件的自动性上，拥有更强控制动机的人会较少受到习惯强度的影响。霍夫曼等人（2009）和小田部、霍夫曼（2015）构建的模型在提供初步的试验性证据的同时表明，当控制能力与控制动机释放可用于支撑高阶目标对抗短期欲望的认知与驱动资源时，它们会通过自控结果（自控成功或失败）来调节冲动先兆与反思先兆之间的关系。因此我们提出如下命题。

命题1.5a：控制能力和控制动机调节命题1.3所描述的关系，即在能力和动机更强的情况下，在目标冲突中冲动先兆与媒介选择之间的正相关会减弱。

命题1.5b：控制能力与控制动机调节命题1.4所描述的关系，即在能力与动机更强的情况下，在目标冲突中反思先兆与媒介选择之间的负相关会增强。

媒介内选择中的自控

围绕模型中的要素序列，我们来讨论自控要素及先兆对媒介内选择的潜在影响。这里的假设是，自控可能不只影响选择某个媒介（媒介选择），还影响随后在此媒介中进行的内容、属性选择或其他行为抉择（媒介内选择）。虽然相关研究比媒介选择研究要少，但一些研究也提出了在媒介内选择中自控起作用的证据。例如，其中一项准实验研究的结果表明，当切换到夏令时后，总体睡眠质量下降导致自控失败，Google上的娱乐内容搜索量显著增加（D. T. Wager, Barners, Lim, & Ferris, 2012）。据雷内克、哈特曼（Hartmann）等人的一项调查报告（2014），弱自控能力的被试者较少选择“具有挑战性”的电视内容。哈特曼将挑战（challenge）理解为“媒介环境所施予的认知、情感、本能和行为等种种任务”（2013, p.177）。他提出，拥有较少自律资源的用户通常不太会选择挑战性内容或交互式环境（Hartmann & Eden, 2019）。伊登（Eden）、哈特曼和雷内克在两项选择性暴露实验中发现（2015），弱自控能力的人更偏好低挑战性影片并在任务排序中尽量避免高挑战性影片。这一发现在近期的几项附加选择的测量研究中被重申（Eden, Johnson, & Hartmann, 2018）。由此，结合整合性自控理论，我们提出如下命题。

命题1.6：控制能力与控制动机正向预测媒介内挑战的选择。

我们进一步提出，自控通过预设用户会怎样处理他们的媒介选择（通过自我意识情绪）而对媒介选择与媒介内选择施加影响（命题1.1—1.6），从而间接影响娱乐体验。对这些选择过程中的间接后果的更加系统的描述见下文（阶段2）。

阶段2：加工

娱乐体验中的第一、第二个评价过程

在AMUSE模型中，媒介加工阶段指在媒介刺激下，即时反应中的所有认知过程与情感反应。因此，这一阶段涵盖了媒介使用初始化（阶段1）之后和媒介接触结束（阶段3）之前发生的所有相关过程。在一个特定的媒介使用中，媒介用户可能重复进行阶段1和阶段2，如在不同电视频道或在社交媒介信息流中“快刷”（媒介内选择，见阶段1）。AMUSE模型并未以线性方式描述媒介暴露，相反，选择和加工步骤在媒介使用中被一再重复，形成了阶段1和阶段2之间的循环（见图11.1）。

接着，我们先描述与娱乐体验的形成直接相关的加工步骤。AMUSE模型沿用了以往将媒介娱乐界定为元情感的理论方法（Bartsch, Vorderer, Mangold, & Virhoff, 2008; Oliver, 1993; Vorderer & Hatmann, 2009）。媒介内事件（within-media events）——电影叙事或游戏中玩家的行动及后续结果——被评价并引发初始情感反应。对初始反应的积极再评价为享乐主义/实现主义娱乐体验奠定了基础（Janicke-Bowles, Bartsch, Oliver, & Raney, this volume; Vorderer, this volume）。AMUSE模型将此经典的娱乐体验“路线”作为第一层评价。

该模型提出了另一层与自控相关，也间接影响娱乐体验的评价，扩展了以往关于媒介娱乐的理论概念。除了再评价由媒介内事件触发的初始情感，媒介用户也会对作为一项活动本身的媒介使用以及媒介内容类型的选择进行评价。第二层评价将产生自我意识情绪，削弱娱乐体验。此外，自我意识情绪与娱乐体验交互作用，引导个体作出决策——继续还是停止媒介使用。对第一、第二层评价的内在机制进行描述后，自控对加工阶段所有要素（见图11.1）所起的作用也得到了系统探讨。

第一个评价过程：作为元情感的娱乐体验

初始情感（primary emotions）指由媒介刺激所触发的直接情感反应，是大多数媒介娱乐定义的核心（Bartsch, et al. 2008; Vorderer, 2001）。根据情绪评价理论，这些初始情感是对几个评价因子进行认知评估的结果，这些因子包括事件或刺激的新颖性、效价、可控性、目标助益性以及与社会规范的一致性等（Scherer & Moors, 2019）。

但是，媒介用户是否会因特定媒介信息而产生娱乐体验，并不能直接依据在暴露过程中体验到的初始情感来判断。同样的初始情感，如观看一部“催泪”电影时产生的悲伤情绪对一些媒介用户的娱乐体验有积极增益，而对另一些用户的娱乐体验有所削弱（Oliver, 1993）。元情感的概念可解释积极和消极的初始情感是怎样与个人层面及情境因素的个体差异发生交互作用，并生成了娱乐体验的不同形式的（Battsch, Appel, & Storch, 2010; Bartsch, Mangold, Viehoff, & Vorderer, 2006; Bartsch, et al., 2008; Oliver, 1993; Schramm & Wirth, 2010; Vorderer & Hartmann, 2009）。元情感描述了个体能体验到的对自身情绪产生的评估念头和情绪（Bartsch, et al., 2008; Jager & Banninger-Huber, 2015; Mayer & Stevens, 1994）。产生元情感的内在机制和驱动初始情感体验的评价的内在机制非常相似（Bartsch, et al., 2008; Mayer & Stevens, 1994）。元情感框架有助于解释这一看似矛盾的发现——消极的初始情感往往与娱乐体验成正相关：如果这些初始情感反应在元层面被积极地再评价，那么即使是消极的情绪体验也可以使人获得娱乐满足（Bartsch, et al., 2006; Bartsch, et al., 2008; Vorderer & Hartmann, 2009）。

近来，娱乐的双因素模型进一步区分了娱乐体验的概念。传统的将娱乐作为愉悦享受的享乐主义概念因引入第二个维度——实现主义的娱乐体验而有所扩展（Vorderer, 2011; Vorderer & Reinecke, 2015），实现主义娱乐体验一般又被称为欣赏（appreciation）（Oliver & Bartsch, 2010）。实现主义指的是更复杂的娱乐满足，如对道德品性和人生目标的反思，或来自亲缘关系的精神需求满足等（Oliver & Bartsch, 2010, p.57; Tamborini, et al., 2011; Janicke-Bowles, et al., this volume）。

导致娱乐体验转向享乐主义和实现主义的评价过程未被完全探明。但我们可以作出合理假设，即这二者是不同的再评价模式的产物。沃德勒与哈特曼提出（2009），对媒介刺激引发的初始情感体验的再评价，会伴随媒介用户对自身短期情绪平衡及唤醒调节目标与长期心理成长和自我实现目标之间一致性程度的评估而发生（Hartmann, 2013）。因此，享乐主义与实现主义的娱乐体验可以代表元情感的两种不同形式，这些元情感源自对原始情绪反应的再评价，并和短期情绪的优化（导致享乐主义娱乐）及长期个人成长目标的实现（导致实现主义娱乐）一致。

AMUSE模型囊括了元情感框架以及最新的娱乐双因素模型的观点：初始情感反应以及对初始情感反应的再评价将对媒介内事件的评价导向享乐主义或实现主义的娱乐体验（见图11.1）。接下来，我们将阐述自控在第一个评价过程及后续娱乐体验中所起的作用。

第一个评价过程中的自控

在第一个步骤中，我们指出，自控对媒介内事件的评价以及由此产生的初始情感的再评价有直接影响。心理学研究发现，自控能力减弱与情感调节受损有关（Muraven, Tice, & Baumeister, 1998; Schmeichel, 2007; Stucke & Baumeister, 2006; D. D. Wagner, Altman, Boswell, Kelley, & Heatherton, 2013; D. D. Wagner & Heatherton, 2013）。穆拉文等人的一项实验表明（Muraven, 1998），相较于状态自控未损耗的对照组，状态自控损耗的参与组对幽默视频片段表现出更强烈的积极情绪反应（Schmeichel, 2007），对电影片段中恐怖场景（Schmeichel, 2007）的情绪反应，以及对挑衅的攻击性反应（Stucke & Baumeister, 2006）也呈相似结果。这一证据表明，弱自控能力会增强对外部刺激的情绪应答，而强自控能力能帮助个体更好地抑制自己的情绪反应。因此，对媒介娱乐的情感反应，如兴奋（Goldstein, this volume）或性刺激（Dillman Carpentier & Mazandarani, this volume），自控能力较弱的用户表现得更强烈。自控动机对媒介调节情绪的影响尚无实证研究，但整合性自控理论有关自控能力的经验观察结果提示了相似影响。因此，我们提出如下命题。

命题2.1：控制能力与控制动机负向预测媒介内事件中的积极和消极初始情绪反应的强度。

约翰逊、埃沃森和斯莱特（Johnson, Ewoldsen, & Slater, 2015）的一项研究初步表明，自控力不仅影响人们对媒介刺激的初始情感反应，还影响媒介使用阶段对初始情感的再评价。在他们的实验中，被试者在聆听短故事时，其自控能力减弱与更高的愉悦感以及更强烈的受众反应相关。研究者认为，叙事所提供的代入体验对于需求受阻的损耗个体来说，格外有益和有趣（Johnson, et al.; Slater, Johnson, Silver, & Ewoldsen, this volume）。相应地，弱自控为个体的短期情绪调节目标增加了初始情感的目标诱因，强化了（自控）损耗参与者的初始反应，并影响到再评价，从而增强了受试者的娱乐体验。

在坦博里尼等人（Tamborini, et al., 2017）的一项实验中，参与者观看带有（性别）偏见及无偏见的幽默视频片段时，自控能力基于一项初始任务损耗的参与者对偏见性幽默视频呈现出更高的娱乐体验水平被预测。重点是，相较于不带偏见的幽默，（自控力）损耗和未损耗的参与者都对带偏见的幽默片段作出了"不恰当"的评价。这表示虽然损耗和未损耗的个体都能意识到偏见性幽默的不良社会属性，但只有未损耗的参与者进行了情绪的自我调节和对偏见性幽默的享受抑制。

根据AMUSE模型，这些发现表明自控会影响短期自我情绪调节和长期心理成长在自我实现目标上的优先排序，并在此基础上对初始情感进行再评价（Hartmann, 2013; Vorderer & Hartmann, 2009）。在弱自控能力与动机的条件下，支持短期情绪管理目标的初始情感会被更积极地再评价（源于它们更强的情境目标助益性）（Johnson, et al., 2015），而做一个有道德的人或遵守社会规范等高阶目标，在初始情感的再评价中只会得到较低的优先级（Tamborni, et al., 2017）。基于此，我们提出如下命题。

命题2.2：控制能力和动机会调节对媒介内事件初始情感反应的再评价，由此在弱自控条件下，短期情绪管理目标优先于高阶目标，反之亦然。

我们进一步提出，基于阶段1中的选择过程，自控间接影响从媒介内事件到娱乐体验的路径。正如前面详细讨论的，自控对媒介内选择有显著影响，自控能力弱的个体喜欢认知和情感挑战较少而享乐成分较多的内容（Eden, et al., 2015; Eden, et al., 2018; Reinecke, Hartmann, et al., 2014），见命题1.6。AMUSE模型的加工阶段意味着自控能力弱的媒介用户可能会体验更多不具情感和认知挑战性的媒介内事件。因此，相较于自控能力强的媒介用户，他们的积极初始情感会占据更具主导性的地位。在再评价的层面，这些积极的初始情感会导致积极的元情感和享乐主义愉悦，因为它们有助于消耗媒介用户的短期情绪管理目标（Hartmann, 2013; Vorderer & Hartmann, 2009）。不过，它们可能无法为媒介用户长期、高阶的成长目标提供太多机会（Eden, et al., 2018），从而导致实现主义娱乐体验的匮乏和缺憾。由此我们提出如下命题。

命题2.3：通过对媒介内挑战的选择（命题1.6），控制能力和动机间接（a）与享乐主义娱乐体验负相关，（b）与实现主义娱乐体验正相关。

第二个评价过程：评价媒介使用活动和内容类别

在前一节中，我们聚焦于媒介用户对媒介内事件的情感反应，并就自控在评价和再评价事件引发的初始情感方面所起的作用提出了AMUSE模型的假设。为了全面理解自控在娱乐语境中的影响，我们还需考虑用户如何从行为层面感知他们的媒介使用。一般意义上的媒介使用，以及具体的娱乐媒介使用总是与类似内疚、负罪的自我意识情绪相关联（Reinecke & Meier, 2021）。重要的是，这些自我意识情绪通常不是由媒介内事件中体验到的初始情感反应所引发，而是由作为一种活动本身的媒介使用所产生（Reinecke, Hartmann, et al., 2014; Reinecke & Hartmann, 2016）。自我意识情绪是“道德情绪”（moral emotions）的一个子集，指的是个体如何评价自身以及自身的行动（Tangney & Dearing, 2002; Tracy & Robins, 2004）。消极的自我意识情绪，如羞愧和负疚，是对与个人身份目标相冲突的行为或事件的反应，而积极的自我意识情绪，如骄傲，则由遵循这些目标的行为和事件所激发（Tracy & Robins, 2004）。消极的自我意识情绪在媒介使用活动中发生，可能有两个原因（Reinecke & Meier, 2021）：第一，媒介使用被视作不良行为和浪费时间的行为，（个体）本可以将时间花在更有价值的活动上（Himmelweit & Swift, 1976）；第二，媒介使用与高阶目标（Reinecke & Meier, 2021）发生冲突，或者被视作自控失败，将使个体产生负罪感（Granow, et al., 2018; Meier, et al., 2016; Reinecke, Hartmann, et al., 2014; Reinecke & Hofman, 2016）。

消极的自我意识情绪可能由使用特定的媒介导致——因为这些选择违背了个体的个人标准（Reinecke & Meier, 2021）。这尤其可能发生在与社会规范冲突、社会期望值低的内容类别中，如色情文学（Perry, 2018; Sabina, Wolak, & Finkelhor, 2008）、暴力影像，或特别缺乏挑战的“低级”媒介娱乐（“猫咪内容”；Myrick, 2015）。

现有的经验证据清楚表明，消极的自我意识情绪，如负罪感会显著削弱娱乐体验（Reinecke, Hartmann, et al., 2014; Reinecke & Hofmann, 2016）。霍夫曼、小田部和卢曼（Luhmann, 2013）将这一现象称为“愉悦破坏效应”（p.737）：消极的自我意识情绪削减了从他处得到的愉悦和从有益的活动中获得的享乐主义满足。通过阐述第二个评价过程及其经由自我意识情绪对娱乐体验的影响（见图11.1），AMUSE模型拓展了以往的娱乐体验模型（Bartsch, et al., 2008; Vorderer & Hartmann, 2009）。

第二个评价过程中的自控

我们认为，自控主要通过阶段1的选择间接影响媒介使用的第二层评价。正如前面详细讨论的，在弱自控能力与动机的情况下，尽管存在与高阶目标的冲突，但个体仍然有可能启动媒介使用（命题1.1和1.5）并体验到更强烈的消极自我意识情绪。此外，当自控力较弱的用户被认知和情感挑战较少的媒介内容吸引时（命题1.6），他们更可能经历内容选择与身份目标的冲突（选择无挑战的喜剧节目而非政治谈话节目）。因此，作为对所选择的内容类型的评价结果，他们会更强烈地体验到消极自我意识情绪。就娱乐体验而言，对相关活动及内容的评价可能会使自控能力较弱的媒介用户出现“愉悦破坏效应”，即消极的自我意识情绪损害娱乐体验。因此我们提出如下命题。

命题2.4：（a）通过媒介选择（命题1.1和1.5）和随后对媒介使用活动的评价，以及（b）通过媒介内选择（命题1.6）和随后对内容类型的评价，控制动机和能力负向预测消极的自我意识情绪。作为一个推论，（c）自控通过减少了的消极的自我意识情绪与享乐主义/实现主义的娱乐体验正相关。

评价的行为后续：自控与媒介使用继续或终止

在加工阶段的最后一部分，AMUSE模型提出了在（前文所描述的）第一个和第二个评价过程中产生的情感反应的后续行为。具体来说，该模型（见图11.1）提出，第一、第二层评价所引发的情感反应是引导用户决定继续或终止媒介使用的关键驱动因素。情绪和元情感相当于个体与环境之间的中枢反馈系统，引导与目标一致的行为的相关准备（Scherer & Moors, 2019）。通过连续的媒介内事件及其导致的初始反应流，享乐主义和实现主义的娱乐体验满足标志着成功的自我平衡和/或个人成长目标的实现（Hartmann, 2013; Vorderer & Hartmann, 2009）。在同样条件下，只要各自的目标尚未达成，体验到更高水平娱乐的媒介用户就不会停止使用媒介或调整他们的内容选择。提示当前行为和身份目标之间冲突的消极自我意识情绪，会激励个体根据个人目标和社会期望重新调整行为（Tracy & Robin, 2004）。因此，当媒介用户在内容选择或媒介使用行为方面正在经历消极的自我意识情绪时，会表现出改变自己的媒介内选择的倾向，或终止媒介使用。根据命题2.1到2.4，AMUSE模型表明自控对娱乐体验与消极的自我意识情绪都有影响，由此可以预测媒介使用的继续或终止。因此我们提出如下命题。

命题2.5：控制能力与动机通过影响（a）娱乐体验和（b）消极的自我意识情绪（命题2.1到2.4），间接影响继续/终止媒介使用。

除了影响在媒介使用事件中体验到的娱乐满足水平（level）和自我意识情绪外，自控的能力和动机也可能通过影响这两个因素的权重（weight）来决定继续或终止媒介使用。已有的研究表明，当自控能力和动机较弱时，享乐主义愉悦的短期满足（情绪优化）会优先于长期目标（Hofmann, Vohs, et al., 2012; Sirois & Pychyl, 2013）。因此，在低自控水平的媒介使用事件中，使用者可能会使娱乐满足优先于其他长期目标。由此我们提出如下命题。

命题2.6：控制能力和动机调节娱乐体验与自我意识情绪对继续/终止媒介使用的影响（命题2.5），即（a）在弱自控条件下，娱乐体验的影响会更强；（b）在强自控条件下，消极自我意识情绪的影响会更强。

阶段3：效果

AMUSE模型的最后一个阶段考虑了娱乐媒介使用的结果。据沃肯伯格等人（Valkenburg, et al., 2016）的定义，媒介效果被界定为"在人内部的认知（信念）、情感、态度和行为中发生的有意/无意、短期/长期变化"（p.316）。因此，效果是在使用者停止媒介接触、完成加工过程之后（after）出现的。虽然我们相信AMUSE模型的基本假设同样适用于娱乐媒介使用的各种潜在影响，但对所有影响及其与自控的相互作用的系统分析远远超出了本章范畴。接下来，我们重点关注娱乐媒介使用的3个结果，这3个结果与自控过程的相关关系已经明确。

自控与娱乐媒介使用结果的间接关系

前人研究已证实，在弱自控条件下，媒介诱导性疗愈和心理幸福感作为娱乐媒介使用的主要短期结果，存在一定风险（Reinecke, Klatt, & Krämer, 2011; Rieger, Reinecke, Frischlich, & Bente, 2014; Reinecke & Rieger, this volume）。一些研究已经把表现为拖延症的媒介使用的自控失败和受损的幸福感与疗愈体验联系起来（Meier, et al., 2016; Reinecke, Hartmann, et al., 2014; Reinecke & Hofmann, 2016）。雷内克、哈特曼等人（2014）以及雷内克和霍夫曼（2016）都发现，拖延症型的媒介使用与消极的自我意识情绪（负罪感）相关，而负罪感又分别与媒介诱导性疗愈和幸福感成负相关。

在娱乐媒介使用和自控的语境中，一个常被讨论的长期影响是学习成绩下降。有几项研究将娱乐媒介过度使用与花在作业与学业上的时间减少关联起来（Meier, et al., 2016; Panek, 2014）。最近一项关于社交网站使用与学术成就的元分析发现，社交媒介多任务处理与社交媒介一般使用的影响非常接近（Marker, Gnambs, & Appel, 2018；关于媒介多任务的影响；van der Schuur, Baumgranter, Sumter, & Valkenburg, 2015）。

综合来看，之前的研究表明自控既影响娱乐媒介使用的短期效应（疗愈与幸福感），也影响长期效果（学业表现）。重要的是，自控对媒介娱乐结果的影响出现在

AMUSE模型的不同阶段：媒介使用对疗愈与幸福感的影响是通过媒介内容的情感反应（娱乐体验和自我意识情绪）来调节的，因此它在模型的阶段2变得更明显。自控对媒介使用在学业成就方面的作用则来自目标冲突中自控对媒介选择的影响——一旦媒介使用被阶段1的目标冲突启动，学习和研究（时间）就被削减了——而与使用者的媒介内事件选择或阶段2的评价并无关联（Marker, et al., 2018）。因此我们提出如下命题。

命题3.1：控制能力和动机通过（a）选择阶段（命题1.1和1.5）和（b）加工阶段（命题2.1到2.6），影响媒介使用的结果。

自控、结果与未来媒介选择之间的累积关系

我们进一步认为，自控与娱乐媒介使用的结果之间是累积性关系。更具体地说，我们认为媒介使用的结果可能通过在后续使用事件中形塑媒介选择的冲动先兆和反思先兆，改变未来自控影响的边界条件。娱乐媒介使用带来的重复性积极情感体验，无论是以积极的娱乐满足的形式，还是以积极的后接触（postexposure）效果的形式（幸福感增加），都会导致娱乐使用—满足体验的积极组合集群的形成（Hofmann, et al., 2009; Zillmann, 1988; Luong & Knobloch-Westerwick, this volume）。作为结果，个体在未来遇到与娱乐相关的媒介要素时，会呈现更强烈的自动情感反应和自动趋近倾向（Hofmann, et al., 2009; Hofmann, et al., 2017; van Koningsbruggen, et al., 2017）。这种冲动先兆的强化让自动媒介选择变得更为可能，也带来了未来媒介使用事件中自控失败的风险（Schnaober-Stockmann, et al., 2018）。重复性消极经验，如由与媒介相关的自控失败导致的消极自我意识情绪，因愉悦破坏效应降低享受水平，或消极接触的后续效应（学业问题），将产生反面效果，并强化媒介使用的反思先兆（Hofmann, et al., 2009）。在这种情况下，使用者会改变他们的约束标准，或形成更强的意向，以避免将来的失控性选择。因此我们提出如下命题。

命题3.2：媒介使用的结果通过冲动先兆（命题1.3）与反思先兆（命题1.4）与媒介选择形成累积性关联，在目标冲突中对媒介选择施加间接影响。

讨　论

AMUSE模型的总结与应用

本章旨在对自控在媒介娱乐中的多方面作用进行综述和首次理论整合。新提出的AMUSE模型建立在对自控心理学整体性理解的基础上（Kotabe & Hofmann, 2015），对

自控在媒介接触的选择、加工、效果3个阶段中的作用进行了系统整理。

阶段1中，该模型解释了在面对目标冲突时，作为媒介选择与否的关键决定因素的自控能力与动机的交互作用和冲动先兆及反思先兆的关联程度（Hofmann, et al., 2009）。该模型进一步表明，自控也会影响媒介内选择：当自控力强时，人们倾向于更具挑战性的媒介活动，反之亦然。阶段2中媒介内事件的娱乐过程的缺位（Bartsch, et al., 2008; Vorderer & Hartmann, 2009）会间接增加实现主义娱乐，而在弱自控情况下，享乐主义娱乐会减少。此外，弱自控会强化对媒介刺激的初始情感反应，并导致人们在再评价初始情感时，将短期情绪调节置于比长期成长目标更优先的位置。弱自控会导致使用者的娱乐体验转向享乐主义，而强自控会通过媒介内选择和随后的评价促进更多的实现主义娱乐体验。

该模型更重要的贡献是拓展了已有的媒介娱乐理论模型，在阶段2增加了第二条评价路径。除了受到对初始情感的再评价的影响，使用者的娱乐体验还会受到两种与自控相关的评价的影响：一是评价作为活动本身的媒介（使用），二是评价媒介内选择中的内容类型。该模型提出，当这些评价结果与身份目标的认知不一致时，它们会触发消极的自我意识情绪，如负罪感，从而“破坏”加工过程中其他方面的娱乐体验，而这些身份目标可能与使用者当前活跃的高阶目标一致（攻读学位），也可能反映其他准则或个人标准。这些目标只有在媒介内选择阶段进行某些内容选择（色情内容或“低级”娱乐）后才会作为后续结果被激活。

该模型扩展了已有的理论，即确认媒介接触时长是影响自控能力的一个关键行为因素。自控的困境无处不在——用户不仅要考虑要不要打开电视，还要考虑能不能成功关掉电视。能在正确的时间停止媒介使用与能在一开始就拒绝媒介使用一样艰难，甚至更具挑战性。因此，我们的模型对心理学的自控理论有所推进，它超越了对行为的二分法式理解（“我要吃掉这块饼干还是不吃？”），并对行为的起始以及行为的继续/终止进行了区分。

AMUSE模型提出了自控与媒介效果之间的累积性关系。通过它在媒介使用的选择和加工阶段的作用，以及由此产生的娱乐满足和自我意识情绪，自控能够分别影响媒介使用的短期结果（疗愈、幸福感）以及长期结果（学业成就）。与此同时，该模型表明这些媒介使用的结果可能通过改变媒介选择的冲动及反思先兆，为后续媒介使用事件中自控的成败奠定基础。对媒介用户来说，最糟糕的情况是，这可能是一个“恶性循环”（downward spiral）（Slater, 2007）——他们充分享受“罪恶的快感”，因此在未来会更加无视目标冲突，表现出更强烈的媒介选择倾向；而最好的情况是，这种反馈循环可以让使用者从错误中学习，发展出更强的约束标准和施行策略（Duckworth, et al., 2016），从而在未来的媒介使用过程中，为目标冲突做更好的准备。

对日常生活中受众行为和娱乐体验的解释力

虽然特质自控与状态自控会影响人们的媒介选择、加工和效果，但AMUSE模型还是有助于理解更宽泛的受众行为模式的。例如，在晚间电视媒介使用中，电视主要提供，如犯罪剧和喜剧的低挑战性娱乐，这可以解释为在这段时间，人们的自控能力与动机都在低位（结束工作或其他消耗性活动后；Exelmans & van den Bulck, 2017; Reinecke, Hartmann, et al., 2014）。AMUSE模型预测，在这种情况下，观众会优先考虑娱乐目标，而不能坚持高阶目标（投资于人际关系），他们更容易屈从于媒介的诱惑，如看电视。

考虑到媒介娱乐的选择性接触研究已有聚焦于享乐主义的情绪管理理论（Luong & Knobloch-Westerwick, this volume）和聚焦于目标导向与理性媒介选择的使用—满足理论（Rayburn & Palmgreen, 1984）等重要范式，AMUSE模型提出的观点可以解释目标导向和审慎的受众行为与自发及冲动的娱乐选择，自控及其特质/状态之分也因此成为理解娱乐受众为什么会作出决策，并最终获得截然不同的媒介体验的关键概念。

未来展望

虽然AMUSE模型朝与自控及媒介娱乐相关的文献的理论整合迈出了有益的一步，但它也面临一系列需要进一步进行理论提炼和实证检验的开放性问题。

媒介使用与自控的情境研究仍然缺乏实证，且已有的关于媒介使用和自控的研究在很大程度上忽略了对自控能力与动机的区分（Schnauber-Stockmann, et al., 2018）。作为结果，AMUSE模型提出的命题与实证研究的发现相比，在支撑机制的广度与深度上区别甚大。此外，关于媒介使用和自控的大多数研究都依赖于横向的自我报告数据，而效果的因果方面的信息很少。对AMUSE模型的另一个挑战涉及因果关系问题——该模型目前比较排斥将自控作为一个独立变量。因而媒介娱乐对自控的反向（reverse）效果也具备合理性：许多研究表明，观看幽默内容或参与熟悉的虚构世界能够恢复损耗的自控资源（Derrick, 2013; Tice, Baumeister, Shmueli, & Muraven, 2007）。两者的理论结合是未来研究的重要课题。

其他的开放性问题还涉及模型提出的加工过程的边界条件。例如，在评价的语境中，自控与逆反效应相关联。在第一层评价语境中，弱自控通过强化初始情感和提升情绪管理目标的优先级来增强娱乐体验，然而，在第二层评价语境中，弱自控增加了消极自我意识情绪的风险，并通过愉悦破坏效应损害了娱乐体验。哪些特质和状态的变量影响了这些逆反力量的相对优势或显著性，仍是未来研究的重要问题。

未来研究也会从对媒介欲望更细致的理论解释中受益。传统上，媒介欲望被界定为具有积极效价的、令人愉快的“需求目标”（Hofmann & van Dillen, 2012），其由内在动机驱动。媒介使用（尤其在人际或大众个体的互动语境中）往往由社会压力之下的外部驱动，并受社会规范调节（Halfmann & Rieger, 2019）。媒介用户如何处理由外部动机驱动的媒介使用与高阶目标之间的冲突，以及其将如何影响娱乐体验，同样是有待进一步研究的开放性问题（Reinecke, Vorderer, & Knop, 2014）。

尽管有这些悬而未决的问题，但这个模型及其命题为未来的研究提供了大量的动力和可验证的假设。弥合已有发现之间的间隙将使我们更全面地理解娱乐媒介使用——它在日常生活中何时/怎样充当自我调节的资源，或是自控的负担。此外，AMUSE模型确认的第二层评价超越了对媒介刺激的初始情感反应及其再评价的语境，拓展了关于娱乐体验的理论范围。评价构成了娱乐满足的基础——这一扩展性视角超越了自控研究的语境，具有未来价值，如增进我们对不同类型媒介娱乐潜力和媒介娱乐与社会规范的互动的理解等。AMUSE模型的影响可能会远远超越之前关于幸福感与学业成就等的讨论范围，而扩展到娱乐研究的其他相关领域，如媒介角色的卷入和认同（Cohen & Klimmt, this volume）、政治信息加工和交流（Schneider, Bartsch, & Leonhard, this volume）、娱乐教育等（Wang & Singhal, this volume）。我们希望这些研究路径能为本学科带来丰硕成果。

参考文献

Bartsch, A., Appel, M., & Storch, D. (2010). Predicting emotions and meta-emotions at the movies: The role of the need for affect in audiences' experience of horror and drama. *Communication Research*, 37, 167–190. https://doi.org/10.1177/0093650209356441.

Bartsch, A., Mangold, R., Viehoff, R., & Vorderer, P. (2006). Emotional gratifications during media use—An integrative approach. *Communications*, 31, 309. https://doi.org/10.1515/commun.2006.018.

Bartsch, A., Vorderer, P., Mangold, R., & Viehoff, R. (2008). Appraisal of emotions in media use: Toward a process model of meta-emotion and emotion regulation. *Media Psychology*, 11, 7–27.

Bayer, J. B., Dal Cin, S., Campbell, S. W., & Panek, E. (2016). Consciousness and self-regulation in mobile communication. *Human Communication Research*, 42, 71–97. https://doi.org/10.1111/hcre.12067.

Bayer, J. B., & LaRose, R. (2018). Technology habits: Progress, problems, and prospects. In B. Verplanken (Ed.), *The psychology of habit: Theory, mechanisms, change, and contexts* (Vol. 1369, pp. 111–130). Cham, Switzerland: Springer. https://doi.org/10.1007/978-3-319-97529-0_7.

Berger, S., Wyss, A. M., & Knoch, D. (2018). Low self-control capacity is associated with immediate responses to smartphone signals. *Computers in Human Behavior*, 86, 45–51. https://doi.org/10.1016/j.chb.2018.04.031.

Bolchini, D., & Lu, A. S. (2013). Channel. In P. Cobley & P. Schulz (Eds.), *Theories and models of communication* (pp. 397–410). Berlin, Germany: De Gruyter Mouton.

De Ridder, Denise T. D., Lensvelt-Mulders, G., Finkenauer, C., Stok, F. M., & Baumeister, R. F. (2012). Taking stock of self-control: A meta-analysis of how trait self-control relates to a wide range of behaviors. *Personality and Social Psychology Review*, 16, 76–99. https://doi.org/10.1177/1088868311418749.

DeAndrea, D. C., & Holbert, R. L. (2017). Increasing clarity where it is needed most: Articulating and evaluating theoretical contributions. *Annals of the International Communication Association*, 41, 168–180. https://doi.org/10.1080/23808985.2017.1304163.

Derrick, J. L. (2013). Energized by television: Familiar fictional worlds restore self-control. *Social Psychological and Personality Science*, 4, 299–307.

Du, J., van Koningsbruggen, G. M., & Kerkhof, P. (2018). A brief measure of social media self-control failure. *Computers in Human Behavior*, 84, 68–75. https://doi.org/10.1016/j.chb.2018.02.002.

Duckworth, A. L., Gendler, T. S., & Gross, J. J. (2016). Situational strategies for self-control. *Perspectives on Psychological Science*, 11, 35–55. https://doi.org/10.1177/1745691615623247.

Eden, A., Hartmann, T., & Reinecke, L. (2015). Tuning in versus zoning out: The role of egodepletion in selective exposure to challenging media. In H. Wang (Ed.), *Communication and "the good life"* (pp. 107–125). New York, NY: Peter Lang.

Eden, A., Johnson, B. K., & Hartmann, T. (2018). Entertainment as a creature comfort: Selfcontrol and selection of challenging media. *Media Psychology*, 21, 352–376. https://doi.org/10.1080/15213269.2017.1345640.

Exelmans, L., Meier, A., Reinecke, L., & van den Bulck, J. (2019). Just one more episode: Predictors of procrastination with television and implications for sleep quality. *Mass Communication and Society*. Advance online publication. https://doi.org/10.1080/15205436.2019.1606246.

Exelmans, L., & van den Bulck, J. (2017). "Glued to the tube": The interplay between selfcontrol, evening television viewing, and bedtime procrastination. *Communication Research*. Advance online publication. https://doi.org/10.1177/0093650216686877.

Exelmans, L., & van den Bulck, J. (2018). Self-control depletion and sleep duration: The mediating role of television viewing. *Psychology and Health*, 33, 1251–1268. https://doi.org/10.1080/08870446.2018.1489048.

Friese, M., Loschelder, D. D., Gieseler, K., Frankenbach, J., & Inzlicht, M. (2019). Is ego depletion real? An analysis of arguments. *Personality and Social Psychology Review*, 23, 107–131. https://doi.org/10.1177/1088868318762183.

Granow, V. C., Reinecke, L., & Ziegele, M. (2018). Binge-watching and psychological wellbeing: Media use between lack of control and perceived autonomy. *Communication Research Reports*, 35, 392–401. https://doi.org/10.1080/08824096.2018.1525347.

Halfmann, A., & Rieger, D. (2019). Permanently on call: The effects of social pressure on smartphone users' self-control, need satisfaction, and well-being. *Journal of Computer-Mediated Communication*, 24, 165–181. https://doi.org/10.1093/jcmc/zmz008.

Hartmann, T. (2009a). Action theory, theory of planned behavior and media choice. In T. Hartmann (Ed.), *Media choice: A theoretical and empirical overview* (pp. 32–52). New York, NY: Routledge.

Hartmann, T. (2009b). A brief introduction to media choice. In T. Hartmann (Ed.), *Media choice: A theoretical and empirical overview* (pp. 1–9). New York, NY: Routledge.

Hartmann, T. (Ed.). (2009c). *Media choice: A theoretical and empirical overview*. New York, NY: Routledge.

Hartmann, T. (2013). Media entertainment as a result of recreation and psychological growth. In E. Scharrer (Ed.), *The international encyclopedia of media studies: Vol. 5. Media Effects/Media Psychology* (pp. 170–188). Boston, MA: Wiley-Blackwell.

Hartmann, T., & Eden, A. (2019, May). *The recreation/challenge model of media entertainment: Evidence from the field*. Paper presented at the 69th Annual Conference of the International Communication Association (ICA), Washington, DC.

Himmelweit, H., & Swift, B. (1976). Continuities and discontinuities in media usage and taste: A longitudinal study. *Journal of Social Issues*, 32, 133–156. https://doi.org/10.1111/j.1540-4560.1976.tb02511.x.

Hofmann, W., Friese, M., & Strack, F. (2009). Impulse and self-control from a dual-systems perspective. *Perspectives on Psychological Science*, 4, 162–176. https://doi.org/10.1111/j.1745-6924.2009.01116.x.

Hofmann, W., Kotabe, H., & Luhmann, M. (2013). The spoiled pleasure of giving in to temptation. *Motivation and Emotion*, 37, 733–742. https://doi.org/10.1007/s11031-013-9355-4.

Hofmann, W., Reinecke, L., & Meier, A. (2017). Of sweet temptations and bitter aftertaste: Self-control as a moderator of the effects of media use on well-being. In L. Reinecke & M. B. Oliver (Eds.), *The Routledge handbook of media use and well-being: International perspectives on theory and research on positive media effects* (pp. 211–222). New York, NY: Routledge.

Hofmann, W., Schmeichel, B. J., & Baddeley, A. D. (2012). Executive functions and self-regulation. *Trends in Cognitive Sciences*, 16(3), 174–180. https://doi.org/10.1016/j.tics.2012.01.006.

Hofmann, W., & van Dillen, L. (2012). Desire: The new hot spot in self-control research. *Current Directions in Psychological Science*, 21, 317–322. https://doi.org/10.1177/0963721412453587.

Hofmann, W., Vohs, K. D., & Baumeister, R. F. [Roy] (2012). What people desire, feel conflicted about, and try to resist in everyday life. *Psychological Science*, 23, 582–588. https://doi.org/10.1177/0956797612437426.

Inzlicht, M., Schmeichel, B. J., & Macrae, C. N. (2014). Why self-control seems (but may not be) limited. *Trends in Cognitive Sciences*, 18(3), 127–133. https://doi.org/10.1016/j.tics.2013.12.009.

Jäger, C., & Bänninger-Huber, E. (2015). Looking into meta-emotions. *Synthese*, 192, 787–811. https://doi.org/10.1007/s11229-014-0588-x.

Johnson, B. K., Ewoldsen, D. R., & Slater, M. D. (2015). Self-control depletion and narrative: Testing a prediction of the TEBOTS model. *Media Psychology*, 18, 196–220. https://doi.org/10.1080/15213269.2014.978872.

Karr, J. E., Areshenkoff, C. N., Rast, P., Hofer, S. M., Iverson, G. L., & Garcia-Barrera, M. A. (2018). The unity and diversity of executive functions: A systematic review and re-analysis of latent variable studies. *Psychological Bulletin*, 144, 1147–1185. https://doi.org/10.1037/bul0000160.

Knobloch-Westerwick, S., Westerwick, A., & Johnson, B. K. (2015). Selective exposure in the communication technology context. In S. S. Sundar (Ed.), *The handbook of the psychology of communication technology*. Chichester, UK: Wiley Blackwell.

Kotabe, H. P. [Hiroki P.], & Hofmann, W. (2015). On integrating the components of self-control. *Perspectives on Psychological Science*, 10, 618–638. https://doi.org/10.1177/1745691615593382.

Kubey, R. W., & Csikszentmihalyi, M. (1990). *Television and the quality of life: How viewing shapes everyday experiences*. Hillsdale, NJ: Erlbaum.

LaRose, R. (2010). The problem of media habits. *Communication Theory*, 20, 194–222. https://doi.org/10.1111/j.1468-2885.2010.01360.x.

LaRose, R., Lin, C. A., & Eastin, M. S. (2003). Unregulated Internet usage: Addiction, habit, or deficient self-regulation? *Media Psychology*, 5, 225–253.

Marker, C., Gnambs, T., & Appel, M. (2018). Active on Facebook and failing at school? Metaanalytic findings on the relationship between online social networking activities and academic achievement. *Educational*

Psychology Review, 30, 651–677. https://doi.org/10.1007/s10648-017-9430-6.

Marker, C., Gnambs, T., & Appel, M. (2019). Exploring the myth of the chubby gamer: A meta-analysis of studies on sedentary video gaming and body mass. *Social Science and Medicine*. Advance online publication. https://doi.org/10.1016/j.socscimed.2019.05.030.

Mayer, J. D., & Stevens, A. A. (1994). An emerging understanding of the reflective (meta-) experience of mood. *Journal of Research in Personality*, 28, 351–373. https://doi.org/10.1006/jrpe.1994.1025.

Meier, A., Reinecke, L., & Meltzer, C. E. (2016). "Facebocrastination"? Predictors of using Facebook for procrastination and its effects on students' well-being. *Computers in Human Behavior*, 64, 65–76. https://doi.org/10.1016/j.chb.2016.06.011.

Milyavskaya, M., & Inzlicht, M. (2017). Attentional and motivational mechanisms of self-control. In de Ridder, Denise T. D., M. Adriaanse, & K. Fujita (Eds.), *The Routledge international handbook of self-control in health and well-being* (pp. 11–23). London, UK: Routledge.

Miyake, A., & Friedman, N. P. (2012). The nature and organization of individual differences in executive functions: Four general conclusions. *Current Directions in Psychological Science*, 21, 8–14. https://doi.org/10.1177/0963721411429458.

Morris, M., & Ogan, C. (1996). The Internet as mass medium. *Journal of Computer-Mediated Communication*, 1, 39–50. https://doi.org/10.1111/j.1083-6101.1996.tb00174.x.

Muraven, M., Tice, D. M., & Baumeister, R. F. [Roy] (1998). Self-control as a limited resource: Regulatory depletion patterns. *Journal of Personality and Social Psychology*, 74, 774–789. https://doi.org/10.1037/0022-3514.74.3.774.

Myrick, J. G. (2015). Emotion regulation, procrastination, and watching cat videos online: Who watches Internet cats, why, and to what effect? *Computers in Human Behavior*, 52, 168–176. https://doi.org/10.1016/j.chb.2015.06.001.

Nabi, R. L., & Oliver, M. B. (Eds.). (2009). *The SAGE handbook of media processes and effects*. London, UK: Sage.

O'Sullivan, P. B., & Carr, C. T. (2018). Masspersonal communication: A model bridging the mass-interpersonal divide. *New Media and Society*, 20, 1161–1180. https://doi.org/10.1177/1461444816686104.

Oliver, M. B. (1993). Exploring the paradox of the enjoyment of sad films. *Human Communication Research*, 19, 315–342. https://doi.org/10.1111/j.1468-2958.1993.tb00304.x.

Oliver, M. B., & Bartsch, A. (2010). Appreciation as audience response: Exploring entertainment gratifications beyond hedonism. *Human Communication Research*, 36, 53–81. https://doi.org/10.1111/j.1468-2958.2009.01368.x.

Panek, E. (2014). Left to their own devices: College students' "guilty pleasure" media use and time management. *Communication Research*, 41, 561–577. https://doi.org/10.1177/0093650213499657.

Perry, S. L. (2018). Pornography use and depressive symptoms: Examining the role of moral incongruence. *Society and Mental Health*, 8, 195–213. https://doi.org/10.1177/2156869317728373.

Potter, W. J. (2011). Conceptualizing mass media effect. *Journal of Communication*, 61, 896–915. https://doi.org/10.1111/j.1460-2466.2011.01586.x.

Rainie, L., Smith, A., & Duggan, M. (2013). *Coming and going on Facebook*. Retrieved from http://pewinternet.org/Reports/2013/Coming-and-going-on-facebook.aspx.

Rayburn, J. D., & Palmgreen, P. (1984). Merging uses and gratifications and expectancy-value theory.

Communication Research, 11, 537–562. doi:10.1177/009365084011004005.

Reinecke, L., Hartmann, T., & Eden, A. (2014). The guilty couch potato: The role of ego depletion in reducing recovery through media use. *Journal of Communication*, 64, 569–589. https://doi.org/10.1111/jcom.12107.

Reinecke, L., & Hofmann, W. (2016). Slacking off or winding down? An experience sampling study on the drivers and consequences of media use for recovery versus procrastination. *Human Communication Research*, 42, 441–461. https://doi.org/10.1111/hcre.12082.

Reinecke, L., Klatt, J., & Krämer, N. C. (2011). Entertaining media use and the satisfaction of recovery needs: Recovery outcomes associated with the use of interactive and noninteractive entertaining media. *Media Psychology*, 14, 192–215.

Reinecke, L., & Meier, A. (2021). Guilt and media use. In J. van den Bulck (Ed.), *The international encyclopedia of media psychology*. Hoboken, NJ: Wiley.

Reinecke, L., Vorderer, P., & Knop, K. (2014). Entertainment 2.0? The role of intrinsic and extrinsic need satisfaction for the enjoyment of Facebook use. *Journal of Communication*, 64, 417–438. https://doi.org/10.1111/jcom.12099.

Rieger, D., Reinecke, L., Frischlich, L., & Bente, G. (2014). Media entertainment and wellbeing—Linking hedonic and eudaimonic entertainment experience to media-induced recovery and vitality. *Journal of Communication*, 64, 456–478.

Sabina, C., Wolak, J., & Finkelhor, D. (2008). The nature and dynamics of Internet pornography exposure for youth. *CyberPsychology and Behavior*, 11, 691–693. https://doi.org/10.1089/cpb.2007.0179.

Scherer, K. R., & Moors, A. (2019). The emotion process: Event appraisal and component differentiation. *Annual Review of Psychology*, 70, 719–745. https://doi.org/10.1146/annurev-psych-122216-011854.

Schmeichel, B. J. (2007). Attention control, memory updating, and emotion regulation temporarily reduce the capacity for executive control. *Journal of Experimental Psychology: General*, 136, 241–255. https://doi.org/10.1037/0096-3445.136.2.241.

Schnauber-Stockmann, A., Meier, A., & Reinecke, L. (2018). Procrastination out of habit? The role of impulsive vs. reflective media selection in procrastinatory media use. *Media Psychology*, 21, 640–668. https://doi.org/10.1080/15213269.2018.1476156.

Schramm, H., & Wirth, W. (2010). Exploring the paradox of sad-film enjoyment: The role of multiple appraisals and meta-appraisals. *Poetics*, 38, 319–335. https://doi.org/10.1016/j.poetic. 2010.03.002.

Sirois, F. M., & Pychyl, T. (2013). Procrastination and the priority of short-term mood regulation: Consequences for future self. *Social and Personality Psychology Compass*, 7(2), 115–127. https://doi.org/10.1111/spc3.12011.

Slater, M. D. (2007). Reinforcing spirals: The mutual influence of media selectivity and media effects and their impact on individual behavior and social identity. *Communication Theory*, 17, 281–303. https://doi.org/10.1111/j.1468-2885.2007.00296.x.

Steel, P. (2007). The nature of procrastination: A meta-analytic and theoretical review of quintessential self-regulatory failure. *Psychological Bulletin*, 133, 65–94. https://doi.org/10.1037/0033-2909.133.1.65.

Stucke, T. S., & Baumeister, R. F. [Roy] (2006). Ego depletion and aggressive behavior: Is the inhibition of aggression a limited resource? *European Journal of Social Psychology*, 36, 1–13. https://doi.org/10.1002/ejsp.285.

Tamborini, R., Grizzard, M., Bowman, N. D., Reinecke, L., Lewis, R. J., & Eden, A. (2017, November).

Depleted enough to laugh? Effects of ego depletion on the enjoyment and recovery potential of tendentious and non-tendentious humor. Paper presented at the 103rd Annual Meeting of the National Communication Association (NCA), Dallas, Texas, USA.

Tamborini, R., Grizzard, M., David Bowman, N., Reinecke, L., Lewis, R. J., & Eden, A. (2011). Media enjoyment as need satisfaction: The contribution of hedonic and nonhedonic needs. *Journal of Communication*, 61, 1025–1042. https://doi.org/10.1111/j.1460-2466.2011.01593.x.

Tangney, J. P., Baumeister, R. F. [Roy], & Boone, A. L. (2004). High self-control predicts good adjustment, less pathology, better grades, and interpersonal success. *Journal of Personality*, 72, 271–324. https://doi.org/10.1111/j.0022-3506.2004.00263.x.

Tangney, J. P., & Dearing, R. L. (2002). *Shame and guilt*. New York, NY: Guilford Press.

Tice, D. M., Baumeister, R. F. [Roy], Shmueli, D., & Muraven, M. (2007). Restoring the self: Positive affect helps improve self-regulation following ego depletion. *Journal of Experimental Social Psychology*, 43(3), 379–384.

Tokunaga, R. S. (2015). Perspectives on Internet addiction, problematic Internet use, and deficient self-regulation: Contributions of communication research. *Annals of the International Communication Association*, 39, 131–161.

Tokunaga, R. S., & Rains, S. A. (2016). A review and meta-analysis examining conceptual and operational definitions of problematic Internet use. *Human Communication Research*, 42, 165–199. https://doi.org/10.1111/hcre.12075.

Tracy, J. L., & Robins, R. W. (2004). Putting the self into self-conscious emotions: A theoretical model. *Psychological Inquiry*, 15, 103–125. https://doi.org/10.1207/s15327965pli1502_01.

Valkenburg, P. M., Peter, J., & Walther, J. B. (2016). Media effects: Theory and research. *Annual Review of Psychology*, 67, 315–338. https://doi.org/10.1146/annurev-psych-122414-033608.

Van der Schuur, W. A., Baumgartner, S. E., Sumter, S. R., & Valkenburg, P. M. (2015). The consequences of media multitasking for youth: A review. *Computers in Human Behavior*, 53, 204–215. https://doi.org/10.1016/j.chb.2015.06.035.

Van Koningsbruggen, G. M., Hartmann, T., & Du, J. (2018). Always on? Explicating impulsive influences on media use. In P. Vorderer, D. Hefner, L. Reinecke, & C. Klimmt (Eds.), *Permanently online, permanently connected: Living and communication in a POPC world* (pp. 51–60). New York, NY: Routledge.

Van Koningsbruggen, G. M., Hartmann, T., Eden, A., & Veling, H. (2017). Spontaneous hedonic reactions to social media cues. *Cyberpsychology, Behavior, and Social Networking*, 20, 334–340.

Veilleux, J. C., Hill, M. A., Skinner, K. D., Pollert, G. A., Spero, K. D., & Baker, D. E. (2018). Self-control failure scenarios in daily life: Developing a taxonomy of goals and temptations. *Motivation and Emotion*, 42, 653–670. https://doi.org/10.1007/s11031-018-9695-1.

Vorderer, P. (2001). It's all entertainment—sure. But what exactly is entertainment? Communication research, media psychology, and the explanation of entertainment experiences. *Poetics*, 29, 247–261. https://doi.org/10.1016/S0304-422X(01)00037-7.

Vorderer, P. (2011). What's next? Remarks on the current vitalization of entertainment theory. *Journal of Media Psychology*, 23(1), 60–63. https://doi.org/10.1027/1864-1105/a000034.

Vorderer, P., & Hartmann, T. (2009). Entertainment and enjoyment as media effects. In J. Bryant & M. B. Oliver (Eds.), *Media effects: Advances in theory and research* (3rd ed., pp. 532–550). New York, NY:

Routledge.

Vorderer, P., & Reinecke, L. (2015). From mood to meaning: The changing model of the user in entertainment research. *Communication Theory*, 25, 447–453. https://doi.org/10.1111/comt.12082.

Wagner, D. D., Altman, M., Boswell, R. G., Kelley, W. M., & Heatherton, T. F. (2013). Selfregulatory depletion enhances neural responses to rewards and impairs top-down control. *Psychological Science*, 24, 2262–2271. https://doi.org/10.1177/0956797613492985.

Wagner, D. D., & Heatherton, T. F. (2013). Self-regulatory depletion increases emotional reactivity in the amygdala. *Social Cognitive and Affective Neuroscience*, 8(4), 410–417. https://doi.org/10.1093/scan/nss082.

Wagner, D. T., Barnes, C. M., Lim, V. K. G., & Ferris, D. L. (2012). Lost sleep and cyberloafing: Evidence from the laboratory and a daylight saving time quasi-experiment. *Journal of Applied Psychology*, 97, 1068–1076. https://doi.org/10.1037/a0027557.

Wiese, C. W., Tay, L., Duckworth, A. L., D'Mello, S., Kuykendall, L., Hofmann, W., … Vohs, K. D. (2018). Too much of a good thing? Exploring the inverted-U relationship between self-control and happiness. *Journal of Personality*, 86, 380–396. https://doi.org/10.1111/jopy.12322.

Zillmann, D. (1988). Mood management through communication choices. *American Behavioral Scientist*, 31, 327–340. https://doi.org/10.1177/000276488031003005.

第十二章　道德直觉与范例模型研究进展

艾莉森·伊登
罗恩·坦博里尼
梅琳达·艾莉
亨利·戈布尔

最近，对在欧盟内制作和消费的小说、影视以及改编的电视剧进行的一项调查发现，在大多数情况下，特定的国家或地区制作的内容受到当地受众的青睐，当生产者和消费者之间拥有共同的文化或历史时，情况也类似（欧洲视听天文台，2019）。长期以来，学者们一直认为媒介娱乐是一种文化产物，受产品生产者和消费者整体价值观的影响（Fu, 2013; Straubhaar, Fuentes, Giraud, & Campbell, 2002; Trepte, 2006）。但受众偏爱本地制作的媒介内容只是硬币的一面——另一面是媒介对受众的影响。格伯纳和格罗斯（1976）指出，同样的媒介接触会使受众接受一套共同的、符合既定社会秩序的主流观点和社会关系。这与克拉帕（Klapper, 1960）早期的观点相呼应，即媒介的功能是巩固文化价值观。事实证明，回答价值观在媒介选择和媒介效果中如何重要、为什么重要以及它如何衡量和操控我们所观察到的关系的问题十分困难（Trepte, 2006），这也许是因为缺乏广泛的、基于群体价值的媒介效果模型，以及人们未能将基于群体的价值观纳入其中进行考量，反之亦然，这涉及各个学科。

研究者综合群体价值观、媒介选择和跨个体与社会层面的媒介效应所建构的模型，即道德直觉与范例模型，不失为一种新尝试（model of intuitive morality and exemplars, MIME; Tamborini 2011/2013）。MIME是一个启发式框架，它解释了为什么特定的文化和亚文化成员会选择某些故事，为什么娱乐会改变或影响人们的文化价值观和态度。MIME解释了媒介选择、接触、评价和内容生产之间的递归关系（Tamborini, 2011/2013），这有助于解释不同文化中娱乐偏好的差异和内容接触的影响（Mastera, 2003）。迄今为止，近200篇已发表的研究论文引用了MIME，近80项实证研究检验了MIME内部的过程（Tamborini & Weber, in press）。

MIME描述了一个交互过程，在这个过程中，媒介内容进化适应的社会敏感性（以道德直觉为特征）的表征形成了对该内容的评价，决定了人们对类似内容的选择性接触。也就是说，我们所处的文化环境调节了我们与生俱来的社会敏感性，反过来，后者又使我们以特定方式有选择性地评估来自该文化环境的图像和代码。我们对媒介体验的享受和欣赏程度又导致我们在未来更有可能选择与之类似的产品。基于相似文化的子群体的累积性选择性接触模式可能会促进内容的生产，从而促进并加强这些价值观，换言之，在特定的亚文化群体中，选择某一种特定类型故事的人越多，制片人就越可能制作出更多的同类故事。总之，MIME为我们提供了一个指导性框架，帮助我们理解和描述不同的群体与文化在评估娱乐及新闻媒介方面的差异。此外，MIME超越了以往的媒介选择和效果模型，以强化文化重要价值的方式描述内容的生产。

本章概述了MIME的短期和长期过程，并回顾了自2013年完整模型被引入以来的研究进展。在回顾了支撑整个短期部分的理论逻辑之后，我们讨论了这个过程中的各个阶段及其支持性证据。对于长期部分，我们也以类似的方式展开论述（首先分析基本的理论逻辑，然后分析不同阶段的概念和经验证据）。最后，我们讨论了一些MIME的悬而未决的问题，并提出了未来的研究方向。

MIME的阶段

MIME完整的过程有6个阶段，分别描述短期和长期组成部分（见图12.1）。短期过程包括4个阶段，解释了内容中的特定直觉如何被强调——包括视听的和文本的——从而增强直觉在受众中暂时的显著性。例如，观看娱乐时间（Showtime）的热门连环杀手节目《嗜血法医》（*Dexter*）可能会让暴力和正义的议题在受众的感知中更加突出。MIME认为，凸显这些议题可能会影响受众对节目本身的评价，以及未来对类似节目[流行的Netflix连续剧《心灵猎人》（*Mindhunter*）]的选择。简而言之，阶段1阐明了媒介内容（文化环境）接触对道德领域和其中典范的显著性影响。阶段2描述了道德领域和范例显著性如何促使受众对这些领域/范例的自动评估。阶段3展示了这些显著领域/范例（它们促进的自动评估）如何导致受控的重新评估。阶段4代表了从自动评估（受控重新评估）到受众选择性接触喜爱内容的联结。

长期部分包括两个阶段，主要说明重复消费特定内容如何使显著的直觉习惯性易获得（chronically accessible）。一旦习惯易获得，这些直觉就会强化内容对后续道德判断、伴随行为和受众媒介选择聚合模式的持续影响。例如，《黑道家族》（*Sopranos*）的流行催生了许多类似的高质量多季电视剧，剧中主角的道德倾向模糊。在MIME中，阶段5说明了选择性接触的聚合模式对受众所需的媒介内容生产的影响，而阶段6考虑了媒介生产是如何反映文化社会的共同道德观。阶段6的高潮是生产具有习惯性易获得的道德直觉的内容，其随后返回到阶段1的媒介接触和道德领域的检查。

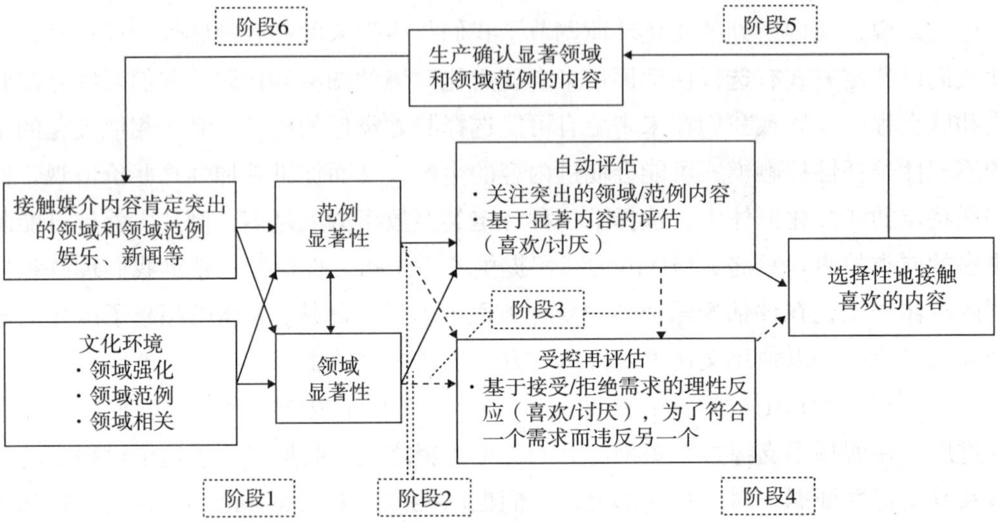

图12.1　直觉道德与范例模型（MIME）

注：改编自Tamborini（2013）（a）确认媒介内容被定义为旨在通过自动评估或受控的重新评估，使目标受众成员在遵守其总体道德领域系统的情况下接受该内容；（b）领域显著性和范例显著性仅在领域相互冲突或在样本难以归为适合特定领域时导致受控的重新评估；（c）当个体认为内容符合其整体道德领域系统时，自动评估和受控再评估都会产生积极的、有价值的反应。

MIME的短期过程

我们所说的短期过程（1—4阶段）是指从接触媒介到体验结束的这段时间。例如，从最初的电影预告到随后对电影的反应，从情景喜剧的开头到该集的结尾，或者从故事的发生到结束。具体来说，MIME的短期组成部分中的4个阶段描述了微观过程，即直觉如何控制受众的媒介评价和内容选择。MIME的短期过程中的假设主要依据齐尔曼的范例理论中的逻辑（Zillmann, 2002），以及道德基础理论中的代表性观点——海特的社会直觉主义（Haidt, 2001）。

范例理论（Zillmann, 2002）解释了因接触（最近接触和经常接触）道德模范而产生的道德直觉的暂时和长期可及性是如何影响受众的角色判断与叙述评价的。齐尔曼（2002）将范例定义为一个事件或实体，是一个更广泛类别中的例子，如观众在看完《嗜血法医》后再听到“连环杀手”一词时，他们可能会想到《嗜血法医》。他的理论认为，范例可以通过两个主要的启发式获得代表性（representativeness）和可得性（availability）（Tversky & Kahneman, 1974）。代表性启发式解释了实体是如何融入一个更普遍化、更广泛的类别的。由于没有一个实体能够代表整个类别，它们在代表更广泛类别的程度上有所不同。因此，它们激活更广泛类别的程度也会有所不同。可得性启发式描述了对事件的判断如何依赖于认知上可获得的范例。鉴于MIME的重点是作出判断，可得性启发式在MIME研究中得到了相当多的关注。

基于范例理论和认知心理学的研究（Bargh, 1996），MIME表明直觉可及性是由直觉的具体例证最近频繁地通过外部或内部刺激被激活的程度决定的。范例接触的时间和频率都会影响直觉的可及性或显著性，然而，哪怕是最近接触的一个例子，也可以激发直觉的暂时或短暂的可及性，频繁接触则可以为该直觉创造长期或持久的可及性（Zillmann, 2002）。一旦某物习惯性易获得，最近的接触就不需要激活了。想想那些把鲨鱼描绘成海洋嗜血杀手的电影吧，如《巨齿鲨》《大白鲨（1—5）》《深海》等。即使没有对杀手的动机进行深入讨论，观众也是一种文化的一部分，通过反复接触类似的图像和故事，他们会直觉地认为鲨鱼就是杀手。

MIME的短期过程背后的第2个理论来自社会直觉主义的道德观。社会直觉主义的道德观认为，道德判断受逻辑支配，类似于认知的双重过程模型（Bargh & Chartrand, 1999）。在这类模型中，决策依赖于两个系统：一个是无意识的、感性的、直觉的，另一个是有意识的、理性的、深思熟虑的。两个系统在进行决策时可以同步运行，有时其中一个系统占主导地位。海特认为大多数道德决策模型（Kohlberg, 1984; Piaget, 1965/1932）依赖于有意识的、理性的过程，尽管越来越多的证据表明道德决策往往依赖于无意识的、直觉的反应（Haidt, 2001）。海特把这些情感的、本能的反应称为社会直觉，或“对某人的性格或行为进行评价的感觉（喜欢—不喜欢、好—坏）在意识中或在意识边缘的突然出现，该意识是没有经过搜寻证据、权衡证据或推断结论等步骤的意识”（Haidt, 2001, p.818）。

随后，海特和约瑟夫（2007）认为，可基于进化和文化敏感度将社会直觉划分为5个独特的领域，这5个独特领域被认为是利他主义或道德直觉。关爱（Care）是对怜悯、同情或他人福祉的敏感性。公平（Fairness）与对真理、正义和公正的关心有关。内群体忠诚（In-group loyalty）是一种偏袒内部成员而反对外部成员的倾向。尊重权威（Respect for authority）是一种倾向，倾向于仁治、社会传统和等级制度。贞洁（purity）与保护社会不受污染的神圣承诺有关。这种社会相关领域对道德直觉的概念化被称为道德基础理论（Moral Foundations Theory，MFT）（Haidt & Joseph, 2007），它是MIME短期过程的大部分实证检验的基础。重要的是，道德基础理论已经被概念化，并在个人和文化水平层面得到测量，这使我们能够根据直觉显著性的不同模式区分道德文化和亚文化。此外，它还帮助我们确定哪一种内容可能激活观众的道德直觉。

综上所述，范例理论和道德基础理论构成了MIME短期阶段的基础，这说明了接触典范如何在有意识和无意识加工中增加特定道德直觉的可及性，从而增加这些直觉在任何后续情况中的权重。后续部分更详细地描述了短期过程的各个阶段（阶段1—4），并概述了每个阶段的实证研究。

第1阶段：媒介接触对可及性的影响

MIME的第1阶段说明了媒介和文化环境的信息是如何影响直觉与范例的显著性的。从概念上讲，这一阶段是对范例理论的一个相对直接的应用，用于描述一个人在媒介和非媒介环境中的道德范例是如何增加道德直觉的临时与长期可及性的。它改进了过去研究媒介对价值观影响的模型（gerbner & Gross, 1976; Klapper, 1960），明确了媒介内容和随后的道德影响之间的相互作用。它还改进了研究文化价值如何影响媒介选择的模型（Fu, 2013; Trepte, 2006），通过关注基于过程的解释，说明为什么价值观与内容在媒介消费的选择和影响阶段都有交集。

几项研究中的经验证据支持了MIME的这一阶段。例如，有两项研究使用不同的媒介平台，要求参与者在完成道德基础问卷（MFQ）之前，让他们阅读恐怖袭击的新闻故事或对照报道，这是一项关于道德直觉显著性的自我报告（Graham, et al., 2011）。第1项研究使用了一段新闻视频，发现观看2015年巴黎恐怖袭击的故事增加了受众对权威的尊重（Tamborini, et al., 2017）。第2项研究使用了一则关于2017年拉斯维加斯大规模枪击事件的新闻报道，结果同第1项研究相同（Tamborini, Hahn, Aley, et al., 2020）。另外两项研究（Tamborini, Lewis, et al., 2016; Tamborini, Prabhu, Lewis, Grizzard, & Eden, 2016）通过娱乐节目和直觉显著性的隐性测量来证明媒介对直觉可及性的影响（MF-AMP, Tamborini, Lewis, et al., 2016; Tamborini, Prabhu, et al., 2016）。在这两项研究中，参与者要么观看一段名为《鞋店律师》的法庭剧，要么观看一段没有特别强调道德的对照视频。《鞋店律师》的高潮是一名由凯西·贝茨（Kathy Bates）饰演的辩护律师向陪审团发出真诚恳求，关爱和公平在这个过程中被凸显。在第1项研究中，研究人员发现，观看道德片段视频的参与者比对照视频的观看者更容易接受关爱和公平这两类价值/道德观念。这一发现在第2项研究中存在部分重复。此外，对本项研究中参与者的想法进行内容分析发现，与对照组相比，观看法庭剧的参与者更频繁地提到公平和关爱的主题。综上所述，这些研究提供的证据与MIME的预测一致，即接触具有特定直觉的媒介内容可以增加（至少是暂时地）这些直觉在观众头脑中的可及性。

上述结论也在儿童和青少年的娱乐媒介使用中得到检验。最初的实验表明，阅读强调不同道德直觉的漫画书（支持关爱、公平、内群体忠诚或尊重权威）会增加10—13岁儿童被激发直觉的显著性（Hahn, Tamborini, Prabhu, Grall, et al., 2017）。研究者在两项研究中发现了类似的结果，要么重复4种直觉的结果（Hahn, Tamborini, Weber, Bente, & Sherry, 2019），要么重复关爱、忠诚和尊重权威的结果（Aley, Tamborini, & Hahn, 2019）。儿童的证据非常重要，不仅因为研究者对年轻观众特别关注，还因为MIME学者认为模型过程的证据应该在儿童中更显著。因此，在年轻观众中进行测试对于它的有效性至关重要。

第2、第3阶段：显著性对自动和受控评估的影响

MIME的第2、3阶段描述了更加复杂的互动，即直觉和范例的突出性如何影响叙事的直觉或审慎的评价。MIME表明，不同的评价过程会产生不同的结果——享受和欣赏——这是理解媒介娱乐的核心。这种逻辑已经发展成一个单独的模型，被称为叙事享受和欣赏原理（NEAR），并在本书的其他部分被讨论（Tamborini, Grady, Baldwin, McClaran, & Lewis, this volume），因此这里只做简要介绍。在这些阶段最初的研究中，刘易斯、坦博里尼和韦伯（2014）向参与者展示了故事中冲突的类型和不同的解决方法。例如，在一个冲突故事中，一个角色需要在闷死自己的孩子和让家人们被纳粹枪杀之间作出选择。在没有冲突的版本中，她的孩子或她的家人都已被发现，这使主角没有了选择冲突。刘易斯等人（2014）支持第2阶段的研究，研究结果表明，当没有叙事冲突时，参与者对结果的评价会更快，并表示更喜欢该故事。研究结果还表明，当叙事结尾引入直觉冲突时，参与者对故事的评价会慢一些，对故事的喜爱程度会降低，但欣赏程度会提高，这也支持了第3阶段提出的过程。

第4阶段：评价对媒介选择的影响

虽然MIME的第4阶段相对简单，且该阶段表明自动评估和受控再评估都可以影响用户对内容的选择性接触，但很少有研究独立于其他阶段而直接验证这一说法。有相当多的研究支持这一主张，即特质直觉显著性会驱使人们接触具有显著直觉的娱乐节目（Prabhu 2018; Prabhu, Tamborini, et al., 2015; Tamborini, Eden, et al., 2013），然而支持状态层面直觉显著性导致选择的作用的证据很少。事实上，只有帕布等人（2014）的研究对整个短期过程进行了测试，并为4个阶段提供了证据。研究开始时，参与者先完成对直觉可及性的测试，再观看3个视频中的其中1个：两个突出不同道德直觉的叙事剧和一个对照节目。观看完之后，参与者完成直觉可及性的后测，回答关于欣赏、享受和喜欢的视频片段的问题，表明他们是否愿意观看其他电视内容的意向，这些内容显示了与刺激片段相同的道德直觉。研究结果支持了第1阶段，表明用户在接触叙事性娱乐节目后，直觉可及性可以获得暂时的提高。第2阶段和第3阶段也得到了支持，参与者表示，他们喜欢没有道德冲突的叙事，欣赏包含冲突的叙事。与第4阶段一致的是，观众观看后的直觉可及性增加了，随之对具有相同直觉的类似呈现的娱乐节目的选择性接触也增加了。

MIME的长期过程

MIME的长期部分概述了宏观层面的过程，在这个过程中（a）媒介生产者识别出呈现一致直觉突出模式的群体重复选择的内容，（b）媒介内容的后续生产侧重于加强这些直觉。这里概述的过程对于理解文化共享价值观在媒介选择和影响中的作用至关重要。就像我们对短期过程的讨论一样，我们首先回顾长期部分整体的理论逻辑，然后更详细地讨论各个阶段。

霍夫斯泰德（Hofstede）将文化定义为"将一群人或一类人与另一群人区分开来的集体思维程序"（Hofstede & McCrae, 2004, p.54）。在媒介选择的跨文化比较研究中，国家边界或语言通常被用作文化的代理词，如欧洲视听观察站（EOA, 2019）的年度报告（Fu, 2013）。也就是说，在媒介研究中，检验价值一致的媒介选择的共享模式并不少见（Edensor, 2002; Gans, 1957; McQuail, 2005; Straubhaar, Fuentes, Giraud, & Campbell, 2002; Trepte, 2006; J. Weaver, Brosius, & Mundorf, 1993）。

之前基于价值的文化阐释并没有清晰地描述或定义这些群体的道德特征，也没有说明媒介在发展、维持和改变这些群体中的作用。MIME结合了基于道德直觉的道德理解，以确定不同群体共同的直觉突出模式——无论他们是个人的集合（美国自由派和保守派）抑或是正式组织（宗教团体；Graham, Haidt, & Nosek, 2009; McAdams et al., 2008），并将这些群体称为"道德的亚文化群"。这个术语是由齐尔曼（2000）创造的，用于解释大众传播的广泛吸引力是如何依赖于群体的共同价值体系，这些群体使用相似的道德框架来判断观察到的行为。

为了说明道德亚文化群与媒介内容之间的关系，MIME采用了强化螺旋框架中的纵向模型（Slater, 2007）。该框架描述了媒介内容和社会身份相互强化的动态过程。斯莱特（2007）描述了这个过程如何帮助维护各种政治、宗教和生活方式群体的社会认同，并在此过程中创造符合这些亚文化态度和行为的内容。MIME扩展了这个框架，提出媒介内容中的道德直觉的显著性塑造了不同观看群体直觉显著性的共享模式。具体来说，长期部分表明，与共享直觉显著性的聚合模式一致的媒介内容偏好（阶段5）影响了新内容的大规模生产，这肯定了聚合模式，并将那些直觉过滤回媒介环境中（阶段6）。换句话说，观众基于价值的选择推动了相似内容的生产，从而将这些观众的价值观具体化。

尽管会有几种不同的结果，但MIME（Tamborini, 2013）的早期工作集中在两个对社会有重要影响的结果：情感态度的维持和极化。维持是有意识地保持对刺激物的感知控制所需要的能量消耗（Zillmann & Bryant, 1985）。尽管维持可以采取几种形式，但它的一个例子是个体有选择地接触与自己现有道德价值观一致的媒介内容（Klapper, 1960）。极化被定义为个体在群体直觉倾向的指引下，故意向群体的极端观点移动

（Sunstein, 2002）。当个体关掉电视或更换频道，选择性地回避与现有道德价值观不符的媒介内容时，极化就会发生。强化螺旋框架表明，相互强化的活动，如看你朋友正在看的东西会产生态度极化，而自我调节的活动，如限制媒介使用会导致态度维持。此外，该框架进一步告诉我们，情感态度极化更可能发生在封闭的交流系统中，在那里，相互加强的过程更常见；而在开放系统中，情感态度维持的可能性更大，因为在开放系统中，个体更有可能接触到对立的消息。

MIME应用这些机制来解释媒介与道德判断的长期关系，表明道德直觉显著性的长期模式塑造了支配这些判断的评价过程，而这些长期模式是由促进情感态度维持或极化的互惠机制塑造的。我们可以从对媒介内容的选择性偏好中看到这一过程的证据，这种选择性偏好强化了显著的道德直觉。这种趋势已经在个体身上和更大的群体中得到了验证（Eden & Tamborini, 2017; Tamborini, et al., 2012; Tamborini, et al., 2013）。此外，有证据显示，美国自由派与保守派接触娱乐和新闻媒介内容的模式是不同的（NPD.com; Carney, Jost, Gosling, & Potter, 2008; Davis & Dunaway, 2016; Iyengar & Hahn, 2009），这有助于维持突出道德问题的情感态度。

与态度维持相反，极化是由于缺乏对立信息导致的，无论它是由受众还是由系统把关人的选择性回避决定造成的。通过选择性地接触维持长期显著直觉的媒介和选择性地回避颠覆直觉的内容，亚文化群体可能会因为只接受专注于维持长期显著直觉的信息而变得更加极化。媒介接触导致的极化已经成为美国媒介回音室和网络新闻对情感两极分化影响的学者们面临的一个重要问题（Iyengar, Lelkes, Levendusky, Malhotra, & Westwood, 2019）。但情感态度的维持也必须被考虑，如莱克斯（2016）发现，极化在自由党和保守党的党员中是最强烈的，而在非党员中并不明显，这表明政治极化可能起到强化亚文化群体的作用，也会维持主流观点。

尽管这种类型的框架很难被检验，但MIME表明，使用道德直觉来检验极化和维持的过程是有效的。我们可以在富尔戈尼、卡彭特、温加尔和普罗伊克-皮埃特（Fulgoni, Carpenter, Ungar, & Preoţiuc-Pietro, 2016）的研究中看到与之相关点的证据，他们研究了各种来源的新闻媒介报道。自由派和保守派使用不同的语言描述相同的暴力社会事件（暴动和起义），自由派更多使用"关爱和公平"等词汇，保守派更多使用"忠诚和权威"等词汇。类似地，在一项关于环境新闻报道的研究中，费恩伯格和威勒（Feinberg, Willer, 2013）发现，环境新闻一直使用"关爱"的基本框架，这可能会使内容对关爱程度不那么突出的人（保守的读者）的吸引力降低。使用不同的道德直觉来构建相同的信息可能会增加保守派的偏好，在环境保护领域，同样的论点已经被证明是有说服力的。（Feinberg & Willer, 2013; Feygina Jost, & Goldsmith, 2010; Wolsko, 2017）

MIME的长期过程的两个阶段描述了长期直觉突出的共享模式是如何随着时间的推移形成的。第5阶段表明，受众有选择地接触具有共同模式的、长期直觉显著的媒介内容，会使媒介生产者在未来的媒介生产中增加强调这些直觉的内容生产，突出其强化的范例。第6阶段描述了强调直觉和范例的内容生产是如何影响受众的媒介环境与最终的直觉显著模式的。考虑这些阶段所代表的宏观层面，研究者较难直接检验第5阶段和第6阶段。因此，至今很少有研究直接关注这些阶段，然而，我们可以在对特定受众的内容生产和接受的研究中看到第5、6阶段的证据。

第5阶段：受众选择对信息生产的影响

虽然目前还没有研究明确关注受众对媒介内容中的道德直觉的选择和评价如何影响媒介生产，但一些学者认为，美国的电影制作确实反映了观众的道德关切（Lewis, Grizzard, Choi, & Wang, 2019; Lewis, Grizzard, Lea, Ilijev, Choi, Müsse, & O'Connor, 2017），在对流行电影剧本的分析中，对受众来说重要的道德话语明显突出。

迄今为止，关于受众选择促进了以道德直觉为特征的内容生产的说法，最有力的证据也许来自对不同文化背景下的电视剧所强调的不同直觉模式的研究。例如，一项研究比较了西班牙语电视剧和英语肥皂剧中道德直觉的存在，发现公平、权威和贞洁在西班牙语电视剧中出现的频率更高，而关爱和对群体的忠诚在英语肥皂剧中出现的频率更高（Mastro, Enriquez, Tamborini, Bowman, & Prabhu, 2012）。一项关于印地语与英语肥皂剧的后续研究发现，权威经常出现在印地语连续剧中（Prabhu, Tamborini, Wang, & Grizzard, 2013）。这些比较直觉显著性的模式复制了肥皂剧制作和播出国家的道德直觉显著性的广泛调查数据，从而支持MIME第5阶段的命题。

尽管不直接相关，但我们在娱乐以外的研究中也可以看到符合这一命题的证据。例如，对关于奥萨马·本·拉登之死的头条新闻的调查发现，美国的保守地区将这一杀戮称为爱国（强调忠诚和权威），而自由地区将其称为正义（强调公平；Bowman, Lewis, & Tamborini, 2014）。同样，内容中的直觉显著性模式模仿了亚文化群体的直觉显著性模式。在一项考察恐怖组织任务声明的研究中，调查发现恐怖组织在向其群体传递信息时使用与其组织相关的特定道德直觉（Hahn, Tamborini, Novotny, Grall, & Klebig, 2018）。此外，在关于宗教内容的研究中，有证据表明，基于同一圣经段落，但向不同的会众发表的布道会侧重于不同的直觉。与自由派县的教会相比，保守派县教会的布道更注重内群体忠诚（Klebig, et al., 2019），这与每个教会关注的道德一致。总之，这些研究证明了存在针对相关文化子群体的内容生产。

几项研究将流行的儿童电视剧作为特定年龄的亚文化设计的娱乐内容进行了研究（children; Hahn, Tamborini, Prabhu, Klebig, et al., 2017; Lewis & Mitchell, 2014; Tamborini, Hahn, Prabhu, Klebig, & Grall, 2017; Tamborini, Hahn, Klebig, et al., 2018; Hahn, Tamborini, Klebig, et al., 2019）。总体而言，这些研究表明，儿童媒介的设计旨在强调利他主义直觉的重要性，在某些样本中，超过一半的内容至少包含一种道德直觉，关爱是最经常被

强调的（Tamborini, Hahn, Klebig, et al., 2018）。虽然在这种情况下，这些内容是根据孩子还是父母的口味制作的尚有争议，但这些结果确实表明，这些特定受众绝大多数都表达了与年龄相符的道德关切。因此，与第5阶段相关的研究结果与MIME的预测是一致的。

第6阶段：信息生产对长期直觉显著性模式的影响

第5阶段表明，在特定媒介内容中发现的直觉显著性模式与观众对该内容直觉的长期显著性之间存在关联，而与第6阶段相关的预测回归到观众显著性直觉的强化中。也就是说，这个阶段不是研究选择对生产的影响，而是一个过程的重新启动，该过程应该对媒介环境中的道德直觉表征模式及其在观众中的显著性以及由此产生的评估和选择产生持久的影响。

虽然这部分模型的试验有限，但现有的研究是有前景的。例如，坦博里尼等人（2010）对不同组每周观看肥皂剧的时间进行了调整，连续观看的时间为1—10周。随着对内容接触的增加，受众对角色美德的感知会增加或减少，这表明了媒介在道德判断中的作用。类似地，艾登等人（2014）使用了准实验设计，其中包括8周的悬疑剧接触。与对照组相比，那些反复接触该系列的参与者在测试前和测试后的MFQ得分下降的可能性较小。通过这种方式，艾登等人（2014）证明，反复接触包含特定道德领域的媒介内容可以帮助观众维持这些道德领域的显著性，正如克拉珀（1960）所建议的那样（但未检验）。

总之，虽然MIME的长期过程很难检验，且具有挑战性，但内容分析和一些纵向研究提供了一些证据，表明亚文化群体选择和生产的内容之间存在关联。

未来研究方向

MIME最近的进展侧重于改进方法以追踪和测量内容与个人的道德直觉。例如，对道德内容进行编码的新方法正在变得可行。韦伯等人（2018）通过使用一种新颖的众包编码程序——道德叙事分析器（MoNA; https://mnl.ucsb.edu/mona），简化了对新闻和叙事中的道德内容进行编码的编码员培训过程。这意味着我们可以创建一个新的与道德相关的词汇词典，可以利用该词典考查文本的上下文语境和语言特征（Hopp, Cornell, Fisher, Huskey, & Weber; 2018）。此外，研究者已经做出了一些努力，以期发现在神经学层面道德加工处理的差异（Clifford, Iyengar, Cabeza, & sinnot-armstrong, 2015; Eden, Tamborini, Wang, & Sarinopoulos, 2012），然而此类工作并不多见。其他工作侧重于改善道德的直觉测量，如道德的情感—错误归因程序（Tamborini, Prabhu, et al., 2016; Fisher, Hopp, Prabhu, Tamborini, & Weber, 2019; Prabhu, et al., 2014; Tamborini, Lewis, et al., 2016）或直觉突出的语义成分（Hopp, et al., 2018）。针对儿童开发的特定道德测量方法一直是MIME研究人员的一个主要关注点（Hahn, Tamborini, Prabhu, Grall, et al., 2017; Hahn, et al., 2019）。

从概念上讲，研究者在研究MIME的过程中，除了关注道德基础理论（MFT），还关注其他类型直觉在对内容的反应和选择方面的作用。例如，自决理论（SDT; Deci & Ryan, 1985）列出的利己动机已经被发现与道德直觉类似，可以指导媒介评估（Prabhu, et al., 2014）。定义利己主义的直觉，并将其与道德基础理论所描述的利他主义直觉进行比较，使研究人员有机会将现有的MIME工作与专注于亲社会和反社会行为及其影响的媒介研究进行比较、联系。在MIME中同时使用利己主义和道德直觉，可能有助于更好地理解道德亚文化，以及它们与现有的人口和文化变量的关系。

尽管有这些进展，但仍有几个领域的MIME研究尚未开展，这些领域以后可能是富有成效的调查领域。其一，尽管研究者研究了媒介接触对范例行为的影响（Lewis, Grizzard, Mangus, Rashidian, & Weber, 2017; Tamborini, Hofer, et al., 2017），但除了媒介选择和制作，目前MIME中还不包括行为结果。解释在第2、3阶段的不同评价可能会产生什么样的额外行为结果（攻击性、自我介绍、排斥和说服），可能是将态度和直觉与行为联系起来的一种方式。

其二，虽然第4阶段涵盖了短期评估和选择性行为之间的联系，但模型没有明确讨论特质直觉突出性和长期接触模式之间的联系，正如强化螺旋模型（Slater, 2007）所描述的和坦博里尼、艾登等人（2013）所证明的那样。通过使用媒介习惯形成理论（LaRose, 2010）或其他类似的工作，增加一个解释短期模式如何成为长期习惯的阶段，可能有助于研究人员更好地理解斯莱特（2007）所描述的长期接触对极化和维持结果的作用。研究这个问题的一个方法是将情绪反应作为第1阶段所描述的内容到感受过程的中介因素。例如，格里扎德、坦博里尼、刘易斯、王和普拉布（2014）发现，对道德内容的情感反应导致内容中的道德直觉对其后续显著性的影响。也就是说，与其说是内容预测了显著性的变化，不如说是观众对内容的反应影响了随后的激活。但是，很少有研究跟进情绪在增加或减少直觉显著性方面的作用（Grizzard, et al., 2017）。

其三，需要更多的工作来检验具有显著直觉的内容的生产。从创作者的角度理解把关、叙事和故事评价以及故事创造的作用，将使我们能够作出更具体的预测，以强化第6阶段及其与第1阶段的关系。目前，MIME没有考虑可能阻碍第6阶段和第1阶段之间联系的内容生产，如富（Fu, 2013）和特雷普特（Trepte, 2006）所描述的那样。开展更多的研究，要了解市场和文化力量如何结合起来为大众生产与直觉相关的内容，以及这些力量在媒介选择方面的价值显著模式如何以及何时不同。例如，特雷普特（2006）在预测媒介偏好时将霍夫斯泰德（1991）的价值模型与国家和语言文化的接近性进行了比较。一项类似的研究将道德直觉的预测价值与类似的基于价值的模型（Hofstede）和/

或国家及语言的相对接近性（Strabhaar, et al., 2002）进行了比较，这将有助于确立MFT相较于其他文化差异模型的优越性。

其四，就整体模型而言，尽管道德基础已被证明与其他变量（政治派别、性别）相关，但人们尚不清楚道德直觉是产生于这些亚文化群体的，还是其他现有文化价值观的产物（Hatemi, Crabtree, & Smith, 2019）。此外，一些道德心理学家对道德基础理论潜在的结构稳定性表示了担忧（Gray & Keeney, 2015; Gray, Schein & Cameron, 2017; Schein & Gray, 2017），人们尚不清楚这将在多大程度上影响MIME在处理广泛的直觉概念化的媒介工作中的应用。虽然模型概述的基本过程应该保留，但随着人类道德科学的发展，对直觉如何塑造与内容相关的行为的认识可能需要有所转变。

其五，MIME依赖进化逻辑进行预测，但模型中显然没有进化过程（Huskey, Craighead, & Weber, 2017）。为了超越仅仅将进化理论作为一个框架的做法，MIME必须对解释遗传或进化差异的研究设计做详细说明。

抛开这些顾虑不谈，MIME已经被证明是一个全面且综合的研究框架，研究者从中可以了解直觉反应在媒介选择、制作以及媒介消费的长期和短期影响中的作用。作为一个指导性框架，它对个人和社会层面的媒介研究具有启发作用。今后，对长期过程和短期效果的研究，或使用新的实验或测量工具的研究将有助于该模型在所有阶段的应用。

参考文献

Aley, M., Tamborini, R., & Hahn, L. (2019, May). *Extending research testing the model of intuitive morality and exemplars in children*. Paper presented at the 69th Annual Meeting of the International Communication Association, Washington, DC.

Bargh, J. A. (1996). Automaticity in social psychology. In E. T. Higgins & A. W. Kruglanski (Eds.), *Social psychology: Handbook of basic principles* (pp. 169–183). New York, NY: Guilford Press.

Bargh, J. A., & Chartrand, T. L. (1999). The unbearable automaticity of being. *American Psychologist*, 54, 462–479. doi:10.1037/0003-066X.54.7.462.

Bowman, N., Lewis, R. J., & Tamborini, R. (2014). The morality of May 2, 2011: A content analysis of US headlines regarding the death of Osama bin Laden. *Mass Communication and Society*, 17, 639–664. doi:10 .1080/15205436.2013.822518.

Carney, D. R., Jost, J. T., Gosling, S. D., & Potter, J. (2008). The secret lives of liberals and conservatives: Personality profiles, interaction styles, and the things they leave behind. *Political Psychology*, 29(6), 807–840. doi:10.1111/j.1467-9221.2008.00668.

Clifford, S., Iyengar, V., Cabeza, R., & Sinnott-Armstrong, W. (2015). Moral foundations vignettes: A standardized stimulus database of scenarios based on moral foundations theory. *Behavior Research Methods*, 47(4), 1178–1198. doi:10.3758/s13428-014-0551-2.

Davis, N. T., & Dunaway, J. L. (2016). Party polarization, media choice, and mass partisanideological sorting.

Public Opinion Quarterly, 80, 272–297. doi:10.1093/poq/nfw002.

Deci, E. L., & Ryan, R. M. (1985). *Intrinsic motivation and self-determination in human behavior*. New York, NY: Plenum.

Eden, A., & Tamborini, R. (2017). Moral intuitions: Morality subcultures in disposition formation. *Journal of Media Psychology*, 29, 198–207. doi:10.1027/1864-1105/a000173.

Eden, A., Tamborini, R., Grizzard, M., Lewis, R. J., Weber, R., & Prabhu, S. (2014). Repeated exposure to narrative entertainment and the salience of moral intuitions. *Journal of Communication*, 64, 501–520. doi:10.1111/jcom.12098.

Eden, A., Tamborini, R., Wang, L., & Sarinopoulos, I. (2012, May). *Morality and media: Neural indicators of moral processing within news stories*. Paper presented at the 62nd Annual Meeting of the International Communication Association, Phoenix.

Edensor, T. (2002). *National identity, popular culture and everyday life*. Oxford, England: Bloomsbury Publishing.

European Audiovisual Observatory (EOA). (2019). *The production and circulation of TV fiction in the EU28: Television and VOD*. Retrieved from https://www.obs.coe.int/en/web/observatoire/events/-/asset_publisher/HRTgF499ksY4/content/the-production-andcirculation-of-tv-fiction-in-the-eu28-2018-edition/maximized?inheritRedirect=false.

Feinberg, M., & Willer, R. (2013). The moral roots of environmental attitudes. *Psychological Science*, 24, 56–62. doi:10.1177/0956797612449177.

Feygina, I., Jost, J. T., & Goldsmith, R. E. (2010). System justification, the denial of global warming, and the possibility of "system-sanctioned change." *Personality and Social Psychology Bulletin*, 36(3), 326–338. doi:10.1177/0146167209351435.

Fisher, J.T., Hopp, F.R., Prabhu, S., Tamborini, R., & Weber, R. (2019). *Developing best practices for the implicit measurement of moral foundation salience*. Paper presented at the 105th annual meeting of the National Communication Association (NCA), Baltimore, MD.

Fu, W. W. (2013). National audience tastes in Hollywood film genres: Cultural distance and linguistic affinity. *Communication Research*, 40(6), 789–817.

Fulgoni, D., Carpenter, J., Ungar, L., & Preoţiuc-Pietro, D. (2016, May). An empirical exploration of moral foundations theory in partisan news sources. In *Proceedings of the Tenth International Conference on Language Resources and Evaluation (LREC 2016)* (pp. 3730–3736). Portoroz, Slovenia: European Language Resources Association.

Gans, H. J. (1957). The creator-audience relationship in mass media: An analysis of movie making. In B. Rosenberg & D. M. White (Eds.), *Mass culture: The popular arts in America* (pp. 315–324). New York, NY: Free Press.

Gerbner, G., & Gross, L. (1976). Living with television: The violence profile. *Journal of Communication*, 26(2), 172–199. doi:10.1111/j.1460-2466.1976.tb01397.x.

Graham, J., Haidt, J., & Nosek, B. A. (2009). Liberals and conservatives rely on different sets of moral foundations. *Journal of Personality and Social Psychology*, 96, 1029–1046. doi:10.1037/a0015141.

Graham, J., Nosek, B. A., Haidt, J., Iyer, R., Koleva, S., & Ditto, P. H. (2011). Mapping the moral domain. *Journal of Personality and Social Psychology*, 101, 366–385. doi:10.1037/a0021847.

Gray, K., & Keeney, J. E. (2015). Impure or just weird? Scenario sampling bias raises questions about the foundation of morality. *Social Psychological and Personality Science*, 6(8), 859–868. doi:10.1177/1948550615592241.

Gray, K., Schein, C., & Cameron, C. D. (2017). How to think about emotion and morality: Circles, not arrows. *Current opinion in psychology*, 17, 41–46. doi:10.1016/j.copsyc. 2017.06.011.

Grizzard, M., Shaw, A. Z., Dolan, E. A., Anderson, K. B., Hahn, L., & Prabhu, S. (2017). Does repeated exposure to popular media strengthen moral intuitions?: Exploratory evidence regarding consistent and conflicted moral content. *Media Psychology*, 20, 557–583. doi:10.1080/15213269.2016.1227266.

Hahn, L., Tamborini, R., Klebig, B., Novotny, E., Grall, C., Hofer, M., & Lee, H. (2019). The representation of altruistic and egoistic motivations in popular music over 60 years. *Communication Studies*, 70, 59–78. doi:10.1080/10510974.2018.1447493.

Hahn, L., Tamborini, R., Novotny, E., Grall, C., & Klebig, B. (2018). Applying moral foundations theory to identify terrorist group motivations. *Political Psychology*. Advance online publication. doi:10.1111/pops.12525.

Hahn, L., Tamborini, R., Prabhu, S., Grall, C., Novotny, E., & Klebig, B. (2017, May). *Testing the model of intuitive morality and exemplars in children*. Paper presented at the 67th Annual Meeting of the International Communication Conference, San Diego, CA.

Hahn, L., Tamborini, R., Prabhu, S., Klebig, B., Grall, C., & Pei, D. (2017). The importance of altruistic versus egoistic motivations: A content analysis of conflicted motivations in children's television programming. *Communication Reports*, 30, 67–79. doi:10.1080/08934215.2016.1251602.

Hahn, L., Tamborini, R., Weber, R., Bente, G., & Sherry, J. (2019, May). *Can moral narratives increase moral intuition accessibility and behavior in pre-teen children? Testing the model of intuitive morality and exemplars in young audiences*. Paper presented at the 69th Annual Meeting of the International Communication Association, Washington, DC..

Haidt, J. (2001). The emotional dog and its rational tail: A social intuitionist approach to moral judgment. *Psychological Review*, 108, 814–834. doi:1.1037/0033-295X.108.4.814.

Haidt, J., & Joseph, C. (2007). The moral mind: How 5 sets of innate intuitions guide the development of many culture-specific virtues, and perhaps even modules. In P. Carruthers, S. Laurence, & S. Stich (Eds.), *The innate mind* (Vol. 3, pp. 367–391). New York, NY: Oxford University Press.

Hatemi, P. K., Crabtree, C., & Smith, K. B. (2019). Ideology justifies morality: Political beliefs predict moral foundations. *American Journal of Science*, 63, 788–806. doi: 10.1111/ajps.12448.

Hofstede, G. (1991). *Organizations and cultures: Software of the mind*. New York, NY: McGraw Hill.

Hofstede, G., & McCrae, R. R. (2004). Personality and culture revisited: Linking traits and dimensions of culture. *Cross-Cultural Research*, 38(1), 52–88. doi:10.1177/1069397103259443.

Hopp, Cornell, Fisher, Huskey, & Weber (2018). *Developing and validating the moral foundations dictionary for news narratives: A crowd-sourced approach*. Paper presented at the 68th Annual Meeting of the International Communication Association, Prague, CZ.

Hopp, F. R., Mangus, J. M., Swanson, R., Gordon, A., Khooshabeh, P., & Weber, R. (2018). *Developing and validating the moral foundations dictionary for news narratives: A crowdsourced approach*. Paper presented at the 69th Annual Conference of the International Communication Association, Prague, CZ.

Huskey, R., Craighead, B., & Weber, R. (2017). Evolutionary approaches to media. In P. Rössler, C. A. Hoffner, & L. van Zoonen (Eds.), The international encyclopedia of media effects (pp. 532–545). Hoboken,

NJ: John Wiley & Sons, Inc.

Iyengar, S., & Hahn, K. S. (2009). Red media, blue media: Evidence of ideological selectivity in media use. *Journal of Communication*, 59, 19–39. doi:10.1111/j.1460-2466.2008.01402.x.

Iyengar, S., Lelkes, Y., Levendusky, M., Malhotra, N., & Westwood, S. J. (2019). The origins and consequences of affective polarization in the United States. *Annual Review of Political Science*, 22, 129–146. doi:10.1146/annurev-polisci-051117-073034.

Klapper, J. T. (1960). *The effects of mass communication*. New York, NY: Free Press.

Klebig, B., Hahn, L., Tamborini, R., Aley, M., Goble, H, Baldwin, J., & Grady, S. (2019, May). *The influence of prevailing regional political narratives on intuitions featured in religious messages*. Paper presented at the International Communication Association's Annual Meeting, Washington, DC, US.

Kohlberg, L. (1984). *The psychology of moral development: The nature and validity of moral stages* (Vol. 2, pp. 123–139). San Francisco, CA: Harper & Row.

LaRose, R. (2010). The problem of media habits. *Communication Theory*, 20(2), 194–222. doi: 10.1111/j.1468-2885.2010.01360.x.

Lelkes, Y. (2016). Mass polarization: Manifestations and measurements. *Public Opinion Quarterly*, 80(S1), 392–410. doi:10.1093/poq/nfw005.

Lewis, R. J., & Mitchell, N. (2014). Egoism versus altruism in television content for young audiences. *Mass Communication and Society*, 17, 597–613. doi:10.1080/15205436.2013.816747.

Lewis, R. J., Grizzard, M. N., Choi, J. A., & Wang, P. L. (2019). Are enjoyment and appreciation both yardsticks of popularity? *Journal of Media Psychology: Theories, Methods, and Applications*, 31, 55. doi:10.1027/1864-1105/a000219.

Lewis, R. J., Grizzard, M., Lea, S., Ilijev, D., Choi, J. A., Müsse, L., & O'Connor, G. (2017). Large-scale patterns of entertainment gratifications in linguistic content of US films. *Communication Studies*, 68, 422–438. doi: 10.1080/10510974.2017.1340903.

Lewis, R. J., Tamborini, R., & Weber, R. (2014). Testing a dual-process model of media enjoyment and appreciation. *Journal of Communication*, 64, 397–416. doi:10.1111/jcom.12101.

Mastro, D. E. (2003). A social identity approach to understanding the impact of television messages. *Communication Monographs*, 70(2), 98–113. doi: 10.1080/0363775032000133764.

Mastro, D., Enriquez, M., Tamborini, R., Bowman, N. D., & Prabhu, S. (2012, May). *A content analytic examination of morality displays in Spanish and English language television programming*. Paper presented at the 62nd Annual Meeting of the International Communication Association, Phoenix, AZ.

McAdams, D. P., Albaugh, M., Farber, E., Daniels, J., Logan, R. L., & Olson, B. (2008). Family metaphors and moral intuitions: How conservatives and liberals narrate their lives. *Journal of Personality and Social Psychology*, 95, 978–990. doi:10.1037/a0012650.

McQuail, D. (2005). *McQuail's mass communication theory* (5th ed.). London, UK: Sage.

Piaget, J. (1965/1932). *The moral judgment of the child*. London, UK: Free Press.

Prabhu, S. (2018). *Measuring the accessibility of moral intuitions: A validation study of the moral foundations-affect misattribution procedure (MF-AMP)* (Doctoral dissertation). Available from ProQuest Dissertations and Theses Global Database (No. 10930804).

Prabhu, S., Tamborini, R., Idzik, P., Hahn, L., Grizzard, M., & Wang, L. (2014, May). *The role of intuition accessibility on the appraisal and selection of media content*. Paper presented at the 64th Annual Meeting of the International Communication Association, Seattle.

Prabhu, S., Tamborini, R., Klebig, B., Grall, C., & Hahn, L. (2015, November). *Correlating the salience of intuitive motivations detected in the content TV serials and viewers of those serials: A test of the MIME*. Paper presented at the 101st Annual Meeting of the National Communication Association, Las Vegas, NV.

Prabhu, S., Tamborini, R., Wang, L., & Grizzard, M. (2013, November). *A comparison of morality displays in Indian and U.S. daily serial narratives*. Paper presented at the 99th Annual Meeting of the National Communication Association, Washington, DC.

Schein, C., & Gray, K. (2017). The theory of dyadic morality: Reinventing moral judgment by redefining harm. *Personality and Social Psychology Review*, 22(1), 32–70. doi: 10.1177/1088868317698288.

Schwartz, S. H. (1994). Are there universal aspects in the structure and contents of human values? *Journal of Social Issues*, 50, 19–45. doi:10.1111/j.1540-4560.1994.tb01196.x.

Slater, M. D. (2007). Reinforcing spirals: The mutual influence of media selectivity and media effects and their impact on individual behavior and social identity. *Communication theory*, 17, 281–303. doi:10.1111/j.1468-2885.2007.00296.x.

Straubhaar, J., Fuentes, M., Giraud, C., & Campbell, C. (2002). *Refocusing from global to regional homogenization of television: Production and programming in the Latino US market, Mexico and Venezuela*. Paper submitted to ALAIC Theory & Research Division. Santa Cruz de la Sierra, Bolivia.

Sunstein, C. (2002). The law of group polarization. *Journal of Political Philosophy*, 10, 175–195.

Tamborini, R. (2011). Moral intuition and media entertainment. *Journal of Media Psychology*, 23, 39–45. doi:10.1027/1864-1105/a000031.

Tamborini, R. (2013). Model of intuitive morality and exemplars. In R. Tamborini (Ed), *Media and the moral mind* (pp. 43–74). London, UK: Routledge.

Tamborini, R., Eden, A., Bowman, N. D., Grizzard, M., & Lachlan, K. A. (2012). The influence of morality subcultures on the acceptance and appeal of violence. *Journal of Communication*, 62, 136–157. doi: 10.1111/j.1460-2466.2011.01620.x.

Tamborini, R., Eden, A., Bowman, N. D., Grizzard, M., Weber, R., & Lewis, R. J. (2013). Predicting media appeal from instinctive moral values. *Mass Communication and Society*, 16, 325–346. doi:10.1080/15205436.2012.703285.

Tamborini, R., Hahn, L., Aley, M., Prabhu, S., Baldwin, J., Sethi, N., Novotny, E., Klebig, B., & Hofer, M. (2018, November). *The impact of terrorist attack news on moral intuitions*. Paper presented at the 104th Annual Meeting of the National Communication Association, Salt Lake City, UT.

Tamborini, R., Hofer, M., Prabhu, S., Grall, C., Novotny, E., Hahn, L., & Klebig, B. (2017). The impact of terror attack news on moral intuitions and moral behavior towards outgroups. Mass *Communication and Society*, 20, 800–824. doi:10.1080/15205436.2017.1342130.

Tamborini, R., Lewis, R. J., Prabhu, S., Grizzard, M., Hahn, L., & Wang, L. (2016). Media's influence on the accessibility of altruistic and egoistic motivations. *Communication Research Reports*, 33, 177–187. doi:10.1080/08824096.2016.1186627.

Tamborini, R., Prabhu, S., Lewis, R.L., Grizzard, M., & Eden, A. (2016). The influence of media exposure on the accessibility of moral intuitions. *Journal of Media Psychology*, 30, 79–90. doi:10.1027/1864-1105/a000183.

Tamborini, R., Weber, R., Eden, A., Bowman, N. D., & Grizzard, M. (2010). Repeated exposure to daytime soap opera and shifts in moral judgment toward social convention. *Journal of Broadcasting and Electronic Media*, 54(4), 621–640 doi: 10.1080/08838151.2010.519806.

Tamborini, R., Hahn, L., Prabhu, S., Klebig, B., & Grall, C. (2017) The representation of altruistic and egoistic motivations in children's television programming. *Communication Research Reports*, 34, 58–67. doi:10.1080/08824096.2016.1227312.

Trepte, S. (2006). Social identity theory. In, Bryant, J., Varderer, P. (Eds.), *Psychology of entertainment* (pp. 255–271) New York, NY: Routledge.

Tversky, A., & Kahneman, D. (1974). Judgment under uncertainty: Heuristics and biases. *Science*, 185, 1124–1131. doi:10.1126/science.185.4157.1124.

Weaver, J. B., III, Brosius, H. B., & Mundorf, N. (1993). Personality and movie preferences: A comparison of American and German audiences. *Personality and Individual Differences*, 14(2), 307–315. doi:10.1016/0191-8869(93)90128-P.

Weber, R., Mangus, J. M., Huskey, R., Amir, O., Swanson, R., Gordon, A., … Tamborini, R. (2018). Extracting moral foundations from text narratives: Relevance, challenges, and solutions. *Communication Methods and Measures*, 12, 119–139. doi:10.1080/19312458.2018. 1447656.

Wolsko, C. (2017). Expanding the range of environmental values: Political orientation, moral foundations, and the common ingroup. *Journal of Environmental Psychology*, 51, 284–294. doi:10.1016/j.jenvp.2017.04.005

Zillmann, D. (2000). Basal morality in drama appreciation. In I. Bondebjerg (Ed.), *Moving images, culture, and the mind* (pp. 53–63). Luton, UK: University of Luton Press.

Zillmann, D. (2002). Exemplification theory of media influence. In J. Bryant & D. Zillmann (Eds.), *Media effects: Advances in theory and research* (2nd ed.) (pp. 19–41). Mahwah, NJ: Erlbaum.

Zillmann, D., & Bryant, J. (1985). Selective-exposure phenomenon. In D. Zillmann & J. Bryant (Eds.), *Selective exposure to communication* (pp. 1–10). New York, NY: Routledge.

第十三章　故事延伸自我体验
——暂时性拓展自我边界模型的证据

本杰明・K. 约翰逊
迈克尔・D. 斯莱特
纳撒尼尔・A. 西尔弗
大卫・R. 埃沃森

人类喜欢听故事。故事在表达文化规范和维持身份认同等方面至关重要（Malinowski, 1979/1926）。相较于其他形式的信息，故事在吸引注意力上更有说服力（Graesser, 1981）。故事是当代社会庞大媒介产业（电影、出版和电子游戏）的核心。在传播学科中，研究者们对人们选择叙事的原因进行了分析（Knobloch, 2003; Oliver, 2008; Zillmann, 2000）。暂时性拓展自我边界（Temporarily Expanded Boundaries of the Self, TEBOTS）理论（Slater, Johnson, Cohen, Comello, & Ewoldsen, 2014）试图为一个更基本的问题提供部分答案：人类为什么如此喜欢故事？重要的是，了解人们喜欢叙事、人物和故事的原因有助于我们理解媒介娱乐体验，因为这些特定动机在媒介产品选择、使用和效果上发挥着关键作用。

我们使用“部分答案”这个措辞是经过深思熟虑的。娱乐对人类具有吸引力这一现象与人自身以及人类社会一样复杂（Vorderer, Klimmt, & Ritterfeld, 2004）。如前所述，故事在信息加工上格外引人注目，并且是文化表达其规范并促进青年社会化应具备的一个基本要素。此外，这些故事的传播模式——包括媒介、体裁和叙事技巧——对个人、群体和文化等的影响尤为重要（Eden, Bowman, & Grizzard, 2019）。尽管如此，人们可以在不强调动机的情况下承认这些重要的决定因素：是什么让人们对故事“欲罢不能”并产生即刻满足的？我们相信，回答这个问题有助于深化对娱乐的认识和理解。

TEBOTS理论从一种明确的动机角度来研究这个问题。自我决定理论（SDT）认为，人类有3种基本动机：胜任感或能动性，控制或自主性，联结或归属性（Deci & Ryan, 1990）。TEBOTS理论承认这些动机的重要性，但也指出这些动机带来了一个在人类经验中与生俱来、普遍存在以至于经常被忽略的难题。通过这个难题，我们指出一个事实，即任何特定的人都只能在有限的技能范围发展能力或能动性，这些技能受到时间、机会和自身固有能力的限制。任何人的自主性不仅受到社会环境的约束，还受到内在自我的限制：生活在我们所处的时代，我们无法成为别人；即使在最好的情况下，我们的人际关系和归属性也受到时间、空间、社会角色以及关系承诺的限制。因此，即使对于那些令人羡慕、多才多艺、拥有大量选择机会、有着完美人际关系的人来说，这些动机也难以完全满足。

作为个体自我，其自我局限性通常可以通过多种方式克服。人们可以通过狂热方式将自我沉浸在意识形态或宗教等群体认同中，也可以通过性、醉酒或吸毒来消除独特的个性体验。艺术表达、高强度体力劳动、对音乐或自然风光的审美都能提供一种瞬间超越的感觉。当然，神秘主义或自我牺牲正是为了以一种更持久的方式超越有限的个性体验。

TEBOTS理论认为，故事虽然不是对抗个体自我局限性的最有力或最持久的方式，但仍然提供了一种有效、暂时的方式，让人们能够参与到几乎无所不能或几近失能的主观替代性体验中，尤其是现代媒介为吸引观众注意力而提供的越来越令人眼花缭乱的故事、场景和人物。人们通过故事参与到几乎无穷无尽的替代关系中（无论是刺激的、色情的、满足的、沮丧的、绝望的、毁灭性的，还是它们的组合）。人们可以通过想象体验过去或未来时光、从女皇到囚犯的社会角色——这是一种其他方式难以企及的自由度。个人在寻求娱乐时可以选择浅尝辄止式或深度沉浸式体验，这些体验预期将满足他们的欲望、兴趣或奇思妙想（Knobloch-Westerwick, Westerwick, & Sude, 2019）。

故事叙事传输（Green & Brock, 2000）、故事角色认同（Cohen, 2006; Cohen & Klimmt, this volume）以及回溯性想象参与（Retrospective Imaginative Involvement，RII）（Slater, Ewoldsen, & Woods, 2018; Ewoldsen, Busselle, Slater, & Sethi, this volume）等概念都表明，读者、听众和观众通过这些方式在故事中进行深度的沉浸式体验。在一本好书或一部好电影中“迷失自我”的经历就是一段有趣的经历。片刻的内省回忆表明，人至少在一段时间内无感于自我社会角色和身体能力，如果说有什么感觉，那就是强烈参与感。本体论中的自我依然存在，而社会自我可能相对静止。因此，我们讨论的是暂时性拓展自我边界的体验。

这是否只是对俗语“逃避”一词的改写？我们相信，通过故事参与来暂时性拓展自我边界通常可以提供一种逃避方式。一个人从社会需求甚至身体需求中得到喘息的机会，可以合理地称为逃避（Halfmann & Reinecke, this volume）。我们还认为，这并不是此类暂时性拓展的唯一功能。人们了解自闭症［《我是山姆》（*I Am Sam*），Nelson, 2001］、伊朗农村的一名年轻女性［《被投石处死的索拉雅·M》（*Stoning of Soraya M*），Nowrasteh, 2008］、一场毫无意义的战争中的苦难和死亡［《西线无战事》（*All Quiet on the Western Front*）; Milestone, 1930］等，这绝非在逃避现实。与此同时，它们确实提供了个人难以触及的角色、关系、时间、地点以及不同于日常生活的自我替代体验。同样，道德上模棱两可的角色甚至反派也能提供与传统英雄和主角类似的自我拓展体验，即使在缺乏正面道德评价和角色故事归属感的情境下，媒介享受、欣赏和治疗也会产生（Eden, Daalmans, & Johnson, 2017; Krakowiak & Tsay-Vogel, 2018）。

总而言之，TEBOTS理论认为个体体验本质上是一种心理耗散（Psychologically Taxing）。我们不断地进行自我提升、自我调节和保护自我以免受威胁。TEBOTS 认为人们有从这些过程中寻求叙事作为解脱方式的动机。此外，个人身份的创造和维持也限制了我们。TEBOTS借鉴自我决定理论，假设存在影响我们身份发展的3种基本的人类动机：自主性、胜任感和归属感。个体通常不可能同时拥有这些动机，其结果是这些动机通常无法得到完全满足。因此，人们被激励去参与叙事，以此为缓解动机没有得到完全满足时的不良情绪的一种方式。

叙事为边界拓展提供了一条途径，这样人们或许可以通过叙事的替代性体验进行自我边界拓展，从而满足基本动机。TEBOTS理论认为，当寻求叙事的动机很强时，人们更有可能体验到传输、认同、享乐主义或实现主义的幸福享受。因此，娱乐体验与处理自我的动机密切相关。TEBOTS理论主张边界拓展是叙事影响人们的一个过程。当人们将自我边界拓展到故事世界时，故事世界更有可能动态地影响他们。这种自我拓展可以通过多种途径导致变化，包括改变与叙事相关的信念可及性，以及增加对被污名化群体的共情和减少社会距离。

这些强调叙事拓展边界特征的观点并非纯粹推测。TEBOTS理论（Slater, et al., 2014）的最初阐述提供了关于自我概念局限性如何影响叙事选择、加工和效果的9个命题。许多可检验的假设都可以从这些原理中推导出来，并且已取得了一些成功检验。当自我处于压力和紧张状态时，人们期望从故事中获得更大的享受和沉浸感，当自我得到肯定时则不会这样。另外，在产生身份认同危机的人生阶段，如青春期、离婚后或退休后，故事可能会更有价值。此外，边界拓展特别解释了如何通过叙事接触来改善对外界群体的态度。在下文中，我们总结了直接或间接检验 TEBOTS 命题的证据陈述，并指出哪些预测和可能性尚待调查。

TEBOTS理论的实证证据

TEBOTS视角为叙事接受过程的多个阶段提供了解释。它阐明了预测故事选择的个人和情境因素，描述了观众如何加工并体验故事及角色，并就讲故事如何有效影响信念和认知提出了独到见解。初步证据表明TEBOTS理论在解释叙事接受阶段具有效用，并且间接证据支持该模型的原理。

情境自我与叙事需求

TEBOTS理论最早的实证测试考察了情境背景和个体差异，尤其是涉及自我压力的因素如何引发更强的观众反应和叙事参与感的。“自我损耗”范式，即连续的、费力的任务会降低个人的自控能力，这被用来表明自我调节资源的短期损失会影响叙事参与感（B. Johnson, Ewoldsen, & Slater, 2015）。与保持自我调节能力的对照组相比，处于自我耗竭状态的参与者在阅读短篇小说时体验到更多的享受、欣赏和传输。鉴于他们暂时失去自控（自我概念的一个关键部分），他们经历了更深层次的虚构叙事（B. Johnson, et al., 2015）。一项针对美国成年人不同样本的追踪调查，通过缓解（而不是诱导）自我概念紧张来逆转这种逻辑（B. Johnson, Slater, Silver, & Ewoldsen, 2016）。治疗组的参与者进行自我肯定，以加强和保护自我概念的完整性。此后，正如预期的那样，与未得到肯定的对照组的人相比，这些人在阅读短篇小说时的参与度较低。那些没有得到肯定的个体，没有通过自我肯定来舒缓他们已存的压力和紧张，反而更有可能深度沉浸在故事中，从而呈现更高的享受、欣赏和传输（B. Johnson, et al., 2016）。

正如TEBOTS理论最初表述的那样，人这一生会有很多经历，这些经历可能会不同程度地挫败内在需求。最近的实验调查了在社会排斥和死亡凸显背景下TEBOTS理论的预测功能（Rieger & Schneider, 2019），这两个情境因素影响了自我概念及其存在意义。这些对自我的威胁强化了个体在叙事接触过程中感受到的娱乐体验。此外，因为自我拓展过程允许改善应对方式，因此这种叙事接触有利于人们从心理威胁中恢复过来（Rieger & Schneider, 2019）。从对电视剧和系列电影的狂热观众的定性访谈中获得的更多证据也支持了这样一种观点，即虚构文本作为应对工具十分有用，部分原因是它为叙事中面临挑战的角色提供“拟社会鼓励”（Perks, 2019; Greenwood & Long, 2011）。

在TEBOTS情境下测试的个体差异包括寻找生活意义（Steger, Frazier, Oishi, & Kaler, 2006），这与阅读时产生更大的边界拓展有关，也加强了自我肯定对边界拓展和娱乐体验的影响（B. Johnson, et al., 2016）。依恋类型从根本上与关系需求满足相关，也预示着媒介使用过程中的边界拓展（Silver & Slater, 2019; Silver, Slater, & Johnson, 2018）。

边界拓展的心理体验被具体地概念化为一种短暂的、转瞬即逝的现象学状态，然而，通过自我报告来衡量这种体验的初步尝试颇为成功。约翰逊等人在2016年引入了一个10条边界拓展量表。量表的测项反映了内在需求满足的维度，这些测项评估了故事中的经历，如会见“你永远不会知道”的人、拥有新的“技能和能力”以及参与“你以前从未参加过的”活动，反映了只有通过沉浸式叙事才能达到的高度联结性、能力和自主满足感（B. Johnson, et al., 2016）。该测量结果具备较强的信度和正向效度。更高的边界拓展得分预示着更大的享受、欣赏、传输和认同（B. Johnson, et al., 2016），以及回溯性想象参与和叙事影响（Silver & Slater, 2019; Slater, Ewoldsen, et al., 2018）。

替代性需求满足的重要性，正如TEBOTS理论所阐述的那样，在于其为何种叙事类型和范例能够有效地进行叙事说服提供了新见解。例如，描述角色能力的健康传播叙事可以促进信息接收和深层加工（Walter, Saucier, & Murphy, 2019）。好的叙事可能会因为它们具有提供边界拓展的巨大潜力而被挖掘。与最喜欢的虚构人物的拟社会关系似乎比与亲密朋友的关系更能拓展自我概念（Shedlosky-Shoemaker, Costabile, & Arkin, 2014）。同样，引发更多拓展（更令人满意的拓展）的叙事可能对信念、态度和行为等有更大影响。

培养与外群体感知

边界拓展包含在故事中进行自我延伸。根据TEBOTS理论，此举是为了让自我能够体验需求满足。具体而言，人们对人际关系、能力和自主的需求可以通过边界拓展来满足。与TEBOTS理论一致的是，目前的证据表明，边界拓展在调节媒介影响方面发挥着重要作用。研究者最近使用培养框架来探索科幻小说对人们对STEM（科学、技术、工程和数学）领域的女性的看法的影响，尽管最近有人努力反驳女性很难进入STEM领域的观点，但STEM领域的性别差异仍大量存在（Cheryan, Ziegler, Montoya, & Jiang, 2017）。STEM领域的社会规范和对女性的态度显然对女性进入这些研究领域造成了障碍。传统意义上，许多以儿童和青少年为对象、侧重于科学或技术的媒介都以男性受众为目标。学者们认为，从历史上看，主流社会和媒介传递的信息是女性不属于STEM领域（De Welde & Laursen, 2011; Merrick, 2003）。就媒介信息而言，这往往反映在科幻小说体裁上。著名作家乌苏拉·勒金（Ursula Le Guin）在她职业生涯的大部分时间里都挑战了这一体裁的性别歧视惯例，认为科幻小说为女性非性别歧视叙述提供了一条途径，而不是将传统的性别刻板印象具体化（Brooks, 2018）。

遗憾的是，媒介学者们在很大程度上忽略了科幻小说。批评/文化学者们已经完成了这项研究的大部分工作，他们的研究表明，科幻小说远远没有对STEM领域的女性进行积极和性别中立的描绘，而且从历史上来看，科幻小说一直延续着与STEM相关的性别偏见（Attebery, 2002; Flicker, 2003; Scodari, 2003），尽管它是反驳性别偏见的完美体裁（Bacon-Smith, 2000）。庆幸的是，虽然科幻小说对女性的刻画历来遵循性别刻板印象，但最近的科幻电影中出现了更多积极的女性榜样（Barr, 1981; Inness, 1998），如《星球大战：最后的绝地武士》中的霍尔多海军中将（劳拉·邓恩饰）就是一个具有强烈的女权主义色彩的角色（Robinson, 2017）。

雷乌、德库克和埃沃森（2018）在培养框架内检验了阅读科幻小说对STEM职业女性态度的影响。最近人们呼吁研究者对特定体裁进行接触（Bilandzic & Busselle, 2012），研究者使用里德尔（2010）公司修订的量表来测量终身接触科幻小说的情况。此外，边界拓展量表（B. Johnson, et al., 2016）被修改为仅限于观看科幻小说。这项研究发现，边界拓展协调了终身观看科幻小说和STEM领域对女性性别歧视态度之间的关系。那些反复接触科幻小说并在观看时经历边界拓展的人更有可能在STEM领域对女性持更积极的态度，并反对男性天生更擅长科学的观点。

边界拓展还协调了人们玩严肃游戏《勇往直前》（*Against All Odds*）与其对“难民”态度之间的关系（Rheu, Peng, & Ewoldsen, 2019）。该游戏使得玩家成为一名难民并试图成功逃离人道主义危机。在这项实验中，一些参与者阅读了一个关于难民的故事，这个故事基于现实生活中难民逃离人道主义危机的经历。此外，参与者要么是个性化化身，要么是被随机分配的一个化身。作者假定创造化身会抑制边界拓展，因为创造和扮演化身过程增加了参与者的自我关注，而不是自我超越。该实验发现，阅读背景故事的参与者确实对难民产生了更积极的态度，然而，与TEBOTS理论一致的是，参与者对难民的态度受到边界拓展的影响。此外，阅读故事和边界拓展之间的关系受到参与者是否个性化其化身的影响。正如预测的那般，虚拟化身的个性化抑制了边界拓展。这一看似违反直觉的发现指出了一个重要事实，即尽管人们消费媒介是为了共情和安慰“像我这样的人”，但进行叙事参与也可以体验超越自我边界的世界。更重要的是，这些经历有助于人们改善对难民等被污名化群体的态度，让他们在日常生活中经历一些几乎不太可能发生的事。

TEBOTS的路径导向

目前，研究已经表明，各种压力因素会激发人们进入故事世界，这或许是由于人们日常生活中的普遍需求未得到满足。研究这种追寻在何种情况下才能满足这些需求，既有现实价值，又有理论意义。另外，TEBOTS框架所假定的压力和叙事代入之间的关系对压力人群的叙事影响具有深层含义，因为叙事代入的各个方面明显加入了叙事说服和娱乐教育效果。此外，TEBOTS理论假设的独特参与类型，即人们追求他们在现实生活中永远无法获得的经验、技能和人际关系，以此作为拓展自我主观体验而不仅仅是逃避它的手段，较传统叙事吸收变量（absorption variables）而言可能具有不同的叙事效果。

中介意义和需求满足供给

故事世界可能会为人们提供自我拓展的机会，这表明小说的叙事治疗价值超出了注意力分散、情绪管理和逃避的范围。TEBOTS所借鉴的自我决定理论框架假定对控制、能力和联结的基本需求是人类创造生活内在意义的方式（Ryan & Deci, 2000）。不可否认的是，生活阻碍了这些需求，这种阻碍挑战了生活经历的意义。生活中的很多事情都超出了我们的控制范围。我们往往无法完成打算完成的事情。此外，孤独、排斥和疏远只是生活的固有方面。但在提供满足需求的空间时，故事可能会为我们提供一条建立生活意义并改善心理健康的途径（Slater & Cohen, 2017）。在TEBOTS范式内外都可以找到这种可能性依据。例如，寻找意义的特质倾向（Steger, et al., 2006）是通过肯定自我概念来缓解日常生活约束与边界拓展之间关系的一个重要条件（B. Johnson, et al., 2016）。这表明寻求生活意义的人更有可能在叙事环境中间接寻求自我需求满足。这种条件效应表明，当被灌输死亡思想时，人们更倾向于参与叙事和享受叙事内容（Rieger, et al., 2015; Rieger & Hofer, 2017），这种状态可以提高提供象征意义上自我概念的显著性（Hayes, Schimel, Arndt, & Faucher, 2010），这或许可以解释为什么人们倾向于通过故事来理解涉及人类局限性的日常挑战和焦虑。

此外，有证据表明，某些类型的叙事内容，尤其是塑造人类美德、战胜逆境和分享人类经历的，实际上可能有助于未被满足的需求的实现，这表明叙事在帮助人们应对基本生活挑战方面具有潜在的治疗价值。例如，研究已证明这些内容可以减少对死亡的焦虑（Slater, Oliver, & Appel, 2019; Slater, Oliver, Appel, Tchernev, & Silver, 2018），也可以缓解我们的焦虑情绪（Rieger & Hofer, 2017）。从理论上讲，对死亡的焦虑会提高个人依恋系统、自尊及先前存在的有关世界的信念的显著性，其作为一种心理保护手段，使个体免受不可避免的死亡结局对自我造成的威胁（Hart, Shaver, & Goldenberg, 2005）。因此，在一个需求经常被当作障碍的世界里，通过提供一种寻求联结、能力和控制的途径，替代性叙事经历可能会在适当情境下转化为需求满足。这些故事提供了一种扩大边界的手段，对于那些在自主权方面遇到明显障碍、面临能力限制甚至要努力摆脱家人和朋友的人来说，这些故事可能特别有价值。

压力和叙事影响

从实践角度来看，参与故事世界非常重要，因为在媒介环境中的沉浸感正是叙事内容说服力和信息影响力的驱动因素（Moyer-Guse, 2008; Slater & Rouner, 2002）。自我概念压力强化了叙事参与感，这表明人们在面临压力和紧张时更容易受到电影、电视、播客、互动广告、游戏等媒介叙事的影响。这一前提影响叙事干预以及针对压力人群的媒介素养干预。

佐证TEBOTS前提（叙事参与感可以促进人们从日常生活束缚中解脱出来）的实验操作，对通常由更大社会因素所驱动的现实生活场景有影响。例如，编辑一本统计学教材的单调任务是一种消耗自控力的手段，需要集中精力和专注，而且很少给人带来成就感。一个没前景的服务行业工作或非熟练劳动与之有着惊人的相似之处，因为日常辛劳几乎不能给人带来内在满足感。这样的实验诱导会激发人们对短篇小说的参与感（B. Johnson, et al., 2015），这表明劳动阶层可能更有动力以某种方式介入叙事环境，这种方式可能增加此类故事对现实世界态度和信念的影响。同样，研究发现，缺乏自我肯定会导致更多的叙事参与感（B. Johnson, et al., 2016），这表明，通常与贫困、失业或威胁自我价值的生命无用论（the futility of a life）密切相关的情绪压力可能会扩大叙事内容的影响。最近的数据初步支持了财务压力可以增加叙事参与感的前提假设（Silver, et al., 2018）。但这种压力是否会导致叙事产生更大的影响还需进一步验证。

与他人建立关联的障碍与叙事参与感之间的关系也亟待进一步实证检验。亲密关系中阻碍亲密行为的不安全依恋型特质已被证明可以增加叙事参与感。例如，研究发现，对关系稳定性感到焦虑的人更容易沉浸在电视故事中（Greenwood, 2008），并且更有可能想象与媒介角色的互动（Greenwood & Long, 2011）。此外，以依恋亲密关系矛盾为特征的人（渴望亲密关系，但经常以自我破坏为对抗他们对关系稳定性焦虑的方式的人）更倾向于关注基于故事的影视作品、更大的边界拓展和对故事世界的线下参与（Silver & Slater, 2019）。有限的社会资本、心理健康、童年创伤性经历等联结性障碍和叙事参与感之间的关系，为未来的调查探索提供了肥沃的土壤。

叙事说服的研究方向

研究叙事如何、为何具有说服力的理论，往往假定有一种在虚构故事世界中了解自我世界的相对消极的方法。沉浸于故事、跟随角色的视角需要大量的心理资源，而这些资源又不能有悖于其中的信息（Moyer-Guse, 2008; Slater & Rouner, 2002）。目前有证据支持这一观点（Igartua & Casanova, 2016; J. Johnson, Harrison, & Quick, 2013）。但TEBOTS理论提出的边界拓展机制揭示了叙事效果有效路径的潜力。例如，最近的证据表明，叙事视频广告（与非叙事性视频广告相比）会产生更多的边界拓展，这反过来又使人们对特色品牌产生更积极的态度（B. Johnson, Klopper, & Boerema, 2019）。TEBOTS理论为更好地理解叙事说服力量以及其在何时何地最大限度地发挥作用提供了一个视角。

也有人提出，如果多任务处理与故事或其信息相关，则多模式形式的叙事参与（媒介多任务处理）可能有助于增强娱乐体验和扩大叙事影响，因为其参与度和阐释度更高（Woods, Slater, Cohen, Johnson, & Ewoldsen, 2018）。单就理论视角来看，最近的研究结果证实了这一点：在观看《东洛高情事》(*East Los High*）的同时进行多任务处理的年轻人，从该系列呈现的社会议题中体验到了更多的角色认同和后续说服（Walter, Murphy, & Rosenthal, 2018）。

通过介入叙事世界来拓展自我主观体验蕴含着一个更加积极的过程，在这个过程中，媒介娱乐体验被推进并整合到真实或中介化的综合体验中，这些体验反映了我们的态度和信念。然后，我们可以像在现实生活中一样反思这些经历，考虑反设事实，将角色置于故事之外的其他场景中，甚至可能将他们的视角作为我们的决策手段（Slater, Ewoldsen, et al., 2018）。简而言之，边界拓展理论阐释了一种更有效的故事参与方式，这可能有助于提升叙事效果。这种有效的叙事加工方式反过来可能对作为规范社会变革手段的叙事产生强大影响，因为在社会变革中，态度和信念往往根深蒂固，很难通过被动接受来消除。

结　论

TEBOTS理论将故事世界概念化为一个我们可以替代性满足自主、能力和联结需求的地方，而这些需求只能在一个人的现实身体和社会经历中得到部分满足。自我体验的可能性几乎可以无限拓展。故事参与的拓展功能不同于将故事世界描述为一个自我逃避的地方（Greenwood, 2008），也不同于享乐主义文学所设定的富有意义、以欣赏为基础的体验（Oliver, 2008）。TEBOTS理论认为，我们可以从角色视角出发，或者沉浸在他们的世界中了解其像什么——像神奇女侠那样强大而勇敢，像詹姆斯·邦德那样温文尔雅（至少在早期化身中），或者像夏洛克·福尔摩斯那样饱受折磨；或者我们可以反过来去体验残疾、贫困、灾难和压迫的局限性。从TEBOTS角度来看，这些经历不一定是为了逃避紧张的生活环境或更好地了解我们的世界，尽管这些经历确实具备这样的功能。如果心理学家认为人类满足最基本内在需求的动机是正确的，那么我们可以将故事参与感在某种程度上理解为替代性满足这些需求的一种方式。

除了为参与故事世界提供基本的动机解释外，这一命题还为未来研究提供了肥沃的土壤，有助于我们更好地理解娱乐媒介在我们生活中的作用和影响。关于媒介选择，TEBOTS认为，当自我系统处于压力之下时——生活转变和过渡时期，故事参与感最强烈，这可能是发展性或情境性的。至于媒介效果，TEBOTS理论认为，故事参与感的普遍性也许是对我们无法避免自我概念局限性的一个回应。尽管故事提供了一种暂时性拓展自我边界的途径，但在返回现实世界时，我们会带回一些这样的体验（Reinecke & Rieger, this volume）。这些自我和他人的替代性经历可能引发拟社会接触并减少对他者的污名化，增加或减少自我效能和政治效能，并且就实现论来说，使人应对生活内在挑战的能力增强。TEBOTS理论还指出，当自我系统处于压力或威胁之下时，这种效果可能会更好。

尽管TEBOTS理论提供了关于叙事参与感何时最大化、何时对叙事效果产生潜在影响的预测，但它终究只是一个理论框架，旨在更好地理解通过媒介介入故事世界的强大魅力。快速发展的媒介景观提供了越来越多的娱乐媒介，从而增强视听沉浸感（高清、虚拟现实）、交互性（视频游戏、“选择自己的道路”故事）以及使人们可以持续参与由文学、视听或游戏特许经营提供的可拓展的开发世界（维斯特洛大陆、漫威电影宇宙、星球大战）。因此，驱使我们从故事中寻求替代性需求满足的动机，可能比以往任何时候都更加重要。

参考文献

Attebery, B. (2002). *Decoding gender in science fiction*. New York, NY: Routledge.

Bacon-Smith, C. (2000). *Science fiction culture*. Philadelphia, PA: University of Pennsylvania Press.

Barr, M. (Ed.). (1981). *Future females: A critical anthology*. Bowling Green, KY: Bowling Green State University Press.

Bilandzic, H., & Busselle, R. (2012). A narrative perspective on genre-specific cultivation. In M. Morgan, J. Shanahan, & N. Signorielli (Eds.), *Living with television now: Advances in cultivation theory and research*. New York, NY: Peter Lang.

Brooks, K. (2018, January 25). The night Ursula Le Guin pranked the patriarchy. *Huffington Post*. Retrieved from https://www.huffingtonpost.com/entry/ursula-k-le-guin-sfwa-grandmaster_us_5a68875be4b0dc592a0e4188.

Cheryan, S., Ziegler, S. A., Montoya, A. K., & Jiang, L. (2017). Why are some STEM fields more gender balanced than others? *Psychological Bulletin*, 143, 1–35. doi:10.1037/bul0000052.

Cohen J. (2006). Audience identification with media characters. In J. Bryant & P. Vorderer (Eds.), *The psychology of entertainment* (pp. 183–197). Mahwah, NJ: Erlbaum.

De Welde, K., & Laursen, S. (2011). The glass obstacle course: Informal and formal barriers for women Ph.D. students in STEM fields. *International Journal of Gender, Science and Technology*, 3, 571–595. Retrieved from http://genderandset.open.ac.uk/index.php/genderandset/article/view/205.

Deci, E., & Ryan, R. (1990). A motivational approach to self: Integration in personality. In R. Dienstbier (Ed.), *Perspectives on motivation: Nebraska symposium on motivation* (pp. 237–288). Lincoln, NE: University of Nebraska Press.

Eden, A., Bowman, N., & Grizzard, M. (2019). *Media entertainment*. Dubuque, IA: Kendall Hunt.

Eden, A., Daalmans, S., & Johnson, B. K. (2017). Morality predicts enjoyment but not appreciation of morally ambiguous characters. *Media Psychology*, 20, 349–373. doi:10.1080/15213269.2016.1182030.

Flicker, E. (2003). Between brains and breasts—Women scientists in fiction film: On the marginalization and sexualization of scientific competence. *Public Understanding of Science*, 12, 307–318. doi:10.1177/0963662503123009.

Graesser, A. C. (1981). *Prose comprehension beyond the word*. New York, NY: Springer-Verlag.

Green, M. C., & Brock, T. C. (2000). The role of transportation in the persuasiveness of public narratives. *Journal of Personality and Social Psychology*, 79, 701–721. doi:10.1037/0022-3514.79.5.701.

Greenwood, D. N. (2008). Television as escape from self: Psychological predictors of media involvement. *Personality and Individual Differences*, 44, 414–424. doi:10.1016/j.paid.2007.09.001.

Greenwood, D. N., & Long, C. R. (2011). Attachment, belongingness needs, and relationship status predict imagined intimacy with media figures. *Communication Research*, 38, 278–297.doi:10.1177/0093650210362687.

Hart, J., Shaver, P. R., & Goldenberg, J. L. (2005). Attachment, self-esteem, worldviews, and terror management: Evidence for a tripartite security system. *Journal of Personality and Social Psychology*, 88, 999–1013. doi:10.1037/0022-3514.88.6.999.

Hayes, J., Schimel, J., Arndt, J., & Faucher, E. H. (2010). A theoretical and empirical review of the death-thought accessibility concept in terror management research. *Psychological Bulletin*, 136, 699–739. doi:10.1037/a0020524.

Igartua, J.-J., & Casanova, J. V. (2016). Identification with characters, elaboration, and counterarguing in entertainment-education interventions through audiovisual fiction. *Journal of Health Communication*, 21, 293–300. doi:10.1080/10810730.2015.1064494.

Inness, S. (1998). *Tough girls: Women warriors and wonder women in popular culture*. New York, NY: Palgrave Macmillan.

Johnson, B. K., Ewoldsen, D. R., & Slater, M. D. (2015). Self-control depletion and narrative: Testing a prediction of the TEBOTS model. *Media Psychology*, 18, 196–220. doi:10.1080/15213269.2014.978872.

Johnson, B. K., Klopper, L., & Boerema, S. (2019, May). *Boundary expansion and narrative persuasion: The situational self and effects of video storytelling*. Paper presented at the 69th Annual Conference of the International Communication Association, Washington, DC.

Johnson, B. K., Slater, M. D., Silver, N. A., & Ewoldsen, D. R. (2016). Entertainment and expanding boundaries of the self: Relief from the constraints of the everyday. *Journal of Communication*, 66, 386–408. doi:10.1111/jcom.12228.

Johnson, J. M. Q., Harrison, K., & Quick, B. L. (2013). Understanding the effectiveness of the entertainment-education strategy: An investigation of how audience involvement, message processing, and message design influence health information recall. *Journal of Health Communication*, 18, 160–178. doi:10.1080/10810730.2012.688244.

Knobloch, S. (2003). Mood adjustment via mass communication. *Journal of Communication*, 53, 233–250. doi:10.1111/j.1460-2466.2003.tb02588.x.

Knobloch-Westerwick, S., Westerwick, A., & Sude, D. J. (2019). Media choice and selective exposure. In M. B. Oliver, A. A. Raney, & J. Bryant (Eds.), *Media effects: Advances in theory and research* (4th ed., pp. 146–162). New York, NY: Routledge.

Krakowiak, K. M., & Tsay-Vogel, M. (2018). Are good characters better for us? The effect of morality salience on entertainment selection and recovery outcomes. *Mass Communication and Society*, 21, 320–344. doi:10.1080/15205436.2017.1407797.

Malinowski, B. (1979/1926). *Myth in primitive psychology*. Westport, CT: Greenwood.

Merrick, H. (2003). The revolting housewife: Women and science fiction in the 1950s. *Paradoxa Studies in World Literary Genres*, 18, 136–156.

Milestone, L. (director). (1930). *All quiet on the Western Front*. Los Angeles, CA: Universal Studios.

Moyer-Gusé, E. (2008). Toward a theory of entertainment persuasion: Explaining the persuasive effects of entertainment-education messages. *Communication Theory*, 18, 407–425.doi:10.1111/j.1468-2885.2008.00328.x.

Nelson, J. (director). (2001). *I am Sam*. Santa Monica, CA: Bedford Falls Productions.

Nowrasteh, C. (director). (2008). *The stoning of Soraya M*. Santa Monica, CA: Mpower Pictures.

Oliver, M. B. (2008). Tender affective states as predictors of entertainment preference. *Journal of Communication*, 58, 40–61. doi:10.1111/j.1460-2466.2007.00373.x.

Perks, L. G. (2019). Media marathoning through health struggles: Filling a social reservoir. *Journal of Communication Inquiry*, 43, 313–332. doi:10.1177/0196859918814826.

Rheu, M., DeCook, J. R., & Ewoldsen, D. R. (2018, May). *The influence of science fiction media on gender-stereotyped attitudes toward STEM fields*. Paper presented at the 68th Annual Conference of the International Communication Association, Prague, Czech Republic.

Rheu, M., Peng, W., & Ewoldsen, D. R. (2019, May). *I need some distance to experience what it is like to be you: Narrative persuasion and expansion of boundaries of self through games for social change*. Paper presented at the 69th Annual Conference of the International Communication Association, Washington, DC.

Riddle, K. (2010). Remembering past media use: Toward the development of a lifetime television exposure scale. *Communication Methods and Measures*, 4, 241–255. doi:10.1080/19312458.2010.505500.

Rieger, D., Frischlich, L., Högden, F., Kauf, R., Schramm, K., & Tappe, E. (2015). Appreciation in the face of death: Meaningful films buffer against death-related anxiety. *Journal of Communication*, 65, 351–372. doi:10.1111/jcom.12152.

Rieger, D., & Hofer, M. (2017). How movies can ease the fear of death: The survival or death of the protagonists in meaningful movies. *Mass Communication and Society*, 20, 710–733.doi:10.1080/15205436.2017.1300666.

Rieger, D., & Schneider, F. M. (2019, May). *Testing the TEBOTS model in self-threatening situations: The role of narratives in the face of mortality and ostracism*. Paper presented at the 69th Annual Conference of the International Communication Association, Washington, DC.

Robinson, J. (2017, December 15). *Star Wars: The Last Jedi* offers the harsh condemnation of mansplaining we need in 2017. *Vanity Fair*. Retrieved from https://www.vanityfair.com/hollywood/2017/12/star-wars-last-jedi-laura-dern-admiral-holdo-listen-to-women.

Ryan, R. M., & Deci, E. L. (2000). Self-determination theory and the facilitation of intrinsic motivation, social development, and well-being. *American Psychologist*, 55, 68–78. doi:10.1037/0003-066X.55.1.68.

Scodari, C. (2003). Resistance re-examined: Gender, fan practices, and science fiction television. *Popular Communication*, 1, 111–130. doi:10.1207/S15405710PC0102_3.

Shedlosky-Shoemaker, R., Costabile, K. A., & Arkin, R. M. (2014). Self-expansion through fictional characters. *Self and Identity*, 13, 556–578. doi:10.1080/15298868.2014.882269.

Silver, N. A., & Slater, M. D. (2019). A safe space for self-expansion: Attachment and motivation to engage and interact with the story world. *Journal of Social and Personal Relationships*, 36, 3492–3514. doi:10.1177/0265407519826345.

Silver, N. A., Slater, M. D., & Johnson, B. K. (2018, November). *Sick, broke, and seeking selfexpansion: Temporarily expanding the boundaries of the self in response to financial and illness related stress*. Paper presented at the 104th Annual Conference of the National Communication Association, Salt Lake City, UT, USA.

Slater, M. D., & Cohen, J. (2017). Identification, TEBOTS, and vicarious wisdom of experience: Narrative and the self. In L. Reinecke & M. B. Oliver (Eds.), *The Routledge handbook of media use and well-being* (pp. 118–130). New York, NY: Routledge.

Slater, M. D., Ewoldsen, D. R., & Woods, K. W. (2018). Extending conceptualization and measurement of narrative engagement after-the-fact: Parasocial relationship and retrospective imaginative involvement. *Media Psychology*, 21, 329–351. doi:10.1080/15213269.2017.1328313.

Slater, M. D., Johnson, B. K., Cohen, J., Comello, M. L. G., & Ewoldsen, D. R. (2014). Temporarily expanding the boundaries of the self: Motivations for entering the story world and implications for narrative effects. *Journal of Communication*, 64, 439–455. doi:10.1111/jcom.12100.

Slater, M. D., Oliver, M. B., & Appel, M. (2019). Poignancy and mediated wisdom of experience:

narrative impacts on willingness to accept delayed rewards. *Communication Research*, 46, 333–354. doi:10.1177/0093650215623838.

Slater, M. D., Oliver, M. B., Appel, M., Tchernev, J. M., & Silver, N. A. (2018). Mediated wisdom of experience revisited: Delay discounting, acceptance of death, and closeness to future self. *Human Communication Research*, 44, 80–101. doi:10.1093/hcr/hqx004.

Slater, M. D., & Rouner, D. (2002). Entertainment-education and elaboration likelihood: Understanding the processing of narrative persuasion. *Communication Theory*, 12, 173–191.doi:10.1111/j.1468-2885.2002.tb00265.x.

Steger, M. F., Frazier, P., Oishi, S., & Kaler, M. (2006). The meaning in life questionnaire: Assessing the presence of and search for meaning in life. *Journal of Counseling Psychology*, 53, 80–93. doi:10.1037/0022-0167.53.1.80.

Vorderer, P., Klimmt, C., & Ritterfeld, U. (2004). Enjoyment: At the heart of media entertainment. *Communication Theory*, 14, 388–408. doi:10.1111/j.1468-2885.2004.tb00321.x.

Walter, N., Murphy, S. T., & Rosenthal, E. L. (2018). Narrative persuasion in a new media environment: The impact of binge-watching and second-screening. *Communication Research Reports*, 35, 402–412. doi:10.1080/08824096.2018.1525348.

Walter, N., Saucier, C. J., & Murphy, S. T. (2019). Increasing receptivity to messages about e-cigarette risk using vicarious-affirmation. *Journal of Health Communication*, 24, 226–235. doi:10.1080/10810730.2019.1597951.

Woods, K., Slater, M. D., Cohen, J., Johnson, B. K., & Ewoldsen, D. R. (2018). The experience of narrative in the permanently online, permanently connected environment: Multitasking, self-expansion, and entertainment effects. In P. Vorderer, D. Hefner, L. Reinecke, & C. Klimmt (Eds.), *Permanently online, permanently connected: Living and communicating in a POPC world* (pp. 116–128). New York, NY: Routledge.

Zillmann, D. (2000). Mood management in the context of selective exposure theory. *Communication Yearbook*, 23, 103–123. doi:10.1080/23808985.2000.11678971.

第十四章　理解媒介角色：受众在娱乐信息定位中的认同和动态变化

乔纳森·科恩
克里斯托夫·克里姆特

受众对媒介人物（personae）的反应是娱乐研究长期关注的议题，有着深厚的研究历史渊源，如文学研究和戏剧理论研究。主角与其他角色被理论化为受众对虚构和非虚构、叙事和非叙事信息的理解、评价和情感反应的投射对象，这也成为娱乐体验的关键驱动力。小说、电影、电视剧、体育比赛、数字游戏和其他媒介娱乐的表现形式通常都以人物角色为中心（并非总是人类，虽然大部分都是）。在娱乐研究中，一些描述受众对人物角色反应的概念，业已成为经典术语（Brown, 2015）。其中，最典型的就是认同（identification）概念（Cohen, 2001; Oatley, 1995）。从该词的拉丁词根来看，认同的核心含义是指个体与某人或某物“合而为一”。基于弗洛伊德（Freudian, 1989/1940）对这一概念的使用，在（娱乐）受众研究中，可以将认同理解为体验的过程，在这个过程中“角色与自我发生了融合”（Tal-Or & Cohen, 2016, p.36），例如：

> 受众将自己想象成那个角色，并将自己的个人身份与作为受众的角色身份，同文本中人物角色的身份与角色融合在一起。在认同强烈发生之时，受众……不再意识到自己作为受众的社会角色，且暂时（但常常是反复地）采用（目标）人物角色的视点。
>
> （Cohen, 2001 , p.251）

与之类似，奥特利（Oatley, 1995）也提出了一种对认同的理解，即“读者采纳了人物角色的目标，并模拟想象世界中的行动”（p.71）。

对媒介角色（characters）产生认同的体验往往是抵达娱乐体验高潮的途径。不同娱乐的媒介形态和类型提供了特定的模式、性质和认同的限制方式，但认同的基本过程似乎仍然存在于不同的媒介设定和内容形态中，如看电影（Tal-Or & Cohen, 2010）和玩视频游戏（Walter & Tsfati, 2018）的过程。把自己想象成一个具有特定属性的人物角色（大部分是与自己的现实生活特征不同的属性）可以唤醒强烈的情绪、逃避压力和缓解心理负担，激发愉快的乐观幻想（Klimmt, Hefner, & Vordcrer, 2009; Johnson, Slater, Silver & Ewoldsen, this volume）。因此，重新考察认同的概念及其在受众接触媒介期间的表现方式、对不同娱乐体验的影响，对研究和推进娱乐理论的学科发展至关重要。

在过去的几十年里，大量研究都在讨论这一问题。研究者们讨论了有关认同概念的不同观点、经验测量、渊源（Cohen & Tal-Or, 2017）及其影响（Tal-Or & Cohen, 2016）。在社会科学研究中，我们很难忽视关于概念细节的争论，对认同的深究也面临着一些具体的挑战，需要进一步的理论规范和经验研究。认同是一种"一闪而过的"（Cohen, 2001, p.250）受众反应，这种反应会随着时间发生动态变化，且在个体之间、信息和媒介接触情境之间存在实际差异，这就带来了关键的挑战。人们不仅看电影，还通过媒介接触的方式维持着"认同=在其上"（identification = on）的模式，而人们理解人物角色的这种体验式动态变化（Wilson, 1993）该如何概念化呢？

另外的挑战是存在多种解释受众卷入媒介角色的概念（Brown, 2015, this volume）。虽然认同是指个体与媒介角色融合产生的感受，但拟社会互动（Horton & Wohl, 1956; Klimmt, Hartmann, & Schramm, 2006）和情感倾向理论（Zillmann, 1996）将受众体验建构为一种可观察的对象——角色和受众成为二分的、而非统一的实体（Klimmt, 2009）。与其说潜在的挑战是多个相似概念同时存在（或竞争），不如说是解释哪一个概念化方式适用于具体的"消息—接收者—情境"模式，以及此类不同接收模式之间将如何动态变换。

当前的研究就是通过分析这些挑战来推进认同的理论化工作。我们尽可能改进认同的概念化方式，将其视为随着时间动态变化的，且能够切换到其他模式的接受模式（反之亦然）。这与关于受众对媒介角色反应的其他论述享有同样的衡量标准，也确保我们能够更深入地理解娱乐体验及其建构方式，这些建构方式就是受众认知和想象成功的流行娱乐节目中核心人物的方式。同时，这种观点提供了一种新的元概念化视角（metaconceptual view），说明了将关于受众对媒介角色反应的各种其他论述理解为单一接收模式系统元素的方式（"角色定位"，参见后续内容）。

为此，我们先简要回顾过去的研究对认同的理解，然后将认同的使用语境作为受众确定各种可能的（娱乐）信息和角色的一部分进行详细阐述。受众处于各种可能的角色定位的假设有助于我们把握短暂的动态变化，也可以弥合认同与其他概念表述（拟社会互动）之间的差异。接着，我们基于从认同的角色定位方式中获得的有关娱乐效果的决定因素和影响的预测条件，为未来的研究制定纲要。我们还从方法论上为未来的娱乐研究中理解受众角色定位及其发展提供建议。

认同与受众对媒介角色的反应

“受众—角色”互动或关系模式之间最重要的区别，可能介于角色的想象性互动关系模式与基于受众与角色中身份和观点的融合模式之间（Klimmt, 2009）。前者的例子包括与媒介角色建立长期的友好关系（拟社会关系）、成为名人的粉丝（崇拜）或在人物、名人身上看到人们希望效仿的东西（期待认同）（Brown, this volume）。后者的典型例子就是“认同”，共情是认同的重要组成部分。两种模式（关系模式和融合模式）都涉及对角色的感受，一般是积极的，但经常是混合的或消极的（Sanders & Tsay-Vogel, 2016），且都涉及自我因素。但是，这两种模式在自我如何基于媒介人物或角色来确定自身位置上有所差异（Slater & Cohen, 2016）。两种模式之间的区别在于自我意识的水平，以及自我与角色或名人的融合程度（Cohen, 2001）。

莫伊尔-古塞（Moyer-Gusé, 2015）认为两种模式之间的差异取决于“受众是被定位为观众/关系伙伴，还是故事世界的间接参与者。归根结底，这牵涉观众的自我意识差异”（p.286）。在前一种模式中，受众维持着他们的个性和与作为朋友（拟社会关系，或称PSR）、角色模式或崇拜对象的媒介角色的联系（Brown, 2015）。相反，在另一种模式中，认同则需要忘记自我的存在，投入游戏、故事或其他的娱乐形式中，受众不仅作为粉丝或观察者，而是要置身于体验本身（故事世界）中。认同可以被视为传输的伴生环节或前置环节（Green & Brock, 2000），这涉及这样的感受，人们仿佛从真实的周边环境脱离出来，进入故事、游戏或电影的世界中。

奥特利（1999）将认同理解为一种心理过程。受众与角色建立认同意味着他们试图理解角色的想法和感受，并想象它们是什么。当然，他们是在自己的头脑中，基于自己的知识和经验去构想，在这个意义上，他们从未真正脱离自己或自我。更确切地说，受众会根据故事情节和他们所认为的角色对事件的反应，从人物角色的角度来理解角色和故事。因此，他们在用自己对人物和情节的解释来形成认同。也就是说，认同并不是用受众身份来代替角色身份，而是融合了两种身份（人物角色和受众）所构建的独特心理模型。读者、玩家或观众面对故事情节时，就好像自己是故事角色，在情感和思想上作出反应，但正如奥特利（1999）所言，这个过程是在读者、玩家或观众的头脑中发生的，也就算作他们自己的体验和世界观。

因此，认同将我们置于故事之中。一旦被吸收或传输到故事中，认同就会使我们与特定人物角色的视角保持一致。当认同感足够强时，受众会觉得自己仿佛经历了角色所经历的事件、思想和情感（他们对这些事件、思想和情感的解释）。根据班杜拉（2001）的说法，这是认同的社会学习效应的基本特点，尤其是当人物角色展现的行为或态度成功实施且获得社会性的回报之时。

新框架：娱乐信息的动态受众定位

以上对现有研究的回顾表明，认同是以人物角色为中心的受众卷入模式。对主角建立认同感就是采纳她或他的目标，感受到“融合在一起”，这是对娱乐信息内容产生强烈认知阐释的体现，也是产生享受型和享乐型娱乐方面强烈情感反应的基础（如Cohen, 2006; Janicke-Bowles, Schubert, & Blomster, this volume）。但是，观众、读者和玩家通常不会简单地进入强烈的认同状态，也不会在整个媒介接触过程中维持这个状态。具体而言，认同的程度和体验质量会因不同受众接触到的（娱乐）信息的不同而不同，并且，就同一个受众而言，认同的程度和体验质量也会随着时间而变化（Fahr & Friih, this volume; Nurius & Markus, 1990; Vorderer, this volume）。若要理解认同的本质及其对娱乐体验的影响，对于具体认同来说，受众无法与媒介角色建立（强烈）认同感之时，能够进入且成为某个媒介角色的其他状况和条件是很重要的。本节建议对与人物角色相关的受众反应发展一种更为宽泛的视角，且在这些受众反应中，（强烈的）认同是受众可以采用的几种角色定位之一。为了构建这个框架，我们参考了奥特利（Oatley, 1995）的观点，即受众通过利用他们的知识和经验来“处理”信息内容（故事、人物、事件等）以形成自己的媒介体验，而这些信息内容是他们从想象的内在刺激中获得的情感刺激。在这种对中介化信息（有关角色的娱乐信息）的内部模拟中，受众可以采取不同的角色定位。奥特利（1995）区分了读者接触媒介的不同情形：在文本世界之“外”和在文本世界之“内”。他认为，阅读体验及媒介接触后的情感变化的巨大差异来自读者所采取的不同角色定位。本文将一种或多种媒介角色看作一种类型的受众角色定位，遵循并扩展这种具体化认同的方法。

角色定位描述了读者/观众体验娱乐文本的方式（Fiske, 1987）。它定义了我们试图理解体验、享受和欣赏文本的方式。我们拥有许多潜在的自我身份（工程师、母亲、阿姨、老板、兄弟姐妹、红袜队的球迷、瑞典人、纽约客等；Markus & Wurf, 1987），因此，当我们在玩游戏、看电视、看电影或阅读故事之时，可以进入多种不同的人物角色中。我们所进入的角色或角色组合说明了我们与文本的认知和情感关系，以及理解和体验它的方式。文本暗示了我们作为读者、观众或玩家的角色定位，如将我们置于全知视角，或让我们在故事推进中发现未知。但是，受众并不会遵从文本所设定的角色定位。基于他们的社会知识、经验和角色，受众可以从天真的或批判的视角感受文本；他们可能会情绪化地投入或远离，关注文本的情感或审美方面（Tal-Or & Cohen, 2010; Vorderer, 2001; Weber & Wirth, 2013）。角色定位本质上不是意识形态的（尽管它可能对意识形态有影响；Liebes & Katz, 1990），而是文本理解的，也就是经验性的变量。角色定位除了主要是认知的和本体论的，也是情感的，因为不同的角色定位涉及对文本的不同情感反应，而情感反应直接影响角色定位。

媒介角色的6种典型定位

我们如何描述读者、观众和玩家在接触娱乐信息时所采取的不同定位？我们通常用空间隐喻来构建定位，如传输（Green & Brock, 2000）或“在场”（Hartmann & Fox, this volume）。在上述奥特利的与对虚构文学的情感反应相关的著作中，他（Oatley, 1995, p.57）区分了“外部”定位（“读者面对文本”）和“内部”定位（“读者进入文本世界”）。在有关受众如何定位自己与娱乐角色关系方面，本节建议进行更为详细的分类，以便更好地理解与角色相关的体验过程。

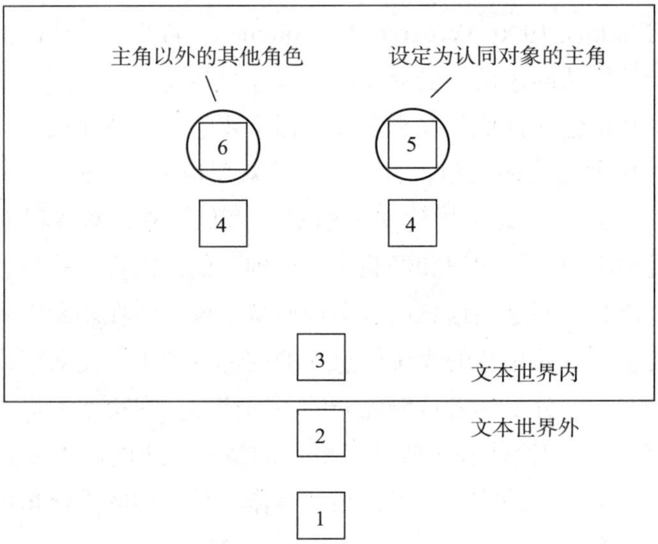

图14.1　针对媒介角色的6种受众定位类型示意图

注：位置可能在故事世界之外，也可能在故事世界之内，与角色的相对距离可能不同（“热观或冷观”）。位置1：“外冷型”；位置2：“外热型”；位置3：“内冷型”；位置4：“内热型”；位置5：“主角认同”；位置6：“替代认同”。“冷观”位置指的是观众与角色的距离相对较远，“热观”位置则指观众与角色有更多近似的体验。

为此，本节将文本之“内”和与之对应的文本之“外”，以及“旁观”人物和“认同”人物组合在一起。娱乐受众或许会卷入特定的人物中，也可能不会在之前的理解上产生认同。他们会采用包括“认同”在内的定位，但对象可能不是被期待认同的主角，而是反派或搞笑的配角等其他人物。因此，本节将通过娱乐人物的6种典型受众定位（见图14.1）来说明关键的认同现象。这些类型的差异涉及以下几个方面：

- 基于娱乐内容的故事世界（文本内和文本外），受众为自己所分配的位置。
- 娱乐内容与人物的“社会—情感”关系——基于李伯斯和卡茨（Liebes, Katz,

1990）的研究，本文区分为低卷入（“冷”）和高卷入（“热”）。

- 针对一个或多个特定人物的自我定位（作为旁观者还是处于认同状态）。

通过这样的组合，我们可以形成6种受众定位：

一是文本世界外的远距离角色旁观者（外冷型）。在从内容或故事提供的信息中构建想象时，受众可能会“对抗”（Oatley, 1995）文本，将信息理解为人们通过工具和技术制造的产品，进而与角色人物保持一定的心理和情感距离。他们可能会重新思考内容制造者是如何处理以角色为中心的故事，且他们可能喜欢并不重要的特点，如幽默或身体吸引力。

二是文本世界外的近距离角色旁观者（外热型）。在“处于”娱乐内容所构建的故事“世界之外”时，受众可能会对一个或多个角色产生兴趣，或与之建立情感联系，同时，也会与他们保持一定的距离或空间。例如，小说的读者可能会发现她或他会着迷于（好奇于）对精神病罪犯的描绘，或者共情于并未能将他们“带入进去”的故事主角（Green & Brock, 2000; Tai-Or & Cohen, 2010）。

三是文本世界内的远距离角色旁观者（内冷型）。如果受众“进入文本世界”（Oatley, 1995），他们可能对娱乐角色人物采用不同的定位。本节认为“在故事世界中”，我们能够一直分辨出“旁观”和“认同”的定位差异。“文本内”的其中一种定位就是未纳入的旁观者。受众可能将娱乐信息理解为生动的图像（他们会觉得进入了故事世界中），可能会与故事世界中的人物角色保持一定的距离，不与之（任何 个）产生共情。例如，在群像剧（ensemble show）（《老友记》）中，受众可能会喜欢好几个人物，在没有对其中任何一个人物产生强烈认同之时，就陷入他们的角色关系中——他或她在体验成为“故事世界人物生活的非旁观的旁观者”（Oatley, 1999, p.445）。

四是文本世界内的近距离角色旁观者（内热型）。在想象娱乐内容所描绘的世界和事件时，受众可能会在不运用人物的目标和视角的情况下，觉得被传输到了一个或多个角色之中，或与之建立了情感联系。这种定位类似于齐尔曼（1996）对戏剧角色共情关注（empathic concern）的理解。受众会对出现在娱乐内容中的一个或多个人物产生感情，进而密切观察他们的行为和发生在他们身上的事情。受众会对某个或某些人物作出情感上的反应，但又保持与人物在自我意识方面的差异。例如，许多电视犯罪剧的成年观众很可能采取“文本世界内的近距离角色旁观者”的定位，因为它不用消耗太多的想象“脑力”（与“真实”的认同相比，参见后面的讨论）就会引发娱乐反应，如“吊胃口”和宽慰感（Raney, 2004; Zillmann, 1996）。

五是遵循内容指引的人物认同（主角认同）。本文认为第5种定位类型是前文定义和阐述的“经典”认同。一般而言，内容制作者会为认同感的建立提供对应主角（动作英雄、虚拟化身或体育明星），被传输进娱乐世界的受众可能会对“被期待认同的”人物产生强烈的认同，体会到“融为一体”的感觉。这种类型的认同最为常见，且往往让人享受其中，因为这种认同感符合文本对受众的期待，受众不需要耗费太多的精力。

六是不同于内容指引的人物认同（替代认同）。被传输进故事世界的受众可能会经历人物的认同体验，而这个人物并不是内容的主要对象。例如，在以超男性化（hypermasculine）的男主角（被期待认同的角色）为特征的动作电影中，观看这类电影的女性观众可能会对有吸引力的女性配角采取认同的角色定位。她们这种融合在一起的体验符合前文所述的认同，也意味着受众对内容的“理解”与内容制作者预想的不一致，因此，这也是共同意图中的内容处理。

受众定位的心理学基础

这里指出的理论框架基于这样的前提，即受众对媒介角色的角色定位来自3个重要的维度：与故事或文本的心理距离（处于“世界外部”与进入故事世界），与特定人物角色的关系（距离与同情和采取的视角），以及情感卷入（我在意谁赢？我们是一伙的吗？）。这种假设的维度说明，如果我们在经验层面从这些维度获取信息，我们就能评估在一个特定的（娱乐）媒介接触情景中，针对特定人物的特定受众的角色定位。

受众通常不会通过有意的选择来确定我们所区分的某个角色定位。我们可以刻意抵制在认知上和情感上“引诱”我们卷入的娱乐内容，但这种有意图的（也是有意识的）抵制将要求我们不断保持警惕，且可能减少享受感。更为典型的是，角色定位是一种直观的、未经选择的受众反应，是文本及其制作者试图给我们定位的方式与我们的个人历史和个性之间互动的结果（Klimmt & Rieger, this volume）。例如，戏剧通常试图通过将观众传输进故事世界，以及通过让他们与主角建立认同来吸引观众（Oatley, 1995）。在大多数情况下，受众会（不一定是有意识的）根据内容制作者的提示，采取一种“共同意向”的体验模式，也就是将自己传输进故事世界（通过怀疑的悬置；Weber & Wirth, 2013），并采用主角的视角。

但是，特定的环境或不同的文本结构（Cupchik, Oatley, & Vorderer, 1998）可能会引起受众个人产生不同的角色定位（旁观者角色定位取代对主角的认同，或者对其他角色的认同）。例如，与故事相关的个体经验（Khoo, 2015），对具体角色的名人崇拜，或者对剧作的兴趣可能使受众个人不采用娱乐内容设计好的“主导”角色定位。这样的差异性可能源自两个方面——与内容制作者预设的情况相比，受众个人可能会进入更接近于娱乐人物的角色定位，而更为常见的是，相较于内容线索所要推动的，他们可能一直处在距离故事和角色更远的角色定位。

不同的角色定位如何决定受众对娱乐内容的体验和反应呢？与不同角色定位相关的主观体验将取决于受众如何处理娱乐内容和出现在其中的人物的思想与情感。处于故事之“外”且“旁观”人物的受众通常会有更多分析和评判的想法，会从审美、激励价值和社会关联性等方面判断内容和人物（Liebes & Katz, 1990）。因此，他们的情感集中于对内容及其制作者的喜爱上（对小说作家的钦佩，或对电影演员的愤怒），而不是模拟故事人物的内在感受。相反，强烈认同某个特定角色的受众会产生与对应人物（表达的或赋予的）思想密切相关的想法，他们的情感会被与对应人物的共情或模拟所支配（Cohen, 2001）。因此，受众在接触娱乐内容时所产生和体验到的认知和情绪代表了不同角色定位的主观表现，这些主观表现对娱乐效果有着根本性的影响（参见后文的讨论）。

媒介娱乐接触中受众定位的个体差异与动态变化

特定娱乐内容的受众所采取的角色定位将取决于信息线索、个体特征和情境特征。如前文所述，娱乐内容的制作者通常会设置一些线索来引导受众定位角色，在大多数情况下，受众会心甘情愿、毫无抱怨地遵循这些线索。例如，游戏类节目会创造条件，让观众参与其中，试图将观众定位为节目中独立的参赛者，且是想要比演播室中的参赛者更出色的参赛者。在体育比赛或真人秀中，我们经常被期待成为希望某个队或选手获胜的粉丝，而不是选手（Shitrit & Cohen, 2018）。新闻将我们定位（至少声称定位）为公民（Morley, 1980），他们期望我们获得信息并作出理性的选择。纪录片或传记片将我们定位为希望从他人的经验中学习的好奇心强的人。交互性的视频游戏或其他使人易于沉浸其中的技术（3D）旨在使人更积极地参与其中（Hartmann & Fox, this volume）。

但是，这些只是制片人为受众预设的角色定位，绝不是受众能采取的唯一角色定位。有些人可能是为了嘲弄参与者，看他们被羞辱而看真人秀，或者因喜欢某个演员而看电视剧，又或者因为喜欢运动而看体育节目。如前文所述，具体的个人经历或兴趣可能会导致受众在对特定的娱乐内容及其角色的定位上出现差异。

情境变量也会影响受众采取哪种角色定位方式。例如，在看电影时是否有共同的观众（Tal-Or, 2016），电影院的空间和文化环境（相对于家里的客厅而言），或者深夜阅读时的疲劳程度，都可能通过不同的机制影响受众最终会采取哪种角色定位方式。因此，理解受众角色定位的经验表现总是需要考虑信息内容、人和情景的特点。

与提出受众角色定位框架同样重要的是，我们假定在整个信息接触过程中，角色定位不是稳定的，而是随着时间的推移而动态变化的。例如，一旦故事世界以一种有利于充分传输的方式向受众呈现，受众就会从旁观的位置转为认同的位置。相反，受众可能会发现自己对某个曾强烈认同的人物的行为感到失望，进而感觉被这个角色推开了，处在更远的旁观位置（Wilson, 1993）。更普遍的情况是，信息内容、用户和情境变量可能会引起受众角色定位的变化，使受众“进入”或“远离”某个人物角色。

定位对娱乐效果的影响

理论上，角色定位与一系列其他变量有关，如对信息内容的理解、传输、享受和欣赏，因此，角色定位对理解媒介娱乐的经验至关重要。本节认为，受众可以进入他们认为是“被娱乐化”的任何角色定位的体验状态。并不只有“更多”或“更好”的娱乐与某种特定的角色定位相关，尽管某些角色定位、受众和信息内容的组合可能会导致娱乐感的下降（有意抵制与主角建立认同的情况，如前文所述）。

例如，在看同一部犯罪剧时（Raney, 2004），采取主角认同角色定位的观众可能会有强烈的悬念感——感受到与故事主角所面临的冲突和挑战相关的压力、焦虑和期盼——从而经历强烈的享乐体验（Vorderer, Klimmt, & Ritterfeld, 2004）。这种角色定位符合内容创作者为预期受众所预设的和设计的叙述方式，采取这种共同意图的角色定位将导向更为轻松、流畅的信息处理过程（心流体验：Sherry, 2004），会进一步放大享受体验的效果。但是，同一部戏剧的其他观众可能会一直处在外热型的角色定位中，并在接触娱乐内容的过程中，对这样的叙述方式是如何设计的，以及故事作者可能为主角设置了哪种惊喜产生强烈的好奇心。由于反思的过程可能伴随着智力的挑战和混合的情感，在这样的反思中，受众可能会产生一种强烈的愉悦娱乐体验（欣赏；Janicke-Bowles, et al., this volume）。还有其他的受众可能会处在内热型的角色定位，感受到一系列的愉悦娱乐——特别是从观察主角的道德优越性中获得快乐（Oliver, Hartmann, & Woolley, 2012）。犯罪剧的第4种观众可能在工作后感到非常疲惫，发现自己无法调动更多精力来观看该剧。因此，他们可能处在外冷型的角色定位中，只处理一小部分故事元素，但仍然会从剧中人物的其他边缘属性（peripheral attributes）（他们的身体吸引力或幽默感）中获得理想的享受体验。同一部犯罪剧的任何一个观众都可能获得体验，他们从这部剧中获得了很好的娱乐体验——尽管体验质量截然不同，且基于不同的角色定位。

为了将受众角色定位（认同）和娱乐效果之间的关系系统化，本节作进一步分析。本节认为，受众角色定位将调节消费信息内容的娱乐效果；受众所处的角色定位将影响其娱乐体验的质量和强度。同时，受众角色定位的调节作用将被不同的过程变量所中介，包括信息内容引发的情感变化（通过悬念感引发享乐体验的主角认同）以及自我关联的情感（为通过批判性地分析文本获得的优越感而自豪，由此引发享受状态的外冷型角色定位）。

因此，要建立受众角色定位影响娱乐效果的模型，就要理解一个复杂的“调和—调解”动态变化网络，这就需要更多的分析和经验探索。但是，我们从过往理论和研究中获得的结论——认同的角色定位和它们所暗含的“融为一体”的感觉，很可能导致依靠自我认知改变的享乐型和实现型的娱乐效果（Cohen, 2001; Klimmt, et al., 2009; Slater, et al., this volume）。通过与娱乐人物角色建立认同，受众进入一种状态，在这种状态中，他们的内在自我与“正常”的、日常的自我不同，因为他们的自我与对应人物融合在了一起。例如，他们可能因此比日常生活中更勇敢、更具吸引力、更成功，他们可能会发现这种自我改变是令人享受的（有趣的或情色的内容）或有意义的（以此了解自己的身份；Cohen, Slater, & Appel, 2019）。基于认同的替代体验可能起到逃避的作用（Halfmann & Reinecke, this volume），或者相反，它们可能为我们带来有关现实生活中的自我的重要经验。因此，暗含着与媒介角色融合体验的受众角色定位很可能会推动源自不同类型的自我体验的娱乐体验。

虽然我们还需要更多的研究来阐述受众角色定位和娱乐效果如何相互关联的精确图谱，但本节所作出的基本思考也意味着：如果受众的角色定位在受众接触娱乐内容的过程中常常随着时间的推移而变化，那么娱乐的体验也会随着时间的推移而变化。随着角色定位的（突然）改变（从主角认同定位到内冷型角色定位），情绪、思想和由此产生的娱乐效果也会发生突变（从强烈的愉快悬念感到不愉快的失望和沮丧）。因此，理解受众角色定位的随时变化是理论化和测量接触信息内容期间娱乐效果的时间变化的概念工具（Fahr & Früh, this volume）。该观点包括受众如何将详细定位娱乐体验的细微部分及其变化系统化为整体性的评估（我们经常用问卷测量接触后的娱乐体验）和对接触情境的（长期）记忆的问题。当人们告诉朋友（研究人员）他们的完整的媒介体验时，他们是否将各个阶段与具体的角色定位和娱乐评分相平均？或者他们是否对具有极端（高或低、近或远、热或冷）体验特征的部分给予特别关注？或者他们会过度强调接触的最后阶段？（Kahneman, 2000）

纲领性的视角：对未来认同研究的建议

本节提出的理论框架将认同过程和体验定位在受众对媒介娱乐内容及其角色的一系列可能中。从该角度来看，认同标志着一种内容卷入模式，它必须满足几个先决条件。对于认同和娱乐的未来研究来说，理解这些前提条件——媒介、人物、情境和媒介的用户属性，以及它们的动态交互性——成为重要的常规目标（programmatic objective）。本文提出了几个主要假设，明确了在接触媒介娱乐时解释认同（相对于替代角色定位）的研究目标。

首先，丰富性是很重要的媒介或内容的属性，其需要基于受众角色定位的影响来理解。媒介技术影响受众的感官体验、注意力、认知和情感阐述的程度（Lang, 2006; Steuer, 1992），如生产者控制的节奏（不受用户影响，自动处理的电视内容）、互动性、多模态（音频、视觉）的信息方式或者多感官传播方式（虚拟现实）等技术特点是常见的相对具有丰富性的媒介例子。相反，像小说这样的纯文本内容，实际上是缺乏丰富性的媒介。有关受众角色定位，我们从以往对富媒介效果的研究中获得了这样的命题（Hawkins, et al., 2002; Hartmann & Fox, this volume）：媒介的丰富性能增加受众采取和维持相对接近于主角或人物的角色定位（如热型角色定位，包括认同）的可能性。这是因为媒介丰富性提供了受众不愿进入内容创作者所预设的角色定位所需的精神动力，因此，在富媒介环境中，承认自己进入了预设的角色定位（主角认同）将导致特别明显的娱乐效果。相反，我们认为，缺乏丰富性的娱乐媒介的受众（印刷小说的读者）不太可能进入接近主角和人物的角色定位。如果他们仍然采取这种角色定位（文本内热型或主角认同），那么其对促成这种角色定位的贡献（在积极想象或犹疑于不可信的意义上）一定比接触富媒介时大得多（Nell, 1988; Wild, Kuiken, & Schopflocher, 1995; Wirth, et al., 2007）。因此，研究媒介的丰富性及其与用户属性的互动（特质吸收、幻想和娱乐动机）（Vorderer, et al., 2004）对受众角色定位的影响应列入未来认同研究的议程中。

其次，详细说明有关角色定位的随时变化和由此产生的娱乐体验的观点是很重要的（Fahr & Früh, this volume）。具体而言，我们不认为受众会心甘情愿地在不同的角色定位之间来回切换；相反，接触媒介期间相对少见的关键事件可能会引起某个受众的角色定位发生变化。因此，关注这样的关键事件是有效方法，以追踪受众对由角色驱动的娱乐内容的反应，深化对认同过程和体验的"理论—经验"理解。作为此类研究活动的有效起点，本章建议考虑以下娱乐消费过程中的关键事件：

- 从使用者的角度来看，在媒介接触过程中引发的主观压力体验增加事件可能会使受众转向与文本和人物距离更远的角色定位。典型的例子是儿童对他们所读、所听或所看的情感强烈的故事情节的惊吓反应（Cantor, 2009）。受众为应对逐渐增加的压力（随着故事情节的推进，对所喜欢主角的威胁也越来越大，且随时可能发生），而转向较少参与、距离较远的角色定位（从主角认同到外热型），这是应对反应的合理表现。同样，那些人们可能觉得难以处理的唤醒巨大悲伤的故事，也可能对受众角色定位的变化产生类似的影响。
- 从内容的角度来看，叙事和审美都可能引发关键事件，使受众采取不同的角色定位。具体而言，如果人物（一开始）直面受众，这可能会引发受众角色定位的改变。这种变化（从外冷型到外热型）可能会吸引受众，让他们感受到更多亲近感（Hartmann & Goldhoorn, 2011）。或者，如果受众沉浸在对主角的认同中，却因内容创作者的预置技术（foregrounding techniques）而突然被推到旁观者的位置，那么这种转变可能导向更远的距离。例如，如果目标主角"打破了第四面墙"，给观众重新分配了不同的角色，这可能阻止融合体验的继续。
- 本节认为，在受众接触可激发受众角色定位改变的娱乐内容时，预期违反（expectancy violations）是普遍的关键事件。虽然期望违反理论在人际传播研究中获得了发展（Burgoon, 1993），但同样，如果媒介角色也违反了受众的期望（在叙事范畴，人物的行为与过往不同，如以前的"好"的警察主角犯罪了），受众可能会出现强烈的情绪反应。转向距离更远的角色定位（在消极的期望被违反的情况下）也是一种可能反应。在某些情况下，当媒介角色出现“正向的意外情况”（positive surprise）时，受众可能会对这种期望违反行为作出反应，转向更近的定位。

这些研究思路是为了指出认同研究未来有前景的方向。更多理论和经验上面临的挑战已在前文论述，此处也有所提及，特别是受众定位和娱乐效果的“调节—调解”关系。理解受众定位影响享乐主义和实现主义娱乐效果的条件和机制，也为传播学研究指出了概念化和经验性的研究方向。在更抽象的层面，继续开展理论研究（和元理论）工作，消除差异，呈现受众对娱乐叙事和角色不同反应的关联（认同理论、拟社会化反应和TEBOTS模型；Brown, this volume; Johnson, et al., this volume），需要改进该研究领域的概念基础。

最后，将受众定位的理论观点转化为实证娱乐研究带来的新的方法论挑战。虽然，如实验环境下受众接触娱乐内容后娱乐反应的自我报告测量差异（Tal-Or & Cohen, 2010）等经典的研究路径，将继续推动角色认同研究的发展，但本节提出的概念创新还需要新的研究方法和方式。具体而言，新的工具和策略将有助于准确检测不同的受众角色定位，并揭示受众角色定位和娱乐效果的时间动态模式。利用过程取向技术（process-oriented techniques）（Fahr & Früh, this volume），通过二次呈现实验刺激材料来扩展实验程序，或让参与者评论他们在第一次接触娱乐内容时的角色定位和瞬间的娱乐体验，都是解决操作方面难题的卓有成效的方法。

结　论

如何将高度个人化和主观化的经验模式进行理论化是娱乐研究面临的结构性挑战。鉴于角色在娱乐节目中无处不在，且受众对角色会表现出多种反应模式，理解受众对媒介角色的认同非常重要，但也很困难。本章基于已有研究，将认同视为某种反应模式的概念化定义，并围绕这一概念形成了研究框架，将“认同”置于一系列可供选择的角色定位中。实际上，当受众在心中构建娱乐内容的情境模型时，他们可以将“自我”置于不同的角色定位，如在娱乐角色之外或之内。这一研究框架更好地涵盖了受众对媒介角色的反应中可能出现的复杂性和个体性，以及时间上的动态变化。它指引了有关“认同”（以及替代模式和它们之间的动态变化）的概念上和方法上的创新研究，这有助于推动娱乐效果的理论化。我们应该承认受众角色定位对娱乐效果的深刻影响，因为在娱乐媒介的发展历史和（技术）演变中，从古希腊戏剧到当代虚拟现实游戏，人物角色往往是内容的中心。虽然有关受众对角色的反应的研究已经进行了相当长的一段时间，但本章揭示了还需应对的挑战的方法和途径，并指出了认同和其他以角色为中心的娱乐概念的契合之处。

参考文献

Bandura, A. (2001). Social cognitive theory of mass communication. *Media Psychology*, 3(3), 265–299.

Brown, W. J. (2015). Examining four processes of audience involvement with media personae: Transportation, parasocial interaction, identification, and worship. *Communication Theory*, 25(3), 259–283.

Burgoon, J. K. (1993). Interpersonal expectations, expectancy violations, and emotional communication. *Journal of Language and Social Psychology*, 12(1–2), 30–48.

Cantor, J. (2009). Fright reactions to mass media. In J. Bryant & M. B. Oliver (Eds.), *Media effects. Advances in theory and research* (3rd ed., pp. 287–303). New York, NY: Taylor and Francis.

Cohen, J. (2006). Audience identification with media characters. In J. Bryant & P. Vorderer (Eds.), *Psychology of entertainment* (pp. 183–198). Mahwah, NJ: Erlbaum.

Cohen, J. (2001). Defining identification: A theoretical look at the identification of audiences with media characters. *Mass Communication and Society*, 4(3), 245–264.

Cohen, J., Slater, M., & Appel, M. (2019). Media, identity, and the self. In M. B. Oliver, A. Raney, & J. Bryant (Eds.), *Media effects: Advances in theory and research* (4th ed.). New York, NY: Routledge.

Cohen, J., Appel, M., & Slater, M. D. (2019). Media, Identity, and the Self. In M.B. Oliver, A. Raney & J. Bryant (Eds.), *Media Effects: Advances in Theory and Research, 4th Edition* (pp. 179–194). United Kingdom, UK: Routledge.

Cohen, J., & Tal-Or, N. (2017). Antecedents of identification: Character, text, and audiences. In F. Hakemulder, M. M. Kuijpers, E. S. Tan, K. Balint, & M. M. Doicaru (Eds.), *Narrative absorption* (pp. 133–153). Amsterdam, Netherlands: John Benjamins.

Cupchik, G. C., Oatley, K., & Vorderer, P. (1998). Emotional effects of reading excerpts from short stories by James Joyce. *Poetics*, 25(6), 363–377. doi:10.1016/S0304-422X(98)90007-9.

Fiske, J. (1987). *Television culture*. London, UK: Methuen.

Freud, S. (1989/1940). An outline of psychoanalysis (J. Strachey, Trans.). New York, NY: Norton. Green, M. C., & Brock, T. C. (2000). The role of transportation in the persuasiveness of public narratives. *Journal of Personality and Social Psychology*, 79, 701–721.

Hartmann, T., & Goldhoorn, C. (2011). Horton and Wohl revisited: Exploring viewers' experience of parasocial interaction. *Journal of Communication*, 61(6), 1104–1121.

Hawkins, R. P., Pingree, S., Bush Hitchton, J., Gilligan, E., Kahlor, L., Gorham, B. … Serlin, R. S. (2002). What holds attention to television? Strategic inertia of looks at content boundaries. *Communication Research*, 29(1), 3–30.

Horton, D., & Wohl, R. R. (1956). Mass communication and para-social interaction: Observation on intimacy at a distance. *Psychiatry*, 19, 185–206.

Kahneman, D. (2000). Experienced utility and objective happiness: A moment-based approach. In D. Kahneman & A. Tversky (Eds.), *Choices, values, and frames* (pp. 673–692). New York, NY: Cambridge University Press.

Khoo, G. S. (2015). Contemplating tragedy raises gratifications and fosters self-acceptance. *Human Communication Research*, 42(2), 269–291.

Klimmt, C., Hartmann, T., & Schramm, H. (2006). Parasocial interactions and relationships. In J. Bryant & P.

Vorderer (Eds.), *Psychology of entertainment* (pp. 291–313). Mahwah, NJ: Erlbaum.

Klimmt, C., Hefner, D., & Vorderer, P. (2009). The video game experience as "true" identification: A theory of enjoyable alterations of players' self-perception. *Communication Theory*, 19(4), 351–373.

Lang, A. (2006). Using the limited capacity model of motivated mediated message processing to design effective cancer communication messages. *Journal of Communication*, 56, S57-S80.

Liebes, T., & Katz, E. (1990). *The export of meaning: Cross-cultural readings of Dallas*. New York, NY: Oxford University Press.

Markus, H., & Wurf, E. (1987). The dynamic self-concept: A social psychological perspective. *Annual Review of Psychology*, 38, 299–337.

Morley, D. (1980). *The nationwide audience*. London, UK: British Film Institute.

Moyer-Gusé, E. (2015). Extending the examination of audience involvement with media personae: Response to Brown. *Communication Theory*, 3(25), 284–289.

Nell, V. (1988). *Lost in a book: The psychology of reading for pleasure*. New Haven, CT: Yale University Press.

Nurius, P. S., & Markus, H. (1990). Situational variability in the self-concept: Appraisals, expectancies, and asymmetries. *Journal of Social and Clinical Psychology*, 9(3), 316–333.

Oatley, K. (1995). A taxonomy of the emotions of literary response and a theory of identification in fictional narrative. *Poetics*, 23, 53–74.

Oatley, K. (1999). Meeting of minds: Dialogue, sympathy, and identification in reading fiction. *Poetics*, 26, 439–454.

Oliver, M. B., Hartmann, T., & Woolley, J. K. (2012). Elevation in response to entertainment portrayals of moral virtue. *Human Communication Research*, 38(3), 360–378.

Raney, A. A. (2004). Expanding disposition theory: Reconsidering character liking, moral evaluations, and enjoyment. *Communication Theory*, 14(4), 348–369.

Sanders, M. S., & Tsay-Vogel, M. (2016). Beyond heroes and villains: Examining explanatory mechanisms underlying moral disengagement. *Mass Communication and Society*, 19(3), 230–252.

Sherry, J. L. (2004). Flow and media enjoyment. *Communication Theory*, 14(4), 328–347.

Shitrit, M. H., & Cohen, J. (2018). Why do we enjoy reality shows. *Journal of Media Psychology*, 30(2), 104–111.

Slater, M. D., & Cohen, J. (2016). Identification, TEBOTS, and vicarious wisdom of experience: Narrative and the self. In L. Reinecke & M. B. Oliver (Eds.), *Handbook of media use and well-being: International perspectives on theory and research on positive media effects* (pp. 118–130). New York, NY: Routledge.

Steuer, J. (1992). Defining virtual reality: Dimensions determining telepresence. *Journal of Communication*, 42(4), 73–93.

Tal-Or, N. (2016). How co-viewing affects attitudes: The mediating roles of transportation and identification. *Media Psychology*, 19(3), 381–405.

Tal-Or, N., & Cohen, J. (2010). Understanding audience involvement: Conceptualizing and manipulating identification and transportation. *Poetics*, 38(4), 402–418.

Tal-Or, N., & Cohen, J. (2016). Unpacking engagement: Convergence and divergence in transportation and identification. *Annals of the International Communication Association*, 40(1), 33–66.

Vorderer, P., Klimmt, C., & Ritterfeld, U. (2004). Enjoyment: At the heart of media entertainment.

Communication Theory, 14(4), 388–408.

Vorderer, P. (2001). It's all entertainment, sure. But what exactly is entertainment? Communication research, media psychology, and the explanation of entertainment experiences. *Poetics*, 29, 247–261.

Walter, N., & Tsfati, Y. (2018). Interactive experience and identification as predictors of attributing responsibility in video games. *Journal of Media Psychology*, 30(1), 3–15.

Weber, P., & Wirth, W. (2013). When and how narratives persuade: The role of suspension of disbelief in didactic versus hedonic processing of a candidate film. *Journal of Communication*, 64(1), 125–144.

Wild, T. C., Kuiken, D., & Schopflocher, D. (1995). The role of absorption in experiential involvement. *Journal of Personality and Social Psychology*, 69(3), 569–579.

Wilson, T. (1993). *Watching television: Hermeneutics, reception and popular culture*. Cambridge, UK: Polity Press.

Wirth, W., Hartmann, T., Böcking, S., Vorderer, P., Klimmt, C., Schramm, H., … Jäncke, P. (2007). A process model of the formation of Spatial Presence experiences. *Media Psychology*, 9(3), 493–525.

Zillmann, D. (1996). The psychology of suspense in dramatic exposition. In P. Vorderer, H. J. Wulff, & M. Friedrichsen (Eds.), *Suspense: Conceptualizations, theoretical analyses, and empirical explorations* (pp. 199–231). Mahwah, NJ: Erlbaum.

第十五章　媒介人物卷入与娱乐体验

威廉·J. 布朗

新通信技术的全球扩散和娱乐媒介的激增，给予人们更多与媒介人物（Personae）建立关系的机会，这在人类历史上前所未有。德勤（Deloitte）（四大会计师事务所之一）近期一项针对2000多名美国人进行的“数字媒介趋势调查”（Digital Media Trends Survey）显示，媒介消费者正在通过各种付费电视和视频流媒介服务，定制他们的娱乐媒介体验（Westcott, Loucks, Downs, & Watson, 2019）。这一趋势表明，世界各地的媒介受众通过互联网和新通信技术获得娱乐的机会越来越多，这使得对新兴媒介的受众参与研究成为传播学者的首要任务（Pavlik, Dennis, Mersey, & Gengler, 2019）。各种媒介中的大部分娱乐内容主要围绕人物角色展开，因此，建立媒介人物卷入的相关理论是娱乐研究的一项重要议题。本章旨在回顾几种重要的理论方法，研究媒介消费者如何卷入他们经常遇见的媒介人物，并讨论不同类型的卷入所产生的娱乐体验。

媒介人物卷入

在娱乐研究领域，受众卷入是一个基础概念和测量变量（Wirth, 2006）。在过去的几十年内，越来越多的媒介消费者探索更多的方式来接触他们喜爱并想了解的媒介人物，关于媒介人物卷入的研究大幅增加。卷入的开创性研究起源于霍顿和沃尔（Horton, Wohl, 1956）对电视观众如何与电视名人形成亲密个人关系的研究。他们使用“人物角色（persona）”和“人物（personae）”（persona的复数形式）来代表真实的（新闻主播）或虚构的（肥皂剧角色）电视人物。媒介研究中的“人物角色”概念有着悠久的历史。在本章中，作为“人物”角色复数形式的“人物”一词并不表示媒介中的个体，而是代表媒介中个体的社会建构。马歇尔、摩尔和巴伯（Marchall, Moore, & Barbour, 2019, p.3）将这种个体的社会建构描述为个体公共表演和个性投射。人物角色的概念化将其作为一种“中介化、自然化的身份，我们单独且共同拥有它”（Marshall, Moore, &

Barbour, 2019, p.2）。海德（Head, 2003）将媒介人物描述为非真实人物但代表真实人物的一种“假定原型”。我们可以将媒介人物理解为一种社会建构，这种社会建构往往构成了我们通过媒介消费接触到的真实人物或虚构人物的身份。

新传播技术无处不在的特性赋予媒介消费者与媒介人物接触的机会，这在20年前不太可能。如今，在线通信网络为媒介人物和媒介消费者提供了更多的机会，他们可以通过移动电话、平板电脑和其他移动技术持续性地访问社交媒介网站，创建和交换信息（Vorderer, Hefner, Reinecke, & Klimmt, 2018）。只要一些媒介人物的追随者们可以访问互联网，就可以阅读、聆听、观看他们喜爱的媒介人物任何时间发布的言论、演说、照片或视频等，这些人物包括运动员、录音艺术家、演员、宗教或政治领袖、社会运动领袖甚至恐怖分子头目等。媒介消费者也可以通过社交媒介网站直接回应他们所关注的媒介人物。娱乐专业人士策略性地使用网站（Markel, McCann, & Wasserman, 2015）、推特（Jin & Phua, 2014; Marwick, 2011）、博客（Hanukov, 2015; Kanai, 2015）和其他社交媒介平台（Click, Lee, & Holladay, 2013; Wright, 2015）塑造他们的个人形象，建立他们的粉丝社区，并与追随者们（尤其是一些青年群体）直接互动交流，由此建立更牢固的情感联结（Chia & Poo, 2009; Craig & Cunningham, 2019）。

关于媒介消费者如何卷入媒介人物的研究汲取了许多不同的理论观点。“卷入”（involvement）的概念在传播研究中有着悠久的历史，并与“参与（engagement）”“专注（absorption）”和“在场（presence）”等理论变量密切相关。最好将媒介研究中的卷入理解为一个多维概念（Salmon, 1986），其包括评估媒介消费者在媒介接触期间和之后的认知、情感和行为参与（Rubin & Perse, 1987, p.246）。基于使用和满足研究的卷入度理论模型预测，消费者在媒介消费期间和后期都会经历对媒介人物的长期卷入（Ruggiero, 2000）。概言之，媒介消费会产生各种类型的媒介人物卷入，它们可能兼具即时性和持久性的心理、情感、行为成分。

卷入也被认为是一个动态过程，包含消费和创造媒介。社交媒介网络的发展将20世纪聚焦个体的媒介研究扩展至21世纪媒介消费者通过社交网络共同卷入媒介人物的研究，这极大地增强了媒介消费者对媒介人物的情感依附（Kowalczyk & Pounders, 2016）。社交媒介时代创造了媒介人物卷入的社区（流行明星），因而模糊了公共空间与私人空间的界限（Jerslev & Mortenson, 2018）。

由媒介消费所形成的卷入过程不再被视为个体的独特反应。媒介消费者在媒介消费期间和后期会参与他们对媒介人物的反应过程（Stever & Lawson, 2013）。

为回应观众和媒介人物之间持续增加的互动，娱乐媒介理论家们越来越重视对受众高卷入阶段的研究（Klimmt & Vorderer, 2003; Moyer-Guse, 2008; Moyer-Guse, Chung, & Jain, 2011），更紧密地将卷入度与媒介享受联系起来（Tsay-Vogel & Sanders, 2017; Vorderer, Klimmt, & Ritterfeld, 2004）。由于媒介消费者围绕媒介人物建立生活体验社区，媒介卷入的集体形式显得日益重要。个体和媒介人物的感知关系可能与其和同事、朋友、家人的关系同等重要，有时甚至比后者更加重要（Tsiotsou, 2015）。关于受众对媒介人物的卷入过程的研究不仅是传播研究的一个热门领域，还是一个高度关联、重要的研究领域，因为这种卷入过程可以使媒介消费者产生深刻的价值、信念和行为变化。

卷入的4个过程

在过去近60年，4种构建媒介人物卷入研究的重要理论取向应运而生，它们是传输理论、拟社会互动理论、角色认同理论和角色崇拜理论。这4种理论方法探索了受众与媒介人物之间4个截然不同但又彼此密切相关的卷入过程。针对这4个过程的研究在学术文献中随处可见，尤其是在传播学、社会心理学、心理学、政治学以及社会学等相关学科的书籍和期刊中。下文将分别考察这4个过程，并特别关注受众的娱乐体验。这些过程将按照媒介消费者的体验顺序逐一呈现。

传输理论

当受众反复接触媒介人物时，首要过程是受众被传输（transportation）到他们的叙事世界中的过程。格林（Green, 2004, p.247）将传输概念化为一种进入故事及其角色的卷入类型，指出“高度传输的个体会在认知和情感上卷入故事情节”。媒介消费者不断沉浸在他们遇见的人物角色的感知世界中，无论他们体验到的是真实人物还是虚构角色。例如，当读者“迷失在书中”（Green, 2004, p.248）并完全沉浸于故事时（Green & Brock, 2000/2002），就会被传输至小说的叙事世界中。虽然传输研究原本关注书面小说，但目前已经演变成对各种媒介的受众卷入研究，媒介消费者融入这些媒介的叙事世界，并被视为理解媒介享受的一个镜像（Green, Brock, & Kaufman, 2004）。

格林（2004）解释道，传输要求人们在特定的叙事背景中邂逅角色，并认为“人物角色是虚构叙事的驱动力”（Surmenlian, 1969, p.139）。被传输的受众可能会认同那些如同朋友的角色（Green, 2006, p.165），他们经常想象自己与角色同在。格林（2004）认为，当发觉叙事世界比现实世界更加逼真时，更熟悉他者叙事世界的人可能体验到更强的传输。格林和布朗克（Brock, 2000）也将传输概念化为一种“社会影响过程”（social influence process），认为对故事角色的强大依恋在以叙事为基础的信念转变中起着关键作用（p.702）。

当受众被故事情节、故事角色吸引时，传输就被激活了。重要的是要我们认识到，传输可以发生在一个完全虚构的世界，如肥皂剧中角色的虚构世界，也可以发生在一个真实人物的建构世界，如一个著名运动员的建构世界。媒介消费者一旦被传输至叙事世界，自然会与该世界中的角色形成某种想象性关系。

传输体验

当被传输至叙事世界时，受众会产生重要的娱乐体验。暂时回避现实世界是其中最明显的体验。传播学者观察到了这种效应。他们首次对这个维度的媒介使用与满足进行了理论化（Katz & Foulkes, 1962）。想象自己在另一个世界是人类的一种自然体验，这与运用个人想象力有关，而非个人感知现实的失调。简而言之，我们喜欢想象虚构世界，无论我们现在的生活处境有多么地舒适或困难，我们都能够乐在其中。从这个意义上来说，回避与探索紧密相关。对其他世界的探索解释了为何网络游戏玩家通常喜欢选择不同性别的化身（Ferchaud & Sanders, 2018）。这种探索行为并不意味着心理异常（Halfmann & Reinecke, this volume; Slater, Johnson, Silver & Ewoldsen, this volume）。

除回避和探索外，传输至叙事世界的另一个可观察到的结果是学习。移情是人类的一种基本品质，它取决于我们是否有能力想象自己处于他人位置。叙事传输促进了移情的发展（Green & Sestir, 2017）。20世纪最具影响力的两位小说家——刘易斯和托尔金笃信理性和想象力在创造神话（故事）中的重要性，认为只有神话才有传达无法用其他方式充分表达或发现的真理的能力（Sammons, 2010, p.xii）。他们认为沉浸于虚构故事是学习先验知识最强有力的手段，因为想象性文学作品创造了一种对现实的象征性感知（Duriez, 2005, p. 72）。

凯西（Caughey, 1978）还强调了想象力在叙事传输中的重要性。他认为“当个体脱离其现实情境而进入虚拟社会环境时，通过解码媒介内容或创造、消费自我想象性作品，借助认知过程与自我体验发生关联”（p.75）。通过在叙事传输中运用想象力，媒介消费者不仅能够了解他人，还能认知自我。无独有偶，运用想象力还有助于提高满意度与媒介享受（Cohen, 2001）。

总之，传输理论解释了媒介消费者如何从心理和情感上将自己沉浸于媒介人物的虚构世界中。这一过程意味着媒介享受，因为媒介消费者重视暂时逃离自我现实世界以及探索另一世界的可能性，并通过这一过程认知自我和他人。

拟社会互动理论

媒介人物卷入的另一个重要理论是拟社会互动理论。1943年，罗伯特·默顿（Robert Merton）在凯特·史密斯（Kate Smith）的“兜售战争债券”（War Bond Drive）节目取得巨大成功后，提出了一个理论，该理论认为，电台听众可与电台名人形成一种“拟态关系”（pseudo-relationship, Merton, 1946）。苏德和罗杰斯（Sood, Rogers, 2000）指出，默顿的研究表明听众对凯特·史密斯的回应就仿佛他们私下认识她一样，他们就像处在一段真挚的友谊中。

10年后，一项电视研究观察到了同样的现象。霍顿和沃尔（1956）声称，电视观众经历了与电视名人的想象性互动，他们称之为拟社会互动（PSI）。随着时间推移，他们认为与媒介人物形成的拟社会互动将会发展成一种自我界定的单向关系，他们将这种关系称为拟社会关系（PSR）。利维（1979）借鉴默顿的概念化，将拟社会关系描述为一种拟态关系，这种关系源自媒介消费过程中产生的一种虚假亲密感。视觉形态的中介传播，如电视、电影以及互联网，为拟社会关系的发展提供了丰富的媒介版图（Gumpert & Cathcart, 1986），对电视观众和新闻播音员、脱口秀主持人、购物节目主持人以及肥皂剧角色之间拟社会互动和拟社会关系的研究证明了这一点（Brown & Cody, 1991; Cohen, 2003; Levy, 1979; Rubin & McHugh, 1987; Rubin, Perse, & Powell, 1985; Shefner-Rogers, Rogers, & Singhal, 1998）。来自人际传播和大众传播研究的理论也已用于研究拟社会互动与拟社会关系（Cohen, 2014; Eyal & Rubin, 2003; Schramm & Wirth, 2010; Turner, 1993）。

贾尔斯、布朗及其同事（Giles, 2000/2002; Brown, 2009/2010; Brown & Basil, 1995; Brown, Basil, & Bocarnea, 2003a, 2003b; Brown & de Matviuk, 2010）和马尔特比及其同事（Maltby, Houran, Lange, Ashe, & McCutcheon, 2002; McCutcheon, Lange, & Houran, 2002）将拟社会互动理论应用于受众对名人的卷入研究，这可能涉及多种类型的媒介和公共事件。这些研究表明，在媒介消费后相当长的一段时间内，拟社会互动和拟社会关系都能影响媒介消费者。粉丝对体育明星的卷入就是这种长期社会影响的一个典型案例。体育迷通过娱乐消费活动与他们喜爱的运动员之间建立拟社会关系，如参加他们的体育赛事，收看他们的电视转播体育节目，观看有关他们的电影（娱乐体育节目电视网的《30年30大传奇》），观看或收听他们在脱口秀节目中的访谈，以及他们代言的商业广告等（Basil, 1996; Basil & Brown, 2004; Brown & Basil, 1995; Brown, Basil, & Bocarnea, 2003b; Brown & de Matviuk, 2010）。与运动员建立强烈的拟社会关系可以增强观看体育赛事时的兴奋感（Hartmann, Stuke, & Daschmann, 2008），从而让体育赛事变得更加有趣。

拟社会互动的相关理论和研究探索了拟社会互动与拟社会关系的预测性因素及其影响。鉴于大多数娱乐媒介都将受众与媒介人物联系起来（Klimmt, Hartmann, & Schramm, 2006），因此理解媒介消费者何以与媒介人物产生关联是娱乐理论的主要任务。布朗（2015）关于媒介人物卷入的理论模型认为，传输是拟社会关系的预测因素，认同是其结果。媒介人物的持续性接触是拟社会互动和拟社会关系的主要预测因素，它使得媒介人物具有可预测性。就像粉丝们“逐渐相信他们认识并了解媒介人物”一样，通过与角色长期共享体验和互动，它能潜移默化地在媒介消费者之间营造出一种亲密感（Derrick, Gabriel, & Tippin, 2008, p.261）。斯蒂弗（Stever, 2009）找到了其他几项拟社会关系的预测因素，指出“人们利用媒介关系来排遣解闷，对抗孤独，或者为他们的生活提供焦点和方向”，并且“他们寻求浪漫、默契、鼓舞、交流和认同，通过媒介化关系满足这些需求”（p.6）。邦德（Bond, 2016）还指出，类似于面对面式的友谊关系，拟社会关系的发展和维护如同人际关系，为受众提供了满足社交欲望和情感依恋的机会。

孤独和陪伴渴望是影响拟社会关系发展的其他因素（Liwski, 2010, p.11）。受众人口统计学特征也可能影响拟社会关系的感知强度（Liwski, 2010, p.11）。例如，科恩（2003）发现女性和青少年比男性更容易产生强烈的拟社会关系，并且他们对拟社会关系“破裂”的反应比其他媒介消费者更加强烈。

拟社会互动体验

拟社会互动理论预测了媒介消费者与媒介人物发展拟社会关系的几种重要娱乐体验。首先，媒介消费者体验到一种社会临场感。当媒介人物与那些关注他们的人分享生活并直接与他们讨论生活经历时，粉丝和追随者往往觉得这些人物角色在他们生活中是社交临场的（Kim & Song, 2016）。这种社会临场感提供了陪伴关系。研究表明，即使是虚拟人物（化身）和机器人也可以创建社会临场感，以满足媒介消费者的陪伴关系需求（jim, 2010; Lee, Peng, Jin, & Yan, 2006）。

其次，拟社会互动、拟社会关系可以创造一种对媒介人物的依恋体验。拟社会依恋被认为是拟社会关系的一个重要维度，自20世纪60年代末以来心理学家就对其进行了研究（Bowlby, 1969; Mikulincer & Shaver, 2009）。拟社会依恋被概念化为拟社会关系的“一项特殊子集”，它们随时间推移而发展，并满足媒介消费者对亲密感、舒适感、保障感、安全感的依恋需求（Stever, 2017, p.98; Rosaen & Dibble, 2016）。在关于拟社会互动理论的早期出版物中，霍顿和沃尔（1956）将拟社会依恋描述为“通过与一个在现实生活中不相识之人建立面对面式的关系寻找避风港和安全感”（p.96）。拟社会依恋的理论构念预测，人们倾向于与能够满足他们安全和保障需求的人建立关系（Stever, 2017, p.97）。缺乏有意义的人际关系的人通常试图通过与媒介人物发展拟社会关系来满足依恋需求。

除了社会临场感和拟社会依恋体验，媒介消费者卷入拟社会关系的另一种常见娱乐体验是与媒介人物建立不同寻常的友谊。例如，全美赛车联合会（NASCAR）车手戴尔·恩哈特（Dale Earnhard）的粉丝们觉得他就像自己的家人一样（Brown, Barker, & Presnell, 2008）。同样，埃尔维斯·普雷斯利（Elvis Presley）的粉丝们声称，埃尔维斯就像他们的家庭成员；对许多没有父亲或与父亲关系糟糕的年轻人而言，埃尔维斯扮演着父亲的角色。布朗（2010）的一项针对《动物星球》（*Animal Planet*）明星史蒂夫·欧文（Steve Irvin）的研究表明，《鳄鱼猎人》（*Crocodile Hunter*）的观众感觉欧文就像他们的家庭成员一样。强烈的真挚友谊可能是媒介消费者与媒介人物之间强有力拟社会关系的最稳定指标。

角色认同理论

媒介人物的第三种强大的卷入类型是认同。认同的概念可以追溯至弗洛伊德（1922/1989/1940）和拉斯韦尔（Lasswell, 1931/1965/1935）的著作，20世纪50年代晚期，赫伯特·凯尔曼（Herbert C.Kelman）将其发展成一种社会影响理论。他在关于服从、认同和内化方面的著作中引入了一个强有力的认同理论，为理解媒介人物的影响提供了一个基础理论框架。

由于"认同"（identification）一词在日常语言中的使用较为普遍，凯尔曼理论所提出的"认同"的社会影响过程往往被人们误解。凯尔曼（1958/1961）将认同概念化为社会影响的一种形式，是将另一个人的态度、信念和价值观内化的过程，而此人就是个体认同的对象。当某一个体与另一个体或群体形成一种"自我定义（self-defining）"中的关系，采纳另一个体或群体的态度、信念和行为时，认同就发生了（Kelman, 1961, p.63）。凯尔曼注意到，态度和信念的内化有助于维持个体与认同对象的期望联结，同时会导致其采纳其他个体或群体的行为。他对认同的解释如下："通过说其所说、做其所做、信其所信，个体维持着这种关系以及这种关系给他带来满意的自我界定。"（Kelman, 1961, p.63）作为认同对象的个体或群体可能完全没有意识到另一个体正在采纳他们的态度、信念和行为，因此，凯尔曼描述的"自我定义"的关系与一种自我界定（self-defined）的拟社会关系的概念化相一致。

凯尔曼的认同理论在研究媒介人物卷入方面非常适用，因为大多数认同媒介人物的人都是在从未进行过面对面互动交流的情况下受其影响的。凯尔曼聚焦于认同过程中的内化、对他人态度和信念的采纳，而这可能导致行为改变，这也与弗洛伊德（1922；孩子形成对父母的认同）、拉斯韦尔（1965/1935；个体对其他群体成员的认同）以及奥特利（1994；采纳认同对象的目标）等所讨论的认同的行为改变效应相一致。

虽然传播学者经常引用认同的其他概念，特别是肯尼斯·伯克（Kenneth Burke, 1969）的著作，但伯克（1969）从修辞学视角扩展了认同理论，尤其强调传播主体（公共演说家）应寻求与认同对象（听众）之间的共识，以便更有效地说服听众（Rosenfeld, 1969）。这种社会影响的顺序与凯尔曼的理论截然相反。凯尔曼强调的是观众如何认同传播者，然而，伯克（1969）的理论却认为，"当个体与另一个体分享兴趣时，或认为他与另一个体分享兴趣时，就会产生认同"（p.180），这与凯尔曼对另一个体或群体的态度、信念和行为内化的解释是一致的。凯尔曼和伯克都认为，两个个体可以通过认同聚合起来，但他们的观点泾渭分明。

利文斯通和伊加图亚（Livingstone, 1998; Igartua, 2010）对认同理论的认识则同时吸收了伯克和凯尔曼的思想，他们将认同作为一种媒介消费者对媒介人物的移情，并采取该角色的视角。同情角色并将自己设身处地地置于角色位置，然后采纳角色的信念、目标、观点和说服信息的媒介消费者，更有可能改变自身的行为（Moyer-Guse, Jung, & Jain, 2011）。

科恩（2001）解释说，当认同发生在媒介环境时，受众会忘却自我，并且通过想象成为他们认同的另一角色（Cohen, 2001, p.247）。他还推断，“媒介人物的强大魅力形象的反复内化和替代身份”可能会产生“长期影响”（Cohen, 2001, p.249），这与凯尔曼提出的认同过程中的内化概念相一致。科恩和克里姆特基于他们先前的工作基础，将在本节进一步检验认同过程。

角色认同体验

对媒介人物的受众认同研究揭示了受众在认同过程中的几种娱乐体验。第1种娱乐体验是与媒介人物一体（oneness）或统一（unity with）的心理状态。当观众认同《权力的游戏》（*Game of Thrones*）、《星球大战》（*Star Wars*）和《指环王》（*Lord of the Rings*）等故事中的人物角色时，他们会与艾莉亚·史塔克（Arya Stark）、汉·索罗（Han Solo）或山姆卫斯·詹吉（Samwise Gamgee）等人物产生共鸣，甚至会想象自己是故事中的一个角色（Cohen, 2001, p.252）。

由认同带来的第2种娱乐体验是媒介消费者在与媒介人物的关系中感受到社群的统一或一体。媒介消费者找到许多联结更庞大粉丝社区的方法（Reysen, Plante, & Chadborn 2017），因为当他们在消费娱乐媒介时，会高度重视社交体验以及人际互动（Crenshaw & Nardi, 2016）。

由认同带来的第3种娱乐体验是身份认同。电子游戏研究为考察媒介消费者如何扮演各种身份提供了丰富的媒介环境（Klimmt, Vermeulen, Vorderer, & Roth, 2012）。克里姆特、赫夫纳、沃德勒（2009）观察到，对电子游戏的角色认同揭示了该角色“通过采纳媒介用户的感知特征，使其自我概念发生了临时性变更”（p.365）。在一项关于电子游戏化身选择的研究中，特雷普特和雷内克（2010）发现，对虚拟化身的认同与游戏享受密切相关，且身份游戏可作为一种独立的快乐源泉。克里姆特等人（2009）将在玩互动游戏时进行的身份试验称为“身份管理”，并将角色扮演作为一种联通媒介享受的游戏形式（p.368）。虽然一些学者可能认为这不过是暂时性的身份认同，布恩和洛莫尔（Boon, Lomore, 2001）却认为这种角色扮演可能会导致长期的身份变化。

媒介人物认同可以是一种社会公益，这种角色认同也与受众卷入密切相关。尽管有些人认为这不是一种娱乐体验，但是任何一个观看过1956年至2014年由杰瑞·刘易斯（Jerry Lewis）主持的年度肌肉萎缩症协会电视募捐节目的人都会发现，他们很难不去注意参与帮助儿童的娱乐媒介活动与媒介享受之间的关联（Longmore, 2005）。刘易斯是美国历史上较成功的娱乐明星之一，他巧妙地将名人魅力和名人奇观与为患有严重残疾儿童募集资金的关键性社会需求相结合。刘易斯为数百名其他名人发扬社会公益提供了动力（https://www.lookthestars.org/cause）。对具有影响力的媒介人物的认同研究包括“魔术师”埃尔文·约翰逊（Earvin Johnson）对预防艾滋病毒/艾滋病的倡导（Brown & Basil, 1965）、马克·麦格威尔（Mark McGwire）对预防儿童虐待的倡导（Brown, Basil, & Bocarnea, 2003b）、戴安娜王妃对土地开垦和HIV感染儿童治疗的倡导（Brown, Basil, & Bocarnea, 2003a）、凯蒂·柯丽克（Katie Couric）对结肠癌筛查的倡导（Cram, et al, 2003）、教皇约翰·保罗二世（Pope John Paul）对保护未出生儿童和老年人的倡导（Brown, 2009）、史蒂夫·欧文（Steve Irwin）对野生动植物保护的倡导（Brown, 2010）、安吉丽娜·朱莉（Angelina Jolie）对预防乳腺癌的倡导（Kosenko, Blinder, & Hurley, 2016）以及Lady Gaga对政治参与和慈善事业的倡导（Click, Lee, & Holladay, 2017）。这些研究都揭示了对媒介人物的认同可以促进对该角色社会公益的支持。

媒介人物崇拜理论

崇拜是媒介人物卷入的最新概念化形式。人物崇拜理论仍在发展中，但马尔特比及其同事们对偶像崇拜的研究为角色崇拜理论的建立奠定了基础，该理论探讨了媒介消费者如何偶像化媒介人物，且程度如此强烈以至于产生模仿崇拜（Giles & Maltby, 2004; Maltby, Houran, & McCutcheon, 2003; Maltby, Day, McCutcheon, et al., 2004a; Maltby, Day, McCutcheon, et al., 2004b; McCutcheon, Ashe, Houran, & Maltby, 2003; McCutcheon, Lange, & Houran, 2002）。偶像崇拜的概念化和测量目前吸纳了广泛的粉丝经验，并与其他类型的角色卷入有较大重叠。尽管面临概念和测量方面的挑战，但崇拜的概念提供了受众卷入媒介人物的其他维度，而这并不能完全由传输理论、拟社会互动/拟社会关系或身份认同理论来解释。

正如贾尔斯（2000）所观察到的，崇拜媒介人物可以被描述为将对上帝、神或某种其他形式神灵的迷恋转移到媒介人物上（Maltby, et al., 2002）。马尔特比等人（2003）将偶像崇拜现象描述为“拟社会关系的一种异常类型，它由沉溺和成瘾元素驱动，并可能有严重的临床后遗症”（p.25）。麦卡琴等人（2003）也以类似的方式将偶像崇拜概念化，并将其描述为“拟社会互动的一种类型，体现为个体痴迷于一个或多个偶像，有点类似于幻想型色情狂”（p.309）。

马尔特比等人（2005）对偶像崇拜进一步理论化，将崇拜分为3个层次。他们描述的第1层次的崇拜（低度卷入）侧重于偶像的娱乐—社会价值，如媒介消费者通过媒介关注偶像生活，与朋友谈论偶像，以及希望与他人分享并共同追随他们最喜欢的偶像。他们将第2层次的崇拜（中度卷入）概念化为观众对偶像强烈的个人情感依附，如将偶像想象为“灵魂伴侣”或“痴迷于偶像的生活细节”（Maltby, et al., 2005, p.1163）。

他们将第3层次的崇拜（高度卷入）概念化称为“轻度病理”维度（Maltby, et al., 2005, p.1166）。他们认为高度卷入阶段的偶像崇拜既反常又有害，会导致崇拜者愿意做任何事情来取悦偶像。

基于对偶像崇拜早期的概念化，人物崇拜被理解为一个不同于拟社会互动和拟社会关系形成过程的媒介人物卷入的独特过程（Brown, 2015）。以亲密朋友身份维系媒介人物完全不同于全身心投入媒介人物身上。津恩鲍尔、帕甘蒙特和斯科特（Zinnbauer, Pargament, & Scott, 1999）提倡拓宽精神性和崇拜的情境化，认为这并不是病态行为。根据史密斯（2009）将崇拜作为我们喜爱的秩序的观念，将角色崇拜概念化为将自我全身心投入媒介人物身上。史密斯（2009）指出，“我们极其喜欢的就是我们所崇拜的”，因为正是我们所渴望和热爱的东西形成了我们的激情并塑造了我们的生活（p.51）。角色崇拜使得个体与媒介人物的关系成为个体时间和精力的焦点，角色崇拜是个体出于对媒介人物的强烈热爱而发展起来的。

人物崇拜并不罕见，它正在全球娱乐媒介激增的地方发生（Giles, 2000）。弗雷泽（Fraser）和布朗（2002）的一项针对遍及世界的猫王模仿者的研究指出，猫王的一个粉丝视猫王如神明（Frow, 1998）。马尔特比、霍兰（Houran）和麦卡琴（McCutcheon, 2003, p.25）一致认为，正如他们所检量的那般，“偶像崇拜并非一种罕见现象”。根据马尔特比等人（2004b）的研究，当人物崇拜趋向极端时，它会呈现某些病理特征，但媒介消费者很少发生这种情况（5%或更少）。

角色崇拜体验

参与人物崇拜的受众，其娱乐体验可能是丰富而深刻的。媒介消费者可能会与媒介人物建立起某种感知的精神联系，就像猫王的粉丝所说的，他们对猫王的感觉与这一样（Fraser & Brown, 2002）。当迭戈·马拉多纳（Diego Maradona）的一群崇拜者在其阿根廷家乡建造了一座马拉多纳教堂时，他们也可能体验到一种启蒙感（Brown & de Matviuk, 2010; Yebra, 2011）。此外，人物崇拜可能会带来超凡体验，媒介消费者在其中会感受到一种超然于此的体验（Janicke-Bowles, Bartsch, Oliver, & Raney, this volume）。

总之，崇拜理论正处于发展的初期，用它研究媒介人物卷入的强烈表现形式十分奏效，这些形式与拟社会互动、拟社会关系和认同有着实质性区别。人物崇拜有时伴随着更高的拟社会互动和媒介人物认同，是媒介人物卷入的最强烈类型（Brown, 2015）。

媒介人物之选择

媒介人物卷入理论和研究的一个重要维度在于关注受众如何选择媒介人物，从而寻求更高的卷入度。许多学者已经将各种类型的与媒介人物的同质化（感知相似性）视为受众卷入度的重要指标（Eyal & Rubin, 2003; Schiappa & Gregg, 2005; Turner, 1993）。但是，同质化本身并不能充分解释卷入度。斯基亚帕、格雷格和休斯（Schiappa, Gregg, & Hews, 2005）指出，媒介人物的感知现实也很重要。施密德和克里姆特（2011）观察到，角色感知和崇拜是媒介人物高度卷入的重要预测因素。

此外，故事中的主角偶尔也会成为观众为之喝彩和崇拜的英雄，而受众对主角的卷入也不能用同质化来解释（Hohle, 2014）。有时，最强烈的受众卷入可能由媒介人物煽动所致，他们是拟社会信仰和行为的负面典型（Oliver, et al., 2019）。在理解媒介消费者如何选择他们所追随的人物角色方面，仍然有许多学术研究需要开展。

媒介人物4种卷入类型之间的关系

在考察传输、拟社会互动、认同和崇拜之间如何相互关联时，需要同时考虑每种卷入类型的强度和持续时间。它们都包含认知、情感和行为成分，并且个体可以在短时间内体验多次。试想一下，当一个媒介消费者被传输到一段叙事（电视剧）中时会发生什么。观众可以很快与叙事世界中的媒介人物建立一种拟社会关系，然后随着剧情发展而产生认同，如果这种认同足够强烈，最终可能发展成角色崇拜。

这些卷入过程肇始于传输（至叙事世界或故事中）。故事可以是虚构的，也可以是真实的，如体育英雄、职业艺人或政治候选人。在叙事世界，媒介消费者可能会将虚构元素与人物及其生活的现实属性相融合。叙事世界可以提供一种暂时性逃离自我生活境遇的方式，也可以提供探索和认知机遇，如个体在电子游戏中扮演不同的性别角色，或者扮演一个与自己性格截然不同的网络角色。

在叙事世界中接触角色后，媒介消费者就开始通过拟社会互动过程与他们喜欢的角色形成拟社会关系。随着时间的推移，这些拟社会关系会变得相当牢固。媒介消费者可能会从这些关系和友谊中体验到一种在场感。孤独或隔离感可能缓解，甚至可能完全消散。久而久之，媒介消费者可能会像对待亲密朋友一样对待媒介人物。

强烈的拟社会关系可能进一步通向媒介人物认同。媒介消费者会模仿一个他或她认同的角色，采纳该角色的态度、信念和行为。当这种情况发生时，媒介人物就会成为那些强烈认同他们之人的模范。他们也可能体验到一种与人物的统一或一体。如果围绕该人物发展出大量的粉丝社区，那么媒介消费者通常会对粉丝社区产生认同体验。媒介消费者也可能支持他们强烈认同的媒介人物的社会公益活动。

在卷入的最后阶段，与媒介人物显著关联、视其为亲密朋友并对其产生强烈认同感的媒介消费者可能开始崇拜该人物。当这种情况发生时，媒介消费者将体验到与媒介人物的某种精神联系，并可能相信媒介人物提供了启蒙或精神启迪的源泉。人物崇拜也可能带来超凡体验，在此过程中媒介消费者感觉他们进入了世外桃源。

社交媒介和媒介人物卷入

社交媒介的扩散无疑改变了受众卷入媒介人物的方式。媒介消费者的期望值因其与社交媒介有了更多的接触机会和更频繁的交流而提高（Labrecque, 2014）。例如，当明星或运动员通过社交媒介直接回应粉丝时，真实互动与拟社会互动相互掺合，可以极大地提高媒介消费者对媒介人物的卷入强度（Sanderson, 2015）。社交媒介还可以扩展受众媒介人物卷入的情感维度（Yuksel & Labrecque, 2016），以增强名人代言的力量（Chung & Cho, 2017）。

媒介消费者和媒介人物之间直接的人际交流以及媒介化交流引发的综合影响，为理解受众卷入对娱乐体验的影响增加了一个复杂维度。一个可预见的结果是，媒介人物与受众之间适度的直接交流很可能会提升媒介享受程度。

结　论

对媒介消费者与媒介人物之间形成的情感纽带和心理联结的研究，已经产生了有效解释媒介人物卷入的理论。尤其是关于传输、拟社会互动、认同和崇拜的研究已有许多重要成果。这些研究结果表明，在全球高度媒介化的文化中，媒介人物是社会影响力的一个重要来源。未来研究应该继续探索媒介人物卷入形式及其相互关系。

新通信技术让更多地区的更多人有了接触娱乐和媒介人物的机会，这无疑推动了娱乐产业的发展，娱乐媒介和娱乐文化的全球扩散也因此持续进行。随着更多人体验到媒介人物卷入，如何理解媒介人物强大影响力将是未来数年内重要的研究课题。

参考文献

Basil, M. D. (1996). Identification as a mediator of celebrity effects. *Journal of Broadcasting and Electronic Media*, 40, 478–495. doi:10.1080/08838159609364370.

Basil, M. D., & Brown, W. J. (2004). Magic Johnson and Mark McGwire: The power of identification with sports celebrities. In L. R. Kahle & C. Riley (Eds.), *Sports marketing and the psychology of marketing communication* (pp. 159–174). Mahwah, NJ: Erlbaum.

Bond, B. J. (2016). Following your "friend": Social media and the strength of adolescents' parasocial relationships with media personae. *Cyberpsychology, Behavior, and Social Networking*, 19(11), 656-660.

Boon, S. D., & Lomore, C. D. (2001). Admirer-celebrity relationships among young adults: Explaining perceptions of celebrity influence on identity. *Human Communication Research*, 27, 432–465. doi:10.1111/j.1468-2958.2001.tb00788.x.

Bowlby, J. (1969). *Attachment and loss, Vol. 1, Attachment*. London, UK: Hogarth.

Brown, W. J. (2015). Examining four processes of audience involvement with media personae: Transportation, parasocial interaction, identification and worship. *Communication Theory*, 25(3), 259–283.

Brown, W. J. (2009). Mediated influence of Pope John Paul II. *Journal of Communication and Religion*, 32(2), 33–62.

Brown, W. J. (2010). Steve Irwin's influence on wildlife conservation. *Journal of Communication*, 60, 73–93. doi:10.1111/j.1460-2466.2009.01458.x.

Brown, W. J., Barker, G., & Presnell, K. K. (2008). *The social impact of mediated celebrities: Cognitive and emotional responses to the death of Dale Earnhardt*. Paper presented to the National Communication Association's Annual Conference, San Diego, CA.

Brown, W. J., & Basil, M. D. (1995). Media celebrities and public health: Responses to "Magic" Johnson's HIV disclosure and its impact on AIDS risk and high-risk behaviors. *Health Communication*, 7, 345–371. doi:10.1207/s15327027hc0704_4.

Brown, W. J., Basil, M. D., & Bocarnea, M. C. (2003a). Social influence of an international celebrity: Responses to the death of Princess Diana. *Journal of Communication*, 53, 587–605. doi:10.1111/j.1460-2466.2003.tb02912.x.

Brown, W. J., Basil, M. D., & Bocarnea, M. C. (2003b). The influence of famous athletes on health beliefs and practices: Mark McGwire, child abuse prevention, and androstenedione. *Journal of Health Communication*, 8, 41–57. doi:10.1080/10810730305733.

Brown, W. J., & Cody, M. J. (1991). Effects of an Indian television soap opera in promoting women's status. *Human Communication Research*, 18(1), 114–142. doi:10.1111/j.1468-2958.1991.tb00531.x.

Brown, W. J., & de Matviuk, M. A. C. (2010). Sports celebrities and public health: Diego Maradona's influence on drug use prevention. *Journal of Health Communication*, 15, 358–373. doi:10.1080/10810730903460575

Burke, K. (1969). *A rhetoric of motives*. Berkeley: University of California Press.

Caughey, J. L. (1978). Artificial social relations in modern America. *American Quarterly*, 30(1), 70–89.

Chia, S. C., & Poo, Y. L. (2009). Media, celebrities, and fans: An examination of adolescents' media usage and involvement with entertainment celebrities. *Journalism and Mass Communication Quarterly*, 86(1), 23–44. doi:10.1177/107769900908600103.

Chung, S., & Cho, H. (2017). Fostering parasocial relationships with celebrities on social media: Implications for celebrity endorsement. *Psychology and Marketing*, 34(4), 481–495.

Click, M. A., Lee, H., & Holladay, H. W. (2013). Making monsters: Lady Gaga, fan identification, and social media. *Popular Music and Society*, 36(3), 360–379.

Click, M. A., Lee, H., & Holladay, H. W. (2017). "You're born to be brave": Lady Gaga's use of social media to inspire fans' political awareness. *International Journal of Cultural Studies*, 20(6), 603–619.

Cohen, J. (2001). Defining identification: A theoretical look at the identification of audiences with media characters. *Mass Communication and Society*, 4, 245–264. doi:10.1207/S15327825MCS0403_01.

Cohen, J. (2003). Parasocial breakups: Measuring individual differences in responses to the dissolution of parasocial relationships. *Mass Communication & Society*, 6, 191–202. doi:10.1207/S15327825MCS0602_5.

Cohen, J. (2014). Mediated relationships and social life: Current research on fandom, parasocial relationships, and identification. In M. B. Oliver & A. A. Raney (Eds.), *Media and social life* (pp. 142–155). New York, NY: Routledge.

Craig, D., & Cunningham, S. (2019). *Social media entertainment: The new intersection of Hollywood and*

Silicon Valley. New York: NYU Press.

Cram, P., Fendrick, A. M., Inadomi, J., Cowen, M. E., Carpenter, D., & Vijan, S. (2003). The impact of a celebrity promotional campaign on the use of colon cancer screening: The Katie Couric effect. *Archives of Internal Medicine*, 163(13), 1601–1605.

Crenshaw, N., & Nardi, B. (2016, January). *It was more than just the game, it was the community: Social affordances in online games*. In *2016 49th Hawaii International Conference on System Sciences (HICSS)* (pp. 3781–3790). Koloa, HI: IEEE.

Derrick, J. L., Gabriel, S., & Tippin, B. (2008). Parasocial relationships and self-discrepancies: Faux relationships have benefits for low self-esteem individuals. *Personal Relationships*, 15(2), 261–280.

Duriez, C. (2005). *A field guide to Narnia*. Gloucestershire, UK: Sutton Publishing.

Eyal, K., & Rubin, A. M. (2003). Viewer aggression and homophily, identification, and parasocial relationships with television characters. *Journal of Broadcasting and Electronic Media*, 47, 77–98. doi:10.1207/s15506878jobem4701_5.

Ferchaud, A., & Sanders, M. S. (2018). Seeing through the avatar's eyes: Effects of point-ofview and gender match on identification and enjoyment. *Imagination, Cognition and Personality*, 38(2), 82–105.

Fraser, B. P., & Brown, W. J. (2002). Media, celebrities, and social influence: Identification with Elvis Presley. *Mass Communication and Society*, 5, 185–208. doi:10.1207/S15327825MCS0502_5.

Freud, S. (1922). *Group psychology and the analysis of ego*. New York: Norton.

Freud, S. (1989/1940). *An outline of psychoanalysis* (J. Strachey, Trans.). New York, NY: Norton.

Frow, J. (1998). Is Elvis a god? Cult, culture, questions of method. *International Journal of Cultural Studies*, 1(2), 197–210.

Giles, D. (2000). Beyond parasocial interaction: Fans and stalkers. In *Illusions of immortality* (pp. 128–146). London, UK: Palgrave.

Giles, D. C. (2002). Parasocial interaction: A review of the literature and a model for future research. *Media Psychology*, 4, 279–305. doi:10.1207/S1532785XMEP0403_04.

Giles, D. C., & Maltby, J. (2004). The role of media figures in adolescent development: Relations between autonomy, attachment, and interest in celebrities. *Personality and Individual Differences*, 36, 813–822. doi:10.1016/S0191-8869(03)00154-5.

Green, M. C. (2006). Narratives and cancer communication. *Journal of Communication*, 56(S1), S163–S183. doi:10.1111/j.1460-2466.2006.00288.x.

Green, M. C. (2004). Transportation into narrative worlds: The role of prior knowledge and perceived realism. *Discourse Processes*, 38(2), 247–266.

Green, M. C., & Brock, T. C. (2000). The role of transportation in the persuasiveness of public narratives. *Journal of Personality and Social Psychology*, 79, 701–721.

Green, M. C., & Brock, T. C. (2002). In the mind's eye: Transportation-imagery model of narrative persuasion. In M. C. Green, J. J. Strange & T. C. Brock (Eds.), *Narrative impact: Social and cognitive foundations* (pp. 315–341). Mahwah, NJ: Erlbaum.

Green, M. C., Brock, T. C., & Kaufman, G. F. (2004). Understanding media enjoyment: The role of transportation into narrative worlds. *Communication Theory*, 14(4), 311–327.

Green, M. C., & Sestir, M. (2017). Transportation theory. In *The international encyclopedia of media effects*, 1–14. Retrieved from https://onlinelibrary.wiley.com/doi/abs/10.1002/9781118783764.wbieme0083.

Gumpert, G., & Cathcart, R. (1986). The interpersonal and media connection. In G. Gumpert The 'cocaine Kate' scandal: Celebrity addiction or public addiction to celebrity? 'cocaine Kate' scandal: Celebrity addiction or public addiction to celebrity?

Hanukov, I. (2015). Exposing Celebrity Scandal: How Journalism, Fame, and Audiences Coincide (Doctoral dissertation, Concordia University).

Hartmann, T., Stuke, D., & Daschmann, G. (2008). Positive parasocial relationships with drivers affect suspense in racing sport spectators. *Journal of Media Psychology*, 20(1), 24–34.

Head, A. J. (2003). Personas: Setting the stage for building usable information sites. *Online*, 27(4), 1–7.

Hohle, P. J. (2014). *Sometimes we like them good, sometimes we want them nasty: Viewer sensemaking and judgment of transgressive protagonist-heroes* (Doctoral dissertation). Regent University, ProQuest Dissertations Publishing, 3667866.

Horton, D. & Wohl, R. R. (1956). Mass communication and parasocial interaction: Observations on intimacy at a distance. *Psychiatry*, 19, 215–229. doi:10.1521/00332747.1956.11023049.

Igartua, J. J. (2010). Identification with characters and narrative persuasion through fictional feature films. *Communications*, 35, 347–373. doi:10.1515/COMM.2010.019.

Jerslev, A., & Mortenson, M. (2018). Celebrity in the social media age: Renegotiating the public and the private space. In A. Elliott (ed.), *Routledge handbook of celebrity studies* (pp. 157–174). London, UK: Routledge.

Jin, S. A. A. (2010). Parasocial interaction with an avatar in second life: A typology of the self and an empirical test of the mediating role of social presence. *Presence*, 19(4), 331–340.

Jin, S. A. A., & Phua, J. (2014). Following celebrities' tweets about brands: The impact of twitter-based electronic word-of-mouth on consumers' source credibility perception, buying intention, and social identification with celebrities. *Journal of Advertising*, 43(2), 181–195.

Kanai, A. (2015). Jennifer Lawrence, remixed: Approaching celebrity through DIY digital culture. *Celebrity Studies*, 6(3), 322-340.

Katz, E., & Foulkes, D. (1962). On the use of the mass media as "escape": Clarification of a concept. *Public Opinion Quarterly*, 26(3), 377–388.

Kelman, H. (1958). Compliance, identification, and internalization: Three processes of attitude change. *Journal of Conflict Resolution*, 2, 51–60.

Kelman, H. (1961). Process of opinion change. *Public Opinion Quarterly*, 25, 57–78. doi:10.1086/266996.

Kim, J., & Song, H. (2016). Celebrity's self-disclosure on Twitter and parasocial relationships: A mediating role of social presence. *Computers in Human Behavior*, 62, 570–577.

Klimmt, C., Hartmann, T., & Schramm, H. (2006). Parasocial interactions and relationships. In J. Bryant & P. Vorderer (Eds.), *Psychology of entertainment* (pp. 291–314). New York, NY: Routledge.

Klimmt, C., Hefner, D., & Vorderer, P. (2009). The video game experience as "true" identification: A theory of enjoyable alterations of players' self-perception. *Communication Theory*, 19, 351–373. doi:10.1111/j.1468-2885.2009.01347.x.

Klimmt, C., Roth, C., Vermeulen, I., Vorderer, P. & Roth, F. S. (2012). Forecasting the experience of future entertainment technology: "Interactive storytelling" and media enjoyment. *Games and Culture*, 7, 187–208. doi:10.1177/1555412012451123.

Klimmt, C., & Vorderer, P. (2003). Media psychology "is not yet there": Introducing theories on media entertainment to the presence debate. *Presence*, 12, 346–359. doi:10.1162/105474603322391596.

Kosenko, K. A., Binder, A. R., & Hurley, R. (2016). Celebrity influence and identification: A test of the Angelina effect. *Journal of Health Communication*, 21(3), 318–326.

Kowalczyk, C. M., & Pounders, K. R. (2016). Transforming celebrities through social media: The role of authenticity and emotional attachment. *Journal of Product and Brand Management*, 25(4), 345–356.

Labrecque, L. I. (2014). Fostering consumer–brand relationships in social media environments: The role of parasocial interaction. *Journal of interactive marketing*, 28(2), 134-148.

Lasswell, H. D. (1931). The measurement of public opinion. *American Political Science Review*, 25, 311–326. doi:http://dx.doi.org/10.2307/1947659.

Lasswell, H. D. (1965/1935). *World politics and personal insecurity*. New York, NY: Free Press.

Lee, K. M., Peng, W., Jin, S. A., & Yan, C. (2006). Can robots manifest personality? An empirical test of personality recognition, social responses, and social presence in human-robot interaction. *Journal of Communication*, 56(4), 754–772.

Levy, M. (1979). Watching television news as parasocial interaction. *Journal of Broadcasting*, 23, 69–80. doi:10.1080/08838157909363919.

Livingstone, S. M. (1998). *Making sense of television: The psychology of audience interpretation*. New York, NY: Routledge.

Liwski, N. T. (2010). *College students' television friends: Parasocial relationships as attachment bonds* (Doctoral dissertation). Purdue University.

Longmore, P. K. (2005). The cultural framing of disability: Telethons as a case study. *PMLA*, 120(2), 502–508.

Maltby, J. (2004). Celebrity and religious worship: A refinement. *Journal of Psychology*, 138, 286–288. doi:10.3200/JRLP.138.3.286-288.

Maltby, J., Day, L., McCutcheon, L. E., Gillett, R., Houran, J., & Ashe, D. D. (2004a). Personality and coping: A context for examining celebrity worship and mental health. *British Journal of Psychology*, 95, 411–428. doi:10.1348/0007126042369794.

Maltby, J., Day, L., McCutcheon, L. E., Martin, M. M., & Cayanus, J. L. (2004b). Celebrity worship, cognitive flexibility, and social complexity. *Personality and Individual Differences*, 37, 1475–1482. doi:10.1016/j.paid.2004.02.004.

Maltby, J., Giles, D. C., Barber, L., & McCutcheon, L. E. (2005). Intense-personal celebrity worship and body image: Evidence of a link among female adolescents. *British Journal of Health Psychology*, 10, 17–32. doi:10.1348/135910704X15257.

Maltby, J, Houran, J., Lange, R., Ashe, D. & McCutcheon, L. E. (2002). Thou shalt worship no other gods—unless they are celebrities: The relationship between celebrity worship and religious orientation. *Personality and Individual Differences*, 32, 1157–1172. doi:10.1016/S0191-8869(01)00059-9.

Maltby, J., Houran, J., & McCutcheon, L. E. (2003). A clinical interpretation of attitudes and behaviors associated with celebrity worship. *Journal of Nervous and Mental Disease*, 191(1), 25–29.

Markel, D., McCann, M., & Wasserman, H. M. (2015). Catalyzing fans. *Harvard Journal on Sports and Entertainment Law*, 6(1), 1–40.

Marwick, A. E. (2011). I tweet honestly, I tweet passionately: Twitter users, context collapse, and the imagined audience. *New Media and Society*, 13(1), 114–133. doi:10.1177/1461444810365313.

Marshall, P. D., Moore, C., & Barbour, K. (2019). *Persona studies: An introduction*. Hoboken, NJ: John Wiley

& Sons.

McCutcheon, L. E., Ashe, D. D., Houran, J., & Maltby, J. (2003). A cognitive profile of individuals who intend to worship celebrities. *Journal of Psychology*, 137, 309–322. doi:10.1080/00223980309600616.

McCutcheon, L. E., Lange, R., & Houran, J. (2002). Conceptualization and measurement of celebrity worship. *British Journal of Psychology*, 93, 67–87. doi:10.1348/000712602162454.

Merton, R. K. (1946). *Mass persuasion: The social psychology of a war bond drive*. New York, NY, and London, UK: Harper & Brothers.

Mikulincer, M., & Shaver, P. R. (2009). An attachment and behavioral systems perspective on social support. *Journal of Social and Personal Relationships*, 26, 7–19. doi:10.1177/0265407509105518.

Moyer-Gusé, E. (2008). Toward a theory of entertainment persuasion: Explaining the persuasive effects of entertainment-education messages. *Communication Theory*, 18, 407–425. doi:10.1111/j.1468-2885.2008.00328.x.

Moyer-Gusé, E., Chung, A., & Jain, P. (2011). Identification with characters and discussion of taboo topics after exposure to an entertainment narrative about sexual health. *Journal of Communication*, 61, 387–406. doi:10.1111/j.1460-2466.2011.01551.x.

Oatley, K. (1994). A taxonomy of the emotions of literacy response and a theory of identification in fictional narrative. *Poetics*, 23, 53–74.

Oliver, M. B., Bilandzic, H., Cohen, J., Ferchaud, A., Shade, D. D., Bailey, E. J., & Yang, C. (2019). A penchant for the immoral: implications of parasocial interaction, perceived complicity, and identification on liking of anti-heroes. *Human Communication Research*, 45(2), 169–201.

Pavlik, J. V., Dennis, E. E., Mersey, R. D., & Gengler, J. (2019). Conducting research on the world's changing mediascape: Principles and practices. *Media and Communication*, 7(1), 189–192. https://doi.org/10.17645/mac.v7i1.1982.

Reysen, S., Plante, C., & Chadborn, D. (2017). Better together: Social connections mediate the relationship between fandom and well-being. *AASCIT Journal of Health*, 4(6), 68–73.

Rosaen, S. F., & Dibble, J. L. (2016). Clarifying the role of attachment and social compensation on parasocial relationships with television characters. *Communication Studies*, 67(2), 147–162.

Rosenfeld, L. B. (1969). Set theory: Key to understanding of Kenneth Burke's use of the term "identification." *Western Speech*, 33, 175–183. doi:10.1080/10570316909384575.

Rubin, R. B., & McHugh, M. P. (1987). Development of parasocial interaction relationships. *Journal of Broadcasting and Electronic Media*, 31, 279–292. doi:10.1080/08838158709386664.

Rubin, A. M., & Perse, E. M. (1987). Audience activity and soap opera involvement: A uses and gratifications investigation. *Human Communication Research*, 14, 246–268. doi:10.1111/j.1468-2958.1987.tb00129.x.

Rubin, A. M., Perse, E. M., & Powell, R. A. (1985). Loneliness, parasocial interaction, and local television viewing. *Human Communication Research*, 12, 155–180. doi:10.1111/j.14682958.1985.tb00071.x.

Ruggiero, T. E. (2000). Uses and gratifications theory in the 21st century. *Mass Communication and Society*, 3, 3–37. doi:10.1207/S15327825MCS0301_02.

Salmon, C. T. (1986). Perspectives on involvement in consumer and communication research. In B. Dervin & M. J. Voigt (Eds.), *Progress in communication sciences* (Vol. 7, pp. 234–268). Norwood, NJ: Ablex.

Sammons, M. C. (2010). *War of the fantasy worlds: CS Lewis and JRR Tolkien on art and imagination*. Santa Barbara, CA: ABC-CLIO.

Sanderson, J. (2015). It's a whole new ballgame: How social media is changing sports. *New Studies in Athletics*, 2, 103–105.

Schiappa, E., Gregg, P. B., & Hewes, D. E. (2005). The parasocial contact hypothesis. *Communication Monographs*, 72(1), 92–115.

Schmid, H., & Klimmt, C. (2011). A magically nice guy: Parasocial relationships with Harry Potter across different cultures. *International Communication Gazette*, 73(3), 252–269.

Schramm, H., & Wirth, W. (2010). Testing a universal tool for measuring parasocial interactions across different situations and media: Findings from three studies. *Journal of Media Psychology: Theories, Methods, and Applications*, 22(1), 26–36.

Shefner-Rogers, C. L., Rogers, E. M., & Singhal, A. (1998). Parasocial interaction with the television soap operas "Simplemente Maria" and "Oshin." *Keio Communication Review*, 20, 3–18. Retrieved from http://utminers.utep.edu/asinghal/Articles%20and%20Chapters/shefnerrogers_rogers_singhal.pdf.

Sood, S., & Rogers, E. M. (2000). Dimensions of parasocial interaction by letter-writers to a popular entertainment-education soap operas in India. *Journal of Broadcasting and Electronic Media*, 44, 386–414. doi:10.1207/s15506878jobem4403_4.

Smith, J. K. A. (2009). *Desiring the kingdom: Worship, worldview and cultural formation*. Grand Rapids, MI: Baker Academic.

Stever, G. S. (2017). Evolutionary theory and reactions to mass media: Understanding parasocial attachment. *Psychology of Popular Media Culture*, 6(2), 95–102.

Stever, G. S. (2009). Parasocial and social interaction with celebrities: Classification of media fans. *Journal of Media Psychology*, 14(3), 1–39.

Stever, G. S. & Lawson, K. (2013). Twitter as a way for celebrities to communicate with fans: Implications for the study of parasocial interaction. *North American Journal of Psychology*, 15, 339–354.

Surmelian, L. (1969). *Techniques of fiction writing*. Garden City, NY: Anchor Books.

Trepte, S., & Reinecke, L. (2010). Avatar creation and video game enjoyment. *Journal of Media Psychology*, 22(4), 171–184.

Tsay-Vogel, M., & Sanders, M. S. (2017). Fandom and the search for meaning: Examining communal involvement with popular media beyond pleasure. *Psychology of Popular Media Culture*, 6(1), 32–47.

Tsiotsou, R. H. (2015). The role of social and parasocial relationships on social networking sites loyalty. *Computers in Human Behavior*, 48, 401–414.

Turner, J. R. (1993). Interpersonal and psychological predictors of parasocial interaction with different television performers. *Communication Quarterly*, 41, 443–453. doi:10.1080/01463379309369904.

Vorderer, P., Hefner, D., Reinecke, L. & Klimmt, C. (Eds.). (2018). *Permanently online, permanently connected: Living and communicating in a POPC world*. New York, NY: Routledge.

Vorderer, P., Klimmt, C., & Ritterfeld, U. (2004). Enjoyment: At the heart of media entertainment. *Communication Theory*, 14, 388–408. doi:10.1111/j.1468-2885.2004.tb00321.x.

Wirth, W. (2006). Involvement. In J. Bryant & P. Vorderer (Eds.), *Psychology of entertainment* (pp. 199–214). New York, NY: Routledge.

Wright, K. (2015). *Social media and celebrities: The benefits of a social media presence* [unpublished B.S. thesis]. San Luis Obispo, CA: California Polytechnic State University. Retrieved from https://digitalcommons.calpoly.edu/cgi/viewcontent.cgi? article=1093&context=joursp.

Yebra, Y. (2011). Soccer-mad church worships Diego Maradona as a god. *Fox News Latino*. Retrieved from http://latino.foxnews.com/latino/sports/2011/06/22/soccer-mad-churchworhips-diego-maradona-as-god/.

Yuksel, M., & Labrecque, L. I. (2016). "Digital buddies": Parasocial interactions in social media. *Journal of Research in Interactive Marketing*, 10(4), 305–320.

Zinnbauer, B. J., Pargament, K. I., & Scott, A. B. (1999). The emerging meanings of religiosity and spirituality: Problems and prospects. *Journal of Personality*, 67, 889–919. doi:10.1111/1467-6494.00077.

第十六章 唯有投射：小说中的一种心理学原理

基思·奥特利

引 言

尽管人们娱乐可能是为了打发时间，但重点是参与到自己所选择的活动中去。这个问题日益重要，正如加博尔（Gabor, 1973）所说，在新技术加持下，社会对人力工作的需求会越来越少。加博尔称之为休闲时代的问题，这至今无解。但问题的答案似乎更多地涉及虚构。

叙事常见于小说、电影或者电视剧。布鲁纳（Bruner, 1986）提出叙事是一种思维方式，涉及人类意图、历经的变迁以及由此产生的情感。正如齐尔曼（1996）在他的倾向理论中所论证的那样，虚构的主角通常是以我们喜欢的方式表现人的。但我们依然有可能会对一个表现欠佳的角色感兴趣。原因在于有些人在某些时刻会以不好的方式行事，这也可以理解。

在小说、某些类型的传记和回忆录中，我们总是与主角感同身受（Oatley, 1994; Oatley & Gholamain, 1997），将自己代入无法遇到的情境中（Oatley, 2011）。如此一来，我们可以体验不止一种生活——这是很有意义的重要一步。

当我们涉足他人生活时，有必要去了解一些基本心理过程，投射过程便是其中一个。举个例子，当我们坠入爱河，投射就会发生。本章是对路易丝·道蒂（Louise Doughty, 2013）的《苹果园》（*Apple Tree Yard*）所探讨的这一过程的分析，这部小说的娱乐性不亚于那些更好看的侦探故事和法庭剧。但它更使我们能够理解，当一个人陷入由幻想驱动的投射时会发生什么。

从心理学上讲，投射是我们通过自己的某一方面来理解别人的某一方面的方式。尼克森（Nickerson, 1999/2001）指出，我们倾向于将自己换位到他人所处的情境中，并把所思所感投射到他人身上。这样能够更正我们对他人的性别、背景、记忆的交互等方面的认识。不过，就像尼克森说的，我们通常投射过多，纠正过少。

精神分析的观点认为，投射可能是一种防御，即我们将自身属性投射到他人身上，这样我们就无法意识到这种属性源于自身。拉普朗什和彭塔利斯（Laplanche, Pontalis, 1980）提出了"幻想"的投射观点，他们认为，在以主体为中心的戏剧中，主体身上存在一种来自天性（something-out-there）的欲望。这是《苹果园》的核心命题。

心理学和精神分析视角下的投射均是感知模式。但是我们可以进行更为深入的研究。这次不是通过常规的心理学手段，如实验、问卷或调查，而是通过小说。路易丝·道蒂认为投射需求并不只是感知问题。当它源自幻想时，它可以驱使一个人做出在他的日常生活中并不常见的举动。

为更为深入地探讨投射与行动的心理学原理，本章将在实证研究与对小说理论的回顾中，穿插对《苹果园》段落的讨论。

伊冯娜的幻想

遗传学家伊冯娜·卡迈克尔（Yvonne Carmichael）是《苹果园》的女主角，时年52岁。丈夫从事癌症研究。他们育有一儿一女，现都已成年。近年来，伊冯娜每周都会在博福特研究所工作几天。这家私人公司位于皮卡迪利大街以南的伦敦圣詹姆斯区，为公司和政府提供遗传学方面的咨询。小说以在老贝利法庭上的一场审判开始。老贝利法庭是伦敦的中央刑事法庭，伊冯娜在这里因谋杀罪受审。

从小说的序言到第一章，场景切换到她被捕前几个月的一个凌晨4点，伊冯娜失眠了。她一直在电脑上写一封不会发送给无名氏的信。或者，她叫他X。她在头天仓促与他相遇，并且发生了性关系。当她通读自己写给X的信时，意识到信中有两件事并不属实。尽管她认为生活尽在掌控之中，但是她的一些行为表明事实并非如此。关于伊冯娜思考的暗示——她如何编造事实——能够勾起读者的好奇心：伊冯娜的生活并不是她所想的那样，也许并不如她所愿。

我们一旦开始阅读这本小说，或许就会意识到，在与X发生性关系后，伊冯娜便陷入幻想。经过系列行动，她的生活开始改变。她的职业生涯一直处于中等水平，婚姻也马马虎虎。她通过与X的邂逅来满足展现自身重要性及迷人性的需求。她以一种投射的方式观察到X相当特别。

在《苹果园》中，道蒂探讨了3个主题：我们的基因构成在多大程度上决定了我们的生活、我们实现愿望的方式以及我们与某人建立亲密关系的可能性。道蒂的探索使得她将伊冯娜想象成这样一个角色，对于她来说，让她陷入幻想的事件把以上3个问题联系起来，以改变她生活的方式并裹挟着她继续生活。

在这本小说第2部分的第1章中，我们获悉了伊冯娜与X的初遇。年初，她一直向伦敦下议院的一个科学常务委员会提供有关遗传学的证据，这是博福特研究所工作的一部分。如此一来，她的形象便清晰起来，一名科学家——重要——向下议院委员会提供证据——非常重要。午餐时间，当她离开委员会会议室时，看到一个男人坐在走廊的长凳上。

> 他站起来，一直看着我。如果我们此前见过，那表情可能是在说，哦，是你。但是我们素未谋面，因而说的是全然不同的东西——但仍保有些许认识的成分。我也看向他，瞬间一切尘埃落定，尽管在很长一段时间里我并未意识到这一点。（p.20）

他们边走边聊。伊冯娜想："一个人在一生中有多少次机会能够一见钟情？"（p.22）

X邀请伊冯娜陪他去下议院的地下室教堂。他从保安那里拿到了钥匙，把她带到了教堂中的扫帚间里，吻了她。然后X做了一件让伊冯娜好感倍增的事，他停止亲吻并看向她，征求她的同意。她回以微笑。之后他们开始站着做爱。这一事件使得伊冯娜的生活发生了翻天覆地的变化。

X是下议院的安全官员。他的幻想就是让女人无法抗拒。他以一种伊冯娜不知道的方式来实现——从闭路电视屏幕上紧盯着进入大楼的女人。当他看到一个中意的时，便燃起了把她抱起来做爱的欲望。X和Y（Y指代伊冯娜）相互关联的幻想把他们的构想变成了偏执的系列行动。幻想不同于更为普通的想象或者白日梦，因为对于参与幻想的人来说，这些行为既是强烈渴望的又是不可接受的，部分是对他们个人而言，更多的是对信赖他们的人和社会而言。在幻想中，无赖们才能不管不顾。

若想长久维持一种联结两个人生活的幻想，双方只需让幻觉持续，或是保持神秘，让对方无法获悉自己。道蒂以X和Y的角色命名来暗示这一点。

事件的认同和进展

为了认同一个虚构角色，我们抛开日常琐事，拿起一本书或者坐下来看一部电影，接纳角色的意图并且以我们自己的意识来理解。当我们融入叙事时，它会促使我们倾向于体验情感结果，但体验的不是虚构人物的情感，而是我们自身处于故事环境中的情感。因而，我们不仅能够和虚拟角色共情，而且能够开始理解他们。这样我们就能够拓展对他人和自我的认知。

在虚构性娱乐当中，角色是核心。加德纳（1984）写道：“角色是伟大小说的情感核心。”（p.56）这一点在小说分析类的书籍中得到了呼应（Forster, 1927; Wood, 2008; see also Cohen & Klimmt, this volume）。《苹果园》主要依靠伊冯娜的思绪推进，以过去或现在时态的第一人称视角，厘清过去曾发生的和正在发生的事，中间她偶尔以现在时态的第二人称视角给X写信，从那封未发送的信件开始，她一直在脑海中与他对话。这是一种精巧的混合模式，它拓展了现代主义常用的第三人称和第一人称模式，像弗吉尼亚·伍尔芙（Virginia Woolf, 1966/1924）所写的那些。

人类思维是为理解他人而存在的（Oatley, 2018）。这一结论基于艾洛和邓巴（Aiello, 1993; Dunbar, 1994）的发现，即人类的大脑是社会性的。在进化过程中，按占体重的比例来计算，人脑比其他灵长类动物的大脑更大，因为它需要容纳多达150个我们认识的人的生平。我们之所以能够做到这一点是因为心智模型（Craik, 1943; Johnson-Laird, 1983）：人类既通过自身也通过他人来建立心智模型。这些模型包括我们对性格、个性的理解以及我们认为别人在做什么、不知道别人在做什么，这些被心理学家称为心智理论。正如赞欣（Zunshine, 2006）所提出的，小说是以心智理论为基础的。她认为我们善于理解自己与他人，加之我们喜欢做自己擅长的事，所以我们喜欢小说，并认为它很有趣。

我们的思维基于他人和我们自身的心智模型，而小说的诱惑力在于我们可以建立关于角色的心智模型，更有意思的是在某种程度上我们可以改变它们。这样我们就能够置身于虚构人物所处的位置，获得一些它们的特质，这被称为认同：“读者接受角色的目标，并通过在想象世界中的行动来模拟。”（Oatley, 1994, p.71）此外，正如科恩和克里姆特（本书）所讨论的，读者能够进入或者脱离角色内心世界。

尽管齐尔曼（1996）反对认同的存在，但实证研究表明，人们在接触小说时，认同确有发生。塞斯蒂尔（Sestir）和格林（2010）发现，在观看电影剪辑时，参与者（p.309）会在自己身上呈现角色所具有的特征。在巴恩斯（Barnes, 2018）的比较研究中，身份识别的实验操作表明，读者和电影观众会在某些方面暂时呈现虚拟角色特征而非自身特征。

道蒂在诱发我们对伊冯娜的认同。当我们将自己的想法和感受代入她的思绪与生活时，我们能够在精神上——在我们的内心——成为她所处的境况中的部分的她。在《苹果园》的第1章到第6章中，我们能够捕捉到一种脆弱感，这不仅来自伊冯娜或我们自己。对整个人类而言，在一些情况下，我们会陷入身不由己的行为，这一行为部分有时由基因驱动，有时由幻想所致的欲望驱动。我们可以反思我们自己和我们所认识的人的生活、错误和幻想。

与伊冯娜相关的事

我们继续《苹果园》的故事。伊冯娜与X继续交往了几个月。伊冯娜痴迷于此事，痴迷于X。她爱上了他，不再多想。他们喝咖啡、做爱。他喜欢在危险的地方以危险的方式站着做，“这是我的癖好”，他说（p.75）。

一天晚上，伊冯娜身着盛装，准备去伦敦大学参加一个人的退休聚会。她所在领域内的重要人物会悉数到场。聚会前，伊冯娜与X在圣詹姆斯教堂附近的一个咖啡馆见了面。他打着电话为一些工作上的事操心。她给他买了杯咖啡，然后穿着礼服向他走去。“我知道它让我看起来更性感而不是丰满”，她思索着（p.85）。她看到X在看自己，于是微微挪动自己的双腿向他走去，并且把咖啡递给他。X让她去卫生间脱下自己的内裤。她照做了，把脱下来的内裤放在了手提袋里。回到桌上，X把伊冯娜的内裤从她的手提袋里拿出来并且放进了自己的口袋里。过了一会儿，他们在外面的一个小巷子里做爱。X把伊冯娜的内裤还给她。她抬头看到墙上有一个牌子，上面写着：“苹果园”。之后，他们分开，伊冯娜去了派对。

聚会中，伊冯娜喝醉了，和同事乔治·克拉多克待了一段时间。随着时间的流逝，他们商量着该离开了。克拉多克建议他们拼车。他的办公室正在这座举行派对的大楼里，所以邀请伊冯娜和他一同去取公文包。在办公室里克拉多克殴打并侵犯了伊冯娜。她并未报警或告诉丈夫，只告诉了X。

过了一段时间，伊冯娜发现克拉多克正在跟踪自己。她更为惊慌并且把这件事告诉了X。他对她说：“我们必须警告克拉多克，让他离开。”（p.197）又过了几天，伊冯娜开车送X到克拉多克家。他在里面逗留了相当长一段时间才出来，之后伊冯娜将他送到地铁站。X告诉她（p.310），他们两个是旧相识，并坚持这种说法。就在这个晚上，克拉多克被人发现死了。有人看见伊冯娜的车曾出现在案发现场周围。伊冯娜和X被逮捕了，并被指控谋杀。

幻想促使行动

幻想与现实形成对比。路易丝·道蒂做得很好。我们人类想象着可能的未来。戈夫曼（1959/1979）的研究发现，当想象时，人会以某种方式向他人展示自己。一个人可能会想要性感的感觉，并通过穿衣来表现。另一个人可能想要强壮的感觉，以显得有优越感。

当伊冯娜向下议院委员会提供证据时，并没有过多参与调查。她碰巧在正确的时间出现在正确的地点为人类基因组计划作出了贡献，但多年来她未有重大成就。她对儿子失望，对生活感到无聊，对出轨的丈夫无动于衷。但她并不考虑重回单身。当她开始和X来往时，并未考虑离开丈夫且和X一起生活会是什么感觉。小说中并未有任何关于她和最亲密的女性朋友谈论此事的描写。她的自由意志减少了，生活变得狭窄，对幻想着迷。她与家人和朋友的日常交往、参与工作都变得少了。

基因和后果

《苹果园》既是一个侦探故事也是一出法庭戏剧。但是道蒂并未像往常一样运用这些模式，去寻找线索来发现谁是罪魁祸首。她让读者理解人物。我们在阅读小说的过程中，认识伊冯娜，并进一步认识X。同理，作为读者，我们会探索自己是谁。伊冯娜认为X是英国情报机构军情五处的重要人物，这深得她心。X认为她是“全国顶尖的分析科学家之一”（p.77），这正合他意。但读者逐渐意识到，伊冯娜和X都远比对方所想象的要平凡得多。

在某些旨在提供心理透视的场景中，一些段落出现了谬误。其中之一是，在伊冯娜被捕并保释后，她的律师贾斯正在为她提供建议。

> “你或许知道我正在考虑的这个特殊实验，”贾斯继续说道，“几年前我在报纸上读到过它……”（p.217）

在《电讯报》的一篇文章中，基于对路易斯·道蒂的采访，海伦·布朗（Helen Brown, 2013）总结了《苹果园》第218页至第219页的实验，内容如下：

> 一只雌性黑猩猩和她刚出生的孩子被放在一个特制的笼子里。当人拨盘转动时，笼子的地板会变得越来越热。起初两只猩猩被烫得跳脚，然后小黑猩猩跳到了母亲的臂弯里。母亲继续跳来跳去，试图爬上笼壁。但是最终，每只黑猩猩妈妈都会做同样的事情：把孩子放在滚烫的地板上，然后自己站在上面。

在采访中，布朗引用了道蒂对实验的评价：

> 有孩子之前我就从报纸上读到了这个，它一直萦绕在我的脑海中。这太令人难过了。黑猩猩妈妈正在做出一个有利于物种生存与自己基因延续的理性决定。

在心理学文献中，没有任何发表的研究表明，当笼子的地板变得太热时，黑猩猩妈妈会站在它们的幼崽身上。灵长类动物学家山本（Yamamoto, 2017）证实了这一点，并表示此类实验通不过伦理审查。但有两项研究接近这个虚假的研究。第1个是山本和田中（Tanaka, 2009）的实验，他们给一对黑猩猩母子代币，训练它们在自动售货机上使用代币购买食物。研究人员想知道，当黑猩猩妈妈被授予和幼崽合作以获取奖励的任务时，将会如何表现。在大多数情况下，它们并未和自己的幼崽合作而是仅顾个人利益。在第2项研究中，德拉托雷等人（Dellatore, et al., 2009）观察到，灵长类动物旅游区中，两只从野外引入的猩猩妈妈吃掉了自己的幼崽。

在小说中，贾斯所谈论的与黑猩猩母亲相关的实验和普伦蒂斯等人（Prentice, et al., 1997）的一项研究相关，他们发现当人们阅读一个虚构的故事时，不了解情况的人更容易接受文本中的虚假断言。当然，小说没有理由不让一个角色犯错，但是一个读到黑猩猩实验并试图查找它的心理学家可能会被贬低。

道蒂使用这一假想中的黑猩猩母亲实验来构建她所信赖的主题：我们人类是由生物决定论驱动的。伊冯娜认为，“DNA造就了我，也毁灭了我。DNA就是上帝”（p.209）。她用这个想法来向自己解释X在审判中要求他的律师所做的事。当伊冯娜和X在法庭上接受谋杀审判时，伊冯娜坚称他们只是熟人，尽管她开车送X去了克拉多克家，但是她与这起谋杀案无关。X被指控杀害克拉多克，他想减轻自己的刑期。当审判开始对他不利时，他将自己与伊冯娜的性关系向律师和盘托出。在之后的审判中，这位聪明的女律师盘问了伊冯娜，她不动声色地问伊冯娜，既然她在附近的博福特研究所工作，那么是否知道一个叫作“苹果园”的地方，这出乎伊冯娜的预料。她犹豫了一下。陪审团成员和法庭上的每个人都看到了她的不安。通过律师的进一步提问，他们很快意识到伊冯娜不仅知道苹果园（p.312），而且与X曾有过性关系，就在这个地方。

这样，X就成为站在对他很重要的人（伊冯娜）身上保护自己的黑猩猩。道蒂认为，这是X的基因所造就的。伊冯娜由于参与谋杀进入监狱。X被判谋杀克拉多克，但是由于揭发了伊冯娜和自己的性关系，所以得以减刑。

在伊冯娜告诉X克拉多克在跟踪自己后，两人共度了一夜。做爱之后，伊冯娜对X说到克拉多克，“我要你杀了他……我要你打烂他的脸”（p.346）。伊冯娜知道人们可以用隐喻的方式来表达这些事情。但在那时，她已经对X的性格足够了解，他不仅想让她对自己无法抗拒，而且想成为她的英雄。她是否知道他可能无法理解人们在说这种话时并非本意？

非尽善尽美

从谋杀案的证人那里，我们发现X做了11年的警察，因性格原因在申请加入英国情报机构军情五处时遭拒，没能从事间谍工作。他的律师在审判中使用了人格这一概念，他努力帮X减轻罪责，因为他有高功能边缘型人格障碍（high-functioning borderline personality disorder）。这条防线被控方律师推翻，他断言X只是一个骗子。我们从另外一个证人那里得知，他在下议院中从事卑微的工作，如检查是否有安排、填写表格。

路易斯·道蒂分析了伊冯娜为何在一开始并未告知丈夫自己被强奸的事，答案是这件事可能导致分居。她不去警察局，因为强奸工具箱将会通过DNA样本发现，在那晚与她发生性关系的不仅有强奸犯克拉多克，还有她坚称仅是熟人的、有亲戚想进入科学领域找她给予建议的X。她不想让任何人知道，因为一旦消息传出去，她就不再是人类基因组计划（Human Genome Project）的贡献者，而是“那个喝醉酒被强奸的女遗传学家”。

道蒂在这里提出了一个或许对她小说写作有帮助的重要问题。在过去的两个世纪里，随着女性在科学、艺术、商业和政治领域取得越来越多的成就，人们已经看到，她们比男性更容易遭到性骚扰，甚至遇到其他更糟糕的、女性更容易受到的伤害。此外，心理学研究表明，坏事带来的影响通常比好事大得多。例如，蟑螂与部分食物的短暂接触可以使人整顿饭都不能吃（Rozin & Fallon, 1987）。当她下定决心对于强奸保持沉默时（p.313），她将自身作为女性的脆弱性与此联系起来。人们对强奸的看法会否定她其他的一切：家庭、研究、职业和地位。

共情

德维尼蒙和辛格（De Vignemont, Singer, 2006）指出，共情是一种状态，在这种状态下，我们体验的情感与其他人的情感相一致。特拉巴索和钟（Trabasso, Chung, 2004）在观看《迷魂记》与《银翼杀手》这两部虚构影片的实验中发现，在虚构作品中，当虚构角色取得成功时，人们体会到快乐、满足和宽慰等积极的情感，所以人们倾向于对虚构主角感同身受。特拉巴索和钟所描述的过程确有其事，但比较笼统，也适用于观看体育比赛。如果成功是唯一的要点，那么我们将永远不会参与到一部悲剧作品或者一部关于苦难的作品当中。奥利弗和巴茨奇（Oliver, Bartsch, 2011）提出，娱乐过程“最明显的是有意义的描绘，这些描绘专注于人类美德并激发观众思考有关人生目的的问题”（p.29）。从经验上看，参与到虚构中能够提升我们对他人的共情和理解（Mar, 2018; Oatley, 2016a; Oatley, Mar, & Djikic, 2012）。其他研究小组的成员也发现了类似的效果（De Mulder, et al., 2017）。这些效果已经在两项元分析中被证实（Dodell-Feder & Tamir, 2018; Mumper & Gerrig, 2017）。

方、穆林和马（Fong, Mullin, & Mar, 2013）发现两种类型的虚构对理解他人的影响最大：爱情故事和侦探故事。爱情故事涉及角色间的相互了解，而坠入爱河通常始于投射（Djikic & Oatley, 2004; Neff & Karney, 2005）。在侦探小说中，P. D.詹姆斯（P. D. James, 2009）指出，尽管这些故事与追踪线索有关，但实际上它们涉及如何修复被某人撕裂的社会结构，我们应了解这种情况如何发生以及为什么发生，以便我们彼此能和谐相处。《苹果园》既是一个爱情故事，也是一个侦探故事。就像奥利弗和巴茨奇所说的那样，它让我们反省思考的原则，更深入地理解他人以及生活的意义。在此基础上，巴茨奇、卡尔奇（Kalch）和奥利弗（2014）已经在一个实验中证明，观看了包含相同信息的电影后，产生了个人感动的人比未产生个人感动的人更能反思，也更喜欢这部电影。

在对娱乐心理学理论的总结中，沃德勒和哈夫曼（2019）表示，最初的假设是人们阅读或观看叙事故事是因为它们能给人带来乐趣；这个术语叫作“享乐主义”。这一观点可以追溯到罗马诗人贺拉斯（Horace），他说诗歌（我们现在会说小说）“给人以愉悦和指导”。由于贺拉斯早已离世，他应该不会介意笔者指出他在这两方面都错了。他陈述的第1部分是基于这样一个问题（p.314）：“为什么诗歌或故事令人愉快？”答案是“因为它给人快乐”，这是无意义的。第2部分的难题在于，尽管一些写作可能是追求指导或说服，但真正的叙事艺术追求的是对一些尚未理解的东西的理解（Collingwood, 1938）。人们可以接受一件礼物（gift）（Hyde, 1983）并以自己选择的方式进行反思；它不是指导或说服。

因此，在本章中，笔者提出了一个关于小说如何发展的理论（Oatley, 2011），并在此过程中结合了奥利弗等人（2018）以及沃德勒和哈夫曼（2019）的理论，这拓展了娱乐不仅是享乐的观点。在寻找人类所谓的有意义的生活中，它可以是实现主义的（Vittersø, 2016）。因此，可以从好的小说中获得的娱乐是我们与亲人和朋友日常生活的延伸，在互动和对话中，我们试图找出如何最好地与每个人相处，以及如何处理问题。笔者这篇关于《苹果园》的评论是为了探索一个值得去了解的心理学原理——投射。

小说中的3种真理

直到最近，小说在心理学中一直被看作既无根据又不可复制的描述。“虚构”这个词来自拉丁语，意为“制造出来的东西”，但这并不意味它仅是虚构出来的。从心理学的角度来说，我们最好去思考它的内容，正如布鲁纳（1986）所指出的，所有的内容都是关于人们的意图及意图的变迁。科学的真理建基于描述是否符合自然世界的情况。虚构并不否认这些事实。它经常试图把它们结合起来，就像道蒂将遗传学的真理与假定的黑猩猩妈妈站在幼崽身上的实验结合起来。但是在更广泛的意义上，叙事虚构融合了所有人都知道的符合真理（correspondence truths）。在《苹果园》中，一个例子是，如果一个人对自己的生活感到厌倦，可能会希望它没那么无聊。另一个例子是，如果一个女人被强奸过自己的人跟踪，那么她将感到恐惧。调查和访谈能够确定这种现象的普遍程度，但是不需要确定它们的存在。这类情绪问题是公认的。

除了符合真理，小说还包含了另外两种类型的真理，这是科学分析通常所不具有的：融贯真理（truths of coherence）和个人真理（truths of the personal）（Oatley, 1999）。

下面几节将讨论这3种真理。

符合真理

道蒂将法庭作为符合真理的裁决者。一个有证人、证据的法庭的现实与幻想形成了对比。在社会中，符合关系（p.315）正是人们在交往中通过直觉建立的，正如法律所体现的那样（Hart, 1961）。

伊冯娜和她背后的路易丝·道蒂都怀疑执行法律的人的行为、动机和人格。也许这并不完全正确。尽管法律和参与其中的人（法官、陪审团成员、律师、证人、被告）的心理之间存在差异，但法律的精心安排证明了我们识别社会中善恶行为的重要性。

当伊冯娜被保释出狱后，她的丈夫邀请律师劳伦斯（Laurence）去她家做客，劳伦斯专门辅导证人和被告，每小时收费400英镑。在和伊冯娜谈论审讯期间可能发生的情况时，他提到了一些哈佛大学的研究，这些研究以饼状图的形式出现。他说，人们从别人那里接收信息，“60%是通过他们的外表，30%是通过他们的声音，只有10%是通过他们实际所说的”（p.223）。于是他告诉伊冯娜在出庭时如何着装。

在劳伦斯所说的研究中，“信息”这个词是模糊的，我们不清楚它是否适用于陪审团成员。我们搜索这项研究并未找到任何结果。所以劳伦斯所说的研究可能与道蒂对法律的怀疑有关，也可能是另一个错误。当然，事实是人们真的会被他人的外表所影响，所以被告不会穿着泳衣出现在法庭上。

关于陪审团成员如何理解信息，彭宁顿和哈斯蒂（Pennington, hasttie, 1991）从叙事的角度提供了更好的解释。他们解释了在法庭上，控方和辩方如何能够做到讲述截然不同的故事。哈斯蒂（2008）推断，如果控方所讲述的故事没有太大的漏洞，而辩方没有提供实质性的反证，那么陪审团通常愿意判定被告有罪。最后，陪审团建构了一个单一的故事，这个故事包括一些关于真相的推断，并且驳回其他的。与控方和辩方提供的故事不同，陪审团的故事得出了一个结论：裁决。与律师劳伦斯提出的建议截然相反，陪审团所做的事是评估他们从证人那儿听到的证据在对应意义上是否属实，同时评估它们是如何以连贯的方式结合在一起的。基于布鲁纳（1986）的叙事思维模型，我们可以借此了解人类意图。法官将指示他们不要让自己以个人的方式思考。

融贯真理

融贯真理在虚构中很重要；它们能够通过模拟来实现，能产生天气预报的计算机模拟并被广泛使用。人类擅长一次理解一个过程，所以我们可以理解，一团冷空气可以冷却一团热空气，这样热空气中的水就会凝结，产生降水。但是，如果加上整体温度、附近是否有山或海、风的强度、大气压力和其他变量，又会怎样呢？为了理解这种联系，我们需要模拟。这些不仅是天气预报的基础，也是全球变暖的基础。

在社会交往中，情况类似。我们只理解一个过程，所以如果艾米生贝丝的气，我们知道她可能说伤害她的话。但如果情况更加复杂呢？如果贝丝是艾米三岁的女儿，或者艾米和贝丝是刚刚形成性关系的成年人，而艾米还在为最近和别人分手而伤心呢？又或者，如果艾米和贝丝结婚了，有天晚上他们和朋友科林出去玩，而艾米不是很乐意呢？

小说是涉及这些类型的社会互动综合体之间融贯性的一种模拟，根据经验结果（Oatley, 2016a; Mar, 2018），通过参与其中，我们可以更好地理解他人，更能共情。这可能是因为小说使得我们可以练习综合地考虑他人，使我们开始考虑更广泛的人和环境。此外，正如鲍迈斯特和马西坎波（Baumeister, Masicampo, 2010）所提出的，人类意识是一种模拟，在这种模拟中，人们将过去的记忆和理解与当前的社会状况以及未来互动的可能性联系起来。由于小说是一种类似的模拟，写作和阅读小说涉及将外化的意识从一个人传递给另一个人。

个人真理

个人真理是建立在事物如何被叙述的基础上的。威尔斯-乔普林（Wells-Jopling）和奥特利（2012）已经讨论过，当我们参与喜欢的叙事性虚构时，我们的心理联想如何与作者的心理联想产生共鸣。当相爱的人说了或做了触动我们的事情时，共鸣就会发生。在类似的时刻，如果我们理解了那个人，共鸣就会发生。它也可能发生在某些类型的治疗中，个体作出与内在某些事物产生共鸣的解释。在这个问题上，奥特利和吉基奇（Djikic, 2018）通过研究发现，与非艺术文学的阅读相比，艺术文学的阅读能让人们自身产生独特的变化——个人共鸣。

罗萨（2018/2019）提出了一个更为广泛的共鸣的概念。第一，他表明，这涉及对他人的感情，以及被他人感动的能力。第二，它涉及对他人作出回应的情绪，而不是工具性的行为。第三，它具有变革性的、有意义的品质。第四，它不可控；它基于某种不可预测的关系。罗萨将共鸣与这样一种观点对比，即当前世界的金融和科技进程是一种能够以决定论的形式驱使我们毁灭星球的机器。但是他主张，我们不必（p.317）如此。共鸣能够让人以破坏性较小的方式过有意义的生活。所以共鸣有个人和社会两个方面。

在道蒂的小说中，伊冯娜认为DNA成就了她也摧毁了她，这也是一种决定论。普洛明所给出的最新证据表明，基因对我们性格的影响占50%。

在个人层面，《苹果园》引发认同，即在共情作用下，我们在主角的思绪和生活中思考和感受自身，通过想象，置身于伊冯娜的生活和处境。如此一来，我们能够反思生活、错误以及我们自己和我们认识的人的幻想。

虚构和科学

艺术类型的虚构故事基于3种真相：符合、融贯和个人真相。但小说较少强调的是比较的概念。除了经验对应，比较也是科学的核心（在与对照组的实验中）。所以，尽管法庭上的起诉和辩护确实涉及比较，但在大多数小说中，这通常不重要。所以文学小说和科学，二者我们都需要。

结　论

我们知道，有些人把别人当作物来对待。但大多数情况下，在日常的一些互动中，我们依赖基于人性且共享的投射，但是投射知觉只是第一步。正如尼克森（1999/2001）所说，人们需要采取进一步的措施：纠正。通过结合这些过程，我们可以对其他人有足够的了解，或者至少在某些时候了解他们中的一些人。

道蒂探索投射原理的方式给了我们反思的机会，因此阅读这本小说变得很有意义。这种反思在许多方面都有重要的意义。其中一个源自道蒂如何利用法庭案例来纠正主人公伊冯娜对X的了解，读者也被引导着纠正对这一角色的理解。也许到那时，作为读者，我们可以纠正对日常生活中认识的人的理解。在这部小说中，我们被引导去反思我们何以容易陷入投射性幻想，而忽略我们内在需求的潜在欲望。如果（p.318）我们能够问伊冯娜："你意识到你如此痴迷于X是因为内心渴望变得重要、性感，并获得某种亲密关系吗？"她可能会说："我不知道。"我们可能都受制于投射幻想，至少在某些时候。这些幻想可能源自（也许我们不知道）我们基于DNA的性格，以及我们生活的环境。

对于投射性幻想，就像《苹果园》所指出的那样，人们纠正自身行为并至少收敛一些可能非常重要。尽管这些投射一开始是感性的，但可以推动我们采取行动。有时，我们以性伴侣、父母或孩子、朋友或同事的身份出现，我们与他们的角色会发挥作用，其方式涉及打破预期，也可能涉及争论，然而，有时情况并非如此。有时，我们可能会发现自己遇到一个为了自己的目的而伪装的人，或者一个虽然与我们交往但仍然专注于自我的人，或者一个扮演某种角色的人，他们因幻想而具有破坏性。也许正是这个问题使得道蒂的小说能够以个人化的方式，提出我们自己和我们认识的人对投射的理解。

参考文献

Aiello, L. C., & Dunbar, R. I. M. (1993). Neocortex size, group size, and the evolution of language. *Current Anthropology*, 34, 184–193.

Barnes, J. (2018). Imaginary engagement, real-world effects: Fiction, emotion, and social cognition. *Review of General Psychology*, 22, 125–134.

Bartsch, A., Kalch, A., & Oliver, M. B. (2014). Moved to think: The role of emotional media experiences in stimulating reflective thoughts. *Journal of Media Psychology*, 26, 125–140.

Baumeister, R. F., & Masicampo, E. J. (2010). Conscious thought is for facilitating social and cultural interactions: How mental simulations serve the animal-culture interface. *Psychological Review*, 117, 945–971.

Brown, H. (2013, June 12). Louise Doughty on her new novel. *The Telegraph*.

Bruner, J. (1986). *Actual minds, possible worlds*. Cambridge, MA: Harvard University Press.

Collingwood, R. G. (1938). *The principles of art*. Oxford, UK: Oxford University Press.

Craik, K. J. W. (1943). *The nature of explanation*. Cambridge, UK: Cambridge University Press.

De Mulder, H. N. M., Hakemulder, F., van der Berghe, R., Klaassen, F., & vern Bercum, J. J. A. (2017). Effects of exposure to literary narrative fiction. *Scientific Study of Literature*, 7, 129–169.

De Vignemont, F., & Singer, T. (2006). The empathetic brain: How, when, and why. *Trends in Cognitive Sciences*, 10, 435–441.

Dellatore, D. F., Waitt, C. D., & Foitova, I. (2009). Two cases of mother-infant cannibalism in orangutans. *Primates*, 50, 277–281.

Djikic, M., & Oatley, K. (2004). Love and personal relationships: Navigating on the border between the ideal and the real. *Journal for the Theory of Social Behaviour*, 34, 199–209.

Dodell-Feder, D., & Tamir, D. I. (2018). Fiction reading has a small positive impact on social cognition: A meta-analysis. *Journal of Experimental Psychology: General*. 147, 1713–1727 doi:10.1037/xge0000395.

Doughty, L. (2013). *Apple tree yard*. London, UK: Faber & Faber.

Dunbar, R. I. M. (2004). *The human story: A new history of mankind's evolution*. London, UK: Faber and Faber.

Fong, K., Mullin, J., & Mar, R. (2013). What you read matters: The role of fiction genres in predicting interpersonal sensitivity. *Psychology of Aesthetics, Creativity, and the Arts*, 7, 370–376.

Forster, E. M. (1927). *Aspects of the novel*. London: Edward Arnold.

Gabor, D. (1973). *Inventing the future*. Harmondsworth, UK: Penguin.

Gardner, J. (1991/1984). *The art of fiction*. New York, NY: Knopf.

Goffman, E. (1959). *The presentation of self in everyday life*. New York NY: Doubleday.

Goffman, E. (1979). *Gender advertisements*. London, UK: Macmillan.

Hart, H. L. A. (1961). *The concept of law*. Oxford, UK: Oxford University Press.

Hastie, R. (2008). Conscious and non-conscious processes in jurors' decisions. In C. Engel & W. Singer (Eds.), *Better than conscious: Decision making, the human mind, and implications for institutions* (pp. 371–390). Cambridge MA: MIT Press.

Horace. (1932/19 BCE). *Ars poetica* (The art of poetry) (H. R. Fairclough, Trans.). In H. R. Fairclough (Ed.), *Horace: Satires, Epistles and Ars Poetica*. London, UK: Heineman.

Hyde, L. (1983). *The gift: Imagination and the erotic life of property*. New York: Vintage.

James, P. D. (2009). *Talking about detective fiction*. New York, NY: Knopf.

Johnson-Laird, P. N. (1983). *Mental models: Towards a cognitive science of language, inference, and consciousness*. Cambridge, UK: Cambridge University Press.

Laplanche, J., & Pontalis, J. B. (1980). *The language of psychoanalysis*. London, UK: Hogarth Press.

Mar, R. A. (2018). Evaluating whether stories can promote social cognition: Introducing the Social Processes and Content Entrained by Narrative (SPaCEN) framework. *Discourse Processes*, 55, 454–479.

Mumper, M. J., & Gerrig, R. J. (2017). Leisure reading and social cognition: A meta-analysis. *Psychology of Aesthetics, Creativity, and the Arts*, 11, 109–120.

Neff, L. A., & Karney, B. R. (2005). To know you is to love you: The implications of global adoration and specific accuracy for marital relationships. *Journal of Personality and Social Psychology*, 88, 480–497.

Nickerson, R. (1999). How we know—and sometimes misjudge—what others know: Imputing one's own knowledge to others. *Psychological Bulletin*, 125, 737–759.

Nickerson, R. (2001). The projective way of knowing: A useful heuristic that sometimes misleads. *Current Directions in Psychological Science*, 10, 168–172.

Oatley, K. (1994). A taxonomy of the emotions of literary response and a theory of identification in fictional narrative. *Poetics*, 23, 53–74.

Oatley, K. (1999). Why fiction may be twice as true as fact: Fiction as cognitive and emotional simulation. *Review of General Psychology*, 3, 101–117.

Oatley, K. (2011). *Such stuff as dreams: The psychology of fiction*. Oxford, UK: Wiley-Blackwell.

Oatley, K. (2016a). Fiction: Simulation of social worlds. *Trends in Cognitive Sciences*, 20, 618–628.

Oatley, K. (2016b). Imagination, inference, intimacy: The psychology of *Pride and Prejudice*. *Review of General Psychology*, 20, 235–244.

Oatley, K. (2018). *Our minds, our selves: A brief history of psychology*. Princeton, NJ: Princeton University Press.

Oatley, K., & Djikic, M. (2018). Psychology of narrative art. *Review of General Psychology*, 22, 161–168.

Oatley, K., & Gholamain, M. (1997). Emotions and identification: Connections between readers and fiction. In M. Hjort & S. Laver (Eds.), *Emotion and the arts* (pp. 163–281). New York, NY: Oxford University Press.

Oatley, K., Mar, R. A., & Djikic, M. (2012). The psychology of fiction: Present and future. In I. Jaen & J. Simon (Eds.), *Cognitive literary studies: Current themes and new directions* (pp. 234–249). Austin: University of Texas Press.

Oliver, M. B., & Bartsch, A. (2011). Appreciation of entertainment: The importance of meaningfulness via virtue and wisdom. *Journal of Media Psychology*, 23, 29–33.

Oliver, M. B., Raney, A. A., Slater, M. D., Appel, M., & al. (2018). Self-transcendent media experiences: Taking meaningful media to a higher level. *Journal of Communication*, 68, 380–389. doi:10.1093/joc/jqx020.

Pennington, N., & Hastie, R. (1991). A cognitive theory of juror decision making: The story model. *Cardozo Law Review*, 13, 519–557.

Plomin, R. (2018). *Blueprint: How DNA makes us who we are*. Cambridge, MA: MIT Press.

Prentice, D., Gerrig, R. J., & Bailis, D. S. (1997). What readers bring to the processing of fictional texts. *Psychonomic Bulletin and Review*, 4, 416–420.

Rosa, H. (2018). Available, accessible, attainable: The mindset of growth and the resonance conception of the good life. In H. Rosa & C. Henning (Eds.), *The good life beyond growth: New perspectives* (pp. 39–53). London, UK: Routledge.

Rosa, H. (2019). *Resonance: A sociology of our relationship to the world*. New York, NY: Polity.

Rozin, P., & Fallon, A. E. (1987). A perspective on disgust. *Psychological Review*, 94, 23–41.

Sestir, M., & Green, M. C. (2010). You are who you watch: Identification and transportation effects on temporary self-concept. *Social Influence*, 5, 272–288.

Trabasso, T., & Chung, J. (2004). *Empathy: Tracking characters and monitoring their concerns in film*. Paper presented at the Winter Text Conference, Jackson Hole, WY.

Vittersø, J. (Ed.). (2016). *Handbook of eudaimonic well-being*. New York, NY: Springer.

Vorderer, P., & Halfmann, A. (2019). Why do we entertain ourselves with media narratives? A theory of resonance perspective on entertainment experiences. *Annals of the International Communication Association*, 43, 79–96. doi:org/10.1080/23808985.2019.1599298.

Wells-Jopling, R., & Oatley, K. (2012). Metonymy and intimacy. *Journal of Literary Theory*, 6(1), 235–252.

Wood, J. (2008). *How fiction works*. New York, NY: Farrar, Strauss & Giroux.

Woolf, V. (1966/1924). "Mr Bennett and Mrs Brown" In *Collected essays* (Vol. 1, pp. 319–337). London, UK: Chatto and Windus.

Yamamoto, S., & Tanaka, M. (2009). Selfish strategies develop in social problem situations in chimpanzee (Pan troglodytes) mother–infant pairs. *Animal Cognition*, 12(Supplement 1), 27–36.

Zillmann, D. (1996). The psychology of suspense in dramatic exposition. In P. Vorderer, H. J. Wulff & M. Friedrichsen (Eds.), *Suspense: Conceptualizations, theoretical analyses, and empirical explorations* (pp. 199–231). Mahwah, NJ: Erlbaum.

Zunshine, L. (2006). *Why we read fiction: Theory of mind and the novel*. Columbus: Ohio State University Press.

第十七章　叙事线索在情感倾向理论形成中的作用

——是什么让观众认为好人有好报？

罗恩·坦博里尼
马修·格里扎德
林赛·哈恩
凯文·克里斯顿
埃兹吉·乌鲁索伊

戏剧的情感倾向理论（affective disposition theory，ADT）认为，观看者对媒介叙事的享受取决于阿迪王对故事角色的情感倾向（喜欢角色与否）及故事结局。简单来说，研究者认为，观看者乐于看到自己喜爱的角色有个好的结局，也乐于看到自己讨厌的角色有个坏的结局。反之，如果观众喜欢的角色经历坏结局，而其讨厌的角色经历好结局，则会引发“烦恼”（Zillmann & Bryant, 1994, p.449）或者“反感”（Zillmann, 2006, p.232）。鉴于人物喜好和故事结局对倾向理论预测的重要性，情感倾向理论研究者们面临两个核心问题：首先，观众为何喜欢某些角色而不喜欢其他角色？其次，是什么让故事结局积极或消极？

尽管ADT的基本过程得到了大量的实证支持（毕竟，谁真的希望看到他喜欢的角色遭遇坏事或者讨厌的角色遇上好事？），但研究者们还会质疑这一理论的解释力，毕竟情节剧的观众有时候会支持做坏事的角色（Raney, 2004）。以某些行为不道德的角色为主角的媒介［《黑道家族》（*The Sopranos*）、《绝命毒师》（*Breaking Bad*）］与ADT的逻辑明显不同，这就促使研究者借助解释倾向形成机制来完善该理论（Raney, 2004; Grizzard, Huang, Fitzgerald, Ahn, & Chu, 2018; Krakowiak & Oliver, 2012; Krakowiak & Tsay Vogel, 2013; Lee & Shapiro, 2014; Sanders, 2010; Tamborini, et al., 2018）。通过整合道德判断的社会直觉主义模型（道德基础理论；Haidt & Joseph, 2007）与媒介心理学理论（Soto-Sanfiel & Vorder, 2011; Tamborini, 2013），本研究极大地完善了观众喜欢/讨厌谁的理论解释。关于观众到底喜欢/讨厌何种结局的研究受到的关注较少，因此我们还未能看到相关理论的进展。

本章总结了一些过去的研究，即关于与“利他直觉”（altruistic intuitions）相关的机制如何促进对观众喜好的理解的研究。总结该研究的目的还在于，我们要提出一个与之平行的问题，即“利己直觉”（egoistic intuitions）如何让我们更好地理解观众所喜欢的结局。本章首先简要介绍了齐尔曼（2013）在倾向模型中所述的ADT及其7个阶段。然后，我们将该模型分为两个子模型：“倾向形成过程”（disposition formation process）和“故事结局评价过程”（the story outcome evaluation process）。在描述倾向形成过程的同时，我们聚焦于ADT早期构想中的大致描述如何随着时间的推移而具体化。

这一描述特别关注齐尔曼对道德判断的讨论，我们厘清了“道德基础理论”（MFT）（Haidt, 2001）中道德直觉（利他）的逻辑，因为该逻辑对观众如何判断人和行为的“好”与“坏”作出了更透彻的解释。为解释先前研究中未发展的机制，我们对这一逻辑进行了细化和扩展，讨论了“叙事线索”通过突出并放大某些道德/不道德行为来影响倾向形成的可能性。在故事结局评价过程部分，我们思考了会影响观众喜欢/讨厌角色的故事结局的评价机制。基于角色内在需求的满足/挫败，我们提供了一个更为明确的解释，来解释正面和负面结局，这种解释可以从利己直觉的角度来理解。本讨论采用了“叙事享受与欣赏原理”（NEAR）的逻辑（Tamborini, Grady, Baldwin, McClaran, & Lewis, this volume）。我们还在本章的结尾部分讨论了一些研究，它们有助于解释之前人们未明确的ADT过程。

倾向理论

大量文献将基于倾向理论的逻辑应用于娱乐领域的研究，包括体育、喜剧、小说和真人秀节目（Raney, 2003/2004）。这种研究产生了几种基于倾向的理论，无一例外，这些理论的潜在逻辑是：观众对媒介内容的享受源自对演员/角色的情感倾向及他们遭遇的结局。至于戏剧，基于倾向逻辑，人们通常将道德判断过程作为理解角色和叙事魅力的关键。

齐尔曼（2013）用一个7阶段倾向模型解释了这些过程。前3个阶段（阶段1至3）描述了倾向形成的过程。最后3个阶段（阶段5至7）描述了故事结局的评价过程，且以反馈环（loops）结束，以显示当前评价如何影响未来评价。前3个阶段和后3个阶段通过第4阶段联系在一起，第4阶段侧重于人们对结局的预期会如何促进悬念的产生（害怕某些结局并希望其他结局）。与模型的其他部分不同，第4阶段描述的是假设性结局的作用，其完全发生在观众头脑中，而其他阶段描述的是实际观察到的叙事事件的影响。本章侧重讨论支配可观察到的、非预设的事件的影响过程。

倾向形成的过程（见图17.1）始于对角色行为的观察（感知/评价阶段），之后，观察者在道德上赞成或反对角色的行为（道德判断阶段）。最后，这一过程以情感倾向阶段结尾：当观看者认可角色的行为时，会形成积极的情感倾向（喜欢角色或判断角色道德）；当他们不认可角色的行为时，则会形成消极的情感倾向。

在感知/评价阶段，对故事结局的评价过程（见图17.2）始于观看者对他们所期待/担心的结局的观察。在对结局/情绪阶段的反应中，观看者对结果的感知会引起正面或负面的效果。道德判断阶段则代表观看者对结局的道德许可。齐尔曼倾向性模型中的反馈环（见图17.5）描述了道德判断如何引导观看者来确定他们自己对结局的初始反应是否适合给定的故事情境。

大多数ADT研究聚焦于倾向如何形成，偶尔有些研究关注故事结局的评价，关于反馈环的研究几乎没有（Matthews, 2019）。在接下来的章节中，为实现更远大的目标，我们首先回顾了倾向形成过程的优化研究，为故事结局评价过程提供类似的优化。

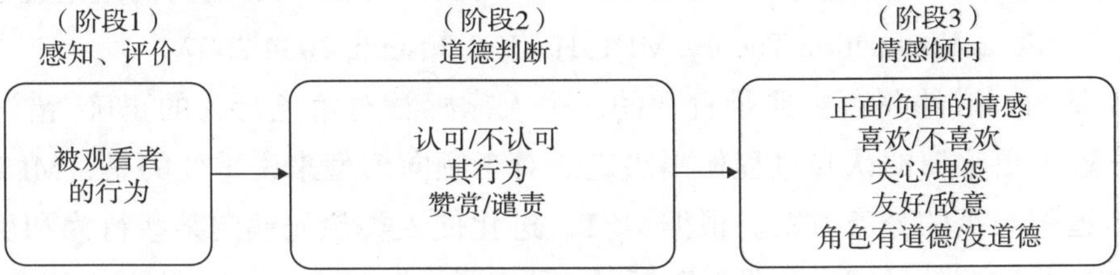

图17.1　行为倾向形成过程简化模型图

注：观看者观察到角色的行为，之后其行为得到肯定/否定，最后观看者形成倾向（喜欢/不喜欢）。

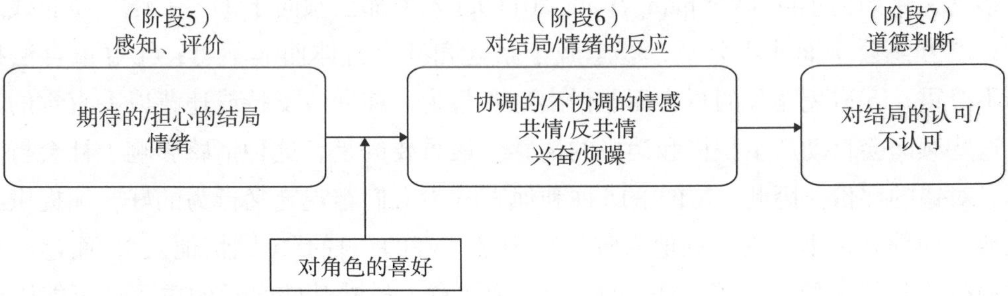

图17.2　结局评价过程简化模型图

注：观看者的角色喜好调节某一角色的命运对观察者的积极/消极情感的影响。当（a）积极的结果降临到观看者喜欢的角色身上时，或（b）消极的结果降临到观看者不喜欢的角色身上时，其会产生积极的影响；当（c）负面结果降临到观看者喜欢的角色身上，或（d）正面结果降临到观众不喜欢的角色身上时，其会产生负面影响。请注意，这里的观看者的角色喜好是以调节者的身份呈现的，齐尔曼的倾向模型对观看者喜欢和不喜欢的角色采取了不同的路径。

接下来，我们将讨论更为复杂的叙事，强调利他直觉和利己直觉在倾向模型中的不同作用。

倾向形成过程的优化

尽管许多因素可以影响角色倾向的形成（Raney, 2006; Grizzard, et al., 2018; Grizzard, Francemone, Fitzgerald, Huang, & Ahn, 2020; Lee & Shapiro, 2014; Sanders, 2010; Tamborini, et al., 2018），但对角色行为的道德评价格外重要，因此人们单独挑出了这一因素（Zillmann, 2000）。当齐尔曼（2000）提出道德判断在倾向形成过程中的作用时，他几乎没有提到道德判断的基础，只是模糊地提到了行为的好坏（Zillmann, 2000, p.53）。雷尼（Raney, 2006）用"对"和"错"来描述道德行为（p.140），但文献中没有一个将行为归类为"对"和"错"的统一方案。不过，道德心理学的发展取得了相当大的理论进步，它尤其强调社会直觉框架，而在道德心理学发展中，最有影响力的理论就是"道德基础理论"（Moral Foundation Theory, MFT, Haidt & Joseph, 2004/2007）。

MFT认为，道德判断主要是直觉的，个人靠感觉对角色行为的正确/错误作出判断，而非通过更审慎的认知过程作出决定。对于倾向模型来说重要的是，MFT提供了一个行为道德与否的分类方案。根据MFT，进化使人类预先偏向某些行为和反对其他行为。MFT将这些偏见解释为是非判断的5种直觉：关怀（care）、公平（fairness）、忠诚（loyalty）、权威（authority）和纯洁（purity）。我们把它们称为利他直觉，因为它们主要与他人的利益或损害有关，而不关乎自我（self）。

不管文化如何不同（Graham, et al., 2011），人类都会倾向于①"关怀"而非残忍的行为；②互惠公平而非不公平；③忠诚于家庭和社会群体而非不忠；④尊重合法权威而非不尊重；⑤避免淫乱的行为而非做出这些行为。在回应支持或违背以上直觉的行为时，这些倾向会自动产生积极和消极的情感。最重要的是，这种情感影响了社会行为中好坏、对错的评价。因此，MFT的5种利他直觉为人们客观定义行为的好、坏提供了一个框架。同等条件下，支持利他直觉的行为是"好的/对的"（同情他人），而违反利他直觉的行为是"坏的/错的"（伤害他人）。请注意，虽然某些直觉的重要性可能因个体而异（Graham, et al., 2011），但MFT中的客观、先验的框架能让研究人员以独立于特定叙事的方式来"映射道德领域（map the moral domain）"。

研究表明，在应用于ADT时，MFT的道德/利他直觉是有效的。几项研究表明，通过观察支持或违背利他直觉的行为而产生的"前意识情感"，可以影响观众对角色及其行为的判断（Prabhu, Tamborini, Idzik, Hahn, Grizzard, & Wang, 2014）。还有研究表明，几个明显的调节因素可以加强或削弱这些行为对评估的影响。例如，伊登及其同事发现，这5种利他直觉能够区分英雄和恶棍（Eden, Oliver, Tamborini, Limperos, & Woolley,

2015），其结果在后来的研究中得到了证实（Eden, Daalmans, & Johnson, 2017; Eden & Tamborini, 2017; Grizzard, et al., 2018; Grizzard, et al., 2019; Grizzard, Francemone, et al., 2020; Grizzard, Huang, Ahn, Fitzgerald, & Francemone, 2020; Matthews, 2019; Tamborini, Grizzard, Eden，& Lewis, 2011）。例如，一位鲁莽的淘金者经常帮助其他矿工，且不断帮助那些需要帮助的人（坚持关怀直觉），这种行为会让观众觉得他是个好人。相比之下，如果这个淘金者经常伤害而非帮助其他矿工，他的这种不断重复的“残酷”行为（违反关怀直觉）会让观众把他视为坏人。

因此，对这5种利他直觉的思考有助于具体化倾向形成的过程。我们通过在齐尔曼的原始模型中，在观看者看到的行为和认可/不认可之间插入一个额外的框来表示这一点。将支持/违背“利他直觉”的行为所产生的积极/消极情感纳入其中，有助于解释在原始模型中观众产生认可/不认可的过程（见图17.3）。

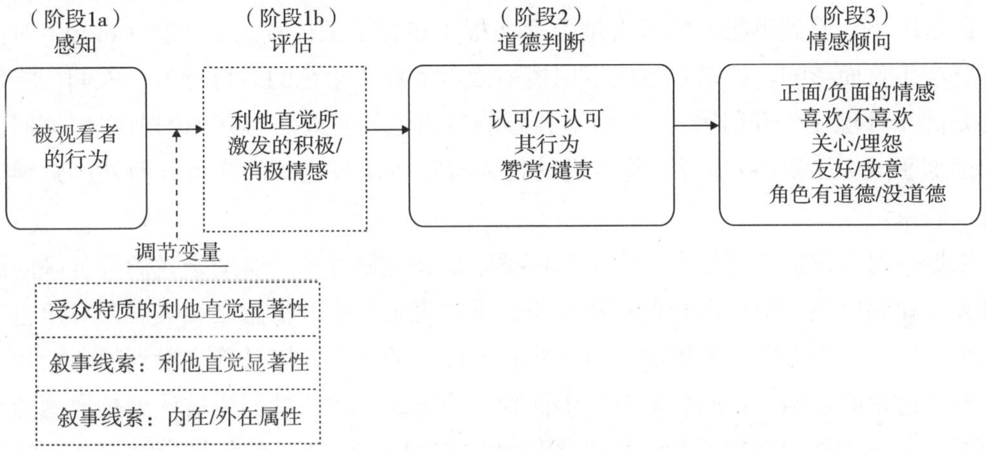

图17.3　可检验的倾向形成过程的修正模型

注：实线框表示原始模型，虚线框表示新增模型的阶段/调节变量。支持利他直觉的行为会激活观众的自主过程，产生积极的影响，这与其随后的认可成正相关。这种支持直觉的行为对积极情感的正面影响受到几个因素的调节，这些因素增大/减小了关系的强度。最后，人们总是期待，对角色认可/不认可的态度与角色道德之间的联系是正向的。

此外，将直觉识别为“认可/不认可”的决定性因素增加了倾向形成过程的特殊性，有助于人们识别影响因素。如果因观看者“支持/违背”特定利他直觉的行为而产生的“积极/消极”情感能提供“良好/不良”行为的操作定义，那么，影响激活个体直觉的显著性或强度的其他因素应能调节“支持/违反”与“认可/不认可”之间的联系。例如，在上文中的淘金者一例中，观众对角色的“怜悯/残忍的行为”的认可或不认可程度，受到“关怀直觉”对个别观众的重要性的调节。

在一项实验中，伊登、坦博里尼（2017）测试了图17.3中的中介调节模型，其中的角色行为支持/违反了公平直觉。当公平得到维护时，人们对该行为的认可度更高，从而产生更积极的倾向；当公平受到侵犯时，人们对该行为的不认可度更高，从而导致更多的负面倾向。重要的是，伊登、坦博里尼（2017）发现，支持/违背直觉特质的显著性调节了人们认可/不认可角色与其行为之间的联系。[1]

人们对倾向形成过程的理解取得了相当大的进步，这可以根据直觉机制来理解。例如，一些研究人员认为，角色的动机（他们为什么从事道德/不道德的行为）和意图（行为是否有目的）应能调节角色行为对观众认可的影响（Krakowiak & Tsay-Vogel, 2013; Lee & Shapiro, 2014）。角色自私自利、有意的行为放大了观众认可/不认可角色之间的联系，而其无私和/或无意的行为则削弱了这种联系。角色有意的、自私的行为本质上违背了利他直觉。坦博里尼等人（2018）的研究将归因文献与ADT相结合，支持这种解释。他们的研究表明，只有在叙事线索让人们认为残忍是英雄的目标（内部归因）的情况下，看到英雄人物残忍地杀死恶棍（违背了关怀直觉）才会（only）对英雄的好感产生负面影响。如果叙事线索用情境因素解释了角色的虐待行为，人们会将角色行为归因于环境（外部归因），从而不会影响对角色的喜好。与其他调节因素类似，内部归因似乎放大了支持/违背利他直觉的行为与角色认可之间的联系，而外部归因削弱了这一联系。

根据一组可识别的利他直觉产生的情感来定义道德评价，有助于我们理解倾向形成的过程。在倾向模型中加入利他直觉表明，这些直觉产生的情感会调节观众对角色行为的认可。这一发现有助于辨识出调节这些直觉能力的因素，以及观众看到的角色行为对倾向形成过程的影响。我们想知道：①何种原因导致了角色的行为被认为是道德的或不道德的；②它们如何影响行为认可；③何种原因加强/削弱了角色行为对观众倾向形成的影响。尽管我们对支配倾向形成的过程有了更多理解，但对故事结局的评估过程的认识仍然是相当模糊的。何种原因让故事结局变得积极/消极？ 何种因素加强/削弱了这些反应？以上问题反映了（mirror）倾向形成方面研究的进步。

故事结局评估过程的优化

我们对倾向形成过程的研究取得了相当大的进展，部分原因是我们采用了道德心理

[1] 如果满足利他直觉是发生在一个受人喜欢的角色身上的“好事”，那么维护利他直觉的行为本身就是满足“利己直觉”。如果有人坚持“利他直觉”带来“自我实现”（self-realization）的话，就会出现这种情况。当一个角色以某种有价值的东西（另一种利他或利己直觉）为代价，坚持一种超越性的利他直觉，并（对自己和他人）证明该角色已然成为一个更好的人时，就会发生自我实现。最近的动机研究（Kenrick, et al., 2010）将自我实现理解为对自我的一种益处，并将其归为自身地位和求偶需求的一部分。

学理论提供的道德/不道德行为的先验分类方案，以及对观众看到这些行为的情感如何影响道德评价的描述。虽然MFT中明确描述道德/不道德的动机的方案可以识别不同文化之间的赞成/反对模式（Graham, Nosek, Haidt, Iyer, Koleva, & Ditto, 2011），但将该方案应用于倾向形成过程确实表明所有观看者的反应都是一致的。

在倾向形成过程中，一旦观众观察到支持/违背利他直觉的行为，就会导致他们对角色行为好坏的感知。图17.1显示了角色行为与观众认可/不认可之间的联系。但人们并不认为这种联系是完美的。否则，道德认可可能会被完全排除在模型之外，角色的道德/不道德行为将直接影响观众倾向的形成。相反，该模型假设：一些人会比其他人更积极地评价角色对利他直觉的支持，因此会给予角色更大的认可；同样，一些人会比其他人更消极地去评价角色违反利他直觉的行为，因此会对角色抱有更大的不满。因此，倾向形成过程代表了一种调节，通过这种调节，道德的客观性会受到观看者感知的影响。为了将这种经过改良的研究应用到故事结局评估过程中，我们需要：①一个对他人积极/消极结局的分类方案；②在对那些“好/坏”事的感知与其对观众感受到的“享受/情感”的冲击（impact）之间建立一个评估变量。

客观定义他人身上的积极/消极结局?

当代心理学表明，人类行为是由动机系统驱动的（Kenrick, Griskevicius, Neuber, & Schaller, 2010）。对个人而言，满足这些动机会带来快乐或其他积极结果（幸福感），而这些动机的挫败会导致不快或其他消极结果（烦躁）。我们推测，这一领域的研究可以辨识出多种导致人类繁荣因素的先验分类方案。如果是这样的话，这个方案可能会像MFT的研究一样，推进人们对角色结局评估过程的研究。正如一些行为（关心他人）天生比其他行为（残忍）更道德，一些发生在个人身上的行为（赢钱）天生比其他行为（赔钱）更积极。

这种内在固有的积极/消极动机和需求的观念，对传播学界来说并不新奇。坦博里尼等人（Tamborini, Bowman, Eden, Grizzard, & Organ, 2010）将媒介享受定义为对“自决理论”（Deci & Ryan, 2000）所确认的内在需求的满足。具体来说，他们测试了“能力”（渴望精通某种技艺并使其知名）、“自主”（感觉能控制自己生活的一种动力）和“关联性”（感觉与他人有关联的需要）需求是否能预测快乐。我们假设，如果满足/阻碍与人类繁荣相关的需求本质上是令人愉快/不愉快的，那么我们只需要一个组织方案来对这些需求进行分类和识别，以开始推进故事结局评估过程的研究。有研究者提出了“叙事享受与欣赏原理”（NEAR）（Tamborini, et al., this volume）来阐明娱乐媒介受众的喜好。

NEAR的逻辑基础包括两个方面：一是直觉道德和范例的模型（Tamborini, 2013）；

二是满足观看者的所有直觉会让他们享受叙事结果。该原理的研究结合了前面提到的5种利他直觉与6种利己直觉（与个人幸福和繁荣相关的需求）。这6种利己直觉结合了“自决理论”（SDT）中的3种需求（能力、自主和关系）与施瓦茨（2012）基本价值观理论中的3种自我导向动机。这些基本价值观是“权力”（power）（控制个人或拥有资源的欲望）、“享乐主义”（hedonism）（对身体愉悦的欲望）和“安全感”（security）（对安全感的需求）。这些直觉明确地将角色的积极结局与消极结局分别定义为角色自我直觉的满足或挫败。这种定义方法类似于我们在倾向形成过程中使用利他直觉。表17.1给出了6种利己直觉及满意/挫败的范例。

表17.1　6种利己直觉及满足/挫败它们的范例

直觉	满足	挫败
能力	某一角色赢得了比赛	某一角色输了比赛
自主	某一角色搬回了他们自己的家	某一角色搬去了他们父母的家
关联性	某一角色重新联系上了他们丢失的孩子	某一角色是他们家抛弃的孩子
权力	某一角色有进账	某一角色亏了钱
享乐	某一角色体验了快乐	某一角色体验了痛苦
安全	某一角色处于安全的状态	某一角色处于危险之中

与倾向形成过程中使用的方法类似，考虑这6种利己直觉有助于修正故事结局评估过程的模型（见图17.4）。我们在齐尔曼的模型中添加了一个框，并以此框来把利己主义直觉包含进来，但在本例中，我们将最初的“感知/评估”阶段分开，并将其分别标记为“感知”和“评估”两个独立的阶段。子模型从感知阶段开始，在这一阶段，人们可以观察到满足/挫败角色利己直觉的结果。在评估阶段，满足/挫败这些利己直觉所固有的情感被评估为奖励/惩罚。一般来说，满足利己需求会产生积极的情感，而挫败利己需求会产生消极的情感。不过，这种关系的强度会受到几个变量的调节。

与利他直觉类似，满足/挫败利己直觉的影响可以通过内部归因，或通过直觉对受众的重要性来加强。利己需求越重要，观察这种需求满足/挫败与否就越能影响人们对角色奖惩的感知。例如，如果一个人在自己的生活中感到特别无力，那么其（a）看到一个角色获得权力，就会觉得有回报；（b）看到一个角色失去权力，就容易感知到惩罚性。此外，故事线索可以增强某些直觉在这一过程中的作用，那些在故事情节中突出特定需求的叙事，或对角色重要的叙事可以扩大直觉的影响。如果一个角色迫切需要权力和安全感［威尔·史密斯（Will Smith）在《当幸福来敲门》中饰演的角色：他无家可归，却追求幸福，努力为年幼的儿子和自己创造稳定的生活］，那么这些角色需求的满足/挫败应该会对结局的评估过程产生特别深远的影响。

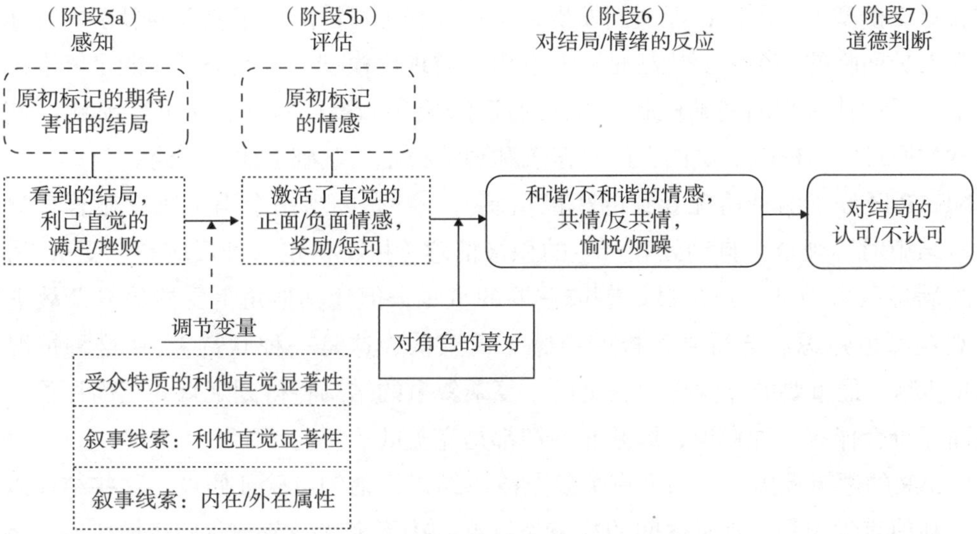

图 17.4 可检验的、修正过的故事评估过程模型

注：齐尔曼最初模型中的“希望/害怕的结果、情绪”框被一分为二。实线表示原初模型的框，虚线表示添加或更改后的框。有人看到了满足/挫败角色的利己意图的结局。这一事件作为奖赏/惩罚的正面/负面情感感知的强度，受个人利己直觉、显著性和其他因素的调节。同样，感知到的奖励/惩罚对积极或消极情感的影响，受观众对角色喜好与否的调节。在这里，观众对角色的喜好是一个调节因素，因为齐尔曼对喜欢的角色/不喜欢的角色使用了不同的方法。

接下来的阶段与齐尔曼的原始模型一样。在对结局/情绪的反应阶段中，在没有深思熟虑之前，观众对奖惩的评估会调节他们对故事结局的评估（喜欢/不喜欢该故事）。观众对角色的喜好会调节评价和谐情感的影响力。对那些角色，人们喜欢善恶有报。在最后阶段，道德判断会不会激活改变结局评估的反馈过程，我们将在后文详细讨论。

我们对故事结局评估模型的修正是有限的，但却非常实用。将积极/消极结局解释为满足/挫败角色的利己需求有几个好处。最重要的是，积极结局和消极结局会得到明确的定义，调和人们对故事喜好的影响因素也更容易识别出来。通过讨论，我们自然而然地找到了一些简单的测试方法，以控制这些需求对奖惩感知的满足/挫败。但并不是所有叙事的故事情节都很简单。在下一节中，我们将讨论如何将利他与利己直觉相关的思考应用到更复杂的故事中，在这些故事中，多种直觉相互冲突。

简单与复杂的叙事

到目前为止，我们一直关注使用利他直觉和利己直觉的先验定义来区隔并测试齐尔曼倾向模型中“过程”的好处。我们的例子提供了简化的概念模型，可以轻松地使用实验方法对该模型加以测试，但我们发现，这一过程也可以应用于复杂的叙事。现在，娱乐研究人员面临的一个主要挑战是要开发出一类理论模型，且此类模型能足够准确地解释故事结局评估过程的基础机制，从而对简单/复杂叙事的观众反应进行预测。“叙事享受与欣赏原理”（NEAR）试图在已有概念和观测技术的基础上建立理论。

NEAR区分了两种情况导致的积极情感。一种是，当一个满足所有显著直觉的简单故事结束时，观众会自动处理产生的积极情感（模型认定这种反应是享受）；另一种是，当满足故事中某一角色最显著或重要的直觉，但让其他角色受挫的复杂故事结束时，观众深思熟虑后会得到积极的情感（模型认为这是一种欣赏）。在这种情况下，NEAR预测，最重要的直觉得到满足后，复杂叙事的结局将得到观众的正面评价，但这种正面评价会伴有一种意识，即并非一切都是完美的。

NEAR的逻辑提出了一系列有关复杂故事结局评估的可验证假设，这些结局以描述不同的利他直觉与利己直觉之间的冲突为特点。接下来的一节，我们将描述通过将这种逻辑与齐尔曼的倾向性模型相结合而作出的预测，包括对简单叙事的喜好预测，以及对这里首次考虑的一组复杂叙事结构的喜好预测。[1]我们以淘金者的故事为例来描述简单而复杂的结构，以展示利他直觉和利己直觉在倾向模式的不同阶段是如何相互作用的。

在冲突中满足/挫败角色的利他和利己需求

在没有直觉冲突的情况下，不难理解NEAR对满足/挫败直觉会如何影响观众对角色喜好的解释：观众喜欢满足好人的利己主义需求、挫败坏人的利己主义需求。我们可以再考虑一下那个富有同情心的淘金者的故事。故事表明，尽管他是个好人，但他的生活一团糟。多年来，他一直试图证明自己是一个技术熟练的矿工，但不断的失败让他显得无能。他欠银行的债使银行控制了他现在的生活。他在矿井里艰苦劳作，经常感到痛苦，他的工作非常危险。有一天，他淘金成功，突然间，他所有的梦想都实现了。他没有债务（自主性），对自己的成功充满信心（能力），拥有影响力和资源（权力），恢复了健康，过着舒适无忧的生活（享乐主义），远离矿难的风险（安全）。这个故事以淘金者所有突出的利己主义需求得到满足而告终。用“情感倾向理论”（ADT）的术语来说，观众应该喜欢这个叙事，因为它的特点是“好的事情”（他的利己需求得到满足）发生在“好的角色”身上（一个心系“关怀”直觉的淘金者）。事实上，因为这类结局

[1] 我们相信，在很多情况下，很难让利己直觉的显著性凌驾于利他直觉之上，而在有些情况下可以。例如，角色对权力的需求可能很难超越更为显著的关怀需求。观众不愿看到，在矿难中，一个淘金者决定拯救他的黄金而非拯救被困的孩子。相比之下，让权力需求的显著性凌驾于对权威的尊重之上可能并不难。例如，突出淘金者的黄金梦想（权力和自主的需求），从而使观众同意他拒绝主管的善意，即让他远离危险矿井的决定（不尊重权威）。

会带来满足感，所以观众对故事结局的评估应该为他们带来纯粹的享受。

当故事涉及冲突时，尤其是利他直觉和利己直觉之间的冲突，该模型就变得更加复杂。当两种直觉发生冲突时，“叙事享受与欣赏原理”（NEAR）将欣赏描述为对具有压倒性优势的显著性直觉的满足。[1]但是，它没有基于两种利己直觉、两种利他直觉或一种利他直觉与利己直觉之间是否存在冲突来进行区分。也就是说，为了让观众喜欢这个故事，结局必须满足那种具有压倒性优势的显著性直觉，不管它是利他的还是利己的。我们认为，这些形式的冲突会激活不同的评估过程，并产生可预测的结果。通过将NEAR与ADT的逻辑相结合，我们强调了利他主义和利己主义直觉的不同作用，并展示了它们如何在齐尔曼倾向模型的不同阶段相互作用，从而形成对复杂叙事的评价。我们用不同案例中淘金者的故事来说明这一点。

第1个例子考察了两种利己直觉之间的冲突。在这种情况下，预测观众的反应很简单，与之前NEAR的逻辑没有不同。当不同的利己直觉发生冲突时，观众喜欢满足喜爱角色的利己直觉而非挫败其利己直觉的结局，其中，这种利己直觉的显著性相较于其他利己直觉具有压倒性优势。对于不喜欢的角色，情况正好相反。我们可以试想一个新版的、富有同情心的淘金者故事。在故事开头，观众除了了解到他对能力、自主性、权力、免受身体痛苦和安全的渴望，还了解到他最想要的是爱（关联性）。随着故事的展开，自始至终关联性需求都以压倒性优势凸显出来。然后，就像第一个版本的故事一样，淘金者突然发现了黄金。只是这一次，满足他所有其他欲望的机会与他获得真爱的唯一机会相对立。环境迫使他要么选择一种充满爱意的生活，要么选择金矿和随之而来的能力、自主性、权力、享乐主义和安全感。在故事的结尾，他为爱作出了巨大的牺牲，并得到了与所爱的人共同生活所带来的幸福，尽管这会让许多其他需求得不到满足。在这种情况下，由于关联性直觉的显著性具有压倒性优势，因此观众会喜欢更能满足关联性需求的故事结局，即使他们意识到淘金者的生活并不轻松。该例子中，尽管一些崇高且依然显著的利己主义直觉遭到挫败，但对故事结局的评估依然会让观众产生“欣赏”的情感。

与那些包含有不同利己直觉冲突的例子不同，要预测包含了不同利他直觉在内的冲突反应并不简单。一个涉及解决显著性利他直觉冲突的故事，可能会触发齐尔曼倾向模型中的反馈环，使结局评估更为复杂。无论是两种利他直觉之间的冲突，还是利他直觉和利己直觉之间的冲突，这种复杂性都会增加。在这两种情况下，我们提供的预测与之

[1] a环引导我们回到模型的第一个阶段，展示了整个故事中发生的连续事件是如何改变角色的既定倾向，并改变对未来故事事件的评估的。例如，这种情况将适用于单个叙事中的连续场景或情节内容中的续集。齐尔曼的模型中还包括一个最终反馈环（c环），但其影响更为单一。这一环表明，观众对角色形成的积极/消极倾向（第3阶段）可以影响其对角色行为的认可或不认可（第2阶段）；在所有其他条件相同的情况下，观众喜欢角色与否有助于更大程度地认可/否定角色的某一行为。

前的NEAR的逻辑都会有所不同。

尽管齐尔曼的倾向性模式有7个阶段，但第7阶段（道德判断）很少受到娱乐学者的关注。这并不奇怪，因为大多数研究都集中在第6阶段（对结局/情绪的回应），在这一阶段，观众可以决定他们喜欢故事与否。第7阶段在观众作出初步的结局评估后开始。在此节点，道德判断决定了观察到的结局是否适合给定的情况（理想的奖惩水平）。如果故事结局合适，评估就此结束，那最初的评估将决定观众是否喜欢这个故事。因为讲故事的人通常希望观众喜欢他们的作品，所以在大多数情况下，结局可能都是合适的，然而，过度积极或过度消极的结局有时也会出现。如果观众认为某一结局是不合适的，则他们的不认可会通过两个反馈环（见图17.5中的a环和b环）来修改最初的结果评估，这两个环起源于齐尔曼模型的第7阶段，它们都解释了观众对人物角色的倾向性变化，但只有b环影响对故事结局的评估。

b环将否定故事结局的谴责行为（第7阶段）追溯到情感倾向的形成期（第3阶段），通过改变产生初始反应的角色倾向，纠正对任何过度积极或消极结局的初始反应。例如，出于公平考虑，不合理的奖励会减少积极倾向，降低观众在英雄胜利时可能感受到的最初喜悦。[1]值得注意的是：①违反利他直觉会触发反馈过程，反馈到模型中情感倾向形成的早期阶段；②只有在对奖励/惩罚作出最终评估之前，当故事的结局在此时要求修改人物角色倾向时，这种反馈才会发生。这与利他主义直觉决定我们到底喜欢谁、利己主义直觉决定我们到底喜欢什么的主张是一致的。下面涉及利他直觉冲突的例子展示了这一点。

第2个例子检验了两种利他直觉之间的冲突。如果两种利他直觉冲突了，则NEAR表明，观众会欣赏并因此乐于看到显著性直觉以压倒性优势得到支持，即使这是以挫败另一种显著和崇高的利他主义直觉为代价。相比之下，观众不愿看到角色为了支持崇高的利他直觉而违背具有压倒性优势的利他直觉。我们对此持有不同立场。

我们认为，当利他直觉之间冲突时，观众会喜欢那些对角色显示出利己性奖励的结局，而这些结局中的角色会遵从于具有压倒性优势的显著性直觉（即使他们同时违背了某一崇高的利他直觉），也就是说，观众会讨厌角色违背特别显著的利己直觉而获取利己性奖励。我们提出，为了使观众喜欢那些把利他直觉置于冲突之中的叙事，一定会有某些利己性的奖励存在，即使这种奖励并不明显。这种情况不一定来自角色对最为显著的利己直觉的满足，但一定可以满足观众产生积极情感所需的最低限度的条件。

[1] 有些叙事将直觉置于冲突中，而没有突出其中的一个直觉。在这种情况下，我们认为任何结局都会使最为显著的需求受阻。这肯定会令人不快，从而导致许多观众不喜欢故事的结局。因此，其他人对故事的潜在欣赏必须出自与结局无关的出处，而这些出处表明喜欢的角色会“有好事发生”，如回忆出现在结局之前的、令人愉快的事件，体验不确定性产生的令人愉快的觉醒（pleasant arousal）。

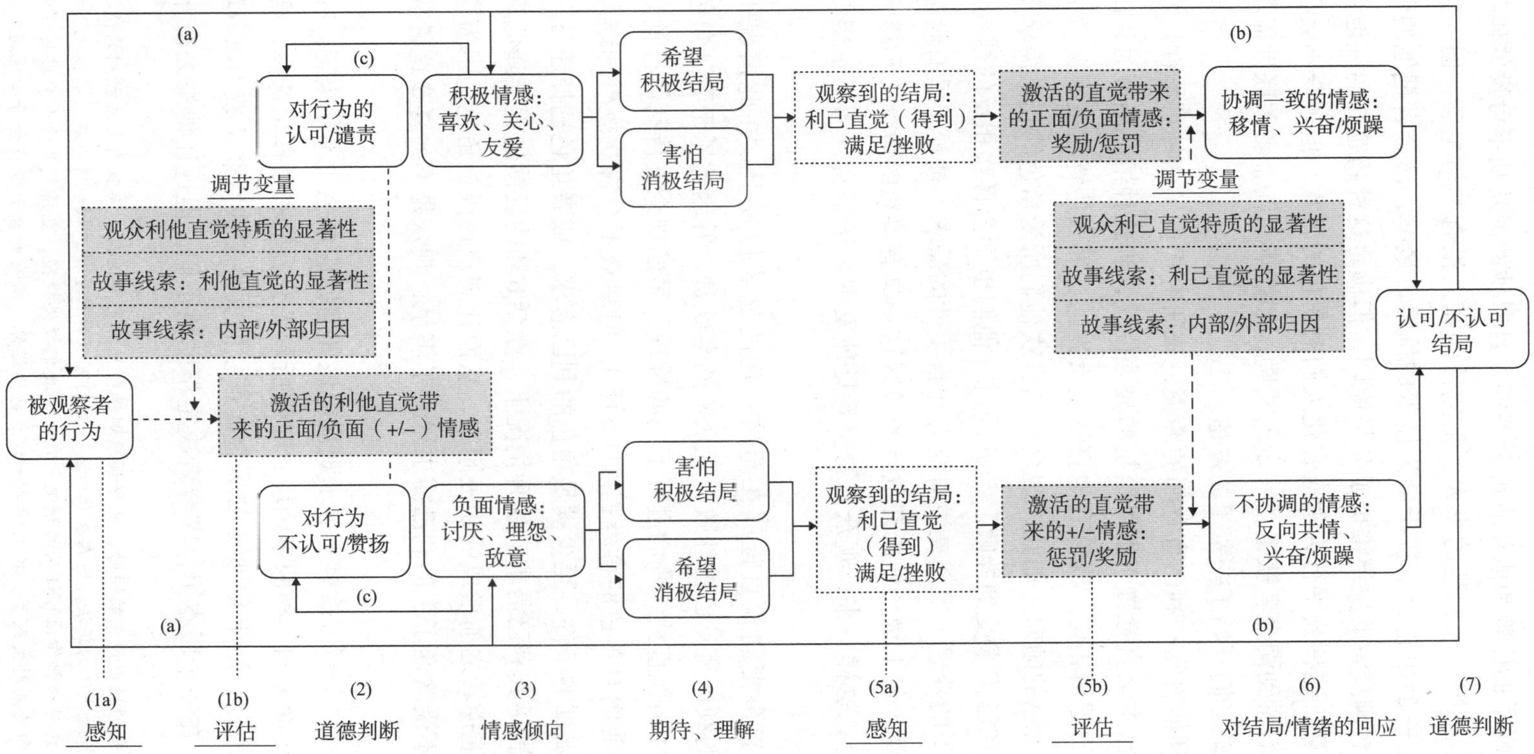

图17.5 情感倾向的修正模型（MADM）

注：该模型改编自齐尔曼（2013）的情感反应倾向模型（dispositional model of emotional reactivity），内容包括：①分别作为可观察的角色倾向和故事结局评估行为的调节者的利他直觉与利己直觉；②潜在的调节变量，其能够加强或削弱那些激活的直觉对这些角色和故事评价的影响。实线框和实线表示原始模型的变量和路径。虚线框和虚线表示对原始模型的更改和添加。新模型将原始模型中的“感知、评估”阶段（阶段1和5）分为感知和评估的单独阶段（a和b）。评估由利他直觉（1b阶段）代表，利己直觉（5b阶段）在每个感知阶段（1a和5a）之后都会被激活，以影响角色倾向（第2阶段）和故事结局的评估（第6阶段）。阴影框突出了添加进来的利他直觉和利己直觉。

比如，试想在这一故事里，淘金者获得金子暴富之后，必须决定由谁来继承他的财产。他可以把他的财产赠予那位曾和他并肩苦干多年，且对他的成功功不可没的矿工同事们（公平）；他也可以把财产留给他的家人。虽然他的家人没有参与挖矿，但一直支持他（内群体忠诚）。这一叙事把公平置于最为显著的位置。最终，淘金者把他的财产留给了他的矿工们。虽然淘金者的决定维护了公平原则，但满足这种超越性的利他直觉的结局本身并不令人满意。这种公平行为理应强化人们对角色的喜欢，但观众不会喜欢这种叙事结局，除非他们看到淘金者获得了一定的奖励，如能满足淘金者关联性需求的奖励，如淘金者从此和矿工们开始了一辈子的友谊。

第3个例子检验了利他直觉和利己直觉间的冲突，该研究提供了两种可能性。在第一个案例中，叙事把利己主义直觉置于不可跨越的显著位置，当这种情况出现时，故事结局大多与之前NEAR的逻辑相符。既然利他直觉是崇高的，那么违背它就不会激活某一反馈环来修正观众对角色的倾向。如此，观众应当喜欢他们所爱角色的利己需求得到满足，其讨厌的角色的利己需求受到挫败。与此同时，他们也不会喜欢相反的结局。[1]比如，如果淘金者对金子的梦想（也就是说对权力和自主性的需求）被置于具有超越一切的显著性地位时，对他拒绝上级令他离开危险的矿区这一具有善意的命令（不遵守权威），观众也会加以肯定，这样一来，观众会希望看见他发现金子暴富，而不希望看到他死在矿洞。

在第2个例子中，叙事把利他直觉放在超越一切的显著位置上。在此情况下，NEAR认为，尽管崇高的利己直觉已被挫败，观众依然会欣赏，并因此乐于看到角色支持这种最为突出的显著性利他直觉。我们进行不同的推理：虽然观众支持利他直觉会触发反馈过程，从而增强他们对角色的喜爱程度（b环），但观众不会喜欢故事的结局，除非叙事满足某些最低限度的条件，至少满足角色的利己需求，或者角色选择违背一种十分显著的利他直觉来满足其利己需求。这种情况下，激活b环的反馈过程会降低观众对角色的好感度，并可能逆转之前形成的积极倾向，从而让观众讨厌该角色，因为这种结局会表明角色（现在不受欢迎了）的利己需求得到了满足，观众是不会喜欢这种故事结局的。

我们可以用淘金者的两个新版故事来展示观众应该如何回应角色的不同决定。在这两个版本中，淘金者都会面临同一种两难困境：时间所剩无几，他必须作出选择，要么去洞穴里救出被困的孤儿们（关怀），要么签署金矿产权的文件变成富翁（权力），摆脱银行的控制（自主性）。在一个版本里，淘金者决定帮助孩子们，但这让他失去奋斗得

[1] 一般来说情况就是这样：我们提出预测的同时，也会预想到模型里肯定有例外，而且有无法预测的情况存在。我们花了很长时间来推进我们的想法，现在在此节点，我们可以自信地说，模型可以在所有情况下提供具体的预测，而且在每种案例中都作出可证伪的预测。在此，我们提供模型，也清楚其他人会进行逻辑检验，但我们不害怕失败。即使届时失败了，我们的第一作者也已退休，所有的合著者将会开心地通知学术界，我们曾无数次竭力改正逻辑错误，也曾无数次做过无用功。

来的一切（自主性、权力）。为何观众会喜欢这样的结局？我们倾向于观众不会喜欢这种结局，除非故事会通过满足淘金者其他某个利己需求，哪怕这个需求最初并不是很重要的。比如，该叙事的结局可能是淘金者感到工作已经圆满完成（能力），或者他爱的人最后意识到了他的好，并承诺永远和他在一起（关联性）。不给予角色其他利己主义奖励的话，观众只会觉得那些试图拯救他人的人没有好报。

在另外一个版本里，淘金者得到了金子，但孩子们被困。值得注意的是，违背利他直觉会再次触发反馈过程，有可能把淘金者从一个受人喜爱的角色变为一个令人讨厌的角色。在这种情况下，看到角色（现在观众不喜欢了）的利己需求得到满足，人们会作出负面评价。他们不会喜欢这种结局，他们宁愿看到淘金者失去金矿、权力以及自主性。

让利己直觉来定义结局里的好事有何好处？

根据利己直觉的满足程度来定义对故事结局的评估，可以促进对ADT过程的理解。首先，它更准确地定义了观众喜欢的角色身上发生的“好事”的含义，并提供了一种衡量它们的方法。我们将“好事”定义为通过角色利己直觉的感知满足而间接体验到的积极情感。“好事”可以被衡量为积极/消极情感的前意识体验，或自我报告的奖励/惩罚感知，这种感知源自观察符合与自我利益相关的6种可识别动机的行为。其次，它有助于学者识别出可能会调和观众对直觉的显著性感知的因素，从而加强或削弱他们的满意度对故事结局评估的影响。最后，这也许是最重要的一点，它提供了可验证的假设。

这些潜在的优势凸显了启发性的价值。我们的提议应该允许研究人员识别并实验性地改变不同的叙事特征，以测试这种定义“好事”方式的预测效用和结构有效性。此外，它还有助于确定其他因素，这些因素可能会强化“好事”对观众反应的影响。我们立刻想到了几个潜在的调节变量。

首先，应辨识出个体的特质差异，这些个体的特质差异会调和观众的反应。例如，如果故事中发生的“好事”是主角找到了爱，那么我们应该期待观众的关联性需求特质（trait relatedness needs）能调节结局对故事评价的影响强度。如果“好事”是主人公继承了一笔财富，那么我们理应期待拥有高权力特质的观众更喜欢它。如果“好事”是某人赢得了比赛，我们会希望能力需求特质（trait competence needs）能调和这种影响。

以类似的方式，将“好事”定义为对利己直觉的满足/挫败，可能有助于我们理解角色的意图（intentionality）如何影响这些回应。有人认为，人物角色的意图在塑造观众回应的影响中起着关键作用。明白这一点之后，我们不仅会期待叙事中的因果归因线索会调和观众的回应，也会预测它们对回应的影响会基于利己直觉满足的程度而有所不同。例如，我们会希望观众对某个人赢得比赛这一叙事的评价，相较于对某个人继承财富的叙事的评价，前者的内部归因的影响更大（我们会同时假设，满足能力需求，相较于满足基于财富的权力需求，前者的内部归因更重要）。

其次，这种方法还可能有助于ADT学者们识别叙事内容的电影特征，从而调和不同类型“好事”的影响。我们可能会期待，像《阿凡达》中的开阔空间或飞行场景对满足自主性需求的故事产生的影响，比它对满足关联性需求的故事产生的影响更大。相比之下，我们会期待亲密环境对满足关联性需求的影响比对满足自主性需求的影响更大。

这种定义的一个优点是，它有可能帮助研究人员辨识出整个故事中的内容线索（而非结局的一部分）是如何影响观众反应的。了解结局中的需求满足后，我们应能提出一些可验证的假设。在故事早期强调特定利己需求的内容线索，在故事结尾时如何增强需求满足的显著性？我们期待故事的结局是，满足安全需求的某个人从头至尾都在强调对安全的威胁而非强调关联性或权力需求。如果我们在结局出来之前操控这些变量，这种测试就可以成功。

最后，本章的研究除了允许检验一些假设（这些假设与利己直觉在结局回应中的决定性作用有关），还发现了利己直觉和利他直觉在倾向形成以及故事结局评估过程中的独特作用，这是本章的研究与NEAR中的既定研究的区别。到目前为止，对NEAR的研究的前提是，满足利他直觉这一事情本身会创造出积极的情感，并因此构成了“好事”。此事虽然具有高度可控性，但单独满足利他直觉并不能构成观众想要看到的发生在其喜爱的角色身上的“好事”。相反，这样只能为观众创造一种必要条件（积极的角色倾向），观众在看到利己直觉得到满足后才能体验到积极情感。满足利他直觉作为一个必要条件，对故事结局评估的实际影响非常关键。人们的注意力聚焦于满足故事结局里的利己需求（至少满足部分利己需求）这一显著性需求。[1]

把直觉动机添加到齐尔曼的情绪反应倾向模式中

本研究对倾向形成与故事结局评估中利己直觉和利他直觉的独立作用的关注，可以在图17.5所示的情绪反应的完整倾向模型的修正版中看到。“修正版情感倾向模型”（modified affective disposition model，MADM）是作为一种启发性工具被提出来的，它旨在展示利他直觉和利己直觉如何能够帮助推进ADT研究。同时，正如图17.3和17.4

[1] 研究角色图式（character-schema）对倾向形成过程的影响是与直觉机制是相符的。格里扎德（Grizzard, et al., 2018）发现，简单叙事线索，如角色的外表，即使没有行动发生，也可以影响倾向的形成。外表改变了对角色最初的道德/不道德感知及其之后的行为。未来研究可检验：这些线索是否影响特定直觉的范围，把这些直觉归因到角色是否会调和倾向的效果。马修（Matthews, 2019）进一步研究了角色图式对认可过程的影响，特别是该人是否有道德/不道德行为？他在严格控制的实验中，检验了关于认可/不认可的角色图式的界限。有些行动是大众一致谴责或欢迎的，但其他行为则由发出该动作的人是普通人还是英雄与否而有所改变，这类研究还可以根据特定的利他直觉来考虑，如此动作受到普遍谴责与否，就属于此类特定范畴。

中的子模型，对齐尔曼模型的修正提供了可验证的假设。

我们在讨论这些子模型时使用的示例，只能部分阐明如何来测试修正模型。完全修改后的模型不太可能在一项研究中得到检验，但用简单和复杂的叙事来检验子模型预测效果的努力，可以增强我们对模型的信心。NEAR提出了几个可验证的假设。利他直觉和利己直觉之间冲突的复杂表征如何影响倾向形成与结局评价是一个值得研究的问题。

结　论

我们认为，解释观众回应的方法有助于理解源自ADT的过程，且潜力巨大，当然，我们的假设也可能会受到质疑。本章的提议中最有争议的部分就是，我们声称利己主义直觉的满足就是观众乐于见到的、发生在他们喜爱的角色身上的“好事”，且利他直觉的满足只能决定我们支持谁或反对谁。对此议题的不同观点可能涉及是否真实存在利他动机。在这种情况下，这个问题不太可能很快得到解决。尽管存在这些潜在的分歧，我们这里的定义方法还是提供了可证伪的假设，也提供了用来检验它们的分类方案。

我们认为最重要的事情（如果不是唯一的话）是观众会思考发生在他们喜爱的角色身上的“好事”。当然，我们相信观众会认为，主角所坚持的利他直觉是好的。在某种程度上，观众只要认为利他直觉会有利于叙事中的某个人，就会认为满足此人的利己需求是一桩好事。比如，如果一个受人喜欢的淘金者解救了困在矿井里的孩子们，好事就发生在了孩子们身上。但如果淘金者没有体验到利己需求的满足的话，观众将不会认为他们喜欢的淘金者身上发生了什么“好事”。

通过关注这一话题，我们希望讨论对某一叙事作出积极回应的必要条件，或者讨论人们所说的“最低限度令人满意的解决方案”（minimally satisfying resolution, Zillmann, 1980, p.151）。这个议题已经让我们着迷好几年了，也是本次我们修正模型的部分诱因。如果模型引起的争议有助于找出这一问题的答案，那我们的利己需求就得到了满足。

参考文献

Deci, E. L., & Ryan, R. M. (2000). The “what” and “why” of goal pursuits: Human needs and the self-determination of behavior. *Psychological Inquiry*, 11, 227–268. http://dx.doi.org/10.1207/S15327965PLI1104_01.

Eden, A., Daalmans, S., & Johnson, B. K. (2017). Morality predicts enjoyment but not appreciation of morally ambiguous characters. *Media Psychology*, 20, 1–25. https://doi.org/10.1080/15213269.2016.1182030.

Eden, A., Oliver, M. B., Tamborini, R., Limperos, A., & Woolley, J. (2015). Perceptions of moral violations and personality traits among heroes and villains. *Mass Communication and Society*, 18, 186–208. https://doi.org/10.1080/15205436.2014.923462.

Eden, A., & Tamborini, R. (2017). Moral intuitions: Morality subcultures in disposition formation. *Journal of*

Media Psychology, 29(4), 198–207. https://doi.org//10.1027/1864–1105/a000173.

Graham, J., Nosek, B. A., Haidt, J., Iyer, R., Koleva, S., & Ditto, P. H. (2011). Mapping the moral domain. *Journal of Personality and Social Psychology*, 101, 366–385. https://doi.org/10.1037/a0021847.

Grizzard, M., Fitzgerald, K., Francemone, C. J., Ahn, C., Huang, J., Walton, J., … Eden, A. (2019). Validating the extended character morality questionnaire. *Media Psychology*, 23(1), 107–130. https://doi.org/10.1080/15213269.2019.1572523.

Grizzard, M., Francemone, C. J., Fitzgerald, K., Huang, J., & Ahn, C. (2020). Interdependence of narrative characters: implications for media theories. *Journal of Communication*, 70(2), 274–301. https://doi.org/10.1093/joc/jqaa005.

Grizzard, M., Huang, J., Ahn, C., Fitzgerald, K., & Francemone, J. (2020). The gordian knot of disposition theory: Character morality and liking. *Journal of Media Psychology: Theories, Methods, and Applications*. 32(2), 100–105. https://doi.org/10.1027/1864-1105/a000257.

Grizzard, M., Huang, J., Fitzgerald, K., Ahn, C., & Chu, H. (2018). Sensing heroes and villains: Character-schema and the disposition formation process. *Communication Research*, 45, 479–501. https://doi.org/10.1177/0093650217699934.

Haidt, J. (2001). The emotional dog and its rational tail: A social intuitionist approach to moral judgment. *Psychological Review*, 108(4), 814–834. https://doi.org/10.1037//0033-295X.

Haidt, J., & Joseph, C. (2004). Intuitive ethics: How innately prepared intuitions generate culturally variable virtues. *Daedalus*, 133, 55–66. https://doi.org/10.1162/0011526042365555.

Haidt, J., & Joseph, C. (2007). The moral mind: How five sets of innate intuitions guide the development of many culture-specific virtues, and perhaps even modules. In P. Carruthers, S. Laurence, & S. Stich (Eds.), *The innate mind* (Vol. 3, pp. 367–391). New York, NY: Oxford University Press.

Kenrick, D.T., Griskevicius, V., Neuberg, S.L., & Schaller, M. (2010). Renovating the pyramid of needs: Contemporary extensions built upon ancient foundations. *Perspectives on Psychological Science*, 5, 292–314. https://doi.org/10.1177/1745691610369469.

Krakowiak, K. M., & Oliver, M. B. (2012). When good characters do bad things: Examining the effect of moral ambiguity on enjoyment. *Journal of Communication*, 62, 117–135. https://doi.org/10.1111/j.1460–2466.2011.01618.x.

Krakowiak, M. K., & Tsay-Vogel, M. (2013). What makes characters' bad behaviors acceptable? The effects of character motivation and outcome on perceptions, character liking, and moral disengagement. *Mass Communication and Society*, 16, 179–199. https://doi.org/10.1080/15205436.2012.690926.

Lee, T. K., & Shapiro, M. A. (2014). The interaction of affective dispositions, moral judgments, and intentionality in assessing narrative characters: Rationalist and intuitionist sequences. *Communication Theory*, 24, 146–164. https://doi.org/10.1111/comt.12031.

Matthews, N. L. (2019). Detecting the boundaries of disposition bias on moral judgments of media characters' behaviors using social judgment theory. *Journal of Communication*, 69(4), 418–441. https://doi.org/10.1093/ccc/jqz021.

Prabhu, S., Tamborini, R., Idzik, P., Hahn, L., Grizzard, M., & Wang, L. (2014, May). *The role of intuition accessibility on the appraisal and selection of media content*. Paper presented at the annual meeting of the International Communication Association, Seattle, WA.

Raney, A. A. (2003). Disposition-based theories of enjoyment. In J. Bryant, D. Roskos-Ewoldsen, & J.

Cantor (Eds.), *Communication and emotion: Essays in honor of Dolf Zillmann* (pp. 61–84). Mahwah, NJ: Erlbaum.

Raney, A. A. (2004). Expanding disposition theory: Reconsidering character liking, moral evaluations, and enjoyment. *Communication Theory*, 14, 348–369. https://doi.org/10.1093/ct/14.4.348.

Raney, A. A. (2006). The psychology of disposition-based theories of media enjoyment. In J. Bryant & P. Vorderer (Eds.), *Psychology of entertainment* (pp. 137–150). Mahwah, NJ: Erlbaum.

Sanders, M. S. (2010). Making a good (bad) impression: Examining the cognitive processes of disposition theory to form a synthesized model of media character impression formation. *Communication Theory*, 20, 147–168. https://doi.org/10.1111/j.1468–2885.2010.01358.x.

Schwartz, S. H. (2012). An overview of the Schwartz theory of basic values. *Online Readings in Psychology and Culture*, 2(1), 1–20. https://doi.org/10.9707/2307–0919.1116.

Soto-Sanifel, M. T., & Vorderer, P. (2011). Entertainment = emotion [Special Issue]. *Journal of Media Psychology: Theories, Methods, and Applications*, 23(1), 1–5. http://dx.doi.org/10.1027/1864–1105/a000035.

Tamborini, R. (2013). A model of intuitive morality and exemplars. In R. Tamborini (Ed.), *Media and the moral mind* (pp. 43–74). London, UK: Routledge.

Tamborini, R., Bowman, N. D., Eden, A., Grizzard, M., & Organ, A. (2010). Defining media enjoyment as the satisfaction of intrinsic needs. *Journal of Communication*, 60, 758–777. https://doi.org/10.1111/j.1460–2466.2010.01513.x.

Tamborini, R., Grall, C., Prabhu, S., Hofer, M., Novotny, E., Hahn, L., … Sethi, N. (2018). Using attribution theory to explain the affective dispositions of tireless moral monitors toward narrative characters. *Journal of Communication*, 68, 842–871. https://doi.org/10.1093/joc/jqy049.

Tamborini, R., Grizzard, M., Eden, A., & Lewis, R. J. (2011, November). *Priming intuitive morality: The effect of heroes and villains on immediate affective response to moral stimuli*. Paper presented at the annual meeting of the National Communication Association, New Orleans, LA.

Zillmann, D. (1980). Anatomy of suspense. In P. H. Tannenbaum (Ed.), *The entertainment functions of television* (pp. 133–163). Hillsdale, NJ: Erlbaum.

Zillmann, D. (2000). Basal morality in drama appreciation. In I. Bondebjerg (Ed.), *Moving images, culture, and the mind* (pp. 53–63). Luton, UK: University of Luton.

Zillmann, D. (2006). Dramaturgy for emotions from fictional narration. In J. Bryant & D. Zillmann (Eds.), *Psychology of entertainment* (pp. 215–238). Mahwah, NJ: Erlbaum.

Zillmann, D. (2013). Moral monitoring and emotionality in responding to fiction, sports, and the news. In R. Tamborini (Ed.), *Media and the moral mind* (pp. 132–151). London, UK: Routledge.

Zillmann, D., & Bryant, J. (1994). Entertainment as media effect. In J. Bryant & D. Zillmann (Eds.), *Media effects: Advances in theory and research* (pp. 437–462). Hillsdale, NJ: Erlbaum.

第十八章　媒介娱乐、“心流”体验与观众的同步感

雅各布・T. 费舍尔
切尔西・隆纳根
弗雷德里克・R. 霍普
勒内・韦伯

千禧年伊始，有媒介心理学研究团队推进了一项研究计划，旨在为我们提供一个新的解释：为何观众会投入大量时间接触娱乐媒介？他们为何选择并关注某些形式的媒介而非其他形式呢？（Mandryk, Inkpen, & Calvert, 2006; Rheinberg & Vollmeyer, 2003; Sherry, 2004; Weber, Tamborini, Westcott-Baker, & Kantor, 2009; Weibel, Wissmath, Habegger, Steiner, & Groner, 2008）本章聚焦于“心流”（flow）的概念。“心流”是一种状态，其特点是注意力高度集中、自我意识丧失、高度享受时间扭曲（感觉时间比平常过得快或慢），它由观众追求挑战和技能之间的平衡的心理所催化。

“心流”最初由契克森米哈里（Csikszentmihalyi, 1988/1990）提出，他解释了个人为何会花费大量时间、精力去从事一些几乎没有外部奖励的挑战性活动，还会觉得这些活动振奋人心、趣味无穷。之后，雪莉（Sherry, 2004）将“心流”的概念引入媒介心理学，认为它可以用来解释为何有人愿意花那么多时间在娱乐媒介上。在本章中，我们认为，娱乐媒介是独一无二的“心流”诱因，主要原因有两个。第一，媒介允许个人从功能无限的刺激中进行选择，这些刺激具有不同的目标、主题和难度，使他或她能够选择与其当前处理能力最匹配的选项。第二，媒介，尤其是像电子游戏这样的互动媒介，通常会适应用户的技能，创造一种与其能力相匹配的体验，使他们的技能在实践中有所提高。

随着传播及相关领域“心流”研究的进展，大量实验证据证明了“心流”对于理解人们为何选择并享受具有挑战性的行为的重要性。不过，由于研究人员使用了不同的概念和操作，“心流”研究陷入理论和方法上的混乱（Finneran & Zhang, 2005; Hoffman &

Novak, 2009; Novak, Hoffman, & Yung, 2000）。截至2009年，人们已经提出了不少于22种不同的理论模型，其中不少模型彼此互不兼容（Hoffman & Novak, 2009）。此外，至少有13种不同的理论构想用于“心流”研究，且每种理论构想都有自己独特的操作与测量工具（Finneran & Zhang, 2005; Novak, et al., 2000）。早期与“心流”因素相关的生理学研究似乎只会带来干扰（Peifer, 2012）。

为解决“心流”研究中的概念和操作上的模糊性问题，韦伯及其同事（Weber et al., 2009）试图将神经生理学的观点应用于“心流”的具体研究。这种方法将研究范围局限于人们可以辨别的具体概念和变量：可实证观察的关系；神经（其他生物）基质。他们试图对这些基质（substrate）到底如何调和兴趣作出合理的进化或计算机方面的解释（有关传播研究中神经生理学视角的更多信息，Weber, Mathiak, & Sherry, 2009）。基于这个视角，韦伯及其同事提出了“心流”的同步理论（Synchronization Theory of Flow，STF）。该理论认为，“心流”是“一种离散的、能量优化的、令人满意的体验，它是在挑战和技能平衡的条件下，由（大脑中的）注意力和奖励性网络同步产生的”（Weber, Tamborini, et al., 2009, p.412）。STF被提出以来，得到了广泛的支持（Harris, Vine, & Wilson, 2017b; Huskey, Craighead, Miller, & Weber, 2018; Huskey, Wilcox, & Weber, 2018）。最近的一项系统性综述认为，与其他现有模型相比，STF能“更准确地反映心流期间的神经活动”（Harris, et al., 2017b）。

在本章中，我们回顾了STF，重点介绍了基于神经生物学的“心流”概念，介绍了STF在理解与研究娱乐媒介的使用和观众体验方面所起到的促进作用。我们专门研究了STF在未来理论整合中可能会产生重要成果的领域。研究内容包括：①预测媒介选择、处理和评估中的动机与客观/主观努力（effort）的作用；②传播和（娱乐）媒介如何以及何时引发神经生物学系统之间及内部的同步；③STF在神经美学和娱乐传播研究领域的作用。

“心流”的同步理论

STF（Weber & Fisher, 2019; Weber, Tamborini, et al., 2009; Westcott Baker & Weber, 2012）结合了复杂系统理论、现代神经科学和媒介心理学。在STF被引入之时，复杂系统理论的研究才开始强调大脑以及更大的生物、机械和社会网络中同步系统的出现和效率面向（Arenas, Díaz Guillera, Kurths, Moreno, & Zhou, 2008; Bassett & Bullmore, 2006; Strogatz, 2004）。这些同步状态在神经系统内进行大规模的协调活动。这些状态与高能量输出有关，也与高效率和抗干扰性有关，而这些特性都与“心流”有关。我们经常可以观察到一些活动中的“心流”，这些活动包括弹奏一首富有挑战性的钢琴曲、攀岩，或者在玩电子游戏时与最新的“敌人首领”决斗。同时，人们通常不会认为这些状态是令人厌恶的，这些状态还常常具有很强的抗干扰性。因此，“心流”概念有助于我们理解人们为什么要花费大量金钱、时间参与“有挑战性”的娱乐活动。

核心假设和预测

韦伯及其同事们推测，同步复杂系统的数学特性与“心流”状态的可观察特征之间的相似性可能是“心流”潜在神经特性的线索。为了使这一假设得到验证，韦伯及其同事罗列了STF的5个核心假设[1]：

其一，大脑是一个动态变化的系统，依靠代谢能量来编码、处理信息并实施行为。

其二，同步的系统比不同步的系统更高效。

其三，大脑状态是离散的，其特征是状态之间近乎瞬时的转换频繁发生。小规模的转换比大规模的转换更频繁。

其四，大脑是按功能组织的，不同的区域和网络可以服务于不同的任务。

其五，大脑是按等级组织的，高阶认知状态产生于低阶认知过程之间的相互作用，这些过程沿着不同的时段在大脑中展开。

以上假设引导了STF中3个核心假设的创建。第1个假设是，在“心流”状态下，大脑中的特定注意力和奖励性网络会保持活跃的状态，并相互同步运行。第2个假设是，“心流”是大脑皮层和下皮层网络的能量优化。第3个假设是，在“心流”体验中，可观察到的大脑网络的同步应与行为的结果相关联，如更好的表现、更高的享受等。最近的研究对个体认知差异如何导致“心流”状态的频率或稳定性差异的描述更为详细，对可能参与“心流”状态的大脑网络的定义更为精确，这些因素共同强化了以上3个核心假设（Weber & Fisher, 2019）。

理论检验

目前，用尚处于初始阶段的方法对STF的假设进行测试并不可行。在神经科学文献中，有研究认为，大脑是由相互作用的节点组成的大规模网络（Sporns, 2010）。此外，那些“自然主义”（感官丰富、动态和交互）刺激下的神经成像范式使用者寥寥。在数学和计算机工具的推动下，自然神经科学和网络神经科学在多个领域同时开始崛起（Bassett & Sporns, 2017; Falk & Bassett, 2017）。

以上新方法论、新路径提供的工具使人们得以在媒介交互实践中尝试性地检验STF的假设，且这些测试有力地支持了STF的假设。有研究表明，当技能和难度相匹配时，STF假设的与“心流”相关的大脑区域的激活率要高于不匹配时的激活率（不管任务是

[1] 由于篇幅有限，我们无法对这些假设和预测的数学、生物学基础进行全面概述。欢迎有兴趣的读者去参考韦伯和费舍尔（Weber & Fisher, 2019）与韦伯、坦博里尼、韦斯科特·贝克和坎特（Weber, Tamborini, Westcott-Baker, & Kantor, 2009）对这一主题进行的更彻底的讨论。

过于简单或过于困难；Huskey, Craighead, et al., 2018）。另有研究表明，在数字环境中，支撑注意力集中的大脑网络内的连通性在分心时会呈非线性退化，这表明，正如研究者所预期的那样，“心流”状态能够抵抗干扰。在临界阈值下，“心流”状态可能会以离散的方式发生转移（Weber, Alicea, Huskey, & Mathiak, 2018）。还有，最近对STF效率假说的一项测试表明，与技能和难度不匹配时相比，“心流”状态期间被观察到的大脑网络激活模式的能量更为优化（Huskey, Wilcox, et al., 2018）。

在其他“心流”神经认知模式（迪特利奇/Dietrich提出的“瞬时脑前额叶功能低下假说”，2004）所获支持似乎日渐式微时，这种支持STF的假说可谓恰逢其时（Harris, et al., 2017）。这似乎要归因于一种观察：人们发现，“心流”过程中的许多脑前额叶激活的减少似乎主要局限于内侧前额叶皮质（MPFC）——一个被称为默认模式网络（DMN）的大脑区域网络中的中心节点（Raichle, 2015; Raichle, et al., 2001）。众所周知，DMN的激活率与积极注意力的投入成负相关关系。事实上，DMN活动通常被称为“静息状态”（Greicius, Krasnow, Reiss, & Menon, 2003）。因此，这些区域活动的减少是注意力投入的标志，而不是“瞬时脑前额叶功能低下假说”（transient hypofrontality hypothesis）描述的注意力控制的释放。此外，额叶皮质的其他区域似乎在“心流”过程中一如往常地更为活跃，最显著的是额叶下回（Ulrich, Keller, Hoenig, Waller, & Grön, 2014）和前额叶背外侧皮质（Yoshida, et al., 2014）。这些因素共同表明，在“心流”状态中被观察到的注意力控制和奖励性网络（attentional control and reward networks）之间的同步，可能是“心流”状态所涉及的神经潜在活动更为准确的表征。

努力、奖励与“心流”

将“心流”理论整合到媒介和娱乐研究中是为了回答以下问题：媒介是否只有在服务于“娱乐至死”（Postman, 1985）时才有用？或者，它们是否有助于个人获得挑战性体验（该体验能促使个人自我完善并让他们在生活中创造一种平衡状态）？（Sherry, 2004）本研究强调了“心流”体验的内在奖励性质，它是选择和处理具有挑战性的媒介任务的潜在动机。这项研究提出的一个关键命题是，任务挑战（难度）和技能（成功执行任务的能力）之间的平衡正是“心流”体验的特征，且其本质上是令人愉快的。反过来，体验这种享受可以激励个人继续寻找并参与此类诱导“心流”的媒介。与此相关的是，这一理论框架预测，人们会更频繁地选择那些为个人量身打造技能的媒介，或是那些能吸引更多注意力的媒介，这些媒介会得到更积极的评价。电子游戏等互动媒介尤其如此，因为它们能够随着游戏的进展适应玩家的技能，并根据玩家的表现将其变得更容易或更困难（Bowman, this volume; Huskey, et al., 2018）。从这个意义上说，我们可以把“心流”的内在奖励性质视为一种潜在的解释，解释为什么个人会寻求并享受那些对认知、情感甚至体力有严格要求的媒介。

客观的努力与主观的努力

但是，驱动“心流”体验的难度/能力平衡的确切本质是什么？难度和能力的平衡是否会产生一种客观上的毫不费力的状态？和其他等效的非“心流”状态相比，这种状态与减少努力的行为指标、生理指标相关联，抑或只是主观上不费吹灰之力？虽然“心流”研究通常与前面的假设相符，但新兴研究证明了后来的假设。在最近的一项实验中，哈里斯及其同事（Harris, et al., 2017a）发现，随着客观任务难度的增加，心理努力的行为和生理指标遵循预测的倒U型模式，表明“心流”比无聊或超载/挫败更费力（more effortful）。这一发现与早期研究相呼应。早期研究表明，“心流”状态的特征是心率变异性低，这是高强度脑力劳动的一个指标（Keller, Bless, Blomann, & Kleinböhl, 2011），也是觉醒水平升高的指标（Peifer, Schulz, Schächinger, Baumann, & Antoni, 2014）。在另一项研究中，哈斯克及其同事（Huskey, et al., 2018）指出，当客观难度和能力相匹配时，次要任务反应时间最长。次要任务反应时间是指在处理任务时投入的心理努力的行为指标。尽管之前的理论已经提出，“心流”可以被描述为一种毫不费力的注意力状态，但这项研究表明，“心流”最好是被描述为一种状态，在这种状态下，处理任务所涉及的生理成本与主观体验到的努力无关（Peifer, 2012）。

这种对“心流”“毫不费力”（effortlessness）的重新概念化，可以置入“努力悖论”（effort paradox）的框架，即人类似乎喜欢根据自身优点来寻找具有挑战性的体验，即使无数行为、神经、生物、经济学的证据都表明这种努力本质上是令人厌烦的（Harris, et al., 2017b; Inzlicht, Shenhav, & Olivola, 2018）。努力悖论对于“心流”和娱乐学者来说尤其有趣，因为最近的研究表明，任务所涉及的努力的主观体验至少由两个部分调节。第一个是需求部分，其可被描述为任务难度与个人能力之间的客观匹配。第二个是价值部分，即任务与和个人目标相关的奖励结果的关联程度（Westgate & Wilson, 2018）。随着任务主观价值的增加，努力的主观体验也会发生变化。如果一项任务被认为是非常有价值的，那么参与者更愿意把精力投入难度和能力无法达到最佳平衡的任务中，并且他们倾向于认为这些任务不那么令人讨厌了。相反，这也可能意味着，如果个人没有准备好或不愿意投入更多精力（由于任务价值低、智力资源耗尽或其他因素），他们会积极选择难度较低的任务，从而把任务带来的愉悦体验最大化。

从这个角度来看，价值高的任务可能会拥有一个更宽广的渠道，此渠道会让人们体验到“心流”，并促使人们在结合了困难和能力的情境下保持专注和内生动力，而这种困难和能力并存的情况通常会通过烦恼或超负荷产生脱离（见图18.1）。如果困难和能力之间的主观平衡具有内在的激励作用，并且这种平衡本身是由个人为任务赋予的价值决定的，那么从逻辑上讲，同样以平衡困难和能力为特征的、受人重视的任务确实会具有激励性。此外，当任务本身受到重视时，或当任务允许个体根据自己的瞬时能力（momentary ability）调整任务难度时（在电子游戏中选择一个更容易的级别，或者观看自己已经看过的一个节目），适当平衡困难和能力的任务更有可能导致“心流”状态。以上情境很好地将“心流”描述为个人和环境之间的某种反馈循环（feedback loop）的结果，在这种循环中，个人接收到的信号强化了所选择的任务，这项任务是有价值的，可能与个人的（瞬时）能力相匹配。

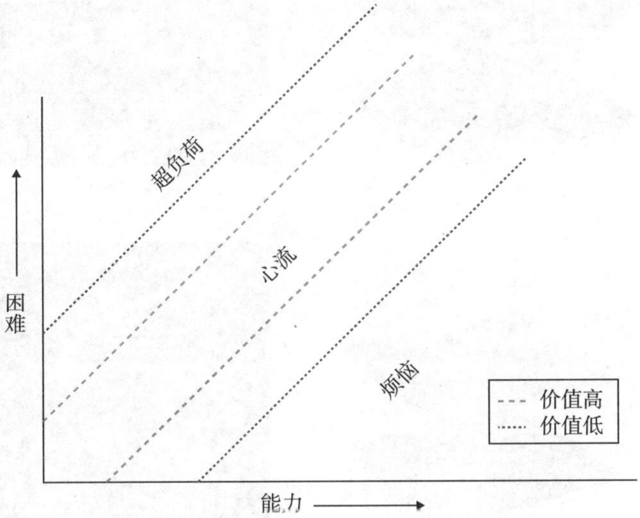

图 18.1　任务的价值影响“心流”的预测

注：在结合了能力和困难的情境下，价值高的任务会引发类似于“心流”的状态，价值低的任务会引发无聊或超负荷的状况。

“心流”景观

人们仍在研究产生这些信号的潜在生物学机制，但神经科学领域不断积累的证据为我们提供了一个关键性框架，该框架可以帮助我们理解某些神经信号是如何激发出复杂的人类行为的，如选择和处理娱乐媒介等。在任何给定的时间里，每个人都有有限的行为选择权。这种可用选项的“决策空间”（decision space）可以建模为一个随机景观（stochastic landscape），该景观会包含许多“山丘”和“山谷”（Deco, Rolls, Albantakis, & Romo, 2013）。这种景观中的山谷被称为“吸引子”（attractors），山丘被称为“排斥子”（repellers）。因此，我们可以用落在地面上的“球”来描述一个特定的决定（见图 18.2）。球在地面上滚动的情况将视两个主要因素的情况而定：①“吸引子”和“排斥子”的数量、分布和坡度；②球带入系统的能量。球落下的高度越高，它在停下之前滚动的时间就越长。最终，球将达到一个稳定的平衡点，其可能在其中一个山谷的底部，

“决定”在此地就已经作出了。如果景观存在一个特别强的“吸引子”（见图18.2a），则无论球被放置在景观的何处，球都有可能在同一位置达到稳定的平衡。另外，如果地形平坦且有许多小“吸引子”和“排斥子”，球运动发出的声音将非常嘈杂，且难以预测。

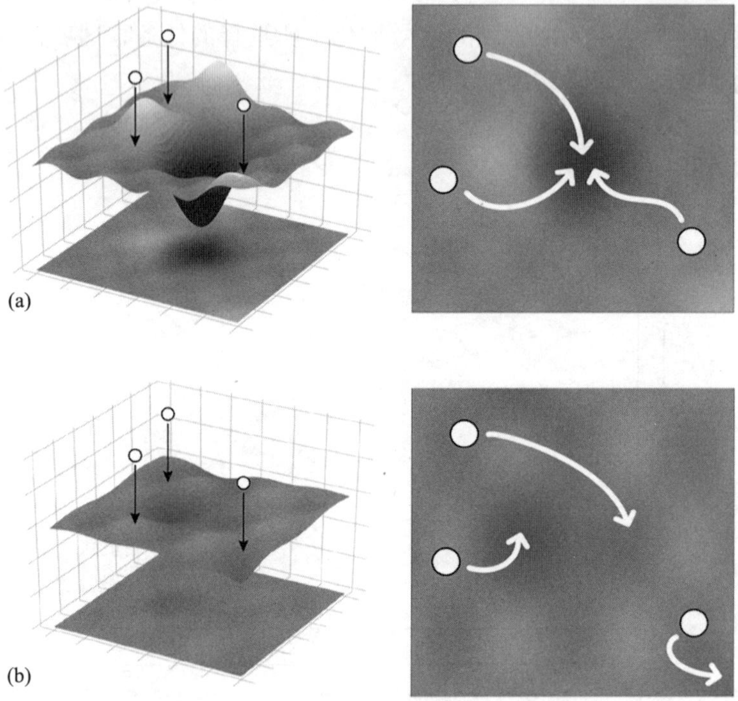

图18.2　对可能导致稳定（a）和不稳定（b）大脑状态的决策情景的图形描述

注：可以用一个“球”停在景观中的“山谷”来描述一种稳定的大脑状态（“吸引子”的状态）。这种景观是由显著性网络及相关大脑区域催生的努力、奖励和显著性信号塑造的。在STF中，有人提出“心流”是由（a）状态的环境沉淀的，其中一个“吸引子”占主导地位。

有证据表明，在人类决策过程中，这种景观在大脑中的表现方式由两个主要参数决定。第一个是每个可用选项相对于其他选项的预测值（收益减去成本）的神经信号（Levy & Glimcher, 2012）。随着时间的推移，这一信号得到加强，因为可用选项与特定结果的关联更加可靠（Dayan, 2012; Dayan & Balleine, 2002）。过去的研究表明，一个选项的奖励越高，该选项在决策景观中的吸引力就越大。

塑造这一景观的第二个信号被称为增益参数（gain parameter）（Shine & Poldrack, 2018）。该参数可根据上下文特征，提高或降低可用选项之间的对比度，使“山丘”更高（使排斥子更具排斥性）和“山谷”更低（使吸引子更具吸引力）（AstonJones & Cohen, 2005）。理论上，该增益参数是一个核心机制，其中，情绪状态（唤醒）与环境中厌恶诱因的加速和强化反应相关（Aston Jones & Waterhouse, 2016）。生物学、认知神经科学和机器学习领域的大量文献表明，在考虑这两个信号如何相互作用以形成决策景观时，一系列广泛的人类、动物、机器行为都是可以预测的（Barto, 2013; Botvinick, Weinstein, Solway, & Barto, 2015; Frankenhuis, Panchanathan, & Barto, 2019）。这些发现强调了神经生物学信息计算建模方法在理解媒介加工和效果方面的效用，这些加工和效果有赖于（depend on）兴奋转移等的唤醒水平（arousal level）(Zillmann, 1971)。

在人类的决策过程中，在产生这些信号方面，一组被称为显著网络（salience network）的大脑区域起着关键作用（Menon, 2015; Shenhav, Cohen, & Botvinick, 2016）。该网络的核心节点位于前岛叶（anterior insula，AI）和背侧前扣带皮层（dorsal anterior cingulate cortex，DACC），它可靠地追踪任务中难度和奖励度的变化（Shenhav, Straccia, Botvinick, & Cohen, 2016），并在任务之间的切换中发挥核心作用（Bressler & Menon, 2010; Menon & Uddin, 2010; Shenhav, Cohen, et al., 2016; Yin, Deák, & Chen, 2018）。显著性网络的强大输入来自中脑和脑干区域，这些区域会产生奖励和成本信号。为了向其他大脑区域发出信号，表明完成任务所需的努力是值得的，显著性网络可能在整合奖励、努力以及来自不同脑区域的背景信号等方面发挥了重要作用。重要的是，STF最近的理论工作突出了显著性网络在引导“心流”和非“心流”状态转换中的作用（Weber & Fisher, 2019）。利用汽车驾驶的隐喻，这项研究提出，显著性网络可能在某种程度上起着“离合器”的作用，其限定当前大脑状态的相对稳定性的范围，并影响大脑从闲置状态（默认模式，任务分离）到执行处理状态的转变，即“心流”。STF理论认为，来自显著网络的信号以一种突出当前任务的价值而非替代方案的方式，来影响大脑决策景观的发展。

该提议对媒介娱乐研究的意义体现在以下几个方面。首先，它强调了“心流”可以使用人们熟知的动机行为选择的计算模型来描述，指出了未来研究有前途的领域，包括哪些媒介选择、何种娱乐内容会导致“心流”体验以及这些媒介选择应如何指导未来的选择。其次，它强调了同步感在大规模神经元网络中的核心作用，包括“流”起始和持续的状态。最后，在将能力和难度平衡定位为可塑性时，它使STF能够解释，为何一个人在不同的情况下，根据其资源可用性水平，或其当下的动机状态，会选择截然不同的媒介类型。也许，它能使STF成为一个整合点（integration point），为其他现有的媒介选择动机模型服务（Eden, Johnson, & Hartmann, 2018; Oliver & Raney, 2011; Tamborini, Bowman, Eden, Grizzard, & Organ, 2010）。

“心流”与观众的同步感

现有关于娱乐环境中“心流”的研究主要集中在孤立的个体上，它试图向我们论证，观众的“心流”状态取决于此人的认知技能和中介任务难度之间的平衡点（Harris, et al., 2017a; Huskey, Craighead, et al., 2018; Huskey, Wilcox, et al., 2018; Klasen, Weber, Kircher, Mathiak, & Mathiak, 2012）。这种方法使研究人员能够开发一系列的测试，预测娱乐媒介的选择、处理和享受是如何依赖于信息和个人特征的。但对于娱乐学者来说，社交体验也是媒介选择和享受的核心组成部分。几乎所有关于人们为什么寻求并享受娱乐媒介的理论解释都强调了“社会奖励”这一元素（Bowman, Weber, Tamborini, & Sherry, 2013; Oliver & Raney, 2011; Reinecke, Vorderer, & Knop, 2014; Ryan, Rigby, & Przybylski, 2006; Tamborini, et al., 2010）。最近的研究试图将社会需求和技能在驱动“心流”体验中的作用结合起来（Harris, et al., 2017b; Kryston, Novotny, Schmalzle, & Tamborini, 2018）。STF研究尚未构建一个框架，该框架可以用来预测一群人如何集体参与娱乐活动，以及这些群体层面的“心流”体验如何进一步解释娱乐学者感兴趣的问题。

与其他复杂系统一样，越来越多的证据表明，提高群体内个人同步性是有益的，它可以预测在各种结果上群体的表现（Fusaroli & Tylén, 2016; Miles, Nind, & Macrae, 2009）。此外，越来越多的文献表明，神经层面的同步性增强与娱乐学者关注的许多因素有关，这些因素包括说服力（Schmälzle, Häcker, Honey, & Hasson, 2015）、信息有效性（Imhof, Schmälzle, Renner, & Schupp, 2017）、共同理解（shared understanding）（Hasson, Ghazanfar, Galantucci, Garrod, & Keysers, 2012）、信息内容记忆（Chen, et al., 2016; Hasson, Furman, Clark, Dudai, & Davachi, 2008）、叙事处理（Baldassano, et al., 2017; Yeshurun, Nguyen, & Hasson, 2017）、共同的解释框架（shared interpretive frameworks）（Yeshurun, Swanson et al., 2017）、社交亲密度（Parkinson, Kleinbaum, & Wheatley, 2018）等。

娱乐学者特别感兴趣的是神经电影学（neurocinematics）这一新兴领域——研究媒介叙事中的结构与内容特征对观众大脑激活和同步的影响（Hasson, Landesman, et al., 2008）。这一研究领域没有专注于一个特定的心理结构或任务，而是研究个体、定时刺激（timelocked stimulus）（通常是电影、电视节目或听觉叙事）对给定大脑区域或整个大脑活动的“主体间相关性”（intersubject correlation，ISC）的影响。在这一领域，人们假设，低阶处理区域（初级视觉或听觉皮层）之间的同步感是两个个体同时经历相同感觉刺激的指标，但高阶处理和记忆相关区域的同步感是共同注意力与认知参与的指标（Regev, et al., 2018）。

在某种程度上，“主体间相关性”是观众参与某一特定体验的可靠指标，但它并不能从本质上提供体验效能的有关信息，从而限制了目前它在理解享受和欣赏如何有助于观众体验“心流”方面的效用。STF在“心流”的心理结构及其潜在的神经生物学基质（substrates）方面的理论独特性，使其成为联结这两个文献体系的理想候选者，从而形成了一个总体的理论框架，来描述大脑内部及大脑之间的某些同步模式是如何预测人们的媒介享受及未来媒介选择的。在这个框架下，STF讨论了与“心流”理解相关的网络，为具有娱乐性、挑战性和奖励性的媒介内容如何在大规模大脑网络中触发同步感提供了信息。

STF还提出，某些认知的个体差异，如处理娱乐性媒介内容的不同认知能力、对娱乐性媒介内容的不同先验性偏好或体验、水平不同的“心流”体验倾向（de Manzano, et al., 2013; Ullén, et al., 2012）可能非常重要，特别是为ISC分析确定有意义的子群体或目标群体时。在这个框架中，相关的个体差异充当了个体看待特定信息的“棱镜”（lens）。这种棱镜影响了人们信息接触期间发生的行为和神经过程（Finn, Corlett, Chen, Bandettini, & Constable, 2018）。例如，有人认为，受特定的电影、音乐或其他媒介刺激的粉丝会比不是粉丝的人表现出更相似的大脑对刺激的反应，因为他们的解释性“棱镜”会限制神经的变异性，放大共有的反应（shared responses）。

正如STF中的情况一样，有关“兴趣”的神经生理学机制的理论比能对这些理论预测进行有效测试的工具先出现。“主体间功能相关性分析”（ISFC；Simony, et al., 2016）的最新发展，为个体之间或群体之间大脑内同步感的预测开辟了一个有希望的新领域。因此，ISFC为研究“心流”的人员提供了一个强大的分析工具，其可以用来研究任务诱发的同步感，这种同步感处在个人（群体）的注意力和奖励网络之间。ISFC方法隔离了大脑区域之间联结的刺激依赖的相关性（stimulus-dependent correlations）（而不仅仅是单个大脑区域的激活），可以提取出特定“心流”诱导任务（此处为娱乐媒介内容接触）的具体特征，并确定该特征能在多大程度上引发大脑内部和跨大脑的同步感。此外，由于ISC方法允许将刺激依赖性因素从个体差异中分隔出来，研究人员可以调查相关的刺激和个体差异对“心流”的促进作用。ISFC方法更适应多数据驱动的分析技术，这些技术试图根据大脑内部和大脑之间的同步模式对不同的情况（无聊、“心流”和沮丧）进行分类。简言之，面向受众（由个人组成的群体）的STF认为，更多的诱导“心流”的内容、娱乐媒介的内容，不仅会在某个人内部引发大脑联结模式，还会诱发受众成员大脑中的这些联结模式的同步感。

神经美学、同步理论和媒介娱乐研究

到现在为止，本章介绍了STF的核心前提，讨论了动机和客观/主观努力对媒介娱乐选择、处理、评估的重要影响，回顾了媒介娱乐如何以及何时引发神经生物学系统之间及其内部的同步感。为解释和预测媒介娱乐，基于生物学的平衡模型（a biologically rooted balance model），雪莉（2004）提出了“心流”的概念，但他没有说明“心流”体验的生物学基质（substrates）。通过解释“心流”体验背后的特定神经生物学机制，STF填补了这一空白，使这些建议得以验证。因此，STF把传播领域有关媒介娱乐的文献和审美体验的认知神经科学桥接起来。但这座桥是什么样子的呢？传播学者在跨越这座桥时，会遇到何种特定的历史、什么样的文献、什么样的认识论和批评？或者，传播学家将如何吸引神经美学学者前来，探索神经美学与当代传播研究之间的联系？本章最后一节提供了一些想法，这些想法可能有助于回答以上问题并推进跨学科合作。

对审美体验的实证研究有着悠久的传统，可以追溯到19世纪末古斯塔夫·西奥多·费希纳（Gustav Theodor Fechner, 1876）在德国对审美评估的开创性工作。这一研究传统对审美体验的定义颇为宽泛，不仅包括个人对艺术、建筑、文学作品以及音乐的反应，也包括人类对通过他们的感官系统体验到的任何物体所作出的反应（智能手机等现代技术物体或景观体验）。因此，可以将个人对娱乐媒介内容的反应理解为一种审美体验（Cupchik & Kemp, 2000）。

影响20世纪美学研究目标及范围的有影响力的哲学家与心理学家比尔兹利（Beardsley, 1969）和伯林（Berlyne, 1971），在寻求美学经验的实用概念化时，很早就使用了认知科学的语言。例如，比尔兹利（1969, p.5）写道：在某一段特定时间内，当且仅当他在这段时间内的大部分心理活动，通过与他关注的物体的形式和品质相联结而变得统一和愉悦时，此人才会拥有一种审美体验（Pearce, et al., 2016）。因此，比尔兹利认为，审美体验反映了一种“统一的心理活动”（同步感？），它与某个物体的特征相联结（感知到处理的困难？），这一物体要么是存在的，要么是想象的，而且该物体吸引了此人的注意力（瞬时处理能力和持续注意力？），这种“统一的心理活动”表现为愉悦（奖励性的？）。

现代审美经验概念化中对认知结构的关注加上心理学中的“认知革命”，促使查特吉和瓦尔塔尼安（Chatterjee, Vartanian, et al.）等当代美学学者建立了一个新的研究领域：神经美学（neuroaesthetics）。在神经美学这一学科里，来自不同背景（科学、人文和艺术）的学者将认知神经科学的发现和原理应用于审美体验的预测与理解（Pearce, et al., 2016）。就审美体验之下的心理结构而言，神经美学学者主要对审美偏好的概括性解释和预测（在比较其他刺激时）、关于这些审美偏好的个体差异以及这些偏好的进化根源感兴趣。对偏好和个体差异的关注使神经美学学者从错误的期待中解脱出来，这些错误的期待是为美的个体、美的物质性本质可能是什么这一问题找到一个科学答案。

早期对神经美学的批评认为，美是一种高度语境化、主观化（个体独特性）的结构，缺乏普遍的定义，因此在很大程度上无法进行一般化的科学研究。不过，神经美学学者认为，这同样适用于记忆或情绪等认知结构，因为情绪和记忆同样是高度语境化与个人化的，且没有普遍一致的定义。尽管如此，认知学者还是成功地对它们进行了研究。正如记忆和情绪研究（以及其他认知领域的大多数研究）中的情况一样，只需要解释（并有可能预测）不同时间点、不同环境或语境下个体内部和个体之间的差异，而不是体验本身的本质，这种研究方法就是成功的。

此外，与STF相似，当代神经美学研究融合了现代脑科学的最新理论和方法论概念。对于神经美学学者来说，审美偏好和个体差异并不在局部、高度专业化、定义明确的大脑“区域”中编码，这些区域可以通过叠加在普通人脑解剖图像上的简单“斑点”来显示。相反，有人认为，审美体验是“从肌动感应、情感评估和意义知识系统之间的互动中产生的紧急状态”（Chatterjee & Vartanian, 2014, p.371）。紧急脑状态（emergent brain states）的概念源自大脑网络的复杂的时序动态，总的来说，它是神经美学研究的关键基础，尤其是STF研究的基础（Weber, 2015; Weber, Eden, Huskey, Mangus, & Falk, 2015）。

因此，我们认为，通过STF概念化、具体化的“心流”理论的视角来研究娱乐偏好的个体差异，可以在许多方面理解为一种神经美学领域的努力。因此，STF对于理解媒介偏好和媒介处理的实用性，也可能有助于理解人类对超越信息和叙事的挑战性“审美”体验的追求。我们认为，在进一步阐明审美鉴赏的神经基础方面，STF可能比一般的审美偏好模式更具独特的优势。同样，STF对注意力和享受的神经基础的精确描述使其成为理解媒介娱乐背后核心机制的理想纽带。

审美体验的典型模型强调基本知觉过程、记忆、注意力、情绪、社会认知和其他更底层、更低级的认知过程的参与，每一个过程都与几个潜在的大脑区域和网络有关（Pearce, et al., 2016）——换句话说，其在任何时刻都涉及整个大脑。相比之下，STF详细阐述了①哪些网络是成功接触（诱发“心流”）娱乐内容（特定关注和奖励网络）的主要调查点；②成功接触娱乐内容（个人内部和个人之间的同步感）会带来何种脑部网络动态；③哪些信息和接收者的特征可能会带来成功的娱乐内容接触（信息难度和瞬时能力；Fisher, Huskey, Keene, & Weber, 2018）；④哪些具体的分析方法最适合来调查作为成功的媒介娱乐的代表（网络神经科学、ISC、ISFC）的“心流”体验。这种特殊性使STF有更大的能力来生成可测试（并可证伪）的预测，从而促进跨学科的科学理解。

结　论

在最近20年里，“心流”已经成为娱乐媒介选择和评估讨论中的主要内容。与此同时，关于“动机”和“努力”的认知神经科学研究已经开发了神经生物学机制面向的理解，这些机制解释了“心流”体验如此有益的原因。传播及相关领域越来越多的对STF的预测的支持强化了其作为研究“心流”状态的启动、维持的经验模式的效用，STF解释了这些过程如何帮助我们理解娱乐和审美体验的强大吸引力。STF理论架构和神经科学分析方法令人振奋的新发展为以新的方式检验STF的预测开辟了新道路，指出了STF作为娱乐研究中众多理论和模型的整合纽带的潜力。

参考文献

Arenas, A., Díaz-Guilera, A., Kurths, J., Moreno, Y., & Zhou, C. (2008). Synchronization in complex networks. *Physics Reports*, 469(3), 93–153. https://doi.org/10.1016/j.physrep. 2008.09.002.

Aston-Jones, G., & Cohen, J. D. (2005). An integrative theory of locus coeruleus-norepinephrine function: adaptive gain and optimal performance. *Annual Review of Neuroscience*, 28(1), 403–450. https://doi.org/10.1146/annurev.neuro.28.061604.135709.

Aston-Jones, G., & Waterhouse, B. (2016). Locus coeruleus: From global projection system to adaptive regulation of behavior. *Brain Research*, 1645, 75–78. https://doi.org/10.1016/j. brainres.2016.03.001.

Baldassano, C., Chen, J., Zadbood, A., Pillow, J. W., Hasson, U., & Norman, K. A. (2017). Discovering event structure in continuous narrative perception and memory. *Neuron*, 95(3), 709–721. https://doi.org/10.1016/j.neuron.2017.06.041.

Barto, A. G. (2013). Intrinsic motivation and reinforcement learning. In G. Baldassarre & M. Mirolli (Eds.), *Intrinsically motivated learning in natural and artificial systems* (pp. 17–47). Berlin, DE: Springer-Verlag. https://doi.org/10.1007/978-3-642-32375-1_2.

Bassett, D. S., & Bullmore, E. (2006). Small-world brain networks. *The Neuroscientist*, 12(6), 512–523. https://doi.org/10.1177/1073858406293182.

Bassett, D. S., & Sporns, O. (2017). Network neuroscience. *Nature Neuroscience*, 20(3), 353–364. https://doi.org/10.1038/nn.4502.

Beardsley, M. C. (1969). Aesthetic experience regained. *Journal of Aesthetics and Art Criticism*, 28(1), 3–11. https://doi.org/10.2307/428903.

Berlyne, D. E. (1971). *Aesthetics and psychobiology*. East Norwalk, CT: Appleton-Century-Crofts.

Botvinick, M., & Braver, T. (2015). Motivation and cognitive control: From behavior to neural mechanism. *Annual Review of Psychology*, 66(1), 83–113. https://doi.org/10.1146/annurevpsych-010814-015044.

Botvinick, M., Weinstein, A., Solway, A., & Barto, A. (2015). Reinforcement learning, efficient coding, and the statistics of natural tasks. *Current Opinion in Behavioral Sciences*, 5, 71–77. https://doi.org/10.1016/j.cobeha.2015.08.009.

Bowman, N. D., Weber, R., Tamborini, R., & Sherry, J. (2013). Facilitating game play: How others affect performance at and enjoyment of video games. *Media Psychology*, 16(1), 39–64. https://doi.org/10.1080/15213269.2012.742360.

Bressler, S. L., & Menon, V. (2010). Large-scale brain networks in cognition: Emerging methods and principles. *Trends in Cognitive Sciences*, 14(6), 277–290. https://doi.org/10.1016/j.tics.2010.04.004.

Chatterjee, A., & Vartanian, O. (2014). Neuroaesthetics. *Trends in Cognitive Sciences*, 18(7), 370–375. https://doi.org/10.1016/j.tics.2014.03.003.

Chen, J., Leong, Y. C., Honey, C. J., Yong, C. H., Norman, K. A., & Hasson, U. (2016). Shared memories reveal shared structure in neural activity across individuals. *Nature Neuroscience*, 20(1), 115–125.

Csikszentmihalyi, M. (1988). The flow experience and its significance for human psychology. In M. Csikszentmihalyi & I. Csikszentmihalyi (Eds.), *Optimal experience: Psychological studies of flow in consciousness* (pp. 15–35). New York, NY: Cambridge University Press.

Csikszentmihalyi, M. (1990). *Flow: The psychology of optimal performance*. New York, NY: Harper and

Row.

Cupchik, G. C., & Kemp, S. (2000). The aesthetics of media fare. In D. Zillmann & P. Vorderer (Eds.), Media entertainment: The psychology of its appeal (pp. 249–265). Mahwah, NJ: Erlbaum.

Dayan, P. (2012). How to set the switches on this thing. *Current Opinion in Neurobiology*, 22(6), 1068–1074. https://doi.org/10.1016/j.conb.2012.05.011.

Dayan, P., & Balleine, B. W. (2002). Reward, motivation, and reinforcement learning. *Neuron*, 36(2), 285–298. https://doi.org/10.1016/S0896-6273(02)00963-7.

De Manzano, Ö., Cervenka, S., Jucaite, A., Hellenäs, O., Farde, L., & Ullén, F. (2013). Individual differences in the proneness to have flow experiences are linked to dopamine D2-receptor availability in the dorsal striatum. *NeuroImage*, 67, 1–6. https://doi.org/10.1016/j.neuroimage.2012.10.072.

Deco, G., Rolls, E. T., Albantakis, L., & Romo, R. (2013). Brain mechanisms for perceptual and reward-related decision-making. *Progress in Neurobiology*, 103, 194–213. https://doi.org/10.1016/j.pneurobio.2012.01.010.

Dietrich, A. (2004). Neurocognitive mechanisms underlying the experience of flow. *Consciousness and Cognition*, 13(4), 746–761. https://doi.org/10.1016/j.concog.2004.07.002.

Eden, A., Johnson, B. K., & Hartmann, T. (2018). Entertainment as a creature comfort: selfcontrol and selection of challenging media. *Media Psychology*, 21(3), 352–376. https://doi.org/10.1080/15213269.2017.1345640.

Falk, E. B., & Bassett, D. S. (2017). Brain and social networks: Fundamental building blocks of human experience. *Trends in Cognitive Sciences*, 21(9), 674–690. https://doi.org/10.1016/j.tics.2017.06.009.

Fechner, G. T. (1876). *Vorschule der aesthetik*. Leipzig, Germany: Breitkopf & Härtel.

Finn, E. S., Corlett, P. R., Chen, G., Bandettini, P. A., & Constable, R. T. (2018). Trait paranoia shapes inter-subject synchrony in brain activity during an ambiguous social narrative. *Nature Communications*, 9(1), 1–13. https://doi.org/10.1038/s41467-018-04387-2.

Finneran, C. M., & Zhang, P. (2005). Flow in computer-mediated environments: promises and challenges. *Communications of the Association for Information Systems*, 15(4), 82–101. https://doi.org/10.17705/1CAIS.01504.

Fisher, J. T., Huskey, R., Keene, J. R., & Weber, R. (2018). The limited capacity model of motivated mediated message processing: Looking to the future. *Annals of the International Communication Association*, 42(4), 291–315. https://doi.org/10.1080/23808985.2018.1534551.

Frankenhuis, W. E., Panchanathan, K., & Barto, A. G. (2019). Enriching behavioral ecology with reinforcement learning methods. *Behavioural Processes*, 161, 94–100. https://doi.org/10.1016/j.beproc.2018.01.008.

Fusaroli, R., & Tylén, K. (2016). Investigating conversational dynamics: interactive alignment, interpersonal synergy, and collective task performance. *Cognitive Science*, 40(1), 145–171. https://doi.org/10.1111/cogs.12251.

Greicius, M. D., Krasnow, B., Reiss, A. L., & Menon, V. (2003). Functional connectivity in the resting brain: A network analysis of the default mode hypothesis. *Proceedings of the National Academy of Sciences, 100*(1), 253–258. https://doi.org/10.1073/pnas.0135058100.

Harris, D. J., Vine, S. J., & Wilson, M. R. (2017a). Is flow really effortless? The complex role of effortful attention. *Sport, Exercise, and Performance Psychology*, 6(1), 103–114. https://doi.org/10.1037/spy0000083.

Harris, D. J., Vine, S. J., & Wilson, M. R. (2017b). Neurocognitive mechanisms of the flow state. In M. R.

Wilson, V. Walsh, & B. Parkin (Eds.), *Progress in brain research* (Vol. 234, pp. 221–243). New York, NY: Elsevier. https://doi.org/10.1016/bs.pbr.2017.06.012.

Hasson, U., Furman, O., Clark, D., Dudai, Y., & Davachi, L. (2008). Enhanced intersubject correlations during movie viewing correlate with successful episodic encoding. *Neuron*, 57(3), 452–462. https://doi.org/10.1016/j.neuron.2007.12.009.

Hasson, U., Ghazanfar, A. A., Galantucci, B., Garrod, S., & Keysers, C. (2012). Brain-to-brain coupling: A mechanism for creating and sharing a social world. *Trends in Cognitive Sciences*, 16(2), 114–121. https://doi.org/10.1016/j.tics.2011.12.007.

Hasson, U., Landesman, O., Knappmeyer, B., Vallines, I., Rubin, N., & Heeger, D. J. (2008). Neurocinematics: The neuroscience of film. *Projections*, 2(1), 1–26. https://doi.org/10.3167/proj.2008.020102.

Hoffman, D. L., & Novak, T. P. (2009). Flow online: Lessons learned and future prospects. *Journal of Interactive Marketing*, 23(1), 23–34. https://doi.org/10.1016/j.intmar.2008.10.003.

Huskey, R., Craighead, B., Miller, M. B., & Weber, R. (2018). Does intrinsic reward motivate cognitive control? A naturalistic-fMRI study based on the synchronization theory of flow. *Cognitive, Affective, and Behavioral Neuroscience*, 18(5), 902–924. https://doi.org/10.3758/s13415-018-0612-6.

Huskey, R., Wilcox, S., & Weber, R. (2018). Network neuroscience reveals distinct neuromarkers of flow during media use. *Journal of Communication*, 68(5), 872–895.

Imhof, M. A., Schmälzle, R., Renner, B., & Schupp, H. T. (2017). How real-life health messages engage our brains: Shared processing of effective anti-alcohol videos. *Social Cognitive and Affective Neuroscience*, 12(7), 1188–1196. https://doi.org/10.1093/scan/nsx044.

Inzlicht, M., Shenhav, A., & Olivola, C. Y. (2018). The effort paradox: Effort is both costly and valued. *Trends in Cognitive Sciences*, 22(4), 337–349. https://doi.org/10.1016/j.tics.2018.01.007.

Keller, J., Bless, H., Blomann, F., & Kleinböhl, D. (2011). Physiological aspects of flow experiences: Skills-demand-compatibility effects on heart rate variability and salivary cortisol. *Journal of Experimental Social Psychology*, 47(4), 849–852. https://doi.org/10.1016/j.jesp.2011.02.004.

Klasen, M., Weber, R., Kircher, T. T. J., Mathiak, K. A., & Mathiak, K. (2012). Neural contributions to flow experience during video game playing. *Social Cognitive and Affective Neuroscience*, 7(4), 485–495. https://doi.org/10.1093/scan/nsr021.

Kryston, K., Novotny, E., Schmalzle, R., & Tamborini, R. (2018). Social demand in video games and the synchronization theory of flow. In N. D. Bowman (Ed.), *Video games: A medium that demands our attention* (p. 161–177). Philadelphia, PA: Routledge.

Levy, D. J., & Glimcher, P. W. (2012). The root of all value: A neural common currency for choice. *Current Opinion in Neurobiology*, 22(6), 1027–1038. https://doi.org/10.1016/j.conb.2012.06.001.

Mandryk, R. L., Inkpen, K. M., & Calvert, T. W. (2006). Using psychophysiological techniques to measure user experience with entertainment technologies. *Behaviour and Information Technology*, 25(2), 141–158. https://doi.org/10.1080/01449290500331156.

Menon, V. (2015). Salience network. In A. W. Toga (Ed.), *Brain mapping* (pp. 597–611). New York, NY: Elsevier. https://doi.org/10.1016/B978-0-12-397025-1.00052-X.

Menon, V., & Uddin, L. Q. (2010). Saliency, switching, attention and control: A network model of insula function. *Brain Structure and Function*, 214(5–6), 655–667. https://doi.org/10.1007/s00429-010-0262-0.

Miles, L. K., Nind, L. K., & Macrae, C. N. (2009). The rhythm of rapport: Interpersonal synchrony and social perception. *Journal of Experimental Social Psychology*, 45(3), 585–589. https://doi.org/10.1016/j.jesp.2009.02.002.

Novak, T. P., Hoffman, D. L., & Yung, Y.-F. (2000). Measuring the customer experience in online environments: a structural modeling approach. *Marketing Science*, 19(1), 22–42. https://doi.org/10.1287/mksc.19.1.22.15184.

Oliver, M. B., & Raney, A. A. (2011). Entertainment as pleasurable and meaningful: identifying hedonic and eudaimonic motivations for entertainment consumption. *Journal of Communication*, 61(5), 984–1004. https://doi.org/10.1111/j.1460-2466.2011.01585.x.

Parkinson, C., Kleinbaum, A. M., & Wheatley, T. (2018). Similar neural responses predict friendship. *Nature Communications*, 9(1), 332. https://doi.org/10.1038/s41467-017-02722-7.

Pearce, M. T., Zaidel, D. W., Vartanian, O., Skov, M., Leder, H., Chatterjee, A., & Nadal, M. (2016). Neuroaesthetics: The cognitive neuroscience of aesthetic experience. *Perspectives on Psychological Science*, 11(2), 265–279. https://doi.org/10.1177/1745691615621274.

Peifer, C. (2012). Psychophysiological correlates of flow-experience. In S. Engeser (Ed.), *Advances in Flow Research* (pp. 139–164). New York, NY: Springer. https://doi.org/10.1007/978-1-4614-2359-1_8.

Peifer, C., Schulz, A., Schächinger, H., Baumann, N., & Antoni, C. H. (2014). The relation of flow-experience and physiological arousal under stress—Can u shape it? *Journal of Experimental Social Psychology*, 53, 62–69. https://doi.org/10.1016/j.jesp.2014.01.009.

Postman, N. (1985). *Amusing ourselves to death: public discourse in the age of show business*. New York, NY, USA: Penguin.

Raichle, M. E. (2015). The brain's default mode network. *Annual Review of Neuroscience*, 38(1), 433–447. https://doi.org/10.1146/annurev-neuro-071013-014030.

Raichle, M. E., MacLeod, A. M., Snyder, A. Z., Powers, W. J., Gusnard, D. A., & Shulman, G. L. (2001). A default mode of brain function. *Proceedings of the National Academy of Sciences*, 98(2), 676–682. https://doi.org/10.1073/pnas.98.2.676.

Regev, M., Simony, E., Lee, K., Tan, K. M., Chen, J., & Hasson, U. (2018). Propagation of information along the cortical hierarchy as a function of attention while reading and listening to stories. *Cerebral Cortex*, 29, 4017–4034. https://doi.org/10.1093/cercor/bhy282.

Reinecke, L., Vorderer, P., & Knop, K. (2014). Entertainment 2.0? The role of intrinsic and extrinsic need satisfaction for the enjoyment of facebook use. *Journal of Communication*, 64(3), 417–438. https://doi.org/10.1111/jcom.12099.

Rheinberg, F., & Vollmeyer, R. (2003). Flow experience in a computer game under experimentally controlled conditions. *Zeitschrift für Psychologie*, 211(4), 161–170. https://doi.org/10.1026//0044-3409.211.4.161.

Ryan, R. M., Rigby, C. S., & Przybylski, A. (2006). The motivational pull of video games: A self-determination theory approach. *Motivation and Emotion*, 30(4), 344–360. https://doi.org/10.1007/s11031-006-9051-8.

Schmälzle, R., Häcker, F. E. K., Honey, C. J., & Hasson, U. (2015). Engaged listeners: Shared neural processing of powerful political speeches. *Social Cognitive and Affective Neuroscience*, 10(8), 1137–1143. https://doi.org/10.1093/scan/nsu168.

Shenhav, A., Cohen, J. D., & Botvinick, M. M. (2016). Dorsal anterior cingulate cortex and the value of control. *Nature Neuroscience*, 19(10), 1286–1291. https://doi.org/10.1038/nn.4384.

Shenhav, A., Straccia, M. A., Botvinick, M. M., & Cohen, J. D. (2016). Dorsal anterior cingulate and ventromedial prefrontal cortex have inverse roles in both foraging and economic choice. *Cognitive, Affective, and Behavioral Neuroscience*, 16(6), 1127–1139. https://doi.org/10.3758/s13415-016-0458-8.

Sherry, J. (2004). Flow and media enjoyment. *Communication Theory*, 14(4), 328–347.

Shine, J. M., & Poldrack, R. A. (2018). Principles of dynamic network reconfiguration across diverse brain states. *NeuroImage*, 180, 396–405. https://doi.org/10.1016/j.neuroimage.2017.08.010.

Simony, E., Honey, C. J., Chen, J., Lositsky, O., Yeshurun, Y., Wiesel, A., & Hasson, U. (2016). Dynamic reconfiguration of the default mode network during narrative comprehension. *Nature, Communications*, 7, 12141. https://doi.org/10.1038/ncomms12141.

Sporns, O. (2010). *Networks of the brain*. Cambridge, MA: MIT Press.

Strogatz, S. (2004). *Sync: The emerging science of spontaneous order*. London, UK: Penguin. Tamborini, R., Bowman, N. D., Eden, A., Grizzard, M., & Organ, A. (2010). Defining media enjoyment as the satisfaction of intrinsic needs. Journal of Communication, 60(4), 758–777. https://doi.org/10.1111/j.1460-2466.2010.01513.x.

Ullén, F., de Manzano, Ö., Almeida, R., Magnusson, P. K. E., Pedersen, N. L., Nakamura, J., … Madison, G. (2012). Proneness for psychological flow in everyday life: Associations with personality and intelligence. *Personality and Individual Differences*, 52(2), 167–172. https://doi.org/10.1016/j.paid.2011.10.003.

Ulrich, M., Keller, J., Hoenig, K., Waller, C., & Grön, G. (2014). Neural correlates of experimentally induced flow experiences. *NeuroImage*, 86, 194–202. https://doi.org/10.1016/j. neuroimage.2013.08.019.

Weber, R. (2015). Brain, mind, and media: Neuroscience meets media psychology. *Journal of Media Psychology*, 27(3), 89–92. https://doi.org/10.1027/1864-1105/a000162.

Weber, R., Alicea, B., Huskey, R., & Mathiak, K. (2018). Network dynamics of attention during a naturalistic behavioral paradigm. *Frontiers in Human Neuroscience*, 182, 1–14. https://doi.org/10.3389/fnhum.2018.00182.

Weber, R., Eden, A., Huskey, R., Mangus, J. M., & Falk, E. (2015). Bridging media psychology and cognitive neuroscience: Challenges and opportunities. *Journal of Media Psychology*, 27(3), 146–156.

Weber, R., & Fisher, J. (2019). Advancing the synchronization theory of flow experiences. In K. Floyd & R. Weber (Eds.), *The Routledge handbook of communication science and biology* (pp. 157–176). New York, NY: Routledge.

Weber, R., Mathiak, K., & Sherry, J. (2009). The neurophysiological perspective in mass communication research. In M. Beatty, J. McCroskey, & K. Floyd (Eds.), *Biological dimensions of communication: Perspectives, methods, and research* (pp. 43–73). New York, NY: Hampton Press.

Weber, R., Tamborini, R., Westcott-Baker, A., & Kantor, B. (2009). Theorizing flow and media enjoyment as cognitive synchronization of attentional and reward networks. *Communication Theory*, 19(4), 397–422. https://doi.org/10.1111/j.1468-2885.2009.01352.x.

Weibel, D., Wissmath, B., Habegger, S., Steiner, Y., & Groner, R. (2008). Playing online games against computer- vs. human-controlled opponents: Effects on presence, flow, and enjoyment. *Computers in Human Behavior*, 24(5), 2274–2291. https://doi.org/10.1016/j.chb.2007.11.002.

Westcott-Baker, A., & Weber, R. (2012). The synchronization theory of flow: Consequences of a limited capacity for attention and consciousness. In J. Gackenbach (Ed.), *Video game play and consciousness* (pp. 125–148). Hauppauge, NY: Nova Science.

Westgate, E. C., & Wilson, T. D. (2018). Boring thoughts and bored minds: The MAC model of boredom and cognitive engagement. *Psychological Review*, 125(5), 689–713. https://doi.org/10.1037/rev0000097.

Yeshurun, Y., Nguyen, M., & Hasson, U. (2017). Amplification of local changes along the timescale processing hierarchy. *Proceedings of the National Academy of Sciences*, 114(35), 9475–9480. https://doi.org/10.1073/pnas.1701652114.

Yeshurun, Y., Swanson, S., Simony, E., Chen, J., Lazaridi, C., Honey, C. J., & Hasson, U. (2017). Same story, different story: the neural representation of interpretive frameworks. *Psychological Science*, 28(3), 307–319. https://doi.org/10.1177/0956797616682029.

Yin, S., Deák, G., & Chen, A. (2018). Coactivation of cognitive control networks during task switching. *Neuropsychology*, 32(1), 31–39. https://doi.org/10.1037/neu0000406.

Yoshida, K., Sawamura, D., Inagaki, Y., Ogawa, K., Ikoma, K., & Sakai, S. (2014). Brain activity during the flow experience: A functional near-infrared spectroscopy study. *Neuroscience Letters*, 573, 30–34. https://doi.org/10.1016/j.neulet.2014.05.011.

Zillmann, D. (1971). Excitation transfer in communication-mediated aggressive behavior. *Journal of Experimental Social Psychology*, 7(4), 419–434. https://doi.org/10.1016/0022-1031(71)90075-8.

第十九章　超越“实现主义”娱乐
——有意义娱乐的回顾与扩展

索菲・H. 简尼克－鲍尔斯
安妮・巴奇
玛丽・贝斯・奥利弗
亚瑟・A. 雷尼

“实现主义”娱乐传统的概念化

最近，娱乐研究领域的理论及实证研究（Oliver, et al., 2018; Oliver & Bartsch, 2010; Oliver & Raney, 2011; Tamborini, Bowman, Eden, Grizzard, & Organ, 2010; Vorderer, 2011; Wirth, Hofer, & Schramm, 2012）引起人们关注两种媒介体验的区别，这两种体验都与娱乐相关。一方面，娱乐消费具有内在吸引力，因为它在调节情绪和唤醒方面能让人瞬间感觉良好。有人认为，这种借用媒介进行情感调节的过程是娱乐消费中享乐动机的核心。另一方面，娱乐消费也可以激发奖赏感（rewarding feeling）和认知体验，以更复杂、更可持续的方式促进情感健康。娱乐消费还培养了观众的洞察力、意义感和社会联结感（Oliver & Bartsch, 2010; Oliver & Raney, 2011; Vorderer & Reinecke, 2015; Wirth, et al., 2012）。

奥利弗和雷尼（2011）从幸福动机的角度出发，借鉴古典哲学（亚里士多德，1931年译）中“享乐主义幸福”和“实现主义幸福”之间的区别，对第二种娱乐体验进行概念化。其中，“享乐主义幸福”源于愉悦感，而“实现主义幸福”源于意义、洞察力和成长。在最近关于实现主义幸福感的社会心理学研究中，这种由来已久的哲学区别开始复兴（Ryff, 1989; Waterman, 1993）。例如，沃特曼（Waterman, 1993）的作品就对“享乐主义幸福”（与愉悦感相关）与“实现主义幸福”（“表现力”）进行了区分。沃特曼指出，与“实现主义幸福”相关的活动与专注感、挑战感和胜任力密切相关，而享乐式活动与快乐、满足和放松感更相关。同样，研究（Ryff, 1989; Ryan, Huta, & Deci, 2008）认为，主观幸福感（subjective well-being）与积极情感有关，而心理幸福感（psychological well-being）与自我接纳、生活目标、环境掌控、积极的人际关系、个人成长和自主性有关。自主性、能力和关联性需求在幸福感中的核心作用也在自决理论中得到了呼应（Ryan, Huta, & Deci, 2008）。幸福需求的满足并不一定涉及积极的情感，然而，从长远来看，它似乎有助于情绪稳定和幸福，因为它增强了个人面对和应对负面经历的能力（Ryan, et al., 2008）。

娱乐学者确定了几个有意义的媒介体验维度，这些维度有助于人们了解更复杂、更可持续的心理需求满足形式，包括欣赏、混合情感（mixed affect）、意义感和认知阐述等。电影《让爱传出去》（*Pay It Forward*）就是个比较有意义的媒介体验案例。该电影讲述了一个七年级学生特雷弗（Trevor）的故事，他接受了一个“帮助3个人”的挑战，而接受他帮助的3个人又帮助了另外3个人。在这部电影里，我们看到了各种各样的好人好事（good deeds），如给流浪汉提供一个睡觉的地方，结果流浪汉会反过来帮人修车，还救了一个想自杀的女人。这种对道德美的描绘会触动观众，使其感动、感到温暖。与此同时，观众还了解到特雷弗的母亲与一酗酒男子的关系，以及特雷弗的老师小时候差点被他生父活活烧死的故事。作为一名观众，我们可以体验到人生的悲苦、人类的挣扎以及困苦命运所带来的创伤和后果。当特雷弗的母亲和他的老师陷入浪漫关系时，特雷弗正努力帮助学校里一个受欺负的孩子，并最终受伤致死。电影结束时，整个社区都对这对手持蜡烛、悲痛不已的夫妇表示哀悼和感谢。从这部电影里，观众将从悲剧中获得意义，被前来对特雷弗及其计划表达感激和钦佩之情的群众所感动，心生酸楚，同时为他的失去而哀痛。

欣赏（appreciation）的概念抓住了实现主义娱乐体验（eudaimonic entertainment experiences）的一般性特征，它们与那些平时包含在愉悦概念中的快乐、悬念等享乐式奖励体验不同（Oliver & Bartsch, 2010）。奥利弗和巴奇（2010）将“实现主义欣赏”（eudaimonic appreciation）描述为“一种体验状态，其特征是感知更深层次的意义、被感动的感觉，以及阐释那种受体验启发的想法、感受的动机”（p.76）。例如，奥利弗和哈特曼（2010）对个人对从有意义的电影中学到的教训的开放式描述进行了分析，他们发现，观众不仅反思了生命的价值和短暂性、人类美德和忍耐的重要性，也了解到悲伤、残忍和痛苦是人生不可避免的一部分。

人们认为，情感在激发这种有意义、有思想的媒介体验方面起着至关重要的作用。起初，对那些有意义的媒介进行的研究中，人们通常只关注负面反应的效能，如悲伤或悔恨。但现在学者们会承认，这种体验会涉及混合情感，或者积极与消极情绪会复杂共现（Slater, Oliver, & Appel, 2019）。人们通常会将这种源自媒介的混合情感描述为有意义的、感人的、动人的、温柔的或辛酸的体验（Ersner-Hershfield, Mikels, Sullivan, & Carstensen, 2008; Oliver, 2008），而且描述特别涉及共情、振奋（elevation）和敬畏等道德情感（Possler & Raney）。

此外，学者们还观察到，有意义的媒介体验往往需要更高的认知水平或更费力的认知处理（Bartsch, Kalch, & Oliver, 2014; Bartsch & Schneider, 2014）。与寻求享乐不同，追求洞察力、意义、真理和自我发展等“实现主义”动机与专注感、挑战感、认知努力的消耗是一致的（Waterman, 1993）。研究表明，实现主义体验中的情感成分，如消极或混合情感以及共情等情感，在刺激自我反思、观点选择和道德推理的过程中发挥了作用（Bartsch, et al., 2014; Bartsch & Schneider, 2014; Bartsch, Oliver, Nitsch, & Scherr, 2018）。例如，在观看某个与政治相关的感人场景之后，将其与某个纯粹享乐的愉悦场景相比，观众会对政治场景有更多的反思，对相关事宜的兴趣也更高（Bartsch & Schneider, 2014）。此外，“直觉道德模型和范例”（the model of intuitive morality and exemplars, MIME）（Tamborini, 2013; Eden, Tamborini, Aley, & Goble, this volume）假设，实现主义娱乐经常会给观众带来道德困境，两难之中，必有某一直觉道德领域的价值观会被破坏，人们以此来维护其他领域的价值观。刘易斯等人（2014）发现，含有道德冲突的内容需要观众花更长的时间去处理，并且与那些不涉及道德冲突的内容相比，人们欣赏时给的评分更高（Tamborini, this volume），这种结果与人们之前的假设一致，即“道德困境在认知上具有挑战性，并有助于进行实现主义欣赏。”

与自我决定理论（Ryan, et al., 2008）相符，一些学者从满足自主性、胜任感和关联性等内在需求的角度对有意义的媒介体验进行了概念化（Tamborini, et al., 2010）。比如，沃德勒（2011）提出了娱乐动机的双层模型（a two-level model of entertainment motivation），其中，“愉悦”反映的是对理解和快乐更简单、更机械的回应，而“欣赏”反映的是娱乐在多大程度上有助于实现人的自主性、能力以及其他相关需求（另见本书Johnson, Slater, Silver, & Ewoldsen的论述）。沃思等人（Wirth, et al., 2012）将这些想法纳入一个多维测量，对实现主义娱乐体验进行了检测。

值得注意的是，实现主义娱乐的研究与亲社会媒介效应研究之间的界限在其他领域变得越来越模糊，如新闻、体育和广告等。现有几项研究考察了由叙事新闻（Oliver, Dillard, Bae, & Tamul, 2012）、体育（Bartsch, et al., 2018）、广告（Bartsch & Kloß, 2018）以及公共服务公告（Oliver, et al., 2015）引发的实现主义反应，其影响了个人对污名化社会群体的态度和帮助意向。

实现主义娱乐的结果

在那些被标签化为有意义或鼓舞人心的娱乐产品中，观众响应次数最多的是亲社会动机和互联感（的类型）。

亲社会性

相较于观看一段中性或能引发幸福感的短视频，观众在接触到振奋人心或感人的短视频后，会更频繁地做出金钱捐赠或高代价帮扶（就所需时间或精力而言）形式的亲社会行为（Algoe & Haidt, 2009; Bailey & Wojdynski, 2015; Schnall, et al., 2010）。关于亲社会动机或未来亲社会行为意图的研究在媒介激励效果分析中也有相似结果（Janicke & Oliver, 2017; Oliver, et al., 2012; Tsay-Vogel & Krakowiak, 2016; Waddell & Bailey, 2017）。尽管引起振奋或自我超越（self-transcendence）的媒介与亲社会性之间看似存在强烈的整体关系，但这种关系可能比原有认知要更复杂。

埃利肖普（Ellithorpe）、埃沃森和奥利弗的一项研究表明，亲社会性（通过噪声爆破任务来检测的利他主义）取决于一段有体验意义的视频选择感知（perceived choice），以及对其他观看选项（有趣视频）的了解。此外，参与者一旦表现出亲社会的行为，他们在第二个任务中就不太可能再次这样做，这表明振奋带来的亲社会效应可能是短暂的。此外，振奋是否能预示亲社会行为也可能取决于该亲社会行为的自发程度和刻意程度。

联结性

此外，启发式媒介（elevating media）的另一个常见结果是，观众会感觉自己与他人（多样化）或整个人类（普适性）的联系更密切了。例如，在杰尼克（Janicke）和奥利弗（2017）的一项研究中，当参与者回忆一部有意义的电影时，他们体验到了更多的启发，这反过来预示了他们与其他人、家人和更高权力近距离的联结感。此外，奥利弗等人（2017）发现，与控制组相比，在一周的时间里，对照组的参与者用手机拍摄了他们遇到的爱、善良和美丽自然的照片，体验到了更积极的情感和振奋感，因此，他们与他人的联结感更强烈，对人性善的感知增强，利他动机增加。在社交媒介新闻背景下，韦德尔和贝利（Waddell, Bailey, 2017）证明，个体阅读对启发性新闻文章的正面评论会增强与全人类的联结感。

减少刻板印象

作为这项研究的扩展，奥利弗等人（2015）表示，通过鼓舞人心的视频体验到的联结感可以扩展到有不同种族背景的人身上。也就是说，研究表明，启发性媒介有消除观众对外部群体成员的刻板印象、偏见的可能性。例如，赖（Lai）、海特和诺斯克（Nosek, 2013）发现，与中性视频（长笛是如何制作的）相比，短视频（一段描述非凡体育精神的视频，一段关于一个人救了另一个跌入地铁轨道的人的新闻剪辑）带来的启发，减少了观众对男同性恋或隐或现的偏见。克鲁姆等人（Krämer, Eimler, Neubaum,

Winter, Roesner, & Oliver, 2017）发现，描绘人性的视频预示了振奋感和普适性导向，进而预示了将来观众与刻板印象群体（LGBTQ个人、非裔美国人、犹太人）互动的意愿。我们在体育领域也有类似的发现，参与者接触到一段关于残奥会的感人视频后对残疾人产生了积极的看法（Bartsch, et al., 2018）。

人们对其他几个与媒介相关的、具有启发性的结局作了记录，包括对精神的影响（Van Cappellen, et al., 2013; VanCappellen & Saroglou, 2012）、死亡接受度（Rieger, Frischlich, Hoegden, Kauf, Schramm, & Tappe, 2015; Slater, Oliver, Appel, Tchernev, & Silver, 2018）、智慧体验（Slater, et al., 2019; Slater, et al., 2018）以及整体幸福感（Rieger, Reinecke, Frischlich, & Bente, 2014; Janicke, Rieger, Reinecke, & Connor, 2017; Janicke-Bowles, Hendry, & Dale, 2018; Prestin, 2013）。研究表明，与享乐媒介相比，启发式媒介能提升人们的能量水平（Rieger, et al., 2014; Janicke, et al., 2017）和生活满意度（Janicke-Bowles, et al., 2018）。斯莱特及其同事（Slater, et al., 2019/2018）发现，与那些没什么意义的媒介相比，接触有意义的媒介之后，人们会有更成熟的认知思维方式，对延迟奖励表示出更多的意愿，对死亡的接受程度更高。

人格差异与预测因素

毋庸置疑，越来越多关于媒介的学术研究是有意义且令人振奋的。媒介有能力让人们获得更深刻的反思以及自我超越的体验（帮助他人，感受到牵挂）。尽管一些令人心酸的描述可能会让部分观众流泪，但部分观众也可能没有任何感觉，甚至有可能产生厌恶或鄙视感。正如感人的描绘会有多种形式一样，观众对这种描绘的取向也是如此。因此，对我们来讲，重要的是要承认预测和调节观众反应的各种个体差异。

在寻求验证娱乐消费的享乐与实现主义动机时，奥利弗和雷尼（2011）思考了一系列可能与不同娱乐偏好相关的特质变量。在受试者中，更高水平的生活意义探索、反思和认知需求与更大的实现主义动机相关，而更高水平的乐观、幽默和自发性与更大的享乐动机相关。另外，还有一些研究讨论了不少其他类似特质的差异，包括共情（Eeroia, Vuoskoski, & Kautiainen, 2016）和道德认同（Aquino, McFerran, & Laven, 2011）等。此外，一些研究还发现，性格倾向与启发性体验的倾向尤其相关。比如，迪斯纳等人（Diessner, Solom, Frost, Parsons, & Davidson, 2008）就提出了一些测量方法，提示人们有可能会被审美、自然和道德美所感动，而这些测量因素似乎与观众对娱乐媒介的回应有关。

虽然大多数关于个体差异的研究已经检验了媒介对情感的积极预测，但最近，学术界已经开始考虑，到底何种特征能预测出某些并不容易被启发性媒介打动的情感。例如，最近阿培尔等人（Appel, Slater, & Oliver, 2018）报告称，自恋、精神病和马基雅维利主义等特质（traits）与这种感知有关联，而这些感知认为那些动人的视频是陈词滥调的，是操纵人的。虽然这项研究还没有得到证实，但我们似乎可以合理地假设，其他个人特质，如冷酷无情、愤世嫉俗或敌意等，有可能以类似的方式运作。

除了以上类似特质的变量，很多与人口统计学特征近似的变量似乎也能预测观众对那些感人媒介的接触和反应。例如，大量研究报告称，喜欢悲伤电影或催泪作品或者对此有反应的观众，性别差异是中等偏大的（Oliver, 2000）。不过，悲伤电影往往专门针对女性观众，因此，以上经常被报道的性别差异只是媒介制作人精心炮制的一种观众回应，不一定反映人们对感人娱乐的普遍偏好。事实上，一些研究发现，当悲伤或感人的娱乐节目以男性主角或更“男性化”的话题（父子关系、战争恐怖）为特征时，基本上就不存在什么性别差异了（Oliver, Weaver, & Sargent, 2000）。

与感人故事或温馨故事相关的满足感里，年龄是一个重要的调节因素。毫无疑问，许多感人的电影对年轻观众有着巨大的吸引力（《泰坦尼克号》《笔记本》），但年轻观众也会注意那些暴力或恐怖类型的娱乐。相比之下，老年观众似乎更依赖于从娱乐媒介中获得乐趣的那种重要体验（Hofer, Allemand, & Martin, 2014）。正如马兹等人（Mares, Bartsch, & Bonus, 2016）指出的，老年人似乎会谨慎地选择一些“会给他们的情感生活增添意义”的内容（p.525; Mares & Bonus, this volume）。

文化是使观众对感性娱乐产生回应的另一个维度。有研究发现，不同文化中的实现主义偏好和享乐偏好的总的衡量标准是相似的（Igartua & Barrios, 2013），但也有研究质疑这些偏好的相似程度（Odağ, Hofer, Schneider, & Knop, 2016）。重要的是，吉姆等人（Kim, Seo, Yu, & Neuendorf）发现，相较于美国的受访者，来自东方文化的受访者报告说，他们从那些能引发混杂情感的娱乐中获得了更多的满足感。吉姆等人认为，这种差异反映了东方文化中对模糊的更大容忍度，以及更多对平衡度的欣赏（Kim & Eom, 2019）。

当然，这里提到的个体差异只是值得我们注意的几个可能性。未来的研究者可以考虑一些额外的变量，如生活经历（爱人的死亡；Khoo & Oliver, 2013）、有无孩子以及政治取向（Seibt, Schubert, Zickfeld & Fiske, 2019）等。

“实现主义”娱乐概念化的拓展

要使实现主义娱乐体验的复杂本质系统化，奥利弗等人（2018）建议，可把“实现主义”娱乐现象看作一个连续体来进行区分，一端是基于接触实现主义的媒介而产生的更加自我聚焦（self-focused）的、内向导向（inward-oriented）的体验，另一端是基于接触其他媒介而产生的他者导向（other oriented）的自我超越式的体验。根据奥利弗等人（2018）的研究，我们有理由相信，内向聚焦（inward-focused）的体验类型表现为沉思、混合情感和需求满足等体验，反过来，其他聚焦型的体验则更多与相互联系、利他主义、美德发展和灵性（spirituality）相关（自我超越；Oliver, et al., 2018）。亚登等人（Yaden, Haidt, Hood, Vago & Newberg, 2017）把自我超越定义为一种"降低自我显著性，增加与他人及其周围环境联结感"的状态（p.144）。目前，有一项关于自我超越（self-transcendent）情绪的新研究呈现了进一步探索这种差异的潜在途径。

超验的媒介体验

自我超越情绪是积极情绪的一个特殊子集（subset），是一种关心他人更胜于关心自我的积极情绪，与丧失自我以及对他人更为包容的情绪有关（Algoe & Haidt, 2009; Haidt & Morris, 2009; Keltner & Haidt, 2003）。敬畏、启发、感恩、钦佩和希望都是自我超越的情感（Janicke & Oliver, 2017; Oliver, Hartmann, & Wooley, 2012; Schnall, Roper, & Fessler, 2010; Van Cappellen & Saroglou, 2012）。尽管这些情感体验在某些方面有所不同，但它们都是由一种美的形式引发的：自然美带来敬畏感（Keltner & Haidt, 2003），道德美带来启发感和感恩（Algoe & Haidt, 2009），与道德无关的卓越带来钦佩感（Algoe & Haidt, 2009），毅力带来希望（Prestin, 2013）。此外，自我超越的情绪会激发人们模仿美德行为的欲望，通常会改善自己、人性或整个世界（Algoe & Haidt, 2009; Rieger, Frischlich, & Oliver, 2018; Schnall, et al., 2010）。

根据行动中的美德（virtues in action，VIA）框架，体验自我超越的情感可以发展出超验的美德（virtue of transcendence）（Peterson & Seligman, 2004），这是一种追求比自己更伟大的目标和意义的倾向。超验是人类6大核心美德之一，它存在于世界各地的文化中，并受到它们的高度重视。这种美德体现在所谓的人格优势中，反映在特定的思维、情感和行为模式中（Park, Peterson, & Seligman, 2004）。超验的人格优势包括感恩、对（道德）美和卓越的欣赏、幽默、灵性和希望。因此，看到他人的善良而感到崇高或感激是一种感恩的人格力量的表现，它反映并进一步发展了超验的美德。

近年来，娱乐研究者开始探索各种类型的媒介内容能否以及如何在读者、观众和用户中引发自我超越的情绪，从而促进美德超验（virtue transcendence）的进一步发展。本研究有一个非常突出的方法，它探索了这样一个问题，即当我们在媒介世界中遇到那些在物质世界中能触发自我超越情绪的、已知的事件和情境时，它们会如何产生同样的效果（Dale, Raney, Janicke, Sanders, & Oliver, 2017）。例如，媒介中描绘的自然美景（广袤的天空、令人惊叹的日落）是否会像人们遇到的大自然中的美景那样，激发观众的敬畏之情？此外，那些观众认为"鼓舞人心"或者"感人"的内容是否包含更多此类描述？对多种媒介类型（电视、电影、在线视频、社交媒介网站、报纸）的分析表明：鼓舞人心的内容（由观众、内容提供商和评论家认定）确实充满了自我超越情感的诱因

（elicitors）（Dale, Raney, Janicke, Baldwin, et al., 2017; Dale, Raney, Janicke, Sanders, et al., 2017; Dale, et al., 2019; Ji, et al., 2019; Rieger & Klimmt, 2019）。人们一直认为，与人格优势相关的刻画，如对希望（克服障碍、显示出毅力、对未来持乐观态度的角色模式）、美和卓越的欣赏（自然、广袤、艺术），是频次最高的超验性刻画；对善良的刻画，即那种能反映人格优势中感恩的描写也很普遍。

重要的是，已有研究表明，内容分析中确定的具体描述直接映射了观众自我超越情绪的不同反应。例如，2017年，戴尔等人（Dale, Raney, Janicke, & Sanders, 2017）让参与者以秒为单位对YouTube视频进行评分，这些视频包含了自我超越情绪的特定诱因（使用持续反应、感知分析仪）。在屏幕上出现诱因之后，参与者报告的那种灵感——一种包含了超验的动机状态（Thrash & Elliot, 2004）——会迅速增加。另外一项使用了心理生理指标和相同视频进行的后续研究，也展示了支持性观点：当自我超越的诱因出现在屏幕上时，观众的情绪和注意力指标会发生显著变化（Clayton, et al., 2019）。

更广泛地说，包含此类描述的（娱乐）信息接触一直与超验反应相关联。例如，贾尼克-鲍尔斯等人（Janicke-Bowles, Hendry, & Dale, 2018））让参与者接触幽默电影或包含大量感恩诱因的电影（表现感恩或善良的角色、礼物交换、新生活的出现）。不出所料，与幽默电影相比，以感恩为主题的电影确实引发了更多与超验相关的反应，包括更高水平的民族感恩、联结感和利他动机等。研究还表明，对道德美的描绘与自我超越价值观之间存在直接关系（乐于助人、诚实、宽容；Rieger, et al., 2018）；对与道德无关的卓越描述（非凡的技能；Algoe & Haidt, 2009; Haidt & Morris, 2009; Keltner & Haidt, 2003; Van Cappellen, Saroglou, Iweins, Piovesan, & Fredrickson, 2013）和自我超越的情绪反应之间，也存在直接关系。

当然，叙事形式及其版本，以及观众的接受过程在不同的媒介环境中有所不同。因此，自我超越情绪诱因呈现出的方式和频次，以及观众遭遇这些诱因并体验相应情绪的方式，也可能会因娱乐环境的不同而有所不同，从而产生与超验相关的不同结果。为了阐述这一观点，我们简要讨论几种媒介类型的一些初步研究结果。

电影

在所有的媒介情境中，最受“实现主义”娱乐研究人员关注的就是电影了。这可能是因为电影有独特的叙事形式，允许人物有更大的发展，对问题有更深入的思考，这为观众提供了更多的时间和接触点来解决有关人类状况的问题。观众们似乎都承认，电影能激发自我反省，更重要的是，它能激发我们的灵感。最近的一项研究发现，近87%的美国成年人曾被某部电影打动或受到启发（Raney, et al., 2018）。此外，对于鼓舞人心的电影，观众受启发从而体验到自我超越式情感的现象似乎特别常见（Oliver & Hartmann, 2010）。因此，对与刻画超验主题相关的电影的专门研究开始兴起（Janicke-

Bowles, et al., 2018）。

电视

电视——类型、叙事形式、专业网络以及其可观的数量——可能会让人认为，这世界肯定存在一个超验的娱乐业。之前的调查支持了这一推测，因为超过80%的美国成年人报告说，他们受到了电视的鼓舞，其中，戏剧和纪录片形式的节目尤其令人感动（Raney, et al., 2018）。内容分析表明，在以超验为主题的电视节目中，与希望和感激有关的内容非常丰富（Dale, Raney, Janicke, Baldwin, et al., 2017）。在不少研究中，人们反复利用剪辑的电视节目（新闻、体育节目）来激发自我超越情绪（Schnall, et al., 2010）。人们似乎有理由推测，典型电视节目一贯的日程安排和连续剧性质——会促进仪式般的收看、强烈的角色认同和叙事参与——有助于带来无数自我超越的体验。但一些证据表明，中介化的超验感可能是偶然发生的（时间占比为68.1%），而不是作为某人结构化的媒介代餐的一部分（Raney, et al., 2018）。此外，鉴于电视在媒介领域一直以来的突出地位，我们把电视作为一种逃避手段（Halfmann & Reinecke, this volume）可能会阻碍它成为自我超越的来源。

社交媒介和在线视频

社交媒介的使用使不少人接触到能够带来超验感的内容。尽管有人宣称（也可能是现实），社交媒介网站引发了社交茧房、政治回音壁和过滤泡等问题，但对用户来说，依然有大部分内容是新颖的、无法预料的（Facebook的新闻提要）。显然，人们在社交媒介上看到超验内容的可能性，在一定程度上取决于所使用的平台、开发的社交网络及内容在此的再现。但研究表明，许多用户确实通过社交媒介网站体验到了自我超越。例如，超过一半（53.0%）的美国成年人报告说，他们以前曾受到社交媒介内容的激励，而对30岁以下的人群来说，这一比例要高得多（67.3%）（Raney, et al., 2018）。最近对Facebook、Instagram、Tumblr的研究（Dale, et al., 2019; Rieger & Klimmt, 2019）表明，自我超越情绪的诱因非常丰富，尤其是那些与希望以及对美和卓越的欣赏有关的诱因，它们会以各种形式呈现出来，包括励志名言、状态更新、短篇故事、照片、拼贴、模因（memes）和视频剪辑等。大多数帖子的“小规模”性质加上它们在我们的屏幕上意外出现，可能意味着，相较于其他形式的媒介，用户会在社交媒介上遇到更多超验信息。考虑到单个消息在不断流动的内容流中所处的位置，其相对影响也可能会有所减小。

在线视频也可作为超验性媒介的来源，其既可以在社交媒介平台上发布，也可以通过独立的视频托管网站发布。研究显示，超过6/10（62.7%）的美国成年人从在线视频中获得灵感，对30岁以下的人群来说，这一比例要高得多（79.5%; Raney, et al., 2018）。观众似乎特别受到以同情、希望和毅力为主题的在线视频的鼓舞，与社交媒介帖子类似，在线视频作为一种超验之源的优势可能在于其简短“可堆叠”（snackable）的形式。YouTube、Vimeo等网站上的推荐功能也可以帮助用户找到类似的内容，从而潜在地延长他们自我超越的媒介体验。此外，许多在线视频网站允许用户成为创作者。初步研究表明，当个体以单独或合作的方式创作鼓舞人心的内容时，相较于仅仅消费此类内容，其自我超越感会增强（Oliver, et al., 2017）。

数字游戏和虚拟现实

尽管数字游戏经常被批评过于暴力、色情、无脑，但它为玩家提供了广泛的主题、话题和情境，由此让玩家应对有关死亡、疾病、悲伤和生命的重要问题。新兴的学术研究表明，游戏可以激发深刻的欣赏感和洞察力，尤其是通过强有力的叙事和故事情节（Oliver, et al., 2015）。此外，虚拟现实（VR）（Hartmann & Fox, this volume）从两个关键方面为有意义的、自我超越的娱乐体验带来了很大的希望。首先，通过虚拟现实创建的环境可能极其细致、复杂和庞大。因此，虚拟现实可能会为用户提供新的机会，让他们体验到那种自我超越的敬畏感（Possler & Raney, this volume）。其次，模拟的虚拟现实环境的沉浸式和互动性增强了在场感，使用户在社交上、空间和感官上产生了一种“在那儿”的感觉。因此，用户能够在虚拟环境中体验到在其他地方永远无法体验到的共情和感激的情绪。

总之，不论何种媒介，超验感实际上就是一种与娱乐相关的主题，人们把其定义为“实现主义”娱乐。因此，这样的内容能够在观众当中触发自我超越的情感体验，这种体验在促进心理健康方面有着关键作用。

自我超越理论

超验特点的表现和超验情感的直接诱因会影响观众的性格发展、个人素质、幸福感。其影响过程可以用几种理论来解释。

研究者（Tamborini, 2013; Eden, et al., this volume）讨论了MIME（直觉道德与范例模型）中道德范例对观众道德发展的潜在作用。根据该模型，观众通常选择与他们道德领域显著性相符的媒介内容，并依据媒介角色支持或违反的道德领域，体验到不同程度的娱乐。随着时间的推移，基于接触，有些特定的道德领域会变得更加显著。那种认为道德领域或人物特质会因长期接触而改变的观点，也适用于体现性格优势的媒介人物。作为某些性格优势（希望、感激）典范的媒介人物可以通过维护相关道德领域（关怀、忠诚）成为道德楷模，使他们在观众心目中更加突出；此外，那些表现出特定超越行为和动机的人物角色，可能会激发观众思考自己在现实生活中的行为和动机。那些鼓舞人心的电视剧似乎可以在潜在的长期影响中发挥重要作用，因为其主题可以在相当长的时间内吸引到观众，其角色也会促进更大的认同感或拟社会互动（Brown, this volume; Cohen & Klimmt, this volume）。例如，伊登等人（2014）发现，观看与道德相关的肥皂剧长达8周的话，会影响观看者道德直觉的显著性。

一个有意义的理论是扩展和构建理论（broaden-and-build theory）（Fredrickson, 2001），该理论为理解媒介对性格发展的影响提供了一个有用的框架。简言之，积极情绪（与消极情绪相比）提升了个体的思维和行动能力（thought-action repertoire）（Fredrickson, 2001; Fredrickson & Branigan, 2005），促进了个人对环境的更大探索和参与。反过来，不断扩展的好处可塑造个人素质，包括认知（专注、增加空间注意力）、心理（恢复力、对环境挑战的掌控）、社会（情感支持、信任、统一性、亲社会行为）和身体本能（降低各种疾病发生的可能性）等。（Fredrickson, 2001; Kok, et al., 2013）。可以说，自我超越的情感更能促进这种探索和参与。从自我超越情绪的体验来看，可以通过拓宽视角、将注意力转向他人、加强与周围人的联系以及激发亲社会行为，强化娱乐用户的特征。随着个人变得更加开放、更接受其环境——基于对振奋感、敬畏感或钦佩感的体验，或其超验力量的显著性——他们体验更积极的情绪（特别是自我超越）的机会增加了，从而导致人类繁荣的螺旋式上升（Slater, 2007）。要支持这一论点，我们需要更多的纵向研究，但这种推理的基础已经得到了支持。接触自我超越的诱因确实会促进自我超越的情绪（Dale, Raney, Janicke, Sanders, et al., 2017），也会促进与幸福相关的各种结果。

未来展望及结论

"实现主义"娱乐意味着复杂的媒介体验，这些体验对消费者有多方面的好处，包括更好地理解生活的目的和意义，为当前生活作出更明智的决定，以及处理人性的深刻性等更多自我关注（self-focused）的结果，也包括改善与他人（以及自身）相关的他人关注（other-focused）的结果。通过自我与他人导向的观众体验（另一种仍需确定的分类）对"实现主义"娱乐进行分类，将有助于我们更好地了解那些被不同类型内容吸引的观众。Netflix、亚马逊金牌会员（Amazon Prime）等独立视频点播平台发布的原创小众节目的演员阵容、故事情节和效果具有多样性。人们为娱乐业的未来提供了一个独特的机会，娱乐可以创造长期有益于个人和社会的价值。娱乐提供了个性发展和个人成长的机会。内容制作者在创造包容、鼓舞人心、发人深省的信息方面拥有巨大的力量，这些信息可以吸引观众走出自我中心主义，走向他人。随着社交媒介的发展，娱乐片段不断涌现在我们的指尖。因此，长期来看，探索自我超越内容的特性将是一个重要的研究领域，因为它会影响那些活跃的观众。

另有学者研究超验媒介对身体健康的影响。阔克等人（Kok, et al., 2013）发现，在一项为期6周的爱与善的冥想干预研究中，参与者通过体验与他人的社交联系，促进了迷走神经活动（vagus nerve activity）（身体健康的指标）。较高的迷走神经张力与较高水平的幸福感有关（Kok & Fredrickson, 2010）。当我们经历自我超越的情绪时，迷走神经也会被激活（Thayer, Ash, Fredrikson, Sollers, & Wager, 2012; Keltner, 2009）。因此，一个悬而未决的问题是：随着时间的推移或高强度地消费自我超越的媒介，我们能否激活心脏迷走神经，并获得健康、幸福？答案可能与医疗保健提供者非常相关，因为住院患者通常有机会扩展其媒介消费，却被排除在许多非媒介性的福利资源之外。研究享乐、自我关注和其他关注的实现主义娱乐体验对康复率、疾病症状、整体健康状况的改善作用是有价值的。

从个人的眼界、意义、应对负面生活体验到人际关系以及利他行为，实现主义娱乐的益处是巨大的。对内容性质的深刻理解带来的不同的结果，对健康传播、广告业、新闻业以及政治界都有益。娱乐潜在的超验效应是一个令人兴奋、新的研究领域。未来研究要把媒介当作消除差异、构建联结关系、增进我们的心理和（可能的）身体健康的一种工具。

参考文献

Algoe, S. B., & Haidt, J. (2009). Witnessing excellence in action: The “other-praising” emotions of elevation, gratitude, and admiration. *Journal of Positive Psychology*, 4, 105–127. doi:10.1080/17439760802650519.

Appel, M., Slater, M. D., & Oliver, M. B. (2018). Repelled by virtue? The dark triad and eudaimonic narratives. *Media Psychology*. Advance online publication. doi:10.1080/15213269.2018.1523014.

Aquino, K., McFerran, B., & Laven, M. (2011). Moral identity and the experience of moral elevation in response to acts of uncommon goodness. *Journal of Personality and Social Psychology*, 100, 703–718. doi:10.1037/a0022540.

Aristotle. (1931). *Nicomachean ethics* (W. D. Ross, Trans.). London, UK: Oxford University Press.

Bailey, E., & Wojdynski, B. W. (2015). Effects of “meaningful” entertainment on altruistic behavior: Investigating potential mediators. *Journal of Broadcasting and Electronic Media*, 59, 603–619. doi:10.1080/08838151.2015.1093484.

Bartsch, A., Kalch, A., & Oliver, M. B. (2014). Moved to think: The role of emotional media experiences in stimulating reflective thoughts. *Journal of Media Psychology*, 26, 125–140.doi:10.1027/1864–1105/a000118.

Bartsch, A., & Kloß, A. (2018). Personalized charity advertising. Can personalized prosocial messages promote empathy, attitude change, and helping intentions toward stigmatized social groups? *International Journal of Advertising*, 38(3), 1–19. doi:10.1080/02650487.2018.1482098.

Bartsch, A., Oliver, M. B., Nitsch, C., & Scherr, S. (2018). Inspired by the Paralympics: Effects of empathy on audience interest in para-sports and on the destigmatization of persons with disabilities. *Communication Research*, 45, 525–553. doi:10.1177/0093650215626984.

Bartsch, A., & Schneider, F. M. (2014). Entertainment and politics revisited: How non-escapist forms of entertainment can stimulate political interest and information seeking. *Journal of Communication*, 64, 369–396. doi:10.1111/jcom.12095.

Clayton, R. B., Raney, A. A., Oliver, M. B., Neumann, D., Janicke-Bowles, S. H., & Dale, K. R. (2019). Feeling transcendent? Measuring psychophysiological responses to self-transcendent media content. *Media Psychology*, 1–26. https://doi.org/10.1080/15213269.2019.1700135.

Dale, K. R., Raney, A. A., Janicke, S., Baldwin, J., Rowlett, J., Wang, C., & Zhao, D. (2017, November). *Narratives and self-transcendent emotions: A content analysis of inspirational movies and television shows*. Presented at the annual meeting of the National Communication Association, Dallas, TX.

Dale, K. R., Raney, A. A., Janicke, S. H., Sanders, M. S., & Oliver, M. B. (2017). YouTube for good: A content analysis and examination of elicitors of self-transcendent media. *Journal of Communication*, 67, 897–919. doi:10.1111/jcom.12333.

Dale, K. R., Raney, A., Ji, Q., Janicke, S., Baldwin, J., Rowlett, J., . . . Oliver, M. B. (2019). Self-transcendent emotions and social media: Exploring the content and consumers of inspirational Facebook posts. New Media and Society. Advance online publication. https://doi.org/10.1177/1461444819865720.

Diessner, R., Solom, R. D., Frost, N. K., Parsons, L., & Davidson, J. (2008). Engagement with beauty: Appreciating natural, artistic, and moral beauty. *he Journal of Psychology*, 142, 303–332. doi:10.3200/jrlp.142.3.303–332.

Eden, A., Tamborini, R., Grizzard, M., Lewis, R., Weber, R., & Prabhu, S. (2014). Repeated exposure to narrative entertainment and the salience of moral intuitions. *Journal of Communication*, 64, 501–520. doi:10.1111/jcom.12098.

Eeroia, T., Vuoskoski, J. K., & Kautiainen, H. (2016). Being moved by unfamiliar sad music is associated with high empathy. *Frontiers in Psychology*, 7, 1–12. doi:10.3389/fpsyg.2016.01176.

Ellithorpe, M. E., Ewoldsen, D. R., & Oliver, M. B. (2015). Elevation (sometimes) increases altruism: Choice and number of outcomes in elevating media effects. *Psychology of Popular Media Culture*, 4, 236–250. doi:10.1037/ppm0000023.

Ersner-Hershfield, H., Mikels, J. A., Sullivan, S. J., & Carstensen, L. L. (2008). Poignancy: Mixed emotional experience in the face of meaningful endings. *Journal of Personality and Social Psychology*, 94, 158–167. doi:10.1037/0022–3514.94.1.158.

Fredrickson, B. L. (2001). The role of positive emotions in positive psychology: The broadenand-build theory of positive emotions. *American Psychologist*, 56, 218–226. doi:10.1037/0003-066X.56.3.218.

Fredrickson, B. L., & Branigan, C. (2005). Positive emotions broaden the scope of attention and thought-action repertoires. *Cognition and Emotion*, 19, 313–332. doi:10.1080/02699930441000238.

Haidt, J., & Morris, J. P. (2009). Finding the self in self-transcendent emotions. *Proceedings of the National Academy of Sciences*, 106, 7687–7688. doi:10.1073/pnas.0903076106.

Hofer, M., Allemand, M., & Martin, M. (2014). Age differences in nonhedonic entertainment experiences. *Journal of Communication*, 64, 61–81. doi:10.1111/jcom.12074.

Igartua, J.-J., & Barrios, I. (2013). Hedonic and eudaimonic motives for watching feature films. Validation of the Spanish version of Oliver & Raney's scale. *Communications*, 38, 411–431.doi:10.1515/commun-2013–0024.

Janicke, S. H., & Oliver, M. B. (2017). The relationship between elevation, connectedness and compassionate love in meaningful films. *Psychology of Popular Media Culture*, 6, 274–289.doi:10.1037/ppm0000105.

Janicke, S. H. Rieger, D., Reinecke, L., & Connor, W., III, (2017). Watching online videos at work: The role of positive and meaningful affect for recovery experiences and well-being at the workplace. *Mass Communication Society*, 21, 345–367. doi:10.1080/15205436.2017.1381264.

Janicke-Bowles, S. H., Hendry, A., & Dale, K. R. (2018, May). *Gratitude in the context of media and its effects on well-being*. Presented at the annual meeting of the International Communication Association, Prague, CZ.

Ji, Q., Raney, A. A., Janicke-Bowles, S. H., Dale, K. R., Oliver, M. B., Reed, A., … Raney, A. A., II. (2019). Spreading the good news: Analyzing socially shared inspirational news content. *Journalism and Mass Communication Quarterly*, 96(3), 872–893. https://doi.org/10.1177/1077699018813096.

Keltner, D. (2009). *Born to be good: The science of a meaningful life*. NewYork, NY: W. W. Norton & Company.

Keltner, D., & Haidt, J. (2003). Approaching awe: A moral, spiritual, and aesthetic emotion. *Cognition and Emotion*, 17, 297–314. doi:10.1080/02699930302297.

Khoo, G. S., & Oliver, M. B. (2013). The therapeutic effects of narrative cinema through clarification: Reexamining catharsis. *Scientific Study of Literature*, 3, 266–293. doi:10.1075/ssol.3.2.06kho.

Kim, J., & Eom, K. (2019). Cross-cultural media effects research. In M. B. Oliver, A. A. Raney, & J. Bryant (Eds.), *Media effects: Advances in theory and Research* (4th ed. pp. 419–434). New York, NY: Routledge.

Kim, J., Seo, M., Yu, H., & Neuendorf, K. (2014). Cultural differences in preference for entertainment messages that induce mixed responses of joy and sorrow. *Human Communication Research*, 40, 530–552. doi:10.1111/hcre.12037.

Kok, B. E., Coffey, K. A., Cohn, M. A., Catalino, L. I., Vacharkulksemsuk, T., Algoe, S. B., … Fredrickson, B. L. (2013). How positive emotions build physical health: Perceived positive social connections account for the upward spiral between positive emotions and vagal tone. *Psychological Science*, 24, 1123–1132. doi:10.1177/0956797612470827.

Kok, B. E., & Fredrickson, B. L. (2010). Upward spirals of the heart: Autonomic flexibility, as indexed by vagal tone, reciprocally and prospectively predicts positive emotions and social connectedness. *Biological Psychology*, 85, 432–436. doi:10.1016/j.biopsycho.2010.09.005.

Krämer, N., Eimler, S. C., Neubaum, G., Winter, S., Rösner, L., & Oliver, M. B. (2017). Broadcasting one world: How watching online videos can elicit elevation and reduce stereotypes. *New Media and Society*, 19, 1349–1368, doi:10.1177/1461444816639963.

Lai, C. K., Haidt, J., & Nosek, B., A. (2013). Moral elevation reduces prejudice against gay men. *Cognition and Emotion*, 28, 781–794. doi:10.1080/02699931.2013.861342.

Lewis, R. J., Tamborini, R., & Weber, R. (2014). Testing a dual-process model of media enjoyment and appreciation. *Journal of Communication*, 64, 397–416. doi:10.1111/jcom.12101.

Mares, M. L., Bartsch, A., & Bonus, J. A. (2016). When meaning matters more: Media preferences across the adult life span. *Psychology and Aging*, 31, 513–531. doi:10.1037/pag0000098.

Odağ, Ö., Hofer, M., Schneider, F. M., & Knop, K. (2016). Testing measurement equivalence of eudaimonic and hedonic entertainment motivations in a cross-cultural comparison. *Journal of Intercultural Communication Research*, 45, 108–125. doi:10.1080/17475759.2015.1108216.

Oliver, M. B. (2000). The respondent gender gap. In D. Zillmann & P. Vorderer (Eds.), Media entertainment: *The psychology of its appeal*. (pp. 215–234). Mahwah, NJ: Erlbaum.

Oliver, M. B. (2008). Tender affective states as predictors of entertainment preference. *Journal of Communication*, 58, 40–61. doi:10.1111/j.1460–2466.2007.00373.x.

Oliver, M. B., & Bartsch, A. (2010). Appreciation as audience response: Exploring entertainment gratifications beyond hedonism. *Human Communication Research*, 36, 53–81. doi:10.1111/j.1468–2958.2009.01368.x.

Oliver, M. B., Dillard, J. P., Bae, K., & Tamul, D. J. (2012). The effect of narrative news format on empathy for stigmatized groups. *Journalism and Mass Communication Quarterly*, 89, 205–224. doi:10.1177/1077699012439020.

Oliver, M. B., Ferchaud, A., Huang, Y., Janicke, S. H., Yang, C., Bailey, E. (2017, November). *Seeing the world through a rose-colored lens: Examining mobile phone photography as meaningful media*. Presented at the annual meeting of the National Communication Association, Dallas, TX.

Oliver, M. B., & Raney, A. A. (2011). Entertainment as pleasurable and meaningful: Identifying hedonic and eudaimonic motivations for entertainment consumption. *Journal of Communication*, 61(5), 984–1004. https://doi.org/10.1111/j.1460-2466.2011.01585.x.

Oliver, M. B., & Hartmann, T. (2010). Exploring the role of meaningful experiences in users' appreciation of good movies. *Projections*, 4, 128–150. doi:10.3167/proj.2010.040208.

Oliver, M. B., Hartmann, T., & Woolley, J. K. (2012). Elevation in response to entertainment portrayals of moral virtue. *Human Communication Research*, 38, 360–378. doi:10.1111/j.1468–2958.2012.01427.x.

Oliver, M. B., Kim, K., Hoewe, J., Chung, M.-Y., Ash, E., Woolley, J. K., & Shade, D. D. (2015). Media-induced elevation as a means of enhancing feelings of intergroup connectedness. *Journal of Social Issues*, 71, 106–122. doi:10.1111/josi.12099.

Oliver, M. B., Raney, A. A., Slater, M., Appel, M., Hartmann, T., Bartsch, A., … Das, H. H. J. (2018). Self-transcendent media experiences: Taking meaningful media to a higher level. *Journal of Communication*, 68, 380–389. doi:10.1093/joc/jqx020.

Oliver, M. B., Weaver, J. B., & Sargent, S. L. (2000). An examination of factors related to sex differences in enjoyment of sad films. *Journal of Broadcasting and Electronic Media*, 44, 282–300. doi:10.1207/s15506878jobem4402_8.

Park, N., Peterson, C., & Seligman, M. P. (2004). Strengths of character and well-being. *Journal of Social and Clinical Psychology*, 23, 603–619. doi:10.1521/jscp.23.5.603.50748.

Peterson, C., & Seligman, M. E. P. (2004). *Character strengths and virtues: A handbook and classification*. New York, NY: Oxford University Press, and Washington, DC: American Psychological Association.

Prestin, A. (2013). The pursuit of hopefulness: Operationalizing hope in entertainment media narratives. *Media Psychology*, 16, 318–346. doi:10.1080/15213269.2013.773494.

Raney, A. A., Janicke, S. H., Oliver, M. B., Dale, K. R., Jones, R. P., & Cox, D. (2018). Profiling the sources of and audiences for inspiring media content: A national survey. *Mass Communication and Society*, 21, 296–319. doi:10.1080/15205436.2017.1413195.

Rieger, D., Frischlich, L., Högden, F., Kauf, R., Schramm, K., & Tappe, E. (2015). Appreciation in the face of death: Meaningful films buffer against death-related anxiety. *Journal of Communication*, 65, 351–372. doi:10.1111/jcom.12152.

Rieger, D., Frischlich, L., & Oliver, M. B. (2018). Meaningful entertainment experiences and self-transcendence: Cultural variations shape elevation, values, and moral intentions. *International Communication Gazette*, 80, 658–676. doi:10.1177/1748048518802218.

Rieger, D., & Klimmt, C. (2019). The daily dose of digital inspiration: A multi-method exploration of meaningful communication in social media. *New Media and Society*, 21, 97–118. doi:10.1177/1461444818788323.

Rieger, D., Reinecke, L., Frischlich, L., & Bente, G. (2014). Media entertainment and well-being: Linking hedonic and eudaimonic entertainment experience to media-induced recovery and vitality. *Journal of Communication*, 64, 456–478. doi:10.1111/jcom.12097.

Ryan, R. M., Huta, V., & Deci, E. L. (2008). Living well: A self-determination theory perspective on eudaimonia. *Journal of Happiness Studies*, 9, 139–170. doi:10.1007/s10902-006-9023-4.

Ryff, C. D. (1989). Happiness is everything, or is it? Explorations on the meaning of psychological well-being. *Journal of Personality and Social Psychology*, 57, 1069–1081.doi:10.1037/0022–3514.57.6.1069.

Schnall, S., Roper, J., & Fessler, D. M. T. (2010). Elevation leads to altruistic behavior. *Psychological Science*, 21, 315–320. doi:10.1177/0956797609359882.

Seibt, B., Schubert, T. W., Zickfeld, J. H., & Fiske, A. P. (2019). Touching the base: Heartwarming ads from the 2016 U.S. election moved viewers to partisan tears. *Cognition and Emotion*, 33, 197–212. Advance online publication. doi:10.1080/02699931.2018.1441128.

Slater, M. D. (2007). Reinforcing spirals: The mutual influence of media selectivity and media effects and their impact on individual behavior and social identity. *Communication Theory*, 17, 281–303. http://dx.doi.org/10.1111/j.1468–2885.2007.00296.x.

Slater, M. D., Oliver, M. B., & Appel, M. (2019). Poignancy and mediated wisdom of experience: Narrative impacts on willingness to accept delayed rewards. *Communication Research*, 46, 333–354. doi:10.1177/0093650215623838.

Slater, M. D., Oliver, M. B., Appel, M., Tchernev, J. M., & Silver, N. A. (2018). Mediated wisdom of experience revisited: Delay discounting, acceptance of death, and closeness to future self. *Human Communication Research*, 44, 80–101. doi:10.1093/hcr/hqx004.

Tamborini, R. (2013). A model of intuitive morality and exemplars. In R. Tamborini (Ed.), *Media and the moral mind* (pp. 43–74). London, UK: Routledge.

Tamborini, R., Bowman, N. D., Eden, A., Grizzard, M., & Organ, A. (2010). Defining media enjoyment as the satisfaction of intrinsic needs. *Journal of Communication*, 60, 758–777.doi:10.1111/j.1460–2466.2010.01513.x.

Thayer, J. F., Åhs, F., Fredrikson, M., Sollers, J. J., III, & Wager, T. D. (2012). A meta-analysis of heart rate variability and neuroimaging studies: Implications for heart rate variability as a marker of stress and health. *Neuroscience and Biobehavioral Reviews*, 36, 747–756.doi:10.1016/j.neubiorev.2011.11.009.

Thrash, T., M., & Elliot, A., J. (2004). Inspiration: Core characteristics, component processes, antecedents, and function. *Journal of Personality and Social Psychology*, 87, 957–973. doi:10.1037/0022–3514.87.6.957.

Tsay-Vogel, M., & Krakowiak, K. M. (2016). Inspirational reality TV: The prosocial effects of lifestyle transforming reality programs on elevation and altruism. *Journal of Broadcasting and Electronic Media*, 60, 567–586. doi:10.1080/08838151.2016.1234474.

Van Cappellen, P., & Saroglou, V. (2012). Awe activates religious and spiritual feelings and behavioral intentions. *Psychology of Religion and Spirituality*, 4, 223–236. doi:10.1037/a0025986.

Van Cappellen, P., Saroglou, V., Iweins, C., Piovesana, M., & Fredrickson, B., L. (2013). Selftranscendent positive emotions increase spirituality through basic world assumptions. *Cognition and Emotion*, 27, 1378–1394. doi:10.1080/02699931.2013.787395.

Vorderer, P. (2011). What's next? Remarks on the current vitalization of entertainment theory. *Journal of Media Psychology*, 23, 60–63. doi:10.1027/1864–1105/a000034.

Vorderer, P., & Reinecke, L. (2015). From mood to meaning: The changing model of the user in entertainment research. *Communication Theory*, 25(4), 447–453. doi:https://doi.org/10.1111/comt.12082.

Waddell, T. F., & Bailey, A. (2017). Inspired by the crowd: The effect of online comments on elevation and universal orientation. *Communication Monographs*, 84, 534–550. doi:10.1080/03637751.2017.1369137.

Waterman, A. S. (1993). Two conceptions of happiness: Contrasts of personal expressiveness (eudaimonia) and hedonic enjoyment. *Journal of Personality and Social Psychology*, 64, 678–691. doi:10.1037/0022–3514.64.4.678.

Wirth, W., Hofer, M., & Schramm, H. (2012). Beyond pleasure: Exploring the eudaimonic entertainment experience. *Human Communication Research*, 38, 406–428. doi:10.1111/j.1468–2958.2012.01434.x.

Yaden, D. B., Haidt, J., Hood, R. W., Jr., Vago, D. R., & Newberg, A. B. (2017). The varieties of self-transcendent experience. *Review of General Psychology*, 21, 143–160. doi:10.1037/gpr0000102.

第二十章 “实现主义”媒介娱乐中的传记共鸣理论

克里斯托夫·克里姆特
戴安娜·里格

有许多真理，其深刻含义非亲身经历则不能体会。

——约翰·斯图尔特·密尔《论自由》，1859

近来，娱乐媒介消费的理论贡献，为以逃避主义（Katz & Foulkes, 1962）和享乐主义（Zillmann, 1988）解释为中心的传统方法带来了重要拓展。现在，学界区分了以情绪为中心来选择、消费和体验的享乐模式，以及所谓的实现主义娱乐模式（Oliver & Bartsch, 2010; Vorder & Reinecke, 2015; Janicke Bowles, Bartsch, Raney & Oliver, this volume）。实现主义娱乐模式的概念基于这样的假设：在某些条件下，媒介娱乐消费者会进入有意义的体验中，这种有着强烈、混合情感的复杂状态，源自媒介对重大生命主题和人类状况的描述（Oliver, Hartmann, & Woolley, 2012; Oliver & Raney, 2011; Rieger, 2017）。这样的体验并不一定令人愉快，但会给观众留下“欣赏”“触动”“感动”“振奋”“温柔”的感受……这里只列举文学作品中人们用来捕捉意义本质的几个典型概念（Oliver & Hartmann, 2010; Rieger, 2017）。实证研究发现，有用户会分享此类非享乐取向的体验，尤其是当他们接触到复杂、严苛的艺术娱乐时（Wirth, Hofer, & Schramm, 2012）。目前对娱乐体验意义的理解中，缺少用户主观、个人意义建构的方法。“观众X在看电影Y时，看到了何种意义，电影对他/她有何意义？”（Klimmt, 2011, p. 37）本章阐释了这一理论命题。研究认为，娱乐用户对意义的体验是高度个人化、主观化的。我们追寻了以下问题的答案：那些独立于艺术抱负的特定娱乐信息为何以及如何在用户心中引发重要的、私人的关联感？还有，这种感知如何体现为一种强大的、“感人”“动人”的体验？我们的核心主张是，每位观众都会将自己的个人传记（生活经历）带到娱乐消费过程中，如果用户所选信息中的某些元素与其个性、主观历史和/或生命中的某些相关部分产生共鸣（resonates），就会产生意义。因为，如果消息和用户之间出现这种特定的个体匹配，那么对用户而言，消费此类信息会变得特别“有说服力”、特别相关、内涵丰富且具有启发性。在传播学研究中，有两条阐述有关“共鸣”理论的路线，这两条路线都将为当下的研究提供信息。有人认为，共鸣是一种个体差异因素，可以调节（放大）受众对社会现实认知的“涵化效果”（Gerbner, Gross, Morgan, & Signorelli, 1980; Shrum & Bischak, 2001）。罗萨（2018）将共鸣理论化为“一种与世界联系的模式，在这个世界中，主体会感觉到他/她遇到的人、地点、物体等对象带给自己的触动、感动或应答”（p.46–47）。沃德勒和哈夫曼（2019）将其应用于媒介娱乐体验（Vorderer, this volume）。我们以这些观点为基础，将个体对意义的体验概念化为个人与媒介娱乐传记式共鸣的结果。这是一种负载着情感的体验，即个人接收到的娱乐信息，与其自身、自身处境、生命史和/或（以传记为基础）当前生活的相关问题有重要关系。如果这种与个人相关的感知出现了，那么此媒介用户的娱乐体验，可能会与此人在一天甚至更长时间内遇到的“正常”或“一般”的、不那么重要的信息流形成鲜明对比。

为阐述这一命题，我们会引入传记共鸣理论，以解释个体间以及个人娱乐体验和娱乐结果之间的差异。为达成这一目的，我们会①利用人类发展中有关生活事件、危机、主题的研究，来确定媒介用户传记中最有可能促成相关情感体验的媒介元素；②区分并说明那些在娱乐过程中产生传记式共鸣的信息元素（人物、情境、决策和隐喻）；③解释此类共鸣事件的内在体验；④预测用户“实现主义的”情感结果，在这一模型建立之后，在人口层面上，我们为未来的娱乐研究，媒介对个人幸福、恢复力（resilience）和发展的贡献，提出一些观点。

娱乐体验的个体基础是用户传记及其生活危机

在媒介消费情境中（Kuiken, Miall, & Sikora, 2004; Seilman & Larsen, 1989），每位用户都会代入自己的个性、生命史、对过去体验的回忆以及对现在一系列生活的想法（Berntsen & Rubin, 2002）。这些个人特征是媒介效果的重要调节因素（Valkenburg & Peter, 2013）。在涵化研究中，有学者已经讨论了共鸣的概念，以此解释电视信息如何与主题性的个人观看体验互动，从而对人的现实感知产生强大的媒介效应（Shrum & Bischak, 2001）。为什么一些媒介用户在消费特定的娱乐信息时，会进入实现主义且有意义的状态，而其他人不会？我们认为，正是用户传记中的特定元素决定了这种体验的“敏感性”和“不敏感性”。

具体而言，关于人类发展，尤其是关于成人发展的研究发现，生活事件（life events）

从根本上改变了人们的态度、决策和整体心理结构（Callahan & McCluskey, 1983）。许多这样的生活事件（经历）都被证明与心理有关（Reese & Smyer, 1983）。这些生活事件包括与家庭相关的事件，如孩子出生或父母离世；与关系相关的事件，如结婚或离婚；与工作相关的事件，如跳槽或失业；与健康相关的（严重）事件，如患慢性病。这些生活事件作为常见的传记体验类型，都可以导致人们心理状况发生变化。研究发现，这些生活事件对人们的幸福感、自我效能感和能动性都有影响（Moos, 1986）。

关键性的生活事件对个人往往有着重要的影响（Moos & Schaefer, 1986）。对成人发展方面的研究发现，大多数人至少经历了一次危机，关系破裂、经济困难是引发危机事件最普遍的原因（Robinson & Wright, 2013）。危机事件会使大多数人处于不好的情绪状态中，他们要付出巨大努力来采取充分有效的应对措施。穆斯和谢弗（Moos, Schaefer, 1986）指出了个人在生活危机中面临的5项任务。

- 确定含义，理解情境的个人意义。
- 直面现实，回应外部情境的要求。
- 维持与家人、朋友以及可能帮助你渡过危机的其他人的关系。
- 保持平衡的心态，管理由情境唤醒的各种不安情绪。
- 保持令人满意的自我形象，并保持掌控感。

我们以引发危机的离婚事件为例来描述以上任务。受离婚影响的个人需要理解的是，生活变化已经开始，其不仅要为此找一个满意的解释，还要找一个对个人来讲有意义的出路，以便“走出危机”。他需要找出一个代理人来处理离婚事宜，如分割财产、搬新家或者为卷进来的孩子们提供情感支持。离婚危机可能促使当事人远离他人，且不得不独自应对挑战，此时，保持和其他亲近之人（家人、朋友）的关系，以获得情感或实际支持就非常重要了。这可能还包括发展出一段新的（亲密）关系。穆斯和谢弗（1986）在《处理令人不安的情绪》一书中指出，保持希望并克服生活危机中经常出现的绝望、焦虑的敌对性情绪是非常重要的。受离婚影响的人需要自我概念（随着配偶角色的丧失，他们要认同新的社会角色），并培养一种自我效能感（Bandura, 1997），以掌控危机，更好地面对未来的生活。

以上个人在生活危机中面对的5项任务意味着，此类危机将极大地改变个体的情绪需求，改变其对目标、建议和支持的需要。当危机来临时，此类变化了的需求最为明显，但很多关键的生活事件都会跨越相当长的时间（慢性疾病、失去近亲），因此，这类生活危机会持续影响个人的动机、情绪和认知倾向，危机体验会体现在个人的传记以及个人对生活的总体感受和思考当中。

目前的理论方法基于这样一个假设：源自媒介娱乐的传记共鸣体验如果与个体经历过的或正在经历的生活危机相关，那么其将催化出幸福感。生活危机带来的问题以及人们受其影响后的基本需要，把从媒介娱乐中接触到的传记式共鸣变成一种特殊的、重要的、确实“动人”的体验。为了解释这种假设，我们先阐述媒介娱乐的内容特征，这些特征可能与用户的传记和危机体验相匹配。然后，我们讨论传记式共鸣如何与穆斯和谢弗（1986）提出的应对生活危机的5项任务联系起来，从而产生特定体验的幸福感。

娱乐信息中传记共鸣的生成器

无论是虚构的还是非虚构的媒介娱乐，都会让观众面对各种各样的描述，如有关地点、物体、人物、社会互动、环境和结果的描述等。从媒介娱乐中，我们可以了解到关于生命和人类状况的各种新奇故事（Vorderer & Reinecke, 2015）。对某一给定的用户来说，很多故事都是全新的，他/她会认识到很多未知的现象，如对生活的不同观点、不同态度，以及哲学、行为、社会互动和发展动态（Mar & Oatley, 2008）等。但某些娱乐信息，或某一特定信息中的一些元素（它们不是陌生或不熟悉的元素）可能会触发相似性，或触发一种与个人相关的、似曾相识的感觉（Kuzmičová & Bálint, 2019）。例如，当警察在看犯罪剧时，必然会找到“相关”的线索，而服役或退伍的士兵，可能会对战争类的电子游戏有特定反应（Elliott, Golub, Price, & Bennett, 2015）。全世界每天都有人在无数次地接触娱乐信息，肯定有一部分体验不是逃避型的，而且不是那么陌生或与个人毫无关系的。相反，这些体验对某些用户的个人历史、兴趣、需求、欲望、危机和/或生活环境意义重大（Greenwood & Long, 2015; Seilman & Larsen, 1989）。

角色共鸣

娱乐观众相对容易察觉到的传记共鸣类型，往往会与信息中出现的人物或主角的特征有关。这类简单模型指向媒介角色和接收者之间明显的相似性（精确的一致性），如共同的人口特征、外观、职业或着装风格等。

那些不太明显的观众——角色对应类型，需要我们进行更多的阐述，如共同的个性特征、智力水平、自尊、幽默类型、依恋风格、勇气或情绪稳定性等。在格林伍德（Greenwood）和龙（Long）（2015）的定性研究中，他们收集了有用的实证案例。该研究发现，娱乐用户与媒介信息中引入的角色之间有着重要关联。例如，一位同性恋受访者就曾表示，西部电影《断背山》中的同性恋主角给他带来了强烈的体验。

受这种对应关系影响的维度越多，用户对这些维度的共鸣就越强烈，用户与角色的卷入程度也就越高。在各种研究讨论中，人们曾使用多种概念来解释此类角色参与的质量、动态和结果（Brown, 2015, this volume）。虽然相似性在促进观众对角色的参与方面很重要（Austin, Roberts, & Nass, 1990; Harwood, 1999; Reeves & Miller, 1978），但角色也可能通过向媒介用户过去的自我暗示其可能的、想要的或害怕的自我来引起共鸣。例如，犯罪剧中，行凶者可能会让观众想起自己曾经有过的某种特征或行为，观众看到这些坏人，可能会产生特别强烈的情感反应。

目前，在解释实现主义娱乐中传记共鸣的目的时，我们把娱乐角色让观众感知到的相似性或其他传记联系称为“开门者”或“触发器”，但仅仅注意到这些联系本身并不具有启发性，也不可能那么引人注目或“感人肺腑”。不过，观众与娱乐角色的多维和/或准确的个人联系可能会激励用户/观众继续接触娱乐角色，并对角色的情况、决定和行动进行更详尽的阐述。因为，角色相似性会让当下娱乐信息和用户的传记背景之间的联系更紧密。

情境共鸣

如果观众对娱乐信息投入一定的时间和精力，那么他们将时不时地碰到一些反映（部分）他们当前或过去生活情境的画面描述。那些主角会面对组建家庭、婚姻和谐或冲突、职业发展受威胁或建功立业、健康出问题或身体得以恢复、道德困境、积极或消极的动态友谊，抑或其他生活事件（Reese & Smyer, 1983），而用户会发现，这些生活情境与其自身相似，要么具有挑战性，要么麻烦不断，而且与个人相关。娱乐信息中描绘到的情况与给定的观众生活情境可能只是具有外围一致性（peripheral conformity），也可能是完全匹配的。如果媒介用户发现自身生活中的重要情节与娱乐信息内容相似，那么，这种共鸣很可能会改变观众对该信息的动机倾向。随着个人卷入程度的加深，他或她对该信息将产生更大的兴趣，并放弃其“漫不经心”或“逃避”的立场（Kuiken et al., 2004; Seilman & Larsen, 1989）。

决策共鸣

对娱乐信息中呈现的人物、情境与自身身份、情况的一致性进行反思，可能是观众体验中最常见的“匹配”形式。如果用户已经认识到角色和她/他的生活环境与她/他自己之间的实质性联系，那么第三种维度的共鸣可能会变得特别重要。观众感知到某一角色面临着与自己相似或相关的挑战的时刻是启发人、鼓舞人的时刻。因为复杂的生活主题往往涉及多个方面，如对决策后果的不确定性及“错误”选择的恐惧，或情境影响下的心理负担（Sweeny, 2008）。反思一个娱乐角色在类似情况（面对重病、婚姻失败、失业、亲密伴侣暴力或工作场所的种族主义）下的决策方式，可能会使观众产生独特的洞察力，使其体验到自身生命故事的意义。这可能既适用于这种情况：与观察到的娱乐角色所作的决定相比，既定用户尚未作出类似决定（从而为用户提供一个可能的展望，帮助其权衡不同选项的各种后果）；也适用于这种情况：用户已经对其过去或当前生活主题作出了类似决定，现在则可以观察主人公在类似情况下如何行动（从而允许用户进行比较，这可能带来自我肯定，或导致其重新解释自己过去所作的选择）。因此，在传记共鸣的条件下，对娱乐中角色如何决策的描述，可以作为观众个人意义决策（Park, 2010）和危机决策（Sweeny, 2008）的材料。

隐喻共鸣

为了让受众获知一些抽象概念，大众媒介信息的提供者一直非常看重隐喻，其能够帮助观众理解抽象概念（Akpinar & Berger, 2015），这种情形当然适用于各种形式的媒介娱乐。好莱坞电影中可以作为范例的、最著名的隐喻就是《阿甘正传》（*Forrest Gump*）[由罗伯特·泽梅基斯（Robert Zemeckis）执导，1994年上映]。由汤姆·汉克斯（Tom Hanks）饰演的主人公说："我妈妈总是说生活就像一盒巧克力。你永远都不知道你会得到什么。"隐喻通常在人类认知和理解复杂对象方面发挥着重要作用（Landau, Robinson, & Meier, 2014），而就个体对自身传记的解释而言，隐喻也可能具有非常个人化的意义。例如，人们经常使用"自我发现"的隐喻来理解和讲述生活变化的情节（Bench, Schlegel, Davis, & Vess, 2015）。因此，那些在媒介信息中可能只以简短的视觉或语言元素出现的隐喻，却能激活个体用户内心那些与自身传记相关的深远记忆和阐述。例如，它们会向用户展示一种新方式，这种新方式能表达或象征与生活危机有关的复杂议题；或者向用户展示一种更乐观的视角，一种能应对或克服生活挑战的视角。

体验传记共鸣

到目前为止，我们已经描述了娱乐内容和生活主题之间的相似维度，那些观众成员（目前）认为这些维度是中心的、相关的和/或具有挑战性的。当角色、情境、决策或隐喻作为传记共鸣的来源时，观众想要详细阐述此类信息，因为他们发现这些信息反映了自己在现实生活中正在（已经）思考的问题。娱乐信息元素与个人传记之间的这种感知联系，理应对用户的体验产生深远的影响。与逃避现实的娱乐不同，与那些一厢情愿的认同、对理想的自我和环境（超级英雄、非常有吸引力的人、地方和局势；Katz & Foulkes, 1962）的典型关注不同，触发传记共鸣的信息会引导用户发现她/他的真实身份、真实自我和传记境况。如上所述，娱乐信息与用户个人生命史之间的这种感知联系，在情感上应该是相关的，尤其是当这种联系涉及重大生活事件，涉及当前或过去的生活危机时。

媒介娱乐会带来一种特殊的体验。为了阐明这种体验，我们将那些为应对生活危机强加给个人的一系列任务（Moos & Schaefer, 1986）与用户从娱乐信息中获得的潜在的知识、见解和灵感联系起来。基本假设是，在传记共鸣下，用户将获得一种独特的娱乐信息体验，如安慰（Klimmt, 2011; Rieger & Klimmt, 2019a），并在理解、面对、掌握、接受当前或过去的关键人生阶段等方面取得进展。正是这种独特性凸显了实现主义娱乐体验的意义。

娱乐信息共鸣有助于理解危机局势

如果媒介娱乐用户发现她/他正在消费的信息里有传记共鸣的元素，他/她可能会获得一些见解，帮助她/他确定关键人生阶段的个人意义，这正是穆斯和谢弗（1986）为应对人生危机而构思的第一类任务。从娱乐信息中习得的与这项任务相关的有用知识，可能包括学会表达危急情况本质的词汇和隐喻。同样，某一角色也可以作为榜样，为生活危机类型建立一个合理的意义。因为这样的习得可以帮助用户理解其生活中个人情感上的困难，所以其获得的情感体验强烈且“感人”（Bartsch & Oliver, 2010）。如果传记中的共鸣与用户当前或近期的生活危机有关，这一点会尤其合理；不过，即使娱乐信息只是暗示了用户很久以前经历过的某一关键人生阶段，用户获得的新视角或接收到的创新建议，也会给自身带来积极的传记进步感，即增强自身对过去危机的掌控感。

娱乐信息共鸣有助于应对生活危机的外部要求

如果娱乐信息中的危机描述让用户产生了传记性共鸣，则该信息所讲述的故事可能会向用户提供有助于管理其实际危机的行动建议。例如，如果某一角色在银幕上经历的危机与某电影观众在现实生活中经历的危机类似，则该电影情节可以展现出该用户与同事以及其支持机构互动的有效方式，以减少失业。在穆斯和谢弗（1986）的框架下，应对生活危机的第二类任务的娱乐灵感，也可以指用户面对危机时采取行动的动机（而不是退缩和被动忍受）。因此，在如何应对重大生活事件的外部实践方面，如果媒介娱乐中的传记性共鸣提供了帮助，那么感知到共鸣的用户在取得个人进步时，可能会有赋权感、激励感和获得支持的感觉（Klimmt, 2017）。关于娱乐信息对过去（已完成的）生活危机引起的共鸣，此类洞察可能有助于用户确认自己对过去危机所作的决定，或了解到更有效的应对危机的方法，从而产生积极（满意）和消极（压力）的情感。

娱乐信息共鸣说明家庭、朋友和其他支持在生活危机中的重要性

穆斯和谢弗（1986）强调，为了应对生活危机，个人有必要与相关成员保持积极联系。相比之下，由于失去了获得建议、支持和安慰的机会，自我孤立和社交退缩可能会增加危机的严重性。娱乐活动中的传记式共鸣情节，可能会让个人发现生活危机期间社会关系的重要性。观众成员可能会从传记式共鸣中获得灵感，在自己（过去或现在）的生活危机背景下重新评估他们对家庭、朋友和社会关系的看法，并接触相关的他人（而不是回避他们），积极应对危机。

娱乐信息共鸣支持情绪管理并激发希望

生活危机常常会使人产生压倒性的负面情绪，而个人为了保护自己不得不克服负面情绪。穆斯和谢弗（1986）认为，有效的危机应对取决于找到希望，即找到积极的、以未来为导向的情绪（Lazarus, 1999）。对实现主义娱乐的已有研究发现，希望是一个普遍性的主题（Dale, Raney, Janicke, Sanders & Oliver, 2017; Rieger & Klimmt, 2019a; Janicke Bowles et al., this volume）。对于传记性共鸣的情节，我们可以假设娱乐信息具有特别强烈的“希望诱导”效应（hope-inducing effects），因为观众知道，在反映他们自身生活状况的重要环境中，希望是合理、可信的。例如，当观众看到娱乐角色作出“好”的决定，或者在面对危机时表现出美德（Oliver, Hartmann, & Wolley, 2012），或者获得意想不到的支持时，传记式共鸣的后果就是希望。普雷斯汀（Prestin, 2013）支持这一假设，证明了娱乐性叙事引发的希望促进了追求目标的动机。作为与危机相关情感的积极对抗者，希望代表着一种积极的对比体验，一种“看到一条出路”的情感层面；这种传记共鸣效应的元素与“意义”体验（experience of meaningfulness）的联系有可能是最直接的，过去对实现主义娱乐的研究对这一点已有描述（Oliver & Bartsch, 2010; Rieger, 2017）。

娱乐信息共鸣促进了自我概念和掌控感的转变

具有传记共鸣的娱乐媒介还可以帮助观众成员完成穆斯和谢弗（1986）提出的应对生活危机的第5项任务：受影响的个人需要重塑自我，找到改变了的、令人满意的自我概念，并保持对危机的掌控感。因为这项任务需要认知结构的改变，所以它耗费大量的时间。观众可以从具有传记共鸣的娱乐媒介中获得有用的建议（行为模式、投入新的自我定义），以成功完成应对任务（Richter, Appel, & Calio, 2014）。例如，观察一个角色如何通过重新进入她/他在婚姻期间放弃的生活领域，从而对离婚作出反应，可能会对受婚姻破裂影响并需要进行相应自我调整的观众提供启发。

传记共鸣的情感结果

在上一节中，我们认为，观众意识到娱乐信息与自己过去或现在的生活危机之间存在着密切联系将催生出一种有意义的体验，因为观众发现自己处于独特的位置，相对于自己生活中充满挑战的一面，他们能够获得与个人相关的目标、建议、灵感和希望。穆斯和谢弗（1986）提出的危机应对任务类型学，有助于构建这些影响和意义的维度，而这些影响和维度可能来自传记（危机）式共鸣。因此，我们认为，传记（危机）共鸣是实现意义的一条关键途径，而在实现主义娱乐理论中，这是一个重要但缺乏明确规定的维度（Oliver & Bartsch, 2010; Wirth, Hofer, & Schramm, 2012）。过去对媒介娱乐中的幸福感的思考强调了情感维度，特别是幸福感体验中混合情感的质量，以及自我超越式情绪的发生（Janicke Bowles et al., this volume; Oliver, et al., 2012/2018）。为了实现传记共鸣与实现主义娱乐理论的概念联系，我们提出了关于传记（危机）式共鸣的特定情感结果，以及由此产生的意义体验的命题。

基于上一节，我们可以把观众从具有传记共鸣的娱乐信息中获得的意义的品质，总结为一种援助感知（perceived assistance）。从穆斯和谢弗（1986）的概念框架来看，这种支持可能与应对某一个或几个维度有关。那么，接受这样的生命援助（life assistance）感觉如何？

迄今为止，在模拟的条件下，可能会出现两种类型的情绪。首先，危机的传记共鸣可能（重新）激活与危机环境相关联的实质性负面影响，即使这场引起共鸣的危机发生在几十年前。如果娱乐信息通过虚构叙事中的情感模拟（Otley, 1995）或通过记忆激活（Philippot, Schaefer, & Herbette, 2003）使观众回想起这场危机，那么，负面情绪会再次出现。

其次，那种在理解和掌握当前或过去的生活危机（见前一节）方面“取得进展”的体验，可能会激发积极的、非享乐的、自我超越的情绪。“希望”是其中的一种，我们已经提出，“希望”是个体在生活危机中接受信息输入的直接情感结果。危机应对中可能会出现的第二种积极情绪是感激（Algoe & Haidt, 2009）或欣赏（Adler & Fagley, 2005; Oliver & Bartsch, 2010）。由于关键事件具有高度的个人相关性，观众成员发现，用从传记共鸣的娱乐信息中获得的帮助来应对自身生活危机，会特别有价值。因此，他们可能会对这种帮助心存感激。信息发起者（作家、导演、游戏开发者）是感恩情绪的合理目标，因为他们创造了信息，而观众成员从中获得了帮助和意义；然而，观众学到的经验教训可能也会让他们对自己生活中的代理人（agents）表示感谢，观众以不同的眼光来看待他们的作用。我们还认为，一种广义的欣赏——与人类建立更积极的情感联系，可能源自传记式共鸣以及相关的意义，因为观众在克服危机方面取得进展的体验可能会影响他们对生活和人类的情感观（Rieger, 2017）。

综上所述，我们认为，传记共鸣的情节会带来强烈的混合情感：观众对让他们想起其生活危机的娱乐信息是非常厌恶的；观众强烈的积极情绪，尤其是希望和感激的情绪，会与他们在应对危机时接受援助的反应同步出现。这种情感的二元性再现了复杂的情绪安排，过去的研究发现，这种安排就是实现主义娱乐体验的特点（Janicke Bowles et al., this volume）。

传记共鸣的形式化

通过对传记共鸣体验（情感）效应的解释，我们完成了对实现主义娱乐中意义的理论解释。现在，我们可以将我们的主张形式化，具体说明在娱乐消费中主观意义是如何出现的（图20.1），作为娱乐信息固有的传记共鸣发生器的一条行动路径，它经过特殊、卓越的传记共鸣体验，迈向构成幸福感的情感效应。

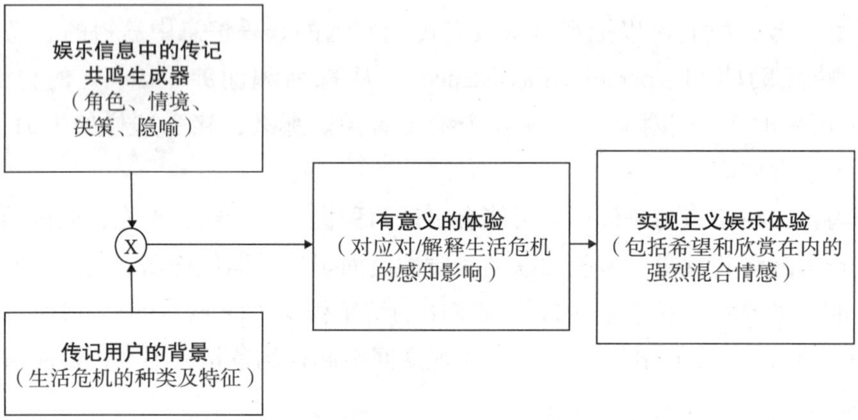

图20.1　实现主义娱乐中传记共鸣理论

传记共鸣应该是一种相对罕见的娱乐方式（mode）。这是因为，只有少部分特定娱乐信息的观众会将与之“匹配”的生活（危机）背景带到可作为传记共鸣基础的接触情境中。出于同样的原因，在个人消费的所有娱乐信息中，只有很少一部分会包含与个人匹配的传记共鸣发生器（generator）。因此，我们认为，在许多基于享乐、逃避现实的娱乐活动中，实现主义娱乐——至少是那些基于传记共鸣的实现主义娱乐——是一种例外。对于个体用户来说，正是因为传记共鸣体验非常罕见，而且与“正常”的媒介娱乐有着极大的不同，他们才会如此“欣赏”和重视这些有着重大媒介意义的情节，他们才会在一生中消费过的诸多媒介娱乐信息中，记住少量“宝贵、重要和强大”的（Greenwood & Long, 2015）信息，这也是他们会发现很难强迫有意义的体验专门（ad hoc）出现的原因（Vorderer, this volume）。

观点提要

引入传记共鸣的概念是为了更准确地解释“意义”（meaningfulness），并解释一些信息接收者所描述的“感人”“动人”体验，而这些体验在最近有关“幸福感”的娱乐研究中已得到阐述。传记共鸣理论旨在解释一点：那些在各种情境下为享乐和逃避现实而创作的虚构娱乐，与观众自身生活（危机）产生共鸣后，对个体观众是有意义的。就像所有的理论命题一样，这是在邀请大家对此观点进行批评和讨论。此外，我们还希望找到实证娱乐研究中的新方向。

理论增量的改进路径

目前，传记共鸣理论的基本命题将从未来的扩展和改进中获得精确性与解释力。对这种增量式发展，我们概括了一些特别有希望的路径，以推进相关的实证研究。

探索传记共鸣的其他原因、机制和后果

为了更好地描写信息接收者的传记背景和生活危机，需要进行定性和定量研究。我们认为，这些背景和危机对有意义的体验与幸福娱乐的概率（probability）、质量产生了深远的影响。霍（Khoo, 2015）报道了一项实验，在该实验中，他把传记危机的一个特定方面（“观众成员是否刚失去了一位亲密朋友”的问题）作为回应媒介故事的调节变量。虽然可以把传记共鸣理解为娱乐效果研究的调节因素，但它本身是一个复杂的现象，我们应该首先进行更详细的探讨。目前的解释基于应对生活危机的某一特定概念（Moos & Schaefer, 1986），可能并不详尽，还可能没有包含体验的所有相关方面以及传记共鸣的影响，而它在媒介娱乐中影响的心理机制可能与本文提出的不同。因此，关于传记共鸣的出现、流行和后果，我们希望未来的研究会提供新的见解。

阐明传记共鸣、意义和幸福感之间的关系

除了从经验上探究当前传记共鸣理论化目标的细节，我们首先要处理的一个理论任务是讨论意义和幸福感是否需要传记共鸣的某一方面（本章提到了5个方面），或者意义是否存在多种起源。过去的研究强调了见证道德美（Oliver et al., 2012）、超越和人类的连通性（Janicke & Ramasubramanian, 2017）在产生意义方面的重要性；幸福感的这种起源可能不一定需要传记共鸣。因此，传记共鸣、意义和实现主义娱乐体验之间的关系需要进一步的理论澄清与实证检验。

考虑积极的、非危机性的传记共鸣

与当前提议相关的一个更具体的挑战是，将重大的生活片段（episodes）作为传记背景，这种传记背景可以带来共鸣体验、意义和实现主义娱乐效应。与观众生活危机有关的共鸣情节，可以极为合理地预测实现主义体验的混合情感性质，因为娱乐消费中传记共鸣出现的慰藉和希望与负面影响交织在一起，带来了复杂的混合情绪（Larsen, McGraw & Cacioppo, 2001）。但娱乐媒介内容也可能与传记用户正面的背景产生共鸣。例如，电影中对幸福结局的描述，可能会在那些记得自己生活中类似情节的观众中引起与情景相关的传记共鸣；这种共鸣不仅可能引发享乐式的积极情感（享乐：Vorderer, Klimmt, & Ritterfeld, 2004），还可能激发一种明确的意义和欣赏。因此，在进一步发展传记共鸣理论时，有必要把用户对危机的共鸣和对积极生活片段的共鸣进行更系统的区分。在对现有理论进行扩展时，娱乐学者还应详细阐述罗萨（Vorderer, 2018, this volume）对共鸣的理解，因为罗萨将他的方法与人类对“美好生活”的追求联系在一

起，并将共鸣定义为一种首要的积极体验。在较低的抽象层次上，既然信息诱发的情感记忆中（首要的）积极传记元素是此次娱乐研究分枝的中心，那么，媒介娱乐中有关怀旧（nostalgia）的理论和研究（Wulf, Rieger, & Schmitt, 2018）将为阐述传记共鸣中积极的、非危机性的变量提供有用的见解。

详述时间性在传记共鸣中的作用

进一步阐述“与当前持续性的、未解决的生活插曲有关的传记共鸣”和“与用户传记里过去已完成的关键元素有关的共鸣”之间可能存在的差异，将有助于当前的主张。虽然传记共鸣可能导致的认知和情感过程一定适用于当前与过去的生活阶段，但观众对当前和过去危机的思考与感受方式肯定存在很大差异，因此，他们从引起传记共鸣的媒介娱乐中获得的意义类型也可能有所不同。显然，我们需要开展具体的实证研究，以便进一步完善传记共鸣理论。

将传记共鸣理论与既有娱乐概念联系起来

通过开发与娱乐研究既有概念的联结点，传记共鸣理论将得到逐步改进。可能引起传记共鸣的信息成分与观众对娱乐角色的反应（Brown, this volume; Cohen & Klimmt, this volume）的那些概念是最相关的。因此，应进一步阐述娱乐信息中描绘的可能引发传记共鸣的情境。“传输”的概念（Green & Brock, 2000）也可以为理论改进提供信息。如果观众发现了传记的相似性，他们是否会对媒介娱乐角色产生不一样的认同？如果他们发现娱乐信息的叙事世界与他们自己（过去或现在）的情况一致，他们是否会以不一样的“传输”形式进入其中？同样，关于接受相关输入（input）以应对危机和生活挑战的有意义的经验，TEBOTS（“暂时性拓展自我边界”）模型（Johnson, Slater, Silver, & Ewoldsen, this volume）以及回顾性想象参与（Ewoldsen, Busselle, Slater, & Sethi, this volume）等理论与传记共鸣理论之间的联系揭示出有用的观点。这些理论化的思路可能有助于我们更好地理解观众是如何感知、获取娱乐信息成分，并将其整合到他们的媒介体验中的，从而导致和信息相关的（message-bound），以及和虚构、传记相关的真情实感的混合物（实现主义）的出现。

将传记共鸣理论应用于数字娱乐生态

思考网络和社交媒介对人们处理生活危机（Ytre Arne, 2019），以及实现主义体验和幸福感（Oliver et al., 2016）的影响，是我们拓展当前理论解释的另一个重要任务。虽然目前的主张侧重于（虚构的）大众媒介娱乐的用户，但大量信息通过社交媒介传播也可能引起用户的传记共鸣。用户生产信息（相关生活事件的图像）并在线与他人分享，也可能成为传记共鸣额外的生成因素（von Pape, 2018; Rieger & Klimmt, 2019a/2019b）。因此，将传记共鸣的概念扩展到基于互联网、互动和社交的自我生产（self-work），可能会进一步扩大该理论的应用范围。

创新纲领的高阶路径

建立起作为媒介效应的个人内心变化（Intrapersonal Change）范式

虽然当前的论述旨在激发关于实现主义娱乐新的理论辩论，但它也应该指出单一媒介信息可能对个体接收者及其整个传记具有的持久的重要性。过去关于媒介效应的研究优先解释了个体间差异（信息影响是某一信息类型的重度用户和低度用户或非用户之间差异的根源）；相比之下，当前关于传记共鸣的观点强调了单一信息接触可能对特定个人产生的深远影响（Vorderer, this volume; Vorderer & Halfmann, 2019）。因此，了解传记共鸣的后果可以为我们检测强大的媒介效应铺平道路，而过去的许多研究都忽略了这一点，因为过去的研究是基于用户和非用户的比较，而不是去检查个人的先决条件和个人对给定信息的处理。因此，这种将个人内心变化视为娱乐效果的观点，也可能为媒介使用、体验、影响的标准化与定性方法的调和，提供新的依据（Craig, 1999）。

把传记共鸣效应提升到群体层面

当前的理论创新建议提供了超越个体心理层面和媒介娱乐消费中限时（moment-bound）体验的前景。鉴于全世界正在制作和传播大量的娱乐内容，那些早晚面临生活危机的人在内的大部分当代人，迟早会在他们的媒介代餐中遇到传记共鸣的片段。传记共鸣在社会层面的结果可能会对人们的福祉和生活满意度有深远影响（Kahneman, Diener & Schwarz, 1999）：通过传记共鸣和由此产生的意义体验，娱乐信息在促进人们的人生目标感、乐观主义和希望等的过程中，将增加灵感、慰藉，甚至宗教等精神信仰的供给。因为任何一种媒介娱乐信息，包括那些普通的、没有艺术感的、“琐碎”且具有“大众导向”的信息，都会产生传记共鸣。媒介娱乐与人口福祉、恢复力的相关性，成为下一步理论研究的绝佳领域。这种观点也可能抵消过去人们对大众娱乐的负面判断，即大众娱乐是在浪费时间和麻痹人心（Postman, 2006）。对于特定的观众来说，可能正是这些“简单”的娱乐产品提供了他们想要的灵感、建议和希望。

参考文献

Adler, M. G., & Fagley, N. S. (2005). Appreciation: Individual differences in finding value and meaning as a unique predictor of subjective well-being. *Journal of Personality*, 73(1), 79–114.

Akpinar, E., & Berger, J. (2015). Drivers of cultural success: The case of sensory metaphors. *Journal of Personality and Social Psychology*, 109(1), 20–34.

Algoe, S. B., & Haidt, J. (2009). Witnessing excellence in action: The “other-praising” emotions of elevation, gratitude, and admiration. *Journal of Positive Psychology*, 4(2), 105–127.

Austin, E. W., Roberts, D. F., & Nass, C. I. (1990). Influences of family communication on children’s television-interpretation processes. *Communication Research*, 17(4), 545–564.

Bandura, A. (1997). *Self-efficacy: The exercise of control*. New York: W. H. Freeman.

Bench, S. W., Schlegel, R. J., Davis, W. E., & Vess, M. (2015). Thinking about change in the self and others: The role of self-discovery metaphors and the true self. *Social Cognition*, 33(3), 169–185.

Berntsen, D., & Rubin, D. C. (2002). Emotionally charged autobiographical memories across the life span: The recall of happy, sad, traumatic and involuntary memories. *Psychology and Aging*, 17(4), 636–652.

Brown, W. J. (2015). Examining four processes of audience involvement with media personae: Transportation, parasocial interaction, identification, and worship. *Communication Theory*, 25(3), 259–283.

Callahan, E. J., & McCluskey, K. (Eds.). (1983). *Life span developmental psychology: Non-normative life events*. New York, NY: Academic Press.

Craig, R. T. (1999). Communication theory as a field. *Communication Theory*, 9(2), 119–161.

Dale, K. R., Raney, A. A., Janicke, S. H., Sanders, M. S., & Oliver, M. B. (2017). YouTube for good: A content analysis and examination of elicitors of self-transcendent media. *Journal of Communication*, 67(6), 897–919.

Elliott, L., Golub, A., Price, M., & Bennett, A. (2015). More than just a game? Combat-themed gaming among recent veterans with posttraumatic stress disorder. *Games for Health Journal*, 4(4), 271–277.

Gerbner, G., Gross, L., Morgan, M., & Signorielli, N. (1980). The "mainstreaming" of America: Violence profile no. 11. *Journal of Communication*, 30(3), 10–29.

Green, M. C., & Brock, T. C. (2000). The role of transportation in the persuasiveness of public narratives. *Journal of Personality and Social Psychology*, 79(5), 701–721.

Greenwood, D., & Long, C. R. (2015). When movies matter: Emerging adults recall memorable movies. *Journal of Adolescent Research*, 30(5), 625–650.

Harwood, J. (1999). Age identification, social identity gratifications, and television viewing. *Journal of Broadcasting and Electronic Media*, 43(1), 123–136.

Janicke, S. H., & Ramasubramanian, S. (2017). Spiritual media experiences, trait transcendence, and enjoyment of popular films. *Journal of Media and Religion*, 16(2), 51–66.

Kahneman, D., Diener, E. & Schwarz, N. (Eds.). (1999). *Well-being: The foundations of hedonic psychology*. New York, NY: Sage.

Katz, E., & Foulkes, D. (1962). On the use of mass media for escape: Clarification of a concept. *Public Opinion Quarterly*, 26, 377–388.

Khoo, G. S. (2015). Contemplating tragedy raises gratifications and fosters self-acceptance. *Human Communication Research*, 42(2), 269–291.

Klimmt, C. (2011). Media psychology and complex modes of entertainment experiences. *Journal of Media Psychology*, 11 (1,), 34–38.

Klimmt, C. (2017). Self-efficacy: Mediated experiences and expectations of making a difference. In L. Reinecke & M. B. Oliver (Eds.), *The Routledge handbook of media use and well-being* (pp. 157–169). New York, NY: Routledge.

Kuiken, D., Miall, D. S., & Sikora, S. (2004). Forms of self-implication in literary reading. *Poetics Today*, 25(2), 171–203.

Kuzmičová, A., & Bálint, K. (2019). Personal relevance in story reading: A research review. *Poetics Today*, 40(3), 429–451.

Landau, M., Robinson, M. D., & Meier, B. P. (Eds.). (2014). *The power of metaphor: Examining its influence on social life*. Washington, DC: American Psychological Association.

Larsen, J. T., McGraw, A. P., & Cacioppo, J. T. (2001). Can people feel happy and sad at the same time? *Journal of Personality and Social Psychology*, 81(4), 684–696.

Lazarus, R. S. (1999). Hope: An emotion and a vital coping resource against despair. *Social Research*, 66(2), 653–678.

Mar, R. A., & Oatley, K. (2008). The function of fiction is the abstraction and simulation of social experience. *Perspectives on Psychological Science*, 3(3), 173–192.

Moos, R. H. (Ed.). (1986). *Coping with life crises: An integrated approach*. New York, NY: Springer.

Moos, R. H., & Schaefer, J. (1986). Life transitions and crises: A conceptual overview. In R. H. Moos (Ed.), *Coping with life crises: An integrated approach* (pp. 1–28). New York, NY: Springer.

Oatley, K. (1995). A taxonomy of the emotions of literary response and a theory of identification in fictional narrative. *Poetics*, 23, 53–74.

Oliver, M. B., & Bartsch, A. (2010). Appreciation as audience response: Exploring entertainment gratifications beyond hedonism. *Human Communication Research*, 36(1), 53–81.

Oliver, M. B., Ferchaud, A., Kim, K., Wang, R., Yang, F., Waddell, T. F. et al. (2016, June). *When we are the creators: Implications of user generation of inspiring media messages*. Paper presented at the annual meeting of International Communication Association, Fukuoka, Japan.

Oliver, M. B., & Hartmann, T. (2010). Exploring the role of meaningful experiences in users' appreciation of "good movies." *Projections*, 4(2), 128–150.

Oliver, M. B., & Raney, A. A. (2011). Entertainment as pleasurable and meaningful: Identifying hedonic and eudaimonic motivations for entertainment consumption. *Journal of Communication*, 61(5), 984–1004.

Oliver, M. B., Hartmann, T., & Woolley, J. K. (2012). Elevation in response to entertainment portrayals of moral virtuc. *Human Communication Rcscarch*, 38(3), 360–378.

Oliver, M. B., Raney, A. A., Slater, M. D., Appel, M., Hartmann, T., Bartsch, A., … & Vorderer, P. (2018). Self-transcendent media experiences: Taking meaningful media to a higher level. *Journal of Communication*, 68(2), 380–389.

Park, C. L. (2010). Making sense of the meaning literature: An integrative review of meaning making and its effects on adjustment to stressful life events. *Psychological Bulletin*, 136(2), 257–301.

Petty, R. E., & Cacioppo, J. T. (1986). The elaboration likelihood model of persuasion. *Advances in Experimental Social Psychology*, 19, 124–205.

Philippot, P., Schaefer, A., & Herbette, G. (2003). Consequences of specific processing of emotional information: Impact of general versus specific autobiographical memory priming on emotion elicitation. *Emotion*, 3(3), 270—283.

Postman, N. (2006). *Amusing ourselves to death: Public discourse in the age of show business*. New York, NY: Penguin.

Prestin, A. (2013). The pursuit of hopefulness: Operationalizing hope in entertainment media narratives. *Media Psychology*, 16(3), 318–346.

Reese, H. W., & Smyer, M. A. (1983). The dimensionalization of life events. In E. J. Callahan & K. McCluskey (Eds.), *Life span developmental psychology: Non-normative life events* (pp. 1–33). New York, NY: Academic Press.

Reeves, B., & Miller, M. M. (1978). A multidimensional measure of children's identification with television characters. *Journal of Broadcasting and Electronic Media*, 22(1), 71–86.

Richter, T., Appel, M., & Calio, F. (2014). Stories can influence the self-concept. *Social Influence*, 9(3), 172–188.

Rieger, D. (2017). Meaning, mortality salience, and media use. In L. Reinecke & M. B. Oliver (Eds.), *The Routledge handbook of media use and well-being* (pp. 93–105). New York, NY: Routledge.

Rieger, D., & Klimmt, C. (2019a). The daily dose of digital inspiration 2: Themes and affective user responses to meaningful memes in social media. *New Media and Society*, 21(10), 2201–2221. doi: 10.1177/1461444819842875.

Rieger, D., & Klimmt, C. (2019b). The daily dose of digital inspiration: A multi-method exploration of meaningful communication in social media. *New Media and Society*, 21(1), 97–118.doi:10.1177/1461444818788323.

Robinson, O. C., & Wright, G. R. (2013). The prevalence, types and perceived outcomes of crisis episodes in early adulthood and midlife: A structured retrospective-autobiographical study. *International Journal of Behavioral Development*, 37(5), 407–416.

Rosa, H. (2018). Available, accessible, attainable: The mindset of growth and the resonance conception of the good life. In H. Rosa, & C. Henning (Eds.), *The good life beyond growth. New perspectives* (pp. 39–53). London, UK: Routledge.

Seilman, U., & Larsen, S. F. (1989). Personal resonance to literature: A study of remindings while reading. *Poetics*, 18(1–2), 165–177.

Shrum, L. J., & Bischak, D. (2001). Mainstreaming, resonance, and impersonal impact. *Human Communication Research*, 27(2), 187–215.

Sweeny, K. (2008). Crisis decision theory: Decisions in the face of negative events. *Psychological Bulletin*, 134(1), 61–76.

Valkenburg, P. M., & Peter, J. (2013). The differential susceptibility to media effects model. *Journal of Communication*, 63(2), 221–243.

von Pape, T. (2018). Living in the moment: Self-narratives of permanently connected media users. In P. Vorderer, D. Hefner, L. Reinecke, & C. Klimmt (Eds.), *Permanently online, permanently connected: Living and communicating in a POPC world*. New York, NY: Routledge.

Vorderer, P., & Halfmann, A. (2019). Why do we entertain ourselves with media narratives? A theory of resonance perspective on entertainment experiences. *Annals of the International Communication Association*, 43(2), 79–96.

Vorderer, P., Klimmt, C., & Ritterfeld, U. (2004). Enjoyment: At the heart of media entertainment. *Communication Theory*, 14(4), 388–408.

Vorderer, P., & Reinecke, L. (2015). From mood to meaning: The changing model of the user in entertainment research. *Communication Theory*, 25, 447–453.

Wirth, W., Hofer, M., & Schramm, H. (2012). Beyond pleasure: Exploring the eudaimonic entertainment experience. *Human Communication Research*, 38(4), 406–428.

Wulf, T., Rieger, D., & Schmitt, J. B. (2018). Blissed by the past: Theorizing media-induced nostalgia as an audience response factor for entertainment and well-being. *Poetics*, 69, 70–80.

Ytre-Arne, B. (2019). Media use in changing everyday life: How biographical disruption could destabilize media repertoires and public connection. *European Journal of Communication*, 34(5), 488–502. https://doi.org/10.1177/0267323119869112.

Zillmann, D. (1988). Mood management through communication choices. *American Behavioral Scientist*, 31, 327–340.

第二十一章　一种实现主义的娱乐体验：“卡玛慕塔”

索菲·H. 贾尼克·鲍尔斯
托马斯·舒伯特
乔安娜·K. 布朗斯特

实现主义娱乐体验的概念化

鲜明的情感体验如愉悦、赞赏或升华感（elevation），是娱乐体验的核心。虽然享受和愉悦感主要出自享乐取向的娱乐业，但在与实现主义娱乐相关的情感体验中，人们研究最多的，通常是一种被称作“升华感”的重要情绪（感动）（Algoe & Haidt, 2009; Diessner, Iyer, Smith, & Haidt, 2013; Haidt, 2003a/2003b）。对于媒介研究人员来说，提升型的情感体验尤其有趣，因为它能增强社会亲和性和联结反应（Janicke & Oliver, 2017; Krämer, et al., 2017; Oliver, Hartmann, & Woolley, 2012; Schnall, Roper, & Fessler, 2010）。通常，研究者会结合本土方言的称呼来评估个体与媒介接触后的种种反应，如感动、触动、温柔、富有同情心、受鼓舞、激动等有意义的情感，并将其概念化为升华感或某种重要情感（Oliver, et al., 2012; Rieger, Frischlich, & Oliver, 2018; Slater, Oliver & Appel, 2016），或将其概念化为其他某种实现主义情感（Krämer, et al., 2017）。因此，本章也对类似的体验评估采用了不同的称呼。此外，喉咙发紧、胸口发热或起鸡皮疙瘩之类的生理感觉，也可用作升华感的预测指标，不过，这类称呼并不一致（Krämer, et al., 2017; Oliver, et al., 2012; Rieger, et al., 2018; Silvers & Haidt, 2008）。此外，升华感或有意义的情感也与混合情绪（Oliver, et al., 2012; Rieger, et al., 2018），即个体同时感受到的积极和消极情绪（“辛酸的感觉”；Ersner-Hershfield, Mikels, Sullivan, & Carstensen, 2008）有关，但有时，混合情感被用作实现主义媒介娱乐的独立指标（Bartsch, 2012; Oliver & Raney, 2011; Slater, et al., 2016）。那么，升华感的概念到底是通过混合情感预测得来的，还是独立于混合情绪？这仍然是个问题。

总之，关于实现主义媒介反应的概念化，即那些重要情感或升华感的概念化，目前文献中的用法并不一致。虽然有人已经对实现主义娱乐的情感体验（升华感、有意义的情感）进行了一些跨文化研究尝试（Krämer, et al., 2017; Rieger, et al., 2018），但缺乏对这些概念或跨文化生理学的系统分析。此外，迄今为止，人们使用的衡量标准可能过于严格，一些主要依赖于个人、文化和社会学背景的方言称呼（Schubert, Seibt, Zickfeld, Blomster, & Fiske, 2017）还无法充分评估那些道德美以及人文学科描绘中所产生的情感体验（Algoe & Haidt, 2009; Diessner, et al., 2013）。还有，在谈论回应媒介的情感体验时，有时很难给某些体验贴上标签，尤其当这些情感非常复杂时（Bartsch, Kalch, & Oliver, 2014; Bartsch & Schneider, 2014）。因此，仅使用一些方言的称呼来描述某种情感体验，可能无法考虑到观众拥有的全部情感体验。最先尝试研发出更全面的升华感测量方法的是科瑞玛等人（Krämer, et al., 2017），但相关核实工作依然缺失。到目前为止，还没有与升华感或感动体验相关的具体理论框架。升华感是由对道德美的描绘，如对善良的描绘（Algoe & Haidt, 2009; Haidt, 2003b）引发的，不过，对人际关系的描绘似乎也会引起升华感，尽管程度较低（Janicke & Oliver, 2017; Krämer, et al., 2017）。

要对实现主义的娱乐体验进行建模，有一点很重要，即人们需要在那些由某一特定来源引发的精确概念上达成一致，并在不同的信息类型、文化、背景和个人之间保持一致。“卡玛慕塔”（kama muta；梵语，意为“被爱感动”；Fiske, Schubert, & Seibt, 2017）的概念就是如此。在下文中，我们将概括“卡玛慕塔”的思想、理论框架，并简要解释它对新旧媒介中某一特定类型的实现主义娱乐体验进行概念化的潜在作用（Oliver, et al., 2018）。

定义“卡玛慕塔”

“卡玛慕塔”理论（Kama muta theory）通常被称为“被感动或感动到流泪”的情感过程，其提供了一个新的概念起点。“卡玛慕塔”是一种社会关系情绪（Fiske, et al., 2017），发生在与另一存在（entity）的联系中。

关系模型理论（Relational models theory; Fiske, 1991/2004）可以解释引发“卡玛慕塔”的时间及功能。关系模型理论提出，人类使用4种基本的关系蓝图（relational blueprints）进行协调：①权威排名（authority ranking），这是社会等级制度的基础，在社会等级制度中，人们的秩序是线性的，资源的分布是不对称的；②平等匹配（equality matching），人们在某些操作中轮流协调和分配资源；③市场定价（market pricing），人们交换商品以达到理想的比率；④共同分享（communal sharing），这是家庭和结对纽带（pair bonds）等关系的基础，在这种关系中，人们觉得他们有共同点，并根据需要和能力分配资源与负担。因此，共享关系基于善良、同情、道德承诺、共同责任和归属感（Fiske, Seibt, & Schubert, 2019）。当这些共同分享关系突然加强时，“卡玛慕塔"就会出现。这种强化可能包括一段关系在某个特定时刻经历的强度变化，也可能是建立新的纽带，或者是想象或记忆中的关系与这种关系的丧失或分离之间的对比（Fiske, et al., 2019）。具体到媒介语境中，叙事往往从建立共享关系到以某种方式危及它（唤醒"卡玛慕塔"的反面，即悲伤），然后回到对这种关系的肯定和确认（Schubert, Zickfeld, Seibt, & Fiske, 2018）。

引发"卡玛慕塔"的共享关系突然强化的例子很多，包括团聚、订婚、婚礼、一起唱国歌、孩子出生、与自然或神联系，或者为他人作出牺牲等（Zickfeld, et al., 2019）。它们的功能是"创建、更新和恢复"被强化的共享关系，甚至建立新的共享关系（Fiske, et al., 2019, p.75）。许多文化都有唤醒"卡玛慕塔"的结构，包括仪式、故事、文物和制度，但它也可以从无结构的日常经验（Fiske, et al., 2019）中获得，如接触媒介。

为解释"卡玛慕塔"这种体验的称呼所伴有的文化差异，如英语中的"被打动了的感觉"、挪威语中的"rørt"、德语中的"rührung"和中文里的"gan dong"，有人从5个维度来概念化"卡玛慕塔"（Fiske, et al., 2017; Schubert, et al., 2018; Seibt, Schubert, Zickfeld, & Fiske, 2017; Zickfeld, et al., 2019）：①"被感动或打动"的本地术语或称呼（英文的）；②生理感觉，如流眼泪、哽咽感、胸部有温暖感和起鸡皮疙瘩；③某一积极效能；④对共享关系的突然强化的评价；⑤动机，它表现为亲社会倾向、对某一种关系更坚定的承诺，或"以善意和同情的方式共同行动"的总体趋势（Zickfeld, et al., 2019, p.405）。人们对"卡玛慕塔"体验的强度可能会有所不同，当"卡玛慕塔"体验处于中等水平时，并非所有的维度都会被激发出来。例如，在较低强度的体验中，如起鸡皮疙瘩和泪眼婆娑等生理现象就比较少见。

几项使用了来自19个国家、15种语言的样本的跨文化研究支持了以上5个维度的有效性。在描述"卡玛慕塔"的体验、"卡玛慕塔"如何从现实世界和媒介刺激中产生，以及"卡玛慕塔"与悲伤、敬畏、娱乐和混合情感的区别等方面，这些维度都是有效的（Schubert, et al., 2018; Seibt, et al., 2017; Seibt, et al., 2018; Zickfeld, et al., 2019）。此外，也有研究确定了与"卡玛慕塔"密切相关的几种人格变量（personality variables）。也就是说，齐克菲尔德等人（Zickfeld, et al., 2019）在18个国家（南非没有发现显著的关系）发现了"卡玛慕塔"（以所有5个子集进行测量）与共情关怀特质之间（the trait of empathic concern）的相关性。这一关系在16项研究（Zickfeld, Schubert, Seibt, & Fiske, 2017）的元分析中得到了支持，在这些研究中，共情关怀特质和"卡玛慕塔"之间存在较大范围的影响（$r = 0.35$）。此外，研究者在13个国家（包括美国；Zickfeld, et al., 2019）发现了"卡玛慕塔"与怀旧特质（trait nostalgia）之间的显著关系。研究发现，女性的报告中"卡玛慕塔"的水平高于男性（根据所有5个维度进行测量；Zickfeld, et al., 2019; Seibt, et al., 2018）。

总之，"卡玛慕塔"是一种普遍的积极情绪，具有进化的核心和特定文化版本。这种评价（appraisal）是共同分享关系体验的强化，这种关系对个人或对此有认同的个人来说很重要。由此产生的动机是回应这种强化，并按照它行事——根据需要和能力作出反应。人们会用特定文化的术语来称呼这些情感体验，如果这些情感体验存在，并伴随着眼眶湿润、起鸡皮疙瘩和/或温暖等身体感觉的话。这5个维度之间的关联程度因语境（不同的媒介刺激）和文化差异而不同。

实现主义媒介中的“卡玛慕塔”

不仅在理论上，而且在经验上很明显的是，人们目前为止对升华感的检验，所代表的是“卡玛慕塔”的某一子集（Zickfeld, et al., 2019），而“卡玛慕塔”的检验更全面。这两种评估都包含了被感动、被打动的情感，也包含了起鸡皮疙瘩或心生温暖的生理感觉。因此，关于实现主义娱乐提升效应的研究可能在一定程度上，甚至在很大程度上描述了“卡玛慕塔”这一体验。事实上，在研究中，有人使用了几段相同的视频来引发受众的升华感和“卡玛慕塔”[1]。假设升华感是“卡玛慕塔”整体结构的一部分，那么，媒介引发与升华感或“卡玛慕塔”类似的体验就毫不奇怪了。一般来说，对实现主义媒介的研究一致发现，接触到令人情绪激动的视频，并体验到升华感或其他重要情感的受试者，会因此感觉与人性的联系更紧密（Janicke & Oliver, 2017; Oliver, et al., 2017; Oliver, et al., 2015）、更无私（Schnall, et al., 2010; Oliver, et al., 2012），并且更可能接受外部群体（Lai, Haidt, & Nosek, 2013; Oliver, et al., 2015; Janicke-Bowles, Bartsch, Oliver, & Raney）。到目前为止，研究人员将这些影响归因于人们对模型化了的道德善良的认知评估，这种评估有助于促进一种提高自身道德水平的动机，即表现出或试图表现出类似道德行为的动机（Haidt, 2001/2003a）。

从“卡玛慕塔”理论的角度来看，因接触到引发“卡玛慕塔”的诱因而产生的效果，是以对媒介角色社会关系的评估，以及想要把自己提升到近似于视频中描绘的那种关系的动机为基础的。也就是说，在故事中描述的消费者和群体之间的关系突然加强的基础上，用户可以体验到媒介环境中的“卡玛慕塔”（Seibt, et al., 2017），或者，通过目睹叙事中的人物自身突然强化了一种共同分享关系（人物团聚、抱着婴儿、拥抱可爱的动物、表现出友善），消费者也可以间接体验到“卡玛慕塔”。共享关系的强化可以是道德的，但没有必要一定是道德的。到目前为止，有关“卡玛慕塔”的研究，已经以外群体和动物的人性化、投票行为和政治态度等主题形式，开始关注媒介化的“卡玛慕塔”如何影响共享关系的动机这一问题了。

布洛姆斯特-莱索尔、汤姆森和塞特（Blomster-Lyshol, Thomsen, & Seibt, 2020）研究了媒介化的“卡玛慕塔”对外群体人性化的影响。在3项研究中，研究人员向参与者展示了一段短视频，视频描述了种族或性别等外群体成员之间的互动（求婚、相互帮

[1] http://kamamutalab.org/about/ experience-kama-muta/

助、团聚)。这些研究发现,"卡玛慕塔"提高了视频中主人公和主人公所代表的整个群体的人性化(humanization)程度。群体层面的人性化是通过主人公的人性化和人们对主人公所在群体的温暖感来实现的。这些结果表明,主人公的人性化是人们能支持整个群体并使其人性化的一个重要先决条件,这进一步表明,作为拟态社会化接触的一种形式,媒介化了的"卡玛慕塔"(Schiappa, Gregg, & Hewes, 2005)就是一个潜在的过程。人们通过电视观看外群体成员的互动,可以与外群体成员形成强大的、虚拟的情感纽带,有了这些情感纽带,人们会把主角和他们所代表的群体视为更人性化的人;而将某人视为更人性化的人,表明了与此人建立共同分享关系的最初动机(Haslam, 2006)。虽然这些发现很有希望,但未来的研究需要探索人们与外群体成员的虚拟关系到底能在多大程度上转化为现实世界的互动。总的来说,这些发现解释了为什么被实现主义娱乐感动("卡玛慕塔")会增强外群体的人性化,而研究媒介化了的升华感提供了一种认知解释。

斯坦尼斯等人(Steinnes, et al., 2019)的另一项发现指向了"卡玛慕塔"对人性化影响的社会关系解释。研究中,参与者观看了可爱动物的视频,它们有的在互动,有的没有互动,研究人员询问参与者如何看待这些动物的人性程度。其中,互动的动物们引发了参与者更多的"卡玛慕塔",参与者认为它们更像人类(拟人化)。换句话说,当看到可爱的动物互动时,参与者会通过假想动物所带有的社会关系(这让它们看起来更像人类)来感受到"卡玛慕塔"。这些可爱动物的视频很可能无法传达人类所共有的善良这一主题(之前有人认为这一主题会引发受众的升华感),但这样来解释此类社会关系更为可行。

"卡玛慕塔"还会影响人们观看政治广告后的投票意向。2016年美国大选前两周,塞特、舒伯特、齐克菲尔德和菲斯克(2019)向参与者展示了希拉里和特朗普竞选团队的政治广告。当参与者看到他们喜欢的总统候选人的政治广告时,他们报告说感觉到了更多的"卡玛慕塔",反过来,"卡玛慕塔"预测了投票给他们喜欢的候选人的意图。那些确实被对手候选人的政治广告打动的参与者也报告说,他们支持对手候选人的意愿增加了。支持候选人是政治领域内一种共享忠诚的动机形式。关于"卡玛慕塔"预测投票意向的研究强调了"卡玛慕塔"的激励效应。

此外,研究发现,与不能引发"卡玛慕塔"的视频(呈现美国事实的中立视频,以及呈现一般事实的中立视频)相比,"卡玛慕塔"视频(通过与美国的间接、直接的共同分享强化而引发)通过增加党外热情、社交亲密度和信任的方式,增加了对党外人士共享的忠诚(Blomster Lysol, Seibt, Oliver, & Thomsen, 2019)。这种影响是由"卡玛慕塔"和将党外人士归类为一个上级群体的成员(美国裔美国人)调节的。这些结果表明,关于两个人加强共同分享关系的"卡玛慕塔"视频,和使人们加强与美国共同分享关系的"卡玛慕塔"视频,都能有效地减少情感两极分化。这表明,通过意识到外群体是内群体上级的一部分，“卡玛慕塔”可以增加对“卡玛慕塔”事件中没有描述到的某一外群体的情感投入。

综上所述，媒介化的“卡玛慕塔”的研究报告表明，人们从媒介描述中或者强化的共同分享的关系中感受到的“卡玛慕塔”，与外群体和动物的人性化的增强、为候选人投票的意愿增加，以及对党外人士的态度改善都相关。“卡玛慕塔”理论对以上结果的原因进行了概述，预测了“卡玛慕塔”会激励人们去强化由“卡玛慕塔”事件所引发的共享关系。媒介内容可以描述共享关系，共享关系也可以提醒人们注意其他类型的共享关系。这些研究表明，对有志于探究那些感人的实现主义娱乐的媒介学者来说，社会关系机制是值得考虑的。

（娱乐）媒介中的“卡玛慕塔”实例

广告、电视和电影等媒介中的“卡玛慕塔”例子比比皆是。“卡玛慕塔”通常是广告商想要唤醒的情感，如某一人寿保险公司的几则催泪、温暖人心的广告就是很明显的例子（Taube, 2014）。真人秀节目也通常会有团圆的场景和不同寻常的表演，其中就包括了强化的共同分享。另外一个例子是选秀节目。参赛者讲述自己的人生遭遇，然后走上舞台，开始优美的歌唱。这方面，苏珊·博伊尔（Susan Boyle）在英国达人秀（*Britain's Got Talent*）上的表演或许是最著名的例子。观看者因参与者精彩的表演而感动落泪，通过观察参赛者、评委、观众，以及通常是家庭成员之间的共同分享，并通过了解参赛者为达到现在的成就而必须克服的障碍，观看者感觉离参赛者更近。许多虚构的电影和电视剧也会让人感受到“卡玛慕塔”，如描述爱情故事的《恋恋笔记本》（*The Notebook*）；电影《弱点》（*The Blindside*）中主人公帮助别人的场景；斯皮尔伯格（Spielberg）的《世界大战》（*War of the Worlds*）中最后一幕的团聚场景。最近的漫威电影《终局之战》（*Endgame*）展示了一个巨大的团聚场景（然后转变为令人敬畏的场景），这完全遵循了典型的“卡玛慕塔”剧本：①引入共享关系；②将他们置于危险之中；③展现团聚和克服障碍的过程。在电视剧中，挪威电视剧《羞耻》（*Skam*）因其对少数族裔和同性恋青少年的“卡玛慕塔”描绘而赢得了国际关注。

社交媒介经常以列表或视频混剪的方式收集和分发这种“卡玛慕塔”唤醒场景。“重拾你对人性的信心”的行为清单就是经典的例子。在Youtube上搜索“暖心”“尽量不要哭”“最动人的”等关键词，人们会找到数百个这样的视频片段。在“尽量不要哭”挑战中，YouTube的使用者发布了一些容易引发“卡玛慕塔”的视频内容（通常与我们在研究中使用的内容相同），挑战通常以失败告终，从而引发了更多的“卡玛慕塔”。显然“卡玛慕塔”具有传染性，人们不仅希望在自己和他人身上唤醒它，而且愿意为此付费，这使它（“卡玛慕塔”）成为现代娱乐业的基石。

在媒介语境里检验"卡玛慕塔"

值得注意的是，作为对叙事的回应，当"卡玛慕塔"仅作为对特定结局的回应而非对整个叙事的回应时，它的检测效果将是最强的。例如，其他情绪，如对离家出走的孩子的愤怒，作为对孩子回家后突然强化的共同分享关系的回应，会冲淡片尾"卡玛慕塔"的体验。齐克菲尔德等人（2017）指出，受访者评估的叙事越长、越复杂，就越有可能检测到混杂的情感，而"卡玛慕塔"实际体验也就越模糊。此外，必须注意的是，受访者也可以在经历"卡玛慕塔"的同时体验到其他情绪。例如，当目睹历经多年的争吵和疏离后的父子和解时，如果观看者在自己的生活中有类似的情况，可能会获得"卡玛慕塔"体验，但也会有其他体验，如悲痛和哀伤（Klimmt & Rieger, this volume）。实际上，对于媒介学者来说，这意味着在电影这一形式中评估"卡玛慕塔"，"持续反应测量"（continuous response measurement）（CRM; Biocca, David, & West, 1994; Fahr & Früh; Schubert, et al., 2018）将是一种有助于获得特定时刻"卡玛慕塔"的方法，相反，观看完整部电影后再评估整个叙事的方法则不尽然。同理，当使用较短的在线视频甚至是图像等刺激材料时，可以更容易地测量"卡玛慕塔"的体验。

海特的道德情感模型

"卡玛慕塔"概念的一个主要优点是其有一个理论框架，这是目前娱乐文献中的升华概念所缺乏的。为了概述"卡玛慕塔"理论相对于提升概念的优越性，有必要将其与海特（Haidt, 2003a）的道德情感模型进行比较。

海特将道德情感定义为"与整个社会，或者至少是与法官或代理人以外的个人的利益或福利相关的情感"（Haidt, 2003a, p.853）。道德情感调节道德直觉或道德标准与行为之间的关系（Greene, Sommerville, Nystrom, Darlezzy, & Cohen, 2001; Haidt, 2001）。也就是说，是情绪预测道德判断，而非道德判断预测情绪。海特认为，社会认知体现在社会空间的3个维度上。他借鉴了施韦德（Shweder, Much, Mahapatra, & Park, 1997）的道德概念：集体（community）、自治（autonomy）和神性（divinity）。第3个维度是特定的道德，在神性这一维度，为了更好地感觉自我，人们努力区分善与恶，并不断寻找扩大这种区分的路径。海特（Haidt, 2003b; Haidt & Algoe, 2004）及其同事概述说，坚持神性伦理（看到人们描绘上帝般的品质，表现出道德美的行动）会导致升华感（这反过来会让人们向他人敞开心扉，寻求联络），而违反神性伦理（不洁、违反神圣性和圣洁性）会导致社会厌恶（有远离诱因的倾向）。海特认为，尽管人们认为善与恶是绝对的，但他们对他人的判断依旧基于"善恶分明、惩恶扬善"的原则（Haidt & Algoe, 2004, p.322）。

这种道德认知的绝对概念与扩展关系模型理论（Fiske, 1991; Rai & Fiske, 2011）背道而驰，在关系模型理论（relations models theory）中，有4种不同的道德动机和社会关系背景会影响人们对行为“道德与否”的评价，也就是说，同样的行为，从道德层面来看，既可以是正确的，也可以是错误的，这取决于它所处的社会关系背景以及在特定社会关系中应用的道德动机（Rai & Fiske, 2011）。例如，一名士兵可能认为在战斗中杀死另一个人是正确的，但当他们回到家时，应用的是另一种社会关系模式，这让他很难重新融入社会生活（Rai & Fiske, 2011）。从外部的角度来看，杀害一名男子看起来可能不道德，但对于因为该男子杀害了她的儿子而杀害该男子的一位母亲来说，这种行为出于另一种道德动机和社会关系，看起来并非不道德。此处引入了升华感和“卡玛慕塔”概念之间的一个重要区别。有人认为“卡玛慕塔”是由突然强化的共享关系引起的，而这种关系道德与否，具体取决于关系的类型。与道德升华感不同，“卡玛慕塔”的诱因并非总是道德的，因为关系模型理论不是建立在道德的绝对模式之上的。

菲斯克（2020）认为，从字面上理解海特（2000/2003a/2003b）的理论，任何道德行为都应该引起道德升华感，而不仅是引发道德美。因此，即便是确认某些人的核心公平价值观的死刑，也应该能引发人们的道德升华感。可以推断，情况并非如此，不过，到目前为止，在这一问题上，人们依然缺乏实证研究。“卡玛慕塔”理论绕过了这个问题，只提到对共享关系（即使是在普通体验中）评价的变化（shift）是人被打动的诱因之一。因此，道德升华感可以被理解为“卡玛慕塔”体验的一个特定子集，该体验只限于共同分享关系中对道德美的模仿（Haidt, 2003a; Haidt, & Algoe, 2004）。但“卡玛慕塔”的体验也可以由与道德无关的、强化了的共享关系所引发（下班回家时被狗迎接、看到朋友的孩子）。

在更广阔的实现主义娱乐语境中整合“卡玛慕塔”

基于以上所列举的研究（Schubert, et al., 2018; Schubert, et al., 2017; Seibt, et al., 2017; Zickfeld, et al., 2019），我们认为，与之前所使用的升华感概念相比，要测量出对实现主义娱乐的重要情感反应，“卡玛慕塔”是一个更全面，也是更有效的变量。“卡玛慕塔”概念提供了一个更具包容性的评估工具，该工具是经过跨文化确认的（Zickfeld, et al., 2019），与海特的道德情感概念相比（2000/2003a），以更全面的理论模式为基础（关系模型理论，Fiske, 2004）。

另外，相对于某种特定的自我超越式的实现主义媒介体验，“卡玛慕塔”概念可能更优越。奥利弗等人（Oliver, et al., 2018）提出，实现主义娱乐可能会以一个连续体（continuum）的样式发生变化，该连续体的一端是更加关注自我的、有意义的媒介反应，另一端是关注他人的、自我超越的媒介反应（Janicke Bowles, et al., this volume）。

亚登等人定义的自我超越（Yaden, Haidt, Hood, Vago, & Newberg, 2017）是指一种自我显著性降低、联系感增强的状态，"在某些情况下，一个人作为一个孤立实体的主观感觉可能会暂时消散到一种与他人或周围环境统一的体验中去，同时涉及'自我'和'他人'之间界限的消解"（Yaden, et al., 2017, p.1）。当共同分享的关系突然加强时，这种"自我"和"他者"界限的消解可能会暂时显现出来。"卡玛慕塔"通常与外在导向（outward orientation）相关，因为它包含了加强共同分享关系的瞬时动机（immediate motivation），这也表明，人们对媒介化了的升华感回应的研究、对相互关联感的研究，以及对利他行为的研究之间，存在着密切重叠的地方（Krämer, et al., 2017; Schnall, et al., 2010; Oliver, et al., 2012/2015），而这反过来又与自我超越有关。

此外，"卡玛慕塔"与积极情感而非消极情感的关联性更大，这是接近动机和外在导向的另一个预测因素（Fredrickson, 2001）。更进一步来看，"卡玛慕塔"概念可能包含许多自我超越的情感，包括目前为止我们研究的升华感，以及感激、钦佩和同情（Algoe & Haidt, 2009）。自我超越情绪是一组特定的积极情绪，它尤其是一种以他人为导向的情绪，因而与媒介的各种描述有关，如有关克服障碍、毅力、善良、感恩以及自然美或艺术美的描述（Dale, Raney, Janicke, Sanders, & Oliver, 2017）。许多对自我超越情感的评价，会涉及共同分享的突然强化。例如，由于礼物或赞美的交换，感恩意味着共同分享关系的突然加强。羡慕是通过见证非凡的才能而引发的，代表了一种共享关系的对照，即普通行为与极端表现的对照。因此，"卡玛慕塔"可能包含了来自实现主义娱乐的自我超越情感的体验。与之前文献中概述的每种自我超越情绪的特定诱因不同，如作为感恩诱因的道谢行为，或者作为希望诱因的克服障碍的行为等（Dale, et al., 2017）。对于诸多这样的情绪，那种具有衔接性（connecting）的诱因可能就是共享关系的强化。如果是这样的话，对那些之前从娱乐中观察到的许多自我超越效应来说，"卡玛慕塔"可以作为它们的理论基础，将来的研究可以验证这一预测。

未来对媒介化的"卡玛慕塔"及其社会影响的研究

"卡玛慕塔"是一种有约束力的情感。可以通过媒介找到办法让Z世代在网上体验到与他人的联系，让他们意识到自己是芸芸众生的一部分，有人关心他们，他们并不孤单，等等，这种办法可能是提高心理健康水平的有效办法。奈内克（Reinecke）和奥利弗（2017）概述了媒介促进幸福感的多种方式。未来研究可能会探索那些会在学校环境里引发"卡玛慕塔"的视频和广告牌上图像的作用，以促进联络感和对共有人性的记忆，而非通过社交媒介来进行社会比较，如对照和竞争。

理想情况下，社交媒介会迎来一些可能引发共享关系的时刻。例如，奥利弗等人（Oliver, Molina-Davila, Myrick, DiRusso & Chai, 2018）发现，与他人合作实施鼓舞人心的媒介项目，与不合作或合作实施并不能鼓舞人心的媒介项目相比，能获得更强烈的升华感。因此，通过在社交媒介上分享一些能表达爱与善良的照片来与他人建立联系，可能会促进“卡玛慕塔”的发展，进而加强与朋友、家人和追随者的联系。社交媒介内容本身可以促进利用共享关系的动机，即使是对陌生人也可以如此。例如，最近的研究表明，当参与者回忆他们过去在社交媒介上遇到的一个有意义的模因时，他们通常会记起那些描绘了联络感、悲剧、人类美德和毅力的模因。反过来，和与更注重自我的行为（受欢迎、赚大钱）相关的享乐动机相比，接触这种实现主义模因会引发更大的实现主义动机，包括想为他人做好事（Rieger & Klimmt, 2019）。因此，当娱乐性社交媒介内容描述了强化了的共享关系时，它确实可以在消费者中培养“卡玛慕塔”，进而导致外向型的亲社会行为。

一个富有成效的研究领域是在工作环境中探究“卡玛慕塔”。在工作中感觉自己与社会有联系，甚至有朋友在一起工作，对提升工作中的幸福感将大有帮助（Reich & Hershcovis, 2011）。一些研究已经发现，实现主义娱乐视频片段的影响在于，它们可以引发员工的升华感或灵感，有助于减轻其工作压力，还可以帮助他们在工作中感知到意义、关联性和活力（Janicke, Reinecke, Rieger, & Connor, 2017; Janicke-Bowles, Rieger, & Connor, 2018）。未来探索“卡玛慕塔”的研究，可以将其作为对工作环境中描述共享关系的视频或图像的反应，从而对涉及媒介的工作场所的福利项目产生影响。

千禧代在Netfix或Hulu等视频点播平台上观看电视节目和电影，是很常见的现象（Nielsen, 2018）。不过，千禧代往往不只是看节目，他们会同时聊天、发短信、购物、阅读新闻、参与社交电视（social TV）制作（Han & Lee, 2014）。研究表明，消费者通过短信或社交媒介交流的同时观看电视节目或其他大众媒介节目，如果他们就自己正在观看的节目进行交流，则可以提高他们对节目的享受感（Krämer, Winter, Benninghof, & Gallus, 2015）。舒伯特等人（2018）认为，当人们一起体验时，尤其是当另一人是内群体成员时，“卡玛慕塔”的体验可以得到增强。未来社交电视领域的研究可能会开始探究“卡玛慕塔”的概念，将其作为另一个结果变量，这样一方面可以增强媒介消费的享受体验，另一方面可以解释共享媒介情境之间的密切体验（bonding experiences）。

未来研究媒介化的“卡玛慕塔”的一个有趣途径，可能是在音乐领域。舒伯特等人（2018）在研究中使用了6个感人的音乐视频，认为视频中描绘的人际亲密关系会放大人们受感动的效果。美国人报告称，音乐是最能激发人的感觉的媒介（Raney, et al., 2018）。未来对音乐娱乐的研究也可以进一步探索“卡玛慕塔”概念。它会在何时发生？是否与歌词有关？何种音乐最能引起人们强烈的“卡玛慕塔”反应？未来我们需要考虑这些问题。

结　论

在众多的实现主义娱乐语境中，“卡玛慕塔”似乎是一个有用的概念。它可以以各种触动观众心弦的方式，广泛应用于广告、社交媒介、政治和健康传播领域。对效果研究者来说，其内涵是丰富的。我们希望媒介学者和娱乐研究者能发现，关于“卡玛慕塔”的研究，特别是和实现主义娱乐业相关的研究，是富有吸引力的工作。

参考文献

Algoe, S. B., & Haidt, J. (2009). Witnessing excellence in action: The “other-praising” emotions of elevation, gratitude, and admiration. *Journal of Positive Psychology*, 4(2), 105–127. doi:10.1080/17439760802650519.

Bartsch, A. (2012). Emotional gratification in entertainment experience: Why viewers of movies and television series find it rewarding to experience emotions. *Media Psychology*, 15, 267–302.

Bartsch, A., Kalch, A., & Oliver, M. B. (2014). Moved to think: The role of emotional media experiences in stimulating reflective thoughts. *Journal of Media Psychology*, 26, 125–140. doi:10.1027/1864–1105/a000118.

Bartsch, A., & Schneider, F. M. (2014). Entertainment and politics revisited: How non-escapist forms of entertainment can stimulate political interest and information seeking. *Journal of Communication*, 64(3), 369–396. doi: https://doi.org/10.1111/jcom.12095.

Biocca, F., David, P., & West, M. (1994). Continuous response measurement (CRM): A computerized tool for research on the cognitive processing of communication messages. In A. Lang (Ed.), *Measuring psychological responses to the media* (pp. 15–64). Hillsdale, NJ: Erlbaum.

Blomster Lyshol, J. K., Seibt, B., Oliver, M. B., & Thomsen, L. (2019). Moving out-partisans closer: How kama muta can contribute to closing the partisan divide in the US. Manuscript submitted for publication.

Blomster Lyshol, J. K., Thomsen, L., & Seibt, B. (2020). Moved by Observing the Love of Others: Kama Muta Evoked Through Media Fosters Humanization of Out-Groups. Frontiers in psychology, 11, 1240. https://doi.org/10.3389/fpsyg.2020.01240.

Dale, K. R., Raney, A. A., Janicke, S. H., Sanders, M., & Oliver, M. B. (2017). Youtube for good: A content analysis and examination of elicitors of self-transcendent media. *Journal of Communication*, 67(6), 897–919. Doi:10.1111/jcom.12333.

Diessner, R., Iyer, R., Smith, M., M., & Haidt, J. (2013). Who engages with moral beauty? *Journal of Moral Education*, 42, 139–163. doi:10.1080/03057240.2013.785941.

Ersner-Hershfield, H., Mikels, J. A., Sullivan, S. J., & Carstensen, L. L. (2008). Poignancy: Mixed emotional experience in the face of meaningful endings. *Journal of Personality and Social Psychology*, 94, 158–167. doi:10.1037/0022–3514.94.1.158.

Fiske, A. P. (1991). *Structures of social life: The four elementary forms of human relations*. New York, NY: Free Press.

Fiske, A. P. (2004). Relational models theory 2.0. In N. Haslam (Ed.), *Relational models theory: A contemporary overview* (pp. 3–25). Mahwah, NJ: Erlbaum.

Fiske, A. P. (2020). *Kama muta: Discovering the Connecting Emotion*. London: Routledge.

Fiske, A. P., Schubert, T. W., & Seibt, B. (2017). Kama muta or "being moved by love": A bootstrapping approach to the ontology and epistemology of an emotion. In J. Cassaniti & U. Menon (Eds.), *Universalism without uniformity: Explorations in mind and culture*. (pp. 79–100). Chicago, IL: University of Chicago Press.

Fiske, A. P., Seibt, B., & Schubert, T. W. (2019). The sudden devotion emotion: Kama muta and the cultural practices whose function is to evoke it. *Emotion Review*, 11(1), 74–86. https://doi.org/10.1177/1754073917723167.

Fredrickson, B. L. (2001). The role of positive emotions in positive psychology: The broadenand- build theory of positive emotions. *American Psychologist*, 56, 218–226.

Greene, J. D., Sommerville, R. B., Nystrom, L. E., Darley, J. M., & Cohen, J. D. (2001). An fMRI investigation of emotional engagement in moral judgment. *Science*, 293, 2105–2108. doi:10.1126/science.1062872.

Han, E., & Lee, S. W. (2014). Motivations for the complementary use of text-based media during linear TV viewing: An exploratory study. *Computers in Human Behavior*, 32, 235–243. http://dx.doi.org/10.1016/j.chb.2013.12.015.

Haidt, J. (2000). The positive emotion of elevation. *Prevention and Treatment*, 3(1), 1522–3736. http://dx.doi.org/10.1037/1522–3736.3.1.33c.

Haidt, J. (2001). The emotional dog and its rational tail: A social intuitionist approach to moral judgment. *Psychological Review*, 108, 814–834.

Haidt, J. (2003a). The moral emotions. In R. J. Davidson, K. R. Scherer, & H. H. Goldsmith (Eds.), *Handbook of affective sciences* (pp. 852–870). Oxford, UK: Oxford University Press.

Haidt, J. (2003b). Elevation and the positive psychology of morality. In C. L. M. Keyes & J. Haidt (Eds.) *Flourishing: Positive psychology and the life well-lived* (pp. 275–289). Washington DC: American Psychological Association.

Haidt, J., & Algoe, S. (2004). Moral amplification and the emotions that attach us to saints and demons. In J. Greenberg, S. L. Koole, & T. Pyszczynski (Eds.), *Handbook of experimental existential psychology* (pp. 322–335). New York, NY: Guilford Press.

Haslam, N. (2006). Dehumanization: An integrative review. *Personality and Social Psychology Review*, 10(3), 252–264. https://doi.org/10.1207/s15327957pspr1003_4.

Janicke, S. H., & Oliver, M. B. (2017). The relationship between elevation, connectedness and compassionate love in meaningful films. *Psychology of Popular Media Culture*, 6(3), 274–289. http://dx.doi.org/10.1037/ppm0000105.

Janicke, S. H., Rieger, D., Reinecke, L., & Connor, W., III. (2017). Watching online videos at work: The role of positive and meaningful affect for recovery experiences and well-being at the workplace. *Mass Communication Society*, 21(3), 1–23. https://doi.org/10.1080/15205436. 2017.1381264.

Janicke-Bowles, S. H., Rieger, D., & Connor ,W., III, (2018). Finding meaning at work: the role of inspiring and funny YouTube videos on work-related well-being. *Journal of Happiness Studies*, 1–22. https://doi.org/10.1007/s10902-018-9959-1.

Krämer, N., Eimler, S. C., Neubaum, G., Winter, S., Rösner, L., & Oliver, M. B. (2017). Broadcasting one world: How watching online videos can elicit elevation and reduce stereotypes. *New Media and Society*, 19(9), 1349–1368.

Krämer, N. C., Winter, S., Benninghoff, B., & Gallus, C. (2015). How "social" is Social TV? The influence of social motives and expected outcomes on the usage of Social TV applications. *Computers in Human Behavior*, 51(1), 255–262. doi:10.1016/j.chb.2015.05.005.

Lai, C. K., Haidt, J., & Nosek, B., A. (2013). Moral elevation reduces prejudice against gay men. *Cognition and Emotion*, 28(5), 781–794. https://doi.org/10.1080/02699931.2013.861342.

Nielsen. (2018). *Time flies: U.S. adults now spend nearly half a day interacting with media*. Retrieved March 6, 2019 from https://www.nielsen.com/us/en/insights/news/2018/timeflies-us-adults-now-spend-nearly-half-a-day-interacting-with-media.html.

Oliver, M. B., Ferchaud, A., Huang, Y., Janicke, S. H., Yang, C., & Bailey, E. (2017, November). *Seeing the world through a rose colored lens: Examining mobile phone photography as meaningful media*. Presented at the annual National Communication Conference, Dallas, Texas.

Oliver, M. B., Hartmann, T., & Woolley, J.K. (2012). Elevation in response to entertainment portrayals of moral virtue. *Human Communication Research*, 38, 360–378.

Oliver, M. B., Kim, K., Hoewe, J., Chung, M.-Y., Ash, E., Woolley, J. K., & Shade, D. D. (2015). Media-induced elevation as a means of enhancing feelings of intergroup connectedness: media-induced elevation. *Journal of Social Issues*, 71(1), 106–122. https://doi.org/10.1111/josi.12099.

Oliver, M. B., Molina-Davila, M. D., Myrick, J. G., DiRusso, C., & Chai, Y. (2018, May). *Creating and sharing love and kindness: Emotional implications of collaboration with digital media*. Presented at the annual conference of the International Communication Association, Prague, Czech Republic.

Oliver, M. B., & Raney, A. A. (2011). Entertainment as pleasurable and meaningful: Identifying hedonic and eudaimonic motivations for entertainment consumption. *Journal of Communication*, 61, 984–1004.

Oliver, M. B., Raney, A. A., Slater, M., Hartmann, T., Bartsch, A., Appel, M., … Das, E. (2018). Self-transcendent media experiences: Taking meaningful media to a higher level. *Journal of Communication*, 68, 380–389. https://doi.org/10.1093/joc/jqx020.

Rai, T. S., & Fiske, A. P. (2011). Moral psychology is relationship regulation: Moral motives for unity, hierarchy, equality, and proportionality. *Psychological Review*, 118(1), 57–75. http://dx.doi.org/10.1037/a0021867.

Raney, A. A., Janicke, S. H., Oliver, M. B., Dale, K. R., Jones, R. P., & Cox, D. (2018). Profiling the sources of and audiences for inspiring media content: A national survey. *Mass Communication and Society*, 21(3), 296–319. https://doi.org/10.1080/15205436.2017.1413195.

Reich, T., & Hershcovis, S. (2011). Interpersonal relationships at work. In S. Zedeck, H. Aguinis, W. Cascio, M. Gelfand, K. Leung, S. Parker, & J. Zhou (Eds.), *Handbook of industrial and organizational psychology* (Vol. 3, pp. 223–248). American Psychological Association.

Reinecke, L., & Oliver, M.B. (2017). *The Routledge handbook of media use and wellbeing. International perspectives on theory and research on positive media effects*. New York, NY: Routledge.

Rieger, D., Frischlich, L., & Oliver, M. B. (2018). Meaningful entertainment experiences and selftranscendence: Cultural variations shape elevation, values, and moral intentions. *International Communication Gazette*, 80(7), 658–676. https://doi.org/10.1177/1748048518802218.

Rieger, D., & Klimmt, C. (2019). The daily dose of digital inspiration 2: Themes and affective user responses to meaningful memes in social media. *New Media and Society*, 21(10), 2201–2221. doi:10.1177/1461444819842875.

Schiappa, E., Gregg, P. B., & Hewes, D. E. (2005). The parasocial contact hypothesis. *Communication Monographs*, 72(1), 92–115. https://doi.org/10.1080/0363775052000342544.

Schnall, S., Roper, J., & Fessler, D. M. (2010). Elevation leads to altruistic behavior. *Psychological Science*, 21, 315–320.

Schubert, T. W., Seibt, B., Zickfeld, J. H., Blomster, J. K., & Fiske, A. P. (2017). Being moved is a positive emotion, and emotions should not be equated with their vernacular labels. *Behavioral and Brain Sciences*, 40, E374. https://doi.org/10.1017/S0140525X17001820.

Schubert, T. W., Zickfeld, J. H., Seibt, B., & Fiske, A. P. (2018). Moment-to-moment changes in being moved match changes in perceived closeness, weeping, goosebumps, and warmth: Time series analyses. *Cognition and Emotion*, 32(1), 174–184. doi:10.1080/02699931.2016.1268998.

Seibt, B., Schubert, T. W., Zickfeld, J. H., & Fiske, A. P. (2017). Interpersonal closeness and morality predict feelings of being moved. *Emotion*, 17(3), 389–394. https://doi.org/doi:10.1037/emo0000271.

Seibt, B., Schubert, T. W., Zickfeld, J. H., & Fiske, A. P. (2019). Touching the base: Heartwarming ads from the 2016 U.S. election moved viewers to partisan tears. *Cognition and Emotion*, 33(2), 197–212. https://doi.org/10.1080/02699931.2018.144112.

Seibt, B., Schubert, T. W., Zickfeld, J. H., Zhu, L., Arriaga, P., Simão, C., . . . Fiske, A. P. (2018). Kama muta: Similar emotional responses to touching videos across the US, Norway, China, Israel, and Portugal. *Journal of Cross-Cultural Psychology*, 49(3), 418–435. https://doi.org/10.1177/0022022117746240.

Shweder, R. A., Much, N. C, Mahapatra, M., & Park, L. (1997). The “Big Three” of morality (autonomy, community, divinity) and the “Big Three” explanations of suffering. In A. Brandt & P. Rozin (Eds.), *Morality and health* (pp. 119–169). New York, NY: Routledge.

Silvers, J. A., & Haidt, J. (2008). Moral elevation can induce nursing. *Emotion*, 8(2), 291–295. doi:10.1037/1528–3542.8.2.291.

Slater, M. D., Oliver, M. B., & Appel, M. (2016). Poignancy and mediated wisdom of experience: Narrative impacts on willingness to accept delayed rewards. *Communication Research*, 46(3), 1–22. doi:10.1177/0093650215623838.

Steinnes, K. K., Blomster, J. K., Seibt, B., Zickfeld, J. H., & Fiske, A. P. (2019, March). Too cute for words: Cuteness evokes the heartwarming emotion of kama muta. *Frontiers in Psychology*, 10, 1–17. https://doi.org/10.3389/fpsyg.2019.00387.

Taube, A. (2014). All of Thailand is compulsively weeping over this one life insurance ad. Retrieved from https://www.businessinsider.com/thai-life-tearjerker-ad-2014–4?r=US&IR=T.

Yaden, D. B., Haidt, J., Hood, R. W., Jr., Vago, D. R., & Newberg, A. B. (2017). The varieties of self-transcendent experience. *Review of General Psychology*, 21(2), 143–160. http://dx.doi.org/10.1037/gpr0000102.

Zickfeld, J. H., Schubert, T. W., Seibt, B., Blomster, J. K., Arriaga, P., Basabe, N., … Fiske, A. P. (2019). Kama muta: Conceptualizing and measuring the experience often labelled being moved across 19 nations and 15 languages. *Emotion*, 19(3), 402–424. https://doi.org/10.31234/osf.io/sr7e9.

Zickfeld, J. H., Schubert, T. W., Seibt, B., & Fiske, A. P. (2017). Empathic concern is part of a more general communal emotion. *Frontiers in Psychology*, 8, 723. https://doi.org/10.3389/fpsyg.2017.00723.

第二十二章　以惊奇为乐：论媒介接收中敬畏感的作用

丹尼尔·波斯勒
亚瑟·A. 雷尼

很多媒介娱乐产品的设计好像就是为了给受众留下印象和带来惊喜，目的就是让读者、听众、观众和用户感到“震惊”。这方面的典型例子很多，包括自然纪录片《地球脉动》（*Planet Earth*）中的雄伟高山、宽阔山谷的全景镜头，《星球大战》中对达斯·维德（Darth Vader）等强大对手的描绘，理查德·施特劳斯（Richard Strauss）的管弦乐作品《查拉图斯特拉》（*sprach Zarathustra*）中号角齐鸣的盛大场面，还有《蜘蛛侠》（*Spider Man*）等电子游戏中的巨大建筑的特写。这些媒介内容与受众的现实生活体验形成鲜明的对比，尤其是在权力或美感方面。因此，这些内容给人留下深刻印象，令人惊叹和敬畏。

本书的许多章节都证明了情感过程、特定情感体验在享乐主义娱乐和实现主义娱乐中的重要地位。快乐、共情、恐惧、期望、惊讶和悲伤等情感所起的作用在很多娱乐接收理论和模型中已经得到了探索和描述。最近，媒介心理学家开始阐明一些更为复杂的情感反应，如“被感动”（Oliver & Bartsch, 2010），以及自我超越的情感，如升华感、感恩和希望（Janicke, et al., this volume; Dale, Raney, Janicke, Sanders, & Oliver, 2017）。但在这些研究中，上文所描述的情感体验在很大程度上被忽略了。本章试图用敬畏感（emotion awe）（Keltner & Haidt, 2003）这一概念来描述这种体验，并用案例来说明“敬畏”其实是媒介娱乐中的一个重要元素，以及敬畏感是如何同时促进享乐主义娱乐体验和实现主义娱乐体验的。此外，基于对潜在敬畏感的激发物、情境以及作为情感先决条件的人口学的系统分析，我们发现，敬畏感是人们对媒介娱乐的一种常见反应。

何为敬畏？

在哲学（Burke, 1757/2015）、心理学（McDougall, 1919/2001）和神学著作中，与敬畏有关的概念和经验已经被讨论了几个世纪（Keltner & Haidt, 2003）。最近10多年以来，敬畏感重新引发了人们对心理学和传播学的关注，这归功于凯尔特纳（Keltner）和海特（2003）富有开创性的理论工作。根据之前不同学科的描述，他们将敬畏定义为由具有两个特征（评价）的诱因引发的情绪。首先，在感知上，敬畏感的刺激诱因是巨大的，在某种意义上，它们"是比自我，或者比自我的普通体验水平或参照系大得多的一种体验"（Keltner & Haidt, 2003, p.303）。虽然"巨大"（vastness）可以指刺激的大小（壮丽的风景、强大的龙卷风），但它也依赖于其象征性特点，如社会地位（强有力的领袖）、解释范围（宏大理论）、社会意义（有影响力的历史事件）或感官细节（一首复杂的歌曲；Keltner & Haidt, 2003; Shiota, Thrash, Danvers & Dombrowski, 2014）。其次，由于其新颖和不同寻常的特点，引发敬畏感的刺激通常会挑战一个人的既定理解，并且不容易被现有的心理结构同化。相反，个体必须更新自己的心理概念来理解这种体验，这一过程通常被称为"适应"（accommodation）（Keltner & Haidt, 2003）。例如，当有人第一次看到维多利亚瀑布这样巨大的自然地标时，其体验可能不符合现有瀑布的模式，因此其需要更新、扩展相应的心理概念。

此外，凯尔特纳和海特（2003）提出，可以根据刺激的附带特征（"味道"）来区分敬畏感的类型（Allen, 2018）。根据作者们的说法，对敬畏的体验可能伴随着恐惧（威胁性刺激）、审美愉悦（感知美好的刺激）、"钦佩"（涉及非凡能力的刺激；Onu, Kessler, & Smith, 2016）、"升华感"（涉及美德的刺激；Algoe & Haidt, 2009）以及"一种不可思议的元素"（涉及超自然遭遇的刺激；Keltner & Haidt, 2003, p.306）。刺激必须始终是巨大的，并且需要适应由此引发的敬畏感。例如，那种不算"巨大"的非凡能力，可能会引发钦佩感，但不会引发敬畏感。虽然目前尚不清楚这一观点是否符合主流情感心理学（Chirico & Yaden, 2018），但它表明，敬畏感通常会涉及其他类型的情绪体验。

基于这一概念，情绪心理学家研究了情绪的组成部分和相关因素（舍勒, 2001）。有人发现，敬畏与特定的生理反应有关，如起鸡皮疙瘩（Schurtz, et al., 2012），而情感的表现形式包括声音"哇！"（Cordaro, Keltner, Tshering, Wangchuk, & Flynn, 2016）或某些独特的面部表情（Campos, Shiota, Keltner, Gonzaga, & Goetz, 2013）。此外，已有研究大都集中在敬畏的主观体验（感受如何）以及相关的心理效应上，本章无法全面概述有关敬畏研究的现状（Allen, 2018）。不过，在下文中，我们将重点讨论体验敬畏的4个关键结果，为解释这种情感对媒介用户娱乐体验的影响提供基础。

敬畏感会涉及适应过程。有研究发现，体验敬畏可能会挑战一个人的世界观（Gordon, et al., 2017；Campos, et al., 2013），这与敬畏的刺激物会涉及"适应"需求的假设一致。此外，格里斯基维修斯等人的第一项研究表明，敬畏体验涉及批判性思维和分析处理，这可能归因于模式适应（schema accommodation）(Griskevicius, et al., 2010)。

敬畏感往往是一种积极的体验。从理论或经验上来讲，敬畏感其实是一种既有积极价值又有消极价值的情绪（Gordon, et al., 2017; Keltner & Haidt, 2003）。当这种情绪被威胁性刺激触发时，它很可能具有消极效能和令人恐惧的“味道”（Piff, Dietze, Feinberg, Stancato, & Keltner, 2015）。但日记研究表明，敬畏体验的主要部分是积极的（Gordon, et al., 2017）。体验敬畏还可以调节人们的情绪（Joye & Bolderdijk, 2014），提高人们对生活的满意度（Rudd, Vohs, & Aaker, 2012）。

敬畏感往往会带来一些自我超越的体验。多个研究报告指出，敬畏感可以暂时改变一个人的自我认知。起初，经历敬畏的人往往会认为自己“变小了”（Bai, et al., 2017; Campos, et al., 2013; Gordon, et al., 2017; Piff, et al., 2015）。这种体验涉及“渺小或微不足道”的感觉（Shiota, et al., 2007, p.953），但也会包括对自己体型变小的评估（Bai, et al., 2017）。此外，敬畏感可以增强比自我更重要的事物的存在感，增强个体与之相关联的感觉（Piff, et al., 2015; Shiota, et al., Shiota, Keltner, & Mossman, 2007）。这种自我凸显度的降低和联系感的增强被称为“自我超越体验”（Yaden, Haidt, Hood, Vago, & Newberg, 2017）。在这些经历中，人们“超越”了自己，因为他们减少了“对全神贯注的自我及其目标的关注”（Haidt & Morris, 2009, p.7668），增加了对他人的关注（Stellar, et al., 2017）。

敬畏感往往会激发灵性（spirituality）。体验敬畏可以激活人在精神、宗教层面的思想、意图（Saroglou, Buxant, & Tilquin, 2008; Van Cappellen & Saroglou, 2012）。作为这一发现的可能性解释，瓦尔德索洛和格雷厄姆（Valdesolo, Graham, 2014）提出，敬畏体验会加剧人们对短暂模糊的零容忍，这很可能是未能吸收新信息的结果之一，反过来，这种情况又会通过将体验归因于超自然力量，形成理解体验的一种趋势。

简言之，我们可以把敬畏描述为人们在感知到巨大而不寻常事物时的情感体验，这种情绪经常会让人起鸡皮疙瘩，并发出“哇！”的声音。它通常是一种积极且富有挑战性的体验，但有时候，它又是一种能将注意力从自我转移到更大实体、更大群体的精神层面的体验。

作为娱乐体验促进者的敬畏感

考虑到这一点，我们转向研究敬畏可能促进享乐（通过享受）和实现主义娱乐体验（通过欣赏）的方式。图22.1提供了下文讨论的概念关系模型。

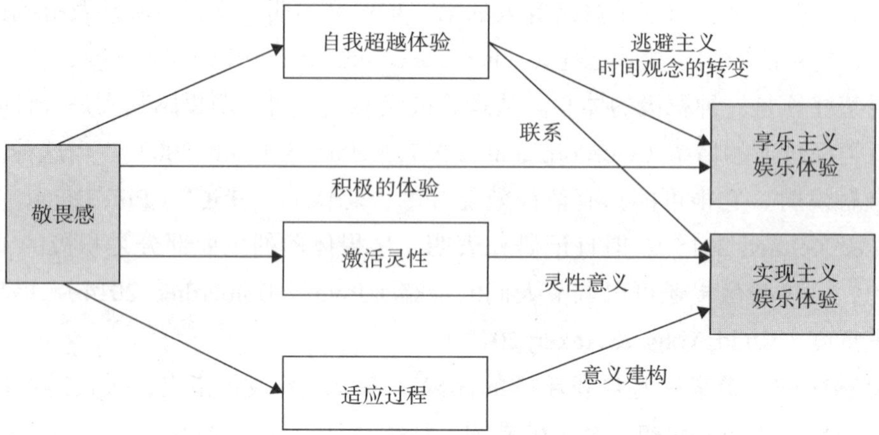

图22.1　敬畏与娱乐体验之间的概念化关系

敬畏与享受

在媒介接收的过程中，积极的情绪体验是享受体验的核心，尤其是当这种积极的情感体验与传统的愉悦概念相关时（Vorderer, Klimmt, & Ritterfeld, 2004）。娱乐研究一致表明，这些积极的情感体验本质上是多层面的，通常涉及乐趣、共情、爱好、惊喜以及其他相关反应（Johnson & Rosenbaum, 2015）。如前所述，敬畏通常是一种积极的情绪（Gordon, et al., 2017; Keltner & Haidt, 2003）。因此，在娱乐接收期体验到的敬畏感，应该被视为一种愉悦感，这有助于享受感的直接生成。此外，与敬畏相关的积极情绪体验可以维持愉快或修复消极情绪状态，根据情绪管理理论的预测（Zillmann, 1988; Luong & Knobloch Westerwick, this volume），这种积极的情绪体验也应该与享受相关。还有，诱导敬畏感的场景或刺激物通常与其他情绪激发的场景或刺激物一起出现在叙事中。例如，电影《肖申克的救赎》（*Shawshank Redemption*）最后一幕中两位朋友重聚时的美丽海景。再如，《天际》（*Skyrim*）等电子游戏中，危险区域展示的壮丽景色。从兴奋转移理论的角度来看（Zillmann, 1996），这种连续的情感体验可能会在观众中产生更强烈的感觉，从而导致更高水平的享受（尤其是当这种体验与某一叙事解决方案，或与成功掌控一种挑战相关时）。

作为一种自我超越的体验，敬畏感也应该有助于享受感的形成。正如乾尼克及其同事（Janicke, et al., this volume）所发现的一样，最近，已有媒介心理学家开始探索自我超越的媒介体验（Oliver, et al., 2018）。总的来说，这一领域的研究重点是自我超越情绪（敬畏）与欣赏/幸福感之间的关系；我们稍后再讨论这个问题。但如果我们不指出自我超越的体验和享受感之间的关系，那就太失职了。

要明确的是，享受和欣赏并不是相互排斥的概念，也没有被概念化为某种体验连续体（continuum）的对立面，而是被视为娱乐接受的正交结果（Oliver & Bartsch, 2011），两者都以（不同程度的）积极情绪为特征。因此，研究表明，那种最有意义的电影，或者那些自我超越的电影，也能带来高水平的享受，这和我们的经验也是相符的。我们认为，除了典型的娱乐享受，敬畏带来的自我超越感，还以两种关键形式，实现令人愉悦的媒介体验。

首先，自我超越的体验能将人们的注意力从自己身上转移，包括暂时忘记日常的悲伤和担忧，将一个人的参照系转移到更宏大的东西上面（“宇宙”），或者至少转移到不同的东西上面（Piff, et al., 2015; Shiota, et al., 2007）。这种转变正是许多人为了逃避现实而转向娱乐时寻求的体验（Henning & Vorderer, 2001; Halfmann & Reinecke, this volume）。因此，理所当然的是，在奥斯卡获奖影片《自由独奏》（*Free Solo*）中，观众对埃尔·卡皮坦（El Capitan）的壮丽而悲惨的镜头作出反应时，自我超越的敬畏体验可能会带给观众逃避现实的效果，而这种敬畏体验理应促进观众的享受感。同样，将注意力从自己关注的问题上转移也会阻碍个人反思负面情绪能力的发展，从而（潜在地）带来情绪修复和更大的享受（Zillmann, 1988）。

其次，此前已有研究证明，其他涉及自我超越体验的心理结构，包括“心流”在内（Sherry, 2004; Yaden, et al., 2017），也有助于享受感的形成。“心流”自我超越的某一方面涉及人们对时间感知的改变。研究表明，敬畏体验也会影响人们的时间感知。但尽管时间在“心流”状态下似乎过得更快，但在自我超越的敬畏体验中，时间似乎被拉长了。在3个实验中，陆克文及其同事（Rudd, et al., 2012）证明，敬畏体验会增加对时间可用性的感知，从而在参与者中产生一些积极的结果，包括提高生活满意度。研究人员得出结论：敬畏可以“增强愉悦感”（p.1135）。因此，超越自我的敬畏感，可能会通过改变个体对时间可用性的看法来促进个体的媒介享受。

敬畏与欣赏/幸福感

娱乐的双过程模型（Lewis, Tamborini, & Weber, 2014; Vorderer & Reinecke, 2015）强调，娱乐寻求者所期望的不仅是愉悦和享受，他们还希望寻求一些有关人类状况的深刻描述，因为这些描述意味着欣赏（Oliver & Bartsch, 2010）、意义建构和实现人生目标等（Oliver & Raney, 2011）。自我超越的媒介体验（Oliver, et al., 2018）是实现这些目标的娱乐方式中最重要的例子（Janicke Bowles, Bartsch, Oliver, & Raney, this volume）。如前所述，对娱乐的敬畏反应一直与自我超越的媒介体验联系在一起。因此，娱乐接受期间的敬畏体验可以促进欣赏、意义和幸福感。我们认为，这点至少可以通过3条途径实现。

其一，与其他事情相比，自我超越体验包含了3种关联感的增强，即与他人、自然以及事物之间相互关联的感觉的增强（Oliver, et al., 2018; Yaden, et al., 2017）。媒介娱乐通过降低观众成员的自我显著性和重要性带来的敬畏感可以强化联系感（Bai, et al., 2017; Shiota, et al., 2007）。其中，“小自我”是一个相对的术语，它要求一个人考虑周围环境中的“大”以及个人与“大”的关系。这类体验会引发人们想象并反思自身，以及自己与那些更重要的事情、更重要的目的之间的关系，如此，这种体验本身就具有变革性的深刻意义（Yaden, et al., 2017）。例如，宇航员报告称，第一次从太空看地球是非常有意义、令人敬畏的经历，这种经历加强了自己与整个人类的联系（Yaden, et al., 2016）。令人敬畏的媒介体验也会产生类似的效果。例如，1968年，宇航员比尔·安德森（Bill Anders）拍摄了一张著名的照片，展示了地球上升到月球地平线之上的壮丽美景。人们认为这张照片非常有意义，也非常有影响力，因为它唤醒了人与人之间相互关联的感觉（Farman, 2010）。

其二，敬畏感可以促进精神层面的思维活动，这可能是出于理解非凡体验的需要。当人们无法找到对此类体验“世俗”的解释时，他们会将这种现象归因于自然领域之外的东西。这样做可能会引发其他与灵性相关的想法和情绪（感恩），而所有这些想法和情绪结合在一起，理应是一种非常有意义的体验。媒介娱乐擅长引发这种体验，尤其是在容易引发敬畏感的刺激下，而这些刺激对自然世界是情有独钟的《地球脉动》，（Valdesolo & Graham, 2014）。引起敬畏感的人工或虚拟的媒介刺激，可能更容易促进人们对媒介创造者或演员的钦佩（而不是敬畏），从表面上看，这可能不是一种精神体验。但那些虔诚的人可能会将人类非凡的成就归因于某种更强大、更具创意的力量，正是这种力量使精神体验成为可能（Saroglou, et al., 2008）。

其三，敬畏感会迫使目击者调整他们的心理模式，以理解新的体验。这样可能会带来一种理解现象的新方式，也就是说促进一种看待世界的新方式的形成。对于媒介用户来说，这种（新的）意义创造的体验在当下和之后的一段时间都应该是有意义的，或者正如金和希克斯（King, Hicks, 2009）所说，“在人完全融入新的体验后，体验敬畏感时的适应过程可能会带来启迪”（p.319）。此外，知识和经验之间的差距带来的敬畏感，可能会激发观众尤其是儿童观众的认知好奇和探索欲望（Valdesolo, Shtulman, & Baron, 2017），毕竟，好奇心和探索欲望都是自主学习的基础。一些科学电视节目《黑暗宇宙》（*Cosmos*）、《流言终结者》（*Mythbusters*）之所以能够成功，并富有激励意义，可能就是因为它们具有引发观众敬畏感的能力。

综上所述，我们的讨论表明，在媒介用户的娱乐体验中，敬畏感发挥了重要作用。这就引发了一个问题：在媒介使用过程中，人们的这种情绪是如何被激发出来的呢？

作为媒介娱乐反应的敬畏感

将敬畏理解为媒介消费的一种体验，意味着这种情绪是由媒介接收过程中直接或间接相关的刺激引发的。此外，与其他娱乐过程类似，敬畏的产生取决于媒介用户稳定且情境化的先决条件（Vorderer, et al., 2004）。在下文中，我们首先关注引发敬畏感的相关媒介刺激，然后讨论影响激发过程的因素，如情境性、稳定的用户因素。

媒介使用期间引发敬畏感的因子

如前所述，敬畏是由具有两个特征的刺激物引起的，这两个特征一个是感知的广度，一个是对心理结构更新的需求。据推测，各种对象和情况都具有这些特征，它们可能会出现在媒介使用过程中。

之前研究中能引发敬畏感的媒介刺激物

我们可以从以前的研究中推测出哪些媒介属性可能会引发敬畏感，因为在实验中，学者们经常会利用媒介刺激来诱导情感。据我们所知，之前的研究中，人们使用最为频繁的媒介是那些从自然纪录片中抽取的短片（Bai, et al., 2017; Gordon, et al., 2017; Piff, et al., 2015; Valdesolo & Graham, 2014）。这些选定的场景通常是一些无人的自然景观，如与瀑布、沙漠、海洋、大河和高山有关的壮丽全景（Van Cappellen & Saroglou, 2012, p.230）。此外，有证据显示，描绘自然风景（山脉、森林）的视频游戏能有效地激发敬畏感（Possler, et al., 2019）。有一些研究借鉴了上述发现，即从太空上看地球是一种非常令人敬畏的体验（Yaden, et al., 2016），并通过有关太空的图片或电影（Gordon, et al., 2017; Silvia, Fayn, Nusbaum, & Beaty, 2015）或关于太空飞行的电子游戏（Eve: Valkyrie）（Possler, et al., 2019）来激发情感。还有一些研究利用媒介对人造物的描绘来引发人的敬畏感，如对埃菲尔铁塔的描绘（Griskevicius, et al., 2010; Rudd, et al., 2012），或者对高层建筑的描绘（Joye & Dewitte, 2016）。很少有研究使用那些人为诱发敬畏感的刺激物，但有两项研究通过一段视频唤醒了人们的敬畏之情，该视频描述了一对年轻夫妇在妻子怀孕期间的不同阶段的生活情况（Saroglou, et al., 2008; Van Cappellen & Saroglou, 2012）。另外，西尔维亚及其同事（Silvia, et al., 2015）的一项研究也表明，特定的音乐（其特点是“重叠的声部、渐强的使用以及能量和音量之间的转换”，p.379）会引发敬畏感。

综上所述，这些研究表明，敬畏可以由各种媒介内容引起，这些内容包括视频、短篇故事、音乐、图片、电子游戏、仿真品以及其他类型的内容，也包括对自然、空间、建筑或私人的转折性事件（分娩）的描述。在关于敬畏感是否会提升享乐主义娱乐和实现主义娱乐体验的讨论中，有人认为，这种敬畏感可能是不同媒介形式得以成功的关键因素，这些媒介形式包括有关自然和空间的纪录片，如《地球脉动》、《国际空间站3D》（*Space Station 3D*）；图文并茂的地理杂志，如《国家地理》（*National Geographic*）。因此，我们可以得出假设：在其他娱乐类型的代表中呈现此类内容也会引起人们的敬畏之情。很多人都可以想起的一些场景，如《星球大战》（*Star Wars*）等科幻电影中的无垠的太空，悬疑片《盗梦空间》（*Inception*）中对巨大建筑的描绘，《巫师III》（*Witcher III*）等电子游戏中的巨大景观，等等。

媒介中其他额外的敬畏激发物

尽管我们前一节提供了详细信息，但并没有介绍之前研究中确定的全部敬畏激发物（Allen, 2018）。事实上，白和同事（Bai, et al., 2017）的一项日记研究发现，上述自然、艺术/音乐和建筑等激发物，加起来仅占美国样本报告的日常敬畏体验的21%，仅占中国参与者提到的体验的16%。相比之下，据报道，人际激发物（interpersonal elicitors）更重要（中国样本为63%，美国样本为49%）。这些发现反映了过去的调查和日记研究的情况（Gordon, et al., 2017; Schurtz, et al., 2012）。此外，白及其同事（2017）发现了之前未提及的其他敬畏激发因子，如自我（中国样本，1%；美国样本，8%）、知识（中国样本，5%；美国样本，3%）、精神遭遇（中国样本，3%；美国样本，2%）和技术（中国样本，1%；美国样本，2%）等。

前面的概述也有局限性，因为它只关注媒介内容。实际上，媒介使用的其他方面（层面）也会引发情绪反应（共同观看者的反应，Wirth & Schramm, 2007）。因此，我们需要探索能够触发情绪的其他元素，并将引发敬畏感的元素映射出来。

我们利用情绪评估理论来识别媒介使用的其他情绪诱发因素（Ellsworth & Scherer, 2003; Moors, Ellsworth, Scherer, & Frijda, 2013）。这一理论观点假设，“人们的情绪源自他们对环境的感知”（Ellsworth & Scherer, 2003, p.572）。因此，刺激物的客观特征并不决定后续情绪的类型和强度（摩天大楼的实际高度），而是影响人们对它的主观评价（评估）（认为摩天大楼很大；Moors, et al., 2013）。这种评估的一个先决条件是人们关注刺激物（Ellsworth & Scherer, 2003）。正如沃思及其同事施拉姆在“多指涉情绪评估模型”（multi-reference appraisal model of emotion，MAME）中指出的那样，媒介使用情况可以分为多个层面，所有这些都可能引起观众的注意并引发情绪反应（Wirth & Schramm, 2005/2007）。在下文中，我们将讨论MAME识别出的最贴切的层面，并对每个层面里会存在何种敬畏激发物（awe elicitors）进行分析（见表22.1）。

表22.1　媒介使用的层面、刺激以及敬畏激发者会涉及的过程

	内容层面	人工制品层面	接收情境层面	记忆与想象层面
敬畏诱导的过程	——情绪诱导 ——移情 ——情绪传染	——情绪诱导	——情绪诱导 ——情绪传染	——情绪诱导
潜在的重要激发物	自然、艺术和音乐、建筑、其他社会知识、精神遭遇、技术	艺术和音乐、技术	社会他者、自我	自然、艺术和音乐、建筑、其他社会知识、精神遭遇、技术

首先，观众可以评价媒介信息的内容（Wirth & Schramm, 2007）。从根本上说，我们假设所有的敬畏激发因子都可以在内容中表现出来。但激发因子不同，情绪的形成过程也可能不同。人们可以以共情的方式评价媒介内容，追溯媒介人物如何评价情境（共

同情绪；Scherer, 1998）。关于共同情绪在媒介接收中的中心地位的讨论，参见谭（Tan, 1996）和齐尔曼（2006），或者参照他们关于自身的讨论（自我情感）。

关于前者，我们可以得出假设，情绪的激发物在很大程度上依赖于叙事，它们最常通过共情反应来触发敬畏感。例如，观众很可能不会立即看到所描述的人物（国王）的巨大力量。即使观众知道这个角色在叙事语境中是强大的，但由于角色的非现实性和短暂性，这种理解可能不会产生情感结果（国王对观众没有真正的权力；Possler, Klimmt, & Raney, 2018）。因此，这种描述是否能唤醒敬畏感，很可能取决于主人公对人物角色的评价。因此，能激发媒介用户敬畏感的叙事至少部分取决于共情。

相比之下，对壮丽的景观、行星或建筑的描绘，较少依赖于叙事框架和共情，这些描绘可以立即在观众中引发情感反应（直接激发者；Dale, et al., 2017）。因此，在不提供叙述背景的情况下，之前的研究会使用激发物来直接触发敬畏感。除了这两个过程，如果观众在所描绘的人物中感知到敬畏的表达成分（相关的面部表情）并加以模仿（Scherer, 1998; Wirth & Schramm, 2005），那么内容还可能通过情绪传染产生敬畏感（Hatfield, Cacioppo, & Rapson, 1992）。

其次，能够吸引观众注意力的另一个层面是信息的人工制品特征（Tan, 1995, 1996; Wirth & Schramm, 2007）。经常有人提出，在许多娱乐媒介中，隐藏人工制品是为了凸显那些虚构世界的看似现实的品质（Tan, 1995）。但媒介信息里那些令人敬畏的艺术特征（新颖的视觉品质）会驱使观众以专注于人工制品的分析模式去处理信息（Vorderer, 1993），因为敬畏感可以激活批判性思维（Griskevicius, et al., 2010）。例如，在这个层面上，艺术和音乐以及技术的激发物（Bai, et al., 2017）与直接被诱发的敬畏感尤为相关。我们可以考虑一下那些经常引入新技术的视频游戏（虚拟现实），或者那些不断挑战计算机生成图像极限的动作电影，如《漫威电影宇宙》（*Marvel Cinematic Universe*）。

再次，观众还可以评估使用情境的条件（circumstances; Wirth & Schramm, 2007）。媒介用户可以专注于他们周围的环境（沙发的舒适度）。但更重要的是，媒介用户还可以评估远端或同一位置的其他用户的状态、反应或消息（Raney & Ji, 2017）。例如，在《魔兽世界》这样的多人电子游戏中，遇到一位拥有巨大权力和地位的合作玩家，可能会引发用户的敬畏感。此外，在观看电影时，观众共同体（co-viewers）的敬畏反应可能会具有情绪传染性。同一位置用户的口头评论，或者远程的观众共同体的在线帖子，也可能激发敬畏感。在互动媒介中，“自我”也可能是处于这个层面的敬畏感的相关触发因子。例如，电子游戏玩家可以将主角的成功归因于他们自己的行动，并可能会对主角们的成就感到自豪或“敬畏”（Klimmt, Blake, Hefner, Vorderer, & Roth, 2009）。

最后，媒介用户可以专注于想象的情景或记忆（Wirth & Schramm, 2007）。所有的敬畏激发物可能都与这一层面有关，因为想象力没有限制，观众可能会回忆起与媒介内容完全无关的事件。我们可以假设，记忆有时是由信息的特征引发的。这些记忆可能会进一步强化由内容引发的情绪反应（情绪记忆；Oatley, 1995）。例如，电子游戏中对山脉的描绘可能会让玩家想起自己之前的登山经历，而这些记忆可能会引发强烈的敬畏体验。

总而言之，大量的刺激物都很有可能引发敬畏感，但这些刺激在之前的研究中没有被视为激发物。除了信息内容之外，人工制品的特征、媒介接收的情境、（与媒介相关的）记忆或幻想，都可能包含能引发敬畏的激发物。3种情绪发生的过程——情绪诱导（自我情绪）、共情以及情绪传染——也可能激发敬畏感。

在媒介里体验敬畏感的先决条件

根据评价理论（appraisal theories），先前提到的与媒介相关的激发因子到底会不会触发敬畏感，取决于信息接收者对刺激的评价。因此，相同的媒介使用情况可能会让一个用户产生敬畏感，但却无法让另一个用户产生敬畏感。这类差异至少可以用稳定倾向（stable predispositions）的理论来作部分解释（Moors, et al., 2013）。最明显的是，在之前的研究中，有3个特征与敬畏有关。首先，研究发现，人格特质对体验的开放性与总的敬畏倾向（倾向性敬畏），以及媒介刺激引发的情绪情境强度有关（Shiota, Keltner, & John, 2006; Silvia, et al., 2015）。其次，相关的特质，如专注，即那种完全投入的体验倾向，也会使一些人产生敬畏感（Van Elk, Karinen, Specker, Stamkou, & Baas, 2016）。最后，人们对歧义的不适感（认知闭合的需要）与敬畏倾向呈负相关，这可能是因为敬畏必然会涉及不确定性（Shiota, et al., 2007）。除了相关特质之外，人们的文化背景也会影响情感的激发。例如，前面提到的日记研究（Bai, et al., 2017）表明，美国人和中国人对敬畏刺激的关联度是不同的。

另外，一种媒介刺激是否能激发敬畏感，也可能与受众的即时状态（momentary states）有关。根据评价理论，情绪生成过程中，受众对刺激的感知和处理是最重要的步骤（Ellsworth & Scherer, 2003）。我们之前说过，媒介使用的情境有各种特点，可能包含一系列广泛的刺激。因此，媒介用户的注意力和参与度会影响其是否会发现特定的刺激，并影响他们对这种特定刺激的处理，从而对敬畏产生潜在的作用。具体来看，媒介使用者的认知负荷、沉浸感以及与角色的关系，都会影响激发敬畏感的情境。

首先，媒介使用需要受众将认知资源投入多个过程中（编码、存储和检索；Lang, 2000）。但一个人的认知资源是有限的，如果一项任务需要的资源超过了当前的可用资源，就会出现认知过载，使处理性能受损（Lang, 2000）。因此，敬畏感的激发可能取决于观众是否有足够的认知资源来处理刺激。优先考虑其他刺激，并且缺乏足够的资源来处理潜在的敬畏激发因子，会导致用户情绪体验较弱，或者根本没有情绪体验（Possler, et al., 2018）。例如，如果视频游戏玩家为了在游戏中取得进展，将瞬时注意力集中在连续不断的按钮击打上，那么他们就无法去欣赏巨大的全景图（Bowman, this volume）。

其次，媒介用户的沉浸体验会决定他们注意力的集中度和对刺激的感知力。各种与沉浸感相关的概念都表明，有些观众完全参与到媒介内容中，或者仅被某种特定元素所吸引，但他们感知不到自身的媒介化（Hartmann, Klimmt, & Vorderer, 2010; Possler, et al., 2018）。例如，在空间上在场的媒介用户，他们关注由媒介内容创造的世界，会感觉到“置身于”这个世界（视频游戏世界；Wirth, et al., 2007; Hartmann & Fox, this volume）。同样，那些高度参与叙事却不在场的个体（transported individuals），会感觉故事的内容对他们来说几乎是真实的（Green & Brock, 2000; Brown, this volume）。因此，在沉浸过程中，当观众将注意力集中在敬畏刺激上，并将其视为（似乎）“真的”（Possler, et al., 2018）时，敬畏刺激在内容层面上的潜力应该得到提升。但不同的沉浸概念取决于不同的激发物。因此，从沉浸的起源来看，不同的敬畏刺激因素之间可能或多或少是相关的（Possler, et al., 2018）。例如，当媒介用户体验到空间存在时，与世界相关的敬畏刺激因素（广袤的风景）应该更有效。相比之下，媒介信息的象征性叙事元素（对巨大权力的描述）应该更容易在那些不在场的观众中引发敬畏感。

最后，媒介心理学家提出，媒介用户可以与描述中的人物建立密切的联系（Brown, this volume）。我们可以区分两种类型的关系（Klimmt, Hefner, & Vorderer, 2009）：二元关系和一元关系。二元关系（拟社会关系；Horton & Wohl, 1956）基于这样的假设：媒介用户体验到与角色的紧密联系，但认为角色（似乎）一直是不同于自身的、自主的实体存在。相比之下，一元关系（身份认同；Cohen & Klimmt, this volume）假设，媒介用户“体验到自己与主角……的融合”（Klimmt, Hefner, et al., 2009, p.354）。需要明确的是，用户与角色之间的所有关系，都会将受众的注意力集中在内容层面上。随着媒介用户对人物角色的视角有了更深入的了解，二元关系理应会增强那种基于共情的敬畏感。相比之下，一元关系理应促进那种作为自我情感的敬畏感，因为这时的媒介用户实际上采用的是角色本身的视角。

总之，一个给定的媒介刺激是否会引发媒介用户的敬畏感，不仅取决于其个人特质和文化背景，也取决于其短时间内是否能调动充足的认知资源用于评估，还取决于其沉浸式体验以及其与角色的关系，这种关系能使用户注意到敬畏刺激。

娱乐理论和研究的纲领性视角

本章的主要目的是为媒介娱乐研究人员提供一个案例，在案例中，敬畏感被视为有趣的情感。我们指出，在接触不同形式的娱乐时，用户经常会体验到敬畏感。此外，我们还解释了敬畏感会如何以及为什么会影响娱乐体验。展望未来，我们设想了一个新的媒介心理学的研究议程，来探索本章提出的诸多问题和推测。

为此，我们提出的模型可以衍生出许多可测试的假设。①敬畏应该通过几个路径，包括自我超越体验、享乐效能、灵性激活和适应性处理等路径，为媒介用户的享乐主义和实现主义娱乐体验提供动力。我们鼓励学者测试这些路径和机制的相关性，以便更好地理解敬畏感对娱乐媒介受众的意义。②我们的模型假设，娱乐媒介可以诱发敬畏感，在这类媒介中，受众会瞬间感受到媒介所描绘的刺激是巨大的，是需要适应的。况且，当媒介中的角色感知到他们的周围的环境广阔，需要适应，并且其情绪反应突出时，受众的敬畏情绪也会因此被激发出来。此外，当这两个条件都满足时，媒介也会激发受众强烈的敬畏感。因此，研究人员可以在叙事中考察那种能引发敬畏刺激（awe stimulus）的"加法（乘法）"的性质。③我们认为，美学上令人印象深刻的视频游戏或电影，如《阿凡达》的成功，可归因于（至少部分地归因于）媒介人工制品的特点所引发的敬畏感。我们鼓励研究人员通过分析模式、接受模式（Vorderer, 1993）来考虑敬畏体验的差异问题和互补问题，甚至是相互贬损的问题。④我们的模型强调，要更仔细地考虑接收情境和媒介用户记忆的作用，以解释敬畏感的形成及它可能带来的影响。这些只是几个可能的研究方向，但总的来说，我们相信我们的模型可以作为未来研究的基础，在各种媒介娱乐语境中识别出敬畏感的激发过程。我们还认为，整体讨论可以帮助（媒介）心理学家在他们自己的实验中优化敬畏感被激发的过程。

因篇幅限制，本章没有提供更详细的讨论，但我们希望，有更多的讨论能够帮助学者来制定协议，以有效地测量敬畏体验的短期和长期影响，而这些影响超越了娱乐体验。研究一致表明，敬畏感可以提升媒介用户的生活满意度、谦卑感、与他人的联系感和精神感受，减少物质主义（Allen, 2018）。此外，敬畏感可以促使人们更慷慨、更善良、更愿意帮助他人。但是，当敬畏感只是一条媒介信息的十几种或更多种情绪反应之一时，它可以在多大程度上合理地预期这些潜在影响呢？我们是否应该期待敬畏感的效果立竿见影？其效果是不是累积性的？有关敬畏的体验，是否可以作为某一信息的一个情感标记去记录、感受和享受，但用户很快又从这条信息转移到那些徐徐展开的叙事中，然后返回到后面的深思熟虑、阐述和欣赏中？也就是说，在用户强烈地体验到媒介化了的敬畏感的当下，媒介化的敬畏感能否作为一粒种子，用户可以从中衍生出许多其他积极的体验，而非随之而来的娱乐？目前的娱乐体验模型，或者那些行之有效的媒介效果的衡量标准，似乎不足以轻松地回答这些问题。但至少在理论上，这就是敬畏感的性质和力量所在。我们希望媒介心理学家能和我们一起回答这些问题。

参考文献

Algoe, S. B., & Haidt, J. (2009). Witnessing excellence in action: The "other-praising" emotions of elevation, gratitude, and admiration. *The Journal of Positive Psychology*, 4, 105–127. https://doi.org/10.1080/17439760802650519.

Allen, S. (2018). *The science of awe*. Retrieved from https://ggsc.berkeley.edu/images/uploads/GGSC-JTF_White_Paper-Awe_FINAL.pdf.

Bai, Y., Maruskin, L. A., Chen, S., Gordon, A. M., Stellar, J. E., McNeil, G. D., … Keltner, D. (2017). Awe, the diminished self, and collective engagement: Universals and cultural variations in the small self. *Journal of Personality and Social Psychology*, 113, 185–209. https://doi.org/10.1037/pspa0000087.

Burke, E. (2015). *A philosophical enquiry into the origin of our ideas of the sublime and beautiful*. Oxford, UK: Oxford University Press (Original work published 1757).

Campos, B., Shiota, M. N., Keltner, D., Gonzaga, G. C., & Goetz, J. L. (2013). What is shared, what is different? Core relational themes and expressive displays of eight positive emotions. *Cognition and Emotion*, 27, 37–52. https://doi.org/10.1080/02699931.2012.683852.

Chirico, A., & Yaden, D. B. (2018). Awe: A self-transcendent and sometimes transformative emotion. In H. C. Lench (Ed.), *The function of emotions* (pp. 221–233). Cham, Switzerland: Springer.

Cordaro, D. T., Keltner, D., Tshering, S., Wangchuk, D., & Flynn, L. M. (2016). The voice conveys emotion in ten globalized cultures and one remote village in Bhutan. *Emotion*, 16, 117–128. https://doi.org/10.1037/emo0000100.

Dale, K. R., Raney, A. A., Janicke, S. H., Sanders, M. S., & Oliver, M. B. (2017). YouTube for good: A content analysis and examination of elicitors of self-transcendent Media. *Journal of Communication*, 67, 897–919. https://doi.org/10.1111/jcom.12333.

Ellsworth, P. C., & Scherer, K. R. (2003). Appraisal processes in emotion. In R. J. Davidson, K. R. Scherer, & H. H. Goldsmith (Eds.), *Handbook of affective sciences* (pp. 572–595). Oxford, UK: Oxford University Press.

Farman, J. (2010). Mapping the digital empire: Google earth and the process of postmodern cartography. *New Media and Society*, 12, 869–888. https://doi.org/10.1177/1461444809350900.

Gordon, A. M., Stellar, J. E., Anderson, C. L., McNeil, G. D., Loew, D., & Keltner, D. (2017). The dark side of the sublime: Distinguishing a threat-based variant of awe. *Journal of Personality and Social Psychology*, 113, 310–328. https://doi.org/10.1037/pspp0000120.

Green, M. C., & Brock, T. C. (2000). The role of transportation in the persuasiveness of public narratives. *Journal of Personality and Social Psychology*, 79, 701–721. https://doi.org/10.1037//0022–3514.79.5.701.

Griskevicius, V., Shiota, M. N., Neufeld, S. L., Kaptein, M., Markopoulos, P., Ruyter, B. De, … Menzel, A. J. (2010). Influence of different positive emotions on persuasion processing: A functional evolutionary approach. *Emotion*, 10, 190–206. https://doi.org/10.1037/a0018421.

Haidt, J., & Morris, J. P. (2009). Finding the self in self-transcendent emotions. *Proceedings of the National Academy of Sciences of the United States of America*, 106(19), 7687–7688. https://doi.org/10.1073/pnas.0903076106.

Hartmann, T., Klimmt, C., & Vorderer, P. (2010). Presence and media entertainment. In C. C. Bracken & P. Skalski (Eds.), *Immersed in media: Telepresence in everyday life* (pp. 137–157). New York, NY: Routledge/LEA.

Hatfield, E., Cacioppo, J. T., & Rapson, R. L. (1992). Primitive emotional contagion. In M. S. Clark (Ed.), Review of personality and social psychology, Vol. 14. *Emotion and social behavior* (pp. 151–177). Thousand Oaks, CA: Sage Publications.

Henning, B., & Vorderer, P. (2001). Psychological escapism: Predicting the amount of television viewing by need for cognition. *Journal of Communication*, 51, 100–120. https://doi.org/10.1093/joc/51.1.100.

Horton, D., & Wohl, R. (1956). Mass communication and para-social interaction. *Psychiatry*, 19, 215–229. https://doi.org/10.1080/00332747.1956.11023049.

Johnson, B. K., & Rosenbaum, J. E. (2015). Spoiler alert: Consequences of narrative spoilers for dimensions of enjoyment, appreciation, and transportation. *Communication Research*, 42, 1068–1088. https://doi.org/10.1177/0093650214564051.

Joye, Y., & Bolderdijk, J. W. (2014). An exploratory study into the effects of extraordinary nature on emotions, mood, and prosociality. *Frontiers in Psychology*, 5, 1577. https://doi.org/10.3389/fpsyg.2014.01577.

Joye, Y., & Dewitte, S. (2016). Up speeds you down: Awe-evoking monumental buildings trigger behavioral and perceived freezing. *Journal of Environmental Psychology*, 47, 112–125. https://doi.org/10.1016/j.jenvp.2016.05.001.

Keltner, D., & Haidt, J. (2003). Approaching awe, a moral, spiritual, and aesthetic emotion. *Cognition and Emotion*, 17, 297–314. https://doi.org/10.1080/02699930302297.

King, L. A., & Hicks, J. A. (2009). Detecting and constructing meaning in life events. *Journal of Positive Psychology*, 4, 317–330. https://doi.org/10.1080/17439760902992316.

Klimmt, C., Blake, C., Hefner, D., Vorderer, P., & Roth, C. (2009). Player performance, satisfaction, and video game enjoyment. In S. Natkin & J. Dupire (Eds.), *Entertainment computing: Proceedings of the 8th International Conference on Entertainment Computing* (ICEC 2009) (pp. 1–12). Berlin: Springer.

Klimmt, C., Hefner, D., & Vorderer, P. (2009). The video game experience as "true" identification. *Communication Theory*, 19, 351–373. https://doi.org/10.1111/j.1468–2885.2009.01347.x.

Lang, A. (2000). The limited capacity model of mediated message processing. *Journal of Communication*, 50, 46–70. https://doi.org/10.1111/j.1460–2466.2000.tb02833.x.

Lewis, R. J., Tamborini, R., & Weber, R. (2014). Testing a dual-process model of media enjoyment and appreciation. *Journal of Communication*, 64, 397–416. https://doi.org/10.1111/jcom.12101.

McDougall, W. (2001). *An introduction social psychology* (14th ed.). Ontario, Canada: Batoche Books (originally published 1919).

Moors, A., Ellsworth, P. C., Scherer, K. R., & Frijda, N. H. (2013). Appraisal theories of emotion: State of the art and future development. *Emotion Review*, 5, 119–124. https://doi.org/10.1177/1754073912468165.

Oatley, K. (1995). A taxonomy of the emotions of literary response and a theory of identification in fictional narrative. *Poetics*, 23(1–2), 53–74. https://doi.org/10.1016/0304-422X(94) P4296-S.

Oliver, M. B., & Bartsch, A. (2010). Appreciation as audience response: Exploring entertainment gratifications beyond hedonism. *Human Communication Research*, 36, 53–81. https://doi.org/10.1111/j.1468–2958.2009.01368.x.

Oliver, M. B., & Bartsch, A. (2011). Appreciation of entertainment: The importance of meaningfulness via virtue and wisdom. *Journal of Media Psychology*, 23, 29–33. https://doi.org/10.1027/1864–1105/a000029.

Oliver, M. B., & Raney, A. A. (2011). Entertainment as pleasurable and meaningful: Identifying hedonic and eudaimonic motivations for entertainment consumption. *Journal of Communication*, 61, 984–1004. https://doi.org/10.1111/j.1460–2466.2011.01585.x.

Oliver, M. B., Raney, A. A., Slater, M. D., Appel, M., Hartmann, T., Bartsch, A., … Das, E. (2018). Self-transcendent media experiences: Taking meaningful media to a higher level. *Journal of Communication*, 68, 380–389. https://doi.org/10.1093/joc/jqx020.

Onu, D., Kessler, T., & Smith, J. R. (2016). Admiration: A conceptual review. *Emotion Review*, 8, 218–230.

https://doi.org/10.1177/1754073915610438.

Piff, P. K., Dietze, P., Feinberg, M., Stancato, D. M., & Keltner, D. (2015). Awe, the small self, and prosocial behavior. *Journal of Personality and Social Psychology*, 108, 883–899. https://doi.org/10.1037/pspi0000018.

Possler, D., Klimmt, C., & Raney, A. A. (2018). Gaming is awesome! A theoretical model on cognitive demands and the elicitation of awe during video game play. In N. D. Bowman (Ed.), *Video games: A medium that demands our attention* (pp. 74–91). New York, NY: Routledge.

Possler, D., Klimmt, C., Raney, A. A., Steger, F., Landmann, L., & Seibert, J.-M. (2019, May). *The "wow!"-effect: Introducing awe as novel element of the (VR) video game experience*. Paper presented at the 69th annual conference of the International Communication Association, Washington, DC.

Raney, A. A., & Ji, Q. (2017). Entertaining each other? Modeling the socially shared television viewing experience. *Human Communication Research*, 43, 424–435. https://doi.org/10.1111/hcre.12121.

Rudd, M., Vohs, K. D., & Aaker, J. (2012). Awe expands people's perception of time, alters decision making, and enhances well-being. *Psychological Science*, 23, 1130–1136. https://doi.org/10.1177/0956797612438731.

Saroglou, V., Buxant, C., & Tilquin, J. (2008). Positive emotions as leading to religion and spirituality. *The Journal of Positive Psychology*, 3, 165–173. https://doi.org/10.1080/17439760801998737.

Scherer, K. R. (2001). Appraisal considered as a process of multilevel sequential checking. In K. R. Scherer, A. Schorr, & T. Johnstone (Eds.), *Appraisal processes in emotion: Theory, methods, research* (pp. 92–120). New York, NY, and Oxford, UK: Oxford University Press.

Scherer, K. R. (1998). Emotionsprozesse im Medienkontext: Forschungsillustrationen und Zukunftsperspektiven [Emotion processes in media context: research illustrations and future perspectives]. *Medienpsychologie*, 10, 276–293.

Schurtz, D. R., Blincoe, S., Smith, R. H., Powell, C. A. J., Combs, D. J. Y., & Kim, S. H. (2012). Exploring the social aspects of goose bumps and their role in awe and envy. *Motivation and Emotion*, 36, 205–217. https://doi.org/10.1007/s11031-011-9243-8.

Sherry, J. J. L. (2004). Flow and media enjoyment. *Communication Theory*, 14, 328–347. https://doi.org/10.1111/j.1468–2885.2004.tb00318.x.

Shiota, M. N., Keltner, D., & John, O. P. (2006). Positive emotion dispositions differentially associated with Big Five personality and attachment style. *The Journal of Positive Psychology*, 1, 61–71. https://doi.org/10.1080/17439760500510833.

Shiota, M. N., Keltner, D., & Mossman, A. (2007). The nature of awe: Elicitors, appraisals, and effects on self-concept. *Cognition and Emotion*, 21, 944–963. https://doi.org/10.1080/02699930600923668.

Shiota, M. N., Thrash, T. M., Danvers, A. F., & Dombrowski, J. T. (2014). Transcending the self: Awe, elevation, and inspiration. In M. M. Tugade, M. N. Shiota, & L. D. Kirby (Eds.), *Handbook of positive emotions*. (pp. 362–377). New York, NY: Guilford Press.

Silvia, P. J., Fayn, K., Nusbaum, E. C., & Beaty, R. (2015). Openness to experience and awe in response to nature and music: Personality and profound aesthetic experiences. *Psychology of Aesthetics, Creativity, and the Arts*, 9, 376–384. https://doi.org/10.1037/aca0000028.

Stellar, J. E., Gordon, A. M., Piff, P. K., Cordaro, D., Anderson, C. L., Bai, Y., . . . Keltner, D. (2017). Self-transcendent emotions and their social functions: Compassion, gratitude, and awe bind us to others through prosociality. *Emotion Review*, 9, 200–207. https://doi.org/10.1177/1754073916684557.

Tan, E. S.-H. (1996). *Emotion and the structure of narrative film: Film as an emotion machine*. New York,

NY: Routledge.

Tan, E. S.-H. (1995). Film-induced affect as a witness emotion. *Poetics*, 23(1–2), 7–32. https://doi.org/10.1016/0304-422X(94)00024-Z.

Valdesolo, P., & Graham, J. (2014). Awe, uncertainty, and agency detection. *Psychological Science*, 25, 170–178. https://doi.org/10.1177/0956797613501884.

Valdesolo, P., Shtulman, A., & Baron, A. S. (2017). Science is awe-some: The emotional antecedents of science learning. *Emotion Review*, 9, 215–221. https://doi.org/10.1177/1754073916673212.

Van Cappellen, P., & Saroglou, V. (2012). Awe activates religious and spiritual feelings and behavioral intentions. *Psychology of Religion and Spirituality*, 4, 223–236. https://doi.org/10.1037/a0025986.

Van Elk, M., Karinen, A., Specker, E., Stamkou, E., & Baas, M. (2016). "Standing in awe": The effects of awe on body perception and the relation with absorption. *Collabra*, 2(1), 4. https://doi.org/10.1525/collabra.36.

Vorderer, P. (1993). Audience involvement and program loyalty. *Poetics*, 22(1–2), 89–98. https://doi.org/10.1016/0304-422X(93)90022–9.

Vorderer, P., Klimmt, C., & Ritterfeld, U. (2004). Enjoyment: At the heart of media entertainment. *Communication Theory*, 14, 388–408. https://doi.org/10.1111/j.1468–2885.2004.tb00321.x.

Vorderer, P., & Reinecke, L. (2015). From mood to meaning: The changing model of the user in entertainment research. *Communication Theory*, 25, 447–453. https://doi.org/10.1111/comt.12082.

Wirth, W., Hartmann, T., Böcking, S., Vorderer, P., Klimmt, C., Schramm, H., … Jäncke, P. (2007). A process model of the formation of spatial presence experiences. *Media Psychology*, 9, 493–525. https://doi.org/10.1080/15213260701283079.

Wirth, W., & Schramm, H. (2007). Emotionen, Metaemotionen und Regulationsstrategien bei der Medienrezeption: ein integratives Modell [Emotions, meta-emotions and emotion regulation during media consumption. An integrative model.]. In W. Wirth, H.-J. Stiehler, & C. Wünsch (Eds.), *Dynamisch-transaktional denken: Theorie und Empirie in der Kommunikationswissenschaft* [Thinking in a dynamic-transactional way: Theory and empirical research in communication science] (pp. 153–184). Köln: Herbert von Halem Verlag.

Wirth, W., & Schramm, H. (2005). Media and emotions. *Communication Research Trends*, 24(3), 2–44.

Yaden, D. B., Haidt, J., Hood, R. W., Vago, D. R., & Newberg, A. B. (2017). The varieties of selftranscendent experience. *Review of General Psychology*, 21, 143–160. https://doi.org/10.1037/gpr0000102.

Yaden, D. B., Iwry, J., Slack, K. J., Eichstaedt, J. C., Zhao, Y., Vaillant, G. E., & Newberg, A. B. (2016). The overview effect: Awe and self-transcendent experience in space flight. Psychology of Consciousness: Theory, *Research, and Practice*, 3, 1–11. https://doi.org/10.1037/cns0000086.

Zillmann, D. (2006). Empathy: affective reactivity to others' emotional experiences. In J. Bryant & P. Vorderer (Eds.), *Psychology of entertainment* (pp. 151–181). Mahwah, NJ: Erlbaum.

Zillmann, D. (1988). Mood management through communication choices. *American Behavioral Scientist*, 31, 327–340. https://doi.org/10.1177/000276488031003005.

Zillmann, D. (1996). Sequential dependencies in emotional experience and behavior. In R. D. Kavanaugh, B. Zimmerberg, & S. Fein (Eds.), *Emotion: Interdisciplinary perspectives* (pp. 243–272). Mahwah, NJ: Erlbaum.

3

第三部分

特定类型媒介或信息的娱乐模型

第二十三章　幽默与喜剧

杰弗里·戈尔茨坦

从古希腊的舞台剧、艺术剧，到印刷媒介、广播、电影、电视、互联网、虚拟现实和机器人，几乎所有的传播媒介都有喜剧和抽象幽默的存在。幽默很可能从游戏中产生，在游戏中，挠痒痒和追逐游戏取决于惊喜、对预期的违背，以及对社交和情感线索的解读（Hurley, Dennett, & Adams, 2011; Proyer, 2018）。总之，游戏和幽默均有赖于同一种认知，即行为是“假的”。微笑、大笑等肢体语言以及“你听说过那个关于……”等口头暗示，都会带来这种认知。

幽默的定义会随着时间的推移而改变。在这里，我们把幽默定义为一种刺激。一般来说，旨在引发娱乐或欢笑的文本和演讲，以及由幽默引起的愉悦感都是刺激的一种。这些刺激常表现为大笑或微笑。一句话，娱乐、感知到的乐趣和笑都是与幽默相关的情绪、认知和行为反应。

微笑是对笑话最常见的反应，它在解剖学中被区分为诸多类型。当人们真正喜欢幽默时，他们会有世人熟知的“杜兴”（Duchenne）表情。这种表情的面部结构是颧骨大肌收缩，将唇角向后、向上拉，同时，眼轮匝肌拉升脸颊，形成眼部皱纹。在安全的社会环境中突然发生的意外变化可以引发“杜兴”笑。例如，在“躲猫猫”游戏中，幼儿之间的打闹、挠痒痒等就能引发“杜兴”笑。达尔文（1872）将幽默与“心痒痒”（tickling of the mind）联系起来，认为只有在安全的条件下，人们才能享受幽默和游戏。

分享欢笑能增进群体团结。根据热尔韦和威尔逊（Gervais, Wilson, 2005）的研究，“杜兴”笑是为了增加对他人的理解、群体成员的情感联系以及互动个体之间的协调。

幽默的编码和解码，即知道如何在社交场合恰当地开玩笑，与对笑话的理解和欣赏是有区别的。在传统的幽默与媒介研究中，观众对幽默能否接受是问题的焦点。但如今，互动媒介用户既参与制作，也参与接收。例如，在电子游戏中，有脚本幽默（游戏对玩家）、自发幽默（玩家对玩家）和紧急幽默（玩家对游戏；Dorman, 2014）。为丰富玩家的社交和情感体验，人们会鼓励电子游戏开发者在严肃游戏中设计一些幽默的内容

（Dorman & Biddle, 2009）。

新媒介提供了未知的喜剧形式，如通过播客（podcasts）、照片墙（Instagram）、脸书（Facebook）和油管（YouTube）等平台来分享模因。通过对社交媒介的“大数据”分析，人们发现了大量的恶搞、讽刺评论、模因和巧妙的互文混搭（intertextual mashups）（Davis, Love, & Killen, 2018）。社交媒介也带来了表达幽默欣赏的新形式，这种形式只能以认知体验而非五感体验来表达，如缩写文本（“LOL”：大笑）、颜文字、表情符号，像“笑得在地板上打滚”的表情符号。

测量

人们设计了60多种心理测量工具来测试幽默感的个体差异（Ruch, 2007）。这些工具大多是自我报告的调查问卷与对笑话和漫画的评分。其中使用最广泛的有“应对幽默量表”（Coping Humor Scale）（Martin & Lefcourt, 1983），这是一份由7级量表组成的问卷，反映了个体使用幽默来应对压力的程度；“情境幽默反应问卷”（Situational Humor Response Questionnaire）反映了一个人在各种生活情境中微笑和大笑的程度（Martin & Lefcourt, 1984）；“幽默风格问卷”（Humor Styles Questionnaire; Martin, Puhlik Doris, et al., 2003）评估了人们在日常生活中使用幽默的4种方式。当然，还有测量幽默某一特定方面或某种用途的量表，如害怕被嘲笑的“被笑恐惧症”（gelotophobia）（Ruch & Pryor, 2008），或在工作场所使用幽默的倾向（Doosje, de Goede, van Doornen, & Goldstein, 2010）。

在20世纪的大部分时间里，心理学家就是优秀的幽默理论家，他们首先在心理动力学研究领域，其次在发展、社会和认知研究领域，作出了杰出的贡献。据统计，大约有6000份关于幽默心理学的出版物出版（根据Roecklein 2002年的数据推断）。自20世纪末以来，语言学家、神经科学家和计算机科学家也研究了这个问题。

幽默理论

在几乎所有关于机智和幽默的解释中，作家、哲学家和心理学家都提到了以下几个方面，如贬低感（优越感）、从唤醒心理或生理状态中释放或解脱的感觉，以及感知滑稽的不协调感。幽默理论的发展经历了从攻击性的优越论到中立的不协调论，再到作为健康和幸福表现的幽默欣赏与笑声等良性观点的阶段（Martin & Ford, 2018）。

对传统幽默理论，人们有很多优秀的评论（Keith Spiegel, 1972; Larkin Galiñanes, 2017）。原始资料可参见菲格罗亚·多雷格、拉金·阿里纳斯和莫雷尔（Morreall, 1983）的研究。本章的重点是幽默和喜剧的最新理论发展，尤其是数字社交媒介方面新兴的理论。

释放论（Relief Theories）

斯宾塞（Spencer, 1860）写到，笑是“剩余能量”（surplus energy）的突然释放，是维持平衡的一种方式。在伯莱因（Berlyne, 1972）的表述中，生理唤醒取代了剩余能量的概念。设置一个笑话会引发唤醒，其笑点则会驱散这种唤醒。引发唤醒过量或不足的笑话相比那些适度的笑话更无趣。从认知角度来看，那些太容易理解和太难理解的笑话，不如挑战性适中的笑话有趣。

弗洛伊德（1905）认为，开玩笑是一种自我防御机制，可以将压抑的社会禁忌冲动转化为一种可接受的表达形式。据说，一个笑话有多好笑取决于其“笑话运作”（joke work）。和“梦运作”（dream work）一样，它是“假装”让笑话的“真实”含义得以表达。但弗洛伊德（1928）也认识到，并不是所有的幽默都基于压抑产生；很多幽默并非自带“倾向”，而是天真、悦人心智的玩闹。

优越论（Superiority Theories）

在古希腊，人们不相信笑，认为笑是粗俗的。柏拉图和亚里士多德把幽默与邪恶联系在一起，认为幽默只适用于下层阶级。霍布斯（1651）在《利维坦》（*Leviathan*）一书中阐述了现代优越感理论，他在书中提出，笑源于感知到他人的弱点，而这些弱点证实了我们自己的优越感。

优越、贬低和敌意论强调了幽默生产者与使用者对其目标的态度。幽默通常基于政治、种族或性别原因而针对某个人或某类群体。贬低式幽默是基于听众对幽默的受害者的态度，也就是对笑柄的态度（Zillmann, 1983）。被鄙视的主人公及其遭遇、让观众自由享受这些角色的消亡的幽默线索，都是优秀喜剧的基本要求。幽默欣赏与被轻视者受喜爱的程度成反比（Zillmann, 2000, p.49）。

正如哲学家卡罗尔（Carroll）所指出的，“尽管优越感理论的解释范围很广，但它有明显的局限性。优越感不能成为大笑（laughter）的必要条件，因为有许多大笑的案例并不涉及优越感”（Carroll, 2014, p. 11）。

“不协调—消解”理论（Incongruity-Resolution Theories）

大多数关于幽默的心理学理论都是混合理论，尽管动机和社会因素可能会影响幽默内容，不协调论仍起着一定的作用。优越论/贬低论认为幽默的核心（locus）在于观众的态度、信念和预设。释放论强调了观众的特点，也就是他们是否被唤醒或是否受到压制。不协调—消解方法显然将幽默的负担放在笑话的文本和结构上，观众需要自己识别、感知和解决这些不协调。

康德（1724—1804）在《判断力批判》中，叔本华（1788—1860）在《作为意志和表象的世界》（1818）中，把不协调描述为笑的基础。康德的观点是，笑话引起了听者的某些期望，而这些期望在听到那个“梗”（punch line）[1]时就消失了。舒尔茨（1972）将不协调定义为两个或两个以上的习惯性不相容的对象或事件的同时存在。

幽默中总有判断的成分。对笑话的欣赏需要许多认知行动，其中之一就是对不协调的认知。对不协调的感知取决于人的态度、知识和期望。在幽默源于优越感的情况下，这一点是显而易见的，因为有另外个体或群体充当笑柄。

在文献中，对不协调有很多种描述，包括惊讶、并列、非典型（atypicality）和违背（violation）等。不管如何定义，单靠不协调并不能充分区分幽默与否。科伊斯特勒（Koestler, 1964）指出了对不协调的3种可能反应：①就像在喜剧中一样，我们可以嘲笑它；②就像在科学中一样，我们可以研究它；③就像在悲剧中一样，我们可以用怜悯、恐惧或悲伤的态度来看待它。到底会发生何种情况，取决于不协调出现的语境、观众的动机，以及那些可以指导观众轻视不协调的幽默线索的存在。

违背预期可能会造成不协调。期望可以通过重复一个模式（A，A’），然后打破该模式而产生（B）。许多笑话采用AAB模式（音乐中也有这种结构；Rozin, Appel, & Wachtel, 2006）。我们举个例子：

（A）一些人即将被处决。警卫把第一个人带上前，刽子手问他是否有最后的要求。他说没有，刽子手便喊道：“准备！瞄准！”

突然，那人大喊：“地震！”

每个人都吓了一跳，并开始环顾四周。一片混乱中，第一个人逃走了。

（A’）警卫把第二个人带到前面，刽子手问他是否有最后的要求。

他说没有，刽子手便喊道：“准备好！瞄准！”

突然，那人大喊：“龙卷风！”

每个人都吓了一跳，并开始环顾四周。混乱中，第二个人逃走了。

（B）此时，最后一个人已经把一切都弄明白了。警卫把他带上前，刽子手问他是否还有最后的要求。他说没有，刽子手便喊道：“准备！瞄准！”

结果最后一个人大喊：“fire！”

韦斯特伯里等人（Westbury, et al., 2015）测试了一个观点，即期望和结果之间的不一致性越大，幽默感越强。他们通过检查非词（nonwords）中的幽默来做到这一点，这些字母串（digifin）构成了一个可发音但无意义的单元。他们发现非词获得了可靠的趣味性评分。通过改变非词的“熵”（Entropy），韦斯特伯里等人探索了为何某些非词会变

[1] 根据尼霍尔特（Nijholt, 2020）的观点，在不协调幽默理论的发展中，康德并没有真正发挥重要作用。康德多次重申，“笑是一种因紧张的期望突然转变为虚无而产生的情感”，这种说法可以理解成一种优越感，它削弱了人们对笑的目标对象的原初理解。

得有趣，而其他非词却不会。“熵”是字母串组合不协调或意外的程度。非词中的不协调源于这样一个事实，即某些字母组合比其他字母组合出现的概率更大。非词的“熵”是单个字母组合总概率的度量。具有不寻常字母组合非词的“熵”较低，能提供更多惊喜，因此理应获得最高的幽默评级。有两项研究的发现支持了这一假设：人们认为低“熵”的非词字符串更幽默。低“熵”的字符串（himumma）比高“熵”的字符串（digifin）感知起来更有趣。

最有影响力的“不协调”幽默心理学理论，要数苏尔斯（Suls, 1972）的“两阶段不协调—消解模型”（two-stage incongruity–resolution model）。该模型主要适用于笑话和谜语，最初的言论后面紧跟着一个不协调的元素，即“梗”。如果听者能够根据笑话中的“梗”来重新阐释笑话，就能解决不协调，从而产生娱乐效果。在这里，幽默是一个解决问题的过程，要寻找一个认知规则，使笑话的主要笑点与不协调的元素协调起来（见图23.1）。

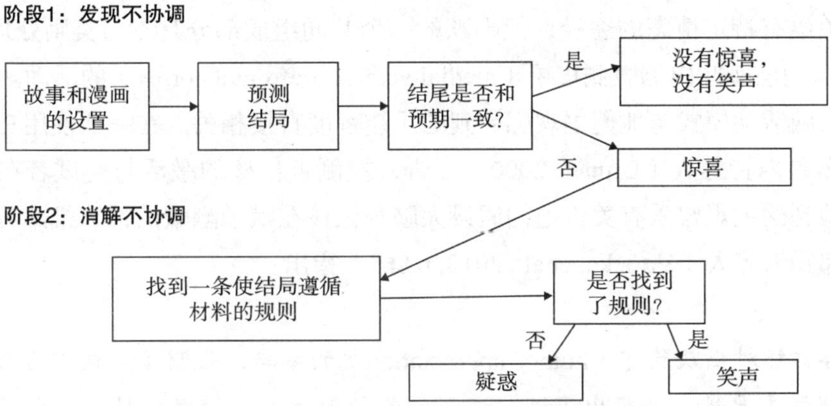

图23.1　苏尔斯（1972）“不协调—消解”模型

资料来源：马丁与福特（Martin, Ford, 2018, p. 57）。

有许多人致力于研究不协调论的性质及其消解方法，这些人包括最近出现的计算机科学家（Nijholt, 2020; Ritchie, 2009a/2009）、物理学家（Gabora & Kitto, 2017）和神经科学家（Goel & Dolan, 2001）。

虽然不协调论主导了人们对幽默的研究，但许多分析人士指出，单靠不协调不足以引发笑声（Warren & McGraw, 2016）。关注“不协调”的理论家们在很大程度上忽视了精神分析和优越感理论所强调的笑话的“倾向性”内容。由于关注笑话的结构，不协调论忽视了大多数幽默形式出现的社会背景。

神经影像学与不协调

神经成像技术，如脑电图（electroencephalogram，EEG）和事件相关电位（event

related potentials，ERPs）、正电子发射计算机断层显像（positron emission tomography，PET）、脑磁图（magnetoencephalography，MEG），尤其是功能性磁共振成像（functional magnetic resonance imaging，fMRI），均被用于笑和幽默的研究。例如，当受试者明白了一个笑话的意思时，fMRI就能显示出大脑中参与笑话处理的“血氧水平依赖性”（blood-oxygen-level-dependent，BOLD）部分的增强效应。

幽默的神经学证据与“两阶段处理模型”一致（Bartolo, et al., 2006; Rodden, 2018; Vrticka, et al., 2013）。许多言语幽默在大脑中是分两个阶段依次处理的，即发现不协调、消解不协调，这两个阶段涉及不同的大脑区域。戈埃尔和多兰（Goel, Dolan, 2001）利用fMRI扫描发现，大脑的不同区域参与了言语（语义）笑话和语音笑话（双关语）的处理。参与者听到了听觉语义的笑话，也听到了语音笑话，如双关语，“高尔夫球手为什么穿两套裤子？……因为他有条裤子上有个洞（一杆进洞）”，参与者需要表明他们是否觉得这些东西有趣。在相应的基线条件下，他们使用了相同的设置线，但笑点被改成只有描述性质的话语（“工程师用什么来避孕？……避孕药”）。处理语义笑话和双关语有特定情态的途径，但幽默的一个共同组成部分是参与奖励处理（reward processing）的前额叶内侧腹侧皮层（medial ventral prefrontal cortex）的活动。

一些大脑活动模式与他们主观感受到的乐趣程度直接相关。在一项使用PET扫描的研究中，布鲁内特等人（Brunet, 2000）报告，左侧杏仁核的激活与受试者在观看卡通片时所体验到的主观娱乐有关。他们假设大脑杏仁核在赋予幽默的情感维度方面起着关键作用。弗托卡等人（Vrtocka, et al., 2013, p.865）指出：

> 杏仁核对幽默欣赏（humor appreciation）的参与，表明了幽默作为人类社交过程的重要性，并突出了这一过程对各种调节影响的敏感性，如个性、性别和神经精神障碍。我们的观点是，幽默欣赏背后的任何区域或网络（感官处理、工作记忆、不协调的发现和解决，以及奖励）都没有明确地为此功能进化。相反，在为幽默欣赏服务的过程中，由于其在处理社会信息方面的重要性，好几个这种区域和网络的结合（combination），在人类社会中变得越来越突出。

在发现不协调、消解不协调和欣赏幽默方面，大脑活动有多种不同的模式。罗登（Rodden, 2018）详细回顾了有关幽默、不协调和大脑的研究。

语言和语义理论

笑话、双关语和谜语有一种特殊的结构，使它们适于语言分析。从拉斯金（Raskin, 1987）基于脚本的笑话理论开始，到后来的言语幽默一般理论（Attardo & Raskin,

1991），如今已有好几种关于幽默的语言理论。其中，语言和语义理论是不协调论的变体，关注的是不协调的本质及其解决过程（Ritchie, 2009a）。当某一个体试图理解一个笑话时，其心理脚本会被激活，以理解所描述的事件。

考虑下面的双关语："时间如箭头一样飞逝。果蝇喜欢香蕉。"（Time flies like an arrow. Fruit flies like a banana.）这个笑话源于短语"果蝇"（fruit flies）二字的歧义，其中"flies"可以是动词，也可以是名词。作为动词，flies的意思是"在空中飞过"。作为名词的fruit flies意思是"吃水果的实蝇"。听者在拆解这两句话时必须记住这些信息。

这个笑话的"梗"引入了与原始脚本不兼容的元素（像香蕉一样飞），触发了从一个脚本到另一个脚本的切换。解决这种不协调是一个动态的过程，需要找到一些适用于文本中材料的规则（"flies"的两种含义）。该规则的应用构成了动态的解决行为（Attardo, 2008）。

计算机幽默

社交媒介平台每天提供大量视频的弹幕、模因、混搭、博客帖子和诙谐的推文。数字开源平台使业余爱好者能够使用Facebook、YouTube和其他社交媒介平台来制作和发布喜剧内容，影响了那些专业单口喜剧演员在多种媒介上的表演（Belanger, 2015; Hirsch, 2017）。表演者有时会在喜剧中融入数字技术，或在表演中加入机器人和无人机等元素（Katevas et al., 2015; Nijholt, 2018）。

数字技术和社交网络不仅促成了新形式的幽默制作、传播与消费，还开辟了新的研究途径，下面就是一个例子。

模因

数字媒介使模因等幽默材料得以在全球传播。模因是某一文化内人与人之间传播的某个观念或行为，如电子游戏《堡垒之夜》（*Fortnite*）中的"牙线舞"（floss dance）。模因也可以是某一添加了幽默文本的图像，其通常被放在网上。互联网模因提供了一种对流行文化、政治事件等话题进行评论的方式。对一些人来说，模因是他们的第一个切入点，他们有时是第一次接触到类似话题（Häkkinen & Leppänen, 2014）[1]。

为了在全球传播，模因需要通过文化和语言边界进行协商。模因论（Memetics）正是对这种扩散过程的研究。希夫曼和尔沃（Shifman, Thelwall, 2009）开展了一项研究，在网上调查了一个笑话，以追踪该笑话在不同语言和文化中的变异（mutations）。他们研究了一个流传颇广的有关男人、女人和电脑的笑话。

[1] 资料来源：http://makeameme.org

亲爱的技术支持：

去年我从女友7.0升级到妻子1.0。我很快就注意到，新程序开始了意想不到的儿童护理，占用了大量空间和宝贵资源。此外，妻子1.0将自己安装到其他所有程序中，目前已监控其他所有系统活动。扑克之夜10.3、足球5.0、狩猎和钓鱼7.5、赛车3.6等应用程序不再运行，只要选择它们，系统就会崩溃……

——回复——

亲爱的问题用户：

这是男人们经常抱怨的一个问题。许多人从女友7.0升级到妻子1.0，她们认为这只是一个实用程序和娱乐程序。妻子1.0是一个“操作系统”，由它的创造者设计！！！删除妻子1.0和返回女友7.0也是不可能的。一旦安装，就无法卸载或清除系统中的程序文件……

表面上，这个版本是从男性的角度来看的，但也有一个类似的女性版本（尽管事实并非如此），“当男友7.0升级到丈夫1.0之后”，这位新妻子抱怨说，“丈夫1.0限制了使用衣柜、鲜花和珠宝的应用程序，这些应用程序曾在男友7.0下运行得完美无缺”，并取消了许多其他有价值的程序，如“浪漫9.5和个人关注6.5”，代之以“NFL 7.4、NBA 3.2和NHL 4.1”[1]等不受欢迎的程序。

人们在网上搜索这些文本是相对容易的。这些特殊笑话的搭配可以反映不同文化中的男性和女性性别刻板印象。通用、专业和特定日期的搜索引擎提供了这样一个独特的查询机会，可以使人回顾性地跟踪模因的传播和演变。搜索结果显示，字符串“妻子1.0”有46585个独立网址（URLs），而“丈夫1.0”有24287个独立网址。

这些笑话被广泛翻译，在被研究的10种语言中，有9种语言匹配了数千个域。匹配“丈夫1.0”和“妻子1.0”翻译查询的域名最多的是汉语（4229个），其次是德语（1844个）和西班牙语/葡萄牙语（1638个）。结果表明，虽然理论上网络笑话具有完美的复制保真度（准确性），但转载漫画文本的人通常会对其进行适当的编辑，有时还会根据文化偏好生成新版本。例如，印度人对主流版本进行修改时，用与印度文化相关的功能取代了一些原始元素，如“saree 3.0”（沙丽服3.0）和“cricket 5.0”（板球5.0）。在德语中，主要的变化因素是体育方面的参考文献。在许多德语文本中，“NBA”和“NFL”被德国足球超级联赛与《体育秀》（德国足球电视节目；Shifman, Thelwall, 2009）取代。当模因穿越国界时，语言和文化的混合影响会对其进行修改（Laineste & Voolaid, 2016）。

[1] 美国体育联盟：国家足球联盟（National Football League，NFL）、国家篮球协会（National Basketball Association，NBA）、国家曲棍球联盟（National Hockey League，NHL）。

幽默与人工智能

幽默创造、幽默检测都有赖于那些具有足够特异性和精确性的理论，这些理论使其可编程运行（Ritchie, 2004）。尽管缺乏关于幽默如何运作的理论，但有不少程序可以生产简单的言语幽默。

你："电脑，给我讲个笑话。"
电脑：敲门，敲门。
你："谁？"
计算机：蓟（Thistle）。
你："哪个蓟？"
计算机：蓟是刚才那个冷笑话。
…………
问："当你吃早餐时碰到一个杀人犯，你会想到什么？"
答："麦片杀手。"

你得承认，这不太好笑。但这是人工智能目前能够生成的幽默。这些笑话是由计算机生成[1]的。第一个是苹果公司1999年开发的，其iOS 9操作系统包括一个可以讲笑话的语音识别和生成系统。它回应了"计算机，给我讲个笑话"的命令，然后，第一个自然语言处理系统生成了一个双关的冷笑话（Hempelmann, 2008, p.333）。第二个是由计算机程序JAPE（Joke Analysis and Production Engine/笑话分析和制作引擎）生成的，该程序会根据双关语生成问答式笑话（"问：树叶和汽车有什么区别？答：一个是你的刷和耙，另一个是你得冲和刹"；Binsted & Ritchie, 1997）。

宾斯特德（Binsted）和里奇（Ritchie）从一系列关于意义组合和文本形式的符号规则开始。然后，这些规则被构建到一个可以访问大型自然语言词典的程序中，该词典包含许多单词以及关于它们的发音、词汇用法和句法意义的信息。在上面"麦片杀手"的笑话中，JAPE程序使用的知识是：①"麦片"是"早餐食品"；②"杀人犯"（murderer）是"杀手"（killer）；③"麦片"（cereal）听起来像"连环的（serial）"；④"连环杀手"（serial killer）是一个有意义的短语。通过在词典中搜索符合规则描述标准的合适单词，并应用各种谜语结构的模板，该程序可以生成无限多的新奇谜语。

自然语言处理方面的进步将使人工智能有能力来分析并生成幽默。这些幽默不仅构建在许多模板中，还会基于其自身的本体论或世界模型（Hempelmann, 2018）而生成。一个既能为人类消费创造幽默，又能把幽默作为投入资源来检测、分析的数字代理，将

[1]　关于计算机幽默领域前10年的研究概况，请参见Ritchie（2001）。

带来更好、更真实的人机交互。计算机幽默已经在教育、医疗保健和广告的用户界面中有了诸多的实际应用（Manurung, Ritchie, et al., 2008; Ritchie, 2009b）。

机器人与幽默

对人与机器人或人和虚拟代理之间的交互来说，理解幽默并在适当的时候生成幽默是必要的。对某一特定情况发表幽默的见解或评论，只是与机器人伙伴创造幽默的众多可能方式之一。廷霍尔特和尼霍尔特（Tinholt, Nijholt, 2007）曾专注于“前指歧义”（anaphoric ambiguity）研究，“前指歧义”指人们不清楚前面提到的代词指的是哪个人。例如，“警方逮捕示威者是因为他们使用暴力”这句话里是警察还是示威者使用暴力？不过，大多数关于机器人与幽默的研究都是模拟人类讲笑话的非语言行为，包括手势、面部表情和其他肢体语言。

在智能环境技术的行为中设计一些随意性，可以生成幽默的情景（Nijholt, 2018）。

> “打喷嚏是类比的4个标志之一。”（BBC演讲在讨论过敏症时生成的副标题）

梅利恩斯（Meliunx, 2014）研究了人工智能的幽默系统的设计，该设计可以维持一个大型的笑话数据库的运行，同时考虑了每个人不同的浏览历史和兴趣，还考虑了个人的眼球运动、呼吸和心率等特质[1]。

人工智能幽默研究的目标是制造会讲笑话的设备（Veale & Cook, 2018，关于机器生成幽默的推文），以及能够理解玩笑的设备。在情感计算中，计算机代理使用面部动作编码系统检测面部表情，该系统能够根据频率、强度、持续时间和对称性识别不同类型的微笑（Matsumoto & Ekman, 2008）。

卡提瓦斯、希利和哈里斯（Katevas, Healey, & Harris, 2015）对街头表演者进行了定性和人种学分析，得出了关于手势、眼神接触和身体定向在喜剧表演中的作用的假想。然后，他们用机器人罗博·塞斯偏（Robo Thespia）的喜剧表演对此进行了测试。罗博是一种人形机器人，由工程艺术有限公司（Engineered Arts Ltd.）设计，专门用于公共场所的互动。该机器人头部有两个充当眼睛的矩形液晶显示屏，设计者在其脸颊上嵌入LED照明，使其在说话时可以做出面部表情。它的嘴巴可以垂直移动，并与语音引擎同步，双臂和双手可以灵活地移动。该机器人使用阿卡佩拉文本语音引擎（Acapela Text-To-Speech engine），以定制的语音来提供语音合成，并控制速度、时长、音量和音调。卡提瓦斯等人建立了一个“喜剧解析器”系统来控制机器人的行为，包括它与观众的互

[1] 梅利恩斯2013年的TEDx演讲：https://www.youtube.com/watch?v=JN3--Kdd_X8

动。在配备了一个特别标记的脚本后，机器人会在执行脚本指令的同时交付内容。它能够实时捕捉和分析观众的行为，同时识别每个人的位置，以及性别、年龄和每时每刻"幸福"的表现等特征。在达到笑点时，人们积极情绪的展示会达到顶峰，但在凝视之后会下降。这表明人们对内容和交付都有选择性反应。人们把该机器人视为一个社交代理人，其成功地引发了人类互动的典型社会反应模式。

但赫尔利等人（Hurley et al., 2011, p.298）警告道：

> 如果我们的目标是设计出一台能够创造、欣赏跨越人类文化边界的幽默的机器——一台可以与我们一起参加社交活动或戏剧制作，与我们一起大笑、讲笑话、发表诙谐评论的机器，那么我们可能会失望。

实践中的幽默：教育、广告、健康和安乐

幽默、喜剧和笑声可以提高生活质量，促进身心健康，改善社会关系。根据齐尔曼（Zillmann, 2015）的情绪管理理论，喜剧和其他娱乐形式一样，允许个人调节自己的情绪状态，且远程控制犹如自控。就像体育、戏剧、音乐和电子游戏一样，喜剧也有助于人们从坏情绪过渡到积极的情绪。

幽默可以启发观众，但也可能冒犯他们。喜剧可以是好斗的，也可以是仁慈的；它可以强化刻板印象，表达种族主义和性别歧视情绪。从下面的评论来看，很明显，并不是所有的幽默都适用于广告、教育或医疗保健。笑是有用的，但并不总是有用的，它可能是健康的，但也并不总是健康的。与媒介相关的幽默研究涉及教育、广告和健康。

教育

有教育工作者建议在教学中适当使用幽默（Huss & Eastep, 2016; McCabe, et al., 2017），该建议得到了众多针对不同学习者群体的研究的支持（Banas, et al., 2011; Bryant & Zillmann, 1989; Ziv, 1988）。除了有助于营造学习氛围，幽默还能培养抽象思维能力。理解笑话会涉及认知概念的复杂操作，这种操作要求学习者切换框架并重新解释事件（通常是口头的）。幽默产生的积极影响有助于缓解紧张和焦虑（Berk & Nanda, 1998; Ivy, 2013）。

当幽默清楚地表明了某一观点时，将事实与幽默结合起来有助于学习，尤其是在早期教育中（Zillmann, et al., 1984）。如果教科书和讲座包含了具有告知或说明性质的幽默，就可以引起人们对该主题的关注和兴趣。对在教学中使用幽默的教育者，其同行和学生会给予更积极的评价（Wanzer & Frymier, 1999）。在一项研究中，有本科生回

顾了3次远程教育统计学课程中的1小时讲座，部分讲座包含了幽默。认为课程比较幽默的学生对该课程的评价更高，并认为它提供了更多信息，对老师的态度也更积极（Garner, 2006）。但研究发现，那些贬低学生的幽默会降低教师的可信度，增加学生的焦虑（Frymier, Wanzer, & Wojtaszczyk, 2008; Saroglou & Scariot, 2002）。

有些类型的幽默会让幼儿感到困惑。研究发现，反讽、讽刺和喜剧夸张会扭曲儿童对物体的感知。从幼儿园到四年级的孩子们，会高估那些以喜剧夸张方式描述的物体属性，并低估那些以反讽方式来描述的物体属性。即使有人指出他们的错误，他们依然会将夸大的版本与真实的描述混为一谈（Zillmann, et al., 1984）。

虽然幽默可以保持人们的注意力并提高他们对某一主题的兴趣，但它并不总能提高学习或记忆能力。目前的研究尚无定论。豪瑟等人（Houser, et al., 2007）向大学生展示了一段关于人际吸引讲座的DVD录音。在“高度幽默”（high humor）的情境里，老师会讲一些滑稽故事、例子和笑话。在“低度幽默”（low humor）的情境里，老师没有给出笑话或有趣的例子。豪瑟等人在回忆测试中发现，老师使用幽默与否对学生的表现没有影响。但早期的研究发现，幽默对本科班课程具有统计学意义上的影响，其中接受幽默材料的班级的学生成绩更好（Davies Apter, 1980; Ziv, 1988）。研究者（Wanzer, Frymier & Irwin, 2010）发现，大学生们觉得，尽管在测试中他们的表现并不好，但在课堂上，从恰当的幽默中，他们学到了更多。但值得注意的是，幽默可能会损害记忆，因为它会分散注意力。

课堂、教科书和网课中的幽默，如果适量使用，与主题相关，争议性不大，且不太难让学生理解，则会非常有效。如果把幽默限定为知识维持，那么实际上，它可能不会改善教育，但可能会提高教育的质量。有关该主题的概述，请参考艾波比（Appleby）的研究（2018）。

广告

与教育一样，广告中的幽默也有其用途和局限性。它对短期和长期回忆、有意识和无意识的品牌识别以及说服力的影响，会因产品或服务的种类以及受众的目标（无论是享乐的、功利的还是社交的）而异。正如在教学中使用幽默可能会对老师和学科产生积极影响，广告中的幽默也会吸引观众的注意力，并使观众对产品或赞助商产生积极态度。但广告中的幽默对说服力没有影响（Eisend, 2009）。与教育材料一样，当问题敏感或引发恐惧时，广告中的幽默可以帮助减少焦虑，如在为心理健康服务或性病治疗做广告时（Yoon, 2015），但这也可能让人们付出无法获取信息的代价（Strick et al., 2012）。

温伯格和坎贝尔（Weinberger, Campbell, 1991）区分了高参与度（购买汽车）和低参与度（零食）产品，并发现幽默有助于人们回忆起低参与度产品。对该问题投入度高的人不喜欢广告中带有“少用纸以拯救森林”的那种幽默（Yoon & Tinkham, 2013）。这种幽默的例证是一幅画，画上人猿泰山在开阔而贫瘠的土地上的一棵树上荡秋千。对该问题投入度高的参与者报告说，他们不喜欢这种幽默广告，但如果参与者说他们投入度低，并且不愿在日常生活中思考问题，那么他们则会报告说喜欢这种幽默广告。同样，政治动画片和广告的观众只有在同意其中包含的观点时，才会觉得其中的幽默有趣（Conners, 2017; Peifer & Holbert, 2015）。

广告中的幽默可能会分散注意力，并可能损害外显记忆。斯特里克、范巴伦、荷兰德和范克尼彭伯格（Strick, Van Baaren, Holland, & van Knippenberg, 2009）研究了当一幅有趣的漫画出现在非幽默杂志的广告页面上时人们的喜好情况。研究者发现，漫画和非幽默杂志之间的关联，增加了人们对广告产品的喜爱。实验中，在接触广告后，参与者得到了要测试的产品选项，但他们往往会选择那些之前与幽默漫画搭配的产品品牌。不过，当要把这些广告与漫画进行配对时，他们对广告信息的记忆却模糊了，这表明，处理幽默会分散观众的注意力，使他们无法投入更多的认知资源来处理广告中的信息，而这些信息是外显记忆所必需的。

有一种假设认为，幽默可以促进广告回忆，但会干扰产品回忆。汉森等人（Hansen, et al., 2009）在3项研究中发现了对这种假设的支持。其中一项研究通过使用不同颜色的产品品牌名称，创新了斯特鲁色词测验（Stroop-color-word test）。他们预测，在人们的记忆中，与不含幽默的品牌广告相比，带有幽默的品牌广告更难被理解，因此对斯特鲁色词测验任务的影响更小。事实上，参与者为幽默广告中呈现的品牌颜色命名比为严肃广告中呈现的品牌颜色命名花的时间少。在他们的记忆中，相比对照组的广告，幽默广告中呈现的品牌名称更难理解。在自由回忆任务里，人们也得到了类似的结果。幽默状态下被正确回忆的品牌数量低于对照组（需要注意的是，广告中的幽默与品牌无关）。

在佩蒂和卡西奥波（Petty, Cacioppo, 1986）的“说服的精细加工可能性模型”（elaboration likelihood model of persuasion）里，“中心路线”（central route）式的处理，是刻意、努力地处理信息内容。当受到激励来考虑信息，或当信息与个人相关时，人们会采用中心路线式的处理方法。“边缘路线”（Peripheral route）式的劝服往往依赖于启发性线索，如沟通者的亲和力或吸引力。幽默所需的精细认知过程，以及它所诱导的积极情感和唤醒，让人们更易采用边缘路线的处理方式（Martin & Ford, 2018）。幽默可以分散接收者对信息内容的思考，并可能通过否定接收者回应信息时的反驳来增加说服力（Strick, et al., 2012）。通过鼓励正面论证，幽默会让接收者更积极地评价信息，这可能会增加说服力（Blanc & Brigaud, 2013; Sanbonmatsu & Kardes, 1988; Young, 2008）。不那么费力地处理也可能是想要保持幽默带来的积极影响（Schwarz, Bless, & Bohner, 1991）。

有关广告中幽默的历史，请参考古拉斯和温伯格（Gulas, Weinberger, 2006）的研究。

健康与幸福

几个世纪以来，人们一直关注笑声和幽默对健康的作用（Goldstein, 2015; Joubert 1529）。马汀和福特（Martin, Ford, 2018）概述了5种与健康相关的现象：痛阈（pain threshold）、感染抵抗力、血压和心脏病、医疗症状和寿命。我们还可以添加一项，即“情绪的健康状态及其应对方式”。关于幽默的镇痛作用，经验证据最强且最一致（Fritz, Russek, & Dillon, 2017; Stuber, et al., 2009; Zillmann, Rockwell, Schweitzer, & Sundar, 1993）。例如，有研究发现，与观看4部娱乐性但非幽默电影的患者相比，观看4部幽默电影的患者术后服用的次要止痛药（阿司匹林）更少（Rotton & Shats, 1996）。魏森伯格、拉兹和亨纳（Weisenberg, Raz, & Hener, 1998）的一项研究发现，在接触幽默视频后，患者的痛阈和疼痛耐受性增加，并能持续30分钟。研究者提出，与幽默相关的欢笑会引起生理变化，影响疼痛的感官成分，而不是简单地改变认知和情感成分。幽默可能通过刺激内啡肽（endorphins）的产生而影响痛阈（Dunbar et al., 2012）。

研究发现，笑可以降低愤怒、焦虑、抑郁和压力，降低心肌梗死的风险（Tan, Lukman, & Berk, 2007），降低血糖水平（Ferner & Aronson, 2013），并提高痛阈。许多研究报告称，在笑声刺激下（Dillon, Minchoff, & Baker, 1985; McClelland & Cheriff, 1997; Stone et al., 1987），人体对感染的免疫力会增强［通过分泌性免疫球蛋白A（S-IgA）测量］，尽管并非所有研究都发现了这种效应（Harrison et al., 2000）。木田（Kimata, 2001/2004）的研究发现，观看幽默电影可以减弱过敏患者的过敏反应，并可以减轻支气管哮喘的症状。

在克拉克、塞德勒和米勒（Clark, Seidler, & Miller, 2001）的一项研究中，连续300名被诊断为冠心病（CHD）的患者及其家人接受了情境幽默反应问卷调查（situational humor response questionnaire），该问卷反映了一个人在各种生活情境中微笑和大笑的情况。CHD患者的幽默评分明显低于其健康的亲属，这表明缺乏幽默感可能是心脏病的风险因素。幽默感得分较高的人在敌意方面的得分通常较低，敌意是心脏病的风险因素（Goldstein, Mantell, Derks, & Pope, 1989）。

幽默很可能有助于提高生活质量。一项针对挪威65000名成年人的研究发现（vebak, Martin, & Holmen, 2004），人们的幽默感与健康满意度有关，但与疾病的实际症状（腹泻、疼痛）无关。一项研究确实发现了幽默感和长寿之间的关系。例如，斯维巴克、克里斯托弗森和阿萨罗德（Svebak, Kristoffersen, & Aasarrod, 2006）对48名肾衰竭患者进行了为期两年的研究。在众多与健康相关的变量中，最强预测因子是幽默感。

相比那些很少使用幽默的人，习惯使用幽默来应对压力的人更少被生活事件所压抑（Nezu, Nezu & Blisset, 1988）。幽默可以通过减少处理负面情绪的认知资源来提升幸福感（Strick, Holland, Van Baaren, & Van Knippenberg, 2009）。对喜剧中不协调元素的重新评估，起到了分散注意力的作用（Samson & Gross, 2012）。

齐尔曼（2000, p.51–52）警告说，喜剧并不适合所有人，也不适合所有情况。“当人们有真正需要关注的问题时，喜剧并不能提供解决这些问题的方法。但是，喜剧似乎能让人们愉快地摆脱日常生活中的琐事的困扰，具有很高的情绪修复潜力。”弗蒂卡（Vrticka, 2013, p.860）曾说过：

> 这些有益的表现在生理层面得到了补充，幽默作为一种天然的应激拮抗剂，可以潜在地强化心血管、免疫和内分泌系统。幽默对生理学的积极影响包括更快的心血管恢复、应激后皮质醇水平降低和自然杀伤细胞活性改善。幽默还可以通过增强韧性来提高生活满意度。

在几乎所有的媒介形式中，喜剧几乎总是最受欢迎的类型。欢笑可以是应对压力、缓解疼痛、抵御疾病、增强幸福感和获得社会支持的手段。但笑并不总是健康的表现。笑本身有可能是神经系统疾病的症状，包括肌萎缩侧索硬化症和多发性硬化症。幽默感的变化通常伴有阿尔茨海默病（Goldstein, 1982）。幽默可以启发他人，但也可能冒犯他人。在适当且了解观众的情况下，可以适度运用幽默来辅助教育、加强广告宣传、改善健康状况和增强幸福感。

幽默和笑声可能不会真正有利于健康，但不可否认的是，它们提高了生活质量，这是很重要的。

在这一章中，我们回顾了经典的和最新的幽默理论，并展示了它们对理解新旧媒介中幽默和喜剧的重要性。在对幽默和媒介的传统研究中，人们对幽默的接受是重点，但新媒介带来了新形式的幽默表达和欣赏。无论出于何种目的，幽默都有成本和收益，并能在某些方面促进教育、广告和健康事业发展。

参考文献

Appleby, D. C. (2018). *Using humor in the college classroom: The pros and the cons*. Psychology Teacher Network. https://www.apa.org/ed/precollege/ptn/2018/02/humor-college-classroom.

Attardo, S. (2008). A primer for the linguistics of humor. In V. Raskin (Ed.), *Primer of humor research* (pp. 101–155). Berlin: Mouton de Gruyter.

Attardo, S., & Raskin, V. (1991). Script theory revis(it)ed: Joke similarity and joke representation model. *Humor: International Journal of Humor Research*, 43 (3–4), 293–347.

Banas, J., Dunbar, N., Rodriguez, D., & Liu, S.-J.. (2011). A review of humor in education settings: Four decades of research. *Communication Education*, 60, 115–144. doi: 10.1080/03634523.2010.496867.

Bartolo, A., Benuzzi, F., Nocetti, L., Baraldi, P., & Nichelli. P. (2006). Humor comprehension and appreciation: An fMRI study. *Journal of Cognitive Neuroscience*, 18, 1789–1798.

Belanger, J. M. (2015). Comedy meets media: How three new media features have influenced changes in the production of stand-up comedy. *Comedy Studies*, 6 (2), 141–147. doi: 10.1080/2040610X.2015.1083162.

Berk, R. A., & Nanda, J. P. (1998). Effects of jocular instructional methods on attitudes, anxiety, and achievement. *Humor: International Journal of Humor Research*, 11(4), 383–409.

Berlyne, D. (1972). Humor and its kin. In J. H. Goldstein & P. E. McGhee (Eds.), *The psychology of humor* (pp. 43–60). New York, NY: Academic Press.

Binsted, K., & Ritchie, G. (1997). Computational rules for generating punning riddles. *Humor: International Journal of Humor Research*, 10(1), 25–76.

Blanc, N., & Brigaud, E. (2013). Humor in print health advertisements: Enhanced attention, privileged recognition and persuasiveness of preventive messages. *Health Communication*, 29(7), 669–677.

Bryant, J., & Zillmann, D. (1989). Using humor to promote learning in the classroom. In P. E. McGhee (Ed.), *Humor and children's development: A guide to practical applications*. (pp. 49–78). New York, NY: Haworth Press.

Brunet, E., Sarfati, Y., Hardy-Bayle, M. C., & Decety, J. (2000). A PET investigation of the attribution of intentions with a nonverbal task. *Neuroimage*, 11, 157–166, 2000.

Carroll, N. (2014). *Humor: A very short introduction*. Oxford, U.K.: Oxford University Press.

Clark, A., Seidler, A., & Miller, M. (2001). Inverse association between sense of humor and coronary heart disease. *International Journal of Cardiology*, 80, 87–88.

Conners, J. L. (2017). Party animals of the 2016 Presidential primaries: Political cartoon representations of the Republican and Democratic parties. *American Behavioral Scientist*, 6, 600–610.

Darwin, C. (1872). *Expression of the emotions in man and animals*. New York, NY: Appleton.

Davies, A. P., & Apter, M. J. (1980). Humor and its effects on learning in children. In P. E. McGhee & A. J. Chapman (Eds.), *Children's humor* (pp. 237–253). Chichester, UK: Wiley.

Davis, J. L., Love, T. P., & Killen, G. (2018). Seriously funny: The political work of humor on social media. *New Media and Society*, 20(10), 3898–3916. doi: 10.1177/1461444818762602.

Dillon, K. M., Minchoff, B., & Baker, K. H. (1985). Positive emotional states and enhancement of the immune system. *Journal of Psychiatry in Medicine*, 15(1), 13–18.

Doosje, S., de Goede, M., van Doornen, L., & Goldstein, J. (2010). Measurement of occupational humorous coping. *Humor: International Journal of Humor Research*, 23, 275–305.

Dormann, C. (2014). Fools, tricksters and jokers: Categorization of humor in gameplay. In D. Reidsma et al. (Eds.), *Intelligent technologies for interactive entertainment* (pp. 81–90). LNICST 136.

Dormann, C., & Biddle, R. (2009). A review of humor for computer games: Play, laugh and more. *Simulation and Gaming*, 40(6), 802–824. doi: 10.1177/1046878109341390.

Dunbar, R. I. M., Baron, R., Frangou, A.,Pearce, E.,van Leeuwen, E. J. C., Stow, J...., & van Vugt, M. (2012). Social laughter is correlated with an elevated pain threshold. *Proceedings of the Royal Society of London: Biological Sciences*, 279(1731), 1161–1167.

Eisend, M. (2009). A meta-analysis of humor in advertising. *Journal of the Academy of Marketing Science*, 37(2), 191–203.

Ferner, R. E., & Aronson, J. K. (2013). Laughter and MIRTH (Methodical Investigation of Risibility, Therapeutic and Harmful): A narrative synthesis. *British Medical Journal*, 347, f7274. doi: 10.1136/bmj.

f7274.

Figueroa-Dorrego, J., & Larkin-Galiñanes, C. (2009). *A source book of literary and philosophical writings about humor and laughter: The 75 essential texts from antiquity to modern times*. Lewiston, NY: Mellen Press.

Freud, S. (1905). *Der Witz und Seine Beziehung der Unbewusten* (Jokes and their relation to the unconscious). Leipzig & Wien: Deuticke.

Freud, S. (1928). Humor. *International Journal of Psychoanalysis*, 9, 1–6.

Fritz, H. L., Russek, L. N., & Dillon, M. M. (2017). Humor use moderates the relation of stressful life events with psychological distress. *Personality and Social Psychology Bulletin*, 43(6), 845–859.

Frymier, A.B., Wanzer, M. B., & Wojtaszczyk, A. M.. (2008). Assessing students' perceptions of inappropriate and appropriate teacher humor. *Communication Education*, 57(2), 266–288. doi: 10.1080/03634520701687183.

Gabora, L., & Kitto, K. (2017). Toward a quantum theory of humor. *Frontiers in Physics*. doi: 10.3389/fphy.2016.00053.

Garner, R. L. (2006). Humor in pedagogy: How Ha-Ha can lead to Aha! *College Teaching*, 54(1), 177–180. doi: 10.3200/CTCH.54.1.177–180.

Gervais, M., & Wilson, D. S. (2005). The evolution and functions of laughter and humor: A synthetic approach. *Quarterly Review of Biology*, 80(4), 395–431.

Goel, V., & Dolan, R. J. (2001). The functional anatomy of humor: Segregating cognitive and affective components. *Nature Neuroscience*, 4, 237–238.

Goldstein, J. H. (2015). Applied entertainment: Positive uses of entertainment media. In R. Nakatsu, M. Rauterberg, & P. Ciancarini (Eds.), *Handbook of digital games and entertainment technologies*. Singapore: Springer. doi 10.1007/978-981-4560-52-8_9-1.

Goldstein, J. H. (1982). A laugh a day. Can mirth keep disease at bay? *The Sciences*, 22(6), 21–25.

Goldstein, J. H., Mantell, M., Derks, P., & Pope, B. (1989). Humor and the coronary-prone behavior pattern. *Current Psychology*, 7, 115–121.

Gulas, C. S., & Weinberger, M. G. (2006). *Humor in advertising: A comprehensive analysis*. Armonk, NY: M. E. Sharpe.

Hakkinen, A., & Leppanen, A. (2013). You Tube meme warriors: Mashup videos as political critique. Tilburg Papers in Culture Studies. Paper 86. Tilburg University. Tilburg, Netherlands.

Hansen, J., Strick, M., van Baaren, R. B., Hooghuis, M., & Wigboldus, D. H. J. (2009). Exploring memory for product names advertised with humor. *Journal of Consumer Behavior*, 8, 135–148. doi: 10.1002/cb.278.

Harrison, L. K., Carroll, D., Burns, V. E., Corkill, A. R., Harrison, C. M., Ring, C., & Drayson, M. (2000). Cardiovascular and secretory immunoglobulin A reactions to humorous, exciting, and didactic film presentations. *Biological Psychology*, 52(2), 113–126.

Hempelmann, C.F. (2008). Computational humor: Beyond the pun? In V. Raskin (Ed.), *Primer of humor research* (pp. 333–360). Berlin: Mouton de Gruyter.

Hempelmann, C. F. (2018). Ontological semantic approaches to computational humor. In R. A. Martin, & T. E. Ford (Eds.), *The psychology of humor: An integrative approach* (2nd ed., pp. 158–159). Amsterdam, The Netherlands: Elsevier.

Hirsch, G. (2017). Humor appreciation in the digital age. *Lingua*, 197, 123–140. http://dx.doi.org/10.1016/

j.lingua.2017.06.016.

Houser, M. L., Cowan, R. L., & West, D. A. (2007). Investigating a new education frontier: Instructor communication behavior in CD-ROM texts. *Communication Quarterly*, 55(1), 19–38.

Hurley, M. M., Dennett, D. C., & Adams, R. B., Jr. (2011). *Inside jokes: Using humor to reverse-engineer the mind*. Cambridge, MA: MIT Press.

Huss, J., & Eastep, S. (2016). The attitudes of university faculty toward humor as a pedagogical tool: Can we take a joke? *Journal of Inquiry and Action in Education*, 8(1), 39–65.

Ivy, L. L. (2013). Using humor in the classroom. *Education Digest*, 79(2), 54–57.

Joubert, L. (1529/1980). *Treatise on laughter* [*Traite du Ris*] (Trans. G. D. de Rocher). Tuscaloosa, AL: University of Alabama Press.

Katevas, K., Healey, P. G., & Harris, M. T.. (2015). Robot Comedy Lab: Experimenting with the social dynamics of live performance. *Frontiers in Psychology*, 6, article 1253. doi: 10.3389/psyg.2015.01.1253.

Keith-Spiegel, P. (1972). Early conceptions of humor. In J. H. Goldstein & P. E. McGhee (Eds.), *Psychology of humor*. (pp. 4-42). New York, NY: Academic Press.

Kimata, H. (2001). Differential effects of laughter on allergen-specific immunoglobulin and neurotrophin levels in tears. *Perceptual and Motor Skills*, 98(3), 901–908.

Kimata, H. (2004). Effect of viewing a humorous vs. non-humorous film on bronchial responsiveness in patients with bronchial asthma. *Physiology and Behavior*, 81, 681–684.

Koestler, A. (1964). *The act of creation*. London, UK: Hutchinson.

Laineste, L., & Voolaid, P. (2016). Laughing across borders: Intertextuality of internet memes. *European Journal of Humor Research*, 4(4), 26–49. http://dx.doi.org/10.7592/EJHR2016.4.4.laineste.

Larkin-Galiñanes, C. (2017). An overview of humor theory. In S. Attardo (Ed.), *Routledge handbook of language and humor* (pp. 4–16). Oxford, U.K.: Taylor & Francis.

Manurung, R., Ritchie, G., Pain, H., Waller, A., O'Mara, D., & Black, R. (2008). The construction of a pun generator for language skills development. *Applied Artificial Intelligence*, 22(9), 841–869.

Martin, R.A., & Ford, T. E. (2018). *The psychology of humor: An integrative approach* (2nd ed). Amsterdam, The Netherlands: Elsevier.

Martin, R. A., & Lefcourt, H. M. (1983). Sense of humor as a moderator of the relation between stressors and moods. *Journal of Personality and Social Psychology*, 45(6), 1313–1324.

Martin, R. A., & Lefcourt, H. M. (1984). Situational humor response questionnaire: Quantitative measure of sense of humor. *Journal of Personality and Social Psychology*, 47(1), 145–155.

Martin, R. A., Puhlik-Doris, P., Larsen, G., Gray, J., & Weir, K. (2003). Individual differences in uses of humor and their relation to psychological well-being: Development of the Humor Styles Questionnaire. *Journal of Research in Personality*, 37(1), 48–75.

Matsumoto, D., & Ekman, P. (2008). Facial expression analysis. *Scholarpedia*, 3(5), 4237. doi:10.4249/scholarpedia.4237.

McCabe, C., Sprute, K., & Underdown, K. (2017). Laughter to learning: How humor can build relationships and increase learning in the online classroom. *Journal of Instructional Research*, 6, 4–7.

McClelland, D. C. & Cheriff, A. D. (1997). The immuno-enhancing effects of humor on secretory IgA and resistance to respiratory infections. *Psychology and Health* 12 (3): 329–344.

Molineux, C. (2014). Understanding the foundations and devices in humor to determine practical design methods for systems that create and/or detect humor in video games, robots and other forms of Artificial Intelligence. In D. Reidsma et al. (Eds.), *International Conference on Intelligent Technologies for Interactive Entertainment* (INTETAIN) (pp. 99–108). Lecture Notes of the Institute for Computer Sciences, Social Informatics and Telecommunications Engineering, 136. New York, NY: Springer.

Morreall, J. (1983). *Taking laughter seriously*. Albany, NY: SUNY Press.

Nezu, A. M., Nezu, C. M., & Blissett, S. E. (1988). Sense of humor as a moderator of the relation between stressful events and psychological distress: A prospective analysis. *Journal of Personality and Social Psychology*, 54(3), 520–525.

Nijholt, A. (2020). "All the world's a stage": Incongruity humor revisited. *Annals of Mathematics and Artificial Intelligence*, 88, 405–438. https://doi.org/10.1007/s10472-018-9609-7.

Nijholt, A. (2018). Robotic stand-up comedy: State-of-the-art. In N. Streitz & S. Konomi (Eds.), *Distributed, Ambient and Pervasive Interactions, 6th International Conference, DAPI 2018, held as part of HCI International 2018, Las Vegas, NV, USA, July 15–20, 2018, Proceedings* (pp. 391–410). Lecture Notes in Computer Science 10921. Cham, Switzerland: Springer International Publishing.

Peifer, J. T., & Holbert, R. L. (2015). Appreciation of pro-attitudinal versus counter-attitudinal political humor: A cognitive consistency approach to the study of political entertainment. *Communication Quarterly*, 64(1), 16–35. doi: 10.1080/01463373.2015.1078828.

Petty, R. E., & Cacioppo, J. T. (1986). *Communication and persuasion*. New York, NY: Springer-Verlag.

Proyer, R. T. (2018). Playfulness and humor in psychology: An overview and update. *Humor: International Journal of Humor Research*, 31(2), 259–271.

Raskin, V. (1987). Linguistic heuristics of humor: A script-based semantic approach. *International Journal of the Sociology of Language*, 65, 11–26.

Ritchie, G. (2001). Current directions in computational humor. *Artificial Intelligence Review*, 16, 119–135.

Ritchie, G. (2004). *The linguistic analysis of jokes*. London: Routledge.

Ritchie, G. (2009a). Variants of incongruity resolution. *Journal of Literary Theory*, 3(2), 313–332.

Ritchie, G. (2009b). Can computers create humor? *AI Magazine*, 30(3), 71–81.

Roecklein, J. E. (2002). *The psychology of humor: A reference guide and annotated bibliography*. Westport CT: Greenwood Press.

Rodden, F. A. (2018). The neurology and psychiatry of humor, smiling, and laughter: A tribute to Paul McGhee. Part II. Neurological studies and brain imaging. In W. Ruch & J. Goldstein (Guest Eds.), *Humor: International Journal of Humor Research*, 31(2), 373–400.

Rotton, J., & Shats, M. (1996). Effects of state humor, expectancies, and choice on postsurgical mood and self-medication: A field experiment. *Journal of Applied Social Psychology*, 26(20), 1775–1794.

Rozin, P., Rozin, A., Appel, B., & Wachtel, C. (2006). Documenting and explaining the common AAB pattern in music and humor: Establishing and breaking expectations. *Emotion*, 6, 349–355. http://dx.doi.org/10.1037/1528-3542.6.3.349.

Ruch, W. (2007). *Sense of humor: Explorations of humor as a personality characteristic*. Berlin, Germany: Mouton de Gruyter.

Ruch, W., & Proyer, R. T. (2008). The fear of being laughed at: Individual and group differences in gelotophobia. *Humor: International Journal of Humor Research*, 21(1), 47–67.

Samson, A. C., & Gross, J. J. (2012). Humor as emotion regulation: The differential consequences of negative versus positive humor. *Cognition and Emotion*, 26, 375–384. http://dx.doi.org/10.1080/02699931.2011.585069.

Sanbonmatsu, D. M., & Kardes, F. R. (1988). The effects of physiological arousal on information processing and persuasion. *Journal of Consumer Research*, 15(3), 379–385. doi: 10.1086/209175.

Saroglou, V., & Scariot, C. (2002). Humor styles questionnaire: Personality and educational correlates in Belgian high school and college students. *European Journal of Personality*, 16(1), 43–54.

Schwarz, N., Bless, H., & Bohner, G. (1991). Mood and persuasion: Affective states influence the processing of persuasive communications. *Advances in Experimental Social Psychology*, 24, 161–199. doi: 10.1016/S0065-2601(08)60329–9.

Shifman, L., & Thelwall, M. (2009). Assessing global diffusion with web memetics: The spread and evolution of a popular joke. *Journal of the American Society for Information Science and Technology*, 60(12), 2567–2576.

Shultz, T. R. (1972). The role of incongruity and resolution in children's appreciation of cartoon humor. *Journal of Experimental Child Psychology*, 13(3), 456–477.

Spencer, H. (1860). On the physiology of laughter. *Macmillan's Magazine*, 1, 395–402.

Stone, A. A., Cox, D. S., Valdimarsdottir, H., Jandorf, L., & Neale, J. M. (1987). Evidence that secretory IgA antibody is associated with daily mood. *Journal of Personality and Social Psychology*, 52(5), 988–993.

Strick, M., Holland, R. W., van Baaren, R. B., & Van Knippenberg, A. (2012). Those who laugh are defenseless: How humor breaks resistance to influence. *Journal of Experimental Psychology: Applied*, 18(2), 213–223.

Strick, M., van Baaren, R. B., Holland, R. W., & Van Knippenberg, A. (2009). Humor in advertisements enhances product liking by mere association. *Journal of Experimental Psychology: Applied*, 15(1), 35–45.

Stuber, M., Hilber, S. D., Mintzer, L. L., Castaneda, M., Glover, D., & Zelter, L. (2009). Laughter, humor and pain perception in children: A pilot study. *Evidence Based Complementary Alternative Medicine*, 6(2), 271–276. doi:10.1093/ecam/nem097.

Suls, Jerry M. (1972). A two-stage model for the appreciation of jokes and cartoons. In J.H. Goldstein & P.E. McGhee (Eds.), *The psychology of humor. Theoretical perspectives and empirical issues*. (pp. 81–100). New York, N.Y.: Academic Press.

Svebak, S., Kristoffersen, B. B., Aasarod, K., & Aasarod, K. (2006). Sense of humor and survival among a county cohort of patients with end-stage renal failure: A two-year prospective study. *International Journal of Psychiatry in Medicine*, 36(3), 269–281.

Svebak, S., Martin, R. A., & Holmen, J. (2004). The prevalence of sense of humor in a large, unselected county population in Norway: Relations with age, sex, and some health indicators. *Humor: International Journal of Humor Research*, 17(1–2), 121–134.

Tan, S. A., Tan, L. G., Lukman, S. T., & Berk, L. S. (2007). Humor as an adjunct therapy in cardiac rehabilitation attenuates catecholamines and myocardial infarction recurrence. *Advances in Mind-Body Medicine*, 22(3–4), 8–12.

Tinholt, H. E., & A. Nijholt, A. (2007). Computational humour: Utilizing cross-reference ambiguity for conversational jokes. In F. Masulli, S. Mitra, & G. Pasi (Eds.), *7th International Workshop on Fuzzy Logic and Applications (WILF 2007), July 7–10, 2007, Camogli (Genova), Italy* (pp. 477–483). Lecture Notes in Artificial Intelligence 4578. Berlin, Germany: Springer-Verlag.

Veale, A., & Cook. M. (2018). *Twitterbots: Making machines that make meaning*. Cambridge, MA: MIT

Press, 2018.

Vrticka, P., Black, J. M., & Reiss, A. L. (2013, December). The neural basis of humor processing. *Nature Reviews—Neuroscience*, 14, 860–868.

Wanzer, M. B., and Frymier, A. B. (1999). The relationship between student perceptions of instructor humor and students' reports of learning. *Communication Education*, 48(1), 48–62.

Wanzer, M. B., Frymier, A. B., & Irwin, J. (2010). An explanation of the relationship between instructor humor and student learning: Instructional humor processing theory. *Communication Education*, 59, 1–18. http://dx.doi.org/10.1080/03634520903367238.

Warren, C., & McGraw, P.A. (2016). Differentiating what is humorous from what is not. *Journal of Personality and Social Psychology*, 110(3), 407–430. http://dx.doi.org/10.1037/pspi0000041.

Warren, C., Barsky, A., & McGraw, A. P. (2018). Humor, comedy, and consumer behavior. *Journal of Consumer Research*, 45(3), 529–552.

Weinberger, M. G., & Campbell, L. (1991, June/July). The use and impact of humor in radio advertising. *Journal of Advertising Research*, 30(6), 44–56.

Weisenberg, M., Raz, T., & Hener, T. (1998) The influence of film-induced mood on pain perception. *Pain*, 76(3), 365–375.

Westbury, C., Shaoul, C., Moroschan, G., & Ramscar, M. (2015). Telling the world's least funny jokes: On the quantification of humor as entropy. *Journal of Memory and Language*, (86), 141–156. http://dx.doi.org/10.1016/j.jml.2015.09.001.

Yoon, H. J. (2015). Humor effects in shame-inducing health issue advertising: The moderating effects of fear of negative evaluation. *Journal of Advertising*, 44(2), 126–139.

Yoon, H. J., & Tinkham, S. F. (2013). Humorous threat persuasion in advertising: The effects of humor, threat, intensity, and issue involvement. *Journal of Advertising*, 42(1), 30–41.

Young, D. G. (2008). The privileged role of the late-night joke: Exploring humor's role in disrupting argument scrutiny. *Media Psychology*, 11, 119–142. doi: 10.1080/15213260701837073.

Zillmann, D. (2015). Mood management: Using entertainment to full advantage. In L. Donohew, H. E. Sypher, & E. T. Higgins (Eds.), *Communication, social cognition, and affect*. (pp. 141–171). Oxford, U.K.: Taylor & Francis.

Zillmann, D. (2000). Humor and comedy. In D. Zillmann & P. Vorderer (Eds.), *Media entertainment: The psychology of its appeal*. (pp. 37–57). Mahwah NJ: Erlbaum.

Zillmann, D. (1983). Disparagement humor. In P. E. McGhee & J. H. Goldstein (Eds.), *Handbook of humor research: Vol.1. Basic issues*. (pp. 85–107). New York, NY: Springer-Verlag.

Zillmann, D., Masland, J. L., Weaver, J. B., Lacey, L. A., Jacobs, N. E., Dow, J. H.… Banker, S. R. (1984). Effects of humorous distortions on children's learning from educational television. *Journal of Educational Psychology*, 76(5), 802–812.

Zillmann, D., Rockwell, S., Schweitzer, K., & Sunder, S. S. (1993). Does humor facilitate coping with physical discomfort? *Motivation and Emotion*, 17(1), 1–21.

Ziv, A. (1988). Teaching and learning with humor: Experiment and replication. *Journal of Experimental Education*, 57(1), 5–15.

第二十四章　娱乐中关于人类性行为的描述

弗朗西斯卡·迪尔曼·卡朋特
法诺什·马赞达拉尼

性一直是人类主要的享乐主义追求之一。在《诗学》中，古希腊哲学家亚里士多德思考了人类对快乐的强烈追求，这是一种包含了性、灵与肉的快乐。他描述了我们是如何发现并记住自己的快乐体验，又是如何再次无可救药地被这些快乐体验所吸引的（Bryant & Miron, 2003）。亚里士多德去世后不久，伊壁鸠鲁（Epicurus）也谈了简单快乐与简单幸福的话题，他认为性是实现感官刺激和终极愉悦状态的一种手段（Bryant & Miron, 2003）。古罗马诗人奥维德（Ovid）在《爱的艺术》（*Ars Amatoria*）一书中赞美了性张力的释放，也赞美了性唤醒、性愉悦的实现，这本书是早期以模拟教学诗的形式来为大众表现性喜剧的一个例子（Pfaus, 1999）。同样，在著名的古印度梵文性爱文本《爱经》（*Kama Sutra*）以及道教的艺术与文本中，我们能看到为了快乐，而非为了促进和美化生育的性（Pfaus, 1999）。

当代社会里，从人际性行为到自我表达、自我照顾，再到在整个商业世界传播的图像和信息（Attwood & Smith, 2013），有多种表达、庆祝性愉悦的方式。例如，你可能没法想象有人使用性意象来销售汉堡（Paasonen, Nikunen, & Saarenmaa, 2007）。同时，人们对媒介里的性的接受度也越来越高（McNair, 2002; Paasonen, et al., 2007），性行为和性用品（Attwood & Smith, 2013）越来越多，性产业符号也流行起来，如流行音乐视频中对皮条客的颂扬；再如传统媒介和在线娱乐内容中，有人把边跳边脱衣的钢管舞作为一种新的锻炼形式（Coy, Wakeling, & Garner, 2011）。但我们要记住，包含性内容、性暗示、色情内容、露骨内容的性材料，在我们整个人类历史中始终作为一种娱乐形式存在着（Nasaw, 1993）。

为何无论何时何地，娱乐中的性都如此成功？本章首先回顾了有性描写的娱乐媒介的属性及学术文献。在简要回顾之后，我们将从媒介心理学中的娱乐理论的角度，结合有关性动机和性欲的论著，讨论我们从媒介里获得的性吸引力和性愉悦。综上所述，我们发现，媒介里的性享受源于生物、心理和社会投入的复杂互动，最终导致我们将娱乐选择视为享乐需求的满足（不满足）。

定义媒介中的性

本章主要讨论色情作品，即明确描述性交或性活动。事实上，在思考媒介里的性议题时，色情作品可能是最突出的一种娱乐形式。正如麦基（McKee, 2012, p.541）所言，色情首先是为了好玩，其次有助于实现性满足（关于色情意图的其他观点，Jensen, 2007; MacKinnon, 1995）。换句话说，色情作品旨在把“性”用于娱乐目的（Dyer, 2002）。

正如麦基（2012）所描述的那样，色情是一种以观众为中心的娱乐形式，其生产目的是让消费者追捧它、享受它。作为一种叙事类型，色情与其他叙事有许多共同特点：其中的角色也会经历发展、高潮和皆大欢喜的结局等（McKee, 2012）。支持故事发展的因素包括很大的噪声、节奏强劲的音乐和动作利索的演员（McKee, 2012）。总的来说，这种故事旨在通过愉悦的性体验来描述乐趣，最终目的是从消费者那里获得积极的情感反应（McKee, 2012），而这也是娱乐的一个标志（Dyer, 2002）。

正如性社会化专家保罗·J. 赖特（Paul J.Wright）所指出的那样（《个人沟通》，2019），与娱乐相关的目的是色情消费的驱动力，不少研究都支持这种假设。一项针对瑞典青少年的调查发现，94%的男孩和79%的女孩表示，色情作品“令人非常兴奋”（Mattebo, et al., 2014）。在男孩和女孩中，53%的人表示，他们“通过观看色情作品获得乐趣”。对中国台湾地区青少年的一项调查结果表明，约有一半的青少年“为了娱乐”专门去观看色情作品（Chen, Leung, Chen, & Yang, 2013）。一项针对意大利新生代成年人的调查发现，53%的男性和30%的女性表示，他们观看色情作品是因为“它们令人兴奋”（Romito & Beltramini, 2011）。对年龄较大的参与者进行抽样调查时，研究人员也发现了类似情况。以一项针对美国48岁成年人的调查为例，低于八成的人表示，他们观看色情作品的部分原因就是娱乐（Emmers-Sommer, 2018）。

但除了特定的色情类型之外，媒介中还有许多其他的性行为描写。主流媒介也不乏对裸体、性行为的露骨描述以及有性暗示的聊天记录（Bryant & Miron, 2003）。因此，本章中所讨论的性吸引力，涉及嵌入音乐、电视、电影和图像中的性内容，并且这些内容覆盖了广大观众。

在主流媒介的性描写范围内，人们常常可在电视或其他地方看到的经典性描写有身体调情（挑逗性着装）、热吻和激烈的性行为（Dillman Carpentier, Stevens, Wu & Seely, 2017; Kunkel, et al., 2007; Reichert, Childers & Reid, 2012）。谈论当前、过去或未来的性欲或性行为（口头调情或试图用性暗示来促进自身与理想伴侣的性活动），是主流媒介中常见的性行为描写（Dillman Carpentier, et al., 2017; Kunkel, et al., 2007）。与刚提到的谈话和性行为相比，约会或求爱行为中的轻吻或抚摸，以及没有提及性欲的关系或承诺，可视为一种浪漫行为，而性或浪漫背景之外的亲吻和轻触（抚摸肩膀）不在主流的性描写范围之内（Dillman Carpentier, et al., 2017）。

在主流的娱乐节目中，人们把性接触描述为没有风险的娱乐行为（Dillman Carpentier et al., 2017; Wright, 2009）。在关系情境下描述的调情和其他性活动一样没有风险，且通常具有积极的效能（Dillman Carpentier, et al., 2017）。因此，将调情、亲吻或适当的裸露描述纳入性活动的背景，会给观众带来更大的享受或者预期的享受。有研究发现，有些音乐视频如此（Hansen & Hansen, 1990），有些电影预告片也是如此（Oliver, Kalyanaraman, Mahood, & Ramasubramanian, 2007）。我们发现，包含了性的电影预告片增加了观众的兴奋感，让观众对电影产生了更大的预期享受。

具体到广告，人们只要打开电视，就可以看到利用娱乐魅力吸引观众注意力，促使观众对其产品产生正面印象的广告。在这些娱乐吸引中，性内容往往会以信息的形式出现。广告中的性描写通常侧重于展示视觉上有吸引力的面孔和身体的图像，它们往往带有积极的效价，有时还带有幽默的信息，这些信息与个人的需求满足或自我提升有关（Reichert et al., 2012）。人们发现，这些性吸引力如果使用得当，就能引发积极的唤醒感，并最终导致个人对产品的积极评价（LaTour, Pitts, & Snook-Luther, 1990）。最常见的情况是性与各类产品相关，如服装、化妆品、食品和香水。另外，如果这些产品不能提高个人获得性快感的能力，那么它们往往与愉悦有关；与购买房屋或汽车等相比，购买这些产品往往不需要考虑太多，也不会产生太大负面影响（Reichert et al., 2012）。这种现象表明，用户处理水平很可能与媒介中的性吸引力有关，这将在后面进行描述。

媒介中性的吸引力

在色情作品和主流娱乐媒介中，唤醒、乐趣与满足的主题里充斥着露骨及不那么露骨的性描写。这些主题也构成了我们理解何为快乐以及如何实现快乐的核心组成部分。快乐首先是一个过程（Bousfield, 1926）。它与紧张感减少有关，无论这种紧张感是个人想要的还是不想要的；它与积极情绪或情感的增加有关，也与紧张释放带来的消极影响减少有关（Bryant & Miron, 2003）。情绪管理理论中有一个突出的假设：人类天生就有动力去优化其情感状态和唤醒水平。人们通过纠正低唤醒、释放紧张（tension release）、减少高唤醒，达到理想的静息状态或平衡状态（Zillmann, 2000）。正如情绪管理理论所解释的那样，我们不需要明白我们的媒介选择如何满足我们的享乐主义需求。很有可能的是，为优化自身的情绪状态，我们会自动重新整理周围环境（Zillmann, 2000; Luong & Knobloch Westewick, this volume）。

体验性张力和缓解性张力同样是天生的、自动的。精神分析学家弗洛伊德讨论过，释放性张力是为了达到情绪平稳状态，他将这种释放描述为解决性欲冲动的必要步骤（Spector, Carey, & Steinberg, 1996）。性动机，是基于男女两性的一种生理冲动，释放性张力是一种愉快的体验（Basoon, 2002）。一般来说，性动机是对个体内在状态的激发（Singer & Toates, 1987），是促使我们释放性张力的意识（Kirkendall, 1958）。这种动机触发了性的本能欲望（Pfaus, 1999），触发了吸引外部刺激的性诱因，如性意象或有身体吸引力的演员（Singer & Toates, 1987）。一个人的性动机越强，越有动力发现其他人的魅力，并容易将其他人视为潜在伴侣（Lippa, 2007），也越发关注性刺激（Prause, Janssen, & Hetrick, 2008）。

对那些能够缓解性张力的机会保持开放（如果不是追求的话）的想法构成了性欲（Spector, et al., 1996）。这是基本的生物冲动和纯粹生殖器官生理兴奋之间的重要区别。性欲是指个体对性活动兴趣大小的认知变量（Spector, et al., 1996）。更准确地说，可以把性欲视为一种模式（schema），在这种模式中，我们将性欲的生物线索与身边的性刺激所触发的情感联系起来，以解释我们的性愉悦动机（McIlwain, 2007）。因此，来自性欲的生理冲动肯定会影响一个人的性欲，但要将性刺激理解为值得采用的性诱因，此人必须首先在该刺激中找到一个令人满意的性意义（Janssen & Everard, 1993）。换句话说，并非所有表面上的性刺激都是与生俱来的，至少不是对每个人都是这样。

评价性刺激是否可取

与情绪评估理论一致（Frijda, 1986; Moors, Ellsworth, Scherer, & Frijda, 2013），人们会对具有某种性意义的刺激或情境进行初步评估，这是一种无意识的评估（Janssen & Everard, 1993）。这一初步评估可以产生生理反应（唤醒），而为了努力解释和理解这种反应，这种初步评估也可以产生对该反应的认知处理（cognitive processing）（Janssen & Everard, 1993）。在这一评估过程中，我们可以进一步了解到我们所经历的元情绪，即我们对有关刺激的知识与情感的反应，这种反应来自我们对文化规范与影响的感知，而这种感知是我们用来选择行为的出发点（McIlwain, 2007; Pfaus, 1999）。因此，对有性意味的角色或其他类似媒介描写的享受度，取决于我们如何获取这些描述里的性意义；如果接受了这些性意义，我们就会感知到性刺激（Cato & Carpentier, 2010）。同样，如果不是为了寻求性唤醒和性愉悦（Grubbs, Wright, Braden, Wilt, & Kraus, 2019），那些可能已经将此类内容视为性诱因的人会认为，带有明确性意味的内容是令人愉快的（Vandenbosch, van Oosten, & Peter, 2018）。但这些材料是否令人愉悦？是否具有性唤醒作用？或者是否一定就有性意义？对此，人们的看法并不统一（Attwood, 2005）。

例如，从生理学和主观的角度来看，男性和女性对色情作品的反应存在着差异（catalogued differences）。似乎所有人都知道，在生理上，男性通常会被各种各样的色情内容唤醒（Julien & Over, 1988），其实女性也是如此（Rellini, McCall, Randall, & Meston,

2005）。但仍然有些男女会自我汇报说，媒介上露骨的性会令人不安，不具有主观意义上的唤醒作用（Boies, 2002）。青少年对色情作品的吸引力的看法也有所不同；一项研究表明，一半以上的女性青少年认为色情作品“倒胃口”（53%）或“恶心”（61%），而一小部分男性青少年（分别为10%和13%）也有同样的感觉（Mattebo, et al., 2014）。在此，我们可以给出一个主流媒介中的例子，尽管女性在接触色情作品后大脑活动在奖励中心（腹侧纹状体）和唤醒中心（杏仁核）都表现出了激活的状态，但女性仍报告说，她们不喜欢广告中女性的性感形象（Vezich, Gunter, & Lieberman, 2017）。

同样，跨文化证据也表明，男性和女性在对性驱动和自身的性社会规范的认知上存在差异（Lippa, 2009）。很明显，生理、心理以及社会等决定因素，将决定个人如何主观地看待他们的生理唤醒，也决定了此人是否会有动机去接近性刺激并屈服于性欲（Levine, 2002; Malamuth, 1996; McIlwain, 2007; Pfaus, 1999）。赖特（《个人传播》，2019）对色情作品的定性研究提供了几个观察案例，他讲述了一些尝试看色情作品的年轻人，这些年轻人发现色情作品无法成为性娱乐的来源。例如，一位女性参与者将注意力集中在媒介描述的攻击性方面，她看到“男人抽打女人的嘴，就像打脸一样，或者……拍打她们的胸部……那样会伤害我”（Rothman, Kaczmarsky, Burke, Jansen, & Baughman, 2015, p.739）。在同一项研究中，一名男性参与者发现色情作品“有辱人格……就像他们叫她荡妇、婊子，拿这个和那个，我真不认为这是什么好说法”（Rothman, et al., 2015, p.741）。

在性刺激里寻求快乐

对于那些能够接受某个事件或某种刺激的性含义的人来说，刺激的特征可以帮助他们获得快乐。回想一下，快乐是一个以缓解紧张为目的的过程（Bousfield, 1926; McIlwain, 2007），就像故事需要经过情节的发展才能达到高潮一样，愉悦的过程也需要通过生理和心理的刺激来形成足够大的张力，然后这种张力得以释放（Bryant & Miron, 2003）。性感的内容，尤其是包含其他唤醒元素的内容，如响亮的声音或快速的动作（McKee, 2012），对于增加刺激尤为有用。

总的趋势是，有些人为了追求并获得快感不得不寻求唤醒刺激（Bryant & Miron, 2003; Grubbs, et al., 2019），因此，挑选性内容来实现其生理唤醒的例子也就司空见惯了（Biswas-Diener, et al., 2015; Bryant & Miron, 2003）。事实上，这种增加压力的想法是为了实现更晚、更令人满意的压力释放，这反映了目的导向的享乐主义（telic hedonism; Zillmann, 2000）。与情绪管理理论相关，目的导向的享乐主义指的是有意推迟满足感，以便在以后的时间点强化满足感的体验。此时，为优化情感和唤醒状态，满足个人享乐主义需求的目标被保留了下来。相较于服务于即时满足的短期追求，目标追求只是时间长一些而已（Zillmann, 2000）。

从性媒介（sexual media）中获得的生理唤醒和主观唤醒，是与自我汇报的注意力和积极情感反应相关的核心成分（Koukounas & McCabe, 2001）。换言之，唤醒是用户参与媒介认知和情感处理的门户，为他们享受这些与性有关的内容创造了途径。同样，为了解此类内容在提升愉悦感方面的总体效用（Bryant & Miron, 2003），我们对该内容进行了内部讨论，解释并评估了其中的积极信号和消极信号。最重要的是，我们正在不断研究哪些类型的性内容有助于我们实现享乐目标（Pfaus, 1999），类似于情绪管理理论描述我们如何参与操作性学习以形成记忆痕迹，我们在研究哪些媒介对优化我们的情绪状态起作用，哪些媒介不起作用（Zillmann, 2000）。在某种程度上，我们会体验到负面情绪，如羞耻感。我们可能会发现，我们无法接受而且根本不会享受媒介描述的生理唤醒（Soto-Sanfiel & Ibiti, 2016）。

有趣的是，性羞耻感等负面情绪并不一定会让用户避免使用色情内容。许多研究表明，人们往往基于宗教道德而反对色情作品，但他们并不一定会因此停用。换言之，有些人在道德上反对色情，但在观看过程中仍然会充分享受，进而产生性欲（Grubbs, et al., 2019）。这可以解释为，我们有能力从媒介色情里获得充分的唤醒，这些内容并非只含有一个全面的暗示（cue），相反，它们拥有无数个生物学的、心理学的以及社交方面的暗示（cues）。这些暗示融合并互动，以告知我们有关性动机的信息（Toates, 2009）。媒介对性的描述可以把我们从孤独中解脱出来。媒介对性的描述会与增强个人情感状态的一般需求相结合，从而促进用户对这些媒介的使用（Weber, et al., 2018）。

换言之，一旦内容成为有效的性诱因，内容本身就有助于推进愉悦的过程。对于异性恋男性来说，色情媒介中的女主角越有吸引力，他们从中感受到的刺激就越多（Janssen, Carpenter, & Graham, 2003）。对于男性和女性来说，他们越能想象自己是媒介所描述的性活动的参与者，就越能从媒介中获得唤醒（Janssen, et al., 2003）。那些靠角色驱动叙事的色情作品（McKee, 2006）鼓励用户以与伴侣的性行为来代替角色的性冒险（McKee, 2012）。

我们还没有发现任何把角色认同（Cohen, 2001; Cohen & Klimmt, this volume）作为性媒介享受预测因子的直接研究。有一项身份认同研究（Moyer-Gusé, Chung, & Jain, 2011）测试了关于安全性行为的健康叙事和不安全性行为的潜在负面后果，结果发现，认同故事角色的参与者更容易接受健康信息。另一项研究同样发现，色情内容中的性角色可以作为影响行为的模板，即喜欢性角色的参与者更有可能考虑随意性性行为（Boot, Peter, & van Oosten, 2015）。还有一些研究发现，有些观众试图在自己的人际关系里模仿色情作品中看到的角色行为（Staley & Prause, 2013）。以上研究说明了性社会化（sexual socialization）研究的成果，这表明一些色情作品的观众，尤其是年轻观众，试图模仿他们在色情和非色情媒介中看到的性行为（Brown 2000年的《媒介实践模式》和Wright 2014年的性媒介社会化研究——《性脚本获取、激活、应用模式》；另请注意Vandenbosch等人2018年研究中的证据）。虽然这些发现及其对性发展和性健康的影响超出了本文探讨的范围，但它们确实表明，媒介中性描写的消费（如果不是从中获得的享受）与用户对角色某种程度的认同有关，无论是一厢情愿的认同，还是与角色的某种其他形式的联系（Brown, this volume）。同样，关注性媒介的潜在健康后果包括“性的自我对象化”（Smolak & Murnen, 2011）或自我性化（self-sexualization; Liss, Erchull, & Ramsey, 2011）的可能性，这超出了本章关于娱乐的讨论范围，尽管自我性化的享受（Visser, Sultani, Choma, & Pozzebon, 2014）可能是享受媒介中性描述的一个促成因素。

性在满足非享乐性娱乐需求方面的潜在吸引力

到目前为止，我们都将注意力集中在描述娱乐性质的性接触上，并把性内容描述为身体接触和身体满足的表征。我们还没有把性作为相关描述（relational depiction）语境里的一个成分来讨论，也就是说，性是爱和关系承诺的一种表达。在娱乐中，性往往是在浪漫的关系背景下被描述的（Brown et al., 2013; Dillman Carpentier, et al., 2017）。

迄今为止，很少有研究将注意力集中在受众对性的反应上，这种反应是在媒介内容对爱情的描述中获得特定语境的。相反，有不少研究指出，对浪漫内容的消费通常与人们对浪漫关系的理想化观点有关（Holmes, 2007; Segrin & Nabi, 2002）。与观看性暗示相比，观看浪漫的暗示可以使人们不对随意性性行为持纵容态度（Dillman Carpentier, 2017），也可以让观众产生其他判断，如那些更能体现情感和善良品质的判断（Dillman Carpentier, Parrott, & Northup, 2014）。最近关于态度和社会判断的观察结果与浪漫关系图式中的已知概念是一致的：爱、善良、共情以及互惠的温柔和相互的承诺，是浪漫的共同特征（Buss, 2007）。

受众情感反应的特征是温柔、温暖、团结，他们从戏剧或悲剧等娱乐中获得意义和欣赏。这种媒介消费的特点是满足与自我超越相关的内在需求，而非享乐最大化（Oliver, 2008; Oliver & Bartsch, 2010; Oliver, et al., 2018; Janicke Bowles, Bartsch, Oliver & Raney, this volume）。有理论把有意义的娱乐消费作为扩展个人边界，找到一种与人性更深层的联系的手段（Oliver, et al., 2018），这种理论与其他有类似观点的主张共同推动了娱乐选择理论的发展（Vorderer & Halfmann, 2019）。

如前所述，娱乐体验的一个关键组成部分是角色认同，通过它，媒介用户可以间接体验到角色的经历。与当前话题相关的是，如果用户不能通过间接体验娱乐媒介中描绘的人际关系获得更深层次的意义的话，那么他们可能会从中获得享受，这种享受包括从人物角色的角度展示出来的团结、浪漫和性互动。如果人们觉得自己的生活缺乏有意义的关系，或者觉得自己与他人或与整个人类都没有关系，那么他们可能会在媒介中找到慰藉，从而减轻他们的疏离感。这是应用于娱乐媒介使用的共鸣概念中的关键论点（Vorderer & Halfmann, 2019）。

用于娱乐媒介的共鸣理论出自社会学家哈穆特·罗莎（Harmut Rosa）的著作。罗莎认为，与他人和周围世界发展能动（或至少在最小限度上自主）关系是人类的基本需求。如前所述，只有当我们感觉与家人、朋友、机构和整个社会有联系并在互动中有发言权时，我们才会觉得自己的生活有意义（Susen, 2019）。因此，我们寻求在自己的世界里建立互惠或共鸣的关系，而答案可能会出现在娱乐内容中的相关描述中（Vorderer & Halfmann, 2019）。正如沃德勒与哈夫曼（2019）所指出的，一旦与媒介人物建立联系，媒介用户的共鸣需求就会得到满足，建立联系的方式可能是帮助用户探索自己在社会中的地位，也可能是找到媒介角色与用户自身之间的相似之处，或是投射出用户与理想自我或未来自我的相似之处。

为什么人们将学习和表演（Vandenbosch, et al., 2018; Wright, 2014）作为消费色情等性媒介的理由？首要原因是媒介用户对共鸣的需求，这也是人们将性描写理解为娱乐的原因。一方面，人们会有意识地或潜意识地体验到一种联系，即看到并效仿角色的性行为与一种感觉之间的联系，这种感觉是一种准备投入能动的、共鸣的人际关系中的感觉。另一方面，在媒介描述中，当性活动是在表达爱，或表达深度交换、重要仪式的浪漫关系的时候，用户和角色之间可以实现间接共鸣（Janssen, et al., 2003，有证据表明，当观看者想象自己是活动的一部分时，性唤醒会增强）。为了理解后一种可能性，我们需要研究观众与从事性活动的角色之间的认同问题，以评估这种关系是否会引发个体与真实或想象中的他人的共鸣。

将这种共鸣的想法和与性唤醒相关的文献联系起来，以用户认为性唤醒与某种联系感相关（Bartsch, Vorderer, Mangold, & Viehoff, 2008）为前提，这种联系感是用户在有意义的性描写内容里所感受到的唤醒，而这种唤醒可能会增强该用户与总体的人（如果不是与重要的其他人）之间有联系的感觉。借助情感评估理论，有研究指出了元情感的功能，即它是我们识别、解释并对我们所感受的情感作出反应的方式，是我们选择和消费媒介内容的线人（informant; Bartsch, et al., 2008）。如果包含性活动的描述为基于共鸣的动机服务，我们可能更倾向于将我们从该媒介内容中体验到的性唤醒解释为我们从中获得的增强，而这种增强是与共鸣相关的满足感。因此，用户将在这种积极的、满足需求的背景下解释这种唤醒，并且有可能会将内容本身评估为积极的刺激（Toates, 2009）。同样，我们需要对这一领域进行更多的研究，以建立一个更全面的框架，将某一过程中的享乐动机和非享乐动机联系起来，从而解释关系语境内部、外部对性描写的解释和享受。

享受媒介中的性是一个生理心理社会过程

综上所述，对人类来说，娱乐中的性是一种相对简单的、与生俱来的对愉悦体验的追求。但我们用来明确性描写令人愉悦与否的各种信息组合却相对复杂（Malamuth, 1996）。寻求性活动的一种生理驱动力告知我们，对性的追求既是为了生殖，也是为了体验身体和情感上的愉悦。由于这种生理驱动力，我们对具有性吸引力和承诺性满足的刺激特别敏感，这种承诺的基础是我们如何理解自身对这些刺激的生理反应，以及我们如何从自己的社会和文化影响中发现这些刺激中的性含义。因此，根据现有文献的研究，这种生物驱动力使我们更容易注意到媒介中的性内容。这至少部分解释了一种现象：似乎整个社会对流行文化里的性议题越来越感兴趣了。

我们的注意力是否会导致对内容的实际接近动机，取决于我们的下一个认知和影响是否会导致我们从该内容中获得性含义，并将其解释为性诱因。这构成了我们对性内容感兴趣的第二部分，并解释了我们最终能否对性内容满意。我们认为，对一些人来说，社会和文化规范对于定义我们的性态度与行为标准很重要，可能会使我们从媒介中各种各样的性描写中获得乐趣的能力变得复杂。但我们在解释自身的生理反应方面具有能动性，我们可以决定自身是否主观地感受到了唤醒，以及内容是否在生理上唤醒了我们。要注意，实际释放任何性张力或参与性的行为，都不是享受主流媒介性描写的必要组成部分，尽管在露骨的性材料面前，肯定有人选择使用这些内容，并借助与伴侣的性接触来促进性唤醒和性高潮。相反，如果我们认为消费这种内容足够有趣的话，那么仅仅在媒介上接触到性感的内容本身就可以满足我们的享乐需求。同样，我们有些人为何会在娱乐媒介中发现自身感兴趣的性内容？也许，那些与追求生活意义和联系相关的非享乐需求理论，可以提供部分解释。

参考文献

Attwood, F. (2005). What do people do with porn? Qualitative research into the consumption, use, and experience of pornography and other sexually explicit media. *Sexuality and Culture*, 9(2), 65–86.

Attwood, F., & Smith, C. (2013). Leisure sex: More sex! Better Sex! Sex is f×××ing brilliant! Sex, sex, sex, SEX. In T. Blackshaw (Ed.), *Routledge handbook of leisure studies* (pp. 325–336). New York, NY: Routledge.

Bartsch, A., Vorderer, P., Mangold, R., & Viehoff, R. (2008). Appraisal of emotions in media use: Toward a process model of meta-emotion and emotion regulation. *Media Psychology*, 11, 7–27.

Basson, R. (2002). Women's sexual desire—disordered or misunderstood? *Journal of Sex and Marital Therapy*, 28(1), 17–28.

Biswas-Diener, R., Linley, P. A., Dovey, H., Maltby, J., Hurling, R., Wilkinson, J., & Lyubchik, N. (2015).

Pleasure: An initial exploration. *Journal of Happiness Studies*, 16(2), 313–332.

Boies, S. C. (2002). University students' uses of and reactions to sexual information and entertainment: Links to online and offline sexual behaviour. *Canadian Journal of Human Sexuality*, 11(2), 77–89.

Boot, I., Peter, J., & van Oosten, J. M. (2015). Liking a sexual character affects willingness to have casual sex: The moderating role of relationships status and status satisfaction. *Journal of Media Psychology*, 28, 51–64.

Brown, J. D. (2000). Adolescents' sexual media diets. Journal of Adolescent Health, 27S, 35–40. Brown, J. D., Zhao, X., Wang, M. N., Liu, Q., Lu, A. S., Li, L. J., … Zhang, G. (2013). Love is all you need: A content analysis of romantic scenes in Chinese entertainment television. *Asian Journal of Communication*, 23(3), 229–247.

Bryant, J., & Miron, D. (2003). The appeal and impact of media sex and violence. In A. N. Valdivia (Ed.), *A companion to media studies* (pp. 437–460). Malden, MA: Blackwell.

Bousfield, P. (1926). *Pleasure and pain*. Oxford, UK: Kegan Paul.

Buss, D. (2007). The evolution of human mating. *Acta Psychologia Sinica*, 39, 502–512.

Cato, M., & Carpentier, F. R. D. (2010). Conceptualizations of female empowerment and enjoyment of sexualized characters in reality television. *Mass Communication and Society*, 13(3), 270–288.

Chen, A. S., Leung, M., Chen, C. H., & Yang, S. C. (2013). Exposure to internet pornography among Taiwanese adolescents. Social Behavior and Personality: *An International Journal*, 41(1), 157–164.

Cohen, J. (2001). Defining identification: A theoretical look at the identification of audiences with media characters. *Mass Communication and Society*, 4(3), 245–264.

Coy, M., Wakeling, J., & Garner, M. (2011). Selling sex sells: Representations of prostitution and the sex industry in sexualised popular culture as symbolic violence. *Women's Studies International Forum*, 34, 441–448.

Dillman Carpentier, F. R. (2017). Priming sexual and romantic representations in two media environments: Sex encourages and romance discourages sexual permissiveness… sometimes. *Journal of Sex Research*, 54(6), 706–716.

Dillman Carpentier, F. R., Parrott, M. S., & Northup, C. T. (2014). When first comes love (or lust): How romantic and sexual cues bias first impressions in online social networking. *Journal of Social Psychology*, 154(5), 423–440.

Dillman Carpentier, F. R., Stevens, E. M., Wu, L., & Seely, N. (2017). Sex, love, and risk-nresponsibility: A content analysis of entertainment television. *Mass Communication and Society*, 20(5), 686–709.

Dyer, R. 2002. *Only entertainment*. London, UK: Routledge.

Emmers-Sommer, T. M. (2018). Reasons for pornography consumption: Associations with gender, psychological and physical sexual satisfaction, and attitudinal impacts. *Sexuality and Culture*, 22(1), 48–62.

Frijda, N. H. (1986). *The emotions*. New York, NY: Cambridge University Press.

Grubbs, J. B., Wright, P. J., Braden, A. L., Wilt, J. A., & Kraus, S. W. (2019). Internet pornography use and sexual motivation: A systematic review and integration. *Annals of the International Communication Association*, 43(2), 117–155.

Hansen, C. H., & Hansen, R. D. (1990). The influence of sex and violence on the appeal of rock music videos. *Communication Research*, 17(2), 212–234.

Holmes, B. M. (2007). In search of my "one and only": Romance-oriented media and beliefs in romantic relationship destiny. *Electronic Journal of Communication*, 17(3), 1–23.

Janssen, E., Carpenter, D., & Graham, C. A. (2003). Selecting films for sex research: Gender differences in erotic film preference. *Archives of Sexual Behavior*, 32(3), 243–251.

Janssen, E., & Everaerd, W. (1993). Determinants of male sexual arousal. *Annual Review of Sex Research*, 4(1), 211–245.

Jensen, R. (2007). *Getting off: Pornography and the end of masculinity*. Cambridge, MA: South End Press.

Julien, E., & Over, R. (1988). Male sexual arousal across five modes of erotic stimulation. *Archives of Sexual Behavior*, 17(2), 131–143.

Kirkendall, L. A. (1958). Toward a clarification of the concept of male sex drive. *Marriage and Family Living*, 20(4), 367–372.

Koukounas, E., & McCabe, M. P. (2001). Sexual and emotional variables influencing sexual response to erotica: A psychophysiological investigation. *Archives of Sexual Behavior*, 30(4), 393–408.

Kunkel, D., Farrar, K. M., Eyal, K., Biely, E., Donnerstein, E., & Rideout, V. (2007). Sexual socialization messages on entertainment television: Comparing content trends 1997–2002. *Media Psychology*, 9(3), 595–622.

LaTour, M. S., Pitts, R. E., & Snook-Luther, D. C. (1990). Female nudity, arousal, and ad response: An experimental investigation. *Journal of Advertising*, 9(4), 51–62.

Levine, S. B. (2002). Reexploring the concept of sexual desire. *Journal of Sex and Marital Therapy*, 28(1), 39–51.

Lippa, R. A. (2007). The relation between sex drive and sexual attraction to men and women: A cross-national study of heterosexual, bisexual, and homosexual men and women. *Archives of Sexual Behavior*, 36(2), 209–222.

Lippa, R. A. (2009). Sex differences in sex drive, sociosexuality, and height across 53 nations: Testing evolutionary and social structural theories. *Archives of Sexual Behavior*, 38(5), 631–651.

Liss, M., Erchull, M. J., & Ramsey, L. R. (2011). Empowering or oppressing? Development and exploration of the Enjoyment of Sexualization Scale. *Personality and Social Psychology Bulletin*, 37(1), 55–68.

MacKinnon, C. A. (1995). Speech, equality, and harm: The case against pornography. In L. J. Lederer & R. Delgado (Eds.), *The price we pay: The case against racist speech, hate propaganda, and pornography* (pp. 301–314). New York, NY: Hill & Wang.

Malamuth, N. M. (1996). Sexually explicit media, gender differences and evolutionary theory. *Journal of Communication*, 46(3), 8–31.

Mattebo, M., Tydén, T., Häggström-Nordin, E., Nilsson, K. W., & Larsson, M. (2014). Pornography and sexual experiences among high school students in Sweden. *Journal of Developmental and Behavioral Pediatrics*, 35(3), 179–188.

McIlwain, D. (2007). Rezoning pleasure: Drives and affects in personality theory. *Theory and Psychology*, 17(4), 529–561.

McKee, A. (2006). The aesthetics of pornography: The insights of consumers. Continuum: *Journal of Media and Cultural Studies*, 20(4), 523–539.

McKee, A. (2012). Pornography as entertainment. Continuum: *Journal of Media and Cultural Studies*, 26(4), 541–552.

McNair, B. (2002). *Striptease culture: Sex, media and the democratization of desire*. London, UK: Routledge.

Moors, A., Ellsworth, P. C., Scherer, K. R., & Frijda, N. H. (2013). Appraisal theories of emotion: State of the art and future development. *Emotion Review*, 5(2), 119–124.

Moyer-Gusé, E., Chung, A. H., & Jain, P. (2011). Identification with characters and discussion of taboo topics after exposure to an entertainment narrative about sexual health. *Journal of Communication*, 61(3), 387–406.

Nasaw, D. 1993. *Going out: The rise and fall of public amusements*. Cambridge, MA: Harvard University Press.

Oliver, M. B. (2008). Tender affective states as predictors of entertainment preference. *Journal of Communication*, 58(1), 40–61.

Oliver, M. B., & Bartsch, A. (2010). Appreciation as audience response: Exploring entertainment gratifications beyond hedonism. *Human Communication Research*, 36(1), 53–81.

Oliver, M. B., Kalyanaraman, S., Mahood, C., & Ramasubramanian, S. (2007). Sexual and violent imagery in movie previews: Effects on viewers' perceptions and anticipated enjoyment. *Journal of Broadcasting and Electronic Media*, 51(4), 596–614.

Oliver, M. B., Raney, A. A., Slater, M. D., Appel, M., Hartmann, T., Bartsch, A., … Das, E. (2018). Self-transcendent media experiences: Taking meaningful media to a higher level. *Journal of Communication*, 68(2), 380–389.

Paasonen, S., Nikunen, K., & Saarenmaa, L. (Eds.). (2007). *Pornification: Sex and sexuality in media culture*. Oxford, UK: Berg.

Pfaus, J. G. (1999). Revisiting the concept of sexual motivation. *Annual Review of Sex Research*, 10(1), 120–156.

Prause, N., Janssen, E., & Hetrick, W. P. (2008). Attention and emotional responses to sexual stimuli and their relationship to sexual desire. *Archives of Sexual Behavior*, 37(6), 934–949.

Reichert, T., Childers, C. C., & Reid, L. N.(2012). How sex in advertising varies by product category: An analysis of three decades of visual sexual imagery in magazine advertising. *Journal of Current Issues and Research in Advertising*, 33(1), 1–19.

Rellini, A. H., McCall, K. M., Randall, P. K., & Meston, C. M. (2005). The relationship between women's subjective and physiological sexual arousal. *Psychophysiology*, 42, 116–124.

Romito, P., & Beltramini, L. (2011). Watching pornography: Gender differences, violence and victimization. An exploratory study in Italy. *Violence Against Women*, 17(10), 1313–1326.

Rothman, E. F., Kaczmarsky, C., Burke, N., Jansen, E., & Baughman, A. (2015). "Without porn . . . I wouldn't know half the things I know now": A qualitative study of pornography use among a sample of urban, low-income, black and hispanic youth. *Journal of Sex Research*, 52(7), 736–746.

Segrin, C., & Nabi, R. L. (2002). Does television viewing cultivate unrealistic expectations about marriage? *Journal of Communication*, 52(2), 247–263.

Singer, B., & Toates, F. M. (1987). Sexual motivation. *Journal of Sex Research*, 23(4), 481–501.

Smolak, L., & Murnen, S. K. (2011). The sexualization of girls and women as a primary antecedent of self-objectification. In R. M. Calogero, S. Tantleff-Dunn, & J. K. Thompson (Eds.), *Self-objectification in women: Causes, consequences, and counteractions* (pp. 53–75). Washington, DC: American Psychological Association.

Soto-Sanfiel, M. T., & Ibiti, A. (2016). Lesbian sex in mainstream cinema and audience enjoyment. *Sexuality and Culture*, 20(3), 555–578.

Spector, I. P., Carey, M. P., & Steinberg, L. (1996). The Sexual Desire Inventory: Development, factor structure, and evidence of reliability. *Journal of Sex and Marital Therapy*, 22(3), 175–190.

Staley, C., & Prause, N. (2013). Erotica viewing effects on intimate relationships and self/partner evaluations. *Archives of Sexual Behavior*, 42(4), 615–624.

Susen, S. (2019). The resonance of resonance: Critical theory as a sociology of world-relations? International Journal of Politics, Culture, and Society. *Advance online publication*. https://link.springer.com/article/10.1007/s10767-019-9313-6.

Toates, F. (2009). An integrative theoretical framework for understanding sexual motivation, arousal, and behavior. *Journal of Sex Research*, 46(2–3), 168–193.

Vandenbosch, L., van Oosten, J. M., & Peter, J. (2018). Sexually explicit internet material and adolescents' sexual performance orientation: The mediating roles of enjoyment and perceived utility. *Media Psychology*, 21(1), 50–74.

Vezich, I. S., Gunter, B. C., & Lieberman, M. D. (2017). Women's responses to stereotypical media portrayals: An fMRI study of sexualized and domestic images of women. *Journal of Consumer Behavior*, 16, 322–331.

Visser, B. A., Sultani, F., Choma, B. L., & Pozzebon, J. A. (2014). Enjoyment of sexualization: is it different for men? *Journal of Applied Social Psychology*, 44(7), 495–504.

Vorderer, P., & Halfmann, A. (2019). Why do we entertain ourselves with media narratives? A theory of resonance perspective on entertainment experiences. *Annals of the International Communication Association*, 43(2), 79–96. Advance online publication.

Weber, M., Aufenanger, S., Dreier, M., Quiring, O., Reinecke, L., Wölfling, K.,… Beutel, M. E. (2018). Gender differences in escapist uses of sexually explicit internet material: Results from a German probability sample. *Sexuality & Culture*, 22(4), 1171–1188.

Wright, P. J. (2009). Sexual socialization messages in mainstream entertainment mass media: A review and synthesis. *Sexuality and Culture*, 13, 181–200.

Wright, P. J. (2014). Pornography and the sexual socialization of children: Current knowledge and a theoretical future. *Journal of Children and Media*, 8(3), 305–312.

Zillmann, D. (2000). Mood management in the context of selective exposure theory. *Annals of the International Communication Association*, 23(1), 103–123.

第二十五章　冷静还是充电?
——作为无聊和愤怒情绪调节策略的攻击性娱乐参与

海蒂·范德博斯
卡罗琳·波尔斯

在媒介选择和消费中，人们对情绪和其他情感过程的作用有广泛研究。例如，情绪管理理论明确要求，经历消极情绪的人会选择具有正确属性的媒介内容（积极的情感效价、非语义亲和力、高度参与、适当的唤醒水平），以尝试缓解这些消极的情感状态。例如，心情不好的人会选择令人振奋的媒介内容（电视喜剧或充满活力、欢乐的音乐）（Knobloch & Zillmann, 2002; Zillmann, Hezel, & Medoff, 1980），处于无聊状态的人会选择催人向上的内容，压力大的人则会喜欢放松的内容（Bryant & Zillmann, 1984）。但对媒介娱乐的研究也表明，人们寻求的不仅是享乐取向的愉悦（有趣、娱乐的或令人放松的）体验，他们也渴望获得实现主义的、更有意义的体验，而这类体验往往涉及更复杂的情绪（积极和消极的）和更深层次的思考（Oliver, 2009, Schramm, & Wirth, 2008）。

在本章中，我们将关注人们经常经历的两种负面情绪：愤怒（消极效价、高唤醒）和无聊（消极效价、低唤醒）。我们认为，选择并参与攻击性娱乐可能是一种情绪调节策略，也可能是对体验过的愤怒与无聊事件的性质、表述及其强度的一种影响方式。与情绪管理理论相反，我们认为，有些特定媒介内容本身并不一定是用来减弱负面情绪的（有时候它的功能就是让人保持愤怒，而且以此为目的来消费具有攻击性的媒介内容）。即使人们意在降低负面情绪，也不一定意味着他们会选择那些与当前状态截然相反的“积极”内容。那些能进一步反思负面情绪，并创造“有意义”体验的攻击性媒介内容，也可能有助于实现这一目标。总之，本章里，我们将展示，攻击性的娱乐也可以产生享乐和实现主义的体验，并以不同的方式调节愤怒和无聊的情绪。

有研究者主张在传播和媒介研究中研究离散情绪，以拓展我们对人们通过媒介进行情感调节（Oliver, 2009; Reinecke, 2017; Schramm & Wirth, 2008）这一现象的看法。在本章中，我们回应了这种呼吁（Nabi, 2010）。除了线性娱乐媒介（恐怖电影），我们还将研究范围扩展到电子游戏等互动媒介，并进一步关注那些更广泛、更持久的在线环境如何成为人们选择甚至制作攻击性内容（喷子、攻击、网络欺凌）的场所，讨论情绪调节如何成为一种潜在的解释机制（Greenwood & Long, 2009; Hormes, Kearns, & Timko, 2014）。

本章中，我们先定义“情绪”和“情绪调节”的概念，接着分析现有媒介和传播理论如何将媒介使用与情绪调节联系起来。之后，我们重点关注人们如何通过接触暴力内容和媒介化攻击对愤怒与无聊情绪的调节。最后，我们讨论该领域未来研究和理论化的机会。

情绪和情绪调节

基于科尔、马丁和丹尼斯（Cole, Martin, & Dennis, 2004, p.319）的研究，我们将情绪（emotion）定义为“使快速的情况评估和行动准备成为可能的生理过程”。这一定义的两个基本组成部分是“评估”和“行动准备”。情绪通常始于个体（有意识或无意识）对先前某一事件个人意义上的评估。之后，这种评估会触发一系列行为倾向（面部表情、认知加工、生理反应以及特定情境下的行为，如退缩或击打）。情绪与“感觉”（feelings）和“心情”（moods）不同，感觉指有意识地体验情绪，而心情通常是一种积极或消极、高唤醒或低唤醒的情感状态，这些状态比情绪更持久，而且它们并不是对某一特定情景的反应，情绪也是如此。“情感”（affect）一词通常被用作此类体验（情绪、感觉、心情等）的总称（Gross, 2015）。愤怒、恐惧、厌恶和悲伤等消极情绪，与专注于那种狭隘思想和行为（准备战斗或逃跑）的特定行动倾向有关。另外，积极的情绪（幸福、自豪、快乐）往往与宏观的接近性倾向有关（Fredrickson, 1998, 2001）。正如格罗斯（Gross, 2015）所描述的：“情绪可能是有益的，也可能是有害的，这取决于语境。”也就是说，如果焦虑能帮助我们逃离危险，则是可取的，但如果它使我们无法正常进行社交，则是有害的。正因为情绪与目标导向的行为以及相应的幸福感密切相关，我们才有必要调节情绪。

根据汤普森（Thompson, 1994, pp.27–28）的说法，“情绪调节由一种内在与外在的过程组成，为实现个人目标，这一过程负责监控、评估和修改情绪反应，尤其是反应的密集性特征和时间特征”。同样地，格罗斯（1998, p.275）将情绪调节定义为“个体影响自己拥有哪些情绪、何时拥有这些情绪以及如何体验并表达这些情绪的过程”。正如这些定义所表明的，情绪调节过程不仅可以发生在情绪体验之后，还可以发生在情绪反应倾向被完全激活之前（Gross, 2015）。例如，我们可以把“认知重评”（重新定义可能引发情绪的情境）视为一种“先行关注”（antecedent-focused）的情绪调节策略，把“情绪抑制”（抑制正在进行的情绪表达行为）视为一种“反应关注”（response-focused）的调节策略（Gullone & Taffe, 2012）。调节策略可以有意识或无意识地用于消极情绪和积极情绪，个体以此来调节自己的情绪（内在情绪调节），甚至调节其他人的情绪（外在情绪调节）。它们最终的目标是下调、上调或维持一种情绪。在消极情绪的状况下，下调更常见（减少愤怒、悲伤和焦虑方面的体验与行为）；在积极情绪的状况下，人们更有可能努力保持甚至上调自己的情绪（扩展自己的幸福感）。施特劳斯等人（Strauss, et al., 2016）提到了一些具体的情绪调节策略，如走神、压抑、发泄、认知重评、向下的社会比较、问题导向的行动、自我奖励、身体操控、回避负面情绪等。施特劳斯等人还将积极情绪与表达感激之情、帮助他人、以多种方式表达积极情绪等策略联系起来。但也有一些策略可以同时应用于两种类型的情绪。例如，当人感到愤怒和骄傲时，压抑可能是一种（社会上适当的）策略。虽然情绪调节策略的成功与否可能因个人、情绪和环境而有所不同，但总体而言，某些策略会比其他一些策略更具适应性（因为从长远来看，它们与较少/较多的内化或外化问题相关）。例如，有人认为，情绪抑制比认知重评适应性差，因为后者提供了更好的机会来真正改变当下的情绪。但有研究者（Lougheed & Hollenstein, 2012）认为，情绪调节的有益效果与单一使用“适应性”（adaptive）的策略关系不大，而与那些能够应用的一系列策略和根据具体情况采用的某些策略有关。

作为一种情绪调节策略的媒介消费

传播理论和研究表明，媒介环境为人们提供了大量调节情绪的机会。例如，使用和满足范式表明，人们使用（在线）媒介来满足他们对信息、监视、娱乐和消遣、社会交往、身份形成和表达等方面的需求（Ruggiero, 2000）。这些需求早就可以与情绪调节策略联系在一起了。例如，信息可以支持“认知重评”的策略，娱乐可以为“转移注意力”和“退缩”策略提供帮助，社会交往可以为“向下社会比较的调节策略”和“情绪的社会分享”提供机会。情绪调节产生的满足感可以源自特定内容的接触（观看动作电影会使人分心），也可以源自媒介活动本身（玩休闲游戏以消除无聊感），或源自媒介活动发生的（社会）环境（与家人和朋友一起看电视）。

情绪管理理论最初被称为“情感依赖性刺激安排理论”（theory of affect dependent stimulus arrangement; Zillmann & Bryant, 1985），与情绪调节领域密切相关（Luong & Knobloch-Westerwick, this volume），该理论的基本假设是，个体有动机终止或缓解消极情感状态，并保持和强化积极情感。为了实现这些目标，个体需要重新安排刺激环境。媒介使用是他们重新安排刺激的众多选择之一，也是一种非常方便的选择，因为它通常比其他活动所花费的努力或精力要少（观看喜剧电影可能是一种令人振奋的活动，比与朋友外出所需的计划和精力更少）。但那些考虑处于积极或消极情绪中个人媒介选择的研究，并不能总是提供与情绪管理理论假设一致的证据（处于积极情绪中的人希望通过选择少花精力、语义亲和的积极内容来维持情绪，而处于消极情绪中的人希望通过参与多费精力的、语义不亲和的积极内容来改变情绪）。具体来说，有时候，快乐的人、悲伤的人似乎都更喜欢消费悲伤的媒介内容（而不是假设所说的积极内容）。这意味着，愉悦的积极情感或享乐取向的快乐，并非媒介选择唯一的驱动力（Oliver, 2009）。这些发现也与所谓的心境一致性假设相矛盾，其认为快乐的人会选择快乐的内容，而悲伤的人会选择悲伤的内容（Krohne, Pieper, Knoll, & Breimer, 2002）。

这些发现背后的关键解释似乎是，人们在某种情绪下选择的内容类型实际上取决于他们的心情调节策略（Krohne et al., 2002; Minnebo & Eggermont, 2012; Stevens & Dillman Carpentier, 2017）。虽然"情绪管理理论"与"消极情绪的人会选择回避或转移注意力策略"的观点不同，但现实情况似乎并非总是如此。例如，研究表明，感到孤独的老年人会转向对老年人有负面描述的媒介（Mares & Cantor, 1992），而心情不好（实验诱发）的人（Johnson & Knobloch Westerwick, 2014）会关注网络上不那么"火"、不那么"成功"的人，因为这使他们能够将自己与处境更糟的人进行比较（向下社会比较的情绪调节策略）。此外，在语义上与自己的问题和情感状态密切相关的媒介内容，实际上也可能为人们应对自己的情况提供建议（Minnebo & Eggermont, 2012; Nabi, Finnerty, Domschke, & Hull, 2006）。此外，心情好的人有时似乎会接触负面内容（如悲伤电影）。这可能表明，他们不是为了保持他们当前的积极情绪（和享乐主义的满足感），而是为了从与个人成长相关的有意义的媒介体验中获得满足感（Oliver, 2009; Janicke Bowles, Bartsch, Oliver, & Raney, this volume）。研究者在"远距离拥抱模式"中（distancing-embracing model）对此进行了讨论（Menninghaus, et al., 2017）。由于"艺术"的定义广泛，媒介产品也成为艺术的一种。"远距离拥抱模式"认为，负面情绪在打动人们和引发悬念方面尤其强烈，正是动人和悬念让人们参与到媒介内容中。人们总是对消极情绪"保持一定距离"，这一事实反而可以让人们展开双臂欢迎它们，同时实现体验与积极状态（享受和创造意义）的共在。

尽管情绪管理理论关注心情而非离散的情绪（discrete emotions），且主要集中在无意识情感调节的形式，尤其是那些通过接触娱乐内容而产生的情绪调节，但它与情绪调节的联系是明确的（Greenwood & Long, 2009）。这促使施拉姆和沃思（2008, p.27）呼吁，要从更全面的理论角度来看待人们通过媒介使用进行的情感调节（affect regulation）。作为情感调节，"它考虑了那些通过媒介表达的无意识/有意识的情感调节过程；它利用其他非享乐取向的、工具性的情感调节动机来补充享乐取向的动机；它观察人们的选择行为，也观察情感调节的其他行为和认知策略，并把个人属性（尤其是与情感相关的属性）涵盖进来"。此外，媒介平台的演变使得（离散的）情绪研究和情绪调节研究特别相关。情绪是对一种瞬时情况相对短暂的反应，而（反应关注）调整直接发生在情绪显现之后。当媒介随时可用时，其就为人们提供了这样做的绝佳资源。毫不奇怪，已有文献描述的媒介环境不如当前媒介环境普遍，它们更关注心情调节的机会，因为心情更持久。

目前关于娱乐媒介和情感/情绪调节（affect/emotion regulation）的文献较少关注攻击性媒介内容的选择及其与情绪、情绪调节的关系。以最近的文献为基础，我们呼吁，在媒介和传播研究（Nabi, 2010）中，要更多地关注离散情绪以及攻击性内容背后的动机，特别是有关此类研究的最新见解，这些动机可能是厌恶性/反应性或嗜欲的（Runions, Bak, & Shaw, 2017）。人们选择并接触攻击性娱乐媒介，可能是因为“愤怒和无聊”这两种离散的消极情绪的调节功能起了作用。

通过接触暴力内容和媒介化的攻击行为来调节愤怒

人们为何接触暴力内容（电影、电视节目、新闻、音乐中的暴力内容），还积极参与媒介化（游戏、社交媒介网站）的攻击行为呢？有调查研究指出，“愤怒”就是其背后潜在的驱动力。愤怒是人们在日常生活中经常体验的一种基本情绪（Trampe, Quoidbach, & Taquet, 2015），虽然有研究表明，男女之间的愤怒情绪频率没有差异，但年轻人确实比老年人报告的愤怒情绪要多得多（Simon & Nath, 2004）。人们通常把愤怒描述为一种主观情绪状态，包括生理唤醒和认知对抗（Novaco, 1994）。因为愤怒与人们认定的不当行为有关，它还伴有通过与犯罪源头接触来反击或纠正不当行为的行动倾向（Wranik & Scherer, 2010; Arpan & Nabi, 2011）。尽管愤怒可能会产生有益的影响（因为它调动了心理资源，赋予行为以能动性，保护了自尊），但它通常被视为一种负效能的情绪，具有潜在的有害后果（Fernandez, Day, & Boyle, 2015）。例如，有人认为，愤怒是攻击行为的一个重要原因（Runions, et al., 2017），长期并频繁体验这种情绪与负面健康结果（心血管疾病风险增加）有关（Chida & Steptoe, 2009）。因此，愤怒的适应性调节很重要。在接下来的内容中，我们将简要概括一些研究，这些研究调查了愤怒如何影响人们接触暴力内容并积极参与媒介化的攻击行为，以及这些行为的（潜在）积极或消极后果。

鲁宾、哈里达基斯和埃亚尔（Haridakis, Eyal, 2003）的研究显示，在经历愤怒之后，人们很容易选择媒介暴力内容。这项研究表明，愤怒特质水平较高的人更容易转向对抗性的电视脱口秀节目（《杰瑞·斯普林格》）。普莱西尔和科尼恩（Plaisier, Konijn, 2013）的研究表明，被同龄人拒绝过的青少年（但不是年轻人）表现出更高水平的愤怒，并且更容易被反社会内容（YouTube上标题为“年轻人骂警察并推他下摩托车”和“两个男孩在校园里性骚扰一个女孩”的视频片段）所吸引。布什曼和惠特克的研究（Bushman, Whitaker, 2010）提供的证据表明，愤怒的人更容易被暴力视频游戏吸引，特别是他们认为如此可以宣泄情绪的时候。

愤怒似乎还驱使人们观看（作为旁观者）甚至参与（作为犯罪者）针对“真”人的网络攻击。例如，研究表明，愤怒的人更有可能在咆哮网站（rant websites）上浏览或发帖（Martin, et al., 2013），参与网络欺凌（Erreygers, et al., 2019）或Twitter战争（Gregory & Singh, 2018），并在新闻网站上留下负面评论（Arpan & Nabi, 2011）。

有研究表明，实际上，人们可能会使用媒介暴力内容来缓解愤怒情绪。虽然下调情绪的目的与情绪管理理论的预测相符，但是，愤怒的人喜欢接触具有语义亲和力且具有（更多）消极享乐价值的内容（与幽默内容相比）这一观点，与（所有）经历消极情绪的人都更喜欢那些转移注意力的、积极的内容这一观点相悖。在依赖“回避型应对策略”（an avoidance coping strategy）（旨在抑制愤怒的情绪调节策略）的群体中，选择后者的人可能更常见，而坚持“接近型应对策略”（an approach coping strategy）的群体，则通常会选择暴力内容（Schramm & Cohen, 2017）。

如前所述，人们普遍认为接触媒介暴力内容确实会产生情绪宣泄效果。通过观看戏剧英雄的暴力行为或玩一个侵略性游戏，个人的攻击性情绪（并非与媒介相关）会消散。换句话说，情绪宣泄假说表明，媒介可以提供一个“替代性”或“象征性”的方式来（向下）调节一个人的情绪（参见情绪表达）（Weber, Ritterfeld, & Kostygina, 2006）。此外，人们可能会从伴有积极结局的消极效价（暴力）内容中，获得积极的感觉，如看到英雄人物得到奖励、邪恶人物受到惩罚时的愉悦感（情感倾向理论，Raney & Bryant, 2002; Tamborini, this volume），以及见证公正得以恢复时的解脱感（Wakshlag, Vial, & Tamborini, 1983）。对媒介暴力的选择性接触，更证明了认知情绪调节策略的合理性。例如，这种行为可以帮助媒介用户正确看待自己的处境（通过向下的社会比较），或者借助人物榜样教他们如何处理自己的情绪。

不过，有关“接触暴力内容会减少接触者的愤怒”这一研究结果并不确定。虽然对媒介暴力影响的分析（Bushman & Huesmann, 2006）表明，接触这些内容更有可能增加媒介用户的愤怒，但也有一些个别研究似乎表明，这些影响也可能是积极的、消极的或不存在的，具体如何应取决于所考虑的特定群体。例如，安斯华斯、德维利和沃德（Unsworth, Devilly, & Ward, 2007）发现，当具有攻击性和波动情绪的受访者经历了高水平的愤怒状态后，玩暴力游戏可以缓解其愤怒情绪（而其他组得分更高或相同）。夏曼、丁格尔（Sharman, Dingle, 2015）对“极端”音乐使用者情况的研究表明，听这种音乐时，大多数受访者认为他们能“完全体验到愤怒”（79%），多数人认为这种极端音乐能“让自己在愤怒时平静下来”（69%）。这项研究的实验部分证实，当参与者的愤怒被诱发时，他们会选择“极端”（重金属）音乐，这会导致其主观敌意和易怒性的减少（但没有减少唤醒），从而与那些安静之人的状态持平。此外，他们还体验到积极情绪的增强（感觉到了活力和激励）。马丁等人（Martin, et al., 2013）调查了在咆哮网站上阅读他人咆哮经历的感知益处。这些人的反应包括“简单的好奇心”“娱乐”“群体意识”“通过比较觉得自己的生活更好”“享受他人的痛苦”“更好地理解自己的问题”“帮助他人”。但在该实验研究中，接触咆哮网站只会带给他们更多的负面情绪（快乐减少，悲伤增加），对其愤怒状态没有显著影响。

在网络环境下，愤怒不仅可以通过接触暴力内容“替代”或“象征性”表达，也可通过对愤怒目标的直接或间接攻击（在线游戏中对合作玩家的在线“报复”，这实际上可能直接源于与愤怒相关的行为倾向，从而构成“情绪失调”）来取代对他人的攻击（Tangney, Wagner, Marschall, & Gramzow, 1991），甚至取代对自我的攻击（自我网络欺凌）（Patchin & Hinduja, 2017）。在这里也是如此，愤怒的消极情绪理应减少，甚至被积极情绪（“复仇的甜蜜感觉”）所取代。同样，实证研究结果也不明确，虽然有人经常报告说，他们会在网上采取攻击性行为来发泄愤怒，或者来唤醒更积极的情绪（权力、娱乐、复仇），但他们是否真能成功就不好说了。例如，在马丁等人（Martin, et al., 2013）的实验研究中，在咆哮网站上“书写”愤怒的人，实际上在事后感到更愤怒、更不快乐。一般来讲，从长远来看，攻击性表达是适应不良的（maladaptive），“尽管短期内，攻击性表达看起来是情绪调节的有效手段，但实际上，攻击性行为往往适得其反，会导致更大的、长期的负面影响”（Chester, 2017, p.368）。

此外，在线互动平台允许人们与他人交流愤怒情绪，也允许人们与目标对象讨论引发愤怒的情况。虽然情绪分享可能会带来积极的结果（因为会从别处获得社会支持）（Vermeulen, Vandebosch, & Heirman, 2018），但也可能鼓励“共同反刍”（co-rumination）（Spendelow, Simonds, & Avery, 2017），加快（消极的）情绪传染（Fan et al., 2014），而这些过程反过来又会加重消极情绪。

使用暴力媒介内容（参与网络暴力）不仅符合缓解愤怒情绪的企图，也符合“上调”这种情绪的企图。通过接触具有语义亲和力的、与自身情绪一致的媒介产品来延长甚至加剧自身愤怒的目标，与情境因素（需要在情境中保持警惕并做好准备）、首选的应对方式（接近性应对）以及性别等有关。例如，霍夫纳等人（Hoffner, et al., 2009）发现，在“9 • 11”袭击之后，接触与袭击有关的新闻就预示着愤怒。他们认为，这种媒介使用行为可以满足人的一种需要，即扩展消极情绪状态以保持警惕。诺布洛赫和奥尔特（Alter, 2006）的一项实验研究发现，有报复打算的男性在负面新闻上花更多时间以维持愤怒，而女性花更多时间阅读正面新闻以驱散愤怒。同样，塔米尔（Tamir）、米切尔（Mitchell）和格罗斯（2008）发现，当个体在预期对抗性任务（玩第一视角射击游戏《财富之兵》）时，他们更喜欢能增加他们愤怒程度（但不是兴奋程度）的音乐，愤怒确实使他们在这种任务中有更好的表现。

综上所述，体验愤怒可以导致一系列情绪调节策略，这些策略有赖于攻击性娱乐或网络攻击参与，短期内可能或多或少有效（能够产生积极的感觉，或者为认知和重评一个人的感情提供材料），长期内可能或多或少具有适应性（在网络世界复仇，最终可能适得其反）。在接下来的内容中，我们关注另一种消极情绪（无聊），这与过去人们选择“激发人心”（arousing）的媒介内容有关。我们认为，对攻击性媒介内容的参与，不仅与媒介内容“激发人心”的潜力有关，而且符合人们通过媒介内容寻找“意义”以应对无聊的策略。

通过参与攻击性的媒介内容来调节无聊的情绪

无聊是一种消极情绪，其特征是消极效价、低唤醒和刺激不足（Brissett & Snow, 1993）。不仅在学校和工作环境里（对手头经常重复的任务不感兴趣时），而且在闲暇时间里，无论是独自一人还是处于社交环境中，无聊的体验都是非常常见的（Hill & Perkins, 1985）。尽管无聊与缺乏参与有关，但经历过无聊的人通常渴望逃离这种消极状态，并以挑战和参与的形式积极寻求摆脱无聊的机会（Brissett & Snow, 1993）。一系列研究表明，无聊的人特别愿意参与意义建构的活动（van Tilburg & Igou, 2012），但这种对有意义活动的追求似乎走向了相反的方向。一方面，无聊会促进人的亲社会行为，如为公益事业捐款（van Tilburg & Igou, 2017）；另一方面，无聊往往与寻求消极环境和攻击性行为有关（Rupp & Vodanovich, 1997）。为了解释与无聊相关的行动中的这种矛盾，范蒂尔堡和伊古（van Tilburg, Igou, 2017）认为，不同的现实情况下，人们对意义的需求是不同的：在某些情况下，亲社会行为最能调节无聊并重建意义，而在其他一些情况下，攻击性行为可能会为此提供意义。后者与本奇和伦奇（Bench, Lench, 2013）提供的解释有关，他们认为，在某些情况下，无聊的功能在于考虑消极情况的收益和信息效用，而这种消极情况往往会在其他更激发人心的、负面的情绪中受到忽视（这种负面情绪会呼吁更紧急的行动，如在愤怒的情境下，攻击阻碍你实现目标的物体或人）。这些消极情况包括暴力和攻击性，那些由于缺乏环境的外部刺激（与内部刺激相反，因为在内部刺激中，你可以使自己保持一种有趣或“娱乐”的状态）而对生活感到厌倦的人，尤其会寻求暴力和攻击性的内容（Dahlen, et al., 2004）。正如我们将进一步讨论的那样，处于无聊状态的人会选择具有攻击性的媒介内容，并以此作为一种重建意义和学习反思的方式。

青少年中，无聊是一种很常见的情绪（Caldwell, et al., 1999），产生无聊情绪的原因通常是他们控制力低（在学校听课时）或有太多时间无所事事，“闲得无聊”（Hill & Perkins, 1985）（晚上或学校假期枯坐家中时）。与成年人相比，这两种情况在青少年的生活中更为常见。此外，对自主性的需求日益增长，父母和学校的限制，以及尚未发展的冲动控制以及对感觉和刺激的高度需求，这些成长方面的问题使得“无聊”在青春期尤为突出（Caldwell et al., 1999）。

在媒介娱乐文献中，有相当多的证据表明，无聊与有选择地接触不同的媒介及其内容之间存在联系。格林伍德和龙（2009）的一项调查发现，有沉思倾向的个体尤其希望通过使用媒介，特别是电视来调节自己的无聊状态。作者认为，看电视可能是感觉无聊的人推迟关注负面事件的一种方式，某种意义来看，这种方式可以视作一种与回避相关的应对策略。布莱恩特和齐尔曼的研究（1984）表明，与压力大的人相比，无聊之人会更多地接触令人兴奋的内容。令人兴奋的媒介内容实现了缓解压力的目标，从而下调了以厌倦为特征的消极厌恶感（negative feeling of aversion）。有趣的是，这种缓解并没有发生在选择“轻松”媒介内容的“无聊之人”身上。鲍曼与坦博里尼（2015）发现，在任务需求不同的电子游戏背景下，作为获取注意力资源和分散当前思维的替代品，任务需求最大的游戏对于无聊的个体来说，情绪修复度最高。这一发现与契克森米哈里（Csikszentmihalyi, 1975）的研究相关联，他指出，无聊源于那些缺乏挑战性、任务需求较低的情境，玩一个任务要求高的游戏则可以改变无聊的感觉。

到目前为止，只有零碎的证据表明：无聊与选择性接触攻击性媒介内容之间存在一定联系。无聊的本质是一种情绪，人们为摆脱无聊而追求意义和刺激（van Tilburg & Igou, 2012），能提供极好机会来调节它的可能就是攻击性媒介了。这点可能与攻击性研究领域的发现有关，曾有研究指出，个人寻求攻击性活动，包括寻求媒介上与之相关的活动，如观看暴力电影或玩暴力视频游戏，并不是因为之前的情况具有挑衅性，其目的是享受（Bushman & Whitaker, 2010）。这种类型的攻击可以被视为一种“欲望攻击”（appetitive aggression; Elbert, Moran, & Schauer, 2017），由于它并不涉及对紧急威胁的反应（如“反应性攻击”），所以有人将它视作一种以积极情绪为特征的攻击行为和暴力。如果将欲望攻击和对刺激、意义的追求，以及从负面情境体验的效用中（安全地）获得更终极的功用联系起来看的话（Bench & Lench, 2013），用户在无聊的情境下消费攻击性的媒介内容确实能达到调节情绪的目的。

“禁果假说”（forbidden fruit hypothesis; Bushman & Stack, 1996; Whitaker et al., 2013）是用户选择性接触攻击性媒介内容的另一个原因，它尤其适用于青少年观众。这一假设假定，暴力电影和电子游戏等限制性内容之所以具有吸引力，尤其是对年轻观众而言，是因为这些内容会让他们好奇；或者，他们想向同龄人炫耀自己可以接触并处理这些内容。这解释了为什么攻击性媒介内容，如玩暴力电子游戏或观看恐怖电影在社交环境中对青少年如此有吸引力（Eglof, 2017, Goldstein, 1998; Sparks & Sparks, 2000）。此外，在整个青春期，用户经常体验到一种无聊的情绪，这种状态甚至可能会增强媒介攻击性内容的吸引力，因为它可以通过其刺激性来调节无聊。在无聊的状态下，禁果效应和享受媒介暴力内容的社会适应性（social affordances）是否会增强，尚待进一步研究。

有研究指出，在互动媒介的背景下，无聊是人们使用社交媒介的一个重要触发因素，尤其是“无聊倾向”这一个体特征，它是智能手机滥用（Wegmann, Ostendorf, & Brand, 2018）和互联网无序使用（Lin, Lin, & Wu, 2009）的强烈预测因素。互动媒介可以通过被动地（阅读社交媒介平台上的抨击名人的帖子）或主动地（喷子和网络欺凌）参与用户生成的攻击性内容来调节无聊感。里根和斯威特（Regan, Sweet, 2015）认为，用户被动观看网络剧里抨击或欺凌的事例，与“八卦”（gossip）有着相同的目的，“八卦”除了令人兴奋，还是一种交流社会信息和规范信息的手段，可教会个体从他人的“错误”中吸取教训。这很容易与个体通过寻找有意义的内容来调节无聊情绪的例子联系起来。尽管还没有实证检验之，但我们可以这样假设，无聊可能是触发那些旁观者或潜水者参与在线抨击的一个重要因素。

但媒介的无所不在及其日益增长的互动性也创造了更多的可能性，使得用户可以在攻击性内容，甚至是不受欢迎的行为中找到满足感，如线上抨击、充当水军和网络欺凌等。例如，有研究表明，寻求感官刺激与网络欺凌行为之间存在联系（Slonje et al., 2012），这表明，无聊的体验也可能起到一定作用。一项探索性研究指出，“无聊是参与网络欺凌的动机之一”（Varjas et al., 2010）。无聊是否以及如何引发这种反社会、攻击性的网络行为？这种行为是出于娱乐还是其他目的？这些问题还有待我们更系统地研究。

总之，无聊是一种常见的负面情绪，其特点是缺乏参与，可通过参与（更）刺激和有意义的活动来调节。一方面，因其唤醒的直接属性，“卓越”的媒介攻击性内容可以满足用户的刺激需求（动作电影或摔跤表演带来的刺激，恐怖电影的感官体验）。另一方面，它还可以创造用户参与意义生成和学习的机会。这种享受可能与同时发生的攻击性内容，如社会正义有关（坏人受到惩罚），或者与能够处理残暴内容的社会满足感有关，而这也创造了用户在“现实生活”挑战中反思和学习的机会（Goldstein, 1999; Sparks & Sparks, 2000）。我们进一步认为，互动媒介还可以通过参与攻击性内容来调节无聊感。交互媒介的（过度）使用已经作为一种特质与无聊倾向联系在一起，在交互媒介应用程序中，攻击性内容无处不在，为获得刺激和意义，用户可以或主动或被动地消费它们。一句话，我们还需要进一步地实证研究。

结论与讨论

选择并参与攻击性娱乐如何能成为一种情绪调节策略，又如何能成为情绪体验性质、表达和强度的一种影响方式？本章旨在为此提供一些深入的看法。纳比（2010）呼吁在传播和媒介研究中研究离散情绪，施拉姆与沃思（2008）提出了情绪调节和选择享乐取向、非享乐取向媒介内容的宏观看法，受他们的启发，我们概述了如何通过参与攻击性媒介内容来调节愤怒、无聊这两种特定的负面情绪。

从前面的概述中我们可以清楚地看到，愤怒与负面（健康）结果相关，这表明下调这种情绪（总的来看）更具适应性。但这并不排除在某些情况下，愤怒（以及这种情绪的上调）可能是有作用的。总的来说，研究进一步表明，当个体试图下调（上调）情绪时，有些情绪调节策略更为有效，人们会选择他们认为足以达到调节其情绪目标的策略（Millgram, Sheppes, Kalokerinos, Kuppens, & Tamir, 2019）。有关借助媒介来调节愤怒情绪的研究表明，媒介可能支持压制性或逃避性的策略（当其娱乐内容或冷静的内容让人分心时），这些策略既可以是适应良好的，也可以是适应不良的。当人们接触暴力内容或在网上表现暴力时，他们更可能是在试图表达自己的情感（非攻击性表达是适应性的，攻击性表达是适应不良的）；或试图在认知上重新评估自己的体验；或只是在追随他们的（恶意的）行为倾向（因为他们冲动，无法控制自己的行为）。现有研究表明，人们对媒介作为调节工具有用性的预期，与其尝试调节的实际结果之间可能存在差异。未来的研究应该进一步探索：为了谁，在什么条件下，媒介使用可以代表一种愤怒的适应性调节策略，这种策略如何与个人使用的调节策略范围相适应。

至于"无聊"，攻击性的媒介内容可以为它提供快速的刺激（被纯粹的攻击唤醒）或意义（从负面事件中学习），在无聊的状态下，这两者都是可以寻求的。人们可能会质疑，快速刺激是不是调节无聊的最有效手段。虽然它会迅速消除无聊状态，但它也会触发心理和生理过程从而最终导致攻击性行为；如果经常把它作为一种调节策略，它甚至会导致用户脱敏。在当前媒介环境下，尤其是对年轻群体来讲，用户可以轻松、迅速地获得攻击性内容，这一点值得关注。基于对青少年成长的洞察（冲动控制力低下、强烈感官刺激寻求、对同龄人社会认可的高度需求），以及对无聊的特征（意义寻找、欲望攻击）和社交媒介的特征（无所不在、无限媒介选择、拟社会关系、在线解除抑制）的洞察，我们认为，在某些情况下，通过功能失调的情绪调节，"无聊"会引发活跃的、反社会的在线媒介消费。正如韦格曼等人（Wegmann, et al., 2018）所说，易受无聊影响的个人应该接受培训，通过互联网和智能手机使用以外的其他活动，来调节无聊引起的刺激不足，或者通过更有意义的媒介消费找到调节无聊的方式，作为减少参与攻击性媒介内容的一种方法。显然，这首先需要对无聊、情绪调节在选择攻击性娱乐内容中的作用，进行一些额外的实证研究。

正如我们已将无聊状态下用户选择攻击性媒介与寻求意义创造和安全体验负面情境联系起来，将媒介选择和攻击性娱乐详细描述为"好玩的行为"（playful actions）可能是一件趣事（Klimmt & Vorderer, 2009; Vorderer, 2001）。有一些媒介环境提供了安全的条件，使人可以在恶劣、令人厌恶的条件下（通常涉及攻击和暴力）玩耍、体验和学习。未来的研究可能会调查，特别是对年轻观众而言，享受攻击性的媒介内容，如那些类似于现实世界中的打闹游戏，对他们的情感和道德发展有何作用，又将对谁起作用（Pellegrini, 2002）。

对于愤怒和无聊（以及其他离散的情绪），传播学者可以依靠关于情绪和情绪调节的心理学见解，进一步发展他们的研究议程。

首先，很明显，大多数关于情感（心情、情绪）和媒介选择的研究实际上都集中在

3个方面：①对媒介的使用如何作为一种“反应关注”的调节策略（发生在情绪体验之后）；②如何调节媒介外部刺激产生的情绪；③对媒介的使用如何帮助他们自己所期望的人。但对媒介的使用也可能是“先行关注”调节策略的一部分，该策略关注情绪的情境选择、情境修改、注意力部署或认知变化，并且，该策略关注的情绪通常由外部刺激和媒介相关的刺激产生。例如，为避免无聊的对话，人们可能会选择刷手机，在长途飞行前下载Netflix系列剧，或开始在Facebook上关注他人，因为他们更期待自己创造的“好戏”。利文斯通和伊萨科维茨（Livingstone, Isaacowitz, 2015）的一项实验研究已经证明，那些被要求尽量减少负面情绪或感觉的人（尤其是老年人），其大部分时间都花在积极而非消极的内容上。研究者们认为这是一种“情境选择策略”（situation selection strategy），尽管该说明并未阐明其目的到底是防止媒介内容引发负面情绪，还是缓解之前存在的负面情绪。至于人们对某类媒介情绪调节好处的期待，进一步调查这些好处的实际来源将是一件有趣的事情。例如，是依靠他们自己的个人经历，还是依靠他人报告的所谓好处？

其次，传播研究者应该更多地关注情绪调节风格、情绪调节能力或情绪调节缺陷之间的个体差异，因为这可以解释，为什么经历相同离散情绪的人会选择不同类型的媒介内容，他们为什么会从相同类型的内容中获得不同的满足，或者，在短期或长期过程中经历不同类型的结果。另外，人们如何通过媒介来“调节他人的情绪”，也可以是一个研究方向。例如，父母可能会让孩子使用平板电脑或手机，以避免孩子在餐厅感到无聊，或者以此来表达他们的无聊。

最后，信息和通信技术（ICT）的潜力应该在情绪测量与监控方面，以及在“情感计算”和推荐系统的应用方面得到进一步探索。ICT创造了一个全天候、“移动”且互动的媒介环境，让人们可以通过接触内容或更积极的参与形式，即时（尝试）调节自己的情绪。这些技术也越来越多地提供了低调的、持续跟踪情绪的手段（通过智能手机或智能手表）。通过持续测量和监控这些情绪，媒介学者可以测试媒介内容是否有效，以及哪些媒介内容对情绪调节最有效。在应用方面，情绪跟踪（结合其他用户数据）可用于推荐特定类型的内容（压力大的人可能会看到放松疗法的广告，或通过Netflix推荐功能来接触一些放松型的媒介内容）。

参考文献

Arpan, L. M., & Nabi, R.L. (2011). Exploring anger in the hostile media process: Effects on news preferences and source evaluation. *Journalism and Mass Communication Quarterly*, 88(1), 5–22.

Bench, S., & Lench, H. (2013). On the function of boredom. *Behavioral Sciences*, 3(3), 459–472.

Bowman, N. D., & Tamborini, R. (2015). “In the Mood to Game”: Selective exposure and mood management processes in computer game play. *New Media & Society*, 17(3), 375–393. https://doi.

org/10.1177/1461444813504274.

Brissett, D., & Snow, R. P. (1993). Boredom: Where the future isn't. *Symbolic Interaction*, 16(3), 237–256.

Bryant, J., & Zillmann, D. (1984). Using television to alleviate boredom and stress: Selective exposure as a function of induced excitational states. *Journal of Broadcasting and Electronic Media*, 28(1), 1–20.

Bushman, B. J., & Huesmann, L.R.(2006). Short-term and long-term effects of violent media on aggression in children and adults. *Archives of Pediatrics and Adolescent Medicine*, 160(4), 348–352.

Bushman, B. J., & Stack, A. D. (1996). Forbidden fruit versus tainted fruit: Effects of warning labels on attraction to television violence. *Journal of Experimental Psychology: Applied*, 2(3), 207.

Bushman, B. J., & Whitaker, J. L. (2010). Like a magnet: Catharsis beliefs attract angry people to violent video games. *Psychological Science*, 21(6), 790–792.

Caldwell, L. L., Darling, N., Payne, L. L., & Dowdy, B. (1999). "Why are you bored?": An examination of psychological and social control causes of boredom among adolescents. *Journal of Leisure Research*, 31(2), 103–121.

Chester, D. S. (2017). The role of positive affect in aggression. *Current Directions in Psychological Science*, 26(4), 366–370.

Chida, Y., & Steptoe, A. (2009). The association of anger and hostility with future coronary heart disease. *Journal of the American College of Cardiology*, 53(11), 936–946.

Cole, P. M., Martin, S. E., & Dennis, T. A. (2004). Emotion regulation as a scientific construct: Methodological challenges and directions for child development research. *Child Development*, 75(2), 317–333. https://doi.org/10.1111/j.1467–8624.2004.00673.x.

Csikszentmihalyi, M. (1975). *Beyond boredom and anxiety*. San Francisco, CA: Jossey-Bass.

Dahlen, E. R., Martin, R. C., Ragan, K., & Kuhlman, M. M. (2004). Boredom proneness in anger and aggression: Effects of impulsiveness and sensation seeking. *Personality and Individual Differences*, 37(8), 1615–1627.

Egloff, B. (2017). You are not alone—social sharing as a necessary addition to the embracing factor. *Behavioral and Brain Sciences*, 40, e358.

Elbert, T., Moran, J., & Schauer, M. (2017). Appetitive aggression. In B. J. Bushman (Ed.), *Frontiers of social psychology. Aggression and violence: A social psychological perspective* (pp. 119–135). New York: Routledge/Taylor & Francis Group.

Erreygers, S., Vandebosch, H., Vranjes, I., Baillien, E., & De Witte, H. (2019). The longitudinal association between poor sleep quality and cyberbullying, mediated by anger. *Health Communication*, 34(5), 560–566.

Fan R., Zhao J., Chen Y., & Xu K. (2014). Anger is more influential than joy: Sentiment correlation in weibo. *PLoS ONE*, 9(10): e110184.

Fernandez, E., Day, A., & Boyle, G. J. (2015). *Measures of anger and hostility in adults*. In G. J. Boyle, D. H. Saklofske, & G. Matthews (Eds.), *Measures of personality and social psychological constructs* (pp. 74–100). Amsterdam: Elsevier Academic Press. https://doi.org/10.1016/B978-0-12-386915-9.00004-8.

Fredrickson, Barbara L. (1998).'What Good Are Positive Emotions?' *Review of General Psychology*, 2(3). 300–319. https://doi.org/10.1037/1089-2680.2.3.300.

Fredrickson, B. L. (2001). The role of positive emotions in positive psychology: The broadenand-build theory of positive emotions. *American Psychologist*, 56(3), 218–226.

Goldstein, J. (Ed.). (1998). *Why we watch: The attractions of violent entertainment*. New York, NY: Oxford

University Press.

Goldstein, J. (1999). The attractions of violent entertainment. *Media Psychology*, 1(3), 271–282.

Greenwood, D. N., & Long, C. R. (2009). Mood specific media use and emotion regulation: Patterns and individual differences. *Personality and Individual differences*, 46(5–6), 616–621.

Gregory, K., & Singh, S.S. (2018). Anger in academic Twitter: Sharing, caring, and getting mad online. *tripleC: Communication, Capitalism and Critique*, 16(1), 176–193.

Gross, J. J. (1998). The emerging field of emotion regulation: An integrative review. *Review of General Psychology*, 2(3), 271–299.

Gross, J. J. (2015). Emotion regulation: Current status and future prospects. *Psychological Inquiry*, 26(1), 1–26.

Gullone, E., & Taffe, J. (2012). The Emotion Regulation Questionnaire for Children and Adolescents (ERQ–CA): A psychometric evaluation. *Psychological Assessment*, 24(2), 409–417.

Hill, A. B., & Perkins, R. E. (1985). Towards a model of boredom. *British Journal of Psychology*, 76, 235–240.

Hoffner, C. A., Fujioka, Y., Ye, J., & Ibrahim, A. G. S. (2009). Why we watch: Factors affecting exposure to tragic television news. *Mass Communication and Society*, 12(2), 193–216.

Hormes, J. M., Kearns, B., & Timko, C. A. (2014). Craving Facebook? Behavioral addiction to online social networking and its association with emotion regulation deficits. *Addiction*, 109(12), 2079–2088.

Johnson, B. K., & Knobloch-Westerwick, S. (2014). Glancing up or down: Mood management and selective social comparisons on social networking sites. *Computers in Human Behavior*, 41, 33–39.

Klimmt, C., & Vorderer, P. (2009). Media entertainment. In C. Berger, M. Roloff, & D. Roskos-Ewoldsen (Eds.), *Handbook of communication science* (2nd ed., pp. 345–361). Los Angeles, CA: Sage.

Knobloch, S., & Zillmann, D. (2002). Mood management via the digital jukebox. *Journal of Communication*, 52 (2), 351–366.

Knobloch-Westerwick, S., & Alter, S. (2006). Mood adjustment to social situations through mass media use: How men ruminate and women dissipate angry moods. *Human Communication Research*, 32(1), 58–73.

Krohne, H. W., Pieper, M., Knoll, N., & Breimer, N. (2002). The cognitive regulation of emotions: The role of success versus failure experience and coping dispositions. *Cognition and Emotion*, 16(2), 217–243.

Lin, C. H., Lin, S. L., & Wu, C. P. (2009). The effects of parental monitoring and leisure boredom on adolescents' internet addiction. *Adolescence*, 44(176), 994–1004.

Livingstone, K. M., & Isaacowitz, D. M. (2015, November). Situation selection and modification for emotion regulation in younger and older adults. *Social Psychological and Personality Science*, 6(8), 904–910. https://doi.org/10.1177/1948550615593148.

Lougheed, J. P., & Hollenstein, T. (2012). A limited repertoire of emotion regulation strategies is associated with internalizing problems in adolescence: Adolescent emotion regulation patterns. *Social Development*, 21(4), 704–721.

Mares, M.-L., & Cantor, J. (1992). Elderly viewers' responses to televised portrayals of old age: Empathy and mood management versus social comparison. *Communication Research*, 19(4), 459–478. https://doi.org/10.1177/009365092019004004.

Martin, R. C., Ryan Coyier, K., VanSistine, L. M., & Schroeder, K. L. (2013). Anger on the internet: The perceived value of rant-sites. *Cyberpsychology, Behavior, and Social Networking*, 16(2), 119–122.

Millgram, Y., Sheppes, G., Kalokerinos, E. K., Kuppens, P., & Tamir, M. (2019). Do the ends dictate the means in emotion regulation? *Journal of Experimental Psychology: General*, 148(1), 80–96.

Minnebo, J., & Eggermont, S. (2012). Trauma recovery in victims of crime: The role of television viewing motives and television exposure. *Journal of Loss and Trauma*, 17(1), 73–97.

Menninghaus, W., Wagner, V., Hanich, J., Wassiliwizky, E., Jacobsen, T., & Koelsch, S. (2017). The distancing-embracing model of the enjoyment of negative emotions in art reception. *Behavioral and Brain Sciences*, 40, 1–15.

Nabi, R. L. (2010). The case for emphasizing discrete emotions in communication research. *Communication Monographs*, 77(2), 153–159.

Nabi, R. L., Finnerty, K., Domschke, T., & Hull, S. (2006). Does misery love company? exploring the therapeutic effects of tv viewing on regretted experiences. *Journal of Communication*, 56(4), 689–706.

Novaco, R. W. (1994). Anger as a risk factor for violence among the mentally disordered. In J. Monahan & H. J. Steadman (Eds.), *Violence and mental disorder* (pp. 21–59). Chicago, IL: University of Chicago Press.

Oliver, M. B. (2009). Affect as a predictor of entertainment choice: The utility of looking beyond pleasure. In T. Hartmann (Ed.), *Media choice* (pp. 181–198). New York. NY: Routledge.

Patchin, J. W., & Hinduja, S. (2017). Digital self-harm among adolescents. *Journal of Adolescent Health*, 61(6), 761–766.

Pellegrini, A. D. (2002). Rough-and-tumble play from childhood through adolescence: Development and possible functions. In P. K. Smith & C. H. Hart (Eds.), *Blackwell handbook of childhood social development* (pp. 437–453). Blackwell Handbooks of Developmental Psychology. Malden, MA: Blackwell.

Plaisier, X. S., & Konijn, E. A. (2013). Rejected by peers—attracted to antisocial media content: Rejection-based anger impairs moral judgment among adolescents. *Developmental Psychology*, 49(6), 1165–1173.

Raney, A. A., & Bryant, J. (2002). Moral judgment and crime drama: An integrated theory of enjoyment. *Journal of Communication*, 52(2), 402–415.

Regan, P. M., & Sweet, D. L. (2015). Girls and online drama: Aggression, surveillance, or entertainment? In J. Bailey & V. Steeves (Eds.), *eGirls, eCitizens: Putting technology, theory and policy into dialogue with girls' and young women's voices* (pp. 179–198). Ottawa, ON: University of Ottawa Press/Les Presses de l'Université d'Ottawa.

Reinecke, L. (2017). Mood management. In P. Rössler (Ed.), *The international encyclopedia of media effects* (pp. 1271–1284). Chichester, West Sussex, Malden, MA: Wiley-Blackwell.

Rubin, A. M., Haridakis, P. M., & Eyal, K. (2003). Viewer aggression and attraction to television talk shows. *Media Psychology*, 5(4), 331–362. https://doi.org/10.1207/S1532785XMEP0504_02.

Runions, K. C., Bak, M., & Shaw, T. (2017). Disentangling functions of online aggression: The Cyber-Aggression Typology Questionnaire (CATQ): Cyber-aggression typology questionnaire. *Aggressive Behavior*, 43(1), 74–84.

Ruggiero, T. E. (2000). Uses and gratifications theory in the 21st century. *Mass Communication and Society*, 3(1), 3–37.

Rupp, D. E., & Vodanovich, S. J. (1997). The role of boredom proneness in self-reported anger and aggression. *Journal of Social Behavior and Personality*, 12(4), 925–936.

Schramm, H., & Cohen, E.L. (2017). Emotion regulation and coping via media use. In P. Rössler, C. A. Hoffner, & L. van Zoonen (Eds.), *The international encyclopedia of media effects* (pp. 1–9). Hoboken, NJ: Wiley.

Schramm, H., & Wirth, W. (2008). A case for an integrative view on affect regulation through media usage. *Communications*, 33(1), 27–46.

Sharman, L., & Dingle, G. A. (2015). Extreme metal music and anger processing. *Frontiers in Human Neuroscience*, 9, 1–11.

Simon, R. W., & Nath, L. E. (2004). Gender and emotion in the United States: Do men and women differ in self reports of feelings and expressive behavior? *American Journal of Sociology*, 109(5), 1137–1176.

Slonje, Robert, Slonje, R., Smith, P. K., & Frisén, A. (2013). 'The Nature of Cyberbullying, and Strategies for Prevention'. *Computers in Human Behavior*, 29(1), 26–32. https://doi.org/10.1016/j.chb.2012.05.024.

Sparks, G. G., & Sparks, C. W. (2000). Violence, mayhem, and horror. In D. Zillmann & P. Vorderer (Eds.), *Media entertainment: The psychology of its appeal* (pp. 73–92). Mahwah, NJ: Erlbaum.

Spendelow, J. S., Simonds, L. M., & Avery, R. (2017). The relationship between co-rumination and internalizing problems: A systematic review and meta-analysis: Co-rumination and internalizing problems. *Clinical Psychology and Psychotherapy*, 24(2), 512–527.

Stevens, E. M., & Dillman Carpentier, F.R. (2017). Facing our feelings: How natural coping tendencies explain when hedonic motivation predicts media use. *Communication Research*, 44(1), 3–28.

Strauss, M., Raubenheimer, J. E., Campher, D., Coetzee, C., Diedericks, A., Gevers, H., … van Niekerk, S. (2016). The development of an emotional regulation scale for adolescents. *South African Journal of Occupational Therapy*, 46(3), 41–48.

Tamir, M., Mitchell, C., & Gross, J. J. (2008). Hedonic and instrumental motives in anger regulation. *Psychological Science*, 19(4), 324–328.

Tangney, J. P., Wagner, P. E., Marschall, D., & Gramzow, R. (1991).*The Anger Response Inventory* (ARI). Fairfax, VA: George Mason University.

Thompson, R. A. (1994). Emotion regulation: A theme in search of definition. *Monographs of the Society for Research in Child Development*, 59(2–3), 25–52.

Trampe, D., Quoidbach, J., & Taquet, M. (2015, December 23). "Emotions in Everyday Life." Edited by Alessio Avenanti. *PLOS ONE* 10, no. 12: e0145450. https://doi.org/10.1371/journal. pone.0145450.

Unsworth, G., Devilly, G. J., & Ward, T. (2007). The effect of playing violent video games on adolescents: Should parents be quaking in their boots? Psychology, *Crime and Law*, 13(4), 383–394.

van Tilburg, W. A., & Igou, E. R. (2012). On boredom: Lack of challenge and meaning as distinct boredom experiences. *Motivation and Emotion*, 36(2), 181–194.

van Tilburg, W. A., & Igou, E. R. (2017). Can boredom help? Increased prosocial intentions in response to boredom. *Self and Identity*, 16(1), 82–96.

Varjas, K., Talley, J., Meyers, J., Parris, L., & Cutts, H. (2010). High school students' perceptions of motivations for cyberbullying: An exploratory study, *Western Journal of Emergency Medicine*, 11(3), 269–273.

Vermeulen, A., Vandebosch, H., & Heirman, W. (2018). #Smiling, #venting, or both? adolescents' social sharing of emotions on social media. *Computers in Human Behavior*, 84, 211–219.

Vorderer, P. (2001). It's all entertainment, sure. But what exactly is entertainment? Communication research, media psychology, and the explanation of entertainment experiences. *Poetics*, 29, 247–261.

Wakshlag, J., Vial, V., & Tamborini, R. (1983). Selecting crime drama and apprehension about crime. *Human Communication Research*, 10(2), 227–242.

Weber, R., Ritterfeld, U., & Kostygina, A. (2006). Aggression and violence as effects of playing violent video games? In P. Vorderer & J. Bryant (Eds.), *Playing video games: Motives, responses, and consequences* (pp. 347–361). Mahwah, NJ: Erlbaum.

Wegmann, E., Ostendorf, S., & Brand, M. (2018). Is it beneficial to use Internet-communication for escaping from boredom? Boredom proneness interacts with cue-induced craving and avoidance expectancies in explaining symptoms of Internet-communication disorder. *PloS One*, 13(4), e0195742.

Whitaker, J. L., Melzer, A., Steffgen, G., & Bushman, B. J. (2013). The allure of the forbidden: Breaking taboos, frustration, and attraction to violent video games. *Psychological Science*, 24(4), 507–513.

Wranik, T., & Scherer, K. R. (2010). Why do I get angry? A componential appraisal approach. In M. Potegal, G. Stemmler, & C. Spielberger (Eds.), *International handbook of anger: Constituent and concomitant biological, psychological, and social processes* (pp. 243–266). New York, NY: Springer Science + Business Media.

Zillmann, D., & Bryant, J. (1985). Affect, mood, and emotion as determinants of selective exposure. In D. Zillmann & J. Bryant (Eds.), *Selective exposure to communication* (pp. 157–189). Hillsdale, NJ: Erlbaum.

Zillmann, D., Hezel, R. T., & Medoff, N. J. (1980). The effect of affective states on selective exposure to televised entertainment fare. *Journal of Applied Social Psychology*, 10(4), 323–339.

第二十六章　作为（数字）媒介娱乐的体育

尼基·刘易斯

在娱乐消费者的众多媒介代餐中，体育占了相当大的比例。2017年，美国电视屏幕上播放了13.4万小时的体育节目，这是15年来的最高水平（Nielsen, 2018）。传统的赛事报道和现场节目（新闻、评论和分析节目）越来越普及，当然，也有细分的、特定的频道和网络会继续满足受众的需求。数字和社交媒介技术的进步也为体育观众消费和参与体育媒介创造了新的方式（流媒介服务、奇幻体育、电子竞技），现在全世界超过一半（56%）的互联网用户每月都在网上观看体育赛事或精彩集锦（全球网络指数/Global Web Index, 2018）。

本章概述了作为娱乐现象的媒介体育。本研究以体育观看和体育消费的关键组成部分为主，其中涉及观众特征、媒介内容特征和体育消费环境之间的相互作用。在过去几十年中，研究人员对体育媒介娱乐体验有了更多的了解（Denham, 2004; Hall, 2015; Peterson & Raney, 2008），但他们仍面临许多问题。本章通过对体育媒介娱乐研究的过去、现在和未来可能性的概述，为研究人员提供指导，并特别关注媒介体育在我们日常生活中的重要作用。

作为媒介娱乐的体育的理论框架

在人类历史上，观看体育赛事一直是一项重要的休闲和娱乐活动（Kraus, 1990; Zillmann, 2000）。但多年来针对体育观众的批评却层出不穷（Lazarsfeld & Merton, 1948），如“好斗”“懒惰”的标签，以及“负面的价值观”“糟糕的人际关系”（Wann, 2018）之类的说法。不过，除了某些孤立的事件外，总的来说，体育观众并不暴躁，观看体育比赛也不会起到宣泄的作用（Bryant & Raney, 2000）。观看体育活动是人们休闲、消磨时间的一种好办法，可以缓解无聊和紧张，同时允许个人发展（Zillmann, Bryant, & Sapolsky, 1989）。重要的是，体育媒介可以为那些不能亲自参加体育运动的人服务。观看体育节目是一项低强度且允许观众有广泛兴趣的活动。体育活动还有一些与观众身份相关的社会效果，它可以促进并带来人与人之间的社会学习（Bandura, 2011）。此外，它还可以作为日常生活的润滑剂和“通行货币”。

在大众媒介兴起之前，体育观众需要亲临体育赛事的举办地观赛，如体育场和竞技场。因此，体育媒介对他们的报道往往是受限的、本地化的。随着广播和数字技术的发明，这种情况发生了变化。广播和数字技术使人们得以通过广播、电视和网络设备来消费体育内容。在美国，媒介体育的发展与媒介的发展大体一致（Deninger, 2012）。体育媒介消费逐渐成为大众媒介代餐的一个关键组成部分，研究人员开始评估与体育观看相关的各种过程及其影响，包括其更广泛的吸引力（Bryant, Comisky, & Zillmann, 1981; Sapolsky & Zillmann, 1978; Zillmann, et al., 1989）。在接下来的几年里，在心理学和传播学以及媒介娱乐领域，人们对媒介体育的研究变得更加成熟（Vorderer & Hartmann, 2009）。正是在这段时间里，这些领域开始接受更严肃的理论和实证检验，其范围超出了新闻、政治和公共事务内容对受众的影响（Zillmann & Bryant, 1985），这一转变的关键是人们对媒介体育的研究，人们对它的早期探索（Comisky, Bryant, & Zillmann, 1977; Gantz, 1981; Hastorf & Cantril, 1954; Prisuta, 1979）奠定了我们现在的理论基础。也因此，本节概述了一些理论观点，它们分析了媒介体育的魅力。

兴奋转移与悬念

兴奋转移理论（Zillmann, 1991）关注媒介体验中人们情绪反应的唤醒成分，包括中介化的体育体验。唤醒（arousal）与情绪反应的能量（energy）而非效价（valence）有关，它会强化行为。兴奋转移理论指出，前一事件的唤醒可能会影响后续事件的情绪反应，而这种反应会更强烈。举个例子，诱发愤怒的体验所产生的残余唤醒（residual arousal），会加剧人们对接下来的另一种刺激的恐惧反应。研究者对这一理论的应用已经提出了几个核心批评观点（Cummins, Wise, & Nutting, 2012）。从广义上讲，与兴奋转移相关的唤醒效应通常是短暂的。该领域的许多现有研究都使用了不相关的刺激（Cummins, et al., 2012），这样就降低了生态效度。该理论还假设个体无法意识到他们仍在经历之前经历过的兴奋。

研究人员将悬念与兴奋用于预测、理解观众对媒介体育内容的情绪反应。齐尔曼（1991）提出，与未来结果不确定性相关的悬念和戏剧性悬念是有差别的。戏剧性悬念与人们对负面结果将要发生的高度确定感有关。观众只有相对投入负面结果中，戏剧性悬念才能达到高水平。在观看体育比赛时（无论是面对面观看还是通过媒介观看），即使不是在比赛之前，也会是在比赛早期，观众就与其看好的球队之间建立了忠诚感。随着负面结果的确定性增加（一个人喜欢的团队即将失败），戏剧性悬念达到了最高点。这种方法有助于解释这一现象，即为什么在结果变得更为确定的情况下，一些特定玩家或团队的追随者仍会继续观看。齐尔曼（1980）提供了这一过程的基本方程式，其中，观众对特定玩家的偏好，外加对负面结果的恐惧，导致高水平的共情痛苦，观众的同情、对观看内容的认知评估，共同构成了与这种痛苦相关的唤醒。

但人们对体育观众的悬念和享受之间关系的研究的结果是混杂的（Bryant & Raney, 2000; Bryant, Rockwell, & Owens, 1994; Gantz & Wenner, 1995; Sapolsky, 1980），其他与体育相关的悬念的定义已经脱离了齐尔曼（1991）的原初解释。人们把悬念重新定义为一种与未来结果的不确定性有关的情感体验，其结果的效能（valence）可以是积极的，也可以是消极的（Peterson & Raney, 2008）。当比赛结果极其接近，不会出现可怕的结果时，观众会获得更多的享受。这种重新定义与传统的戏剧描述中的悬念形成了对比，在传统的戏剧描述里，当主人公面临令人担忧的负面结果时，悬念增加。在体育运动中，当主角和对手获胜的机会均等时，悬念增加。

其他学者也研究了悬念与媒介体育享受之间的关系。观众与运动员之间的拟社会关系积极与否，与其观看体育比赛时的悬念大小有关（Hartmann, Stuke, & Daschmann, 2008），而且，观众放松的情绪可以调节悬念和享受之间的关系（Madrigal, Bee, Chen, & LeBarge, 2011）。霍尔（Hall, 2015）发现，棒球比赛期间，在悬念较大时，无论预期结果如何，观众对球赛的乐趣都会增加。在这种情况下，悬念弥补了失败，观众可以从"至少这是一场好比赛"的想法中得到安慰。这些研究表明，那些与媒介体育收看悬念相关的结果并不必然是消极的，所以我们需要对媒介体育享受进行更仔细的理论推导。

倾向

在解释观众对媒介体育内容的反应方面，那些基于倾向的理论（Zillmann, 1996）特别有用（Raney, 2006），齐尔曼和康托尔（1976）在他们的快乐倾向理论中首次引入了这一概念。简而言之，这一理论假设，在戏剧中，发生在坏角色身上的坏事应该让观众满意，而发生在中性或好角色身上的坏事应该让观众生气（反之亦然）。

在所有的娱乐形式中，倾向理论在体育观众身上表现得最为明显（Zillmann & Bryant, 1994），因为体育比赛的性质明确允许人们有喜欢或讨厌运动员和团队的倾向。观众对特定运动员或球队的倾向可能会影响他们对随后比赛的享受（Zillmann, et al., 1989），观众希望他们喜欢的运动员和球队获胜，同时希望他们讨厌的运动员和球队失败。总之，对运动员和团队的情感倾向，会影响观众对个体比赛、瞬间动作和整体项目的享受程度。

在这里，人与人之间的冲突似乎起到了一定作用，观众自己早已决定了体育内容的主角和对手。雷尼（2004）考虑了媒介享受过程中的角色喜好和道德评价后，进一步扩展了这一点。他发现，在观看体育比赛过程中，观众被激活的思维图式（schemas）会影响其对戏剧内容的享受，而且，这些图式取决于观看者的品质。在将这一点应用于体育媒介环境时，本节发现，能激活这些图式的观众特征中，观众的粉籍（fanship）可能是最为显著的一种，下节将就这一发现展开来讲。

情绪管理

齐尔曼（1988/2000）提出了情绪管理理论，以此作为一种解释媒介选择行为（选择性接触）的方法。其中，个人选择并消费特定的媒介内容有两个好处：①增加和扩展积极情绪；②减少和消除消极情绪。从广义上讲，情绪管理理论得到了大量的文献支持（Raney, 2006; Reinecke, 2016）。但关于体育观看背景下情绪管理的研究较少（Raney & Depalma, 2006）。尽管缺乏这方面的研究，情绪和体育观看之间的联系似乎很明显，因为运动行为刺激的唤醒可能会延长那些人的兴奋状态（Zillmann, 1988; Cummins, Keene, & Nutting, 2012）。

情绪管理理论（在其最初的假设中）并没有解释，在有些情况下，观众为何依然会选择去观看，如当他们喜欢的运动员或球队输球的可能性非常高（球员受伤、表现不佳的球队）时，或者，当已经有预测说比赛没什么意思时。对那些在更一般意义上选择非享乐取向的娱乐行为（悲伤电影、负面新闻报道），情绪管理理论也没有解释。后来，齐尔曼（2000）从信息效用的角度定义了以上类型的媒介选择，其中，获取信息的潜在效用驱使人们消费信息类与教育类媒介内容，反过来，传统的享乐取向的使人们做了大多数娱乐的媒介选择。

多年来，那些非享乐主义的媒介选择和享受相关的学术研究不断增多（Janicke-Bowles, Bartsch, Oliver, & Raney, this volume; Oliver & Bartsch, 2010; Raney, 2003; Vorderer & Reinecke, 2015）。这些努力确定了媒介消费的享乐和实现主义动机，讨论了娱乐体验的意义和欣赏相关的结果，也讨论了媒介享受中固有的快乐成分。这表明，与媒介体育观看相关的享受基于积极或消极的影响激发了自我超越的情绪反应（Lai, Haidt, & Nosek, 2013）和亲社会结果（Bartsch, Oliver, Nitsch, & Scherr, 2018）。下节将更详细地解释这些与享乐和实现主义相关的观点。

享乐主义与实现主义视角

有人把媒介享受定义为一种“多维元情感”（multidimensional meta-emotion）的娱乐（Vorderer & Hartmann, 2009; Vorderer, Klimmt, & Ritterfeld, 2004），它涉及了享乐主义和实现主义取向的反应。雷尼（2013）确定了3个主题，来解释观众如何通过观看体育媒介来获得乐趣：①对赛场上行为的情绪反应（对运动员和团队的倾向）；②对内容特征（比赛的亲密程度、暴力程度、播音员评论）的情绪反应；③认知与社会需求（知识、美学、认同感）被满足后的满足感。

前两个主题与观众对媒介内容的享乐反应相符合，并且在很大程度上可以由前面概述的理论（兴奋传递和悬念、性格和情绪管理理论）来解释。第三个主题与媒介运动享受体验中的实现主义部分更为相符，后者侧重于满足认知和社会需求。到目前为止，越来越多的证据表明，各种不同的享乐主义和实现主义结果与媒介体育观看有关。霍尔（2015）发现，观看体育比赛带来的享受感与积极情绪有关，而欣赏感与积极、消极和有意义的情绪都有关。霍尔的研究结果表明，对于那些参与的人来说，收看转播体育比赛的意义更大，远远超出了观看自己喜爱的球队获胜所带来的愉悦感。体育观众愿意尝试这种负面情绪，同时仍然欣赏这种体验，并将其与更深层次的意义和人际关系联系起来。

我们也可以用一种实现主义视角来重构人们收看体育节目时的其他体验。在重新审视悬念这一概念时，通过加强个人与赛事、球员和其他观众的联系，我们可以把它和人们对体育赛事的欣赏联系起来，还可以把它与观众对运动本身元素（运动员表现出的毅力和韧性）的欣赏联系起来。显然，它与运动员、团队的联系是多层面的。但体育观众实际上与哪些属性有关，人们仍然有疑问。对此，坦博里尼（2011）及其同事将媒介享受概念化为需求满足的做法，可以给人们提供一些见解。基于自我决定理论（Deci & Ryan, 1985），坦博里尼等人将媒介享受定义为与自主性、胜任感和关联性相关的需求满足。在享受媒介体育内容方面，关联性可以发挥特别重要的作用。人们把关联性定义为一种与他人保持联系的需要，其作用可能与体育“粉丝”的粉籍类似，通常，“粉丝”的身份会将人们聚集在一起，去支持特定运动员、团队、城市或国家。

与此类似，在媒介上观看体育的过程中，人们会产生一种特殊的实现主义反应，那就是升华感，它是观众在见证他人优秀表现时产生的以他人为中心的情绪（Algoe & Haidt, 2009; Lai, Haidt, & Nosek, 2013; Oliver, Hartmann, & Woolley, 2012）。这种升华感可能与美学或业绩因素有关。

在各自的运动项目中，许多业余和职业运动员达到了人类体能的巅峰。当那些参与并投入体验的观众目睹某些壮举（足球运动员在比赛快结束时攻入制胜一球，或体操运动员完成自由体操的表演）时，很可能会产生一种升华感。体育道德行为也可能引发同样的情绪反应。比如在奥运会400米赛跑中，田径明星德里克·雷德蒙德（Derek Redmond）的父亲在雷德蒙德腿筋撕裂后，帮助雷德蒙德越过终点线。沃德勒和哈夫曼（2019）提出，这些类型的娱乐体验可能会引发一种共鸣现象（Rosa, 2016），在这种现象中，一个人既能感受到其与外部世界的联系，又能在情感上对此作出反应（Vorderer, this volume）。总之，与消费其他类型的娱乐内容类似，观看体育运动时的体验可以唤醒观众两种面向的反应，即享乐主义与实现主义的反应。

作为媒介娱乐的体育的特征：观众、内容和背景

观众"粉籍"

除了利用理论框架来解释媒介体育的魅力，在解释观众对媒介上体育内容的享受反应时，研究人员还发现了一系列重要的观众属性，第一个属性就是粉籍。学者（Cummins, 2009; Gantz & Wenner, 1995; Lewis & Weaver, 2015）研究了体育粉丝在媒介体育消费中的作用，他们发现，在自我报告、生理反应和内隐测量中，强烈认同体育的人与低认同的人对体育内容的反应不同，他们与其他电视类型的粉丝也截然不同（肥皂剧、真人秀；Gantz, Wang, Paul, & Potter, 2006）。体育迷是活跃的、有强烈兴趣的观众，他们的观看仪式会持续很长时间，相比其他类型的粉丝，在活动之前、期间和之后，他们会寻找更多的信息。

体育迷通常与认同感有关（Brown, this volume; Cohen & Klimmt, this volume），他们对国家、城市、球队和运动员个人的认同程度可能会有所不同。许多学者，尤其是社会心理学家，都对这一特殊现象进行了研究。粉籍和"粉圈"（fandom）是两个截然不同的概念，粉籍包含了对特定兴趣的认同（在本例中为体育），而粉圈包含了对其他粉丝的认同（Reysen & Branscombe, 2010）。沃恩（Wann, 1995）总结了体育迷的8种动机：良性压力、自尊提升、逃避、娱乐、经济、审美、团体关系和家庭需求。反过来，雷尼（2006）确定了11种媒介体育观看动机，并把它们分为3个领域：①情绪动机，包括娱乐、压力、自尊提升和逃避；②认知动机，包括学习和审美；③行为和社会动机，包括释放、陪伴、群体归属、家庭和经济因素。

从更广泛的角度来看，体育迷的动机与前面概述的体育媒介观看动机之间显然存在相似之处。研究体育粉圈的社会心理学家和传播研究人员（Earnheardt & Haradakis, 2008; Melnick & Wann, 2004）经常将体育媒介消费情况（电视观看、广播收听）作为体育粉圈行为的证据。同样可以作为证据的还有其他结果变量，如体育赛事的出席率、与他人谈论体育（体育的社会化）。

社会认同理论（Tajfel, 2010）一直是理解体育粉丝行为的有效理论，因为体育将人们与更大的社会网络联系在一起，使其能够清楚地识别其内群体和外群体的成员。个人的自我认同、自尊与其所属群体的声誉密切相关，恰尔迪尼及其同事（Cialdini et al., 1976）通过确定体育迷的两个关键行为证明了这一点：当喜欢的球队获胜时，他们觉得"与有荣焉"（basking in reflected glory，BIRG）；当喜欢的球队失败时，他们会"避之不及"（Cutting Off Reflected Failure，CORF）。这些沉浸和切断的行为最初是通过比赛后使用所有格代词（我们赢了，他们输了）和佩戴体育用品来衡量的，并且这种情况在赢后或输后更常见。赫尔特及其同事（Hirt, Zillmann, Erickson, & Kennedy, 1992）进一步扩

展了这一点。他们发现，相较于比赛失利之后，粉丝们在比赛获胜后在个人、社会等方面对自己能力的评价要高得多（Madrigal, 1995; Schramm & Knoll, 2017）。总之，体育粉丝会影响观众的行为，包括与媒介体育消费相关的行为。

观众特征

相关的人口统计学变量也会影响人们对体育媒介内容的反应。在这里，性别是其中最相关的变量之一（Reich, this volume），尤其是当它与体育暴力享受有关时。一般来说，男性比女性更喜欢暴力的、冒险的和快速的比赛（Bryant, et al., 1981; Sargent, Zillmann, & Weaver, 1998）。男人和女人都更喜欢充满悬念的大学篮球比赛，但当比赛分数变得非常接近时，女人的享受感就会下降（Gan, et al., 1997）。相较于男性，女性也发现艺术因素（美学）更为有趣。总的来说，有证据表明，女性（与男性相比）更倾向于体育的社会因素，而男性（与女性相比）更倾向于体育的认知成分（体育信息；Dietz-Uhler, Harrick, End, & Jacquemotte, 2000）。

迄今为止，关于观众的种族身份对体育媒介内容反应有何影响的学术研究尚不多见。萨波尔斯基（Sapolsky, 1980）的早期研究发现，白人观众支持白人运动员的程度，不如黑人观众支持黑人运动员的程度，我们可以从两个方面来解释这一发现，一是观众的期望偏向（Krumpal, 2013）；二是黑人篮球运动员的数量占篮球运动员总人数的比例更大（NCAA, 2018）。其他学者也考虑了观众对白人和黑人运动员的看法（Stone, Perry, & Darley, 1997），但这项研究的样本以白人为主。ESPN（美国娱乐运动节目网）进行的一项调查（Fainaru Wada, 2011）的结果表明，这是一个适合未来研究的领域。与少数白人受访者（7%）相比，大多数黑人受访者（57%）认为媒介对黑人运动员的描述不公平，这表明体育媒介内容对观众的影响因种族不同而有所不同。这些影响也有可能扩展到运动员和体育消费者的种族、宗教背景上。

此外，最近对观众年龄的调查获得了更多的关注（Brown, Billings, & Ruihley, 2012），不过，这种研究还处于初始阶段。可以证明，年龄是一个有趣的变量，有助于解释观众对媒介运动体验的反应将如何随时间和人们的寿命的变化而变化（Mares & Bonus, this volume）。

内容、平台及技术因素

有研究把内容和平台属性确定为影响体育娱乐体验的因素之一。从广义上讲，表现比赛冲突是电视体育戏剧性的关键（Bryant, Comisky, & Zillmann, 1981），如前所述，比赛中悬念的多少以及如何解决悬念是影响观众享受的关键特征（Bryant & Raney, 2000）。这一领域的学术研究主要体现在两个方面：一是研究体育赛事本身的内容特征；二是研究技术在塑造体育娱乐体验中的作用。

已有研究证明，增大比赛的风险、增强比赛的效果能增强观众对媒介体育的享受，另外，观众看到那些很少举办的比赛，尤其是这些比赛有效果时（Zillmann, et al., 1989），他们对媒介体育的享受会得到增强。最近有研究发现，体育节目主持人、评论员和体育节目的整体编辑会增强或减弱观众对体育节目冲突性、戏剧性的认知（Cummins & Hahn, 2013; Cummins, Keene, & Nutting, 2012; Sullivan, 1991）。评论员可以加剧冲突（这是实时发生的），使事件看起来比实际情况更暴力或更具攻击性（Bryant, Brown, Comisky, & Zillmann, 1982）。值得注意的是，有人认为，媒介上的体育赛事为观众提供了安全的空间，让他们消费并应对受认可的暴力，反过来，得到许可的暴力也可以激发观众去消费体育（Koo, Andrew, Hardin, & Greenwell, 2009），此类研究与其他媒介娱乐研究有冲突，这表明，观众并不需要在那些比赛内容变得更暴力后才获得享受感（Weaver, 2011）；但体育转播可能是一个特别独特的情境，如当体育媒介上的内容更暴力时（在一定程度上），由于暴力发生在游戏规则内和许可范围内，观众的享受感会得到增强。此外，兴奋水平、行动水平而非暴力水平，可能是媒介运动享受感的更强预测因子。在这一点上，康明斯和哈恩（Cummins, Hahn, 2013）发现，观众的感知暴力而非令人兴奋的比赛，有助于增加沉闷赛事的乐趣；而当缺乏行动时，暴力可能会成为兴奋的替代品。

平台和技术特征也是促成媒介运动体验的重要因素（Gantz & Lewis, 2014）。体育观众通常同时使用传统媒介（电视、广播）和新媒介（如智能手机、应用程序），这些使用模式可以是互补的，也可以是竞争性的（Cunningham & Eastin, 2017）。体育观众通常会将注意力分散在主屏幕和第二屏幕之间，这可能导致乐趣增加或减少，具体取决于使用情况（Rubenking & Lewis, 2016）。在社交媒介上发帖与更高的体育媒介享受度有关，但花在社交媒介上的时间越多，在网上查找无关内容的时间越多，享受度越低。体育观众在使用第二屏幕设备时，确保不错过体育赛事仍然是首要任务，似乎这才是提高他们运动享受感的关键部分。

体育观众也是活跃的、喜欢社交的（Lewis & Gantz, 2018），而且，在线参与是当代体育媒介消费的重要组成部分，它允许观众与他人建立联系，创造并维护一个有价值的身份。粉丝们喜欢新媒介是因为新媒介为他们的生活增添了更多乐趣、兴奋和意义（Gantz & Lewis, 2014）。新媒介提供了更多类型的内容、更大的控制权、更多的代理权、更强的互动性以及观众与现场体育赛事的联系（Sundar & Limperos, 2013）。较新的媒介还可以增加球迷对活跃在社交平台上的运动员和球队的感知接近度（perceived proximity; Hutchins, 2011）。“梦幻运动”（fantasy sports）是体育媒介消费者使用不同平台和技术来提升媒介体育体验的重要方式。参与梦幻体育包括组建和管理由足球、橄榄球和棒球等运动的现实世界职业运动员组成的在线团队。一些学者作为体育粉丝，研究了梦幻体育的参与情况（Billings & Ruihley, 2013; Brown, et al., 2012），他们发现，与那些非梦幻运动用户相比，梦幻体育的用户在观看体育节目时获得了更多的享受、娱乐和社交互动。

观看语境

影响媒介体育消费体验的最后一个特征是观看时的语境。齐尔曼等人（1989）很早就发现了这一因素，他们还发现，与他人一同观看的话，观众的乐趣会增加。大多数时候，人们在家观看体育节目，但通常是与其他人一起观看（Gantz, 2013），这有助于提升他们的社交体验（Rubenking & Lewis, 2016）。对于那些想在客厅和体育场之间作出选择的人来说，体育酒吧是一个不错的选择。体育酒吧为社会互动提供了社区环境和机会（Eastman & Land, 1997），在体育酒吧观看比赛也会使个体的粉丝身份合法化。从理论角度来看，研究认为，观看语境是媒介运动享受感的关键组成部分（Denham, 2004），它涉及社会规范、观看语境和内容的组合。体育观看中的社会规范通常被默认为男性规范，且观看行为发生在同质群体中。如果违反了规范，或者观众更加多样化，那么观众的享受体验可能会受到影响。虽然人们对社会规范、观看情境（viewing situations）的研究，比对内容的研究少，但很明显，观看语境（viewing context）可以在体育观看体验中发挥重要作用。

作为（数字）媒介娱乐的体育之外

雷尼（2013）将体育视为社会环境中的一种永恒存在。对许多人来说，媒介体育至少在日常和仪式上构成了我们媒介代餐的一部分。因此，这个话题引发了如此多的学术研究。人们花费了大量时间和精力来分析体育媒介消费的魅力和影响，这一领域的研究已经扩展到多个学科，包括心理学（Wann, Grieve, Zapalac, Partridge, & Parker, 2013）、社会学（Wenner, 1989）、受众研究（Gantz, 1981）、体育营销（Smolianov & Shilbury, 2005），性别研究（Messner, Duncan, & Jensen, 1993）和休闲研究（Rowe, 2006）。媒介效应范式对理解人们对体育媒介内容的反应非常有帮助。反过来，那些关注媒介体育消费的学术研究，在解释媒介体育观看引发的即时认知、情感、社会和行为效应方面，也取得了相当大的进展。展望未来，雷尼（2013）呼吁对与技术（Rubenking & Lewis, 2016）和道德（Lewis & Weaver, 2015）相关的体育媒介享受体验进行更多研究。接下来，本节将概述这些领域未来研究的几个潜在方向。

技术的作用

技术会一直并将继续作为影响体育媒介生产和消费的关键因素。直到20世纪70年代初，媒介体育内容的分发形式以模拟（非数字）为主，包括报纸上的报道以及广播和电视上的直播活动（周一晚间足球赛）。随着技术的进步和新媒介平台的发展，体育经常被用作决定其未来成功与否的试验场。例如，第一款在商业上成功的体育电子游戏*Pong*，在20世纪70年代和80年代曾推动了整个电子游戏行业的发展（Stokel Walker, 2012）。美商艺电（EA Sports）的国际足联（FIFA）特许经营权，自1993年以来每年都会发布，是有史以来最畅销的体育视频游戏特许经营权，在51个国家售出了2.6亿份（Valentine, 2018）。

包括立体（3D）电视和虚拟现实在内的实验技术也获得了不同程度的成功，它们既可以娱乐观众（3D电视转播的体育赛事），也可以帮助运动员提高技能（使用虚拟现实耳机练习高尔夫挥杆）。与此类似，视频和即时重播技术的新发展使体育观众得以提高对动作的感知接近度。摄像机和麦克风在当今运动员的制服与设备上很常见，人们对裁判和仲裁人的判罚有质疑时，可以从各种角度进行高清慢动作分析。有线电视和卫星电视提供商推出了专门的网络，创造了更多互动观看体验，让观众得以在体育赛事期间选择他们喜欢的摄像机角度和播音员评论（美国电话电报公司AT & T的多画面技术；ESPN对2019年职业橄榄球赛的报道）。YouTube、Twitch等在线视频平台为流媒介体育和电子竞技消费创造了替代性渠道。总之，技术的进步将继续推动体育娱乐体验的变革，并为学者们提供新的机会，使其更好地理解存在感和接近感在体育媒介领域不断增大的作用。

体育观众也利用了新媒介提供的社交参与机会。近80%的体育观众使用社交媒介观看节目（Cunningham & Eastin, 2017），与电视节目相关的Facebook等平台的活动有很大一部分集中在体育赛事上（Nielsen, 2016）。此外，近21%的美国人从事“梦幻运动”（FSGA, 2017），这在25年前基本上是闻所未闻的。这些媒介运动体验提高了观众的联结性和关联性，有助于未来的研究。更具体地说，我们需要继续研究社交媒介和“奇幻体育”对体育观看体验的影响。

身份与道德

在媒介体育消费过程中，体育观众会体验到更深层次的意义和人际关系，这点可能与其社会认同和粉籍有关。我们与家人、朋友和其他粉丝形成的社会认同是强大的（Tajfel, 2010），从更广泛的角度来看，体育在塑造社会认同方面可以发挥关键作用（Branscombe & Wann, 1991）。从道德角度来看，体育迷的粉籍与忠诚高度相关（Winegard & Deaner, 2010），而群体内忠诚是最容易识别的美德（Haidt & Joseph, 2004）。最近的证据还表明，体育迷以道德的方式回应违规者（Lewis & Hirt, 2018）。总之，对于高度认同的粉丝来说，消费体育的影响似乎可以超越认知、情感、社会和行为结果，进入道德领域。

同样地，作为对媒介享受的有效解释，虽然净化和宣泄的概念在很大程度上受到了批判，但亚里士多德提出的宣泄概念最初有净化（purging）和纯化（purification）的意思。在现有文献中，净化的概念可能没有多少支持性证据，纯化的概念尚未受到挑战（Vorderer, et al., 2004）。看到自己喜欢的球队获胜后，观众的社交和自我能力会增强，纯化可能是体育观看体验的一个关键组成部分（Hirt, et al., 1992）。此外，纯洁的道德基础与体育粉丝的粉籍之间存在正相关关系（Winegard & Deaner, 2010）。体育消费作为一种纯化手段，可能会使人们对体育媒介内容的反应超越其即时观看体验。

总之，研究方向应该超越关于体育观看的行为、前因和结果的类型学，后者曾一直以使用和满足方法为中心（Gantz, 1981）。对许多人来说，在当下，观看体育比赛是令人愉快的，但如果一生中都在看体育比赛，情况则会不同。在我们的整个生命周期中，观看和消费媒介体育扮演了什么角色？它如何影响我们的福祉、身份、态度和社会？这些是未来学者要考虑的问题。体育是一种有效的娱乐形式，因为娱乐、舒适、挑战和冒险都能带来乐趣（Hartmann, 2011）。对观众来说，激动人心的赛场对决和中场休息，以及与一群和我们相似的球迷在一起的舒适感，都是体育消费带来的满足。对我们来说，下一个挑战是确定与这项活动相关的长期效益和后果，这一挑战可能会激发未来几代人的研究兴趣。

参考文献

Algoe, S. B., & Haidt, J. (2009). Witnessing excellence in action: The "other-praising" emotions of elevation, gratitude, and admiration. *Journal of Positive Psychology*, 4, 105–127.

Bandura, A. (2011). Social cognitive theory. In P. A. M. Van Lange, A. W. Kruglanski, & E. T. Higgins (Eds.), *Handbook of social psychological theories* (pp. 349–373). Thousand Oaks, CA: Sage.

Bartsch, A., Oliver, M. B., Nitsch, C., & Scherr, S. (2018). Inspired by the Paralympics: Effects of empathy on audience interest in para-sports and on the destigmatization of persons with disabilities. *Communication Research*, 45, 525–553.

Billings, A. C., & Ruihley, B. J. (2013). Why we watch, why we play: The relationship between fantasy sport and fanship motivations. *Mass Communication and Society*, 16, 5–25.

Branscombe, N. R., & Wann, D. L. (1991). The positive social and self-concept consequences of sports team identification. *Journal of Sport and Social Issues*, 15, 115–127.

Brown, N., Billings, A. C., & Ruihley, B. (2012). Exploring the change in motivations for fantasy sport participation during the life cycle of a sports fan. *Communication Research Reports*, 29, 333–342.

Bryant, J., Brown, D., Comisky, P. W., & Zillmann, D. (1982). Sports and spectators: Commentary and appreciation. *Journal of Communication*, 32, 109–119.

Bryant, J., Comisky, P.W., & Zillmann, D. (1981). The appeal of rough-and-tumble play in televised football. *Communication Quarterly*, 29, 256–262.

Bryant, J., & Raney, A. A. (2000). Sports on the screen. In D. Zillmann & P. Vorderer (Eds.), *LEA's communication series. Media entertainment: The psychology of its appeal* (pp. 153–174). Mahwah, NJ:

Erlbaum.

Bryant, J., Rockwell, S. C., & Owens, J. W. (1994). "Buzzer beaters" and "barn burners": The effects on enjoyment of watching the game go "down to the wire." *Journal of Sport and Social Issues*, 18, 326–339.

Cialdini, R. B., Borden, R. J., Thorne, A., Walker, M. R., Freeman, S., & Sloan, L. R. (1976). Basking in reflected glory: Three (football) field studies. *Journal of Personality and Social Psychology*, 34, 366–375.

Comisky, P., Bryant, J., & Zillmann, D. (1977). Commentary as a substitute for action. *Journal of Communication*, 27, 150–153.

Cummins, R. G. (2009). The effects of subjective camera and fanship on viewers' experience of presence and perception of play in sports telecasts. *Journal of Applied Communication Research*, 37, 374–396.

Cummins, R. G., & Hahn, D. (2013). Re-presenting sport: How instant replay and perceived violence impact enjoyment of mediated sports. *Mass Communication and Society*, 16, 787–807.

Cummins, R. G., Keene, J. R., & Nutting, B. H. (2012). The impact of subjective camera in sports on arousal and enjoyment. *Mass Communication and Society*, 15, 74–97.

Cummins, R. G., Wise, W. T., & Nutting, B. H. (2012). Excitation transfer effects between semantically related and temporally adjacent stimuli. *Media Psychology*, 15, 420–442.

Cunningham, N. R., & Eastin, M. S. (2017). Second screen and sports: A structural investigation into team identification and efficacy. *Communication and Sport*, 5, 288–310.

Deci, E. L., & Ryan, R. M. (1985). The general causality orientations scale: Self-determination in personality. *Journal of Research in Personality*, 19, 109–134.

Denham, B. E. (2004). Toward an explication of media enjoyment: The synergy of social norms, viewing situations, and program content. *Communication Theory*, 14, 370–387.

Deninger, D. (2012). *Sports on television: The how and why behind what you see*. New York, NY: Routledge.

Dietz-Uhler, B., Harrick, E. A., End, C., & Jacquemotte, L. (2000). Sex differences in sport fan behavior and reasons for being a sport fan. *Journal of Sport Behavior*, 23, 219–231.

Earnheardt, A. C., & Haridakis, P. M. (2008). Exploring fandom and motives for viewing televised sports. In L. W. Hugenberg, P. M. Haridakis, & A. C. Earnheardt (Eds.), *Sports mania: Essays on fandom and the media in the 21st century* (pp. 158–171). Jefferson, NC: McFarland & Company.

Eastman, S. T., & Land, A. M. (1997). The best of both worlds: Sports fans find good seats at the bar. *Journal of Sport and Social Issues*, 21, 156–178.

Fainaru-Wada, M. (2011). Survey shows split on racial opportunity. *ESPN*. Retrieved from http://www.espn.com/espn/otl/news/story?id=6006813.

FSGA. (2017). Fantasy sports demographic information. FSGA. Retrieved from https://thefsga.org/industry-demographics/.

Gan, S., Tuggle, C. A., Mitrook, M. A., Coussement, S. H., & Zillmann, D. (1997). The thrill of the close game: Who enjoys it and who doesn't? *Journal of Sport and Social Issues*, 21, 53–64.

Gantz, W. (1981). An exploration of viewing motives and behaviors associated with television sports. *Journal of Broadcasting and Electronic Media*, 25, 263–275.

Gantz, W. (2013). Reflections on communication and sport: On fanship and social relationships. *Communication and Sport*, 1, 176–187.

Gantz, W., & Lewis, N. (2014). Sports on traditional and newer digital media: Is there really a fight for fans? *Television and New Media*, 15, 760–768.

Gantz, W., Wang, Z., Paul, B., & Potter, R. F. (2006). Sports versus all comers: Comparing TV sports fans with fans of other programming genres. *Journal of Broadcasting and Electronic Media*, 50, 95–118.

Gantz, W., & Wenner, L. A. (1995). Fanship and the television viewing experience. *Sociology of Sport Journal*, 12, 56–73.

Global Web Index. (2018). Sports around the world insight report 2018. *Global Web Index*. Retrieved from https://www.globalwebindex.com/reports/sports-around-the-world.

Hall, A. E. (2015). Entertainment-oriented gratifications of sports media: Contributors to suspense, hedonic enjoyment, and appreciation. *Journal of Broadcasting and Electronic Media*, 59, 259–277.

Haidt, J., & Joseph, C. (2004). Intuitive ethics. How innately prepared intuitions generate culturally variable virtues. *Daedalus*, 133, 55–66.

Hartmann, T. (2011). Not so moral responses to media entertainment? *Journal of Media Psychology*, 23, 24–28.

Hartmann, T., Stuke, D., & Daschmann, G. (2008). Positive parasocial relationships with drivers affect suspense in racing sport spectators. *Journal of Media Psychology*, 20, 24–34.

Hastorf, A. H., & Cantril, H. (1954). They saw a game: A case study. *Journal of Abnormal and Social Psychology*, 49, 129–134.

Hirt, E. R., Zillmann, D., Erickson, G. A., & Kennedy, C. (1992). Costs and benefits of allegiance: Changes in fans' self-ascribed competencies after team victory versus defeat. *Journal of Personality and Social Psychology*, 63, 724–738.

Hutchins, B. (2011). The acceleration of media sport culture: Twitter, telepresence and online messaging. *Information, Communication and Society*, 14, 237–257.

Koo, G., Andrew, D. P. S., Hardin, R., & Greenwell, T. C. (2009). Classification of sports consumers on the basis of emotional attachment: A study of minor league ice hockey fans and spectators. *International Journal of Sport Management*, 10, 1–23.

Kraus, R. (1990). *Recreation and leisure in modern society* (4th ed.). New York, NY: Harper Collins.

Krumpal, I. (2013). Determinants of social desirability bias in sensitive surveys: A literature review. *Quality and Quantity*, 47, 2025–2047.

Lai, C. K., Haidt, J., & Nosek, B., A. (2013). Moral elevation reduces prejudice against gay men. *Cognition and Emotion*, 28, 781–794.

Lazarsfeld, P. F., & Merton, R K. (1948). Mass communications, popular taste and organized social action. In L. Bryson (Ed.), *Communication of ideas* (pp. 95–118). New York, NY: Harper & Row.

Lewis, N., & Gantz, W. (2019). An online dimension of sports fanship: Fan activity on NFL team sponsored websites. *Journal of Global Sport Management*,4, 257–270.

Lewis, N., & Hirt, E. R. (2019). Sacred sports: Moral responses to sports media content. *Journalism and Mass Communication Quarterly*, 96, 579–597.

Lewis, N., & Weaver, A. J. (2015). More than a game: Sports media framing effects on attitudes, intentions, and enjoyment. *Communication and Sport*, 3, 219–242.

Madrigal, R. (1995). Cognitive and affective determinants of fan satisfaction with sporting event attendance. *Journal of Leisure Research*, 27, 205–227.

Madrigal, R., Bee, C., Chen, J., & LaBarge, M. (2011). The effect of suspense on enjoyment following a desirable outcome: The mediating role of relief. *Media Psychology*, 14, 259–288.

Melnick, M. J., & Wann, D. L., (2004). Sports fandom influences, interests, and behaviors among Norwegian university students. *International Sports Journal*, 8, 1–13.

Messner, M. A., Duncan, M. C., & Jensen, K. (1993). Separating the men from the girls: The gendered language of televised sports. *Gender and Society*, 7, 121–137.

NCAA. (2018). NCAA demographics database. NCAA. Retrieved from http://www.ncaa.org/about/resources/research/ncaa-demographics-database.

Nielsen. (2016). A new megaphone: Social media gives consumers a chance to be heard on what they watch. *Nielsen*. https://www.nielsen.com/us/en/insights/article/2017/a-newmegaphone-social-media-gives-consumers-a-chance-to-be-heard/.

Nielsen. (2018). U.S. sports sponsorship TV value grows by more than $54 million in 2017. *Nielsen*. Retrieved from https://www.nielsen.com/us/en/insights/news/2018/us-sportssponsorship-tv-value-grows-by-more-than-54-million-2017.html.

Oliver, M. B., & Bartsch, A. (2010). Appreciation as audience response: Exploring entertainment gratifications beyond hedonism. *Human Communication Research*, 36, 53–81.

Oliver, M. B., Hartmann, T., & Woolley, J. K. (2012). Elevation in response to entertainment portrayals of moral virtue. *Human Communication Research*, 38, 360–378.

Peterson, E. M., & Raney, A. A. (2008). Reconceptualizing and reexamining suspense as a predictor of mediated sports enjoyment. *Journal of Broadcasting and Electronic Media*, 52, 544–562.

Prisuta, R. H. (1979). Televised sports and political values. *Journal of Communication*, 29, 94–102.

Raney, A. A. (2003). Disposition-based theories of enjoyment. In J. Bryant, D. R. Roskos Ewoldsen, & J. Cantor (Eds.), *Communication and emotion: Essays in honor of Dolf Zillmann* (pp. 61–84). Mahwah, NJ: Erlbaum.

Raney, A. A. (2004). Expanding disposition theory: Reconsidering character liking, moral evaluations, and enjoyment. *Communication Theory*, 14, 348–369.

Raney, A. A. (2006). Why we watch and enjoy mediated sports. In A. A. Raney & J. Bryant (Eds.), *Handbook of sports and media* (pp. 313–329). Mahwah, NJ: Erlbaum.

Raney, A. A. (2013). Reflections on communication and sport: On enjoyment and disposition. *Communication and Sport*, 1, 164–175.

Raney, A. A., & Depalma, A. J. (2006). The effect of viewing varying levels and contexts of violent sports programming on enjoyment, mood, and perceived violence. *Mass Communication and Society*, 9, 321–338.

Reinecke, L. (2016). Mood management theory. In P. Rössler (Ed.), *The international encyclopedia of media effects* (pp. 1–13). New York, NY: Wiley-Blackwell.

Reysen, S., & Branscombe, N. R. (2010). Fanship and fandom: Comparisons between sport and non-sport fans. *Journal of Sport Behavior*, 33, 176–193.

Rosa, H. (2016). *Resonanz: Eine Soziologie der Weltbeziehung* [Resonance: A sociology of the relationship to the world]. Berlin, Germany: Suhrkamp.

Rowe, D. (2006). Leisure, mass communications and media. In C. Rojek, S. Shaw, & A. J. Veal (Eds.), *Handbook of leisure studies* (pp. 317–331). Houndmills, UK: Palgrave Macmillan.

Rubenking, B., & Lewis, N. (2016). The sweet spot: An examination of second-screen sports viewing. *International Journal of Sport Communication*, 9, 424–439.

Sapolsky, B. S. (1980). The effect of spectator disposition and suspense on the enjoyment of sport contests.

International Journal of Sport Psychology, 11, 1–10.

Sapolsky, B. S., & Zillmann, D. (1978). Enjoyment of a televised sport contest under different social conditions of viewing. *Perceptual and Motor Skills*, 46, 29–30.

Sargent, S. L., Zillmann, D., & Weaver, J. B. (1998). The gender gap in the enjoyment of televised sports. *Journal of Sport and Social Issues*, 22, 46–64.

Schramm, H., & Knoll, J. (2017). Effects of women's football broadcastings on viewers' moods and judgments: Investigating the moderating role of team identification and sex. *Communication Research*, 44, 54–76.

Smolianov, P., & Shilbury, D. (2005). Examining integrated advertising and sponsorship in corporate marketing through televised sport. *Sport Marketing Quarterly*, 14, 239–250.

Stokel-Walker, C. (2012, November 29). Atari teenage riot: The inside story of pong and the video game industry's big bang. *Buzzfeed*. Retrieved from https://www.buzzfeed.com/chrisstokelwalker/atari-teenage-riot-the-inside-story-of-pong-and-t.

Stone, J., Perry, W., & Darley, J. M. (1997). " White men can't jump": Evidence for the perceptual confirmation of racial stereotypes following a basketball game. *Basic and Applied Social Psychology*, 19, 291–306.

Sullivan, D. B. (1991). Commentary and viewer perception of player hostility: Adding punch to televised sports. *Journal of Broadcasting and Electronic Media*, 35, 487–504.

Sundar, S. S., & Limperos, A. M. (2013). Uses and grats 2.0: New gratifications for new media. *Journal of Broadcasting and Electronic Media*, 57, 504–525.

Tajfel, H. (2010). Social identity and intergroup relations. Cambridge, UK: Cambridge University Press.

Tamborini, R., Grizzard, M., Bowman, N. D., Reinecke, L., Lewis, R. J., & Eden, A. (2011). Media enjoyment as need satisfaction: The contribution of hedonic and nonhedonic needs. *Journal of Communication*, 61, 1025–1042.

Valentine, R. FIFA 18 sells over 24 million copies. Gamesindustry. Retrieved from https://www.gamesindustry.biz/articles/2018-09-05-fifa-18-sells-over-24-million-copies.

Vorderer, P., & Halfmann, A. (2019). Why do we entertain ourselves with media narratives? A theory of resonance perspective on entertainment experiences. *Annals of the International Communication Association*. Advance online publication. doi: 10.1080/23808985.2019.1599298.

Vorderer, P., & Hartmann, T. (2009). Entertainment and enjoyment as media effects. In J. Bryant & M. B. Oliver (Eds.), *Media effects: Advances in theory and research* (3rd ed., pp. 532–550). New York, NY: Routledge.

Vorderer, P., Klimmt, C., & Ritterfeld, U. (2004). Enjoyment: At the heart of media entertainment. *Communication Theory*, 14, 388–408.

Vorderer, P., & Reinecke, L. (2015). From mood to meaning: The changing model of the user in entertainment research. *Communication Theory*, 25, 447–453.

Wann, D. L. (1995). Preliminary validation of the sport fan motivation scale. *Journal of Sport and Social Issues*, 19, 377–396.

Wann, D. L. (2018). The psychological consequences of sports fandom. In D. L. Wann & J. D. James (Eds.), *Sport fans: The psychology and social impact of fandom* (2nd ed., pp. 155–178). New York, NY: Routledge.

Wann, D. L., Grieve, F. G., Zapalac, R. K., Partridge, J. A., & Parker, P. M. (2013). An examination of predictors of watching televised sport programming. *North American Journal of Psychology*, 15, 179–194.

Weaver, A. J. (2011). A meta-analytical review of selective exposure to and the enjoyment of media violence. *Journal of Broadcasting and Electronic Media*, 55, 232–250.

Wenner, L. A. (1989). Media, sports, and society: The research agenda. In L. A. Wenner (Ed.), *Media, sports, and society* (pp. 13–48). Newbury Park, CA: Sage.

Winegard, B., & Deaner, R. O. (2010). The evolutionary significance of Red Sox nation: Sport fandom as a byproduct of coalitional psychology. *Evolutionary Psychology*, 8, 432–446.

Zillmann, D. (1980). Anatomy of suspense. In P. H. Tannenbaum (Ed.), *The entertainment functions of television* (pp. 133–163). Hillsdale, NJ: Erlbaum.

Zillmann, D. (1988). Mood management through communication choices. *American Behavioral Scientist*, 31, 327–340.

Zillmann, D. (1991). Television viewing and psychological arousal. In J. Bryant & D. Zillmann (Eds.), *Responding to the screen: Reception and reaction processes* (pp. 103–133). Hillsdale, NJ: Erlbaum.

Zillmann, D. (1996). The psychology of suspense in dramatic exposition. In P. Vorderer, H. J. Wulff, & M. Friedrichsen (Eds.), *Suspense: Conceptualizations, theoretical analyses, and empirical explorations* (pp. 199–232). Mahwah, NJ: Erlbaum.

Zillmann, D. (2000). The coming of media entertainment. In D. Zillmann & P. Vorderer (Eds.), *LEA's communication series. Media entertainment: The psychology of its appeal* (pp. 1–20). Mahwah, NJ: Erlbaum.

Zillmann, D., & Bryant, J. (1994). Entertainment as media effect. In J. Bryant & D. Zillmann (Eds.), *Media effects: Advances in theory and research* (pp. 437–461). Hillsdale, NJ: Erlbaum.

Zillmann, D., & Bryant, J. (1985). Preface. In D. Zillmann & J. Bryant (Eds.), *Selective exposure to communication*. Hillsdale, NJ: Erlbaum.

Zillmann, D., Bryant, J., & Sapolsky, B. S. (1989). Enjoyment from sports spectatorship. In J. H. Goldstein (Ed.), *Sports, games, and play: Social and psychological viewpoints* (2nd ed., pp. 241–278). Hillsdale, NJ: Erlbaum.

Zillmann, D., & Cantor, J. (1976). A disposition theory of humor and mirth. In T. Chapman & H. Foot (Eds.), *Humor and laughter: Theory, research and applications*. London, UK: Wiley.

第二十七章　作为娱乐形式的新闻

——情感倾向理论和情感新闻扩展模型的应用

梅丽莎·J. 罗宾逊
西尔维亚·诺布洛赫－韦斯特维克

新闻报道属于大众传播的一种，与娱乐有着本质区别。尽管从历史上看，将新闻与娱乐元素结合在一起的媒介（便士报、黄色小报、马路报）总是特别容易获得大量受众，但从规范的角度来看，人们消费新闻的主要目的是了解与公众相关的问题（Shoemaker, 1996），而不是娱乐。那么，为什么要讨论新闻的娱乐效果，并将其理论化呢？原因在于，数十年的经验证据表明，观众对新闻的娱乐意愿是存在的（Edgerly & Vraga, 2019; Reinemann, Stanyer, Scherr, & Lagnante, 2012），新闻机构为确保其产品具有一定的娱乐价值投入了大量资金（Edgerly & Vraga, 2019; Reinemann, Stanyer, Scherr, & Lagnante, 2012）。新闻“娱乐化”（entertainization）的实证趋势，加上新闻对社会的规范功能，使得新闻消费中娱乐效应的理论化非常有价值，有利于我们理解受众行为，也有利于我们理解新闻“娱乐化”对新闻媒介履行其社会功能的影响。

由于之前的研究通常侧重于人们对新闻的认知处理（Kaspar, Zimmerman, & Wilbers, 2016; Knobloch, Patzig, Mende, & Hastall, 2004），以及传统新闻模式与娱乐方面界限不清的问题（Baym, 2017），因此，本章调查了影响新闻娱乐过程的因素（悬念、欣赏和享受）。本章特别使用了两种娱乐理论［情感倾向理论（ADT）；Zillmann & Cantor, 1976；情感新闻模型（ANM）；Knobloch et al., 2004］来研究这一问题，即在接触新闻期间，观众的情感反应如何影响其娱乐过程的问题。本章将关于情感反应和新闻享受的现有研究分为两类，重点关注新闻事件特征（记者无法改变的新闻要素，包括引发某些情感反应的政治领导人的存在），并重点关注记者们创造的信息设计原则（新闻故事结构、情感语言的选择、电视新闻剪辑的节奏）。本章将“情感倾向理论”用于新闻事件中固有特征的研究，把情感新闻模型作为检验信息设计原则的理论棱镜。考虑到这两个理论和观众在新闻接触过程中的情感反应的总体作用，我们提供了未来研究可参考的领域。

情感倾向理论与新闻事件特征

新闻事件特征是记者无法更改或无法编辑的新闻要素。例如，观众可能已经对某新闻的某一个体或主题有了态度（喜欢或讨厌）。此外，犯罪的道德极端属性或新闻报道的负面结果也是记者无法编辑的其他因素。为理解这些固定的新闻事件特征如何影响新闻消费中的娱乐过程（意义/欣赏、悬念、享受），情感倾向理论（Zillmann, 1996; Zillmann & Cantor, 1976）提供了一些命题。下面对情感倾向理论进行简要说明，然后结合新闻事件特征及其对娱乐过程的影响进行研究回顾。

根据情感倾向理论的观点，戏剧会特别描述一个受人喜爱的主角和一个对主角有威胁的对手（见图27.1）。观众评价角色的道德时，会产生一定的情感倾向（喜欢或不喜欢）。当他们认为主人公的行为在道德上是恰当或正当的时候，会对他/她有积极的情感倾向（喜爱）。这种喜爱会培养出观众的共情反应，因此，观众喜爱的程度越高，其情感体验与他们所喜欢的角色的感受就越相近（Zillmann, 1994）。事实上，在一场悲剧里，如果主角有悲惨的结局，观众会深受打击，而且观众越喜欢主角，就越感到崩溃。如果主人公有了一个幸福的结局，观众就会产生一种欣快的反应。值得注意的是，人们有时会以个人特殊的方式对角色行为的道德进行判断，如谋杀和其他犯罪行为可能看起来是正当的。以电视剧《嗜血法医》（*Dexter*）为例，该剧的主角是一名法医技术员，其任务是谋杀那些逃过司法惩罚的残暴罪犯，而观众普遍会支持这位法医。

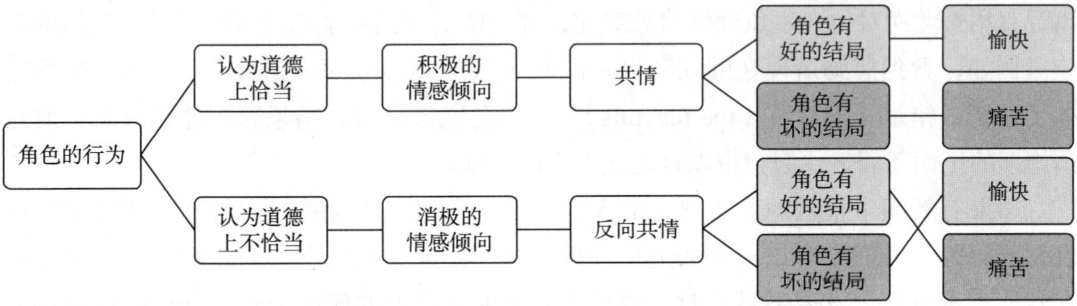

图27.1　戏剧的情感倾向理论

另外，如果观众认为故事中对手的行为不道德，则会对其产生消极的情感倾向（厌恶）或反向共情（counterempathic）。根据情感倾向理论的定义，对手做出道德上卑劣的行为后，观众会不喜欢他/她。情感倾向理论假设，与观察或推测到的对手情绪反应相比，这种厌恶会导致观众的情绪反应发生逆转，即一个兴高采烈的恶棍会让观众感到痛苦。

情感倾向随后会使观众对故事的结局产生希望或恐惧，他们希望在故事结束时，主人公有好的结局而其对手经历失败。当主角的敌对者似乎要获胜，同时阻碍主角取得积极的结果时，悬念和唤醒就会被引发。最终，当主人公迎来一个大团圆的结局，为观众带来了媒介享受时，悬念得以妥善解决。总之，情感倾向理论的预测在娱乐环境中得到了很好的支持（Carroll, 1996; Zillmann, 1994, 1996; Zillmann & Cantor, 1976）。

观众对新闻中个体的共情反应，可能与他们对戏剧人物的共情反应类似（见图27.1）。事实上，新闻中描绘的个人和社会团体（标签化了的人物，用以区分新闻故事中的观众成员和个人），与戏剧中的主角和对手的情境相似（Zillmann & Knobloch, 2001）。关于人物经历的好运气或坏运气的新闻报道会带来观众的共情反应，当观众喜欢该人物时，会产生共情，当观众不喜欢该人物时，会产生反向的共情。因此，观众对新闻的情感反应，可能比我们单纯考虑新闻事件的规范性好坏更复杂。新闻的好坏归根结底是主观的，因为观众会评估新闻故事中的人物是否配得上那些已经出现了的好运气或者坏运气。

要让观众形成情感倾向，新闻人物的充分发展是必要的。一般来说，新闻人物（政治家、名人和其他知名公众人物）都是媒介公认的人物，观众已经对他们形成了一定的情感倾向。这些公众人物会是某些人的偶像，也会是某些人的对手。例如，人们对著名篮球运动员勒布朗·詹姆斯（Lebron James）有着强烈的情感倾向。那些对詹姆斯有积极倾向的观众，无论詹姆斯在国家篮球协会为哪支球队效力，他们都是他的球迷。当他的球队表现出色，或者当他们看到关于他的慈善事业的正面新闻时，这些球迷会体验到快乐和享受。但克利夫兰骑士队（Cleveland Cavalier）的球迷可能会因为詹姆斯两次离开克利夫兰而对他产生负面情绪。对此，骑士队的球迷可能已经经历了反向共情的反应。例如，看到詹姆斯现在的球队洛杉矶湖人队（Los Angeles Lakers）在2018赛季输掉了比赛，错过了季后赛（the playoffs），他们会说自己对该结果感到非常满意；而对詹姆斯的正面新闻，他们会报以轻蔑或不满的态度。

如果有新闻来报道观众不熟悉的人物，那么，观众的情感倾向将基于新闻里的信息发展，因为人们会对该人物的道德进行评判。在某些情况下，当新闻作品中的人物在戏剧理论方面"发展不足"时，会导致人们形成冷漠的倾向（Zillmann & Knobloch, 2001）。在这种情况下，对于记者来说，加入更多人物的有关信息，并以此发展更具体的情感倾向，可能是有益的。例如，作为个体的人们，可能会对国外人们的痛苦或关于流行病的描述漠不关心，因为他们没有关于受影响群体的足够信息。提供受苦的具体个人的范例信息（姓名和图像）或者更多的有关细节，会让人产生共情，这点在促进公民行动或捐款方面特别重要。下一节将具体研究新闻故事中人物情感倾向的发展。

新闻报道中个体的情感倾向

齐尔曼、泰勒和刘易斯（1998）专门将情感倾向理论应用于新闻。他们利用知名公众人物或知名群体（以色列人和巴勒斯坦人）的新闻特写，来测试个人对新闻的情感反应（享受、满意、震惊、担忧）中情感倾向和故事结果（消极或积极）之间的关系。值得注意的是，通常如情感倾向理论所预测的那样，个体在接触新闻时会经历情感反应和情感享受。在这项研究中，在参与者不喜欢新闻人物的情况下，对这些人物的不幸，参与者报告了较少的痛苦、更多的快乐；而当这些新闻人物经历幸福时，他们报告了较多的痛苦。有几则关于迈克尔·杰克逊和托尼亚·哈丁（Michael Jackson, Tonya Harding）的新闻报道没有取得预期效果，可能是因为当时新闻的负面报道导致观众情绪复杂。这项研究为新闻中的情感倾向理论创造了一个条件，即无论这些人物遇到好运还是厄运，对新闻人物的漠不关心导致人们对这些报道没有产生共情，甚至连不敏感的情感反应也没有。此外，在本研究中，人物身上的厄运只会在人物遭遇轻微不幸时带来影响，在有关被严重伤害的群体的报告中，它不会有任何影响，这可能是因为人们不太乐意承认，自己会因不喜欢的角色经历严重伤害而有享受感。

齐尔曼等人（1998）对个人经历好运或厄运的新闻故事进行了调查，而当时的电视广播主要关注那些负面新闻（Stone & Grusin, 1984），如犯罪或悲剧等。通常，这些负面报道特别关注那些受害者戏剧性、情绪化的证词（Aust & Zillmann, 1996; Bogart, 1981）。因此，如果要探索人们对负面新闻中人物的共情，则需要更深入的分析。有一项研究（Aust & Zillmann, 1996）就曾考察过食物中毒、枪支暴力的故事中受害者情绪化与非情绪化的描述范例。在本章中，我们把情绪使用描述为记者既能编辑又不能编辑的新闻特征。例如，要从描述悲剧或犯罪的新闻故事中剔除所有情感，还没人能做到这一点。

事实上，奥斯特和齐尔曼（1996）证明过，对牺牲者或受害方的情感描述会引发共情，从而促进人们对新闻故事中描述的类似情况的风险及其严重性有更深刻的认识。此外，相较于没有情感例证的新闻故事，有情感例证的新闻故事带来的痛苦更大。性别是这一效应的调节因素，因为女性通常比男性更痛苦。有趣的是，奥斯特和齐尔曼这项研究的参与者没有发现新闻报道中的娱乐价值，尽管研究者曾指出，其娱乐检验并不可靠。该研究中娱乐检验的测试项旨在捕捉故事的娱乐性、令人振奋的程度以及它是否让参与者感觉良好。由于苦恼往往与不快是相伴的，参与者似乎并不觉得这些新闻故事令人愉快。此外，这项研究没有测量人们对新闻角色的情感倾向。事实上，如果参与者认为新闻角色讨人喜欢，那么当这些人物遇到挫折和不幸时，他们会感到失望，这点与情感倾向理论的预测一致。根据研究中新闻故事的描述，故事中人物的结局似乎都不好。例如，食物中毒的人物健康状况不佳（需长期肾透析）。如果这些新闻故事包含了更多积极的结局（完全康复并恢复正常的日常活动），并因此提升了受众对新闻的乐趣，那么从理论上讲，对这些新闻故事的思考将是很有趣的。

用情感倾向理论来解释新闻故事中的悬念

诺布洛赫和凯普林格（Keplinger, 2007）更全面地测试了情感倾向理论的预测，研究了人们对角色的情感倾向作为新闻享受和欣赏的一种机制时，它是如何影响悬念的。悬念被定义为“一种有害的情感反应，其特征是，受访者对威胁到他们喜欢的主角的可悲事件产生强烈的恐惧，这种恐惧是预期里对可悲事件发生的主观确定性所介导的，这种主观的确定性程度高但不完整”（Zillmann, 1996, p.208）。悬念是娱乐体验的一个重要方面（Bartsch & Hartmann, 2017），常见于娱乐类新闻（Vorderer, Wulff, & Friedrichsen, 1996）。许多新闻故事都有悬念，如绑架和谋杀。像“赛马新闻”（Mutz, 1995）这样的政治新闻，或者像2000年的布什和戈尔这样的势均力敌的竞选新闻，都有悬疑的特点。

诺布洛赫和凯普林格（2007）特意调查了新闻曝光期间参与者的悬念是否因其对新闻故事主角的情感倾向不同而有所改变。如果是这样的话，那么，当参与者对新闻主人公能否获得积极的结局高度不确定时，悬念就会增加。此外，根据情感倾向理论的观点，随着参与者悬念的增加，他们会更欣赏此类新闻故事（Zillmann, 1996）。当故事没有给出最终解决方案时，人们的兴趣（继续关注新闻报道的动机）会随着悬念的增加而增加。为了检验以上预测，研究者操纵了人们对主人公的情感倾向（喜欢与不喜欢）以及对负面结果的感知可能性。在调查中，研究者让参与者阅读了危急情况下个人作为受害者的新闻故事（患有致命的疾病或被绑架）。就此类负面故事的可能性而言，关于致命性疾病的描述有病情恶化、医生评价悲观，或者病情虽然危急，但医生的评价乐观等。谈到绑架事件，关于它的负面描述则包括玻利维亚游击队极端危险，而玻利维亚政府不愿与其谈判，或者游击队威胁不大，政府正与绑架者沟通等。此调查研究的附加条件是让参与者阅读小说摘录格式的文本。

事实上，研究结果表明，当参与者对新闻故事中的主角表现出积极的情感倾向时，悬念感会增强。当出现负面结局的可能性较高时，悬念感也会增强。此外，当悬疑度很高时，参与者会报告说他们对新闻故事的欣赏程度更高，并且，为了知晓新闻的最终结局，他们会对该报道念念不忘。这项研究与奥斯特和齐尔曼（1996）在娱乐/欣赏价值方面的结果不同，原因可能在于新闻报道中呈现的不同结局。诺布洛赫和凯普林格（2007）的新闻故事没有包含积极或消极的故事结果，这表明这一议题尚未解决，而奥斯特和齐尔曼（1996）的新闻故事以对人物产生终身负面影响的结局为特色。当新闻故事结局不明朗时，其新闻欣赏度可能会更高，因为观众依然可以想象角色能获得一个幸福的结局（Metzger, 2002）。因此，负面新闻故事详细描述负面结果会特别令人沮丧，从而影响受众对该类新闻的欣赏和享受。当某一新闻极有可能出现负面结果，但该新闻没有对其进行报道时，悬念感会增强，因为这种情况下，观众仍有希望看到一个幸福的结局。

卡斯等人（Kaspar, 2016）试图复制诺布洛赫和凯普林格（2007）在研究中引起情绪反应的故事悬疑与具体特写的结果。但卡斯帕等人的这项研究创建了自己的新闻故事，没有使用诺布洛赫和凯普林格（2007）研究中的新闻故事，因为他们认为诺布洛赫研究中的新闻故事与娱乐的常见故事情节（绑架和未知病毒引起的疾病）类似，这些常见的套路往往会自然而然引发悬念。因此，卡斯帕等人的研究使用了不那么耸人听闻的话题，如关于经济适用房或公共交通系统的政治辩论的话题。

在悬念方面，卡斯帕等人（2016）进行的多项研究产生的结果并不一致。他们的三项研究中有两项表明，实验和新闻主人公的附属关系，以及对主人公正面结局可能性的操纵，增强了观众的悬念，这两种情况与情感倾向理论的预测相反，从而导致卡斯帕等人认为在新闻故事背景下，情感倾向理论的作用是有限的。例如，关于政治问题的新闻，就没有像诺布洛赫和凯普林格（2007）实验中的惊险新闻那样影响人们的悬念感。但个人的悬念感与阅读鉴赏力和他们对新闻故事结果的持久兴趣相关，这点支持了以往研究中有关悬念确实会提高新闻故事鉴赏力的预测。事实上，卡斯帕等人（2016）可能已经确定了将情感倾向理论应用于新闻类型时的一个条件，即并非所有类型的故事都会让受众心生悬念。例如，关于经济适用房等政治问题的新闻就不像悲剧或犯罪报道那样让人心生悬念。悬念之外的其他娱乐过程（Brewer & Lichtenstein, 1981/1982; Oliver & Raney, 2011）有可能会加强人们对这些新闻报道的欣赏，并为未来的研究提供启示。

性别作为情感反应和娱乐过程的调节变量

在对新闻报道的情感反应方面，性别差异是存在的（Grabe & Kamhawi, 2006; Kamhawi & Grabe, 2008; Mares & Bonus, this volume）。女性在阅读负面新闻时比男性更焦虑（Slone, 2000），这将对其娱乐过程产生负面影响。格拉布和卡姆哈维（Grabe, Kamhawi, 2006）调查了新闻故事效价（积极、消极、中性）和性别这两个因素在唤醒水平（情感强度）和信息处理方面对人们的影响。研究认为，在阅读负面新闻时，男性产生了最大的兴奋感，即负面新闻呈现时，他们理解的信息量最大。女性认为，相较于那些有着负面框架的新闻报道，那些有着积极框架的新闻报道更富有唤醒力，她们更能处理好前者。这项研究还发现，女性倾向于逃避负面新闻。该研究中，研究者虽然并未明确测量“娱乐”这一变量，但对“唤醒”这一因子的测量表明，人们在欣赏、享受有着积极或消极效能的新闻故事方面，是存在性别差异的。

值得注意的是，卡姆哈维和格拉布（2008）考察了人们在享受正面和负面新闻文章方面的性别差异。他们的研究结果表明，男性喜欢负面新闻多于正面新闻，而女性正好相反。此外，男性对负面报道的欣赏程度（从重要性、客观性、可信度和可理解性等层面来测量）高于正面报道；女性对有着正面效能的报道的欣赏程度高于有着负面效能的报道。卡姆哈维和格拉布（2008）建议说，也许记者可以考虑在负面新闻中加入一些积极因素或者积极框架，这样女性就不会回避这些新闻故事了。

总之，以上两项研究没有考虑情感倾向理论的预测，但未来的研究可以检验，在那些积极和消极报道中，人们对人物角色的情感倾向会如何影响不同性别受众的情感反应。女性在阅读负面新闻故事时，如果遭遇坏结局的主角是一个不讨人喜欢的人，那么她们在阅读类似负面新闻时，可能会产生较少的痛苦。一句话，从这些结果来看，性别差异似乎有助于解释人们在新闻故事享受方面的差异。

很明显，记者无法编辑的新闻故事元素可以影响新闻曝光期间受众的情感反应及随后的娱乐过程。为检查新闻中的故事元素（新闻人物的可爱度、故事结局和情感反应），情感倾向理论提供了一个富有成效的框架。人们对新闻人物的情感倾向，加上报道的结果（积极或消极），会影响受众对新闻故事的悬念和整体享受。本节详述了一些与情感倾向理论有关的成功研究。为了进一步探究新闻故事元素如何影响受众的情感反应及随后的娱乐过程，我们有必要推进类似研究并重复之。事实上，本节详细介绍的几乎所有研究都强调对"细微差别之处"进行研究。有一点是非常必要的：到底哪些类型的新闻故事会引起人们特定的情感反应，并引起随之而来的娱乐过程（好奇、有意义/欣赏、娱乐）？总之，未来的研究应进一步检验故事结局在新闻娱乐中的作用，因为，在奥斯特和齐尔曼的一项研究中（Aust & Zillmann, 1996），新闻的负面结局带给受众的是痛苦而非享受，而在诺布洛赫和凯普林格（2007）的研究中，负面结局并不包括那种增强了故事欣赏力的结局。

信息设计原则与情感反应

信息设计原则是记者可以自由选择或创造的新闻特征，包括新闻故事格式（倒金字塔型或叙事型）、情感语言的选择、电视新闻的顺序或节奏以及视频编辑技术（镜头数量、相机角度、特效）。本节运用情感新闻模型（ANM）（Knobloch, et al., 2004），探讨信息设计原则如何影响受众的情感反应及随后的娱乐过程。由于新闻工作者在编写新闻故事时必须先确定格式，所以，本节将对新闻故事的格式进行深度检验。

选择新闻故事的格式

自19世纪50年代以来，报纸的传统写作风格一直是倒金字塔格式，并以先在倒金字塔的宽端呈现最重要的信息，后在金字塔的窄端呈现不太重要的元素而闻名，而非按时间顺序呈现细节（Mindich, 1998）。新闻报道通常采用这种格式的原因有二：首先，读者可以快速理解最重要的信息，无须花时间阅读整篇文章；其次，记者们以这种风格撰写报道，是因为他们不确定报纸最终需要多少空间来发表文章，他们可以在不影响阅读理解的情况下删除段落（Sanders & Redeker, 1993）。倒金字塔风格因不合时宜和阅读难度大而受到批评（Machill, Köhler, & Waldhouser, 2007），尽管其他研究表明了相反的效果（DeAngelo & Yegiyan, 2019）。虽然批评不断，但倒金字塔形式仍然是当今新闻业的主导风格。

第二种越来越流行的常见写作风格是叙事新闻，这种叙事新闻以故事的形式来呈现信息（Knobloch, et al., 2004）。记者们希望具有叙事结构的新闻报道能够吸引那些兴趣不高的观众的注意力（Knobloch, et al., 2004; Reinemann, et al., 2012）。有研究甚至表明，叙事结构能够提高阅读者的理解力，尤其是提高他们对于复杂主题的理解力（Yaros & Cook, 2011），同时增强他们的情感反应和享受感（Knobloch, et al., 2004）。对于新闻写作风格如何影响情感反应及随后的娱乐过程，有研究者利用情感新闻模型（Knobloch, et al., 2004）来解释对这一问题。

情感新闻模型

情感新闻模型（Knobloch, et al., 2004）以结构化情感理论（structural-affect theory; Brewer & Lichtenstein, 1981/1982）为基础，旨在了解新闻格式如何影响受众对有新闻价值事件的情感反应，尤其是悬念这种反应。在结构化情感理论中，布鲁尔和利希滕斯坦（Brewer, Lichtenstein）区分了讲述的内容（事件结构：事件及其时间顺序）和讲述的方式（话语结构：新闻文章中呈现的事件顺序）。因此，事件结构和话语结构的不同组合会导致不同的情感反应，包括悬念和好奇。结构化情感理论确定了两种引起悬念和好奇的话语结构（Brewer & Lichtenstein, 1981）。情感新闻模型将其分为线性结构（在本章中标记为叙事结构）和反转结构，前者给受众带来悬念，后者增强受众的好奇心（Knobloch, et al., 2004）。此外，情感新闻模型还包括一个额外的倒金字塔话语结构，它不会产生情感反应。在这些话语结构中，事件结构的顺序各不相同，包括事件开端、发展、冲突、高潮和结局（见图27.2）。

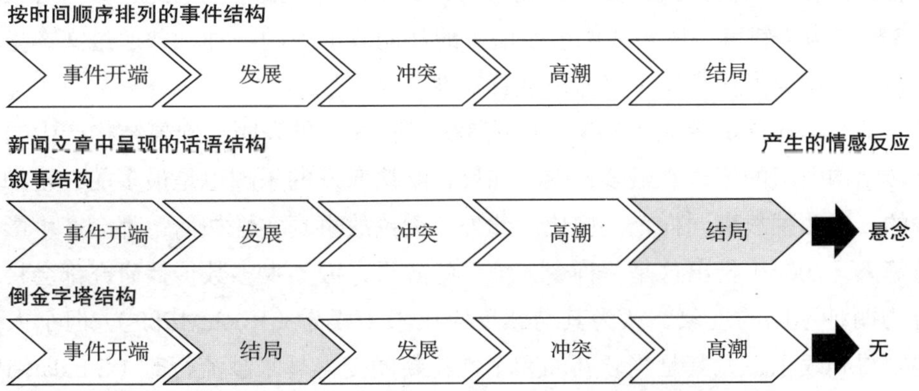

图27.2　用事件结构、话语结构和情感反应来说明情感新闻模型

下面的例子（改编自Brewer & Lichtenstein, 1981）展示了话语结构的差异。在第一个示例中，事件结构按时间顺序进行：①巴特勒将毒药倒入葡萄酒（事件开端）；②巴特勒为领主提供晚餐（发展）；③巴特勒把酒递给领主（冲突）；④领主喝下葡萄酒（高潮）；⑤领主去世（结局）。为了在叙事结构中产生悬念，作者必须首先呈现事件开端（巴特勒向酒中倒入毒药），同时其话语结构按时间顺序复制事件结构。个体阅读始发事件之时，就对处于"危险"之中的领主产生了担忧，从而导致一种作为情感反应的悬念。作者最后呈现结局（领主去世），以解决"角色处于危险之中"这一悬念，悬疑解决之后随之而来的便是享受感。惊悚片体裁通常会遵循这种线性结构。

引发好奇心是神秘故事的典型特征，按照结构化情感理论（Brewer & Lichtenstein, 1982），作者可以先呈现结果，这样受众就想知道为什么领主会死，而始发事件却在最后被描绘出来。因此，与创造悬念的叙事结构相比，这种类型的叙事结构中，结局和事件开端的呈现是颠倒的。在故事的结尾，当始发事件出现后，尤其是当侦探揭露凶手是谁以及谋杀是如何发生（Knobloch, 2003）之后，受众的好奇心会得到满足。情感新闻模型将这种结构标记为反转类型（the reversal type），尽管话语结构中的完整序列没有反转（见图27.2）。根据情感新闻模型，倒金字塔风格把始发事件放在第一位（巴特勒向葡萄酒中倒入毒药），然后是结局（领主去世），之后是不太重要的细节展示、事件复杂化后的冲突和高潮。倒金字塔风格不会像叙事和反转类型那样带来情感反应。

布鲁尔和利希滕斯坦（Brewer, Lichtenstein, 1981/1982）的研究表明，无论是叙事的话语结构，还是反向的话语结构，都会带来受众的情感反应（悬念和好奇），且随后会提高受众对故事的喜好度。然后，考虑到叙事的、反转的以及倒金字塔的话语结构（Knobloch, et al., 2004），情感新闻模型将情感结构理论的预测应用到报纸文章中。在研究中，研究人员预计，叙事结构会比具有反转或倒金字塔结构的新闻故事产生更多的悬念，反转结构会比叙事和倒金字塔结构产生更多的好奇心，倒金字塔结构产生的享受感会比其他两种结构产生的享受感低（Knobloch et al., 2004）。研究还对故事的真实性进行了检验，让参与者认为故事要么是虚构的，要么是新闻故事。因此，参与者被随机分配阅读3种结构（叙事、反转或倒金字塔）的新闻故事中的一种，并通过文本呈现出的格式（报纸文章或虚构小说）来操纵其真实性。

事实上，诺布洛赫等人（2004）的第3次实验的结果表明，叙事结构产生的悬念最多，反转结构引起的好奇心最多，叙事和反转结构激发的乐趣也是最多的，正如参与者所报告的，这两种故事同样令人愉快。此外，无论故事真实性如何，都会产生影响。诺布洛赫等人（2004）指出这是一种令人惊讶的效果，因为大多数传播研究都会将现实和小说分为两种不同的现象，认为其情感反应仅限于娱乐（Roeh, 1989）。但个人也可能从新闻中得到娱乐，尤其是当软新闻和个性化新闻变得越来越流行时（Sundar, 1999）。根据这项研究，倒金字塔新闻结构似乎没有增强个人的享受感，这样一来，新闻媒介组织可能会因此受到影响。例如，在西欧，人们对印刷新闻的兴趣降低了（Matsa, 2018），而在美国，人们对所有类型的新闻的兴趣都降低了（Barthel, 2018）。最近，诺布洛赫和凯普林格、罗宾逊（Robinson）、弗雷泽和舒茨（Schutz）等人（出版中）重复了诺布洛赫等人（2004）的结果，用4种不同政治议题的文本，证明叙事性新闻故事比倒金字塔样式的文本带来的悬念和乐趣多。

新闻故事结构对情感反应的影响

有几项来自叙事性劝服领域的研究表明，新闻故事的叙述结构是获取受众更大兴趣、提升其新闻享受感的良好选择（de Graaf & Hustinx, 2011; Oliver, Dillard, Bae, & Tamul, 2012; Shen, Ahern, & Baker, 2014; van Krieken, Hoeken, & Sanders, 2015）。这些研究报告说，受众的娱乐过程与叙事体（传输、情绪反应、注意力）有关，这些娱乐过程并非仅仅测量受众享受感。例如，为探究传输在叙事态度变化中（Gerrig, 1993）的作用，德格拉夫和胡斯廷克斯（de Graaf, Hustinx, 2011）测试了结构化情感理论（Brewer & Lichtenstein, 1981）和情感新闻模型（Knobloch, et al., 2004）中的预测因子。其中，传输是通过测量参与者的情绪和对叙述中清晰图像的感知来实现的。研究中的故事改编自一本书，采用了悬疑结构（叙事型）或非悬疑结构（倒金字塔型）。结果表明，叙事版的故事带来了更多的情绪反应、更整体的传输以及更一致的故事信念。虽然研究表明，情感和悬念可以通过叙事新闻结构得到增强，但研究并没有明确测量受众对新闻故事的享受和欣赏。

其他研究（van Krieken, et al., 2015）还未专门测试情感新闻模型，但检验了受众对新闻故事的情感反应。范・克里肯等人（van Kriekenet et al., 2015）比较了故事结构（倒金字塔型与叙事型）如何影响叙事参与的维度（叙事表达、情感参与、认同、注意力和共情）。由于倒金字塔格式要么呈现为短报道，要么呈现为扩展报道，因此存在3种情况。结果表明，相较于阅读简短新闻报道，参与者在阅读叙事型的报道时，更容易对目击者产生共情反应，但在叙事体和扩展体的新闻报道之间，他们的共情没有显著差异。与短篇新闻报道相比，参与者在阅读叙事体的新闻报道时，情绪受影响更大，但面对扩展报道和叙事体报道时，参与者的情绪没有显著差异。就短文和叙事体报道来说，参与者更关注叙事体的报道，但同样，在叙事报道和扩展新闻之间，参与者的关注度并无差别。研究者认为，扩展报道的长度可能是该研究的干扰因素，扩展报道比短新闻报道产生了更多的共情和情感反应。他们还补充说，扩展新闻关注的是人类利益元素，而短新闻没有关注。尽管结果不一致，但这项研究确实表明，相较于短新闻报道，叙事体的新闻更能使受众产生共情和情感反应。不过，该研究没有明确测量人们对新闻故事的享受感和欣赏度。

总的来看，本节所回顾的叙事性劝服研究表明，叙事体的故事比非叙事体格式的故事，更能提高受众对新闻故事的参与度。一些研究（de Graaf & Hustinx, 2011; Shen, et al., 2014）根据情感新闻模型的建议专门构建了非叙事性的版本（Knobloch, et al., 2004），但它们没有测试全部预测因子，忽略了测量悬念、新闻欣赏和享受等结果变量。不过，这些研究确实表明，叙事结构经常通过叙事投入来促进受众对新闻的参与，这可能会增强受众对新闻的享受感。我们有必要进一步研究，以测试出哪些娱乐机制（悬念、好奇心、传输和共情）会影响新闻欣赏和享受。也许这种机制取决于基于情感新闻模型预测的新闻故事类型（谋杀）。

年龄作为新闻故事结构和娱乐过程的调节变量

克莱曼、沙普和苏柯别尔科（Kleemans, Schaap, & Suijkerbuijk, 2018）提出了关于倒金字塔新闻和叙事式新闻的欣赏证据，因为在不同年龄组（千禧代、X世代和婴儿潮一代），人们的表现有所不同。研究中的3个群体都表示，他们对叙事型新闻故事的欣赏程度较低，而千禧代表示对所有结构的新闻欣赏程度都较低。学者们得出结论，对叙事式的新闻欣赏度较低的原因可能是，老一辈更熟悉传统倒金字塔格式的“严肃”新闻，毕竟他们多年来的阅读习惯就是如此。千禧代的群体可能不喜欢严肃的政治新闻，无论其格式如何。也有研究调查了叙事式新闻是否会提高12—17岁青少年的新闻参与度（Emde, Klimmt, & Schluetz, 2016）。研究发现，叙事式新闻比倒金字塔式新闻增加了一个（两个中的一个）主题的情感和认知参与，因此叙事式新闻有希望引起青少年的阅读兴趣。

但在考虑叙事新闻结构是否会激发人们对新闻的兴趣时，有些研究（Emde, et al., 2016; Kleemans, et al., 2018）表现出不一致的结果。年龄可能是一个调节因素，但需要更多的研究来调查这个因素。之前的研究表明，具有激发性的新闻故事会给年轻人带来更大的乐趣（Kleemans, Hendriks Vettehen, Eisinga, & Beentjes, 2014），未来的研究应该测试情感新闻模型的预测因子（Knobloch, et al., 2004），以明确用叙事格式描绘的悬疑新闻是否能吸引年轻观众。或许，研究情感新闻模型的好奇心结构是否能激发年轻人的新闻兴趣是有益的，因为谋杀悬疑类电视节目如今越来越受欢迎，如连续剧《制造杀人犯》（*Making a Murderer*）（Ricciardi & Demos）。

耸人听闻的新闻特写、情感反应和娱乐过程

本节调查了耸人听闻的新闻特写（镜头数量、音乐和放大次数），新闻工作者可以选择这些特写来影响受众对新闻的情感反应及娱乐过程。接下来回顾的研究没有考虑来自情感新闻模型的预测因子，但考虑了受众在参与新闻故事时，耸人听闻的特写如何影响娱乐过程。

亨德里克斯·维特亨、努伊滕和皮特斯（Hendriks Vettehen, Nuijten, & Peeters, 2008）

研究了具有耸人听闻特写（戏剧主题、镜头数量、音乐和放大次数）的新闻故事，以及它们如何影响受众的情绪唤醒和故事喜好。值得注意的是，研究结果表明，新闻故事的耸人听闻特写提高了情绪唤醒度（emotional arousal），从而提高了参与者对故事的喜爱程度。但当情绪唤醒度过低或过高时，参与者对故事的喜爱程度就会降低。这项研究的参与者都是中年人，因此研究者认为，年龄是一个潜在的调节因素，可以解释为何唤醒度高的新闻故事不受欢迎。

与此相关的是，克莱曼等人（Kleemans, et al., 2014）证明，年龄是唤醒式新闻享受的调节者。研究中，参与者观看了负面的或中性的新闻故事，这些故事要么被包装在具有耸人听闻特写的小报中，要么以标准格式呈现出来。新闻享受取决于新闻故事产生的唤醒水平，与参与者的最佳唤醒水平相匹配，而唤醒水平因年龄而异。相较于老年人，年轻人更喜欢令人兴奋的新闻故事。基于这些结果，克莱曼等人（2014）假设，年轻人比老年人更喜欢唤醒式新闻的原因可能涉及代际效应。克莱曼等人得出结论，年轻人可能更喜欢唤醒信息，因为他们成长在一个节奏更快的媒介环境中，更喜欢欣赏与悬疑有关的新闻故事。未来的研究应该考察悬疑是如何受耸人听闻的特写影响的，以及年龄是如何调节悬疑对新闻享受影响的。

重要的是，即便是广播新闻中故事的顺序，也会影响受众对所述议题的情感和认知反应。蒙多夫（Mundorf）和齐尔曼（1991）证明，情绪化（正面和负面）的电视新闻报道会影响个人对该故事之前、之后的新闻报道的情感反应。更具体地说，在这项研究中，参与者对令人难忘的负面新闻的负面反应，会影响他们对该新闻前后新闻故事的反应，并使其他新闻故事看起来不那么负面。因此，对一个特别令人难忘的坏消息事件的负面情绪反应，可以压倒并扭曲人们对广播中其他新闻故事情绪反应的记忆。

快乐的新闻如何影响参与者评估广播电视里硬新闻报道中议题的严重性？有一项研究对此进行了考察（Zillmann, Gibson, Ordman, & Aust, 1994）。在这项实验中，在某一电视广播节目结尾处，研究者要么放置一个与人类利益相关的故事，要么放置一个幽默的故事，而在该电视广播报道结尾之前有4个聚焦于负面事件的硬新闻。结果显示，放置幽默故事，导致参与者报告说，他们认为这4则硬新闻（hard news）涉及的议题没那么严重。齐尔曼等人（1994）得出结论：在充满负面新闻的广播节目结束时放入幽默新闻，可以缓解受众的情绪，而当新闻充斥着负面事件时，则可以提供一些受众急需的、带有舒缓性喜剧元素的新闻。综上所述，这些研究表明，引发情感反应的新闻故事的播放次序，能够影响受众对其他新闻和所描述议题的严重性的感知。受众对新闻故事的欣赏或享受如何受到其播放顺序的影响？蒙多夫和齐尔曼（1991）以及齐尔曼等人（1994）的研究，都未能基于新闻故事的播放位置对此问题进行解答。因此，未来的研究应考虑正面和负面新闻的顺序如何影响受众对广播的整体享受，并考虑情感新闻模型预测因子中悬念的作用。

在未来研究中应把情感倾向理论和情感新闻模型联系起来

本章强调了情感倾向理论和情感新闻模型之间的联系，同时考虑了新闻事件特征（记者无法改变的新闻特征）和消息设计原则（记者可以控制的新闻元素）如何在新闻故事中协同运作。例如，在新闻广播中，结局不佳的负面新闻故事很常见，这是无法改变的新闻事件特征。从本章所回顾的研究来看，负面新闻故事有时会产生消极的情感反应，降低受众的享受感（Aust & Zillmann, 1996）。记者可以编辑新闻故事的格式，但他们不能改变新闻故事的结局，这会影响个体对新闻故事的欣赏。未来的研究应考虑到情感倾向理论和情感新闻模型的预测因子、新闻故事结局（正面或负面）与新闻故事格式（倒金字塔型或叙事型）如何影响情感反应及娱乐过程。事实上，有必要研究新闻事件特征和信息设计原则如何在新闻故事中共同发挥作用，以及它们如何影响后续的娱乐过程。

要了解情感倾向理论和情感新闻模型的预测在当今快节奏的媒介环境中如何发挥作用，应开展进一步的研究。随着大多数人通过在线和社交媒介获取新闻信息（Bialik & Matsa, 2017），在线新闻环境如何影响人们的情感反应和娱乐过程？当个人阅读纸质报纸、收听新闻广播或从社交媒介获取新闻时，其娱乐过程是否存在根本性差异？情感倾向理论和情感新闻模型的预测如何发挥作用？此外，网络新闻和社交媒介的普遍使用也是一个值得考虑的、有趣的现象。永久在线并永久与新闻保持联系的想法，会如何影响受众的情感反应及享受？根据情感倾向理论的预测，经常在线接触负面新闻故事可能会降低新闻享受度。此外，当前无处不在的媒介使用如何影响受众的悬念和其他娱乐过程？这一点很重要。

越来越多的人同时使用多种媒介设备，这种现象被称为第二屏或多屏观看，即受众在观看电视新闻广播的同时，也使用他们的移动设备。这种情况下，个人可能兼有多个任务，如在第二个屏幕上从事不相关的活动，或者，他们可能会使用第二屏幕进一步参与电视（主屏幕）的内容。作为回应，有些新闻机构试图通过在第二屏上提供有关电视之外的额外内容（游戏或采访）来鼓励多屏观看。有研究调查了多屏幕观看如何提高人们对主屏幕内容的享受度（Horning, 2017）。不过，多屏观看也会增加认知负荷，减少新闻中的信息回忆（van Cauwenberge, Schaap, & van Roy, 2014）。由于越来越多的人在观看新闻的同时使用第二个屏幕（与主屏幕的内容相关或无关），因此研究这种现象如何影响情感倾向理论和情感新闻模型的预测是很有意思的。在不相关的任务中使用第二屏幕是否会中断个人对新闻人物或悬念的情感反应？或者，是否会中断新闻故事诱发的相关情感反应？这种现象会提高还是降低人们对新闻的整体享受度？此外，研究还应检验与个人在电视上观看的新闻故事相关的第二屏内容（额外故事、游戏或采访的链接）是否能够增强受众的情感反应、悬念感，提高他们对新闻故事的享受度。

我们可以把情感新闻模型拓展开来研究悬念及由此产生的对新闻的情感反应如何影响个人对该新闻所呈现主题的态度。本章之前的研究表明，情感反应可以影响人们对政治问题和被污名化群体的态度（de Graaf & Hustinx, 2011; Oliver, et al., 2012; Shen, et al., 2014）。在情感新闻模型的基础上，诺布洛赫等人（出版中）利用4个政治话题来研究劝服效果对态度的影响。研究结果表明，相较于倒金字塔型文本，叙事型文本给受众带来了更大的悬念和态度变化，此外，悬念也调节了态度变化。因此，之前任何关于使用情感倾向理论和情感新闻模型进行未来研究的建议，都可以扩展到关于态度影响的研究中。

结　论

本章介绍的研究考察了新闻事件特征和消息设计原则如何影响受众对新闻及后续娱乐过程的情感反应。本章中，我们回顾了几种媒介娱乐理论，包括情感倾向理论（Zillmann & Cantor, 1976）和情感新闻模型，（Knobloch, et al., 2004），它们为理解新闻消费的情感影响提供了预测。本章不涉及这一领域所有的理论，但它为有兴趣探索情感反应和享受新闻的个人提供了一个起点。本章也研究了情感倾向理论和情感新闻模型（Knobloch, et al., 2004）的预测因子，详述了之前的研究，并考虑了当今快节奏的媒介环境和技术进步问题。本章还扩展了情感新闻模型，研究受众的情感反应和享受如何影响他们对新闻内容的态度变化。

参考文献

Aust, C., & Zillmann, D. (1996). Effects of victim exemplification in television news on viewer perceptions of social issues. *Journalism and Mass Communication Quarterly*, 73, 787–803. doi: 1177/107769909607300403.

Barthel, M. (2018). *5 facts about the state of the news media in 2017*. https://www.pewresearch. org/fact-tank/2018/08/21/5-facts-about-the-state-of-the-news-media-in-2017/.

Bartsch, A., & Hartmann, T. (2017). The role of cognitive and affective challenge in entertainment experience. *Communication Research*, 44, 29–53. doi: 10.1177/0093650214565921.

Baym, G. (2017). Journalism and the hybrid condition: Long-form television drama at the intersection of news and narrative. *Journalism*, 35, 50–68. doi: 10.1177/1464884916657521.

Bialik, K., & Matsa, K. E. (2017). *Key trends in social and digital news media*. https://www.pewresearch.org/fact-tank/2017/10/04/key-trends-in-social-and-digital-news-media/.

Bogart, L. (1981). Television news as entertainment. In P. H. Tannenbaum (Ed.), *The entertainment functions of television* (pp. 209–249). Hillsdale, NJ: Erlbaum.

Brewer, W. F., & Lichtenstein, E. H. (1981). Event schemas, story schemas, and story grammars. In J. Long & A. Baddely (Eds.), *Attention and performance* (Vol. 9, pp. 363–379). Hillsdale, NJ: Erlbaum.

Brewer, W. F., & Lichtenstein, E. H. (1982). Stories are to entertain: A structural-affect theory of stories. *Journal of Pragmatics*, 6, 473–486.

Carroll, N. (1996). The paradox of suspense. In P. Vorderer, H. J. Wulff, & M. Friedrichsen (Eds.), *Suspense: Conceptualizations, theoretical analyses, and empirical explorations* (pp. 71–91). Mahwah, NJ: Erlbaum.

de Graaf, A., & Hustinx, L. (2011). The effect of story structure on emotion, transportation, and persuasion. *Information Design Journal*, 19, 142–154. doi: 10.1075/idj.19.2.05gra.

DeAngelo, T. I., & Yegiyan, N. S. (2019). Looking for efficiency: How online news structure and emotional tone influence processing time and memory. *Journalism and Mass Communication Quarterly*, 96, 385–405. doi: 10.1177/1077699018792272.

Edgerly, S., & Vraga, E. K. (2019). News, entertainment, or both? Exploring audience perceptions of media genre in a hybrid media environment. *Journalism*, 20, 807–826. doi:10.1177/1464884917730709.

Emde, K., Klimmt, C., & Schluetz, D. M. (2016). Does storytelling help adolescents to process the news? *Journalism Studies*, 17, 608–627. doi: 10.1080/1461670X.2015.1006900.

Gerrig, R. J. (1993). Experiencing narrative worlds. New Haven, CT: Yale University Press. Grabe, M. E., & Kamhawi, R. (2006). Hard wired for negative news? Gender differences in processing broadcast news. *Communication Research*, 33, 346–369. doi: 10.1177/0093650206291479.

Hendriks Vettehen, P., Nuijten, K., & Peeters, A. (2008). Explaining effects of sensationalism on liking of television news stories. *Communication Research*, 35, 319–338. doi: 10.1177/0093650208315960.

Horning, M. A. (2017). Interacting with news: Exploring the effects of modality and perceived responsiveness and control on news source credibility and enjoyment among second screen viewers. *Computers in Human Behavior*, 73, 273–283. doi: 10.1016/j.chb.2017.03.023.

Kamhawi, R., & Grabe, M. E. (2008). Engaging the female audience: An evolutionary psychology perspective on gendered responses to news valence frames. *Journal of Broadcasting and Electronic Media*, 52, 33–51. doi: 10.1080/08838150701820783.

Kaspar, K., Zimmerman, D., & Wilbers, A- K. (2016). Thrilling news revisited: The role of suspense for the enjoyment of news stories. *Frontiers in Psychology*, 7, 1–18. doi: 10.3389/fpsyg.2016.01913.

Kleemans, M., Hendriks Vettehen, P., Eisinga, R., & Beentjes, J. W. J. (2014). Enjoyment of arousing television news: The role of age and sensation seeking. *Communications*, 39, 89–99.doi: 10.1515/commun-2014–0006.

Kleemans, M., Schaap, G., & Suijkerbuijk, M. (2018). Getting youngsters hooked on the news. *Journalism Studies*, 19, 2108–2125. doi:10.1080/1461670X.2017.1324316.

Knobloch, S. (2003). Suspense and mystery. In J. Bryant, D. Roskos-Ewoldsen, & J. Cantor (Eds.), *Communication and emotion: Essays in honor of Dolf Zillmann* (pp. 379–395). Mahwah, NJ: Erlbaum.

Knobloch, S., Patzig, G., Mende, A.–M., & Hastall, M. (2004). "Affective news"—Effects of discourse structure in narratives on suspense, curiosity, and enjoyment while reading news and novels. *Communication Research*, 31, 259–287. doi: 10.1177/0093650203261517.

Knobloch-Westerwick, S., & Keplinger, C. (2007). Thrilling news: Factors generating suspense during news exposure. *Media Psychology*, 9, 193–210. doi: 10.1080/15213260709336809.

Knobloch-Westerwick, S., Robinson, M. J., Frazer, R., & Schutz, E. (in press). "Affective news" & attitudes: A multi-topic experiment of attitude impacts from political news and fiction. *Journalism and Mass Communication Quarterly*. doi: 10.1177/1077699020932883.

Machill, M., Köhler, S., & Waldhouser, M. (2007). The use of narrative structures in television news. *European Journal of Communication*, 22, 185–202. doi: 10.1177/0267323107076769.

Matsa, K. E. (2018). *Most western Europeans prefer TV news while use of print outlets lags*. pewresearch.org/fact-tank/2018/09/27/most-western-europeans-prefer-tv-news-while-useof-print-outlets-lags/.

Metzger, M. J. (2002). When no news is good news: Inferring closure for news issues. *Journalism and Mass Communication Quarterly*, 77, 760–787. doi: 10.1177/107769900007700404.

Mindich, D. T. Z. (1998). *Just the facts: How "objectivity" came to define American journalism*. New York: New York University Press.

Mundorf, N., & Zillmann, D. (1991). Effects of story sequencing on affective reactions to broadcast news. *Journal of Broadcasting and Electronic Media*, 35, 197–211. doi:10.1080/08838159109364118.

Mutz, D. C. (1995). Effects of horse-race coverage on campaign coffers: Strategic contributing in presidential primaries. *Journal of Politics*, 57, 1015–1042. doi: 10.2307/2960400.

Oliver, M. B., Dillard, J. P., Bae, K., & Tamul, D. J. (2012). The effect of narrative news format on empathy for stigmatized groups. *Journalism and Mass Communication Quarterly*, 89, 205–224. doi: 10.1177/1077699012439020.

Oliver, M. B., & Raney, A. A. (2011). Entertainment as pleasurable and meaningful: Identifying hedonic and eudaimonic motivations for entertainment consumption. *Journal of Communication*, 61, 984–1004. doi: 10.1111/j.1460–2466.2011.01585.x.

Palmgreen, P., Wenner, L. A., & Rayburn, J. D. (1980). Relations between gratifications sought and obtained: A study of television news. *Communication Research*, 7, 161–192. doi:10.1177/009365028000700202.

Reinemann, C., Stanyer, J., Scherr, S., & Legnante, G. (2012). Hard and soft news: A review of concepts, operationalizations and key findings. *Journalism*, 13, 221–239 doi:10.1177/1464884911427803.

Roeh, I. (1989). Journalism as storytelling, coverage as narrative. *American Behavioral Scientist*, 33, 162–168. doi: 10.1177/0002764289033002007.

Rubin, A. M., Perse, E. M., & Powell, R. A. (1985). Loneliness, parasocial interaction, and local television news viewing. *Human Communication Research*, 12, 155–180. doi: 10.1111/j.1468–2958.1985.tb00071.x.

Sanders, J., & Redeker, G. (1993). Linguistic perspective in short news stories. *Poetics*, 22, 69–87.

Shen, F., Ahern, L., & Baker, M. (2014). Stories that count. *Journalism and Mass Communication Quarterly*, 91, 98–117. doi: 10.1177/1077699013514414.

Shoemaker, P. J. (1996). Hardwired for news: Using biological and cultural evolution to explain the surveillance function. *Journal of Communication*, 46, 32–47. doi: 10.1111/j.1460–2466.1996.tb01487.x.

Slone, M. (2000). Responses to media coverage. *The Journal of Conflict Resolution*, 44, 508–522. doi: 10.1177/0022002700044004005.

Stone, G. C., & Grusin, E. (1984). Network TV as the bad news bearer. *Journalism and Mass Communication Quarterly*, 61, 517–592. doi: 10.1177/107769908406100306.

Sundar, S. (1999). Exploring receivers' criteria for perception of print and online news. *Journalism & Mass Communication Quarterly*, 76, 373–386. doi: 10.1177/107769909907600213.

van Cauwenberge, A., Schaap, G., & van Roy, R. (2014). "TV no longer commands our full attention": Effects of second screen viewing and task relevance on cognitive load and learning from news. *Computers in Human Behavior*, 38, 100–109. doi: 10.1016/j.chb.2014.05.021.

van Krieken, K., Hoeken, H., & Sanders, J. (2015). From reader to mediated witness: The engaging effects of journalistic crime narratives. *Journalism and Mass Communication Quarterly*, 92, 580–596. doi: 10.1177/1077699015586546.

Vorderer, P., Wulff, H. J., & Friedrichsen, M. (1996). *Suspense: Conceptualizations, theoretical analyses, and empirical explorations*. New York, NY: Taylor & Francis (Routledge).

Yaros, R. A., & Cook, A. E. (2011). Attention versus learning of online content: Preliminary findings from an eye-tracking study. *International Journal of Cyber Behavior*, 1, 49–69. doi: 10.4018/ijcbpl.2011100104.

Yoo, C. Y. (2011). Modeling audience interactivity as the gratification-seeking process in online newspapers. *Communication Theory*, 21, 67–89. doi: 0.1111/j.1468–2885.2010.01376.x.

Zillmann, D. (1994). Mechanisms of emotional involvement with drama. *Poetics*, 23, 33–51. doi: 10.1016/0304-422X(94)00020–7.

Zillmann, D. (1996). The psychology of suspense in dramatic exposition. In P. Vorderer, H.-J. Wulff, & M. Friedrichsen (Eds.), *Suspense: Conceptualizations, theoretical analyses, and empirical explorations* (pp. 199–231). Mahwah, NJ: Erlbaum.

Zillmann, D., & Cantor, J. R. (1976). A disposition theory of humor and mirth. In T. Chapman & H. Foot (Eds.), *Humor and laughter: Theory, research, and application* (pp. 93–115). London, UK: Wiley.

Zillmann, D., Gibson, R., Ordman, V. L., & Aust, C. F. (1994). Effects of upbeat stories in broadcast news. *Journal of Broadcasting and Electronic Media*, 38, 65–78. doi:10.1080/08838159409364246.

Zillmann, D., & Knobloch, S. (2001). Emotional reactions to narratives about the fortunes of personae in the news theater. *Poetics*, 29, 189–206. doi: 10.1016/S0304-422X(01)00042–0.

Zillmann, D., Taylor, K., & Lewis, K. (1998). News as nonfiction theater: How dispositions toward the public cast of characters affect reactions. *Journal of Broadcasting and Electronic Media*, 42, 153–169. doi: 10.1080/08838159809364441.

第二十八章　娱乐对政治信息处理与参与的影响及其双过程扩展模型

弗兰克·M. 施耐德
安妮·巴奇
莱利萨·利昂哈德

娱乐与政治传播——一种有争议的关系

随着报纸等传统新闻媒介发行量的下降，加上娱乐媒介、娱乐信息和真人秀等的激增，人们对新闻质量、政治文化的衰退表示了担忧。例如，波兹曼（Postman, 1986）提出了一个著名的论点，即由于娱乐媒介与新闻媒介的不断融合，其影响力不断提升，“娱乐至死”现象开始出现。在这种背景下，印刷界、广播界的新闻出现了煽情化、小报化的趋势，新闻私人化、可视化，以及政治内容的情感化等愈演愈烈（Brants & Neijens, 1998; Donsbach & Büttner, 2005; Esser, 1999; Otto, Glogger, & Boukes, 2017; Reinemann, Stanyer, Scherr, & Legnante, 2012; Sparks & Tulloch, 2000）。研究者（Reinemann, et al., 2012, p.233）这样来定义与娱乐有关的新闻特征：“一条新闻，它越是与政治无关，人们就越会以故事情节的方式来报道它；它越是关注某事件的单一后果，其风格越私人化、情感化，它就越可能被视作软新闻。”

软新闻以及信息与娱乐媒介融合的趋势，在传播学界是公认的事实。但在这种趋同的规范性意义上，学者们是仍有争议的（Andersen, 2019; Baum, 2005; Friedrich & Jandura, 2012; Otto, et al., 2017; Roth, Weinmann, Schneider, Hopp, & Vorderer, 2014; Umbricht & Esser, 2016; Weinmann & Vorderer, 2018）。政治传播的娱乐形式是否能打动一些对政治不太感兴趣的受众群体？是否会破坏受众对政治的信任，分散他们对政治问题的注意力？一方面，人们把软新闻及其煽动性视为公民政治幻灭、公民参与减少的原因（Esser, 1999; Guggenheim, Kwak, & Campbell, 2011; Putnam, 2000）。一些研究认为，

“几乎找不到受众可以从软新闻学到东西的证据”（Prior, 2003, p.149），还有研究认为，软新闻消费与政治犬儒主义之间存在关联（Boukes & Boomgaarden, 2015）。这类研究挑战了软新闻有利于公民知情、公民参与的民主理想，因为政治犬儒主义可以打击人心，培育出政治冷漠（Valentino, Beckmann, & Buhr, 2001）。

另一方面，有人认为，个人对娱乐新闻的情感参与，至少会让对政治不太感兴趣的受众群体建立基本形式的政治知识和问题意识（Andersen, 2019; Baum, 2003）。事实上，有证据表明，软新闻可以通过鼓励消极的政治参与形式，如进一步的信息寻求，为“不感兴趣的人提供一个进入政治舞台的机会”（Andersen, 2019, p.16）。软新闻甚至可以通过向政治上漫不经心的公民提供必要的信息，让他们根据自身的利益作出投票决定，从而对他们的投票行为产生影响（Baum & Jamison, 2006）。

此外，一些最新发现表明，在某些条件下，娱乐媒介可以刺激更复杂的信息处理形式（Bartsch, Kalch, & Oliver, 2014; Knobloch-Westerwick, Gong, Hagner, & Kerbeykian, 2012; LaMarre, 2009），并可以激发受众对某一主题的硬新闻的兴趣（Bartsch & Schneider, 2014）。本章旨在重新审视和整合这些看似矛盾的概念和研究结果，它们涉及受众对娱乐政治传播形式的处理及其相关效果。

在娱乐语境中，大多数关于政治信息的处理和效应的研究都集中在那些肤浅、非反思性的学习与劝服效果上。例如，“涵化理论”（Gerbner, Gross, Morgan, Signorielli, & Shanahan, 2002）、“叙事劝服”（Green & Brock, 2000）和“虚构启动”（fictional priming; Holbert, et al., 2003），这些理论一致认为，娱乐培养了一种启发式的认知处理模式，其中，个人世界观会不加批判地吸收媒介里的信息、态度以及媒介所描绘的刻板印象。

在娱乐媒介的背景下，这种启发式的信息处理模式及其结果得到了比较好的研究，但研究并未涵盖情感和认知处理的整个范围（Forgas, 1995）。娱乐理论的最新进展引起了人们对娱乐体验多维性的关注（Oliver & Bartsch, 2010; Oliver & Raney, 2011; Schramm & Wirth, 2008; Tamborini, Bowman, Eden, Grizzard, & Organg, 2010; Vorderer & Reinecke, 2012; Vorderer & Ritterfeld, 2009; Wirth, Hofer, & Schramm, 2012）。学者们特别强调，娱乐体验除了可以激发出表面上的启发式处理模式，还可以激发出更精细、更系统化的处理模式（Bartsch & Schneider, 2014; Klimmt, 2011; Lewis, Tamborini, & Weber, 2014; Oliver & Raney, 2011; Vorderer & Reinecke, 2012; Wirth, et al., 2012）。这种对娱乐体验的精细的、深思熟虑的处理，包含了一种对规范理想结果的特殊期待，如进一步寻求信息、积极获取知识、政治参与等。

因此，在本章的剩余部分，我们的目标是开发一个综合框架，其不仅涵盖娱乐媒介中人们对政治信息肤浅、启发式的处理，也涵盖人们对政治信息更精细、更深思熟虑的反应。我们将基于娱乐体验和动机认知的双过程模型（Bartsch & Schneider, 2014）进行论述，该模型结合了娱乐理论及其信息处理的双过程模型（Forgas, 2002; Lang, 2006;

Petty & Caciopo, 1986）。本章将考虑不同类型的政治相关结果变量，如知识获取、意见形成、态度和行为的变化以及政治参与，进一步推进理论整合。

娱乐体验与启发式精细处理的联系

娱乐体验和动机认知的双过程模型（Bartsch & Schneider, 2014）建立在娱乐理论的最新框架基础上（Oliver & Bartsch, 2010; Oliver & Raney, 2011; Schramm & Wirth, 2008; Tamborini, et al., 2010; Vorderer, et al., 2004; Vorderer & Reinecke, 2012; Wirth, et al., 2012），这些框架区分了享乐主义取向和实现主义取向的娱乐体验。正如后面所解释的，这些不同类型的娱乐体验可以与不同的信息处理模式和不同类型的政治结果联结起来。

享乐主义取向和实现主义取向的娱乐体验理论（Oliver & Bartsch, 2010; Oliver & Raney, 2011; Schramm & Wirth, 2008; Tamborini, et al., 2010; Vorderer, et al., 2004; Vorderer & Reinecke, 2012; Wirth, et al., 2012）区分了两种媒介体验，从某种意义上说，它们吸引的受众，其兴趣独立于观看体验本身以外的其他目标和动机。一方面，娱乐消费在本质上是有吸引力的，因为它可以快速地让个人在情绪调节和唤醒方面感觉良好。有研究认为，这种通过使用媒介进行情感调节的过程是娱乐消费享乐动机的核心（Knobloch Westerwick, 2006; Zillmann, 1988）。另一方面，娱乐消费还可以刺激有益的社会体验和认知体验，以更复杂、更可持续的方式促进情感健康。例如，娱乐消费会培养一种认知挑战感、求实感或对生活意义的探索感（Bartsch, 2012a; Bartsch & Hartmann, 2015; Oliver & Raney, 2011; Oliver, et al., 2018; Schramm & Wirth, 2008; Tamborini, et al., 2010; Vorderer, et al., 2004; Vorderer & Reinecke, 2012; Wirth, et al., 2012）。基于古代哲学对享乐式幸福和实现主义幸福的区分（hedonic and eudaimonic happiness）（前者从愉悦中获得幸福，后者从意义和洞察力中获得的幸福），第二类娱乐动机被称为实现主义动机（Oliver & Raney, 2011; Wirth, et al., 2012）。下节将解释这两种类型的娱乐体验如何在理论上与动机信息处理的双过程模型相关联（Chen & Chaiken, 1999; Forgas, 2002; Kahneman, 2003; Lang, 2006; Petty & Cacioppo, 1986）。

享乐主义娱乐与动机认知

享乐方面的娱乐研究主要是在情绪管理理论的背景下进行的（Knobloch-Westerwick, 2006; Zillmann, 1988）。齐尔曼（1988）认为，可用于享乐取向情绪调节的媒介内容，其特征体现在4个重要方面：①积极的享乐效价（hedonic valence）；②兴奋潜能，它通过诱导适度唤醒的愉悦状态来调节有压力或感到无聊的有害状态；③媒介内容的吸引潜力，它有助于分散个人对负面思想的注意力；④引发当前负面情绪境况的缺乏语义亲和力的媒介内容。这4个特征中有3个情绪管理因素（享乐效价、吸收潜力和缺乏语义亲和力）与启发式信息处理有关。

享乐效价

根据作为信息的情感模型（affect-as-information model; Schwarz & Clore, 2003），积极的情绪向机体发出“一切都很好”的信号，因此，一种随意、轻松的信息处理模式就形成了（Lang, 2006）。

动机性媒介信息加工的有限容量模型（LC4MP; Lang, 2006）假设，个人的信息处理能力是有限的，如果注意力资源完全集中于给定刺激的处理，就没有更多的资源可用于处理额外的内容。因此，沉浸于认知资源的行为会干扰个人对媒介信息的批判性阐述（Green & Brock, 2002; Moyer Gusé, 2008; Slater & Rouner, 2002）。

缺乏语义亲和力

远离日常是非的娱乐内容与个人的负面情绪几乎没有语义关联。但语义亲和力的缺乏与低度的个人相关性是相生相伴的，这是信息精细加工中的一个关键要素（Petty & Cacioppo, 1986）。

适度的兴奋潜能

唯一与精细信息处理相适应的情绪管理因素是适度的唤醒。根据LC_4MP（动机驱动下媒介信息处理的有限容量模型）（Lang, 2006），在生理上，低至中度唤醒状态与注意力和处理动机相关，而高唤醒状态会干扰精细处理。因此，适度的兴奋状态不仅可以改善个人情绪，还可以实现信息关注和信息处理的平衡。但在存在其他情绪管理因素（高度悬疑、引人入胜的故事，积极的效能以及缺乏关注现实世界的语义亲和力等）的情况下，目前尚不清楚适度唤醒的认知刺激效应是否会导致个人对政治问题的更深参与。

从情绪管理的角度来看，超出娱乐媒介（虚构）内容的自我或现实想法会破坏娱乐的情绪调节功能。因此，就享乐取向的娱乐而言，个人借由娱乐来逃避现实的说法也就说得通了。不过，政治性的娱乐内容可以通过联想学习或可用性启发等信息处理方式对媒介用户施加影响，后者已在“涵化”（Gerbner, et al., 2002; Shrum, 2002）、“例证”（exemplification）（Zillmann & Brosius, 2000）和“叙事劝服”（narrative persuasion）（Appel, 2008; Green & Brock, 2000）以及“虚构框架”（fictional framing）、“启动效应”（priming）和“议程设置”等理论中得到广泛研究（Holbert, et al., 2003; Holbrook & Hill, 2005; Mulligan & Habel, 2011）。

迄今为止，研究较少关注娱乐环境中人们对那些与政治和社会相关话题的精细处理。如下一节所述，实现主义娱乐的概念提供了一种有趣的补充方法，允许人们在娱乐环境中整合那种刻意的、精心处理的政治信息。

实现主义娱乐与动机认知

与逃避现实、追求享乐的动机相比，实现主义娱乐体验包含了寻求意义、真理和自我发展等，其动机更严肃。这种实现主义娱乐通常与消极的想法和感受对抗，并且会激励个人转向严肃且潜在的令人不快的媒介内容，而这些内容通常是那些只是纯粹想享乐的人唯恐避之不及的。各种研究表明，实现主义式的满足感在娱乐消费中起着关键作用，尽管它们通常与恐惧、愤怒和悲伤等负面情绪有关（Bartsch, 2012b; Oliver & Bartsch, 2010; Oliver & Raney, 2011; Wirth, et al., 2012）。此外，享乐式娱乐体验可以为受众提供一个逃避日常琐事的“大脑假期”，与这种逃避现实的性质相反，实现主义的娱乐体验往往侧重于与现实和社会相关的主题（Cupchik, 1995; Oliver & Hartmann, 2010），它通常与较慢的叙事节奏相关（Cupchik, 1995; Cupchik & Laszlo, 1994）。总之，实现主义的娱乐体验特征和动机信息处理之间的理论关系，与之前描述的享乐式娱乐体验逃避现实的性质相对立。下面介绍几个概念。

（1）负面效价和混合情感。根据作为信息的情感模型（Schwarz & Clore, 2003），消极情绪会提醒机体“可能有什么不对劲”。因此，实现主义娱乐需要进行彻底的信息处理（Lang, 2006）。此外，实现主义娱乐通常以混合（消极和积极）情感为特征（Oliver, 2008），由于欲望和厌恶动机系统的共同激活，这种情感可以进一步强化负面效价的精细效应（Cacioppo, Gardner, & Berntson, 1999; Lang, Sanders-Jackson, Wang, & Rubenking, 2013）。

（2）低专注潜能。实现主义式娱乐的另一个特点是叙事速度较慢，吸收潜力相对较小（Cupchik & Laszlo, 1994）。根据LC_4MP（Lang, 2006），较低的注意力吸收度意味着个人有更多的认知资源可用于信息的精细处理。

（3）个人相关性。实现主义动机聚焦于“求真”（Oliver & Raney, 2011），根据ELM（精细加工模型）（Petty & Cacioppo, 1986），这涉及对现实、对个人相关内容的偏好，因而会增加个人的私人参与感和精细可能性（elaboration likelihood）。

（4）兴奋潜能。对于享乐主义娱乐和实现主义娱乐来说，它们唯一共同的动机因素似乎是适度的唤醒（Bartsch, 2012b; Bartsch & Oliver, 2011）。如前所述，根据LC_4MP（Lang, 2006），就享乐主义娱乐而言，适度的唤醒水平在刺激认知处理方面似乎是最佳的。因此，适度的唤醒有利于更深层次的信息处理。

根据有关动机信息处理的研究文献，实现主义娱乐以一系列内容特征和经验因素为特点，这些特征和因素包括消极或混合情感、中度唤醒、注意力吸收低以及与个人关注相关的语义亲和力，整体而言，这些特点看起来是鼓励认知精细的。与享乐主义娱乐相比，对自我和现实的严肃思考不会干扰实现主义的娱乐体验。相反，认知精细正是真理和意义的重要组成部分。早期的研究支持了感知现实主义、实现主义娱乐体验、认知精细和政治兴趣之间的关系（Bartsch, Kalch, & Oliver, 2014; Bartsch & Schneider, 2014; Schneider, 2012）。

通过将享乐与实现主义的娱乐体验形式与不同的信息处理模式联系起来，娱乐体验和动机认知的双过程模型（Bartsch & Schneider, 2014）为理解娱乐与政治传播之间的关系提供了一个新的、不同的视角。就享乐式娱乐而言，媒介消费是由逃避现实的情绪管理动机驱动的，这些动机与肤浅的启发式信息处理模式有关。因此，尽管享乐主义娱乐可能会吸引观众的兴趣，但人们担心这种娱乐体验会破坏人们对政治内容的深入参与，并削弱政治参与，这种担忧显然是合乎情理的。在由寻求真理和意义的动机驱动的实现主义娱乐体验中，出现了完全不同的情况，实现主义娱乐体验可以刺激认知处理、信息寻求，也可以激发有关社会和政治问题的对话过程（Schneider, 2012）。以上结果符合知情公民和政治审议的规范理想（Habermas, 1984, 1985; Schütz, 1946; Weinmann & Vorderer, 2018）。因此，它们似乎为研究政治娱乐的潜在积极影响提供了一条有希望的途径。

娱乐对政治信息处理和参与的影响及其双过程扩展模型

为了充分利用娱乐的双重过程模型在政治传播中的潜力，我们需要扩展目前的理论，以便纳入与政治相关的、不同类型的结果。因此，在下面的章节中，我们将系统地回顾与政治相关的结果变量，以及与享乐主义和实现主义娱乐相关的认知处理模式。图28.1概述了娱乐对政治信息处理、政治信息参与的影响的双过程扩展模型，其细节将在后面解释。

娱乐媒介启发式处理的效果

在享乐式娱乐的启发式处理方面，该模型借鉴了大量关于隐形媒介效应的概念，如“涵化”（Gerbner, et al., 2002）和“叙事劝服”（Green & Brock, 2002）等概念，这些概念旨在解释娱乐媒介隐形的学习效果、劝服效果。此外，本节还考虑了“虚构框架”“启动效应”“议程设置”等概念（Holbert, et al., 2003; Holbrook & Hill, 2005; Mulligan & Habel, 2011），这些概念最初在政治传播领域发展起来，后来转移到娱乐媒介。以上所有理论方法的共同点是它们都采用启发式处理模式，在这种模式中，通过联想学习和探索法（Taber & Young, 2013），信息、态度和刻板印象等观念从媒介描述转移为社会现实感知。根据理论和实证研究状况，该模型假设对信息的启发式处理可以导致即时的、草率的、相对短期的媒介效应，以下概念与此相关。

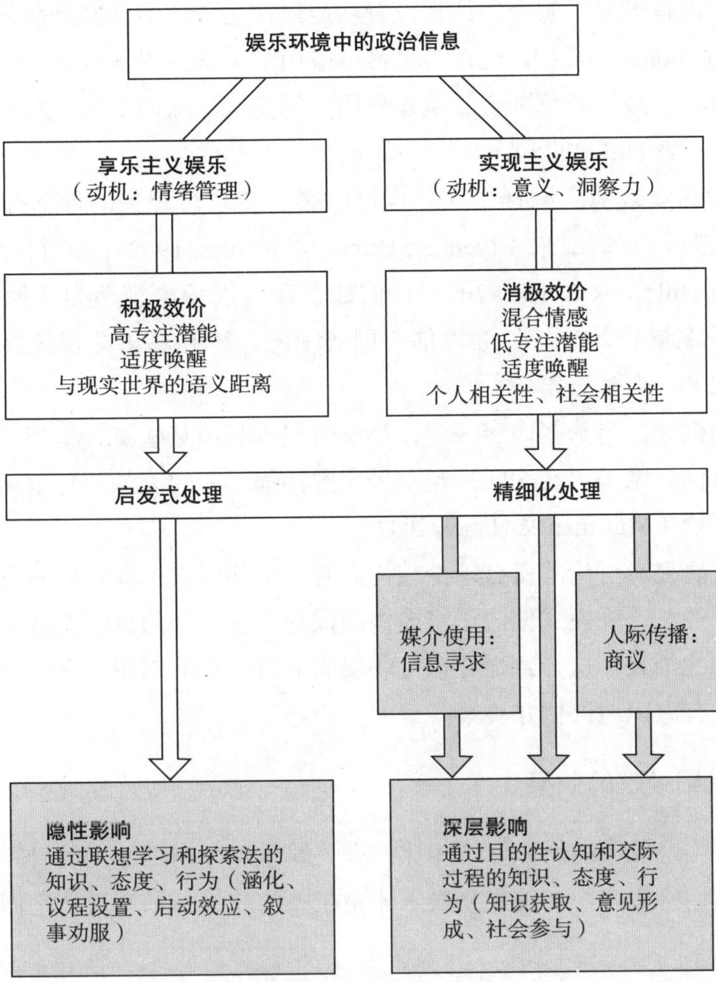

图28.1　娱乐对政治信息处理和参与的影响的双过程扩展模型（强调扩展理论要素）

（1）涵化。涵化假说描述了娱乐性媒介内容对受众感知社会现实的影响（Gerbner, et al., 2002; Shrum, 2002）。根据涵化假说，相较于电视的轻度受众，电视的重度受众更容易相信电视上呈现的社会现实，其世界观更具偏向性。这种偏向可能源自对现实的感知（犯罪率的估计和概率）以及态度、信念和价值观（对外国人的不信任），它们分别被称为第一阶涵化效应和第二阶涵化效应（Shrum, 2002）。

（2）例证（exemplification）。一个相关现象是范例效应（effect of exemplars）（Zillmann & Brosius, 2000）。根据示范论，由于基线信息（base rate information）的生动性和认知可用性，对个案的描述更能影响媒介用户对现实的感知和判断。

（3）叙事劝服。叙事劝服侧重于媒介虚构内容的说服效果（Appel, 2008; Green & Brock, 2002）。受众对故事的吸收和对人物的认同等因素，在其态度和行为变化中起着关键作用（Slater & Rouner, 2002）。

（4）虚构的议程设置。媒介的议程设置功能最初是在政治新闻接触领域发展起来的（McCombs & Reynolds, 2002），现在它也可以应用于虚构的娱乐内容。虚构娱乐媒介中政治问题的频率、一致性和范围会影响媒介用户的想法，从而影响其对政治问题的感知相关性（Holbrook & Hill, 2005）。

（5）虚构的启动效应。同样，媒介也可以影响与政治相关的评估标准的认知可用性。借鉴政治传播研究的成果（Iyengar, Peters, & Kinder, 1982），人们检验了娱乐媒介中的启动效应（Holbrook & Hill, 2005）。例如，政治娱乐电视节目《西翼》（*The West Wing*）描绘了一名虚构的总统，为评估美国实际的总统和真正的现任总统提供了线索（Holbert, et al., 2003）

（6）虚构的框架。与新闻内容一样，小说格式也利用某些解释框架，这些框架能突出主题的特定方面。结果再次表明，观众采用虚构描述所建议的解释框架，并将其用于个人对主题的评价（Mulligan & Habel, 2011）。

迄今为止，研究者讨论的所有理论结构都有一个共同点，即它们假设娱乐媒介是以启发式模式处理的，这种模式偏向于将虚构的媒介内容中的信息和态度草率地传递给对社会现实有感知的个人，这导致媒介在关联层面上对受众的知识、态度和行为产生隐性影响，使其无法有意识地评估并决策。

娱乐媒介精细处理的效果

与娱乐媒介内隐效应的研究传统相比，有关娱乐媒介精细加工的研究才刚刚起步。在下一节中，我们将概述与实现主义娱乐体验相关的政治结果变量，它们与精细处理模式有关。

信息寻求

初步研究结果（Bartsch & Schneider, 2014）表明，实现主义娱乐不仅可以促进媒介内容的精细处理，还可以进一步刺激信息寻求。研究人员进行了两个实验，以检验参与者在观看一部与政治话题相关的电影或某电视杂志后，到底会花多长时间阅读关于该话题的新闻报道。参与者的阅读时间和兴趣评级受到了实现主义娱乐因素的积极影响，这些积极影响包括消极的效能、适度的唤醒和受娱乐刺激后的感动之情（Bartsch & Schneider, 2014）。这表明，实现主义的娱乐因素会影响受众接下来的媒介使用，包括对传统新闻媒介的使用。该模型假设，信息寻求可以调节实现主义娱乐对其他相关结果变量的影响，因为信息寻求敦促受众从新闻和信息媒介获取并编码额外的相关信息。信息寻求本身可以被视作一个结果变量，因为公民通过参与公共话语得到了一种规范性的理想结果。

与信息寻求相关的一个关键结构是选择性注意，我们可以把它理解为一个行为指标，该指标能表明受驱动的用户如何进一步寻求他们在娱乐媒介中遇到的话题及相关信息。根据选择性接触范式（Knobloch Westerwick, 2015; Zillmann & Bryant, 1985），只有个人就更广泛的媒介内容进行选择时，选择性注意（selective attention）才能发挥作用。用户阅读或查看相关媒介内容的时间（使用时间），是信息搜索的另一个行为指标。这一指标已经开始运作，并与实现主义娱乐因素相关联（Bartsch & Schneider, 2014）。除了行为指标外，用户还可以对主题的兴趣进行评级，从而对其进一步寻求信息的动机进行内省式评估（Bartsch & Schneider, 2014）。

人际传播

通过实现主义娱乐体验到的话题的人际传播，是扩展模型中的另一个重要调节因素。在观看了一部感人至深的电影后，观众通常会觉得有必要与他人讨论电影的内容（Bartsch, 2012b）。有关个人对于新闻内容的会话研究（Hefner, 2012）表明，人际传播和商议可以调节知识获取和观点形成的效应。因此，在实现主义娱乐体验引发的人际传播和商议过程中，我们可以预测，它对观众的知识和意见的调节作用是相似的。个人积极参与人际协商本身也可以视为一种规范性的理想结果。因此，扩展模型包括了人际传播过程，这一传播过程可能在接触娱乐媒介期间开始，也可能在探讨有争议性问题的日常对话中继续，并将话题与个人体验、背景知识联系起来（Kim, Wyatt, & Katz, 1999; Landreville, Holbert, & LaMarre, 2010; Moy, Xenos, & Hess, 2005; Sommer, 2013）。娱乐媒介中关于政治话题的人际传播，也可以通过即时通信或社交网站进行，社交媒介使用和政治传播研究的第二次筛查记录了这一点的重要性（Giglictto & Sclva, 2014; Gil de Zúñiga, Garcia Perdomo, & McGregor, 2015; Lochrie & Coulton, 2011）。

除了调节因素、信息寻求和人际传播外，扩展模型还包括3组与政治相关的结果变量，这些变量与实现主义娱乐中个人对真理和意义的寻求（知识获取、精细的意见形成和政治参与）相一致，实现主义娱乐中对真理与意义寻求是主动的、精细的、开放性的。

知识习得

知识具有复杂结构。就娱乐媒介而言，至少要区分两种获取知识的方式。一方面，知识可以直接从娱乐媒介中获得（Wang & Singhal, this volume）；另一方面，娱乐可以激发个体对某议题的兴趣，促进人际传播和信息寻求，从而帮助个体进一步获得关于该议题的知识。另一个重要区别与客观知识和主观知识（Alba & Hutchinson, 2000）有关。与知识习得有关的议题通过标准化的测项（Baum, 2003; Delli Carpini & Keeter, 1996）或者通过识别、线索回忆（Lang, et al., 2013）等被评估，其可以显示出信息是如何编码和存储的。从主观角度来看，感知的知识增益可以满足个人对信息的需求（Roth, et al., 2014; Schneider, Bartsch, & Gleich, 2015; Schneider, Weinmann, Roth, Knop, & Vorderer, 2016），从而为个人进一步的信息寻求和信息使用提供额外的激励因素（Schmitt, Schneider, Weinmann, & Roth, 2019）。

政治参与

政治参与过程可以通过实现主义娱乐的体验激发出来。多项研究表明，情感参与、精细处理和信息寻求是一系列政治激活效应的一部分，参与意图（participatory intention）也包含在其中（Brader, 2005; Marcus, Neuman, & MacKuen, 2000; Obermaier, Haim, & Reinemann, 2014; Sotirovic & McLeod, 2001; Valentino, Brader, Groenendyk, Gregorowicz, & Hutchings, 2011）。迄今为止，娱乐大多与政治参与的负面影响有关（Butler, Koopman, & Zimbardo, 1995; Putnam, 2000; Sotirovic & McLeod, 2001）。但在沙赫（Shah, 1998）的一项研究中，出现了一个更加微妙的画面，他发现娱乐对政治参与的正面或负面影响取决于娱乐类型。一般类型的电视使用和特定类型的科幻小说（可归为享乐型娱乐）与公民参与呈负相关，而社会剧类型（一种典型的实现主义类型；Oliver & Bartsch, 2010; Oliver & Raney, 2011）与公民参与呈正相关。此外，关于情感参与在政治传播中作用的研究表明（Brader, 2005; Obermaier, et al., 2014; Valentino, et al., 2011; Valentino, Gregorowicz, & Groenendyk, 2009），媒介内容引发的情感可以促进不同形式的政治参与，如传统和非传统的政治参与、公民参与和公民投入（Barrett & Brunton Smith, 2014）。

从参与式自由主义公共领域理论的角度来看（Ferree, Gamson, Gerhards, & Rucht, 2002; Teorell, 2006），参与、授权和动员公民的形式对于民主尤为重要。从协商的角度来看，参与的重点在于表达自己的观点和参与讨论（Ferree et al., 2002; Teorell, 2006）。因此，如前所述，不仅可以把人际传播视为参与的调节因素，也可以把它视为参与本身的一种形式。新兴的研究表明，这种以话语为导向的参与形式通常是实现主义娱乐体验的结果（Bartsch, 2012b; Myrick & Oliver, 2015）。

精细意见的形成

和享乐娱乐隐含的劝服效应（涵化、叙事劝服）相反，与实现主义娱乐相关的最终结果变量涵盖了意见形成的详细形式。和劝服的双重过程模型如精细加工模型（Petty & Cacioppo, 1986）以及其他类似方法（Chen & Chaiken, 1999; Forgas, 2002; Kahneman, 2003; Lang, 2006）立场一致，我们的模型假设，个人对事件正反两面深思熟虑后形成的意见更持久、更能防止变革、更能预测行为。精细意见的形成既可以基于娱乐媒介直接提供的信息（模型中的直接路径所示），也可以基于人际传播和信息寻求过程中获得的信息（模型中的调节因素所示）。

根据精细加工模型，对不同主题的个人相关性感知是形成精细意见的一个基本前提。但除此之外，实现主义娱乐还具有通过视角选择过程来培养共情相关性（empathic relevance）的潜力。在这种情况下，共情以及关注他人福祉的心理可以取代个人相关性，成为形成精细意见的驱动力（Bartsch & Oliver, 2017）。也因此，个人的偏见和刻板印象得以减少，其亲社会或利他行为的意图得以加强（Batson, Chang, Orr, & Rowland, 2002; Batson et al., 1997）。娱乐内容还可以鼓励某种基于道德阐释（moral elaboration）的意见形成。例如，对关怀或公平等道德价值观（Graham, et al., 2013）的描述，会引发一种关注他人、关注共同利益的道德情感（钦佩、同情），进而增加个人的道德行为动机（Algoe & Haidt, 2009; Aquino, McFerran, & Laven, 2011; Haidt, 2003; Oliver, Hartmann, & Woolley, 2012）。

结论与展望

本章分析了娱乐对政治信息处理和参与的影响及其双过程扩展模型，它强调了实现主义娱乐体验在促进一系列政治性相关结果方面的潜力，而这些政治性相关结果的特征是积极地、反思性地处理政治议题。因此，该模型补充了先前关于启发式处理产生的消极的、非反思性的劝服效应的研究，如“涵化”（Gerbner, et al., 2002; Shrum, 2002）、“例证”（Zillmann & Brosius, 2000）、“叙事劝服”（Appel, 2008; Green & Brock, 2002）、“虚构框架”、“启动效应”和“议程设置”等理论假设（Holbert, et al., 2003; Holbrook & Hill, 2005; Mulligan & Habel, 2011）。与其他双过程模型一样，精细化处理和启发式处理并非互不相容。启发式处理也是实现主义娱乐体验的一部分，但其结果通过精细化处理，可以形成让人深度反思并重新评估的主题。

迄今为止，娱乐和政治传播研究尚未系统地研究以下内容：一是与实现主义娱乐相关的精细过程的附加值；二是信息寻求、人际传播、精细意见形成、知识获取和政治参与等的相关结果。我们的理论框架为享乐式和实现主义的娱乐体验及相关结果提供了不同的视角。尽管我们有正当理由担心，某些形式的享乐式娱乐会削弱公民身份积极、知情的一面，但从公民协商和知情的角度来看，实现主义式的娱乐体验似乎可以促进规范的理想结果（Habermas, 1984, 1985; Schütz, 1946），并能为“积极民主的公共生活”服务（Ferree et al., 2002, p.289）。

所谓的电视“主题之夜”（这一概念在德国越来越流行）就是一个有趣的例子，通过结合娱乐节目和信息节目的优势，它促进了实现主义的娱乐体验。“主题之夜”先后推出娱乐节目和信息节目，其目的是：①通过虚构的娱乐节目激发观众的兴趣，促进观众的共情和情感参与；②为观众提供一个信息节目，该节目提供该议题的真实信息。这种形式的娱乐性政治传播，结合了虚构娱乐和基于事实的信息各自的优势，但并未将它们混为一谈，从而为那些饱受批评的软新闻、信息娱乐化或政治娱乐化等提供了一种替代品。初步证据（Angerer & Bartsch, 2018）表明，在观看有关同一问题的纪录片之前，那些观看了感人故事片的观众，往往表现出更强烈的议题兴趣和亲社会反应，而这种议题兴趣和亲社会反应正是由实现主义娱乐的体验（感动和认知精细）介导的。从本章娱乐对政治信息处理和参与影响的双过程扩展模型中得出的假设还有待验证。特别需要注意的是，我们需要对除议题兴趣之外的其他相关政治结果进行更多研究。

总之，要更好地理解并利用娱乐媒介在政治话语中的积极潜力。未来研究的重要对象将是一些条件，在这些条件下，娱乐媒介能够激发出个人积极的、反思性的信息处理形式。虽然模型中的一些因果关系得到了实验研究的支持（Bartsch & Schneider, 2014），但其他方法的证据只有相关性，有的方法甚至连相关性也没有。因此，综上所述，目前的研究还相当零碎，但我们希望，本章所讨论的娱乐对政治信息处理和参与的影响及其双过程扩展模型，将有助于解决娱乐与政治传播交叉领域的开放性研究问题。

参考文献

Alba, J. W., & Hutchinson, J. W. (2000). Knowledge calibration: What consumers know and what they think they know. *Journal of Consumer Research*, 27, 123–156. https://doi.org/10.1086/314317.

Algoe, S. B., & Haidt, J. (2009). Witnessing excellence in action: The "other-praising" emotions of elevation, gratitude, and admiration. *Journal of Positive Psychology*, 4, 105–127. https://doi.org/10.1080/17439760802650519.

Andersen, K. (2019). An entrance for the uninterested: Who watches soft news and how does it affect their political participation? *Mass Communication and Society*, 22, 487–507. https://doi.org/10.1080/15205436.2019.1585544.

Angerer, L., & Bartsch, A. (2018, May). *Show me, don't tell me: Synergy effects of entertainment and information programs about organ donation*. Paper presentation at the 68th Annual Conference of the International Communication Association (ICA). Prague, Czech Republic.

Appel, M. (2008). Fictional narratives cultivate just-world beliefs. *Journal of Communication*, 58, 62–83. https://doi.org/10.1111/j.1460-2466.2007.00374.x.

Aquino, K., McFerran, B., & Laven, M. (2011). Moral identity and the experience of moral elevation in response to acts of uncommon goodness. *Journal of Personality and Social Psychology*, 100, 703–718. https://doi.org/10.1037/a0022540.

Aristotle. (trans. 2002). *Nicomachean ethics* (C. Rowe & S. Broadie, Eds.). Oxford, UK: Oxford University Press.

Barrett, M., & Brunton-Smith, I. (2014). Political and civic engagement and participation: Towards an integrative perspective. *Journal of Civil Society*, 10, 5–28. https://doi.org/10.1080/17448689.2013.871911.

Bartsch, A. (2012a). As time goes by: What changes and what remains the same in entertainment experience over the life span? *Journal of Communication*, 62, 588–608. https://doi.org/10.1111/j.1460-2466.2012.01657.x.

Bartsch, A. (2012b). Emotional gratification in entertainment experience. Why viewers of movies and television series find it rewarding to experience emotions. *Media Psychology*, 15, 267–302. https://doi.org/10.1080/15213269.2012.693811.

Bartsch, A., & Hartmann, T. (2015). The role of cognitive and affective challenge in entertainment experience.

Communication Research. Advance online publication. https://doi.org/10.1177/0093650214565921.

Bartsch, A., Kalch, A., & Oliver, M. B. (2014). Moved to think: The role of emotional media experiences in stimulating reflective thoughts. *Journal of Media Psychology*, 26, 125–140. https://doi.org/10.1027/1864-1105/a000118.

Bartsch, A., & Oliver, M. B. (2011). Making sense of entertainment: On the interplay of emotion and cognition in entertainment experience. *Journal of Media Psychology*, 23, 12–17. https://doi.org/10.1027/1864-1105/a000026.

Bartsch, A., & Oliver, M. B. (2017). Appreciation of meaningful entertainment experiences and eudaimonic well-being. In L. Reinecke & M. B. Oliver (Eds.), *The Routledge handbook of media use and well-being* (pp. 80–92). New York, NY: Routledge.

Bartsch, A., & Schneider, F. M. (2014). Entertainment and politics revisited: How non-escapist forms of entertainment can stimulate political interest and information seeking. *Journal of Communication*, 64, 369–396. https://doi.org/10.1111/jcom.12095.

Batson, C. D., Chang, J., Orr, R., & Rowland, J. (2002). Empathy, attitudes, and action: Can feeling for a member of a stigmatized group motivate one to help the group? *Personality and Social Psychology Bulletin*, 28, 1656–1666. https://doi.org/10.1177/014616702237647.

Batson, C. D., Polycarpou, M. P., Harmon-Jones, E., Imhoff, H. J., Mitchener, E. C., Bednar, L. L., … Highberger, L. (1997). Empathy and attitudes: Can feeling for a member of a stigmatized group improve feelings toward the group? *Journal of Personality and Social Psychology*, 72, 105–118. https://doi.org/10.1037/0022-3514.72.1.105.

Baum, M. A. (2003). Soft news and political knowledge: Evidence of absence or absence of evidence? *Political Communication*, 20, 173–190. https://doi.org/10.1080/10584600390211181.

Baum, M. A. (2005). Talking the vote: Why presidential candidates hit the talk show circuit. *American Journal of Political Science*, 49, 213–234. https://doi.org/10.1111/j.0092-5853.2005.t01-1-00119.x.

Baum, M. A., & Jamison, A. S. (2006). The Oprah effect: How soft news helps inattentive citizens vote consistently. *The Journal of Politics*, 68, 946–959. https://doi.org/10.1111/j.1468-2508.2006.00482.x.

Boukes, M., & Boomgaarden, H. G. (2015). Soft news with hard consequences? Introducing a nuanced measure of soft versus hard news exposure and its relationship with political cynicism. *Communication Research*, 42, 701–731. https://doi.org/10.1177/0093650214537520.

Brader, T. (2005). Striking a responsive chord: How political ads motivate and persuade voters by appealing to emotions. *American Journal of Political Science*, 49, 388–405. https://doi.org/10.2307/3647684.

Brants, K., & Neijens, P. (1998). The infotainment of politics. *Political Communication*, 15, 149–164. https://doi.org/10.1080/10584609809342363.

Butler, L. D., Koopman, C., & Zimbardo, P. G. (1995). The psychological impact of viewing the film JFK: Emotions, beliefs, and political behavioral intentions. *Political Psychology*, 16, 237–257. https://doi.org/10.2307/3791831.

Cacioppo, J. T., Gardner, W. L., & Berntson, G. G. (1999). The affect system has parallel and integrative processing components: Form follows function. *Journal of Personality and Social Psychology*, 76, 839–855. https://doi.org/10.1037/0022-3514.76.5.839.

Chen, S., & Chaiken, S. (1999). The heuristic-systematic model in its broader context. In S. Chaiken & Y. Trope (Eds.), *Dual-process theories in social psychology* (pp. 73–96). New York, NY: Guilford Press.

Cupchik, G. C. (1995). Emotion in aesthetics: Reactive and reflective models. *Poetics*, 23, 177–188. https://doi.org/10.1016/0304-422X(94)00014-W.

Cupchik, G. C., & Laszlo, J. (1994). The landscape of time in literary reception: Character experience and narrative action. *Cognition and Emotion*, 8, 297–312. https://doi.org/10.1080/02699939408408943.

Delli Carpini, M. X., & Keeter, S. (1996). *What Americans know about politics and why it matters*. New Haven, CT: Yale University Press.

Donsbach, W., & Büttner, K. (2005). Boulevardisierungstrend in deutschen Fernsehnachrichten: Darstellungsmerkmale der Politikberichterstattung vor den Bundestagswahlen 1983, 1990 und 1998 [Trends of tabloidization in German TV news: How the news broadcast presented politics before the general elections in 1983, 1990, and 1998]. *Publizistik*, 50, 21–38. https://doi.org/10.1007/s11616-005-0116-6.

Esser, F. (1999)."Tabloidization" of news: A comparative analysis of Anglo-American and German press journalism. *European Journal of Communication*, 14, 291–324. https://doi.org/10.1177/0267323199014003001.

Ferree, M. M., Gamson, W. A., Gerhards, J., & Rucht, D. (2002). Four models of the public sphere in modern democracies. *Theory and Society*, 31, 289–324. https://doi.org/10.1023/A:1016284431021.

Forgas, J. P. (1995). Mood and judgment: The affect infusion model (AIM). *Psychological Bulletin*, 117, 39–66. https://doi.org/10.1037/0033-2909.117.1.39.

Forgas, J. P. (2002). Feeling and doing: Affective influences on interpersonal behavior. *Psychological Inquiry*, 13, 1–28. https://doi.org/10.1207/S15327965PLI1301_01.

Friedrich, K., & Jandura, O. (2012). Politikvermittlung durch Boulevardjournalismus: Eine öffentlichkeitstheoretische Neubewertung [The communication of politics by tabloid journalism—A re-evaluation in terms of a theory of the public spheres]. *Publizistik*, 57, 403–417. https://doi.org/10.1007/s11616-012-0158-5.

Gerbner, G., Gross, L., Morgan, M., Signorielli, N., & Shanahan, J. (2002). Growing up with television: Cultivation processes. In J. Bryant & D. Zillmann (Eds.), *Media effects: Advances in theory and research* (2nd ed., pp. 43–67). Mahwah, NJ: Erlbaum.

Giglietto, F., & Selva, D. (2014). Second screen and participation: A content analysis on a full season dataset of tweets. *Journal of Communication*, 64, 260–277. https://doi.org/10.1111/jcom.12085.

Gil de Zúñiga, H., Garcia-Perdomo, V., & McGregor, S. C. (2015). What is second screening? Exploring motivations of second screen use and its effect on online political participation. *Journal of Communication*, 65, 793–815. https://doi.org/10.1111/jcom.12174.

Graham, J., Haidt, J., Koleva, S., Motyl, M., Iyer, R., Wojcik, S. P., & Ditto, P. H. (2013). Moral foundations theory: The pragmatic validity of moral pluralism. In P. Devine & A. Plant (Eds.), *Advances in experimental social psychology* (Vol. 47, pp. 55–130). San Diego, CA: Elsevier Academic Press.

Green, M. C., & Brock, T. C. (2000). The role of transportation in the persuasiveness of public narratives. *Journal of Personality and Social Psychology*, 79, 701–721. https://doi.org/10.1037/0022-3514.79.5.701.

Green, M. C., & Brock, T. C. (2002). In the mind's eye: Transportation-imagery model of narrative persuasion. In M. C. Green, J. J. Strange, & T. C. Brock (Eds.), *Narrative impact: Social and cognitive foundations* (pp. 315–341). Mahwah, NJ: Erlbaum.

Guggenheim, L., Kwak, N., & Campbell, S. W. (2011). Nontraditional news negativity: The relationship of entertaining political news use to political cynicism and mistrust. *International Journal of Public Opinion*

Research, 23, 287–314. https://doi.org/10.1093/ijpor/edr015.

Habermas, J. (1984). *The theory of communicative action: Vol. 1. Reason and the rationalization of society*. Boston, MA: Beacon.

Habermas, J. (1985). *The theory of communicative action: Vol. 2. Lifeworld and system: A critique of functionalist reason*. Boston, MA: Beacon.

Haidt, J. (2003). The moral emotions. In R. J. Davidson, K. R. Scherer, & H. H. Goldsmith (Eds.), *Handbook of affective sciences* (pp. 852–870). New York, NY: Oxford University Press.

Hefner, D. (2012). *Alltagsgespräche über Nachrichten: Medienrezeption, politische Expertise und die wissensbildende Qualität von Anschlusskommunikation* [Talking about the news: Media reception, political expertise, and the knowledge building quality of subsequent discussions]. Baden-Baden, Germany: Nomos.

Holbert, R. L., Pillion, O., Tschida, D. A., Armfield, G. G., Kinder, K., Cherry, K. L., & Daulton, A. R. (2003). The West Wing as endorsement of the U.S. presidency: Expanding the bounds of priming in political communication. *Journal of Communication*, 53, 427–443. https://doi.org/10.1111/j.1460-2466.2003.tb02600.x.

Holbrook, R. A., & Hill, T. G. (2005). Agenda-setting and priming in prime time television: Crime dramas as political cues. *Political Communication*, 22, 277–295. https://doi.org/10.1080/10584600591006519.

Iyengar, S., Peters, M. D., & Kinder, D. R. (1982). Experimental demonstrations of the "not-sominimal" consequences of television news programs. *American Political Science Review*, 76, 848–858. https://doi.org/10.2307/1962976.

Kahneman, D. (2003). A perspective on judgment and choice: Mapping bounded rationality. *American Psychologist*, 58, 697–720. https://doi.org/10.1037/0003-066X.58.9.697.

Kim, J., Wyatt, R. O., & Katz, E. (1999). News, talk, opinion, participation: The part played by conversation in deliberative democracy. *Political Communication*, 16, 361–385. https://doi.org/10.1080/105846099198541.

Klimmt, C. (2011). Media psychology and complex modes of entertainment experiences. *Journal of Media Psychology*, 23, 34–38. https://doi.org/10.1027/1864-1105/a000030.

Knobloch-Westerwick, S. (2006). Mood management: Theory, evidence, and advancements. In J. Bryant & P. Vorderer (Eds.), *Psychology of entertainment* (pp. 239–254). Mahwah, NJ: Erlbaum.

Knobloch-Westerwick, S. (2015). *Choice and preference in media use: Advances in selective exposure theory and research*. New York, NY: Taylor & Francis.

Knobloch-Westerwick, S., Gong, Y., Hagner, H., & Kerbeykian, L. (2013). Tragedy viewers count their blessings: Feeling low on fiction leads to feeling high on life. *Communication Research*, 40(6), 747–766.

Landreville, K. D., Holbert, R. L., & LaMarre, H. L. (2010). The influence of late-night TV comedy viewing on political talk: A moderated-mediation model. *International Journal of Press/Politics*, 15, 482–498. https://doi.org/10.1177/1940161210371506.

LaMarre, H. L. (2009). Political entertainment media and the elaboration likelihood model: A focus on the roles of motivation and ability. Doctoral dissertation, The Ohio State University. Lang, A. (2006). Using the limited capacity model of motivated mediated message processing to design effective cancer communication messages. *Journal of Communication*, 56, S57–S80. https://doi.org/10.1111/j.1460-2466.2006.00283.x.

Lang, A., Sanders-Jackson, A., Wang, Z., & Rubenking, B. (2013). Motivated message processing: How motivational activation influences resource allocation, encoding, and storage of TV messages. *Motivation and Emotion*, 37, 508–517. https://doi.org/10.1007/s11031-012-9329-y.

Lewis, R. J., Tamborini, R., & Weber, R. (2014). Testing a dual-process model of media enjoyment and appreciation. *Journal of Communication*, 64, 397–416. https://doi.org/10.1111/jcom.12101.

Lochrie, M., & Coulton, P. (2011). Mobile phones as second screen for TV, enabling interaudience interaction. In T. Romão, N. Correia, M. Inami, H. Kato, R. Prada, T. Terada, et al. (Eds.), *Proceedings of the 8th International Conference on Advances in Computer Entertainment Technology—ACE '11* (Article No. 73). New York, NY: ACM Press.

Marcus, G. E., Neuman, W. R., & MacKuen, M. (2000). *Affective intelligence and political judgment*. Chicago, IL: University of Chicago Press.

McCombs, M., & Reynolds, A. (2002). News influence on our pictures of the world. In J. Bryant & D. Zillmann (Eds.), *Media effects. Advances in theory and research* (2nd ed., pp. 1–18). Mahwah, NJ: Erlbaum.

Moy, P., Xenos, M. A., & Hess, V. K. (2005). Communication and citizenship: Mapping the political effects of infotainment. *Mass Communication and Society*, 8, 111–131. https://doi.org/10.1207/s15327825mcs0802_3.

Moyer-Gusé, E. (2008). Toward a theory of entertainment persuasion: Explaining the persuasive effects of entertainment-education messages. *Communication Theory*, 18, 407–425. https://doi.org/10.1111/j.1468-2885.2008.00328.x.

Mulligan, K., & Habel, P. (2011). An experimental test of the effects of fictional framing on attitudes. Social *Science Quarterly*, 92, 79–99. https://doi.org/10.1111/j.1540-6237.2011.00758.x.

Myrick, J. G., & Oliver, M. B. (2015). Laughing and crying: Mixed emotions, compassion, and the effectiveness of a YouTube PSA about skin cancer. *Health Communication*, 30, 820–829. https://doi.org/10.1080/10410236.2013.845729.

Obermaier, M., Haim, M., & Reinemann, C. (2014). Emotionen bewegen? Ein Experiment zur Wirkung von Medienbeiträgen mit Emotionalisierungspotenzial auf Emotionen, politische Partizipationsabsichten und weiterführende Informationssuche. [Moving emotions? An experiment on the effect of media contributions with emotionalisation potential on emotions, political participation intentions and further information search.] *M&K Medien & Kommunikationswissenschaft*, 62, 216–235. https://doi.org/10.5771/1615-634x-2014-2-216.

Oliver, M. B. (2008). Tender affective states as predictors of entertainment preference. *Journal of Communication*, 58, 40–61. https://doi.org/10.1111/j.1460-2466.2007.00373.x.

Oliver, M. B., & Bartsch, A. (2010). Appreciation as audience response: Exploring entertainment gratifications beyond hedonism. *Human Communication Research*, 36, 53–81. https://doi.org/10.1111/j.1468-2958.2009.01368.x.

Oliver, M. B., & Hartmann, T. (2010). Exploring the role of meaningful experiences in users' appreciation of "good movies." *Projections: The Journal of Movies and Mind*, 4, 128–150. https://doi.org/10.3167/proj.2010.040208.

Oliver, M. B., Hartmann, T., & Woolley, J. K. (2012). Elevation in response to entertainment portrayals of moral virtue. *Human Communication Research*, 38, 360–378. https://doi.org/10.1111/j.1468-2958.2012.01427.x.

Oliver, M. B., & Raney, A. A. (2011). Entertainment as pleasurable and meaningful: Identifying hedonic and eudaimonic motivations for entertainment consumption. *Journal of Communication*, 61, 984–1004. https://

doi.org/10.1111/j.1460-2466.2011.01585.x.

Oliver, M. B., Raney, A. A., Slater, M. D., Appel, M., Hartmann, T., Bartsch, A., … Das, E. (2018). Self-transcendent media experiences: Taking meaningful media to a higher level. *Journal of Communication*, 68, 380–389. https://doi.org/10.1093/joc/jqx020.

Otto, L., Glogger, I., & Boukes, M. (2017). The softening of journalistic political communication—A critical review of sensationalism, soft news, infotainment, and tabloidization and a comprehensive framework model. *Communication Theory*, 27, 136–155. https://doi.org/10.1111/comt.12102.

Petty, R. E., & Cacioppo, J. T. (1986). *Communication and persuasion: Central and peripheral routes to attitude change*. New York, NY: Springer.

Postman, N. (1986). *Amusing ourselves to death: Public discourse in the age of show business*. New York, NY: Viking Penguin.

Prior, M. (2003). Any good news in soft news? The impact of soft news preference on political knowledge. *Political Communication*, 20, 149–171. https://doi.org/10.1080/10584600390211172.

Putnam, R. D. (2000). *Bowling alone: The collapse and revival of American community*. New York, NY: Simon & Schuster.

Reinemann, C., Stanyer, J., Scherr, S., & Legnante, G. (2012). Hard and soft news: A review of concepts, operationalizations and key findings. *Journalism*, 13, 221–239. https://doi.org/10.1177/1464884911427803.

Roth, F. S., Weinmann, C., Schneider, F. M., Hopp, F., & Vorderer, P. (2014). Seriously entertained: Antecedents and consequences of hedonic and eudaimonic entertainment experiences with political talk shows on TV. *Mass Communication and Society*, 17, 379–399. https://doi.org/10.1080/15205436.2014.891135.

Schmitt, J. B., Schneider, F. M., Weinmann, C., & Roth, F. S. (2019). Saving Tiger, Orangutan & Co: how subjective knowledge and text complexity influence online information seeking and behavior. *Information, Communication & Society*, 22, 1193–1211. https://doi.org/10.1080/1369118X.2017.1410206.

Schneider, F. M. (2012). *Measuring subjective movie evaluation criteria. Conceptual foundation, construction, and validation of the SMEC scales* (Dissertation). Universität Koblenz-Landau.

Landau. Retrieved from http://nbn-resolving.de/urn:nbn:de:hbz:lan1-7813 Schneider, F. M., Bartsch, A., & Gleich, U. (2015). Spaß, Spannung … Denkanstöße? Hedonische und eudaimonische Gratifikationen, Bewertungen und Folgen der Rezeption von Stefan Raabs Sendung “Absolute Mehrheit” [Fun, suspense … food for thought? Hedonic and eudaimonic gratifications, evaluations, and outcomes of watching Stefan Raab’s talk show “Absolute Mehrheit”]. *SC|M: Studies in Communication|Media*, 4, 53–68. https://doi.org/10.5771/2192-4007-2015-1-53.

Schneider, F. M., Weinmann, C., Roth, F. S., Knop, K., & Vorderer, P. (2016). Learning from entertaining online video clips? Enjoyment and appreciation and their differential relationships with knowledge and behavioral intentions. *Computers in Human Behavior*, 54, 475–482. https://doi.org/10.1016/j.chb.2015.08.028.

Schramm, H., & Wirth, W. (2008). A case for an integrative view on affect regulation through media usage. *Communications: The European Journal of Communication Research*, 33, 27–46. https://doi.org/10.1515/COMMUN.2008.002.

Schütz, A. (1946). The well-informed citizen: An essay on the social distribution of knowledge. Social Research, 13, 463–478.

Schwarz, N., & Clore, G. L. (2003). Mood as information: 20 years later. *Psychological Inquiry*, 14, 296–303. https://doi.org/10.1080/1047840X.2003.9682896.

Shah, D. V. (1998). Civic engagement, interpersonal trust, and television use: An individuallevel assessment of social capital. *Political Psychology*, 19, 469–496. https://doi.org/10.1111/0162-895X.00114.

Shrum, L. J. (2002). Media consumption and perceptions of social reality: Effects and underlying processes. In J. Bryant & D. Zillmann (Eds.), *Media effects: Advances in theory and research* (2nd ed., pp. 69–95). Mahwah, NJ: Erlbaum.

Slater, M. D., & Rouner, D. (2002). Entertainment-education and elaboration likelihood: Understanding the processing of narrative persuasion. *Communication Theory*, 12, 173–191. https://doi.org/10.1093/ct/12.2.173.

Sommer, D. (2013). *Nachrichten im Gespräch: Wesen und Wirkung von Anschlusskommunikation über Fernsehnachrichten. [News in conversation: The nature and effect of follow-up communication on television news.]* Baden-Baden: Nomos.

Sotirovic, M., & McLeod, J. M. (2001). Values, communication behavior, and political participation. *Political Communication*, 18, 273–300. https://doi.org/10.1080/10584600152400347.

Sparks, C., & Tulloch, J. (Eds.). (2000). *Tabloid tales: Global debates over media standards*. Lanham, MD: Rowman & Littlefield.

Taber, C. S., & Young, E. (2013). Political information processing. In L. Huddy, D. O. Sears, & J. S. Levy (Eds.), *The Oxford handbook of political psychology* (2nd ed., pp. 525–558). New York, NY: Oxford University Press.

Tamborini, R., Bowman, N. D., Eden, A., Grizzard, M., & Organ, A. (2010). Defining media enjoyment as the satisfaction of intrinsic needs. *Journal of Communication*, 60, 758–777. https://doi.org/10.1111/j.1460-2466.2010.01513.x.

Teorell, J. (2006). Political participation and three theories of democracy: A research inventory and agenda. *European Journal of Political Research*, 45, 787–810. https://doi.org/10.1111/j.1475-6765.2006.00636.x.

Umbricht, A., & Esser, F. (2016). The push to popularize politics: Understanding the audiencefriendly packaging of political news in six media systems since the 1960s. *Journalism Studies*, 17, 100–121. https://doi.org/10.1080/1461670X.2014.963369.

Valentino, N. A., Beckmann, M. N., & Buhr, T. A. (2001). A spiral of cynicism for some: The contingent effects of campaign news frames on participation and confidence in government. *Political Communication*, 18, 347–367. https://doi.org/10.1080/10584600152647083.

Valentino, N. A., Brader, T., Groenendyk, E. W., Gregorowicz, K., & Hutchings, V. L. (2011). Election night's alright for fighting: The role of emotions in political participation. *The Journal of Politics*, 73, 156–170. https://doi.org/10.1017/S0022381610000939.

Valentino, N. A., Gregorowicz, K., & Groenendyk, E. W. (2009). Efficacy, emotions and the habit of participation. *Political Behavior*, 31, 307–330. https://doi.org/10.1007/s11109-008-9076-7.

Vorderer, P., Klimmt, C., & Ritterfeld, U. (2004). Enjoyment: At the heart of media entertainment. *Communication Theory*, 14, 388-408. https://doi.org/10.1111/j.1468-2885.2004.tb00321.x.

Vorderer, P., & Reinecke, L. (2012). Zwei-Prozess-Modelle des Unterhaltungserlebens: Unterhaltung im Schnittbereich hedonischer und non-hedonischer Bedürfnisbefriedigung [Two-process models of entertainment experience: Entertainment in the intersection between hedonic and nonhedonic need satisfaction]. In L. Reinecke & S. Trepte (Eds.), *Unterhaltung in neuen Medien. Perspektiven zur Rezeption und Wirkung von Online-Medien und interaktiven Unterhaltungsformaten* [Entertainment in the new media.: Perspectives of the reception and effects of online media and interactive entertainment formats] (pp. 12–29). Cologne, Germany: von Halem.

Vorderer, P., & Ritterfeld, U. (2009). Digital games. In R. L. Nabi & M. B. Oliver (Eds.), *The Sage handbook of media processes and effects* (pp. 455–467). Thousand Oaks, CA: Sage.

Weinmann, C., & Vorderer, P. (2018). A normative perspective for political entertainment research: Connecting deliberative democracy and entertainment theory. *Communication Theory*, 28, 466–486. https://doi.org/10.1093/ct/qty018.

Wirth, W., Hofer, M., & Schramm, H. (2012). Beyond pleasure: Exploring the eudaimonic entertainment experience. *Human Communication Research*, 38, 406–428. https://doi.org/10.1111/j.1468-2958.2012.01434.x.

Zillmann, D. (1988). Mood management: Using entertainment to full advantage. In L. Donohew, H. E. Sypher, & E. T. Higgins (Eds.), *Communication, social cognition, and affect* (pp. 147–171). Hillsdale, NJ: Erlbaum.

Zillmann, D., & Brosius, H.-B. (2000). *Exemplification in communication: The influence of case reports on the perception of issues*. Mahwah, NJ: Erlbaum.

Zillmann, D., & Bryant, J. (Eds.). (1985). *Selective exposure to communication*. Mahwah, NJ: Erlbaum.

第二十九章　电影娱乐：当代青少年电影观看与满足

梅特·索托·桑菲尔

电影自1895年12月28日卢米埃尔兄弟在巴黎首映以来已有125年的历史。一直以来，人们认为它是一种艺术形式，是意识形态驱动者、知识源泉、历史文献，以及传奇、奇观、工业、商业的引擎，现在依然如此（Gubern, 2016）。

但在过去30年里，电影消费发生了根本性的变化。技术的发展不仅使得个人在多功能影院观看电影成为可能，也让人们有机会在家庭或移动领域观看电影。事实上，电影业本身有很大一部分利润来自后期观看，而且影院的主要优势在于它们有可信度和市场知名度（Aveyard, 2016）。还有一些分析师认为电影院已经落伍了（Van de Vijver, 2017），甚至有人宣布电影业已死（Belton, 2014）。

尽管如此，电影的魔力仍然吸引着大量的人。数据显示，全球票房收入仍在增长。2017年，该数据比前一年高出3%，创纪录地达到399.2亿美元（Comscore, 2017）。2018年，收入继续以类似的速度增长，达到417亿美元，而且，这种增长不太可能停止。到2020年，全球电影业收入预计将继续扩张至每年约500亿美元（Comscore, 2019）。

在欧洲，去电影院看电影仍然是最受欢迎的休闲活动（UNIC, 2018）。2018年，尽管观影人数比前一年下降了3.3%，但欧盟影院仍接待了9.55亿观众（UNIC, 2019）。如果我们将非欧盟国家的数据包括在内，欧洲的门票销售额则达到12.5亿欧元，达到近几十年第三高（EAO, 2019）。

不过，尽管以上数据表明影院人数一如既往，但并非所有观众都有同样的热情。在这方面，影视业尤其关注青少年对电影的态度变化。例如，在美国和加拿大，2012—2015年，12—17岁儿童的观影率有所下降（MPAA, 2017）。这种现象招致了一些轻率的说法，即青少年正在“吓退”影院老板（Follows, 2017），甚至扼杀电影业（Atkinson, 2016）。但有些数据似乎与这些唱衰的说法相矛盾。例如，2018年，12—17岁的美国儿童是人均影院观看率最高的群体（5.1部电影/年；MPAA, 2018）。另外，与5年前相比，18岁以下的美国公民在影院看的电影更多（Thompson, 2016）。青少年似乎总是喜欢看电影（Tesser, Millar, & Wu, 1988），美国国家剧院业主协会（NATO）强烈反对那些声称青少年不再喜欢看电影的观点，且称那些可疑的统计数据不过是方法偏见的产物而已（Lieberman, 2016）。

青少年与电影的关系研究的路径

为应对电影业面临的挑战，有必要了解影院观众的行为，如上座率（Eliasberg, Elberse, & Leenders, 2006），相关系统的研究始于20世纪40年代中期。在此之前，即电影发展的早期（以及其影响力最大的那些年），电影业产生的证据大多不可靠（Jowett, 1985）。通常，人们会在经济学和心理学两种研究路径中取其一。前者在文献中占据主导地位，倾向于利用行业提供的丰富数据，并根据各项变量从本质上来评估电影商业成功的因素（Eliasberg, et al., 2006）。这些变量通常包括奖项数量（Goetzmann, Ravid, & Sverdlove, 2013）、预算（Basuroy, Chatterjee, & Ravid, 2003）、评级（Ravid, 1999）、广告（Ho, Dhar, & Weinberg, 2009）、评论（Hababou, Amrouche, & Jedidi, 2016; Litman, 1983）、类型（genres）（Hsu, Shen, & Xie, 2014）、季节性（seasonality）（Litman, 1983）、演员阵容（Elberse, 2007）、导演（John, Ravid, & Sunder, 2017）等。直到20世纪90年代中期，这些相关研究使用的都是小样本，但也是从那时起，超大数据库、复杂计量经济分析工具的可用性，引发了电影研究的巨大飞跃（Chisholm, Fernández-Blanco, Ravid, & Walls, 2015）。

心理学路径的研究观察了一些影响个人选择及观影过程的因素。这类研究通常使用一些取自个人的一手数据，分析个人的观点、需求、价值观和态度等因素在多大程度上可以解释其选择，尤其是选择观看某些电影的原因（Eliasberg, et al., 2006）。

相比之下，与电影有关的心理学研究比经济学研究要少（Gazley, Clark, & Sinha, 2011），因此，我们对前者的进一步探索仍有很大空间。目前来看，并不是因为电影消费无关紧要，而是因为电子媒介的出现占据了研究人员的注意力，当然，情况也并非一成不变。当电影业还很年轻的时候，研究人员感兴趣的主要是如何刺激电影消费，尤其是青少年的电影消费。例如，1929年德马迪（DeMaday）就报告了15年前，即1914年进行的一项研究的结果，该研究观察了电影与瑞士3个城市3312名青少年（10—18岁）之间的关系，调查了解了青少年看电影的频率、他们和谁一起看、他们最喜欢的电影、他们的情感或认知影响、去电影院的动机、观影后获得的满足感以及他们对该电影的看法。

随后几十年，在不同背景下进行的其他研究也观察到了类似的问题。例如，在美国，威蒂、加菲尔德和布林克（Witty, Garfield, & Brink, 1941）研究了青少年偏好、性别和电影类型之间的关系。由于电影有强大吸引力且对青少年价值观有影响，研究人员还推荐了消费者指南。接下来的10年里，在法国，扎佐（Zazzo, 1957/1958）发表了他对15000名14—18岁青少年的研究，他考察的因素与威蒂等人（1941）所考虑的因素相似。

与电影收视率相关的心理因素研究并未止步于此。在随后的几十年里，以青少年与电影之间关系为主题的研究者对类似话题进行了重新探讨（Austin, 1982/1985; Cuadrado & Frasquet, 1999; Möller & Karppinen, 1983）。

自20世纪20年代首次出现关于媒介影响的研究以来，已有数百项关于已有媒介（电影）的认知、情感、态度和行为后果（尤其是负面）的实证研究成果（Valkenburg, Peter, & Walther, 2016）得以发表。例如，20世纪50年代末，已有大量关于电影对世界各地儿童影响的研究（UNESCO, 1961）。所以，人们对电影影响的思考由来已久。

使用与满足理论

要科学理解青少年与电影之间的关系，研究需要运用“使用与满足”（U&G）范式（Katz, Blumler, & Gurevitch, 1973），它是传播学中最有影响力的理论研究方法。几十年来，U&G范式支持了大量研究，这些研究试图解释个人为什么以及如何使用媒介，这是确定其影响力的关键一步（Haridakis, 2013）。总之，U&G范式之所以流行，是因为它是一种不证自明的、公理化的方法，可以应用于几乎任何类型的传播或信息（Luo & Remus, 2014），包括电影（Weaver, Brosius, & Mundorf, 1993）。在很大程度上，U&G坚持认为，媒介传播中的情况是个人心理因素（需求、动机和满足感）的产物，这些心理因素与个体在特定或跨文化背景下使用特定的渠道和信息有关（Lin, 1996, p. 574）。

根据鲁杰罗（Ruggiero, 2000）的说法，大约在20世纪30年代，出现了第一批关于大众媒介效应的研究。但直到20世纪70年代，也就是卡茨等人（1974, p.20）定义U&G这一主导理论模型的时段，那些运作至今且引领U&G的理论原则才正式确立。卡茨等人认为，个人有基于社会和心理的需求，这些需求引发了人们对媒介的期望，并引发了不同的媒介接触模式，从而满足了以上需求。从卡茨等人的文章中可以明显看出，该模型关注的是受众，而且这些受众是积极的、有选择性的、有目标导向的。卡茨等人还考察了媒介使用的效应，无论这些使用是有意还是无意的。另外，卡茨等人的研究还发现，媒介影响取决于个人变量（Haridakis, 2012）。

在20世纪80和90年代，研究人员回应了对U&G范式的某些批评，捍卫其方法论上的合理性，认为它复证了以前的研究。他们的研究将积极受众的概念重新定义为受阶段影响的可变现象：个人有不同水平、不同类型的活动，不同的传播环境和不同时期的传播行为（Levy & Windahl, 1984）。在这一时代，其他互补或关联的理论模型（媒介依赖论）则附属于U&G范式。

在世纪之交，随着新通信技术的繁荣，新的媒介形式激发了人们的研究兴趣，U&G范式也随之复兴。由于研究人员拓宽了媒介消费的选择范围，这一时期研究观察到的受众动机和满意度构成了他们分析的重要部分（Ruggiero, 2000, p.14）。因此，受众反应研究变得广泛且专业化，尤其是那些以获得满足感为特征的研究（Haridakis, 2013）。在作为媒介消费动机的娱乐领域（Rubin, 2009），存在着大量有关特定享乐和实现主义满足因素的研究（Oliver & Raney, 2011），如不同的传播情境、受众和语境中的享受（Vorderer, Klimmt, & Ritterfeld, 2004）、欣赏（Oliver & Bartsch, 2010）等因素，尤其是观看小说时涉及的因素（Krakowiak & Oliver, 2012; Nabi & Krcmar, 2004），以及与我们关注的主题相关的因素，如青少年对电影的消费（Angulo-Brunet & Soto-Sanfiel, 2018a; Soto-Sanfiel et al., 2021）。同样，最近大量研究致力于将该范式以最纯粹的形式应用于不同文化环境中的社交媒介，或与其他理论相结合，进行跨文化比较（Billings, Broussard, Xu, & Xu, 2018; Princely, 2016）。有研究还深入探讨了受众活动、受众对不同内容或媒介的接触、用户特征、媒介选择及其正面和负面影响等内容。

但对U&G范式的批评一直存在。概念、数据收集工具和方法缺乏明确性、过分注重个人而忽视社会和文化影响等问题使其遭受质疑（Haridakis, 2012; Ruggiero, 2000; Rubin, 2009）。尽管如此，U&G范式仍然是使用最广泛的传播范式，因为它能够适应新兴媒介和消费者环境。其成功的部分原因在于，它关注个人的同时，也关注人们如何把它应用于消费及信息的交换和创建（Haridakism 2013）。

很明显，使用与满足理论共用了鲁宾（Rubin, 2009, p.167）提出的5个假设：①交往行为（媒介的选择和使用）具有目标导向和动机；②受众在选择和使用媒介以满足需求或愿望方面表现出不同的积极性；③社会和心理因素引导或过滤媒介行为；④在选择、关注和使用方面，媒介与其他传播形式（功能替代）是竞争关系；⑤人通常比媒介更有影响力。

青少年与使用与满足理论

应用U&G范式研究青少年与电影之间的关系意味着，人们接受了这一说法，即青少年是管理自己媒介选择的积极用户（Arnett, Larson, & Off, 1995; Lemish, 2013）。研究表明，青少年这样做是积极的，并且是以实现其心理目标为导向的（Arnett, 1995; Boyd, 2015; Buckingham, 2007; Davis & Davis, 1995; Lemish, 2013）。他们还将选择和创建媒介内容视为个人社会化和个性建设过程的一部分（Arnett, et al., 1995; Boyd, 2015; Lemish, 2013）。同样，青少年利用媒介来满足他们的社交需求（Gielen & Roopnarine, 2004, p.262），并能够识别且表达他们的动机、愿望或需求（Tanta, Mihovilović, & Sablić, 2014）。

U&G范式还支持这样一种观点，即文化背景对于理解青少年的媒介使用非常重要，这不仅因为媒介的可用性受文化的制约，还因为文化为青少年提供了在媒介之间进行选择的自由和能力（Arnett, 1995）。此外，文化规范还让青少年了解了视听内容的相关性和适用性（Davis & Davis, 1995）。

电影业消费的动机

如前所述，消费动机是U&G范式的重要组成部分，因为它能影响感知的满足感（Palmgreen & Rayburn, 1982），揭示人类的需求（Rosengren, 1974），并解释个人的态度和观念（Austin, 1985）。

当今越来越多的人选择媒介消费，动机和满足感成为受众分析的重点（Ruggiero, 2000, p.14）。但即使在最早期的研究里，有关媒介动机、需求和功能（Greenberg, 1974; Rubin, 1981）及其满足模式（Palmgreen, 1984）的类型就已经多种多样了。另外，学界对大量节目、媒介和技术类型的消费动机也进行了广泛的研究，普遍结论是，个人对各种媒介和媒介内容（娱乐、通知）的使用，或多或少都有既定的原因，但用户选择特定媒介或特定内容，一定会有其独特的动机（Haridakis, 2013）。因此，有必要专门对它们进行研究。

专门探讨看电影的动机的研究并不多，而且多数类似的研究的样本都是成人。因此，研究有必要确定青少年选择互联网、电视和电子游戏以外的内容与消费形式的动机（Escardibul, Mora, & Villarroya, 2013）。

卡茨、古列维奇和哈斯（Gurevitch, Hass, 1973）对美国受试者进行的研究表明，在满足情感需求方面，电影是最有效的媒介形式，它能缓解紧张情绪。10年后，莫勒和卡皮宁（Möller, Karppinen, 1983）观察了芬兰受试者，发现个人选择电影的动机和电影属性与受众的个人特征有关，受众会根据其年龄、教育程度和动机选择不同类型的电影。他们去看电影的原因包括兴趣和信息、放松或改变、社交。

后来，奥斯汀（Austin, 1985）确定了12种看电影的动机，其中最突出的是，为了参加一个开心、愉快的活动或者为了放松；又或者为了某一唤醒/兴奋的体验、某一社交活动和交流。在这项研究中，年龄对动机也有影响，与情绪增强、时间流逝和行为资源成负相关。

不久之后，特瑟等人（Tesser, et al., 1988）报告说，根据他们总结的动机来分类的话，有3种类型的电影观众：把看电影作为逃避形式的人，追求自我发展的人，寻求娱乐的人。研究认为，这些因素与电影偏好直接相关。

同年，帕姆格林等人（Palmgreen, et al., 1988）研究发现，受试者看电影的主要动机是调节情绪。帕姆格林等人得出结论说，虽然娱乐是一个重要的动机，但他们的研究参与者也声称有不同程度的其他动机，这些动机与内容（学习和情绪控制）、社会背景和媒介属性有关（根据卡茨等人1973年的研究）。

与这些结果一致的是，在接下来的10年里，库亚德拉多和弗拉斯克特（Cuadrado, Frasquet, 1999）使用聚类分析方法对人们看电影的动机进行了细分，并发现了3类观众：只寻求娱乐的观众、对导演感兴趣的观众以及那些与朋友玩得开心的观众。

比利时人范德维杰弗（Van de Vijver, 2017）最近的一项研究观察了427名年轻影迷（没有给出年龄），并报告称，与在家用设备上看电影不同，去电影院是一种由电影审美选择定义的文化实践。根据这项研究，看电影是青少年的一种社交活动，他们将其定义为集体娱乐。这项研究还发现，对电影体验的描述存在代际差异。

以上所有研究都强调了受众的社会文化特征，尤其是他们的年龄和教育水平对其看电影的动机与寻求满足的重要影响。因此，有必要探索青少年电影消费的动机。这些信息将有助于我们了解他们的态度和观念，以及他们希望从电影中得到什么。

不同电影摄制传统的概念

如今的世界是文化产品跨网络传播并在国际上吸引观众注意力的全球世界。我们有必要了解观众，尤其是青少年观众对所看电影和不同电影摄制传统的看法。

对这类知识的渴求并不是什么新鲜事。自20世纪以来，关于观众文化背景和偏好的研究（Jowett, 1985）就已存在。虽然大多数文献都探讨了经济数据（EC, 2014b），但关于文化如何影响不同视听表述的态度的信息是缺乏的。由此看来，受众与音像制品生产国的文化距离，以及对其语言的了解，都会影响他们的偏好（Fu, 2012）。有人认为，消费者更倾向于使用与自己文化相似的媒介信息（Straubhaar 1991/2003），因为受众会发现那些熟悉的价值观、态度以及表述更容易吸收和消化（Fu, 2013）。尽管如此，也有人提出，其他地区的观众的视听偏好几乎与北美观众的视听偏好相同（Fu, 2013），全球观众的视听偏好越来越同质（Fu & Govindaraju, 2010）。国家之间存在共同的接收模式（Atique, 2011; Kuipers & de Kloet, 2009），而且，现代文化的偏好正日益受到跨国现象的支配（Esser, Keinonen, Jensen, & Lemor, 2015）。还有研究认为，在分析热门电影时，本地评估方法可以被其他方法取代（Kuipers & de Kloet, 2009）。事实上，全球化专家警告说，现代跨文化媒介传播可能会在不同文化之间产生更大的相似性，从而导致人类走向一个单一的文化社区（Castells, 1996; Giddens, 1990; Hamelink, 2013; Rantanen, 2004）。

在欧盟，民族国家与欧洲洲际制作的电影和美国大片处于共存状态，欧洲观众对此也习以为常（EC, 2014a）。多年来，美国电影在欧洲市场占据主导地位。据调查，在欧洲上映的64%的电影里，20部成功的电影中有18部来自美国（Richeri, 2016）。此外，尽管欧洲视听产业实力雄厚，但其不同民族国家市场在制作、发行和消费方面确实存在差异（EC, 2014b）。另外，欧洲人普遍捍卫“电影是艺术作品而非商业产品”的观点。

跨文化对比

人们认为，社会背景会影响个人与媒介的关系，尤其是个人与电影的关系（Jancovich, 2011; Staiger, 2005），因此，尽管了解当代受众之间的差异与相似之处（Biltereyst, Maltby, & Meers, 2012）的想法并不新鲜，但依然有其必要。

20世纪末的研究报告显示，欧洲不同国家的青少年可使用的媒介数量存在巨大差异，他们使用媒介的方式差异尤其明显（Livingston, 1998; van der Voort, et al., 1998）。自那时以来，人们试图根据欧洲观众在区域文化和全球化方面的异同来理解他们是如何消费媒介的（Livingstone, 1998, p.447）。但不同地区民族和语言的多样性一直阻碍着欧洲媒介与身份研究的进程（Bergfeld, 2005）。

研究表明，国籍确实会影响视听偏好和品位（Bowman, Jöckel, & Dogruel, 2012; Fu, 2013）。有研究认为，当地受众的文化和语言最能描述与解释其接受过程（Morley, 1992）。反过来，地域、社会关系和人们对现象的理解界定了当地文化（Massey, 1994）。研究人员还发现，受众可能根据其特殊癖好决定选择什么电影内容（Morley, 1992; Fu, 2013）。他们会根据文化特征对内容作出不同的反应，这些特征包括社会标准和审美判断（Morley, 1992; La Pastina & Straubhaar, 2005）。全球化似乎确实改变了受众对媒介的体验过程。但是，该过程引入了新的来源、资源和参考对象，从而影响了媒介的使用环境，这意味着此类影响不只起单向作用。地方、区域和国家的体制、商业和种族动态，也会影响全球化世界的社会体验（Livingston, 1992）。新的跨文化环境正在影响人们接受和消费文化的过程，因此，有关将民族和跨国文化偏好分开的建议是可行的（Kuipers & de Kloet, 2009; Veenstra, Kersten, Krijnen, Biltereyst, & Meers, 2016）。

与此同时，在媒介心理学中，从跨文化角度对娱乐消费进行的研究少之又少，因此，有必要对世界各地的流行媒介、本地工作室（unpackaging studio）进行国家间的比较，并进行元分析、本土方法分析和价值分析等（Odağ, this volume）。所有这些研究都证明，研究媒介消费中的跨文化差异是合理的，本节正是对这些要求的回应。

当代青少年与电影业的关系：一项纵向研究

本节报告了欧盟委员会由创意欧洲（Creative Europe）（2014—2020）[1]资助的纵向探索性研究的大致结果，该项目是欧盟促进文化和视听行业发展的宏观工具。此次研究搜集信息，在欧洲开设电影素养课程，并致力于使其达到各国最佳的一般/特定水平（Soto-Sanfiel, et al., 2018b）。它还包括为高中开设一门免费的课外电影素养课程及开展后续评估工作。

---

[1] 媒介亚方案/观众发展支持。参考（Reference）=553981-CREA-1-2014-1-UK-MED-AUDEV。

该项目的结果包含在一份研究报告中（Soto-Sanfiel, 2016），尽管部分结果最近（即将）出现在不同的科学出版物中（Angulo-Brunet & Soto-Sanfiel, 2018; Soto-Sanfiel, et al., 2018a/2018b/2019/2021）。本节介绍了这些出版物与娱乐有关的结论。

项目的一个具体的研究目标是，明确当代欧洲青少年与电影之间心理关系的一般特征，并探索其是否包含任何跨文化差异。这项研究收集了有关青少年看电影的动机、偏好，对电影的一般概念以及他们对欧洲电影看法的数据，然后进行跨文化对比。

为了获得尽可能多的样本，研究人员向许多具有类似技术特征（适合观看电影的技术室）和社会人口特征（中产阶级、城市环境）的学校提供了这门课程。最后，来自27所学校、28个城市和8个欧洲国家（克罗地亚、英国、法国、德国、冰岛、意大利、罗马尼亚和西班牙）的937名青少年（56.24%为女性）参加了该课程，并同意参与研究。被试者的平均年龄为15.49岁（Rgage=13—19岁，Median=15，SD=1.24）（Soto-Sanfiel, et al., 2018a）[1]。

这些数据通过不同的步骤和统计测试被分析，研究者从每个变量和总样本的一般反应程度与趋势开始分析，数据反映了欧洲范围内青少年对电影的总体态度（他们的共同特征）。然后，研究者根据变量和趋势对各国进行跨文化对比，特别是比较每个国家的结果与总体趋势。该研究揭示了各国青年的不同反应。根据每种变量、响应格式和数据集的正态性，研究应用了各种统计检验（Fisher精确检验、卡方检验、Kruskal-Wallis检验、因子分析）。

下文将展示每个变量的整个样本的结果，然后进行跨文化对比。

欧洲青少年的电影消费

对电影业的消费动机

结果表明，青少年看电影的主要动机是享乐。他们看电影的目的是：①玩得开心；②与家人和朋友在一起；③放松；④娱乐。其他在第二层次上可援引的心理动机有：①体验强烈而激动人心的情绪；②逃避现实；③体验其他现实。该研究还称，在解释青少年为什么去看电影方面，与认知和智力相关的动机所起的作用最小，这些动机是：①接受教育；②与朋友交谈；③获得信息；④发现并学习与人和文化相关的知识。根据该研究，青少年观影的最不重要的动机是取悦家人，这与家庭在青少年电影教育中所起的作用有关（Soto-Sanfiel, et al., 2019）。青春期是一个关键时期，孩子们会接触到不同的新情况，并试图建构自己的身份。因此，他们倾向于寻求朋友的支持，并与家人保持距离（Irwin, et al., 2002）。此外，家庭环境之外的社会互动通常非常紧张，会影响他们的行为（Escadíbul, et al., 2013）。因此，媒介是青少年自我社会化的原动力（Arnett,

[1]　具体统计数据参见Soto-Sanfiel等人（2018a）。

1995）。

奥斯汀（1985）、库亚德拉多和弗拉斯克特（1999）、莫勒和卡皮宁（1983）、特瑟等人（1988）、范德维杰弗（2017）等学者的研究结果相似，他们一致发现，年轻人看电影的主要动机有3个：寻求娱乐、寻求信息、互动。2016年，索托-桑菲尔（Soto-Sanfiel）在莫勒和卡皮宁（1983）研究的基础上进行了扩展，发现智力动机所占权重低于享乐动机。[1]

对电影的偏好

根据研究结果，青少年强烈认为欧洲和北美电影之间存在差异，但他们更喜欢后者。此外，他们也非常喜欢环绕声电影（Soto-Sanfiel, et al., 2019）。

但他们坚持认为，对他们来说，本国电影还是其他国家的电影，关系不大；3D（三维立体）电影还是2D（二维平面）电影，也没有太大关系。他们更喜欢配音电影而非字幕电影。他们不认为电影消费的其他方面是相关的。例如，他们都不介意在电视上看电影还是在剧院看电影，电影是由著名演员和导演参与还是由不知名的演员和导演参与，是大众电影还是小众电影。

研究还表明，就总样本而言，青少年电影偏好里最重要的因素是商业性（大制片厂的作品），接下来是语言表达的方式（他们更喜欢配音电影，并认为这是衡量质量的一个指标），再接下来是电影制作的国家（与欧洲或民族电影相比，他们更喜欢美国电影）。美学方面的因素（风格、音效、2D而非3D）排在最后（Soto-Sanfiel et al., 2019）。

就总体样本来看，最能决定电影质量的要素是情节、演员阵容和配乐，最不重要的是布景、灯光、广告、商业分销和妆造（Soto-Sanfiel, et al., 2019）。

这种对商业电影、北美电影的偏好与早先研究的结果一致，研究发现，欧洲青少年的国际化视听偏好越来越倾向于美国产品（Fu, 2013），越来越同质化（Fu & Govindaraju, 2010），对跨国现象越来越有回应（Esser, et al., 2015），并再现了全球处理的模式（Kuipers & de Kloet, 2009）。青少年根据文化特征、社会标准和审美判断来联系内容（La Pastina & Straubhaar, 2005; Morley, 1992），会受跨国势力的影响（Kuipers & de Kloet, 2009）。

样本中的青少年更喜欢以本国语言配音的电影，这证实语言是一个关键因素（Fu, 2013; Morley, 1992），也许是因为它培养了沉浸感和乐趣（Kruger, Doherty, & Soto-Sanfiel, 2017）。事实上，语言是当地文化中对偏好影响最大的因素，为跨国消费研究提供了信息（Bowman, et al., 2012; Fu, 2013）。

青少年也容易受到北美跨国公司的影响，这些公司具有新自由主义意识形态和资

[1] 具体统计数据参见Soto-Sanfiel等人（2018a）。

本主义特征（Grainge, 2008）。好莱坞各大制片厂充斥着电影市场，确立了大制作的概念，并鼓励用大片文化控制观众与电影的关系（McMahon, 2015）。样本中的青少年偏好表明，这些策略行之有效，影响深远。青少年会从现有媒介资源中积极选择媒介信息进行身份建构（Ellishorpe & Blakley, 2016），而他们消费外国产品的行为扭曲了这种身份（Beck, 2006）。未来的研究应将这些可能性与视听消费中的身份理论结合起来讨论（García Canclini, 1995; Straubhaar, 2007）。

与此同时，研究中的青少年没有偏爱的类型。他们中的大多数人喜欢各种类型的电影，很少有人不喜欢电影。但当研究人员要求青少年作出选择时，他们会更喜欢动作、喜剧和冒险类电影。他们最不喜欢的是历史片、犯罪片、先锋片和西部片（SotoSanfiel, et al., 2019）。以上结果表明，他们偏向于那些情感表达直接、可带来纯粹享受的轻松电影（Vorderer, et al., 2004）。其他研究发现，教育是影响偏爱类型的预测因素（Veenstra, Meers, & Bilteryst, 2019），受教育程度越高的年轻人拒绝的流派越少；他们似乎对各种视听刺激采取更加开放的态度。未来研究可以检验受教育程度更高的青少年是否喜欢"烧脑"类型的电影，他们如何影响此结果。另外，研究还表明，群体满意度是影响电影选择的一个重要因素（Veenstra, et al., 2019; Van de Vijver, 2017）。因此，即将进行的研究应对比社会人口统计学意义上更为不同的样本，验证教育水平相似的中产阶级儿童报告的结果（Soto-Sanfiel, et al., 2019）。

对电影的使用与消费

样本中的青少年大多倾向于在家看电影（主要是在电视上看，有时也在电脑上看）。选择在电影院看电影的人数排第二，但比例要小得多。在其他场所观看电影的人数很少。[1]

该结果与文斯特拉（Veenstra, 2017）的研究结果相似，他们和文斯特拉、索托-桑菲尔等人（2019）一样，发现青少年更喜欢在大屏幕上看电影，青少年在家里看电影则与范德维杰弗（2017）提到的财务原因有关。

与此同时，样本中的青少年大多与朋友一起去看电影，较少与家人一起去，其他类型的陪伴较少（Soto-Sanfiel, et al., 2019）。

这些年轻人表示，他们主要是基于电视或互联网上的影视广告来选择在电影院看的电影。当他们想看一部特定的电影时，就会去电影院。这表明，他们选择电影剧目的依据是由商业塑造的，这点与之前提出的结论相一致。第二个最受欢迎的选择是电视，极少数人租DVD碟片来看，只有三分之一的人承认在前一个月下载过电影（Soto-Sanfiel, et al., 2019）。这些结果也与文斯特拉（2017）的发现一致。

[1]　具体统计数据参见Soto-Sanfiel等人（2018a）。

对电影业的理解

结果显示，青少年明确而强烈地将电影视为一种艺术形式，认为电影有其自身的表达性语言，犹如摄影或绘画（Soto-Sanfiel, 2016; Soto-Sanfiel, et al., 2018a）。他们表示，自己可能受到该地区有关电影艺术性质的制度话语、教育话语的影响，他们的回答正是这种影响带来的结果。社会和文化假设决定了青少年对艺术的看法（Chen, 1996），而欧洲对电影的看法也是如此（Bergfeld, 2005）。青少年会认为娱乐是艺术的一种功能，因此，它也是电影的一种功能。显然，我们需要对青少年包括电影艺术及其功能在内的艺术观念进行研究。

这些青少年认为电影应该表达情感，应该有育人功能。电影是一个利润高、影响力大的行业。电影的消费方式非常重要。他们发现，单独看电影和朋友一起看电影是不同的，而在看电影的同时做其他事情，会阻碍他们理解和享受电影。他们还表示，为了更好地理解一部电影，最好不要在观看过程中三心二意。与之矛盾的是，在所有年龄组中，青少年是在看电影的同时完成多种媒介任务最多的年龄组（Voorveld & van der Goot, 2013）。

青少年对电影的社会承诺持消极态度，他们认为电影不需要反映社会，不需要批判或真实地对待现实，这些观点与之前认为电影应该娱乐观众的观点一致。

青少年也不认为导演比演员更重要，对他们的职业也不感兴趣。但他们却对演员这一职业感兴趣。他们对古典电影不感兴趣，即使古典电影显示了当代、时尚和商业方面的媒介与电影消费在青少年中的重要性。

同样，青少年也不认为他们周围的环境可以为他们提供电影知识，不认为与朋友或家人交谈可以增加他们的电影知识。但他们确实表示，他们想更多地了解电影，尽管这主要是因为该研究是针对一门电影素养的选修课程进行的。他们认为哪些电影知识有价值？他们认为最合适的方法是什么？未来的研究应对此进行探索。

对不同电影摄制传统的理解

显然，相较于看欧洲电影，样本中的青少年看美国电影时获得了更高的满意度，尽管他们看过并喜欢欧洲电影。他们对本国制作的电影持负面看法，认为这些电影质量很差。在他们的电影菜单上，[1]他们更喜欢有其他传统的电影而非本国电影。

同样，这些青少年对欧洲电影的性质有着清晰的认识，他们认为欧洲电影没有北美电影那么奢侈和商业化，但他们不确定欧洲电影是否更现实，是否比其他传统的电影更具社会或性别多样性。他们相信欧洲电影的质量并不比其他传统的电影好。未来的研究应该将这些观点与青少年观看欧洲电影的方式进行比对。这些想法可能主要源自他们文

[1] 具体统计数据参见Soto-Sanfiel等人（2018a）。

化环境中的信念。

欧洲青少年与电影：跨文化对比

如前所述，该研究试图证明文化背景或国家会影响青少年与电影的关系。

动机

样本中所有欧洲国家青少年看电影的动机都非常相似（Soto-Sanfiel et al., 2019）。无论其是什么国籍，乐趣、娱乐、放松以及与家人和朋友共度时光的机会，都是他们看电影时所寻求的。

但研究发现，在对特定动机的重视程度上，不同国家的青少年之间存在一些差异。例如，克罗地亚的青少年比其他国家的青少年更多地提及认知动机（接受教育、了解情况），而德国的青少年较少提及认知动机。

罗马尼亚、法国的青少年更倾向于逃避现实，而来自更北的国家（德国、冰岛、英国和克罗地亚）的青少年比其他人更喜欢去电影院体验强烈的情感。最后，冰岛、克罗地亚和德国的青少年比其他欧洲地区的青少年更喜欢追求乐趣。

接下来的工作应该更深入地研究次要动机之间的跨文化差异，并考虑不同的变量，如个性和情感需求。这些变量可以与其他更具社会性的变量进行比较，如视听市场和国家规模。例如，2017年克罗地亚售出了450万张电影票，而德国的这一数字为1.223亿（UNIC, 2018）。德国面积（357.021平方千米）[1]是克罗地亚（56.542平方千米）的6.3倍，人口几乎是后者的20倍（8279万人比415万人）。尽管专家们已经将索托-桑菲尔（2016）的研究翻译成了当地语言，但还是有人担心，这种语言转换可能会影响研究的测量结果。总之，对这些问题的定性研究将会非常有意义。

偏好

索托-桑菲尔等人（2019）还将每个国家青少年的偏好与总体样本的大致趋势进行了比较，以找出有些国家的青少年是否有特殊偏好。

分析表明，在许多方面，德国和意大利的青少年与其他国家的青少年有所不同，他们有更多的针对具体国家的想法。德国的青少年更自信地认为，美国电影和欧洲电影之间存在差异，他们也更喜欢3D电影。与此同时，意大利的青少年对环绕声电影和字幕电影的偏好更为强烈，他们也相信大屏幕电影和电视电影之间存在差异。[2]

研究还明确了青少年之间的最大差异。最有争议的是与声音相关的变量（有人更喜欢配音而非字幕，更喜欢环绕声）。在罗马尼亚，所有视听支持的电影都有字幕，青少年对配音电影的态度远比其他任何人消极。对这一变量的态度取决于该国日常消费电影

[1] 具体统计数据参见Soto-Sanfiel等人（2018a）。

[2] 具体统计数据参见Soto-Sanfiel等人（2018a）。

的习惯。

研究还发现，意大利和英国的青少年最偏好商业电影。同样，德国和法国的青少年认为技术与美学更为重要。以往文献没有对这些差异提供可靠的解释，但这似乎不仅是每个国家电影传统的结果。在法国、意大利和德国，出现了一些主要的艺术运动（新浪潮主义、新现实主义、德国表现主义、新德国电影等）。英国电影产业也很受重视并且很成功，但由于与美国和欧洲电影业相近，其身份存在争议。

青少年在选择电影质量评价指标方面不谋而合。这项研究观察到了少许偶然的差异：克罗地亚、德国和英国的青少年观点更一致，认为情节、演员阵容和配乐最能决定电影质量，而西班牙、法国和意大利的青少年有更多其他意见（Soto-Sanfiel, et al., 2019）。青少年对电影的理解可能存在南北地区差异，问卷/回答类型等变量，也可能是影响因素。未来的研究可以更深入地研究这些问题。

对电影的使用与消费

根据统计对比（Soto-Sanfiel, et al., 2019），就观看电影的特定场所而言，不存在跨文化差异，但用于观看电影的设备之间存在差异。克罗地亚和意大利的青少年更习惯在电视上看电影，而英国和德国的青少年只有在万不得已时才在电视上看电影。最近的研究证实，在大多数国家样本中，15—34岁的年轻人主要偏好虚构类电影（Eurodata, 2018）。

不同国家的青少年看电影的频率也存在差异。最大的差别是，克罗地亚的青少年说他们很少去看电影，而法国的青少年每月看两次以上。这一结果得到了官方统计数据的支持：克罗地亚人人均购买1.1张门票，法国人人均购买3.2张门票（UNIC, 2019）。

根据研究数据（Soto-Sanfiel, et al., 2019），法国青少年看电影的比例高于其他国家，这反映出法国是欧洲电影观众人数最多的国家（CNC, 2018）。青少年看电影的频率反映了文化消费习惯以及电影在社会中的地位。

如前所述，来自这8个国家的青少年主要与朋友一起看电影。但英国和西班牙的青少年更愿意与朋友一起去，而德国和罗马尼亚的青少年更愿意与家人一起去。这些差异反映了家庭内部不同的文化习惯。

样本中的青少年在选择电影的方式上也有所不同。冰岛、克罗地亚和罗马尼亚的青少年会通过各种方式看电影，而西班牙和意大利的青少年更多地通过电视看电影。请注意，意大利和西班牙在观看电视最多的欧洲国家名单中分别位列第一和第二（El Periódico, 2018）。

法国和德国青少年更容易在互联网上找到电影，这与他们依据美学和技术标准来选择电影的方式是一致的。法国和德国家庭在宽带互联网与网络连接的可用性方面也位居榜首（Eurostat, 2018）。

研究发现，青少年满足电影需求的方式存在差异（Soto-Sanfiel, et al., 2019）。意大利和法国的青少年更喜欢看电影，尽管意大利和克罗地亚的青少年在电视上看的电影比其他人多。如前所述，法国和意大利是影院观影人数较多的国家，而克罗地亚是较少的国家之一（EAO, 2019）。未来的研究可以检验，为何克罗地亚青少年在电视上看的电影比其他国家的青少年多。这可能是因为电影在不同社会和文化背景下的地位不同，也可能是因为经济原因，抑或各种因素都有。

与此同时，德国和英国的青少年租碟片观影的数量超过其他国家，德国和英国的青少年从互联网上下载的电影很少。这是一个敏感的问题，因为下载电影可能是非法的。德国视频点播服务不断增长（Goldmedia, 2018），它在在线购买方面领先于欧洲其他国家（Eurodata, 2018）。德国青少年沉浸在按次付费的电影文化中。英国人可能很少下载电影，因为英国在打击互联网盗版方面处于领先地位。"从正版门户网站获得正确信息"政府计划（Creative Content UK Partnership Ltd, 2017）监控英国领土上的非法下载现象，并采取法律行动。因此，英国的青少年能意识到下载电影的后果，并采取相应的行动避免违法。

观念

这项研究表明，在该问题上，不同国家之间存在许多差异，尤其是在意大利和德国的青少年之间。研究样本中，半数以上的意大利的青少年认为电影就是讲故事，同样，他们也不认为电影是一种文化表达形式。与此同时，德国超半数以上的受访者更强烈地认为电影可以用于政治和宣传。

该研究还表明，某些国家的青少年更热衷于支持某些特定概念，这表明青少年对电影的观念通常与特定的文化情境有关（Soto-Sanfiel, et al., 2018）。

对欧洲电影业的理解

在青少年样本中，态度最为多元化的一个方面是，与其他传统的电影相比，他们认为欧洲电影更具艺术性、可预测性和爱国性，剧本更好，偏见更少。总之，各国对这一问题的看法差异很大。还有一个重大差异是，看一部美国电影是否比看一部欧洲电影更令人满意。（Soto-Sanfiel, et al., 2018a）。

年轻意大利人、英国人和德国人的观念差异最大。意大利的青少年对本国电影的态度与其他两个国家相比更为消极，他们认为这些电影质量很差，并不想看它们。他们还认为，欧洲电影并不比美国电影更现实，也不比美国电影更具文化多样性。德国的青少年对美国电影没有更大的满足感，也不认为欧洲电影更爱国。与意大利的青少年不同，他们对本国电影持积极态度。在德国，国家电影放映率为23.5%，在意大利，这一数字为23%（UNIC, 2019）。这一结果可以从国民电影的感知质量、国民电影的社会认同或成功的外国营销策略等方面来解释。与其他国家相反，英国的青少年对英国电影持积极态度，但对欧洲其他国家的电影持消极的态度（Soto-Sanfiel, et al., 2018a）。英国影院的国产电影配额最高（44.8%）（UNIC, 2019）。这可以解释为，英国受访者认为他们的电影与欧洲其他国家的电影更为疏远，而与好莱坞电影更为接近。

来自电影艺术消费的满足

索托－桑菲尔等人（2021）观察了意大利、德国和西班牙的青少年对3部关于当前社会问题的欧洲剧情片的反应，讨论了青少年电影消费过程中的满足感。研究人员测量了被试者的欣赏程度（Oliver, Bartsch, 2010）、叙事参与度（Busselle & Bilandzic, 2009）和享受程度。

在分析了特定样本和语言量表后，他们发现，德国的青少年比意大利的青少年更能理解叙事，比西班牙的青少年更能理解情感（Soto-Sanfiel, Angulo Brunet, 2020）。

对于西班牙样本和意大利样本，研究人员随后进行了相关性网络分析（CNA）。这是一种最近应用于心理学的技术（Epskamp, Borsboom, & Fried, 2018），但在传播学界并不知名。CNA以图形方式显示理论成分之间的关系，且无须事先假设。它将心理行为解释为组成部分之间复杂的相互作用，并指出它们之间相互作用的潜在结构。

研究结果表明，西班牙和意大利的青少年在看电影时的反应相似。但这些反应模式并不能应用于所有电影。青少年的反应模式是特定的。研究者首先动态模拟他们对每部电影的反应，然后根据他们的文化背景来开展研究。

研究结果还发现了被检验的概念之间的关系，从而为青少年的满足感提供了一些线索。例如，意大利青少年总是将享受与欣赏联系在一起，西班牙的青少年会根据电影的不同，将享受与欣赏的不同层面联系在一起。研究还发现，叙事参与者的情感和两国青少年的欣赏关系最为密切。因此，青少年学习人生课程或思考人类事务似乎与电影的情感影响有关。研究人员还发现，青少年喜欢一部电影与悬疑性、持久印象和发人深省的因素有关（Soto-Sanfiel, et al., 2021）。

结　　语

本章提出，在各种娱乐形式争相吸引青少年注意力的环境中，已有一个多世纪历史的电影媒介为何以及如何继续赢得青少年的青睐，是值得思考的问题。它提供的信息必须在未来研究中得到确认，这一点在整个研究过程中已被反复说明。希望本章内容能激发出未来研究者对这一主题的更大兴趣。

总的来说，研究有理由让人们相信，来自地方、地区和全球的力量参与了欧洲青少年电影体验的心理表征的形成，这些表征在不同领域、不同层面将欧洲青少年动态地联系在一起。虽然研究人员在欧洲青少年的电影体验中可以观察到普遍的趋势，但一些用法、概念和偏好可归因于更直接的语境，其中一些在本章中已经得到验证。先进的现代数据收集方法和测量仪器的可用性将有助于人们了解这些因素如何在各种文化中发挥作用。

参考文献

Angulo-Brunet, A., & Soto-Sanfiel, M. T. (2018). Understanding appreciation among German, Italian and Spanish teenagers. *Communications*, 45(1), 5–27. doi: 10.1515/commun-2018–2018.

Arnett, J. J. (1995). Adolescents' uses of media for self-socialization. *Journal of Youth and Adolescence*, 24(5), 519–533.

Arnett, J. J., Larson, R., & Off, D. (1995). Beyond effects: Adolescents as active media users. *Journal of Youth and Adolescence*, 24(5), 511–518.

Athique, A. (2011). Diasporic audiences and non-resident media: The case of Indian films. *Participations. Journal of Audience and Reception Studies*, 8(2), 1–23. http://bit.ly/2VxomGj.

Atkinson, R. (2016, April 15). Millennials are killing the movie business. *New York Post*. https://nyp.st/2WYiJy3.

Austin, B. A. (1982). A factor analytic study of attitudes toward motion pictures. *Journal of Social Psychology*, 117(2), 211–217. doi: 10.1080/00224545.1982.9713429.

Austin, B. A. (1985, May 3). *Motivations for movie attendance*. Paper presented at the Annual Meeting of the Eastern Communication Association, Providence, RI. https://files.eric.ed.gov/fulltext/ED255977.pdf.

Aveyard, K. (2016). Film consumption in the 21st century: engaging with non-theatrical viewing. *Media International Australia*, 160(1), 140–149. doi: 10.1177/1329878XI6642851.

Basuroy, S., Chatterjee, S., & Ravid, S. A. (2003). How critical are critical reviews? Box office effects of film critics, star power, and budgets. *Journal of Marketing*, 67(4), 103–117. https://www.jstor.org/stable/30040552.

Beck, U. (2006). *Cosmopolitan vision*. Cambridge, UK: Polity Press.

Belton, J. (2014). If film is dead, what is cinema? *Screen*, 55(4), 461–470. doi: 10.1093/screen/hju037.

Bergfelder, T. (2005). National, transnational or supranational cinema? Rethinking European film studies. *Media, Culture and Society*, 27(3), 315–331. doi: 10.1177/0163443705051746.

Billings, A. C., Broussard, R. M., Xu, Q., & Xu, M. (2019). Untangling international sport social media use: Contrasting U.S. and Chinese uses and gratifications across four platforms. *Communication and Sport*, 7(5), 630–652. doi: 10.1177/2167479518790014.

Biltereyst, D., Maltby, R., Meers, P. (2012) (Eds.). *Cinema, audiences and modernity: New perspectives on European cinema history*. London, UK: Routledge.

Bowman, N. D., Jöckel, S., & Dogruel, L. (2012). A question of morality? The influence of moral salience and nationality on media preferences. *Communications*, 37(4), 345–369. doi: 10.1515/commun-2012–0020.

Boyd, D. (2015). *It's complicated: the social lives of networked teens*. New Haven, CT: Yale University Press.

Buckingham, D. (2007) (Ed.). *Youth identity, and digital media. Cambridge*, MA: MIT.

Busselle, R., & Bilandzic, H. (2009). Measuring narrative engagement. *Media Psychology*, 12(4), 321–347. doi: 10.1080/15213260903287259.

Castells, M. (1996). *The rise of the networked society*. Oxford, UK: Blackwell.

Chen, C.-H. (1996). *Conception of art of young children and adolescents: A developmental study* (Unpublished EdD thesis). University of Illinois at Urbana-Champaign. http://bit.ly/2oGxqtv.

Chisholm, D. E., Fernández-Blanco, V., Ravid, S. A., & Walls, W. D. (2015). Economics of motion picture: The state of the art. *Journal of Cultural Economics*, 39(1), 1–13. doi: 10.1007/s1082.

CNC(Centre National du cinéma et de l'image animée). (2018, December 31). *Fréquentation des salles de cinéma: 200,5 millions d'entrées en 2018* [Press release]. Paris: CNC. http://bit.ly/2VXYFLZ.

Comscore. (2017). *Worldwide box office hits a new all-time record* [Press release]. Reston, VA: Comscore. https://bit.ly/2UkQtZn.

Comscore. (2019). *Fourth quarter and full-year 2018 results* [Press release]. Reston, VA: Comscore. https://bit.ly/2VubgpY.

Creative Content UK Partnership Limited. (2017). *Get it right from a genuine portal*. Reston, VA: Comscore. https://get-it-right.org/.

Cuadrado, M., & Frasquet, M. (1999). Segmentation of cinema audiences: An exploratory study applied to young consumers. *Journal of Cultural Economics*, 23(4), 257–267.

Davis, S. S., & Davis, D. A. (1995). The mosque and the satellite: Media and adolescence in a Moroccan town. *Journal of Youth and Adolescence*, 24(5), 577–593.

DeMaday, A. (1929, December). An enquiry respecting the cinematograph made in the schools of Neuchatel, Lausanne, and Geneva. *International Review of Educational Cinematography*, 5, 638–667. http://bit.ly/2oIoWCf.

EAO (European Audiovisual Observatory). (2019). *Cinema attendance in the EU drops in 2018* [Press release]. Strasbourgh: EAO. http://bit.ly/2VuaTvA.

EC (European Commission). (2014a). *European film in the digital era. Bridging cultural diversity and competitiveness*. COM(2014) 272 final. Brussels: EC.

EC (European Commission). (2014b). *A profile of current and future audiovisual audience: Executive summary*. Tender EAC/08/2012 Ref. Ares (2012) 701765–12/06/2012. Luxembourg: Publications Office of the European Union.

El Periódico. (January 18, 2018). *Italianos y españoles, líderes europeos en "teleconsumo."* Barcelona, Spain: El Periódico de Catalunya. http://bit.ly/2lIJERb.

Elberse, A. (2007). The power of stars: Do star actors drive success of movies? *Journal of Marketing*, 71(4), 102–120. doi: 10.1509/jmkg.71.4.102.

Eliasberg, J., Elberse, A., & Leenders, A. A. M. M. (2006). The motion picture industry: Critical issues in practice, current research, and new research directions. *Marketing Science*, 25(6), 638–661. doi: 10.1287/mksc.1050.0177.

Ellithorpe, M. E., & Bleakley, A. (2016). Wanting to see people like me? Racial and gender diversity in popular adolescent television. *Journal of Youth and Adolescence*, 45(7), 1426–1437. doi: 10.1007/s1096.

Epskamp, S., Borsboom, D., & Fried, E. I. (2018). Estimating psychological networks and their accuracy: A tutorial paper. *Behavior Research Methods*, 50(1), 195–212. doi: 10.3758/s13428-017-0862-1.

Escardibul, J. O., Mora, T., & Villarroya, A. (2013). Peer effects on youth screen media consumption in Catalonia (Spain). *Journal of Cultural Economics*, 37(2), 185–201. doi: 10.1007/s10824-012-9177-3.

Esser, A., Keinonen, H., Jensen, P. M., & Lemor, A. (2015). The duality of banal transnationalism and banal nationalism: Television audiences and the musical talent competition genre. In A. Moran, P. M. Jensen, & K. Aveyard (Eds.), *Global television formats. State of the art*. Bristol, UK: Intellect.

Eurodata. (2018, January 1). *Which is the predominant genre consumption by country?* Luxembourg: European Commission. http://bit.ly/2lIJERb.

Eurostat (2018). *Digital economy and society statistics: Households and individuals*. Luxembourg: European Commission. http://bit.ly/2oIrCQj.

Follows, S. (2017, November 17). *Are fewer young people watching movies in cinemas?* [Blog post]. http://bit.ly/2GLELxf.

Fu, W. W. (2012). Cross-country comparison of audience tastes in Hollywood movies: Cultural distance and genre preferences. In S. A. Pager & A. Candeub (Eds.), *Transnational culture in the Internet age* (pp. 370–388). Cheltenham, UK: Edward Elgar.

Fu, W. W. (2013). National audiences tastes in Hollywood film genres: Cultural distance and linguistic affinity. *Communication Research*, 40(6), 789–817. doi: 10.1177/0093650212442085.

Fu, W. W., & Govindaraju, A. (2010). Explaining global box-office tastes in Hollywood films: Homogenization of national audiences' movie selections. *Communication Research*, 37(2), 215–238. doi: 10.1177/0093650209356396.

García Canclini, N. (1995). *Consumidores y ciudadanos. Conflictos multiculturales de la globalización*. México D.F.: Grijalbo.

Gazley, A., Clark, G., & Sinha, A. (2011). Understanding preferences for motion pictures. *Journal of Business Research*, 8, 854–861. doi:10.1016/j.jbusres.2010.09.012.

Giddens, A. (1990). *The consequences of modernity*. Cambridge, UK: Polity Press.

Gielen, U. P., & Roopnarine, J. L. (2004). (Ed.) *Childhood and adolescence*. Westport, CT, US: Praeger.

Goetzmann, W. N., Ravid, S. A., & Sverdlove, R. (2013). The pricing of soft and hard information: Economic lessons from screenplay sales. *Journal of Cultural Economics*, 37(2), 271–307. doi: 10.1007/s10824-012-9183-5.

Goldmedia (2018). *Revenues in the German video-on-demand market are growing faster than ever before*. Berlin: Goldmedia. bit.ly/2mzaxY7.

Grainge, P. (2008). *Brand Hollywood: Selling entertainment in a global media age*. Oxon, UK: Routledge.

Greenberg, B. S. (1974). Gratifications of television viewing and their correlates for British children. In J. G. Blumler & E. Katz (Eds.), *The uses of mass communications: Current perspectives on gratifications research* (pp. 71–92). Beverly Hills, CA: Sage.

Gubern, R. (2016). *Historia del cine*. Barcelona, Spain: Anagrama.

Hababou, M., Amrouche, N., & Jedidi, K. (2016). *Customers need and solutions*, 3(3–4), p. 144–158. doi: 10.1007/s40547-016-0069-0.

Hamelink, C. J. (2013). *Global communication*. London, UK: Sage.

Haridakis, P. (2012). Uses and gratifications: A social and psychological perspective of media use and effects. In E. Scharrer (Ed.), *The international encyclopedia of media studies* (Vol. 5, pp. 1–22). Hoboken, NJ: John Wiley Online. doi: 10.1002/9781444361506.wbiems111.

Ho, J. Y. C., Dhar, T., & Weinberg, C. B. (2009). Playoff payoff: Super Bowl advertising for movies. *International Journal of Research in Marketing*, 26(3), 168–179. doi: 10.1016/j.ijresmar.2009.06.001.

Hsu P. Y., Shen Y. H., & Xie, X. A. (2014). Predicting movies user ratings with IMDB attributes. In D. Miao, W.

Pedrycz, D, Ślęzak, G. Peters, Q. Hu, R. Wang (Eds.), *Rough sets and knowledge technology*. RSKT 2014. Lecture Notes in Computer Science (Vol. 8818, pp. 444–453). Cham: Springer. doi: 10.1007/978-3-319-11740-9_41.

Irwin, C.E. Jr., Burg, S.J., & Uhler Cart, C. (2002). America's adolescents: where have we been, where are we going? *Journal of Adolescent Health*, 31(6), 91-121. doi:10.1016/S1054-139X(02)00489-5.

Jancovich, M. (2011). Time, scheduling and cinema-going. *Media International Australia, 139*(1), 88–95. doi: 10.1177/1329878X1113900112.

John, K., Ravid, S. A., & Sunder, J. (2017). Performance and managerial ability: Evidence from the career-paths of film directors. *Journal of Corporate Finance*, 44, 425–439. doi: 10.1016/j.jcorpfin.2014.11.001.

Jowett, G. S. (1985). Giving them what they want: Movie audience research before 1950. In B. A. Austin (Ed.), *Current research in film: Audiences, economics, and law* (vol. 1, pp. 19–36), Norwood, NJ: Ablex.

Katz, E., Blumler, J. G., & Gurevitch, M. (1973). Uses and gratifications research. *Public Opinion Quarterly*, 37, 509–523. doi: 10.1086/268109.

Katz, E., Blumler, J. G., & Gurevitch, M. (1974). Utilization of mass communication by the individual. In J. Blumler & E. Katz (Eds.), *The uses of mass communications: Current perspectives on gratifications research* (pp. 19–32). Beverly Hills, CA: Sage.

Krakowiak, K. M., & Oliver, M. B. (2012). When good characters do bad things: Examining the effect of moral ambiguity on enjoyment. *Journal of Communication*, 62, 117–135. doi: 10.1504/IJART.2011.037772.

Kruger, J. L., Doherty, S., & Soto-Sanfiel, M. T. (2017). Original language subtitles: Their effects on the native and foreign viewer. *Comunicar*, 50(25). doi: 10.3916/C50-2017–02.

Kuipers, G., & de Kloet, J. (2009). Banal cosmopolitanism and "The Lord of the Rings": The limited role of national differences in global media consumption. *Poetics*, 37, 99–118. doi: 10.1016/j.poetic.2009.01.002.

La Pastina, A. C., & Straubhaar, J. D. (2005). Multiple proximities between television genres and audiences: The schism between telenovelas' global distribution and local consumption. *International Communication Gazette*, 67(3), 271–288. doi: 10.1177/0016549205052231.

Lemish, D. (2013). *The Routledge international handbook of children, adolescents and media*. Abingdon, UK: Routledge.

Levy, M. R., & Windahl, S. (1984). Audience activity and gratifications: A conceptual clarification and exploration. *Communication Research*, 11(1), 51–78. doi: 10.1177/009365084011001003.

Lieberman, D. (2016, June 9). Movie theatres aren't losing millennial audiences, NATO rep says. *Deadline*. https://bit.ly/2FVUtp7.

Lin, C. A. (1996). Looking back: The contribution of Blumler and Katz's uses and mass communication to communication research. *Journal of Broadcasting and Electronic Media*, 40, 574–581. doi: 1080/08838159609364379.

Litman, B. R. (1983). Predicting success of theatrical movies: An empirical study. *Journal of Popular Culture*, 17, 159–175. doi: 10.1111/j.0022–3840.1983.1604_159.x.

Livingstone, S. (1998). Mediated childhoods: A comparative approach to young people's changing media environment in Europe. *European Journal of Communication*, 13, 435–456. doi: 10.1177/0267323198013004001.

Luo, M. M., & Remus, W. (2014). Uses and gratifications and acceptance of Web-based information services: An integrated model. *Computers in Human Behavior*, 38, 281–295. doi:10.1016/j.chb.2014.05.042.

Massey, D. (1994). A global sense of place. In D. Massey (Ed.), *Space, place and gender* (pp. 146–156). Cambridge, UK: Polity Press.

McMahon, J. (2015). *What makes Hollywood run? Capitalist power, risk and control of social creativity* (Unpublished doctoral dissertation). York University, Toronto, Canada. http://bit.ly/2m2DTxS.

McQuail, D. (1994). *Mass communication theory*. London, UK: Sage.

Möller, K .E. K., & Karppinen, P. (1983). Role of motives and attributes in consumer motion picture choice. *Journal of Economic Psychology*, 4(3), 239–262. doi: 10.1016/0167–4870(83)90029–6.

Morley, D. (1992). *Television, audiences and cultural studies*. London, UK: Routledge.

MPAA(Motion Picture American Association). (2017). *Theme report*. https://bit.ly/2q7a7WJ.

MPAA(Motion Picture American Association). (2018). *Theme report*. https://bit.ly/2uoBLkK.

Nabi, R. L., & Krcmar, M. (2004). Conceptualizing media enjoyment as attitude: Implications for mass media effects research. *Communication Theory*, 14, 288–310. doi: 10.1111/j.1468–2885.2004.tb00316.x.

Oliver, M. B., & Bartsch, A. (2010). Appreciation as audience response: Exploring entertainment gratifications beyond hedonism. *Human Communication Researc*h, 36(1), 53–81. doi:10.1111/j.1468-2958.2009.01368.x.

Oliver, M. B., & Raney, A. A. (2011). Entertainment as pleasurable and meaningful: Identifying hedonic and eudaimonic motivations for entertainment consumption. *Journal of Communication*, 61(5), 984–1004. doi: 10.1111/j.1460–2466.2011.01585.x.

Palmgreen, P. (1984). Uses and gratifications: A theoretical perspective. *Annals of the International Communication Association*, 8(1), 20–55. doi: 10.1080/23808985.1984.11678570.

Palmgreen, P., Cook, P.L., Harvill, J.G., & Helm, D.M. (1988). The motivational framework of moviegoing: uses and avoidances of theatrical films. In B.A. Austin (Ed.), *Current research in film* (vol. 4, pp. 1–23). Norwood, NJ: Ablex.

Palmgreen, P., & Rayburn, J. D. (1982). Gratifications sought and media exposure: An expectancy value model. *Communication Research*, 9(4), 561–580. doi:10.1177/009365082009004004.

Princely, I. (2016). Applying uses and gratifications theory and social influence processes to understand students' pervasive adoption of social networking sites: Perspectives from the Americas. *International Journal of Information Management* 36(2), 192–206. doi: 10.1016/j.ijinfomgt.2015.11.007.

Rantanen, T. (2004). *The media and globalization*. London, UK: Sage.

Ravid, S. A. (1999). Information, blockbusters, and stars: A study of the film industry. *Journal of Business*, 72(4), 463–492. doi: 10.1086/209624.

Richeri, G. (2016). Global film market, regional problems. *Global Media and China*, 1(4), 312–330. doi: 10.1177/2059436416681576.

Rosengren, K. E. (1974). Uses and gratifications: A paradigm outlined. In J. G. Blumler & E. Katz (Eds.), *The uses of mass communications: Current perspectives on gratifications research* (pp. 269–286). Beverly Hills, CA: Sage.

Rubin, A. M. (1981). An examination of television viewing motivations. *Communication Research*, 8, 131–165. http://bit.ly/2PFAJL1.

Rubin, A. M. (2009). Uses-and-gratifications perspective on media effects. In J. Bryant & M. B. Oliver (Eds.), *Media effects: Advances in theory and research* (3rd ed., pp. 165–184). New York, NY: Routledge.

Ruggiero, T. E. (2000). Uses and gratifications theory in the 21st century. *Mass Communication and Society*, 3(1), 3–37. doi: 10.1207/S15327825MCS0301_02.

Soto-Sanfiel, M. T. (2016). *Investigation film literacy and reception of films in European secondary schools. Exploratory research*. Creative Europe Program (Reference= 553981-CREA-1-2014-1-UK-MED-AUDEV): Unpublished internal report. Bellaterra: Universitat Autònoma de Barcelona.

Soto-Sanfiel M .T., & Angulo-Brunet, A. (2020). How European adolescents get engaged with dramatic films?: Psychometric properties of the narrative engagement scale. *Profesional de la Información*, 29(5). doi:10.3145/epi.2020.sep.02.

Soto-Sanfiel, M. T., Angulo-Brunet, A., & Villegas-Simón, I. (2021). Correlational network analysis of adolescent's film responses. *Communication & Society*, 34(1). doi:10.15581/003.34.1.001.

Soto-Sanfiel, M. T., Villegas-Simón, I., & Angulo-Brunet, A. (2018a). Youngsters and cinema in the European Union: A cross-cultural study on their conceptions and knowledge about cinema. *International Communication Gazzette*, 80(8), 714–745. doi: 10.1177/1748048518759171.

Soto-Sanfiel, M.T., Villegas-Simón, I., & Angulo-Brunet, A. (2018b). Film literacy in secondary schools across Europe: A comparison of five countries' responses to an educational project on cinema. *International Journal of Media and Cultural Politics*, 14(2), 187–237. doi:10.1386/macp.14.2.187_1.

Soto-Sanfiel, M. T., Villegas-Simón, A., & Angulo-Brunet, A. (2019). Uses and consumption of cinema by European adolescents: A cross-cultural study. *Studies in European Cinema*. Advance online publication. doi: 10.1080/17411548.2019.1613044.

Staiger, J. (2005). *Media reception studies*. New York, NY: University Press.

Straubhaar, J. D. (1991). Beyond media imperialism: Asymmetrical interdependence and cultural proximity. *Critical Studies in Mass Communication*, 8(1), 39–59. doi:10.1080/15295039109366779.

Straubhaar, J. D. (2003). Choosing national TV: Cultural capital, language, and cultural proximity in Brazil. In M. G. Elamar (Ed.), *The impact of international television: A paradigm shift* (pp. 77–110). Mahwah, NJ: Lawrence Erlbaum Associates, Inc.

Straubhaar, J. (2007). *World television: From global to local*. Thousand Oaks, CA: Sage.

Tanta, I., Mihovilović, M., & Sablić, Z. (2014). Uses and gratification theory: Why adolescents use Facebook? *Medij. Istraž*, 20(2), 85–110. http://bit.ly/2WgomHC.

Tesser, A., Millar, K., & Wu, C.-H. (1988). On the perceived functions of movies. *Journal of Psychology*, 122(5), 441–449. doi: 10.1080/00223980.1988.10542949.

Thompson, D. (2016, June 8). Hollywood has a huge millennial problem. *The Atlantic*. https://bit.ly/2lgSfFY.

UNESCO. (1961). The influence of the cinema on children and adolescents. An annotated international bibliography. *Reports and Papers on Mass Communication*, 31. Paris: United Nations Educational, Scientific and Cultural Organization. https://files.eric.ed.gov/fulltext/ED018127.pdf.

UNIC (International Union of Cinemas). (2019). *UNIC's update on cinema-going in 2018* [Press release]. Brussels: UNIC. https://bit.ly/2I5oAy2.

UNIC (International Union of Cinemas). (2018). *UNIC annual report 2018*. Brussels: UNIC. https://bit.ly/2JHBCyP.

Valkenburg, P. M., Peter, J., & Walther, J. B. (2016). Media effects: Theory and Research. *Annual Review of Psychology*, 67, 315–338. doi: 10.1146/annurev-psych-122414–033608.

Van de Vijver, L. (2017). The cinema is dead, long live the cinema!: Understanding the social experience of cinema-going today. Participations. *Journal of Audience and Reception Studies*, 14(1), 129–144.

van der Voort, T. H. A., Beentjes, J. W. J., Bovill, M., Gaskell, G., Koolstra, C. M., Livingstone, S., &

Marseille, N. (1998). Young people's ownership and uses of new and old forms of media in Britain and the Netherlands. *European Journal of Communication*, 13(4), 457–477.

Veenstra, A. (2017). *Watching film: An account of contemporary film consumption preferences and practices amongst youth in Flanders aged 16 to 18*. Ghent: CIMS–Centre for Cinema and Media Studies. https://http://bit.ly/2lC7aPN.

Veenstra, A. F., Kersten, A. A., Krijnen, T., Biltereyst, D., & Meers, P. (2016). Understanding "The Hobbit": The cross-national and cross-linguistic reception of a global media product in Belgium, France and The Netherlands. *Participations: Journal of Audience and Reception Studies*, 13(2), 496–518. http://bit.ly/2vsM1sz.

Veenstra, A. F., Meers, P., & Biltereyst, D. (2019). Exploring film genre preferences through taste cultures: A survey on contemporary film consumption amongst youth in Flanders (Belgium). *Communications: The European Journal of Communication Research*, 45(2), 240–251. doi: 10.1515/COMMUN-2019–2032.

Voorveld, H. A. M., & van der Goot, M. (2013). Age differences in multitasking: A diary study. *Journal of Broadcasting and Electronic Media*, 57(3), 392–408. doi: 10.1080/08838151.2013.816709.

Vorderer, P., Klimmt, C., & Ritterfeld, U. (2004), Enjoyment: At the heart of media Entertainment. *Communication Theory*, 14(4), 388–408. doi: 10.1111/j.1468–2885.2004. tb00321.x.

Weaver, J. B., Brosius, H. B., & Mundorf, N. (1993). Personality and movie preferences: A comparison of American and German audiences. *Personality and Individual Differences*, 14(2), 307–315. doi: 10.1016/0191–8869(93)90128-P.

Witty, P., Garfield, S., & Brink, W. (1941). Interests of high-school students in motion pictures and the radio. *Journal of Educational Psychology*, 32(3), 176–184. doi: 10.1037/h0057132.

Zazzo, B. (1957). L'expérience du cinéma chez des adolescents et des adolescentes de milieux culturels différents. *Journal de Psychologie Normale et Pathologique*, 54(4), 425–439.

Zazzo, B. (1958). La jeunesse et le cinema. *Courrier*, 8(4), 185–197.

第三十章　人们如何评价电影？
——来自联想命题评价模型的启示

弗兰克·M. 施耐德
伊内斯·C. 沃格尔
乌利·格利奇
安妮·巴奇

要理解社会行为，"评价反应"也许不是最重要的方法，但它一定是非常重要的方法。

——伯特伦·加夫隆斯基（Bertram Gawronski）（2007a, p.579）

发表评价是人们时刻在做的事情。人们评价人、政党、食物，甚至抽象概念（自由）。人们也会评价媒介，特别是娱乐性的媒介内容，这点毋庸置疑。作为娱乐研究人员，我们需要了解评价对形成个人日常媒介代餐的作用。本章重点讨论作为一种特定娱乐媒介的电影，其理论逻辑同样适用于小说、电子游戏等其他娱乐媒介。以电影为例，我们将其作为一个特定的评价对象，原因有两点。第一，电影是个人媒介使用的重要组成部分。人们投入了大量的时间和金钱，在影院、电视或DVD上观看电影，在互联网上观看在线视频。第二，鉴于电影既是艺术作品又是娱乐作品，电影评价反映了各种层面的评价结果——从自发的喜欢或不喜欢到言之有据的批评。例如，在社交媒介上，个人可以通过单击"喜欢"按钮来表达其自发的积极评价，或在在线博客、购物网站（亚马逊）或电影平台（烂番茄）上详细阐述自己的评价。与此同时，越来越多的受众利用这些信息来引导自己作出媒介选择。评价可以发挥多种作用。但究竟什么是评价？它如何促进人们对娱乐现象的了解和解释？人们如何评价电影及相关信息？

为了解决这些问题，我们先简要讨论如何定义评价，然后介绍"联想命题评价"模型［associative–propositional evaluation（APE）model］（Gawronski & Bodenhausen,

2006a/2007/2011），并将其应用于电影评价。APE模型区分了两种思维过程。一方面，联想过程（associative processes）（通过特征相似性和时空连续性激活联想模式的过程）会产生自发的情感反应，其被视为一种快速、直观的评价（隐性评价/implicit evaluation）。另一方面，联想模式的命题处理（propositional processing）（验证激活信息）过程也会产生评价性判断（显性评价/ explicit evaluation）的对照结果。这种相互交融的联想与命题过程模型提供了一个有助于解释评价媒介内容的复杂性的完整框架。本章讨论了APE模型在媒介使用特定阶段的理论含义，以及它与一般娱乐研究的相关性。APE模型提供了一个涵括性框架，以整合已有娱乐研究中一些有关评价的结构。本章利用该模型解决了一些悬而未决的问题，并对进一步的研究提出了展望。

何为评价？

评价可以让我们明确自己对某物的喜欢程度，判断其好坏，判断它是招人喜欢还是惹人厌烦（DeHouwer, 2009）。评价性判断似乎总是凭直觉行事，但它远非一眼便可定夺那样简单。我们可以考虑以下问题：我们有多喜欢不久前看过的电影？或者，我们对最喜欢的电视节目的最后一集感觉如何？回想以后我们会发现，评价具有多种属性，它包含自发的直觉，也包含深思熟虑的判断。不过，所有评价判断似乎都有一个共同的目标，即分析个人对日常生活中遇到的对象和行为，作出接近或避开的选择（De Houwer, 2009; Gawronski & Bodenhausen, 2011; Tesser & Martin, 1996）。例如，如果有人对某部电影或电视节目的开头评价不好，他可能就不会接着看下去了。

从抽象层面来看，人们可以根据好与坏、接近与避开之间的功能区别来定义评价，但这种侧重于评价目标的定义，没有明确解释基本过程、过程运行的条件以及这些过程如何转化为行为（De Houwer, 2009, p. 37）。况且，个体在评价对象时考虑了哪些特征？如何形成总体的评价判断？这些问题也不清楚。根据个人所考虑的特征及处理方式进行评价，结果可能截然不同。在电影或购物平台上，这一点表现得尤为明显。比如一部带有各种评论和评分的电影，其评论和评分虽有同一指向，却高度分化（Chamorro-Premuzic, Kallias, & Hsu, 2014, p.88, Schneider, 2017, p.49）。另一困难在于，评价作为一个过程，人们无法直接观察到它。鉴于其结果——由某一对象引起的评价反应（evaluative responses）（作为一种效果评价）——可用各种方式来体现（Facebook点赞、亚马逊星级评分、李克特量表、反应时长或生理指标），有人将评价定义为人们对某对象以评价方式作出的回应（responding）（De Houwer, 2009, p.37; Eagly & Chaiken, 2007, p.583）。还有人将评价定义为"评价反应的一种刺激效果"（De Houwer, Gawronski, & Barnes-Holmes, 2013, p.253）。据此，我们能够比较容易地确定对象（电影）是否已被评价过。简而言之，我们可以观察结果，但不能观察过程。我们可以据此推断，评价反应的存在与导致评价反应的过程的存在之间有相关性。因此，正如德·霍沃（De Houwer, 2009, p.38）所说，“无论把评价定义为过程还是结果，对评价的研究都可归结为对评价反应的研究”。

评价反应及其相关概念

评价反应是娱乐研究领域的一个长期课题。人们早已把在概念上与它相关的术语用于描述娱乐现象了，如喜欢、偏好、享受、欣赏等（Nabi & Krcmar, 2004）。“享受即态度”（enjoyment-as-attitude）就是一个突出的取向，它将享受概念化为“一种具有情感、认知、行为前因与行为后果的态度”（Nabi & Krcmar, 2004, p.305）。评价反应是态度的一个核心定义要素，是“一种心理倾向，通过对特定实体进行某种程度的好恶评价来表达”（Eagly & Chaiken, 1993, p.1）。虽然态度概念可以作为一个整体性标签（Gawronski & Bodenhausen, 2007），但我们认为，通过关注显现出来的评价反应，可以更准确地描述个体对电影及其基本流程的评价反应。正如几位研究人员所指出的（De Houwer, et al., 2013; Fazio, 2007），态度极具概念上的模糊性。尤其应注意的是，将明显的行为评价反应与基本的心理表征（态度）等同起来会产生一个问题，即把被解释项（需要解释的评价性反应）和解释项（应该解释这些反应的潜在心理结构）混为一谈。将特定电影的评价反应作为衡量对该电影态度的指标，同时，假定对该电影的态度导致这些反应，在概念上是循环的（De Houwer, et al., 2013; Fazio, 2007）。这种方法在概念上很难（几乎不可能）将影响评价反应的其他因素与态度因素区分开来。一个人对同一对象会有多少种态度？为什么人们对同一态度的评价反应会有所不同？为什么人们的态度和行为往往不一致（Gawronski, 2007b）？如果人们关注评价反应及其基本流程，以上问题有可能会得到部分解决（Gawronski & Bodenhausen, 2006a/2007）。按照目前社会认知研究的方法，我们不建议完全抛弃“态度”或“喜欢”之类的术语。事实上，如果对其进行包容性定义（Eagly & Chaiken, 2007），或者应用特定层次分析（levels of analysis）的理论框架（De Houwer, et al., 2013; Coenen & Van den Bulck, 2018），则可以把它们看作一个整体性的概念。但如果在没有任何理论规范的情况下使用态度概念，则几乎无法对其基本流程（评价性判断是如何形成的）提出深刻见解。在介绍了APE模型之后，我们将在本章的最后一部分回顾这些问题。该模型允许研究者从不同角度阐明相关术语和过程。

联想命题评价模型

联想命题评价模型源自社会和认知心理学，受到特定领域双过程模型的深刻影响（Payne & Gawronski, 2010）。最突出的例子是劝服沟通领域里的精细加工可能性模型

（Petty & Cacioppo, 1986; Chaiken & Trope, 1999; Gawronski & Creighton, 2013）。精细加工可能性模型解释了不同信息特征如何通过不同途径影响个体态度的形成与改变。其他特定领域的双过程模型涉及印象形成（Fiske, Lin, & Neuberg, 1999），态度与行为的关系（Fazio, 1990），或近期娱乐研究领域讨论的娱乐媒介对政治结果的影响（Bartsch & Schneider, 2014; Schneider, Bartsch, & Leonhard，本书）。已有研究多次尝试将这些特定领域的方法整合为一个更为广义的双过程模型。该模型可分成两类过程，这两类过程是判断和行为的基石（处理系统1和处理系统2，Kahneman, 2003；关联性处理和基于规则的处理，Smith & DeCoster, 2000；反思性处理和冲动性处理，Strack & Deutsch, 2004）。[1]

联想命题评价模型（Gawronski & Bodenhausen, 2006a/2006b/2007/2011/2014a）是最有影响力的广义双过程模型。该模型假设两个不同但相互交融的过程，也就是联想过程和命题过程，会分别基于隐性和显性的评价，导致不同的行为结果。联想过程的特点是激活记忆中的心理概念，导致第一种特定过程的评价反应，即隐性评价（情感反应），这种隐性评价没有对错之分。例如，在一部以生物为题材的恐怖电影中，隐性评价会表现在观众的生物心理学反应中（biopsychological reactions）（面部表情、皮肤传热）。此外，命题过程会被激活，通过该过程，个体可以形成自己的想法。例如，成年观众通常意识到他们的情绪反应是毫无根据的，因为恐怖生物是虚构的，它们只存在于屏幕上。如果联想激活模式引出与隐性评价一致的命题，则激活模式的命题过程会直接导致第二种特定过程的反应，即显性评价（评价判断）。在这种情况下，隐性评价和显性评价是一致的。但如果个体判定联想激活的命题无效，这种前后矛盾会导致令人不快的失调感（Festinger, 1957）。在我们的例子中，如果对怪物的负面情感反应引发命题信念，如“我怕电影里的怪兽”，那么在这种情况下，个人的思考会引发“我不必害怕”和“实际上这样的怪物不存在”之类的命题，总的来说，这会形成一个暂时不协调的信念体系。为了解决这种不一致，观众可以拒绝一个或多个命题（使“我害怕电影怪物”的信念无效），或搜索其他命题以重建一致性（“害怕恐怖电影里的怪物没关系”或“如果电影真的吓到我，我会喜欢它”）。根据联想命题评价模型，如果拒绝情感反应作为命题推理的有效基础，那么显性评价和隐性评价无关。但如果可以恢复一致性，则显性和隐性评价会彼此对应。具有讽刺意味的是，如果一个命题被否定（否定一个人害怕怪物的信念），这会加强“怪物”和“害怕”之间的心理联系，导致显性和隐性评价之间更加无关。相反，寻求能够肯定观众对怪物的负面情感反应的命题（“如果一部电影真的吓到我，我会喜欢它”），则可以强化隐性评价和显性评价之间的对应关系。

从这个例子可知，隐性评价和显性评价不仅在概念上不同，还需要用不同的方法来

[1] 请注意，命名并不总是一致的，因为“双过程”（dual-process）这一术语有时指不同的信息处理方式，有时指不同的心理表征，有时指不同的处理系统（Gawronski, Sherman, & Trope, 2014）。

衡量。由联想过程引发的隐性评价最好采用间接措施（生理指标、反应时间）；由命题推理产生的显性评价则通常采用直接测量的方法（访谈、问卷）。不过，这两种过程尽管在概念上有不同，但并不是相互独立的（Gawronski & Bodenhausen, 2006a; Strack & Deutsch, 2004）。加夫龙斯基和博登豪森（Gawronski, Bodenhausen, 2006a/2011）讨论了4种基本情况：①对命题过程的直接影响与联想过程无关；②对命题过程的直接影响由联想过程调节；③反之亦然；④也可能会出现这些情况的联合影响。本章将重点讨论与电影评价密切相关的两个基本案例和两个组合案例。有关更多示例，读者可以参考加夫龙斯基和博登豪森（2006a/2011）的研究。

在默认模式下（自下而上），命题过程完全由联想过程所调节（见图30.1A）。这意味着，激活后的联想得到了有效确认。例如，当个体发现自己喜欢电影的配乐时，其可能会产生积极的联想。如果电影的配乐是评价电影的一个重要标准（显著的命题信念），那么这种激活后的联想与他对电影质量的命题过程是适配的。因此，此时个体对电影的隐性评价和显性评价是相互对应的。为了引出联想模式，电影中出现的特征不需要和个体预先存储的心理表征进行精确匹配；如果刺激在时空上与现有表征相近，这就足够了。我们可以通过类比算法推荐系统的能力来说明，这些系统普遍基于之前观看的电影或评价过的电影来推送相关内容。这种推荐系统利用的就是个体之前遇到的特点相似性。虽然人们之前看过的电影与新推荐电影的特点可能并不完全相同，但其在流派风格、特色演员或角色、故事情节等方面的相似性，依然会引发人们的联想。如果再次遇到以前接触过的特征，个体则更可能在隐性层面上对其进行正面评价，这点与纯粹的电影接触效果（exposure effect）相符（Zajonc, 2001）。

根据联想命题评价模型，命题过程的变化也会影响联想过程（自上而下）（见图30.1B）。如果观众在实际观看电影之前阅读了电影评论（了解了电影大致的背景信息），那么这些先验知识可能会直接影响其接触电影时的命题过程（他们可能会特别注意电影受到好评或格外刺激的部分，或者会特别注意电影里奥斯卡奖得主表演的真实性）。这些命题过程可以激活联想模式，从而影响联想过程和结果。同样，隐性的评价和显性的评价是一致的，然而联想的激活并没有引发命题过程，而是正好相反。

在其他情况下，联想激活和命题验证会导致不同的结果，如隐性社会认知的实证结果（Payne & Gawronski, 2010）。例如，就电影而言，在一部平淡无奇的社会剧中，魅力演员的色情场景可能会引起人们的兴趣，并可能引发积极的联想，即使这些场景对故事情节来说并不是不重要的。间接测量这种激活的联想可能会引发积极的隐性评价。但这些隐性评价可能与显性评价无关。如果要求观众汇报他们自己的评价（通过问卷调查），观众可能会作出负面的显性评价。因此，隐性评价和显性评价是分裂的、无关的，尽管同一场景引发了它们联合影响的情况（见图30.1C）

至于电影，我们可以说，电影刺激对联想过程和命题过程的直接影响、间接影响最为频繁（见图30.1D）。例如，一部像《死囚漫步》（*Dead Man Walking*）这样的电影，可能通过揭示支持和反对死刑的新论点，直接引发命题过程。此外，它还可能引发联想过程（如果观众中的父母同情电影中受害者的父母）。不仅如此，命题过程可能会激活联想（过去的审判和定罪）。联想过程可能引发命题推理（将电影场景与个人对死刑的看法进行比较）。

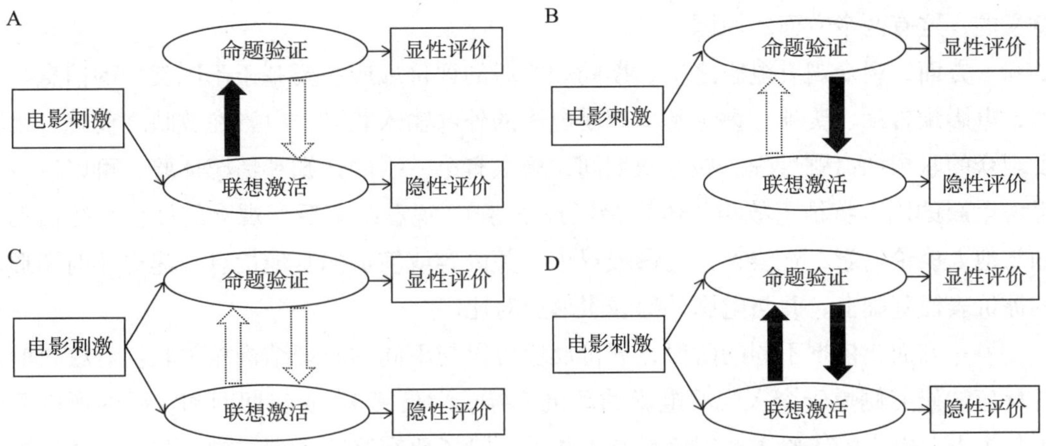

图30.1　电影刺激对联想过程和命题过程潜在的直接和间接影响
其相应评价反应（A，B）与潜在的直接和间接联合影响（C，D）

资料来源：本图改编自加夫龙斯基和博登豪森（2011）的图：A，B，见图2.3, p.80；C，D，见图2.5, p.91，经许可转载。

联想命题评价模型对电影娱乐研究的启示

如上节所述，为分析电影中联想与命题过程可能产生的直接影响、间接影响和联合影响，联想命题评价模型提供了一个不同的框架。与社会认知研究中的传统实验相比，将联想命题评价模型应用于电影评价的挑战在于刺激因素的复杂性。电影是复杂、动态、视听的刺激物，具有特定的运行时间，可分为不同的嵌套单元（nested units）。例如，一部电影可以分为多个序列（sequences），每个序列由不同的场景组成，而这些场景由不同的镜头组成，甚至镜头也可以由不同的元素组成。因此，每个单元都可以是评价的对象，可以引发产生评价结果的过程（Fahr & Früh）。将电影分割成有意义的序列需要基于电影分析的标准。迄今为止，媒介心理学界很少有这样的研究（Suckfüll, 2000/2010）。如今，娱乐研究的重点对象是完整的电影，尽管有时会使用摘录、预告片或有关内容的书面描述作为替代。

更为复杂的是，正如前例所述，电影会引发与内容相关的评价反应。作为评价对象的电影也至少可以分为3个维度：①电影固有特征，如故事或电影摄影技法；②电影外部特征，如奖项或电影评论；③电影对观众的（预期）影响，包括情感或认知努力（Schneider, 2017）。此外，3个维度都可以引发联想和命题过程，并引发电影放映之前、期间和之后的评价反应。

尽管这些挑战是交织在一起的，但区分电影放映之前、期间和之后的评价反应是有意义的，这有两个方面的原因。

一方面，观众观看电影之前、期间和之后的评价反应主要基于不同类型的信息。例如，电影预告片、奖项、评论和口碑是电影的外部输入刺激，电影在放映之前就可以激发观众的联想和命题过程。在放映期间，观众有第一手的认知和情感体验，可以进一步思考电影的固有特征（故事、电影摄影技法等）。观看结束后，观众的社会交往活动，如与他人谈论电影、在线评论电影或寻求有关内容或演员的其他信息，建立在前期形成的评价表征基础上，并与电影外部线索形成对比。

另一方面，依据不同的阶段，评价反应可以与不同的心理结构相关联。对放映前评价反应的研究侧重于个人观看电影的动机（寻求满足感）。放映期间和之后的评价反应则与个人对电影的体验（获得满足感）相关。除了研究这些心理结构，我们还从传媒经济学的角度研究了影响评价反应的其他因素（口碑、评论和广告）。

放映前的评价

观众对电影放映前的评价反应，通常是在不了解电影固有特征的情况下形成的（除非观众反复观看预告片中包含的电影片段）。电影的外部刺激和预期使用效果可以激活观众的心理表征和心理过程，并可以刺激其产生评价反应。鉴于评价有助于观众决定是否接近或避开评价对象，因此，阐明联想和命题过程很重要，因为正是这些过程导致观众选择性接触电影。关于电影的外部原因，电影营销文献对可能影响电影评价反应的因素进行了广泛研究（Hadida, 2009; Simonton, 2009）。已有的电影综合评价会影响个人对电影的反应，如好评和口碑推荐等（Burzynski & Bayer, 1977; d'Astous & Touil, 1999; Jacobs, Heuvelman, ben Allouch, & Peters, 2015; Wyatt & Badger, 1984/1990）。这说明，对电影的显性评价可以表现为电影外部刺激（电影评论），而电影外部刺激反过来又可以激发潜在观众在放映前的联想和命题过程以及评价反应。因此，一些观众的评价输出可以作为其他观众的评价输入。

关于预期的使用效果，个人可以选择符合个性特征的电影（"性格—内容一致性假设"/disposition-content congruency hypothesis, Valkenburg, & Peter, 2013）。这已被媒介选择理论模型验证［例如，使用和满足、寻求满足和获得满足（GSGO）、选择性接触；概述见Knobloch-Westerwick, 2015; Krcmar, 2009］。这些方法都有一个共同的假设，即那些与个体特征类似的特质，是由电影放映早期得到的隐性和显性评价反应累积而成的，这些反应成为观众记忆中的心理表征。最值得注意的是，人们把观众的电影类型偏好、主观的电影评价标准，以及观众对电影评价的反应，描述为他们整个生命周期内的累积（Valkenburg & Cantor, 2000; Schneider, 2012）。同样，更普遍的娱乐偏好，如享乐主义动机和实现主义动机（Oliver & Raney, 2011），似乎包括了与早期累积的评价反应心理表征相关的效价成分（valence components）。一般来说，前面提到的大多数模型和结构都侧重于具有正效价（与接近动机相关）或负效价（与回避动机相关）的评价表征，而这些表征是以早期相似电影的累积评价反应为基础的（Fahr & Böcking, 2009; Palmgreen, Cook, Harvill, & Helm, 1988）。

这方面的一个突出例子是GSGO模型。它利用期望值理论（expectancy-value theories）（Fishbein & Ajzen, 1975）将早期认为媒介（电影）具有特定属性的观点与对该属性的评价相结合，预测个体对满足感的寻求及媒介选择（Palmgreen & Rayburn, 1982）。从联想命题评价模型的角度来看，电影外部信息（广告、预告片、口碑）可以直接、间接或联合起来引发联想过程和命题过程。寻求这些信息的意图使个体有可能遇到新的命题信息，并直接影响其命题过程。此外，为了验证这些信息并作出评价性判断，个人可以从其记忆中提取早期的信息。这种对命题过程的直接影响也表现在GSGO模型中（新奇的或已有的命题信念、评价表征）。一般而言，GSGO研究会使用问卷来估算这些信念和评价，这意味着只有显性的评价和命题过程会受到调查。从联想命题评价模型的角度来看，联想和命题过程、显性和隐性评价将丰富那些与GSGO类似、重点关注命题过程和显性评价的理论与模型。

另外一个例子是“情绪管理理论”（MMT）（Luong & Knobloch-Westerwick, this volume）。根据诺布洛赫（pp.214–216）的研究，情绪管理理论与期望值模型（选择一部电影来提升情绪作为积极目标的预期效果）有相似之处。但与GSGO模型相比，“情绪管理理论并不太关注信念和评价的相互作用，而是关注情绪体验的感知情况及其对媒介选择的影响”（Knobloch-Westerwick, 2015, p.214）。因此，情绪管理理论强调情感状态（根据联想命题评价模型，这是一种暂时激活的联想模式；Gawronski & Bodenhausen, 2006a, p.700）是显性评价或媒介选择的基础。但情绪管理理论没有想到命题过程也可能在其中起作用［Smith & Neumann, 2005, pp.301–303，它通过双过程理论的视角讨论了Russell（2003）的核心影响理论］。为了验证激活的联想模式，这样的命题过程是必要的。此外，情绪管理理论借鉴了费斯廷格（Festinger, 1957）提出的关于降低失调的概念（Knobloch-Westerwick, 2015, p.216; Zillmann, 1988）。但决定性认知不一致和降低失调仅与命题推理相关（Gawronski & Bodenhausen, 2006a/2011; Gawronski & Strack, 2004; Gawronski, Strack, & Bodenhausen, 2008）。因此，联想命题评价模型可以提供一种更详尽的新视角，以研究观众享乐状态的形成与命题推理之间的联系。

虽然评价性反应是GSGO模型和情绪管理理论的核心部分，但这些（累积的）评价性反应是如何出现的，研究者知之甚少。此外，深入理解联想过程（情感反应）和命题过程（验证信念、期望、动机）的相互作用，似乎更重要。这可能有助于解释电影放映前观众的显性和隐性评价如何基于外部刺激形成；外部刺激诱发的联想模式可能依旧是活跃的，它会在放映期间发挥其影响。此外，即使之前获知的关联物（通过联想或命题学习）[1]不再被激活，它们也可以很容易在稍后被重新激活，然后在放映期间或之后影响显性和隐性的电影评价。

放映期间的评价

在电影放映期间，与评价反应相关的几个过程在互动中不断进行。例如，情绪认知理论认为，评价过程与情绪激发密切相关（Scherer, 2013），而被激发的情绪又能以元情绪的形式受到重新评价（Bartsch, Vorderer, Mangold, & Viehoff, 2008; Schramm & Wirth, 2010）。评价过程被概念化为具有评价结果的过程，这在评价过程的定义——“其功能是评价刺激对幸福感的意义”——中很明显（Moors & Scherer, 2013, p.136），在所谓的刺激评价检验及其结果中也很明显（Scherer, 2013, p.154）。通过联想命题评价模型的视角，刺激评价检验可以被描述为联想过程和命题过程（Scherer, 2001, p.103）。到目前为止，关于联想命题评价模型的文献没有明确解释这一点，但一些学者阐述了情感在双过程理论中的重要性（Deutsch, 2017; Smith & Neumann, 2005），并讨论了情感过程、联想过程、命题过程和评价过程之间的关系（Deutsch, 2017, pp.58–61）。一般来说，经验证据表明（Ellsworth & Scherer, 2003），一些情绪可能主要由联想过程（厌恶、恐惧）驱动。其他情绪包括高阶知识和命题过程（羞耻、骄傲）。同样，在以联想处理和命题处理为主的连续体中，评价可能有所不同。但该结论可能会有不同的解释，这取决于人们首选的理论视角以及广义评价的概念化程度（Dalgleish, 2003; Moors & Scherer, 2013）。有人把情绪描述为激活了的联想模式（Bower, 1981），也有人把情绪描述为命题（Smith & Neumann, 2005），而情绪似乎在两种角色的评价结果中都起着重要作用。因此，尽管对评价的因果作用仍存在争议（Moors, 2010/2013），研究似乎可以得出结论：在概念上，尤其是在电影放映期间，产生评价结果的过程与评价过程若不相等则相似，而且，这些评价结果可以包含情绪反应。不仅如此，这些反应有助于观众在电影放映后作出更为慎重、全面的判断。

电影放映期间发生的其他评价过程还包括情感倾向理论中阐述的道德判断（Raney,

[1] 研究者把联想式学习（Associative learning）定义为“在观察到的时空连续性基础上形成的心理概念之间的关联链”，把命题式学习定义为“在有效命题信息基础上形成的评价表征”（Gawronski & Bodenhausen，2014b，p.191）。APE模型假设命题没有单独的存储系统。关联链（associative links）和命题信息（propositional information）都是以联想的形式存储起来的（Gawronski & Bodenhausen, 2011, p.66）。

2004; Raney & Bryant, 2002)、拟社会互动(Hartmann & Goldhoorn, 2011; Tukachinsky & Stever, 2019; Brown, this volume)和认同(Igartua, 2010; Klimmt, Hefner, & Vorderer, 2009; Cohen & Klimmt, this volume)。在理论上，这些研究都把媒介人物作为评价对象，在方法上则把重点放在自我汇报的检验上。例如，对角色的情感倾向是基于角色动机和角色行为的道德评价。但尚不清楚哪些基本过程会导致何种评价反应。从联想命题评价模型的角度解决这一研究问题，有助于阐释并扩展已有的基于特定领域双过程视角的理论方法，如费思科(Fiske)等人1999年提到的连续体模型；桑德斯在2010年发表的文章中应用过的方法。

考虑到对媒介人物的认同——其定义为“通过采用媒介人的感知特征短暂替换媒介用户的自我概念”(Klimmt, et al., 2009, p.356)，克里姆特等人(2009)建议，研究应使用间接措施评价自我概念激活联想模式的短暂转变。更具体地说，克里姆特等人(2010)创建了一个隐性联想测试方法(Greenwald, McGhee, & Schwartz, 1998)，以测量用户在联想水平上对电子游戏角色的认同程度。同样，这种方法可以从应用作为理论框架的联想命题评价模型中获益，因为它印证了基本的评价过程和评价反应是相互作用的假设。克里姆特等人(2010)通过测量隐性和显性评价反应来估算用户对电子游戏角色的认同程度，联想命题评价模型则提出一些可供检验的假设，如基本过程、条件和调节因素等(为什么隐性和显性评价之间没有关联)。

放映后的评价

研究人员经常从媒介效果的角度调查电影评价。因此，有研究把评价反应视为电影放映的事后判断。如前所述，这些判断不仅与电影固有特征(故事或电影摄制技法)有关，还与电影观看的(预期)效果(观众的预期或体验)有关。例如，奥利弗和巴奇(2010)研究了受众反应的特定维度(乐趣、悬念和感动/发人深省)如何在电影放映后使用自我报告测量来推测其总的电影评价(喜欢、欣赏和享受)。他们的方法启发了越来越多的研究(Schneider, Bartsch, & Oliver, 2019)。这些研究既侧重于命题过程，也侧重于对娱乐媒介产品固有特征和(预期的)娱乐体验的显性评价。从联想命题评价模型的角度来看，这一研究领域需要整合联想过程和隐性评价。此外，鉴于用户接触电影后自我报告测量的性质，也鉴于研究对用户心理表征和心理过程缺乏理论假设，我们只能事后推测评价反应是如何产生的。借助联想命题评价模型来重新定义欣赏和享受等概念，可以为我们提供有价值的见解。我们认为，所有的娱乐体验都隐含着命题过程和联想过程。初步证据来自巴奇等人(Bartsch, Kalch, & Oliver, 2014)的一项研究。他们发现，情感反应(被感动)刺激了命题反应(反思性观点)，并且这两种反应都预测了受众对电影的积极评价。但从联想命题评价模型的角度来看，使用电影放映后的自我报告测量来评价情感反应，需要我们用隐性测量方法来加以补充，以交叉验证这些发现。

有些娱乐现象研究采用了间接测量的方法。例如，刘易斯等人（2014）把欣赏和享受作为故事结尾的评价反应，使用反应潜伏期（response latencies）的方法来测量它们。在坦博里尼（2011）的直觉道德和范例模型的基础上，他们提出“享受是一种积极反应，是快速、直觉式处理信息的结果”，“欣赏是一种积极反应，以缓慢、受控的评价为特征，而该评价看重的是冲突性需求的显著性”（Lewis, et al., 2014, p.399）。那么，基本的联想过程和命题过程（直接、间接或混合效应）如何产生隐性评价的可能模式？联想命题评价模型作为一个理论框架，可以将该可能模式具体化。因此，应用联想命题评价模型将有益于这种间接测量的方法。另外，将测量隐性和显性评价的工具与先验假设相结合，有助于我们深入了解评价反应模式导致的基本过程。该如何区分观众对不同相关电影评价对象的反应（电影固有特征和娱乐体验）？要解决这些方法学上的难题，必须深入了解动态的评价过程，超越电影放映后的原有检测方法。

讨　论

评价反应在日常生活中普遍存在、至关重要。如本章所示，所有类型的对象都可以引发评价反应，特别是娱乐媒介和电影。通过应用联想命题评价模型，我们提出了一个总体性的理论框架，该框架整合了电影放映前、放映期间和放映后的不同娱乐现象。接下来，我们将重点介绍这种方法的优点，并解决一些相关问题。

为何要研究评价?

研究个人对电影等娱乐内容的评价反应有何优势？（Oliver & Nabi, 2004）要重点注意的是，联想命题评价模型并不能替代娱乐研究中的既定概念。相反，它提供了一个总体框架，用于分析娱乐现象的常见结构和基本过程。长期以来，娱乐研究一直借用社会心理学的理论和模型，包括许多特定领域的双过程模型。在这种情况下，联想命题评价模型是双过程模型的升级和通用版本，使人们得以对电影放映之前、期间或之后的各种娱乐现象进行更精细的理论和实证分析。例如，联想命题评价模型为以下现象提供了创新的研究视角：有关娱乐媒介选择和购买过程（Hartmann, 2009），个体在信息接触期间的“体验情感动力学”（Fahr & Früh, this volume），个体长期、反复“狂欢”地进行娱乐消费的动机和过程（Halfmann & Reinecke, this volume; Tannenbaum, 1985）。联想命题评价模型还为那些矛盾的评价，如内疚式愉悦（guilty pleasure; Panek, 2014; Reinecke, Hartmann, & Eden, 2014）、不雅内容的欣赏（Bartsch, 2012）等，提供看似矛盾实则深刻的见解。如果我们将重点放在基本过程上，即探究评价反应如何出现，那么联想命题评价模型可能会特别有用。此外，它还可以提供一个框架，用于推导出精确的假设，也可以基于对潜在联想过程及其复杂相互作用的理论提出假设，发现新的问题。我们还假设，隐性评价可以有力地预测社会行为（Gawronski & Bodenhausen, 2006a; Strack & Deutsch, 2004），尤其是娱乐消费行为（电影选择；Yeh, 2012）。在观众事先并不了解电影信息的情况下，联想命题评价模型的特殊优势就可以发挥出来了（Galdi, Arcuri, & Gawronski, 2008; Galdi, Gawronski, Arcuri, & Friese, 2012）。鉴于娱乐研究的主要焦点是自我报告测量，到目前为止，对隐性评价的研究仍然不足。额外使用间接测量的方法，可以揭示出显性和隐性评价由于基础过程不同而产生的分歧。识别和调查此类案例，则可以对娱乐体验提供重要见解。

如何测量隐性评价？

隐性联想测试（implicit association tests）（Greenwald, et al., 1998）、情感错误归因程序（Payne, Cheng, Govorun, & Stewart, 2005）、面部动作编码系统（Ekman, Friesen, & Ancoli, 1980）和心理生理学测量（Weber, 2015）等间接测量方法，是测量隐性评价的可用选择。学界还有许多关于其他理论方法的描述（Wittenbrink & Schwarz, 2007），其中一些已经在媒介心理学研究中得到了应用和检测（Hefner, Rothmund, Klimmt, & Gollwitzer, 2011）。

评价反应和态度之间的概念关系是什么？

联想命题评价模型代表了社会认知和态度研究领域的最新进展。纳比和科克马尔（Krcmar, 2004）提出了相关理论，我们将联想命题评价模型视为对他们研究的更新和扩展。我们同意纳比和科克马尔（2004）对享受及其相关术语（喜欢、吸引、欣赏、偏好、娱乐）的讨论，也同意他们把媒介享乐视为一种态度的观点。基于最近的社会心理学研究（De Houwer, 2009; De Houwer, et al., 2013）中的态度现象，联想命题评价模型为我们增加了一种更新后的解释方法。联想命题评价模型并不将态度（其心理表征）与态度引起的评价反应等同起来。相反，它将评价定义为不同刺激对评价反应的影响。最近，科恩与范・登・布莱克（van den Bulck）（2018, pp.42–43）在态度性媒介效应的背景下提出了相同的论点。这样的区分明确了引发评价反应的原因和其调节因素，还在没有混淆解释项和被解释项的情况下，明确了作为调节机制的心理过程和心理表征的功能。更多有关评价反应和联想命题评价模型如何与态度概念化相关的更多详细信息，参见加夫龙斯基和博登豪森的论述（2007）。

联想过程和命题过程只是其他双过程的同义词吗？

加夫龙斯基和博登豪森（2006a, 2006b）深入讨论了联想命题评价模型与传播科学中知名的传统特定领域双过程理论之间的关系（精细加工可能性模型/ELM, Petty & Caciopo, 1986）。有两点特别重要。其一，联想过程和命题过程与中心线索与外围线索的影响分别成正相交关系（orthogonal）（Gawronski & Bodenhausen, 2006a, pp.710–711），也就是说，中心线索和外围线索都可以通过联想方式、命题方式或二者联合的方式来处理。其二，ELM和启发式系统模型（Chen & Chaiken, 1999）的核心是，在高认知或低认知精细条件下，中心/系统或外围/启发式特征会分别发挥作用。相比之下，联想命题评价模型则假设，认知精细（cognitive elaboration）只是命题推理的几个决定性因素之一（Gawronski & Bodenhausen, 2006a/2011）。

联想过程和命题过程只是自动过程或受控过程的同义词吗？

加夫龙斯基和博登豪森（2011, 2014b）广泛讨论了运行原理和运行条件之间的区别。运行原则定义了特定流程的功能，它把联想过程定义为通过特征相似性和时空连续性激活的联想模式，把命题过程定义为激活信息及其一致性的验证（Gawronski & Bodenhausen, 2014b, p.189）。与此相对的是，运行条件定义了此类过程的运行时间。继巴奇（Bargh, 1994）之后，自动化的4个运行条件是意识、意向性、效率和可控性。联想过程和命题过程可以在上述所有条件下运行。例如，回到前文图30.1C的例子（观众观看色情场景），观众并不清楚其联想已被激活。

如何在当代娱乐研究中再现联想命题评价模型？

尽管2006年的一篇文章（Gawronski & Bodenhausen, 2006a）介绍了联想命题评价模型，且在过去10年中被引用次数超过2000次，令人惊讶的是，传播学与媒介心理学却很少有基于联想命题评价模型的研究。简要回顾这些领域的相关论文可以发现，人们只是引用2006年的论文来阐述隐性评价与显性评价的区别，或者只是把它作为当下双过程理论中的一个例子。值得注意的是，研究重点在于个体态度的改变（关于刻板印象、吸烟或电影中的特定产品的研究）。但这些态度结果与娱乐没有直接关系，相反，它们是研究劝服性媒介效果的典型结果变量（Payne & Dal Cin, 2015）。因此，尽管研究偶尔把联想命题评价模型应用于与媒介相关的话题，但据我们所知，媒介娱乐体验或电影评价尚未被包括在内。

关于电影评价，娱乐研究应该关注什么？

之前，我们概述了电影放映前、放映期间和放映后电影评价的作用。顺着德・霍沃等人（De Houwer, et al., 2013, p.283）的思路，我们可以就每个阶段提出两个一般性问题：①环境中的哪些因素会影响评价？②哪些心理过程和心理表征在评价中起调节作用？第一个问题针对环境和行为之间的功能关系，第二个问题针对分析的认知或心理水平。

关于第一个问题，迄今为止，在电影评价方面，“调节—刺激”模式与反应关系的环境因素尚未得到系统的研究。如果重点关注作为实体的整部电影或特定电影的固有特征，那么电影外部的其他刺激（观看推荐或观看位置）就会调节评价反应。此外，个体的动机或过往经历的差异可以调节各种评价过程间的交互作用（如果像故事创新之类的特定标准对电影评价很重要的话，施耐德，2017）。

关于第二个问题，鉴于中介性表征及其过程难以测量，以连续的实验进行操纵和检验可作为有效的替代方式（Bullock, Green, & Ha, 2010; Spencer, Zanna, & Fong, 2005）。特别需要注意的是，电影认知研究（Bordwell, 1985; Ohler, 1994; Schwan, 2001）可以与以情感为中心的娱乐研究更紧密地联系在一起，帮助个体深入了解电影相关信息是如何在心理上表现出来的，从而改变这种表现。此外，实现主义或自我超越的娱乐体验（Oliver, et al., 2018）等概念，过于依赖评价表征及评价过程。因此，以联想和命题过程的视角，通过那些测量隐性和显性评价的合理方法来重新审视这些概念，可以丰富有关实现主义和自我超越娱乐体验的理论。

另外，如果娱乐理论强调其超越了一般双过程模型对解释评价反应的附加价值，娱乐现象就可以用来挑战或测试像联想命题评价模型这样的一般双过程理论。

结　　语

本章的核心问题是人们如何评价电影。根据联想命题评价模型，个体通过联想过程和命题过程来评价电影，而研究人员把这两个基本过程分别假定为隐性评价过程和显性评价过程。这些性质不同却相互作用的过程，会直接或间接地受电影特征的影响。根据它们的互动方式和运行条件，相同的电影刺激可以产生多种反应模式，从而导致内隐而非外显、外显而非内隐，或两种皆有的评价及相应变化。虽然我们主要使用有关电影的评价过程来说明我们的推理，但联想命题评价模型作为一种广义的双过程模型，也可以应用于任何其他娱乐媒介（电子游戏和小说）。这种描绘基本过程的视角，将为娱乐研究开辟新的路径。迄今为止，人们主要是通过显性评价来检测这一基本过程。

参考文献

Bargh, J. A. (1994). The four horsemen of automaticity: Awareness, intention, efficiency, and control in social cognition. In R. S. Wyer & T. K. Srull (Eds.), *Handbook of social cognition. Vol. 1: Basic processes* (2nd ed., pp. 1–40). Hillsdale, NJ: Erlbaum.

Bartsch, A. (2012). Emotional gratification in entertainment experience. Why viewers of movies and television series find it rewarding to experience emotions. *Media Psychology*, 15, 267–302. https://doi.org/10.1080/15213269.2012.693811.

Bartsch, A., Kalch, A., & Oliver, M. B. (2014). Moved to think: The role of emotional media experiences in stimulating reflective thoughts. *Journal of Media Psychology*, 26, 125–140. https://doi.org/10.1027/1864–1105/a000118.

Bartsch, A., & Schneider, F. M. (2014). Entertainment and politics revisited: How non-escapist forms of entertainment can stimulate political interest and information seeking. *Journal of Communication*, 64, 369–396. https://doi.org/10.1111/jcom.12095.

Bartsch, A., Vorderer, P., Mangold, R., & Viehoff, R. (2008). Appraisal of emotions in media use: Toward a process model of meta-emotion and emotion regulation. *Media Psychology*, 11, 7–27. https://doi.org/10.1080/15213260701813447.

Bordwell, D. (1985). *Narration in the fiction film*. London, UK: Methuen.

Bower, G. H. (1981). Mood and memory. *American Psychologist*, 36, 129–148. https://doi.org/10.1037/0003-066X.36.2.129.

Bullock, J. G., Green, D. P., & Ha, S. E. (2010). Yes, but what's the mechanism? (don't expect an easy answer). *Journal of Personality and Social Psychology*, 98, 550–558. https://doi.org/10.1037/a0018933.

Burzynski, M. H., & Bayer, D. J. (1977). The effect of positive and negative prior information on motion picture appreciation. *Journal of Social Psychology*, 101, 215–218. https://doi.org/10.1080/00224545.1977.9924009.

Chaiken, S., & Trope, Y. (Eds.). (1999). *Dual-process theories in social psychology*. New York, NY: Guilford Press.

Chamorro-Premuzic, T., Kallias, A., & Hsu, A. (2014). What type of movie person are you? Understanding individual differences in film preferences and uses: A psychographic approach. In J. C. Kaufman & D. K. Simonton (Eds.), *The social science of cinema* (pp. 87–122). New York, NY: Oxford University Press.

Chen, S., & Chaiken, S. (1999). The heuristic-systematic model in its broader context. In S. Chaiken & Y. Trope (Eds.), *Dual-process theories in social psychology* (pp. 73–96). New York, NY: Guilford Press.

Coenen, L., & Van den Bulck, J. (2018). The problem with our attitude: A meta-theoretical analysis of attitudinal media effects research. *Annals of the International Communication Association*, 42, 38–54. https://doi.org/10.1080/23808985.2018.1425099.

Dalgleish, T. (2003). Information processing approaches to emotion. In R. J. Davidson, K. R. Scherer, & H. H. Goldsmith (Eds.), *Handbook of affective sciences* (pp. 661–673). New York, NY: Oxford University Press.

d'Astous, A., & Touil, N. (1999). Consumer evaluations of movies on the basis of critics' judgment. *Psychology & Marketing*, 16, 677–694. https://doi.org/10.1002/(SICI)1520–6793(199912)16:8<677::AID-MAR4>3.0.CO;2-T.

De Houwer, J. (2009). How do people evaluate objects? A brief review. *Social and Personality Psychology Compass*, 3, 36–48. https://doi.org/10.1111/j.1751–9004.2008.00162.x.

De Houwer, J., Gawronski, B., & Barnes-Holmes, D. (2013). A functional-cognitive framework for attitude research. *European Review of Social Psychology*, 24, 252–287. https://doi.org/10.1080/10463283.2014.892320.

Deutsch, R. (2017). Associative and propositional processes from the perspective of the reflective-impulsive model. In R. Deutsch, B. Gawronski, & W. Hofmann (Eds.), *Reflective and impulsive determinants of human behavior* (pp. 51–68). New York, NY: Routledge.

Eagly, A. H., & Chaiken, S. (1993). *The psychology of attitudes*. Fort Worth, TX: Harcourt Brace Jovanovich.

Eagly, A. H., & Chaiken, S. (2007). The advantages of an inclusive definition of attitude. *Social Cognition*, 25,

582–602. https://doi.org/10.1521/soco.2007.25.5.582.

Ekman, P., Friesen, W. V., & Ancoli, S. (1980). Facial signs of emotional experience. *Journal of Personality and Social Psychology*, 39, 1125–1134. https://doi.org/10.1037/h0077722.

Ellsworth, P. C., & Scherer, K. R. (2003). Appraisal processes in emotion. In R. J. Davidson, K. R. Scherer, & H. H. Goldsmith (Eds.), *Handbook of affective sciences* (pp. 572–595). New York, NY: Oxford University Press.

Fahr, A., & Böcking, S. (2009). Media choice as avoidance behavior: Avoidance motivations during television use. In T. Hartmann (Ed.), *Media choice. A theoretical and empirical overview* (pp. 185–202). New York, NY: Routledge.

Fazio, R. H. (1990). Multiple processes by which attitudes guide behavior: The MODE model as an integrative framework. In M. P. Zanna (Ed.), *Advances in Experimental Social Psychology* (Vol. 23, pp. 75–109). San Diego, CA: Academic Press.

Fazio, R. H. (2007). Attitudes as object-evaluation associations of varying strength. *Social Cognition*, 25, 603–637. https://doi.org/10.1521/soco.2007.25.5.603.

Festinger, L. (1957). *A theory of cognitive dissonance*. Evanston, IL: Row, Peterson, and Company.

Fishbein, M., & Ajzen, I. (1975). *Belief, attitude, intention and behavior: An introduction to theory and research. Reading*, MA: Addison-Wesley.

Fiske, S. T., Lin, M., & Neuberg, S. L. (1999). The continuum model: Ten years later. In S. Chaiken & Y. Trope (Eds.), *Dual-process theories in social psychology* (pp. 231–254). New York, NY: Guilford Press.

Galdi, S., Arcuri, L., & Gawronski, B. (2008). Automatic mental associations predict future choices of undecided decision-makers. *Science*, 321, 1100–1102. https://doi.org/10.1126/science.1160769.

Galdi, S., Gawronski, B., Arcuri, L., & Friese, M. (2012). Selective exposure in decided and undecided individuals: Differential relations to automatic associations and conscious beliefs. *Personality and Social Psychology Bulletin*, 38, 559–569. https://doi.org/10.1177/0146167211435981.

Gawronski, B. (2007a). Attitudes can be measured! But what is an attitude? [Editorial]. *Social Cognition*, 25, 573–581. https://doi.org/10.1521/soco.2007.25.5.573.

Gawronski, B. (Ed.). (2007b). What is an attitude? [Special issue]. *Social Cognition*, 25(5).

Gawronski, B., & Bodenhausen, G. V. (2006a). Associative and propositional processes in evaluation: An integrative review of implicit and explicit attitude change. *Psychological Bulletin*, 132, 692–731. https://doi.org/10.1037/0033–2909.132.5.692.

Gawronski, B., & Bodenhausen, G. V. (2006b). Associative and propositional processes in evaluation: Conceptual, empirical, and metatheoretical issues: Reply to Albarracín, Hart, and McCulloch (2006), Kruglanski and Dechesne (2006), and Petty and Briñol (2006). *Psychological Bulletin*, 132, 745–750. https://doi.org/10.1037/0033–2909.132.5.745.

Gawronski, B., & Bodenhausen, G. V. (2007). Unraveling the processes underlying evaluation: Attitudes from the perspective of the APE model. *Social Cognition*, 25, 687–717. https://doi.org/10.1521/soco.2007.25.5.687.

Gawronski, B., & Bodenhausen, G. V. (2011). The associative-propositional evaluation model: Theory, evidence, and open questions. In J. M. Olson & M. P. Zanna (Eds.), *Advances in experimental social psychology* (Vol. 44, pp. 59–127). San Diego, CA: Academic Press.

Gawronski, B., & Bodenhausen, G. V. (2014a). Implicit and explicit evaluation: A brief review of the associative-propositional evaluation model. *Social and Personality Psychology Compass*, 8, 448–462. https://doi.org/10.1111/spc3.12124.

Gawronski, B., & Bodenhausen, G. V. (2014b). The associative-propositional evaluation model: Operating principles and operating conditions of evaluation. In J. S. Sherman, B. Gawronski, & Y. Trope (Eds.), *Dual-process theories of the social mind* (pp. 188–203). New York, NY: Guilford Press.

Gawronski, B., & Creighton, L. A. (2013). Dual process theories. In D. E. Carlston (Ed.), *The Oxford handbook of social cognition* (pp. 282–312). New York, NY: Oxford University Press.

Gawronski, B., Sherman, J. S., & Trope, Y. (2014). Two of what? A conceptual analysis of dualprocess theories. In J. S. Sherman, B. Gawronski, & Y. Trope (Eds.), *Dual-process theories of the social mind* (pp. 3–19). New York, NY: Guilford Press.

Gawronski, B., & Strack, F. (2004). On the propositional nature of cognitive consistency: Dissonance changes explicit, but not implicit attitudes. *Journal of Experimental Social Psychology*, 40, 535–542. https://doi.org/10.1016/j.jesp.2003.10.005.

Gawronski, B., Strack, F., & Bodenhausen, G. V. (2008). Attitudes and cognitive consistency: The role of associative and propositional processes. In R. E. Petty, R. H. Fazio, & P. Briñol (Eds.), *Attitudes: Insights from the new implicit measures* (pp. 85–117). New York, NY: Psychology Press.

Greenwald, A. G., McGhee, D. E., & Schwartz, J. L. K. (1998). Measuring individual differences in implicit cognition: The implicit association test. *Journal of Personality and Social Psychology*, 74, 1464–1480. https://doi.org/10.1037/0022–3514.74.6.1464.

Hadida, A. L. (2009). Motion picture performance: A review and research agenda. *International Journal of Management Reviews*, 11, 297–335. https://doi.org/10.1111/j.1468–2370.2008.00240.x.

Hartmann, T. (Ed.). (2009). *Media choice: A theoretical and empirical overview*. New York, NY: Routledge.

Hartmann, T., & Goldhoorn, C. (2011). Horton and Wohl revisited: Exploring viewers' experience of parasocial interaction. *Journal of Communication*, 61, 1104–1121. https://doi.org/10.1111/j.1460–2466.2011.01595.x.

Hefner, D., Rothmund, T., Klimmt, C., & Gollwitzer, M. (2011). Implicit measures and media effects research: Challenges and opportunities. *Communication Methods and Measures*, 5, 181–202. https://doi.org/10.1080/19312458.2011.597006.

Igartua, J.-J. (2010). Identification with characters and narrative persuasion through fictional feature films. *Communications*, 35, 347–373. https://doi.org/10.1515/COMM.2010.019.

Jacobs, R. S., Heuvelman, A., ben Allouch, S., & Peters, O. (2015). Everyone's a critic: The power of expert and consumer reviews to shape readers' post-viewing motion picture evaluations. *Poetics*, 52, 91–103. https://doi.org/10.1016/j.poetic.2015.07.002.

Kahneman, D. (2003). A perspective on judgment and choice: Mapping bounded rationality. *American Psychologist*, 58, 697–720. https://doi.org/10.1037/0003-066X.58.9.697.

Klimmt, C., Hefner, D., & Vorderer, P. (2009). The video game experience as "true" identification: A theory of enjoyable alterations of players' self-perception. *Communication Theory*, 19, 351–373. https://doi.org/10.1111/j.1468–2885.2009.01347.x.

Klimmt, C., Hefner, D., Vorderer, P., Roth, C., & Blake, C. (2010). Identification with video game characters as automatic shift of self-perceptions. *Media Psychology*, 13, 323–338. https://doi.org/10.1080/15213269.2010.524911.

Knobloch-Westerwick, S. (2015). *Choice and preference in media use: Advances in selective exposure theory and research*. New York, NY: Taylor & Francis.

Krcmar, M. (2009). Individual differences in media effects. In R. L. Nabi & M. B. Oliver (Eds.), *The Sage handbook of media processes and effects* (pp. 235–250). Thousand Oaks, CA: Sage.

Lewis, R. J., Tamborini, R., & Weber, R. (2014). Testing a dual-process model of media enjoyment and appreciation. *Journal of Communication*, 64, 397–416. https://doi.org/10.1111/jcom.12101.

Moors, A. (2010). Theories of emotion causation: A review. In J. de Houwer & D. Hermans (Eds.), *Cognition and emotion: Reviews of current research and theories* (pp. 1–37). Hove, UK: Psychology Press.

Moors, A. (2013). On the causal role of appraisal in emotion. *Emotion Review*, 5, 132–140. https://doi.org/10.1177/1754073912463601.

Moors, A., & Scherer, K. R. (2013). The role of appraisal in emotion. In M. D. Robinson, E. Watkins, & E. Harmon-Jones (Eds.), *Handbook of cognition and emotion* (pp. 135–155). New York, NY: Guilford Press.

Nabi, R. L., & Krcmar, M. (2004). Conceptualizing media enjoyment as attitude: Implications for mass media effects research. *Communication Theory*, 14, 288–310. https://doi.org/10.1111/j.1468–2885.2004.tb00316.x.

Ohler, P. (1994). *Kognitive Filmpsychologie: Verarbeitung und mentale Repräsentation narrativer Filme* [Cognitive film psychology: Information processing and mental representation of narrative films]. Münster, Germany: MAKS.

Oliver, M. B., & Bartsch, A. (2010). Appreciation as audience response: Exploring entertainment gratifications beyond hedonism. *Human Communication Research*, 36, 53–81. https://doi.org/10.1111/j.1468–2958.2009.01368.x.

Oliver, M. B., & Nabi, R. L. (Eds.). (2004). Exploring the concept of media enjoyment [Special issue]. *Communication Theory*, 14(4).

Oliver, M. B., & Raney, A. A. (2011). Entertainment as pleasurable and meaningful: Identifying hedonic and eudaimonic motivations for entertainment consumption. *Journal of Communication*, 61, 984–1004. https://doi.org/10.1111/j.1460–2466.2011.01585.x.

Oliver, M. B., Raney, A. A., Slater, M. D., Appel, M., Hartmann, T., Bartsch, A., … Das, E. (2018). Self-transcendent media experiences: Taking meaningful media to a higher level. *Journal of Communication*, 68, 380–389. https://doi.org/10.1093/joc/jqx020.

Palmgreen, P., Cook, P. L., Harvill, J. G., & Helm, D. M. (1988). The motivational framework for moviegoing: Uses and avoidances of theatrical films. In B. A. Austin (Ed.), *Current research in film. Audiences, economics and law* (Vol. 4, pp. 1–23). Norwood, NJ: Ablex.

Palmgreen, P., & Rayburn, J. D., II. (1982). Gratifications sought and media exposure: An expectancy value model. *Communication Research*, 9, 561–580. https://doi.org/10.1177/009365082009004004.

Panek, E. (2014). Left to their own devices: College students' "guilty pleasure" media use and time management. *Communication Research*, 41, 561–577. https://doi.org/10.1177/0093650213499657.

Payne, B. K., Cheng, C. M., Govorun, O., & Stewart, B. D. (2005). An inkblot for attitudes: Affect misattribution as implicit measurement. *Journal of Personality and Social Psychology*, 89, 277–293. https://doi.org/10.1037/0022–3514.89.3.277.

Payne, B. K., & Dal Cin, S. (2015). Implicit attitudes in media psychology. *Media Psychology*, 18, 292–311. https://doi.org/10.1080/15213269.2015.1011341.

Payne, B. K., & Gawronski, B. (2010). A history of implicit social cognition: Where is it coming from? Where is it now? Where is it going? In B. Gawronski & B. K. Payne (Eds.), *Handbook of implicit social cognition: Measurement, theory, and applications* (pp. 1–15). New York, NY: Guilford Press.

Petty, R. E., & Cacioppo, J. T. (1986). *Communication and persuasion: Central and peripheral routes to attitude change*. New York, NY: Springer.

Raney, A. A. (2004). Expanding disposition theory: Reconsidering character liking, moral evaluations, and enjoyment. *Communication Theory*, 14, 348–369. https://doi.org/10.1111/j.1468–2885.2004.tb00319.x.

Raney, A. A., & Bryant, J. (2002). Moral judgment and crime drama: An integrated theory of enjoyment. *Journal of Communication*, 52, 402–415. https://doi.org/10.1111/j.1460–2466.2002.tb02552.x.

Reinecke, L., Hartmann, T., & Eden, A. (2014). The guilty couch potato: The role of ego depletion in reducing recovery through media use. *Journal of Communication*, 64, 569–589. https://doi.org/10.1111/jcom.12107.

Russell, J. A. (2003). Core affect and the psychological construction of emotion. *Psychological Review*, 110, 145–172. https://doi.org/10.1037/0033-295X.110.1.145.

Sanders, M. S. (2010). Making a good (bad) impression: Examining the cognitive processes of disposition theory to form a synthesized model of media character impression formation. *Communication Theory*, 20, 147–168. https://doi.org/10.1111/j.1468–2885.2010.01358.x.

Scherer, K. R. (2001). Appraisal considered as a process of multilevel sequential checking. In K. R. Scherer, A. Schorr, & T. Johnstone (Eds.), *Appraisal processes in emotion. Theory, methods, research* (pp. 92–120). New York, NY: Oxford University Press.

Scherer, K. R. (2013). The nature and dynamics of relevance and valence appraisals: Theoretical advances and recent evidence. *Emotion Review*, 5, 150–162. https://doi.org/10.1177/1754073912468166.

Schneider, F. M. (2012). *Measuring subjective movie evaluation criteria. Conceptual foundation, construction, and validation of the SMEC scales* (Dissertation). University of Koblenz-Landau, Landau, Germany. https://nbn-resolving.de/urn:nbn:de:hbz:lan1-7813.

Schneider, F. M. (2017). Measuring subjective movie evaluation criteria: Conceptual foundation, construction, and validation of the SMEC scales. *Communication Methods and Measures*, 11, 49–75. https://doi.org/10.1080/19312458.2016.1271115.

Schneider, F. M., Bartsch, A., & Oliver, M. B. (2019). Factorial validity and measurement invariance of the Appreciation, Fun, and Suspense scales across US-American and German samples. *Journal of Media Psychology*, 31, 149–156. https://doi.org/10.1027/1864–1105/a000236.

Schramm, H., & Wirth, W. (2010). Exploring the paradox of sad-film enjoyment: The role of multiple appraisals and meta-appraisals. *Poetics*, 38, 319–335. https://doi.org/10.1016/j.poetic.2010.03.002.

Schwan, S. (2001). *Filmverstehen und Alltagserfahrung: Grundzüge einer kognitiven Psychologie des Mediums Film* [Film comprehension and everyday experience]. Wiesbaden, Germany: DUV.

Simonton, D. K. (2009). Cinematic success criteria and their predictors: The art and business of the film industry. *Psychology & Marketing*, 26, 400–420. https://doi.org/10.1002/mar.20280.

Smith, E. R., & DeCoster, J. (2000). Dual-process models in social and cognitive psychology: Conceptual integration and links to underlying memory systems. *Personality and Social Psychology Review*, 4, 108–131. https://doi.org/10.1207/S15327957PSPR0402_01.

Smith, E. R., & Neumann, R. (2005). Emotion processes considered from the perspective of dual-process models. In L. F. Barrett, P. M. Niedenthal, & P. Winkielman (Eds.), *Emotion and consciousness* (pp. 287–311). New York, NY: Guilford Press.

Spencer, S. J., Zanna, M. P., & Fong, G. T. (2005). Establishing a causal chain: Why experiments are often more effective than mediational analyses in examining psychological processes. *Journal of Personality and Social Psychology*, 89, 845–851. https://doi.org/10.1037/0022–3514.89.6.845.

Strack, F., & Deutsch, R. (2004). Reflective and impulsive determinants of social behavior. *Personality and Social Psychology Review*, 8, 220–247. https://doi.org/10.1207/s15327957pspr0803_1.

Suckfüll, M. (2000). Film analysis and psychophysiology: Effects of moments of impact and protagonists. *Media Psychology*, 2, 269–301. https://doi.org/10.1207/S1532785XMEP0203_4.

Suckfüll, M. (2010). Films that move us: Moments of narrative impact in an animated short film. *Projections: The Journal of Movies and Mind*, 4, 41–63. https://doi.org/10.3167/proj.2010.040204.

Tamborini, R. (2011). Moral intuition and media entertainment. *Journal of Media Psychology*, 23, 39–45. https://doi.org/10.1027/1864–1105/a000031.

Tannenbaum, P. H. (1985). "Play it again, Sam": Repeated exposure to television programs. In D. Zillmann & J. Bryant (Eds.), *Selective exposure to communication* (pp. 225–241). Mahwah, NJ: Erlbaum.

Tesser, A., & Martin, L. L. (1996). The psychology of evaluation. In A. W. Kruglanski & E. T. Higgins (Eds.), *Social psychology. Handbook of basic principles* (pp. 400–432). New York, NY: Guilford Press.

Tukachinsky, R., & Stever, G. (2019). Theorizing development of parasocial engagement. *Communication Theory*, 29, 297–318. https://doi.org/10.1093/ct/qty032.

Valkenburg, P. M., & Cantor, J. (2000). Children's likes and dislikes of entertainment programs. In D. Zillmann & P. Vorderer (Eds.), *Media entertainment: The psychology of its appeal* (pp. 135–152). Mahwah, NJ: Erlbaum.

Valkenburg, P. M., & Peter, J. (2013). The differential susceptibility to media effects model. *Journal of Communication*, 63, 221–243. https://doi.org/10.1111/jcom.12024.

Weber, R. (Ed.). (2015). Biology and brains—Methodological innovations in communication science [Special issue]. *Communication Methods and Measures*, 9(1–2).

Wittenbrink, B., & Schwarz, N. (Eds.). (2007). *Implicit measures of attitudes*. New York, NY: Guilford Press.

Wyatt, R. O., & Badger, D. P. (1984). How reviews affect interest in and evaluation of films. *Journalism Quarterly*, 61, 874–878. https://doi.org/10.1177/107769908406100421.

Wyatt, R. O., & Badger, D. P. (1990). Effects of information and evaluation in film criticism. *Journalism Quarterly*, 67, 359–368. https://doi.org/10.1177/107769909006700213.

Yeh, S.-Y. (2012). Interactive effects of habitual cuing and media features on evaluation: A dual-process model. *Media Psychology*, 15, 222–247. https://doi.org/10.1080/15213269.2012.675878.

Zajonc, R. B. (2001). Mere exposure: A gateway to the subliminal. *Current Directions in Psychological Science*, 10, 224. https://doi.org/10.1111/1467–8721.00154.

Zillmann, D. (1988). Mood management through communication choices. *American Behavioral Scientist*, 31, 327–340. https://doi.org/10.1177/000276488031003005.

第三十一章　作为实现主义娱乐消费的电视剧沉迷

约翰·安东尼奥·穆尼兹-维拉奎斯
哈维尔·洛萨诺·德尔玛

消费者行为与幸福感研究

大量文献研究了幸福感与消费主义之间的关系，许多研究者强调幸福感与消费之间的负相关关系（Dunn, Gilbert, & Wilson, 2011; Dunn & Norton, 2013; Lopez-Casquete, Muniz-Velazquez, & Gomez-Baya, 2018）。显然，除了特殊情况和极端情境外，更强的购买力和消费本身似乎并不是幸福感的决定因素。

人们的广泛共识是，物质主义与心理的/实现主义的幸福感（eudemonic well-being）和主观的/享乐主义的幸福感（hedonic well-being）都不正相关，但它与不幸福感、沮丧感有关（Muniz-Velazquez, Gomez-Baya, & Lopez-Casquete, 2017）。相较于购买商品，将金钱用于那些能够丰富、滋养我们，让我们更好地体验人生，与幸福感更相关（Carter & Gilovich, 2014; Dunn & Norton, 2013; Chellor & Lyubomirsky, 2014; Schmitt, Brakus, & Zarantonello, 2015）。人们相信，相较于物质化的消费主义，这些人生体验能让人避免落入社会比较的陷阱，而这种陷阱早已被认为无益于幸福感（Lyubomirsky & Ross, 1997）。

如果说与消费主义有关的某些经验领域正经历真正的繁荣，那就是电视剧的消费。具体来说，这里指的是基于故事的体验消费，这些故事往往是丰富和复杂的，涉及认知、智力挑战、学习和发现，从而关涉个人的情感和智力成长，用胡塔（Huta, 2017）的话说是“提升”。如果我们再加上粉丝的维度，此类消费也能提供与本章主题相关的另一个非常有趣的视角。

下面我们围绕粉丝、有意义的娱乐和实现主义幸福感展开论述。

在粉丝研究中，人们正在讨论“什么是粉丝”。泰勒（Taylor）指出：“粉丝认同的个人体验并不相同，虽然他们都称自己是粉丝”（2015, p.174）。早期的学术讨论集中于参与性文化、积极受众和粉丝社区，并倾向于将受众简化为两类：被动受众和积极受众。积极受众在消费内容时积极参与对话、创造内容，以及形成和加入社区。但正如克利克（Click）、格雷（Gray）、米特尔（Mittell）和斯科特（Scott）在一次谈论粉丝研究的未来时所解释的那样：“这并不是说我们应该将我们对‘粉丝’的定义限制在积极参与内容生产的人身上，作为研究者，我们应该在更大范围内描述粉丝的参与。”（2018, p.437）。

伯里（Bury, 2018）认为，虽然“大众电视的大多数粉丝确实是参与性的，但……大多数人聚集在参与度不高的那一端，他们做的仅仅是观看一个喜欢的节目或连续剧，而不直接从事最具标志性的参与性实践”（2018, p.126）。他说：“我建议将‘参与’理解为一个连续的行为过程：一端是要求参与性最少的实践，如寻求信息；另一端是要求参与性最多的实践。”（2018, p.125）

如前所述，粉丝研究开始关注更广泛的实践，无论是什么样的消费行为（分享信息、参与对话）或消费类型（创造内容、粉丝小说），都被视为一种体验或超越单纯观看的冒险经历。正如粉丝研究的创始人之一詹金斯所说，当消费者形成这种情感与体验的联系时，“参与性文化要求并促进技能和知识，并为体验新的激情或活动提供了一个安全的空间”（Jenkins, 2018, p.18）。

因此，一些研究试图将粉丝认同与实现主义幸福联系起来。在这里，幸福的定义是由“实现主义幸福感研究领域的学者提出的，尽管通常人们主要是从享乐主义研究传统中的愉悦体验来定义幸福感的”（Reinecke & Oliver, 2017, p.5）。正如里格比（Rigby）和赖恩（Ryan）所说，实现主义幸福感关注的是过一种“追求意义、美德和卓越”的人生（2017, p.34）。“粗略地说，享乐主义内容包括快乐/享受/满足、舒适/无痛苦/放松……专注于获得和消费需要的和想要的东西。”（Huta, 2017, p.15）相比较而言，正如本书第19章所述，“娱乐消费也可以刺激奖赏感和认知体验，以更复杂、更可持续的方式促进情感健康”（Janicke-Bowles, Bartsch, Oliver, & Raney, this volume）。彼得森和塞利格曼（Peterson, Seligman, 2004）建立了24种人格力量模型，并将其概括为6种美德。简而言之，这些人格力量是一套行为、态度和生活技能，往往被那些获得了完满幸福感的人所掌握，也就是说，他们拥有一种享乐主义和实现主义的幸福感。

一项对西班牙电影或电视剧粉丝的研究发现了影响实现主义幸福感的两个因素：认知—智力的培养和社会—情感的发展（LozanoDelmar, Sanchez-Martin, & Muniz-Velazquez, 2018）。另一项扩展研究发现，当“被试者认为自己是粉丝时，他或她发现这样做会产生一种非常积极的感觉，并将之转换成一种有助于获得自我实现感的认知—智力和社会—情感体验。换言之，作为粉丝和开展粉丝活动有助于培养那些促进人类繁荣（human flourishing）的人格”（Lozano Delmar & Sanchez-Martin, 2019, p.135）。

这一系列研究契合了近期关于媒介娱乐满足感的研究，这些研究主要是探讨实现主义幸福感的感知或观念问题（Oliver & Bartsch, 2010; Oliver & Raney, 2011）。

> 最近……学者们将他们的研究重点从令人悲伤的媒介（sad media）转向那些可能带来意义的媒介……总之，这一系列研究认为，虽然媒介内容（特别是娱乐内容）的大部分都是为了让消费者获得乐趣，但有一种值得注意的内容，它旨在为受众提供有意义、触动人心和感人的体验。（Oliver & Raney, 2019, p.112）

因此，心理学期刊上的一些作者也开始阐述粉丝与实现主义娱乐消费之间的关系。与之前的研究观点一致，特赛—沃格尔（Tsay-Vogel）和桑德斯（2017）发现，以更积极的、参与性的和充满热情的方式与电影或电视剧发生联系和关联的粉丝，发展了与人类繁荣相关的人格力量和美德。

> 我们的发现表明，粉丝社群身份能增强快乐、欣赏、心理反应、知识获取以及寻求沉迷之物（seek fan-related materials）的意图，这意味着成为粉丝需要高度的情感、认知和行为参与。（Tsay-Vogel & Sanders, 2017, p.10）

文尼（Vinney）和迪尔—沙克尔福德（Dill-Shackleford）从实现主义消费的角度探讨了美剧《广告狂人》粉丝的消费情况，并得出结论："本研究最有趣的结果是这部电视剧可能至少包含一个实现主义幸福感成分（角色和关系反应/建构、生命的意义、何为生命中最重要的以及感动人心的），而不是只有享乐主义幸福感成分（有趣的/快乐的、幽默和性感）。"（2018, p.27）另一项研究"通过检验消费层次与幸福感的关联度发现，影视粉丝的身份认同与幸福感相关"（Vinney, Dill-Shackleford, Plante, & Bartsch, 2019, p.1）。

总之，基于粉丝认同的消费是实现主义消费的典型例子（Aknin, Wiwad, & Hanniball, 2018）。这种现象越来越多，并且不局限于媒介娱乐领域，它涉及的因素很多，接下来我们展开讨论。

作为电视剧粉丝：时间和金钱的明智投资

有些分析模型认为，某些消费者行为模式比其他模式更有助于获得实现主义幸福感。最完整的模型是邓恩和诺顿（Dunn, Norton, 2013）的模型，他们确定了5种主要方法来更明智地将我们的时间和金钱投资于享乐主义与实现主义消费。基于邓恩和诺顿（2013）的研究，以及将实现主义幸福感与粉丝消费联系起来的理论讨论，本节将从更全面的视角探讨为什么将金钱和时间投资于电视剧粉丝消费是获得实现主义幸福感的重要途径。

消费和人生体验

如前所述，要获得更多的幸福感，首要的消费战略是把金钱（和时间）花在人生体验上，而不是花在购买物质商品上（Dunn & Norton, 2013; Howell & Guevarra, 2013; Kumar & Gilovich, 2015; Peng & Ye, 2015; VanBoven & Gilovich, 2003）。我们可以把钱只花在人生体验上，也可以只花在购物上。虽然在两者之间存在灰色地带（Peng & Ye, 2015; Guevarra & Howell, 2015），但有几个原因会让花钱在人生体验方面获得更好的主观和心理幸福感。

首先，体验更可能让我们感受与他人之间的联系。几乎所有的消费者体验都是在他人的陪伴中进行的。此外，我们与我们所爱或尊重的人，如伴侣、孩子、朋友、家人、同事或熟人，共享那些能引发情感参与的体验。塞利格曼（2011）指出，其他人是我们幸福的关键，或者说，其他人和他们的幸福对我们的幸福至关重要。因此，当我们享受自我时，与其他同样在享受自我的人在一起的体验，将把我们导向最强烈的幸福感。

其次，体验具有强大的能力，能使消费者讲述一个很好的个人故事。如果在一般意义上这一事实是正确的，那么当这种体验是围绕着一个故事，如由制片人或导演制作的电视剧故事或粉丝社群自己创作的故事，它也是成立的。此时，电视剧中的故事与消费者的个人故事交织在一起。对人类叙事的研究表明（Oatley, 2017），从生物学角度来看，叙事无论是对个人、社会还是集体都很重要（Harari, 2015; Wilson, 2012）。我们每个人以及我们所参与的每个群体都能提供一个可供我们消费或体验的人生叙事。这些故事构成了邓恩和诺顿（2013）所说的体验式课程。

最后，如图31.1所示，任何个体的自我都是由其所经历的体验而不是由周围的事物建构的。从这个意义上说，在更大范围和更深层次上，自我是我的人生体验，而不是我所拥有的东西。

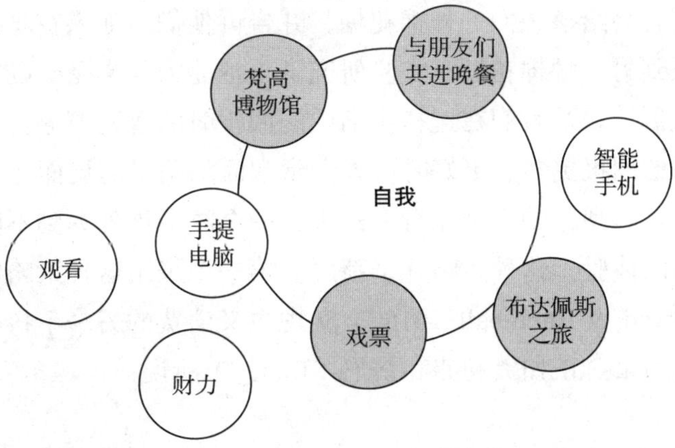

图31.1　自我、自我活动与购物的密切关系

资料来源：Dunn & Norton（2013）。

卡瓦略（Cavallo, 2015, p.82）指出，消费品牌之所以存在，是因为它们为“分享一组价值观的人提供了通过所消费的东西来表达身份认同的平台”。如果卡瓦略的论点对一个商品品牌来说是正确的，那么它也适用于娱乐体验消费。在电影观看方面，奥利弗和巴奇“提供的证据表明，与作品欣赏更加密切相关的是感人/发人深省的体验而不是单纯的享受”（2010, p.75）。在这个意义上，作者定义了一种纯粹的实现主义范式的“欣赏”，它是“一种体验状态，其特征是对更深层意义的感知、被感动的感觉以及阐述由体验激发的思想和感觉的动机”（2010, p.76）。

《权力的游戏》《西部世界》《羞耻》等电视节目，都具有丰富的跨媒介和粉丝社区特征，旨在培养一种超越单纯（媒介）接触和快乐的消费者体验，粉丝们关注丰富而复杂的故事，是因为他们在追求认知、智力和个人成长或提升（Huta, 2017）。对《权力的游戏》的粉丝的研究结果表明（Bourdaa, LozanoDelmar, 2015），将粉丝的身份认同与社群内的观看和行为（消费模式、沉浸式接收、体验和收集）联系起来，比将之与创作或内容制作联系起来更为明智。这个结论与其他学者的观点非常相似，如斯科拉里（Scolari, 2016）、祖贝尔尼斯和拉森（Zubernis, Larsen, 2012）以及泰勒（2015）等。

对于电视剧*Grandio-Perez*（2016）来说，决定粉丝身份认同的关键因素是热情和情感。大部分粉丝研究著作的核心观点（Abercrombie & Longhurst, 1998; Fiske, 1992; Gray, Harrington, & Sandvoss, 2007; Hellekson & Busse, 2014; Hills, 2002; Jenkins, 1992; Lewis, 1992; Sandvoss, 2005）是，媒介粉丝通过消费他们最喜欢的视听内容产生丰富的消费体验。“媒介沉迷是对一种与媒介相关的积极的、个人化的、深刻的大众文化的认知。”（Duffett, 2013, p.2）

特殊待遇：按位消费

米歇尔（Mischel, 2014）主持的著名的棉花糖实验可以追溯到20世纪60年代。在这个实验中，研究者会给孩子们一种棉花糖，并告诉他们，如果在吃棉花糖之前等了一会儿，他们就会收到另一种棉花糖。实验研究了自控能力与享受奖励的关系。它的结论可以扩展到其他人群，以及我们在选择生活中的回报时的普遍境遇。实验结果表明，当延迟的回报比即时的回报更多、更好时，人们常常面临两难的局面。

这种情境反映在电视剧的一个流行模式中：一个故事被延迟到不同的剧集中，观众一点点地延续之前的体验。这种策略并不新鲜。第一个采用这种策略的系列广播节目叫《品味》(Aknin, Wiwad, & Hanniball, 2018)。实现主义消费的另一个核心要素是让我们彰显一种或多种人格力量。正如奥利弗和雷尼（Raney）所说：

> 电视内容的广泛性——体裁、叙事形式、专业频道（specialized networks）、节目数量——似乎使之成为追求生活意义和目的的理想媒介。电视节目所具有

> 的周期性和系列性等典型特征亦如此，它（至少在理论上）促进了长期的、与人物角色强烈认同、延伸故事情节的仪式化观看行为。（2019, p.113）

因此，反思以下核心理念是有用的：如果我们将消费品分成一份一份的，我们将从每份中获得更大的幸福感。邓恩和诺顿（2013）给出了巧克力棒的例子。如果我们吃巧克力时一块接着一块，那么，受快乐曲线的影响，我们会达到这样一个临界点：在这个点上，从最后一块获得的快乐要无限小于从第一块获得的快乐，尽管每块巧克力都是一样的。解决办法是把每块巧克力的消费都变成第一次。怎么做？要把消费品分成一份一份的。

但是，新的系列消费模式，如在亚马逊或Netflix上刷剧将严重破坏通过将一个故事延迟到一集一集中获得的快乐。这些平台更倾向于一次性提供它们的内容而不是采取每周一集的编排方式。它们将一个节目的所有内容同时发布。观众在这些平台上消费不会停下来反思、品味。观众一集接着另一集看，跳过片头，甚至序幕和开头。这种体验是将内容作为一个没有停顿或阶段结构的整体进行消费。

最近，迪士尼的新视频点播平台“Disney+”宣布，其原创系列节目将不会遵循一次性模式。相反，他们将遵循每周发布的策略，以鼓励更悠闲的消费。我们前面提到的电视剧，如《权力的游戏》和《羞耻》，都是经过几个星期的收视热潮才成为媒介事件。

> 《羞耻》的故事情节是每天播出的，并采取所谓的直播形式。它为观众提供了一种既不同于周播电视节目的定期发布，也不同于Netflix的一次性发布的不间断播出模式。这种播出模式意味着系列节目的发生时间和日程遵循观众真实生活的时间与日程，明确体现了（真人秀节目）模糊现实和虚构界限的特征。（Schanke, 2019, p.11–12）

其他电视节目如《西部世界》等，为粉丝提供了一个完整的观看体验。正如贾森·米特尔（Jason Mittell, 2013）在“法医剧迷”研究中所说，粉丝们每周都要深度卷入（剧情中），包括参加论坛、讨论、评论和分析，解释连续剧中发生的事情。有时，连续剧不必邀请观众进入科幻或推理剧情。例如，在关于连续剧《亢奋》的实现主义幸福感的研究中，粉丝们一周又一周地围绕人物命运展开在线争论，第一季的播出以及由此引发的争议，开启了“鲁死了”（Rue is Dead）理论。[1]

第10章为作为一种逃避现实的娱乐形式的刷剧消费值得反思，相关研究对此类消

[1]　Rue是连续剧《亢奋》的女主角，Rue is dead是粉丝们关于女主角Rue根本没有活着的一种猜想。——译者注

费并不持消极观点，认为在某些情况下受众将逃避现实的娱乐作为一种功能性应对策略，可能对用户的幸福感产生有益影响（Halfmann & Reinecke, this volume）。与此相关，在一项分析粉丝身份认同与实现主义幸福感增长的特征的研究（LozanoDelmar & Sanchez-Martin, 2019）中，研究者观察到被他人“注视”（Viewing）（对电影或电视剧的消费是重复的、持续的，甚至是上瘾的，则被当作粉丝）与实现主义动机（社会—情感的和认知—智力的）的相关性。但是，在所有的研究结果中，“注视”被认为与实现主义动机的相关性最低（2019, p.135）。最近的一项研究分析了使用与满足理论视角下的刷剧行为，其结论是：“刷剧者的一些观剧动机与普通电视观众相似。例如，刷剧的目的是放松，同时能获得一种完成感（通过观看节目得到满足）、沉迷感和叙事沉浸感。”（Steiner & Xu, 2018, p.13–14）因此，一方面，这可能与实现主义动机有关，如我们前面提到的消费者的人生体验、智力及个人成长；另一方面，我们也可以把这些动机看作由享乐主义驱动的。在一个受众、媒介和技术之间的关系正在迅速变化的新娱乐景观中，无论哪种方式，最终都可被视为新的动机。“刷剧只是人们使用新媒介的一种现象。”（2018, p.16）

基于时间条件的思考

在许多文化中，“时间就是金钱”是一种常见的说法。撇开道义和哲学的考虑，我们认为时间远不止是金钱；时间是我们人生中最珍贵的东西，而且，它是有限的。花费或投入的时间只会出现在我们的记忆中。因此，体验，特别是好的体验，是最好的投资，因为它们为我们提供回忆，我们可以一次又一次地重温它们。

莫吉尔纳（Mogilner）、卡西（Cassie）、惠伦斯（Whillans）和诺顿（2018）认为，一个基于享乐主义和实现主义幸福感的精明消费者必须从时间角度考虑多种（消费）理由。一项投资或购买行为在开始时似乎是明智的，但到后来可能不是，如我们在某些事情上可能不得不投入比预想的更多的时间，这些事情无法让我们获得快乐或超出我们最初的考虑。为了描述这种情况，作者引用了一句谚语：“不要期望得到一艘游艇，应期望得到一位拥有游艇的朋友。”理由很简单：只有后者，才能让你既享受这东西的好处，又不需要花费任何时间和精力来维护它。在消费方面，这种情况被称为“泳池悖论”。因为这种情况经常发生在一个有泳池的乡村家庭：安装游泳池可能是便宜和容易的，但维护游泳池可能不是。

这种观察与新的体验经济密切相关（Mathe, 2015）。在这种经济中，我们不再花钱去购买物品，而是去体验某些服务。例如，新的娱乐平台通过一个简单的密码，就能让消费者在不用花费太多时间和不用离开家的情况下在任何地方享受内容服务。因此，在消除了阻碍和其他成本的情况下，人们在消费的过程中是非常愉快的。需要强调的是，正如凯尼尔（Cairney, 2010）在谈到文学时提醒我们的，时间是我们拥有的最有限的资源，用丰富的人生体验（和故事）将我们的活动和时间填满，可以延长我们短暂的人生。因此，我们可以说，电视剧粉丝实际获得的人生体验远比其消费的那些媒介故事所提供的要多。

这种现象除了与前面讨论的体验消费概念密切相关，还与对跨媒介故事的兴趣增长及其扩展有关。跨媒介叙事正是通过从推特（Twitter）到即时通信平台等几种新媒介形式进行扩展，使得连续剧叙事消费变得更加复杂和丰富：这些媒介中的每一种（形式）都通过为核心故事增加新的方式来促进受众参与（Jenkins, 2006）。这种扩展的一个经典例子是电视剧《羞耻》及其多次重拍。在这些电视剧中，维系人物角色在照片墙（Instagram）上的社会形象（social profiles）对于叙事体验及其扩展至关重要。

> 《羞耻》是作为一种分散于多个媒介平台的跨媒介叙事而被制作与播出的，这是为了适应挪威青少年自发的媒介（消费）习惯。其中最主要的是SKAM网站（skam.p3.no），在该网站上，视频剪辑、聊天信息和图片在播出季的每天发布……它创造了一个观众只能看到“冰山一角”的虚构世界，并鼓励观众跨平台寻求更多的信息。（Schanke, 2019, p.10）

随后，活跃的观众或粉丝与媒介内容展开互动，探求更多的信息，讨论剧情，甚至创造相关内容。正如科宁（Kohnen）解释的：

> 通过多种媒介创造叙事世界先于媒介融合时代，但跨媒介参与是当前业界与粉丝关系的一个决定性特征。（2018, p.338）

作者还说，跨媒介的成功取决于粉丝对文本的情感投资和他们对跨媒介扩展的参与，“因为他们对故事世界有情感依恋”（2018, p.337）。

先付款，后消费

莫吉尔纳、卡西、惠伦斯和诺顿（2018）等人提出的第4个（消费）习惯是先付款后消费。在消费之前而不是之后付费将使我们体验到更多的快乐。一般来说，把享受或消费一种商品的时刻与我们为一种商品付费的时刻分开，会对从这种商品中得到心理回报产生积极的影响；而且，如果这种分离的结果是付费先于消费，则回报更大。

这种现象的产生有几个原因。由于认知失调效应（Festinger, 1957），在消费前付款将强化我们所作的决定，从而在消费时使我们获得更多的乐趣，获得更真实或预期的满意感，而不是失望感。因此，如果我们在消费一种商品之前付款，我们的积极期望在消费行为之前和期间都会增加。

提前付款不仅能让我们在消费时体验到更大、更好的享受以及更容易获得乐趣，而且能让我们在消费之前就体验到。也就是说，一旦一种商品的费用被支付，我们就开始因为购买它而获得幸福感，尽管我们还没有使用它。例如，想象一次旅游，当我们付款后，我们开始计划，考虑细节，在出发前很久就开始享受它。这种效应被称为“口水效应”（drool factor; Dunn & Norton, 2013, p.88）。提前付费通过将回报前移来增加回报。把这个理念应用于视听娱乐和粉丝消费的案例很容易找到。在上述研究中，我们回顾了视频点播平台的统一收费定价优势，以及生产者如何出色地运用“口水效应”，在推出新的电视剧前就让粉丝社群开始享受该电视剧。

投资他人：粉丝社区

用我们的金钱（和时间）换取更大的幸福感的方法是把这些资源给其他人。显然，当我们帮助别人获得一个东西时，我们的幸福感会增强，我们能获得比享乐主义幸福感更强烈的实现主义幸福感。一般来说，幸福感和慷慨是密切相关的（Boenigk & Mayr, 2016）。我们知道，亲社会的付出和幸福感（给予者的幸福感）是相辅相成的（Aknin, Dunn, & Norton, 2012）。

在这一点上，实现主义消费与粉丝社群现象找到了结合点。这就是为什么粉丝们会花费金钱和时间积极生产与分享内容或讨论他们最喜欢的电视剧。粉丝需要自我表达，希望在某一特定社区内获得承认和地位。花费的时间和精力也代表了大量慷慨的奉献。当我们在享受一部电视剧或其他叙事作品，如小说或电影时，我们给别人的一个简单推荐就能促进双方的幸福感。

总的来说，大多数研究都把社群作为粉丝的一个决定性特征（他们加入并参与其中）。一些研究直接将受众的社会情感增长（在实现主义意义上）与他们作为粉丝的自我认同联系起来（LozanoDelmar, et al., 2018）。正如文尼和迪尔—沙克尔福德所解释的：

> 粉丝之间的社会互动与关系的、身体的幸福感的增加相关，表明电影和电视粉丝可能受益于他们参与喜爱的娱乐所带来的社会化机会和成为群体成员的机会。（2018, p.28）

但是，参与社区和群体也不是粉丝身份认同所必需的，成为一名粉丝并不需要参加要求积极参与和协商的群体活动。

我们以电视剧粉丝的数字行动为例。它可以从两个维度来观察。一个维度是，有一个大型粉丝社区一致同意并组织开展“拯救我们的节目”活动。正如格雷罗皮科（GuerreroPico）、艾丝苔伯（Estables）和文图拉（Ventura）所解释的那样：“今天，粉丝活动家战略性地利用社交媒介要求更新电视剧，他们能够通过与制片人合作来做到这一点。”（2018, p.315）还有其他许多事例，这类事例由《美眉校探》（*Veronica Mars*）之类的电视剧引发。最新的例子是Netflix停播了电视剧*The OA*，粉丝们在时代广场推出一个数字广告牌，请求更新该连续剧。这种活动通常与高度参与的粉丝有关。

另一个维度是，许多个体的行动最初不是有组织的。其中一个案例是《权力的游戏》的用户Dylan D.在Change.org上发起重写该剧最后一季的请愿书。截至本节撰写之时，已有150多万用户自发地加入了这一请求。这类观众的行为就像任何行使言论自由权的活动家一样：他们参与不同的场景，使用各种方法和工具来传播他们的抗议。他们是希望改善不好境况的粉丝。在这种情况下，参与是简单的（又是强大的），只需访问数字网络活动平台即可。

结　论

至此，我们提出，电视剧粉丝消费可以成为获得实现主义幸福感的驱动力（motive），但它并不是唯一的驱动力。除了24种人格力量范式（Peterson & Seligman, 2004），还有许多其他力量和美德可以通过粉丝消费来发挥作用，特别是那些与人类超越意识（对美丽、幽默、感激或希望的体验）有关的力量和美德。

粗略来看，前文提到的电视剧《羞耻》是一个很好的例子。这部连续剧在不同的国家进行了不同的重拍，其目的是使青少年有能力讲述他们的故事。因此，在播放挪威的原版电视剧时，在一些由粉丝在网站及社交媒介上创建的该剧简介和视频中，粉丝们表达了对该剧的感谢，诉说它教会了他们什么，特别是它如何改变了他们。正如一个粉丝所说：

> 《羞耻》是在公共服务生产文化中发展起来的，它希望利用受众参与和情感投资作为辩论和反思的手段，以利于大众启蒙。其理念是使青少年通过在现实场景中的“经历（working through）”来更好地应对他们生活中的困难……它不寻求创造作为忠实的消费者或观众的粉丝，而是使之成为参与性（青少年）公民。（2019, p.19, p.6）

我们继续探索与超越相关的力量。对下一步研究来说，深入研究粉丝消费与精神性（spirituality）的关系可能是有趣的。塞利格曼（2011）认为，尽管因素很多，但拥有和保持生活目标是我们幸福的关键。人生目标将最终帮助我们理解日常生活的意义，从而应对人生中的起起伏伏。简尼克—鲍尔斯（Janicke-Bowles）、巴奇、奥利弗和雷尼强调了娱乐消费在获得持久幸福感中的核心角色，尤其是把奖励视作“以更复杂和可持续的方式促进幸福的情感与认知体验”（本书）。

从有效培养意义感的角度来说，培养生活叙事意识是非常有用的（Driscoll & McKee, 2007）。正如赫瓦斯和查维斯（Hervas, Chaves, 2019）所说，人们必须找到可以表达自己价值观的活动。就这两个目标而言，电视剧沉迷尤其可以成为实现主义幸福感的来源。所以，在成为“人生故事”专家的多种途径中，电影艺术——在我们的案例中是电视剧——提供了一个有价值的选择（Oliver & Hartmann, 2010; Tsay-Vogel & Sanders, 2017）。其中，电视剧粉丝可以提出关于人类状况的问题，并获得超越感（Oliver, et al., 2018）。因此，如果“娱乐是一次旅行，而非终点”（Fahr & Fruh, this volume），电视剧沉迷则可以成为我们生活的一个强有力的盟友，因为它也是一次旅行，而不是目的地。

总之，本章致力于为将娱乐及电视剧粉丝消费与快乐和幸福感联系起来，并为相关理论方法作出贡献。无论这类研究聚焦于什么，还是其在评估两者关系时需要考虑其他变量，如教育或个性（Schreier, 2006），只要我们用真实的幸福感来衡量回报，电视剧沉迷就是一项有价值的（时间和金钱）投资。作为电视剧粉丝的个体能获得许多心理的和精神的好处，就像在更普遍意义上消费艺术和文化一样（Winner, 2018）。本章的核心观点是，更积极、主动、互动和丰富的对文化娱乐的参与不是简单的消费，而是在最沉浸和最广泛意义上的体验与生活。更重要的是，它是分享性的。因此，这种消费类型是享乐主义和实现主义维度的幸福感的完美结合。总之，娱乐消费主要通过享受快乐以及从人类价值观和发展中获得幸福感。

参考文献

Abercrombie, N., & Longhurst, B. (1998). *Audiences: A sociological theory of performance and imagination*. London, UK: Sage Publications.

Aknin, L. B., Dunn, E. W., & Norton, M. I. (2012). Happiness runs in a circular motion: Evidence for a positive feedback loop between prosocial spending and happiness. *Journal of Happiness Studies*, 13(2), 347–355. https://doi.org/10.1007/s10902-011-9267-5.

Aknin, L.B ., Wiwad, D., & Hanniball, K. B. (2018). Buying well-being: Spending behavior and happiness. *Social and Personality Psychology Compass*, 12. Advance online publication. https://doi.org/10.1111/spc3.12386.

Boenigk, S., & Mayr, M. L. (2016). The happiness of giving: Evidence from the German socioeconomic panel that happier people are more generous. *Journal of Happiness Studies*, 17(5), 1825–1846. https://doi.org/10.1007/s10902-015-9672-2.

Bourdaa, M., & Lozano Delmar, J. (2015). Case study of French and Spanish fan reception of Game of Thrones. *Transformative Works and Cultures*, 19. http://dx.doi.org/10.3983/twc.2015.0608.

Bury, R. (2018). “We're Not There”: Fans, fan studies, and the participatory continuum. In M. A. Click & S. Scott (Eds.), *Routledge companion to media fandom* (pp. 123–131). New York, NY: Routledge.

Carney, T. (2010). The power of story: How literature can teach, enrich and transform. *International Journal of the Book*, 8(2), 1–11.

Carter, T. J., & Gilovich, T. (2014). Getting the most for the money: The hedonic return on experiential and material purchases. In M. Tatzel (Ed.), Consumption and well-being in the material world (pp. 49–62). Springer Science + Business Media. https://doi.org/10.1007/978-94-007-7368-4_3.

Cavallo, G. (2015). *El marketing de la felicidad: Estrategias de marketing responsable para un mundo mejor*. Barcelona, Spain: Códice.

Chancellor, J., & Lyubomirsky, S. (2014). Money for happiness: The hedonic benefits of thrift. In M. Tatzel (Ed.), Consumption and well-being in the material world (pp. 13–47). Springer Science + Business Media. https://doi.org/10.1007/978-94-007-7368-4_2.

Click, M .A., Gray, J., Mittell, J., & Scott, S. (2018). Futures of fan studies: A conversation. In M. A. Click & S. Scott (Eds.), *Routledge companion to media fandom* (pp. 437–450). New York, NY: Routledge.

Driscoll, C., & McKee, M. (2007). Restorying a culture of ethical and spiritual values: A role for leader storytelling. *Journal of Business Ethics*, 73(2), 205–217. https://doi.org/10.1007/s10551-006-9191-5.

Duffett, M. (2013). *Understanding fandom: An introduction to the study of media fan culture*. New York, NY: Bloomsbury.

Dunn, E. W., Gilbert, D. T., & Wilson, T. D. (2011). If money doesn't make you happy, then you probably aren't spending it right. Journal of Consumer Psychology, 21(2), 115–125. https://doi.org/10.1016/j.jcps.2011.02.002.

Dunn, E., & Norton, M. (2013). *Happy money: The science of smarter spending*. New York, NY: Simon & Schuster.

Festinger, L. (1957). *A theory of cognitive dissonance*. Evanston, IL: Row, Peterson & Company.

Fiske, J. (1992). The cultural economy of fandom. In L. A. Lewis (ed.), *The adoring audience: Fan culture and popular media* (pp. 30–49). London, UK, and New York, NY: Routledge.

Guevarra, D., & Howell, R. (2015). To have in order to do: Exploring the effects of consuming experiential products on well-being. *Journal of Consumer Psychology*, 25, 28–41. https://doi.org/10.1016/j.jcps.2014.06.006.

Guerrero Pico, M., Establés, M. J., & Ventura, R. (2018). Killing off Lexa: "Dead lesbian syndrome" and intra-fandom management of toxic fan practices in an online queer community. *Participations*, 15(1), 311–333.

Grandío-Pérez, M. (2016). *Adictos a las series: 50 años de lecciones de los fans*. Barcelona, Spain: UOC.

Gray, J., Harrington, C. L. & Sandvoss, C. (2007). *Fandom: Identities and communities in a mediated world*. New York, and London, UK: New York University Press.

Harari, Y. N. (2015). *Sapiens: A brief history of humankind*. New York, NY: Random House.

Hellekson, K., & Busse, K. (2014). *The fan fiction studies reader*. Iowa City: University of Iowa.

Hervás, G,. & Chaves, C. (2019). *What can science tell us about human happiness (and why and how should we disseminate it)?* In José Antonio Muñiz-Velázquez and Cristina M. Pulido (Eds.), *The Routledge handbook of positive communication: Contributions of an emerging community of research on communication for happiness and social change* (pp. 20–28). New York, NY: Routledge.

Hills, M. (2002). *Fan Cultures*. London, UK: Routledge.

Howell, R., & Guevarra, D. (2013). Buying happiness: Differential consumption experiences for material and experiential purchases. *Advances in Psychology Research*, 98, 57–69.

Huta, V. (2017). An overview of hedonic and eudaimonic well-being concepts. In L. Reinecke & M. B. Oliver

(Eds.), *The Routledge handbook of media use and well-being* (pp. 14–33). London, UK, and New York, NY: Routledge.

Jenkins, H. (1992). *Textual poachers: Television fans and participatory culture*. New York, NY: Routledge.

Jenkins, H. (2006). *Convergence culture: Where old and new media collide*. New York: New York University Press.

Jenkins, H. (2018). Fandom, negotiation and participatory culture. In P. Booth (Ed.), *A companion to media fandom and fan studies* (pp. 13–26). Chichester: Wiley-Blackwell.

Kumar, A., & Gilovich, T. (2015). Some "Thing" to Talk About? Differential Story Utility from Experiential and Material Purchases. *Personality and Social Psychology Bulletin*, 41(10), 1320–1331. https://doi.org/10.1177/0146167215594591.

Kohnen, M. E. S. (2018). Fannish affect, "quality" fandom, and transmedia storytelling campaigns. In M. A. Click & S. Scott (Eds.), *Routledge companion to media fandom* (pp. 337–346). New York, NY: Routledge.

Lewis, L. A. (1992). *The adoring audience: Fan culture and popular media*. London, UK, and New York, NY: Routledge.

López-Casquete, M.; Muñiz-Velázquez, J.A. y Gómez-Baya, D. (2018). Materialismo consumista e (in) felicidad: una revisión de la bibliografía. Arbor, 194(788), a452. https://doi.org/10.3989/arbor.2018.788n2012.

Lozano Delmar, J., & Sánchez-Martin, M. (2019). Eudaimonic flourishing in media consumption: Love, know, and experience as a fan. In José Antonio Muñiz-Velázquez and Cristina M. Pulido (Eds.), *The Routledge handbook of positive communication: Contributions of an emerging community of research on communication for happiness and social change* (pp. 129–136). New York, NY: Routledge.

Lozano Delmar, J, Sánchez-Martin, M, & Muñiz-Velázquez, J. A. (2018). To be a fan is to be happier: Using the Eudaimonic Spectator Questionnaire to measure eudaimonic motivations in Spanish fans. *Journal of Happiness Studies*, 19(1), 257–276. http://dx.doi.org/10.1007/s10902-016-9819-9.

Lyubomirsky, S., & Ross, L. (1997). Hedonic consequences of social comparison: A contrast of happy and unhappy people. *Journal of Personality and Social Psychology*, 73(6), 1141–1157. http://dx.doi.org/10.1037/0022–3514.73.6.1141.

Mathe, H. (2015). Living innovation: Competing in the 21st century access economy. Singapore: World Scientific Publishing Company.

Mischel, W. (2014). *The marshmallow test: Mastering self-control*. New York, NY: Little, Brown and Company.

Mittell, J. (2013). *Forensic fandom and the drillable text*. Retrieved from https://goo.gl/w1iBDY.

Mogilner, C., Whillans, A., & Norton, M. I. (2018). Time, money, and subjective well-being. In E. Diener, S. Oishi, & L. Tay (Eds.), *Handbook of well-being*. Noba Scholar Handbook series: Subjective well-being. Salt Lake City, UT: DEF publishers. doi:nobascholar.com.

Muñiz-Velázquez, J. A., Gomez-Baya, D., & Lopez-Casquete, M. (2017). Implicit and explicit assessment of materialism: Associations with happiness and depression. Personality and Individual Differences, 116, 123–132. https://doi.org/10.1016/j.paid.2017.04.033.

Oatley, K. (2017). On truth and fiction. *In Cognitive literary science: Dialogues between literature and cognition* (pp. 259–278). New York: Oxford University Press. https://doi.org/10.1093/acprof:oso/9780190496869.003.0014.

Oliver, M. B., & Bartsch, A. (2010). Appreciation as audience response: Exploring entertainment gratifications beyond hedonism. *Human Communication Research*, 36(1), 53–81. https://doi.org/10.1111/j.1468–2958.2009.01368.x.

Oliver, M. B., & Hartmann, T. (2010). Exploring the role of meaningful experiences in users' appreciation of "good movies." *Projections: The Journal for Movies and Mind*, 4(2), 128–150. https://doi.org/10.3167/proj.2010.040208.

Oliver, M. B., & Raney, A. A. (2011). Entertainment as pleasurable and meaningful: Identifying hedonic and eudaimonic motivations for entertainment consumption. *Journal of Communication*, 61, 984–1004.

Oliver, M. B., & Raney, A.A. (2019). Positive media psychology: Emerging scholarship and a roadmap for emerging technologies. In José Antonio Muñiz-Velázquez and Cristina M. Pulido (Eds.), *The Routledge handbook of positive communication: Contributions of an emerging community of research on communication for happiness and social change* (pp. 111–119). New York, NY: Routledge.

Oliver, M. B., Raney, A. A., Slater, M. D., Appel, M., Hartmann, T., Bartsch, A., . . . Das, E. (2018). Self-transcendent media experiences: Taking meaningful media to a higher level. *Journal of Communication*, 68, 380–389. https://doi.org/10.1093/joc/jqx020.

Peng, Z., and Ye, M. (2015). An Introduction of Purchase Types and Happiness. *Journal of Service Science and Management*, 8, 132–141. doi: 10.4236/jssm.2015.81016.

Peterson, C., & Seligman, M. E. P. (2004). *Character strengths and virtues*. New York, NY: Oxford University Press.

Reinecke, L., & Oliver, M.B. (2017). Media use and well-being: Status quo and open questions. In L. Reinecke & M. B. Oliver (Eds.), *The Routledge handbook of media use and well-being*. (pp. 3–13). New York, NY: Routledge.

Rigby, C. S., & Ryan, R. M. (2017). Time well-spent? Motivation for entertainment media and its eudaimonic aspects through the lens of self-determination theory. In L. Reinecke & M. B. Oliver (Eds.), *The Routledge handbook of media use and well-being*. (pp. 34–48). New York, NY: Routledge.

Sandvoss, C. (2005). *Fans: The mirror of consumption*. Cambridge, MA: Polity Press.

Schanke, V. (2019). From "secret" online teen drama to international cult phenomenon: The global expansion of SKAM and its public service mission. (accepted version, published in Critical Studies in Television). 10.1177/1749602019879856.

Schmitt, B., Joško Brakus, J., & Zarantonello, L. (2015), From experiential psychology to consumer experience. *Journal of Consumer Psychology*, 25, 166–171. doi:10.1016/j.jcps.2014.09.001.

Schreier, M. (2006). (Subjective) well-being. In J. Bryant & P. Vorderer (Eds.), *Psychology of entertainment* (pp. 389–404). Mahwah, NJ: Erlbaum.

Seligman, M. E. P. (2011). *Flourish: A visionary new understanding of happiness and well-being*. New York, NY: Free Press.

Steiner, E., & Xu, K. (2018). Binge-watching motivates change. *Convergence: The International Journal of Research into New Media Technologies*, 26(1), 82–101. doi:10.1177/1354856517750365.

Taylor, L .D. (2015). Investigating fans of fictional texts: Fan identity salience, empathy, and transportation. *Psychology of Popular Media Culture*, 4(2), 172–187.

Tsay-Vogel, M., & Sanders, M. S. (2017). Fandom and the search for meaning: Examining communal involvement with popular media beyond pleasure. *Psychology of Popular Media Culture*, 6(1), 32–47.

http://dx.doi.org/10.1037/ppm0000085.

Van Boven, L., & Gilovich, T. (2004). To Do or to Have? That Is the Question. *Journal of Personality and Social Psychology*, 85, 1193–1202. https://doi.org/10.1037/0022-3514.85.6.1193.

Vinney, C., & Dill-Shackleford, K. E. (2018). Fan fiction as a vehicle for meaning making: Eudaimonic appreciation, hedonic enjoyment, and other perspectives on fan engagement with television. *Psychology of Popular Media Culture*, 7(1), 18–32. http://dx.doi.org/10.1037/ppm0000106.

Vinney, C., Dill-Shackleford, K. E., Plante, C. N., & Bartsch, A. (2019). Development and validation of a measure of popular media fan identity and its relationship to well-being. *Psychology of Popular Media Culture*, 8(3), 296–307. https://doi.org/10.1037/ppm0000188. http://dx.doi.org/10.1037/ppm0000188.

Wilson, E. O. (2012). *The social conquest of earth*. New York, NY: Liveright.

Winner, H. (2018). *How art works: A psychological exploration*. New York, NY: Oxford University Press. doi:10.1093/oso/9780190863357.001.0001.

Zubernis, L., & Larsen, K. (2012). *Fandom at the crossroads: Celebration, shame and fan/producer relationships*. Newcastle: Cambridge Scholars.

第三十二章　电子游戏娱乐的协同多进程模型

克里斯托夫·克里姆特
丹尼尔·波斯勒

当电子游戏在世界各地崛起时，它们给娱乐研究带来了观念和经验方法上的巨大挑战。大量玩家为何能从频繁、专注和持久的参与中获得显著的快乐？对于这类游戏的互动性，以及一个游戏对两个不同的用户很少展示相同的内容、视觉效果、事件过程以及意义来说，哪些传统娱乐研究方法还有效？哪些新理论可应用于电子游戏独特的“趣味因素”的研究？

媒介迅速扩大受众规模并取得商业成功之后，人们对电子游戏娱乐的研究就开始了（Vorderer & Bryant, 2006）。今天，电子游戏娱乐研究领域已有大量的理论和经验研究文献，它们促进了人们对玩游戏“感觉如何”和“为什么好玩”的理解（Ermi & Mayra, 2005; Klimmt, 2003; Yee, 2006）。电子游戏作为一种媒介所具有的多元属性，如交互性、视听性、叙事性以及多样性受众间的社会联系，为其理论化和研究带来了持久性的挑战。各种各样的概念都可以合理地用于描述和解释游戏的（部分）娱乐体验（Klimmt & Possler, 2019）。因此，将现有的知识整合成一个能解释大多数玩家快乐反应的、包含电子游戏体验典型元素的综合模型，既重要又有挑战性。这种综合方法可以识别文献中的盲点，引领该领域研究的进一步发展。

这个综合模型是当前的一个理论贡献。它是基于对当代电子游戏的核心特征或“信息属性”的分析，这些特征或属性为玩家的体验提供了基础。该模型假设了一组体验过程，它们代表了玩家对电子游戏娱乐反应的核心——这些关键过程在不同游戏类型、特定游戏、不同玩家类型和受情境约束的游戏过程中经常主导玩家的体验。该模型将这些核心体验过程及其协同互动与享乐主义、实现主义的受众反应双因素概念联系起来（Vorderer & Reinecke, 2015; Janicke-Bowles, Bartsch, Oliver & Raney, this volume）。这个综合模型可以很好地解释电子游戏为何持续流行，并为未来电子游戏娱乐研究提供纲领性观点。

模型基础：电子游戏的核心特征

将电子游戏视为一种媒介或信息系统，对传播研究、媒介心理学、大众文化研究以及相关领域提出了重大挑战。由于电子游戏具有作为内容承载式媒介和行动辅助软件技术的独特双重身份，“游戏研究”和“娱乐计算”等全新研究领域应运而生（Nakatsu、Rauterberg, & Vordererer, 2005; Wolf, 2001）。此外，电子游戏技术和设计原则的迅速发展带来了令人印象深刻的变化（虚拟现实、在线角色扮演游戏、在线战斗竞技场的出现）。这些创新为理解什么是真正的电子游戏，以及什么使它有别于其他类型的娱乐媒介增添了难度。

立足这一背景，在传播研究、媒介心理学和大众文化研究等研究文献基础上，我们对电子游戏的核心特征进行了实用主义的系统化分析。电子游戏的核心特征之一是交互性（Grodal, 2000; Juul, 2005; Weber, Behr, & de Martino, 2014）。与大众传播的受众（当他们接触到电影、电视节目、小说等时）不同，电子游戏的玩家不会接触到预先制作的、固定的信息，只有积极参与才能真正“让游戏发生”。通过各种类型的界面（控制器、操纵杆、键盘、触摸显示屏或摄像机记录的物理动作）进行交互是所有电子游戏的核心特征，也是其与之前其他大众娱乐媒介的不同之处。

交互性体现在多个方面（Lee, Park, & Jin, 2006），它对电子游戏的附加特征（但并不一定是独特的）进行标记，以带来特殊、动态的和情感相关的用户体验。我们将这些特征分为4类：代理（agency）、叙事、社交和审美。它们都与特定和动态模式下的交互性交织在一起。例如，电子游戏中的叙事与我们所了解的传统讲故事有很大的不同（Murray, 1997），因为游戏玩家的输入改变了游戏形式、时间序列，并最终改变了游戏过程中“讲述”的故事内容。这种协同联系的交互性让电子游戏的所有基本特征都不同于其他媒介娱乐模式。

代理

基于交互性，电子游戏为用户提供了行动能力：它们能让玩家作出决定，操纵游戏的进展，并对软件或其他玩家引起的不断改变的游戏情境作出反应。它们还要求用户采取行动：只有当玩家尽其所能采取行动时，事件才会被触发，游戏才能进行下去，并产生相应的情感结果（Bowman, 2015, this volume; Jansz, 2005）。我们把让用户能够行动并要求用户行动的设置称为代理。电子游戏与传统的、非媒介游戏（棋盘游戏或体育游戏；Sutton-Smith, 1997）具有共同的功能——让用户能够行动并要求用户行动。因此，玩电子游戏意味着需要不断监测和处理有关游戏状态的信息，以自主行动和响应性行动作出决定、执行决定（使化身移动），并在游戏的动态框架内观察自己行动的后果（Klimmt, 2003）。因此，代理作为游戏功能，需要用户花费大量的注意力和处理资源，即认知、情感和身体上的精力（Bowman, this volume; Lang, 2006）。

叙事

电子游戏有“内容”，能让玩家或多或少地参与故事生产（IP, 2011; Lee et al., 2006; Murray, 1997）。游戏可以通过各种形式表达预先编写的叙事元素，包括视频、音频和文本信息。它们的复杂性区间在《太空侵略者》（*Space Invaders*）（中途游戏公司，1978）和《上古卷轴：天际》（贝塞斯达软件公司，2011）之间，前者是超简单的“外星人攻击和反击！”的故事，而后者是一个极复杂、多分支、多章节的传奇故事。此外，由于玩家的互动性，电子游戏叙事可能（部分上）会受到玩家影响（Aarseth, 2012）。玩家的行动如何塑造且在多大程度上塑造游戏叙事存在巨大差异——游戏专家将它们区分为“线性交互”（玩家对游戏故事情节的影响很低）和“沙箱游戏”（玩家对游戏故事的影响巨大）等。在故事主题方面，电子游戏叙事表现出与其他娱乐媒介，如电影、小说一样的多样性（以及流行的主题），包括体育、冒险、科幻、战争和犯罪。一些游戏叙事还涉及人类的复杂性（道德困境或人生危机，Janicke-Bowles, et al., this volume; Klimmt & Rieger, this volume），因此不符合“轻”娱乐的定义，而更像在艺术上雄心勃勃的文学或电影，其拥有“启蒙”受众的潜力。例如，2010年的游戏《大雨》（*heavy rain*）（索尼电脑娱乐公司）获得了评论家的赞誉，因为它让玩家参与到一个使人陷入道德困境的互动故事中，激励用户反思他们的价值观和道德决策（Oliver, et al., 2016）。

社交

在电子游戏中，社会互动可能发生在在线玩家之中，也可以深深地嵌入媒介使用本身的过程和行为（Klimmt & Hartmann, 2008）。合作玩家可以在游戏内交流，如进行文本聊天（Pena & Hancock, 2006）或语音连接（Williams, Caplan, & Xiong, 2007），也可以通过游戏行为进行非语言交流，例如，让一个玩家的游戏角色对其他玩家的游戏角色进行攻击或援助（Schmierbach, Xu, OeldorfHirsch, & Dardis, 2012）。在这个意义上，电子游戏让用户通过社交联系起来，并实现持续的动态交互，从而产生相关的情感。电子游戏与传统的非媒介游戏（Howes & Matheson, 1992）都有这个特征。

审美

电子游戏将其内容“打包”成处理多种知觉形式（视觉、听觉，有时也是触觉）的信息（Skalski, Tamborini, Shelton, Bunche, & Lindmark, 2011）。这种表征具有美学特征——图像、音效、音乐等。虽然许多电子游戏在审美吸引力方面显示出与电影娱乐的相似之处（计算机生成图像、管弦乐合成、强大的声像），但电子游戏的审美多样性仍是可观的，特别是在独立和实验游戏中（Crogan, 2018）。电子游戏的审美成分常与交互性联系在一起，使玩家获得部分感官体验（Atkins, 2006）。游戏通常允许玩家有目的地（当玩家决定在游戏世界中以“宏观视角”访问一个地方时），或通过他们的行为间接地（当音乐引发玩家的虚拟健康状态反应时）塑造、改变和共创审美感受。虽然审美在媒介娱乐研究中没有得到充分的关注（Cupchik & Kemp, 2000），但显然，电子游戏的（艺术性、创造性）设计对塑造玩家的体验和情感结果很重要。

小结

电子游戏是一种复杂的媒介，交互性特别结合了4种核心特征：代理、叙事、社交和审美。它们都可能会影响玩家的体验，因此它们本身涉及娱乐理论。但对于任何特定的电子游戏来说，正是交互性促成了协同与动态之间的联结。为说明这些核心特征的相互作用，我们以世界上最受欢迎的电子游戏系列《国际足球联盟》（*FIFA*）为案例（电子艺术，1993）。这种模拟足球运动的游戏能让玩家在虚拟比赛中参与虚拟团队的行动；用户的输入会影响虚拟足球运动员在有球和无球情况下的移动。因此，《国际足球联盟》的代理要素涉及足球运动员采取行动的可能性，以及对他们行动的要求（传球、防守对方前锋）。《国际足球联盟》的叙事维度模仿现实足球环境，如真实球队和球员名字、视觉外观甚至运动模式（进球后的欢呼）。《国际足球联盟》的社交维度包括在虚拟足球比赛中与其他人类玩家的合作或竞争，这些人要么在同一屏幕前，要么在线互联。审美维度包括高分辨率、细节丰富的足球舞台和足球动作的视听表现，以及真实比赛中的电视实况评论声音与流行音乐的背景声。所有这些功能协同构成一个动态、高度个人化、满足高要求、强有力的游戏体验。玩家的互动参与保证所有上述特征的实现：玩家需要持续行动，以推动虚拟足球比赛的进行，实现审美潜力，参与社会挑战，并达到娱乐和叙事的最终目标（赢得一场比赛或一个奖项）。

模型阐明：娱乐玩家体验的核心维度

基于电子游戏的上述特征，我们现在开发一个玩家对游戏娱乐反应的核心维度模型。在详细讨论这些维度之前，我们将简要回顾模型开发策略，并提出模型的组成部分——享乐主义和实现主义的娱乐体验。

电子游戏娱乐理论化的生成原则

过去大多数涉及电子游戏娱乐的学术研究，要么依赖玩家的自我报告，如使用与满足理论传统研究（Jansz & Tanis, 2007; Hou, 2011; Scharkow, Festl, Vogelgesang, & Quandt, 2015; Sherry, Greenberg, Lucas, & Lachlan, 2006; Yee, 2006），要么将现有的人类动机（心理）理论应用到电子游戏案例的分析中。一个突出的例子是运用自我决定理论（self-determination theory）揭示电子游戏如何满足人类基本需求（自主性、胜任感和归属感）并激励玩家（Przybylski, Rigby, & Ryan, 2010; Tamborini, et al., 2011; Vorderer & Ritterfeld, 2009）。

当前的模型构建致力于将探索性与基于理论的元素结合起来，从而在传播研究和媒介心理学的各种（实证）研究成果基础上理解游戏娱乐（Klimmt, Hefner, Vorderer, Roth, & Blake, 2010; Wulf, Bowman, Rieger, Velez, & Breuer, 2018）。具体来说，我们打算在电子游戏特征（见前一节）与媒介娱乐和心理学的现有理论之间实现概念联结，提出有关玩电子游戏的独特体验的理论维度。这种研究策略具有解释效力，因为它利用了研究中对媒介的密切观察学习，以及在已有娱乐和心理研究中积累的概念理论。

作为模型结果成分的媒介娱乐双因素概念

媒介娱乐的当代研究往往依托一种双重模式的概念化，包括享乐主义和实现主义的过程与体验（Vorderer & Reinecke, 2015）。享乐主义娱乐体验经常被贴上享受的标签（Vorderer, Klimmt, & Ritterfeld, 2004）；对这些体验的许多研究基于齐尔曼的研究计划或灵感（Vorderer, Klimmt, & Bryant, this volume; Luong & Knobloch-Westerwick, this volume）。享受过程的特征包括感官刺激和强烈的情感，如喜剧娱乐引发的兴奋、犯罪戏剧引发的悬念或对爱情电影的浪漫感知。相反，实现主义体验的概念化往往基于积极心理学和幸福研究的观点（Ryan & Deci, 2001）。在这些心理学概念中，实现主义幸福感通常被定义为经历心理成长、自我实现与确证，找到生活的意义和目的（Huta & Waterman, 2014）。因此，实现主义娱乐通常被理解为在媒介使用中发现意义，欣赏媒介使用带来的启发或挑战，被媒介内容“感动”，受媒介启发对人生目的或核心价值观进行反思，或通过内容体验产生“共鸣”（Janicke-Bowles, Bartsch, Oliver, & Raney, this volume; Janicke-Bowles, Schubert, & Blomster, this volume; Klimmt & Rieger, this volume; Vordererer, this volume）。

虽然这两种体验在概念上是不同的，但研究者都同意，特定娱乐媒介可能同时导致享乐主义和实现主义体验，并且不同用户对同一媒介的体验在享乐主义和实现主义成分的强度上会有所不同（Oliver & Bartsch, 2011）。对于电子游戏娱乐，过去的大多数研究都集中在玩家的享乐主义体验上（Klimmt, Rizzo, Vorderer, Fischer, & Koch, 2009），但也有报告提供了电子游戏中实现主义体验的初步证据（Oliver, et al., 2016）。现在提出的电子游戏娱乐综合理论模型，将以享乐主义和实现主义的元概念作为理论元素，使之与现有的媒介娱乐一般理论建立牢固的联系。

核心体验一：基于效果和能力的代理体验

电子游戏的代理特征通常在玩家连续输入、输出的循环中体现出来（Klimmt, 2003）：用户（输入）执行的操作由游戏（输出）显示，以便玩家观察在游戏世界中造成的后果。用户在玩《国际足球联盟》时，按下控制器上的“X”按钮后，屏幕上立刻会显示虚拟足球运动员将球传给了队友。游戏状态的即时变化使玩家将游戏事件归因于自己的行动，因此，他们可以感知自己行为的效果。由于游戏包含了许多这样的动作结果观察，游戏的活动可以被描述为一系列效果体验。

动机理论与人类发展理论已证实，游戏环境中的体验是高回报且让人愉快的。对于幼儿和儿童来说，这种获得回报的激励性体验是适应性的，能够激励其进一步参与游戏，从而提升他们的能力（“效果”；White, 1959）。有研究发现，青少年和成年人也重视效果体验（Harter, 1978）。从玩电子游戏中获得的许多效果体验，无论是叙事、社交还是审美体验，从理论上讲都可以与快乐等积极情绪联系起来，其有助于用户获得享乐主义的娱乐体验（Klimmt, 2016）。过去的研究为电子游戏中的这种效果—享受的联系提供了实验证据（Klimmt, Hartmann, & Frey, 2007）。

命题1.1：用户玩电子游戏时通过效果体验产生享乐主义娱乐体验。

只要在游戏世界中能够发挥作用，哪怕是随机的玩家动作也能触发效果体验。但是，大多数玩家的行动都是目标导向的。在很多游戏情节（episode）中，游戏会要求非常具体的行动（Bowman, this volume）。即使情节中不要求玩家有任何动作，玩家也可以为自己设定目标并做出目标导向的动作。如果玩家的输入在游戏世界中产生了直接效果并使玩家成功实现了目标（在《国际足球联盟》游戏中，玩家将球传给了他的目标队友），那么由此产生的玩家体验将比效果影响（命题1a）更复杂，因为它包括能力感和自我导向（self-directedness）。格罗达尔（Grodal, 2000）使用“控制”一词形容这种享乐主义的愉快体验，而基于自我决定理论的研究使用“胜任感”一词进行描述（Przybylski, et al., 2010）。

命题1.2：用户玩电子游戏时通过能力体验产生享乐主义娱乐体验。

效果和能力体验过程被包含在一个核心维度中，因为它们彼此紧密相联：能力体验需要以效果体验为基础；在现实游戏中，这两种体验在大多数时候是相辅相成的。此外，效果和能力体验维度与“心流”（flow）是电子游戏中一个激励因素的假说相匹配（Sherry, 2004; Fischer, Lonergan, Hopp, & Weber, this volume）。心流可以被描述为一系列连续的愉快体验，它源自任务的挑战和执行任务者的技能之间的最佳平衡（Csikszentmihalyi, 1990）。这种平衡依赖于用户不断感知自己对环境（游戏世界）的影响，并认为有能力实现自己的目标。第一种核心体验因此涵盖了电子游戏体验中一个基本的，通常是连续的元素，该元素已经在各种理论框架和不同的概念下被研究，并在实证研究中与享乐主义娱乐有关。

核心体验二：悬念与表现驱动型放松（performance-driven relief）的循环

电子游戏提供用户操作，这意味着它们几乎不间断地驱使和要求玩家做一些事情。电子游戏的玩乐（ludic）、叙事或社交元素使玩家采取必要行动。例如，当玩《国际足球联盟》时，对手的快速反击向玩家表明，在足球规则体系中，他们（赢得比赛）的雄心正遭受威胁。玩家会感到被要求对游戏中的这个事件作出反应（试图让他们的虚拟球员控球），或者说，利用游戏提供的行动可能性来实现或保护他们的（赢球）雄心。在电子游戏中，玩家在很多时候被置于（或把自己放在）压力下，如在战斗游戏中与敌人相遇的情节，或在赛车游戏中与竞争对手快速接近的情节。在大多数类似的情境中，玩家感觉需要采取措施：他们必须作出回应，做一些事情，努力取得胜利。另外，叙事和社交游戏元素也可能产生这样的情节：玩家认为“必须做某事”却无法参与其中，就像电影的设置，他们只能坐视其他人类合作玩家或非玩家角色面临挑战，如突然遭遇一个强大的“主敌”（boss enemy）攻击者。

这些情节的核心是，无论玩家直接采取措施还是只能旁观而无法作出反应，其结果都具有不确定性（Klimmt, 2003）。只要情节没有结束，玩家就会发现自己（其他人）必须采取行动，但不知道行动是否会带来预期结果，是否能够完成挑战并消除对目标的威胁。但是任一情节的结局都与玩家高度相关（Juul, 2005）：这一关的结果将决定玩家是输还是赢，虚拟角色是生存还是死亡，游戏是继续下去还是就此结束。因此，玩家对游戏情节的行动要求的特定（积极）结果有强烈的兴趣，但他们不确定这个结果是否会实现。

这种结果的不确定性与对积极结果的强烈愿望相联系，这正好与齐尔曼（1996）阐述的悬念机制一致。悬念的体验是一种矛盾的情绪状态，害怕负面后果和渴望积极结果常常是观众对犯罪剧（Raney & Bryant, 2002; Tamborini, this volume）和体育现场直播（Knobloch-Westerwick, et al., 2009; Lewis, this volume）作出反应的驱动力。大多数人似乎都发现（个体的）悬念体验是非常愉快的；事实上，悬念属于享乐主义娱乐最典型的表现形式（Zillmann, 1980）。克里姆特等人（2009）初步提供了悬念在电子游戏娱乐中重要性的证据，他们使玩家感到威胁的不确定性，并用实证研究证明电子游戏确实会影响悬念和享受。

命题2.1：用户玩电子游戏时通过体验悬念产生享乐主义娱乐体验。

一旦某个游戏情节结束，游戏在大多数情况下会清晰地显示实际结果。《国际足球联盟》游戏中的对手球队可能已经进了一个球或丢了球；所遭遇的敌人可能已经击败了玩家角色，或者在战斗中失败；赛车比赛的竞争对手可能已经超越了玩家的虚拟汽车，或者不再领先。因此，玩家可以很容易地将情节中游戏的实际结果与他们想要的结果进行比较。对游戏结果的观察会对玩家的情绪产生强烈的影响，齐尔曼（1983）把这个过程再次理论化并命名为“兴奋转移”（excitation transfer; Bryant & Miron, 2003）。实质上，玩家对游戏情节结果的不确定所产生的悬念感受在他们知道实际结果的那一刻会发生改变：他们会为积极的结果而欣慰并感受到放松和喜悦，而对不想要的结果（《国际足球联盟》游戏中的对手进球）进行负面评价，并感受到失望、愤怒或其他负面情绪（Ravaja, Saari, Salminen, Laarni, & Kallinen, 2006）。因此，不确定感被对结果的评价所取代，悬念（命题2a）被特定的评价情绪（轻松或悲伤）所取代。齐尔曼（1983）的兴奋转移概念解释了为什么这种悬念感受的消解会产生特别强烈的影响：在（结果）不确定阶段的悬念体验会产生生理唤醒（玩家很紧张，几乎要屁股离座了）。高唤醒水平并不会迅速消失，所以当游戏结果出现的那一刻，玩家对这个结果的认知评价（可能是积极的，也可能是消极的）“击中”了仍然处于高水平的唤醒状态，这种生理上的刺激使因结果而产生的情绪更加极端——快乐和放松现在被体验为“欣悦”（euphoria; Zillmann, 1996, p.219），而失望、愤怒和其他负面情绪被感觉为“烦躁”（dysphoria）。

但即使是消极结果引发的情绪也应被重新审视，因为它们结束了情节中游戏的不确定—悬念阶段，可以作为继续努力的动力来源（在第二次尝试中把握挑战）。因此，虽然欣悦的结果情绪（放松体验）直接有助于产生享乐主义娱乐体验，烦躁情绪（失望）可能会损害享乐主义娱乐体验，但玩家对情况的重新评估也可能在下一情节中推动享乐主义娱乐体验的产生。

命题2.2：用户玩电子游戏时通过积极和消极的高激励评价（high-exctitattion evaluatory）化解悬念感，从而产生享乐主义娱乐体验。

齐尔曼在对传统媒介娱乐的研究中提出了关于悬念和放松体验的假设（评价性结果情绪，命题2.1和2.2），我们要考虑这些过程中交互的协同影响（Klimmt, 2003）。由于交互性，玩家可以影响电子游戏情节中悬念引发的结果。他们的决定、技能、输入操作会影响（尽管不确定）情节是否会以期望的方式结束。作为电子游戏的首要特征，交互性增加了玩家体验和评价情节结果的表现维度。如果玩家积极参与游戏情节，且游戏情节以玩家期望的方式结束，他们的反应将包括对良好表现、成功和胜利的感知。许多游戏都提供与表现相关的明确反馈和情节结果，如分配积分或虚拟奖杯、非玩家角色的欢呼、合作玩家的认可和钦佩（Pena & Hancock, 2006）。但是，如果某个游戏情节以玩家不希望的方式结束，玩家也只好将这个结果（至少部分地）归因于自己表现不佳，从而感到失败和自卑，游戏也经常会明确作出提示（宣布“玩家死亡”）。

动机心理学已经发现，像赢得胜利这样的成就能够激发强烈的情绪，特别是自豪感（Weiner, 1985）。旁观者（持钦佩态度的合作玩家）的出现可能会进一步强化自豪感。这些情绪在享乐主义娱乐体验中发挥了明显作用。已有的研究也证实了良好的玩家表现（对玩家表现的明确积极反馈）对积极情绪（喜悦、自豪以及由此产生的媒介享受）的影响（Bowman, Weber, Tamborini, & sherry, 2013; Klimmt, Blake, Vorderer, Hefner & Roth, 2009）。

当然，很多时候，玩家表现不佳，无法获得预期的结果，由此产生的情绪是羞耻、愤怒甚至内疚——所有这些都可能抵消享乐主义娱乐体验（Brown & Dutton, 1995）。但是，这种厌恶情绪也可能激活玩家的动机系统，使之投入更多的精力，并在下一次游戏中表现得更好。它还有一个功能，即表明一个游戏是具有挑战性的，它设置了一个玩家一旦在后面的游戏情节中获胜便能产生更大自豪感的情境。如果一场比赛获胜被认为太容易，玩家成功后自然不会产生自豪感，得不到多少乐趣。由此可见，游戏软件和玩家需要调节难度水平，让“良好的表现”具有可能性（但又不能是完全可预测的），从而产生积极的情绪（Klimmt, Blake, et al., 2009）。

上面提到的与表现有关的情绪，如自豪感，与命题2.2概述的消解悬念的放松情绪密切相关：在对情节结果充满期待的情况下，悬念情节之后的唤醒状态的消解是伴随着战胜挑战后的自豪感的，这些挑战强化了结果的不确定性并对玩家的表现预先提出了要求。因此，悬念消解后的“欣悦”被假设为是胜利的额外收获（基于表现的积极情绪）。玩家感觉自己就像一个刚刚赢得了一场非常激烈的体育比赛的运动员。他们为悬念时刻的结束和获得积极的结果而感到高兴，同时为自己的成就而自豪。同样，玩家失败后对不想要的结果的消极情绪也会因诸如愤怒之类的负面情绪的出现而加剧。如前所述，它们可能会破坏享乐主义娱乐体验，但也可能激发人们重新参与挑战的雄心，这将导致新的悬念的产生（命题2.1）。总之，与表现相关的情绪被证明与悬念消解后的放松情绪有关，并能带来享乐主义娱乐体验。

命题2.3：用户玩电子游戏时通过基于表现的情绪产生享乐主义娱乐。

因为电子游戏的玩家会经历多个周期的悬念和与结果相关的情绪，在许多时候，他们会感受到游戏的强烈影响，这些影响既有积极的，也有消极的。玩家随着时间推移而产生像坐过山车那样起起伏伏（或多或少）的情绪波动，这是游戏体验的特点。许多由事件结果评价所产生，并被兴奋转移动力和表现评价所放大的情绪将刺激、维持和强化享乐主义娱乐体验（Klimmt, 2003）。

核心体验三：逃避现实和有意义的自我转变

通过代理、叙事和审美等综合手段，电子游戏把玩家带入一个想象的世界，在这个世界里，他们可以旅行、探索和收获。社交游戏可以通过游戏世界带来共同旅程，玩家作为虚拟团队的成员漫游于在线角色扮演游戏的虚拟领域（Steinkuehler & Williams, 2006）。大量的电子游戏研究聚焦于“进入”“存在”“穿越”这种虚拟的叙事世界，并应用了媒介心理学的各种概念，如（空间）在场（Tamborini & Skalski, 2006）和传输（Mahood & Hanus, 2017）。对于玩家控制角色（化身）的游戏，研究者使用认同概念来理论化对游戏虚拟环境的感知转变（Klimmt, Hefne, & Vorderer, 2009; Bowman & Banks, this volume; Brown, this volume; Cohen & Klimmt, this volume）。这些方法的共同之处在于，与游戏世界的接触会带来一种自我转变的体验：玩家可以通过想象暂时处于现实世界之外的某处或成为某人。例如，《国际足球联盟》和职业足球世界中的足球明星；战斗游戏和虚拟武装冲突世界中的战争英雄；角色扮演游戏和充满魔法生物的幻想世界中的巫师。

与传统媒介娱乐相比，电子游戏的核心属性能够有效地吸引用户进入它们的想象世界，并触发令人信服且持续的自我转变体验。一些研究者认为，强烈地沉迷于虚构世界的体验本身就是享乐主义娱乐的驱动力（Tamborini & Skalski, 2006）。但让玩家沉迷其中的环境必须具有与娱乐相关的一些特征，否则，沉浸其中并不会导致享受。例如，沉浸在令人害怕或恶心的游戏世界里，甚至会消解享乐主义娱乐。因此，沉浸是虚拟—想象环境中“存在”体验的放大器，在一个有吸引力的游戏世界中，其在一定程度上会让人感到愉快。

有几种娱乐理论流派可以与这种游戏导向的自我转变体验联系起来。以想象的社会角色在虚拟环境中旅行是逃避现实的一种形式（Katz & Foulkes, 1962; Halfmann & Reinecke, this volume）。用与现实人生不同的（有趣的、鼓舞人心的）体验来探索虚拟世界，可以使人们从日常生活的烦恼和痛苦中解脱出来。数字世界中具有吸引力的新奇故事和探索性剧情可以缓解现实中的压力与厌恶体验。对现实中厌恶情绪的遗忘或抑制和对新奇幻想环境的精心营造会直接激发享乐主义娱乐。关于叙事效果的TEBOTS模型也提出了类似的预测（Johnson, Slater, Silver, & Ewoldsen, this volume）；我们认为对叙事和电子游戏的想象参与能产生同样的体验。

命题3.1：用户玩电子游戏时通过逃避现实忧虑的体验产生享乐主义娱乐。

电子游戏娱乐理论中关于自我转变效应的第二种理论路径源自游戏发展心理学（Nicolopoulou, 1993），它是媒介娱乐的重要面向（Vorderer, 2001）。幻想游戏对孩子们有益，进化心理学认为其有助于孩子们发展认知、增强技巧与能力以及获取关于世界的知识（Ohler & Nieding, 2006）。通过快乐、好奇和自豪等情感活动，幻想游戏与享乐主义娱乐产生联系，这不仅适用于儿童，也适用于成人玩家和老年人（Deterding, 2018; Possler, Klimmt, Schlutz, & Walkenbach, 2017）。“成为”一个与众不同的人或在一个不寻常的地方，往往意味着处于有吸引力的地位（战争英雄）、获得优越感（足球明星）、充满魅力（“劳拉·克罗夫特”）或杰出卓越（“哈利·波特”）。具体来说，幻想（电子游戏）可以暂时克服实际自我感知和理想自我感知之间的差异（Bessiere, Seay, Kiesler, 2007; Kilmmt, et al., 2009）。

命题3.2：用户玩电子游戏时通过自我提升体验产生享乐主义娱乐。

以电子游戏替代现实可以激发人们对严肃话题，如人生目的、道德和规范性价值的反思（Rogers, Woolley, Sherrick, Bowman, & Oliver, 2017）。具有挑战性的游戏叙事或与其他人类在线玩家的“戏剧性”幻想互动（fantasy interaction），可能会在实际游戏设置之外为玩家的体验增加一层思考和意义。通过游戏导向的自我转变，玩家可能会思考人生或吸取个人生活中的经验教训（Oliver, et al., 2016）。由于玩家将发现意义或共鸣（Vorderer, this volume）并受到扮演“某人”或“在某地方”的激励，这种自我转变体验会带来实现主义娱乐（Janicke-Bowles, et al., this volume）。

命题3.3：用户玩电子游戏时通过源于自我转变的启发式学习体验产生实现主义娱乐。

核心体验四：与虚拟和真实他者的联通

玩电子游戏可能获得至少两层社交体验。一层与游戏世界中的角色有关（Bowman & Banks, this volume）；这些角色由玩家操作（Banks, 2015）或由系统操作（由游戏控制）。另一层与人类合作玩家，即加入同一游戏环境的个人有关，如队友或竞争对手（Schmierbach, et al., 2012）。通过与这些虚拟或真实—虚拟的社会实体互动，玩家可以获得联通体验。这些体验可能很短暂，几乎没有情感关联。但有一些游戏中的社交情节可能会产生非常强烈的情感，如感恩（Klimmt & Hartmann, 2008）。例如，如果一个玩家玩在线角色扮演游戏时得到另一玩家的帮助，让其化身在激烈的虚拟战斗中“生存下来”，这种社会支持可能会让人心怀感激，产生一种感恩和共享的情感体验。根据积极媒介心理学的推理，感恩和进一步的“他誉”（other-praising）情感可能引发实现主义娱乐（Janicke-Bowles, Bartsch, et al., this volume）。

除了单个情节中的“他誉”情感，长期合作玩家间的互动可能会导致强烈的社会和情感联系（Cole & Griffiths, 2007）。和密友一起经历一场游戏可能是一种非常有意义的体验。基于自我决定理论的研究（Oliver, et al., 2016）以及探索性调查（exploratory inquiry; Rogers, et al., 2017）的初步证据表明，“归属感”和与合作玩家的联系是游戏中实现主义娱乐体验的重要促进因素。

命题4.1：用户玩电子游戏时通过有意义的社交联系体验产生实现主义娱乐。

玩电子游戏过程中的社交体验也可以促进享乐主义娱乐，因为某些类型游戏中的社交互动会给人带来快乐或自豪的愉快情绪。个体与有趣或有吸引力的非玩家角色（Hartmann, 2008）的社交互动是一个例子；另一个例子是用户与在线游戏的合作玩家分享幽默（Pena & Hancock, 2006）。因此，与虚拟或真实—虚拟他者的社会联系有可能促进享乐主义娱乐。

命题4.2：用户玩电子游戏时通过令人愉悦的社交联系体验产生享乐主义娱乐。

核心体验五：源自叙事审美吸引力的“他誉”情感

虽然游戏产业在画面、音效以及其他感官享受的质量方面进行了大量的投入，但电子游戏的审美方面很少受到娱乐研究者的关注（Possler, et al., 2019）。已有研究提供了原声音乐对游戏娱乐体验产生积极影响的初步证据（Klimmt, et al., 2019），但游戏审美吸引力的重要性及娱乐机制尚未被充分理解。

娱乐语境之外的研究已经确认了美丽或其他审美吸引力所引起的特定情感过程。海特（2003）和他的合作者发明了一种著名的研究方法。该团队研究了几种“他誉”情感，这些情感很可能也是由电子游戏的审美特征引起的。

电子游戏审美通常会让玩家感到惊讶、印象深刻和惊喜，因为他们面对的是以前从未遇到过的视觉、声音或其他感官冲击，这超出了他们平常的感知框架。例如，科幻游戏《无人的天空》（*HelloGames*, 2016）中纯粹的空间维度；《国际足球联盟》虚拟足球运动员的外表和动作，可能会导致玩家发出“哇！”的惊叹声。通常，这些审美元素与叙事和代理成分交织在一起，给人带来真实的体验。例如，《无人的天空》的故事情节强调了广阔无垠的空间，使玩家能够积极地探索和游览游戏世界中的各个地点。

凯尔特纳和海特（2003）将这种迷恋（fascination）与惊叹（amazement）的反应概念化为敬畏（awe）——对浩瀚无垠的感知和更新自己知识结构的需要（因为一种全新的印象）所引发的情感。当人们体验到敬畏时，通常会感觉良好和积极，但也会感到自身的渺小（Possler & Raney, this volume）。早期的理论（Possler, et al., 2018）和研究（Possler et al., 2019）已经论证了电子游戏引发敬畏的潜力。从娱乐角度来看，敬畏既会产生享乐主义的情感结果，又会产生实现主义的情感结果。正如前面提到的，敬畏通常是一种享乐主义的愉悦情感体验（Possler & Raney, this volume）。

命题5.1：用户玩电子游戏时通过敬畏体验产生享乐主义娱乐。

过去的研究将敬畏感描述为一种非常有意义的体验，其可以激发人们对平时不太关注的事或人的反思，甚至可以激活精神和宗教思想（Saroglou, et al., 2008; Piff, et al., 2015; Yaden, et al., 2016）。因此，敬畏也能激发实现主义反应（Possleretal., 2018; Possler & Raney, this volume）。这种效果在游戏叙事与审美吸引力相互作用的情况下会特别明显。例如，在冒险游戏《最后的守护者》（索尼互动娱乐，2016）的最后一关，玩家委派他最好的朋友——一只大型奇幻动物，来保护自己免受尾随而来的村民攻击。这段悲伤的离别以一种高度审美—戏剧性的方式上演，使人产生显著的敬畏情感，然而，随之而来的实现主义体验主要是通过与玩家之前经历的强大游戏叙事的互动来展现它的全部力量。

命题5.2：用户玩电子游戏时通过敬畏体验产生实现主义娱乐。

敬畏感并不是玩家对电子游戏审美吸引力的唯一预期反应。基于海特与其合作者的概念化工作，当玩家从游戏及其制作者身上发现了技术的、创意的或道德的卓越之处时，他可能会进一步产生“他誉”情感，如感恩、自豪和升华等（Algoe & Haidt, 2009；Haidt, 2003）。例如，前面提到的《最后的守护者》结尾时，玩家可能会通过叙事和审美的相互作用产生复杂的情感反应，包括对拯救自己的奇幻动物的感恩、面对持久的友谊和牺牲的庄严体验的升华、对创作这个故事的游戏制作者（开发者和故事讲述者）的钦佩。所有这些“他誉”情感特征都与实现主义娱乐有着紧密的联系。（Janicke-Bowles, Bartsch, et al., this volume）

命题5.3：用户玩电子游戏时通过感恩、钦佩、升华等“他誉”情感产生实现主义娱乐。

作为多重享乐主义和实现主义潜能协同的电子游戏娱乐

上一节概述了玩电子游戏可以导致的5种核心体验，以及其带来的享乐主义、实现主义娱乐的结果。我们认为，这5个过程可以解释游戏娱乐中的绝大多数变化；一些结论是基于已经获得的实证证据，一些需要进一步的实证研究。但是，要充分解释当前的多进程模型，还需要具备两个重要条件。

首先，我们并不认为所有列出的娱乐过程都永久地适用于任何游戏、情境或玩家。相反，这一系列核心过程应该被理解为一组娱乐选项，它是游戏（部分来说也可以是玩家）从特定个人体验中进行的选择。例如，有些游戏可能在审美刺激方面非常简略，但在表现情绪方面非常丰富。一些玩家可能会忽视游戏在表现情绪方面的明显不佳，而享受它的巨大审美吸引力。因此，这些列出的（娱乐）过程仅代表了电子游戏的核心娱乐潜能，而不是游戏娱乐的恒定特征。但我们可以假设，大多数游戏和游戏环节会同时发生上述几个过程，而且在一个特定的游戏环节中，单个（娱乐）过程的显著性和重要性会发生动态变化。例如，当玩家开始玩一款新游戏并探索这个陌生的游戏世界时，他们可能会深深感受到其审美吸引力的影响，并持续体验到敬畏（命题5.1和5.2）。随着参与的继续，他们可能会习惯于这种审美吸引力（享受适应；Frederick & Lowenstein, 1999），并提升操作输入设备的能力，这样他们就可以专注于走向胜利，从而在悬念—放松的循环过程中产生更大的个人娱乐体验（命题2.1和2.2）以及表现情绪（命题2.3）。因此，我们对多进程模型进行了限定，认为在每个娱乐过程的发生和对个体享乐主义和实现主义结果的总体贡献上，存在着游戏间、情境间和玩家间的差异。

其次，当前模型的维度结构并不意味着核心娱乐过程是一个不断叠加的操作。相反，特定玩家的娱乐结果的具体质量和数量来自多进程的协同作用。之前讨论过的案例，《国际足球联盟》和《最后的守护者》已经表明，两个或两个以上的体验过程可能以协同方式展开，从而生成强大但也非常个人化的娱乐模式。基于当前的模型结构，详细阐述所有可能的两个或多个过程协同效应超出了本章的范围。但是，显然，如果一款“很好的游戏”具有引人注目的属性（代理、叙事、社交、审美），使用户享受了“美好时光”（good timing），那么在巅峰时刻，这种协同互动过程的娱乐体验可能是充满喜悦、高度复杂和终生难忘的。在其他时刻，几个甚至一两个娱乐过程的协同作用仍然可以带来“足够的”满意体验，这种满意体验能够激励玩家继续玩游戏，胜过其他娱乐体验（看电影）。

结论与展望

对游戏受众和时间投入的解释

基于此模型，我们试图一并探讨电子游戏的多个独特特征，以及电子游戏可能带来的情感相关过程的多样性。该模型主要用于解释游戏的娱乐体验，但它的实用性也可以扩展到解释为什么这么多（不同的）人被游戏所吸引，以及他们为什么会花这么多时间玩游戏。

游戏可以激活如此多的体验模式，从而产生强烈的享乐主义、实现主义或混合的娱乐结果，这一事实解释了观众的规模和多样性。拥有截然不同的情感需求、娱乐偏好、生活背景、技能水平和社会联系的玩家可以找到“他们”的最佳体验，他们只需要选择适当的游戏、适当的合作伙伴，并以“他们的方式”玩游戏，就能实现他们渴望的过程和结果。如今玩家可以接触到无数的游戏、不同玩家接触和使用同一款游戏（Kallio, Mayra, & Kaipainen, 2011），以及世界上有数十亿忠实的电子游戏用户，都可以从这个模型的组合命题中得到解释。

此外，模型还解释了为什么玩家在某些游戏中耗费大量时间。体验过程的动态变化和转换意味着，在特定的游戏环节中，娱乐体验的质量（“口味”）会经常改变。在某个时刻，玩家可能会为自己的胜利感到非常自豪；几秒钟后，他们可能会在基于叙事的自我转变中找到共鸣；再过几秒钟，他们又可能会被令人敬畏的审美吸引力所震撼。由于这些动态变化和多样性，玩家很可能会有强烈的继续玩游戏的动机，而游戏通常能够通过玩家的享受适应来避免其丧失吸引力（Frederick & Lowensein, 1999）。玩家很有可能会一直找到“足够的”或“更好的”的娱乐结果，因为至少有一个相关的过程几乎总是“有效的”。此外，一些娱乐过程的协同效应将促进（罕见的）巅峰体验，从而激励进一步的游戏使用行为。因此，基于模型对过程多样性和动态变化的假设，我们可以解释为什么玩家会在电子游戏中投入如此多的时间。

研究展望

当前的模型与一般娱乐理论联系紧密，但只能从过去研究中得到部分实证证据。因此，未来游戏娱乐研究的主要任务是推进对那些迄今为止受到较少关注的假设的实证研究。尤其是叙事—审美游戏属性（敬畏和“他誉”情感，核心体验五）的情感效应需要更多的实证研究。同样，从玩家的自我转变和联结体验中推导出的实现主义娱乐结果（命题3.2和4.1），也应该在未来得到更多的实证检验，就像过去致力于对享乐主义娱乐结果的实证研究一样。这些研究也将有助于反对将电子游戏视为无聊、简单、幼稚的娱乐模式的常见误解，许多非游戏玩家似乎仍然持有这种观念（Oliver, et al., 2016）。

除了完善本章概述的多进程模型的实证基础外，未来游戏娱乐研究要能够现场观察娱乐中的多个协同过程及其享乐主义和实现主义结果。这需要先进的实验设计、大量的玩家样本和数据记录技术。要能够对游戏属性和操作风格如何塑造多个并行的娱乐过程，从而协同产生独特的个人体验和结果进行经验观察。要将该领域从单一过程研究推进到协同过程研究的理论视野，提升游戏娱乐理论的解释力和普遍性。

参考文献

Aarseth, E. (2012). A narrative theory of games. In *Proceedings of the International Conference on the Foundations of Digital Games—FDG '12* (pp. 129–133). New York, New York: ACM Press. https://doi.org/10.1145/2282338.2282365.

Algoe, S. B., & Haidt, J. (2009). Witnessing excellence in action: The "other-praising" emotions of elevation, gratitude, and admiration. *The Journal of Positive Psychology*, 4(2), 105–127. https://doi.org/10.1080/17439760802650519.

Atkins, B. (2006). What are we really looking at? *Games and Culture*, 1(2), 127–140. https://doi.org/10.1177/1555412006286687.

Banks, J. (2015). Object, me, symbiote, other: A social typology of player-avatar relationships. *First Monday*, 20(2). https://doi.org/10.5210/fm.v20i2.5433.

Bessiere, K., Seay, A. F., & Kiesler, S. (2007). The ideal elf: Identity exploration in World of Warcraft. *CyberPsychology & Behavior*, 10(4), 530–535. https://doi.org/10.1089/cpb.2007.9994.

Bowman, N. D. (2015). "For this much work, I need a Guild card!": Video game play as a (demanding) co-production. In R. A. Lind (Ed.), *Producing theory in a digital world: The intersection of audiences and production in contemporary theory* (pp. 107–124). New York, NY: Peter Lang.

Bowman, N. D., Weber, R., Tamborini, R., & Sherry, J. (2013). Facilitating game play: How others affect performance at and enjoyment of video games. *Media Psychology*, 16(1), 39–64. https://doi.org/10.1080/15213269.2012.742360.

Brown, J. D., & Dutton, K. A. (1995). The thrill of victory, the complexity of defeat: Self-esteem and people's emotional reactions to success and failure. *Journal of Personality and Social Psychology*, 68(4), 712–722. http://dx.doi.org/10.1037/0022–3514.68.4.712.

Bryant, J., & Miron, D. (2003). Excitation-Transfer theory and three-factor theory of emotion. In J. Bryant, D. R. Roskos-Ewoldsen, & J. Cantor (Eds.), *Communication and emotion: Essays in honor of Dolf Zillmann* (pp. 31–60). Mahwah, NJ: Erlbaum.

Cole, H., & Griffiths, M. D. (2007). Social interactions in massively multiplayer online roleplaying gamers. *CyberPsychology & Behavior*, 10(4), 575–583. https://doi.org/10.1089/cpb.2007.9988.

Crogan, P. (2018). Indie dreams: Video games, creative economy, and the hyperindustrial epoch. *Games and Culture*, 13(7), 671–689. https://doi.org/10.1177/1555412018756708.

Csikszentmihalyi, M. (1990). *Flow: The psychology of optimal experience*. New York, NY: Harper Row.

Cupchik, G. C., & Kemp, S. (2000). The aesthetics of media fare. In D. Zillmann & P. Vorderer (Eds.), *Media entertainment: The psychology of its appeal* (pp. 249–265). Mahwah, NJ: Erlbaum.

Deterding, S. (2018). Alibis for adult play: A Goffmanian account of escaping embarrassment in adult play. *Games and Culture*, 13(3), 260–279.

Ermi, L., & Mäyrä, F. (2005). Fundamental components of the gameplay experience: Analysing immersion. In S. de Castell & J. Jenson (Eds.), *Changing views: Worlds in play; International perspectives on digital games research* (pp. 37–53). Frankfurt, Germany: Peter Lang.

Frederick, S., & G. Lowenstein (1999). Hedonic adaption. In D. Kahneman, E. Diener, & N. Schwarz (Eds.), *Well-being: The foundations of hedonic psychology* (pp. 302–329). New York, NY: Sage.

Grodal, T. (2000). Video games and the pleasures of control. In D. Zillmann & P. Vorderer (Eds.), Media entertainment. *The psychology of its appeal* (pp. 197–212). Mahwah, NJ: Erlbaum.

Haidt, J. (2003). The moral emotions. In R. J. Davidson, K. R. Scherer, & H. H. Goldsmith (Eds.), *Handbook of affective sciences* (S. 852–870). Cary, NC: Oxford University Press.

Harter, S. (1978). Effectance Motivation Reconsidered Toward a Developmental Model. *Human Development*, 21(1), 34–64. https://doi.org/10.1159/000271574.

Hartmann, T. (2008). Parasocial interactions and new media characters. In E. A. Konijn, S. Utz, & S. B. Barnes (Eds.), *Mediated interpersonal communication* (pp. 177–199). New York, NY: Routledge.

Hou, J. (2011). Uses and gratifications of social games: Blending social networking and game play. *First Monday*, 16(7). https://doi.org/10.5210/fm.v16i7.3517.

Huta, V., & Waterman, A. S. (2014). Eudaimonia and Its Distinction from Hedonia: Developing a Classification and Terminology for Understanding Conceptual and Operational Definitions. *Journal of Happiness Studies*, 15(6), 1425–1456. https://doi.org/10.1007/s10902-013-9485-0.

Howes, C., & Matheson, C. C. (1992). Sequences in the development of competent play with peers: Social and social pretend play. *Developmental Psychology*, 28(5), 961.

Ip, B. (2011). Narrative structures in computer and video games: Part 1: Context, definitions, and initial findings. *Games and Culture*, 6(2), 103–134. https://doi.org/10.1177/1555412010364982.

Jansz, J. (2005). The emotional appeal of violent video games for adolescent males. *Communication Theory*, 15(3), 219–241. https://doi.org/10.1111/j.1468-2885.2005.tb00334.x.

Jansz, J., & Tanis, M. (2007). Appeal of Playing Online First Person Shooter Games. *CyberPsychology & Behavior*, 10(1), 133–136. https://doi.org/10.1089/cpb.2006.9981.

Juul, J. (2005). *Half-real: Video games between real rules and fictional worlds*. Cambridge, MA: MIT Press.

Kallio, K. P., Mäyrä, F., & Kaipainen, K. (2011). At least nine ways to play: Approaching gamer mentalities. *Games and Culture*, 6(4), 327–353. https://doi.org/10.1177/1555412010391089.

Katz, E., & Foulkes, D. (1962). On the Use of the Mass Media as "Escape": Clarification of a Concept. *Public Opinion Quarterly*, 26(3), 377–388. https://doi.org/10.1086/267111.

Keltner, D., & Haidt, J. (2003). Approaching awe, a moral, spiritual, and aesthetic emotion. *Cognition and Emotion*, 17(2), 297–314. https://doi.org/10.1080/02699930302297.

Klimmt, C. (2003). Dimensions and determinants of the enjoyment of playing digital games: A three-level model. In M. Copier & J. Raessens (eds.), *Level up: Digital games research conference* (pp. 246–257). Utrecht, The Netherlands: Faculty of Arts, Utrecht University.

Klimmt, C. (2016). Self-efficacy: Mediated experiences and expectations of making a difference. In L. Reinecke & M. B. Oliver (Eds.), *The Routledge handbook of media use and well-being* (pp. 157–169). New York, NY: Routledge.

Klimmt, C., Blake, C., Hefner, D., Vorderer, P., & Roth, C. (2009). Player performance, satisfaction, and video game enjoyment. In S. Natkin & J. Dupire (Eds.), *Entertainment computing: Proceedings of the 8th International Conference on Entertainment Computing* (ICEC 2009) (pp. 1–12). Lecture Notes in Computer Science 570. Berlin, Germany: Springer.

Klimmt, C., & Hartmann, T. (2008). Mediated interpersonal communication in multiplayer videogames: Implications for entertainment and relationship management. In E. A. Konijn, S. Utz, M. Tanis, & S. B. Barnes (Eds.), *Mediated interpersonal communication* (pp. 309–330). New York, NY: Routledge.

Klimmt, C., Hartmann, T., & Frey, A. (2007). Effectance and control as determinants of video game enjoyment. *CyberPsychology & Behavior*, 10(6), 845–847. https://doi.org/10.1089/cpb.2007.9942.

Klimmt, C., Hefner, D., Vorderer, P., Roth, C., & Blake, C. (2010). Identification with video game characters as automatic shift of self-perceptions. *Media Psychology*, 13(4), 323–338. Klimmt, C., & Possler, D. (2019). Video Games. In M. B. Oliver, A. A. Raney, & J. Bryant (Eds.).

Klimmt, C., Rizzo, A., Vorderer, P., Koch, J., & Fischer, T. (2009). Experimental evidence for suspense as determinant of video game enjoyment. *Cyberpsychology and Behavior*, 12(1), 29–31. https://doi.org/10.1089/cpb.2008.0060.

Knobloch-Westerwick, S., David, P., Eastin, M. S., Tamborini, R., & Greenwood, D. (2009). Sports spectators' suspense: Affect and uncertainty in sports entertainment. *Journal of Communication*, 59(4), 750–767. https://doi.org/10.1111/j.1460-2466.2009.01456.x.

Lang, A. (2006). Motivated cognition: The influence of appetitive and aversive activation on the processing of video games. In P. Messaris & L. Humphreys (Eds.), *Digital media: Transformations in human communication* (pp. 237–254). New York, NY: Peter Lang.

Lee, K. M., Park, N., & Jin, S.-A. (2006). Narrative and interactivity in computer games. In P. Vorderer & J. Bryant (Eds.), *Playing Video Games: Motives, Responses, and Consequences* (pp. 259–274). Mahwah, N.J.: Lawrence Erlbaum Associates.

Mahood, C., & Hanus, M. (2017). Role-playing video games and emotion: How transportation into the narrative mediates the relationship between immoral actions and feelings of guilt. *Psychology of Popular Media Culture*, 6(1), 61–73. https://doi.org/10.1037/ppm0000084.

Media Effects: Advances in Theory and Research (4th ed., pp. 342–356). New York: Routledge. Klimmt, C., Possler, D., May, N., Auge, H., Wanjek, L., & Wolf, A. (2019). Effects of soundtrack music on the video game experience. *Media Psychology*, 22(5), 689–713. https://doi.org/10.1080/15213269.2018.1507827.

Murray, J. (1997). *Hamlet on the holodeck: The future of narrative in cyberspace*. Boston, MA: MIT Press.

Nakatsu, R., Rauterberg, M., & Vorderer, P. (2005). A new framework for entertainment computing: From passive to active experience. In F. Kishino, Y. Kitamura, H. Kato, & N. Nagata (Eds.), *International conference on entertainment computing 2005* (LNCS 3711, pp. 1–12). Berlin, Germany: Springer.

Nicolopoulou, A. (1993). Play, cognitive development, and the social world: Piaget, Vygotsky, and beyond. *Human development*, 36(1), 1–23.

Ohler, P., & Nieding, G. (2006). Why play? An evolutionary perspective. In P. Vorderer & J. Bryant (Eds.), *Playing Video Games: Motives, Responses, and Consequences* (pp. 101–114). Mahwah, N.J.: Lawrence Erlbaum Associates.

Oliver, M. B., & Bartsch, A. (2011). Appreciation of entertainment. *Journal of Media Psychology*, 23(1), 29–33. https://doi.org/10.1027/1864–1105/.

Oliver, M. B., Bowman, N. D., Woolley, J. K., Rogers, R., Sherrick, B. I., & Chung, M.-Y. (2016). Video games as meaningful entertainment experiences. *Psychology of Popular Media Culture*, 5(4), 390–405. https://doi.org/10.1037/ppm0000066.

Peña, J., & Hancock, J. T. (2006). An analysis of socioemotional and task communication in online multiplayer video games. *Communication Research*, 33(1), 92–109. https://doi.org/10.1177/0093650205283103.

Piff, P. K., Dietze, P., Feinberg, M., Stancato, D. M., & Keltner, D. (2015). Awe, the small self, and prosocial behavior. *Journal of Personality and Social Psychology*, 108(6), 883. https://doi.org/10.1037/pspi0000018.

Possler, D., Klimmt, C., & Raney, A. A. (2018). Gaming is Awesome! A Theoretical Model on Cognitive Demands and the Elicitation of Awe During Video Game Play. In N. D. Bowman (Ed.), *Video Games – A Medium that Demands our Attention* (pp. 74–91). New York. N.Y.: Routledge.

Possler, D., Klimmt, C., Raney, A. A., Steger, F., Landmann, L. & Seibert, J. (2019, May). *The "Wow!"-Effect: Introducing Awe as Novel Element of the (VR) Video Game Experience*. Paper presented at the 69th Annual Conference of the International Communication Association (ICA), May 24-28, 2019, Washington D.C., USA.

Possler, D., Klimmt, C., Schlütz, D., & Walkenbach, J. (2017). A mature kind of fun? Exploring silver gamers' motivation to play casual games—Results from a large-scale online survey. In J. Zhou & G. Salvendy (Eds.), *Human aspects of IT for the aged population: Applications, services and contexts: Third International Conference ITAP 2017, Proceedings Part II* (pp. 280–296). Wiesbaden, Germany: Springer.

Przybylski, A. K., Rigby, C. S., & Ryan, R. M. (2010). A motivational model of video game engagement. *Review of General Psychology*, 14(2), 154–166. https://doi.org/10.1037/a0019440.

Raney, A. A., & Bryant, J. (2002). Moral Judgment and Crime Drama: An Integrated Theory of Enjoyment. *Journal of Communication*, 52(2), 402–415. https://doi.org/10.1093/joc/52.2.402.

Ravaja, N., Saari, T., Salminen, M., Laarni, J., & Kallinen, K. (2006). Phasic emotional Reactions to Video Game Events: A psychophysiological investigation. *Media Psychology*, 8(4), 343–367. https://doi.org/10.1207/s1532785xmep0804_2.

Rogers, R., Woolley, J., Sherrick, B., Bowman, N. D., & Oliver, M. B. (2017). Fun versus meaningful video game experiences: A qualitative analysis of user responses. *Computer Games Journal*, 6(1–2), 63–79. https://doi.org/10.1007/s40869-016-0029-9.

Ryan, R. M., & Deci, E. L. (2001). On Happiness and Human Potentials: A Review of Research on Hedonic and Eudaimonic Well-Being. *Annual Review of Psychology*, 52(1), 141–166. https://doi.org/10.1146/annurev.psych.52.1.141.

Saroglou, V., Buxant, C., & Tilquin, J. (2008). Positive emotions as leading to religion and spirituality. *Journal of Positive Psychology*, 3(3), 165–173. https://doi.org/10.1080/17439760801998737.

Scharkow, M., Festl, R., Vogelgesang, J., & Quandt, T. (2015). Beyond the "core-gamer": Genre preferences and gratifications in computer games. *Computers in Human Behavior*, 44, 293–298. https://doi.org/10.1016/j.chb.2014.11.020.

Schmierbach, M., Xu, Q., Oeldorf-Hirsch, A., & Dardis, F. E. (2012). Electronic friend or virtual foe: Exploring the role of competitive and cooperative multiplayer video game modes in fostering enjoyment. *Media Psychology*, 15(3), 356–371. https://doi.org/10.1080/15213269.2012.702603.

Sherry, J. L. (2004). Flow and Media Enjoyment. *Communication Theory*, 14(4), 328–347. https://doi.org/10.1111/j.1468-2885.2004.tb00318.x.

Sherry, J. L., Greenberg, B. S., Lucas, K., & Lachlan, K. (2006). Video Game Uses and Gratifications as Predictors of Use and Game Preference. In P. Vorderer & J. Bryant (Eds.), *Playing Video Games: Motives, Responses, and Consequences* (pp. 213–224). Mahwah, N.J.: Lawrence Erlbaum Associates.

Skalski, P., Tamborini, R., Shelton, A., Buncher, M., & Lindmark, P. (2011). Mapping the road to fun: Natural video game controllers, presence, and game enjoyment. *New Media & Society*, 13(2), 224–242. https://doi.org/10.1177/1461444810370949.

Steinkuehler, C. A., & Williams, D. (2006). Where everybody knows your (screen) name: Online games as "third places." *Journal of Computer-Mediated Communication*, 11(4), 885–909. https://doi.org/10.1111/j.1083–6101.2006.00300.x.

Sutton-Smith, B. (1997). *The ambiguity of play*. Cambridge, MA: Harvard University Press.

Tamborini, R., Grizzard, M., Bowman, N. D., Reinecke, L., Lewis, R. J., & Eden, A. (2011). Media enjoyment as need satisfaction: The contribution of hedonic and nonhedonic needs. *Journal of Communication*, 61(6), 1025–1042. https://doi.org/10.1111/j.1460–2466.2011.01593.x.

Tamborini, R., & Skalski, P. (2006). The Role of Presence in the Experience of Electronic Games. In P. Vorderer & J. Bryant (Eds.), *Playing Video Games: Motives, Responses, and Consequences* (pp. 225–240). Mahwah, N.J.: Lawrence Erlbaum Associates.

Vorderer, P. (2001). It's all entertainment, sure: But what exactly is entertainment? Communication research, media psychology, and the explanation of entertainment experiences. *Poetics*, 29, 247–261. https://doi.org/10.1016/S0304-422X(01)00037-7.

Vorderer, P., & Bryant, J. (Eds.). (2006). *Playing Video Games: Motives, Responses, and Consequences*. Mahwah, N.J.: Lawrence Erlbaum Associates.

Vorderer, P., Klimmt, C., & Ritterfeld, U. (2004). Enjoyment: At the heart of media entertainment. *Communication Theory*, 14(4), 388–408. https://doi.org/10.1111/j.1468-2885.2004.tb00321.x.

Vorderer, P., & Reinecke, L. (2015). From Mood to Meaning: The Changing Model of the User in Entertainment Research. *Communication Theory*, 25(4), 447–453. https://doi.org/10.1111/comt.12082.

Vorderer, P., & Ritterfeld, U. (2009). Digital Games. In R. L. Nabi & M. B. Oliver (Eds.), *The SAGE handbook of media processes and effects* (pp. 455–467). Los Angeles: Sage.

Weber, R., Behr, K.-M., & DeMartino, C. (2014). Measuring interactivity in video games. *Communication Methods and Measures*, 8(2), 79–115. https://doi.org/10.1080/19312458.2013.873778.

Weiner, B. (1985). An attribution theory of achievement motivation and emotion. *Psychological Review*, 92(4), 548–573. https://doi.org/10.1037/0033-295X.92.4.548.

White, R. W. (1959). Motivation reconsidered: The concept of competence. *Psychological Review*, 66(5), 297–333. https://doi.org/10.1037/h0040934.

Williams, D., Caplan, S., & Xiong, L. (2007). Can you hear me now? The impact of voice in an online gaming community. *Human Communication Research*, 33, 427–449. https://doi.org/10.1111/j.1468-2958.2007.00306.x.

Wolf, M. J. P. (Ed.). (2001). *The medium of the video game*. Austin: University of Texas Press.

Wulf, T., Bowman, N. D., Rieger, D., Velez, J. A., & Breuer, J. (2018). Video games as time machines: Video game nostalgia and the success of retro gaming. *Media and Communication*, 6(2), 60–68. doi:10.17645/mac.v6i2.1317.

Yee, N. (2006). Motivations for Play in Online Games. *CyberPsychology & Behavior*, 9(6), 772–775. https://

doi.org/10.1089/cpb.2006.9.772.

Yaden, D. B., Iwry, J., Slack, K. J., Eichstaedt, J. C., Zhao, Y., Vaillant, G. E., & Newberg, A. B. (2016). The overview effect: Awe and self-transcendent experience in space flight. *Psychology of Consciousness: Theory, Research, and Practice*, 3(1), 1–11. https://doi.org/10.1037/cns0000086.

Zillmann, D. (1980). Anatomy of suspense. In P.H. Tannenbaum (Ed.), The entertainment functions of television (pp. 133–163). Mahwah, NJ: Lawrence Erlbaum.

Zillmann, D. (1983). Transfer of excitation in emotional behavior. In J. T. Cacioppo & R. E. Petty (Eds.), *Social psychophysiology: A sourcebook* (pp. 215–240). New York, N.Y.: The Guilford Press.

Zillmann, D. (1996). The psychology of suspense in dramatic exposition. In P. Vorderer, H. J. Wulff, & M. Friedrichsen (Eds.), *Suspense: Conceptualizations, theoretical analyses, and empirical explorations* (pp. 199–231). Hillsdale, N.J.: Lawrence Erlbaum Associates.

第三十三章　作为需求的交互性

——互动媒介娱乐的内涵

尼古拉斯·大卫·鲍曼

20世纪中期，最早的交互式电视产品开始发展——终端用户不仅可以观看和收听，而且可以直接参与控制。戈德史密斯（Goldsmith）和曼恩（Mann）的“阴极射线管娱乐设备”（美国专利2455992, 1948）为早期控制屏幕上内容的计算系统发展提供了动力。希金波瑟姆（Higinbotham）的《双人网球赛》（1958）和拉塞尔（Russell）的《太空战争！》（1962）则提供了第一个能够呈现玩家参与的独立数字世界的计算设备：前者在模拟网球网上打击单像素的“球”，后者则在中心重力井上驾驶宇宙器。在这些早期的游戏中，开发者试图实现3个基本目标：穷尽计算资源（的可能）；为每次运行生成独特的体验；以一种愉快的方式让用户积极参与进来（Graetz, 1981）。

从这些简易的技术源头出发，电子游戏经历了动态的技术、创意和商业发展，形成了21世纪娱乐媒介领域的发展轨迹。2018年，全球电子游戏的销售收入超430亿美元（Shieber, 2019），几乎是流媒介服务和音乐行业的两倍（McIntyre, 2019），比全球电影业多出约20亿美元（McClintock, 2019）。尽管当代的电子游戏要复杂得多，似乎与早期的先驱者并无相似之处，但所有的电子游戏都有一个共同点：它们让玩家直接参与屏幕上的内容。迈耶（2012）解释说，优秀的电子游戏设计很大程度上是让玩家参与并作出一系列有趣的决策，玩家就像是动态屏幕叙事的合作者（Wellenreiter, 2015）。格罗达尔（Grodal, 2000）整合了这些观点及其他观点的线索（threads），认为“控制的乐趣”是电子游戏娱乐的一个核心特征。电子游戏不断吸引玩家参与也表明，对承载电子游戏的计算设备和玩家而言，游戏可能是一种需求体验。我们来看《超级马里奥兄弟》（任天堂，1985）中的一个例子：

> 当玩家启动开始菜单时，他们会来到一个有着坚实平坦地面的未知世

界——在这个世界的左边几乎没有关于未来内容的任何提示。玩家将控制器的方向杆推到右边，化身马里奥向这个方向移动，玩家不会受到阻拦，直到他看见一个与马里奥大小差不多的实体（它满脸怒容、眉毛倒立）挡住了道路——它迅速接近马里奥，玩家必须马上作出决定：战斗或飞离……这些决定需要在游戏的最初几分钟内作出。（Bowman, 2016a, p.107）

简而言之，电子游戏需要玩家的不断反馈，而这种要求既可以促进也可以阻碍娱乐体验。玩家自然会期望某种程度的需求满足，但当需求过高或相互冲突时，他们也可能陷入挣扎。本章将描述这些需求种类，对作为内在快乐的需求进行讨论，并将需求定位为游戏内容和游戏娱乐的中介。

作为需求体验的电子游戏

如果对电子游戏体验的共创（co-created）属性进行仔细研究，我们至少可以确定4种需求：认知需求、情感需求、生理需求和社交需求（Bowman, 2018）。认知需求是指玩家对屏幕上的挑战和困扰（puzzles）进行合理化处理的需求，这可能与理解游戏所需的认知资源（Gee, 2003），以及执行游戏动作所需的认知技能有关（Green, 2018; Green & Bavelier, 2003）。由于电子游戏从根本上被理解为基于规则的系统，玩家可以对结果进行积极的评估和协商（Juul, 2011），因此，基于这些乐趣成分，玩家建立了持久且灵活的心理模式（Boyan & Banks, 2017）。由伊登、埃沃尔德森、李和贝伊（Eden, Ewoldsen, Lee, & Beyea, 2018）提出的伴随逻辑（companion logic）主张将电子游戏环境理解为游戏期待和预见的行为可供性组合（Vorderer, Hartmann, & Klimmt, 2003）。

玩家对屏幕上事件的情感反应包括自下而上（潜意识的和初始的）的情感反应和自上而下（认知的和深入的）的情感反应（Hemenover & Bowman, 2018）。在初级水平上，电子游戏鼓励个体走向一种体验式心态，这种心态有利于产生各种独特的情感状态，通常与享受和快乐相关（Ivory, 2015; McHonigal, 2011）——简单来说，游戏被视为积极情感和快乐的来源。谢尔（Schell, 2013）解释了电子游戏是如何从聚焦于动作和刺激（跑步和跳跃）等“颈部以下动词”的媒介，向同等关注“颈部以上动词”（说话和倾听）的媒介进化，后者更多与深层情感诉求的概念有关。定性和定量研究已经与现有研究数据中关于游戏的享乐主义及实现主义情感反应相结合，发展为更具意义的玩家情绪反应研究（Oliver, et al., 2015; Rogers, woolley, Oliver, Bowman, & Sherrick, 2016）。这些最新的发现受到其他游戏研究者的鼓励，他们认为电子游戏不只是故事的按钮（Elson, Breuer, Ivory, & Quandt; 2014; Limperos, Downs, Ivory, & Bowman, 2013; van Dreunen, 2008）。

玩家为了参与游戏必须进行实际的输入操作。鲍曼（2018）把对身体控制装备的关注概念化为生理需求，并提供了最初数据，但沃瑟曼和班克斯（Wasserman, Banks, 2018）发现生理需求突出的电子游戏具有两方面特征：①这些控制被描述为简单或复杂的使用；②用户玩游戏时必须运用身体。前者更符合自然映射（技术的输入系统对终端用户的感知系统的适应程度）的概念。虽然拜欧卡（Biocca, 1997）认为自然映射的控制系统是指那些不需要去经历（视觉、嗅觉、味觉和触觉）的人类感知系统，但现存的文献表明，电子游戏玩家通常将更为熟悉的控制器视为自然映射（Liebold, Bowman, & Pietschmann, 2018; Tamborini, Bowman, Eden, Grizzard, 2010），即使它们具有更加抽象的特性（按下按钮才能与屏幕上的动作对应；Skalski, Tamborini, Shelton, Buncher, & Lindmark, 2011）。后者更专注于机动的动作（gross motor action），这些需求在概念上更符合游戏中的身体参与——尤其与运动学和触觉控制系统（Skalski, et al., 2011）以及沉浸式技术（Hartmannt & Fox, this volume）相关。

社交需求关乎电子游戏体验在多大程度上触发了其他社会行动者的隐性或显性反应——可能产生的社会影响及引发社会互动的其他人类玩家和非人类角色（Banks & Carr, 2019）。《双人网球赛》和《太空战争！》一类的电子游戏在历史上吸引了大量玩家，从公共街机（Egli & Meyers, 1984）到数字在线空间（Steinkuehler & Williams, 2006），游戏一直是社交互动的催化剂。社交互动通常是玩游戏的核心动机（Sherry, Lucas, Greenberg, & Lachlan, 2006; Yee, 2006）。此外，当其他玩家不直接参与游戏时，活跃的观众也会成为游戏社交的组成部分（Consalvo的双人自行车游戏研究，2017），如玩家通过在线游戏流媒介系统展示自己的游戏玩法供在线观众观看（Lin, Bowman, Lin, & Chen, 2019）。

需求与游戏体验

比确定电子游戏的需求来源更重要的是确定这些需求如何影响整个游戏体验。这是一个关键的视点，因为玩家处理屏幕上信息的能力有限（Fisher, Huskey, Keene, & Weber, 2018）。注意力资源并不是无限的，因此，当玩家沉浸于电子游戏时，不断增加的和竞争的需求可能会导致玩家以牺牲其他体验为代价去更多关注某些方面的体验。例如，瓦茨（Watts）、科班（Koban）和鲍曼（研究正在进行中）的两项研究，他们试图通过让玩家向在线观众直播动作玩法（stream action gameplay，第一人称射击游戏）来控制其社交需求，以检验社会促进理论的观点，即在观众面前，玩家的表现将得到显著提高（Bowman, Weber, Tamborini, & Sherry, 2013）。但社交需求的体验在流媒介游戏的玩家、记录游戏（用于未来的流媒介）的玩家或单独游戏的玩家之间是不变的，这些影响在两个独立的数据收集中被发现（在美国和德国）。原因之一在于动作游戏的认知和身体需求很可能超出了玩家应对流媒介对话的社交需求的能力，因为这两项研究中的大多数玩家是新手，所以他们的注意力更多指向焦点游戏玩法而不是与在线观众对话。

此外，电子游戏对4种需求的不同侧重也会导致需求体验差异。例如，动作游戏的惯例设计在协调感知系统与控制器输入的同时，更倾向于快速决策和解决问题（更关注认知和身体需求），这些游戏可能会有意淡化情感或社交元素，以促使玩家专注于焦点游戏玩法（减少对情感和社交需求的关注）。同样，像角色扮演这类情感冲击更多的游戏可能会将玩家的注意力转向更加被动的、即时要求更少的界面系统，如会话决策树，还会简化解决困难（puzzle-solving）组件，以便玩家将注意力投入叙事理解上，而不是玩游戏本身。这些游戏往往更重视角色发展，这可能会强化玩家与屏幕上化身的联系，以及他们的社交和情感需求（Banks & Bowman, 2016; Bowman & Banks, this volume），并使他们开始沉浸于所扮演的角色。

鲍曼等人（2018）用26项电子游戏需求量表[1]对这些需求进行了评估。值得注意的是，这个量表（以及它的扩展、方法）因过度关注玩家的需求体验，忽略了评估互动媒介离散特征（discrete features）的需求维度而被批评。例如，互动媒介理论（《时代周刊》; Sundar, Ja, Waddell, & Huang, 2015）假设交互性是技术本身的固有特性，因此任何试图理解与交互性相关的需求的尝试都需要考虑特定的技术特性（Sundar & Limperos, 2013）。其他人如布西（Bucy, 2004）则反驳说，技术的客观性与交互性不如用户对这些特征的感知；在关于隐藏功能的讨论中也有类似的立场（Gaver, 1991）——在电子游戏中，玩家可能没有意识到某些系统特征的存在或其功能作用（Eden, et al., 2018）。施特罗默-加利（Stromer-Galley, 2004）区分了作为过程的交互性（由用户感知）和作为产品的交互性（技术固有的），而电子游戏需求量表目前侧重于前者。作为过程的交互性视角与媒介心理学研究互动媒介的方法更为一致，因为它将重点放在用户（电子游戏玩家）的动态体验上，即技术与用户的交互（Rutledge, 2013）。在娱乐研究领域，作为过程的交互性方法允许我们检验来自需求体验的内在快乐，以及享受和欣赏的需求体验如何影响娱乐结果。

作为内在快乐的需求

正如本章开头所述，电子游戏的互动元素通常被视为激发媒介吸引力的驱动力量。从这个角度看，对电子游戏的需求被视为快乐的来源是有道理的。事实上，玩电子游戏最基本和最突出的动机便是直接参与游戏提供的挑战和竞争（Sherry, et al., 2006; Yee, 2006）。沃德尔等人（2003）扩展了这一论点，认为正是这种对持续挑战的期待吸引玩家

[1] VDGS，亦可在https://osf.io/x5jch/上找到

进入游戏。其中部分观点得到了拉瓦贾、萨里、萨尔米宁、拉尔尼和卡尔亚林（Ravaja, Saari, Salminen, Laarni, & Kallinen, 2006）的进一步支持，他们发现在游戏中失败玩家的行为和生理指标会在游戏结束后发生改变，这可能表明玩家正准备重新参与电子游戏，迎接即将到来的挑战。

在这些讨论和案例中，我们认为内隐的认知和情感需求是潜在的娱乐来源。这样的立场与认知心理学模型相反，认知心理学主张“认知吝啬鬼”（cognitive miser）理论——人类通常避免作无谓的努力（Fiske & Taylor, 1984）。从这种理论视角出发，没有价值的任务、人们已经有所投入的任务，或有更不费力和/或更有价值的替代方案的任务不会激发用户的努力（Inzlicht, Shenhav, & Olivola, 2018），个体愿意为一项任务投入多少努力取决于他们对该任务的看法。虽然没有挑战这些观点，但因兹利希特等人（Inzlicht, et al., 2018）提出了一种伴随逻辑，认为伴随着需求（需求作为焦点活动的属性）付出的努力（一种个人属性）可以成为自身快乐的来源。其中一个例子是心流状态的实现和维持（Csikszentmihalyi, 1975），因兹利希特等人（2018）把它作为一个内在（本质）快乐在努力的例子。事实上，当一项任务的挑战（需求）与个人的技能（努力的潜能）相平衡时，心流状态就会被触发，而当这两种力量增加时，快乐就会增加。

实际上，心流理论已经被应用于电子游戏及相近领域的研究，电子游戏研究的心流概念反映内在（本质）快乐（Sherry, 2004）。凯勒和布勒斯（Keller, Bless, 2008）发现，一种能够持续自动调节游戏挑战（难度），使之与玩家技能相平衡的动态系统被开发出来（Chen, 2007），当游戏难度与玩家的技能水平相匹配时，自我报告的内在奖励（心流）最高。此外，行为和神经测量（结果）也与自我报告的数据相印证（Huskey, Graighead, Miller, & Weber, 2018; Huskey, Wilcox, & Weber, 2018），这显示了心流同步理论（flow synchronization theory）的发展（Weber, Tamborini, Westcott-Baker, & Kantor, 2009, Fischer, Lonergan, Hopper, & Weber, this volume），该理论将心流定义为一种与大脑中注意力和奖励网络同步的神经活动状态（Huskey, et al., 2018; Weber, et al., 2009）。心流状态下的（认知）注意和奖励网络的耦合提供了令人信服的证据，证明付出努力本质上是令人愉悦的。

前面的论点与精神层面的努力付出尤为相关。在这方面，因兹利希特等人（2018）认为，尽管情感和社交需求也可能与此相关，但精神付出（体力消耗）最有可能令人愉快。例如，尤尔（Juul, 2011）认为，电子游戏的一个固有特性是玩家完全投入屏幕体验上，这种投入可以将注意力（认知努力）形式和情感承诺带入游戏结果，如同游戏中的角色。克里斯顿（Kryston）、诺沃特尼（Novotny）、施梅尔兹尔（Schmaelzle）和坦博里尼（2018）扩展了心流同步理论（synchronization theory of flow），推测社会他者的存在可以促进大脑中注意和奖励结构的激活，从而更快地激发并维持心流状态；同时，社交需求可能分散注意力，扰乱心流状态。对于所有4项需求，斯米茨（Smits）

（《个人传播》，2017年11月30日）认为，需求的先验预期可能会进一步影响享受。回到沃德勒等人（2003）的观点，他们认为努力阈值由先前的和预期的经验所决定，玩家根据先前的期望来容忍更高或更低水平的需求。例如，从使用与满足理论的视角来看（Sherry, et al., 2006），寻求挑战和竞争需求的玩家将更能容忍认知需求，也需要更高的认知需求水平来获得享受体验。相反，寻求消遣或幻想满足的玩家对认知需求的容忍度较低，因此，高认知需求将会影响他们的享受。库兹班、达克沃斯、凯布尔和迈尔斯（Kurzban, Duckworth, Kable, & Myers, 2013）已经运用这些概念展开研究，他们认为个人对特定活动的努力具有心理表征，并从活动的努力中获得好处。电子游戏需求的使用与满足理论对这两个研究领域进行了有用的扩展，特别是在玩家寻求满足和获得满足方面（Palmgreen & Rayburn, 1982）。

所感知到的需求和娱乐结果

除了作为娱乐的主要来源外，电子游戏需求还被用于调节屏幕内容和焦点娱乐之间的关系。如前所述，电子游戏的使用需要玩家的认知、情感、心理和社交关注，而这些需求会单独或共同影响娱乐体验。因此，如果我们将电子游戏特征概念化为核心刺激变量，将4个不同维度的玩家体验作为机体变量（organism variables），将娱乐体验作为结果变量（Jacoby, 2002），就可以建立一个需求和娱乐的综合模型（图33.1）。

关于娱乐结果，近期媒介娱乐研究的转变鼓励学者考虑娱乐结果的二维模型，兼顾对媒介内容的享乐主义和实现主义反应（Oliver & Raney, 2011; Vorderer, 2011）。简而言之（Long & Knobloch-Westerwick, this volume; Janicke-Bowles, Bartsch, Oliver, & Raney, this volume），享受主要基于对媒介内容的享乐主义反应（“有趣”和“快乐”），而欣赏更多关注实现主义体验（被“感动”或“打动”的感觉，Janicke-Bowles, Schubert, & Blomster, this volume）。两者通常都是消费后的积极评价，前者往往是更易得的快乐体验，而后者是有所经历后的快乐体验——一个人在观看一个感人的故事时可能会感到悲伤，但研究显示他会获得整体的娱乐体验。坦博里尼等人（2010）认为，对媒介内容的享受反应可以用功能术语来理解。他们（2011）认为，欣赏可能来自对那些不会导致需求满足的经历的反应。奥利弗及其同事（2015）展示了这种二维方法在理解电子游戏娱乐方面的适用性。在他们对游戏玩家的在线调查中，98%的参与者能回忆起享受的游戏体验，72%的参与者能回忆起欣赏的（“有意义的”）游戏体验。享受与对游戏玩法的关注有关（也受能力和自主感的影响），欣赏则与对游戏叙事的关注有关（受关系感的影响）；前者可称为“玩游戏的快乐”，后者则可称为“感伤的快乐”（pleasure of poignancy），两者都可以用图33.1所示模型来说明。

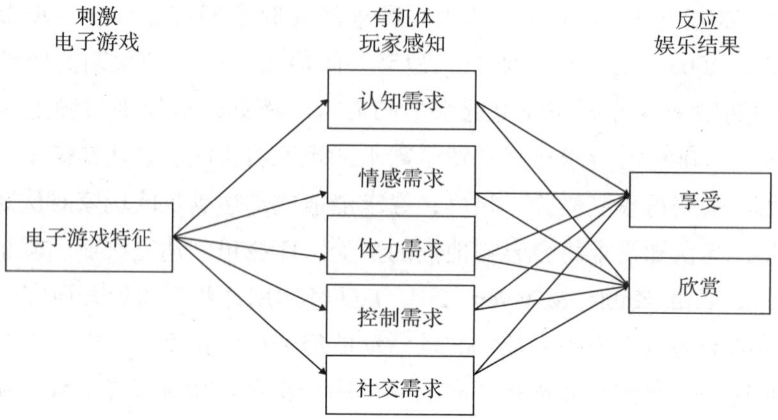

图33.1　电子游戏需求和娱乐的刺激—机体—反应模型

注：该模型非常简单，忽略了两种需求结构和娱乐结果之间的关系。路径效价和量级不是特定的，因为具体预测依赖于所研究的独特游戏特征。

玩游戏的需求与快乐

“玩游戏的快乐”似乎与关于认知需求和两种类型的身体需求——控制器和体力需求的讨论特别相关。因为认知需求关乎玩家如何接受、理解和应对游戏内的挑战，所以认知需求的体验可能是玩家如何理解而非评价游戏机制。游戏的“认知要求”“需要大量的心理操练”“利用我所有的心理资源”等项目，更关注玩家对体验的复杂或困难程度的感知，这先于最终的享受评级。毕竟，不需要脑力的电子游戏不是一款好游戏（Vorderer, et al., 2003），同样，一款过度消耗玩家认知资源的电子游戏也不是一款好游戏。在这里，聚焦于认知需求可以解释玩游戏中的额外差异与享受关系；过去讨论认知需求的一些观点认为它在某种程度上是快乐的。

之前的研究证明，当游戏控制器不能满足玩家的期望时，享受会大打折扣（Liebold, et al., 2018）。更重要的是，之前讨论过的玩游戏时的关注（认知需求）并不能脱离游戏的身体需求，即使它们在概念上是不同的需求来源。虽然对体力需求的研究比较缺乏（部分原因是涉及全身控制系统的界面技术才刚刚起步），但对控制器需求的关注是电子游戏享受的一个核心内容。例如，帕丽斯（Parisi, 2015）解释说，手持游戏控制器是消费者理解当代电子游戏的核心，以至于对控制器的需求会渗透到所有游戏设计和营销中。事实上，尽管技术的进步使得控制器与人类感知系统更紧密地结合在一起（Biocca, 1997），许多研究（Liebold, et al., 2018; Rogers, Bowman, & Oliver, 2016; Tamborini, et al., 2010）报告称，游戏享受更多地受到对控制器自然性感知（研究表明，手持手柄玩游戏比运动捕捉控制的各种版本更加自然）而不是控制器对屏幕动作的实际保真度的影响。在这里，对控制器需求的持续关注主要取决于玩家在多大程度上将控制器视为一个不透明的设备（Clarr, 2003），而非视为更透明的游戏输出设备。

“玩游戏的快乐”也可以解释对屏幕上令人厌恶的内容的享乐主义情绪反应（Hemenover & Bowman, 2018）。例如，一款奖励可怕行为的暴力电子游戏的熟练玩家可能会以自豪和庆祝的方式回应数字杀人行为。表演这类行为时的骄傲和庆祝是心理学家早期研究中关注的玩家反应（Bowman, 2016b; Korucek, 2012）。但是，克林姆及其同事认为，玩家更可能通过赢得比赛（自豪和欢呼是其中的正常反应），而不是实施可怕的暴力行为来获得快乐（Melzer & Holl, this volume）。一种观点认为，玩家参与元情绪处理（meta-emotional process）是为了将行为情境化以重新评估那些与非关联性的（discrete）道德违背有关的负面情感。拳打脚踢尽管有些残酷，但被视为获得情感奖励的手段，这需要熟练掌握游戏的认知和身体需求——这个过程在减少对屏幕动作的暴力感知方面起调节作用（Tamborini, Weber, Bowman, Eden, & Skalski, 2013）。类似恐怖片的可怕内容可能既让观众恐惧，又让他们愉悦。班茨纳基（Bantinaki, 2012）和坦博里尼（2009）等学者都认为恐怖是一种享乐主义情感，前者认为恐怖是对令人憎恶的媒介体验的“欢迎立场”（welcoming stance），后者则主张将恐怖视为一种对自己恐惧情绪的掌控感。从这两种角度来看，恐怖反应可被理解为享乐主义娱乐，掌控与恐怖内容相关的情感需求可以是一种愉快的体验（Lynch & Martins, 2015; Lin, Wu, & Tao, 2018）。

虽然我们还没有穷尽电子游戏需求在电子游戏特征和由此产生的享受之间关联的各种可能性，但希望我们之前阐明的3个观点对建构这一领域未来研究的模型有所帮助。例如，如果我们将电子游戏视为一个需要努力的任务，那么我们不仅可以将努力视为一种内在快乐，也可以检验玩家的认知和身体努力的体验在多大程度上促进或破坏享受。这些观点属于常见的心流理论（Sherry, 2004），但（游戏）需求也让我们考察主观和客观的挑战——技能平衡。对电子游戏控制界面的研究，如用户体验研究（Nacke, et al., 2009; Sanchez, Vela, Simarro, & Padilla-Zea, 2012），鼓励用户更仔细地考察特定界面的设计（旨在映射到人类感知系统）和同一界面的体验（影响界面需求的先前经验和期望）。需求视角可能有助于人们对反社会内容享受的理解。当玩家在竞争场景中参与图像内容时，与击败对手相关的认知和身体需求可能会将玩家从潜在的焦虑情绪中吸引过来，要么让玩家把游戏行为与游戏后果剥离开来（从非道德的和功能的角度来玩游戏；Joeckel, Bowman, & Dogruel, 2012），要么通过聚焦于挑战目标，促使玩家对消极情绪状态和与艰难取胜相关的积极情绪反应作出重新评价。图像内容也可以通过情感需求机制触发享受结果，让玩家能够掌控、享受恐惧和害怕反应。在这些例子中，特定的游戏特征会引出玩家对各种需求来源的体验，并影响享受结果。

基于感伤的需求与快乐

“感伤的快乐”需求与玩家在游戏体验中的相关情感和社会代价有关。在这里，游戏叙事→欣赏关系可以进一步解释为游戏体验在多大程度上引发了玩家的情感反应，如“拨动心弦”和“给玩家某种感觉”（这两项均来自VGDS的情感需求维度）。对这种情感的考察更多与元情绪的娱乐体验有关——这是一个个体监控并参与自己的情绪感受，从而影响维持期望情感或打断非期望情感的动机过程（Bartsch, Vorderer, Mangold & Viehoff, 2008）。沃德尔和里特菲尔德（Ritterfeld, 2009）将元情感框架纳入对数字游戏情感吸引力的论证，认为玩家不仅可以在游戏中感受情感，还会在游戏结束后对最近和之前的游戏体验进行反思。格罗达尔（2007）也认为，电子游戏体验可以帮助形成更高层次的情绪维持过程，部分原因是它们能激发玩家情绪的戏剧性波动——提供从快乐的高峰到清醒的低谷等各种情绪反应。通过借鉴文学理论（Barthes, 1967），韦伦赖特（Wellenreiter, 2015）将电子游戏玩家视为游戏体验的合作者，他们可以解除游戏编剧对叙事的控制。为了让玩家真正地将自己（的身体和情感）沉浸于屏幕上的情节，他们需要像作者般控制体验。因此，游戏被精心制作成感知开放的体验，这样玩家就可以通过自己选择的情节来发展故事。

奥利弗和雷尼（2019）认为，电子游戏制作正转向一些“重”（weighty）话题，如疾病、死亡、悲伤和宇宙的浩渺无垠。在某种程度上，只有通过作为角色的玩家的眼睛，这种玩家辅助（player-assisted）情节才是有意义的和可感受的（Galbraith, 1995），玩家作为合作者处理自己的故事时，可以获得深刻的感伤体验。事实上，对所谓的具有挑战性的媒介内容，即引发观众悲伤共情的内容（Lewis, Tamborini, & Weber, 2014）的研究表明，非互动叙事引发的认知和情感需求可以更好地激发受众欣赏体验（Bartsch & Hartmann, 2017）。虽然他们的研究集中于那些激发观众智力的（认知需求）和情感的（情感需求）电影（《辛德勒的名单》《美丽心灵》《七宗罪》《上帝之城》），但未来对类似效价的电子游戏内容的认知和情感需求的研究，会重复和扩展这些发现。尤其有趣的是，将智力挑战定义为理解游戏世界的认知需求的来源时，我们可以更深刻地理解电子游戏中智力和情感挑战的互补程度。从程序修辞的观点来看（Bogost, 2010），当游戏机制的认知需求与游戏叙事的情感需求一致时，挑战性媒介内容在塑造受众欣赏体验上可能是最成功的：想象在某个电子游戏中，玩家的任务是欺骗纳粹军官，帮助犹太公民逃避抓捕和监禁（《辛德勒的名单》）；或帮助精神分裂症患者区分幻觉与现实（《美丽心灵》）；在深入调查某个嫌犯的刑事犯罪时管理自己的情感反应（《七宗罪》）；或者作出从城市帮派战争中死里逃生的决定（《上帝之城》）。雅各布斯（Jacobs, 2017）在他的游戏《我的棉花采摘生涯》（Lawlings, 2012）中采用了程序修辞设计，即通过操纵玩家可以收集到的棉花数量来展示雇用童工的残忍行为。在游戏中，玩家必须完成50千克棉花的定额，雅各布斯操纵每一种棉花的重量（2千克或1.5克，后者更能代表现实，因此也更直接地参与了程序修辞设计实践）。虽然没有直接的调查，但这项研究可以呈现程序修辞条件下的玩家是否能感觉到认知和情感需求的增加，并对游戏嵌入信息有更多的亲社会反应。相比之下，现存的需求讨论主张认知需求与情感需求互相排斥，认知需求会把对情感需求内容的注意力吸引过来（Bowman, 2018）。这种观点认为，如果要产生更多的感伤反应，电子游戏应该让游戏内的挑战尽可能简单，以便玩家聚焦于游戏叙事，并对情感触发作出反应。在这类游戏中的一种常见方法是利用所谓的快速反应事件（quick time events）互动，玩家使用时间按钮来触发复杂的屏幕预动画序列——这类游戏包括《莎木》（*Shenmue*）I、II（Sega, 1999, 2018）和《大雨》（Quantic Dream, 2010）。总的来说，认知和情感需求与有意义的娱乐结果之间的相互作用（以及对智力挑战在认知需求方面所扮演的角色的更精确研究）是已经成熟的实证研究领域。

感伤的快乐也可能来自游戏体验中交往的他者，包括其他人类玩家以及屏幕上的化身——这是一种具有特定娱乐结果的社交需求来源。玩家获得的意义来自游戏本身之外的社会语境（Elson, et al., 2014），因为玩家更多的是深情回忆起与他人玩游戏的体验而不是屏幕内容。斯坦克勒和威廉姆斯（Steinkuehler, Williams, 2006）认为电子游戏是真正的社会交谈的第三空间，提供了有意义的社会互动，甚至可以用来替代人们在线下社区中相对缺乏的社会联系（Kowert & Oldmeadow, 2013）。萨尔沃（Consalvo, 2017）将这种交谈扩展到多人同玩的串联式游戏场景，在这里，一些人作为观众提供建议，而另一些人控制屏幕里的动作。林等人（2019）进一步讨论了游戏流（game streaming）的非聚集观众，以及一个玩家为（潜在的）大量观众表演引发的游戏的表演性特征。电子游戏蕴含丰富的社会语境这一观点显然与社交需求视角一致，有助于更好理解各种社会参与者如何为游戏玩家提供有意义的社会情境。

同样，正如班克斯和鲍曼所言（2016; Bowman & Banks, this volume），随着玩家与游戏中的化身建立了越来越多的社会纽带，他们认识到这些化身是自我的分身并向它们的发展投入情感，个人游戏似乎开始转向真正的社会的、人际的玩家—化身伙伴关系，并同人际互动、人际参与一起促进实现主义娱乐结果。班克斯（2015）讨论了《魔兽世界》（暴雪娱乐，2004）玩家中的一个群体，他们将化身视为应对装置（coping vessels），在认同这些化身与将其视为独立的社会存在之间摇摆。在这个共生过程中，玩家将理想的自我投射到化身上，也承受化身所处的环境和后果的反作用；从社交和情感的需求角度来看，这样的经历被认为是特别感伤和自我反思的（self-reflective）。当然，并不是所有的玩家都与他们的化身建立这种实现主义的和社交的关系；根据班克斯和鲍曼（本书）的研究，约50%的玩家对化身持社交"客体"取向，他们更关注挑战和竞争，而不是更深层的意义（Oliveret, et al., 2015）。

正如上节对享受的讨论，对需求体验在游戏特征与欣赏结果间的中介作用的理解有无数种可能性。这里提供3种作为未来研究的起点。其一，许多电子游戏要求玩家成为游戏故事的积极合作者，玩家的选择直接影响一个正在展开的叙事。从游戏设计的角度来看，作为平衡，增加玩家侧需求的一种方式是将游戏内的挑战变得很简单（降低玩家的认知需求），以便玩家能够有更多的情感参与（增加他们的情感需求）；当玩家能够感知游戏内容，不受游戏内挑战的干扰时，欣赏体验似乎是最高的。其二，电子游戏可以将各种面对面的和在线的游戏语境作为丰富的社会互动资源，这些社会互动可以作为社交需求资源帮助玩家感知彼此的亲密度，从而产生积极的欣赏和意义感受（Elson, et al., 2014; Oliver, et al., 2015; Rogers, et al., 2016）。其三，这一点在一定程度上是第二点的延伸，玩家的（游戏）化身可以作为社交需求的来源，两者关系倾向于功能性的角色时会阻碍欣赏体验，两者关系被视为更真实的社会关系时则提升欣赏体验。在这些例子中，特定的游戏特征会激发玩家基于不同需求来源的体验，进而影响欣赏结果。

需求与非关联性（娱乐）情感结果

电子游戏需求影响娱乐结果，一些需求还将影响与享受和欣赏双重需求一致的非关联性情感状态。这些情感状态出现在最近的媒介心理学和电子游戏研究中，它们是敬畏、怀旧和负罪感。

敬畏与游戏需求

根据凯尔特纳和海特（2003）的研究，对敬畏的唤醒是一种愉悦和内省的情感，与遭遇不符合既定心理模式的环境刺激有关。由昔兰尼的希罗多德和卡利马库斯（Herodotus, Callimachus）汇编的口语时代“世界七大奇迹”（吉萨的大金字塔和罗德斯的巨型雕像）是激发敬畏感的典范。波斯勒（Possler）、克里姆特和雷尼（2018）提出，由于电子游戏和其他互动媒介具有让玩家感知宏大（景观）环境和获得享受及欣赏两种游戏体验的特征，它们几乎是量身定制来为用户带来敬畏反应的。同时，波斯勒等人（2018）也暗示，电子游戏的认知需求是引发敬畏感的潜在障碍，因为对游戏玩法的关注需要大量的注意力资源（Possler & Raney, this volume）。换句话说，仅仅是电子游戏所蕴含的对宏大景观的感知刺激还不够，更关键的是刺激是如何在整体体验中呈现的。例如，如果（此类）刺激是游戏元素的一部分，玩家已经对它投入了注意力资源，那么诱发敬畏感的刺激就会被作为主要处理对象，因此，预期会产生强烈的敬畏反应。在这种情况下，玩家可以充分关注和评估他们面前的东西，并能够在不分心的情况下受到所敬畏事物的刺激。但是，如果产生敬畏感的内容对游戏来说是次要的，那么只有当焦点游戏元素的认知需求还没有耗尽玩家的注意力资源时，玩家才可能产生敬畏反应。在这里，仅仅是（潜在的）诱发敬畏感的刺激物并不足以确保玩家能够关注并体验到预期的敬畏反应。

波斯勒等人（2018）的理论模型没有讨论的是：在游戏过程中社会他者（social others）的影响，游戏场景中社交需求的影响以及与敬畏感有关的结果。例如，萨尔沃

（2017）报告说，在串联游戏中，当两个或更多的人聚集在电子游戏周围但只有一个人玩游戏时——玩家更倾向于作为集体而不是个人参与游戏；这样的社交需求可能会分散玩家对敬畏刺激的注意力，相反，位于同一游戏空间（面对面或通过网络）的非玩家则投入了更多的注意力资源到潜在的敬畏刺激内容中。类似的逻辑也可以应用于对游戏设备的身体需求。具有高水平控制器需求的输入可能需要更多的关注，从而将玩家的注意力从敬畏刺激内容中吸引过来。相反，被认为更自然的控制器——无论是通过体验还是与感官沉浸相关的技术进步——可能会更有针对性地将玩家的注意力导向激发敬畏感的内容。

怀旧与游戏需求

正如本章提到的，电子游戏是近70年不断发展的娱乐环境的一部分。因此，随着玩家年龄的增长，与游戏相关的潜在怀旧情绪也会增加。至2018年，电子游戏玩家的平均年龄为35岁（ESA, 2018），每10个成年人中有6个以上会定期玩电子游戏（Brown, 2017）。正如拜福德（Byford, 2014）所说，这些玩家表现出一种“回想起20世纪80年代和90年代早期的倾向”。在这里，塞迪基德斯等人（Sedikides, et al., 2015）认为，对复古和经典电子游戏的热情意味着玩家体验怀旧的努力：这是由过去经历的美好回忆所引发的一种苦乐参半的社交享受和以过去为导向的情绪状态，并与媒介娱乐结果挂钩（Wulf, Rieger, & Schmitt, 2018）。对电子游戏怀旧的早期研究表明，对游戏的记忆（Wulf, Bowman, Velez, & Breuer, 2018）和对游戏经典元素的体验（《精灵宝可梦GO》; Bonus, Peebles, Mares, & Sarmiento, 2017）都可以引发怀旧。伍尔夫等人（2018）认为，对老游戏的回想（平均十多年前的游戏）以及社会记忆（间接的，与朋友和家人一起玩游戏）较有可能产生怀旧情绪——这表明游戏内容和社会情境对引发怀旧都很重要。

聚焦于电子游戏需求可以提供对那些引发怀旧的游戏元素（游戏记忆）的广泛理解。例如，伍尔夫等人（2018）的研究结果表明，对过去的认知和社交需求的积极回忆是引发游戏怀旧的主要原因。关于认知需求，一项对玩家玩游戏的开放式回忆的研究显示，20%的玩家提到了特定的游戏挑战（“飞船移动，大炮不断向你射击”,《超级马里奥兄弟3》，任天堂, 1988），在激发怀旧方面，对过去认知需求的回忆比新近的游戏高出6倍到8倍。在对过去和最近的游戏的回忆中，人们都提到了对朋友和家人的关注，这表明间隔时间长短不是怀旧的社交特征的必要部分——这再次证实了埃尔森等人（Elson, et al., 2014）提出的游戏社交环境对娱乐体验的影响和游戏本身一样大的观点。鲍曼、伍尔夫、韦莱斯和布鲁尔（2019）讨论了控制器设备本身引发的身体需求元素（控制器需求）的怀旧——游戏历史上的标志性控制器“金色之手”（Parisi, 2015）引发的一种触觉诱发型怀旧情绪（hapic-triggered nostalgia），类似于印刷书籍（Hayler, 2011）和儿童玩具（Baxter, 2016）引发的怀旧感。在这里，经典和熟悉的控制器能够产生足够的控制器需求，让玩家重新参与到他们童年游戏的记忆空间中，玩家会感受到过去时代控制器的曲线和纹理；同时，不熟悉的控制器（现代控制器）也可能会扰乱玩家，从而阻碍怀旧反应的产生（Heineman, 2014）。随着游戏行业对这些细节的关注，任天堂在2016年重新发布NES经典的NCA控制器，它与1985年发布的同一款控制器没有区别（Frank & Sarkar, 2016），其他经典游戏机的重新发布也紧随其后。

负罪感与游戏需求

电子游戏情绪研究的一个兴趣点是负罪感，或者说是玩家在屏幕犯罪后产生的即刻或延迟的悔恨行为；这种感觉可能会破坏一个人享受电子游戏的能力，但也可能会塑造一种厌恶型欣赏（reluctant appreciation）的游戏体验。此前对游戏内容的负罪反应的研究（Hartmann, Toz, & Brandon, 2010; Grizzard, Tamborini, Lewis, Wang, & Prabhu, 2014）表明，当被要求进行不正当的暴力行为时，玩家会感到强烈的负罪感。从需求的角度来看，某些游戏中的行为——那些被视为不公正、特别暴力的行为（Tamborini, et al., 2013）——可能跨越了道德的门槛，因此玩家不能轻易地忽视或转移对它的注意力。也就是说，即使玩家最初只关注游戏的挑战和竞争方面（认知需求），一个特别可怕或令人厌恶的游戏动作可能会将玩家的注意力从非道德内容转向道德内容（Joeckel, et al., 2012），从而引发明显的情感反应（情感需求）。在这些情况下，我们可以预期享乐主义娱乐最终会产生欣赏性娱乐结果，其中负罪反应可能是关键。以情境化屏幕暴力为策略触发玩家负罪感，是第三人称射击游戏《一线生机》（*The Line*）（2K游戏，2012）的一个核心特征，该游戏的中心叙事是一个军事冲突中的主角犯下了许多战争罪行（使用化学武器和酷刑；Williams, 2013）。情感需求增加与负罪感增加之间的联系可以解释来自马胡德和哈努斯（Mahood, Hanus, 2007）的数据，他们发现，玩家参与游戏叙事越多，负罪反应越强烈。

身体和社交的需求也可能会影响电子游戏引发的负罪感。运动捕捉控制器被自然地映射为屏幕上的相应动作，它需要玩家模拟某些动作时，在触发负罪反应方面特别有效。任天堂发布的《侠盗猎魔2》（摇滚明星游戏，2007）就是个例子，玩家需要模拟游戏中的砍断和致残对手的行为（Khandakar, 2011）。人们可以看到控制器的减少和这种体验的需求增加相互作用，从而导致更强烈的负罪反应。游戏的社会情境也可能影响屏幕负罪行为的责任认知，因为玩家可能会调整他们的游戏风格来适应他人（Consalvo, 2017），从而将责任分散给他人（Darley & Latane, 1968）。他人的社会存在也会产生情感传染效应（Hatfield, Cacioppo, & Rapson, 1994），观看他人对屏幕上行为的反应可能会影响自己的情绪状态。鉴于其社会意识和自我意识的双重特征，负罪感是一个引人注目的焦点（Tangney & Fischer, 1995）。

结 论

电子游戏因其吸引玩家注意力的能力而同时受到赞扬和指责。作为互动媒介，游戏将玩家定位为具有挑战性、独特性和娱乐体验的合作者，需要这些玩家进行不同层次的认知、情感、身体和社交努力。对这些需求的参与可能产生内在的快乐，而玩家对这些需求的主观评价也有可能作为游戏的核心特征与娱乐结果的关键中介变量——电子游戏的享受与欣赏体验以及其他反应的促进者或抑制剂。因此，关注电子游戏如何作用于玩家需求，为研究电子游戏的娱乐体验提供了额外的概念化和分析性的探讨材料。

参考文献

2K Games. (2012). *Spec ops: The line*. Novato, CA: 2K Games.

Banks, J. (2015). Object, me, symbiote, other: A social typology of player-avatar relationships. *First Monday*, 20(2). doi: 10.5210/fm.v20i2.5433.

Banks, J., & Bowman, N. D. (2016). Emotion, anthropomorphism, realism, control: Validation of a merged metric for player avatar interaction (PAX). *Computers in Human Behavior*, 54, 215–223. doi: 10.1016/j.chb.2015.07.030.

Banks, J., & Carr, C.T. (2019). Toward a relational matrix model for avatar-mediated interactions. *Psychology of Popular Media Culture*, 8(3), 287–295. doi: 10.1037/ppm0000180.

Bantinaki, K. (2012). The paradox of horror: Fear as a positive emotion. *Journal of Aesthetics and Art Criticism,* 70(4), 383–392. doi: 10.1111/j.1540–6245.2012.01530.x.

Barthes, R. (1967). *The death of the author*. Reproduced online at http://www.ubu.com/aspen/aspen5and6/threeEssays.html#barthes.

Bartsch, A., & Hartmann, T. (2017). The role of cognitive and affective challenge in entertainment experience. *Communication Research*, 44(1), 29–53. doi: 10.1177/0093650214565921.

Bartsch, A., Vorderer, P., Mangold, R., & Viehoff, R. (2008). Appraisal of emotions in media use: Toward a process model of meta-emotion and emotion regulation. *Media Psychology*, 11(1), 7–27. doi: 10.1080/15213260701813447.

Baxter, J. E. (2016). Adult nostalgia and children's toys past and present. *International Journal of Play*, 5(3), doi: 10.1080/215949937.2016.1220046.

Biocca, F. (1997). The cyborg's dilemma: Progressive embodiment in virtual environments. *Journal of Computer-Mediated Communication*, 3(2). doi: 10.1111/j.1083–6101.1997.tb00070.x.

Blizzard Entertainment. (2004). *World of warcraft*. Irvine, CA: Blizzard Entertainment.

Bogost, I. (2010). *Persuasive games: The expressive power of videogames*. Cambridge, MA: MIT Press.

Bonus, J. A., Peebles, A., Mares, M.-L., & Sarmiento, I. G. (2017). Look on the bright side (of media effects): Pokémon go as a catalyst for positive life experiences. *Media Psychology*, 21(2), 263–287. doi: 10.1080/15213269.2017.1305280.

Bowman, N. D. (2016a). Video gaming as co-production. In R. Lind (Ed.), *Produsing 2.0: The intersection of audiences and production in a digital world* (Vol. 2, pp. 107–123). New York, NY: Peter Lang.

Bowman, N. D. (2016b). The rise (and refinement) of moral panic. In R. Kowert & T. Quandt (Eds.), *The video game debate: Unraveling the physical, social, and psychological effects of digital games* (pp. 22–38). New York, NY: Routledge.

Bowman, N. D. (Ed.). (2018). *Video games: A medium that demands our attention*. New York: Routledge.

Bowman, N. D., Wasserman, J., & Banks, J. (2018). Development of the video game demand scale. In N. D. Bowman (Ed.), *Video games: A medium that demands our attention* (pp. 208–233). New York, NY: Routledge.

Bowman, N. D., Weber, R., Tamborini, R., & Sherry, J. L. (2013). Facilitating game play: How others affect performance at and enjoyment of video games. *Media Psychology*, 16(1), 39–64. doi: 10.1080/15213269.2012.742360.

Bowman, N. D., Wulf, T., Velez, J. A., & Breuer, J. (2019, September). *That bygone feeling. Controller haptics and gaming nostalgia*. Paper presented at the 11th Meeting of the Media Psychology Division of the German Association of Psychology. Chemnitz: Germany.

Boyan, A., & Banks, J. (2017). Rules and mechanics: Parameters for interactivity. In J. Banks (Ed.), *Avatars, assembled: The sociotechnical anatomy of digital bodies* (pp. 159–168). New York, NY: Peter Lang.

Brown, A. (2017, September 11). Younger men play video games, but so do a diverse group of other Americans. *Pew Research Center*. Retrieved from http://www.pewresearch.org/fact-tank/2017/09/11/younger-men-play-video-games-but-so-do-a-diverse-group-ofother-americans/.

Bucy, E. P. (2014). Interactivity in society: Locating an elusive concept. *The Information Society*, 20(5), 373–383. doi: 10.1080/01972240490508063.

Byford, S. (2014, July 3). Pixel art games aren't retro, they're the future. *The Verge*. https://www.theverge.com/2014/7/3/5865849/pixel-art-is-here-to-stay.

Chen, J. (2007). Flow in games (and everything else). *Communications of the ACM*, 50(4), 31–34.

Clark, A. (2003). *Natural born cyborgs*. Oxford, UK: Oxford University Press.

Consalvo, M. (2017). Player one, playing with others virtually: What's next in game and player studies. *Critical Studies in Media Communication*, 34(1), 84–87. doi: 10.1080/15295036.2016.1266682.

Csíkszentmihályi, M. (1975). *Beyond boredom and anxiety*. New York, NY: Jossey-Bass.

Darley, J. M., & Latane, B. (1968). Bystander intervention in emergencies: Diffusion of responsibility. *Journal of Personality and Social Psychology*, 8(4.1), 377–383. doi: 10.1037/h0025589.

Eden, A. E., Ewoldsen, D. R., Lee. J., & Beyea, D. (2018). Behavioral demands as behavioral affordances in video games. In N. D. Bowman (Ed.), *Video games: A medium that demands our attention* (pp. 92–107). New York, NY: Routledge.

Egli, E. A., & Meyers, L. S. (1984). The role of video game playing in adolescent life: Is there reason to be concerned? *Bulletin of the Psychonomic Society*, 22(4), 309–312. doi: 10.3758/BF03333828.

Elson, M., Breuer, J., Ivory, J. D., & Quandt, T. (2014). More than stories with buttons: Narrative, mechanics, and context as determinants of player experience in digital games. *Journal of Communication*, 64(3), 521–542. doi: 10.1111.jcom.12096.

ESA (Entertainment Software Association). (2017). Essential facts about the computer and videogame industry. Retrieved from http://essentialfacts.theesa.com/.

Fisher, J. T., Huskey, R., Keene, J. R., & Weber, R. (2018). The limited capacity model of motivated mediated message processing: Looking to the future. *Annals of the International Communication Association*, 42(4), 291–315. doi: 10.1080/23808985.2018.1534551.

Fiske, S. T., & Taylor, S. E. (1984). *Social cognition* (1st ed.). New York, NY: McGraw-Hill.

Frank, A., & Sarkar, S. (2016). The mini NES Classic Edition controller's cable is much, much shorter than the original's. *Polygon*. Retrieved from https://www.polygon.com/2016/11/4/13512918/mini-nes-classic-edition-comparisoncontroller-cable-length.

Galbraith, M. (1995). Deictic shift theory and the poetics of involvement in narrative. In J. F. Duchan, G. A. Bruder, & L. E. Hewitt (Eds.), *Deixis in narrative: A cognitive science perspective* (pp. 19–78). Hillsdale, NJ: Erlbaum.

Gaver, W. W. (1991). Technology affordances. In *CHI '91 Proceedings of the SIGCHI conference on human factors in computing systems* (pp. 79–84). New York, NY: ACM Press.

Gee, J. (2003). *What video games have to teach us about learning and literacy*. New York, NY: Palgrave Macmillan.

Graetz, J. M. (1981, August). The origin of Spacewar! *Creative Computing Magazine*. Archived at http://www.wheels.org/spacewar/creative/SpacewarOrigin.html.

Green, C. S. (2018). Video games and cognitive skill. In N. D. Bowman (Ed.), *Video games: A medium that demands our attention* (pp. 25–43). New York, NY: Routledge.

Green, C. S., & Bavelier, D. (2003). Action video game modifies visual selective attention. *Nature*, 423(6939), 534–537. doi:10.1038/nature01647.

Grizzard, M., Tamborini, R., Lewis, R. J., Wang, L., & Prabhu, S. (2014). Being bad in a video game can make us morally sensitive. *Cyberpsychology, Behavior, and Social Networking*, 17, 499–504. doi:10.1089/cyber.2013.0658.

Grodal, T. (2000). Video games and the pleasures of control. In D. Zillmann & P. Vorderer (Eds.), *Media entertainment: The psychology of its appeal* (pp. 197–213). Mahwah, NJ: LEA.

Grodal, T. (2007). Pain, sadness, aggression, and joy: An evolutionary approach to film emotions. *Projections: The Journal for Movies and Mind*, 1(1), 91–107. doi: 10.3167/proj.2007.010107.

Hartmann, T., Toz, E., & Brandon, M. (2010). Just a game? Unjustified virtual violence produces guilt in empathetic players. *Media Psychology*, 13, 339–363. doi: 10.1080/15213269.2010.524912.

Hatfield, E., Cacioppo, J. T., & Rapson, R. L. (1994). *Emotional contagion*. New York, NY: Cambridge University Press.

Hayler, M. (2011). *Incorporating technology: A phenomenological approach to the study of artefacts and the popular resistance to e-reading* (Unpublished doctoral dissertation). University of Exeter, Exeter, England.

Heineman, D. S. (2014). Public memory and gamer identity: Retrogaming as nostalgia. *Journal of Games Criticism*, 1(1). http://gamescriticism.org/articles/heineman-1-1/.

Hemenover, S., & Bowman, N. D. (2018). Video games, emotion, and emotion regulation: bridging the gap. *Annals of the International Communication Association*, 42(2), 125–143. doi: 10.1080/23808985.2018.1442239.

Higinbotham, W. (1958). *Tennis for two*. Self-published.

Huskey, R. Craighead., B., Miller, M. B., & Weber, R. (2018). Does intrinsic reward motivate cognitive control? A naturalistic-fMRI study based on the synchronization theory of flow. *Cognitive, Affective, and Behavioral Neuroscience*, 18(5), 902–924. doi: 10/3758/s13415-018-0612-6.

Huskey, R., Wilcox, S., & Weber, R. (2018). Network neuroscience reveals distinct neuromarkers of flow during media use. *Journal of Communication*, 68(5), 872–895. doi: 10.1093/joc.jqy043.

Inzlicht, M., Shenhav, A., & Olivola, C. Y. (2018). The effort paradox: Effort is both costly and values. *Trends in Cognitive Sciences*, 22(4), 337–349. doi: 10.1016/j.tics.2018.01.007.

Ivory, J. D. (2015). A brief history of video games. In R. Kowert & T. Quandt (Eds.), *The video game debate: Unravelling the physical, social, and psychological effects of digital games* (pp. 1–21). New York, NY: Routledge.

Jacobs, R. (2017). *Playing to win over: Validating persuasive games*. Rotterdam, Netherlands: Erasmus Research Center for Media, Communication, and Culture.

Jacoby, J. (2002). Stimulus-organism-response reconsidered: An evolutionary step in modeling (consumer) behavior. *Journal of Consumer Psychology*, 12(1), 51–57. doi: 10.1207/S1532766JCP1201_05.

Joeckel, S., Bowman, N. D., & Dogruel, L. (2012). Gut or game: The influence of moral intuitions on decisions in virtual environments. *Media Psychology*, 15(4), 460–485. doi: 10.1080/15213269.2012.727218.

Juul, J. (2011). *Half-real: Video games between real rules and fictional worlds*. Cambridge, MA: MIT Press.

Keller, J., & Bless, H. (2008). Flow and regulatory compatibility: An experimental approach to the flow model of intrinsic motivation. *Personality and Social Psychology Bulletin*, 34(2), 196–209. doi: 10.1177/0146167207310026.

Keltner, D., & Haidt, J. (2003). Approaching awe, a moral, spiritual, and aesthetic emotion. *Cognition and Emotion*, 17(2), 297–314. doi:10.1080/02699930302297.

Khandakar, M. (2011). How games can touch you: Ethics of the videogame controller. In K. Schrier & D. Gibson (Eds.), *Designing games for ethics: Models, techniques and frameworks* (pp. 142–158). Hersey, PA: IGI Global.

Klimmt C., Schmid H., Nosper A., Hartmann T., & Vorderer P. (2006). How players manage moral concerns to make video game violence enjoyable. *Communications*, 31, 309–328. doi: 10.1515/COMMUN.2006.020.

Korucek, C. (2012). The agony and the Exidy: A history of video game violence and the legacy of Death Race. *Game Studies*, 12(1). Retrieved from http://gamestudies.org/1201/articles/carly_kocurek.

Kowert, R., & Oldmeadow, J. A. (2013). (A)Social reputation: Exploring the relationship between online video game involvement and social competence. *Computers in Human Behavior*, 29(4), 1872–1878. doi: 10.1016/j.chb.2013.03.003.

Kryston, K., Novotny, E., Schmaelzle, R., & Tamborini, R. (2018). Social demand in video games and the synchronization theory of flow. In N. D. Bowman (Ed.), *Video games: A medium that demands our attention* (pp. 161–177). New York, NY: Routledge.

Kurzban, R., Duckworth, A., Kable, J. W., & Myers. J. (2013). An opportunity cost model of subjective effort and task performance. *Behavior and Brain Sciences*, 36(6), 661–679. doi: 10.1017/S1040525X12003196.

Lewis, R., Tamborini, R., & Weber, R. (2014). Testing a dual-process model of media enjoyment and appreciation. *Journal of Communication*, 64(3), 397–416. doi: 10.1111/jcom.12101.

Liebold, B., Bowman, N. D., & Pietschmann, D. (2018). Natural in the eyes of the (be)holder: A survey on novelty and learning effects in the enjoyment of naturally mapped video game controllers. *Psychology of Popular Media Culture*, 9(2), 255–265. doi: 10.1037/ppm0000215.

Limperos, A., Downs, E., Ivory, J., & Bowman, N. D. (2013). Leveling up: A review of current and emerging areas of interest in video games and future research directions. *Communication Yearbook*, 37, 349–377.

Lin, J-H. Bowman, N. D., Lin, S-F., & Chen, S. (2019). Setting the digital stage: Defining game streaming in the scope of game studies. *Entertainment Computing*, 30. doi: 10.1016/j.entcom.2019.100309.

Lin, J.-H., Wu, D.-Y., & Tao, C.-C. (2018). So scary, yet so fun: The role of self-efficacy in enjoyment of a virtual reality horror game. *New Media and Society*, 20(9), 3223–3242. doi:10.1177/1461444817744850.

Lynch, T., & Martins, N. (2015). Nothing to fear? An analysis of college students' fear experience with video games. *Journal of Broadcasting and Electronic Media*, 59(2), 298–317. doi:10.1080/08838151.2015.1029128.

Mahood, C., & Hanus, M. (2017). Role-playing video games and emotion: How transportation into the narrative mediates the relationship between immoral actions and feelings of guilt. *Psychology of Popular Media Culture*, 6(1), 61–73. doi:10.1037/ppm0000084.

McClintock, P. (2019, January 2). 2018 box office revenue soars to record $11.9B in the U.S., hits $42B globally. *Hollywood Reporter*. https://www.hollywoodreporter.com/news/2018-box-office-revenue-soars-record-119m-us-hits-42b-globally-1172215.

McGonigal, J. (2011). *Reality is broken: Why games make us better and how they can change the world*. New York, NY: Penguin Press.

McIntyre, H. (2019, April 2). The global music industry hit $19 billion in sales in 2018, rising by almost 10%. *Forbes*. https://www.forbes.com/sites/hughmcintyre/2019/04/02/the-globalmusic-industry-hits-19-billion-in-sales-in-2018-jumping-by-almost-10/#1060c6d418a9.

Meier, S. (2012. March). *Interesting decisions*. Presentation at the Game Developers Conference, San Francisco, March 5–9. Retrieved from https://www.gdcvault.com/play/1015756/Interesting.

Nacke, L., Drachen, A., Kuikkaniemi, K., Niesenhaus, J., Korhonen, H. J., van den Hoogen, W. M., … de Kort, Y. A. W. (2009). Playability and player experience research. *Proceedings of Digital Games Research Association 2009*. https://hcigames.com/wp-content/uploads/2015/01/Playability-and-Player-Experience-Research.pdf.

Nintendo. (1985). *Super Mario Bros*. Kyoto: Nintendo.

Nintendo. (1988). *Super Mario Bros*. 3. Kyoto: Nintendo.

Oliver, M. B., Bowman, N. D., Woolley, J. K., Rogers, R., Sherrick, B., & Chung, M.-Y. (2015). Video games as meaningful entertainment experiences. *Psychology of Popular Media and Culture*, 5(4), 390–405. doi: 10.1037/ppm0000066.

Oliver, M. B., & Raney, A. A. (2011). Entertainment as pleasurable and meaningful: Identifying hedonic and eudaimonic motivations for entertainment consumption. *Journal of Communication*, 61, 984–1004. doi: 10.1111/j.1460–2466.2011.01585.x.

Oliver, M. B., & Raney, A. A. (2019). Positive media psychology: Emerging scholarship and a roadmap for emerging technologies. In J. A. Muñiz Velázquez & C. M. Pulido (Eds.), *The Routledge handbook of positive communication*. London, UK: Routledge.

Palmgreen, P., & Rayburn, J. D. (1982). Gratifications sought and media exposure: An expectancy value model. *Communication Research*, 9(4), 561–580. doi: 10.1177/009365082009004004.

Parisi, D. (2015), A counterrevolution in the hands: The console controller as an ergonomic branding mechanism. *Journal of Games Criticism*, 2(1). Retrieved from http://gamescriticism.org/articles/parisi-2–1.

Possler, D. Klimmt, C., & Raney, A. A. (2018). Gaming is awesome! A theoretical model on cognitive demands and the elicitation of awe during video game play. In N. D. Bowman (Ed.), *Video games: A medium that demands our attention* (pp. 74–91). New York, NY: Routledge.

Quantic Dream. (2010). *Heavy rain.* San Mateo, CA: Sony Computer Entertainment.

Rawlings, T. (2012). *My cotton-picking life*. Self-published.

Ravaja, N., Saari, T., Salminen, M., Laarni, J., & Kallinen, K. (2006). Phasic Emotional Reactions to Video Game Events: A Psychophysiological Investigation. *Media Psychology*, 8(4), 343–367. doi: 10.1207/s1532785xmep0804_2.

Rockstar Games. (2007). *Manhunt 2*. New York City: Rockstar Games.

Rogers, R., Bowman, N. D., & Oliver, M. B. (2015). It's not the model that doesn't fit, it's the controller! The role of cognitive skills in understanding the links between natural mapping, performance, and enjoyment of console video games. *Computers in Human Behavior*, 49, 588–596. doi: 10.1016/j.chb.03.027.

Rogers, R., Woolley, J., Oliver, M. B., Bowman, N. D., & Sherrick, B. (2016). Fun vs. meaningful videogame experiences. A qualitative analysis of user responses. *Computer Games Journal*, 6(1–2), 63–79. doi: 10.1007/s40869-016-0029-9.

Russell, S. (1962). *Spacewar!* Self-published.

Rutledge, P. (2013). Arguing for media psychology as a distinct field. In K. E. Dill (Ed.), *Oxford handbook of media psychology* (pp. 43–61). New York, NY: Oxford University Press.

Sánchez, J. L. G., Vera F. L. G., Vela, F. M., Simarro, F. M., & Padilla-Zea, N. (2012). Playability: Analyzing user experience in video games. *Behavioral and Information Technology*, 31(10), 1033–1054. doi: 10.1080/0144929X.2012.710648.

Schell, J. (2013). The future of storytelling: How medium shapes society. *Game Developers Conference*. Retrieved from https://www.gdcvault.com/play/1018026/The-Future-of-Storytelling-How.

Sedikides, C., Wildschut, T., Routledge, C., Arndt, J., Hepper, E. G., & Zhou, X. (2015). To nostalgize: Mixing memory with affect and desire. *Advances in Experimental Social Psychology*, 51, 189–273. doi:10.1016/bs.aesp.2014.10.001.

Sega. (1999) *Shenmue*. Tokyo: Sega.

Sega. (2018). *Shenmue* II. Tokyo: Sega.

Sherry, J. L. (2004). Flow and media enjoyment. *Communication Theory*, 14(4), 328–347. doi: 10.1111/j.1468–2885.2004.tb00318.x.

Sherry, J. L., Lucas, K., Greenberg, B., & Lachlan, K. (2006). Video game uses and gratifications as predicators of use and game preference. In J. Bryant & P. Vorderer (Eds.), *Playing video games: Motives responses, and consequences* (pp. 213–224). Mahwah, NJ: Erlbaum.

Shieber, J. (2019, January 22). Video game revenue tops $43 billion in 2018, an 18% jump from 2017. *TechCrunch*. Retrieved from https://techcrunch.com/2019/01/22/video-game-revenue-tops-43-billion-in-2018-an-18-jump-from-2017/.

Skalski, P., Tamborini, R., Shelton, A., Buncher, M., & Lindmark, P. (2011). Mapping the road to fun: Natural video game controllers, presence, and game enjoyment. *New Media and Society*, 13(2), 224–242. doi:10.1177/1461444810370949.

Smith, S. L., Lachlan, K., & Tamborini, R. (2003). Popular video games: Quantifying the presentation of violence and its content. *Journal of Broadcasting and Electronic Media*, 47(1), 58–76. doi: 10.1207/s15506878jobem4701-4.

Steinkuehler, C. A., & Williams, D. (2006). Where everybody knows your (screen)name: Online game as "third places." *Journal of Computer-Mediated Communication*, 11(4), 885–909. doi:10.1111/j.1083–

6101.2006.00300.

Stromer-Galley, J. (2004). Interactivity-as-product and interactivity-as-process. *The Information Society*, 20(5), 391–394. doi: 10.1080/01972240490508081.

Sundar, S. S., Jia, H., Waddell, T. F., & Huang, Y. (2015) Toward a theory of interactive media effects (TIME): Four models for explaining how interface features affect user psychology. In S. S. Sundar (Ed.), *The handbook of the psychology of communication technology*. Sussex, UK: Wiley.

Sundar, S. S., & Limperos, A. M. (2013). Uses and Grats 2.0: New gratifications for new media. *Journal of Broadcasting and Electronic Media*, 57(4), 504–525. doi: 10.1080/08838151.2013.845827.

Tamborini, R. (2009). Responding to horror: Determinants of exposure and appeal. In J. Bryant & D. Zillmann, (Eds.), *Responding to the screen: Reception and reaction processes*. (pp. 305–328). Mahwah, NJ: Erlbaum.

Tamborini, R., Bowman, N. D., Eden, A., Grizzard, M., & Organ, A. (2010). Defining media enjoyment as the satisfaction of intrinsic needs. *Journal of Communication*, 60(4), 758–777. doi: 10.1111/j.1460–2466.2010.01513.x.

Tamborini, R., Grizzard, M., Bowman, N, D. Reinecke, L., Lewis, R. J., & Eden, A. (2011). Media enjoyment as need satisfaction: The contribution of hedonic and non-hedonic needs. *Journal of Communication*, 61, 1025–1042. doi: 10.1111/j.1460–2466.2011.01593.x.

Tamborini, R., Weber, R., Bowman, N. D., Eden, A., & Skalski, P. (2013). "Violence is a manysplintered thing": The importance of realism, justification, and graphicness in understanding perceptions of and preferences for violent films and video games. *Projections: The Journal for Movies and Mind*, 7(1), 100–118. doi: 10.3167/proj.2013.070108.

Tangney, J. P., & Fischer, K. W. (Eds.). (1995). *Self-conscious emotions: The psychology of shame, guilt, embarrassment, and pride*. New York, NY: Guilford Press.

van Dreunen J. (2008) The aesthetic vocabulary of video games. In A. Jahn-Sudmann & R. Stockmann, (Eds.), *Computer games as a sociocultural phenomenon*. London, UK: Palgrave Macmillan.

Vorderer, P. (2011). What's next? Remarks on the current vitalization of entertainment theory. *Journal of Media Psychology*, 23(1), 60–63. doi: 10.1027/1864–1105/a000034.

Vorderer, P., Hartmann, T., & Klimmt, C. (2003). Explaining the enjoyment of playing video games: The role of competition. In D. Marinelli (Ed.), *Proceedings of the second international conference on entertainment computing* (pp. 1–8). Pittsburgh, PA: ACM.

Vorderer, P., & Ritterfeld, U. (2009). Digital games. In R. L. Nabi & M. B. Oliver (Eds.), *The SAGE handbook of media processes and effects* (pp. 455–468). Thousand Oaks, CA: Sage.

Weber, R., Tamborini, R., Westcott-Baker, A., & Kantor, B. (2009). Theorizing flow and media enjoyment as cognitive synchronization of attentional and reward networks. *Communication Theory*, 19(4), 397–422. doi: 10.1111/j.1468–2885.2009.01352.x.

Wellenreiter, M. (2015). Screenwriting and authorial control in narrative video games. *Journal of Screenwriting*, 6(1), 343–361. doi: 10.1386/josc.6.3.343_1.

Williams, W. (2013, March). We are not heroes: Contextualizing violence through narrative. *Game Developers Conference*. Retrieved from http://www.gdcvault.com/play/1017980/We-Are-Not-Heroes-Contextualizing.

Wulf, T., Bowman, N. D., Rieger, D., Velez, J. A., & Breuer, J. (2018). Video games and time machines: Video game nostalgia and the success of retro gaming. *Media and Communication*, 6(2), 60–68. doi: 10.17645/

mac.v6i2.1317.

Wulf, T., Bowman, N. D., Velez, J. A., & Breuer, J. (2020). Once upon a game: Exploring video game nostalgia and its impact on well-being. *Psychology of Popular Media Culture*, 9(1), 83–95. doi: 10.1037/ppm0000208.

Wulf, T., Rieger, D., & Schmitt, J. B. (2018). Blissed by the past: Theorizing media-induced nostalgia as an audience response factor for entertainment and well-being. *Poetics*, 69, 70–80. doi: 10.1016/j.poetic.2018.04.001.

Yee, N. (2006). Motivations for play in online games. *Cyberpsychology and Behavior*, 9(6), 772–775. doi: 10.1089/cpb.2006.9.772.

第三十四章　虚拟世界中玩家的道德决策

——电子游戏中的道德

安德烈・梅尔泽
伊丽莎白・霍尔

简　介

我们遇见亚历克斯（Alex）时，她刚刚打开游戏机继续她最新的电子游戏《地铁：离去》（Deep Silver, 2019），这是一款故事驱动的后末日射击游戏。亚历克斯的角色名字叫阿尔乔姆（Artyom），阿尔乔姆和一群幸存者在一个充满变种人和敌对者（他们会毫不犹豫地杀死这些变种人和敌对者）的恶劣环境中不停地寻找资源。亚历克斯喜欢这个游戏，她可以做任何事情来保护她的角色和搭档，包括毫无愧疚地抢劫和杀人。但在执行任务时，敌对帮派的一名成员出人意料地放下武器，举起双手乞求饶恕。亚历克斯大吃一惊：开枪意味着杀死已经投降的人。

电子游戏是最常见的虚拟娱乐环境。尽管人们对暴力内容和可能产生的负面后果进行了激烈的争论，但人们还是认识到这种媒介的受欢迎程度、经济相关性和创造性价值。电子游戏显然不是僵化的消遣形式，它已经成为一种成熟的主流娱乐形式（Quandt & Kowert, 2016）。

虽然早期的游戏标题中已有与道德相关的主题，但基于道德决策的实现主义娱乐元素越来越受欢迎。本章描述了道德在电子游戏中的角色，并概述了当前关于虚拟游戏世界中道德决策的心理过程理论。这些理论旨在解释游戏如何引发道德行为，以及影响玩家道德参与过程的调节因素。虽然所有这些理论为解释道德处理过程作出了很大努力，但目前仍然缺乏一个统一的模型。因此，我们将提出一种整合游戏中的道德的新方法，包括玩家的道德参与、道德决策过程及其对玩家的影响。但我们首先需要讨论为什么玩家玩游戏时会将道德元素作为一种娱乐形式，为什么加入道德情境能给游戏带来乐趣。

娱乐与电子游戏

媒介娱乐可定义为对所有媒介消费的情感反应（Vorderer, Steen, & Chan, 2013; Vorderer this volume）。与被动的娱乐形式（阅读一本激动人心的书；看一个系列喜剧节目）相比，积极参与互动游戏可能带来更大的乐趣（Vorderer, Hartmann, & Klimmt, 2003）。虽然游戏也可以满足人们对享乐主义娱乐的简单需求，但其作用远不止于此（Oliver et al., 2016）。观众也会喜欢不唤醒积极情绪状态的戏剧或悲伤的电影，这一矛盾导致了享乐主义娱乐与实现主义娱乐的区别。根据这种区别，电子游戏的表达性和互动性具有强大的能力，特别适合引发有意义的互动和实现主义的体验。近年来，基于道德决策的有意义的实现主义娱乐游戏越来越受欢迎，经济上也越来越成功。以道德为主题的游戏能够讲述有关孤独、失落与强大力量看似绝望却有意义的斗争的故事和感人的故事（《底特律：成为人类》，索尼互动娱乐，2018；《奇怪人生2》，平方英尺公司，2018）。但应该指出的是，无论是游戏还是有意义的娱乐，一般都不必以道德或道德互动为特色。

交 互 性

交互性是所有电子游戏的特征，是将电子游戏与其他经典的娱乐形式区别开来的关键因素（Bowman, this volume；Klimmt & Possler, this volume）。用户不再是媒介叙事的被动旁观者，而是虚拟世界的积极组成部分（Grodal, 2000）。换句话说，玩游戏可以被看作决策的连续迭代（Joeckel, Bowman, & Dogruel, 2012）。早期的电子游戏，如《班蓬》（*Pong*）（Atari, 1972），只提供了有限的互动可能性（上下滑动阀杆）。后来随着技术的发展，更复杂的叙事模式允许采用实现与道德相关的主题并让玩家面临更多的决策。游戏《荒野大镖局：救赎2》（摇滚明星游戏公司，2018）为玩家提供了更多的互动模式，允许玩家在一个3D虚拟世界的丰富叙事中自由探索。更重要的是，玩家必须考虑所有的行动都会导致相应的后果。与社会通用规则相反的行为，如用枪威胁平民角色，会导致游戏角色的道德声誉立即恶化，而这反过来又会影响其他角色的行为。

在 场

玩家玩电子游戏时，（空间）在场是描述遥远情境下的非中介感觉，或“在那里”感觉的一个重要特征（Lombard & Ditton, 1997; Slater & Steed, 2000; Hartmann & Fox, this volume）。沉浸技术产生的去中介化在场感就像是通过隐形眼镜来感知世界（Biocca, 1997）。它所导致的行为类似于与真实刺激的互动，包括认知的、情感的和生理水平的后果。在场主要被定义为二元状态（binary state; Slater & Steed, 2000）。与之相比较，惠津加1955提出的魔法圈（magic circle）形成了一个游戏安全空间，它脱离日常生活，没有通常的现实后果（Consalvo, 2008; Consalvo, Busch, & Jong, 2016）。就虚拟暴力或道德困境而言，电子游戏的"半真实"（Juul, 2005）特征解释了为什么愤怒、厌恶、恐惧或内疚等负面情绪能被自愿接受（Jansz, 2005），甚至产生实现主义娱乐体验。通过这种方式，玩家在参与这个"仿似"（as if）世界之前甚至可以展示道德灵活性，并最终付出较少的认知努力就可以放弃道德关切（Klimmt, Schmid, Nosper, Hartmann, & Vorderer, 2008）。

自我在场（self-presence）是通过玩家在虚拟环境中的身体表现来实现的（化身的具身化），因此它可以定义为对玩家道德行为产生影响的实际和虚拟自我的感知重叠（Heron & Belford, 2014b）。社会临场感的特征是在虚拟世界中有一种"与他人共在"的感觉（Biocca, 1997）。在社会临场感的情况下，用户会产生一种与其他社会行动者共享虚拟空间的印象，这些社会行动者既不必是人类或像人类，也不必清晰可见。通过即便是最小限度的社会线索激发，虚拟行动者也可以引起用户的社会性反应（Biocca, Harms, & Burgoon, 2003）。由于道德是通过其社会构成来定义的，而道德决策通常是基于自发的社会性反应作出的（Haidt & Joseph, 2007; Weaver & Lewis, 2012），因此社会临场感是虚拟世界中道德过程的重要前提。

在电子游戏和娱乐研究中，社会临场感的替代概念，如认同（Cohen & Klimmt, this volume）和传输（Green & Brock, 2000），也是在游戏中感知和体验道德的前提条件。所有这些概念背后的共同假设是，玩家接受游戏世界，他们的角色和社会情境是"真实的"、重要的和有意义的，因此他们在游戏世界中的推理、决策和行为具有道德的与个人的后果。

电子游戏中的道德与道德元素

道德思考就是社会思考（Matthews, 2019）。一般来说，人们的道德体系指导决策、评估日常生活中的个人和集体行为（Sicart, 2019）。在有意义的社会情境中违反共同的道德规则通常会引发道德问题（Baumeister, Stillwell, & Heatherton, 1994）。艰难的决定和伦理问题在日常生活情境与虚构情境中都是普遍存在的。道德困境在媒介上有着悠久的历史，可追溯到文学、剧院或电影中的戏剧，它可以对理智和情感产生冲击。用户可以通过很多方式感觉到其与媒介角色的社会联系（Brown, this volume; Lewis, Weber, & Bowman, 2008; Weaver & Lewis, 2012）。非互动媒介对他人作出道德决定的后果进行呈现，游戏玩家作为道德行为者作出道德决定（Weaver & Lewis, 2012）。这时，玩家既是被动的旁观者，又是积极的讲述者（Zagal, 2009）。

在游戏中应用人际或道德的困境可以丰富游戏体验（Rollings & Adams, 2003），甚至可能是讲好故事的先决条件（Rhodes & Hamilton, 2013）。道德困境可以定义为决策者在决策时至少面临两个互相冲突的道德选择，可以选择A或B，但不能两者都选择（Gowans, 1987）。与令人沮丧的日常困境相比，电子游戏的虚拟世界让玩家能够在一个相对安全的空间中探索这些冲突情境，而不会产生直接的现实后果（Sicart, 2013）。追踪玩家的决策在技术上很简单，但他们的动机和意图无法解释。选择选项A而不是选项B可能是无意的，因为玩家会混淆选项或不小心按下错误的按钮（Heron & Belford, 2014a）。即使是一个明显不道德的决策，也可能只是玩家出于好玩，或为了尝试现实生活中的禁忌行为而作出的（Young, 2013）。

道德元素在电子游戏中有悠久的传统，可以追溯到角色扮演类游戏，如《创世纪IV》（起源系统公司，1985）。目前，道德决策出现在各种游戏类型中，包括战略游戏（《青蛙朋克》中使用童工；11数位工作室，2018）、射击游戏（《特殊行动：一线生机》中使用白磷；2K游戏公司，2012）、模拟游戏（《请出示文件》中处理移民；教皇公司，2013）和互动戏剧游戏（《奇怪人生2》中照顾小弟弟；平方英尺公司，2018）。相较于《医院项目》（逆喻游戏公司，2018）这类管理模拟游戏中明确的积极道德内涵，其他游戏中的道德标准往往是相互冲突的。例如，在《侠盗猎车手：圣安德烈亚斯》（摇滚之星游戏公司，2004）的一个支线任务中，该游戏奖励那些开车送病人去医院的玩家，而不管他们在路上撞死多少平民。其他游戏则根本没有提供模棱两可的道德困境，因为它们的主要游戏机制只是基于执行违反道德的任务（在《卡斯特的复仇》中强奸印第安人；奥秘公司，1982）。

对电子游戏道德性的研究

对具有道德内容的游戏的研究主要集中于对虚拟行为的哲学和理论解释（Sicart, 2013; Zagal, 2009）。只有少数系统的实证研究涉及这一课题，而使用实验方法进行的研究更少。遗憾的是，对游戏相关道德决策的科学分析主要围绕着参与虚拟暴力的影响，对此，学术界和公众展开了持续的激烈辩论（Anderson, et al., 2010; Ferguson, 2015; Prescott, Sargent, & Hull, 2018）。在电子游戏中，道德违规行为通常表现为（身体上的）破坏性行为。但并不是所有的不道德行为都基于暴力，也不是所有的暴力行为都必然是不道德的。到目前为止，只有少数研究试图将电子游戏的道德与虚拟暴力区分开来（Joeckel, Bowman, & Dogruel, 2012）。

康萨尔沃等人（Consalvo, et al., 2016）通过对活跃玩家的半结构化访谈，分析了道德困境的发生过程。他们发现，游戏中框架情境的变化会导致不同的处理方法和行为后果。因此，道德游戏依赖于情境（Consalvo, et al., 2016）。除了情境外，玩家的个性特征也很重要（"影响因素"）。在探索性研究中，韦弗和刘易斯（2012）发现，在玩《辐射3》(贝塞斯达软件，2008)时，参与者的行为反映了他们在现实生活中的道德信念，包括将非玩家角色(NPCs)视为“真实的人”。克尔克马尔和辛格尔(Krcmar, Cingel, 2016)收集了玩《辐射3》的人的出声思维(think-aloud)报告，从而将(道德)决策过程纳入研究。玩家几乎将道德考虑(54%；帮助一个感觉像家园的城市)和战略决策(46%；帮助角色在游戏中获得游戏内货币)作同等的考量。此外，哈特曼、托兹和布兰登(2010)测试了一款射击游戏，他们系统地改变了道德脱离状况(Hartmann & Vorderer, 2010；“道德脱离”)。研究者发现，与不正当的暴力相比，参与者在实施道德正当的暴力后较少有负罪感。格里扎德、坦博里尼、刘易斯、王和普拉布(2014)重复了这一观点，并发现那些感到内疚的玩家对道德问题也更加敏感。此外，戈尔维策(Gollwitzer)和梅尔泽(2012)发现，那些在实施非正当暴力方面没有经验的游戏玩家负罪感更明显。

道德脱离

“道德脱离”(moral disengagement)一词最初是由班杜拉(1990)创造的，它描述的是在违反道德的情况下个体人格的转变。违反社会共享的行为规则或内化的道德标准通常会引发道德失调和道德问题(Baumeister, et al., 1994)。为了减轻这种厌恶感、负罪感和羞耻感，并避免自我谴责，人们会启动自我调节过程，如合理化、原谅或为自己的行为辩护(Bandura, 1990/2002)。这些过程包括道德辩护、有利的比较、委婉的标签化、分散/置换责任、忽视/扭曲后果、非人化和责任归因。道德自我调节过程也在游戏情境中得到了证明(Klimmt, et al., 2008)，特别是在暴力娱乐内容上(Hartmann, Krakowiak, & Tsay-Vogel, 2014)。道德脱离可以通过游戏中的特定线索或积极的道德合理化过程来触发(Weaver & Lewis, 2012；“影响因素”)。在暴力游戏中，玩家会面临内心冲突的风险，因为每一种暴力行为都需要道德思考(Klimmt, et al., 2008)。但是，大多数暴力游戏为处理道德脱离提供了足够的线索，以便支持享受和娱乐的感觉(Hartmann, et al., 2014; Hartmann & Vorderer, 2010)。道德管理理论(Klimmt, et al., 2008)认为，玩家要么呼应这些道德脱离策略，要么强调情境的虚拟本质(“这不是真实的，只是拟像”，“在场”)。由于游戏情境通常会让玩家面对许多不同的角色、永久改变的感官印象以及不同的道德冲突，道德脱离机制应该被视为可以不断重塑的灵活结构(Hartmann & Vorderer, 2010; Klimmt, et al., 2008)。

道德脱离理论解释了阻止玩家在暴力行为中体验负罪感或羞耻感的机制。相比之下，逆转这些机制的线索也可能确保道德参与(儿童角色寻求帮助)。以下模型主要是处理触发道德参与后的决策过程。

道德判断的双重过程模型

海特（2001）的社会直觉主义模型（SIM）认为，道德直觉是非理性的，由情感效价主导，因此反映了一种无意识的自发的“本能情感”（gut feeling）。虽然决策者能够充分意识到道德判断，但处理过程却是潜意识的。人们通常不寻求道德上的准确性或真实性，而是为他们的直觉决定辩护（Matthews, 2019）。海特（2001）将道德推理定义为一个有意识的、受控制的事后过程，它可能会改变最初的直觉或判断。人们通过整合进一步的信息来有意识地完成处理步骤，这可能导致道德判断的修正（Haidt, 2001）。虽然人类的大脑在道德判断时倾向于直觉优先，但这个情感系统可以被后面的深思熟虑的推理机制所驾驭（Haidt, 2007）。认知神经科学的研究结果表明，这两个系统在道德判断中起作用，但直觉部分似乎是驱动力，而推理的影响是有限的，但依然是很重要的（Greene & Haidt, 2002）。

迄今为止，关于游戏道德处理中的直觉和反思的研究还很少（Krcmar & Eden, 2017）。同时，在道德困境中，认知负荷的增加也限制了道德推理（Green, Morelli, Lowenberg, Nystrom, & Cohen, 2008）。另外，亲社会性，即对社会线索的先天敏感反应，可能会触发超越道德直觉的社会考虑（Matthews, 2019）。这种卓越品质也可以在游戏中观察到：当玩家在《质量效应》（微软游戏工作室，2007）中必须决定是杀死还是饶恕一名求饶的外星女王时，尽管她已经杀死了她的几十个臣民，绝大多数玩家仍然决定饶恕她（Matthews, 2019）。

道德基础理论

基于对直觉突出作用的反思，海特和约瑟夫（2007）的道德基础理论（MFT）界定了5组道德直觉，它们既是“内嵌的”（built-in）进化产物，又可以通过后天的学习形成。人类的道德判断是建立在伤害/关怀、公平/互惠、群体内/忠诚、权威/尊重、纯洁/神圣的基础上的（Haidt & Joseph, 2007）。后来，他又将自由/压迫作为第6组道德直觉（Iyer, Koleva, Graham, Ditto, & Haitt, 2012）。虽然它们在所有人类中都有代表性，但每种道德的特性是通过各自的文化形成的（Graham, Haidt, & Nosek, 2009）。伤害/关怀与情感和身体的伤害、同情心、共情有关。公平/互惠描述了对正义和诚实进行考虑的情境。群体内/忠诚会在一个团体（家庭、运动队、公司）面临利益冲突或违反承诺的威胁时开始生效。权威/尊重是指违反统治等级制度的情况。纯洁/神圣与引起厌恶的行为有关。自由/压迫与选择自由减少的情况有关。不同的道德类型进一步支持了道德考虑不一定与暴力行为有关的观点，尽管许多游戏包含基于伤害/关怀的场景。

尽管包含了直觉的道德过程，道德基础理论并没有超出道德判断范围。因此，只有对道德决策如何影响实际行为进行间接假设才是可行的。相比之下，坦博里尼（2013）的道德直觉与范例模型（MIME）成功地将道德心理学理论转向游戏行为的应用背景（Eden, Tamborini, Aley, & Goble, this volume）。

道德直觉与范例模型

如前所述，游戏研究学者已经将道德基础与道德决策联系起来（Joeckel, et al., 2012; Krcmar & Cingel, 2016）。他们的研究是基于坦博里尼（2013；Eden, et al., this volume）的假设，道德基础理论提出的道德直觉也可以指导人们与媒介内容的互动。例如，在电子游戏中作弊的可能性（违反公平方面的道德违规）可能会使将此道德基础强烈内化的玩家产生负面的道德判断。因此，这些玩家比公平意识低的玩家更少违反道德。

将道德基础理论和道德直觉与范例模型应用于电子游戏等交互媒介是完全可能的，因为交互性要求用户以可观察的方式作出决策。在每一个与道德相关的场景中，玩家都可以决定是否坚持自己的道德原则。玩家通常倾向于遵循他们的道德原则（Boyan, Grizzard, & Bowman, 2015），将他们的道德价值观从现实转移到游戏决策中。克尔克马尔和伊登（2017）发现，在《使命召唤：现代战争2》的"必须向无辜平民射击的'消灭俄国人'"任务中（美国动视，2009），伤害/关怀基础能很好地预测游戏参与者的感受。但是，道德基础并不能预测他们在游戏中的侵犯性（发射的子弹数量）。其他研究（Joeckel, et al., 2012; Joeckel, Bowman, & Dogruel, 2013; Tamborini, et al., 2018）表明，道德意识水平高的玩家更少犯下道德罪行。反之，道德意识水平较低的玩家会作出相当随机的决定（Joeckel, et al., 2012）。

小　　结

无论是理论的合理性还是现有的实证证据都支持本章所述的模型。但是，尽管在游戏中已经有各种各样的道德方法，但各自的元素还没有被整合到一个综合的模型中。大量关于虚拟现实和在场的研究显示了用户是如何被传输到虚拟世界的，但没有建立起概念与机制的联系，如社会临场感与非人化机制的联系。道德脱离理论充分解释了不道德的行为为何以及如何唤醒快乐的感觉，但理论应用几乎没有超出暴力游戏的范畴。因此，人们应将更多的精力花在研究抑制道德焦虑的先决条件上，而不是探索玩家为什么以及怎样体验实现主义娱乐。相比之下，道德基础理论和道德直觉与范例模型都主要关注道德参与，而较少关注道德脱离及其对道德过程的影响。此外，双过程模型和道德基础理论提供了对道德过程的深入解释，但缺乏与媒介消费的联系。道德直觉与范例模型试图通过将道德判断映射到游戏内的行为上来缩小这一差距。遗憾的是，对道德模块与游戏行为的研究仍然很少。

综上所述，每种模型在解释电子游戏的道德问题上都有其优点。这里提出的综合模型指出了流行理论之间的联系，能够预测玩家何时作出特定的道德决定或抑制他们的道德焦虑，影响他们的娱乐结果，从而有助于人们更好地理解游戏结果中的道德整体图景，增加对模型进行实证检验的预期价值。

电子游戏道德处理的综合模型

在下面的章节中，我们将提出一个理论集成模型（见图34.1）。

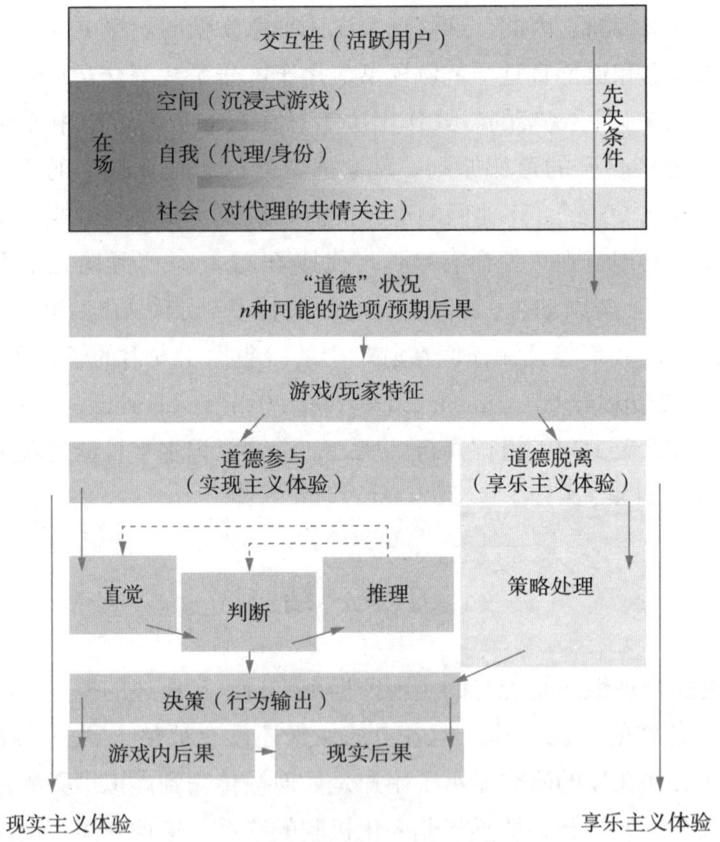

图34.1　道德处理的综合模型

我们继续来看亚历克斯，她在互动末日射击游戏《地铁：离去》中主演了其中一章。交互性已经成为区分电子游戏和经典媒介的核心特征。此外，交互性会影响包括在场（见图34.1）在内的模型的大部分。亚历克斯体验到的（空间）在场程度取决于虚拟空间的交互性和逼真度（Steuer, 1992）。《地铁：离去》的互动虚拟世界最先进的视觉设计为亚历克斯提供了3D世界的生动游戏体验，她很可能会有强烈的空间在场感。但所谓的在场中断（breaks in presence）也会把她的注意力带离虚拟刺激（滞后/故障或有人进入房间；Slater & Steed, 2000），导致她的参与减少。在《地铁：离去》中，亚历克斯以第一人称视角扮演男性角色阿尔乔姆。因此，相较于更遥远的视角（一个自上而下的或上帝般的视角），我们可以期望她有一个稳定的自我在场水平。我们的模型假设自我在场是道德参与的另一个重要因素，其在更高水平上影响身份认同与道德代理。

如前所述，我们认为社会临场感对于电子游戏的道德参与是必不可少的。缺乏同情心将导致较低水平的社会临场感的观点支持了这一论点（Klimmt & Vorder, 2003）。尽管《地铁：离去》这样的游戏围绕着动画人物展开，但社会感知代理既不必是人类，也不必清晰可见。代理可能以人形机器人的形式出现（《无主之地》里一个有着夸张的人类特征的机器人；2K游戏，2009），但简单的仿真代理也能成功地导向社会临场感（《巡逻队》中的无生命陪伴立方体；阀门软件，2007）。与此同时，道德脱离机制可以解释为什么不是所有的人类主体都能激发相同程度的社会临场感。例如，在《地铁：离去》的“伏尔加河”一章中，亚历克斯/阿尔乔姆到了一个教会社区，里面有很多用装备遮住大部分脸的邪恶的武装狂热分子。根据我们的模型，亚历克斯把这些社区成员认定为缺乏可识别个人特征的“无脸”（faceless）敌人。她现在必须决定是否“向其中的某个角色射击”（Hartmann & Voerderer, 2010, p.94）。不论是感知到在场，还是非人化的脱离机制和责任归因，都支持并允许她在无须经历道德焦虑的情况下杀人（“影响因素”）。

这个例子表明，并不是每一种道德情境都会被感知为一种实现主义娱乐的道德困境。许多电子游戏中的道德选择被批评为是肤浅和平淡的（Heron & Belford, 2014a; Schulzke, 2009）。因此，游戏开发者的目标是创造深刻而有意义的道德困境，以确保实现主义娱乐的完美体验。游戏必须能够为玩家而不是角色创造一种道德张力（Zagal, 2009）。根据我们的模型，在道德困境中，一种真正的实现主义娱乐体验会是什么样子的呢？如前所述，道德（不）参与可能会随着意想不到的新刺激的出现而迅速改变：突然之间，之前介绍的无情野蛮人投降了——他们举手求恕。由于这种对亲社会性的显著呼吁可能会引发社会性反应（Biocca, et al., 2003），我们的模型主张道德脱离是可以被逆转的。因此，亚历克斯可能会避免与对手战斗，以免产生负罪感。关于什么是真正的道德困境没有明确的答案，因为至少有两种道德原则相互竞争（Schreiber, et al., 2009）。在我们的例子中，亚历克斯面临的道德冲突是：要么杀死一个曾威胁过她的敌人，要么放弃杀死一个已经投降的非武装人类，但同时冒着她的角色死亡或任务失败的风险。此外，一个真正的道德困境需要把关于选择和后果的信息考虑在内，这样才能产生责任感（Schreiber et al., 2009）。但是，后果只能预计，因为决定还未作出（见图34.1）。预期的结果可能会受到游戏（已知）机制（如果我杀死敌人，我将得到50分。如果我没有击败任何手无寸铁的对手，我的角色的荣誉水平就会上升）、游戏叙事（如果我杀了对手，我以后就不能和他说话了）、玩家内心的考虑（如果我杀死了对手，我会感到高兴/负罪）的影响。在下一阶段，本模型假设了道德参与和道德脱离之间的关键转换途径。根据影响因素（“影响因素”），亚历克斯将遵循道德或战略处理的路线。虽然该模型描述了两种独立的路径，但需要注意的是，每一种新的刺激都会引发新的评估。这种在道德参与和道德脱离之间切换的时间变化及灵活性与道德管理理论（Klimmt, et al., 2008）和道德直觉与范例模型相一致，后者假设了道德显著性的短期波动（Eden, et al., this volume）。

如果对情况的评估有利于道德处理，初始的道德“本能情感”或直觉判断就会发生。与社会直觉主义模型相一致，亚历克斯的直觉和个人对不同道德基础的重视程度将塑造她的无意识的自动判断。随着对手的举手投降，游戏增加了伤害/关怀基础的显著性。因此，亚历克斯最初的判断可能是基于同情心。随后，其激活推理系统以支持事后判断（见图34.1）。但推理可能会大大改变判断力，这取决于直觉的力量和剩余的认知能力，它们可能会激活一个不同的道德基础（Greene, et al., 2008）。在《地铁：离去》案例中，亚历克斯可能得出结论，公平是一种比伤害/关怀更重要的道德价值，因为攻击一个手无寸铁的人是不公平的。她通过选择一个选项（饶恕对手）将道德处理付诸行动。这一行动的实际后果将被整合进亚历克斯未来对游戏道德概念的理解中。

模型中的所有构造和处理路径都被认为是高度灵活的，道德处理能够在几秒钟内发生改变，这取决于玩家的内心状态和游戏不断提供的新信息。例如，当亚历克斯仍然在她的前任敌人—现任非武装玩家的困境选择中犹豫时，有缺陷的游戏物理特性可能导致角色的社会表达变形，导致较低的社会临场感，甚至引发道德脱离。

影响因素

实现主义娱乐体验和享乐主义娱乐体验的差异，对我们的模型和媒介道德处理至关重要，因此有必要识别导致两种娱乐路径的因素。道德脱离或道德参与取决于游戏环境和玩家的特征（合理化过程；Weaver & Lewis, 2012）。因此，游戏规则和玩家特征代表了“道德情境”中的两个主要影响因素（见图34.1）。如前所述，游戏的某些方面（互动性和在场）有助于人们获得更丰富的娱乐体验，无论这种体验是实现主义的还是享乐主义的。游戏中的其他因素则可能决定特定的娱乐体验。在这方面，游戏中嵌入的道德脱离线索（拟人化与非人性化的角色刻画）以及其他框架元素会让道德困境更“令人愉快”。例如，接触原则表明，如果要求身体接触，道德违规行为会让人感到不舒服。在虚拟道德困境中，时间压力对认知能力的限制与道德处理和行为改变相关（Tinghog, et al., 2016；“道德判断的双过程模型”）。

游戏元素只是道德脱离和道德参与的框架，最终要由玩家自己来决定道德感知的程度，他们在道德观念上可能存在巨大差异（Sicart, 2013）。道德参与甚至可能在同一参与者内心发生巨大的变化（Consalvo, et al., 2016）。此外，娱乐中媒介满足的多维性支持用户的多重动机，不仅满足经典的享乐主义需求，也满足实现主义需求（Oliver & Bartsch, 2010）。基于不同的情况，玩家会根据动机选择一款满足他们需求的游戏。为了保持期望的娱乐满足感，即使在游戏框架改变了娱乐主题时，玩家也可以保持他们的娱乐状态（反之亦然）。这可以通过沉浸程度（“在场”）、（不）参与线索的合理化（“道德脱离”）或游戏动机的实现（“我只是为了好玩/竞争/一个引人入胜的故事”）来完成。

除了玩家的积极动机，其他个人特征也可能会影响游戏体验。它们都可以直接链接到模型的其他部分。例如，沉浸于其中的能力取决于个人在特定领域的经验和空间视觉能力（Sacau, Laarni, & Hartmann, 2008），也取决于人格特征（Weibel, Wissmath, & Mast, 2010）。在社会临场感和道德参与方面，共情能力有望在处理道德游戏情境时发挥重要作用，共情包括特质共情（Hartmann & Vorderer, 2010）和状态共情（Happ, Melzer, & steffgen, 2015）。此外，道德敏感（moral sensitivity）和道德失明（moral blindness）也都与道德行为有关（Katsarov, Christen, Mauerhofer, Schmocker, & Tanner, 2017）。在道德参与的情况下，现实生活中的道德信念会影响决策过程。有证据表明，现实世界的道德价值会被转移到游戏设置中，并表现在决策行为中（“道德直觉与范例模型”；Boyan, et al., 2015）。此外，年龄、性别或文化背景等因素都会显著影响道德信念，模型中的其他预测参数也是如此。这里列出的因素代表了首要且广泛的可能变量的集合，可以预测娱乐结果和决策行为。虽然来自邻近研究领域的理论假设和实证发现支持我们提出的观点，但我们的模型仍需要进一步实证审查。

结论与展望

电子游戏已成为互动娱乐的主流形式，基于道德决策的有意义的实现主义元素也越来越受欢迎。作为道德参与者，玩家可以在一个安全的“仿似”空间中作出自己的决定而不会产生直接的现实后果。有趣的是，他们的道德决策往往遵循现实生活中的信念，也就是说，道德意味着根据社会互动来思考（Haidt & Joseph, 2007; Matthews, 2019; Weaver & Lewis, 2012）。因此，在社会临场感条件下，玩家将电子游戏中的虚拟角色视为非虚拟社交互动中的合作伙伴。目前的道德心理学理论已经被扩展和应用于电子游戏。例如，为了应对负罪感和羞耻感，并避免在道德违规情况下的自我谴责，玩家使用道德脱离调节认知过程，这类似于日常生活中的表现。

道德决策反映了一个有意识的推理系统和一个较强的直觉系统的整合过程。5种道德基础是“内嵌”进化的，其通过后天学习形成，并成为道德考虑的基础。道德直觉与范例模型假定玩家道德与游戏内容之间的相互关系，成功地将道德心理学理论应用到游戏行为中。道德基础理论和道德直觉与范例模型已成功应用于预测道德相关情境中玩家的实际行为（Boyan, et al., 2015; Joeckel, et al., 2012/2013; Krcmar & Cingel, 2016）。

当前的综合模型将电子游戏的主要道德理论假设进行整合。每个模型都有一个坚实的基础，提供对道德考虑和虚拟性的特定部分的详细解释。因此，该综合模型的附加价值在于强调那些构成整个模型的相关因素，从而能够整体上解释电子游戏的道德过程。虽然我们已经对其大部分进行了实证研究，但综合模型的验证仍有待进一步研究。具体而言，部分问题需要通过实证研究来解决。社会临场感如何与非人化和道德脱离相联系？哪些在场因素有助于以及在何种程度上有助于道德参与和道德处理？游戏中选项的数量如何影响认知能力，从而影响道德判断？玩家特征如何影响不同阶段的道德处理？解决这些以及其他未解的问题将进一步加深我们对道德的理解，特别是对道德在游戏中的作用的理解。

综上所述，我们相信道德心理学和游戏研究这两个学科都将受益于目前的模型。通过这个综合框架，道德心理学家可以更好地理解互动、仿真和社会可信环境是如何触发道德过程的。同样地，游戏研究者也可以进一步了解不同的娱乐结果和玩家对虚拟“仿似”游戏设置的感知。

参考文献

2K Games (Publisher). (2009). *Borderlands* [video game]. New York, NY: Take-Two Interactive Software, Inc.

2K Games (Publisher). (2012). *Spec ops: The line* [video game]. New York, NY: Take-Two Interactive Software, Inc.

11 Bit Studios (Developer and Publisher). (2018). *Frostpunk* [video game]. Warsaw: 11 Bit Studios S.A.

Activision (Publisher). (2009). *Call of duty: Modern warfare 2* [video game]. Santa Monica, CA: Activision Blizzard, Inc.

Anderson, C. A., Shibuya, A., Ihori, N., Swing, E. L., Bushman, B. J., Sakamoto, A., … Saleem, M. (2010). Violent video game effects on aggression, empathy, and prosocial behavior in Eastern and Western countries: A meta-analytic review. *Psychological Bulletin*, 136(2), 151–173. doi:10.1037/a0018251.

Atari (Developer and Publisher). (1972). *Pong* [video game]. Sunnyvale, CA: Atari, Inc.

Bandura, A. (1990). Mechanisms of moral disengagement. In W. Reich (Ed.), *Origins of terrorism: Psychologies, ideologies, theologies, states of mind* (pp. 161–191). New York, NY: Cambridge University Press.

Bandura, A. (2002). Selective moral disengagement in the exercise of moral agency. *Journal of Moral Education*, 31(2), 101–119. doi:10.1080/0305724022014322.

Baumeister, R. F., Stillwell, A. M., & Heatherton, T. F. (1994). Guilt: An interpersonal approach. *Psychological Bulletin*, 115(2), 243–267. doi:10.1037/0033–2909.115.2.243.

Bethesda Softworks (Publisher). (2008). *Fallout 3* [video game]. Rockville, MD: Bethesda Softworks LLC.

Biocca, F. (1997). The cyborg's dilemma: Progressive embodiment in virtual environments. *Journal of Computer-Mediated Communication*, 3(2). doi:10.1111/j.1083–6101.1997.tb00070.x.

Biocca, F., Harms, C., & Burgoon, J. K. (2003). Toward a more robust theory and measure of social presence: Review and suggested criteria. *Presence: Teleoperators and Virtual Environments*, 12(5), 456–480. doi:10.1162/105474603322761270.

Boyan, A., Grizzard, M., & Bowman, N. (2015). A massively moral game? "Mass Effect" as a case study to understand the influence of players' moral intuitions on adherence to hero or antihero play styles. *Journal of Gaming and Virtual Worlds*, 7(1), 41–57. doi:10.1386/jgvw.7.1.41_1.

Christy, K. R., & Fox, J. (2016). Transportability and presence as predictors of avatar identification within narrative video games. *Cyberpsychology, Behavior and Social Networking*, 19(4), 283–287. doi:10.1089/cyber.2015.0474.

Consalvo, M. (2008). There is no magic circle. *Games and Culture*, 4(4), 408–417. doi:10.1177/1555412009343575.

Consalvo, M., Busch, T., & Jong, C. (2016). Playing a better me: How players rehearse their ethos via moral choices. *Games and Culture*. Advance online publication. doi:10.1177/1555412016677449.

Deep Silver (Publisher). (2019). *Metro exodus* [video game]. Höfen: Koch Media, GmbH.

Ferguson, C. J. (2015). Do angry birds make for angry children? A meta-analysis of video game influences on children's and adolescents' aggression, mental health, prosocial behavior, and academic performance. *Perspectives on Psychological Science*, 10(5), 646–666.doi:10.1177/1745691615592234.

Gollwitzer, M., & Melzer, A. (2012). Macbeth and the joystick: Evidence for moral cleansing after playing a violent video game. *Journal of Experimental Social Psychology*, 48(6), 1356–1360.doi:10.1016/j.jesp.2012.07.001.

Gowans, C. W. (1987). Introduction: The debate on moral dilemmas. In C. W. Gowans (Ed.), *Moral dilemmas* (pp. 3–33). New York, NY: Oxford University Press.

Graham, J., Haidt, J., & Nosek, B. A. (2009). Liberals and conservatives rely on different sets of moral foundations. *Journal of Personality and Social Psychology*, 96(5), 1029–1046. doi:10.1037/a0015141.

Green, M. C., & Brock, T. C. (2000). The role of transportation in the persuasiveness of public narratives. *Journal of Personality and Social Psychology*, 79(5), 701–721. doi:10.1037/0022–3514.79.5.701.

Greene, J., & Haidt, J. (2002). How (and where) does moral judgment work? *Trends in Cognitive Sciences*, 6(12), 517–523. doi:10.1016/S1364-6613(02)02011–9.

Greene, J., Morelli, S. A., Lowenberg, K., Nystrom, L. E., & Cohen, J. D. (2008). Cognitive load selectively interferes with utilitarian moral judgment. *Cognition*, 107(3), 1144–1154.doi:10.1016/j.cognition.2007.11.004.

Grizzard, M., Tamborini, R., Lewis, R. J., Wang, L., & Prabhu, S. (2014). Being bad in a video game can make us more morally sensitive. *Cyberpsychology, Behavior and Social Networking*, 17(8), 499–504. doi:10.1089/cyber.2013.0658.

Grodal, T. (2000). Video games and the pleasure of control. In D. Zillmann & P. Vorderer (Eds.), *Media entertainment. The psychology of its appeal* (pp. 197–212). Mahwah, NJ: Erlbaum.

Haidt, J. (2001). The emotional dog and its rational tail: A social intuitionist approach to moral judgment. *Psychological Review*, 108(4), 814–834. doi:10.1037//0033-295X.108.4.814.

Haidt, J. (2007). The new synthesis in moral psychology. *Science*, 316(5827), 998–1002. doi:10.1126/

science.1137651.

Haidt, J., & Joseph, C. (2007). The moral mind: How five sets of innate intuitions guide the development of many culture-specific virtues, and perhaps even modules. In P. Carruthers, S. Laurence, & S. Stich (Eds.), *The innate mind* (Vol. 3, pp. 367–391). New York, NY: Oxford University Press.

Happ, C., Melzer, A., & Steffgen, G. (2015). Like the good or bad guy—Empathy in antisocial and prosocial games. *Psychology of Popular Media Culture*, 4(2), 80–96. doi:10.1037/ppm0000021.

Hartmann, T., Krakowiak, K. M., & Tsay-Vogel, M. (2014). How violent video games communicate violence: A literature review and content analysis of moral disengagement factors. *Communication Monographs*, 81(3), 310–332. doi:10.1080/03637751.2014.922206.

Hartmann, T., Toz, E., & Brandon, M. (2010). Just a game? Unjustified virtual violence produces guilt in empathetic players. *Media Psychology*, 13(4), 339–363. doi:10.1080/15213269.2010.524912.

Hartmann, T., & Vorderer, P. (2010). It's okay to shoot a character: Moral disengagement in violent video games. *Journal of Communication*, 60(1), 94–119. doi:10.1111/j.1460–2466.2009.01459.x.

Heron, M. J., & Belford, P. H. (2014a). Do you feel like a hero yet? Externalized morality in video games. *Journal of Games Criticism*, 1(2), 1–25. http://gamescriticism.org/articles/heronbelford-1–2.

Heron, M. J., & Belford, P. H. (2014b). "It's only a game"—Ethics, empathy and identification in game morality systems. *Computer Games Journal*, 3(1), 34–53. doi:10.1007/BF03392356.

Huizinga, J. (1955). *Homo ludens: A study of the play element in culture*. Boston, MA: Beacon Press.

Iyer, R., Koleva, S., Graham, J., Ditto, P., & Haidt, J. (2012). Understanding libertarian morality: The psychological dispositions of self-identified libertarians. *PLoS ONE*, 7(8), e42366.doi:10.1371/journal.pone.0042366.

Jansz, J. (2005). The emotional appeal of violent video games for adolescent males. *Communication Theory*, 15(3), 219–241. doi:10.1111/j.1468–2885.2005.tb00334.x.

Joeckel, S., Bowman, N. D., & Dogruel, L. (2012). Gut or game? The influence of moral intuitions on decisions in video games. *Media Psychology*, 15(4), 460–485. doi:10.1080/15213269.2012.727218.

Joeckel, S., Bowman, N. D., & Dogruel, L. (2013). The influence of adolescents' moral salience on actions and entertainment experience in interactive media. *Journal of Children and Media*, 7(4), 480–506. doi:10.1080/17482798.2013.781513.

Juul, J. (2005). *Half-real: Video games between real rules and fictional worlds*. Cambridge, MA: MIT Press.

Katsarov, J., Christen, M., Mauerhofer, R., Schmocker, D., & Tanner, C. (2017). Training moral sensitivity through video games: A review of suitable game mechanisms. *Games and Culture*, 14(4), 344–366. doi:10.1177/1555412017719344.

Klimmt, C., Schmid, H., Nosper, A., Hartmann, T., & Vorderer, P. (2008). "Moral management": Dealing with moral concerns to maintain enjoyment of violent video games. In A. Jahn-Sudmann & R. Stockmann (Eds.), *Computer games as a sociocultural phenomenon: Games without frontiers war without tears* (pp. 108–118). London: Palgrave Macmillan. doi:10.1057/9780230583306_11.

Klimmt, C., & Vorderer, P. (2003). Media psychology "is not yet there": Introducing theories on media entertainment to the presence debate. *Presence: Teleoperators and Virtual Environments*, 12(4), 346–359. doi:10.1162/105474603322391596.

Krcmar, M., & Cingel, D. P. (2016). Moral foundations theory and moral reasoning in video game play: Using real-life morality in a game context. *Journal of Broadcasting and Electronic Media*, 60(1), 87–103. doi:10.

1080/08838151.2015.1127246.

Krcmar, M., & Eden, A. (2017). Rational versus intuitive processing: The impact of cognitive load and moral salience on in-game aggression and feelings of guilt. *Journal of Media Psychology*, 31(1), 2–11. doi:10.1027/1864–1105/a000215.

Lewis, M. L., Weber, R., & Bowman, N. D. (2008). “They may be pixels, but they’re MY pixels”: Developing a metric of character attachment in role-playing video games. *CyberPsychology and Behavior*, 11(4), 515–518. doi:10.1089/cpb.2007.0137.

Lombard, M., & Ditton, T. (1997). At the heart of it all: The concept of presence. *Journal of Computer-Mediated Communication*, 3(2). doi:10.1111/j.1083–6101.1997.tb00072.x.

Matthews, N. (2019). The interplay between morality and video games. In J. Breuer, D. Pietschmann, B. Liebold, & B. P. Lange (Eds.), *Evolutionary psychology and digital games: Digital hunter-gatherers* (pp. 106–117). New York, NY: Routledge.

Microsoft Game Studios (Publisher). (2007). *Mass effect* [video game]. Redmond, WA: Microsoft Corporation.

Mystique (Developer and Publisher). (1982). *Custer's Revenge* [video game]. (n.p.): Mystique.

Oliver, M. B., & Bartsch, A. (2010). Appreciation as audience response: Exploring entertainment gratifications beyond hedonism. *Human Communication Research*, 36(1), 53–81. doi:10.1111/j.1468–2958.2009.01368.x.

Oliver, M. B., Bowman, N. D., Woolley, J. K., Rogers, R., Sherrick, B. I., & Chung, M.-Y. (2016). Video games as meaningful entertainment experiences. *Psychology of Popular Media Culture*, 5(4), 390–405. doi:10.1037/ppm0000066.

Oliver, M. B., & Raney, A. A. (2011). Entertainment as pleasurable and meaningful: Identifying hedonic and eudaimonic motivations for entertainment consumption. *Journal of Communication*, 61(5), 984–1004. doi:10.1111/j.1460–2466.2011.01585.x.

Origin Systems (Developer and Publisher). (1985). *Ultima IV: Quest of the Avatar* [video game]. Redwood City, CA: Electronic Arts, Inc.

Oxymoron Games (Developer and Publisher). (2018). *Project Hospital* [video game]. Prague: Oxymoron games s.r.o.

Pope, L. (2013). *Papers, please* [video game]. (n.p.).

Prescott, A. T., Sargent, J. D., & Hull, J. G. (2018). Metaanalysis of the relationship between violent video game play and physical aggression over time. *Proceedings of the National Academy of Sciences*, 115(40), 9882–9888. doi:10.1073/pnas.1611617114.

Quandt, T., & Kowert, R. (2016). No black and white in video game land! Why we need to move beyond simple explanations in the video game debate. In R. Kowert & T. Quandt (Eds.), *The video game debate: Unravelling the physical, social, and psychological effects of video games* (pp. 176–189). New York, NY: Routledge.

Rhodes, N., & Hamilton, J. C. (2013). Attribution and entertainment: It’s not who dunnit, it’s why. In J. Bryant & P. Vorderer (Eds.), *Psychology of entertainment* (pp. 119–136). New York, NY: Routledge.

Rockstar Games (Publisher). (2004). *Grand Theft Auto: San Andreas* [video game]. New York, NY: Rockstar Games, Inc.

Rockstar Games (Publisher). (2018). *Red Dead Redemption 2* [video game]. New York, NY: Rockstar Games, Inc.

Rollings, A., & Adams, E. (2003). *Andrew Rollings and Ernest Adams on game design*. Indianapolis, IN: New

Riders.

Sacau, A., Laarni, J., & Hartmann, T. (2008). Influence of individual factors on presence. *Computers in Human Behavior*, 24(5), 2255–2273. doi:10.1016/j.chb.2007.11.001.

Schreiber, I., Seifert, C., Pineda, C., Preston, J., Hughes, L., Cash, B., & Robertson, T. (2009). Choosing between right and right: Creating meaningful ethical dilemmas in games. *Project Horseshoe Conference*, 2010. San Antonio, TX.

Schulzke, M. (2009). Moral decision making in "Fallout." *Game Studies*, 9(2). Retrieved from: http://gamestudies.org/0902/articles/schulzke/.

Sicart, M. (2013). Beyond choices: The design of ethical gameplay. Cambridge, MA: MIT Press. Sicart, M. (2019). Papers, please. In M. T. Payne & N. B. Huntemann (Eds.), *How to play video games* (pp. 149–156). New York: NYU Press.

Slater, M., & Steed, A. (2000). A virtual presence counter. *Presence: Teleoperators and Virtual Environments*, 9(5), 413–434. doi:10.1162/105474600566925.

Sony Interactive Entertainment (Publisher). (2018). *Detroit: Become Human* [video game]. San Mateo, CA.

Square Enix (Publisher). (2018). *Life is Strange 2* [video game]. Tokyo: Square Enix Holdings.

Steuer, J. (1992). Defining virtual reality: Dimensions determining telepresence. *Journal of Communication*, 42(4), 73–93. doi:10.1111/j.1460–2466.1992.tb00812.x.

Tamborini, R. (2013). A model of intuitive morality and exemplar. In R. Tamborini (Ed.), *Media and the moral mind* (pp. 43–74). New York, NY: Routledge.

Tamborini, R., Bowman, N. D., Prabhu, S., Hahn, L., Klebig, B., Grall, C., & Novotny, E. (2018). The effect of moral intuitions on decisions in video game play: The impact of chronic and temporary intuition accessibility. *New Media and Society*, 20(2), 564–580. doi:10.1177/1461444816664356.

Tinghög, G., Andersson, D., Bonn, C., Johannesson, M., Kirchler, M., Koppel, L., & Västfjäll, D. (2016). Intuition and moral decision-making—The effect of time pressure and cognitive load on moral judgment and altruistic behavior. *PLOS ONE*, 11(10), e0164012. doi:10.1371/journal.pone.0164012.

Valve Software (Developer and Publisher). (2007). *Portal* [video game]. Bellevue, WA: Valve Corporation.

Vorderer, P., Hartmann, T., & Klimmt, C. (2003). Explaining the enjoyment of playing video games: The role of competition. *Proceedings of the Second International Conference on Entertainment Computing*, 1–9. Pittsburgh, PA.

Vorderer, P., Steen, F. F., & Chan, E. (2013). Motivation. In J. Bryant & P. Vorderer (Eds.), *Psychology of entertainment* (pp. 3–18). New York, NY: Routledge.

Weaver, A. J., & Lewis, N. (2012). Mirrored morality: An exploration of moral choice in video games. *Cyberpsychology, Behavior, and Social Networking*, 15(11), 610–614. doi:10.1089/cyber.2012.0235.

Weibel, D., Wissmath, B., & Mast, F. W. (2010). Immersion in mediated environments: The role of personality traits. *Cyberpsychology, Behavior, and Social Networking*, 13(3), 251–256. doi:10.1089/cyber.2009.0171.

Young, G. (2013). Enacting taboos as a means to an end; but what end? On the morality of motivations for child murder and paedophilia within gamespace. *Ethics and Information Technology*, 15(1), 13–23. doi:10.1007/s10676-012-9306-x.

Zagal, J. P. (2009). Ethically notable videogames: Moral dilemmas and gameplay. *Breaking new ground: Innovation in games, play, practice and theory, Proceedings of DiGRA 2009.* https://pubweb.eng.utah.edu/~zagal/Papers/Zagal-EthicallyNotableVideogames.pdf.

第三十五章　玩家—化身认同、关系与互动

——基于非社会、拟社会和完全社会过程的娱乐

尼古拉斯·大卫·鲍曼
杰米·班克斯

电子游戏的娱乐体验主要来自为用户提供该体验的能动性（agency）（Grodal, 2000）。玩电子游戏时，玩家会被塑造为体验的主宰者，参与一系列“有趣的决定”（Meier, 2012），从一个几乎没有拟人化的四方块（《俄罗斯方块》，美国任天堂公司，1989）到一个逼真的穿越时空的刺客（《刺客信条》，育碧公司，2007），这些决定影响着屏幕角色或化身的命运。从字面意义上说，化身是玩家在游戏数字空间中的能动性体现（Little, 1999）。本章探讨玩家—化身认同、关系和互动等问题，以便更全面地解释（游戏）媒介的独特娱乐吸引力。

关于化身的简要介绍

在讨论电子游戏中化身如何影响娱乐体验之前，我们先简要地讨论一下“化身”。正如鲍曼、唐斯和班克斯（2016a）所解释的，“化身”这个词来源于梵语avatara，意为“神降落于地球，并转化为一种特殊形式”（Holzwarth, Janiszewski, & Neumann, 2006）；也就是说，化身是拥有短暂精神的物理具身，通常为了特定目的而使用某个身体（Matchett, 2001）。博尔斯托夫（Boellstorff, 2008）采用了类似的逻辑，将化身的概念替换为“前身”（incarnation），将其理解为去身体化（decarnation）或脱离肉体——化身因此代表了用户从有形世界到数字世界的运动。在实践中，化身和角色往往是同义词，但是，化身泛指游戏环境中的数字玩家，而角色是由游戏设计师建构的具有特定个性、外观和叙事轨迹的化身（从而减少玩家在结构中的作者作用）。在本章中，为了叙述简洁，除特殊情况下的区分，我们一般只用“化身”。虚拟化身是至少部分由玩

家控制的数字实体，使得身份（Van Looy, Courtois, de Vocht, & de Marez, 2012）能动性（Eichner, 2014）可以扩展到游戏世界。反过来，化身可能会通过声音修辞等社交线索（Blascovich, 2002）和生命值的得失（health points gained or lost）（Arsenault, 2005）等表现对玩家产生不同的影响。从最广泛的意义上说，化身可以调节玩家的游戏世界和游戏机制，玩家—化身的联结可以调节一系列的游戏娱乐体验。这些联结可能采取玩家与化身认同、关系、互动的形式，这三种形式中的每一种对游戏的娱乐吸引力都有独特的影响。

娱乐与化身认同

主媒质（host medium）的结构对化身认同有强烈的影响。玩家以参与者而不是被动观众的身份进入游戏世界（Turkle, 1984），这种参与通常使玩家对屏幕上的化身有某种程度的控制。在这个过程中，电子游戏鼓励玩家失去自我认同（即使是暂时的），并采用屏幕角色的个性（Filiciak, 2003），这可以理解为玩家与角色的“心理融合”（Lewis, Weber, & Bowman, 2008, p.515）。克里姆特、赫夫纳和沃德勒（2009）将认同更清晰地定义为在广泛的媒介情境中，“通过采用（他者）的价值属性，实现自我感知的暂时转移”（Cohen & Klimmt, p.351, this volume）。或者说，当玩家同时作为参与者和观察者时，化身可以作为镜子，为玩家提供实时反思自己行为的机会（Rehak, 2003; Cooley, 1902）。因此，游戏娱乐体验从根本上说是由语义的（基于表征）或表现的（基于动作）认同驱动的，因为游戏是由其和玩家共同构建的。

虽然“认同”这个术语被广泛地用来描述那些隐性的或显性的自相似性，但需要注意的是，引发认同需要多个过程。唐斯、鲍曼和班克斯（2019）主张并通过实证研究支持一种理论框架，即化身认同的水平可以通过多个过程的不同组合来体验。换句话说，认同是合成的——实现认同的每个过程都是充分的，但其对于感知到的自相似性来说却不是必要的（Bailey, 1973）。从现存文献中我们确定了几个促进玩家—化身认同的心理过程，每个过程都影响了娱乐体验：物理相似性、具身、价值同化、观点采择和期望认同。

物理相似性

玩家和化身之间的相似性呈现为物理相似性——化身的身体看起来像玩家的身体，玩家可以在屏幕上看到数字肖像（Biocca, 1997）。在大型多人在线游戏中，玩家的化身持续存在于游戏世界，丰富的定制是享受的前提：玩家希望获得选项以提升化身的契合度，定制选项缺失会影响享受体验（Turkay & Andinolf, 2010）。邓（Teng, 2010）发现，拥有改变化身装饰和装备的能力对培养在线游戏玩家的忠诚度至关重要，它也能（通过探索、角色扮演、逃避现实和培养游戏内角色等）增强沉浸感体验。伯克、阿特金斯、鲍伊和曼德里克（Birk, Atkins, Bowey, & Mandry, 2016）发现，相似性认同（类似于身体相似性）直接影响自主性和享受的感觉。他们认为，即使是具有基本物理相似性选项的简单游戏也可以促进玩家参与的内在动机，影响享受结果（Tamborini, Bowman, Eden, Grizzard, & Organ, 2010）。佩娜和她的同事（Pena, et al., 2018）的新近研究表明，社会因素也可以增强相似性的认同：社会身份的视觉标识（在这项研究中，服装的颜色与参与者的大学相匹配）对相似性感知有显著的积极影响，这反过来增加了乐趣。总的来说，那些感知到自己和化身之间的身体相似性的玩家更有可能享受游戏体验。关于身体相似性对内省的和自我指涉（self-referential）意义结果的影响（Oliver & Bartsch, 2010; Oliver & Raney, 2011）的研究还不全面，对类似数字游戏世界如《第二人生》(Hooi & Cho, 2014）的研究已经建立了化身—自我（身体）相似性与自我意识增强之间的实证联系，这种联系与欣赏相关，并通过它体现出来。

具身

从认同的合成（理论）框架可以推测出（Downs, et al., 2019），虽然身体（相似性）对认同很重要，但玩家并非必须共享化身的身体外观。玩家可以具身体验游戏环境：玩家基于与化身的身体、玩家的身体和玩家关于自己与化身身体相关性的心理模型（Myers & Biocca, 1992）的认知联系而在游戏世界中进行主观定位。克莱夫杰（Klevjer, 2012, p.19）认为，具身可以理解为一种假体的远程在场（telepresence; Lombard & Ditton, 1997; Hartmann & Fox, this volume）将玩家的身体重新定位到屏幕空间，在那里，“我们可以一起玩，持续玩，并扩展我们的存在”(p.19)。这里的核心是，化身不需要与玩家一对一地表达。二维的马里奥角色，或三维的化身，甚至第一人称视角，都可以代表某种形式的身体延伸，因为化身在游戏世界中功能性地实施事件是玩家按下按钮、操纵推杆或使用自然映射控制器的表征动作的结果。基尔特尼、格罗滕和斯莱特（Kilteni, Groten, & Slater, 2012）解释说，具身感包括对化身的数字身体的自我定位、能动性和所有权的感知。

虽然没有专门测试娱乐效果，但福克斯、贝伦森和特里梅（Fox, Bailenson, & Tricase, 2013）发现了女性参与者性别化（与非性别化相比）角色发生普罗托斯效应的证据（Yee & Bailenson, 2007），她们表现出更多的与身体相关的想法，并且更加接受强奸误解（rape myth）；当参与者在定制化身身上看到自己的脸时效果更强（也与前面讨论过的身体相似性的考虑有关）。娱乐研究的一个含义——尤其是当设计师有更严肃的目标时——可能是“尝试”各种化身（至少是它们的身体；Nakamura, 1995），从而引导玩家内化这些角色的一些社会体验，激发他们某种关于意义和升华的自我反思（Oliver, Ash, & Woolley, 2012）。对具身的简单操纵，如玩家在游戏中的视点变化（第一人称与第三人称相比）也被发现可以激励游戏中的学习（行为；Lindgren, 2012），影响玩家如何关注和记住屏幕上的游戏元素。我们注意到，迄今为止，许多关于具身和享受的研究聚焦于用户界面与游戏操作系统的具身（Tamborini & Bowman, 2010），未来的研究应该更加重视独立于表征具身的输入设备的化身具身。我们认为，这种分离尤为重要，因为出现了不需要触觉控制的控制系统（虚拟或增强现实）。有研究表明，当输入的东西与屏幕动作不匹配时，更自然的控制系统不一定会增加享受（Rogers, Oliver, & Bowman, 2015; Liebold, Bowman, & Pietschmann, 2020）——这些研究可能得益于相关对控制系统和屏幕上被控制的化身之间感知匹配的关注。

价值同化

如同“鸟以群分”，玩家也可以通过感知与化身的共同态度或信念，甚至通过相似成长经历所激发的共同价值观印象（Cohen, 2001）来体验认同（McPherson, Smith-Lovin, & Cook, 2001, p.417）。在电子游戏中，玩家对角色价值观和背景故事的体验可能是在扮演角色时，也可能是在角色介绍的叙事部分时（在电子游戏刚开始）。在这两种情况下，叙事参与可能会使玩家感知到化身（作为角色）根据先前经验所塑造的价值观。由于这些感知到的价值观是解释当下游戏情境的基础（Schneider, 2001），玩家从共享角度体验这些事件时，可能会感受到亲密关系和自我相似性（Banks, 2015）。倾向性理论在这里的关键原则（Zillmann & Cantor, 1972; Vorderer, Klimmt, & Bryant, this volume）是，当玩家意识到化身所持有的价值观时，他们也会开始对这个化身形成情感倾向（Konijn & Hoorn, 2017）。

这些效果可能因所玩游戏的类型而有所不同，因而，玩家—化身联结的情境也会有所不同。例如，特雷普特和赖内克（2010）发现，电子游戏的类型会影响玩家使用与自己性格或多或少具有相似性的化身的欲望，竞争类游戏鼓励更多的差异性，合作类游戏鼓励更多的相似性。鲍曼、舒尔泰斯和舒曼（2012）也发布了类似的数据结果，对角色心存质疑（认为它和游戏世界是虚构的）以及对角色行为责任感低的玩家更有可能参与反社会游戏。随着电子游戏逐渐成为一种成熟媒介，人们对价值问题的考虑愈加细致，道德决策系统愈加普遍（Oliver & Raney, 2019）。对玩家道德决策的研究发现，当玩家有广泛的自由来作出有效决定以实现游戏内目标时（Melzer & Holl, this volume），玩家会秉持自己的道德价值观（Weaver & Lewis, 2012; Joeckel, Bowman, & Dogruel, 2012）。但化身并没有这样的自由，因为许多类型的游戏（战斗游戏和射击游戏）限制了玩家可以作出的决定。道德决策和随后的娱乐结果可以更具体地关注玩家如何感知游戏内决策的道德观念，以及化身的道德观念决策空间。在这方面，关于娱乐媒介角色的道德评价的研究进展（Grizzard, et al., 2020; Eden, Tamborini, Aley, & Goble, this volume）应该是有用的。

观点采择

观点采择是一个认同过程，玩家在这个过程中内化化身的体验，并像化身一样参与事件（Zillmann, 1995），以化身的视角体验事件［例如，玩家可能会觉得自己好像是在杀死一只怪物来保卫一个心爱的城市（使用化身的目标和情感，一如它在游戏叙事中的定位）］，而不是从玩家练习游戏中的挑战和技能的角度来体验事件。（与其他媒介相比）这一过程在电子游戏中尤其容易实现，因为玩家可以通过游戏内在的互动性来积极地、同步地体验自我作为自我（self-as-self）和他者作为自我（other-as-self）（Rehak, 2003）。观点采择与叙事驱动的娱乐结果（Green & Brock, 2002）或叙事参与（Busselle & Bilandzic, 2009）尤其相关。在这两种情况下，玩家对一个正在展开的游戏叙事的关注、理解和参与很可能会鼓励玩家对化身产生更强的认同。这些过程能够增加享受，因为用户通过管理叙事和行动轨迹，更加投入媒介内容的叙事世界中（Green, Brock, & Kaufman, 2004; Brown, this volume）。

观点采择对于参与叙事至关重要，因为叙事的事件通常只有从嵌入故事中的人物视角展开才有意义（Galbraith, 1995）。在这一点上，斯梅瑟斯特和克拉普斯（Smethurst, Graps, 2015）通过要求玩家直接面对创伤事件，并在某些情况下处理化身及其创伤后的压力，考察了电子游戏如何表现和模拟心理创伤。佩纳、佩雷斯、汗和戈麦斯（Pena, Perez, Khan, & Gomez, 2018）研究发现，直接参与一些有视点采择机制的严肃游戏，有助于鼓励人们对移民政策采取更多的亲社会态度。从玩家通过化身作出的道德决策（Weaver & Lewis, 2012; Joeckel et al., 2012），以及由这些决策引起的负罪反应（Hartman & Vorderer, 2010; Grizzard, Tamborini, Lewis, Wang, & Prabhu, 2014）中可以得出类似的观点。值得注意的是，由于后一项研究（Grizzard, et al., 2014）将不道德的行为（通过武装战斗保卫恐怖分子营地）与扮演不道德的角色（恐怖分子）混为一谈，所以我们无法知道玩家在多大程度上采用了恐怖分子化身的视角。总的来说，观点采择过程（以及之前的价值同化考虑）可以很好地解释玩家如何将游戏中的决策情境化，并对其决策结果作出享乐主义和/或实现主义（娱乐）反应。

期望认同

与身体相似性和价值同化这种与化身真实共享特质的体验不同，期望认同是一个人与化身期望共享的特质。也就是说，个人在数字身体或角色中看到了有价值的特征（Hoffner, 1996）。通过与这些期望特征的暂时接触（控制化身勇敢地说话，但这个人通常不认为自己是一个勇敢的人），玩家可能会感觉到其与真实的具身和执行这一特征潜能的联系（参见后面化身作为共生体的关系取向）。值得注意的是，这种被感知的可能的自我被认为与观念（对这一特性的领会与渴望）和动机（希望具身采纳这一特性；

Markus & Nurius, 1986）相联系，因此对这种有价值的特性的暂时理解本身可能是令人愉快的（Cross & Markus, 1994）。

化身已经被证明可以促进能动性的强化——仅通过观察而不是实际执行就能获得行为激励感——这样人们就可以创造具有理想特性的化身，然后使用化身来激活对这些特性的采用（Bessiere, Seay, & Kiesler, 2007; Fox & Bailenson, 2009）。这种间接体验形式可以促进游戏享受（Hefner, Klimmt, & Vorderer, 2007）。在欣赏方面，参与期望认同过程的玩家可能更本质地感知他们和化身之间的差距，并以更强烈的情感参与游戏（Przybylski, Weinstein, Murayama, Lynch, & Ryan, 2012），这可能会让他们获得更多实现主义（娱乐）体验。新概念“缝合”（henosis）（减少全球图式元素和游戏体验评估意义之间的失调；Watts, 2019）依赖于游戏内行为与自我图式的协商，在这里，作为角色的化身可能是自我相关或自我超越式情感满足来源（Oliver, et al., 2018; Janicke-Bowles, Bartsch, Oliver, & Raney, this volume）。

娱乐与化身的关系

前面概述的认同过程对于理解电子游戏玩家如何接受化身，以及反过来如何影响娱乐结果是非常重要的。但即使采用了多种方法获取认同（Downs, et al., 2019），我们仍然认为与认同相关的玩家—化身关系（Klimmt, et al., 2009）只是玩家使用化身的一种方式。玩家—化身关系涵盖了广泛的社会范围（Banks, 2015），其特征是玩家的偏好、动机、特征与化身能动性的程度、叙事情境以及主游戏内在互动性的交集。从这个框架出发，玩家—化身关系可能依赖于1阶（monadic）认同（玩家感知到的自相似性），也可能依赖于玩家和化身相互影响的2阶（dyadic）认同（Banks, 2015, Lewis, et al., 2008）甚至是4阶（tetradic）认同（在互动中有4种不同的能动性——两个玩家和两个化身；Banks & Carr, 2019）。通过化身内在的、可变的能动性（移动、交流、实现自身的嬉戏功能）和游戏内在的、可变的互动机会，玩家—化身关系在一定程度上具有不可避免的社会性（Banks, 2015）。

人们可能会认为这种社会性参与仅仅是感知层面的，而社会性感知能够提升玩家在关系谱系中的地位，这里提出的框架将这种不可避免的社会性作为玩家—化身关系的一种实际的、物质的特征。这种社会性（独立于玩家对它的感知）通过玩家和化身之间的信息交换（Rafaeli, 1988），以及每个实体的潜力所产生的意义（Bogost, 2010）而产生。例如，库德诺夫（Kudenov, 2018）设想，在大型多人在线游戏中，玩家可以创建、操控、定制一个法师化身。玩家（根据可选项）生成一条信息（根据内心想法）“我更喜欢我的化身戴上帽子”，并以展示帽子为目的，通过游戏界面（根据可用的方式）对信息进行编码；该信息通过按下按钮编码到化身可以理解的标识系统中，并通过游戏技术架构传递给化身。这个信息然后被化身理解和解释（根据其内在的编码能力）。其被描述为一个二进制的从“假”到“真”的标识，并根据化身的内部逻辑及所需的资源执行操作，显示或不显示帽子。反之，我们则说信息已经被正确解码，但是资产标识符（信息指示佩戴哪顶帽子的代码）在游戏资源中无法找到。化身所创造的意义与玩家的意图不同。同样，化身可能会利用其内部逻辑和签名系统来生成编码以反映自身状态的拒绝消息（“我没有资源了”）。由游戏系统—媒介生成的编码将资源不足的信息转换到一个玩家可理解的符号系统里——可能是一个声音和文本提示，或者被包藏在一个隐喻中（“我没有足够的法力”来变出这顶帽子）。通过这种方式，2阶交换立即变成了有意义的交流，因为每个实体都以某种程度的保真度解释对方的信息（McCroskey, 1978），并按照其“内部工具”（Bandura, 1989, p.1175）进行代理交换来实现功能交流，从而使传输过程实质性展开。玩家和化身都拥有（自己的）内部逻辑来支持“看到”对方的方式（Kudenov, 2018），从而使他们之间产生独立于玩家感知的真正交流循环（Banks & de Graaf, 2020）。随着数字身体及其潜在技术脱离玩家控制的程度以及转向化身和游戏本身的隐喻或字面掌控的发展，关于玩家—化身联合代理假设的观点变得更加重要。例如，人工智能游戏可以动态地塑造游戏角色和叙事以最大化情感体验（Hernandez, Bulitko, & Hilaire, 2014），并或多或少地调整角色的技能或能力的挑战性（Ram, Ontanon, & Mehta, 2007）。这些“人工智能体验管理者”或“戏剧管理”工具正通过增加游戏及其组件（化身）的自适应能动性来定制体验（Mori, Thue, & Schiffel, 2019, p.174）。

玩家—化身关系类型

尽管玩家—化身关系中的社会性是可变的，但学者在之前的文献中已经发现了4种连续的玩家—化身关系原型（Banks, 2015）。这些关系类型松散地反映了一个从非社会关系到完全社会关系的连续体：化身作为客体（object），化身作为自我，化身作为共生体，化身作为他者。化身作为客体导向是非社会性的，其特征是玩家在游戏世界中将化身视为不真实的占位符或者玩游戏的工具。班克斯和鲍曼（2015）发现，玩家倾向于将化身视为“玩具”“工具”“木偶”“物体”等与人类相似度非常低的客体。这种导向的玩家倾向于认为自己在控制角色时具有较高的能动级别，与角色的亲密程度较低。换句话说，这种联结以用户—工具关系的形式出现。与这种导向有关的游戏类型通常集中于挑战型和竞争型的游戏（Banks, 2015），更以玩家的技能和成就作为娱乐的核心（Klimmt, Blake, Hefner, Vorderer, & Roth, 2009; Oliver, et al., 2015），但是，这种导向也可能促进欣赏性娱乐，前提是这种技能作为沉闷游戏的一种功能能够产生深刻的成就感（突袭或碾压；Banks & Bowman, 2014）。另外，那些使用化身作为紧急或异常形式的游戏工具的玩家会以其他方式体验娱乐。例如，保罗、鲍曼和班克斯（2015）发现，电子游戏“骚扰者”（griefers）（故意破坏其他玩家体验的玩家，经常使用他们的化身来杀死、阻碍或骚扰他人；Achternbosch, Miller, Turville, & Vamplew, 2014）与亲社会游戏的玩家有着相似的享受水平。但骚扰者的享受路径依赖于更强的自主性和能力感，且（和更多社区导向的玩家不同）与关系需求满足联系更少。

社会性连续体中的另一个导向是化身作为自我的导向。虽然在社会性方面玩家没有将化身作为代理，但在这种导向中玩家确实认为化身具有与自我相似的品质，这种关系与本章前面讨论过的合成认同过程密切相关。采用这种关系导向的玩家将他们的化身视为自己（某种版本）的映像或延伸。将化身视为“延伸”“代表”“我的一部分”在玩家中很常见（Bowman & Banks, 2015），因为他们试图在游戏中创造视觉、功能或象征性的身体来代表自己。至少在在线游戏中，采用“自我”导向的玩家往往专注于社交化和仪式化的游戏。也就是说，他们倾向于和朋友在一起，或者更习惯地将目标游戏嵌入他们的日常日程（Banks, 2015）。总的来说，化身作为自我的娱乐体验涉及前面讨论的许多相同的娱乐效果（作为合成认同的功能），但也包括作为电子游戏关键驱动力的社交和逃避现实的满足（Sherry, Lucas, Greenberg, & Lachlan, 2006; Yee, 2006; Halfmann & Reinecke, this volume）。换句话说，感知并接纳一个化身作为自己的代表，可能会促进一些与感觉相关的娱乐体验，就好像他在游戏空间中或在参与游戏活动（Klimmt, et al., 2009）。

在过去关于玩家—化身关系类型的研究中，化身作为客体的导向和化身作为自我的导向通常占被调查玩家的一半到四分之三（主要是大型多人在线游戏玩家；Banks, Bowman, & Wasserman, 2018）。虽然很常见，但它们并不代表所有的玩家—化身关系类型，因为人们可能不只是把化身作为工具或自我的延伸。当玩家考虑化身在游戏动作中的叙事角色时（无论是设计的还是涌现的，通过正式的、规范的游戏世界呈现的，还是通过玩家的角色扮演或个人故事开发的而不是游戏本身具有的；McKnight, 2018），他们更有可能将化身视为某种程度的社会代理（Banks, 2013）。具体来说，当化身在游戏世界中被视为有自己的主体性、人际关系和发展轨迹时，它就会从工具功能转向角色功能。按照与家庭和人际关系文献相关的理论（Bowen, 1978），为了建构真实的社会关系（而不是依赖关系），人们必须将他人视为一个真正不同的实体。也就是说，当化身与自我区分时，玩家的取向在本质上更加社交化，有两种玩家—化身关系类型具有这种自我区分的特征。

首先，基于适度的化身能动性、亲密性和自主分化，玩家将化身视为共生体，他们认为自己是化身的一部分，也认为化身是自己的一部分。这种取向在某些方面与本章前面讨论的期望认同过程有关，但通常具有一个更活跃和更有目的的玩家能动性特征。玩家将化身作为共生体，而不仅是基于认同协商和感知活动（对自己的性别产生怀疑，应对新出现的残疾，逃避虐待关系；Banks, 2015）来创造一个不同于自己的化身、另一个人格。共生取向的娱乐结果很可能与基于成功认同的心理健康需要有关，或者至少是对与自我相关的信息处理的一种宣泄（Colder-Carras, et al., 2018），因为玩家本质上在自我作为自我和自我作为他人之间徘徊（Rehak, 2003）。沃特曼（2011）认为，当个人参与建构身份的活动时，他们得到了更大的内在满足感，以及对活动本身更强的亲近感（享受和欣赏）。

其次，游戏也可以被理解为一种积极的自我定义活动（Lafreniere, Vallerand, Donahue, & Lavigne, 2009），一些人认为这些活动与愉快的心流（pleasurable flow）体验密切相关（Mao, Roberts, Pagliaro, CsiKszentmihalyi, & Bonaiuto, 2016）。值得注意的是，虽然我们未强调化身作为共生体导向的玩家参与独特挑战和技能的比例对获得或维持心流状态的重要性（Sherry, 2004; Chen, 2006），但从更宽广的视野来看，心流理论中的自主（自我激励）理论认为，自我定义活动会驱动玩家更大程度地参与。

最后，化身作为他者的关系取向是最具社会性的，它具有高水平玩家感知的自我区分性、能动性和人类相似性特征。在这里，玩家将他们的化身作为真实的社会代理（作为一个“合作伙伴”或“人”；Banks & Bowman, 2015），并以情感和互动为导向，促进化身对游戏体验的实际贡献。毫不奇怪，这种取向在角色扮演者（Banks, 2013）和角色扮演游戏（Bowman, Banks, & Downs, 2016b）中最为常见，部分原因是角色扮演游戏的叙事驱动特征往往高度关注角色发展。其他导向并不需要明确的角色扮演，玩家私底下经常非正式地持有丰富化身生活的想法（McKnight, 2018），同时，高强度竞赛可能会提升对作为一个价值实体的化身的整体关注（永久死亡玩法；Parker, 2017）。那些化身作为他者导向的玩家参与游戏的动机更明显地符合强叙事参与，玩家在游戏世界中接受化身的需要和欲望，以及直接在游戏中实现化身的目标：欣赏性娱乐更多与玩家对叙事质量的考量相关，它直接影响关系感和洞察力（Oliver et al., 2015）。重要的是，与他人一起游戏的满足感（Yee, 2006; Klimmt & Possler, this volume）不限于人类合作玩家，因为使用社交代理技术的游戏会产生类似的结果。

考虑到这种玩家—化身的关系取向，更广泛地概念化社会性和娱乐结果之间的联系是有用的。客体关系（导向）与胜利和成就有关，自我关系（导向）与社会和习惯有关，共生关系（导向）与宣泄和意义创造有关，他者关系（导向）与逃避现实和叙事参与有关。那些与他们化身的社会关联度较小的人可能会体验到更多的享乐主义娱乐满足感（成就的刺激，与朋友协调的乐趣；Luong & Knobloch-Westerwick, this volume），而那些与化身有更大社会关联度的人可能获得更多实现主义娱乐满足（认同反思，探索一个复杂的世界；Janicke-Bowles, et al., this volume）。重要的是，这样的玩家—化身关系/娱乐关系不能必然地被认为是因果关系，因为预期满足可能导致这些取向，就像某种取向可能导致某种效果一样，而且关系和效果都可能随着时间的推移而改变（Banks, 2013）。

娱乐及与化身互动

到目前为止，我们已经讨论了不同类型的玩家—化身关系直接影响娱乐结果的各种方式。虽然这些玩家—化身关系类型对于娱乐和媒介学者来说是一种启示，他们可以理解玩家以不同的社会关系方式对化身采取的不同取向，但这些关系类型是一组特定关系动态的现象学产物。这些动态被理解为可测量、可变、可被玩家感知的动态，统称为玩家—化身互动（Banks & Bowman, 2016）。玩家—化身之间的互动元素是至关重要的，因为它将注意力集中在玩家和化身之间的交流协调上。在这里，我们转向控制论的概念，以理解作为一个半机械系统的玩家—化身互动——一个由无机和有机组件构成的自我调节、自适应性系统（Kline & Clynes, 1961）。在这个系统中，玩家和化身通过协调传递信息与相关反应（通过原生能力），系统地、共同地对游戏事件作出反应。虽然这两种能动性相互影响，但我们在理论上和实践上都无法理解玩家对这种协调的感知，因为我们基本上缺乏理解非人类体验的任何有意义的解释框架（Bogost, 2012）。我们能做的是理解玩家对这种半机械过程的感知——玩家可以评估并权衡至少4种玩家—化身互动维度，而玩家对这些维度的感知对娱乐有着独特的影响。

一种关系动态是拟人化自主——游戏玩家在多大程度上将化身理解为以类似人类的方式存在于游戏世界中：其在游戏的象征和绘图化参数中具有自己的思想、感觉、目标和关系。换句话说，玩家认为化身在那种情境中会像人类一样行动。班克斯和鲍曼（2015）的研究表明，拟人化自主在他者和共生体导向的玩家中较明显，这说明一定程度的自我区分和能动性与认为化身是一个自我相似但独立存在的能动性相关。从娱乐的角度来看，将化身视为更自主的存在的玩家，能以一定程度的分离来享受角色，即使它们的行为可能背离玩家自己的价值观和欲望。例如，玩家可能会参与游戏里反社会的活动，而不会觉得自己已经认可了这些活动（Banks, 2013）。这种道德脱离（Bandura, 1999）可能是享受反社会媒介内容的一个重要途径，特别是当反社会的行为对推进叙事至关重要时。但道德脱离对随后的电子游戏享受的影响尚不清楚（Hartmann & Vorderer, 2010; Schmierbach & Limperos, 2013; Melzer & Holl, this volume）。例如，道德脱离通常被认为是将行为重构为合理的过程（Bandura讨论过的委婉标签化过程，1999），高度的拟人化自主可能是玩家在享受游戏的同时与可疑行为脱离的另一种处理方式。

区分玩家和化身的过程，可能与那些利用悲惨的屏幕内容提供潜在的亲社会信息的电子游戏更加相关，如在《特殊行动：一线生机》中使用化学武器和酷刑的场景（2K游戏，2012），它更多的是让玩家理解战争的复杂性，而不是美化战争和暴力（Williams, 2013）。尤其有趣的是，这种道德脱离策略不是简单的重构游戏挑战和竞争重点的结果，也就是说，其道德观点不是玩家赢得游戏内挑战或其他情感重估过程，从而接受屏幕上的非道德内容（Hemenover & Bowman, 2018）的副产品。相反，我们认为，当玩家认为他们的化身有自己的能动性时，他们可能更容易接受这些化身的道德违规行为，这是对化身自身体验至关重要的必要选择（Banks, 2015）。至少，未来研究的一个引人注目的关注点是考虑拟人化自主如何影响玩家协助或阻碍其化身的道德违规行为的意愿，或玩家通过将某些违反道德的罪责归因于他们的化身（而不是他们自己）来“保护”他们对电子游戏的享受程度。

玩家—化身互动最初被概念化为情感投资（Banks & Bowman, 2015），其最近强调亲密关系是玩家和化身之间的情感联系，表现为伙伴关系和同事的感觉（Banks, Bowman, Lin, Pietschmann, & Wasserman, 2019）。重要的是，在游戏中，我们应将化身视为一个真实的伙伴，而不是将它降级为拟社会实体来认同或建构拟社会关系（Horton & Wohl, 1956; Brown, this volume）——事实上，刘易斯、韦伯和鲍曼（2008）认为，鉴于玩家和化身之间的内在对话，拟社会互动的视角不太适用于电子游戏这样的互动媒介。即使在没有任何“有血有肉”的人类搭档的情况下，与自己的化身关系密切的玩家也可以参与到社交游戏中（Simon, 2006）。从娱乐角度看，玩家与化身的亲密关系可能会受益于将电子游戏作为一种社交活动。很少有人会争论电子游戏作为社交空间或催化游戏活动的社交性（Steinkuehler & Williams, 2006），而关系需要对游戏至关重要（Tamborini, et al., 2010; Sherry, et al., 2006; Yee, 2006）。但玩家与化身互动对亲密关系的核心作用表明，游戏的社会满足并不仅仅由人类来呈现。玩家可能会感觉到亲密关系的化身导致了许多相同的社会需求（Bowman, 2018; Bowman, this volume）和益处（Banks, 2013），它反过来会影响与社会环境相关的、传统上归因于实际的人类伙伴的娱乐结果（Elson, Breuer, Ivory, & Quandt, 2014）。此外，与他们的化身有深厚的亲密关系的玩家可能会使用电子游戏来弥补其他领域社交关系的缺乏，类似于科沃特和奥德梅多（Kowert, Oldmeadow, 2013）观察到的在线游戏人群——正如在线玩家可能会转向远方的同伴以获得亲密感或只是分享游戏体验，那些感觉与化身有亲密关系的玩家每当需要社交互动时，也不得不联系他们的数字伙伴。对这种亲密关系的一个很容易理解的版本是游戏化的数字宠物“电子鸡”（Tamagotchi）（日语“鸡蛋”和“手表”的合成词），玩家携带的小型移动设备会显示一个需要食物、休息和玩耍的角色。通过一个将养育需求和生存奖励相结合的系统，这个角色培养了一种类似于人际关系（尽管是短暂的）的情感和注意力（Bloch & Lemish, 1999）。这种场景的最新版本可以在约会模拟游戏《爱相随》（Konami, 2009）中看到，这是一款运行于Nintendo DS掌机的电子游戏（Moore, 2009）。游戏研究已经关注到了在线和搭伴游戏的社交性，并对基于人类玩家间关系建构的娱乐结果展开了研究，考察玩家与他们的化身间的潜在亲密关系。

长期以来，“悬置怀疑”的概念一直在玩家—化身互动中起重要作用，因为玩家有目的地暂时将化身及其世界视为真实的和有效的（Banks & Bowman, 2015; Lewis, et al., 2008）。最近的研究（Banks, et al., 2019）表明，暂时接受游戏世界中呈现的故事对游戏体验的连续性和一致性可能没那么重要——这是一种被称为“批判性关注”（critical concern）的评估立场。这种转变在某种程度上与夏佩（Schaper, 1978）对“悬置怀疑”的学术批评相一致，观众不需要接受一个虚构的场景作为真实场景来参与和享受它。卡斯特罗诺娃（Castronova, 2006）同样认为，电子游戏有“轻微但重要的改变”（p.842）。波西（Posey, 2013）认为，电子游戏不需要提供“真实世界”环境和场景的完美复制，而只需要满足玩家对这些情境和场景的期望。例如，很少有玩家在他们的现实生活中飞到太阳系之外，但他们可能会根据相关媒介产品的呈现，对这种旅行的所见所感产生广泛的期望（Appel, Krause, Gleich, & Mara, 2016）。舒曼、舒尔泰斯和鲍曼（2016）使用主观质量评估方法发现，游戏呈现的一致性是玩家建立对“由具有自己的文化和目的感的社会参与者居住的数字或虚拟环境”的感知的4个至关重要的质量维度之一（p.557）。除了应用于游戏的说服力（Bogost, 2010），“程序性修辞”概念对理解“批判性关注”也可能有用——游戏的动作和规则应该与整体故事讲述保持一致，即使这个故事不符合任何玩家自己的生活经验。从某种意义上说，“批判性关注”更多不是促进娱乐结果，而是不破坏娱乐体验。也就是说，与舒曼等人的研究相比（2016），玩家在体验低水平和高水平的“批判性关注”时，可能会有类似的高水平的娱乐，尽管它是通过关注游戏体验的不同方面获得的。随着“批判性关注”的减少，化身可能更少地被认为是社会代理，而更多地被认为是功能工具，娱乐从更多的关系转向更多的欲望。即使在同一款游戏中，罗杰斯等人（2016）发现，玩家对关系成分（角色考虑）的讨论更符合“有意义的”的游戏体验，而对游戏机制的讨论更符合更“有趣的”的游戏体验。

玩家通过控制按钮提供的文字交互来体验化身，玩家向化身传输信息（输入），化身以同样的方式作出反应（输出；Banks, et al., 2019; Roth, et al., 2018）。当体验高水平的控制时，玩家和化身的动作紧密相联，化身的表现与预期一致，玩家可以对这些事件作出恰当的反应。那些有更大控制感的玩家往往会产生更大的享受体验。先前的研究确立了技能与自主性和享受之间的强相关性（Oliver, et al., 2015; Tamborini, et al., 2010），玩家通过具身输入增加控制也促进了享受（Rogers, et al., 2015; Liebold, et al., 2018）。但在感知控制电子游戏本身和感知控制游戏内化身行为的玩家—化身互动之间存在一些概念的不匹配。值得注意的是，从关系的角度来看，控制“他者”（一个人的化身）降低了玩家将化身作为一个真实的和不同的社会他者的能力。从关系的角度看，高水平的感知控制对玩家与化身的联系可能不是必要的（甚至是不需要的）——《模拟人生》（EA, 2000）等游戏为玩家提供了对游戏环境的广泛控制，但不允许玩家自己直接控制化身。这项研究的一个潜在扩展是考察玩家是否以及如何广泛地通过控制游戏内的化身来获得对游戏的控制感知，这可能会影响娱乐体验（前者更符合享受，后者更符合欣赏；Rogers et al., 2016）。我们也可以进一步考察增强化身控制感知在多大程度上表现为认知或身体需求增加的来源，从情感或关系的角度看，这将降低玩家更深入地参与角色的能力（Bowman, this volume）。

下一步研究与未来趋势

到目前为止，我们已经提出了许多关于如何更精确地划分玩家—化身关系动态的观点——认同、关系和互动——来提供对游戏中娱乐结果的更详细和精微的理解。展望未来，我们还可以看到更多新兴游戏技术为论证这些观点提供肥沃的土壤。下面将讨论3种这样的技术：永久化身、自动化身和智能化身。

游戏设计的一个新兴创新是“永久化身”，它将伴随玩家跨越多款游戏、各种技术和渠道，并贯穿整个一生——谢尔（Schell, 2013）提出的这个理念反映了游戏设计师的理想抱负。在某种程度上，任天堂的Wii游戏机中玩家创建的化身（称为Miis）可以被理解为永久化身。玩家第一次登录Wii游戏机的时候，就要创建一个Miis化身来代表玩家的账号，它可以出现在游戏的菜单和界面中。Miis可以作为玩家在多款任天堂Wii游戏中的默认化身，甚至可以用于其他任天堂游戏系统（Wii U, 3DS和Switch）、智能手机应用程序Miimoto，甚至是（现在已经失效）社交网络Miiwerse。有关Miis的研究集中地关注与认同相关的概念（Ratan & Dawson, 2015），但对永久化身的重新概念化研究可能会让我们更好地理解一个更复杂和动态的玩家—化身关系及其对娱乐结果的不同影响。在研究玩家—化身认同时，对观点采择和价值同化的考虑很可能会受到化身所处的环境及行为的影响：同一个化身在竞技舞台上和叙事丰富的冒险游戏中，可能有不同的动机和价值系统。比较方便找到的例子是马里奥，他在某个游戏中拯救处于危险中的公主，然后在另一个游戏中追逐同一位公主并与之战斗（无论是在赛车比赛中还是在大乱斗中）。根据玩家对其化身的取向，这些情境变化的重要程度可能是不同的：在化身作为客体的取向中，玩家仍然能够胜任和有效地玩游戏，而在化身作为他者的取向中，玩家可能很难调和化身存在的截然不同的动机。对互动维度的考虑也至关重要：对拟人化自主的更强感知可能会使化身在空间和时间上的持续更容易被接受与理解，而亲密关系的增强可能会提高永久化身的理想化程度。

游戏设计的另一个发展是在不同程度上按玩家利益行动的自动化身。在某种程度上，这样的概念对电子游戏来说并不完全新鲜——我们可以考虑一下电子游戏的剪辑场景——电子游戏环境中的非互动元素可以将玩家的角色从一个活跃的参与者暂时变为被动的观察者（Ip, 2011a/2011b）。同样，威勒森姆（Willumsen, 2018）认为，即使玩家在电子游戏中输入命令，最终的化身行动实际上也要复杂得多：按下一个按钮可以触发一系列复杂的动画，就像许多大型多人在线游戏中的多动作宏一样，在快速的时间事件中，玩家按下按钮来引导化身执行复杂的动画类动作。我们也可以找到像*Dreeps*这样的完全自主的电子游戏案例（Hiraoka, Watanabe, & Fujita, 2015），游戏的主角（机器人男孩）代表玩家经历所有冒险，他和玩家唯一的互动是设置游戏的睡眠模式（帮助机器人男孩恢复健康，建议实际的玩家在睡觉时使用）或设置游戏的闹钟，以便使机器人男孩清醒，并能够代表玩家去经历冒险。正如开发者所解释的："你可以在工作时在桌子上观看冒险，或在吃零食的时候，按照你的节奏享受游戏。"拉弗朗斯（LaFrance, 2015）将这款游戏称为"闹钟模拟器"，但他指出，自动化身游戏可能与康萨尔沃（2017）所说的串联游戏一样，具有独特的吸引力——观看其他人玩电子游戏，从而间接成为游戏体验的一部分。对此的一种解释是，自动操作的化身实际上是在远处被感知的，因为玩家不能对化身行为施加控制，因此不能获得化身体验。同时，玩家可能会投入更多的时间来考察化身——仔细审视和选择代表他们价值体系的化身，庆祝化身的征服，或者观看与电视或电影消费没有太大区别的冒险。像*Dreeps*那样的游戏提供现成的化身，而不是玩家创造的化身，未来此类工作可能是研究"设置，然后忘记它"风格的电子游戏，在玩家参与创建一个化身之前就放出一个化身到环境中，从而让玩家放弃对化身命运的关注。这样的场景更像父母的育儿方法，在鲍文（Bowen, 1978）评估家庭关系的研究中有很多体现——一个人（通常是父母）需要将另一个人（孩子）视为一个真正与自己不同的社会实体，以促进健康和共情的关系，在这个过程中，关系变得更加具有真实的社会性和二元性。正如电视等更加被动的媒介，人们的核心娱乐动机只是为了打发时间，避免无聊（Rubin, 1982），因此，我们不必假设自动化身的游戏不会有趣或没有意义。

我们还注意到，我们认为玩家—化身关系是内在的和真实的社会关系，这经常遭到一些怀疑，因为化身被认为事实上无法向玩家提供真实和独立的社会互动。也就是说，因为化身不是人类，因此，任何归因于它们的人性（拟人化自主）只是玩家头脑中的一种感知。我们在本章早些时候提供了反驳意见（Banks, 2015）。但所谓的智能代理技术的进步可能很快就会让部分辩论变得毫无意义。吉尔伯特和福尼（Gilbert, Forney, 2015）使用自然语言模拟器创建了三维虚拟世界中的智能代理（林登实验室，2003），他们的研究的参与者超过四分之三的时间将代理误认为是人类而不是人工智能；这些影响与用户和智能代理之间的交互时间长短无关。其他人则认为，提高图形保真度可以使非语言交际行为呈现更高的保真度，这也可能影响玩家将他们的化身视为真实的社会代理的过程（Kuster, Krumhuber, & Kappas, 2015）。在虚拟环境中使用所谓的智能代理是向智能虚拟环境迈出的更大一步（Luck & Aylett, 2010）。智能化身最明显的含义是它们将极大地改变我们与潜在社会他者的接触，以及对机器的识别机制（尽管我们可能更仔细思考我们有多喜欢和重视化身），鼓励更多的"化身作为他者取向"（既有文献中罕见的玩家—化身关系类型），并可能培养高度的拟人化自主和亲密关系。正如本章中所讨论的，这些机制的差异反过来又会影响人们可能从游戏中获得的享受和欣赏。

结 论

作为玩家代理的代表，化身是电子游戏中娱乐体验的核心。玩家可以在游戏过程中认同这些数字代理，并与之互动，共同创造整体的游戏体验。从娱乐理论的角度来看，这种认同、关系和互动过程是玩家的屏幕参与度与由此产生的享受及欣赏体验之间的调节或中介变量。

参考文献

2K Games. (2012). *Spec ops: The line*. New York: 2K Games.

Achternbosch, L, Miller, C., Turville, C., & Vamplew, P. (2014). Griefers versus the griefed—what motivates them to play massively multiplayer online role-playing games? *Computers Games Journal*, 3(1), 5–18. doi: 10.1007/BF03392354.

Appel, M., Krause, S., Gleich, U., & Mara, M. (2016). Meaning through fiction: Science fiction and innovative technologies. *Psychology of Aesthetics, Creativity, and the Arts*, 10(4), 472–480.doi: 10.1037/aca0000052.

Arsenault, D. (2005). Dark waters: Spotlight on immersion. In *Proceedings of GAMEON-NA International Conference* (pp. 50–52). Ghent, Belgium: Eurosis.

Bandura, A. (1999). Moral disengagement in the preparation of inhumanities. *Personality and Social Psychology Review*, 3(3), 193–209. doi: 10.1207/s15327957pspr0303_3.

Banks, J., & Bowman, N. D. (2016). Emotion, anthropomorphism, realism, control: Validation of a merged metric for player-avatar interaction (PAX). *Computers in Human Behavior*, 54, 215–223. doi: 10.1016/j.chb.2015.07.030.

Banks, J., Bowman, N. D., & Wasserman, J. A. (2018). A bard in the hand: The role of materiality in player–character relationships. *Imagination, Cognition, and Personality*, 38(2), 61–81.doi: 10.1077/0276236617748130.

Banks, J., & Carr, C.T. (2019). Toward a relational matrix model for avatar-mediated interactions. *Psychology of Popular Media Culture*, 8(3), 287–295. doi: 10.1037/ppm0000180.

Banks, J., Bowman, N. D., Lin, J-H., Pietschmann, D., & Wasserman, J. A. (2019). The common player-avatar interaction scale (cPAX): Expansion and cross-language validation. *International Journal of Human-Computer Studies*, 129, 64–73. doi: 10.1016/j.ijhcs.2019.03.003.

Biocca, F. (1997). The cyborg's dilemma: Progressive embodiment in virtual environments. *Journal of Computer Mediated Communication*, 3, 12–26. doi: 10.1111/j.1083–6101.1997.tb00070.x.

Birk, M., Atkins, C., Bowey, J. T., & Mandryk, R. L. (2016). Fostering intrinsic motivation through avatar identification in digital games. In *Proceedings of the 2016 CHI Conference on Human Factors in Computing Systems* (pp. 2982–2995). New York: ACM. doi: 10.1145/2858036.2858062.

Blascovich, J., 2002. Social influence within immersive virtual environments. In R. S. Schoeder (Ed.), *The social life of avatars* (pp. 127–145). London, UK: Springer.

Bogost, I. (2010). *Persuasive games: The expressive power of videogames*. Cambridge, MA: MIT Press.

Bogost, I. (2012). *Alien phenomenology, or what it's like to be a thing*. Minneapolis: University of Minnesota

Press.

Bowen, M., (1978). *Family therapy in clinical practice*. New York, NY: Aronson.

Bailey, K. D. (1973). Constructing monothetic and polythetic typologies by the heuristic method. *Sociological Quarterly*, 14, 291–308. doi: 10.1111/j.1533–8525.1973.tb000862.x.

Bandura, A. (1989). Human agency in social cognitive theory. *American Psychologist*, 44, 1175–1184. doi:10.1037/0003-066X.44.9.1175.

Banks, J. (2013). *Human-technology relationality and Self-network organization: Players and avatars in World of Warcraft* (Unpublished dissertation). Fort Collins: Colorado State University.

Banks, J. (2015). Object, me, symbiote, other: A social typology of player-avatar relationships. *First Monday*, 20(2), no. 3. https://firstmonday.org/ojs/index.php/fm/article/view/5433.

Banks, J., & Bowman, N.D. (2014). The win, the worth, and the work of play: Exploring phenomenal entertainment values in online gaming experiences. In *Proceedings of Meaningful Play 2014*. East Lansing: Michigan State University. http://meaningfulplay.msu.edu/proceedings2014/mp2014_submission_85.pdf.

Banks, J., & Bowman, N.D. (2015). From toy and tool to partner and person: Phenomenal convergence/divergence among game avatar metaphors. *Selected Papers in Internet Research*, 5. doi: 10.5210/spir.v5i0.8621.

Banks, J., & de Graaf, M. M. A. (2020). Toward an agent-agnostic transmission model: Synthesizing anthropocentric and technocentric paradigms in communication. *Human-Machine Communication*, 1(2), 19–36. doi: 10.30658/hmc.1.2.

Bessiere, K., Seay, A. F. & Kiesler, S. (2007). The ideal elf: Identity exploration in "World of Warcraft." *CyberPsychology and Behavior*, 10(4), 530–535. doi: 10.1089/cpb.2007.9994.

Bloch, L.-R., & Lemish, D. (1999). Disposable love: The rise and fall of a virtual pet. *New Media and Society*, 1(3), 283–303. doi: 10.1177/14614449922225591.

Boellstorff, T. (2008). *Coming of age in Second Life: An anthropologist explores the virtually human*. Princeton, NJ: Princeton University Press.

Bowman, N. D. (Ed.). (2018). *Video games: A medium that demands our attention*. New York, NY: Routledge.

Bowman, N. D., Banks, J., & Downs, E. (2016a). My pixels or my friends? Game characters as a lens for understanding user avatars in social networks. In B. K. Wiederhold, G. Riva, & P. Cipresso (Eds.), *The handbook of social networking* (pp. 159–181). Germany: Versita.

Bowman, N. D., Banks, J., & Downs, E. (2016b). The duo is in the details: Game genre differences in player-avatar relationships. *Selected Papers in Internet Research*, 6. https://journals.uic.edu/ojs/index.php/spir/article/viewFile/9032/7127.

Bowman, N. D., Oliver, M. B., Rogers, R., Sherrick, B. I., Woolley, J., & Chung, M-Y. (2016). "In control or in their shoes:" How character attachment differentially influences video game enjoyment and appreciation. *Journal of Gaming and Virtual Worlds*, 8(1), 83–99. doi:10.1386/jgvw.8.1.83_1.

Bowman, N. D., Schultheiss, D., Schumann, C. (2012). "I'm attached, and I'm a good guy/gal!": How character attachment influences pro- and anti-social motivations to play MMORPGs. *Cyberpsychology, Behavior, and Social Networking*, 15(3), 169–174. doi: 10.1089/cyber.2011.0311.

Busselle, R., & Bilandzic, H. (2009). Measuring narrative engagement. *Media Psychology*, 12(4), 321–347. doi: 10.1080/15213260903287259.

Castronova, E. (2006). Virtual worlds: A first-hand account of market and society on the cyberian frontier.

In K. Salen & E. Zimmerman (Eds.), *The game design reader: A rules of play anthology* (pp. 814–863). Cambridge, MA: MIT Press.

Chen, J. (2006). Flow in games (and everything else). *Communications of the ACM*, 50(4). https://doi.org/10.1145/1232743.1232769.

Cohen, J. (2001). Defining identification: A theoretical look at the identification of audiences with media characters. *Mass Communication and Society*, 4, 245–264. doi: 10.1207/S15327825MCS0403_01.

Colder-Carras, M., Kalbarczyk, A., Wells, K., Banks, J. Kowert, R., Gillespie, C., & Latkin, C. (2018). Connection, meaning, and distraction: A qualitative study of video game play and mental health recovery in veterans treated for mental and/or behavioral health problems. *Social Science and Medicine*, 216, 124–132. doi: 10.1016/j.socscimed.2018.08.044.

Consalvo, M. (2017). Player one, playing with others virtually: What's next in game and player studies. *Critical Studies in Media Communication*, 34(1), 84–87, doi: 10.1080/15295036.2016.1266682.

Cooley, C. H. (1902). *Human nature and the social order*. New York, NY: Scribners.

Cross, S. E., & Markus, H. R. (1994). Self-schemas, possible selves, and competent performance. *Journal of Educational Psychology*, 86(3), 423–438. doi: 10.1037/0022–0663.86.3.423.

Downs, E. P., Bowman, N. D., & Banks, J. D. (2019). A polythetic model of player-avatar identification: Synthesizing multiple mechanisms. *Psychology of Popular Media Culture*, 8(3), 269–279. doi: 10.1037/ppm0000170.

Eichner, S. (2014). Agency as a mode of involvement. *Agency and media representation* (pp. 127–162). Wiesbaden, Germany: Springer.

Electronic Arts. (2000). *The Sims*. Redwood City, CA: Electronic Arts.

Elson, M., Breuer, J., Ivory, J. D., & Quandt, T. (2014). More than stories with buttons: Narrative, mechanics, and contexts as determinants of player experience in digital games. *Journal of Communication*, 64(3), 521–542. doi: 10.1111/jcom.12096.

Filiciak, M. (2003). Hyperidentities: Postmodern identity patterns in massively multiplayer online role-playing games. In M. J. P. Wolf & B. Perron (Eds.), *The video game theory reader* (pp. 87–102). New York, NY: Routledge.

Fox, J., & Bailenson, J. N. (2009). Virtual self-modeling: The effects of vicarious reinforcement and identification on exercise behaviors. *Media Psychology*, 12(1), 1–25. doi: 10.1080/15213260802669474.

Fox, J., Bailenson, J. N., & Tricase, L. (2013). The embodiment of sexualized virtual selves: The Proteus effect and experiences of self-objectification via avatars. *Computers in Human Behavior*, 29(3), 930–930. doi: 10.1016/j.chb.2012.12.027.

Galbraith, M. (1995). Deictic shift theory and the poetics of involvement in narrative. In J. F. Duchan, G. A. Bruder, & L. E. Hewitt (Eds.), *Deixis in narrative: A cognitive science perspective* (pp.19–78). Hillsdale, NJ: Erlbaum.

Gilbert, R. L., & Forney, A. (2015). Can avatars pass the Turing test? Intelligent agent perception in a 3D virtual environment. *International Journal of Human-Computer Studies*, 73, 30–36. doi: 10.1016/j.ijhcs.2014.08.001.

Green, M. C., & Brock, T. C. (2002). In the mind's eye: Transportation-imagery model of narrative persuasion. In M. C. Green, J. J. Strange & T. C. Brock (Eds.), *Narrative impact: Social and cognitive foundations* (pp. 315–341). Mahwah, NJ: Erlbaum.

Green, M. C., Brock. T. C., & Kaufman, G. F. (2004). Understanding media enjoyment: The role of transportation into narrative worlds. *Communication Theory*, 14(4), 311–327. doi:10.10111/j.1468–2885.2004.tb00317.x.

Grizzard, M., Fitzgerald, K., Francemone, C. J., Ahn, C., Huang, J., Walton, J., McAllister, C., & Eden, A. (2020). Validating the extended character morality questionnaire. *Media Psychology*, 23(1), 107–130. doi: 10.1080/15213269.2019.1572523.

Grizzard, M., Tamborini, R., Lewis, R. J., Wang, L., & Prabhu, S. (2014). Being bad in a video game can make us morally sensitive. *Cyberpsychology, Behavior, and Social Networking*, 17(8). doi: 10.1089/cyber.2013.0658.

Grodal, T. (2000). Video games and the pleasures of control. In D. Zillmann & P. Vorderer (Eds.), *Media entertainment: The psychology of its appeal* (pp. 197–213). Mahwah, NJ: Erlbaum.

Hartmann, T., & Vorderer, P. (2010). It's okay to shoot a character: Moral disengagement in violent video games. *Journal of Communication*, 60(1), 94–119. doi: 10.1111/j.1460-2466-2009.01459.x.

Hefner, D., Klimmt, C., & Vorderer, P. (2007). Identification with the player character as determinant of video game enjoyment. In L. Ma, M. Rauterberg, & R. Nakatsu (Eds.), *International conference on entertainment computing* (pp. 39–48). Berlin, Germany: Springer. doi: 10.1007/978-3-540-74873-1_6.

Hemenover, S., & Bowman, N. D. (2018). Video games, emotion, and emotion regulation: bridging the gap. *Annals of the International Communication Association*, 42(2), 125–143. doi: 10.1080/23808985.2018.1442239.

Hernandez, S. P., Bulitko, V., & St. Hilaire, E. (2014). Emotion-based interactive storytelling with artificial intelligence. *Proceedings of the Tenth Annual AAAI Conference on Artificial Intelligence and Interactive Digital Entertainment* (pp. 146–152). Palo Alto, CA: AAAI.

Hiraoka, H., Watanabe, D., & Fujita, K. (2014). *Dreeps*. Tokyo: Self-published.

Holzwarth, M., Janiszewski, C., & Neumann, M. (2006). The influence of avatars on online consumer shopping behavior. *Journal of Marketing*, 70, 19–36. doi: 10.1509/jmkg.70.4.19.

Horton, D., & Wohl, R. R. (1956). Mass communication and para-social interaction. *Psychiatry: Journal for the Study of Interpersonal Processes*, 19(3), 215–229. doi: 10.1080/00332747.1956.11023049.

Hooi, R., & Cho, H. (2014). Avatar-driven self-disclosure: The virtual me is the actual me. *Computers in Human Behavior*, 39, 20–28. doi: 10.1016/j/chb.2014.06.019.

Ip, B. (2011a). Narrative structures in computer and video games: Part 1: Context, definitions, and initial findings. *Games and Culture*, 6(2), 103–134. doi: 10.1177/1555412010364982.

Ip, B. (2011b) Narrative structures in computer and video games: Part 2: Emotions, structures, and archetypes. *Games and Culture*, 6(3), 203–244. doi: 10.1177/1555412010364984.

Joeckel, S., Bowman, N. D., & Dogruel, L. (2012). Gut of game: The influence of moral intuitions on decisions in virtual environments. *Media Psychology*, 15(4), 460–485. doi:10.1080/15213269.2012.727218.

Kilteni, K., Groten, R., & Slater, M. (2012). The sense of embodiment in virtual reality. *Presence*, 21(4), 373–387. doi: 10.1162/PRES_a_001234.

Klevjer, R. (2012). Enter the avatar: The phenomenology of prosthetic telepresence in computer games. In H. Fossheim, T. Mandt Larsen, & J. R. Sageng (Eds.), *The philosophy of computer games* (pp. 17–38). London, UK, and New York, NY: Springer.

Klimmt, C., Blake, C., Hefner, D., Vorderer, P. & Roth, C. (2009). Player performance, satisfaction, and video game enjoyment. In S. Natkin & J. Dupire (Eds.), *Entertainment Computing: Proceedings of the 8th International Conference on Entertainment Computing (ICEC 2009)* (Lecture Notes in Computer Science 5709, pp. 1–12). Berlin, Germany: Springer.

Klimmt, C., Hefner, D., & Vorderer, P. (2009). The video game experience as "true" identification: A theory of enjoyable alterations of players' self-perception. *Communication Theory*, 19, 351–373. doi: 10.1111/j.1468–2885.2009.01347.

Kline, N. S., & Clynes, M. (1961). Drugs, space, and cybernetics: Evolution to cyborgs. In B. E. Flaherty (Ed.), *Psychophysiological aspects of space flight* (pp. 345–371). New York, NY: Columbia University Press.

Konami. (2009). LovePlus. Tokyo: Konami.

Konijn, E. A., & Hoorn, J. F. (2017). Parasocial interaction and beyond: Media personae and affective bonding. In P. Rössler, C. A. Hoffner, & L. van Zoonen (Eds.), *The international encyclopedia of media effects* (pp. 1–15). New York, NY: Wiley-Blackwell.

Kowert, R., & Oldmeadow, J. A. (2013). (A)Social reputation: Exploring the relationship between online video game involvement and social competence. *Computers in Human Behavior*, 29(4), 1872–1878. doi: 10.1016/j.chb.2013.03.003.

Kudenov, P. (2018). Code and logic: Procedural desire. In J. Banks (Ed.), *Avatar, assembled: The social and technical anatomy of digital bodies* (pp. 207–216). New York, NY: Peter Lang.

Küster, D., Krumhuber, E., & Kappas, A. (2015). Nonverbal behavior online: A focus on interactions with and via artificial agents and avatars. In A. Kostić & D. Chadee (Eds.) *The social psychology of nonverbal communication*. London, UK: Palgrave Macmillan.

LaFrance, A. (2015, February 17). A video game that plays itself. *The Atlantic*. https://www. theatlantic.com/technology/archive/2015/02/a-video-game that plays-itself/385548/.

Lafrenière, M.-A. K., Vallerand, R. J., Donahue, E. G., & Lavigne, G. L. (2009). On the costs and benefits of gaming: The role of passion. *Cyberpsychology and Behavior*, 12(2), 285–290.doi: 10.1089/cpb.2008.0234.

Lewis, M. L., Weber, R., & Bowman, N. D. (2008). "They may be pixels, but they're MY pixels": Developing a metric of character attachment in role-playing video games. *Cyberpsychology and Behavior*, 11(4), 515–518. doi: 10.1089/cpb.2007.0137.

Liebold, B., Bowman, N. D., & Pietschmann, D. (2020). Natural in the eyes of the (be)holder: A survey on novelty and learning effects in the enjoyment of naturally mapped video game controllers. *Psychology of Popular Media Culture*, 9(2), 255–265. doi: 10.1037/ppm0000215.

Linden Labs. (2003). *Second Life*. San Francisco CA: Linden Labs.

Lindgren, R. (2012). Generating a learning stance through perspective-taking in a virtual environment. *Computers in Human Behavior*, 28(4), 1130–1139. doi: 10.1016/j.chb.2012.02.021.

Little, G. (1999). An avatar manifesto. *Intertexts*, 3. http://www.gregorylittle.org/avatars/text.html.

Lombard, M., & Ditton, T. (1997). At the heart of it all: The concept of presence. *Journal of Computer-Mediated Communication*, 3(2). doi: 10.1111/j.1083–6101.1997.tb00072.x.

Luck, M., & Aylett, R. (2010). Applying artificial intelligence to virtual reality: Intelligent virtual environments. *Applied Artificial Intelligence*, 14(1), 3–32. doi: 10.1080/088395100117142.

Mao, Y., Roberts, S., Pagliaro, S., Csikszentmihalyi, M., & Bonaiuto, M. (2016). Optimal experience and optimal identity: A multinational study of the associations between flow and social identity. *Frontiers in Psychology*, 7(67). doi: 10.3389/fpsyg.2016.00067.

Markus, H., & Nurius, P. (1986). Possible selves. *American Psychologist*, 41(9), 954–969. doi:10.1037/0003-066X.41.9.954.

Matchett, F. (2001). *Krishna, Lord or Avatara? The relationship between Krishna and Vishnu*. New York: Taylor & Francis.

McCroskey, J. C. (1978). *An introduction to rhetorical communication*. Englewood Cliffs, NJ: Prentice-Hall.

McKnight, J. C. (2018). Headcanon and lore: Owning the narrative. In J. Banks (Ed.), *Avatar, assembled: The social and technical anatomy of digital bodies* (pp. 137–146). New York, NY: Peter Lang.

McPherson, M., Smith-Lovin, L., & Cook, J. M. (2001). Birds of a feather: Homophily in social networks. *Annual Review of Sociology*, 27, 415–444. doi: 10.1146/annurev.soc.27.1.415.

Meier, S. (2012, March). *Interesting decisions*. Presented at the Game Developers Conference, San Francisco, CA.

Moore, M. (2009, November 25). Japanese gamer "marries" Nintendo DS character. *The Telegraph (UK)*. https://www.telegraph.co.uk/technology/video-games/6651021/Japanese-gamermarries-Nintendo-DS-character.html.

Mori, G., Thue, D., & Schiffel, S. (2019). A structured analysis of experience management techniques. *Proceedings of the Fifteenth AAAI Conference on Artificial Intelligence and Interactive Digital Entertainment* (pp. 174–180). Palo Alto, CA: AAAI.

Myers, P. N., & Biocca, F. A. (1992). The elastic body image: The effect of television advertising and programming on body image distortions in young women. *Journal of Communication*, 42, 108–133. doi: 10.1111/j.1460-2466.1992.tb00802.x.

Nakamura, L. (1995). Race in/for cyberspace: Identity tourism and racial passing on the Internet. *Works and Days*, 25(26), 13.

Nintendo of America. (1989). *Tetris*. Redmond, WA: Nintendo of America.

Oliver, M. B., & Raney, A. A. (2011). Entertainment as pleasurable and meaningful: Identifying hedonic and eudaimonic motivations in entertainment consumption. *Journal of Communication*, 61(5), 984–1004. doi: 10.1111/j.1460-2466.2011.01585.x.

Oliver, M. B., Ash, E., & Woolley, J. K. (2012). The experience of elevation: Responses to media portrayals of moral beauty. In R. Tamborini (Ed.), *Media and the moral mind* (pp. 93–108). London, UK: Routledge.

Oliver, M. B. & Bartsch, A (2010). Appreciation as audience response: Exploring entertainment gratifications beyond hedonism. *Human Communication Research*, 36, 53–81. doi:10.1111/j.1468–2958.2009.01368.x.

Oliver, M. B., Bowman, N. D., Woolley, J. K., Rogers, R., Sherrick, B., & Chung, M.-Y. (2015). Video games as meaningful entertainment experiences. *Psychology of Popular Media and Culture*, 5(4), 390–405. doi: 10.1037/ppm0000066.

Oliver, M. B., & Raney, A. A. (2019). Positive media psychology: Emerging scholarship and a roadmap for emerging technologies. In J. A. Muñiz Velázquez & C. M. Pulido (Eds.), *The Routledge handbook of positive communication*. London, UK: Routledge.

Oliver, M. B., Raney, A. A., Slater, M. D., Appel, M., Hartmann, T., Bartsch, A., … Das, E. (2018). Self-transcendent media experiences: Taking meaningful media to a higher level. *Journal of Communication*, 68(2), 380–389. doi: 10.1093/joc/jqx020.

Parker, R. (2017). The culture of permadeath: Roguelikes and terror management theory. *Journal of Gaming and Virtual Worlds*, 9(2), 123–141. doi: 10.1386/jgvw.9.2.123_1.

Paul, H., Bowman, N. D., & Banks, J. (2015). The enjoyment of griefing in online games. *Journal of Gaming and Virtual Worlds*, 7(3), 243–258. doi: 10.1386/jgvw.7.3.243_1.

Peña, J., Pérez, J. F. H., Khan, S., & Gómez, A. P. C. (2018). Game perspective-taking effects on players' behavioral intention, attitudes, subjective norms, and self-efficacy to help immigrants: the case of "Papers, Please." *Cyberpsychology, Behavior, and Social Networking*, 21(11), 687–693. doi: 10.1089/cyber.2018.0030.

Posey, J. (2013). Tastes like chicken: Authenticity in a totally fake world. *Game Developers Conference*. Retrieved from https://www.gdcvault.com/play/1018003/Tastes-Like-Chicken-Authenticity-in.

Przybylski, A. K., Weinstein, N., Murayama, K., Lynch, M. F., & Ryan. R. M. (2012). The idea self at play: The appeal of video games that let you be all you can be. *Psychological Science*, 23(1), 69–76. doi: 10.1177/0956797611418676.

Rafaeli, S. (1988). Interactivity: From new media to communication. In R. P. Hawkins (Ed.), *Advancing communication science: Merging mass and interpersonal processes* (pp. 110–134). Thousand Oaks, CA: Sage.

Ram, A., Ontañón, S., & Mehta, M. (2007). Artificial intelligence for adaptive computer games. *Proceedings of the Twentieth International Florida Artificial Intelligence Research Society Conference* (pp. 22–29). Palo Alto, CA: AAAI.

Ratan, R., & Dawson, M. (2015). When Mii is me: A psychophysiological examination of avatar self-relevance. *Communication Research*, 43(8), 1065–1093. doi: 10.1177/0093650215570652.

Rehak, B. (2003). Playing at being: Psychoanalysis and the avatar. In M. J. P. Wolf & B. Perron (Ed.), *The video game theory reader* (pp. 103–127). London, UK: Routledge.

Roth, D., Lugrin, J-L., von Mammen, S., & Latoschik, M. E. (2018). Controllers & inputs: Masters of puppets. In J. Banks (Ed.), *Avatar, Assembled*. (pp. 281–290). New York, NY: Peter Lang.

Rogers, R., Bowman, N. D., & Oliver, M. B. (2015). It's not the model that doesn't fit, it's the controller! The role of cognitive skills in understanding the links between natural mapping, performance, and enjoyment of console video games. *Computers in Human Behavior*, 49, 588–596. doi: 10.1016/j.chb.03.027.

Rogers, R., Woolley, J., Oliver, M. B., Bowman, N. D., Sherrick, B. (2016). Fun vs. Meaningful videogame experiences. A qualitative analysis of user responses. *Computer Games Journal*, 6(1–2), 63–79. doi: 10.1007/s40869-016-0029-9.

Rubin, A. (1982). Television uses and gratifications: The interactions of viewing patterns and motivations. *Journal of Broadcasting*, 27(1), 37–51. doi: 10.1080/08838158309386471.

Schaper, E. (1978). Fiction and the suspension of disbelief. *British Journal of Aesthetics*, 18(1), doi: 10.1093/bjaesthetics/18.1.31.

Schell, J. (2013). The future of storytelling: How medium shapes story. *Game Developers Conference*. Retrieved from https://www.gdcvault.com/play/1018026/The-Future-of-Storytelling-How.

Schumann, C., Bowman, N. D., & Schultheiss, D. (2016). Quality in video games: Subjective quality assessments as predictors of self-reported presence in first-person shooters and role-playing games. *Journal of Broadcasting & Electronic Media*, 60(4), 547–566. doi:10.1080/08838151.2016.1234473.

Schmierbach, M., & Limperos, A. M. (2013). Virtual justice: Testing disposition theory in the context of a story-driven video game. *Journal of Broadcasting and Electronic Media*, 57(4), 526–542. doi: 10.1080/0838151.2013.845828.

Schneider, R. (2001). Toward a cognitive theory of literary character: The dynamics of mentalmodel construction. *Style*, 35, 607–640.

Sherry, J. L. (2004). Flow and media enjoyment. *Communication Theory*, 14(4), 328–347. doi:10.1111/j.1468-2885.2004.tb00318.x.

Sherry, J. L., Lucas, K., Greenberg, B., & Lachlan, K. (2006). Video game uses and gratifications as predicators of use and game preference. In J. Bryant & P. Vorderer (Eds.), *Playing video games: Motives responses, and consequences* (pp. 213–224). Mahwah, NJ: Erlbaum.

Simon, B. (2006). Never playing alone: The social contextures of digital gaming. *Proceedings of the Canadian Games Study Association*, 1(1). https://journals.sfu.ca/loading/index.php/loading/article/view/20.

Smethurst, T., & Craps, S. (2015). Playing with trauma: Interreactivity, empathy, and complicity in The Walking Dead Video Game. *Games and Culture*, 10(3), 269–290. doi: 10.1177/1555412014559306.

Steinkuehler, C. A., & Williams, D. (2006). Where everybody knows your (screen)name: Online game as "third places." *Journal of Computer-Mediated Communication*, 11(4), 885–909. doi:10.1111/j.1083–6101.2006.00300.

Tamborini, R., & Bowman, N. D. (2010). Presence in video games. In C. Bracken & P. Skalski (Eds.), *Immersed in media* (pp. 87–109). New York, NY: Routledge.

Tamborini, R., Bowman, N. D., Eden, A., Grizzard, M., & Organ, A. (2010). Defining media enjoyment as the satisfaction of intrinsic needs. *Journal of Communication*, 60(4), 758–777. doi: 10.1111/j.1460–2466.2010.01513.x.

Teng, C-I (2010). Customization, immersion satisfaction, and online gamer loyalty. *Computers in Human Behavior*, 26(6), 1547–1554. doi: 10.1016/j.chb.2010.05.029.

Trepte, S., & Reinecke, L. (2010). Avatar creation and video game enjoyment: Effects of lifesatisfaction, game competitiveness, and identification with the avatar. *Journal of Media Psychology*, 22, 171–184. doi. 10.1027/1864–1105/a000022.

Turkay, S., & Adinolf, S. (2010). Free to be me: A survey study on customization with World of Warcraft and City of Heroes/Villains players. *Procedia-Social and Behavioral Sciences*, 2(2), 1840–1845. doi: 10.1016/j.sbspro.2010.03.995.

Turkay, S., & Kinzer, C. K. (2014). The effects of avatar-based customization on player identification. *International Journal of Gaming and Computer-Mediated Simulations*, 6(1), doi: 10.4018/ijgcms.2014010101.

Turkle, S. (1984). *The second self: Computers and the human spirit*. New York, NY: Simon & Shuster.

Ubisoft. (2007). *Assassin's Creed*. San Francisco, CA: Ubisoft.

van Looy, J., Courtois, C., De Vocht, M., & De Marez, L. (2012). Player identification in online games: Validation of a scale for measuring identification in MMOGs. *Media Psychology*, 15, 197–221. doi: 10.1080/15213269.2012.674917.

Waterman, A. S. (2011). Eudaimonic identity theory: Identity as self-discovery. In S. J. Schwartz, K. Luyckx, & V. L. Vignoles (Eds.), *Handbook of identity theory and research* (pp. 357–379). New York, NY: Springer. doi: 10.1007/978-1-4419-7988-9_16.

Watts, E. R. (2019). *Henosis experience in gaming: A metric for adjustments to global schema and appraised meaning* (Unpublished doctoral dissertation). Morgantown: West Virginia University.

Weaver, A. J., & Lewis, N. (2012). Mirrored morality: An exploration of moral choice in video games.

Cyberpsychology, Behavior, and Social Networking, 15(11). doi: 10.1089/cyber.2012.0235.

Williams, W. (2013). We are not heroes: Contextualizing violence through narrative. *Game Developers Conference*. https://www.gdcvault.com/play/1017980/We-Are-Not-Heroes-Contextualizing.

Willumsen, E. C. (2018). Is my avatar MY avatar? Character autonomy and automated avatar actions in digital games. *Proceedings of Digital Games Research Association*. http://www.digra.org/digital-library/publications/is-my-avatar-my-avatar-character-autonomy-andautomated-avatar-actions-in-digital-games/.

Yee, N. (2006). Motivations for play in online games. *Cyberpsychology and Behavior*, 9(6), 772–775. doi: 10.1089/cpb.2006.9.772.

Yee, N., & Bailenson, J. (2007). The Proteus effect: The effect of transformed self-representation on behavior. *Human Communication Research*, 33, 271–290. doi: 10.1111/j.1468–2958.2007.00299.x.

Zillmann, D. (1995). Mechanisms of emotional involvement with drama. *Poetics*, 23, 33–51. doi: 10.1016/0304-422X(94)00020–7.

Zillmann, D. & Cantor, J. (1972). Directionality of transitory dominance as a communication variable affecting humor appreciation. *Journal of Personality and Social Psychology*, 24(2), 191–198. doi: 10.1037/h0033384.

第三十六章　虚拟现实与超现实中的娱乐

——具身、协同定位和认知距离对用户娱乐体验的影响

蒂洛·哈特曼
杰西·福克斯

简　介

虚拟现实（VR）技术由交互式媒介系统组成，这些系统跟踪用户的运动，并相应呈现出丰富的感官环境，以代替来自物理环境的刺激（Biocca, 1997; Fox, Arena, & Bailenson, 2009）。技术的新近进展，使VR得以进入广泛的消费市场，并扩大了其在健康、教育和娱乐等多个领域的影响力。考虑到VR技术在用户体验方面引人注目的潜力，许多人认为，娱乐领域是VR技术大规模应用的关键领域。此外，像游戏这样的娱乐类型，往往会吸引早期的VR技术采用者。

随着VR技术的发展，VR娱乐的实证研究和VR娱乐理论也在发展（Hartmann, Klimmt, & Vorderer, 2010; Klimmt, & Vorderer, 2003; Shafer, Carbonara, Korpi, 2018; Skalski & Tamborini, 2006）。对此，应建立一个整合的概念框架，以识别VR的特征，使之区别于其他目前可用的娱乐媒介。在本章中，我们试图朝这个方向迈出一步。在回顾了VR娱乐的最新趋势后，我们确定了VR体验的核心可供性（affordances）和功能（feature）。随后，我们讨论了这些元素可能怎样塑造娱乐体验，以及现有的娱乐理论怎样受到来自VR的挑战，或因之变得复杂。在此基础上，我们为未来的研究提出了建议。最后，我们简要讨论了生产和研究VR娱乐的复杂性所在。

VR娱乐的兴起

早期VR技术可以追溯到20世纪60年代，在那时，主流媒介在娱乐方面的最新突

破是彩色电视。历经几十年的发展，20世纪90年代中期，电子游戏公司将第一波面向消费者的VR设备引入大众市场。这批VR设备价格昂贵，使用舒适度不够，而且容易出现技术问题，此外，其适用的游戏范围也较为有限，游戏内容相对粗糙。这两个因素叠加，导致消费者的体验平淡无奇，包括任天堂的"虚拟男孩"、雅达利的"捷豹"和世嘉的VR在内的VR设备，都很快就从货架上消失了。

2012年，随着Oculus Rift（一款为电子游戏设计的头戴式显示器）的推出，围绕着消费及VR的炒作重新出现了。但消费者市场再次主要集中在游戏应用上，如索尼的PlayStation VR（虚拟现实头戴式显示器）。几家大型科技公司，包括谷歌、亚马逊、苹果和脸书等，也为更多样化的应用而大力投资VR。与第一波VR技术相比，近期的头戴显示器（HMDs）和跟踪设备不仅更便宜，而且提供了更好的VR体验，佩戴起来更为舒适。但这些设备仍然存在一些问题。例如，Oculus Rift或HTC Vive等头戴显示器仍然需要外接一台功能强大的电脑，此外，许多用户在设备使用过程中会感到头痛或头晕，且长时间使用会让人感到筋疲力尽。因此，尽管已经出现了相对成功的PlayStation VR（已售出420万套HMD设备；Moon, 2019）和畅销的VR游戏*Beat Saber*（销量超过100万部；Jagneaux, 2019）和*VR Skyrim*，消费者级VR的采用率仍然低于预期。这使得业内质疑VR娱乐能否很快被广泛接受，它可能还需要由下一代设备Oculus Quest（一种不需要外接电脑或跟踪设备的独立HMD）来驱动，不然依旧只会是一种利基娱乐（niche entertainment）。

在游戏之外，娱乐性VR应用也出现在其他领域。社交VR应用程序（VRChat、AltspaceVR和Facebook空间）能让用户见面和互动。流行应用Bigscreen可以让用户将传统的大众媒介经验，如看电影，与社交互动融合在一起。在家庭之外，娱乐性VR应用能让公众参与VR体验的、基于特定场所的VR应用数量激增，或作为独立业务，或被内置于娱乐中心、电影院和博物馆内（Sag, 2019）。尽管包括VOID和SandboxVR在内的公司提供的技术，对普通消费者来说仍然过于排他、昂贵和难以安装，但在众多技术变种中，仍有一些能够定义VR体验的共同元素。

将VR体验概念化

VR提供的用户体验具有独特性，有着更广泛的感官刺激（视觉再现、运动、深度、声音、空间化、平衡），其使用头部旋转、手势和身体运动等自然映射的交互模式，这是其他媒介不具备的。VR参与感觉运动系统的方式让用户觉得他们拥有"与日常世界一样的非中介的初级体验"（Frey, 2018, p.495）。简而言之，VR体验比其他渠道的体验更"真实"。

接下来，我们阐明一系列定义VR体验的核心可供性。重要的是，虽然这种高水平的系列集成可供性体验很难通过其他现代媒介技术或通信媒介来实现，但这些体验并不是VR所独有的。因此，我们不是将VR作为一个不变的媒介来建立我们的框架，而是以这些可供性为基础，建构更灵活和持久的理论（Fox & McEwan, 2017）。

具身

具身［与自我在场（Biocca, 1997），以及身体占有或身体转让假象有关（Gonzalez-Franco & Lanier, 2017）］是指用户体验他们的虚拟表征或化身的身体，将其作为实际身体的延伸（Ratan & Dawson, 2016）。具身是“当虚拟身体的属性，被处理得好像是一个人自己的生物身体的属性时个体产生的感觉”（Kilteni, Groten, & Slater, 2012, p.373）。用户可以感知到自己对虚拟身体的占有，并身处这个身体中。因此，虚拟的身体成为一个人行为的中心（“我真的在做这个”）和外部力量的主体（“这种事正发生在我身上”）。与传统的叙事相比，VR不仅可以让用户从化身的视角进行观察，还可以“成为”化身并控制其行为。

由于具身使用户能够采用化身的视角，这种可供性可以促进认同感（Cohen & Klimmt, this volume；Cohen, 2001）。克里姆特、赫夫纳和沃德尔（2009）提出了电子游戏的认同概念，他们将认同定义为“通过采用媒介人物的感知特征，而暂时改变用户的自我观念”（p.356）。他们对于认同的定义，与伊登和贝伦森（2007）对普罗透斯效应的描述高度一致。普罗透斯效应是指用户的态度和行为与他们的化身特征相一致的现象（Ratan, Beyea, Li, & Graciano, 2019）。用户越将其化身的身体视为他们的真实身体，普罗透斯效应就越明显（Yee & Bailenson, 2009）。由于VR在促进具身方面超过其他现有媒介，这可能会促进用户自我观念和行为的暂时改变。

空间在场与协同定位

空间在场（spatial presence）是指用户在虚拟环境中的“在场”体验（Lee, 2004），来自现实世界的刺激被抑制，用户感到被虚拟环境围绕并沉浸于其中。空间在场令用户感到“好像自己真的可以参与媒介呈现的行动，而不仅是观察它”（Hartmann et al., 2016, p.4）。因此，具身被认为是与空间在场紧密相关的概念（Haans & Ijsseltijn, 2012）。

另一个与具身密切相关的概念是协同定位（co-location）。我们将协同定位定义为用户对物理上共同存在的实体的主观感知是它是有形体的。在VR中，协同定位是通过立体视觉、空间化的音频和三维渲染来实现的，这使得实体似乎拥有体积，并且占据空间。如果其他实体能够被触摸或提供触觉反应，协同定位就会增强（Nam, Shu, & Chung, 2008）。

社会临场（social presence）通常被定义为用户认为另一个有知觉的实体与自己在一起（Lee, 2004）。人们可以通过感知别人在他们附近（在房间里看到或听到其他人），或与他们互动（打电话）来体验社交在场（socially resent）。当知觉实体同时感觉到社交在场和协同定位（co-located）时，共同在场（co-presence）就发生了：实体是具身的，并与具身用户共享空间（Croes, Antheunis, Schouten, & Krahmer, 2016）。尽管许多媒介能为用户提供引发社交在场体验的足够刺激，但大多数媒介无法像VR那样提供共同在场体验。

对用户来说，物理上共同在场的实体比非具身的或未共享同一空间的实体显得更重要，这与自我相关。协同定位的实体意味着更迫近的威胁或机会，因此可能会对具身自我产生直接的影响（Hartmann, 2008）。由于更能感觉到自己的切身安全受到威胁，相较于屏幕上显示的实体，用户可能会更加关切和在意VR中的协同定位实体（Blascovich, et al., 2002）。

认知距离：一个对抗过程

具身、空间在场和共同在场主要是自动的、自下而上的、感觉驱动的感性知觉，它们共同定义了典型的VR体验。相比之下，认知距离代表了一种对抗过程，它依赖于用户自上而下的高阶认知处理。认知距离是指用户意识到自己正沉浸在媒介诱导出的体验中（Hartmann, 2011; Quaglia & Holecek, 2018）。这种意识可能由以下几个因素引发：内容（发现不可信或不一致的信息）、媒介（技术故障）、个体差异（心理干扰、批判性视角，或用户努力提醒自己媒介体验不是真实的）。

最初，用户会忘记这种刺激是经过中介的，这可能是因为这些信息在认知上不显著，也可能是因为高阶认知被绕过了（LeDoux, 2006）。随后认知距离的建立允许用户将刺激重新评估为安全的、良性的或无关紧要的。随着所描述的事件变得不那么立即与自我相关，认知距离可能导致对媒介环境更加无谓的解释，以及更加娱乐的立场（Frey, 2018; Vorderer, 2001）。

认知距离可以促进与用户情感反应相关的两个过程。用户能够更容易地参与情绪管理（Schramm & Wirth, 2008）。提醒自己体验不是真实的，可以帮助用户重新控制他们的情感唤醒和反应。同样，认知距离可以逆转享受体验，或转变情感体验（Rozin, Guillot, Fincher, Rozin, & Tsuzayama, 2013）。一些娱乐体验最初可能会引发负面情绪，如在一部恐怖电影中，一只小妖精把人开膛破肚了，观众可能会通过关注特效做得有多差、尸体看起来有多不真实来建立认知距离。虽然观众最初感到恐惧和厌恶，但认知距离的保持反而会催生积极的情绪，如娱乐感。这种积极的逆转之所以会发生，也许是因为个体实现了“思想对身体的控制”，其对克服身体的自动反应感到满意（Apter, 1992; Rozin, et al., 2013）。同样的道理，许多引起恐惧或悬念的娱乐产品被认为是令人愉快的（Andrade & Cohen, 2007）。

虽然在VR研究中，认知距离建立的具体过程很少被明确探讨，但许多有关在场的概念聚焦于“非中介的幻觉”，以及对虚拟现实世界的接受或拒绝（Lee, 2004; Lombard & Ditton, 1997）。“在场中断”被定义为用户沉浸于虚拟现实时，其注意力和反应又从虚拟世界转移到现实世界中（Slater & Steed, 2000），这实际上是认知距离的衡量标准之一。尽管一项值得注意的研究考察了VR中的意识和享受逆转的潜力，但VR认知距离尚未得到充分的研究。该研究发现，在诱发恐惧的环境中，当参与者更容易意识到自己的体验是虚拟的，而非真实的时，其报告的恐惧更少而乐趣更多（Quaglia & Holecek, 2018）。但是，还需要进一步地研究来确定对可供性的感知与这种距离认知意识有何联系，以及用户能够在多大程度上调用它。

总之，与大多数现有的娱乐技术相比，VR提供了更大的带宽，促进了更全面的感觉运动参与，同时抑制了来自外部环境的刺激。沉浸在虚拟现实中时，用户可以感觉到自己与化身合体，自己似乎与物体和社会存在物处于一个共享的空间环境。总的来说，虚拟现实的功能支持，可能会导致用户体验到与现实世界刺激类似的VR刺激，使VR中的事件似乎具有高度的自我相关性和结果性。但认知距离可能使用户得以对他们的VR体验进行情境化和归因，这会引发对事件及其当前状态的重新评估或解释。这些因素是理解VR娱乐本质和效果的关键。

VR体验的娱乐质量

沃德尔和哈特曼（2009）指出，“对媒介娱乐的感知，意味着对初级水平自主情感动态链的元层级欣赏（meta-level appreciation）”（p.542）。娱乐媒介节目通常代表一种浓缩（快节奏的动作、快速发展的情节和变化的场景）、夸张、尖锐（惊人的爆炸、喜剧演员的鬼脸）或新奇的（中世纪传奇或科幻场景）现实（Frey, 2018; Vorderer & Hartmann, 2009）。用户沉浸在这种“超现实”中会产生一系列自动诱发的初级生理和情绪反应，从快乐到悲伤，从希望、恐惧到悬念。根据沃德尔和哈特曼（2009）的观点，如果用户觉得这些初级反应的体验是好玩的和安全的，那么这些初级反应的发生就能促进显著的情绪调节（“我想在葬礼上悲伤”）和自我目标的实现（“我想成为一名知识分子”），他们会对刺激进行欣赏，并感觉到快乐。

命题1：VR体验会因逼真的感觉运动刺激，唤醒强烈的初级反应。

更为接近自然刺激的媒介可以唤醒自动的，有时是强烈的生理和情感反应（Lang, 1990; Reeves & Nass, 1996）。虽然书籍、电影和电子游戏等娱乐媒介可以触发体验（叙事参与，Busselle & Bilandzic, 2008；传输，Green & Brock, 2000；参与，Klimmt & Vorderer, 2003；叙事乐趣，Tamborini, this volume），但是，基于VR体验的具身、空间在场和协同定位会让人感觉更加真实。

VR带来的感觉更真实，并且能唤醒更强烈的初级反应，这是因为物体、人和环境可以以一种更接近现实世界的方式来呈现（Biocca, 1997）。与文本媒介不同，物体具有丰富的感官表征；与静态媒介不同，物体是运动的；与二维媒介不同，物体具有体积，占用空间，能够根据用户的距离和位置进行变化。因此，阅读一段关于平静湖面的描述，看一张它的图片，或观看一段它的视频，都不同于用户的VR体验。在VR中，用户可以向下看到湖水拍打岸边，转身看到身后远处的山，听到头顶上的树叶在风中沙沙作响。与呈现类似内容但不提供这些感觉的媒介相比，VR环境中出现的感觉会引发更强烈的初级反应（Maruwsky et al., 2019）。

此外，VR带来的感觉更真实，这是因为它能让用户自然地与环境发生互动。与非互动媒介不同，物体具有动作潜能，并且能以自然的方式响应用户的行为。通过VR技术，用户拥有了一具自己所控制的身体，并可以用这具身体执行各种自然行为，如倾斜、行走或抓取，从而与协同定位的物体进行接触。在VR中，用户动作的自然映射意味着运动动作与现实世界中的动作相似（Biocca, 1997），因此其可能会引发类似的生理反应。在VR中拥有一具身体会导致人们对威胁的的反应更强烈。从电影屏幕上看，悬崖边缘的景色可能会令人头晕目眩，但在VR中，用户身临其境般位于悬崖边缘，他们可以歪着头向下看，或是用脚靠近，看着自己的身体接近危险的边缘。在一个真实渲染的、高度危险的环境中，自然移动可以触发自动和强烈的生理反应（Lin, 2017）。

总之，VR体验基于虚拟现实的感觉运动刺激，可能会唤醒强烈的初级反应。被展示的实体似乎存在于物理空间，而不是像书本中那样简单地作为需要发挥想象力的象征性描述，或者像电影和电子游戏中那样，作为不可避免地昭示其不真实性的平面模拟。用户在潜意识中认为，VR中的实体是共同在场的，因而对他们的生存具有重要意义，因为它们意味着直接的威胁或机会，而用户在环境中的感知和感官体验，塑造了他们与内容及叙事的互动。因此，这些是研究VR娱乐的基础。

命题2：VR体验会导致潜在的享乐主义逆转，对初级反应的控制因此变得困难。

沃德尔和哈特曼（2009）的研究表明，娱乐体验产生于对初级心理状态的唤醒，和对情感的积极再评价。例如，用户可以欣赏喜剧中一系列使他们发笑的笑话，享受让他们（紧张得）屁股离座的悬疑电视剧或体育比赛，在玩电子游戏时感受自我能力和效果，或者在阅读戏剧性小说时感到悲伤。用户在这一重新评价过程中扮演着积极的角色。他们根据积极选择的参考框架来评估、管理和调节他们的初级心理状态（Schramm & Wirth, 2008）。如果初级反应是不愉快的，用户就会建立认知距离，或采取其他应对策略。

这些策略的一个可能目标是实现享乐主义逆转。一些早期证据表明，用户可能会在VR中经历享乐主义逆转（Quaglia & Holecek, 2018）。但至少有4个原因使得享乐主义逆转在VR中比在其他媒介中更难实现。其一，正如命题1所阐述的，VR提供了连续的、生动的感官线索。用户可能会自动将他们所处的虚拟环境认知为真实环境，并且可能需要付出更多努力，将共同定位的、感官丰富的实体重新解释为不真实的（Zeimbekis, 2016）。其二，VR的感觉运动参与和互动，可能会增加注意力和认知资源（Shapiro & McDonald, 1992），进而限制可用于重新评估的资源数量，并影响情绪控制。其三，用户沉浸在一种引人注目的、持久的、旨在尽量减少来自现实世界刺激的感官幻觉中，可能会使建立认知距离更具挑战性。例如，在观看一部恐怖电影时，观众可以将注意力从屏幕上移开，转而关注他们手中的爆米花桶。但在VR中，用户被虚拟模拟所包围，因此更难将注意力转移到非中介线索上。其四，VR高水平的交互性使得用户的体验不可预测，情绪控制反而会变得更费力，效率更低。总而言之，相较于阅读书籍、观看电影或玩一个典型的电子游戏，如果VR用户在面对快速接近的、看似真实的怪物时，感觉自己受到了莫大威胁，那么用户的认知距离和重新评估会更难实现。

基于这个假设，尽管知道“这不是真实的”，VR用户仍然会在走过高高的虚拟坑上的狭窄木板时（Meehan, Insko, Whitton, & Brooks, 2002）、在中世纪击剑格斗VR游戏中砍掉另一个用户化身的头时（Rundle, 2015），或在社交VR中被其他用户性骚扰（《扩展思维》, 2018）时，感到非常紧张。尽管用户通过有效地消除或重新解释VR提供的错觉及类似恐惧之类的情绪，最终可以获得娱乐感，但这可能需要认知技能（Quaglia & Holecek, 2018）。因此，由于无法享乐主义地逆转痛苦或不愉快的初级体验，用户的VR体验很容易变得过于强烈而引起不快。需要注意的是，虽然我们迄今为止在讨论中关注的是固有的不愉快的初级反应，如恐惧或痛苦，但VR触发的任何初级反应，包括愉快的反应（敬畏、快乐、性唤醒），都是如此。虽然寻求娱乐的用户通常倾向于不控制积极的初级反应，但有时他们也会感到不适，这或是因为用户迫于VR刺激的压力以某种方式作出反应，或是因为积极的初级反应违反了（用户的）个人（道德）规范或标准。与之前的讨论一致，我们认为在VR中控制不必要的积极初级反应，可能相对困难。

总之，前两个命题将VR娱乐体验描述为一个“高风险”“高收益”的场景。基于虚拟现实的功能支持，VR体验能导致强烈的初级反应，包括强烈的唤醒水平。风险在于，如果这些初级反应变得过于强烈，或者与用户所寻求的体验不一致，用户就很难控制它们。但对于那些能够欣赏自己强烈的初级反应的用户来说，通过成功地利用认知距离，享乐主义地将痛苦转化为兴奋，VR体验就成为一种强烈的享受。

命题3：VR体验能够导向享受的自我扩展，即使在非叙事形式中也是如此。

接触媒介娱乐产品是令人愉快的，因为它们会分散用户对日常问题的注意力，并提供替代体验，暂时扩展用户在日常生活中被限制的自我（Slater, Johnson, Cohen, Comello, & Ewoldsen, 2014）。这一推论是斯莱特及其同事建构的暂时性拓展自我边界模型（TEBOTS）的核心（2014, this volume）。

根据TEBOTS的观点，在日常生活中保持个人和社会自我是一个艰难的过程。个体体验也受到一个人的能力、社会角色和环境因素的限制。但通过进入故事并认同故事角色，用户可以通过分散注意力来缓解维持自我的压力。此外，他们可能会通过代入故事情节、施展能力和表现出他们在日常生活中无法触及的价值观，来体验到个人自我的扩展。

暂时成为他者也是VR娱乐质量的一个重要方面，但在VR中，这一过程可能不同于其他媒介叙事。在VR中，即使没有叙事背景，用户也可以成为他人，这是因为VR体验以自我为中心，且包含身体的自我。具身使得用户将虚拟身体当作自己，并采取与之一致的方式行动（Yee, 2014）。通过丰富环境中的具身，VR提供了一种现有媒介不可能实现的新型扩展：感觉运动自我的扩展。当具身在VR中时，用户不仅在观察或想象扩展自我，也在制定和实践它。例如，有研究表明，用户可以在VR中学习控制第三只手臂，超越他们原本物理身体的能力（Won, Bailenson, Lee, & Lanier, 2015）。

基于存在于虚拟自我内部并控制虚拟自我的能力，具身可以更容易和更直接地促进自我扩展。因此，随着替代体验成为需要生理参与和身体制定的虚拟体验，VR体现了TEBOTS发展的潜在空间。事实上，许多VR研究已经观察到，即使用户只是在VR中执行平常的任务，如照镜子或触摸虚拟物体，也会对其自身造成影响。总之，VR体验能以一种非叙事的形式，让用户从真实自我和深刻的自我扩展体验中获得娱乐，这十分有趣。

但是，在某些情况下，VR体验也可能通过触发一个不那么随意、更缺乏探索性的行为立场，以限制自我的暂时扩展。例如，如果VR体验感觉过于真实，用户可能会避免冒险行为，如跳崖或反社会行为。此外，具身自我属性会限制自我扩展的可能性。如果用户的化身与自我高度相似，或其个性能唤醒他者或某种社会文化抑制（过度性感；Fox, Bailenson, & Tricase, 2013），那么高水平具身可能会限制自我扩展的潜力。最后一个问题是关于VR平台的可访问性的。由于VR要求更高的感觉运动参与度，与其他媒介相比，有感觉运动限制的用户在VR环境中扩展自我的能力可能更差。

命题4：VR体验增强了行动的道德或规范意义。

VR体验意味着具身用户会遭遇协同定位的、物理存在的、有知觉的他者，并难以与这种印象保持认知距离。根据虚拟环境的社会影响模型（Blascovich, et al., 2002），人类控制的化身和计算机控制的逼真代理，两者唤醒的社会关切和影响与人类面对面互动时类似。哈特曼（2018）认为，化身和代理能够唤醒用户的自动感知思维。因此，化身和代理可能自动被视为值得考虑的道德实体，而在更逼真的场景中的社会互动，可能被视为更具道德意义。

VR提供的现实主义可能会增强与道德相关的体验。例如，扎尔达诺瓦、卡萨帕基斯和加瓦拉斯（Dzardanova, Kasapakis, & Gavalas, 2018）最近的一项VR研究表明，具身参与者的虚拟自我在虚拟推销员面前，会感到不舒服和尴尬。通过提升自豪或内疚等自我意识，具身可以增强一个人的道德责任感。例如，在互动娱乐叙事中，用户可以选择是否刺伤一个有威胁的角色，相较于在电子游戏中按按钮的设计（Melzer & Holl, this volume; MIME, Tamborini, this volume），VR沉浸中的决策过程和行动效果会有所不同——在VR中，用户必须用手拿起一把虚拟的刀，靠近另一个人，举起手臂，做出刺杀动作。与传统电子游戏环境中的道德决策相比，VR游戏中的道德决策会更接近用户的价值观和规范。

虚拟现实中被增强的行动道德意义和强烈的自我意识情绪，是增强还是阻碍了娱乐体验，取决于再评价（reappraisals）。此外，内疚或尴尬等消极的初级反应如果能被享乐主义地逆转，就可能会强化娱乐体验。例如，一些用户可能会觉得在虚拟现实中“变坏”很令人兴奋，因此他们会积极地再评价最初获得的羞耻感或罪恶感。

命题5：用户可能会将他们的部分VR体验，记忆成真实的经历。

不同形式的媒介以不同的方式被回忆，形成不同性质的记忆类型。基于文本的媒介记忆更接近于想象事件的记忆，而基于屏幕的媒介记忆更接近于真实事件的记忆（Gordon, Gerrig, & Franklin, 2009）。此外，人们可能会混淆中介信息的来源，错误地将虚构回忆为事实（Appel & Richter, 2007; Mares, 1996）。基于VR的可供性，有研究人员表示，VR更有可能被错误地记忆为真实而不是虚拟的体验（Gordon, et al., 2009; Shapiro & McDonald, 1992）。

作为现实监测框架的扩展（Johnson & Raye, 1981），源监测框架（SMF）认为，人们必须区分记忆事件的来源（Lindsay, 2008; Johnson, Hastroudi, & Lindsay, 1993）。现实监测需要确定一个事件是真实的（外部的、通过感官感知的）还是想象的（内部的），源监测则涉及更具区别性的决定，如回忆起一个事件是通过新闻还是第一手观察得知的。

SMF已被应用于记忆媒介事件（Johnson, 2007; Shapiro & Lang, 1991），特别是VR中的事件。VR中的事件对于SMF来说是一个有趣的案例，因为这些事件通过感官被外部感知，因此在框架内被视为“真实的”。虽然事件的过程是真实的——用户确实在VR

中进行了体验——但事件的内容并不是客观真实的，因为其只是一种数字模拟，而不是实际发生的。如果VR用户在编码事件时感受到高度的在场，而忽略了媒介本身，那么用户很可能更难回忆起基于媒介的体验，也更有可能出现源监测错误。

出于这些原因，学者们认为有必要研究“虚拟现实监测”，也就是人们如何对虚拟事件作出现实判断（Hoffman, Hullfish, & Houston, 1995; Shapiro & McDonald, 1992）。霍夫曼及其同事在研究中，让成年人接触了现实或虚拟现实中的物体，随后要求他们回忆遇到这些物体的地点。虽然存在一些源监测错误，但他们发现，人们通常能够记住哪些是虚拟的，哪些是真实的（Hoffman, et al., 1995; Hoffman, Garcia-Palacios, Bomas, & Schmidt, 2001）。值得注意的是，这些研究并没有检验SMF研究人员所阐述的一些关键因素。首先，年龄很重要，儿童和老年人比大学生更容易犯错。其次，从娱乐的角度来看，这些最初的研究只涉及简单的物体识别任务，而不涉及叙事或其他吸引人的体验。最后，从技术角度来看，由于当时的VR图形和系统相当粗糙，参与者很容易就能记住哪些物体是虚拟的，因为它们看起来是像素化的，缺乏自然的阴影，或者在其他方面看起来不真实。

到目前为止，只有少数研究开始探索源监测和虚拟现实体验，特别是在娱乐环境中。一项探索性研究考察了伴随着自我导向的虚拟现实内容的虚构叙事，如何造成小学儿童的错误记忆（Segovia & Bailenson, 2009）。目前，特别是考虑到沉浸式新闻应用和相关信息娱乐的兴起，我们迫切需要更多在这一领域的研究。

结　论

为了向更系统的VR娱乐研究和理论化迈进，本章旨在概念化典型的VR娱乐体验，并提出有关VR娱乐体验的5个命题。这些命题和潜在的思考可以指导未来的实证研究，如将用户在VR中因不同环境和遭遇产生的娱乐体验，与其他渠道进行比较。

展望未来，研究人员应该尝试系统地控制和测量媒介可供性，以明确它们在VR和其他娱乐媒介体验中的作用。虽然我们在目前的方法中聚焦于VR，但随着传统媒介和平台边界的模糊，基于频道、媒介或模式的标签将变得越来越无意义。在这种情况下，有必要识别和阐述跨媒介体验的心理基础、主要可供性或核心机制。尽管我们关注的是VR，但目前的方法应该被理解为我们试图远离明确的媒介标签，并鼓励探索这些核心机制在用户娱乐体验中的作用。

目前讨论用户娱乐体验的尝试有两个注意事项。首先，与许多新兴技术一样，VR因其新奇性，在最初可能十分引人入胜，但在初始用户中最强的早期“惊叹效应”，会随着用户的进一步使用而逐渐减弱（Shapiro & McDonald, 1992）。随着用户对VR的逐渐习惯，恐惧等初级反应可能会变得不那么强烈，这种脱敏（desensitization）可能会削弱VR在后期的娱乐质量。其次，目前的方法主要关注VR体验的形式和心理体验，而非深入挖掘其内容元素，如叙事嵌入。但叙事深刻地影响着娱乐体验（Tamborini, this volume），而且VR体验和叙事体验之间可能相互影响（Riva, Mantovani, Gorini, De Leo, & Capideville, 2010; Schneider, Lang, Shin, & Bradley, 2004）。制作人和学者们目前正在学习应对如何在VR中讲述引人入胜的故事这一挑战。因此，未来对VR娱乐的全面描述，应该同时整合媒介与信息。

参考文献

Andrade, E. B., & Cohen, J. B. (2007). On the consumption of negative feelings. *Journal of Consumer Research*, 34, 283–300. doi: 10.1086/519498.

Appel, M., & Richter, T. (2007). Persuasive effects of fictional narratives increase over time. *Media Psychology*, 10(1), 113–134.

Apter, M. J. (1992). *The dangerous edge: The psychology of excitement*. New York, NY: The Free Press.

Biocca, F. (1997). The cyborg's dilemma: Progressive embodiment in virtual environments. *Journal of Computer-Mediated Communication*, 3(2). doi: j.1083–6101.1997.tb00070.x.

Blascovich, J., Loomis, J., Beall, A., Swinth, K., Hoyt, C., & Bailenson, J. N. (2002). Immersive virtual environment technology as a methodological tool for social psychology. *Psychological Inquiry*, 13(2), 103–124. doi: 10.1207/S15327965PLI1302_01.

Busselle, R., & Bilandzic, H. (2008). Fictionality and perceived realism in experiencing stories: A model of narrative comprehension and engagement. *Communication Theory*, 18, 255–280. doi: 10.1111/j.1468–2885.2008.00322.x.

Cohen, J. (2001). Defining identification: A theoretical look at the identification of audiences with media characters. *Mass Communication and Society*, 4, 245–264. doi: 10.1207/S15327825MCS0403_01.

Croes, E. A. J., Antheunis, M. L., Schouten, A. P., & Krahmer, E. J. (2016). Teasing apart the effect of visibility and physical co-presence to examine the effect of CMC on interpersonal attraction. *Computers in Human Behavior*, 55, 468–476. doi: 10.1016/j/chb/2015.09.037.

Dzardanova, E., Kasapakis, V., & Gavalas, D. (2018). On the effect of social context in virtual reality: An examination of the determinants of human behavior in shared immersive virtual environments. *IEEE Consumer Electronics Magazine*, 7(4), 44–52. doi: 10.1109/MCE.2018.2816204.

Fox, J., Arena, D., & Bailenson, J. N. (2009). Virtual reality: A survival guide for the social scientist. *Journal of Media Psychology*, 21(3), 95–113. doi: 10.1027/1864–1105.21.3.9.

Fox, J., Bailenson, J. N., & Tricase, L. (2013). The embodiment of sexualized virtual selves: The Proteus effect and experiences of self-objectification via avatars. *Computers in Human Behavior*, 29, 930–938. doi: 10.1016/j.chb.2012.12.027.

Fox, J., & McEwan, B. (2017). Distinguishing technologies for social interaction: The perceived social affordances of communication channels scale. *Communication Monographs*, 84, 298–318. doi: 10.1080/03637751.2017.1332418.

Frey, F. (2018). The experiential mode of media reception: A holistic framework concept. *Communication Theory*, 28, 487–510. doi: 10.1093/ct/qty010.

Gonzalez-Franco, M., & Lanier, J. (2017). Model of illusions and virtual reality. *Frontiers in Psychology*, 8, article 1125. doi: 10.3389/fpsyg.2017.01125.

Gordon, R., Gerrig, R. J., & Franklin, N. (2009). Qualitative characteristics of memories for real, imagined, and media-based events. *Discourse Processes*, 46, 70–91. doi: 10.1080/01638530802629117.

Green, M. C., & Brock, T. C. (2000). The role of transportation in the persuasiveness of public narratives. *Journal of Personality and Social Psychology*, 79, 701–721. doi: 10.1037/0022–3514.79.5.701.

Haans, A., & Ijsselsteijn, W. A. (2012). Embodiment and telepresence: Toward a comprehensive theoretical framework. *Interacting with Computers*, 24(4), 211–218. doi: 10.1016/j.intcom.2012.04.010.

Hartmann, T. (2008). Parasocial interactions and paracommunication with new media characters. In E. A. Konijn, S. Utz, & M. Tanis (Eds.), *Mediated interpersonal communication* (pp. 177–199). New York, NY: Routledge. doi: 10.4324/9780203926864.

Hartmann, T. (2011). Players' experiential and rational processing of virtual violence. In S. Malliet & K. Poels (Eds.), *Vice city virtue: Moral issues in digital game play* (pp. 135–150). Leuven, Belgium: ACCO.

Hartmann, T. (2018). The "moral disengagement in violent videogames" model. *Game Studies: The International Journal of Computer Game Research*, 17(2). http://gamestudies.org/1702/articles/hartmann.

Hartmann, T., Klimmt, C., & Vorderer, P. (2010). Telepresence and media entertainment. In C. Bracken & P. Skalski (Eds.), *Immersed in media: Telepresence in everyday life* (pp. 137–157). New York, NY: Routledge.

Hartmann, T., Wirth, W., Schramm, H., Klimmt, C., Vorderer, P., Gysbers, A., … Sacau, A. M. (2016). The spatial presence experience scale (SPES): A short self-report measure for diverse media settings. *Journal of Media Psychology*, 28(1), 1–15. doi: 10.1027/1864-1105/a000137.

Hoffman, H. G., Garcia-Palacios, A., Thomas, A. K., & Schmidt, A. (2001). Virtual reality monitoring: Phenomenal characteristics of real, virtual, and false memories. *CyberPsychology and Behavior*, 4, 565–572. doi: 10.1089/109493101753235151.

Hoffman, H. G., Hullfish, K. C., & Houston, S. J. (1995, March). Virtual-reality monitoring. In *Proceedings of Virtual Reality Annual International Symposium* (pp. 48–54). IEEE: Research Triangle Park, NC, USA. doi: 10.1109/VRAIS.1995.512479.

Jagneaux, D. (2019). "Beat Saber" officially surpasses one million copies sold. Retrieved online from https://uploadvr.com/beat-saber-one-million-copies.

Johnson, M. K. (2007). Reality monitoring and the media. *Applied Cognitive Psychology*, 21, 981–993. doi: 10.1002/acp.1393.

Johnson, M. K., & Raye, C. L. (1981). Reality monitoring. *Psychological Review*, 88, 67–85. doi: 10.1037/0033-295X.88.1.67.

Johnson, M. K., Hashtroudi, S., & Lindsay, D. S. (1993). Source monitoring. *Psychological Bulletin*, 114(1), 3–28. doi: http://dx.doi.org/10.1037/0033–2909.114.1.3.

Kilteni, K., Groten, R., & Slater, M. (2012). The sense of embodiment in virtual reality. *Presence: Teleoperators and Virtual Environments*, 21, 373–387. doi: 10.1162/PRES_a_00124.

Klimmt, C., & Vorderer, P. (2003). Media psychology "is not yet there": Introducing theories on media entertainment to the presence debate. *Presence: Teleoperators and Virtual Environments*, 12, 346–359. doi: 10.1162/105474603322391596.

Klimmt, C., Hefner, D., & Vorderer, P. (2009). The video game experience as "true" identification: A theory of enjoyable alterations of players' self-perception. *Communication Theory*, 19, 351–373. doi: 10.1111/j.1468–2885.2009.01347.x.

Lang, A. (1990). Involuntary attention and physiological arousal evoked by structural features and emotional content in TV commercials. *Communication Research*, 17, 275–299. doi: 10.1177/009365090017003001.

LeDoux, J. E. (2006). The amygdala and emotion: A view through fear. In J. P. Aggleton (Ed.), *The amygdala: A functional analysis* (pp. 289–310). Oxford, UK: Oxford University Press.

Lee, K. M. (2004). Presence, explicated. *Communication Theory*, 14, 27–50. doi: 10.1111/j.1468–2885.2004.tb00302.x.

Lin, J. H. T. (2017). Fear in virtual reality (VR): Fear elements, coping reactions, immediate and next-day fright responses toward a survival horror zombie virtual reality game. *Computers in Human Behavior*, 72, 350–361. doi: 10.1016/j.chb.2017.02.057.

Lindsay, D. S. (2008). Source monitoring. In H. L. Roediger, III (Ed.), *Cognitive psychology of memory* (Vol. 2, pp. 325–347). Oxford, UK: Elsevier.

Lombard, M., & Ditton, T. (1997). At the heart of it all: The concept of presence. *Journal of Computer-Mediated Communication*, 3(2). doi: 10.1111/j.1083–6101.1997.tb00072.x.

Mares, M. L. (1996). The role of source confusions in television's cultivation of social reality judgments. *Human Communication Research*, 23, 278–297. doi: 10.1111/j.1468–2958.1996.tb00395.x.

Meehan, M., Insko, B., Whitton, M. C., & Brooks, F. P. (2002). Physiological measures of presence in stressful virtual environments. *Proceedings of the 29th Annual Conference on Computer Graphics and Interactive Technique* (pp. 645–652). New York, NY: Association for Computing Machinery.

Moon, M. (2019). Sony has sold 4.2 million PlayStation VR headsets. https://www.engadget.com/2019/03/26/sony-4-2-million-playstation-vr-headset-sales.

Nam, C. S., Shu, J., & Chung, D. (2008). The roles of sensory modalities in collaborative virtual environments (CVEs). *Computers in Human Behaviour*, 24, 1404–1417. doi: 10.1016/j.chb.2007.07.014.

Quaglia, J. T., & Holecek, A. (2018). Lucid virtual dreaming: Antecedents and consequents of virtual lucidity during virtual threat. *Proceedings of the 25th IEEE Conference on Virtual Reality and 3D User Interfaces* (pp. 65–72). Institute of Electrical and Electronics Engineers: Piscataway, NJ, USA. doi: 10.1109/VR.2018.8446546.

Ratan, R., Beyea, D., Li, B. J., & Graciano, L. (2019). Avatar characteristics induce users' behavioral conformity with small-to-medium effect sizes: A meta-analysis of the Proteus effect. *Media Psychology. Advance online publication*. doi: 10.1080/15213269.2019.1623698.

Ratan, R. A., & Dawson, M. (2016). When mii is me: A psychophysiological examination of avatar self-relevance. *Communication Research*, 43, 1065–1093. doi: 10.1177/0093650215570652.

Reeves, B., & Nass, C. (1996). *The media equation: How people treat computers, television, and new media like real people and places*. New York, NY: Cambridge University Press.

Riva, G., Mantovani, F., Gorini, A., De Leo, G., & Capideville, C. S. (2010). The role of immersion and narrative in mediated presence: The virtual hospital experience. *Cyberpsychology, Behavior, and Social Networking*, 14, 99–105. doi: 10.1089/cyber.2010.0100.

Rozin, P., Guillot, L., Fincher, K., Rozin, A., & Tsukayama, E. (2013). Glad to be sad, and other examples of benign masochism. *Judgment and Decision Making*, 8, 439–447.

Rundle, M. (2015). Death and violence "too intense" in VR, developers admit. https://www.wired.co.uk/article/virtual-reality-death-violence.

Sag, A. (2019). Location-based VR: The next phase of immersive entertainment. https://www.forbes.com/sites/moorinsights/2019/01/04/location-based-vr-the-next-phase-ofimmersive-entertainment.

Schneider, E. F., Lang, A., Shin, M., & Bradley, S. D. (2004). Death with a story. *Human Communication Research*, 30, 361–375. doi: 10.1111/j.1468–2958.2004.tb00736.x.

Schramm, H., & Wirth, W. (2008). A case for an integrative view on affect regulation through media usage. *Communications: The European Journal of Communication Research*, 33(1), 27–46. doi: 10.1515/COMMUN.2008.002.

Segovia, K. Y., & Bailenson, J. N. (2009). Virtually true: Children's acquisition of false memories in virtual reality. *Media Psychology*, 12, 371–393. doi: 10.1080/15213260903287267.

Shafer, D. M., Carbonara, C. P., & Korpi, M. F. (2018). Factors affecting enjoyment of virtual reality games: A comparison involving consumer-grade virtual reality technology. *Games for Health Journal*, 8, 15–23. doi: 10.1089/g4h.2017.0190.

Shapiro, M. A., & Lang, A. (1991). Making television reality: Unconscious processes in the construction of social reality. *Communication Research*, 18, 685–705. doi: 10.1177/009365091018005007.

Shapiro, M. A., & McDonald, D. G. (1992). I'm not a real doctor, but I play one in virtual reality: Implications of virtual reality for judgments about reality. *Journal of Communication*, 42, 94–114. doi: 10.1111/j.1460–2466.1992.tb00813.x.

Skalski, P., & Tamborini, R. (2006). The role of presence in the experience of electronic games. In P. Vorderer & J. Bryant (Eds.), *Playing video games: Motives, responses, and consequences* (pp. 225–240). Mahwah, NJ: Erlbaum.

Slater, M., & Steed, A. (2000). A virtual presence counter. *Presence: Teleoperators and Virtual Environments*, 9, 413–434. doi: 10.1162/105474600566925.

Slater, M. D., Johnson, B. K., Cohen, J., Comello, M. L. G., & Ewoldsen, D. R. (2014). Temporarily expanding the boundaries of the self: Motivations for entering the story world and implications for narrative effects. *Journal of Communication*, 64, 439–455. doi: 10.1111/jcom.12100.

The Extended Mind. (2018). *Virtual harassment*. https://extendedmind.io/blog/2018/4/4/virtual-harassment-the-social-experience-of-600-regular-virtual-reality-vrusers.

Vorderer, P. (2001). It's all entertainment—sure: But what exactly is entertainment? *Poetics*, 29(4–5), 247–261. doi: 10.1016/S0304-422X(01)00037–7.

Vorderer, P., & Hartmann, T. (2009). Entertainment as media effect. In J. Bryant & M. B. Oliver (Eds.), *Media effects* (3rd ed., pp. 532–550). New York, NY: Routledge.

Won, A. S., Bailenson, J., Lee, J., & Lanier, J. (2015). Homuncular flexibility in virtual reality. *Journal of Computer-Mediated Communication*, 20, 241–259. doi: 10.1111/jcc4.12107.

Yee, N. & Bailenson, J. N. (2007). The Proteus effect: The effect of transformed self-representation on behavior. *Human Communication Research*, 33, 271–290. doi: 10.1111/j.1468–2958.2007.00299.x.

Yee, N. & Bailenson, J. N. (2009). The difference between being and seeing: The relative contribution of self-perception and priming to behavioral changes via digital self-representation. *Media Psychology*, 12,

195–209, doi: 10.1080/15213260902849943.

Yee, N. (2014). *The Proteus paradox: How online games and virtual worlds change us—and how they don't.* New Haven, CT: Yale University Press.

Zeimbekis, J. (2016). Seeing, visualizing, and believing: Pictures and cognitive penetration. In J. Zeimbekis & A. Raftopoulos (Eds.), *The cognitive penetrability of perception: New philosophical perspectives* (pp. 298–328). Oxford, UK: Oxford University Press. doi: 10.1093/acpr of:oso/9780198738916.003.0013.

4

第四部分

娱乐的结果或关联模型

第三十七章　回顾性想象参与和娱乐叙事

大卫·R.埃沃尔森
里克·布塞尔
尼哈·塞提
迈克尔·D.斯莱特

本书的一位作者曾经在高中的一个暑期与家人进行了一场很无聊的美国跨州之旅。这次旅行正好是他看完《星球大战：新希望》后进行的。在这种时候，人很容易变得魂不守舍。他同时是《魔戒》（小说版《魔戒》，此时还在同名改编电影上映之前）的狂热“粉丝”。由于无聊，他很快在大脑里构建了一个融合了《星球大战》和《魔戒》的奇幻世界。在这个版本中，卢克（Luke）成为护戒联盟的9位成员之一，同时甘道夫（Gandalf）拿的是光剑（lightsaber），而不是击敌锤之剑（《魔戒》中甘道夫的佩剑）。他是一个用光剑战斗的狠角色，即使在与炎魔（Balrog）对抗时也毫不畏惧。当佛罗多（Frodo）和山姆（Sam）在魔多遇到麻烦时，汉·索罗（Han Solo）帮助了他们（他很擅长使用弓箭）。当然，索伦（Sauron）仍然属于黑暗势力，不过他的军队中也有帝国军队的克隆人（同样没有装备——爆能枪）。这种幻想无疑有助于打发时间，但它是否在叙事世界中提供了娱乐或有意义的体验？这种类型的体验是否广泛存在？它是否为我们理解娱乐带来启发？这种类型的自反性（reflection）是否会影响我们对未来相关文本的反应？

在关于叙事处理的经典著作中，格里格（Gerrig, 1993）讨论了人们叙事体验的两个组成部分：传输（transportation）和施行（performance）。后来，格林和布洛克（Green, Brock, 2000）进一步发展了格里格的传输概念，并探讨了传输理论在人们处理叙事时如何发挥关键作用（Green, Brock, & Kaufman, 2004）。他们将传输定义为一个“聚合过程，在这个过程中，人的所有心智系统和能力都集中在叙事事件上”（Green & Brock, 2002, p.324）。根据格林和布洛克（2002）建立的传输意象模型（the transportation imagery model），受众在观看或阅读文本时，会沉浸在叙事事件中，从而与现实世界的事件保持距离。受众会认为叙事中的虚构事件和角色行动与他们自己的个人经历相似。这种与现实世界事件的主观距离主要在心理层面影响着受众的情感和认知反应以及他们的信念与态度（Gerrig, 1993）。此外，格林和布洛克（2002）发现，传输可以唤醒读者和观众对叙事中人物的强烈感受与情感。传输与增强享受和娱乐有关，这是通过引起受众情感反应以及将所有的心智能量集中在叙事上实现的（Green, Brock, & Kaufman, 2004; Busselle & Bilandzic, 2008）。

不过，回顾一下，格里格（1993）在他的经典著作中同样讨论了传输和施行的问题。格里格区分的基础，包括文本和读者在叙事阐释中的相对角色（Eco, 1979; Iser, 2000; Roskos Ewoldsen, Roskos-Ewoldsen, Yang, & Lee, 2007）。在这个最初的理论阐释中，格里格假设传输是文本对读者所做的事情（读者被传输到文本中）。相反，施行是指读者在参与叙事时对文本所做的事情。关于施行的一个例子是观众对叙事中接下来会发生什么而进行的推理。格里格列举的关于施行的另一个例子涉及观众在第二次体验叙事时产生的新理解。叙事在第二次被接触时是大致相同的，发生改变的是观众对叙事或更大的叙事世界的理解。

媒介学者在研究叙事时普遍忽略了施行体验。从方法论上讲，这是可以理解的，因为开发一种区分人们的即时叙事体验是传输（叙事对他们的影响）还是施行（他们对叙事的影响）的测量方法，是非常困难的。同样，由于推理的相对自动性，我们很难描述人们在体验叙事时所做的推理（Lee, Roskos, & Ewoldsen, 2013; McKoon & RatcliJ, 1992），让参与者对自己是被传输还是参与施行做出元认知判断，即使不是不可能的，也是非常困难的。

我们认为，还有一些其他形式的施行不仅同样有趣，而且更加适合进行实证研究。从开头的例子中，我们发现个人对叙事世界的控制和整合可能是在与实际接触的文本之外，异步发生的一种施行行为。换句话说，格里格讨论的是观看过程中的施行，本文开篇例子中的“白日梦”显然发生在观看《星球大战：新希望》的数月后以及阅读《魔戒》系列的好几年后，但我们认为，这些基于文本的自反性在娱乐体验和娱乐后果上都扮演了重要角色。

在本章中，我们将首先阐述我们所称的“回顾想象参与”的重要性（RII; Slater, Ewoldsen & Woods, 2018）。然后，我们将讨论暂时性拓展自我边界模型（TEBOTS; Slater, et al., 2014）和叙事理解与参与模型（Busselle & Bilandzic, 2008），为研究回顾性想象参与现象提供的强有力的理论基础。我们先来研究回顾性想象参与。

回顾性想象参与

回顾性想象参与（reflective imaginative involvement, RII）关注的是“受众在阅读或观看叙事后，想象性参与故事角色和情境的方式”（Slater, et al., 2018, p.330）。斯莱特等人提出："想象性参与可能包括思考角色在电影或剧集结束之后会经历什么；它不一定是对故事整体时间框架的回顾，而是指人们实际观看电影、剧集或阅读故事后，对角色的思考。"（p.334）正如我们开篇所举的例子，RII涉及的范围较广。人们在故事结束后的某个时间里，通过重现记忆中被认为已经发生的叙事事件来反思故事，相当激进的、违背故事事实的故事重构也会发生。在早期的研究中，斯莱特等人（2018）专注于RII的测量方式，并开发了一个有8个测项的量表来测量人们的RII体验。该量表调查参与者在接触叙事后想象各种行为的频率，样本项目包括"想象一个不同的故事/情境，其中涉及剧情节目或电影中的人物"，以及"当你在从事日常生活活动时，想象自己是故事中的一个角色"。

首先需要回答的问题是，这种现象有多罕见？换句话说，它值得研究吗？对媒介恐惧反应的持续影响的研究表明，人们确实会回想（rumination）以前经历过的可怕的媒介体验，而且这种回想可能会持续多年（Harrison & Cantor, 1999），但对人们是否会真实地回忆叙事中的角色和事件，以及这种回忆对人们造成的影响，我们都知之甚少。人们有多频繁地进行故事的反事实重构（counterfactual changing）？这是难以回答的问题，因为现有娱乐研究大多集中在人们参与叙事时的行为上。也有一些研究主要关注故事的异步参与。

显然，拟社会关系（PSR）研究是异步叙事参与研究的一个领域。拟社会关系是指与一个虚构角色或媒介表演者的长期联系，它产生于观看和阅读媒介内容的过程中，甚至在接触媒介内容后仍会持续一段时间。这种关系通常是单方面的，主要指受众接触媒介内容后，与媒介角色或表演者发展的积极的社会和情感纽带（Horton & Wohl, 1956; Rosaen & Dibble, 2012; Tukachinsky, 2010）。相比之下，拟社会互动（PSI）只发生在观看过程中（Brown, this volume），指的是受众与媒介表演者之间看似面对面的互动（Horton & Wohl, 1956）。迪布尔（Dibble）、哈特曼和罗森（2016）假设，持续一段时间的PSI可以导致PSR。从本质上讲，PSI是一种"模拟对话交往"（Horton & Wohl, 1956, p.215），是受众观看媒介内容时感知到的亲密社交互动。

PSR和PSI似乎都是基于人类与其他个体建立联系的基本社会需求（Liebers & Schramm, 2019）。这种拟社会现象受许多因素影响，如年龄（Levy, 1979）、高水平的电视内容消费（Grant, Guthrie, & Ball Rokeach, 1991）、性别（Eyal & Cohen, 2006）、教育水平、经济地位（Auter, Arafa, & AlJaber, 2005）以及孤独和关系状况（Greenwood & Long, 2009/2011）。媒介制片人有时也用PSR概念提高受众参与度（Liebers & Schramm, 2019）。虽然PSR像现实生活中的联系一样，是一种长期联系（Schramm, 2008），但这种联系也可能因为各种原因结束，如电视剧或电影中角色的死亡，受众对角色或节目失去兴趣，或者角色离开了节目，或者被其他演员取代。这种现象被称为拟社会中断（PSBU; Cohen, 2003）。埃亚勒（Eyal）和科恩（2006）进行的一项研究发现，当《老友记》(一部很受欢迎的长篇电视剧)结束播出时，参与者表达了失去电视剧中他们最喜欢的角色时的这种拟社会中断痛苦。

最近，关于另一种异步参与的形式——粉丝理论化和剧透——的研究出现了。这些研究表明，与剧透会破坏并减少观看或阅读故事乐趣的流行观念相反，剧透的积极方面是增加了叙事享受和对故事角色的认同(Brookes, Cohen, Ewoldsen, & Velez, 2012; Leavitt & Christenfeld, 2011; Johnson & Rosenbaum, 2015)。由于知觉流畅性(perceptual fluency)或"新信息的易加工性"(West & Bruckmuller, 2013, p.255)，剧透可以让观众的观看体验更愉快(Leavitt & Christenfeld, 2011/2013)。知觉流畅性体验已经与叙事参与联系起来了(Vaughn, Childs, Maschinski, Niño, & Ellsworth, 2010)。即使是悬疑类型剧，该研究也显示剧透并不一定会减少悬念(Brookes, et al., 2012)，尽管其他研究表明剧透确实会破坏悬念(Johnson & Rosenbaum, 2015)。

粉丝理论(Fan Theories)中，受众基于叙事及自己的生活经历，对"发生了什么"或"将会发生什么"提出的解释可能是正确的，也可能是不正确的。这些解释往往会在电视剧播出或电影上映后被肯定或否定。因此，粉丝理论中的模糊性和对不同解释的争论比剧透中的要多。埃利索普和布鲁克斯(Ellithorpe, Brooks, 2018)在电视剧《老爸老妈浪漫史》大结局播出前后，进行了一项包含两部分内容的调查研究，以分别考察剧透和粉丝理论在叙事享受中的作用。结果表明，剧透和粉丝理论都增加了享受，减少了电视剧完结后的拟社会中断痛苦。在这个技术发达的时代，多样化的粉丝实践(Sandvoss & Kearns, 2014)正为粉丝创作内容开辟道路(Sandvoss, 2005)。

关于白日梦和幻想游戏的研究，也表明人们参与了RII。这些研究主要集中于电视对儿童、成人参与幻想游戏和白日梦的影响。两者的关系是复杂的。例如，大多数调查和实验表明，尽管一些类型的节目可能会促进幻想游戏，但电视通常会抑制幻想游戏(Singer & Singer, 2008; van der Voort & Valkenburg, 1994)。然而，迄今为止对儿童幻想游戏最广泛的研究显示，4个不同国家的儿童确实参与了涉及媒介叙事和角色的广泛的幻想游戏(Gotz, Lemish, Aidman, & Moon, 2005)。此外，儿童参与涉及媒介叙事的幻想游戏的时间越长，他们就越以独特的方式扩展故事(Gotz, et al., 2005)。一些相关研究主要集中在电视消费与白日梦之间的关系上。数据表明，不管电视使用与白日梦是否相关，不同的节目类型对白日梦的增加都有着独特的影响(Valkenburg & van der Voort, 1994)，但这一证据远远不是结论性的。遗憾的是，很多关于白日梦的研究，通常并没有关注到白日梦是否围绕着人们以前参与过的叙事展开，尽管这似乎很有可能，这点同样适用于神游(mind wandering)的理论化和研究(Smallwood & Schooler, 2015)。以上可以作为理解RII的另一个有前景的起点。

文化研究学者对粉丝群的广泛研究也与RII的研究相关。我们认为，RII是自反性的认知基础，而粉丝行为源于自反性施行。换句话说，我们假设粉丝行为是由RII产生的认知过程的显著表现。显然，许多粉丝的行为都是原始叙事的回响。在我们看来，这样的例子有很多：从在当地足球场上玩魁地奇到cosplay（打扮成最喜欢的角色），到larping（表现得好像你是一个角色），再到参与粉丝考据（Hellekson & Busse, 2014）。我们在本节的其余部分将重点关注同人小说（fan fiction），因为它在文化研究中有最长的研究历史（Coppa, 2006）。

写作同人小说，很可能是一种更普遍的回顾性施行形式（Jamison, 2013; Lennard, 2012）。最近的一项研究调查了亚马逊众包数据平台上的700多名参与者，其中，9%的受访者创作过同人小说，大约40%的受访者会积极寻找同人小说来阅读（Ewoldsen & Bogert，未发表的数据）。FanFiction.net是一个受欢迎的同人小说在线数据库。2010年，它有超过260万用户（Lennard, 2012），仅关于哈利·波特系列的同人小说就超过了70万篇。至少有2部基于福尔摩斯故事的电视剧应该是由同人小说改编而来的（而非忠于原作的改编；Lennard, 2012）。

同人小说已经存在了很长时间。刘易斯·卡罗尔（Lewis Carroll）和查尔斯·狄更斯（Charles Dickens）为同人小说作家们提供了灵感（Jamison, 2013; Lennard, 2012）。当柯南·道尔把在莱辛巴赫瀑布与莫里亚蒂进行正邪之战的夏洛克·福尔摩斯写死后，关于福尔摩斯和华生的同人小说很快就出现了。事实上，《彼得·潘》的作者J. M. 巴里（J. M. Barrie）在福尔摩斯死亡后，也立即发表了一个关于福尔摩斯的故事（Lennard, 2012）。在连载中断了10年之后，道尔又开始写福尔摩斯的故事，因为有太多的福尔摩斯同人小说被创作出来，道尔显然想重新控制福尔摩斯的叙事世界（Lennard, 2012），而在最近的同人小说热潮中，有两件事发挥了关键作用：其一是《星际迷航》引发了同人小说的大幅增长（Coppa, 2006; Jamison, 2013）。对个中原因的分析超出了本章的范围，但可以肯定的是，《星际迷航》的观众特征、罗登贝里（《星际迷航》的创造者）对粉丝的宽容、粉丝把该系列从早期腰斩危机中挽救出来时发挥的作用、《星际迷航》宇宙的特征以及凸显《星际迷航》特征的粉丝大会的出现等，都促成了这一现象（Coppa, 2006）。除了《星际迷航》，互联网也帮助了同人小说的发展（Jamison, 2013; Lennard, 2012）。

最重要的是，关于同人小说和其他形式的粉丝沉迷、拟社会关系与粉丝考据的研究表明，在观看作品后，人们确实在一定程度上参与了叙事。我们认为，所有这些不同的行为都与RII有关。上述这些不同的领域的研究其实都在研究格里格（1993）所说的施行，但是，与格里格的关注重点不同的是，上述研究中的施行发生在与文本接触之后（而不是与文本接触时）。按照格里格的设想，施行可能涉及自发过程，如对文本进行补充推理。上述研究中的施行的许多自反性形式与深思熟虑的行为有关。一个人不会自发地参与入戏、cosplay或写同人小说。这种深思熟虑——对先前参与的叙事的反思——就是我们所说的RII。所有的例子都指向RII可能存在的普遍特征。

对RII的理解也有助于我们理解娱乐体验。正如我们后面要讨论的，如果人们以某种类似驱动力的状态寻求叙事，就像TEBOTS（Slater, et al., 2014）所假设的那样，那么RII可以被理解为提供这一叙事驱动力的方式之一。事实上，在调查研究中我们发现，参与RII同时涉及享乐主义和实现主义反应（Sethi & Ewoldsen，未发表的数据）。同样，对剧透的研究表明，剧透通过提升观众处理故事的流畅性来增强娱乐体验。通过增加观众处理故事的简易性，RII也可以以同样的方式运作，但假如想象中的故事与实际的故事后续发展不一致，RII也有可能破坏这种流畅性。

对RII的研究还处于起步阶段，但我们认为这是一个重要的、尚未得到充分研究的现象。显然，人们会对过去的叙事进行反思，未来的研究有必要了解影响人们叙事反思的原初叙事（是否导致叙事反思）、情境和个性因素（何时及如何进行叙事反思），自反性体验是不是娱乐的，以及参与RII对未来的叙事体验和其他引起媒介心理学家兴趣的叙事效果造成的长期后果。当然，任何现象的研究都需要一个理论基础，在下一节中，我们将对为初步探索RII提供了基础的两个理论进行讨论。

对RII的理论化

当然，作为一个新的概念，与RII相关的研究的理论基础有限，但我们相信，TEBOTS提供了一个有用的起点（Slater, et al., 2014; Johnson, Slater, Silver, & Ewoldsen, this volume）。TEBOTS认为，人们寻求将叙事作为一种拓展自我边界的方式，并作为一种允许自我避免考虑那些日常生活中的压力和威胁的机制。作为一种旨在解释人们为什么会寻求并参与叙事的理论，TEBOTS可以帮助我们理解人们何时以及为何参与RII。

我们认为，有助于RII研究的第二种理论是叙事理解和参与模型（Busselle & Bilandzic, 2008）。叙事反思显然要求个人能够回忆起叙事体验的精髓（essence）。在某种程度上，原初叙事中哪些叙事元素可以在反思时被检索和使用，也会对反思产生限制。叙事理解和参与模型关注对叙事文本的理解为叙事文本如何存储在记忆中提供了最清晰的模型（Krcmar, Ewoldsen & Koerner, 2016）。因此，这一模型为我们理解叙事的哪些部分会让人们反思，以及叙事的最初处理如何影响其后的叙事反思中可使用的元素，提供了方向。

TEBOTS

正如许多学者所说的，叙事是一种文化普遍原则（Boyd, 2009; Vermeule, 2010）。叙事的普遍性表明，叙事满足了一种重要的人类需求。TEBOTS（Slater, et al., 2014）的前提是叙事确实有助于实现人类的基本需求。具体来说，TEBOTS以自我决定理论

（SDT）为理解叙事功能的基础（Ryan & Deci, 2017）。SDT假定，有3种基本的或者基础的需求为人类行为提供了动机，即自主性、胜任感和归属感（Ryan & Deci, 2017）。SDT预测，人们有内在的动机去尝试实现这3种需求，而这3种需求的满足为人类的繁荣提供了基础。遗憾的是，这些基本需求总是受到威胁，即使是最理想的人生也不能实现所有的需求。日常生活的压力因素则凸显了我们未能实现这些需求的原因。例如，约会迟到了，我们却不得不在红灯前停下来，这凸显了我们缺乏自主性；玩不好填字游戏，则凸显了我们缺乏胜任感；早上与某个重要的人在午餐地点（甚至是否吃午餐）的问题上发生分歧，凸显了我们与他人归属感的局限。社会心理学研究已经确定了人们在面对感知到的威胁时，为了捍卫积极的自我概念而采用的许多机制（Fiske & Taylor, 2013; Kunda, 1999）。事实上，罗萨（2013）认为，我们基本需求的实现会变得越发困难，因为当代资本主义要求持续加快时间，这削弱了人们满足基本需求的能力。

TEBOTS认为，要么避免思考这些基本需求的不足，要么为人们提供一种途径，让他们暂时体验到摆脱个人自我身份对人的归属感、胜任感和自主性限制之后的自由，叙事为人们提供了一种超越自我的方式。通过叙事，人们可以间接体验到摆脱时间、空间和社会角色限制的自由。在TEBOTS中，这种超越自我的能力被称为边界扩展，它被认为是参与叙事的主要动机之一。参与叙事提供了一种实现路径，从最低程度来说可以使人避开自我面临的日常威胁，并有可能使人以想象不到的方式体验基本需求的满足。一个人在扮演甘道夫的角色时，可以体验到超乎想象的能力和自主，而扮演弗罗多时，可能感觉其比故事世界中的其他人更小、更脆弱。TEBOTS坚持认为，当叙事试图为自我提供喘息的机会时，我们会体验到对叙事的高度参与。无论是喜剧还是励志电影，观众在一个故事中“迷失”自我时，会对故事产生强烈反应，这种反应可能表现为更大的享乐主义享受或实现主义反应（Oliver & Bartsch, 2010; Vorderer, Klimmt, & Ritterfeld, 2004）。与TEBOTS的观点一致，有研究发现，日常压力因素会增加人们对叙事的传输进入和对叙事的欣赏（Johnson, Slater, Silver, & Ewoldsen, 2016）。同样，当自我因为控制力较弱而受到威胁时，人们会体验到更高水平的叙事传输，而高度的传输与对叙事的高度享乐主义和实现主义反应相关（Janicke-Bowles, Bartsch, Oliver & Raney, this volume）。换句话说，叙事提供了一种方法，以帮助人们逃避失去自控能力的威胁（Johnson, Ewoldsen, & Slater, 2015）。自我肯定可能增强了与自我相关的需求的满足感，但减少了叙事享受（Johnson, et al., 2016）。

如果TEBOTS是正确的，并且人们为了保护和扩展自我而积极地参与叙事，那么为什么人们选择反思过去经历的叙事，而不是参与新的叙事呢？换句话说，为什么要参与RII，而不是简单地参与一个新的叙事呢？这个问题假设新的叙事总是可行的。当自我受到威胁和需要帮助时，人们能轻易地接受一种新的叙事吗？罗萨（2013）认为，当代文化中看似不断加速的时间与越来越多地使用电视和其他叙事形式有关。[1]我们被要求做更多的工作，通过使用电子邮件或手机，我们被要求几乎随时待命。时间在不断加快。在这种文化环境中，叙事为人们提供了一种方法，以应对目标实现能力和关系的下降（Vorderer & Halfmann, 2019）。因此，RII成为体验叙事的有效方式。在5分钟的休息时间里，一个人当然可以拿起一本书阅读5分钟，但是，重新引用一个以前经历过的叙事显然更容易。此外，在某种程度上，某些类型的叙事可以更积极地对抗自我面临的特殊威胁（TEBOTS中一种未探索的可能性），而RII允许个人体验个性化的、有效的叙事。到目前为止，这个假设还没有被研究过。

换句话说，我们可以假设文化的加速增加了人们对RII的需求。此外，我们假设，特别能够满足需求的叙事是人们更可能反思的叙事。例如，斯莱特等人（2018）发现，边界扩展与RII之间的相关性约为0.5。[2]那些在叙事中体验到更高水平的边界扩展的人也更有可能参与RII。

事实上，反思在SDT中发挥了有待讨论的重要作用。赖恩和德西（2017）认为，反思行为增加了一个人的自我决定感。他们认为，反思是自主的基础。如果一个人不首先反思自己想做什么，怎么会有自主性？反思自己的欲望，然后采取行为来实现这些欲望，这就是自主的本质。如果我没有意识到自己想更快地回到家，那么十字路口的红灯就不会威胁到我的自主。当然，自我之外的叙事反思是否会增加自主性是一个悬而未决的问题。如果一个人的反思是基于对故事的不满意，于是其改变故事使它变得让人满意，那么我们说这个人的自主性和能力都得到了增强，是有道理的。

正如我们之前所说的，我们相信同人小说反映了RII。当然，同人小说作者在写故事时参与了RII。有趣的是，现有的关于同人小说的研究表明，人们对早期叙事的反思可能会增加需求的满足。文化研究中对同人小说的研究表明，写同人小说的主要动机是对自我（Hellekson & Busse, 2014; Jenkins, 1992）和叙事世界（Grossman, 2013）的探索。当然，很多关于同人小说的研究都认为，它为模糊自我和叙事世界之间的界限提供了一条途径。基于这项研究，TEBOTS也可以为人们写同人小说和参与RII的动机提供一个可行的解释，因为同人小说为人们提供了一个以某些方式暂时性拓展自我边界的机会。如果同人小说的写作提供了拓展自我边界的机会，那么对叙事的想象性反思也是如此，这是很自然的假设。

---

[1] 虽然罗萨（2013）认为，随着时间的加速，人们正在转向电视和其他相关媒介，但我们并不同意他的关于人们为什么转向不同形式的叙事的观点。具体来说，罗萨（2013）认为，人们利用叙事作为脱离加速世界的一种方式，一旦叙事结束，人们就会与之脱离关系。罗萨认为，粉丝是罕见的、非典型的。很明显，我们不同意这一观点。关于PSR、PSI、认同、传输和粉丝考据的研究表明，情况正好相反。粉丝并不是非典型的，在初次接触叙事之后，其非同步地参与叙事是很常见的。

[2] 由于边界扩展与8项RII量表之间的相关性为0.511，与4项RII量表之间的相关性为0.497，我们认为斯莱特等人（2018）发现的相关性约为0.5。

同人小说有很多类型。例如，耽美同人小说（slash fan fiction）涉及本是异性恋的角色的同性恋爱故事。一个经典的例子是《星际迷航》系列中的柯克和斯波克的同性恋关系。詹金斯（1992）有关耽美小说作家的质化研究表明，这类同人小说作家大多是异性恋女性。接下来的问题就变成了是什么促使异性恋女性去写这些故事呢？詹金斯认为，这种动机是渴望体验——至少在叙事世界中——一段伴侣双方拥有平等权利的性关系（Jamison, Jones, 2013）。由此看来，同人小说创作是这些作家体验理想世界的一种途径。当然，有人可能会问，她们为什么不写女同性恋关系？不幸的是，在我们的世界里，女性拥有的权利比男性更少，因此描写两个权利对等的女人之间的感情关系，比起描写两个权利对等的男性之间的同性恋关系，前者无法获得与后者同等的需求满足（Hellekson & Busse, 2014; Jones, 2013）。[1]

玛丽·苏（Mary Sue）故事是同人小说的另一种类型，体现了同人小说创作在作家自我探索方面的作用。玛丽·苏故事中一般会有一个年轻的女主人公，该主人公出现在有着强壮男性角色的叙事世界中。这一类型故事的典型发展是，“玛丽·苏”被描写为聪明、美丽、勇敢的年轻少女且最终以悲剧收场（Bacon-Smith, 2014）。玛丽·苏的故事似乎是许多年轻女性第一次尝试同人小说写作时的流行写法，尽管同人小说社区对它有相当一致的贬低（Bacon-Smith, 2014）。问题是，为什么玛丽·苏故事如此流行？因为它符合TEBOTS关于叙事帮助人们拓展自我边界的假设，这些故事为年轻女性提供了一个机会，来反对那个告诉她们她们拥有的权利比男性更少，以及“她们心中活跃的内在自己只能枯萎”的世界（Bacon-Smith, 2014, p.146）。即使是玛丽·苏故事的拙劣模仿者也报告说，她们进行模仿创作的动机是创作过程可以帮助她们进行自我探索（Aleo, Flanagan, 2013）。

正如关于耽美小说和玛丽·苏故事的现有研究清楚表明的那样，人们创作同人小说的一个动机是探索日常生活中难以（如果不是完全不可能的话）体验的现实。通过这种方式，作者在日常生活中寻求某些体验遭遇拒绝时，可以在故事中进行替代体验。

总之，我们认为，人们参与RII的原因与他们参与更正式的叙事的原因相同。RII为人们提供了一种权宜之计和更为合适的方式，来满足自己的基本需求，或者像TEBOTS模型所描述的那样来逃离自我。对过去提供过需求满足的叙事进行的简单反思，可以提供进一步满足这些需求的机会。重构事实地改变一个叙事，也可以帮助满足需要，或者产生一个能提供更大需求满足的故事。当然，这些想法目前只是猜测，它们需要检测和验证。

---

[1] 同人小说更专注于男同性恋关系而不是女同性恋关系的另一个原因是，女性角色通常不像男性角色那样丰满立体。因此，在粉丝小说中，男性角色可能更有趣或更容易发展。相反，如果这个论点是正确的，发展涉及女同性恋关系的同人小说需要在更大程度上提高能力。

叙事理解和参与模型

事件是自传性记忆的核心元素（Radvansky & Zacks, 2010）。我们最快乐和最悲伤的回忆几乎都是围绕着事件展开的。当我们记起朋友和家人时，我们通常会回忆起他们发起或参与的事件。无论是书写的（written）叙事（Abbott, 2002）还是影像的（filmic）叙事（Zacks, 2013），其基本元素也都是事件。最简单层面的叙事是对一个事件的表述。“他摔倒了。”这样的句子就是叙事。当然，在亲身体验（first-hand experience）和叙事体验中，事件越激动人心，就越有可能被回忆、重思和分享。

观察一个事件，然后将其转述给别人的能力，即基本的讲故事（能力），甚至可能在语言出现之前，就已经进化出来了（Boyd, 2018）。与他人谈论在时间和空间上不相近的事件的能力似乎使我们区别于与我们最近的灵长类亲戚（de Waal, 2016）。毫不奇怪的是，我们为理解和记忆我们亲身体验的事件而组装的模式与心理模型，与为理解和记忆我们通过叙事来体验的事件而组装的模式与心理模型，两者之间并没有根本的不同（Radvansky, Copeland, & Zwaan, 2005）。例如，亲身经历一次小的交通事故与人际交往中被告知或从电视上看到此类事件的体验当然是不同的，但是，一旦亲身经历成为过去，我们对事故的记忆在结构上就会与我们从朋友那里听到，或者在电视上看到后拥有的记忆相似。此外，如果我们向别人讲述自己（经历）的事故，我们的描述肯定会采用叙事的形式。重要的是，从结构上讲，我们的自传性记忆与从朋友告知或各种媒介消费中获得的记忆并无根本差别（Radvansky & Zacks, 2010）。我们一生都在参与讲故事，而RII只是讲故事的一种形式，尽管它通常是我们为自己保留的。

在讨论叙事理解所涉及的心理模型以及这些心理模型在RII中可能如何发挥作用之前，详细说明叙事文本和故事之间的区别是有必要的。虽然英语使用者在提到叙事时使用“故事”（story）一词（Abbott, 2002），但故事的确切含义是发生在现实世界或作家想象中的一系列事件，而这些事件可以在叙事性文本中表现出来。故事也是读者或观众在体验叙事文本时对这些事件的理解或心理表述。因此，在理论上，故事存在于叙事文本之前，并作为文本体验的结果存在于读者头脑中（深入的讨论，Abbott, 2007）。[1]在现实生活中，一个故事的事件必须从头到尾按时间顺序发生（Abbott, 2002），但是叙事文本可能会以不同的顺序，如通过倒叙呈现事件。只有当观众意识到叙事文本中呈现的因果关系和时间顺序与故事的顺序不同时，在揭露事件发生的原因之前呈现其结果，才对他们有意义。一旦梳理出倒叙的正叙顺序，即使没有按顺序目睹这些事件，观众也能理解故事的因果关系和时间顺序。我们指出这一点，是为了说明叙事理解需要积极和费力（demanding）的认知过程，这个过程需要心理模型的构建。

[1] 还有其他一些叙事的概念性元素，如话语结构、叙述和情节，可能会引起读者的兴趣，但不在本章的讨论范围。进一步的讨论，见Abbott（2002/2007）。

一般来说，心理模型是一种认知结构，它使外部世界中的物体、事件、系统或过程在记忆中呈现出来（Johnson-Laird, 1983; Markman, 1999）。对叙事体验的识别是一种观察外部世界表征和构建其心理表征的形式，对叙事理解的研究聚焦于描绘事件（Zacks, 2013）、情境（Zwaan & Radvansky, 1998）、空间位置（Rinck, 2005）和故事设置或故事世界（Segal, 1995）的心理模型。布塞勒和比兰齐奇（Busselle, Bilandzic, 2008）将心理模型的构建与受众在叙事中的参与联系起来。叙事理解和参与模型（Busselle & Bilandzic, 2008）描述了受众基于叙事文本与他们以前的叙事经历及现实生活经历的相关知识，来构建故事世界、人物和情境的心理模型的过程。换句话说，故事理解涉及观众构建的角色模型、故事世界模型以及在叙事中反思事件情境的模型。这一概念模型假设，观众越是发现理解过程——构建心理模型的过程——的费力、有趣，就越可能发现叙事体验的迷人之处（engaging）。相反，观众在构建连贯的心理模型方面遇到的阻碍越多，就越觉得这种体验没有吸引力。

角色模型包含叙事中关于个体特性、目标和动机的信息（Magliano, Zwaan, & Graesser, 1999; Zwaan, Langston, & Graesser, 1995）。尽管这一概念模型所假设的所有3种类型的模型都具有适用性，但角色和角色模型与我们对RII的讨论很可能最相关，原因有两个。

第一个原因是，角色是情境的中心。贝利、库尔比、萨金特和扎克斯（2017）将情境模型定义为“在理解叙事文本过程中被建构的表征，对叙事文本的理解被认为呈现了关于主角、他们的目标、他们互动的对象，以及他们互动的空间位置的信息”（Bailey, et al., 2017, p.940）。因此，虽然情境模型包含几种不同类型的信息（这些信息的意义是通过一个或多个角色阐释的），但如果没有角色，这些信息可能会变得毫无意义。同样，故事世界模型指的是关于叙事所处的世界的信息以及在这个世界中各种可能和不可能的规则（Busselle & Bilandzic, 2008; Segal, 1995）。例如，一旦观众知道一个故事发生在第二次世界大战期间的伦敦，那么其可能就知道电话亭和德国空袭的存在，而嬉皮士和台式电脑不应该存在。同时，环境设定必须要么有趣，要么与角色的行为和互动程度相关。空间模型呈现的是具体地点的信息，如一个角色在某个特定建筑或房间的里面或外面，他们从那个位置可以看到什么，以及这个位置相对于其他角色的位置来说，可能意味着什么。空间模型可以被认为是情境模型的一部分（Rinck, 2005），因为随着角色在故事世界中的移动或相对移动，它们会频繁变化。就像设定叙事的故事世界一样，空间模型只有在空间和位置方面对角色进行限制或解放的维度上才有意义。贝利等人（2017）发现，电影观众可以被“引导”去更多或更少地关注空间模型的变化，但所有观众都会关注有关角色的信息。这表明，角色模型所描述的角色可能是我们与叙事互动的核心。

第二个原因是，我们认同的是叙事中的角色。认同是指从角色的认知和情感角度出发的体验（Cohen, 2001; Cohen & Klimmt, this volume），即使无法做到设身处地，至少也要理解和同情一个角色的目标与动机（de Graaf, Hoeken, Sanders, & Beentjes, 2012;

Oatley, 1995）。如此看来，对角色的认同不仅与参与叙事有关（Cohen, Tal-Or, & Mazor-Tregerman, 2015; Johnson, et al., 2015），还会影响对叙事中提出的议题的支持，（de Graaf, Hoeken, Sanders, & Beentjes, 2012）以及对叙事中涉及的问题的态度（Hoeken & Fikkers, 2014; Hoeken, KolthoJ, & Sanders, 2016）。

心理模型对RII的理论化很有用，这有几个方面的原因。首先，心理模型的构建和叙事理解的流动过程，提供了一个对于为什么有些叙事体验被更多参与或传输，因此更令人难忘，更有可能被回忆和重新考虑的理论解释。显然，我们可以预料观众更有可能参与有吸引力的叙事的RII。最重要的是，人们只能反思被记住的叙事。那些因为切实参与而更显难忘的叙事更有可能成为RII的目标，无论RII是对发生在叙事中的事件的反思还是对叙事中的反事实变化元素的反思。正如前面讨论过的，我们猜测知觉流畅性与RII相关，而心理模型的完整性可能影响人们反思叙事的流畅性。

其次，对心理模型和叙事理解的研究表明，事件是叙事的中心元素，而事件、物体和空间很可能并不重要，除非它们与我们所关心并与之产生情感的角色相关联。这说明，当我们思考一种叙事体验时，我们关注的焦点可能是角色如何行动、感受和受到事件的影响以及如果事件变得不一样了，这种体验是如何变得不一样的。在某种程度上，我们的确关注叙事的其他元素，如事件或故事世界，但反思的重点是事件或故事世界与角色的关系。例如，如果观众改变了故事中的一个关键事件，角色的行为如何随情境而改变？我们可以预料，叙事事件或更大的叙事世界的反思性变化是围绕着角色进行的。当这些变化影响到角色时，故事世界的反思性变化会影响故事的展开。同样，更大的故事世界也可以被改变，以观察角色对新环境的反应。例如，劳里·R.金的《玛丽·罗素》系列讲述了福尔摩斯退休后的故事。一个叫玛丽·拉塞尔的角色被加入故事，福尔摩斯的冒险经历也迈出了英国和欧洲大陆，这些故事包含了以美国和其他地方为背景的故事。换句话说，尽管我们认为大多数RII都围绕角色展开，但记忆中故事的所有元素都可以被用来反思。

最后，心理模型范式提供了一种思考认知和情感活动的方式，这是叙事体验以及我们回忆和重新考虑这些体验的基础。具体来说，该模型表明，在叙事理解过程中，我们构建了讲述故事的心理模型。如果叙事体验是相当感人或有意义的，我们可以回溯这些相同的模型，我们不仅可以重新体验故事，还可以通过不同的方式组合这些模型，来体验一个个不同的故事，因此，我们可能会对叙事产生不同的反应。

结　论

我们将RII视为非同步参与的认知成分，并主张它是研究这一现象的一种有用的方法。到目前为止，研究过度聚焦于初期叙事体验中发生的叙事处理。这是有意义的，因为我们想更好地理解人们是如何处理叙事的，以及不同叙事处理体验留下的影响，但是，对拟社会关系、粉丝考据、幻想游戏和粉丝圈的研究表明，即使初期体验结束后，人们也仍在继续参与叙事。

我们在本章中提出的一个主张是，把研究聚焦于初期叙事体验完成后的受众思考和感受故事的众多方式。这种研究将RII视为叙事体验本身的延伸。这种异步参与可能采取一系列形式，并可能与各种有趣的经验变量和叙事参与的影响有关。当我们需要一个问题或一类事件的例子时，简单地回忆一个特别难忘的故事就可以了。例如，这种回忆可能有助于我们理解一种情境、产生一个频次评估。我们认为，最有可能从记忆中检索到的故事，是那些最吸引人或最具传输性的叙事体验所产生的故事。这体现了将那些在阅读或观看时被评价为有意义的故事与那些在回顾性思考时变得有意义的故事进行区分的重要性。同样，它也表明了探索即时时间和即时距离的概念潜在效用。最终，那些被评估为更令人愉快或更有意义的故事也可能是那些我们最有可能进行回顾性参与的故事，而且最有意义的叙事体验应该是最发人深省的回顾性体验。

事实上，享乐主义娱乐体验和实现主义娱乐体验之间的一个重要区别可能与后续的异步参与的性质及质量有关。叙事反思可能只是扩展了享乐主义娱乐体验，但是否也有可能通过定制故事来强化实现主义体验？一个普通的故事能否通过反事实地修改而变得高度娱乐化？按照同样的思路，有着悲伤或悲惨结局的故事似乎比有着幸福结局的故事更有可能成为回顾性的、反事实的重新想象的对象。带来实现主义享受的叙事，就其本质而言，会促进反思性回想，因为其被认为更有意义。如果是这样的话，这对理解观众对悲剧的享受又有什么影响呢？悲剧在反思时会变得更有意义吗？事实上，是否有可能通过回顾，甚至通过反思和对故事的反事实丰富，来增强实现主义体验？想象悲剧的幸存者如何在叙事结束后继续前进和成长，是否会增加叙事的意义？答案有可能是肯定的，但未来的研究需要探索RII是否以及如何同时增强享乐主义娱乐和实现主义娱乐。

在RII连续体的另一端，想象会以整合各种不同的初期故事中的角色和元素的形式出现，并将叙事扩展为全新的情节线，在不同的故事世界中囊括不同的角色，就像本章开头的例子一样。在这里，RII提供了一个机会来考察认同与角色扮演的交叉之处，或者说来理解内容制作者的创造力与放纵自己的创造性冲动以及才能之间的区别。

为了解释是什么促使人们异步地参与叙事，我们提出了TEBOTS模型。如果叙事体验提供了一个探索和暂时扩展自我认同的机会，那么叙事反思可能会通过提供一种机制，来延续原初叙事所提供的同样的需求满足机会，甚至会通过扩展这种机会来服务新的或不同的需求。例如，对叙事的反事实反思有可能创造一种提供更大需求满足或满足不同需求的叙事。

我们将叙事理解和参与模型作为确认叙事体验如何建构心理模型的理论基础，这些叙事体验可能非同步地参与了先前体验的叙事。该模型为理解叙事所涉及的心理经验和结构提供了解释，也为重新激活作为非同步叙事体验一部分的过程提供了起点。从理论上讲，该模型将角色定为RII过程的中心。当然，角色在使用不同规则、工具和武器的不同世界中对事件的感受、行为与反应，也可能是回顾性想象参与的素材。

对一些人来说，回顾性想象参与可能会导致更进一步的行动，如入戏或创作同人小说。对许多人来说，简单的反思行为可能就足够了。最终，我们将RII作为一种考察娱乐体验的非同步扩展的途径。我们建议采用一种心理模型，将其作为了解基于叙事体验的理解和参与机制的一种途径，并作为理解对之前经历的故事的回顾的跳板。我们将TEBOTS作为对体验叙事动机的解释，并以不同方式重新体验它们。

参考文献

Abbott, H. P. (2002). *The Cambridge introduction to narrative*. Cambridge, UK: Cambridge University Press.

Abbott, H. P. (2007). Story, plot, and narration. In D. Herman (Ed.), *The Cambridge companion to narrative* (pp. 39–51). Cambridge, UK: Cambridge University Press.

Aleo, C. (2013) On writing—and being—Mary Sue. In A. Jamison (Ed.), *Why fan fiction is taking over the world* (pp. 207–211). Dallas, TX: Smart Pop.

Auter, P. J., Arafa, N., & AlJaber, K. (2005). Identifying with Arabic journalists: How Al Jazeera tapped parasocial interaction in the Arab world. *Gazette*, 67, 189–204. doi:10.1177/0016549205050131.

Bacon-Smith, C. (2014). Training new members. In K. Hellekson & K. Busse (Eds.), *The fan fiction studies reader* (pp. 138–158). Iowa City: University of Iowa Press.

Bailey, H. R., Kurby, C. A., Sargent, J. Q., & Zacks, J. M. (2017). Attentional focus affects how events are segmented and updated in narrative reading, *Memory and Cognition*, 45, 940–955. doi: 10.3758/s13421-017-0707-2.

Boyd, B. (2009). *On the origin of stories: Evolution, cognition, and fiction*. Cambridge, MA: Harvard University Press.

Boyd, B. (2018). The evolution of stories: From mimesis to language, from fact to fiction. *WIREs Cognitive Science*, 9:e1444. doi: 10.1002/wcs.1444.

Brookes, S., Cohen, J., Ewoldsen, D. R., & Velez, J. (2012, May). *Don't talk about her like that: The effect of character information valence on identification and enjoyment*. Paper presented at the annual meeting of the International Communication Association, Phoenix, AZ.

Busselle, R. & Bilandzic, H. (2008). Fictionality and perceived realism in experiencing stories: A model of narrative comprehension and engagement. *Communication Theory*, 18, 255–280.

Cohen, J. (2001). Defining identification: A theoretical look at the identification of audiences with media characters. *Mass communication & society*, 4, 245–264.

Cohen, J. (2003). Parasocial breakups: Measuring individual differences in responses to the dissolution of parasocial relationships. *Mass Communication and Society*, 6, 191–202.

Cohen, J., Tal-Or, N., & Mazor-Tregerman, M. (2015). The tempering effect of transportation: exploring the effects of transportation and identification during exposure to controversial two-sided narratives. *Journal of*

Communication, 65, 237–258.

Coppa, F. (2006). A brief history of media fandom. In F. Coppa, *Fan fiction and fan communities in the age of the Internet: New essays* (pp. 41–59). Jefferson, NC: McFarland.

de Graaf, A., Hoeken, H., Sanders, J., & Beentjes, J. (2012). Identification as a mechanism of narrative persuasion. *Communication Research*, 39, 802–823. doi: 10.1177/0093650211408494.

de Waal, F. (2016). *Are we smart enough to know how smart animals are*? New York: W. W. Norton.

Dibble, J. L., Hartmann, T., & Rosaen, S. F. (2016). Parasocial interaction and parasocial relationship: Conceptual clarification and a critical assessment of measures. *Human Communication Research*, 42, 21–44.

Eco, U. (1979). *The role of the reader: Explorations in the semiotics of texts* (Vol. 318). Bloomington: Indiana University Press.

Ellithorpe, M. E., & Brookes, S. E. (2018). I didn't see that coming: Spoilers, fan theories, and their influence on enjoyment and parasocial breakup distress during a series finale. *Psychology of Popular Media Culture*, 7, 250–263.

Eyal, K., & Cohen, J. (2006). When good friends say goodbye: A parasocial breakup study. *Journal of Broadcasting and Electronic Media*, 50, 502–523.

Fiske, S. T., & Taylor, S. E. (2013). *Social cognition: From brains to culture*. Los Angeles: Sage.

Flanagan, R. (2013). Becoming Bell Swan: An experiment in subversion and perversion. In A. Jamison (Ed.), *Why fan fiction is taking over the world* (pp. 212–218). Dallas, TX: Smart Pop.

Gerrig, R. J. (1993). *Experiencing narrative worlds: On the psychological activities of reading*. New Haven, CT: Yale University Press.

Gotz, M., Lemish, D., Aidman, A., & Moon, H. (2005). *Media and make-believe worlds of children: When Harry Potter meets Pokemon in Disneyland*. New York, NY: Routledge.

Grant, A. E., Guthrie, K. K., & Ball-Rokeach, S. J. (1991). Television shopping: A media system dependency perspective. *Communication Research*, 18, 773–798. doi:10.1177/009365091018006004.

Green, M. C., & Brock, T. C. (2002). In the mind's eye: Transportation-imagery model of narrative persuasion. In M. C. Green, J. J. Strange, & T. C. Brock (Eds.). *Narrative impact: Social and cognitive foundations* (pp. 315–341). Mahwah, NJ: Erlbaum.

Green, M. C., & Brock, T.C. (2000). The role of transportation in the persuasiveness of public narratives. *Journal of Personality and Social Psychology*, 79, 701–721.

Green, M. C., Brock, T. C., & Kaufman, G. F. (2004). Understanding media enjoyment: The role of transportation into narrative worlds. *Communication Theory*, 14, 311–327.

Greenwood, D. N., & Long, C. R. (2009). Psychological predictors of media involvement: Solitude experiences and the need to belong. *Communication Research*, 36, 637–654. doi:10.1177/0093650209338906.

Greenwood, D. N., & Long, C. R. (2011). Attachment, belongingness needs, and relationship status predict imagined intimacy with media figures. *Communication Research*, 38, 278–297. doi:10.1177/0093650210362687.

Grossman, L. (2013). Foreword. In A. Jamison (Ed.), *Why fan fiction is taking over the world* (pp. xi–xiv). Dallas, TX: Smart Pop.

Harrison, K., & Cantor, J. (1999). Tales from the screen: Enduring fright reactions to scary media. *Media Psychology*, 1, 97–116.

Hellekson, K., & Busse, K. (2014) Introduction: Why a fan fiction studies reader now? In K. Hellekson & K. Busse (Eds.), *The fan fiction studies reader* (pp. 1–17). Iowa City: University of Iowa Press.

Hoeken, H., & Fikkers, K. (2014). Issue-relevant thinking and identification as mechanisms of narrative persuasion. *Poetics*,44, 84–99. doi: 10.1016/j.poetic.2014.05.001.

Hoeken, H., Kolthoff, M., & Sanders, J. (2016). Story perspective and character similarity as drivers of identification and narrative persuasion. *Human Communication Research*, 42, 292–311. doi: 10.1111/hcre.12076.

Horton, D., & Wohl, R. R. (1956). Mass communication and para-social interaction: Observations on intimacy at a distance. *Psychiatry*, 19, 215–229.

Iser, W. (2000). *The range of interpretation*. New York, NY: Columbia University Press.

Jamison, A. (Ed.).(2013). *Why fanfiction is taking over the world*. Dallas, TX: Smart Pop.

Jenkins, H. (1992). *Textual poachers: Television fans and participatory culture*. New York, NY: Routledge.

Johnson, B., Ewoldsen, D., & Slater, M. (2015). Self-control depletion and narrative: Testing a prediction of the TEBOTS Model. *Media Psychology*, 18, 196–220. doi: 10.1080/15213269.2014.978872.

Johnson, B. K., & Rosenbaum, J. E. (2015). Spoiler alert: Consequences of narrative spoilers for dimensions of enjoyment, appreciation, and transportation. *Communication Research*, 42(8), 1068–1088.

Johnson, B. K., Slater, M. D., Silver, N. A., & Ewoldsen, D. R. (2016). Entertainment and expanding boundaries of the self: Relief from the constraints of the everyday. *Journal of Communication*, 66, 386–408.

Johnson-Laird, P. N. (1993). Mental model. Cambridge, UK: Cambridge University Press. Jones, B. (2013). Mulder/Scully versus the G-Woman and the Fowl One. In A. Jamison (ed.), *Why fan fiction is taking over the world* (pp. 122–129). Dallas, TX: Smart Pop.

Krcmar, M., Ewoldsen, D. R., & Koerner, A. (2016). *Communication science theory and research: An advanced introduction*. New York, NY: Routledge.

Kunda, Z. (1999). *Social cognition: Making sense of people*. Cambridge, MA: MIT Press.

Leavitt, J. D., & Christenfeld, N. J. S. (2011). Story spoilers don't spoil stories. *Psychological Science*, 22, 1152–1154. http://dx.doi.org/10.1177/0956797611417007.

Leavitt, J. D., & Christenfeld, N. J. S. (2013). The fluency of spoilers: Why giving away endings improves stories. *Scientific Study of Literature*, 3, 93–104. http://dx.doi.org/10.1075/ssol.3.1.09lea.

Lee, M., Roskos, B., & Ewoldsen, D. R. (2013). The impact of subtitles on comprehension of narrative film. *Media Psychology*, 16, 412–440.

Lennard, J. (2012). *Talking sense about "Fifty Shades of Grey," or, fanfiction, feminism, and BDSM* [Kindle edition]. Retrieved from Amazon.

Levy, M. R. (1979). Watching TV news as parasocial interaction. *Journal of Broadcasting*, 23, 177–187. doi:10.1080/08838157909363919.

Liebers, N., & Schramm, H. (2019). Parasocial interactions and relationships with media characters–an inventory of 60 years of research. *Communication Research Trends*, 38, 4–31.

Magliano, J. P., Zwaan, R. A., & Graesser, A, C. (1999). The role of situational continuity in narrative understanding. In H. van Oostendorp & S. R. Goldman (Eds.), *The construction of mental representations during reading*, 219–246. Mahwah, NJ: Erlbaum.

Markman, A. B. (1999). *Knowledge representation*. Mahwah, NJ: Erlbaum.

McKoon, G., & Ratcliff, R. (1992). Inference during reading. *Psychological Review*, 99, 440–466.

Oatley, K. (1995). A taxonomy of the emotions of literary response and a theory of identification in fictional narrative. *Poetics*, 23(1–2), 53–74. doi: 10.1016/0304-422X(94)P4296-S.

Oliver, M. B., & Bartsch, A. (2010). Appreciation as audience response: Exploring entertainment gratifications beyond hedonism. *Human Communication Research*, 36, 53–81.

Radvansky, G., Copeland, D., & Zwaan, R. (2005). A novel study: Investigating the structure of narrative and autobiographical memories. *Memory*, 13, 796–814. doi: 10.1080/09658210444000412.

Radvansky, G. A., & Zacks, J. M. (2010). Event perception. *Wiley Interdisciplinary Reviews: Cognitive Science*, 2, 608–620. doi: 10.1002/wcs.133.

Rinck, M. (2005). Spatial situation models. In P. Shah & A. Miyake (Eds.), *The Cambridge handbook of visuospatial thinking* (pp. 334–382). Cambridge, UK: Cambridge University Press.

Rosa, H. (2013). *Social acceleration: A new theory of modernity*. New York, NY: Columbia University Press.

Rosaen, S. F., & Dibble, J. L. (2012, November). *Parasocial relationships with liked and disliked characters: Does the need for companionship, attachment style, and the gender of the character predict strength?* Paper presented at the 98th Annual Convention of the National Communication Association, Orlando, FL.

Roskos-Ewoldsen, B., Roskos-Ewoldsen, D. R., Yang, M., & Lee, M. (2007). Comprehension of the media. D. R. Roskos-Ewoldsen & J. Monahan (Eds.), *Communication and social cognition: Theories and methods* (pp. 319–348). Mahwah, NJ: Erlbaum.

Ryan, R. M., & Deci, E. L. (2017). Self-determination theory: Basic psychological needs in motivation, development, and wellness. New York: Guilford Press.

Sandvoss, C. (2005). *Fans: The mirror of consumption*. Malden, MA: Polity Press.

Sandvoss, C., & Kearns, L. (2014). From interpretive communities to interpretive fairs: Ordinary fandom, textual selection and digital media. In L. Duits, K. Zwaan, & S. Reijnders (Eds.), *The Ashgate research companion to fan cultures* (pp. 91–108). Burlington, VT: Ashgate.

Schramm, H. (2008). Parasocial interactions and relationships. In W. Donsbach (Ed.), *The Blackwell international encyclopedia of communication* (pp. 3501–3506). Malden, MA: Blackwell.

Segal, E. M. (1995). A cognitive-phenomenological theory of fictional narrative. In J. F. Duchan, G. A. Bruder, & L. E. Hewitt (Eds.), *Deixis in narrative: A cognitive science perspective* (pp. 61–71). Hillsdale, NJ: Erlbaum.

Singer, D. G., & Singer, J. L. (2008). Make-believe play, imagination, and creativity: Links to children's media exposure. In S. L. Calvert & B. J. Wilson (Eds.), *The handbook of children, media, and development* (pp. 290–308). Malden, MA: Wiley-Blackwell.

Slater, M. D., Ewoldsen, D. R., & Woods, K. W. (2018). Extending conceptualization and measurement of narrative engagement after-the-fact: Parasocial relationship and retrospective imaginative involvement. *Media Psychology*, 21, 329–351.

Slater, M. D., Johnson, B. K., Cohen, J., Comello, M. L. G., & Ewoldsen, D. R. (2014). Temporarily expanding the boundaries of the self: Motivations for entering the story world and implications for narrative effects. *Journal of Communication*, 64, 439–455.

Smallwood, J., & Schooler, J. W. (2015). The science of mind wandering: Empirically navigating the stream of consciousness. *Annual Review of Psychology*, 66, 487–518.

Tukachinsky, R. (2010). Para-romantic love and para-friendships: Development and assessment of a multiple parasocial relationships scale. *American Journal of Media Psychology*, 3, 73–94.

Valkenburg, P. M., & Van der Voort, T. H. (1994). Influence of TV on daydreaming and creative imagination: A review of research. *Psychological Bulletin*, 116, 316–339.

van der Voort, T. H., & Valkenburg, P. M. (1994). Television's impact on fantasy play: A review of research. *Developmental Review*, 14, 27–51.

Vaughn, L. A., Childs, K. E., Maschinski, C., Niño, N. P., & Ellsworth, R. (2010). Regulatory fit, processing fluency, and narrative persuasion. *Social and Personality Psychology Compass*, 4, 1181–1192. http://dx.doi.org/10.1111/j.1751-9004.2010.00325.x.

Vermeule, B. (2010). *Why do we care about literary characters?* Baltimore, MD: Johns Hopkins University Press.

Vorderer, P., & Halfmann, A. (2019). Why do we entertain ourselves with media narratives? A theory of resonance perspective on entertainment experiences. *Annals of the International Communication Association*, 43, 79–96.

Vorderer, P., Klimmt, C., & Ritterfeld, U. (2004). Enjoyment: At the heart of media entertainment. *Communication Theory*, 14, 388–408.

West, K., & Bruckmuller, S. (2013). Nice and easy does it: How perceptual fluency moderates the effectiveness of imagined contact. *Journal of Experimental Social Psychology*, 49, 254–262. http://dx.doi.org/10.1016/j.jesp.2012.11.007.

Zacks, J. (2013). Constructing event representations during film comprehension. In A. P. Shimamura (Ed.) *Psychocinematics: Exploring cognition at the movies*. Oxford: Oxford University Press.

Zwaan, R. A., Langston, M. C., & Graesser, A. C. (1995). The construction of situation models in narrative comprehension: An event-indexing model. *Psychological Science*, 6, 292–297.

Zwaan, R. A., & Radvansky, G. A. (1998). Situation models in language comprehension and memory. *Psychological Bulletin*, 123, 162–185.

第三十八章　作为一种自我调节资源的媒介娱乐
——娱乐媒介使用中的恢复和适应模型

伦纳德·雷内克
戴安娜·里格尔

媒介娱乐作为自我调节重要工具的概念在娱乐研究中有着悠久的传统，可以追溯到齐尔曼的情绪管理理论（Zillmann, 1988）和选择性接触（selective exposure）理论（Zillmann & Bryant, 1985）。齐尔曼认为，媒介用户受享乐主义的驱使去排遣有害的情绪状态，以进入享乐主义的快乐状态（Knobloch-Westerwick, 2006; Reinecke, 2017），并选择对他们产生“正确刺激”（excitationally right）的内容（Zillmann, 1991, p.111）。

近期的研究扩展了这一观点，研究发现，媒介娱乐的自我调节作用超越了情绪和刺激的优化。越来越多的证据表明，互动的和非互动的娱乐媒介都有很大的潜力使用户从压力与紧张中恢复，并支持身体和心理资源的补充（Reinecke, 2009a; Reinecke & Eden, 2017; Rieger, Reinecke, Frischlich, & Bente, 2014）。在过去10年的研究中，许多媒介特征（交互性、情感效价）和过程成分（积极与消极情感、参与、角色依恋）已被证实会引发媒介诱导型恢复。

如此大量的实证研究成果需要系统化和理论化的整合。首先，本章将回顾恢复理论（recovery theory）的最新进展，并系统总结以往关于媒介诱导型恢复的研究。其次，我们的目标是提供一个理论综合，以克服先前研究的两个主要局限：①尽管先前的媒介诱导型恢复研究已经证实了将恢复与娱乐媒介使用联系起来的众多过程和媒介特征，但缺乏关于恢复和娱乐体验的文献的系统理论整合。②之前的研究只关注娱乐媒介使用对恢复的短期影响。娱乐体验如何对压力源和潜在创伤事件的长期适应产生影响、在很大程度上还不清楚。因此，我们的目标是提供一个关于媒介使用的健康本源论（solutogenic）视角，在概念上将媒介娱乐与长期适应联系起来。为此，我们将开发并引入娱乐媒介使用的恢复与适应力（resilience）模型（R2EM-model）。最后，我们将概述本研究领域未解决的问题和未来的挑战。

恢复：理论概念化与实证发现

当我们面对日常生活的频繁要求时，恢复（recovery）是健康和幸福的关键先决条件：我们只有“充电”，把日常工作和麻烦抛在脑后，才能成功地应对日常挑战。工作和其他要求很高的活动消耗了身心资源，使我们处于疲劳和需要恢复的状态（Craig & Cooper, 1992; Fuller, et al., 2003）。成功地恢复和补充耗尽的资源对于维持我们的幸福感至关重要，而较长的恢复期以及长期的压力和疲劳会显著地增加精神或身体疾病的风险（Sluiter, de Croon, Meijman, & Frings-Dresen, 2003; Sonnentag & Zijlstra, 2006; van Amelsvoort, Kant, & Swaen, 2003）。因此，恢复显然代表了自我调节的一个关键方面。那么什么是恢复？哪些过程能帮助我们从压力和紧张中恢复呢？

这些问题的答案主要来自组织心理学。30年来，它系统地解释了恢复的理论概念（最近的综述，Sonnentag, Venz, & Casper, 2017）。恢复可被定义为“补充耗尽的资源和再平衡次优系统的过程”（Sonnentag & Zijlstra, 2006, p.331）。恢复概念可以进一步区分为恢复过程（导致资源恢复的心理机制、经验和活动）和恢复结果（在恢复期达到的心理状态）（Sonnentag & Geurts, 2009）。在过去的10年中，学者已经发明出一些理论方法和模型，以更好地了解恢复过程，并确定成功恢复的“成分”。下面，我们将总结最重要的模型及其核心命题（Reinecke & Eden, 2017）。

作为恢复过程的最早理论解释，精力—恢复模型（effort-recovery model）侧重于压力和情境要求产生的心理生理反应（Meijman & Mulder, 1998）。我们在日常生活中面临的（工作）要求和挑战导致了精力与能量的消耗。这种负荷会导致生理（皮质醇水平升高、心率加速）和心理（疲劳）负荷反应（Geurts & Sonnentag, 2006）。这些负荷反应是可逆的：当被工作负荷和情境挑战耗尽的资源不再需要，个人有机会休息时，它们可以回到压力前水平（Geurts & Sonnentag, 2006; Meijman & Mulder, 1998）；然而，当心理生理系统不能稳定并恢复到基线水平时，或者当消耗持续较长时间时，负荷反应就会积累（Geurts & Sonnentag, 2006）。这种长期压力反应会显著增加心理和生理健康受损的风险（Demerouti, Bakker, Geurts, & Taris, 2009; Geurts & Sonnentag, 2006）。

最近的恢复模型，如压力源—脱离模型（Sonnentag & Fritz, 2015），通过识别恢复的其他子成分和机制，提供了对恢复过程的更复杂的理解。压力源—脱离模型特别强调压力的溢出以及要求和休息阶段之间的唤醒与激活。根据该模型，与要求和压力源的对抗及负性的唤醒和激活水平的增加有关（Sonnentag & Fritz, 2015）。这些高水平的激活并不会在要求和精力耗尽时立即停止。相反，压力、唤醒和思考会继续进入休息阶段，使个体无法摆脱工作、压力和紧张（Sonnentag & Bayer, 2005）。因此，与精力—恢复模型将情境要求导致的急性负荷反应作为对心理生理系统的最大危害相比，压力源—脱离模型关注在真实的压力和要求导向情境之外的持续负性活动，把它作为恢复的主要挑战。因此该模型认为，仅仅消除要求并不是恢复的先决条件，心理脱离（psychological detachment），即“在心理上把自己从工作中解脱出来”的能力（Sonnentag & Fritz, 2007, p.205）是恢复过程的一个关键机制。越来越多的研究表明，心理脱离可以显著而正向地预测健康和幸福（Feuerhahn, Sonnentag, & Woll, 2014; Sonnentag & Bayer, 2005; Sonnentag, Binnewies, & Mojza, 2010; Sonnentag & Fritz, 2007）。总之，这一证据表明，让压力体验“随风而去”（Sonnentag & Fritz, 2015, p.S74）事实上是恢复过程的关键组成部分。

恢复过程的另一个维度体现在资源保存（conservation of resources，COR）理论的视角中（COR; Hobfoll, 1989/1998; Hobfoll, Halbesleben, Neveu, & Westman, 2018）。与精力—恢复模型和压力源—脱离模型聚焦于压力与恢复的心理生理机制相比，COR对个体资源及其在恢复过程中的作用采取了更全面的观点。COR的基本理念是人的行为动机，通常是试图保留、保护、培养和（重新）构建资源（Hobfoll, 1989; Hobfoll, et al., 2018）。在COR中，资源被定义为“那些被个体重视的物体、个人特征、情境或能量，或实现这些物体、个人特征、情境或能量的手段”（Hobfoll, 1989, p.516）。资源可以以更有形的形式出现（汽车、金钱、工作工具），其涉及个体的个人和心理特征（任期或资历、技能、自我能力或乐观精神）（Hobfoll, et al., 2018）。COR视角至少在两个重要方面关键性地扩展了我们对恢复过程的理解。第一，它强调了在恢复过程中扮演角色的资源的多样性：除了心理生理负荷反应，如兴奋、情感和疲劳，还有更复杂的资源，如自尊、掌控力，可被（工作）要求耗尽的自主性也会在恢复过程中发挥至关重要的作用（Hobfoll & Shirom, 1993; Sonnentag & Fritz, 2007; Sonnentag, et al., 2017）。第二，个人不仅努力保存消耗的资源，而且有动力建立多余的额外资源，以便未来面临挑战和要求时防止资源的耗尽（Hobfoll, 1998; Hobfoll, et al., 2018; Hobfoll & Shirom, 1993）。因此，成功的恢复不仅是心理生理系统的稳定和资源恢复到压力源前的基线水平，还是扩展到更复杂的资源，为个人提供额外的应对能力（Demerouti, et al., 2009; Hobfoll & Shirom, 1993; Sonnentag, et al., 2017）。

上述回顾工作清楚地表明了在本研究背景下恢复过程的复杂性和理论视角的多样性。恢复体验的概念（Sonnentag & Fritz, 2007; Sonnentag, et al., 2017）提供了一个综合框架，将上述恢复模型的基本假设与关于成功恢复不同成分的理论观点联系起来。索南塔格和弗里茨（Sonnentag & Fritz, 2007）提出了4种正相关但在概念上不同的恢复体验，它们代表了恢复过程的不同方面的核心体验。前两个维度，即心理脱离和放松，整合了精力—恢复和压力源—脱离模型所代表的心理生理视角。因此，这两个恢复维度指的是心理远离压力和负性激活与情绪恢复到基线水平的过程。另外两个恢复维度，即掌控力体验和控制，整合了COR视角所代表的更易变的和资源导向的观点。掌控力体验是由个人成功解决问题的挑战性情境触发的，而控制是指在休息阶段的自我决定体验（Sonnentag & Fritz, 2007）。快速增长的实证研究将恢复的4个方面与广泛的幸福指标和众多的恢复结果，如生活满意度（Lee, Choo, & Hyun, 2016），积极和消极的情感（Fritz, Sonnentag, Spector, & McInroe, 2010）以及工作表现（Binnewies, Sonnentag, & Mojza, 2010）联系起来。有关恢复体验的更全面的回顾，参见索南塔格等人（2017）的研究。

媒介诱导型恢复：对现有文献的回顾

如前所述，恢复是自我调节的一个重要组成部分，也是健康和总体幸福感的一个重要预测因素。因此，从娱乐研究的角度来看，了解在日常生活中如何获得成功的恢复以及媒介在恢复过程中起什么作用是最重要的。越来越多的恢复研究探讨了不同活动作为恢复的预测因素和驱动因素的作用（Demerouti, et al., 2009; Ragsdale, Beehr, Grebner, & Han, 2011; Sonnentag, Binnewies, & Mojza, 2008; Sonnentag, et al., 2017）。对不同恢复活动进行分类的关键是区分资源提供活动与资源消耗活动（Fritz & Sonnentag, 2006; Ragsdale, et al., 2011）。

资源提供活动包括所有支持恢复过程的形式或活动，这个恢复过程或对个人没有进一步的要求，或提供了积极体验的机会，或建立了新的资源（Fritz & Sonnentag, 2006）。资源提供活动的一个子类别是低精力活动（low-effort activities），如小睡或在沙发上休息（Sonnentag, 2001）。这些活动的特点是低精力付出，允许心理生理系统恢复到应激前的基线水平，并在实证上与增加恢复（Oerlemans & Bakker, 2014），尤其是放松（Brummelhuis & Bakker, 2012）相关。其他对恢复体验和恢复结果有积极作用的资源提供活动包括社会活动，如会见朋友或外出就餐（Oerlemans & Bakker, 2014; Sonnentag, 2001）；体育活动，如运动和锻炼（Feuerhahn, et al., 2014）；提供掌控力体验和知识获取机会的爱好与创造性活动（Demerouti, et al., 2009; Winwood, Bakker, & Winefield, 2007）。

与资源提供活动相比，资源消耗活动则会产生进一步消耗个人资源、延长压力和负荷反应的负面影响（Ragsdale, et al., 2011; Sonnentag, 2001）。资源消耗活动的两个突出例子是与工作相关的活动（Oerlemans & Bakker, 2014）和在闲暇进行的家务及儿童保育活动（Sonnentag, 2001; Sonnentag & Zijlstra, 2006）。这些活动不提供休息、资源获取和放松的机会，而代表额外的要求，产生和延长负荷反应，并损害恢复过程（Demerouti, et al., 2009）。

之前的研究综述清楚地表明，在休息阶段进行的活动对恢复过程至关重要。那么，媒介娱乐在恢复过程中起什么作用？它与目前讨论的休闲活动有何关系？

恢复过程和结果直到最近才进入媒介心理学和传播研究领域，传统媒介的广泛使用和评估研究已经含蓄地将媒介接触与恢复联系起来。有广泛的证据表明，媒介有潜力促进逃避现实和缓解用户日常生活中的痛苦（Henning & Vorderer, 2001; Katz & Foulkes, 1962; Kubey & Csikszentmihalyi, 1990; 见 Halfmann & Reinecke, this volume，关于逃避现实和恢复之间关系的讨论）。关于媒介使用的（心理）脱离和放松潜力的额外证据来自与情绪管理理论相关的研究。媒介使用被认为是情绪调节的一个特别有吸引力的选择，因为它具有容易获取和高度定制的环境特征（Bryant & Zillmann, 1984）。此外，涉及情绪管理理论的研究一再证明，非互动媒介的使用具有强大的干预潜力，能够中断对负面事件和压力源的思虑（Knobloch-Westerwick & Alter, 2006; Reinecke, 2017; Zillmann, 1988/1991）。在最近对互动新媒介的情绪管理研究中，鲍曼和坦博里尼（2012/2015）发现，个体经历厌倦和紧张后，玩电子游戏的适度干预潜力可导致最高水平的游戏后情绪修复（2012），在多数情况下，这些游戏由个人选择来调节他们的情绪（2013）。与此相关的是，人们发现电子游戏可以将他们的注意力从不愉快的情绪中转移（Rieger, Frischlich, Wulf, Bente, & Kneer, 2015）。

除了这个关于媒介娱乐的恢复潜力的隐含证据，越来越多的研究也将媒介内容的使用与更明确的恢复结果联系起来。基于横断面调查数据，赖内克（2009a/2009b）发现，使用娱乐性电子游戏与索南塔格和弗利茨（2007）发现的所有4种恢复体验密切相关，其涵盖工作期间（Reinecke, 2009b）和休闲时间（Reinecke, 2009a）。柯林斯和考克斯进一步发现，电子游戏对恢复的有益影响的差异（2014），他们发现各类电子游戏中恢复效果最强的是个人射击游戏和动作游戏。实证研究进一步表明，媒介使用过程中恢复的主观体验与积极的恢复结果有关，这些结果包括活力和工作满意度（Collins, Cox, Wilcock, & Sethu-Jones, 2019; Janicke, Rieger, Reinecke, & Connor, 2017; Reinecke, Klatt, & Krämer, 2011; Rieger, et al., 2014）、积极情感（Rieger & Bente, 2018）或认知表现（Reinecke, et al., 2011; Rieger, Hefner, & Vorderer, 2017; Rieger, Reinecke, & Bente, 2017）。研究发现了媒介诱导型恢复体验与主观的（工作满意度、活力和积极因素）和客观的幸福感指标（认知表现）的联系。媒介使用和恢复体验、不同的恢复结果之间的正相关性已经被广泛的媒介类型和不同的媒介刺激所证实，这些媒介包括普通电子游戏（Reinecke, et al., 2011）和特殊游戏（Collins & Cox, 2014）、短视频和 YouTube（Janicke, et al., 2017; Rieger, Reinecke, et al., 2017）、电影（Rieger & Bente, 2018）和智能手机（Rieger, Hefner, et al., 2017）。

除了记录媒介使用对恢复的影响，之前的研究也试图理解这些效果的潜在机制。在一项实验中，赖内克、克拉特和克莱默（2011）控制了媒介刺激中的交互水平，并比较了互动和非互动媒介内容促进恢复的潜力。他们发现，互动增加了用户的参与度，这反过来又与恢复体验呈正相关。虽然放松感在非互动条件下更高，但互动与掌控力和控制体验水平的提高相关，主观恢复体验与认知表现呈正相关。总之，这些结果表明，互动媒介与非互动媒介在恢复体验中表现出不同的模式，参与可以被视为媒介使用和积极娱乐行为之间的重要中介。在进一步的研究中，里格尔、赫夫纳等人（2017）探讨了移动通信背景下互动媒介使用的恢复潜力。在他们的研究中，在休息期间使用智能手机与放松呈负相关，但与控制体验呈正相关。反过来，控制体验与认知表现呈正相关（Rieger, Hefner, et al., 2017）。

除了比较互动媒介与非互动媒介，其他研究还探索了媒介内容的情感效价对恢复的作用。在这方面，里格尔、赖内克等人（2017）的研究比较了正效价（喜剧）和负效价（悲剧）视频刺激的恢复效果。结果发现，消极媒介刺激不仅能与积极媒介内容一样有助于主观恢复体验，还能导致更高水平的自我报告的参与和活力。与负效价的视频剪辑相比，正效价的视频剪辑所导致的放松比非媒介控制情境下更高，但是，与控制情境相比，两种媒介情境（积极和消极）都提升了专注任务时的表现。

其他研究也探讨了媒介角色类型在媒介诱导型恢复中的作用。克拉科维亚克（Krakowiak）和特赛-沃格尔（2018）的一项实验测试了参与者处于道德显著状态（美德与道德不良情境）时，阅读道德好、坏或模棱两可的主角的短篇小说后的恢复情况。结果表明，角色类型对那些具有美德的参与者的媒介诱导型恢复体验没有影响。相比之下，处于道德不良状态的参与者接触道德好或模糊的角色时比接触道德坏的角色时有更高的心理脱离和放松。这表明，媒介用户的情境要求和内容特征之间的关系对成功的恢复至关重要：当人们的道德自我认知受到威胁时，接触正效价（矛盾）角色会提供更有效的恢复资源。坏的角色情境可能会让这些人想起他们自己犯的道德错误，从而损害心理脱离和放松（Krakowiak & Tsay-Vogel, 2018）。

其他研究表明，媒介用户的情境要求和资源对恢复效果而言是重要的决定因素，这进一步强调了媒介诱导型恢复的复杂性。赖内克、哈特曼和伊登（2014）的一项调查研究表明，媒介用户的意志状态可能会影响恢复过程。数据显示，缺乏自我（ego-depleted）的个体，即自控能力暂时受损的个体，更倾向于将他们的媒介使用解释为一种功能失调性拖延症（dysfunctional procrastination）。因此，缺乏自我增加了消极的自我意识情绪，如与使用娱乐相关的内疚感，而这与恢复体验呈负相关。因此，缺乏自我的媒介用户从媒介诱导型恢复中受益更少，尽管他们对恢复的需求更大（Reinecke, et al., 2014）。

恢复和媒介娱乐：相互影响?

总之，到目前为止的文献回顾清楚地表明，娱乐媒介的使用对索南塔格和弗利茨（2007）界定的所有维度的恢复体验都具有很强的恢复潜力，并产生了大量恢复结果。

之前研究中界定的调节因素（交互性、内容效价或角色类型）和中介变量（参与度、情感）在作为媒介娱乐的核心驱动因素（Oliver, 2009; Vorderer, Klimmt, & Ritterfeld, 2004）时是类似的，但与此同时，娱乐理论和恢复研究的系统整合还不存在。因此，在下一节中，我们开发了R²EM模型的第一部分（见图38.1），旨在系统地解释媒介诱导型恢复和媒介娱乐之间的理论联系。

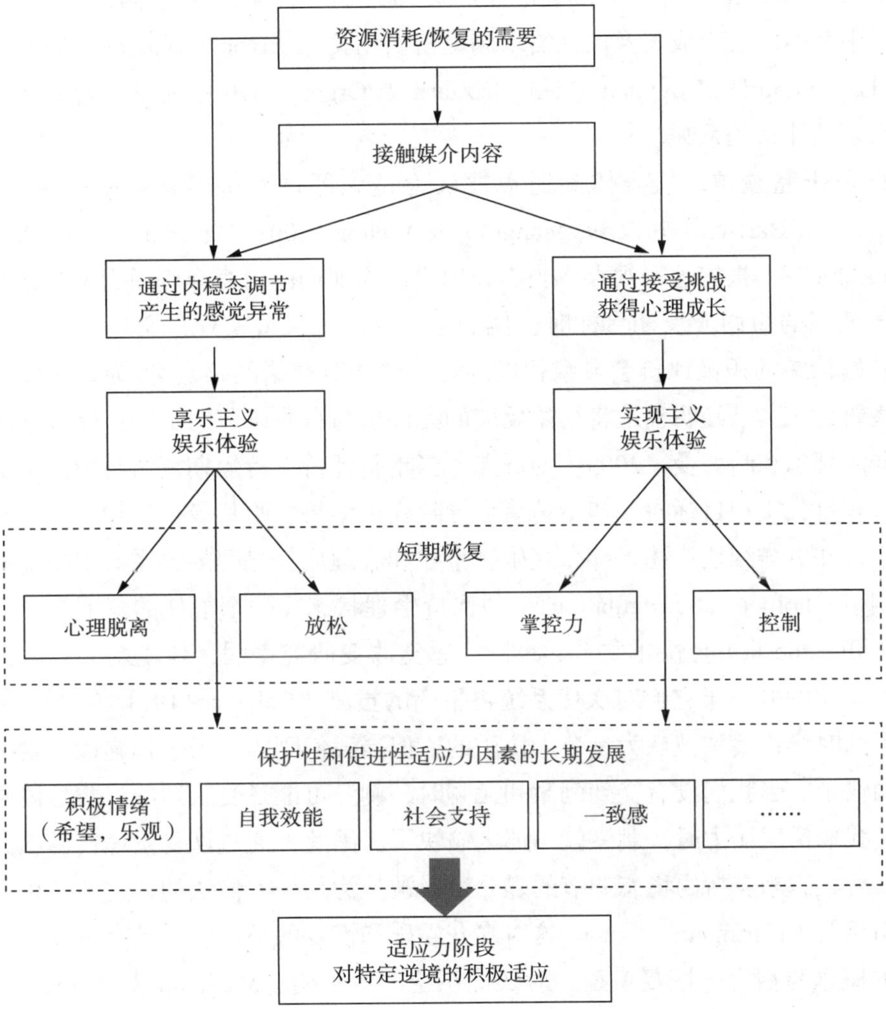

图38.1　娱乐媒介使用中的恢复和适应模型（R^2EM模型）

近年来，娱乐理论经历了一种所谓的双过程娱乐模式的转向（Vorderer, 2011; Vorderer & Reinecke, 2015）：传统上，媒介娱乐由享乐主义界定，并被认为是一种令人愉悦的状态（Vorderer, et al., 2004）。这种观点被第二个过程所补充，它以非享乐主义术语界定，具有满足内在需求（自主性、胜任感和归属感；在自我决定理论中描述，Ryan & Deci, 2000）或意义体验（实现主义幸福感；Hofer & Rieger, 2019; Oliver & Bartsch, 2010）

的特征。区分享乐主义娱乐和实现主义娱乐的一个关键维度是情绪反应的特征，享乐主义体验的主要特征是积极的情绪状态，实现主义体验的特征是混合的情绪反应。

恢复体验的结构和维度与这个关于娱乐体验的双因素观点有惊人的相似性（Reinecke & Eden, 2017）：心理脱离和放松的恢复层面与传统媒介娱乐的享乐主义观点紧密相联，这些观点认为，快乐、情绪优化和唤醒调节是媒介娱乐的核心驱动因素（Bosshart & Macconi, 1998; Zillmann, 1988）。掌控力和控制的恢复维度与实现主义娱乐体验概念中表达的心理成长及内在需求满足密切相关（Oliver & Bartsch, 2010; Reinecke, et al., 2012; Tamborini, Bowman, Eden, Grizzard, & Organ, 2010）。那么，媒介娱乐和媒介诱导型恢复是什么关系呢？

在娱乐研究领域，娱乐体验通常被认为是元评价（meta-appraisal）的一种形式（Bartsch, 2012; Bartsch, Vorderer, Mangold, & Viehoff, 2008; Hartmann, 2013; Vorderer & Hartmann, 2009）。根据这一观点，当媒介用户认为他们的由媒介刺激引发的初始情绪反应有利于他们的短期或长期目标时，他们会（享乐主义或实现主义地）感受到娱乐。这种对初始情绪的积极评价会导致积极的元情绪（对情绪的感受），为娱乐体验提供基础。一些研究人员已经明确地将初始反应的元评价与自我调节的不同目标联系起来。

根据沃德尔和哈特曼（2009）的观点，当重新评价支持短期情绪与唤醒调节目标或长期成长和自我实现目标时，初始情绪会导致娱乐结果。哈特曼（2013）进一步发展了这一概念，并更详细地描述了媒介娱乐、重建和心理成长之间的关系。根据他的概念，内稳态调节（homeostatic regulation），即保持生理状态在一个最佳的范围内，是通过感觉改变（alliesthesia）与快乐联系起来的。感觉改变研究表明，环境刺激被认为是愉快的还是不愉快的取决于它们对次优系统再平衡的贡献（Cabanac, 1971/2010）。例如，当我们饿了的时候，食物被认为是令人快乐的，但当我们刚刚吃了一顿饱饭，食物就不那么令人愉快了。当我们没有受到刺激和无聊时，刺激可能是受欢迎的，并且体验是愉快的，但当我们深感压力时，刺激就不那么愉快了。因此，通过恢复生理资源或分散厌恶情绪和唤醒状态来支持内稳态调节的媒介刺激被认为是令人愉快的，这与享乐主义娱乐体验密切相关（Hartmann, 2013）。这对媒介娱乐和恢复的理论联系具有重要意义：内稳态调节的概念与精力—恢复模型（对次优系统的再平衡；Meijman & Mulder, 1998）和心理—脱离模型（持续脱离的消极激活；Sonnentag & Fritz, 2015）的基本理念以及心理脱离与放松的恢复层面十分相符。基于之前的文献回顾，我们认为，在R^2EM模型中，娱乐媒介内容的使用通过内稳态调节和由此产生的享乐主义娱乐体验，与心理脱离和放松的恢复维度相关（见图38.1）。

沃德尔（2009）与哈特曼（2009/2013）都认为，心理成长是娱乐的第二个关键驱动力。相较于从需求不高的媒介刺激中获益以及由此支持恢复耗尽资源的内稳态调节，个人成长目标最好通过掌控挑战来实现（Hartmann, 2013）。哈特曼（2013）认为，媒介刺激提供了不同水平的认知、情感和行为挑战。认知挑战因太复杂而无法处理（提供了许多需要与现有知识结构整合的新信息），其源自包含与现有态度或个人价值观不一致的信息的媒介刺激（Bartsch & Hartmann, 2017）。情感挑战来自引起强烈负面情感的媒介刺激，如对主角遭遇的共情痛苦体验，或者由恐怖电影引发的恐惧和厌恶（Bartsch & Hartmann, 2017）。行为挑战指的是互动媒介所创造的要求，如掌控电子游戏所需的手眼协调能力（Hartmann, 2013）。“轻”媒介内容可以通过内稳态平衡调节和感觉改变引发享乐主义娱乐，而具有挑战性的媒介内容提供的心理成长机会有助于产生实现主义娱乐体验（Bartsch & Hartmann, 2017; Hartmann, 2013）。

在恢复研究方面，心理成长概念与资源保存理论的核心假设非常一致（Hobfoll, 1989; Hobfoll, et al., 2018）。研究认为，获得新的个人资源是应对压力和幸福的关键机制。在恢复体验的概念中（Sonnentag & Fritz, 2007），COR的视角是由掌控力和控制的恢复层面代表的。基于上述研究，R^2EM模型提出，通过媒介挑战和由此产生的实现主义娱乐体验，娱乐媒介内容使用与掌控力和控制的恢复维度相关（见图38.1）。

R^2EM模型提出的通过享乐主义与实现主义娱乐体验从媒介娱乐到恢复的两条“途径”得到了初步的实证支持。现有的结果表明，通过享乐主义和实现主义媒介内容的恢复过程存在潜在的差异。在里格尔和本特（2018）进行的一项研究中，与实现主义电影相比，享乐主义电影刺激与更高水平的放松相关。里格尔等人（2014）的实验结果进一步证实了享乐主义和实现主义媒介刺激导致的恢复效果差异：享乐主义娱乐体验主要导致心理脱离和放松的恢复维度，而实现主义娱乐体验与掌控力体验相关（Rieger, et al., 2014）。这两种“途径”都以增强活力的形式与积极的恢复结果呈正相关。雅尼克等人（Janicke, et al., 2017）在一项工作期间使用YouTube的在线实验中重复了上述结论：视频引发了促进心理脱离和放松的积极情感（享乐主义娱乐）以及塑造掌控力体验的意义感（实现主义娱乐）。

虽然迄今为止的文献回顾为享乐主义与实现主义娱乐体验和解释恢复的R^2EM模型之间的关系提供了初步支持，但这些效果的方向在很大程度上仍然不清晰。此前有关娱乐体验与恢复之间关系的探索研究（Janicke, et al., 2017; Rieger & Bente, 2018; Rieger, et al., 2014）将恢复体验和其他恢复结果视为媒介娱乐产生的因变量，但是，哈特曼（2013）的理论思考表明，这些因素的作用方向相反，即媒介诱导型恢复过程（内稳态调节和心理成长）会引发娱乐体验。从这种观点来看，娱乐体验是通过媒介使用成功恢复和扩展资源的结果，这使恢复成了自变量。

虽然恢复和娱乐体验之间关系的确切性质仍然是未来研究的一个紧迫的开放性问题，但来自恢复研究和娱乐研究的现有信息清楚地表明，情境性恢复需求和资源耗尽对媒介娱乐的选择性接触有显著效果。先前的研究表明，遭遇高水平压力和紧张的个体倾向于低精力型活动，并避免其他要求更高的恢复活动。在弗兰森等人（Fransson,

2012）的一项元分析（meta-analysis）中，从事具有低工作控制和高工作要求特征的高压力工作的个人，在闲暇缺乏体育活动的风险显著增加。索南塔格和杰尔登的一项日记研究（2009）表明，工作压力对休闲体育活动的影响源于自我调节资源的耗尽：在完成高要求工作后，用户必须利用自我调节资源，继续精力恢复活动是不合适的。由于媒介使用的普遍性，特别是“低俗”的媒介娱乐形式与其他恢复活动相比需要的精力和资源相对较少，因此，对恢复有高度需求的筋疲力尽的个体在闲暇会表现出特别强烈的使用媒介倾向。与此观点一致的是，之前的研究表明，当自控资源较少时，娱乐体验会增强（Johnson, Ewoldsen, & Slater, 2015）。因此，R^2EM模型提出，资源耗尽是接触媒介娱乐的一个正向的直接预测因子（见图38.1）。对这一观点的间接支持来自瓦格纳等人（Wagner, et al., 2012）的一项研究。在对Google上搜索查询的分析中，研究者发现，随着进入夏令时，与娱乐相关的搜索量显著增加，这表明时间改变导致的资源耗尽增加了用户对娱乐媒介内容的接触。

除了增大媒介接触的可能性，资源耗尽还会对媒介内容的选择产生影响。如前所述，媒介刺激的差异实质上取决于它们对媒介用户提出的挑战水平；然而，参与挑战是一项繁重的工作（Hartmann, 2013）。因此，媒介用户挑战媒介刺激的意愿会随着其精力消耗的情况而变化，筋疲力尽的媒介用户倾向于无挑战性的内容，以便资源的恢复（Hartmann, 2013; Hartmann & Eden, 2019）。这种观点得到了越来越多的研究的支持，这些研究为相关效果模型提供了经验证据（Eden, Hartmann, & Reinecke, 2015; Eden, Johnson, & Hartmann, 2018; Reinecke, et al., 2014）。因此，我们认为，在R^2EM模型中，除了相对于其他恢复活动的媒介使用的一般偏好，资源耗尽也会影响媒介内容的选择，导致用户对无挑战性媒介内容的偏好（见图38.1）。

从恢复到适应：娱乐媒介使用的健康本源论视角

在前一节中，我们系统地将媒介诱导型恢复和娱乐体验联系起来，并证明了两者间存在很强的相关性以及两者相互影响。此外，作为未来研究的一项关键任务，我们对娱乐和恢复体验间的效果方向有了更好的理解。在本节中，我们将讨论先前关于媒介诱导型恢复研究的第二个主要局限：它只关注短期恢复问题。事实上，本节回顾的所有关于媒介诱导型恢复的实证研究都只是围绕从较温和的日常压力和紧张中恢复来探讨娱乐媒介的作用。尽管从日常压力和紧张中恢复可能很重要，但它并不代表可能威胁个人健康和幸福的所有压力源与紧张。娱乐媒介对更严重和更持久的关键生活事件，如慢性疾病、失去配偶、生活状况的变化或其他潜在的破坏性和创伤性事件的作用，进行的系统性关注要少得多。这是全面理解作为一种自我调节资源的媒介娱乐的主要局限之一。接下来，我们通过基于健康本源论视角的长期适应力来补充媒介使用的短期恢复效果。

健康本源学说是由亚伦·安东诺夫斯基（Antonovsky, 1979/1996）提出的，它代表了迄今为止关于健康和幸福感的主要观点的转向。过去，人们主要关注患病的风险因素，而健康本源论极为重视积极促进健康的“有益因素”（Antonovsky, 1996, p.14）。健康本源论视角假设个体不断面临风险和逆境，在“舒适—不适的连续区间”中行进（Antonovsky, 1996, p.14）。对压力源的反应和舒适—不适之间的个体运动是由“广泛的对抗资源”（p.15），即促进成功应对的个体特性决定的（Anthonovsky, 1996）。与健康本源论视角密切相关的是适应力概念（Fletcher & Sarkar, 2013）。虽然健康本源论是一个将健康促进因素作为整体的总体视角（Mittelmark & Bauer, 2017），但适应力更着眼于克服逆境（Fletcher & Sarkar, 2013）。

从字面意义来看，适应力主要强调帮助人们“回弹”（bounce back）（Richardson, 2002, p.308）的资源和特性。虽然对适应力存在很多定义并且迄今为止人们对这个概念尚未形成共识，但有许多重复出现的核心特征和属性可以被识别出来（Fletcher & Sarkar, 2013; Gillespie, Chaboyer, & Wallis, 2007; Niitsu, et al., 2017; Pangallo, Zibarras, Lewis, & Flaxman, 2015）。在大多数关于适应力的定义中，有一个共同属性是逆境（Fletcher & Sarkar, 2013; Gillespie, et al., 2007）。为了让适应力发生，个体必须面对高度破坏性的事件或构成重大威胁的情境（Niitsu, et al., 2017）。另一个在许多定义中出现的属性是积极适应（Fletcher & Sarkar, 2013; Niitsu, et al., 2017）。适应可以被认为是一个连续过程（Niitsu, et al., 2017）：在遭受压力、创伤、破坏后，个体可能经历个人成长和获得新资源，恢复和回到创伤前的基线水平，从损失中恢复（放弃某些动机、希望或努力），或进行机能失调性重建（reintegrate dysfunctionally）（Richardson, 2002）。积极适应，即个体成功地应对逆境并从潜在的创伤事件中恢复，而不会发展成精神病症，这是大多数适应力定义的核心部分。

对适应力的不同理论方法进行进一步概念区分时要考虑，应将它视为一个性状结构还是一个过程（Fletcher & Sarkar, 2013; Pangallo, et al., 2015）。适应力的性状模型通常被概念化为帮助个体积极适应逆境的一组特征和保护或促进因素（Fletcher & Sarkar, 2013; Pangallo, et al., 2015）。适应力过程视角的支持者强调适应力的动态本质，并考虑到保护性和促进性因素在不同的语境与时间可能会有所不同。在R^2EM模型中，我们遵循了Niitsu等人（2017）的观点，他们提供了适应力性状和过程视角间的概念桥梁，并认为适应力是应对逆境的动态适应过程，由不同的保护性和促进性因素，如情绪调节或社会支持来促进。因此，在R^2EM模型中，我们区分了保护性和促进性适应力因素的长期发展与适应力的阶段（见图38.1）。因此，该模型认为，在生命周期中通过个人经历和环境影响（接触媒介内容）获得、强化或削弱的性状适应力因素为积极适应特定逆境的动态过程提供了边界条件。

现有的文献已经讨论了大量潜在的保护性和促进性适应力因素，一些系统化综述确认了核心主题和一系列重复出现的因素（Gillespie, et al., 2007; Niitsu, et al., 2017; Pangallo et al., 2015）。对于R²EM模型，我们从至少两篇文献中选择了3个适应力维度。①积极情绪，如希望和乐观，经常出现在适应力的理论概念化和实证测量中（Gillespie, et al., 2007; Pangallo, et al., 2015），并且已被确认为积极适应的核心机制（Tugade & Fredrickson, 2004）。②自我效能，即对有能力完成特定任务或成功响应情境要求的自信（Bandura, 1997），是另一个反复发生的适应力维度，已被证明可以促进逆境中的积极适应（Gillespie, et al., 2007; Pangallo, et al., 2015）。积极情绪和自我效能都代表了个人的内在资源。③社会支持代表了社会环境提供的外部资源，帮助个人在面对逆境时保持适应力（Niitsu, et al., 2017; Pangallo, et al., 2015）。除了从核心适应力研究中直接推导出的这3个适应力维度外，我们还在R²EM模型中加入第4个维度，它在适应力概念和健康本源论视角之间提供了直接的理论桥梁，这个维度就是一致感（SOC; Antonovsky, 1979/1996）。从健康本源论角度看，一致感被认为是一种核心抵抗资源，其“影响一个人对生活的看法和应对压力情境的能力”（Eriksson, 2017, p.95）。一致感包括3个子维度（Eriksson & Mittelmark, 2017）：可理解性，即个人能够理解逆境和认知内外事件的可合理解释性与连贯性的程度；可管理性，指资源可成功满足生活的挑战和需求；有意义，即个人对生活有情感意义的感知，以及认为个人面临的某些挑战和逆境是值得参与与投入的。一致感被明确视为适应力的组成部分或指标（Kimhi & Eshel, 2009; Niitsu, et al., 2017; Pangallo, et al., 2015），并与对多种逆境的积极适应有关。这些逆境包括慢性疾病（Keil, Vaske, Kenn, Rief, & Stenzel, 2017）、战争（Kimhi & Eshel, 2009）或创伤后应激障碍（Dudek & Koniarek, 2000）。需要注意的是，R²EM模型整合的适应力因素远不止这些。其选择的因素仅仅代表了特别显著的保护性和促进性因素。根据对适应力过程的研究兴趣，这个模型也可以扩展到包括其他适应力因素（见图38.1）。

那么，媒介娱乐在适应力因素的长期发展中扮演什么角色呢？基于媒介娱乐长期效果研究的健康本源论视角仍处于起步阶段。施耐德、哈夫曼和沃德尔首次尝试系统地将媒介内容与健康本源论视角联系起来（2019）。在他们的理论讨论中，施耐德等人（2019）介绍了健康本源论模型，并讨论了通过移动互联网和智能手机接入的无所不在的在线内容与通信对个人一致感可能造成的有益或有害的后果；然而，据我们所知，在娱乐媒介使用的背景下，关于健康本源论和适应力的系统讨论并不存在。

一些实证研究为R²EM模型中提出的媒介娱乐和适应力因素之间的关系提供了初步支持。在普雷斯汀（Prestin, 2013）的民族志研究中，每天接触一个5分钟的视频剪辑（连续5天讲述弱者的故事）与不断增加的希望和追求自我设定目标的更大动机相关。在邱（Khoo, 2016）的一项研究中，对近期观看的一部戏剧的反应与自我感知的增加及4周内的自我同情变化相关。一些与电子游戏语境相关的研究表明，互动娱乐媒介的使用与自我效能相关（Trepte & Reinecke, 2011），并有助于促进技能需求的满足（Koban, et al., 2018; Reinecke, et al., 2012）。此外，网络游戏的使用和电子竞技部落的成员身份与社会支持及社会资本水平的提高相关（Trepte, Reinecke, & Juechems, 2012; Zhong, 2011）。

总之，这些发现支持了认为娱乐媒介使用和适应力因素发展之间具有普遍联系的观点；然而，它们并不能提供有关享乐主义娱乐体验和实现主义娱乐体验扮演不同角色的洞见。将媒介娱乐与短期恢复联系起来的这两种“途径”是否也适用于长期适应力？实现主义娱乐和适应力之间的联系似乎相对明显：面对媒介的认知、情感和行为挑战可能为成长提供机会并驱动实现主义娱乐（Hartmann, 2013），也可能促进适应力因素的长期发展。特别是描绘主人公与他们的命运斗争的感伤娱乐，可能为用户理解自己的事件提供基础，从而增加感知的可理解性和可管理性。例如，实现主义内容为媒介用户提供了关于生活的主题和教训以及应对人类艰难与困境的策略（Greenwood & Long, 2015; Oliver & Hartmann, 2010; Rieger & Klimmt, 2019）。研究还发现，有意义的娱乐可以恢复自我威胁情境下的自尊（Riegeretal, 2015; Rieger & Hofer, 2017）。此外，在实证研究中，实现主义娱乐体验和感知生活意义、目的之间的联系得到了很好的确证（Oliver & Bartsch, 2010; Oliver & Raney, 2011），接触有意义的娱乐会增强升华感、人际联系（Janicke & Oliver, 2017）和亲社会动机（Oliver, Hartmann, & Woolley, 2012; Rieger, Frischlich, & Oliver, 2018），而且接触悲伤的娱乐内容似乎会引发人生反思，让媒介用户“感恩生活（count their blessings）”（p.747），从而增加生活的幸福感（Knobloch-Westerwick, Gong, Hagner, & Kerbeykian, 2013）。这表明，实现主义娱乐可以增加积极情绪，如乐观和希望，并为个人提供对生活中可用资源的更强意识。最近，实现主义娱乐也与自我超越的媒介体验联系在一起，包括“提高对人类、自然和宇宙之间相互联系的意识和欣赏”（Oliver, et al., 2018, p.384）。此外，沃德尔和哈夫曼（2019）认为，媒介叙事可以引发审美共鸣体验，帮助媒介用户“接受自己及与他人和世界的关系”（p.89；本书中沃德尔的章节）。自我超越的媒介体验和审美共鸣都可能有助于一致感的可理解性与意义维度。

虽然享乐主义娱乐和适应力之间的联系可能不那么明显，但我们仍然相信它们是存在的。媒介使用的强大潜力可以促进情绪和唤醒的优化（Zillmann, 1988），让媒介用户即使在面对生活压力事件时，也能阻止焦虑和修复烦躁的情绪（Anderson, Collins, Schmitt, & Smith Jacobvitz, 1996）。这表明享乐主义娱乐体验不仅可以促进短期恢复，还可以通过更多的积极情绪的“慢性”形式促进适应力的发展。事实上，这一观点得到了奥利弗和雷尼（2011）的一项研究的支持，他们发现，对享乐主义娱乐内容的偏好和乐观主义呈正相关。虽然回顾的实证证据还远非结论性的，但我们相信它为享乐主义娱乐体验对适应力的潜在影响提供了初步支持。因此，我们主张，在R²EM模型中，享乐主义娱乐体验和实现主义娱乐体验都会促进保护性与促进性适应力因素的长期发展，反过来，增加对逆境的积极适应的机会（见图38.1）。

未来的研究方向及结论

本章的目标有两个：首先，我们想推动恢复概念与最近的娱乐体验模型的理论整合。其次，我们想通过引入健康本源论视角来处理媒介娱乐对适应力的长期影响，从而极大地扩展先前的研究。为此，我们开发并提出了 R^2EM 模型。虽然我们希望 R^2EM 模型能为未来关于媒介娱乐的自我调节研究提供一个指导框架和新的推动力，但它也留下了许多未解答的问题。最重要的是，虽然该模型在媒介娱乐、恢复和适应力之间提供了一个理论桥梁，但其许多命题仍然需要经验证据，特别是关于它所提出的长期视角和健康本源论的、适应力导向的结果。如前所述，模型整合的健康本源论结果并不详尽，需要进一步考察和完善。虽然这里提出的适应力维度在适应力文献中很突出，但正如前面所证明的，它们可以系统地与娱乐媒介的使用联系起来。因此，我们认为它们为进一步的研究提供了一个很有前景的起点。

更好地理解娱乐体验、恢复和适应力的复杂互动关系仍然是未来研究面临的核心挑战。虽然目前的模型已经假设了情境性耗尽与选择性接触娱乐媒介内容的相关性，但在长期适应力因素和媒介选择之间是否也能建立类似的模式，仍然是一个悬而未决的问题。

虽然本章的研究回顾提供了有关媒介使用的自我调节潜力的一个积极的总体图景，但有关其潜在负面影响的问题仍未得到解答。例如，关于媒介使用和其他可能更有效的恢复活动之间关系的核心问题，研究观点的差异很大。负面评价认为，媒介窃取了其他（更有用的）活动的时间（替代假说），而更积极的观点认为，媒介为其他潜在的有益活动提供了动机和推动力（刺激假说）（Valkenburg & Peter, 2007）。此外，与其他活动相比，作为一种自我调节资源的娱乐媒介使用的有效性仍然不清楚。据我们所知，柯林斯等人（2019）的一项研究提供了第一次也是唯一一次参照。在一项实验中，研究者比较了玩电脑游戏和使用正念运动的恢复效果，发现电脑游戏提供了更高水平的能量唤醒。另一个问题涉及最佳恢复的正确“剂量”。格拉诺、赖内克和齐格尔（2018）的一项研究表明，废寝忘食地观看对恢复会产生消极还是积极的影响，取决于它是否与其他目标和任务冲突（关于媒介娱乐语境中的自控的关键作用，Reinecke & Meier, this volume）。类似的关键问题也出现在娱乐媒介使用和适应力之间的关系上。先前的研究回顾了明确支持娱乐体验可能促进适应力因素的长期发展的观点，然而，其他研究表明，媒介娱乐也可能对自我调节有长期的负面影响，如出于逃避目的的媒介使用导致“麻痹功能障碍”（narcotizing dysfunction）（p.385）（Katz & Foulkes, 1962; Halfmann & Reinecke关于出于逃避目的的媒介使用的积极自我调节影响的讨论）。从健康本源论角度看，仔细审查媒介使用促进或阻碍自我调节的边界条件对于理解媒介娱乐对其他作为恢复和适应力核心来源的休闲活动资源的影响至关重要。我们希望，本章提出的 R^2EM 模型能为应对上述挑战提供有用的指导。

参考文献

Anderson, D. R., Collins, P. A., Schmitt, K. L., & Smith Jacobvitz, R. (1996). Stressful life events and television viewing. *Communication Research*, 23(3), 243–260.

Antonovsky, A. (1979). *Health, stress, and coping*. San Francisco, CA: Jossey-Bass.

Antonovsky, A. (1996). The salutogenic model as a theory to guide health promotion. *Health Promotion International*, 11, 11–18. doi: 10.1093/heapro/11.1.11.

Bandura, A. (1997). *Self-efficacy: The exercise of control*. New York, NY: Freeman.

Bartsch, A. (2012). Emotional gratification in entertainment experience. Why viewers of movies and television series find it rewarding to experience emotions. *Media Psychology*, 15(3), 267–302. doi: 10.1080/15213269.2012.693811.

Bartsch, A., & Hartmann, T. (2017). The role of cognitive and affective challenge in entertainment experience. *Communication Research*, 44, 29–53. doi: 10.1177/0093650214565921.

Bartsch, A., Vorderer, P., Mangold, R., & Viehoff, R. (2008). Appraisal of emotions in media use: Toward a process model of meta-emotion and emotion regulation. *Media Psychology*, 11, 7–27. doi: 10.1080/15213260701813447.

Binnewies, C., Sonnentag, S., & Mojza, E. J. (2010). Recovery during the weekend and fluctuations in weekly job performance: A week-level study examining intra-individual relationships. *Journal of Occupational and Organizational Psychology*, 83, 419–441. doi: 10.1348/096317909x418049.

Bosshart, L., & Macconi, I. (1998). Media entertainment. *Communication Research Trends*, 18(3), 3–8.

Bowman, N. D., & Tamborini, R. (2012). Task demand and mood repair: The intervention potential of computer games. *New Media and Society*, 14, 1339–1357. doi: 10.1177/1461444812450426.

Bowman, N. D., & Tamborini, R. (2015). "In the mood to game": Selective exposure and mood management processes in computer game play. *New Media and Society*, 17, 375–393. doi:10.1177/1461444813504274.

Bryant, J., & Zillmann, D. (1984). Using television to alleviate boredom and stress: Selective exposure as a function of inducing excitational states. *Journal of Broadcasting*, 28, 1–20.

Cabanac, M. (1971). Physiological role of pleasure. *Science*, 173, 1103–1107.

Cabanac, M. (2010). The dialectics of pleasure. In M. L. Kringelbach & K. C. Berridge (Eds.), *Pleasures of the brain* (pp. 113–124). Oxford, UK: Oxford University Press.

Collins, E., & Cox, A. L. (2014). Switch on to games: Can digital games aid post-work recovery? *International Journal of Human-Computer Studies*, 72(8–9), 654–662. doi: 10.1016/j.ijhcs.2013.12.006.

Collins, E., Cox, A., Wilcock, C., & Sethu-Jones, G. (2019). Digital games and mindfulness apps: Comparison of effects on post work recovery. *JMIR Ment Health*, 6(7), e12853. doi:10.2196/12853.

Craig, A., & Cooper, R. E. (1992). Symptoms of acute and chronic fatigue. In A. P. Smith & D. M. Jones (Eds.), *Handbook of human performance* (Vol. 3, pp. 289–339). London, UK:Academic Press.

Demerouti, E., Bakker, A. B., Geurts, S. A. E., & Taris, T. W. (2009). Daily recovery from workrelated effort during non-work time. In S. Sonnentag, P. L. Perrewé, & D. C. Ganster (Eds.), *Current perspectives on job-stress recovery* (pp. 85–123). Bingley, UK: Emerald Publishing Group.

Dudek, B., & Koniarek, J. (2000). Relationship between sense of coherence and post-traumatic stress disorder symptoms among firefighters. *International Journal of Occupational Medicine and Environmental Health*,

14, 299–305.

Eden, A., Hartmann, T., & Reinecke, L. (2015). Tuning in versus zoning out: The role of egodepletion in selective exposure to challenging media. In H. Wang (Ed.), *Communication and "the good life"* (pp. 107–127). International Communication Association Theme Book Series, Vol. 2. New York, NY: Peter Lang.

Eden, A., Johnson, B. K., & Hartmann, T. (2018). Entertainment as a creature comfort: Self-control and selection of challenging media. *Media Psychology*, 21, 352–376. doi:10.1080/15213269.2017.1345640.

Eriksson, M. (2017). The sense of coherence within the salutogenic model of health. In M. B. Mittelmark, S. Sagy, M. Eriksson, G. F. Bauer, J. M. Pelikan, B. Lindstrom & G. A. Espnes (Eds.), *The handbook of salutogenesis* (pp. 91–96). Cham, Switzerland: Springer.

Eriksson, M., & Mittelmark, M. B. (2017). The sense of coherence and its measurement. In M. B. Mittelmark, S. Sagy, M. Eriksson, G. F. Bauer, J. M. Pelikan, B. Lindstrom, & G. A. Espnes (Eds.), *The handbook of salutogenesis* (pp. 97–106). Cham, Switzerland: Springer.

Feuerhahn, N., Sonnentag, S., & Woll, A. (2014). Exercise after work, psychological mediators, and affect: A day-level study. *European Journal of Work and Organizational Psychology*, 23, 62–79. doi: 10.1080/1359432x.2012.709965.

Fletcher, D., & Sarkar, M. (2013). Psychological resilience. A review and critique of definitions, concepts, and theory. *European Psychologist*, 18, 12–23. doi: 10.1027/1016–9040/a000124.

Fransson, E. I., Heikkila, K., Nyberg, S. T., Zins, M., Westerlund, H., Westerholm, P., … Kivimaki, M. (2012). Job strain as a risk factor for leisure-time physical inactivity: An individual-participant meta-analysis of up to 170,000 men and women: The IPD-Work Consortium. *American Journal of Epidemiology*, 176, 1078–1089. doi: 10.1093/aje/kws336.

Fritz, C., & Sonnentag, S. (2006). Recovery, well-being, and performance-related outcomes: The role of workload and vacation experiences. *Journal of Applied Psychology*, 91(4), 936–945. doi: 10.1037/0021–9010.91.4.936.

Fritz, C., Sonnentag, S., Spector, P. E., & McInroe, J. A. (2010). The weekend matters: Relationships between stress recovery and affective experiences. *Journal of Organizational Behavior*, 31(8), 1137–1162. doi: 10.1002/job.672.

Fuller, J. A., Stanton, J. M., Fisher, G. G., Spitzmüller, C., Russel, S. S., & Smith, P. C. (2003). A lengthy look at the daily grind: Time series analysis of events, mood, stress, and satisfaction. *Journal of Applied Psychology*, 88(6), 1019–1033. doi: 10.1037/0021–9010.88.6.1019.

Geurts, S. A. E., & Sonnentag, S. (2006). Recovery as an explanatory mechanism in the relation between acute stress reactions and chronic health impairment. *Scandinavian Journal of Work, Environment and Health*, 32, 482–492.

Gillespie, B. M., Chaboyer, W., & Wallis, M. (2007). Development of a theoretically derived model of resilience through concept analysis. *Contemporary Nurse*, 25, 124–135. doi: 10.5172/conu.2007.25.1–2.124.

Granow, V., Reinecke, L., & Ziegele, M. (2018). Binge-watching and psychological well-being: media use between lack of control and perceived autonomy. *Communication Research Reports*, 35, 392–401. doi: 10.1080/08824096.2018.1525347.

Greenwood, D., & Long, C. R. (2015). When movies matter: Emerging adults recall memorable movies. *Journal of Adolescent Research*, 30, 625–650. doi: 10.1177/0743558414561296.

Hartmann, T. (2013). Media entertainment as a result of recreation and psychological growth. In A. Valdivia (Gen. Ed.), The international encyclopedia of media studies, Vol. 5 (E. Scharrer, Vol. Ed.), *Media effects/media psychology* (pp. 170–188). Boston, MA: Wiley-Blackwell.

Hartmann, T., & Eden, A. (2019, May). *The recreation/challenge model of media entertainment: Evidence from the field*. Paper presented at the 69th Conference of the International Communication Association (ICA), Washington, DC.

Henning, B., & Vorderer, P. (2001). Psychological escapism: Predicting the amount of television viewing by need for cognition. *Journal of Communication*, 51, 100–120.

Hobfoll, S. E. (1989). Conservation of resources: A new attempt at conceptualizing stress. *American Psychologist*, 44(3), 513–524. doi: 10.1037/0003-066X.44.3.513.

Hobfoll, S. E. (1998). *Stress, culture, and community: The psychology and philosophy of stress*. New York, NY: Plenum.

Hobfoll, S. E., Halbesleben, J., Neveu, J.-P., & Westman, M. (2018). Conservation of resources in the organizational context: The reality of resources and their consequences. *Annual Review of Organizational Psychology and Organizational Behavior*, 5, 103–128. doi: 10.1146/annurev-orgpsych-032117–104640.

Hobfoll, S. E., & Shirom, A. (1993). Stress and burnout in the workplace. Conservation of resources. In R. T. Golembiewski (Ed.), *Handbook of organizational behavior* (pp. 41–60). New York, NY: Marcel Dekker.

Hofer, M., & Rieger, D. (2019). On being happy while consuming entertainment: Hedonic and non-hedonic modes of entertainment experiences. In J. A. Muniz & C. Pulido (Eds.), *Routledge Handbook of Positive Communication*. New York, NY: Routledge.

Janicke, S. H., & Oliver, M. B. (2017). Meaningful films: The relationship between elevation, connectedness, and compassionate love in meaningful films. *Psychology of Popular Media Culture*, 6, 274–289. doi: 10.1037/ppm0000105.

Janicke, S. H., Rieger, D., Reinecke, L., & Connor, W. (2017). Watching online videos at work: The role of positive and meaningful affect for recovery experiences and well-being at the workplace. *Mass Communication and Society*, 21, 345–367. doi: 10.1080/15205436.2017.1381264.

Johnson, B. K., Ewoldsen, D. R., & Slater, M. D. (2015). Self-control depletion and narrative: Testing a prediction of the TEBOTS model. *Media Psychology*, 18, 196–220. doi: 10.1080/15213269.2014.978872.

Katz, E., & Foulkes, D. (1962). On the use of mass media for escape: Clarification of a concept. *Public Opinion Quarterly*, 26, 377–388. doi: 10.1086/267111.

Keil, D. C., Vaske, I., Kenn, K., Rief, W., & Stenzel, N. M. (2017). With the strength to carry on: The role of sense of coherence and resilience for anxiety, depression and disability in chronic obstructive pulmonary disease *Chronic Respiratory Disease*, 14, 11–21. doi: 10.1177/1479972316654286.

Khoo, G. S. (2016). Contemplating tragedy raises gratifications and fosters self-acceptance. *Human Communication Research*, 42, 269–291. doi: 10.1111/hcre.12074.

Kimhi, S., & Eshel, Y. (2009). Individual and public resilience and coping with long-term outcomes of war. *Journal of Applied Biobehavioral Research*, 14(2), 70–89. doi: 10.1111/j.1751–9861.2009.00041.x.

Knobloch-Westerwick, S. (2006). Mood management theory, evidence, and advancements. In J. Bryant & P. Vorderer (Eds.), *Psychology of entertainment* (pp. 239–254). Mahwah, NJ: Erlbaum.

Knobloch-Westerwick, S., & Alter, S. (2006). Mood adjustment to social situations through mass media use: How men ruminate and women dissipate angry moods. *Human Communication Research*, 32, 58–73. doi:

10.1111/j.1468–2958.2006.00003.x.

Knobloch-Westerwick, S., Gong, Y., Hagner, H., & Kerbeykian, L. (2013). Tragedy viewers count their blessings: Feeling low on fiction leads to feeling high on life. *Communication Research*, 40, 747–766. doi: 10.1177/0093650212437758.

Koban, K., Breuer, J., Rieger, D., Mohseni, M. R., Noack, S., Bente, G., & Ohler, P. (2018). Playing for the thrill and skill. Quiz games as means for mood and competence repair. *Media Psychology. Advance online publication*. doi: 10.1080/15213269.2018.1515637.

Krakowiak, K. M., & Tsay-Vogel, M. (2018). Are good characters better for us? The effect of morality salience on entertainment selection and recovery outcomes. *Mass Communication and Society*, 21, 320–344. doi: 10.1080/15205436.2017.1407797.

Kubey, R., & Csikszentmihalyi, M. (1990). *Television and the quality of life. How viewing shapes everyday experience*. Hillsdale, NJ: Erlbaum .

Lee, K.-H., Choo, S.-W., & Hyun, S. S. (2016). Effects of recovery experiences on hotel employees' subjective well-being. *International Journal of Hospitality Management*, 52, 1–12. doi:10.1016/j.ijhm.2015.04.002.

Meijman, T. F., & Mulder, G. (1998). Psychological aspects of workload. In P. J. D. Drenth, H. Thierry & C. J. de Wolff (Eds.), *Handbook of work and organizational psychology* (2nd ed., Vol. 2, pp. 5–33). Hove, UK: Psychology Press.

Mittelmark, M. B., & Bauer, G. F. (2017). The meanings of salutogenesis. In M. B. Mittelmark, S. Sagy, M. Eriksson, G. F. Bauer, J. M. Pelikan, B. Lindstrom & G. A. Espnes (Eds.), *The handbook of salutogenesis* (pp. 7–13). Cham, Switzerland: Springer.

Niitsu, K., Houfek, J. F., Barron, C. R., Stoltenberg, S. F., Kupzyk, K. A., & Rice, M. J. (2017). A concept analysis of resilience integrating genetics. *Issues in Mental Health Nursing*, 38, 896–906. doi: 10.1080/01612840.2017.1350225.

Oerlemans, W. G., & Bakker, A. B. (2014). Burnout and daily recovery: A day reconstruction study. *Journal of Occupational Health Psychology*, 19, 303–314. doi: 10.1037/a0036904.

Oliver, M. B. (2009). Entertainment. In R. L. Nabi & M. B. Oliver (Eds.), *The SAGE handbook of media processes and effects* (pp. 161–175). Thousand Oaks, CA: SAGE.

Oliver, M. B., & Bartsch, A. (2010). Appreciation as audience response: Exploring entertainment gratifications beyond hedonism. *Human Communication Research*, 36, 53–81. doi:10.1111/j.1468–2958.2009.01368.x.

Oliver, M. B., & Hartmann, T. (2010). Exploring the role of meaningful experiences in users' appreciation of "good movies." *Projections*, 4, 128–150. doi: 10.3167/proj.2010.040208.

Oliver, M. B., Hartmann, T., & Woolley, J. K. (2012). Elevation in response to entertainment portrayals of moral virtue. *Human Communication Research*, 38, 360–378. doi: 10.1111/j.1468–2958.2012.01427.x.

Oliver, M. B., & Raney, A. A. (2011). Entertainment as pleasurable and meaningful: Identifying hedonic and eudaimonic motivations for entertainment consumption. *Journal of Communication*, 61, 984–1004. doi: 10.1111/j.1460–2466.2011.01585.x.

Oliver, M. B., Raney, A. A., Slater, M. D., Appel, M., Hartmann, T., Bartsch, A., … Das, E. (2018). Self-transcendent media experiences: Taking meaningful media to a higher level. *Journal of Communication*, 68, 380–389. doi: 10.1093/joc/jqx020.

Pangallo, A., Zibarras, L., Lewis, R., & Flaxman, P. (2015). Resilience through the lens of interactionism: A systematic review. *Psychological Assessment*, 27, 1–20. doi: 10.1037/pas0000024.

Prestin, A. (2013). The pursuit of hopefulness: Operationalizing hope in entertainment media narratives. *Media Psychology*, 16, 318–346. doi: 10.1080/15213269.2013.773494.

Ragsdale, J. M., Beehr, T. A., Grebner, S., & Han, K. (2011). An integrated model of weekday stress and weekend recovery of students. *International Journal of Stress Management*, 18(2), 153–180. doi: 10.1037/a0023190.

Reinecke, L. (2009a). Games and recovery: The use of video and computer games to recuperate from stress and strain. *Journal of Media Psychology*, 21, 126–142. doi: 10.1027/1864–1105.21.3.126.

Reinecke, L. (2009b). Games at work: The recreational use of computer games during working hours. *CyberPsychology and Behavior*, 12, 461–465. doi: 10.1089=cpb.2009.0010.

Reinecke, L. (2017). Mood management. In P. Rössler (Ed.), *The international encyclopedia of media effects* (pp. 1271–1284). Chichester, UK: Wiley-Blackwell.

Reinecke, L., & Eden, A. (2017). Media use and recreation: Media-induced recovery as a link between media exposure and well-being. In L. Reinecke & M. B. Oliver (Eds.), *The Routledge handbook of media use and well-being: International perspectives on theory and research on positive media effects* (pp. 106–117). New York, NY: Routledge.

Reinecke, L., Hartmann, T., & Eden, A. (2014). The guilty couch potato: The role of ego depletion in reducing recovery through media use. *Journal of Communication*, 64, 569–589. doi:10.1111/jcom.12107.

Reinecke, L., Klatt, J., & Krämer, N. C. (2011). Entertaining media use and the satisfaction of recovery needs: Recovery outcomes associated with the use of interactive and noninteractive entertaining media. *Media Psychology*, 14, 192–215. doi: 10.1080/15213269.2011.573466.

Reinecke, L., Tamborini, R., Grizzard, M., Lewis, R., Eden, A., & Bowman, N. D. (2012). Characterizing mood management as need satisfaction: The effects of intrinsic needs on selective exposure and mood repair. *Journal of Communication*, 62, 437–453. doi: 10.1111/j.1460–2466.2012.01649.x.

Richardson, G. E. (2002). The metatheory of resilience and resiliency. *Journal of Clinical Psychology*, 58, 307–321. doi: 10.1002/jclp.10020.

Rieger, D., & Bente, G. (2018). Watching down cortisol levels? Effects of movie entertainment on psychophysiological recovery. *Studies in Communication|Media*, 7, 231–255. doi:10.5771/2192-4007-2018-2-103.

Rieger, D., Frischlich, L., Högden, F., Kauf, R., Schramm, K., & Tappe, E. (2015). Appreciation in the face of death: Meaningful films buffer against death-related anxiety. *Journal of Communication*, 65, 351–372. doi: 10.1111/jcom.12152.

Rieger, D., Frischlich, L., & Oliver, M. B. (2018). Meaningful entertainment experiences and self-transcendence: Cultural variations shape elevation, values, and moral intentions. *International Communication Gazette*, 80, 658–676. doi: 10.1177/1748048518802218.

Rieger, D., Hefner, D., & Vorderer, P. (2017). Mobile recovery? The impact of smartphone use on recovery experiences in waiting situations. *Mobile Media and Communication*, 5, 161–177. doi: 10.1177/2050157917691556.

Rieger, D., & Hofer, M. (2017). How movies can ease the fear of death: The survival or death of the protagonists in meaningful movies. *Mass Communication and Society*, 20, 710–733. doi: 10.1080/15205436.2017.1300666.

Rieger, D., & Klimmt, C. (2019). The daily dose of digital inspiration: A multi-method exploration of meaningful communication in social media. *New Media and Society*, 21, 97–118. doi: 10.1177/1461444818788323.

Rieger, D., Reinecke, L., & Bente, G. (2017). Media-induced recovery: The effects of positive versus negative media stimuli on recovery experience, cognitive performance, and energetic arousal. *Psychology of Popular Media Culture*, 6, 174–191. doi: 10.1037/ppm0000075.

Rieger, D., Reinecke, L., Frischlich, L., & Bente, G. (2014). Media entertainment and well-being—Linking hedonic and eudaimonic entertainment experience to media-induced recovery and vitality. *Journal of Communication*, 64, 456–478. doi: 10.1111/jcom.12097.

Ryan, R. M., & Deci, E. L. (2000). Self-determination theory and the facilitation of intrinsic motivation, social development, and well-being. *American Psychologist*, 55, 68–78. doi:10.1037110003-066X.55.1.68.

Schneider, F., Halfmann, A., & Vorderer, P. (2019). POPC and the good life: A salutogenic take on being permanently online, permanently connected. In J. A. Muñiz-Velázquez & C. M. Pulido (Eds.), *The Routledge handbook of positive communication: Contributions of an emerging community of research on communication for happiness and social change* (pp. 295–303). New York, NY: Routledge.

Sluiter, J. K., de Croon, E. M., Meijman, T. F., & Frings-Dresen, M. H. W. (2003). Need for recovery from work related fatigue and its role in the development and prediction of subjective health complaints. *Occupational and Environmental Medicine*, 60(Suppl I), i62-i70.doi: 10.1136/oem.60.suppl_1.i62.

Sonnentag, S. (2001). Work, recovery activities, and individual well-being: A diary study. *Journal of Occupational Health Psychology*, 6, 196–210. doi: 10.1037/1076–8998.6.3.196.

Sonnentag, S., & Bayer, U.-V. (2005). Switching off mentally: Predictors and consequences of psychological detachment from work during off-job time. *Journal of Occupational Health Psychology*, 10(4), 393–414. doi: 10.1037/1076–8998.10.4.393.

Sonnentag, S., Binnewies, C., & Mojza, E. J. (2008). "Did you have a nice evening?" A daylevel study on recovery experiences, sleep, and affect. *Journal of Applied Psychology*, 93(3), 674–684. doi: 10.1037/0021–9010.93.3.674.

Sonnentag, S., Binnewies, C., & Mojza, E. J. (2010). Staying well and engaged when demands are high: The role of psychological detachment. *Journal of Applied Psychology*, 95(5), 965–976. doi: 10.1037/a0020032.

Sonnentag, S., & Fritz, C. (2007). The recovery experience questionnaire: Development and validation of a measure for assessing recuperation and unwinding from work. *Journal of Occupational Health Psychology*, 12, 204–221. doi: 10.1037/1076–8998.12.3.204.

Sonnentag, S., & Fritz, C. (2015). Recovery from job stress: The stressor-detachment model as an integrative framework. *Journal of Organizational Behavior*, 36, S72–S103. doi: 10.1002/job.1924.

Sonnentag, S., & Geurts, S. A. E. (2009). Methodological issues in recovery research. In S. Sonnentag, P. L. Perrewé, & D. C. Ganster (Eds.), *Current perspectives on job-stress recovery: Research in occupational stress and well-being* (pp. 1–36). Oxford, UK: Emerald Publishing Group.

Sonnentag, S., & Jelden, S. (2009). Job stressors and the pursuit of sport activities: A day-level perspective. *Journal of Occupational Health Psychology*, 14, 165–181. doi: 10.1037/a0014953.

Sonnentag, S., Venz, L., & Casper, A. (2017). Advances in recovery research: What have we learned? What should be done next? *Journal of Occupational Health Psychology*, 22, 365–380. doi: 10.1037/ocp0000079.

Sonnentag, S., & Zijlstra, F. R. H. (2006). Job characteristics and off-job activities as predictors of need for recovery, well-being, and fatigue. *Journal of Applied Psychology*, 91(2), 330–350. doi: 10.1037/0021–

9010.91.2.330.

Tamborini, R., Bowman, N. D., Eden, A., Grizzard, M., & Organ, A. (2010). Defining media enjoyment as the satisfaction of intrinsic needs. *Journal of Communication*, 60, 758–777. doi: 10.1111/j.1460–2466.2010.01513.x.

ten Brummelhuis, L. L., & Bakker, A. B. (2012). Staying engaged during the week: the effect of off-job activities on next day work engagement. *Journal of Occupational Health Psychology*, 17, 445–455. doi: 10.1037/a0029213.

Trepte, S., & Reinecke, L. (2011). The pleasures of success: Game-related efficacy experiences as a mediator between player performance and game enjoyment. *Cyberpsychology, Behavior, and Social Networking*, 14, 555–557. doi: 10.1089/cyber.2010.0358.

Trepte, S., Reinecke, L., & Juechems, K. (2012). The social side of gaming: How playing online computer games creates online and offline social support. *Computers in Human Behavior*, 28, 832–839. doi: 10.1016/j.chb.2011.12.003.

Tugade, M. M., & Fredrickson, B. L. (2004). Resilient individuals use positive emotions to bounce back from negative emotional experiences. *Journal of Personality and Social Psychology*, 86, 320–333. doi: 10.1037/0022–3514.86.2.320.

Valkenburg, P. M., & Peter, J. (2007). Online communication and adolescent well-being: Testing the stimulation versus the displacement hypothesis. *Journal of Computer-Mediated Communication*, 12, 1169–1182. doi: 10.1111/j.1083–6101.2007.00368.x.

van Amelsvoort, L. G. P. M., Kant, I. J., & Swaen, G. M. H. (2003). Need for recovery after work and the subsequent risk of cardiovascular disease in a working population. *Occupational and Environmental Medicine*, 60(Suppl I), i83-i87. doi: 10.1136/oem.60.suppl_1.i83.

Vorderer, P. (2011). What's next? Remarks on the current vitalization of entertainment theory. *Journal of Media Psychology*, 23, 60–63. doi: 10.1027/1864–1105/a000034.

Vorderer, P., & Halfmann, A. (2019). Why do we entertain ourselves with media narratives? A theory of resonance perspective on entertainment experiences. Annals of the International *Communication Association*, 43, 79–96. doi: 10.1080/23808985.2019.1599298.

Vorderer, P., & Hartmann, T. (2009). Entertainment and enjoyment as media effects. In J. Bryant & M. B. Oliver (Eds.), *Media effects: Advances in theory and research* (3rd ed., pp. 532–550). New York, NY: Routledge.

Vorderer, P., Klimmt, C., & Ritterfeld, U. (2004). Enjoyment: At the heart of media entertainment. *Communication Theory*, 14, 388–408. doi: 10.1111/j.1468–2885.2004.tb00321.x.

Vorderer, P., & Reinecke, L. (2015). From mood to meaning: The changing model of the user in entertainment research. *Communication Theory*, 25, 447–453. doi: 10.1111/comt.12082.

Wagner, D. T., Barnes, C. M., Lim, V. K., & Ferris, D. L. (2012). Lost sleep and cyberloafing: Evidence from the laboratory and a daylight saving time quasi-experiment. *Journal of Applied Psychology*, 97, 1068–1076. doi: 10.1037/a0027557.

Winwood, P. C., Bakker, A. B., & Winefield, A. H. (2007). An investigation of the role of non-work-time behavior in buffering the effects of work strain. *Journal of Occupational and Environmental Medicine*, 49, 862–871. doi: 10.1097/JOM.0b013e318124a8dc.

Zhong, Z.-J. (2011). The effects of collective MMORPG (massively multiplayer online roleplaying games) play on gamers' online and offline social capital. *Computers in Human Behavior*, 27(6), 2352–2363. doi: 10.1016/j.chb.2011.07.014.

Zillmann, D. (1988). Mood management through communication choices. *American Behavioral Scientist*, 31, 327–340. doi: 10.1177/000276488031003005.

Zillmann, D. (1991). Television viewing and physiological arousal. In J. Bryant & D. Zillmann (Eds.), *Responding to the screen: Reception and reaction processes* (pp. 103–133). Hillsdale, NJ: Erlbaum.

Zillmann, D., & Bryant, J. (1985). Affect, mood, and emotion as determinants of selective exposure. In D. Zillmann & J. Bryant (Eds.), *Selective exposure to communication* (pp. 157–189). Hillsdale, NJ: Erlbaum.

第三十九章　娱乐媒介与社会意识

梅根·S.桑德斯
杨春
安东尼·西亚拉梅拉
拉切尔·艾特里诺
斯蒂芬妮·L.怀特纳克
霍普·M.希克森

当你向人们讲授你对社会问题的看法时，他们往往沉默以待。当你用笑声、欢呼、眼泪和恐惧与他们沟通时，他们会付诸情感反应。

——乔丹·皮尔，电影《逃出绝命镇》和《我们》的导演，奥斯卡奖得主

娱乐媒介可以说是整个媒介格局中的一股强大力量。它提供了一种满足我们的需求、调节我们的情绪和感知，并与媒介叙事内外的他人建立联系的机制。除了“传统”的娱乐渠道，Netflix、Hulu、Spotify和音频等服务也向用户提供了无穷无尽的电视、电影、音乐和文学内容。在过去的15年里，有关媒介效果的学术研究已有明显的延伸，其考察娱乐媒介和娱乐体验在鼓励受众深入思考、感受精神激励、支持亲社会行为以及促进社会利益方面所扮演的角色。“娱乐双动机模型”（Vorderer, 2011）和娱乐欣赏（Oliver & Bartsch, 2011）、励志媒介（inspirational media）（Oliver, et al., 2018）研究主张通过娱乐鼓励个人思考人生，强调娱乐对认知和情感的影响。因此，娱乐研究更广泛地寻求理解娱乐媒介如何、何时以及为什么会让观众欢呼、害怕、哭泣或产生一种令人难忘的、刻骨铭心的感觉，从而超越观看体验。除了提供消遣和成长的途径，娱乐也可以反映和影响作为社会成员的我们的行为方式。

麦基和他的同事（McKee, et al., 2014）认为，包括娱乐媒介在内的媒介是一种重要的文化力量，因为它们既可以表达一种文化身份和价值观，也可以作为价值观和身份被讨论与挑战。通过让我们情感参与、逃离日常困扰乃至设置超越我们个人经验的观察人类存在和联系可能性的舞台，娱乐为我们提供象征价值。关于有意义的媒介体验的文献

（Oliver, et al., 2018，概述）提供了对娱乐媒介鼓励个人成长和加强人类联系的能力的洞见。还有一个切入点可以帮助我们更好地理解娱乐的积极效果，那就是考察娱乐媒介推动社会变革的能力。

娱乐内容通常不被认为是有社会意识的，或者是对社会弊病的有力讨论的来源，但是，很多娱乐内容都涉及组织、政府和社会所面临的一些最严峻的挑战。明确关注社会问题和强调历史问题（《卢旺达酒店》《美丽生活》等）以及把当前社会问题作为次要情节或暗示社会问题（《阿凡达》）的娱乐，以不同的方式鼓励观众就有关正义、平等、公平以及个人在人类层面如何相互联系的话题进行思考与对话。特别是在个体感觉自我效能低下（Bandura, 2009; Klimmt, 2017）或面临其他难以理解和领会的障碍时，娱乐叙事可以使抽象理念更具体、更容易被理解。娱乐体验可能会让人们超越不同的生活经历聚集在一起，或者让个体根据自己的生活经历使相同的叙事产生不同的意义（Green, 2008）。因此，娱乐媒介可以鼓励人们以其他的媒介无法做到的方式采取行动。本章将介绍社会意识娱乐（SCE）这个术语，讨论它与有意义的和享乐主义的娱乐体验、娱乐教育的相似性，并通过多种理论框架检验它在促使观众挑战现有社会态度方面的有用性。

有意义的媒介体验

鼓励人们思考与周围更广阔世界有关的生活目的的媒介内容能引发有意义的媒介体验。这些媒介内容通常以美德和人类处境为主题（Oliver, et al., 2018）。与快乐的娱乐体验相比，有意义的娱乐体验可能会激励个人成为更好的人、对他人更友善、在生活中寻找更大的目标（Oliver, Hartmann, & Wooley, 2012），或者引发亲社会动机（Janicke & Oliver, 2017; Oliver, et al., 2015）。虽然常见的主题和类型（戏剧、纪录片等）通常会被认为是有意义的，但对一个人有意义的叙事可能对另一个人没有意义。体验本身是主观的，可能因类型、叙事和形式而变化。娱乐媒介的意义在于，它促使人们思考人类的美德，或展示这些美德的价值，或思考什么是“公正”的生活（Oliver & Bartsch, 2011）。

有意义的体验可以根据体验的价值区分为更多具体的、有细微差别的组类（Oliver, et al., 2018）。有意义的体验在自我反思和个人成长的层面引发共鸣，并且涉及自我与他人及更广阔的世界的联系。面向内心的实现主义体验更多是对个人内在需求的满足以及对与个人成长和掌控力相关的领域的满足。自我超越体验指向自我的提升和超越需要以及对他人需求的关切与评估。在有意义的体验中，个体要认识到分享自己内在的人性元素，意识和感受到人类的欢乐和悲剧，感受到其与他人和周围环境有更大的联系，意识到他们的存在超越了自我。

这两种有意义的体验可能在某些方面重叠。娱乐体验可以是实现主义的，看到角色克服障碍可能使一个人感受到更高的自尊和自我效能。如前文所述，同样的体验可以是自我超越的，观众可能深刻地感受到与人性的联结以及个人体验的升华。在这方面，奥利弗和他的同事（2018）认为，有意义的媒介体验是一个与自我相关的具有超越性的连续体。

沃德勒和哈尔夫曼（2019）认为，娱乐媒介为个体提供了体验“审美共鸣”的机会，他们参与叙事，以更好地理解和处理与他人及更广泛的世界的关系。共鸣由两部分组成：①人以某种方式接触或处理的个人环境要素，②个体对影响他们的要素的反应和联系。人们不断地被驱使去改善他们的生活质量，生活质量与社会地位、健康、基本自由和幸福有关。这种驱动伴随着一种获取有限资源来满足这些目标的感受。一个人如何看待欲望、需要、资源以及与之相关的因素，反映了其与世界和他人联系起来的方式。一个人如何感知社会反应或表达他们对社会的评价是共鸣方程的另一半（Rosa, 2016）。娱乐媒介为个人提供了感受社会和被世界认可的机会。这种认可，无论多么短暂，都是一个影响人的情感、动机和价值观的变革过程（Vorderer & Halfmann, 2019）。

来自社会意识娱乐媒介的体验可能属于有意义的媒介体验的连续体，可为那些被社会疏远的人创造一种审美共鸣感。具有社会意识的娱乐媒介甚至可以作为享乐主义体验和有意义的体验之间的桥梁。在某些方面，社会意识体验类似于自我超越体验，因为它们可以引起一种自我融入他人的感觉，这可能会鼓励那些有益于他人而不会带来直接个人利益的行动（慈善捐赠、志愿服务等）。它们可能类似于情感体验，因为它们可以在不给周围的人带来明确的好处的情况下，培养促进个人成长的自我反思和内省的习惯。我们认为，社会意识娱乐媒介引发的情感反应促进了个人的成长和其与人类的联系，正如奥利弗等人所说的有意义的娱乐的两个方面（2018）。自我超越的媒介体验可能会鼓励人们思考一个人在人类世界中的位置以及这种联系的价值。在许多人看来，这可能会鼓励和要求个人成长。

当存在社会意识主题时，传统上被认为具有享乐价值的内容也可以超越其最初的目的。在典型的享乐主义媒介类型和形式中呈现的社会意识元素可能会鼓励人们对严肃问题的思考。这样，享乐主义的和有意义的媒介体验并不一定总被认为是相互冲突的。按照库利（Cooley, 1907）的说法，内省、共情和与他人的联系对社会洞察力是必要的。因此，认为包含普遍的社会关切主题的娱乐媒介以及相关的动机和情绪可能与社会参与相关是有道理的。

定义社会意识娱乐

对于社会意识娱乐的效果的研究很重要，因为那些意识到社会不公的个体可能会经历态度的改变，从而采取针对不公正或解决不平等问题的行动（Giddings, 2005）。这些效果可能通过各种认知和情感机制促使娱乐消费者参与社会活动，使其更广泛地思考自我与周围世界的联系。无论是鼓励对看似纯粹的娱乐的接触还是鼓励反思，社会意识娱乐都会鼓励个人与他人建立联系。

社会意识

为了理解社会意识娱乐这个术语的含义，我们必须对社会意识的含义有所理解。施利茨、维腾和米勒（2010）将社会意识定义为一个人明确地意识到他们是一个更大的、相互关联的社区的一部分以及他们如何影响它及被它影响的程度。社会意识有不同的程度——从缺乏意识到明确意识，再到与他人相互依赖（Anderson, 2018; Schlitz, et al., 2010）。一个人的意识感从小时候的以自我为中心，通过认知和情感的发展，可能达到完全的社会意识（Anderson, 2018）。根据认知发展理论，这个最后的阶段并不是年龄增长过程的直接或自动的结果。即使一个人有很好的认知能力，他们可能仍然以自我为中心。这是一种情感发展和使用理性为他人服务的能力，使人沿着意识的道路前进。

当一个人的需求似乎与社会的需求冲突时，意识通常会发展。这会产生不和谐，唯一成功的解决办法是为自己获取道德关系，使自己对他人有价值、对他人负责。一个人于是获得了服务整体的意识，无论它是家庭、社区、公司还是国家。当一个人的世界观从主要以自我为中心的模式转向把自我视为一个更大的整体的一部分时，个人会变得更加富有同情心，并在直接和间接的环境中被激励去推动积极变化的发生（Schlitz, et al., 2010）。鉴于媒介是文化和社会不可分割的部分，每一个人的社会意识都可能会受到娱乐叙事的影响。

媒介在社会变革方面的效果大多集中在新闻和新闻框架的作用上。研究娱乐内容的学者已经以某种具体方式做了同样的工作。政治娱乐研究主要考察了深夜脱口秀、讽刺和模仿秀，这些节目显示了娱乐媒介对个体对政策议题、政治候选人和当选官员的看法与理解方面的重要影响（Weinmann & Vorderer, 2018）。娱乐教育视角强调公共政策或公共卫生议题领域针对受众的娱乐和教育信息（Bandura, 2004）。这两个研究领域都可以阐明娱乐媒介在个人理解社会议题方面的作用；然而，它们与社会意识娱乐媒介之间存在着区别。

社会意识娱乐媒介和娱乐—教育

社会意识娱乐媒介和娱乐—教育媒介是两种具有不同目的的媒介。按照辛格尔和罗杰斯（2004）的说法，娱乐—教育是“有目的地设计和实施娱乐和教育的过程，以增加受众对教育议题的认知、创造良好的态度、改变社会规范、改变公开的行为”（p.5）。叙事是有意创造的，并将公共卫生和政策议题嵌入故事情节，目的明确地提供知识、改变态度甚至行为，以完善这些议题在受众日常生活中的运作方式（Papa & Singhal, 2009; Papa, et al., 2000）。娱乐—教育策略的早期重点是全球语境。亚洲、非洲和拉丁美洲国家通过使用电视与广播肥皂剧及音乐来影响公众与性别平等、较小的家庭规模和艾滋病毒/艾滋病预防有关的信念与行为（Papa, et al., 2000）。

社会意识娱乐媒介与娱乐—教育在强调娱乐叙事影响社会变革的能力方面部分重叠。两者在主题/内容和心理机制（叙事传输、对故事角色的认同、模式化故事角色行为的意愿）、态度与行为变化方面也有一些相似之处。与娱乐—教育一样，社会意识娱乐的叙事可以对认知和态度有短期与长期的影响（Appel & Richter, 2007; Morgan, Movius, & Cody, 2009）。娱乐叙事中呈现的理念和信息会激励个体考虑行为改变，因为他们觉得自己已经获得了新的和准确的信息以及一个人在行为变化中最终可能感受到的认知能力。这两种媒介体验都可以促进受众之间的对话，并为个人和集体的社会学习创造机会（Papa, et al., 2000），但我们认为，娱乐—教育和我们所称的社会意识娱乐媒介有所不同。

社会意识娱乐媒介并不总是带有说服意图，虽然说服可能是观看体验的副产品。同样，社会意识娱乐并不必然为增强意识、创造良好的态度、改变社会规范或行为而设计。社会意识娱乐的一个更大的目标是通过叙事鼓励理解、与他人的联系、文化敏感性和包容性，它包括将具体问题作为主要情节或次要情节，或者描述一个人的生活经历。此外，我们在本章中介绍的社会意识娱乐方法考察了除叙事参与之外的情感在外部意识及唤醒远近他者需求中发挥的作用，而娱乐—教育方法主要强调自身生活行为的改变，强调社会变革始于自我。对于社会意识娱乐媒介来说，改变可以从自己或有益他人开始。在娱乐内容方面，娱乐—教育研究多数集中于电视剧对态度和行为的影响，或者检验公益广告的叙事说服力（Bandura, Singhal, & Rogers, 2004）。虽然社会意识娱乐可以包含这些内容，但它的重点主要是娱乐媒介，包括电影、小说、音乐和电子游戏。因此我们认为，如果将创作者意图纳入考虑，社会意识娱乐可以被认为是娱乐—教育的一种形式，但娱乐—教育并不总是社会意识娱乐的一种形式。

综上所述，社会意识娱乐媒介包含影响个人和社会的广泛的与具体的议题。它们可以是全国性的，也可以是全球性的。那些对人类文化价值和认同构成挑战，并触发与他人身体、情感和整体幸福有关的想法及责任感的娱乐叙事可能会导致社会意识娱乐体验。这些体验会鼓励个人成长，增加自我价值动机，使个人将邻近或遥远的他人及社会视为整体。虽然有时是系统性的，但娱乐媒介的这种形式并不总是针对特定的行为，它可能阐明那些驱动和激励个人的广泛目标，而将特定的行动留给个人来决定。

作为影响因素和结果的情感

叙事是有效的信息传递工具（Busselle & Bilandzic, 2008）。它有能力超越界限、提供评论，并提高人们对文化、政治和社会问题的认识，这些问题涉及财富、机会的不公平分配，或者对个人和社会群体的不公平对待。我们可以想到音乐、电影、电视和书籍中许多涉及社会意识内容的例子。漫威的《黑豹》虽然是一部超级英雄电影，却触及了殖民主义、民权和泛非主义的主题。因其教育潜力，音乐以及音乐视频已经并将一直与性侵、多元文化主义和心理健康相关的社会运动有关（Bowman, et al., 2018）。明确关注社会问题的娱乐（《血钻》《感谢你抽烟》）和那些把历史与当前社会问题作为次要叙事或提供社会问题隐喻的娱乐（动画电影《疯狂动物城》）可能产生不同的效果，但都能鼓励受众之间就与正义、对他人的同情和个人及人类的联系有关的话题展开思考和对话。对叙事的情感反应是影响这些结果的重要因素。

许多关于有意义的娱乐体验的文献都强调了情感反应在引发与他人的联系感中可能发挥的作用。研究发现，升华感（feelings such as elevation）直接或间接地增强了对多元他者的联系感、对他者的友善态度及对刻板印象群体中个体的积极态度和接近倾向（Kramer, et al., 2017; Oliver, et al., 2015），还有与他人的联系和同情之爱（Janicke & Oliver, 2017）。研究发现，敬畏与投身志愿者活动的更大意愿和帮助他人相关（Rudd, Vohs, & Aaker, 2012），而当一个人对个人相关情境进行反思时，钦佩与移情和利他意图相关（Farsides, Pettman, & Tourle, 2013）。身处于不确定甚至可怕的环境中，仍然相信自己、他人或世界将变得更好的信念可以作为一种改变境况的激励力量（Tong, Frederickson, Chang, & Lim, 2010）。

现有的研究也扩展了对有意义的媒介所产生的情感反应的理解。它会导致复杂的情感反应，如感动、感触或悲伤（Oliver, 2008），以及混合的情感反应（Oliver, et al., 2018）。早期对社会意识娱乐体验的探索性研究将具有社会意识主题娱乐的情感反应与超越性和实现主义媒介体验的反应进行了比较。当被问及他们对社会意识内容的情感反应时，个体报告使其体验到相似程度的消极和积极情感，并体验到更强烈的激励感和敬畏感（Sanders, et al., 2019b）。这与个体报告的对其他形式的有意义媒介的情感反应有别（Janicke, et al.，未发表），其在积极情感、激励感和敬畏感方面反应更强烈。

对于更多享乐主义导向的体验，社会意识主题的影响是有效的。根据拓展与建构理论，积极情绪体验能拓展一个人的思想—行动列表（repertoire, Frederickson, 2001）。积极的情绪，如快乐、满足和兴趣，会鼓励个人与他人及环境的接近倾向，并扩大个人的想法和可能的行动范围。例如，快乐的感觉可能会引发解决问题的创造力，兴趣可能会鼓励个人接受新的信息和经验，从而导致个人成长，而满足可能会鼓励个人欣赏当下的生活环境，因为它们与周围的世界有关。换句话说，享乐主义体验和相关的积极情绪导致了一种普遍的开放。

达斯和芬尼斯（Das, Fennis, 2008）发现，对于健康信息，当个体在看到信息之前情绪良好时，会更仔细地处理有威胁的信息。当信息与自己相关时，尤其如此。同样，从情绪信息的角度来看，现有的情绪会对我们如何在娱乐情境中接受社会意识信息发挥作用，尤其是那些出乎意料的、隐含的或通常被认为不“严肃”的叙事形式（喜剧、动作冒险等）。由其他与娱乐类型密切相关的故事元素引起的积极情绪会为个体处理克服防御性偏见的信息提供可供性。

可以说，大多数的娱乐媒介并不是用来说服别人的。许多设计都是为了引起情感反应，无论是轻浮、快乐，还是被深深感动。但是，娱乐也可以影响个体选择目标的方式。在有意义的内容方面，达斯、诺贝和奥利弗（2017）将之称为“偶尔的说服”。他们发现，由有意义的体验引发的混合情感反应（与对照组相比）预测了传输，这反过来预测了健康行为的意图。他们认为，不是出于说服目的的娱乐可能偶尔会产生这样的结果。此外，仅仅有乐趣并不足以驱动反思，但个体需要这样的反思来激励行动（Das, et al., 2017）。虽然享乐主义和更有意义的内容可以同样吸引人，但它们的说服能力的差异在于触发复杂情绪的能力。如果以享乐主义为导向的内容能做到这一点，即使只是一阵子，它仍然有能力改变个人的态度，并激发其对他人的更大责任感。

探索性研究普遍支持这些想法。本节作者进行了一项实验，研究了人们对不同类型的享乐主义导向娱乐媒介和社会意识娱乐媒介（喜剧、戏剧、动画）的情感反应以及这些反应与社会正义态度之间的关系（Sanders, et al., 2019a）。值得注意的是，与享乐主义导向的喜剧相比，社会意识喜剧具有更强烈的升华感。缺乏社会意识主题的戏剧所引发的消极情绪与社会正义态度呈负相关，具有社会意识主题的戏剧所引发的消极情绪与社会正义态度呈正相关。由社会意识主题喜剧引起的升华感也正向预测了人们对社会正义行为的接近倾向。

社会意识主题可能出现在不同类型的娱乐媒介中，可能是叙事的主要部分或只是其中一部分，可能是预期的或意外的、含蓄的或明确的。虽然这些主题更可能出现在更灰暗的内容中，但它们也可能嵌入动画呈现的虚构世界，甚至作为隐喻被引入。故事世界不必是真实的，但它们必须与个人信念和体验产生共鸣才能具有说服力（Das, et al., 2017）。这能部分地解释人们常认为处于边缘地位的科幻故事的影响。20世纪60年代的《星际迷航》原版系列被认为涉及与种族主义、性别不平等和军国主义有关的社会主题，尽管这部电视剧的背景设定在未来的星际飞船上。基于幻想的娱乐或那些不基于真实事件的故事也有吸引力；个体会相应地做出调整，让幻想元素成为娱乐体验的正常部分（Busselle & Bilandzic, 2008）。其中一种调整方式是根据故事标准（逻辑的一致性、角色的动机与叙事中的事件）来判断故事的现实性。对于科幻和其他高水平幻想作品来说，阻碍参与的不是幻想环境，而是缺乏与故事或故事世界中的角色相关的现实主义，这对参与和说服更有害。

叙事参与和自我概念

参与叙事的形式多样，最重要的两种形式是聚焦叙事本身的参与和聚焦角色的参与（Busselle & Bilandzic, 2008; Tal-Or & Cohen, 2016）。个体体验的一种心理融合形式是将注意力和认知资源从自我与直接环境中转移出来，把它们投入情感和认知的娱乐体验（Busselle & Bilandzic, 2008; Klimmt & Vorderer, 2003; Tal-Or & Cohen, 2016）。叙事因此成了视角变化的催化剂，因为人们失去了自我，他们感觉自己正在从故事内部和其中人物的角度体验故事。他们有机会采用一种非自我的视角。布塞尔和比兰齐克（Busselle & Bilandzic, 2008）将之称为指示转移（deictic shift）。当参与程度更高时，叙事说服力就会增强，个体会倾向于采用与故事一致的信念（DalCin, Zanna, & Fong, 2004）。

从说服角度看，叙事参与与较少的反驳信息相关，人们不太愿意打断叙事体验来质疑叙事的主张（Green & Brock, 2000; Hamby, et al., 2018）。人们在故事中迷失了自我，以至于他们可能完全没有意识到潜在说服的存在。因此，反驳和抵制说服文本的能力被最小化了。对主题的熟悉程度、叙事的现实性和情感内容的强度都是决定叙事参与水平的重要因素。对此，现有研究在争论叙事参与对移民、同性婚姻和性暴力的认知、态度与行为的效果的影响是直接影响还是间接影响（Bowman, et al., 2018; Tal-Or & Cohen, 2016）。

叙事参与

在叙事层面，媒介学者研究了传输（Green & Brock, 2000）、同化、在场（Klimmt & Vorderer, 2003）和叙事参与（Busselle & Bilandzic, 2008）。所有这些都涉及在娱乐体验中迷失自我的感觉，一个人被从直接环境中抽离，专注或情感参与故事世界中（Busselle & Bilandzic, 2008; Hamby, et al., 2018）。大量研究支持将叙事参与作为说服工具（Bowman, et al., 2018; Green & Brock, 2000; Hamby, et al., 2018; Oliver, et al.，待出版）。在故事情节和主人公经历相似且与读者、听众和观众的生活特别相关的情况下，它尤其有效（Hamby, et al., 2018）。

娱乐媒介可能特别擅长创造社会意识，因为它并不被期望挑战一个人的态度，而是严重依赖于叙事参与。喜剧和动作片可能会阻碍对逆态度信息的预警（DalCin, et al., 2004）。故事中的事件和信息可能会以较慢的速度展开或微妙地被揭示，从而不会上升到被个体拒绝的意识水平，其效果一开始不会被意识到。例如，浪漫喜剧《大病人》是一部讲述一个苦苦挣扎的单口相声演员和一个研究生之间关系的电影。电影遵循了标准的浪漫喜剧模式，但也描述了处于跨文化、跨种族关系中的挑战，因为一个主要人物是巴基斯坦裔美国人，另一个主要人物是白人。电影中的场景涉及文化同化、种族主义以及一个人在尊重另一个人的民族文化和家庭与自我目标时可能面临的挑战。虽然这些都是值得深入思考的严肃问题，但对它们的处理方式保留了叙事的凝聚力和类型的一致性，从而为个人创造了一个通过观看“浪漫喜剧”来思考社会结构的机会。

在作品接触过程中对叙事的批判性反思和分析对说服而言并非必要（Appel & Richter, 2007）。事实上，这种深度处理实际上可能会阻碍叙事参与的各个方面，而不一定会对一个人的未来意图产生任何影响（Das, et al., 2017）。接触后，个体可能需要使叙事有意义，因为它与他们的现实生活有关。《大病人》的观众可能会思考移民的挑战，或者将两种文化融合到一种关系中，而不会感到认同的丧失。汉比等人（Hamby, et al., 2018, p.118）认为，自我反思的这个方面将叙事参与与说服结果联系起来。他们认为，这一过程导致“受众对过去的重新理解，或将故事信息应用于自己世界中的观点或行为”。这种深度理解的形式最有可能发生在故事的结尾，与享乐主义导向的社会意识娱乐的说服力更相关。当个体更多被享乐主义驱动时，社会意识内容可能是非预期的，因此，其需要接触后的更多反思。需要这样做的强度可能会因人而异，因叙事中人物的联系强度、叙事中呈现的社会意识内容、议题的性质或娱乐类型而有所不同。这有待于未来的研究进行进一步探索。

作为社会意识的一种机制的认同

受众—角色联系包括拟社会关系、互动、喜好和相似性，在叙事参与中也有重要的作用。认同被认为是与叙事参与联系最密切的形式，因为这个概念特指通过扮演角色建立联系（Cohen, 2001; Cohen & Klimmt, this volume）。这是一种受众—角色融合的感觉，它不像拟社会关系那样被认为是一种互动关系，也不像通过粉丝或崇拜获得的那种遥远联系。认同更多的是一种亲密的联系，它可能是由喜欢、相似、吸引或社会比较的其他方面塑造出来的，但它与它们不同，也不一定依赖于它们（Cohen, 2001; Tal-Or & Cohen, 2016）。认同与共情也有一些相似之处，因为这两个概念在某种意义上都依赖于视角获取，并强调了角色的重要性。但是，共情是对他人情感体验的一种认知和情感反应，它与视角采用、个体特性和生理因素有关（Nathanson, 2003）。角色个性和美德（善良、慷慨、关心他人等）、叙事视角（第一人称、同期声、直接呼唤观众）和观众的自我意识水平都会影响认同水平。

与传输一样，认同行为也被发现与一个人的知识、态度以及当前和未来的行为相关（Murphy, et al., 2012）。索（So）和纳比（2013）认为，认同减少了与角色的社会距离感，这反过来影响了人们对个人风险和自我的感知。对他人视角的采用和对他人体验的共情可能会增加对他人困境与艰难的理解，如果这些艰难是熟悉的或与用户自己的生活经历相似，个人对他人就会产生一种亲近感，或者，它可能会为那些有不同的生活经历的人提供一种暂时的统一感。正如达尔·辛等人（Dal Cin, et al., 2004）所说，不要低估一个人的人生体验，尤其是当你喜欢或认同他时。当一个主人公在叙事中能被清晰认出时，认同可能会指向他，并引导个体采取与他一致的态度和信念（Tal-Or & Cohen, 2016）。

虽然与直接体验不同，但认同可以增强共情和社会接受度以及个体与更广泛的人接触的能力和意愿（Nathanson, 2003; Tal-Or & Cohen, 2016）。在其他情况下，如当叙事让受众想起自己的生活环境时，受众可能会觉得他们的现实在某种程度上被承认了，他们的社会地位或生活挑战（特别是那些植根于系统和制度结构的挑战）并不是社会真空的一部分。受众感觉到自己与社会有关联（Vorderer & Halfmann, 2019）。这种关联感可能先于一个人对审美共鸣的体验（Rosa, 2016）。沃德勒和哈尔夫曼（2019）认为，用户的媒介选择涉及个体接受自己、与他人及世界其他部分建立关系的动机。社会意识娱乐媒介可能特别擅长满足这些需求。

社会意识娱乐体验与自我概念的扩展

娱乐叙事也可能是拓展自我边界的一个来源，它暗示一个人如何感觉和认知自我、如何看待幸福和成长以及如何认识自己与他人和生活环境的关系。TEBOTS框架解释了一个人如何扩展自己的体验（Slater & Cohen, 2017; Slater, Johnson, Cohen, Comello, & Ewoldsen, 2014）。TEBOTS框架探讨了媒介在自我概念的建立、成长和扩展中可能扮演的角色——思想、感觉、信仰以及对自我的感知（Cohen, Appel, & Slater, 2019）。自我可以被进一步分解为真实的自我（我们是谁）、理想的自我（我们想要成为谁）、应然的自我（the ought self）（我们认为别人期望我们成为谁）和可能的自我（我们可以成为谁）。娱乐叙事让人们能够管理对自我概念的威胁和限制（Johnson, Slater, Silver, & Ewoldsen, 2016）。根据TEBOTS的观点，媒介体验"提供了了解和反思自我、尝试自我认同以及以不同方式表达自我的机会"（Cohen, Appel, & Slater, 2019, p.183）。在现实世界中，我们没有足够的时间或机会来探索这些自我，但媒介环境允许我们这样做，即使是在我们的生活中已经满足了的领域。

与有意义的媒介体验一样，社会意识娱乐媒介提供了驾驭生活复杂性的机会，而这些复杂性通常只有通过直接生活在现实世界中才能获得和理解。与一个理想的角色建立联系增加了想象中可能的自我的范围。接触到与我们自己不一样的身份在某种意义上是被允许尝试（扮演）他人。个体也可能会从社会角色或环境的限制中获得一种自由感，增加代理感，以随时随地改变对生活意义的需要（Johnson, et al., 2016）。通过这种扩展形式，一个人可能会对周围的人感到更强的责任感——一种增强的社会意识感。

边界扩展还有助于一个人看到其与他人的相似之处，并潜在地理解和接受其与他人的差异。自我概念的边界扩展已被发现与社会距离的减少有关（Cohen, Slater, & Appel, 2019）。娱乐受众因此会增加对来自不同文化和各行各业的人的接受度，同时管理个人成长中遭遇的不适。社会意识娱乐媒介可能会挑战真实的自我、激发理想的自我，或者鼓励一个人直面应然自我。至少，边界扩展可以作为一座桥梁，让人们以某种方式理解和体验他们在日常生活中通常无法凭借特权或其他优势而享受的生活的各个方面。在最好和最有希望的情况下，超越自我的边界可以在那些被污名化的人和污名化他人的人之间，以及边缘人群和那些创造与维持边缘化系统结构的人之间建立一座桥梁。

结　论

可以说，娱乐媒介可能在接触受众和鼓励思考挑战性领域很有效，因为与新闻和其他形式的媒介相比，它们可能不那么傲慢和“说教”（Klein, 2011）。受众可能会接触到被忽视的视角，并被赋予角色，从而与那些正经历生活情境改变的人产生关联，或者参与那些本不会参与的运动。消费某些形式的媒介娱乐不仅对个人有益，因为它可以鼓励自省、成长、理解、同情和与他人的联系，还对更广泛的社会有益，正如我们在本章中所主张的那样。对有意义媒介的研究已关注了广泛的主题，这些媒介包括具有社会意识元素和情节的媒介。与此同时，关于娱乐说服力的研究主要集中在与健康相关的信息传递上，这不过是社会意识娱乐的一种形式。本章探讨了娱乐的方方面面，既包括在有意义的娱乐体验中被研究的广泛元素，也包括享乐主义媒介以及对娱乐—教育研究的延伸。我们认为，社会意识娱乐关注更广泛的社会议题，有能力让受众参与思考他们在解决社会问题方面的责任和潜在角色。

有意义的媒介体验通过感受情感间接地鼓励开放和行动，而在社会意识娱乐的情况下，这可能只是其中一种途径。叙事参与有助于故事情节引发受众共鸣，并说服个人响应行动号召，以改善在他们周围工作和生活的其他人的生活。在那些（娱乐）内容可能代表他们的生活的边缘、弱势或被影响的观众群体中，这种效果尤其明显（Klimmt, 2017）。情感联系可能是在合作者和同伴中创造意识与动机的因素，其有助于建立起一种集体效能的整体意识，从而带来社会变革（Bandura, 2004; Klimmt, 2017）。探索社会意识娱乐媒介——情感反应、认知处理和潜在的行为影响——拓展了我们对娱乐叙事的积极影响的理解，有助于我们理解它们如何塑造富有同情心的个人、更紧密的社区、更强大的跨文化关系以及对彼此需求的更强意识。

参考文献

Anderson, G. L. (2018). The evolution of social consciousness and modern political theory. *International Journal on World Peace*, 35(1), 27. Retrieved from https://search-ebscohost. com.libezp.lib.lsu.edu/login.aspx?direct=true&db=edsgbc&AN=edsgcl.535996362&site=eds-live&scope=site.

Appel, M., & Richter, T. (2007). Persuasive effects of fictional narratives increase over time. *Media Psychology*, 10(1), 113–134.

Bandura, A. (2004). Social cognitive theory for personal and social change by enabling media. In A. Singhal, M.

J. Cody, E. M. Rogers, & M. Sabido (Eds.), *Entertainment-education and social change: History, research, and practice* (pp. 75–96). New York, NY: Routledge.

Bandura, A. (2009). Social cognitive theory of mass communication. In. J. Bryant & M. B. Oliver (Eds.), *Media effects: Advances in theory and research* (3rd ed. pp. 94–124). New York, NY: Routledge.

Bowman, N. D., Knight, J., Schlue, L., & Cohen, E. L. (2018). What if it happened to me? Socially conscious music videos can address campus assault: Narrative engagement and rape myth acceptance. *Psychology of Popular Media Culture 8*(4), 454–463. https://doi-org.libezp.lib.lsu.edu/10.1037/ppm0000189.

Busselle, R., & Bilandzic, H. (2008). Fictionality and perceived realism in experiencing stories: A model of narrative comprehension and engagement. *Communication Theory*, 18(2), 255–280. https://doi.org/10.1111/j.1468-2885.2008.00322.x.

Cohen, J. (2001). Defining identification: A theoretical look at the identification of audiences with media characters. *Mass Communication and Society*, 4(3), 245–264. doi: 10.1207/S15327825MCA0403_01.

Cohen, J., Appel, M., & Slater, M. D. (2019). Media, identity, and the self. In M. B. Oliver, A. A. Raney & J. Bryant (Eds.), *Media effects: Advances in theory and research* (4th ed., pp. 179–194). New York, NY: Routledge.

Cooley, C. (1907). Social consciousness. *American Journal of Sociology*, 12(5), 675–694.

Dal Cin, S., Zanna, M. P., & Fong, G. T. (2004). Narrative persuasion and overcoming resistance. In *Resistance and persuasion* (pp. 175–191). Mahwah, NJ: Erlbaum.

Das, E., & Fennis, B. M. (2008). In the mood to face the facts: When a positive mood increases systematic processing of self-threatening messages. *Motivation and Emotion*, 32, 221–230. doi:10.1007/s11031-008-9093-1.

Das, E., Nobbe, T., & Oliver, M.B. (2017). Moved to act: Examining the role of mixed affect and cognitive elaboration in "accidental" narrative persuasion. *International Journal of Communication*, 11, 4907–4923.

Farsides, T., Pettman, D., & Tourle, L. (2013). Inspiring altruism. *Journal of Applied Social Psychology*, 43(11), 2251–2258. doi:10.1111/jasp.12175.

Frederickson, B. L. (2001). The role of positive emotions in positive psychology: The broadenand-build theory of positive emotions. *American Psychologist*, 50(3), 218–226. doi: 10.1037//0003-066X.56.3.218.

Giddings, L. S. (2005). A theoretical model of social consciousness. *Advances in Nursing Science*, 28(3), 224–239. doi:10.1097/00012272-200507000-00005.

Green, M. C. (2008). Research challenges in narrative persuasion. *Information Design Journal*, 16(1), 47–52. doi: 10.1075.idj.16.1.07gre.

Green, M. C., & Brock, T. C. (2000). The role of transportation in the persuasiveness of public narratives. *Journal of Personality and Social Psychology*, 79(5), 701–721. doi: http://dx.doi.org/10.1037/0022–3514.79.5.701.

Hamby, A., Brinberg, D., & Jaccard, J. (2018). A conceptual framework of narrative persuasion. *Journal of Media Psychology: Theories, Methods, and Applications*, 30(3), 113–124. https://doi-org.libezp.lib.lsu.edu/10.1027/1864-1105/a000187.

Janicke, S. H., & Oliver, M. B. (2017). The relationship between elevation, connectedness, and compassionate love in meaningful films. *Psychology of Popular Media Culture*, 6(3), 274–289. http://dx.odi.org/10.1037/ppm00000105.

Johnson, B. K., Slater, M. D., Silver, N. A., & Ewoldsen, D. R. (2016). Entertainment and expanding boundaries of the self: Relief from the constraints of the everyday. *Journal of Communication*, 66(3), 386–408. doi: 10.1111/jcom.12228.

Klein, B. (2011). Entertaining ideas: Social issues in entertainment television. *Media Culture and Society*, 33(6), 905–921. https://doi-org.libezp.lib.lsu.edu/10.1177/0163443711411008.

Klimmt, C. (2017). Self-efficacy: Mediated experiences and expectations of making a difference. In. L. Reinecke & M. B. Oliver (Eds.), *The Routledge handbook of media use and well-being*. (pp. 157–169). New York, NY: Routledge.

Klimmt, C., & Vorderer, P. (2003). Media psychology "is not yet there": Introducing theories on media entertainment to the presence debate. *Presence: Teleoperators and Virtual Environments*, 12 (4), 346–359.

Krämer, N., Eimler, S. C., Neubaum, G., Winter, S., Rösner, L., & Oliver, M. B. (2017). Broadcasting one world: How watching online videos can elicit elevation and reduce stereotypes. *New Media and Society*, 19(9), 1349–1368. doi:10.1177/1461444816639963.

McKee, A., Collis, C., Nitins, T., Ryan, Mark, Harrington, S., Duncan, B., Carter, J., Luck, E., Neale, L., Butler, D. Backstrom, M. (2014). Defining entertainment: An approach. *Creative Industries Journal*, 7(2), 108–120. http://dx.doi.org/10.1080/17510694.2014.962932.

Morgan, S., Movius, L., & Cody, M. (2009). The power of narratives: The effect of organ donation storylines on attitudes, knowledge and behaviors of donors and non-donors. *Journal of Communication*, 59, 135–151.

Murphy, S. T., Heather, H. J., Felt, L. J., & deCastro Buffington, S. (2012). Public diplomacy in prime time: Exploring the potential of entertainment education in international public diplomacy. American Journal of Media Psychology, 5(1–4), 5–32.

Nathanson, A. (2003). Rethinking empathy. In J. Bryant, D. Roskos-Ewoldsen, & J. Cantor (Eds.), *Communication and emotion: Essays in honor of Dolf Zillmann* (pp. 107 130). Mahwah, NJ: Erlbaum.

Oliver, M.B. (2008). Tender affective states as predictors of entertainment preference. *Journal of Communication*, 58, 40–61.

Oliver, M. B., & Bartsch, A. (2011). Appreciation of entertainment: The importance of meaningfulness via virtue and wisdom. *Journal of Media Psychology*, 23(1), 29–33. doi:10.1027/1864–1105/a000029.

Oliver, M. B., Ferchaud, A., Yang, C., Huang, Y., & Bailey, E. (in press). Absorption and meaningfulness: Examining the relationship between eudaimonic media use and engagement. In F. Hakemulder & M. Kuijpers (Eds.), *Handbook of narrative absorption*. Amsterdam, Netherlands: John Benjamins.

Oliver, M. B., Hartmann, T., & Woolley, J. K. (2012). Elevation in response to entertainment portrayals of moral virtue. *Human Communication Research*, 38, 360–378. doi:10.1111/j.1468–2958.2012.01427.x.

Oliver, M. B., Kim, K., Hoewe, J., Chung, M., Ash, E., Woolley, J. K., & Shade, D. D. (2015). Media-induced elevation as a means of enhancing feelings of intergroup connectedness. *Journal of Social Issues*, 71(1), 106–122. https://doi-org.libezp.lib.lsu.edu/10.1111/josi.12099.

Oliver, M. B., Raney, A. A., Slater, M. D., Appel, M., Hartmann, T., Bartsch, A., … Das, E. (2018). Self-transcendent media experiences: Taking meaningful media to a higher level, *Journal of Communication*, 68(2), 380–389 https://doi.org/10.1093/joc/jqx020.

Papa, M. J., & Singhal, A. (2009). How entertainment-education programmes promote dialogue in support of social change. *Journal of Creative Communications*, 4(3), 185–208.

Papa, M. J., Singhal, A., Law, S., Pant, S., Sood, S., Rogers, E. M., & Shefner-Rogers, C. L. (2000). Entertainment-education and social change: An analysis of parasocial interaction, social learning, collective efficacy, and paradoxical communication. *Journal of Communication*, 50(4), 31–55.

Rosa, H. (2016). Resonance: A sociology of our relationship to the world. New York, NY: Wiley.

Rudd, M., Vohs, K. D., & Aaker, J. (2012). Awe expands people's perception of time, alters decision making, and enhances well-being. *Psychological Science*, 23(10), 1130–1136. https://doi.org/10.1177/0956797612438731.

Sanders, M. S., Yang, C., Whitenack, S. L., Ciaramella, A., Italiano, R., & Hickerson, H. M. (2019a). *Emotions for social good: Affective responses to socially conscious entertainment in the evaluation of social issues*. Paper presented at the annual meeting of the International Communication Association, Washington, DC.

Sanders, M. S., Yang, C., Whitenack, S. L., Ciaramella, A., Italiano, R., & Hickerson, H. M. (2019b). *Where meaningful entertainment meets social justice: An exploratory study of socially conscious entertainment*. Paper presented at the annual meeting of the International Communication Association, Washington, DC.

Schlitz, M. M., Vieten, C., & Miller, E. M. (2010). Worldview transformation and the development of social consciousness. *Journal of Consciousness Studies*, 17(7–8), 18–36.

Singhal, A., & Rogers, E. M. (2004). The status of entertainment-education worldwide. In A. Singhal, M. J. Cody, E. M. Rogers & M. Sabido (Eds.), *Entertainment-education and social change: History, research, and practice* (pp. 3–20). New York, NY: Routledge.

Slater, M. D., & Cohen, J. (2017). Identification, TEBOTS, and vicarious wisdom of experience: Narrative and the self. In. L. Reinecke & M. B. Oliver (Eds.), *The Routledge handbook of media use and well-being* (pp. 118–130). New York, NY: Routledge.

Slater, M. D., Johnson, B. K., Cohen, J., Comello, M. L. G., & Ewoldsen, D. R. (2014). Temporarily expanding the boundaries of the self: Motivations for entering the story world and implications for narrative effects. *Journal of Communication*, 64(3), 439–455. https://doi.org/10.1111/jcom.12100.

So, J., & Nabi, R. (2013). Reduction of perceived social distance as an explanation for media's influence on personal risk perceptions: A test of the risk convergence model. *Human Communication Research*, 39(3), 317–338. doi: 10.1111/hcre.12005.

Tal-Or, N., & Cohen, J. (2016). Unpacking engagement: Convergence and divergence in transportation and identification. *Annals of the International Communication Association*, 40(1), 33. Retrieved from https://search-ebscohost-com.libezp.lib.lsu.edu/login.aspx?direct=true&db=edo&AN=ejs41535364&site=eds-live&scope=site.

Tong, E. M. W., Fredrickson, B. L., Chang, W., & Lim, Z. X. (2010). Re-examining hope: The roles of agency thinking and pathways thinking. *Cognition and Emotion*, 24(7), 1207–1215. http://dx.doi.org/10.1080/02699930903138865.

Vorderer, P. (2011). What's next? Remarks on the current vitalization of entertainment theory. *Journal of Media Psychology: Theories, Methods, and Applications*, 23(1), 60–63. http://dx.doi.org/10.1027/1864-1105/a000034.

Vorderer, P., & Halfmann, A. (2019) Why do we entertain ourselves with media narratives? A theory of resonance perspective on entertainment experiences. *Annals of the International Communication Association*, 43(2), 79–96. doi: 10.1080/23808985.2019.1599298.

Weinman, C., & Vorderer, P. (2018). A normative perspective for political entertainment research: Connecting deliberative democracy and entertainment theory. *Communication Theory*, 28(4), 466–486. https://doi.org/10.1093/ct/qty018.

第四十章　娱乐理论与媒介成瘾

费利克斯·里尔
罗宾·詹兹克
拉尔斯-奥莱·韦登
托尔斯滕·匡特

简　介

媒介娱乐的吸引力引起了人们对其过度使用的担忧，人们特别担忧脆弱的青少年受众。在公共话语和科学辩论中，过度使用媒介娱乐被称为成瘾行为，被认为与药物依赖对健康和幸福的有害影响类似。虽然成瘾行为的普遍存在——包括媒介使用失调——已经被广泛认识到（Young, 1998），但迄今为止娱乐过程的作用，以及娱乐体验与媒介成瘾开始和维持之间的联系还很少被讨论。因此，本章旨在通过探讨最成熟的娱乐理论与当下对媒介滥用［由世界卫生组织（WHO）和美国精神病学协会（APA）认定］的理解之间的联系，扩展对媒介成瘾的研究视角。

2019年，世界卫生组织决定将游戏障碍（GD）纳入国际疾病分类的第11版（ICD-11）。几年前，美国精神病学协会在《精神障碍诊断与统计手册》（第5版）（DSM-5）中将网络游戏障碍（IGD）列入有待进一步研究的情况。世界卫生组织关于游戏障碍是一种可诊断疾病的决定在学者中引发了争议。一些学者认为，这可能会导致对玩家的污名化（Aarseth, et al., 2017），其他人则认为，这是为有需要的人建立专业治疗的必要步骤（Rumpf, et al., 2018）。值得注意的是，游戏障碍和网络游戏障碍并不是目前所讨论与研究的娱乐媒介成瘾的唯一形式：最近的研究调查了社交媒介应用的成瘾潜力，如 Facebook（Casale & Fioravanti, 2018）、YouTube（Balakrishnan & GriK ths, 2017）、Instagram（Kircaburun & GriK ths, 2018）或所谓的成人娱乐网站（在线色情；Grubbs, et al., 2015）。虽然目前对数字（在线）媒介的关注可能意味着娱乐媒介的过度使用是一种新现象，但事实上，这个话题受到关注的时间要长得多。书目狂热（强迫性藏书）早在19世纪就被讨论过（Dibdin, 1811; Jackson, 1930），而电视成瘾自普遍的市场引入以来就一直是公众争论的对象（McIlwraith, et al., 1991）。

关于媒介成瘾的讨论与实证研究并行。这些研究的结果表明，至少有一小部分用户确实失去了对其使用行为的控制，导致渴望将越来越多的时间花在娱乐媒介上。这种失调的使用模式会伴随着一个人社会生活或工作生活的严重受影响（Andreassen, 2015; Mihara & Higuchi, 2017）。

从理论角度看，现有的许多研究还很不成熟，主要集中在流行率报告以及对不同媒介成瘾形式的相关性选择上。此外，许多研究基本上将来自赌博研究或药物滥用的（医学或心理）症状描述作为认定元素，而未能解释媒介障碍的潜在特征。但是，仅仅测量和描述症状并不能提供理解为什么使用娱乐媒介会让某些用户上瘾的深入知识。

经典的娱乐理论似乎很适合揭示其中的一些机制。20世纪70年代，媒介心理学家和传播研究人员已经提出大量理论来解决“是什么激励媒介用户”以及“什么因素有助于享受和娱乐体验”的问题（Vorderer, 2011; Vorderer & Halfmann, 2019; Vorderer & Reinecke, 2012/2015; Vorderer, Klimmt, & Bryant, this volume）。令人惊讶的是，现有文献中缺少关于娱乐理论和媒介使用成瘾概念之间联系的概述，然而，这两项研究可能会相互受益，而且一些联系在本质上是可信的。当某种形式的娱乐变得太有趣或太好玩时，一个非常简单的问题可能已经涉及理论“家族”了，因此我们不能不考虑相关的其他研究。

本章将从介绍当前的媒介成瘾研究及其基础定义开始。然后，我们将讨论经典的享乐主义娱乐理论和新的双因素方法（Vorderer & reenecke, 2012/2015），并概述它们对解释失调的、类似成瘾的行为的贡献。在总结部分，我们将强调它们的相似之处并讨论理论综合的潜力。此外，我们还将提出一个媒介娱乐过度使用的综合框架模型，作为未来理论和实证研究的起点。

定义和考察媒介成瘾行为

媒介成瘾研究传统悠久。新兴媒介技术一直受到公众的关注，20世纪40年代，人们讨论了无线电使用的上瘾性；70年代和80年代，关于电视成瘾的著作出现了；通用术语“电子游戏成瘾”在90年代出现；后来，互联网被指责助长了类似问题（Tokunaga, 2015）。目前的研究通常集中在特定在线服务的上瘾潜力上，如社交媒介、在线游戏或在线色情。重要的是，并不是所有的相关研究都使用“成瘾”一词（Pontes & GriKths, 2015）。其他经常被用来描述功能失调的媒介使用行为的术语包括“有问题的使用”“病态的使用”“强迫性使用”或“混乱的使用”。

然而，差异不仅体现在研究术语中，而且体现在流行率报告中。在电视方面，一些研究报告了大约10%的自我成瘾者（Kubey & Csíkszentmihályi, 2002）。最近的系统文献综述表明，社交网站使用障碍的患病率为1.6%到34%（Andreassen, 2015），游戏使用障碍的患病率为0.7%到27.5%（Mihara & Higuchi, 2017）。尽管存在这些不一致，但人们普遍认为，媒介使用习惯的紊乱通常伴随着其他问题和功能障碍，如较低的工作业绩或学习成绩，或不同方面的幸福感水平下降（Andreassen, 2015; Mihara & Higuchi, 2017）。

报告流行率不一致的一个核心原因是用于识别成瘾行为的方法有很多种（Andreassen, 2015; Mihara & Higuchi, 2017）。虽然一些早期的著作仅仅依赖成瘾者的自我识别，但随着时间的推移，大量不同的甄别工具被设计出来。例如，一些关于电视成瘾的研究，改编了来自《精神障碍诊断与统计手册》（第3版）的药物滥用条例，而测试电子游戏成瘾的量表是受病态赌博诊断标准启发设计出来的（Tokunaga, 2015）。在国际疾病分类第11版中，游戏障碍是媒介使用成瘾的第一形式，已被世界卫生组织列为一种可诊断疾病。其将游戏障碍描述为：

> 个体被一种持续或反复出现的游戏行为模式（数字游戏或电子游戏）所困扰，这些模式可能在线上（通过互联网），也可能在线下，表现为以下几个特点：个体对游戏的控制力差（开始、频率、强度、持续时间、终止、情境）；个体提高了游戏的优先级，使游戏优先于其他生活兴趣和日常活动；尽管产生了负面后果，个体仍继续或加重游戏行为。（WHO, 2020年）

此外，“游戏行为模式会导致个人、家庭、社会、教育、职业或其他重要功能领域的明显痛苦或明显损害”。通常使用模式和症状至少出现12个月后才能进行诊断，“尽管如果所有诊断要求都得到满足且症状严重，所需的持续时间可能会缩短”（WHO, 2020）。

在世界卫生组织成立之前，美国精神病学协会就将网络游戏障碍纳入《精神障碍诊断与统计手册》（第5版），但与世界卫生组织不同的是，美国精神病学协会更谨慎地将其列为需要进一步研究的情况。网络游戏障碍被认为是“持续和反复使用互联网参与游戏，与其他玩家一起玩游戏，导致临床意义上的明显损伤或痛苦”（APA, 2013, p.795）。如果行为在12个月内满足以下9条标准中的5条及以上，就可以被视为网络游戏障碍：①全神贯注于网络游戏；②停止参与网络游戏时出现戒断症状；③需要花更多的时间参与网络游戏；④试图控制参与网络游戏失败；⑤除网络游戏之外，对以前的爱好和娱乐失去兴趣；⑥尽管知道有社会心理问题，仍继续过度使用网络游戏；⑦就参与网络游戏的次数欺骗他人（家庭成员、治疗师）；⑧使用网络游戏来逃避或缓解负面情绪；⑨因参与网络游戏而危及或失去关系、工作、教育或职业机会。

目前关于媒介成瘾的研究使用了基于《精神障碍诊断与统计手册》（第5版）标准开发的新量表（Pontes & GriKths, 2015; vanden Eijnden, et al., 2016）。值得注意的是，《精神障碍诊断与统计手册》（第5版）的标准不仅被应用于网络游戏障碍的研究，还被应用于测量其他形式的媒介使用障碍，如社交媒介障碍（Vanden Eijnden, et al., 2016）或智能手机障碍（Hussain, et al., 2017）。总的来说，它们已经发展成为目前媒介成瘾研究的标准。一方面，这增加了研究的可比性。另一方面，美国精神病学协会提出的定义主要集中于描述使用者的症状，而几乎完全忽略了游戏或更普遍的娱乐媒介特征。它被视为网络游戏障碍诊断的指南，但未能解释为什么游戏等娱乐媒介对一些用户有上瘾的潜力。

更复杂的讨论媒介使用障碍潜在机制的方法可以在相关的心理学和精神病学文献中找到。例如，最近引介的个体—情感—认知—行为的相互作用模型（I-PACE；Brand, et al., 2016），把特定的互联网使用成瘾形式（游戏、赌博或在线色情）理解为个人倾向（人格因素）、某些中介（认知反应）和不同调节（应对方式）的复杂互动结果，然而，这些更复杂的、将媒介成瘾概念化的研究通常也不会系统地考虑娱乐研究中的概念。因为娱乐理论关注的是驱动娱乐媒介使用的动机和吸引力，它们可能会为过度或上瘾的使用问题提供一些相关解释。因此，在下面几节中，我们将在已建立的娱乐理论背景下讨论《精神障碍诊断与统计手册》（第5版）中的定义。

经典娱乐理论

几十年来，媒介心理学家和传播研究者一直在对媒介的使用进行讨论和研究（Vorderer, 2011; Vorderer & Halfmann, 2019; Vorderer & Reinecke, 2012/2015）。本领域早期研究聚焦于对人类及其动机的享乐主义理解（Vorderer & Reinecke, 2012/2015）。

享乐主义的概念可以追溯到古希腊哲学家亚里斯提卜（公元前435年至公元前355年），他声称生活的中心目标是使快乐最大化和使痛苦最小化（Ryan & Deci, 2001）。因此，享乐主义媒介娱乐理论将媒介使用理解为服务享乐需求的一种有效方式，其会诱发积极的情绪状态，使人远离消极的情绪状态（Vorderer & Reinecke, 2012/2015）。

使用娱乐媒介是抵抗压力和日常生活问题的选项。这一观点已经在使用与满足理论的框架内被研究人员采用。使用与满足方法假设用户积极选择媒介来获得特定的好处。在“逃避现实”语境中，人们认为他们的日常生活是不完美的和有压力的，因此通过（娱乐）媒介使用“逃离”到更有趣的虚拟世界中（Katz & Foulkes, 1962; Vorderer, 1996; Halfmann & Reinecke, this volume），从而寻求从日常问题中放松和解脱。

研究表明，逃避是人们使用媒介的重要动机（Katz, et al., 1973）。逃避动机确实增加了人们花费在媒介上的时间（Henning & Vorderer, 2001）。最近，伊（Yee, 2006）的研究表明，逃避现实也是在线游戏玩家的一个重要动机。

有趣的是，尽管逃避似乎是使用娱乐媒介的普遍而广泛的动机，但它也被当作网络游戏障碍的典型症状之一，如《精神障碍诊断与统计手册》（第5版）中所述；参见“使用网络游戏逃避或缓解负面情绪（无助感、内疚感、焦虑感）”（APA, 2013, p.795）。一些实证研究支持了逃避现实的动机确实是数字游戏问题性（成瘾）使用的预测器

（Mannikko, et al., 2017; Tang, et al., 2020; Yee, 2006）。由此产生的问题是如何在娱乐媒介中将健康的、以享受为导向的逃避，与潜在的、有害的、病态的逃避使用区分开。值得注意的是，《精神障碍诊断与统计手册》（第5版）强调了逃避现实的一个特殊方面：使用媒介来调节消极的情绪状态（焦虑或无助感和内疚感）。专门研究这类行为的一个著名的享乐主义媒介娱乐理论是情绪管理理论。

情绪管理理论背后的主要概念可以被描述为一个自我治疗的过程。基于享乐主义的前提，齐尔曼（1988）假设，个体试图以一种帮助他们减少或终止消极情绪、维持或强化积极情绪的方式来安排环境刺激。使用媒介技术是一种满足这种享乐主义需求非常可靠的方式，甚至不需要转移到另一个环境（Zillmann, 1988; Luong & Knobloch-Westerwick, this volume）。

媒介（特别是娱乐媒介）可以帮助对抗消极的情绪状态和不协调的唤醒水平的假设已经被无数的实证研究和许多不同类型的媒介刺激，如电视（Bryant & Zillmann, 1984）、音乐（Knobloch & Zillmann, 2002）或数字游戏（Bowman & Tamborini, 2012; Rieger, et al., 2015）所证实。这些研究表明，情绪状态（无聊或压力）影响媒介选择（Bryant & Zillmann, 1984; Knobloch & Zillmann, 2002），接触娱乐媒介可以帮助人们向积极的方向调节他们的情绪和唤醒水平（Bowman & Tamborini, 2012; Rieger, et al., 2015; Vandebosch & Poels, this volume）。因此，人们可能会认为娱乐媒介的高情绪修复潜力使它们对那些经历负面情绪状态的人，如那些有心理问题的人，特别有吸引力。因此，一些研究发现负面心理健康指标（焦虑、压力或抑郁）与性别焦虑（Dongdong, et al., 2011; Pontes, 2017; Reer, 2020）或社交媒介成瘾（Banyai, et al., 2017; Pontes, 2017; Reer, et al., 2020）之间存在正相关性。因此，娱乐媒介的失调使用可以被解释为应对心理问题和调节负面情绪的一种表达（Boumosleh & Jaalouk, 2017; Dongdong et al., 2011; Vandebosch & Poels, this volume）。按照这一逻辑，具有特别高情绪修复潜力的娱乐媒介也可能具有特别高的成瘾潜力。

根据齐尔曼（1988）的观点，影响特定媒介刺激干预能力的非常重要因素之一是其吸引（absorption）潜力。媒介刺激的高度卷入，完全吸引了接受者的注意力，特别适合分散一个人的消极情绪或诱发积极情绪。“沉浸”（Sanders & Cairns, 2010），一个经常在娱乐媒介研究中使用的术语，描述了一种接受者感觉完全与物质世界分离，并强烈参与到媒介环境中的认知状态。数字游戏、新的虚拟现实设备（Oculus Rift或HTC VIVE）等互动媒介，被设计来诱发高水平的沉浸感（Hartmann & Fox, this volume）。在使用高度沉浸式的娱乐媒介时，用户会产生在虚拟环境中实际在场的感觉——这种情况被称为远程在场或在场（Steuer, 1992）。对电子游戏的实证研究表明，在场会对享乐主义的娱乐体验产生积极影响（Tamborini & Bowman, 2010）。正如坦博里尼和鲍曼（2010, p.97）所述：“享受的享乐主义体验很可能源于游戏的高度唤醒特性，并且，带来卷入和沉浸的游戏技术所诱发的在场属性能够强化这种体验。”然而，也有一些经验证据表明，在场和沉浸不仅促进了享受和娱乐，而且增加了媒介的成瘾潜力（Seah & Cairns, 2008; Stavropoulos, et al., 2013）。斯塔夫罗普洛斯等人（Stavropoulos, et al., 2013）认为，媒介的吸引力是将在场感与积极体验、依赖感联系起来的关键因素之一。沉浸在虚拟环境中，并感觉在场于替代的幻想世界中，可以提供一种娱乐的、愉快的、暂时逃离日常压力的方式。但是，它也可能对某些过度使用（媒介）和否认现实的个体非常有吸引力。

在使用高度沉浸式媒介时，用户经常失去对时间和空间的觉察，花在虚拟世界中的时间比他们预期的要多（Sanders & Cairns, 2010）。在极端情况下，这可能导致完全失去控制，这在《精神障碍诊断与统计手册》(第5版）中被描述为成瘾使用的另一个症状。值得注意的是，媒介使用中时间感知的变化不仅在在场和沉浸研究的背景下被报告，而且在娱乐研究的另一个经典概念——心流理论中也扮演了重要角色。

心流的概念是由希克森·米哈利伊（Csíkszentmihályi, 1990）提出的，其最初不是作为媒介娱乐理论，而是作为享受和内在动机的一般理论被提出。心流可以发生在许多情况下，如工作、运动或休闲活动中，并被视为是完全快乐和最佳体验的状态（Csíkszentmihályi, 1990; Sweetser & Wyeth, 2005）。心流体验的一个重要前提是技能和挑战之间的完美匹配（Sweetser & Wyeth, 2005）。使用像数字游戏这样的互动媒介被认为非常适合诱发心流状态（Sherry, 2004），因为游戏的难度通常会随着玩家技能的提升而增大。心流已经被视为游戏享受的主要驱动因素（Sweetser & Wyeth, 2005; Fisher, Lonergan, Hopp, & Weber, this volume）；然而，希克森·米哈利伊所定义的心流（1990）元素也与成瘾症状有明显的相似之处。心流状态的特征是时间感的改变和对活动的深度卷入，其分散人们在日常生活中的挫折感（Sweetser & Wyeth, 2005）。对游戏和智能手机等媒介使用的研究发现，心流体验与过度使用和成瘾风险增加相关（Brailovskaia, et al., 2018; Khang, et al., 2013）。由此，最佳体验和成瘾症状的边界似乎是吻合的：导致心流的媒介互动能力使其具有高度的吸引力和愉悦性，但同时增加了其上瘾潜力。

双因素方法

几十年来，享乐主义一直主导着娱乐研究。最近推介的媒介娱乐双因素模型（Vorderer, 2011; Vorderer & Reinecke, 2012/2015）挑战了这一经典理解。他们认为，用户在娱乐媒介的使用过程中所体验到的享受并不仅仅是基于快乐的诱发和消极情绪状态的消除。例如，接触像苦情电影这样的令人厌恶的媒介内容不能用经典的方法来充分解释，因此有必要考虑超越享乐主义假设（Reinecke, et al., 2014）。

沃德勒和赖内克（2012/2015）区分了基于自我决定理论的双因素研究（SDT; Ryan,

et al., 2006; Tamborini, et al., 2010）和基于奥利弗的有意义娱乐概念的研究（Oliver & Bartsch, 2011; Oliver, et al., 2016）。下面，我们将解释这两种方法，并讨论它们与媒介成瘾研究的相关性。

有意义的娱乐

有意义娱乐的概念表明了实现主义娱乐成分与幸福的关系。实现主义幸福感与亚里士多德（公元前384年—公元前322年）等哲学家有关，他们认为幸福不仅取决于寻求快乐和享乐主义的乐趣，还取决于对更深刻的见解和精神激励的需求的满足（Oliver & Bartsch, 2011; Oliver, et al., 2016; Ryan & Deci, 2001; Janicke-Bowles, Bartsch, Oliver, & Raney, this volume），特别是有着复杂叙事的沉重的电影可以提供新的见解和意义，从而成为一种超越享乐主义的娱乐成分（Oliver & Bartsch, 2011）。意义以艺术价值、美德、与他人的关系，或者能够感受到快乐以外的情感（自豪）为基础（Oliver & Bartsch, 2011）。奥利弗等人（2016）的研究表明，具有复杂故事的电子游戏也有意义，不仅可以诱发享乐主义享受，还可以通过满足更深刻见解的需求而使玩家获得欣赏感受。此外，在媒介环境中体验的意义似乎还包括社交方面。罗格斯等人（Rogers, et al., 2017）最近的一项研究表明，用户认为游戏有意义是因为他们与游戏中角色及其他玩家建立了联系。有趣的是，玩家认为《最终幻想》和《魔兽世界》等复杂的角色扮演游戏是有意义的（Rogers, et al., 2017），而这类游戏被认为具有特别高的成瘾潜力（Elliot, et al., 2012; Lemmens & Hendriks, 2016）。

据我们所知，成瘾的媒介使用模式、意义和欣赏感受之间的联系尚未被系统地研究过。下面，我们将提出它们之间的一些可能联系。

根据定义，有意义的娱乐是一种娱乐形式，它发人深省、提供见解，让我们勤于思考。因此，有意义的娱乐比更少参与、更以消遣为导向的媒介娱乐内容更可能引发长期的专注状态。此外，更复杂的有意义的媒介内容也可能具有特别大的分散注意力的潜力，并能诱发更强的沉浸感和在场感，从而导致更高的参与度。其使用户增加使用时间，并在极端情况下否认现实。特别是那些在日常生活中缺乏意义和目标的人可能会以一种补偿性和有问题的方式使用有意义的娱乐。与这一假设相一致，多马希迪和匡特（Domahidi, Quandt, 2015）的一项基于访谈的研究表明，一些高度投入的玩家确实通过游戏来寻找意义。这种类型的玩家在日常生活中缺乏清晰的目标和意义，他们在试图摆脱对游戏的严重依赖时会遇到困难（Domahidi & Quandt, 2015）。

用批判的眼光来看，相较于最初由奥利弗及其同事提出的更加基于实现主义的意义解释［前面提到的罗杰斯等（2017）和奥利弗等（2016）的研究也主要采用这种视角］，多马希迪和匡特（2015）对意义的理解更多从社会学角度出发。特别是在非传统媒介（游戏）的语境下，意义的组成部分有哪些这一问题仍需进一步研究（Rogers, et al., 2017）。遵循这一路线，系统地研究在不同媒介环境中体验的意义元素如何与成瘾使用模式（以及潜在的机制，如补偿、分散注意力或沉浸）相关，可能是未来研究的一项有趣的任务。

自我决定理论

德西和赖恩（2000）将自我决定理论（SDT）设计为动机和目标追求的一般理论。自我决定理论的一个核心思想是，人类有3种基本的心理需求，这些需求的满足是幸福和有效运作（effective functioning）的基础（Deci & Ryan, 2000）。自我决定理论描述的3种需求是自主性（对自我满足和自由选择的期望）、归属感（对社会互动和人类亲密关系的渴望）和胜任感（感受自我效能和成功的愿望；Deci & Ryan, 2000）。自我决定理论假设人类的行为旨在满足这些心理需求，而需求满足行为的体验被认为是愉悦和快乐的。此外，这些基本心理需求的受挫被发现与幸福感下降和自我调节缺失相关（Deci & Ryan, 2000; Przybylyski, et al., 2009）。

赖恩等人（2006）率先将自我决定理论应用于娱乐媒介环境，他们的研究表明，数字游戏可以满足对自主性、胜任感和归属感的需求，玩游戏时满足这些需求可以提升享受感和幸福感。后续研究确认了这些发现（Tamborini, et al., 2010），并发现心理需求满足也可以促进其他娱乐媒介环境［社交网站（Reinecke, et al., 2014）或第一人称射击俱乐部］中的幸福感和享受（Reer & Krämer, 2018）。坦博里尼等人的研究（2011）支持了媒介娱乐的双因素结构，媒介享受可以被理解为享乐主义需求的满足（情绪和唤醒调节）和基本心理需求的满足（能力和自主）的结合。

自我决定理论也被应用于失调的娱乐媒介使用语境。普尔齐比尔斯基等人（Przybylski, et al., 2009）的研究表明，将日常生活需求满足与数字游戏使用以健康方式整合的个体，其在日常生活中的需求满足问题被发现“与更执着的激情、更多的玩游戏、更大程度的紧张和低游戏享受相关”（p.485）。同样，马苏尔等人（Masur, et al., 2014）的研究表明，日常生活中的需求受挫与Facebook成瘾呈正相关。此外，自主性、胜任感和归属感需求满足的缺失与使用Facebook的相应动机相关，进而与Facebook成瘾水平的提升相关。因此，Facebook成瘾可以被理解为一种试图弥补线下需求满足缺乏的努力（Masur, et al., 2014）。艾伦（Allen）和安德森（2018）最近的一项研究考察了基于游戏的自主性、胜任感和归属感需求满足/受挫与现实生活中的需求满足/受挫如何预测网络游戏障碍的情况。网络游戏障碍得分最高者的基于游戏的需求满足水平较高，但同时在日常生活中显示出需求满足的缺失。他们的研究结果进一步证实了这样的假设，即娱乐媒介的失调使用可以解释为对无法适应日常生活的补偿（Allen & Andersen, 2018; Masur, et al., 2014）。

媒介娱乐过度使用理论

媒介娱乐的理论方法有助于我们理解媒介使用失调。《国际疾病分类》（第11版）和《精神障碍诊断与统计手册》（第5版）对游戏成瘾有明确的定义。经典的享乐主义方法对人们使用媒介获得快乐体验的概念解释是获得积极的情绪状态或减少消极的情绪状态。这种见解特别有助于理解媒介使用的最初阶段，在此阶段它被视为“有趣的”或“快乐的”。因此，媒介内容的选择、情感驱动的使用以及与情感或情绪相关的消费管理都可以通过各种享乐主义方法来很好地解释。其中的一些理论已经暗示了为什么媒介使用能够从温和而克制的消费转变成有问题的行为。随着时间的推移，对更多积极体验或逃避消极情绪状态的持续需求可能会分散注意力和导致功能失调，心流体验可能在挑战增加和能力提升时转向失控（动态互动媒介，如电子游戏似乎特别符合这一点）。

同样地，实现主义娱乐方法可以解释那些不一定使人快乐，但有意义的媒介内容的选择和使用。这些内容可以填补用户生活中的意义空白，提供用户的其他生活体验无法提供的替代目标和生活意义。事实上，自我决定理论也支持与存在有关的3个基本心理需求——胜任感、归属感和自主性满足的观点。媒介可能在某些或全部需求方面超越用户日常生活中的其他体验，并在与用户相关的需求上覆盖这些体验，对那些有严重的日常生活问题和需求满足匮乏的人尤其如此。

虽然这些方法已经部分解释并暗示了媒介使用何时会变成有问题的和功能失调的行为，但它们并不直接针对“成瘾”建立模型。因此，在上述方法基础上将失调行为理论概念化，需要将解释元素合成、扩展和规范化。

在这些方法中，确实有一些相似之处可以作为起点：几乎所有的方法都推测了某个“引爆点”，在这个点上，一个完全正常或功能性的行为会失控。这暗示并需要两个相关的理论假设：①一个内部平衡控制系统；②基于时间的行为变化。这两个假设一开始看起来很平常，但其含义是高度相关的（而且很容易被忽视，因为其被认为是理所当然的）。“平衡”概念不一定与“最大化”概念一致，也就是说，一些娱乐方法模型被用来最大化一个数量或一组变量（有趣、快乐等），而平衡理论假设媒介的使用在实现最佳平衡的核心需求的复杂互动中发挥作用。在后一种方法中，其中一个方面的最大化可能会导致其他方面的消亡，从而随着时间的推移导致系统的不稳定。这也意味着在最大化时，日常生活需求是冲突的，在保持平衡时则可以实现和谐。但是，平衡似乎很脆弱（Reinecke & Meier, this volume）。控制是如何变成混乱的仍然是一个未解决的问题。基于时间的行为变化假设提醒我们，可能存在导致这种不协调的过程，其有可能再次回到平衡状态（Domahidi & Quandt, 2015）。有关媒介使用失调的许多研究方法和相关实证研究只关注健康用户与“成瘾”用户之间的差异，而没有分析这个过渡阶段，它可能对理解这种变化发生的实际原因至关重要。事实上，一些研究表明，与媒介相关的使用失调在较长的时间内可能不稳定（Rothmund, et al., 2018; Scharkow, et al., 2014）。

关于一个更复杂的控制/平衡系统的假设——而不是一个简单的“积极情绪最大化”/“消极情绪最小化”逻辑——也拓展了这个视角。与将使用与内容特征整合在一个简单的因果链中（本质上是将失调使用归咎于媒介内容）不同，这种思维类型的方法包括其他与媒介使用没有直接关系的外部因素。如前所述，一个人日常生活中缺乏意义可能是与媒介使用和其他因素（人格特征、边缘社会地位、更大的社会文化环境）同步的解释的一部分。纳入社会因素也指出了失调使用的规范层面。事实上，“什么时候使用成为一个问题”的意思是“它什么时候变得不正常”。显然，这总是意味着将一种被感知到的常态作为参考点（Billieux, et al., 2015; Quandt, 2017）。因此，偏离正常既取决于行为，也取决于在特定的社会历史背景下对“正常”的认知。在关于媒介成瘾的公开辩论中，它被忽视了。人们也忽视了物质使用（滥用）是相对于文化规范而言的事实。在某些国家和某些历史阶段，酒精、烟草和其他麻痹品的消费被认为是“正常的”，较长的媒介使用时间也可能被认为是合理的。

这些概念元素（内部平衡控制系统、基于时间的行为变化、多个层次的外生因素、规范背景）可以将上述娱乐理论整合到媒介娱乐（过度）使用的“五边形”框架模型中（见图40.1）。正如本章所指出的享乐主义、实现主义和基于SDT的方法并不是相互对立的，而是揭示了使用过程的各个方面，它们可以被整合到这样一个框架中。

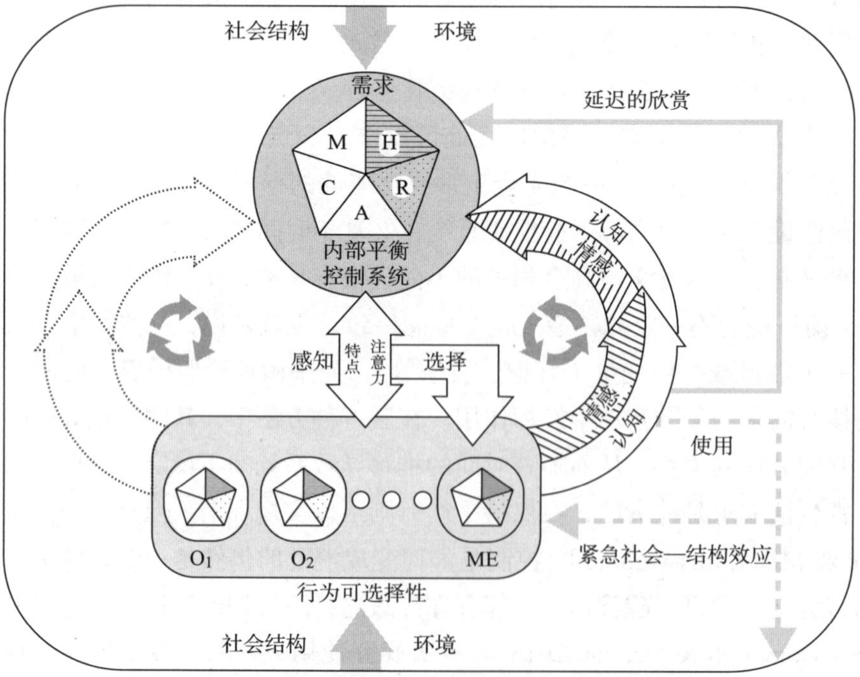

图40.1　五边形模型——媒介娱乐（过度）使用的框架

C=能力；A=自主；R=关系；M=意义需求；H=享乐主义需求；ME=媒介使用；O=其他活动

整合框架模型提出了一个与之前研究一致的、循环的和潜在的、加强的多步骤使用过程（Slater, 2007）。该模型是基于需求导向的对人类行为的一种理解。正如坦博里尼等人（2011）之前提出的那样，我们区分了享乐主义需求和非享乐主义需求。

享乐主义需求（H）包括唤醒和情绪调节，本质上是指经典娱乐理论中描述的机制（本章“经典娱乐理论”小节；模型中情感成分用交叉线表示）。

非享乐主义需求指的是由奥利弗概念化的实现主义成分（本章中关于“有意义的娱乐”小节）。奥利弗等人（2016）最近提出用“洞察力需求”这个词来描述对人类状况和生命意义问题的更深入理解。在我们的模型中，我们建议用术语“意义需求”（M）来进行稍微不同和更广泛的概念化。此外，非享乐主义需求还包括胜任感（C）、归属感（R）和自主性（A）3种基本心理需求，这与自我决定理论的假设（本章“自我决定理论”小节）一致。但是，需要注意的是，我们认为关系需求还包括情感元素，因为社会关系服务于认知和情感功能（在模型中显示为虚线）。在所提出的模型的核心，我们将所有需求安排在同名的“需求的五角形”中（见图40.1）。

我们假设人类不断检查环境以寻找满足个人需求的行为选择。如前所述，我们认为内部平衡控制系统正在保持这些平衡；从这个意义上说，最大化某种需求（其他方法提出的）不一定有利于其他需求，甚至可能不利于系统的平衡。行为选择可能包括媒介使用（ME）和许多其他活动（O_1、O_2……O_x）。例如，与工作相关的行为可能比其他活动更能发挥能力，反之，与朋友闲聊可能作为满足人际关系需求的来源，等等。事实上，使用非媒介替代品来满足需求已经在经典版本的使用与满足理论中讨论过了（Katz, et al., 1974）。在我们看来，关于可用选项的感知过程是双重的，既不受个人的控制，也不受外部世界的支配。一方面，由于各种原因（情境因素、可供性、交叉压力等），特定选项可能会变得突出。另一方面，个体也会关注内部过程。

如果个体选择了某个特定选项——可能是媒介娱乐——他会开始一个使用、满足和重复内部评估的循环过程。在模型中，我们区分了情感和认知维度。正如关于享乐主义和有意义的娱乐的理论所讨论的，媒介使用确实有情感成分（情绪处理）和认知成分（信息处理）。使用会导致满足系统在情感方面（享受、震惊、厌恶等）和认知方面（详细阐述、学习等）的即时，或者至少是短期的反应。这些满足会在内部平衡控制系统中根据最初的需求和不同的行为选择及体验被再次评估。在这里，我们没有在一个封闭的输入输出模型中进行直接的准数学比较（该模型是基于使用与满足范式完成的，Palmgreen & Rayburn, 1982），行为选项不一定是根据“非此即彼”原则选择和处理的。事实上，其他行为可能会导致平衡和需求满足的变化，增加媒介使用。从这个意义上说，媒介使用可以很好地容纳其他行为，或者在内部控制系统的评估过程中覆盖和替换它们。

除了需求、行为和即时满足的核心循环过程，模型中还包含了延迟效果部分。随着时间推移的使用或对以前体验的反思可以产生欣赏感受。在模型中，欣赏主要来自认知领域，因为它不是在体验媒介使用时产生的即时影响，而且它与有意义的体验直接相关（这被描述为“反思的”和“持久的”）。我们认为，这种延迟的欣赏与需求满足高度相关，特别是对更深层次意义的情感需求的满足。如果没有经验记忆和我们内部控制系统中的长期平衡，“需求”的内涵就很难概念化：需求因此被定义为一个基于时间的概念。它现在没有被满足，并指向一些还不存在的东西。因此，需求和需求满足是一个持续的基于时间的过程，我们推测它是延迟的、自反的反应，是合理的。

此外，除了对个体自身的直接反馈，媒介使用可能有利于我们所说的“紧急社会结构效应”（emergent socio-structural effects），也就是说，中观甚至宏观层面的变化不能归因于单一的行动者或行动，而应归因于许多个体的行动。社会结构上的人类行为的结果（通常是非意向性的），即规则和资源，已经在其他地方描述过了（在吉登斯的结构理论中；Giddens, 1984）。特别是，我们假设这些结果包括未来的行为选择——基于实际条件（许多电视剧可能会有第二季，成功的游戏特征会被复制，从而被行业更频繁地提供，等等）。此外，个体使用会有利于社会—结构环境，反过来，这会影响下一步行为选择和未来使用循环。

这个简化的框架模型可以用来解释平衡行为，但自然也会被失调使用卡在一个自我强化的循环中。例如，如果来自电子游戏的满足与欣赏大于其他选项，那么这可能会推动模型右侧的使用与满足循环，直到自我强化的圆形闭合（Allen & Anderson, 2018）。然而，该模型提醒我们，不要将其仅归因于“上瘾”的媒介特征（一些关于失调游戏的研究已经对此进行了讨论和考察；Elliot, et al., 2012; King, et al., 2011; Lemmens & Hendriks, 2016）。基于这里介绍的理念，人们也许会问，为什么没有其他令人满意的选择来重新平衡这个系统。或者用更通俗的话来说，一个人的生活里缺什么，就会将选择缩小为对它的重复行为。个人没有意识到其他选择，是不是因为它们没有变得突出？是否存在抑制或加强特定形式的需求满足的社会结构的经济作用？简而言之，该模型具有简单（和独立）的因果假设之外的解释可变性，同时试图将其元素限制在本章引入的概念和方法中。当然，这里概述的五边形框架模型非常宽泛，我们省略了一些因素，以使之更清晰和普遍化。由于它将娱乐理论与信息处理及媒介（过度）使用的心理学理论综合起来，因此它是有意折中的。

但是，我们相信这里介绍的概念元素与娱乐和成瘾理论很好地结合起来了。事实上，五边形框架模型也与更详细和更具体的失调媒介使用模型相兼容，如I-PACE（Brand, et al., 2016），它主要关注互联网使用失调，但涉及类似的基本概念。这些专业模型更加精确和复杂，我们的框架并不是要取代它们。相反，它是娱乐和成瘾研究富有成效的辩论起点，它似乎仍处于起步阶段（在IGD和ICD-11的讨论中可见；Aarseth, et al., 2017）——这场辩论对双方和本领域的理论进展都是有益的。

参考文献

Aarseth, E., Bean, A. M., Boonen, H., Colder Carras, M., Coulson, M., Das, D., … Van Rooij, A. J. (2017). Scholars' open debate paper on the World Health Organization ICD-11 Gaming Disorder proposal. *Journal of Behavioral Addictions*, 6(3), 267–270.

Allen, J. J., & Anderson, C. A. (2018). Satisfaction and frustration of basic psychological needs in the real world and in video games predict internet gaming disorder scores and wellbeing. *Computers in Human Behavior*, 84, 220–229.

Andreassen, C. S. (2015). Online social network site addiction: A comprehensive review. *Current Addiction Reports*, 2(2), 175–184.

APA (American Psychiatric Association). (2013). *Diagnostic and statistical manual of mental disorders* (5th ed.). Washington, DC: American Psychiatric Association.

Balakrishnan, J., & Griffiths, M. D. (2017). Social media addiction: What is the role of content in YouTube? *Journal of Behavioral Addictions*, 6(3), 364–377.

Bányai, F., Zsila, Á., Király, O., Maraz, A., Elekes, Z., Griffiths, M. D., … Demetrovics, Z. (2017). Problematic social media use: Results from a large-scale nationally representative adolescent sample. *PLoS One*, 12(1), e0169839.

Billieux, J., Schimmenti, A., Khazaal, Y., Maurage, P., & Heeren, A. (2015). Are we overpathologizing everyday life? A tenable blueprint for behavioral addiction research. *Journal of Behavioral Addictions*, 4(3), 119–123.

Boumosleh, J. M., & Jaalouk, D. (2017). Depression, anxiety, and smartphone addiction in university students-A cross sectional study. *PLoS One*, 12(8), e0182239.

Bowman, N. D., & Tamborini, R. (2012). Task demand and mood repair: The intervention potential of computer games. *New Media and Society*, 14(8), 1339–1357.

Brailovskaia, J., Rohmann, E., Bierhoff, H.-W., & Margraf, J. (2018). The brave blue world: Facebook Flow and Facebook Addiction Disorder (FAD). *PLoS One*, 13(7), e0201484.

Brand, M., Young, K. S., Laier, C., Wölfling, K., & Potenza, M. N. (2016). Integrating psychological and neurobiological considerations regarding the development and maintenance of specific Internet-use disorders: An Interaction of Person-Affect-Cognition-Execution (I-PACE) model. *Neuroscience and Biobehavioral Reviews*, 71, 252–266.

Bryant, J., & Zillmann, D. (1984). Using television to alleviate boredom and stress: Selective exposure as a function of induced excitational states. *Journal of Broadcasting and Electronic Media*, 28(1), 1–20.

Casale, S., & Fioravanti, G. (2018). Why narcissists are at risk for developing Facebook addiction: The need to be admired and the need to belong. *Addictive Behaviors*, 76, 312–318.

Csíkszentmihályi, M. (1990). *Flow: The psychology of optimal experience*. New York, NY: Harper.

Deci, E. L., & Ryan, R. M. (2000). The "what" and "why" of goal pursuits: Human needs and the self-determination of behavior. *Psychological Inquiry*, 11(4), 227–268.

Dibdin, T. F. (1811). *Bibliomania or book madness: A bibliographical romance* (2nd ed.). London, UK: Henry G. Bohn.

Domahidi, E., & Quandt, T. (2015). "And all of a sudden my life was gone … ": A biographical analysis of highly engaged adult gamers. *New Media and Society*, 17(7), 1154–1169.

Dongdong, L., Liau, A., & Khoo, A. (2011). Examining the influence of actual-ideal selfdiscrepancies, depression, and escapism, on pathological gaming among massively multiplayer online adolescent gamers. *Cyberpsychology, Behavior, and Social Networking*, 14(9), 535–539.

Elliott, L., Ream, G., McGinsky, E., & Dunlap, E. (2012). The contribution of game genre and other use patterns to problem video game play among adult video gamers. *International Journal of Mental Health and Addiction*, 10(6), 948–969.

Giddens, A. (1984). *The constitution of society: Outline of the theory of structuration*. Cambridge, UK: Polity.

Grubbs, J. B., Volk, F., Exline, J. J., & Pargament, K. I. (2015). Internet pornography use: Perceived addiction, psychological distress, and the validation of a brief measure. *Journal of Sex and Marital Therapy*, 41(1), 83–106.

Henning, B., & Vorderer, P. (2001). Psychological escapism: Predicting the amount of television viewing by need for cognition. *Journal of Communication*, 51(1), 100–120.

Hussain, Z., Griffiths, M. D., & Sheffield, D. (2017). An investigation into problematic smartphone use: The role of narcissism, anxiety, and personality factors. *Journal of Behavioral Addictions*, 6(3), 378–386.

Jackson, H. (1930). *The anatomy of bibliomania*. London, UK: Soncino Press.

Katz, E., Blumler, J. G., & Gurevitch, M. (1974). Uses and gratifications research. *Public Opinion Quarterly*, 37, 509–523.

Katz, E., & Foulkes, D. (1962). On the use of the mass media as "escape": Clarification of a concept. *Public Opinion Quarterly*, 26(3), 377–388.

Katz, E., Haas, H., & Gurevitch, M. (1973). On the use of the mass media for important things. *American Sociological Review*, 38(2), 164–181.

Khang, H., Kim, J. K., & Kim, Y. (2013). Self-traits and motivations as antecedents of digital media flow and addiction: The Internet, mobile phones, and video games. *Computers in Human Behavior*, 29(6), 2416–2424.

King, D. L., Delfabbro, P. H., & Griffiths, M. D. (2011). The role of structural characteristics in problematic video game play: An empirical study. *International Journal of Mental Health and Addiction*, 9(3), 320–333.

Kircaburun, K., & Griffiths, M. D. (2018). Instagram addiction and the Big Five of personality: The mediating role of self-liking. *Journal of Behavioral Addictions*, 7(1), 158–170.

Knobloch, S., & Zillmann, D. (2002). Mood management via the digital jukebox. *Journal of Communication*, 52(2), 351–366.

Kubey, R., & Csíkszentmihalyi, M. (2002). Television addiction is no mere metaphor. *Scientific American*, 286, 74–80.

Lemmens, J. S., & Hendriks, S. J. (2016). Addictive online games: Examining the relationship between game genres and internet gaming disorder. *Cyberpsychology, Behavior, and Social Networking*, 19(4), 270–276.

Männikkö, N., Billieux, J., Nordström, T., Koivisto, K., & Kääriäinen, M. (2017). Problematic gaming behaviour in Finnish adolescents and young adults: Relation to game genres, gaming motives and self-awareness of problematic use. *International Journal of Mental Health and Addiction*, 15(2), 324–338.

Masur, P. K., Reinecke, L., Ziegele, M., & Quiring, O. (2014). The interplay of intrinsic need satisfaction and Facebook specific motives in explaining addictive behavior on Facebook. *Computers in Human Behavior*, 39, 376–386.

McIlwraith, R., Smith Jacobvitz, R., Kubey, R., & Alexander, A. (1991). Television addiction: Theories and data behind the ubiquitous metaphor. *American Behavioral Scientist*, 35(2), 104–121.

Mihara, S., & Higuchi, S. (2017). Cross-sectional and longitudinal epidemiological studies of Internet gaming disorder: A systematic review of the literature. *Psychiatry and Clinical Neurosciences*, 71(7), 425–444.

Oliver, M. B., & Bartsch, A. (2011). Appreciation of entertainment: The importance of meaningfulness via virtue and wisdom. *Journal of Media Psychology*, 23(1), 29–33.

Oliver, M. B., Bowman, N. D., Woolley, J. K., Rogers, R., Sherrick, B. I., & Chung, M. Y. (2016). Video games as meaningful entertainment experiences. *Psychology of Popular Media Culture*, 5(4), 390–405.

Palmgreen, P., & Rayburn, J. D., II (1982). Gratifications sought and media exposure: An expectancy value model. *Communication Research*, 9(4), 561–580.

Pontes, H. M. (2017). Investigating the differential effects of social networking site addiction and internet gaming disorder on psychological health. *Journal of Behavioral Addictions*, 6(4), 601–610.

Pontes, H. M., & Griffiths, M. D. (2015). Measuring DSM-5 internet gaming disorder: Development and validation of a short psychometric scale. *Computers in Human Behavior*, 45, 137–143.

Przybylski, A. K., Weinstein, N., Ryan, R. M., & Rigby, C. S. (2009). Having to versus wanting to play: Background and consequences of harmonious versus obsessive engagement in video games. *CyberPsychology and Behavior*, 12(5), 485–492.

Quandt, T. (2017). Stepping back to advance: Why IGD needs an intensified debate instead of a consensus. A commentary to Kuss et al. (2017). *Journal of Behavioral Addictions*, 6(2), 121–123.

Reer, F., Festl, R., & Quandt, T. (2020). Investigating problematic social media and game use in a nationally representative sample of adolescents and younger adults. *Behaviour & Information Technology* (online first).

Reer, F., & Krämer, N. C. (2018). Psychological need satisfaction and well-being in first-person shooter clans: Investigating underlying factors. *Computers in Human Behavior*, 84, 383–391.

Reinecke, L., Vorderer, P., & Knop, K. (2014). Entertainment 2.0? The role of intrinsic and extrinsic need satisfaction for the enjoyment of Facebook use. *Journal of Communication*, 64(3), 417–438.

Rieger, D., Frischlich, L., Wulf, T., Bente, G., & Kneer, J. (2015). Eating ghosts: The underlying mechanisms of mood repair via interactive and noninteractive media. *Psychology of Popular Media Culture*, 4(2), 138–154.

Rogers, R., Woolley, J., Sherrick, B., Bowman, N. D., & Oliver, M. B. (2017). Fun versus meaningful video game experiences: A qualitative analysis of user responses. *Computer Games Journal*, 6(1–2), 63–79.

Rothmund, T., Klimmt, C., & Gollwitzer, M. (2018). Low temporal stability of excessive video game play in German adolescents. *Journal of Media Psychology*, 30(2), 53–65.

Rumpf, H.-J., Achab, S., Billieux, J., Bowden-Jones, H., Carragher, N., Demetrovics, Z., … Poznyak, V. (2018). Including gaming disorder in the ICD-11: The need to do so from a clinical and public health perspective. *Journal of Behavioral Addictions*, 7(3), 556–561.

Ryan, R. M., & Deci, E. L. (2001). On happiness and human potentials: A review of research on hedonic and eudaimonic well-being. *Annual Review of Psychology*, 52(1), 141–166.

Ryan, R. M., Rigby, C. S., & Przybylski, A. (2006). The motivational pull of video games: A self-determination theory approach. *Motivation and Emotion*, 30(4), 344–360.

Sanders, T., & Cairns, P. (2010). Time perception, immersion and music in videogames. In T. McEwan & L.

M. McKinnon (Eds.), *Proceedings of the 24th BCS interaction specialist group conference* (pp. 160–167). Swindon, UK: BCS.

Scharkow, M., Festl, R., & Quandt, T. (2014). Longitudinal patterns of problematic computer game use among adolescents and adults—A 2-year panel study. *Addiction*, 109(11), 1910–1917.

Seah, M., & Cairns, P. (2008). From immersion to addiction in videogames. In D. England (Ed.), *Proceedings of the 22nd British HCI group annual conference on people and computers: Culture, creativity, interaction* (pp. 55–63). Swindon, UK: BCS.

Sherry, J. L. (2004). Flow and media enjoyment. *Communication Theory*, 14(4), 328–347.

Slater, M. D. (2007). Reinforcing spirals: The mutual influence of media selectivity and media effects and their impact on individual behavior and social identity. *Communication Theory*, 17, 281–303.

Stavropoulos, V., Alexandraki, K., & Motti-Stefanidi, F. (2013). Flow and telepresence contributing to Internet abuse: Differences according to gender and age. *Computers in Human Behavior*, 29(5), 1941–1948.

Steuer, J. (1992). Defining virtual reality. *Journal of Communication*, 42(4), 73–93.

Sweetser, P., & Wyeth, P. (2005). GameFlow: A model for evaluating player enjoyment in games. *Computers in Entertainment*, 3(3), 3.

Tamborini, R., & Bowman, N. D. (2010). Presence in videogames. In C. C. Bracken & P. D. Skalski (Eds.), *Immersed in media. Telepresence in everyday life* (pp. 87–109). New York, NY: Routledge.

Tamborini, R., Bowman, N. D., Eden, A., Grizzard, M., & Organ, A. (2010). Defining media enjoyment as the satisfaction of intrinsic needs. *Journal of Communication*, 60(4), 758–777.

Tamborini, R., Grizzard, M., Bowman, N. D., Reinecke, L., Lewis, R. J., & Eden, A. (2011). Media enjoyment as need satisfaction: The contribution of hedonic and nonhedonic needs. *Journal of Communication*, 61(6), 1025–1042.

Tang, W. Y., Reer, F., & Quandt, T. (2020). The interplay of gaming disorder, gaming motivations, and the dark triad. *Journal of Behavioral Addictions*, 9(2), 491–496.

Tokunaga, R. S. (2015). Perspectives on internet addiction, problematic internet use, and deficient self-regulation: Contributions of communication research. In E. L. Cohen (Ed.), *Communication Yearbook* 39 (pp. 131–161). New York, NY: Routledge.

van den Eijnden, R. J., Lemmens, J. S., & Valkenburg, P. M. (2016). The social media disorder scale. *Computers in Human Behavior*, 61, 478–487.

Vorderer, P. (1996). Rezeptionsmotivation: Warum nutzen Rezipienten mediale Unterhaltungsangebote? [Reception motivation: Why do recipients use media entertainment?] *Publizistik*, 3, 310–326.

Vorderer, P. (2011). What's next? Remarks on the current vitalization of entertainment theory. *Journal of Media Psychology*, 23(1), 60–63.

Vorderer, P., & Halfmann, A. (2019). Why do we entertain ourselves with media narratives? A theory of resonance perspective on entertainment experiences. *Annals of the International Communication Association*, 43(2), 79–96.

Vorderer, P., & Reinecke, L. (2012). Zwei-Prozess-Modelle des Unterhaltungserlebens: Unterhaltung im Schnittbereich hedonischer und non-hedonischer Bedürfnisbefriedigung [Two-process models of entertainment: entertainment in the intersection between hedonic and non-hedonic need satisfaction]. In L. Reinecke & S. Trepte (Eds.), *Unterhaltung in neuen Medien. Perspektiven zur Rezeption und Wirkung von Online-Medien und interaktiven Unterhaltungsformaten [New media entertainment. Perspectives towards the reception and effects of online media and interactive entertainment formats]* (pp. 12–29). Köln, Germany: von Halem.

Vorderer, P., & Reinecke, L. (2015). From mood to meaning: The changing model of the user in entertainment research. *Communication Theory*, 25(4), 447–453.

WHO (World Health Organization). (2020). *International classification of diseases* (11th ed.). ICD-11 for Mortality and Morbidity Statistics (Version 09/2020). Retrieved from https://icd.who.int/browse11/l-m/en

Yee, N. (2006). Motivations for play in online games. *Cyberpsychology and Behavior*, 9(6), 772–775.

Young, K. S. (1998). Internet addiction: The emergence of a new clinical disorder. *Cyberpsychology and Behavior*, 1(3), 237–244.

Zillmann, D. (1988). Mood management through communication choices. *American Behavioral Scientist*, 31(3), 327–340.

第四十一章　娱乐—教育的理论化

——娱乐理论发展的补充视角

王华
阿尔文德·辛格尔

讲故事是人类非常古老的交流形式之一，也是信息共享、创造意义的基本机制（Fisher, 1989）。故事的叙事结构将我们带入一个曲折的情节，将我们从生存现实传输到另一个不同时空的世界（Gerrig, 1993）。随着20世纪大众媒介，尤其是广播和电视的迅速发展，这种叙事体验大大扩展了，吸引了数亿新听众和观众（Singhal & Rogers, 1999; Zillmann, 2000b）。虽然这些新技术被认为会引领社会进入所谓的信息时代，但许多研究表明，它们也带来了一个"娱乐时代"（Vorderer, 2001; Zillmann, 2000b）。例如，大约65年前，赫尔佐格（Herzog, 1944）率先将日间广播剧作为一种娱乐，分析听众的社会人口特征以及他们高度卷入的原因。十几年后，霍顿和沃尔（1956）将拟社会互动现象进行了理论化，描述了高度参与的电视观众和娱乐媒介名人之间出现的单向对话和关系。

尽管这些早期的出版物预示着娱乐时代的到来，但有意识地、系统地将娱乐理论化的努力开始于道尔夫·齐尔曼及其合作者在20世纪70年代的工作（Vorderer & Halfmann, 2019; Vorderer & Reinecke, 2015）。

从那时起，娱乐理论研究经历了不同阶段，取得了多项标志性成果。

从20世纪80年代到21世纪初，娱乐开始被认为是社会科学研究的合法场所，主要被定义为逃避现实。也就是说，它通过心理转移、即时娱乐或延迟满足帮助人们逃避现实。媒介享受的概念是享乐主义方法的核心。这一阶段的娱乐理论聚焦于媒介如何帮助人们改善情绪（Vorderer, 2001; Zillmann, 1988/2000b）。

从21世纪初开始，娱乐理论经历了一个从"情绪到意义"的范式转移。越来越多的研究不仅关注媒介享受，也关注媒介欣赏，所谓的双因素模型（Vorderer, 2011; Vorderer & Ritterfeld, 2009）被提出。这一时期的理论框架聚焦于娱乐如何激发观众更深层次思考的能力，通过媒介消费的体验促进他们寻找生活意义（Oliver, 2008; Oliver & Bartsch, 2010; Tamborini, Bowman, Eden, Grizzard, & Organ, 2010）。

最近，娱乐理论化已经转向一种内在驱动的关系视角，通过“自我超越的媒介体验”来强调自我与外部世界之间的联系（Oliver, et al., 2018）。罗莎（2018）将这种体验称为“共鸣”，也就是说，个体在媒介接触中通过感受感动或理解与世界产生联系（Vorderer & Halfmann, 2019）。

在过去的50年里，这些理论视角为娱乐媒介和叙事体验提供了重要的见解。到2020年，大多数学者都同意，信息和娱乐并不是两个相互排斥的领域。事实上，它们在我们的后现代社会中比以往任何时候都更紧密地交织在一起。有大量的信息节目是娱乐化的，也有大量的娱乐节目是信息性和教育性的。简单地说，如果娱乐和信息/教育代表了一个连续体的两端，那么娱乐理论的发展就开始于娱乐端。本章的重点，娱乐—教育（EE）理论则从教育端开始。

在历史上很长一段时间里，娱乐主要是上层社会的一种特权（Zillman, 2000b）。到目前为止，大多数娱乐理论研究是在北美和西欧进行的。因此，大多数娱乐理论都是建立在对个人的自主权、选择和偏好的假设之上的。毫不奇怪，大多数关于娱乐的实证研究都是通过在大学生中进行的对照实验进行的，采用统一的方法和被称为“WEIRD”（西方的、受过教育的、工业化的、富裕的、民主的）的样本偏差（Eden, Tamborini, Grizzard, Lewis, Weber, & Prabhu, 2014, p.514）。我们这里回顾的娱乐—教育理论、研究和实践近几十年出现在发展中国家。即使娱乐—教育进入发达国家语境，这些研究也旨在服务于弱势群体。当娱乐—教育理论在20世纪70年代开始兴起时，娱乐理论在媒介心理学和传播研究中站稳了脚跟。我们认为，娱乐—教育理论的进展为跨学科的娱乐理论发展提供了一个独立而互补的视角。

在本章中，我们首先提供一个关于娱乐—教育的历史视角，突出其基础理论的变化。然后，我们讨论娱乐—教育更现代化的理论模型，特别是在叙事说服领域相互联系和融合的理论模型。最后，我们解释娱乐—教育跨媒介叙事的新现象，即跨媒介教育-娱乐，以及它如何推动和挑战娱乐理论的持续发展。

娱乐—教育理论的建立

在过去的几十年里，与不断发展的实践同步，人们对娱乐—教育越来越感兴趣。要判断娱乐—教育的走向，回顾一下其迄今为止的发展历程是有指导意义的。

娱乐—教育的开始

在早期，娱乐—教育被认为是“有目的地设计和实施娱乐和教育媒介信息的过程，其旨在强化受众对教育议题的认知、创造良好的态度、改变公开的行为”（Singhal & Rogers, 1999, p.9; Singhal, Cody, Rogers, & Sabido, 2004, p.5）。娱乐—教育的流行或多或少与一部叫《单纯的玛丽亚》（秘鲁）的电视剧有关，它在1969年至1971年间共播出了448小时的剧集。随后，《单纯的玛丽亚》热迅速席卷了中美洲和南美洲（Singhal, Obregon, & Rogers, 1994）。这是一个围绕着主人公玛丽亚的灰姑娘故事。玛丽亚是一个移民，被一个英俊的医科学生诱惑，怀孕后被遗弃，努力过着女佣生活。玛丽亚决心要活下来，所以她白天工作，晚上报名参加成人扫盲课程。凭借努力工作和强大动机，她很快利用辛格缝纫机发展了裁缝技能，成为一名时装设计师，并最终在巴黎建立了一个商业帝国（Singhal, et al., 1994）。《单纯的玛丽亚》获得了85%的平均收视率，有些剧集接近100%。观众模仿玛丽亚，导致辛格缝纫机的销量飙升，拉丁美洲的成人识字课程的入学人数也在增加（Singhal & Rogers, 1999）。它本是商业电视网上又一部帮助人们打发时间的引人入胜的肥皂剧，结果变成了一个更有价值的东西。

受《单纯的玛丽亚》的收视成功和附带的教育效果的启发，墨西哥电视编剧兼制片人、导演米格尔·萨比多（Miguel Sabido）开发了一种被称为萨比多方法的制片方式，有目的地利用娱乐媒介讲故事的力量来实现亲社会目标。其关键要素包括：一套道德准则，一群或正面或负面的人物作为角色模型，个体经过思考、怀疑和克服障碍并取得最终胜利的直面现实和追求进步的叙事结构，利用基础设施/现有资源促进公共讨论、支持社会变革（Singhal, Wang, & Rogers, 2013）。在1975年到1982年之间，萨比多尝试生产了7部娱乐—教育电视剧来促进成人识字和计划生育等议题的讨论，改善了数百万人的生活（Sabido, 2004）。例如，他的首部娱乐—教育电视剧《文·康米戈》（《跟我来》）宣传了文盲可耻的理念，激发了50万观众参加墨西哥国家成人教育项目。他最早的3部关于计划生育的娱乐—教育电视剧是墨西哥人口增长率从3.7%下降到2.4%的主要原因。如果没有如此有力的娱乐—教育干预，墨西哥今天还会多5000万人口（萨比多引用弗里德曼2013年的话）。

从那时起，萨比多方法在全球滚雪球式的发展催生了印度的《嗡嗡日志》（《我们人民》）和坦桑尼亚的《纳瓦卡提》（《让我们与时代共进》）等电视、广播肥皂剧（Singhal & Rogers, 1999）。20世纪70年代和80年代人们的早期努力对弱势群体受众产生了强烈的、可衡量的心理和社会影响，为娱乐—教育在过去50年间被承认为社会科学的研究领域铺平了道路（SBCC峰会报告，2018; Singhal, et al., 2013; Storey & Sood, 2013）。

萨比多方法的理论基础

人们较少认识到的是，萨比多在开发娱乐—教育电视剧时，实际上研究了人类交流理论，并将其纳入萨比多方法。在萨比多的实验中，有4种理论特别重要：本特利（Bentley, 1967）的戏剧理论、荣格（1953/1970）的原型理论、麦克里恩（MacLean,

1973）的三位一体大脑理论和班杜拉（1977/1986）的社会学习/认知理论（见表41.1）。

表41.1　娱乐—教育的基础理论

理论	创立者	时间	主张	影响
戏剧理论	本特利	1967	戏剧叙事有不同的类型和调性（情节剧、悲剧）	选择情节剧的类型来创造娱乐—教育叙事，对可取的（好的）和不受欢迎的（坏的）进行比较，并允许观众在其中进行选择
原型理论	荣格	1953	某些模式和意象（英雄和英雄的斗争）对我们的集体无意识具有普遍的吸引力	构建道德结构和原型框架，角色——主角和对手——在其中发挥作用
三位一体大脑理论	麦克里恩	1973	人脑有3种信息处理途径	了解演员应该如何通过身体的不同部位传递能量，以引起观众的身体、情感和智力反应
社会学习理论	班杜拉	1977	社会建模和观察学习可以促进自我效能与改变	将积极、消极和转变性角色作为观众可以在大众媒介中观察到的榜样，以促进认知、态度和行为的改变

本特利（1967）将戏剧划分为5种类型：悲剧、喜剧、正剧、闹剧和情节剧。他的书——《戏剧生活》帮助萨比多理解各种戏剧讲故事的形式，告诉他如何选择情节剧类型来创作有益于社会的商业娱乐剧（Sabido, 2002/2004）。与今天一两个小时的戏剧（用于媒介运动的30秒公益广告）相比，萨比多方法的连续剧都是100多集，其允许作家和制片人开发人物、情节与轨迹，这样他们就可以解决复杂的健康问题和社会问题。夸张的连续剧对观众具有强烈的情感吸引力。

荣格（1953）的集体无意识理论认为，人类的头脑具有先天的特征，如作为进化结果的祖先记忆的印刻。正如荣格（1953）所说，“一个人出生时，世界的形式已经以虚拟形象在他身上与生俱来了”（p.188）。原型就是这样一种具有普遍的跨文化意义的模式和意象（Jung, 1970）。在将荣格的理论应用于娱乐—教育电视剧时，萨比多（2004）为教育主题开发了一个道德框架，基于原型形象构建了主角和对手——如“英雄的旅程”——以及“英雄斗争”的所有相关价值观，也就是说，英雄没有被邪恶征服，而是以荣誉和恩典战胜了邪恶。通过在电视剧中粗略地描绘和融入荣格的原型，萨比多能够走进人的心灵深处。

麦克里恩（1973）的三位一体大脑理论强调人类大脑处理信息的3个主要途径：第1个是大脑的原始部分，其负责身体运动和身体的直觉反应；第2个是大脑的边缘系统，其负责深层感觉，让人们做出情感反应；第3个是大脑的新皮层，其负责逻辑推理和决策，作为理性的存在引导人。萨比多（2002/2004）广泛研究了麦克里恩的三位一体大脑理论，并发展了自己的“声调理论”（theory of tones），阐明演员如何集中和引导身体不同部位（骨盆或眼睛）的能量，以潜在地激活观众大脑中的身体运动、情感反应和理性逻辑部分。根据观众对场景的反应类型，不同的触发器可以通过不同途径激发受众反应。例如，即使在一个简单的特写镜头中，一个演员也可以用他的眼睛来引导愤怒（身体反应）、同情（情感反应）或理性（智力反应）。

班杜拉（1977/1986）的社会学习/认知理论为萨比多操作、安排情节剧系列中的角色提供了指南——谁做什么、什么时候做、产生什么结果。从本质上说，这个理论解释了人类如何通过观察学习来习得新行为——无论是通过真实的还是替代的榜样（通过电视剧），习得新行为并不意味着要去实际实施，新行为的实践可能性取决于接收到的正向和负向强化的程度。作为我们这个时代非常著名的社会心理学家之一的班杜拉，其社会学习/认知理论不仅研究了20世纪60年代和70年代的暴力行为，还为娱乐—教育领域的理论构建提供了有关角色建模、观察学习、自我教育和集体教育的内容（Bandura, 1977/1986/2004）。

20世纪70年代中期是娱乐—教育理论的形成期，萨比多来到斯坦福大学与班杜拉会面（《只是传奇》，2013）。班杜拉（1977）的理论帮助萨比多通过正面角色（奖励亲社会行为）、负面角色（惩罚反社会行为）、转变性角色（开始具有消极思想和行动，但随着时间的推移开始直面挑战、克服阻碍来获得好的认知、态度和行为）来开发角色模型的力量（Bandura & Sabido, 2004）。班杜拉（2004）认为，将他的理论纳入娱乐—教育是一种“媒介赋能”（enabling media）策略，娱乐—教育通过赋予媒介叙事产生行动和社会变革的力量，从本质上促进人类的能动性。直到今天，班杜拉（1977/1986）的社会学习/认知理论仍然是娱乐—教育研究的主导理论（Sood, Menard, & Witte, 2004; Sood, Riley, & Alarcon, 2017）。

将娱乐—教育与娱乐理论联系起来

这些作为娱乐—教育基础的理论发展和理解，与娱乐理论的早期发展并行，特别是它的最初30年（20世纪70年代以后）。不同的是，媒介心理学家专注于研究美国等国家的娱乐消费者的选择、使用和满足，而娱乐—教育从业者和研究者聚焦于对墨西哥等国家中娱乐内容如何激励和促进行为及社会变革的信息传播与理论建模。近年来，娱乐—教育与娱乐理论似乎正在走向融合，尤其是在与叙事说服有关的领域。

为了理解这种融合，有必要分析奥利弗和巴特奇（Bartsch, 2010）对268名美国本科生的研究。研究调查了学生们对最近消费的标准长度的娱乐电影的满意度。他们发现，剧情片与观众的娱乐体验最密切相关，也就是说，与喜剧和动作片相比，剧情叙事更感人、更发人深省、更有意义（Oliver & Bartsch, 2010）。类似地，娱乐—教育和娱乐理论的融合也在坦博里尼与同事的研究中有所体现。他们在对美国大学生的在线实验中发现，连续剧的叙事结构能为复杂认知和行为角色建模提供优势，尤其是在让观众参与与现实生活场景相关的道德思考和判断时（Eden, et al., 2014; Tamborini, Weber, Eden, Bowman, & Grizzard, 2010）。有趣的是，坦博里尼等人（2010）结合了班杜拉（1986）的社会认知理论和齐尔曼（2000）的倾向理论来预测与解释日间肥皂剧观众的道德判断。他们发现，观众接触的连续剧越多，他们对主角的感知就越极端。随着时间的推移，负面角色变得更坏了，正面角色则变得更好了。反过来，这种角色偏好的极化也影响了观众对节目结局是否正义的感知。

娱乐—教育的演化与新兴理论

娱乐—教育的增长与娱乐媒介研究的演化相交叉、共繁荣。特别是媒介心理学家和传播研究人员一直在推进理论模型，以更好地理解叙事说服的潜在过程。

娱乐—教育理论的发展与多元化

随着新技术的出现和媒介的不断变化，在过去几年里，娱乐—教育的定义一直在演化。2009年提出的新定义强调娱乐—教育是“一种基于理论的传播策略，其在娱乐节目的创作、生产、处理、传播过程中有目的地嵌入教育和社会议题，从而在目标用户中实现预期的个人、社区、机构和社会改变”（Wang & Singhal, 2009, p.272–273）。重新定义是必要的，因为娱乐—教育节目已经超越广播和电视剧，涵盖了音乐视频、卡通、漫画、网络剧和数字游戏，并从发展中国家传播到工业化国家中的弱势群体受众（Singhal, 2013; Singhal, et al., 2004; Singhal, et al., 2013; Wang, Choi, Wu, & DeMarle, 2018; Wang, Wu, Choi, & DeMarle, 2019）。

虽然娱乐—教育的4种基础理论在过去几十年里指导了大量的娱乐—教育实践和研究，但其他的理论视角也已经出现，提供了对潜在的心理机制的见解，以解释叙事如何影响受众。一些学者和娱乐—教育从业者在著作中整合了一般说服理论（Sood的案例，2004; Sood, et al., 2017），如理性行动与计划行动理论（Ajzen, 1991; Fishbein & Ajzen, 1975）、变化阶段（DiClemente & Prochaska, 1985）和精细加工可能性模型（Petty & Cacioppo, 1986）。但是，娱乐—教育的作用方式是差异化的，从传统的说服策略，即教育信息被含蓄、微妙、创造性地融入，到有目的的叙事，其旨在吸引、接触和影响受众（Slater, 1997/2002a/2002b）。因此，有必要理解这些叙事是如何影响受众心理的，也就是说，受众参与娱乐—教育如何有助于创造改变社会的心理条件。虽然传统娱乐—教育研究集中于拟社会互动（Papa, et al., 2000; Sood, 2002），但人们对整合叙事传播理论（Hinyard & Kreuter, 2007; Walter, Cody, & BallRokeach, 2018）的兴趣激增（Bálint & Bilandzic, 2017; Bilandzic & Kinnebrock, 2009）。

理解娱乐—教育中的叙事说服

本节我们将回顾4种相关和重叠的理论视角/模型：格林和布洛克（2000）的传输理论、科恩（2001）的媒介角色认同理论、斯莱特和罗纳（Rouner, 2002）的扩展精细加工可能性模型（E-ELM）以及莫耶-古塞（Moyer-Guse, 2008）的娱乐克服阻力模型（EORM）（见表41.2）。

表41.2　娱乐—教育中的新兴理论

理论	创立者	时间	主张
传输	格林 布洛克	2000	一种让观众感觉被传输和沉浸在叙事世界中的机制
认同	科恩	2001	观众对媒介角色进行认知和产生情感共鸣的过程
扩展精细加工可能性模型/E-ELM	斯莱特 罗纳	2002	不同于双重过程，叙事吸收和角色认同共同促进改变
娱乐克服阻力模型/EORM	莫耶-古塞	2008	拟社会互动、传输、认同、感知相似性和喜欢在减少反驳时发挥了不同的作用

格林和布洛克（2000）解释了人们“迷失”在故事世界中的心理过程——一种共同的体验和“注意力、意象和感觉的总体整合”（p.701）。无论是读者、听众还是观众，当他们沉浸在故事世界中时，他们可能会失去对周围环境的知觉，感觉自己去过一个不同的时空并获得了替代现实的体验（Green & Brock, 2000/2002; Gerrig, 1993）。当叙事展开时，传输到故事世界代表了一种心流形式（Csikszentmihalyi, 1990）。总的来说，受众的被传输感越强，他们就越有可能采用与故事情节一致的信念（Green & Brock, 2000/2002）。传输可以调节娱乐—教育信息传播的效果，有助于心理甚至行为结果的积极强化，如支持患者维持正常生活方式、参与讨论以及寻求娱乐—教育故事情节中的关键健康情境信息（Murphy, Frank, Moran, & Patnoe-Woodley, 2011）。

科恩（2001）认为，这是“一个富有想象力的过程，受众在其中采用角色的身份、目标和视角”（p.261）。当一个人认同媒介角色时，他/她会变得有共情，让自己以角色的视角看待世界、考虑情况、感受情感；这个过程必然会弱化一个人的自我意识（Cohen, 2001/2006）。这个关于认同的理论框架有别于受众对媒介角色的其他类型的心理反应，如感知相似性、喜欢、亲近、模仿、传输、拟社会互动和崇拜（Brown, 2015; Cohen, 2001/2006; Tal-Or & Cohen, 2010）。一般来说，受众越认同一个媒介角色，他们就越有可能对由角色塑造的行为和议题持积极态度与意愿，如更有可能与伴侣讨论性传播感染并接受检测（Moyer-Guse, Chung, & Jain, 2011）。

斯莱特（2002b）认为，人们处理信息的差异是基于他们的目标和信息类型，因此，扩展传统的显性说服（blatant persuasion）的精细加工可能性模型来解释娱乐内容的享乐主义过程是至关重要的。在享乐主义过程方面，娱乐—教育属于内隐说服信息而非显性说服信息（Slater, 1997/2002a/2002b）。斯莱特和罗纳（2002）概述了扩展精细加工可能性模型中嵌入娱乐—教育叙事的说服内容的处理和效果，并指出吸收（叙事参与/传输）和媒介角色认同可以共同减少反驳，调节受众参与的过程，以达到预期的结果。他们使用两种戏剧刺激对这个模型进行实验测试，研究发现，受众支持死刑政策，却不支持同性婚姻（Slater, Rouner, & Long, 2006）。

莫耶-古塞（2008）在先前建立的媒介信息处理心理结构（拟社会互动、传输、认同、感知相似性、喜欢和享受）基础上，提出了娱乐克服阻力模型（EORM）。她明确阐述了这些相互关联且看似重叠的过程如何通过特定的途径来克服受众对叙事体验中的隐性说服的抗拒：减少反抗、减少反驳、减少选择性回避、增加感知脆弱性、改变感知规范和改变结果预期（Moyer-Guse, 2008）。这项实证性研究结果的一部分支持减少反驳和延迟增加感知脆弱性（Moyer-Guse, et al., 2011; Moyer-Gusé & Nabi, 2010），其他部分则不支持减少反驳（Igartua & Casanova, 2016）。

将娱乐—教育与叙事说服联系起来

需要澄清的是，在像美国这样的媒介饱和环境中使用萨比多式娱乐—教育策略具有挑战性（Sherry, 2002）。娱乐—教育从业者用来适应这种环境的一种方法是，当作家有兴趣创作与某些健康和社会议题相关的故事情节时，其就为他们提供专家咨询（Singhal, et al., 2013）。一个突出的例子是位于洛杉矶诺曼李尔王中心的好莱坞健康与社会项目（Singhal et al., 2013）。这种战略合作伙伴关系使研究人员能够研究一些娱乐—教育案例，如黄金时段的热门电视节目，如《急诊室》和《实习医生格蕾》（Hether, Huang, Beck, Murphy, & Valente, 2008）。其他关于叙事说服的研究可能需要更自由的理解并调查碰巧出现在流行娱乐节目中的任何健康话题，如对青少年怀孕的描述（Moyer-Guse & Nabi, 2010）以及《欲望都市》中关于性传播感染的讨论（Moyer-Guse, et al., 2011）。

虽然这些例子明显与萨比多方法及其他类似娱乐—教育信息设计的指南不同，但它们指向一种很有前途的跨学科研究趋势，有助于将娱乐—教育与娱乐理论联系起来。把娱乐—教育干预作为一个特定类型的叙事来研究叙事参与和说服可能是有用的，要在研究设计中记住这一点，以确保嵌入媒介角色的特定教育内容与作为预期结果的受众态度、信念和行为描述一致。随着关于叙事说服的文献越来越被国际社会所接受，会有更多的实证研究来测试美国国内外的这些更广泛的娱乐—教育项目的心理模型。

跨媒介教育娱乐及其对娱乐理论的意义

在当今的数字世界中，跨媒介平台的叙事体验正变得越来越个性化。因此，考虑这一趋势对娱乐—教育和娱乐理论的意义是很重要的。

跨媒介教育娱乐的兴起

目前，娱乐—教育作为一种社会和行为改变的传播（SBCC）策略已被大家接受，它利用多学科的理论指导创作过程，指导我们对受众叙事参与的分析，并促进我们对项目影响的理解（Orozco-Olvera, Shen, & Cluver, 2019; SBCC峰会报告，2018; Shen & Han, 2014; Singhal, et al., 2013）。随着不同节目对受众细分市场的争夺，媒介市场越来越碎片化，娱乐—教育倡议者越来越多地采取创新策略来扩大受众范围和增加教育信息（Sood, et al., 2017; Storey & Sood, 2013）。最近的一个趋势是娱乐—教育通过跨媒介讲故事（跨媒介娱乐）来吸引受众的策略，随着时间的推移在不同的媒介平台上实施（Singhal, et al., 2013; Wang & Singhal, 2016/2018; Wang, Singhal, Quist, Sachdev, & Liu, 2019; Wang, Xu, Saxton, & Singhal, 2019）。

跨媒介叙事具有一些独特的优势，可以将来自分散媒介市场的人们聚集在一起（Jenkins, 2006/2007），并接触弱势群体受众（Wang, Singhal, et al., 2019）。首先，跨媒介叙事不会在不同的媒介平台上用同样的叙事反复轰炸受众。其次，跨媒介叙事并不是以线性的方式创造一个单一的故事，而是通过多个传播渠道联结和协调总体叙事世界。虽然理想的情况是每个传播渠道都独立携带自己的叙事内容，但是交叉叙事能使故事内容更加丰富，能够深化受众与人物、情节和议题的关系。最后，跨媒介叙事有多个接入口，受众参与的门槛要低得多，因为每个叙事元素都是自给自足的，可以吸引那些对特定模式（电视剧、报纸和短视频）有偏好和消费习惯的用户。总的来说，跨媒介讲故事的观众体验更具探索性、感官性，更有趣。尽管几十年来跨媒介叙事已经成功地运用于《星球大战》《神秘博士》和《口袋妖怪》，但它作为娱乐—教育计划有目的地实施还是近期的事（Singhal, et al., 2013）。

跨媒介教育娱乐范例

跨媒介教育娱乐的一个开创性例子是2013年6月到2017年12月播出的电视剧《东洛高情事》。从表面上看，《东洛高情事》是以东洛杉矶任意一所典型的高中为背景的受欢迎的青少年剧；然而，生产者无缝嵌入角色模型和有关安全性行为、计划生育、妇女生育权利等可信资源，讨论了拉丁裔年轻人在美国经常面临的社会污名化和文化障碍。《东洛高情事》代表了拉丁裔社区的努力（Wang & Singhal, 2016; Wang, Singhal, et al., 2019）。这是一个拥有多种叙事元素的故事世界，它战略性地跨越了其他9个数字平台：①扩展了的《东洛高情事》场景，其旨在深化角色发展和议题参与；②《警报》，让年轻人讲述自己故事的学生报纸；③“问保利”——一个让保利（一个有趣可爱的角色）回答性方面的尴尬问题的平台；④切奇（Ceci）的视频博客（vlog），通过她的视频博客，观众可以跟踪了解她怀孕的困境、她的选择和社会对她的支持；⑤蒂亚佩佩（Tia Pepe），鲜美健康的墨西哥美食的烹饪食谱；⑥高中炸弹队的舞蹈教程，其为5大竞赛的签名活动做准备；⑦哈威的《声音》，探索东洛杉矶的文化活动的平台；⑧关于时尚而重要的社会话题的连环画；⑨由《东洛高情事》主演代言的StayTeen.org等合作组织发布的公益公告，其旨在支持拉丁裔青年关于健康和社会议题的行动。通过《东洛高情事》网站上的资源链接和小程序以及Facebook等社交媒介平台上的其他受众参与策略，9种跨媒介叙事体验被进一步扩展（Winghal, 2016; Wang, Xu, et al., 2019）。

另一个创新的跨媒介教育娱乐项目是印度电视剧《我，一个女人，可以实现任何事情》（*Main Kuch Bhi Kar Sakti Hoon, MKBKSH*）。这个项目挑战了根深蒂固的落后性别规范，并通过主人公斯尼哈（Sneha）博士的正面角色模型为妇女赋权。在姐姐死于强迫堕胎后，斯尼哈离开了孟买一家利润丰厚的医疗诊所回到了农村老家，待在那里继续解决很多社会问题——童婚、为了生男孩的性别选择、对妇女的暴力以及多种形式的性别不平等。从2014年3月到2019年9月，*MKBKSH*已经在印度国家电视台和全印度数百家电台以及移动与社区网络播出，并到达“媒介匮乏”（media dark）的农村地区（Wang & Singhal, 2018）。这是第一次使用交互式语音响应系统来大规模和实时地吸引受众，让他们对策划的内容进行访问和互动，回答问题并分享受*MKBKSH*启发的个人观点和行动（Wang & Singhal, 2018）。交互式语音响应平台作为*MKBKSH*跨媒介战略的核心组成部分，为数百万受众，尤其是农村人群、社会经济贫困人群和弱势群体提供了一本“有声书”（Wang & Singhal, 2018）。一系列标题为“从胶卷到现实”（Reel to Real）的微型纪录片记录了斯尼哈博士对受*MKBKSH*深远影响的真实社区的访问。另外两部迷你剧是从*MKBKSH*的电视内容中衍生出来的，扩展了*MKBKSH*的Facebook主页和YouTube频道的故事情节。2019年，第3季增加了一个新的跨媒介扩展，通过Facebook信使推出了一个名为SnehAI的聊天机器人。这个聊天机器人为印度基本上不存在的性健康和生殖健康教育咨询服务创建了一个安全、无偏见的私人平台。

挑战和机遇

如《东洛高情事》和*MKBKSH*所示，跨媒介教育娱乐代表了娱乐—教育与不断变化的媒介景观的共同演化，它是由目标受众消费的各种娱乐媒介和内容驱动的，并日益以数字技术、网络交流和参与式文化为特征。这是日益增长的趋势——从传统的教育娱乐到跨媒介教育娱乐——这个挑战让我们重新思考、调整和审视娱乐—教育的基础理论和新兴理论，并尝试建立一个融合讲故事的数字世界，以确定联系、结合和未来的方向。娱乐—教育的4种基础理论对主要通过广播和电视等传统大众媒介传播的叙事性节目的制作与评估具有重要意义。娱乐—教育的4种新兴理论有利于我们更细致地了解教育信息融入娱乐节目的潜在机制，其在认知和情感上影响受众，帮助或阻止他们悬置怀疑、减少心理阻力，以达到预期的结果。可以理解的是，对这些叙事说服机制的实证检验迄今为止仅限于对大学生个体和简短形式的叙事刺激进行的实验室实验。当娱乐—教育走向跨媒介时，受众多样化的叙事体验可能与人们在听广播剧、看电视剧或读漫画书时发生的事情截然不同。虽然跨媒介娱乐程序的设计和监控过程可能包括许多与以前相同的过程，但需要注意的是，它们可能只能捕捉受众体验的一部分，而不是全部。这可能会给现有的娱乐—教育理论框架和娱乐理论的进一步发展带来挑战与机遇。

例如，劳特利奇（Routledge, 2019）认为，荣格的原型在《星球大战》等商业跨媒介系列游戏中非常突出。它们利用受众先在的知识和情感，通过原型人物轻松传达信息。她还提出，三位一体的大脑理论可以为跨媒介设计提供深刻的启发，跨媒介设计强调全部3种信息处理路径："较低水平的处理，如直觉和情感；较高水平的处理；创造定向注意力和意义的有意识处理。"（Routledge, 2019, p.6）

人们还可能问，随着时间的推移，传输和身份认同等叙事说服过程如何在不同的传播渠道中显现出来，以及在跨媒介教育娱乐的多维故事世界中受众接触是如何被他们的参与和网络所塑造和影响的。跨媒介叙事为受众提供了更多选择自己对娱乐内容的个人体验方式的自由，受众有机会沉浸在叙事环境中。在许多方面，它们类似于"选择你自己的冒险"类型的用户导向的互动故事，具有更松散的叙事结构和更好的用户操控体验（Green & Jenkins, 2014）。一方面，受众可以选择沉湎于观看《东洛高情事》这样的电视剧，并在一个集中时间内探索其他的内容，这可以很容易地提升叙事传输体验。另一方面，受众也可以在高强度接触不同的叙事后长时段休息，这很容易弱化叙事传输的体验。

在跨媒介教育娱乐中，受众的媒介角色认同与传输进入故事世界的困境相似。正如科恩（2001）所说，认同是一种相当短暂和流动的现象，受众对媒介角色的感受可能会不时地发生变化，受众很难长时间维持高水平的参与。科恩和克里姆特（本书）试图通过概念化媒介角色在故事世界内外的定位，来解决与受众和媒介角色动态互动相关的一些挑战。正如切奇的《东洛高情事》博客所示，特定的叙事内容和媒介平台可以加深受众与主要角色间的互动，这是跨媒介娱乐设计和体验的一个组成部分。通过调整基于角色的跨媒介扩展，我们可以通过创造条件来促进最高水平的角色认同——主角认同。我们可以通过受众与正面角色的视角来促进潜在的积极变化，观察他们在关键教育问题上的观点，与他们的情绪共情，并分享他们的亲社会目标。

此外，SnehAI聊天机器人的例子表明，跨媒介娱乐计划可以为数字和网络故事世界中的拟社会互动提供新的可能性。霍顿、沃尔（1956）及其他研究人员认为，20世纪的电视迷会将演员想象成自己的朋友，与他们展开想象的对话，这很难在后现代的娱乐时代出现，因为人们有无数的选项可供选择。然而，跨媒介体验的数字和互动元素可以让受众与中心角色发展出更深层次、更丰富的关系。在*MKBKSH*案例中，SnehAI聊天机器人作为电视和广播故事情节中的主角斯尼哈博士的化身，可以与印度年轻受众就性等敏感话题展开个性化的、私密的、无偏见的对话。这种拟社会互动的混合形式为娱乐理论超越传统的电视和广播角色或数字游戏玩家—化身交流理论提供了巨大的潜力。

有意义的媒介会强化娱乐—教育与娱乐理论的共同兴趣和基础。我们对超越个人关注的娱乐体验的独特属性和潜在机制的追求，会为我们最古老的人类交流体验的意义形成过程提供更多的见解。认识到娱乐理论化不能脱离社会、文化和历史背景，它无法在真空中发生（Vorderer & Halfmann, 2019），会是拓展我们对娱乐媒介和叙事体验的视角和理解的重要一步。同样重要的是，我们要承认在这个世界上有许多人，尤其是那些弱势人群，他们并不总是有自主权或自由来选择信息或娱乐消费。因此，有必要关注这些体验如何影响他们个人或他们作为其中一部分的社会单位（家庭、社区和组织）。辛格尔和罗杰斯（2002）曾呼吁对娱乐—教育多元理论、多元方法进行研究与实践。大约20年后的今天，随着跨媒介教育娱乐的发展，媒介心理学家和传播学者有责任在日益分散的网络故事世界中更深入、广泛、多维度地开掘，以欣赏道德之美，提高集体意识，并促进积极的变革。

参考文献

Ajzen, I. (1991). The theory of planned behavior. *Organizational Behavior and Human Decision Processes*, 50, 179–211.

Bálint, K. E., & Bilandzic, H. (2017). Health communication through media narratives: Factors, processes, and effects. Introduction to the special issue. International *Journal of Communication*, 11, 4858–4864.

Bandura, A. (1977). *Social learning theory*. Englewood Cliffs, NJ: Prentice-Hall.

Bandura, A. (1986). *Social foundations of thought and action: A social cognitive theory*. Englewood Cliffs, NJ: Prentice-Hall.

Bandura, A. (2004). Social cognitive theory for personal and social change by enabling media. In A. Singhal, M. J. Cody, E. M. Rogers, & M. Sabido (Eds.), *Entertainment-education and social change: History, research, and practice* (pp. 75–96). Mahwah, NJ: Erlbaum.

Bentley, E. (1967). *The life of drama*. New York, NY: Atheneum.

Bilandzic, H., & Kinnebrock, S. (2009). Narrative experiences and effects of media stories: An introduction to the special issue. *Communications*, 34(4), 355–360. doi: 10.1515/COMM.2009.022.

Brown, W. J. (2015). Examining four processes of audience involvement with media personae: Transportation, parasocial interaction, identification, and worship. *Communication Theory*, 25, 259–283.

Cohen, J. (2001). Defining identification: A theoretical look at the identification of audiences with media characters. *Mass Communication and Society*, 4, 245–264. doi: 10.1207/S15327825MCS0403_01.

Cohen, J. (2006). Audience identification with media characters. In J. Bryant & P. Vorderer (Eds.), *Psychology of entertainment* (pp. 183–198). Mahwah, NJ: Erlbaum.

Csikszentmihalyi, M. (1990). *Flow: The psychology of optimal experience*. New York, NY: Harper & Row.

DiClemente, C. C., & Prochaska, J. O. (1985). Processes and stages of change: Coping and competence in smoking behavior change. In S. Shiffman & T. A. Willis (Eds.), *Coping and substance abuse* (pp. 319–

334). San Diego, CA: Academic Press.

Eden, A., Tamborini, R., Grizzard, M., Lewis, R., Weber, R., & Prabhu, S. (2014). Repeated exposure to narrative entertainment and the salience of moral intuitions. *Journal of Communication*, 64, 501–520.

Fishbein, M., & Ajzen, I. (1975). *Belief, attitude, intention, and behavior: An introduction to theory and research*. Reading, MA: Addison-Wesley.

Fisher, W. R. (1989). *Human communication as narration: Toward a philosophy of reason, value, and action*. Columbia: University of South Carolina Press.

Friedman, P. (Producer & Director). (2013). *Poor Consuelo Conquers the World* [Documentary Film]. Finland: Yleisradio (YLE).

Gerrig, R. J. (1993). *Experiencing narrative worlds*. New Haven, CT: Yale University Press.

Green, M. C., & Brock, T. C. (2000). The role of transportation in the persuasiveness of public narratives. *Journal of Personality and Social Psychology*, 79, 701–721. doi: 10.1037/00223514.79.5.701.

Green, M. C., & Brock, T. C. (2002). In the mind's eye: Imagery and transportation into narrative worlds. In M. C. Green, J. J. Strange, & T. C. Brock (Eds.), *Narrative impact: Social and cognitive foundations* (pp. 315–341). Mahwah, NJ: Erlbaum.

Green, M. C., & Jenkins, K. (2014). Interactive narratives: Processes and outcomes in userdirected stories. *Journal of Communication*, 64, 479–500.

Herzog, H. (1944). What do we really know about daytime serial listeners? In P. F. Lazarsfeld, B. Berrelson, & F. N. Stanton (Eds.), *Radio Research*, 1942–43 (pp. 3–33). New York, NY: Duell, Sloan and Pearce.

Hether, H. J., Huang, G. C., Beck, V., Murphy, S. T., & Valente, T. W. (2008). Entertainmenteducation in a media-saturated environment: Examining the impact of single and multiple exposures to break cancer storylines on two popular medical dramas. *Journal of Health Communication*, 13, 808–823.

Hinyard, L. J., & Kreuter, M. W. (2007). Using narrative communication as a tool for health behavior change: A conceptual, theoretical, and empirical overview. *Health Education & Behavior*, 34, 777–792.

Horton, D., & Wohl, R. R. (1956). Mass communication and para-social interaction: Observation on intimacy at a distance. *Psychiatry*, 19, 185–206.

Igartua, J.-J., & Casanova, J. V. (2016). Identification with characters, elaboration, and counterarguing in entertainment-education interventions through audiovisual fiction. *Journal of Health Communication*, 21, 293–300.

Jenkins, H. (2006). *Convergence culture: Where old and new media collide*. New York: New York University Press.

Jenkins, H. (2007, March 22). *Transmedia storytelling 101* [Web log message]. http://henryjenkins.org/2007/03/transmedia_storytelling_101.html.

Jung, C. G. (1953). *The collected works of C. G. Jung, Vol. 12. Psychology and alchemy*. New York, NY: Bollingen Foundation.

Jung, C. G. (1970). *Archetypes and the collective unconscious*. Buenos Aires, Argentina: Editorial Paidos.

Just Legends. (2013). *Just Legends with Arvind Singhal: Albert Bandura Renowned Social Psychologist*. https://vimeo.com/65329767.

MacLean, P. D. (1973). A triune concept of the brain and behavior, including psychology of memory, sleep, and dreaming. In V. A. Kral et al. (Eds.), *Proceedings of the Ontario Mental Health Foundation Meeting at Queen's University*. Toronto, ON: University of Toronto Press.

Moyer-Gusé, E. (2008). Toward a theory of entertainment persuasion: Explaining the persuasive effects of entertainment-education messages. *Communication Theory*, 18, 407–425. doi:10.1111/j.1468–2885.2008.00328.x.

Moyer-Gusé, E., Chung, A. H., & Jain, P. (2011). Identification with characters and discussion of taboo topics after exposure to an entertainment narrative about sexual health. *Journal of Communication*, 61(3), 387–406. doi:10.1111=j.1460–2466.2011.01551.x.

Moyer-Gusé, E., & Nabi, R. L. (2010). Explaining the effects of narrative in an entertainment television program: Overcoming resistance to persuasion. *Human Communication Research*, 36, 26–52.

Murphy, S. T., Frank, L. B., Moran, M. B., & Patnoe-Woodley, P. (2011). Involved, transported, or emotional? Exploring the determinants of change in knowledge, attitudes, and behavior in entertainment-education. *Journal of Communication*, 61, 407–431.

Oliver, M. B. (2008). Tender affective states as predictors of entertainment preference. *Journal of Communication*, 58, 40–61.

Oliver, M. B., & Bartsch, A. (2010). Appreciation as audience response: Exploring entertainment gratifications beyond hedonism. *Human Communication Research*, 36, 53–81.

Oliver, M. B., Raney, A. A., Slater, M. D., Appel, M., Hartmann, T., Barsch, A., … Das, E. (2018). Self-transcendent media experience: Taking meaningful media to a higher level. *Journal of Communication*, 68, 380–389.

Orozco-Olvera, V., Shen, F., & Cluver, L. (2019). The effectiveness of using entertainment education narratives to promote safer sexual behaviors of youth: A meta-analysis, 1985–2017. *PLOS ONE*, 14(2), e0209969.

Papa, M., Singhal, A., Law, S., Pant, S., Sood, S., Rogers, E. M., & Shefner-Rogers, C. (2000). Entertainment-education and social change: An analysis of parasocial interaction, social learning and parasocial communication. *Journal of Communication*, 50, 31–55.

Petty, R. E, & Cacioppo, J. T. (1986). *Communication and persuasion: Central and peripheral routes to attitude change*. New York, NY: Springer-Verlag.

Rosa, H. (2018). Available, accessible, attainable: The mindset of growth and the resonance conception of the good life. In H. Rose, & C. Henning (Eds.), *The good life beyond growth: New perspective* (pp. 39–53). London, UK: Routledge.

Routledge, P. (2019). Transmedia psychology: Creating compelling and immersive experiences. In M. Freeman & R. R. Gambarato (Eds.), *Routledge companion to transmedia studies*. New York, NY: Routledge.

Sabido, M. (2002). *The tone, theoretical occurrences, and potential adventures, and entertainment with social benefit*. Mexico City: National Autonomous University of Mexico Press.

Sabido, M. (2004). The origins of entertainment-education. In A. Singhal, M. J. Cody, E. M. Rogers, & M. Sabido (Eds.), *Entertainment-education and social change: History, research, and practice* (pp. 61–74). Mahwah, NJ: Erlbaum.

SBCC Report. (2018). *Shifting norms, changing behavior, amplifying voice that works: 2018 International SBCC Summit, featuring entertainment-education*. https://sbccsummit.org/wp-content/uploads/2018/12/SBCC_Summit2018_report.pdf.

Shen, F., & Han, J. (2014). Effectiveness of entertainment education in communicating health information: A systematic review. *Asian Journal of Communication*, 24, 605–616. doi:10.1080/01292986.2014.927895.

Sherry, J. L. (2002). Media saturation and entertainment-education. *Communication Theory*, 12, 206–224.

Singhal, A. (2013). Fairy tales to digital games: The rising tide of entertainment education. *Critical Arts*, 27, 1–8. doi: 10.1080/02560046.2013.766971.

Singhal, A., Cody, M. J., Rogers, E. M., & Sabido, M. (2004). *Entertainment-education and social change: History, research, and practice*. Mahwah, NJ: Erlbaum.

Singhal, A., Obregon, R., & Rogers, E. M. (1994). Reconstructing the story of *"Simplemente María," the most popular telenovela* in Latin America of all time. *Gazette*, 54, 1–15.

Singhal, A., & Rogers, E. M. (1999). *Entertainment-education: A communication strategy for social change*. Mahwah, NJ: Erlbaum.

Singhal, A., & Rogers, E. M. (2002). A theoretical agenda for entertainment-education. *Communication Theory*, 12, 117–135.

Singhal, A., Wang, H., & Rogers, E. M. (2013). The rising tide of entertainment-education in communication campaigns. In R. Rice & C. Atkin (Eds.), *Public communication campaigns* (pp. 321–333). Thousand Oaks, CA: Sage.

Slater, M. D. (1997). Persuasion processes across receiver goals and message genres. *Communication Theory*, 7, 125–148.

Slater, M. D. (2002a). Entertainment-education and the persuasive processing of narratives. In M. C. Green, J. J. Strange, & T. C. Brock (Eds.), *Narrative impact: Social and cognitive foundations* (pp.157–182). Mahwah, NJ: Erlbaum.

Slater, M. D. (2002b). Involvement as goal-directed strategic processing: Extending the elaboration likelihood model. In J. P. Dillard & M. Pfau (Eds.), *The persuasion handbook: Developments in theory and practice* (pp. 175–194). Thousand Oaks, CA: Sage.

Slater, M. D., & Rouner, D. (2002). Entertainment education and elaboration likelihood: Understanding the processing of narrative persuasion. *Communication Theory*, 12, 173–191.doi: 10.1093/ct/12.2.173.

Slater, M. D., Rouner, D., & Long, M. (2006). Television dramas and support for controversial public policies: Effects and mechanisms. *Journal of Communication*, 56, 235–252.doi:10.1111/j.1460–2466.2006.00017.x.

Sood, S. (2002). Audience involvement and entertainment-education. *Communication Theory*, 12, 153-172.

Sood, S., Menard, T., & Witte, K. (2004). The theory behind entertainment-education. In A. Singhal, M. J., Cody, E. M. Rogers, & M. Sabido (Eds.), *Entertainment-education and social change: History, research, and practice* (pp. 117–149). Mahwah, NJ: Erlbaum.

Sood, S., Riley, A. H., & Alarcon, K. C. (2017). Entertainment-education and health and risk messaging. In J. F. Nussbaum (Ed.), *Oxford research encyclopedia of communication*. New York, NY: Oxford University Press. doi: 10.1093/acrefore/9780190228613.013.245.

Storey, D., & Sood, S. (2013). Increasing equity, affirming the power of narrative and expanding dialogue: The evolution of entertainment education over two decades. *Critical Arts*, 27, 9–35.

Tal-Or, N., & Cohen, J. (2010). Understanding audience involvement: Conceptualizing and manipulating identification and transportation. *Poetics*, 38, 402–418.

Tamborini, R., Bowman, N. D., Eden, A., Grizzard, M., & Organ, A. (2010). Defining media enjoyment as the satisfaction of intrinsic needs. *Journal of Communication*, 60, 758–777.

Tamborini, R., Weber, R., Eden, A., Bowman, N. D., Grizzard, M. (2010). Repeated exposure to daytime soap opera and shifts in moral judgement toward social convention. *Journal of Broadcasting & Electronic*

Media, 54, 621–640.

Vorderer, P. (2001). It's all entertainment—sure. But what exactly is entertainment? Communication research, media psychology, and the explanation of entertainment experiences. *Poetics*, 29, 247–261.

Vorderer, P. (2011). What's next? Remarks on the current vitalization of entertainment theory. *Journal of Media Psychology*, 23, 60–63.

Vorderer, P., & Halfmann, A. (2019). Why do we entertain ourselves with media narratives? A theory of resonance perspective on entertainment experiences. *Annals of the International Communication Association*, 43, 79–96. doi: 10.1080/23808985.2019.1599298.

Vorderer, P., & Reinecke, L. (2015). From mood to meaning: The changing model of the user in entertainment research. *Communication Theory*, 25, 447–453.

Vorderer, P., & Ritterfeld, U. (2009). Digital games. In R. Nabi, & M. B. Oliver (Eds.), *Handbook of media effects* (pp. 455–467). London, UK: Routledge.

Walter, N., Cody, M. J., & Ball-Rokeach, S. J. (2018). The ebb and flow of communication research: Seven decades of publication trends and research priorities. *Journal of Communication*, 68, 424–440.

Wang, H., Choi, J. H., Wu., Y., & DeMarle, A. (2018). BREAKAWAY: Combating violence against women and girls through soccer video game and youth camps. *Health & New Media Research*, 2(4), available at http://healthmedia.hallym.ac.kr/.

Wang, H., & Singhal, A. (2009). Entertainment-education through digital games. In U. Ritterfeld, M. J. Cody, & P. Vorderere (Eds.), *Serious games: Mechanism and effects* (pp. 271–292). New York, NY: Routledge.

Wang, H., & Singhal, A. (2016). East Los High: Transmedia edutainment to promote the sexual and reproductive health of young Latina/o Americans. *American Journal of Public Health*, 106, 1002–1010. doi:10.2105/AJPH.2016.303072.

Wang, H., & Singhal, A. (2018). Audience-centered discourses in communication and social change: The "voicebook" of Main Kuch Bhi Kar Sakti Hoon, an entertainment-education initiative in India. *Journal of Multicultural Discourses*, 13, 176–191. doi: 10.1080/17447143.2018.1481857.

Wang, H., Singhal, A., Quist, C., Sachdev, A., & Liu, S. (2019). Aligning the stars in East Los High: How authentic characters and storylines can translate into real-life changes through transmedia edutainment. *SEARCH Journal of Media and Communication Research*, 11(3), 1–22. http://search.taylors.edu.my/documents/journals/2019-11-3/SEARCH-2019-11-3-J1-1-22.pdf.

Wang, H., Wu, Y., Choi, J. H., & DeMarle, A. (2019). Players as transitional characters: How youth can "BREAKAWAY" from gender-based violence. *Well Played*, 8, 27–40. http://press.etc.cmu.edu/index.php/product/well-played-vol-8-no-1/.

Wang, H., Xu, W., Saxton, G. D., & Singhal, A. (2019). Social media fandom for health promotion? Insights from East Los High, a transmedia edutainment initiative. *SEARCH Journal of Media and Communication Research, 11*(1), 1–15. Available at http://search.taylors.edu.my/arc-11- 1.html.

Zillmann, D. (1988). Mood management through communication choices. *American Behavioral Scientist*, 31, 327–340.

Zillmann, D. (2000a). Basal morality in drama appreciation. In I. Bondebjerg (Ed.), *Moving images, culture and the mind* (pp. 53–63). Luton, UK: University of Luton Press.

Zillmann, D. (2000b). The coming of media entertainment. In Zillman, D., & Vorderer, P. (Eds.), *Media entertainment: The psychology of its appeal* (pp. 1–20). Mahwah, NJ: Erlbaum.

索 引

B

C

D

E

F

G

I

J

K

L

M

N

O

P

Q

R

T

U

V

W

X

Y

Z

译后记

我对本书的关注较早。2020年，我发邮件给彼得·沃德勒教授，分享了要做一套娱乐理论译丛的想法，并请他推荐了书目。他推荐的书目中就有这本当时即将在牛津大学出版社出版的著作。从翻译到出版历时四年，终于要出版了。

本书由赵伟、姚志文和我合作翻译，我负责全书的统稿工作。之前，我与他们合作多次，与赵伟合译过《娱乐心理学》、与姚志文合作过《数字文化精粹》，合作很愉快，收获很“丰满”。这次又邀请了两位译者，一起来攻这本近千页的巨著。

需要说明的是，在本人翻译的前十六章里有我团队成员的功劳，其中多位访问学者、博士、硕士参与初稿翻译，他们分别是谷学强、陈柯伶、宋宝儿、侯涵博、刘钰、杜美玲、裴雨莉、黄晓赟。本书很厚，又是多人翻译，为了细化一些知识点的翻译，我专门安排了一个学期的读书会，团队成员对本书逐章研读、分享，对翻译细读、挑刺。一个学期下来，我们既学习了最前沿的娱乐理论，也不断完善稿件。这些译者中，目前三位博士已毕业获得教职、三位硕士已在攻读博士学位，可以说，这本书的理论也或多或少在滋养他们的教学与科研。希望他们能在日后的积累中，成为国内第一批娱乐传播理论的研究者，正如《劝学》所说的：“积土成山，风雨兴焉；积水成渊，蛟龙生焉。”

晏青

2024年10月

图书在版编目（CIP）数据

娱乐理论：牛津手册 /（德）彼特 • 沃德勒（Peter Vorderer），（德）克里斯多夫 • 克里姆特（Christoph Klimmt）主编；晏青，赵伟，姚志文译 . -- 北京：中国传媒大学出版社，2024. 12.

ISBN 978-7-5657-3822-7

Ⅰ. C913.3

中国国家版本馆 CIP 数据核字第 2024XV2297 号

娱乐研究译丛

娱乐理论：牛津手册

YULE LILUN: NIUJIN SHOUCE

主　　编	［德］彼得 · 沃德勒（Peter Vorderer）　［德］克里斯托夫 · 克里姆特（Christoph Klimmt）		
译　　者	晏　青　赵　伟　姚志文		
策划编辑	曾婧娴		
责任编辑	曾婧娴		
封面设计	闰江文化		
责任印制	李志鹏		
出版发行	中国传媒大学出版社		
社　　址	北京市朝阳区定福庄东街 1 号	**邮　　编**	100024
电　　话	86-10-65450528　65450532	**传　　真**	65779405
网　　址	http://cucp.cuc.edu.cn		
经　　销	全国新华书店		
印　　刷	北京中科印刷有限公司		
开　　本	787mm×1092mm　1/16		
印　　张	49.5		
字　　数	1054 千字		
版　　次	2025 年 2 月第 1 版		
印　　次	2025 年 2 月第 1 次印刷		
书　　号	ISBN 978-7-5657-3822-7	**定　　价**	249.00 元

本社法律顾问：北京嘉润律师事务所　郭建平